V&R

SEPTUAGINTA

Vetus Testamentum Graecum

Auctoritate
Academiae Scientiarum Gottingensis
editum

vol. III,1
Numeri

Vandenhoeck & Ruprecht

Numeri

edidit

John William Wevers

adiuvante

U. Quast

Vandenhoeck & Ruprecht

Bibliografische Information der Deutschen Bibliothek
Die Deutsche Nationalbibliothek verzeichnet diese Publikation in der Deutschen Nationalbibliografie; detaillierte bibliografische Daten sind im Internet über https://dnb.de abrufbar.

2. Auflage 2020

Druck und Bindung: CPI books GmbH, Leck.
Printed in the EU

Vandenhoeck & Ruprecht Verlage | www.vandenhoeck-ruprecht-verlage.com

ISBN 978-3-525-53441-0

Inhalt

Einleitung

A Die Textzeugen

I. Die griechischen Zeugen[1])

Die Ausgabe[2]) von Numeri beruht auf folgenden Hss., die vom LXX-Unternehmen neu kollationiert wurden:

1. Unzialhandschriften

A London, Brit. Mus., Royal 1 D. V. V. Jh. „codex Alexandrinus“. Sigel bei H.-P.: III.

B Rom, Bibl. Vat., Vat. gr. 1209. IV. Jh. „codex Vaticanus“. Sigel bei H.-P.: II.

F Mailand, Bibl. Ambr., S. P. 51 (früher A. 147 inf.). V. Jh. Die Korrekturen in F stammen aus zwei sicher unterscheidbaren Perioden. Der Codex ist zuerst von verschiedenen Händen korrigiert worden, deren gemeinsames Kennzeichen gelbe oder braune Tinte und Majuskelschrift ist, in der Ausgabe F^a genannt. Folgen verschiedene F^a-Korrekturen zeitlich aufeinander, wird entsprechend F^{a1} F^{a2} unterschieden. Im Mittelalter ist der Codex von einem Instaurator durchgängig nachgezogen worden. Dieser Instaurator hat die Hs. auch korrigiert. Seine und spätere Korrekturen werden in der Ausgabe mit F^b bezeichnet; die verschiedenen F^b-Hände werden nur durch F^{b1} F^{b2} unterschieden, wenn ihre Korrekturen zeitlich aufeinander folgen. An den Stellen, wo F^b offensichtlich einen Fehler bei der Restauration der Hs. gemacht hat, wurde die Sigel F^s verwendet. — Korrekturen durch Rasur, die keinem Korrektor

---

1) Nähere Angaben zu den griechischen Hss. bei Rahlfs, Verzeichnis.

2) Von allen Mitarbeitern im Septuaginta-Unternehmen möchte ich besonders D. Fraenkel für die Übersetzung der Einleitung und der Anhänge danken.

zugewiesen werden können, werden mit F^c notiert. — Von F^b stammen die meisten Marginalien in der Hs., wobei manchmal der entsprechende Text von F mit Tilgungspunkten versehen ist. Diese sind unberücksichtigt geblieben. Ausgabe: A. M. Ceriani, Monumenta sacra et profana 3, Mailand 1864. Die Ausgabe enthält nur Texte der ursprünglichen Hs. ohne Korrekturen (außer Korrekturen von erster Hand). Sigel bei H.-P.: VII.

G Leiden, Univ.-Bibl., Voss. graec. in qu. 8. IV.—V. Jh. Es fehlen durch Blattverlust 7_{85} *δισχιλιοι* — 11_{18} *λεγοντες* 18_{2} *Λευι* — (30) *και* 1° 20_{22} *υιοι* — 25_{2} *θυσιων* 26_{3} *Μωυσης* — 29_{12} *και* 2°. Ausgabe: C. Tischendorf, Monumenta sacra inedita. Nova collectio 3, Leipzig 1860. Sigel bei H.-P.: IV.

K Leipzig, Universitätsbibl., Gr. 2. VII.—VIII. Jh. Palimpsest. Inhalt: a) 5_{17} *εν* — 18 *γυν[αικα]* b) 5_{24} *[υδω]ρ* — 25 *θυσιαν* c) 7_{18} *υιος* — 19 *σικλον* d) 7_{30} *[Ε]λισουρ* — 31 *πληρη* e) 7_{35} *εις* — 36 *των* f) 7_{37} *[ανα]πεποιημε[νης]* — 40 *χει[μαρον]* g) 7_{42} *Ελισαφ* — 43 *σικλον* h) 7_{46} *[χι]μαρρον* — 47 *Ρα[γουηλ]* i) 15_{11} *αμνω* — 14 *ος* j) 15_{14} *[ποι]ηση* 2° — 17 *Μωυσην* k) 15_{19} *[οτ]αν* — 22 *διαμαρτυ[ρητε]* l) 15_{23} init — 24 *κυριω* m) 27_{1} *αι* — 29_{2} *αμνους* n) 35_{19} *αποκτενει* 2° — 22 *ουκ ε[ξ]* o) 35_{28} *αυτου* 1° — 31 *περι*. Schlüsse e silentio sind nur für e) h) i) l) n) und o) erlaubt. Ausgabe: C. Tischendorf, Monumenta sacra inedita. Nova collectio 1, Leipzig 1855.

M Paris, Bibl. Nat., Coisl. 1. VII. Jh. Es fehlt 29_{23} *δυο* — 31_{4} *αποστειλατε* (Blattverlust). Hexaplarische Noten. Sigel bei H.-P.: X.

S London, Brit. Mus., Add. 43725 (vorher Leningrad, Öff. Staatsbibl. Gr. 259). IV. Jh. „codex Sinaiticus". Sehr fragmentarisch. Inhalt: 5_{26} *αυτης* — 5_{30} *ποιησει* 6_{5} *ευξατο* — 6_{6} *τετελευτηκυια* 6_{11} *[κε]φαλην* — 6_{12} *αι* 6_{17} *κανω* — 6_{18} *μαρ[τυριου]* 6_{22} init — 6_{24} *κυριος* 7_{4} *Μωυσην* — 7_{5} *Λευιταις* 7_{12} *Ναασσων* — 7_{13} *εν* 1° 7_{15} *ενα* 2° — 7_{20} fin. Faks.-Ausgabe: Codex Sinaiticus Petropolitanus et Friderico-Augustanus Lipsiensis, The Old Testament, reproduced in facsimile from photographs by Helen and Kirsopp Lake. Oxford 1922. Sigel bei Swete: א.

V Rom, Bibl. Vat., Vat. gr. 2106. VIII. Jh. „codex Venetus". Sigel bei H.-P.: XI, bei Br.-M.: N.

2. Minuskelhandschriften

15 Paris, Bibl. Nat., Coisl. 2. X. Jh. 21_{34} *παϱαδεδωκα* — 22_{19} *ταυτην* ist im XI. Jh. ergänzt. Sigel bei Br.-M.: a.

16 Florenz, Bibl. Laur., Plut. V 38. XI. Jh.

18 Florenz, Bibl. Laur., Medic. Palat. 242. XI. Jh.

19 Rom, Bibl. Vat., Chigi R. VI 38. XII. Jh. Sigel bei Br.-M.: b'.

28 Rom, Bibl. Vat., Vat. gr. 2122. X.—XI. Jh. Es fehlen durch Blattverlust 1_{1} — 3_{10} 23_{30} *κϱιον* — 26_{44} *δημος* 29_{27} [*κα*]*τα* 2° — 31_{16} *συνα*[*γωγη*].

29 Venedig, Bibl. Marc., Gr. 2. X.—XI. Jh. Sigel bei Br.-M.: b_2.

30 Rom, Bibl. Casanat., 1444. XI.—XII. Jh.

44 Zittau, Christian-Weise-Bibl., A. 1. XV. Jh. Sigel bei Br.-M.: d.

46 Paris, Bibl. Nat., Coisl. 4. XIII.— XIV. Jh.

52 Florenz, Bibl. Laur., Acq. 44. X.—XI. Jh. Cat. Sigel bei Br.-M.: e.

53 Paris, Bibl. Nat., Gr. 17A. Geschrieben 1439. Es fehlt 6_{14} *και* 3° — 18_{11} *μετα σου*. Sigel bei Br.-M.: f.

54 Paris, Bibl. Nat., Gr. 5. XIII. —XIV. Jh. Sigel bei Br.-M.: g.

55 Rom, Bibl. Vat., Regin. gr. 1. Erste Hälfte des X. Jh. Es fehlen 29_{12}—30_{1} $33_{8\text{-}36}$ $35_{17\text{-}25}$. Sigel bei Br.-M.: h.

56 Paris, Bibl. Nat., Gr. 3. Geschrieben 1096. Sigel bei Br.-M.: i.

57 Rom, Bibl. Vat., Vat. gr. 747. XI. Jh. Cat. Es fehlen durch Blattverlust init libri — 3_{13} *πϱωτοτοκον* 1° 35_{1} — fin libri. Sigel bei Br.-M.: j.

58 Rom, Bibl. Vat., Regin. gr. 10. XI. Jh. Sigel bei Br.-M.: k.

59 Glasgow, Univ. Libr., BE 7^{b}. 10. XV. Jh. Sigel bei Br.-M.: l.

64 Paris, Bibl. Nat., Gr. 2. X. Jh.

68 Venedig, Bibl. Marc., Gr. 5. XV. Jh.

71 Paris, Bibl. Nat., Gr. 1. XIII. Jh.

72 Oxford, Bodl. Libr., Canon. gr. 35. XII. Jh. Es fehlt $4_{33\text{-}49}$ $23_{3\text{-}14}$. Sigel bei Br.-M.: m.

73 Rom, Bibl. Vat., Vat. gr. 746. XI.—XII. Jh. Cat. 14_{36} *εξενεγκαι* — 15_{20} *αυτον* wurde im XIV. Jh. ergänzt.

74 Florenz, Bibl. Laur., S. Marco 700. Spätes XIII. Jh.

75 Oxford, Univ. College 52. Geschrieben 1125. Sigel bei Br.-M.: n.

76 Paris, Bibl. Nat., Gr. 4. XIII. Jh. Für 7_{41-88} 16_{2}—17_{10} 18_{30}—19_{17} 20_{14}—21_{3} 21_{23}—23_{6} sind Schlüsse e silentio nicht zulässig.

77 Rom, Bibl. Vat., Vat. gr. 748. XIII. —XIV. Jh. Cat.

82 Paris, Bibl. Nat., Coisl. 3. XII. Jh. Sigel bei Br.-M.: o.

84 Rom, Bibl. Vat., Vat. gr. 1901. X.—XI. Jh.

85 Rom, Bibl. Vat., Vat. gr. 2058. X. Jh. Hexaplarische Noten. Sigel bei Br.-M.: z.

106 Ferrara, Bibl. Comun., 187 I. XIV. Jh. Sigel bei Br.-M.: p.

107 Ferrara, Bibl. Comun., 188 I. Geschrieben 1334.

108 Rom, Bibl. Vat., Vat. gr. 330. XIII. Jh. Hexaplarische Noten. Sigel bei Br.-M.: *b*.

118 Paris, Bibl. Nat., Gr. 6. XI. —XII. Jh.

120 Venedig, Bibl. Marc., Gr. 4. XI. Jh. Sigel bei Br.-M.: q.

121 Venedig, Bibl. Marc., Gr. 3. X. Jh. Es fehlt durch Blattverlust 4_{43} *λειτουϱγειν* — 6_{7} *αυτω*. Sigel bei Br.-M.: y.

122 Venedig, Bibl. Marc., Gr. 6. XV. Jh.

125 Moskau, ehem. Syn. Bibl., Gr. 30. XIV. Jh.

126 Moskau, ehem. Syn. Bibl., Gr. 19. Geschrieben 1475. Cat.

127 Moskau, ehem. Syn. Bibl., Gr. 31. X. Jh.

128 Rom, Bibl. Vat., Vat. gr. 1657. XIII. Jh.

129 Rom, Bibl. Vat., Vat. gr. 1252. XI.—XII. Jh. Es fehlt wegen Blattverlust 25_{4}—26_{9} *Ααϱων*. Sigel bei Br.-M.: r.

130 Wien, Nat. Bibl., Theol. gr. 23. XII.—XIII. Jh. Hexaplarische Noten. Sigel bei H.-P.: 131, bei Br.-M.: s.

131 Wien, Nat. Bibl., Theol. gr. 57. Spätes X. Jh.

134 Florenz, Bibl. Laur., Plutei V 1. XI. Jh. Sigel bei Br.-M.: t.

246 Rom, Bibl. Vat., Vat gr. 1238. Geschrieben 1195. Zum Teil Palimpsest (Numeritext obere Schrift).

313 Athen, Nat. Bibl., 43. XI. Jh. Cat.

314 Athen, Nat. Bibl., 44. XIII. Jh. Es fehlt 20_{6}—21_{13} *Μωαβ* 1°. Sigel bei Br.-M.: w.

318 Athos, *Βατοπαιδίου*, 598 (früher 511). X.—XI. Jh.

319 Athos, *Βατοπαιδίου*, 600 (früher 513). Geschrieben 1021. 2_{31}—4_{17} wurde im XV.—XVI. Jh. ergänzt.

320 Athos, *Βατοπαιδίου*, 602 (früher 515). XIII. Jh. Cat. Es fehlt 14_{36} *εξενεγκαι* — 15_{20} *αυτον*.

321 Athos, *Βατοπαιδίου*, 603 (früher 516). XIV. Jh. Hexaplarische Noten.

343 Athos, *Λαύρα*, 352. X. Jh. Einzelne hexaplarische Noten.

344 Athos, *Παντοκράτορος*, 24. X. Jh. Hexaplarische Noten. Sigel bei Br.-M.: v.

346 Athos, *Πρωτάτου*, 53. Geschrieben 1326. Hexaplarische Noten.

370 Rom, Bibl. Vat., Chigi R. VIII 61. XI. Jh.

376 Escorial, Real Bibl., *Υ*-II-5. XV. Jh. Sigel bei Br.-M.: c.

381 Escorial, Real Bibl., *Ω*-I-13. XI. Jh.

392 Grottaferrata, Bibl. della Badia, A. *γ*. I. X. Jh.

407 Jerusalem, Patr. Bibl., *Ἁγίου Τάφου* 2. Ende IX. Jh. 26_{35} *τω* 2° —27_{11} *εαν δε* wurde im XIII. Jh. ergänzt. 27_{11} *μη* — 28_{24} *κυριω* fehlt wegen Blattverlust. Sigel bei Br.-M.: u.

413 Konstantinopel, Bibl. d. Serail, 8. XII. Jh. Cat.

414 Leiden, Univ.-Bibl., Voss. gr. in fol. 13. XIV. Jh. Cat. 6_{12} *και* 2° — 21 fin fehlt durch Blattverlust.

416 Leipzig, Univ.-Bibl., Gr. 16. X. Jh. Hexaplarische Noten.

417 London, Archiepisc. Libr., 1214. Geschrieben 1104. Cat.

422 London, Brit. Mus., Add. 35123. XII. —XIII. Jh. Cat.

424 London, Brit. Mus., Burney 34. XV. Jh. Cat. Die Hs. enthält folgende Textstücke: 1_{1} init — *μαρτυριου* 1_{20} init — *αυτων* 2° 1_{47} init — 48 *κ̅ς̅* 3_{5} init — 6 *αυτους* 3_{11} init — 12 *αυτων* 3_{40} init — *απο* 3_{44} init — 45 *πρωτοτοκων* 4_{1} init — 3 *επανω* 4_{5} *και* 4° — 6 *επ αυτω* 4_{15} *και* 4° — *αποθανωσι* 4_{24} init — 25 *σκηνης* 1° 4_{34} init — *δημους* 5_{1} init — 2 *εξαποστειλατωσαν* 5_{5} init — 6 *πλημμεληση* 5_{11} init — 13 *τις* 6_{1} init — 2 *ανηρ* 6_{5} *ξυρον* — *οσας* 6_{22} init — 24 *τους* 7_{1} init — *τα* 2° 7_{18} init — 19 *αυτου* 2° 7_{24} init — *Ζαβουλων* 7_{30} init — 31 *το* 7_{36} init — 37 *σεμιδαλεως* 7_{42} init — *Ελισαφατ* 7_{48} init — 49 *εβ[δομηκοντα* 7_{54} init — 55 *εν* 1° 7_{60} init — 61 *εβδο[μηκοντα* 7_{66} init — 67 *τρυβλιον* 7_{72} init — 73 *τρυβλιον* 7_{78} init — 79 *εβδο[μηκοντα* 8_{1} init — 2 *αυτον* 8_{5} init — 7 *αυτους* 8_{23} init — 24 *πεντεκαιει[κοσαετους* 9_{1} init — 3 *εσπεραν ποιησετε* 9_{14} init — 15 *εκαλυψεν η* 10_{29} init — *εξαι[ρομεν* 11_{1} init — 4 *ι̅η̅λ̅* 11_{16} init — *αυτων* 11_{25} *ως* — 26 *προ[εφητευσαν* 12_{1} init — 3 *σφοδρα* 13_{2} init — 3 *φυλην* 13_{31} init — *αναβησομεθα* 14_{6} init — 7 *κατεσκεψαμεθα*

14_{26} init — 27 εγογγυσαν 14_{39} init — λαος 15_{3} ει — 4 θυσιαν 15_{17} init — 18 αυτους 15_{27} init — 28 της 1° 15_{32} 15_{38} init — πτερυγιων 16_{1} init — υιοι 16_{23} init — 25 συνεπορευ[θησαν 16_{39} init — προση[νεγκαν 17_{1} init — 2 οικους 1° 18_{1} init — λη[μψεσθε 1° 18_{8} init — γερας 18_{25} init — 26 εαν 19_{1} init — 2 α[μωμον 19_{11} init — 12 τριτη 1° 20_{1} init — 3 ο 20_{14} init — α[δελφος 20_{23} 20_{26} και 2° — 27 εποι[ησεν 21_{6} init — λαον 2° 21_{17} init — 18 ωρυξαν αυτω 21_{32} init — κωμας 22_{1} init — Ιορδανην 22_{20} init — ουτοι 22_{35} και 2° — 36 των 1° 23_{7} δευρο 1° — 8 α[ραται 23_{20} init — 21 μοχθος 24_{10} init — Βαλακ 2° 25_{1} 25_{10} init — 11 κατεπαυσε 26_{4} και 2° — 5 Ενωχ 1° 26_{52} init — 53 αρι[θμου 27_{1} init — Μαχειρ 27_{15} init — 16 σαρκος 28_{1} init — 3 αμνους 28_{11} init — δυο 28_{16} init — 17 ημερα 28_{26} init — εβδομαδων 29_{1} init — λατρευτον 29_{11} πλην — παντος η 29_{17} init — τεσσαρες 30_{2} init — το 31_{1} init — 2 $\overline{\iota\eta\lambda}$ 31_{14} init — εκατονταρχοις 31_{25} init — 26 αιχμαλωσιας 31_{47} init — πεντηκοντα 32_{10} init — 11 ανθρωποι 32_{33} init — Μανασση 33_{1} init — αυτων 33_{50} init — 51 λαλησον 34_{3} init — Εδωμ 34_{16} init — 17 κληρονο[μησουσιν 35_{1} init — Ιεριχω 35_{9} init — 10 υμεις 35_{22} init — σκευος 35_{34} init — κατασκηνωσω.

426 London, Brit. Mus., Add. 39585 (früher Curzon 66). Anfang XI. Jh. Sigel bei Br.-M.: x.

458 Messina, Bibl. Univ., S. Salv. 62. XII. Jh. Hexaplarische Noten.

500 Wien, Nat. Bibl., Suppl. gr. 176 (früher Nikolsburg, Dietr. Schloßbibl. II 221). XI.—XII. Jh. Cat.

509 Leningrad, Öff. Staatsbibl., Gr. 62. IX.—X. Jh. Sigel bei Br.-M.: a_2.

527 Paris, Bibl. de l'Arsenal, 8415. XIV. Jh. Es fehlen 1_{17-44} 2_{9} συν — 3_{39} 3_{43} τρεις — 8_{22} 10_{8} υμων — 36 18_{5}—19_{22} 25_{16}—30_{17} 33_{29-47} 34_{4} και 5° — 9.

528 Paris, Bibl. Nat., Coisl. 5. Geschrieben 1264. Cat.

529 Paris, Bibl. Nat., Coisl. 6. XIII. Jh. Cat.

537 Paris, Bibl. Nat., Coisl. 184. XIII. Jh.

550 Paris, Bibl. Nat., Gr. 128. XII. Jh. Cat.

551 Paris, Bibl. Nat., Gr. 129. XIII. Jh. Cat.

552 Paris, Bibl. Nat., Gr. 132. XV. Jh. Cat.

610 Paris, Bibl. Nat., Suppl. gr. 609. XIV. Jh.

615 Patmos, Ἰωάννου τοῦ θεολόγου, 216. XI. Jh. Cat.

616 Patmos, Ἰωάννου τοῦ θεολόγου 217. XI. Jh. Cat. Es fehlt init libri — 2_{12}. Für 2_{13} init — 16 συν und 2_{28} init — 31 εξαρουσιν sind Schlüsse e silentio nicht erlaubt.

618 Patmos, Ἰωάννου τοῦ θεολόγου, 410. XIII. Jh.

619 Patmos, Ἰωάννου τοῦ θεολόγου, 411. XV. Jh. Die Hs. ist von drei Schreibern geschrieben: a) 1_{1} — 11_{16} Μωυσην 18_{8} ελαλησε — 29_{14} ενι 1°, b) 11_{16} κυριος — 18_{8} και 1° 29_{14} τοις — 32_{25} λεγοντες, c) 32_{25} οι 3° — fin libri.

624 Leningrad, Öff. Staatsbibl., Gr. 5. V.—VI. Jh. Palimpsest. Es fehlen wegen Blattverlust 1_{30} δη]μους — 40 αυτων 4° 2_{14} Ραγουηλ — 30 πεν[τηκοντα 3_{26} και 2° — 5_{13} σπερματος 5_{24} init — 6_{6} πα[ση 7_{7} υιος — 41 ενιαυσιας 7_{78} Νεφθαλι — 8_{2} επιτιθης 8_{16} ειληφα — 11_{3} Εμπυρι[σμος 13_{12} init — 28 μελι 14_{34} τεσσαρακοντα 2° — 15_{3} βοων 15_{20} αφαιρεμα 1° — 32 ξυλα τη ημερα 16_{31} λογους — 44 και 2° 18_{4} προς 2° — 15 πασης 18_{26} ι̅η̅λ̅ — 21_{15} χειμαρρους 21_{28} Μωαβ — 22_{29} fin 22_{41} εκειθεν — 23_{12} το 23_{27} αρε]σει — 26_{54} ελαττωσεις 27_{16} init — 28_{7} το 29_{36} ολοκαυ]τωματα — 30_{8} fin 31_{48} παντες — 32_{7} ι̅η̅λ̅ 33_{5} εις — 35_{3} τοις 1° 35_{17} θανατουσθω — 36_{6} γυναικες 1°. Ausgabe: C. Tischendorf, Monumenta sacra inedita. Nova collectio 1, Leipzig 1855. Sigel bei Br.-M.: H.

628 Leningrad, Öff. Staatsbibl., Gr. 124. XIII. Jh. Cat.

630 Leningrad, Öff. Staatsbibl., Papadopulos-Kerameus 8. XII. Jh. Wegen Blattverlust fehlen init libri — 8_{22} μαρ[τυριου 9_{15} την — 10_{34} Μω[υσης 11_{18} και 2° — 35 επιθυμιας 21_{16} συ]ναγαγε — 22_{16} λεγει. 11_{35} εξηρεν — 13_{10} Βενιαμην und 35_{22} ε]νεδρου — fin libri wurde im XIII. Jh. ergänzt.

646 Rom, Bibl. Vat., Barber. gr. 474. XII. Jh. Cat. Es fehlen wegen Blattverlust 5_{11} init — 8_{7} αυτων 2° 11_{35} init — 16_{40} προσ[ελθη 21_{10}—24_{9} 31_{1}—35_{34}.

664 Rom, Bibl. Vat., Pii II. gr. 20. XIV. Jh. Es fehlt 6_{14} και 3° — 18_{11} μετα σου.

669 Rom, Bibl. Vat., Vat. gr. 332. XIV. Jh.

707 Sinai, Katharinenkloster, Cod. gr. 1. X.—XI. Jh. Die Hs. ist stark verblaßt; Schlüsse e silentio sind nicht zulässig.

730 Venedig, Bibl. Marc., Gr. 15. XII. Jh. Cat.

739 Venedig, Bibl. Marc., Gr. 534. X. Jh. Cat.

761 Zürich, Zentralbibl., C. 11. XIII. Jh. Cat.

767 Athos, *Λαύρα*, 603. XIII. —XIV. Jh. Es fehlen 28_{2} *λεγων* — 30_{2} fin 33_{55} *αυτων* — 35_{15} *Ισραηλ*.

799 Athen, Nat. Bibl., 2491. Geschrieben 1280. Es fehlen 7_{1-83} 8_{5-19} 9_{1-23} 10_{2} *και* 2° — $_{7}$ fin 11_{24} *απο* — $_{29}$ fin 15_{1-31} 18_{6-11} 18_{21} *οσα* — $_{26}$ fin 18_{28-31} 26_{1}—27_{5} 28_{1}—30_{17} und wegen Blattverlust 34_{17} *οι* — 36_{2} *του*. Nach 10_{14} *πρωτοι* notiert der Schreiber *και κατ επος αι λοιπαι φυλαι υιων ι̅η̅λ̅* und setzt mit 10_{29} init wieder ein.

3. Nicht kollationierte Handschriften

Folgende jüngere Hss. wurden nicht kollationiert, da sie keinen wichtigen Text erwarten ließen:

83 Lissabon, Arch. da Torre do Tombo, 670. XVI. Jh. Cat.

350 Berlin, Staatsbibl., Phill. 1405. Geschrieben um 1540. Cat.

461 *Μετέωρα*, 216. XVI. Jh.

702 Rom, Bibl. Vat., Vat. gr. 2131. XVI. Jh. Cat.

723 Turin, Bibl. Naz., B. III. 15. XVI. Jh. Cat.

Nicht zugänglich war:

Rumänien, *Τόμ.* 1 *σελ.* 371. Cat.

Folgende Hss. sind verbrannt:

364 *Μέγα Σπήλαιον, Βέης* 68. XIV. Jh.

716 Smyrna, *Εὐαγγελ. Σχολή*, A-1. XII. Jh. Cat.

4. Papyri und Fragmente

803 Jerusalem, Rockefeller Museum, 4 Q LXX Num. I. Jh. v. Chr. Sehr fragmentarisch. Inhalt: 3_{40-43} 3_{50-51}(?) 4_{1}(?) $_{5-9}$ $_{11-15}$ $_{16}$(?). Ausgabe: P. W. Skehan, 4 Q LXX Numb: a Pre-Christian Reworking of the Septuagint, Harvard Theological Review 70 (1977), 39—50; vgl. auch P. W. Skehan, The Qumran Manuscripts, and Textual Criticism, Supplements to Vetus Testamentum IV, Leiden 1957, 155—157.

833 Messina, Bibl. Univ., S. Salv. 126. VIII.—IX. Jh. (rescr.). Palimpsest in Unzialschrift (untere Schrift Numeritext). Inhalt:

3_{43} *επισκεψεως* — 46 *Λευιτας* 3_{47} *κα]τα* 1° — 4_{3} *λειτουργειν* 4_{4} *υιων* — 7 *προκει[μενην*.

933 Sinai, Katharinenkloster, Fragm. 21. VII. Jh. Palimpsest. Inhalt: 32_{29} *ενωπλεισ[μενο]ς* — 30 *υμιν*. Ausgabe: J. Rendel Harris, Biblical Fragments of Mount Sinai nr. 1. London 1890.

963 Dublin, Chester Beatty Libr., P. Chester Beatty VI. II. Jh. Nur fragmentarisch, teilweise sehr fragmentarisch erhalten. Inhalt: 5_{12}—8_{19} (7_{54-59} war in der Hs. zweimal geschrieben) 13_{4-6} 17-18 25_{5-6} 10-11 18—26_{2} 12-13 21-25 32-35 39-42 47-51 55-59 63—27_{11} 13—28_{17} 19-24 26—29_{6} 8-18 21-24 27-33 35—31_{2} 6-8 11-17 19-22 25-28 30-32 35-45 48-50 54—32_{2} 5-8 11-29 32-33 33_{8-9} 53—34_{8} 12-13 20-23 29 — 35_{3} 5-7 12-15 24-25 28-32 36_{1} 4 7-8 11-13. Aus dem oben angegebenen Inhalt sind folgende Verse vollständig erhalten: 5_{13-16} 21 27-28 30—6_{9} 12-14 16-20 7_{3-7} 11-16 18-23 25-30 32-39 47-48 54-60 62-66 73-74 80-83 85-86 8_{5-7} 11-14 27_{6} 19-21 28_{4-5} 10 13-16 29_{30} 37-38 30_{12} 31_{20-21} 37-40 32_{12-14}. Ausgabe: F. G. Kenyon, The Chester Beatty Biblical Papyri, Fasc. V, London 1935 (Faksimile-Ausgabe Dublin 1958). Vgl. auch A. Pietersma, Vetus Testamentum 24 (1974), 113—118.

5. Kollationierte Handschriften ohne Rahlfsnummer

Thessalonich (Thess). Marmortafel in einer Synagoge in Thessalonich. Inhalt: 6_{22-27}. Zuerst veröffentlicht von S. Pélékidis, *Πεπραγμένα τοῦ θ' διεθνοῦς Βυζαντινολογικοῦ Συνεδρίου* (*Θεσσαλονίκη* 12—19 *Ἀπριλίου* 1953), I 408. Athen 1955. Vgl. auch Revue biblique 75 (1968), 368—378 und 81 (1974), 394—399.

6. Die griechischen Väter-Zitate

Zu den Problemen, die mit der Auswertung der Bibelzitate von Kirchenschriftstellern verbunden sind, siehe Genesis 29—30.

Die folgenden Autoren wurden verglichen[1]:

Anast = Anastasius Sinaita (PG 89)

Ath = Athanasius I—III (PG 25—27)

[1]) Eine Zusammenstellung der Zitate aus den mit † gekennzeichneten patristischen Zeugen wurde mir freundlicherweise vom Centre d'Analyse et de Documentation Patristiques in Straßburg zur Verfügung gestellt.

Barn	= Epistula Barnabae (Hg. F. X. Funk - K. Bihlmeyer, 1956) †
Bas	= Basilius Magnus Caesariensis I—IV (PG 29—32)
BasSel	= Basilius Seleuciensis (PG 85)
Chr	= Chrysostomus I—XVIII (PG 47—64)
Clem	= Clemens Alexandrinus I—III (GCS 12, 15, 17; Hg. O. Stählin) †
ClemR	= Clemens Romanus (Hg. F. X. Funk - K. Bihlmeyer, 1956) †
Cyr	= Cyrillus Alexandrinus I—X (PG 68—77)
CyrHier	= Cyrillus Hierosolymitanus (PG 33, 331—1180)
DialAZ, DialTA	= F. C. Conybeare, The Dialogues of Athanasius and Zaccheus and of Timothy and Aquila, Anecdota Oxoniensa, Class. Ser. I, 8, Oxford 1898
Did	= Didymus Alexandrinus, Kommentar zu Sacharja (Tura-Papyrus) (SC 83—85; Hg. L. Doutreleau, 1962) †
Eccl	= Kommentar zum Ecclesiastes, (Tura-Papyrus) Teil VI (Kap. 11—12) Hg. G. Binder u. L. Liesenborghs; Teil III (Kap. 5—6) Hg. J. Kramer; Teil IV (Kap. 7—8, 8) Hg. J. Kramer u. B. Krebber PTA 9, 13, 16. Zitiert nach Papyrusseite u. -zeile
Hiob	= Kommentar zu Hiob (Tura-Papyrus), PTA 1, 2, 3; Bände 1 u. 2 Hg. A. Henrichs; Band 3 Hg. U. u. D. Hagedorn u. L. Koenen. Zitiert nach Papyrusseite u. -zeile
Ps	= Psalmenkommentar (Tura-Papyrus) I—V Hg. L. Koenen u. R. Merkelbach, PTA 7, 4, 8, 6, 12. Zitiert nach Papyrusseite u. -zeile
DionAl	= Dionysius Alexandrinus (L. Feltoe, *Λείψανα*. The Letters and Other Remains of Dionysius of Alexandria, Cambridge 1904 [Cambr. Patr. Texts])
Epiph	= Epiphanius I—III (GCS 25, 31, 37; Hg. K. Holl)
Eus	= Eusebius Caesariensis I—II, III 1, IV, VI, VIII 1,2 (GCS 7, 11, 14; Hg. E. Klostermann. GCS 23; Hg. I. A. Heikel. GCS 43, 1.2; Hg. K. Mras). IX (GCS; Hg. J. Ziegler)

GregNys = Gregorius Nyssenus I—IX (W. Jaeger, Gregorii Nysseni Opera, Berlin/Leiden 1921ff) †

Hipp = Hippolytus †

Balaam = De benedictione Balaam in Irénée, Fragments, in W. W. Harvey, Sancti Irenaei ep. Lugdunensis libros quinque adversus haeres, Bd. 2 (Cambridge 1857)

Ben = Sur les bénédictions d'Isaac, de Jacob et de Moïse (PO 27, 1—2; Hg. M. Brière, L. Mariès u. B.-Ch. Mercier, 1954—1957)

Elenchos = Elenchos (GCS 26; Hg. P. Wendland)

Isid = Isidorus Pelusiota (PG 78)

Iust = Iustinus Martyr (Hg. H. Hemmer u. P. Lejay, 1909) †

Dial = Dialogus cum Tryphoni (Hg. G. Archambault)

Apol = Apologia I (Hg. L. Pautigny)

Mac = Macarius Aegyptus (PG 34)

Mel = Melito (SC 123; Hg. O. Perler, 1966) †

Meth = Methodius Olympius (SC 95; Hg. H. Musurillo u. V. H. Debidour, 1963) †

Nil = Nilus Ancyranus (PG 79) †

Or = Origenes I—VI (GCS 2, 3†; Hg. P. Koetschau. GCS 10†; Hg. E. Preuschen. GCS 29; Hg. W. A. Baerens. GCS 38; Hg. E. Klostermann. GCS 40; Hg. E. Klostermann)

Cels = Contra Celsum I—IV (SC 132, 136, 147, 150; Hg. M. Borret, 1967—1969) †

Eph = The Commentary of Origen upon the Epistle of the Ephesians (JThSt 3 (1902); Hg. J. A. F. Gregg) †

Phil = Philon Iudaeus Alexandrinus (Opera; Hg. L. Cohn u. P. Wendland, Berlin 1896ff)

Procop = Procopius Gazaeus (PG 87)

PsClem = Pseudo-Clementina (GCS 42; Hg. B. Rehm) †

Sev = Severianus Gabalitanus (PG 56, 429—516)

Th = Theodorus Mopsuestenus (PG 66)

Tht	=	Theodoretus Cyrensis I—V (PG 80—84)
Gen	=	Quaestiones in Genesim (TECC 17)
Ios	=	Quaestiones in Josuam (TECC 17)
Nm	=	Quaestiones in Numeros (TECC 17)
Quaest	=	Quaestiones et responsiones ad orthodoxos (= Pseudo-Iustinus; Hg. I. C. Th. v. Otto, Iustini Philosophi et Martyris, Opera quae feruntur omnia. Bd. V, 3, 2. Jena 1881) †
Titus	=	Titus Bostrensis Episcopus (PG 18)

II. Die alten Übersetzungen

In der Reihenfolge der Übersetzungen stehen die altlateinischen Zeugen im Apparat am Anfang, wobei zuerst die Hss. in aufsteigender numerischer Folge notiert sind und danach die Väterzitate in alphabetischer Ordnung. Danach folgen die anderen Übersetzungen in alphabetischer Anordnung.

Zur Problematik der Übersetzungen im allgemeinen siehe Genesis 33—34.

1. Die altlateinische Übersetzung = La[1])

Folgende Hss. wurden kollationiert:

91 Randnoten: León, S. Isidoro, Codex Gothicus Legionensis. Geschrieben 960.

92 Randnoten: León, S. Isidoro 1. 3 (Legionensis 2). Geschrieben 1162. Abschrift von 91.

94 Randnoten: Escorial, Biblioteca de S. Lorenzo 54. V. 35. Geschrieben 1561.

95 Randnoten: Madrid, Acad. de la Historia 2—3. XII. Jh.

96 Randnoten: Calahorra, Catedral 2. Geschrieben 1183.

---

[1]) H. J. Frede und W. Thiele vom Vetus Latina Institut in Beuron möchte ich danken für die Möglichkeit, das Arbeitsmaterial des Instituts verwenden zu dürfen. Mein besonderer Dank gilt D. W. Gooding, der die große Mühe auf sich genommen hat, dieses Material für Numeri zu kollationieren.

Die Randnoten von 91 bis 96 wurden nach T. Ayuso Marazuela, La Vetus Latina Hispana. II El Octateuco. TECC 6. Madrid 1967, kollationiert. Einige Randnoten sind in dieser Ausgabe unter der Sigel Al (für alius) notiert. Sie werden in App. I ebenfalls mit Al: und folgender Hs.-Nummer genannt.

100 Lyon, Bibl. de la Ville, Ms 403 + 1964. VII. Jh. Ausgabe: U. Robert, Pentateuchi versio latina antiquissima e codice Lugdunensi, Paris 1881.

104 München, Bayer. Staatsbibl., Lat. Monac. 6225. VI. Jh. Ausgabe: L. Ziegler, Bruchstücke einer vorhieronymianischen Übersetzung des Pentateuch aus einem Palimpsest der K. Hof- und Staatsbibliothek zu München, München 1883. Fragmentarisch. Inhalt: 3_{34}—4_{8} 4_{31}—5_{8} 7_{37-73} 11_{20}—12_{14} 29_{6}—30_{3} 31_{14}—32_{34} 32_{36}—35_{6} 36_{4}—fin.

110 Wien, Nationalbibl., cod. lat. 1114, fol. 83. Inhalt: 26_{2-3} $_{8-10}$ (fragmentarisch) $_{15-18}$ (fragmentarisch) $_{25-29}$. Ausgabe: B. Bischoff, Neue Materialien zum Bestand und zur Geschichte der altlateinischen Bibelübersetzungen, Studi e Testi 121, Città del Vaticano 1946, 407—410.

Zum Textcharakter der Vetus Latina vgl. A. V. Billen, The Old Latin Texts of the Heptateuch, Cambridge 1927. Wie in Deuteronomium wird für die Zitate aus Hss. und Kirchenvätern auf eine Zuordnung zu verschiedenen Texttypen verzichtet. Dies fällt umso leichter, als der Vetus Latina Text in Numeri im Gegensatz zu Genesis und Deuteronomium in sämtlichen Zeugnissen (Hss. und Kirchenväter) einen sehr viel einheitlicheren Textcharakter hat. Außerdem werden in der Ausgabe die von Vetus Latina unabhängigen Wiedergaben des griechischen hexaplarischen Textes (La^{o} in Genesis) und die bei PsPhil stehenden Übersetzungen aus dem Griechischen (La^{x} in Gen) zitiert. — Die Sigel La wird benutzt, wenn alle altlateinischen Zeugen übereinstimmen.

Abkürzungen für lateinische Väterzitate. Die in Klammern gesetzten Abkürzungen stammen aus Fischer, Verzeichnis, wo alle näheren Angaben zu finden sind.

Ambr (AM) = Ambrosius
  Cain (Ca) = De Cain et Abel
  Ep (ep) = Epistulae

Exh virg (exh) = Exhortatio virginitatis
Fuga (fu) = De fuga saeculi
Iob (Jb) = De interpellatione Iob et David
Isa (Is) = De Isaac vel anima
Luc (Lc) = Expositio Evangelii secundum Lucam
Off min (off) = De officiis ministrorum
Ps 118 (118 Ps) = Expositio de Psalmo CXVIII
Sat (Sat) = De excessu fratris Satyri
Virg (vgt) = De virginitate

Ambrst (AMst) = Ambrosiaster
Quaest (q) = Quaestiones V. et N.T.

Anian (ANI) = Anianus
Hom (h) = Übersetzung der 25 Homilien des hl. Chrysostomus über Mt

AntiphMoz (ANT-M) = Antiphonale Mozarabicum

ApocEvang (AP-E) = Apocrypha Evangelia
Inf (inf) = Evangelium infantiae Domini

Arnob (AR) = Arnobius der Jüngere
Ps (Ps) = Commentarii in Psalmos

Ath (ATH) = Athanasius
Ant (Ant) = Vita S. Antonii

Aug (AU) = Augustinus
Deut (Dt) = Quaestiones de Deuteronomio
Doctr (do) = De doctrina christiana
Ench (ench) = Enchiridion ad Laurentium de fide et spe et caritate
Ep (ep) = Epistulae
Gen ad litt (Gn li) = De Genesi ad litteram
Iudic (Jdc) = Quaestiones de Iudicibus
Leg (leg) = Contra adversarium legis et prophetarum libri 2
Loc in hept (loc) = Locutionum in Heptateuchum libri 7
Num (Nm) = Quaestiones de Numeris
Petil (Pet) = Contra litteras Petiliani libri 3
Serm (s) = Sermones

Beat (BEA) = Beatus von Liébana

Apoc (Apc) = Kommentar zu Apc

Elip (El) = Etherii episcopi Uxamensis et Beati presbyteri Adversus Elipandum libri 2

Beda (BED) = Beda Venerabilis

Ep cath (cath) = Super epistolas catholicas expositio

Luc (Lc) = In Lucae Evangelium expositio

Marc (Mc) = In Marci Evangelium expositio

Sam (Sam) = In primam partem Samuelis libri 4

Caes (CAE) = Caesarius

Serm (s) = Sermones

Cassiod (CAr) = Cassiodorus

Antiq (ant) = Übersetzung der Antiquitates Iudaicae des Josephus

Inst (in) = Institutionum divinarum et humanarum lectionum libri 2

CommIob (AN Jb) = Commentarius in Iob

ConcilTol (CO-Tol) = Concilia Toletana

Cyp (CY) = Cyprianus

Ep (ep) = Epistulae

Quir (te) = Ad Quirinum seu testimoniorum libri 3 adversus Iudaeos

CypGall (CY-G) = Cyprianus presbyter

Hept (Hept) = Heptateuchus

EpiphSal (EP-SA) = Epiphanius von Salamis

Gem (gem) = De duodecim gemmis rationalis

EpiphSchol (EP-SC) = Epiphanius Scholasticus

Enarr (en) = Didymi Alexandrini in epistolas canonicas brevis enarratio

Evagr (EVA-A) = Evagrius von Antiochien

Fac (FAC) = Facundus

Def (def) = Pro defensione trium capitulorum libri 12

Ep (ep) = Epistola fidei catholicae in defensione trium capitulorum

FirmMat (FIR) = Firmicus Maternus

Consult (PS-FIR con) = Consultationes Zacchaei et Apollonii, vielleicht von Evodius, nicht von FirmMat

FragmMatth (AN Mt) = Fragment eines Mt-Kommentars

Fred (FRE) = Fredegarius

Fulg (FU) = Fulgentius

C Fab (Fab) = Contra Fabianum fragmenta

Incarn (inc) = De incarnatione filii Dei et vilium animalium auctore ad Scarilam liber

Remiss (rem) = De remissione peccatorum ad Euthymium libri 2

Greg (GR-M) = Gregorius Magnus

Iob (Jb) = Moralium libri sive Expositio in librum Job

GregIl (GR-I) = Gregor von Illiberis

Tr (tr) = Tractatus Origenis

Hi (HI) = Hieronymus

Alterc Luc (alt) = Altercatio Luciferiani et orthodoxi

Amos (Am) = Commentarius in Amos

C Pel (Pel) = Dialogi contra Pelagianos libri 3

Ep (ep) = Epistulae

Eph (Eph) = Commentarii in epistulam ad Ephesios libri 3

Ezech (Ez) = Commentariorum in Hiezechielem libri 14

Gal (Gal) = Commentarii in epistulam ad Galatas libri 3

Helv (Hel) = Adversus Helvidium de Mariae virginitate perpetua

Iovin (Jov) = Adversus Iovinianum libri 2

Is (Is) = Commentariorum in Esaiam libri 18

Mal (Mal) = Commentarius in Malachiam

Matth (Mt) = Commentariorum in Matthaeum libri 4

Mic (Mi) = Commentarius in Michaeam

Nomin Num (nom Nm) = Liber interpretationis Hebraicorum nominum

Or in Ezech hom (Ez h) = Origenis in Ezechielem homiliae 14

Or in Ier hom (Jr h) = Origenis in Jr homiliae

Or in Is hom (Is h) = Origenis in Isaiam homiliae

Philem (Phlm) = Commentarius in epistulam ad Philemonem

Hil (HIL) = Hilarius

Ps (Ps) = Tractatus super Psalmos

Hiln (HILn) = Quintus Iulius Hilarianus

Pasch (pa) = De ratione paschae et mensis

Innoc (IN) = Innocentius I

Invent nom (AN inv) = De inventione nominum

Iren (IR) = Irenaeus

Isid (IS) = Isidor

Gen (Gn) = Genesis
Num (Nu) = Liber numerorum
Off (off) = De ecclesiasticis officiis libri 2
Quaest (q) = Quaestiones in V. T. seu Mysticorum expositiones sacramentorum

ItinEger (IT Ae) = Itinerarium Egeriae

IulTol (JUL-T) = Julianus von Toledo

Antik (ant) = Antikeimenon, hoc est contrariorum sive contrapositorum libri 2

Lib geneal (AN gen) = Liber genealogus

Luc (LUC) = Lucifer von Cagliari

Conven (con) = De non conveniendo cum haereticis
Parc (par) = De non parcendo in Deum delinquentibus

MissMoz (M-M) = Missale Mozarabicum

Opt (OPT) = Optatus

Parm (Par) = Contra Parmenianum Donatistam

Opus imperf Matth (AN Mt h) = Opus imperfectum in Matthaeum, 54 Homilien

Or (ORI) = Origenes

Matth (Mt) mit Buch- und Abschnittszählung = Matthäus-Kommentar, die in griechischer und lateinischer Bearbeitung erhaltenen Tomoi
Matth (ser) nur mit Seitenangabe = Matthäus-Kommentar, die Übersetzung der Commentariorum series

PaschSupp (AN sup) = Das Paschale der Supputatio Romana

Prisc (PRIS) = Priscillianus

Tr (tr) = Tractatus

PsAmbr (PS-AM) = Pseudo-Ambrosius

Mans (man) = De XLII mansionibus filiorum Israel
Paenit (pae) = De paenitentia

PsAug (PS-AU) = Pseudo-Augustinus

Mir (mir) = De mirabilibus S. Scripturae
Serm (s) = Sermones
Serm Cai (s Cai) = Sermones ab A. B. Caillau et B. Saint-Yves editi et S. Augustino adscripti

PsBas (PS-BAS) = Pseudo-Basilius

Is (Is) = Expositio super Ysayae Prophetae

PsCyp (PS-CY) = Pseudo-Cyprianus

Novat (Nov) = Ad Novatianum
Rebapt (reb) = De rebaptismate

PsHi (PS-HI) = Pseudo-Hieronymus

Ep (Ep) = Epistulae

PsIsid (PS-IS) = Pseudo-Isidor

Iud (Jud) = Liber de variis quaestionibus adversus Iudaeos seu ceteros infideles vel plerosque haereticos iudaizantes ex utroque Testamento collectus

PsIulTol (PS-JUL-T) = Pseudo-Julianus von Toledo

Gramm (ars) = Ars grammatica, poetica et rhetorica

PsPhil (PS-PHO) = Pseudo-Philo

PsRuf (PS-RUF) = Pseudo-Rufinus

Fide (fi) = Liber de fide

Quodv (QU) = Quodvultdeus

Prom (pro) = Liber promissionum et praedictorum Dei

ResponsRom (RES-R) = Antiphonen u. Responsorien zum römischen Officium

Ruf (RUF) = Rufinus

Cant (Ct) = Commentarius Origenis in Ct
Eus (Eus) = Eusebii Historia Ecclesiastica
Ios (Jos) = Origenis in librum Iesu Nave homiliae 26
Num (Nm) = Origenis in Nm homiliae 28
Or princ (pri) = Origenis libri De principiis
PsClem (Cl) = Pseudo-Clementis Recognitiones

SacrGreg (S-Gr) = Sacramentarium Gregorianum

Hadr (H) = Hadrianum

SedScot (SED-S) = Sedulius Scottus

Spec (PS-AU spe) = Liber de divinis scripturis sive Speculum quod fertur S. Augustini

Sulp (SUL) = Sulpicius Severus

Chron (chr) = Chronicorum libri 2

Tert (TE) = Tertullianus

Ieiunio (je) = De ieiunio adversus psychicos
Marc (Marc) = Adversus Marcionem
Prax (Pra) = Adversus Praxean
Scorp (sco) = Scorpiace

Verec (VER) = Verecundus

Cant (cant) = Commentariorum super Cantica ecclesiastica libri 9

VitaElig (A-SS Elig) = Vita S. Eligii episcopi Noviomagensis

2. Die aethiopische Übersetzung = Aeth

Die Kollation der aethiopischen Übersetzung von Num erfolgte nach A. Dillmanns Ausgabe und nach dem Text des cod M; zu beiden sowie zu cod R, der nicht kollationiert wurde, vgl. Genesis 43—44. Cod P (vgl. Deuteronomium 31) war mir leider nicht zugänglich. 5_{11} *προς* — 6_{14} *αμναδα* konnte für Aeth^{M} nicht kollationiert werden, da die entsprechende Seite in der Kopie fehlte.

3. Die arabische Übersetzung = Arab

Siehe Genesis 44—46.

4. Die armenische Übersetzung = Arm

Die alte armenische Übersetzung wurde nach Zohrabs Ausgabe aus dem Jahre 1805 kollationiert. Arm darf als guter Zeuge für den byzantinischen Text gelten (vgl. THGN), in zweiter Linie aber auch als Vertreter von *O*. Wie Claude Cox in seiner kritischen Studie zum armenischen Text von Deut nachgewiesen hat, geht Arm auf eine griechische Vorlage zurück, die den byzantinischen Texttyp vertrat, aber stark hexaplarisch beeinflußt war. Diese Vorlage stammte aus Konstantinopel und wurde wahrscheinlich mit der ausdrücklichen Absicht, sie ins Armenische zu übersetzen, nach Armenien gebracht. Weiteres zu Arm siehe Genesis 46—47.

5. Die koptischen Übersetzungen = Co

a) Die bohairische Übersetzung = Bo

Wie in Deuteronomium (vgl. 31—32) sind zwei Hss. für den bohairischen Text kollationiert:

Paris, Bibl. Nat., Coptic 1. 1356
Rom, Bibl. Vat., Coptic 1. IX.—X. Jh.

Wenn die Texte voneinander abweichen, wird die Pariser Hs. als Bo^{A}, die römische als Bo^{B} bezeichnet. Zur bohairischen Übersetzung im allgemeinen siehe Genesis 47.

b) Die fajumische Übersetzung = Fa

Von ihr ist nur ein Papyrusfragment erhalten: London, Brit. Mus., Or. 4717(21) veröffentlicht als Nr. 1221 in W. E. Crum, Catalogue of the Coptic Manuscripts in the British Museum, London, 1905. Inhalt: 5_{15-18}. Fragmentarisch.

c) Die sahidische Übersetzung = Sa

Der sahidische Text für Num liegt in Sa^{12} vollständig vor. Verschiedene Seiten der Hs. sind fast unlesbar; deshalb dürfen Schlüsse e silentio nicht gezogen werden. Außerdem ist Num in elf weiteren Hss. überliefert, die jedoch nur kleinere oder größere Fragmente enthalten. Zur sahidischen Übersetzung im allgemeinen siehe Genesis 48.

Folgende Hss. wurden kollationiert:

Sa^{1} = A. Ciasca, Sacrorum Bibliorum fragmenta copto-sahidica Musei Borgiani iussu et sumptibus S. Congregationis de Propaganda Fide edita. Tom. I, Rom 1885. Inhalt: 1_{40}—3_{11} 9_{6-20} 13_{18-32} 14_{29-31} $_{33-35}$ $_{37-39}$ $_{42-45}$ 16_{14-29} 16_{43}—18_{9} $_{21}$ 19_{1} 20_{1-13} 21_{6-9} 24_{13}—25_{9} 27_{19}—28_{19} 32_{11}—34_{13}.

Sa^{2} = S. Gaselee, Notes on the Coptic Versions of the LXX, JThSt 11 (1910), 246—257. Inhalt: 2_{7a}.

Sa^{3} = H. Hyvernat, Album de Paléographie Copte. Paris 1880. Inhalt: 22_{28-35}.

Sa^{4} = G. Maspéro, Fragments de la version thébaine de l'Ancien Testament. Mém. publ. par les membres de la mission arch. fr. au Caire VI, fasc. 1. Paris 1892. Inhalt: 1_{9-41} 2_{7-25}, $_{36}$—4_{4} 4_{23-34} 5_{1}—7_{12} 11_{8-23} $_{31-35}$ 12_{1}—13_{12} 16_{33-36} $_{38}$ 18_{9-11} $_{13-21}$ 19_{20}—20_{14} $_{17}$—21_{12} $_{33}$—22_{23} 23_{24}—24_{21} 29_{8-10} $_{12-13}$ $_{16-18}$ $_{22-25}$.

Sa^{5} = J. Schleifer, Sahidische Bibelfragmente aus dem British Museum zu London II. Sitzungsb. d. Kais. Akad. d. Wiss. in Wien, philos.-hist. Kl. 164, 6, Wien 1911. British Museum, Or. 3579 A. Inhalt: 5_{8-24} 10_{33}—11_{8} 26_{58}—27_{7} (fragm. $_{61-62,\ 65,\ 2-3}$) $_{18-23}$ 31_{47-49} (fragm. $_{47}$) 32_{4-7} (fragm. $_{4-5}$).

Sa^{6} = J. Schleifer, Bruchstücke d. sahidischen Bibelübersetzung, idem 170, 1, Wien 1912. Inhalt: 4_{33}—5_{1} 7_{12-37} 27_{22}—29_{1}.

Sa^{7} = E. Stefanski-M. Lichtheim, Coptic Ostraca from Medinet Habu. The University of Chicago, Oriental Institute Publications 71, no. 1, Chicago 1952. Inhalt: 6_{24} $_{26-27}$. Fragmentarisch.

Sa^{8} = W. C. Till, Koptische Pergamente theologischen Inhalts I. Mitteilungen aus der Papyrussammlung d. Nationalbibl. in Wien (Papyrus Erzherzog Rainer) N.S. 2. Wien 1934. Inhalt: 4_{48}—5_{13}.

Sa^{9} = W. C. Till, Sahidische Fragmente des Alten Testaments. Le Muséon 50 (1937), 181—184. Wien, Nat. Bibl., K 9849, 2600 und 2719. Inhalt: $13_{24\text{-}26}$ $14_{9\text{-}10}$ 19_{12} $_{14\text{-}15}$ $22_{38\text{-}41}$ $23_{3\text{-}4}$.

Sa^{10} = A. Erman, Bruchstücke der oberaegyptischen Übersetzung des Alten Testamentes. Nachr. v. d. Kön. Ges. d. Wiss. und d. G. A. Universität zu Göttingen Nr. 12, Göttingen 1880. Oxford, Bibl. Bodl., Hunt 5. Inhalt: $21_{1\text{-}9}$.

Sa^{11} = C. Wessely, Griechische und koptische Texte theologischen Inhalts I und IV. Studien zur Palaeographie u. Papyruskunde IX. XV. Leipzig 1909, 1914. K. 9983, 9384, 9869, 9849, 9382, 9383. Inhalt: $7_{19\text{-}37}$ 9_{21}—10_{27} 10_{33}—11_{10} 13_{23}—14_{13} $17_{9\text{-}13}$ $18_{1\text{-}9}$ 25_{7}—26_{8}.

Sa^{12} = NewYork: J. Pierpont Morgan Library, Copt. ms. 566. Siehe H. Hyvernat, A check-list of Coptic Manuscripts in The Pierpont Morgan Library, NewYork 1909, S. 3, nr. 1 und Bibliothecae Pierpont Morgan Codices Coptici photographice expressi. Roma 1922. Vollständig. Schlüsse e silentio sind nicht zulässig.

6. Die palästinisch-syrische Übersetzung = Pal

Pal wurde kollationiert nach The Bible in the Syropalestinian Version, ed. M. H. Goshen-Gottstein, Part I Pentateuch and Prophets, Jerusalem 1973. Diese Ausgabe ist eine Nachkollation der im folgenden angegebenen Lektionartexte. Die Liste enthält außerdem die Angaben über die jeweilige Erstveröffentlichung:

a) G. H. Gwilliam, The Palestinian Version of the Holy Scriptures, Anecdota Oxoniensia I, 5. Oxford 1893. Inhalt: 4_{46}—5_{8}.

b) H. Duensing, Christlich-palästinisch-aramäische Texte und Fragmente, Göttingen 1906. Inhalt: 11_{29}.

c) F. Schulthess, Christlich-Palästinische Fragmente aus der Omajjaden-Moschee zu Damaskus, Berlin 1905. Inhalt: $13_{19\text{-}33}$.

d) A. Smith Lewis and M. D. Gibson, Palestinian Syriac Texts from Palimpsest Fragments in the Taylor-Schechter Collection. London 1900. Inhalt: (sehr fragmentarisch) 22_{37}—23_{6}.

Zu Pal allgemein siehe Genesis 51.

7. Die syro-hexaplarische Übersetzung = Syh

Folgende Texte wurden kollationiert:

Syh^{L} = P. de Lagarde, Bibliotheca Syriaca, Göttingen 1892. Inhalt: 1_{31} *χιλιαδες* — 2_{2} *ανθρωπος* 2_{15} *και εξακοσιοι* — 3_{9} *δομα* 3_{22} *η* 2° — 4_{7} *κατα* 2° 7_{19} *αναπεποιημενης* — $_{36}$ *συμεων* 10_{6} *τεταρτην* — $_{10}$ *ευφροσυνης* 10_{12} *απαρτιας* — 15_{29} *ενχωριω* 16_{2} *των* — $_{29}$ *θανατον* 16_{41} init — 22_{38} *ρημα* 23_{2} *βαλακ* — $_{5}$ *στομα* 23_{9} *ου* — 26_{12} *ιαμινι* 26_{24} *τω* 3° — $_{27}$ fin 26_{15} init — $_{18}$ *εξ* 26_{36} init — $_{43}$ fin.

Syh^{T} = Tur ʿAbdin Handschrift. Ausgabe: A. Vööbus, The Pentateuch in the Version of the Syro-Hexapla. A facsimile edition of a Midyat Ms. discovered 1964. CSCO 369. Leuven 1975. Die folgenden Stücke fehlen durch Blattverlust: 1_{1} init — $_{3}$ *δυναμει* 6_{7} *αδελφω* — 7_{7} *εδωκεν* 13_{3} *και* — 14_{23} *ωμοσα*.

Syh^{G} = M. H. Gottstein, Neue Syrohexaplafragmente, Biblica 37 (1956), 162—183. British Museum, Add. 14485. Inhalt: $15_{32\text{-}41}$ und M. H. Goshen-Gottstein: A New Text from the Syrohexapla: Deuteronomy 34, A Tribute to Arthur Vööbus: Studies in Early Christian Literature and its Environment, Primarily in the Syrian East, edited by R. H. Fischer. Chicago 1977, 19—28. Harvard, Syr 49, fol. 25b. Inhalt: $20_{23\text{-}29}$.

Auf den hohen textkritischen Wert, den Syh als Zeuge für die hexaplarische Rezension hat, muß an dieser Stelle nicht erneut eingegangen werden. Hinsichtlich der Frage nach dem Charakter von Syh als Übersetzung möchte ich besonders auf die Studie von Larry Perkins, The Place of the Syro-Hexapla in the Textual Tradition of the Septuagint of Deuteronomy (Ph. D. Dissertation, University of Toronto 1980) verweisen; vgl. außerdem Genesis 52.

III. Die Druckausgaben

Besonders wichtig sind die drei großen ältesten Bibeln: Aldina (Ald), Complutensis (Compl) und Sixtina (Sixt). Diese sind für die vorliegende Ausgabe vollständig kollationiert worden. Die Prinzipien, nach denen ihre Zitierung erfolgt, sind unten angegeben. Von diesen dreien wurde die Sixtina mehrfach abgedruckt; in dieser Ausgabe ist nur der Originaltext herangezogen worden.

1. Aldina (Ald)

In Num ist Ald besonders eng verwandt mit Hss. 68′; Ald ist nur dann im Apparat angeführt, wenn ihr Text nicht mit der Lesart von Hss. 68′ übereinstimmt.

2. Complutensis (Compl)

Der Text von Compl beruht zum großen Teil auf den Hss. 19′, doch scheint es, als seien auch die Hss. 56 und 129 benutzt worden. Compl ist im Apparat nur dann angeführt, wenn sie nicht mit den Lesarten von 19′ übereinstimmt.

3. Sixtina (Sixt)

Sixt basiert auf einer großen Anzahl von Hss., vor allem jedoch auf cod B. Sie ist im Apparat nur dann notiert, wenn ihr Text von cod B abweicht.

4. Grabe (Gr)

Siehe Genesis 53.

5. Holmes-Parsons (H.-P.)

Siehe Genesis 54.

6. Lagarde

Der Text von Lagarde ist ein von ihm rekonstruierter lukianischer Text der Bücher Genesis bis Esther. Die Ausgabe ist nicht im Apparat angeführt.

7. Brooke-McLean (Br.-M.)

Siehe Genesis 54—55. Die Ausgabe Numeri — Deuteronomium erschien 1911.

8. Rahlfs (Ra)

Bei Ra handelt es sich um seine Handausgabe des griechischen Alten Testamentes. In Num beruht ihr Text im wesentlichen auf einem Vergleich der Unzialen A und B. Außerdem sind die hexaplarischen Zusätze notiert.

B Die Textgeschichte

Die Textgeschichte ist ausführlich behandelt bei J. W. Wevers in THGN. Hier sollen lediglich die Informationen gegeben werden, die für die Benutzung der Ausgabe unentbehrlich sind.

I. Rezensionen und Textgruppen in der LXX-Tradition

1. Die *O*-Rezension

O = G-58-376-426 Syh

oI = 15-64-381-618

oII = 29-72-82-707

O′ = *O* + *oI* *O’* = *O* + *oII* *O′’* = *O* + *oI* + *oII* *oI’* = *oI* + *oII*

15′ = 15 + 64 72′ = 72 + 707 376′ = 376 + 426 381′ = 381 +618

Hexaplarische Zeichen finden sich in erster Linie nur in G und in Syh; gelegentlich finden sie sich in Hss., die keinen *O*-Text bieten.

2. Die *C*-Gruppe

C = 16-77-131-500-529-616-739

cI = 57-73-320-413-528-550-552-761

cII = 46-52-313-414-417-422-551-615

C′ = *C* + *cI* *C’* = *C* + *cII* *C′’* = *C* + *cI* + *cII* *cI’* = *cI* + *cII*

16′ = 16 + 131 46′ = 46 + 313 52′ = 52 + 615 57′ = 57 + 413 73′ = 73 + 320 414′ = 414 + 551 500′ = 500 + 739 528′ = 528 + 761 529′ = 529 + 616 550′ = 550 + 552

Die C''-Gruppe bietet einen weitverbreiteten Texttyp, der vor allem in Catenen-Hss. überliefert ist. Bis auf die Hss. 16, 46 und 131 sind alle Zeugen dieser Gruppe Catenen-Hss. Auf der anderen Seite konnten vier Catenen-Hss. nicht der C''-Gruppe zugezählt werden. Hs. 646 bietet einen Mischtext, der zwar stark von dem Texttyp von C'' beeinflußt ist, jedoch zu viele Abweichungen hat, als daß die Hs. in die Gruppe hätte aufgenommen werden können. Hs. 628 ist der *z*-Gruppe zuzuordnen, 730 der *s*-Gruppe. Hs. 424 vertritt zwar einen C''-Texttyp, doch bietet sie einen so stark verkürzten Text, daß sie nicht innerhalb von C'' differenziert werden konnte, sondern unter die codd mixti gerechnet werden mußte.

3. Die *b*-Gruppe

b = 19-108-118-314-537

19′ = 19 + 108 118′ = 118 + 314

19′ haben bisweilen Abweichungen von 118′-537, doch gewöhnlich ist die Gruppe in sich geschlossen.

4. Die *d*-Gruppe

d = 44-106-107-125-610

44′ = 44 + 106 107′ = 107 + 610 125′ = 107 + 125

Zum Charakter der *d*-Gruppe als Hauptvertreter des byzantinischen Textes vgl. THGN.

5. Die *f*-Gruppe

f = 53-56-129-246-664

53′ = 53 + 664 56′ = 56 + 246

Hs. 129 weicht oft von der Gruppe ab.

6. Die *n*-Gruppe

n = 54-75-127-458-767

54′ = 54 + 127 75′ = 75 + 458

Hs. 54 hat einzelne hexaplarische Lesarten im Text.

7. Die *s*-Gruppe

s = 28-30-130-321-343-344-346-730

30′ = 30 + 730 85′ = 85 + 130 321′ = 321 + 346 343′ = 343 + 344

Die Hss. der *s*-Gruppe enthalten zahlreiche hexaplarische Lesarten am Rand.

8. Die *t*-Gruppe

t = 74-76-84-134-370

74′ = 74 + 134 76′ = 76 + 370

Wie in der Genesis ist die *t*-Gruppe sehr eng mit der *d*-Gruppe verwandt.

9. Die *x*-Gruppe

x = 71-509-527-619

71′ = 71 + 619 527′ = 527 + 71

Zum Charakter der *x*-Gruppe vgl. THGN.

10. Die *y*-Gruppe

y = 121-318-392

11. Die *z*-Gruppe

z = 18-68-120-122-126-128-407-628-630-669

18′ = 18 + 128 68′ = 68 + 122 120′ = 120 + 407 630′ = 630 + 669

II. Die jüngeren griechischen Übersetzungen

Zum Charakter des zweiten Apparates vgl. Genesis 59—60. Die Catenen-Texte wurden systematisch auf Nicht-LXX-Lesarten hin untersucht, wobei sämtliche Belege exzerpiert wurden. Auf dieser Grundlage erfolgte die textkritische Bewertung, von der aus nur die

Varianten Aufnahme in den Apparat fanden, welche von Textwert sind. Lesarten, die sich in allen *C*-Gruppen verifizieren ließen, werden als C'' notiert; entsprechend werden die Sigeln der Untergruppen verwendet, sobald eine Lesart nur in einer bzw. zwei *C*-Gruppen überliefert ist. Im Gegensatz zum 1. Apparat bedeutet diese Notierungsweise also nicht, daß eine Lesart in sämtlichen Vertretern der angegebenen Gruppe(n) enthalten ist, vielmehr wird hier die Gruppensigel bereits dann verwendet, wenn eine Lesart in mindestens zwei Zeugen der angegebenen Gruppe(n) verifiziert werden konnte. Hinzu kommt bei der Notierung ein Hinweis auf den Fundort der betreffenden Lesart: so steht z.B. C'' für Randlesarten, C''^{comm} für Lesarten innerhalb eines Kommentarauszugs und C''^{cat} für die übrigen Lesarten innerhalb des Catenen-Textes. Wenn die Quelle einer ^{comm}-Lesart verifiziert werden konnte, wird als Zeuge für die Lesart nur der entsprechende Kirchenvater genannt. Da die nicht in die C''-Gruppe eingereihten Hss. 424 628 646 und 730, die ebenfalls exzerpiert wurden, kein zusätzliches Material enthalten, werden sie im zweiten Apparat nicht notiert.

In bezug auf die Überlieferung der Lesarten, welche in den zweiten Apparat aufgenommen wurden, ergibt sich ebenso wie in Genesis ein überraschendes Bild, da die Bezeugung nur zum geringen Teil den Vertretern des *O*-Textes entstammt. Eine Ausnahme bildet hier lediglich Syh mit 146 Belegen. Die übrigen Belege innerhalb der *O*-Zeugen verteilen sich wie folgt: 49 Belege enthält Hs. 58, 20 Lesarten bietet Hs. 707, während Hs. 376 lediglich 4 Belege aufweist. Ebenso überliefern die Väter, bei denen man am ehesten hexaplarisches Material erwarten sollte, weil sie entweder einen hexaplarischen Text bezeugen oder aber — wie Tht — häufig hexaplarische Lesarten zitieren, für Num nur wenige Lesarten: Procop 17, Eus 9, Barh 3, Tht 2 und Or 1. Bei allen übrigen Vätern konnten keine hexaplarischen Lesarten nachgewiesen werden.

Für die Mehrzahl der ohnehin wenigen Hss., welche überhaupt hexaplarisches Material enthalten, ergibt sich wie in der *O*-Gruppe nur eine geringe Bezeugung: Hs. 128 bringt 34, Hs. 108 nur 25 und Hs. 54, in der die Belege fast durchweg im Text stehen, 24 Belege; hinzu kommen einige weitere Hss., die sämtlich weniger als 15 Lesarten bieten.

Die besten Quellen für die von der LXX-Überlieferung abweichenden Traditionen sind in Num das Handschriftenpaar Codex

M-416 mit 64 bzw. 57 Marginalien, die Hss. der *C''*-Gruppe, welche 52 Lesarten enthalten, sowie vor allem fünf Hss. der *s*-Gruppe, denen die Masse des hexaplarischen Materials entstammt: 489 Belege in Hs. 344, 215 in Hs. 130, 191 in Hs. 346, 186 in Hs. 321 und 106 Lesarten in Hs. 85.

Erwähnung finden muß schließlich noch F^b mit 62 Lesarten. Diese stammen jedoch in der Mehrzahl nicht aus der Hexapla, sondern aus einer noch nicht identifizierten Quelle.

C Zu dieser Ausgabe

Die allgemeine Anlage der Genesisausgabe wurde auch für Num beibehalten. Die Veränderungen, die in der Genesis gegenüber den früheren Bänden der Göttinger Septuaginta vorgenommen wurden, sind hier aus Genesis teilweise wiederholt.

1. Die Einleitung

Die Einleitung beschränkt sich auf diejenigen Angaben, die für den Benutzer der Ausgabe unmittelbar notwendig sind. Eine ausführliche Diskussion, besonders der Textgeschichte, findet sich in THGN. Abweichungen von Br.-M. wurden in einem Appendix zusammengestellt, da sie trotz ihrer Wichtigkeit für die Benutzung der Ausgabe nicht unbedingt erforderlich sind.

Wie in der Genesis ist die Orthographica- und Grammatica-Diskussion in einen Anhang gestellt. Sie beschränkt sich jedoch auf die Behandlung weniger orthographischer bzw. grammatischer Erscheinungen, die zum Verständnis einzelner Stellen beitragen können. Im allgemeinen gelten die Feststellungen von Anhang I in Genesis auch für Numeri. Bei der Herstellung der Ausgabe hatte der Herausgeber zu unterscheiden zwischen wirklichen Varianten und solchen, die lediglich Orthographica darstellen; nur die ersteren wurden in den Apparat I aufgenommen. So sind auch die itazistischen Varianten bei den Transkriptionen *ῑν* und *οἰφί* nicht notiert. Lediglich bei Eigennamen sind alle Varianten im Apparat zitiert.

2. Der kritische Text

Wie in der Genesisausgabe sind Eigennamen mit Akzenten, und wenn nötig, mit spiritus asper oder mit spiritus lenis versehen worden. Die Prinzipien, denen der Herausgeber bei der Erstellung des kritischen Textes folgte, haben gegenüber der Genesisausgabe keine Änderung erfahren. Daher sei der Leser hierzu auf Genesis 62—63 verwiesen.

3. Kopfleiste

Zwischen Text und Apparat I werden alle benutzten handschriftlichen Zeugen und Übersetzungen in derselben Reihenfolge wie in den Apparaten genannt. Vgl. dazu den folgenden Paragraphen. Ein Zeuge, dessen Text fragmentarisch ist, erscheint in Klammern, z.B. (963). Beginnt der Text eines Zeugen auf der betreffenden Seite, folgt auf die Nennung des Zeugen innerhalb der Klammer ein Strich, z.B. (963-). Endet der Text eines Zeugen auf der betreffenden Seite, geht ein Strich voran, z.B. (-963).

Auf der Kopfleiste wird ebenfalls notiert, wenn in einer Hs. ein Textstück aus äußeren Gründen fehlt. Läßt z.B. die Hs. 318 den Text wegen Blattverlust aus, erscheint die Notierung y^{-318}. Hiermit ist gesagt, daß die gesamte *y*-Gruppe außer der Hs. 318 (die zu *y* gehört) den fraglichen Text bietet.

Die Abkürzung al (für alia manuscripta) bezeichnet Hss., die keiner Textgruppe zugeordnet werden können, d.h. die sogenannten codices mixti ebenso wie die Hss., welche zu bruchstückhaft erhalten sind, als daß sie eine derartige Klassifizierung erlaubten. Der Ausdruck verss bezeichnet alle Übersetzungen, deren Text für das gesamte Buch Num vollständig erhalten ist. Übersetzungen, deren Text nicht vollständig vorhanden ist, wie Pal, werden am Ende der Kopfleiste genannt.

4. Apparat I

Die Belege für eine Variante sind stets in einer bestimmten Reihenfolge gegeben: a) die Unzialtexte in alphabetischer Folge, b) die Papyri in numerischer Anordnung, c) die Zeugen der *O''*-Hss., d) die Zeugen der *C''*-Hss., e) die restlichen Textfamilien (vgl. Abschnitt B I oben) in alphabetischer Reihenfolge, f) die codices mixti, g) die übrigen griechischen Zeugen in folgender Anordnung: ntl. Zeugen, Phil, gefolgt von anderen griechischen Schriftstellern in alphabetischer Reihenfolge, h) die lateinischen Texte in numerischer, gefolgt von den lateinischen Vätern in alphabetischer Reihenfolge. Die lateinischen Zeugen sind (mit Ausnahme von Sonderlesarten der Schriftsteller) immer durch das hochgestellte ^{Lat} eingeleitet, i) die übrigen Übersetzungen in alphabetischer Reihenfolge, j) andere Zeugen oder Kommentare.

Gegenüber der Genesisausgabe hat sich lediglich die Notierung der lateinischen Zeugen geändert. Nicht mehr verwendet wurden die Sigeln, welche in der Genesis verschiedene Texttypen der altlateinischen Übersetzung bezeichneten, z.B. La^{K}, La^{M}, etc., während die Sigel La in Num nur dann benutzt wurde, wenn sämtliche lateinischen Zeugen übereinstimmen (vgl. Abschnitt A II 1. oben). Diese Änderung war notwendig, weil bislang noch keine kritische Textausgabe der Vetus Latina für Num erschienen ist und von daher noch keine gesicherte Grundlage für eine Differenzierung des altlateinischen Textes nach verschiedenen Texttypen gegeben ist (vgl. Abschnitt A II 1. oben). Aus diesem Grund war es auch notwendig, das Zeugnis der lateinischen Väter unmittelbar nach den lateinischen Bibelhss. zu notieren. Zu den Änderungen in der Notierung, die die Pentateuch-Ausgaben gemeinsam gegenüber den übrigen Göttinger Septuaginta-Ausgaben haben, siehe Genesis 64.

5. Apparat II

Die Apparat II zugrundeliegende Theorie wurde schon oben unter B II erläutert. Wenn nicht anders angegeben, handelt es sich bei den im zweiten Apparat angegebenen Varianten immer um Randlesarten. Lesarten der jüngeren Übersetzer, die aus den Kommentartexten der Catenen-Hss. stammen, werden mit einem hochgestellten ^{comm} gekennzeichnet (z.B. 77^{comm}). Ließ sich der Kommentar einem bestimmten Kirchenvater zuweisen, ist zusätzlich der Name angegeben (z.B. $77^{comm\,Tht}$). Lesarten innerhalb der Catene, die nicht in einem Kommentar stehen, werden mit einem hochgestellten ^{cat} gekennzeichnet (z.B. 77^{cat}).

D Zeichen und Abkürzungen

—	„bis“, z.B. ^{Lat}codd 94—96 = ^{Lat}codd 94 95 96
-	Die zu einer Gruppe gehörenden Hss. werden durch „-“ verbunden, z.B. 44-125-610
C^{-16}	Die von einer Gruppe abweichenden Hss. werden durch hochgestellte, mit Minuszeichen versehene Hss.-Sigel bei der betr. Gruppe bezeichnet, z.B. C^{-16}. Entsprechend wird bei Übersetzungen verfahren, z.B. Aeth^{-F}
$C^{(-16)}$	Die von einer Gruppe abweichenden Hss. werden in Klammern gesetzt, wenn in den Hss. eine größere Auslassung vorliegt, z.B. $n^{(-75)}$ in Num 1_{11} (om *τῶν Βενιαμίν* 75).
*	bezeichnet die ursprüngliche Lesart einer Hs.
c	bezeichnet spätere Korrekturen
(*), (c)	bezeichnen die ursprüngliche (bzw. die korrigierte) Lesart einer Hs., wenn ihnen keine korrigierte (bzw. ursprüngliche) Lesart gegenübersteht, da die betr. Hs. in ihrem korrigierten (bzw. ursprünglichen) Text eine größere Auslassung aufweist, z.B. $77^{(c)}$
c prm, (c prm)	bezeichnen Korrekturen der ersten Hand
c1	bezeichnet den ersten Korrektor
c2	bezeichnet den zweiten Korrektor
s	bezeichnet den Suppletor einer Hs., z.B. 46^{s}. Einem s steht kein * gegenüber
txt	bezeichnet Textlesarten in Hss.
mg	bezeichnet Randlesarten in Hss.
(mg)	bezeichnet Randlesarten in Hss., denen keine Textlesart gegenübersteht, da die betr. Hs. eine größere Auslassung im Text aufweist, die am Rand nachgetragen ist, z.B. $77^{(mg)}$
txt*, txt^{c}, mg*, mg^{c}	werden verwendet, wenn in einer Hs. die Text- bzw. Randlesart eine Korrektur aufweist
te	bezeichnet Lesarten, die im Text einer Ausgabe stehen
ap	bezeichnet Lesarten (Varianten), die im Apparat einer Ausgabe stehen
cat (in App. II)	bedeutet, daß die betr. Lesart aus der Catene einer Catenen-Hs. stammt, z.B. 77^{cat}
comm (in App. II)	bedeutet, daß die betr. Lesart aus einer Catene einem Kirchenvater zugeschrieben wird, z.B. 77^{comm}
vid	bezeichnet unsichere Lesarten, z.B. 77(vid)
vid	bezeichnet Lesarten, bei denen unsicher ist, ob es sich um die korrigierte oder die ursprüngliche Lesart handelt, z.B. $77^{*\,vid}$
ms(s)	bedeutet codex(-ices), verwendet bei Vulgata und 𝔐
Lat	leitet die Folge der lateinischen Zeugen ein
|	bedeutet Zeilenwechsel in den Hss.
||	bedeutet Blatt- oder Kolumnenwechsel in den Hss.

α̣	Ein Punkt unter einem Buchstaben besagt, daß dieser Buchstabe nicht sicher in der Hs. zu lesen ist
+, add	bedeuten Zusätze
>, om	bedeuten Auslassungen
⌒	bedeutet Ausfall durch Homoioteleuton
(ν)	besagt, daß der eingeklammerte Buchstabe in verschiedenen Hss. fehlt, z.B. *εστι(ν)*
[. . .]	bedeutet, daß in der Hs. drei Buchstaben nicht lesbar sind, z.B. *ε[. . .]φεν*
. . .]*αι*, *αι*[. . .	bedeuten, daß in der Hs. nur *αι* lesbar ist
[*ωσ*]*ει*	bedeutet: *ωσ* ist Vermutung des Verfassers
⟨ ⟩	bezeichnet gegen die Überlieferung hinzugefügte Zeichen, Buchstaben und Worte, z.B. *ορ⟨ε⟩σιν*
{ }	bezeichnet gegen die Überlieferung getilgte Zeichen, Buchstaben und Worte, z.B. *ανδρ{ρ}ος*
※, ÷ (∼)	bezeichnen Asteriskus und Obelus
↙	bezeichnet Metobelus
↓	bezeichnet Hinweis auf App. II
$\mathfrak{M}$	bedeutet den masoretischen Text
$\mathfrak{M}^{L}$	bedeutet den Text von BHS

absc	=	abscissus
App	=	apparatus
cf	=	confer
cod(d)	=	codex (-dices)
corr	=	correctura
c var	=	cum variis (lectionibus)
del	=	deletus
dess	=	desunt
dittogr	=	dittographia
ed(d)	=	editio (-tiones) (Ald Compl Sixt)
ex corr	=	ex correctura
ex par	=	ex parallelis locis
fin	=	finis
hab	=	habe(n)t
haplogr	=	haplographia
homoiar	=	homoiarcton
homoiot	=	homoioteleuton
inc	=	incertus
init	=	initium
litt	=	littera(e)
mend	=	mendose
metob	=	metobelus
ms(s)	=	manuscriptum (-ta)
mutil	=	mutilatum
Num	=	textus criticus
omn codd	=	omnes codices
pap	=	papyrus
pl	=	plures
plur	=	pluraliter
pr	=	praemittit(-tunt)
praec	=	praecedens (bei Textverweisen innerhalb des Verses)
praef	=	praefatio
pr m	=	prima manus
ras	=	rasura
relict	=	relictus
rell	=	reliqui
rescr	=	rescriptus
s	=	sine
s ind	=	sine indice
s nom	=	sine nomine
s ss	=	sequens, sequentes (bei Seitenangaben)

scr	= scripsit (-serunt)	sup lin	= supra lineam
sed hab	= sed habe(n)t	sup ras	= supra rasuram
sing	= singulariter	superscr	= superscripsit
spat	= spatium	tr	= transposuit (-suerunt)
sq	= sequens (bei Textverweisen innerhalb des Verses)	ult	= ultimus
		vers(s)	= versio (-ones)
		vid	= ut videtur

Rezensionen und Handschriften-Gruppen

O = G-58-376-426
376′ = 376 + 426

oI = 15-64-381-618
15′ = 15 + 64 381′ = 381 + 618

oII = 29-72-82-707
72′ = 72 + 707

O'' = *O* + *oI* + *oII* *O′* = *O* + *oI* *O'* = *O* + *oII* *oI'* = *oI* + *oII*

C = 16-77-131-500-529-616-739
16′ = 16 + 131 500′ = 500 + 739 529′ = 529 + 616

cI = 57-73-320-413-528-550-552-761
57′ = 57 + 413 73′ = 73 + 320 528′ = 528 + 761 550′ = 550 + 552

cII = 46-52-313-414-417-422-551-615
46′ = 46 + 313 52′ = 52 + 615 414′ = 414 + 551

C'' = *C* + *cI* + *cII* *C′* = *C* + *cI* *C'* = *C* + *cII* *cI'* = *cI* + *cII*

b = 19-108-118-314-537
19′ = 19 + 108 118′ = 118 + 314

d = 44-106-107-125-610
44′ = 44 + 106 107′ = 107 + 610 125′ = 125 + 107

f = 53-56-129-246-664
53′ = 53 + 664 56′ = 56 + 246

n = 54-75-127-458-767
54′ = 54 + 127 75′ = 75 + 458

s = 28-30-85-130-321-343-344-346-730
30′ = 30 + 730 85′ = 85 + 130 321′ = 321 + 346 343′ = 343 + 344

t = 74-76-84-134-370
74′ = 74 + 134 76′ = 76 + 370

x = 71-509-527-619
71′ = 71 + 619 527′ = 527 + 71

y = 121-318-392

z = 18-68-120-122-126-128-407-628-630-669
18′ = 18 + 128 68′ = 68 + 122 120′ = 120 + 407 630′ = 630 + 669

codd mixti: 55 59 319 416 424 624 646 799
M′ = M + 416

Übersetzungen

Aeth	= Aethiopische Übersetzung
Arab	= Arabische Übersetzung (Paris, Bibl. Nat., Arab 9)
Arm	= Armenische Übersetzung
Co	= Koptische Übersetzungen Bo = Bohairische Übersetzung Fa = Fajumische Übersetzung Sa = Sahidische Übersetzung
La	= Altlateinische Übersetzung
Pal	= Palästinisch-syrische Übersetzung
Pesch	= Peschitta
Sam	= der samaritanische Pentateuch
Syh	= Syro-hexaplarische Übersetzung Syh^G = Texte ed. Goshen-Gottstein Syh^L = Texte ed. Lagarde Syh^T = Hs. von Tur ʿAbdin
Tar	= Targumim Tar^O = Targum Onkelos Tar^P = Targum Neofiti
Vulg	= Vulgata

Jüngere griechische Übersetzungen (Apparat II)

α′	= Aquila	(*οἱ*) *ο′* aut *ὁ*	= *οἱ ἑβδομήκοντα*
σ′	= Symmachus	*ὁ ἑβρ′*	= *ὁ Ἑβραῖος*
ϑ′	= Theodotion	*τὸ ἑβρ′*	= *τὸ ἑβραϊκόν*
οἱ λ′	= *οἱ λοιποί*	(*τὸ*) *σαμ′*	= (*τὸ*) *σαμαρειτικόν*
οἱ γ′	= *οἱ τρεῖς*	*γρ′*	= *γράφεται*

ἄλλος aut *ἄλλοι* aut *ἕτερος* = unbekannte Quelle(n)

Druckausgaben

Ald	= Aldina	Gr	= Grabe
Compl	= Complutensis	Ra	= Rahlfs
Sixt	= Sixtina	Ra.	= Konjekturen aus Ra

Schriften und Sammlungen

APF	= Archiv für Papyrusforschung und verwandte Gebiete
Barh	= Abu ’l-Faraǵ — Barhebraeus’ Scholia on the Old Testament. Edited by M. Sprengling and W. C. Graham. Chicago 1931
BHS	= Biblia Hebraica Stuttgartensia, fasc. 3 Numeri, praep. W. Rudolph, Stuttgart 1972

BK = Berliner Klassikertexte aus den Staatlichen Museen zu Berlin

Br.-M. = The Old Testament in Greek according to the Text of Codex Vaticanus ed. by A. E. Brooke and N. McLean, vol. I part III, Cambridge 1911

CSCO = Corpus Scriptorum Christianorum Orientalium

Deuteronomium = Deuteronomium, edidit J. W. Wevers, Göttingen 1977

Field = Origenis Hexaplorum quae supersunt, ed. Fr. Field, Oxonii 1875

Fischer, Verzeichnis = B. Fischer, Verzeichnis der Sigel für Handschriften und Kirchenschriftsteller (Vetus Latina, Teil 1), Freiburg i. Br. 1949, 2. Aufl. 1963

GCS = Die griechischen christlichen Schriftsteller der ersten drei Jahrhunderte (Berliner Ausgabe)

Genesis = Genesis, edidit J. W. Wevers, Göttingen 1974

Gr = Septuaginta Interpretum tomus I, ed. J. E. Grabe, Oxonii 1707

Hesych = Hesychii Alexandrini Lexicon recensuit et emendavit Kurt Latte. Hauniae 1953 1966

H.-P. = Vetus Testamentum Graecum cum variis lectionibus, ed. R. Holmes, tom. I, Oxonii 1798

Ish = Commentaire d'Išo'dad de Merv sur l'Ancien Testament. II Exode-Deutéronome, édité par C. van den Eynde CSCO 176 (Scriptores Syri Tome 80), Louvain 1958

JThSt = Journal of Theological Studies

Lagarde = Librorum VT canonicorum pars prior graece Pauli de Lagarde studio et sumptibus edita, Gottingae 1883

LS = A Greek-English Lexicon by H. G. Liddell and R. Scott. A New Edition by H. S. Jones. Oxford 1940

Mayser = E. Mayser, Grammatik der griechischen Papyri aus der Ptolemäerzeit. I Leipzig 1906. II 1 Berlin 1926. II 2 1933/34. II 3 1934. 2. Auflage I 1 1970. I 2 1938. I 3 1936

MSU = Mitteilungen des Septuaginta-Unternehmens

PTA = Papyrologische Texte und Abhandlungen, hrsg. von L. Koenen und R. Merkelbach

Ra = Septuaginta, ed. A. Rahlfs, vol. I, Stuttgart 1935

Rahlfs, Verzeichnis = A. Rahlfs, Verzeichnis der griechischen Handschriften des AT (= MSU II), Berlin 1914

PG = Migne, Patrologia, Series Graeca

SC = Sources Chrétiennes

Schleusner = Novus Thesaurus philologico-criticus sive Lexicon in LXX..., ed. J. Fr. Schleusner, Lipsiae 1820/21

Schwyzer = E. Schwyzer, Griechische Grammatik auf der Grundlage von Karl Brugmanns griechischer Grammatik. Handbuch der Altertumswissenschaft. II. 1. Band I: 3. Aufl., Band II: 2. Aufl. München 1959

Swete = The Old Testament in Greek according to the Septuagint, vol. I, Cambridge 1887

TECC = Textos y Estudios «Cardenal Cisneros»

Thack = H. St. J. Thackeray, A Grammar of the Old Testament in Greek according to the Septuagint, vol. I, Cambridge 1909

THGD = J. W. Wevers, Text History of the Greek Deuteronomy, MSU XIII, Göttingen 1978

THGG = J. W. Wevers, Text History of the Greek Genesis, MSU XI, Göttingen 1974

THGN = J. W. Wevers, Text History of the Greek Numbers, MSU XVI, Göttingen 1982

TU = Texte und Untersuchungen

Wackernagel = Kleine Schriften von Jacob Wackernagel. 2 Bände, Göttingen 1953

Walters = P. Walters, The Text of the Septuagint, edited by D. W. Gooding, Cambridge 1973

We. = Konjekturen des Herausgebers

Textausgaben und weitere Literatur

Ayuso Marazuela, T., La Vetus Latina Hispana. II El Octateuco. TECC 6, Madrid 1967

Baars, W., New Syro-hexaplaric Texts, Leiden 1968

Bibliothecae Pierpont Morgan Codices Coptici photographice expressi. Rom 1922

Billen, A. V., The Old Latin Texts of the Heptateuch, Cambridge 1927

Bischoff, B., Neue Materialien zum Bestand und zur Geschichte der altlateinischen Bibelübersetzungen, Studi e Testi 121, Città del Vaticano 1946, 407—410

Ceriani, A. M., Pentateuchi et Iosue quae ex prima scriptura supersunt in cod. Ambros. graeco seculi fere V. Monumenta sacra et profana 3. Mailand 1864

Ciasca, A., Sacrorum Bibliorum fragmenta copto-sahidica Musei Borgiani iussu et sumptibus S. Congregationis de Propaganda Fide edita. Tom. I, Rom 1885

Cox, C., The Armenian Translation of Deuteronomy. Univ. of Pennsylvania Armenian Texts and Studies, no. 2. Missoula 1981

Crum, W. E., Catalogue of the Coptic Manuscripts in the British Museum. London 1905

Dillmann, A., VT Aeth. I., Octateuchus Aethiopicus, Leipzig 1853

Erman, A., Bruchstücke der oberaegyptischen Uebersetzung des Alten Testamentes, Nachr. v. d. Kön. Ges. d. W. und d. G. A. Universität zu Göttingen, Nr. 12, Göttingen 1880

Fleck, F. F., Anecdota maximam partem sacra in itineribus italicis et gallicis collecta, Lipsiae 1837

von Gall, A., Der hebräische Pentateuch der Samaritaner, Leipzig 1918

Gaselee, S., Notes on the Coptic Versions of the LXX, JThSt 11 (1910), 246—257

Goshen-Gottstein, M. H., The Bible in the Syropalestinian Version, Part I Pentateuch and Prophets, Jerusalem 1973
— Neue Syrohexaplafragmente, Biblica 37 (1956), 162—183
— A New Text from the Syrohexapla: Deuteronomy 34, A Tribute to Arthur Vööbus: Studies in Early Christian Literature and its Environment, Primarily in the Syrian East, edited by R. H. Fischer. Chicago 1977, 19—28
Harris, J. Rendel, Biblical Fragments of Mount Sinai nr. 1. London 1890
Hyvernat, H., Album de Paléographie Copte. Paris 1880
Kenyon, F. G., The Chester Beatty Biblical Papyri, Fasc. V, London 1935 (Faksimile-Ausgabe Dublin 1958)
de Lagarde, P., Bibliotheca Syriaca, Göttingen 1892
Marcos, N. Fernández u. Sáenz-Badillos, A., Theodoreti Cyrensis Quaestiones in Octateuchum, Editio Critica, TECC 17, Madrid 1979
Maspéro, G., Fragments de la version thébaine de l'Ancien Testament. Mém. publ. par les membres de la mission arch. fr. au Caire VI, 1, Paris 1892
Peters, M. K. H., An Analysis of the Textual Character of the Bohairic of Deuteronomy. Missoula 1979
Pélékidis, S., *Πεπραγμένα τοῦ θ' διεθνοῦς Βυζαντινολογικοῦ Συνεδρίου* (*Θεσσαλονίκη* 12—19 *Ἀπριλίου* 1953) I 408, Athen 1955
Pietersma, A., F. G. Kenyon's Text of Papyrus 963 (Numbers and Deuteronomy), Vetus Testamentum 24 (1974), 113—118
Rhodes, J. F., The Arabic Versions of the Pentateuch in the Church of Egypt, Leipzig 1921
Robert, U., Pentateuchi versio latina antiquissima e codice Lugdunensi, Paris 1881
Schleifer, J., Sahidische Bibel-Fragmente aus dem British Museum zu London II. Sitzungsb. d. Kais. A. d. W. in Wien, philos.-hist. Kl. 164, 6, Wien 1911
Skehan, P. W., 4Q LXX Numb: a Pre-Christian Reworking of the Septuagint, Harvard Theological Review 70 (1977), 39—50
— The Qumran Manuscripts and Textual Criticism, Supplements to Vetus Testamentum IV. Leiden 1957, 155—157
Sperber, A., The Bible in Aramaic based on Old Manuscripts and Printed Texts. Vol. I, The Pentateuch according to Targum Onkelos, Leiden 1959
Stefanski, E. und Lichtheim, M., Coptic Ostraca from Medinet Habu. The University of Chicago, Oriental Institute Publications 71, nr. 1. Chicago 1952
Till, W. C., Koptische Pergamente theologischen Inhalts I. Mitteilungen aus der Papyrussammlung d. Nationalbibl. in Wien (Papyrus Erzherzog Rainer) N.S. 2. Wien 1934
— Saidische Fragmente des Alten Testaments, Le Muséon 50 (1937), 181—184
Tischendorf, C., Monumenta sacra inedita, Nova collectio 1, Leipzig 1855
— ibidem, Nova collectio 3, Leipzig 1860
Vööbus, A., The Pentateuch in the Version of the Syro-Hexapla. A facsimile edition of a Midyat Ms. discovered 1964. CSCO 369. Leuven 1975
Wessely, C., Griechische und koptische Texte theologischen Inhalts I und IV, Studien zur Paläographie und Papyruskunde IX, XV. Leipzig 1909, 1914

Wevers, J. W., A Note on Scribal Error, Canadian Journal of Linguistics 17 (1972), 185—190

— A Study in Vatopediou 600 in Numbers, in Mélanges Dominique Barthélemy. Etudes bibliques offertes à l'occasion de son soixantième anniversaire. Orbis biblicus et Orientalis 38, hrsg. P. Casetti, O. Keel, A. Schenker. Freiburg/Schweiz 1981

Ziegler, L., Bruchstücke einer vorhieronymianischen Übersetzung des Pentateuch aus einem Palimpseste der K. Hof- und Staatsbibliothek zu München, München 1883

Zohrab, J., ed., Astuacašunč' Matean Hin ew Nor Ktakaranač' (Heilige Schriften des Alten und Neuen Testaments), Venedig 1805

ΑΡΙΘΜΟΙ

1 ^{1}*Καὶ ἐλάλησεν κύριος πρὸς Μωυσῆν ἐν τῇ ἐρήμῳ τῇ Σινά, ἐν* 1
τῇ σκηνῇ τοῦ μαρτυρίου, ἐν μιᾷ τοῦ μηνὸς τοῦ δευτέρου ἔτους δευτέρου
ἐξελθόντων αὐτῶν ἐκ γῆς Αἰγύπτου, λέγων ^{2}*Λάβετε ἀρχὴν πάσης* 2
συναγωγῆς υἱῶν Ἰσραὴλ κατὰ συγγενείας αὐτῶν, κατ' οἴκους πατριῶν

ABFMV *O''* *C''* *bdfnstxyz* al verss

Inscriptio: *αριθμοι* A B F M' V *O''*$^{-58\ 72}$ 16-46-77-422-500'-529-*cI*$^{-528}$ 108-118-537 56-129 *n*$^{-75}$ *s*$^{-30}$ *t* 509-527 *y*$^{-318mg}$ 18-68-120'-128-669 55 59 424 624 646 ^{Lat}cod 100 Arm Bo; *αριθμων* 72; *αριθμοι αρχη* 30; *αριθμοι βιβλιον* (*-λησων* 619) *τεταρτον* 131 19 *d*$^{-44}$ 71' 318^{mg} 628; *βιβλιον δ̄ αριθμοι* 314; *βιβλιον τεταρτον οι αριθμοι* 799^{txt}; *βιβλιον οι αριθμοι* 126 319(1°) Aeth; *αριθμοι υιων ιηλ̄* 551; *βιβλιον δ̄* 799^{mg}; *αρχη συν θω̄ αρηθμοι* 75; *αρχη των αριθμων* 246-664; *αριθμοι των υιων ιηλ̄ συγγραφη μωσεως προφητου αρχη των αριθμων* 53; *αριθμοι των υιων ιηλ̄ συγγραφη μωυσεως* (*μωσεως προφητου* 313-414 319) 52'-313-414-528 319(2°); *αριθμοι λοιπον την απαρχην ποιουνται* 58; *αριθμοι των υιων ιηλ̄ μωσεως του θεοπτου συγγραφη βιβλος τεταρτος* 417; *liber numerorum ab moyse* Sa^{12}; inscriptio deest in 44 122

1 1 *πρὸς Μωυσῆν*] *τω μωυση* 318; *προς μωσην* 58-426 *n* Cyr I 309; *προς μωσει* 72 | *ἐν* 1°] bis scr 134(|); ⌒2° 46 | *τῇ ἐρήμῳ*] *τω* (*το* 59) *ορει* 730 59^{c} Bo; + *εν τω ορει* 509 | *τῇ* 2°] *τω* 424 = Compl; *του* 414' 71' 318; sub ÷ G; > F*(cprm) V 72 417-528 537 44-125 127-458 509 59*(cprm) 319 799 Cyr I 316 = 𝔐 | *Σινά*] *σεινα* B*; *σηνα* 30; *σιναι* 426 54-75' 18; *σιν* 126; + *λεγων* 19 | om *τῇ* 3° 619 | *μαρτυρίου*] + *λεγων* 53' | om *ἐν* 3° — *δευτέρου* 1° 44-106^{txt}-107^{txt}-125-610 *t* | *ἐν* 3°] *ης* 106$^{(mg)}$(vid); > 72 | *μιᾷ*] pr *τη* 15 106$^{(mg)}$(vid) | *τοῦ μηνὸς τοῦ δευτέρου*] *του δευτερου μηνος* 107$^{(mg)}$; om *τοῦ δευτέρου* Ald; + *εν τη σκηνη του μαρτυριου* F*(cprm): ex praec | *ἔτους δευτέρου*] *ετους του δευτερου* F G-82-426-707*(vid) 56' *n*$^{-75}$ 18 799 = Ald; *εν τω ετει* (*ετι* V) *τω δευτερω* V 319 = 𝔐; om *δευτέρου* 68'-120' Cyr I 309 ^{Lat}cod 100; > 46-320-413-528' 19' 53' 75 85*(cprm)-130-321': homoiot | *ἐξελθόντων*] *εξεληλυθοτων* (*-θωτων* 75) *b n* 18 | om *αὐτῶν* *C''* 392 646 | *γῆς*] *της* V 53'-56 ^{Lat}Aug *Num* 30 | om *λέγων* 19 246

2 *λαβε* *C''*$^{-46}$ *b* 767 730 646 Arab | *ἀρχήν*] pr *την* 58-426 319 Bo = 𝔐; *την απαρχην b*; *απαρχην* 767 Bas II 145; *αρχας* 376 | *πάσης συναγωγῆς*] pr *απο* Procop 1833; *πασης συγγενειας* Cyr I 309 | *υἱῶν*] pr *των* 129; > B(|) *x* Bas II 145 ^{Lat}cod 100 = Compl | *κατὰ συγγενείας*] pr *και* Cyr I 309; *κατα τας συγγ.* 130; *κατα συγγενειαν* 417 | *αὐτῶν* 1°] > B 414' *d n*$^{-767}$ *t x* 18 Bas II 145 Cyr VI 453 X 624 ^{Lat}cod 100 PsBas *Is* I 5 Arm; ⌒3° Sixt | *κατ'*] pr *και* 46^{s} 799 Cyr I 309 Aeth; pr *κατα δημους* Bas II 145 ^{Lat}PsBas *Is* I 5;

Inscriptio: *ἑβραϊστί* (*-στη* cod) *ουιδαβηρ* 551; *ββαγιδδαβερ· baidauer* 56

1 1 *τοῦ μαρτυρίου*] *τῆς συνταγῆς* 343

3 *αὐτῶν, κατὰ ἀριθμὸν ἐξ ὀνόματος αὐτῶν, κατὰ κεφαλὴν αὐτῶν, ^{3}πᾶς*
ἄρσην $^{(3)}$ἀπὸ εἰκοσαετοῦς καὶ ἐπάνω, πᾶς ὁ ἐκπορευόμενος ἐν δυνάμει
Ἰσραήλ, ἐπισκέψασθε αὐτοὺς σὺν δυνάμει αὐτῶν, σὺ καὶ Ἀαρὼν ἐπι-
4 *σκέψασθε αὐτούς. ^{4}καὶ μεθ' ὑμῶν ἔσονται ἕκαστος κατὰ φυλὴν*
5 *ἑκάστου ἀρχόντων· κατ' οἴκους πατριῶν ἔσονται. ^{5}καὶ ταῦτα τὰ*
ὀνόματα τῶν ἀνδρῶν, οἵτινες παραστήσονται μεθ' ὑμῶν· τῶν Ῥουβὴν

ABFMV *O'' C''* *bdfnstxyz* al verss(Syh-)

et ^{Lat}cod 100 | *οικου* 527 | om *αὐτῶν* 2° B V *d* n^{-767} *t x* 18 319 Bas II 145 Cyr VI 453 X 624 ^{Lat}cod 100 Hi *Eph* II 3 PsBas *Is* I 5 Arm (sed hab Ruf *Num* XV 3) | *κατά* 2° — fin] *et secundum nomina eorum uniuscuiusque* Aeth | *κατά* 2°] *κατ* V G-426 *b* 53′ 126 | *αριθμων* 376 320* 246 344* 619* 120 Arm | *ἐξ ὀνόματος*] *εξ ονοματων* F 29 319 Bo; *ονοματων* *b* ^{Lat}cod 100 = 𝔐; om *ἐξ* Hi *Eph* II 3 | *αὐτῶν* 3°] *αυτου* 458; sub ÷ G; > B 19 *d* 127 *t x* 18 319 Cyr VI 453 X 624 ^{Lat}cod 100 Arm = 𝔐 Sam; + *παν αρσην* (-*σεν* 53′) 53′-56^{mg}-246 | *κατὰ κεφαλὴν αὐτῶν*] *secundum capita eorum* ^{Lat}cod 100 PsBas *Is* I 5 Arm^{te} Bo: cf 𝔐; *κατα κεφαλης αυτων* 84; om *αὐτῶν* G 121; post (3) *ἄρσην* tr G-376 129 Arab = Compl 𝔐

3 *πᾶς ἄρσην*] *παν αρσην* 129 509 669^{c}; *παν αρσεν* 72 131^{c1} *b* 125$^{c\,prm}$ 126-669* 319; *πας αρσεν* d^{-125c} 458 *t* x^{-509}; *πας ανηρ* f^{-129} 799; > 426 | *ἀπὸ εἰκοσαετοῦς*] *εικοσι ετους* 130-346; *κατα αριθμων* 376; om *ἀπό* 669* | *πᾶς ὁ ἐκπορευόμενος*] *omnis qui proficiscuntur* ^{Lat}cod 100 = Tar^{P}; *πας ο εισπορ.* 18 | *ἐν δυνάμει*] *συν δυναμει* 392 Aeth; *εν τη δυναμει* 129-246 = Compl | om *ἐπισκέψασθε* 1° — *Ἀαρών* 321 | *ἐπισκέψασθε* 1°] -*σθαι* (*επεσκ.* G) A B*(vid) F V G-15-376-*oII*$^{-72}$ $C''^{-52'\,313\,414\,417}$ 537 610 *f* 75 343 74*-76-84-134 509-527 y^{-392c} 68′-120-126 55 59 319 624 646 Arm; -*ψασ*^{θ} 767; inc 370; -*ψεσθε* 19 | *αὐτούς* 1°] *αυτον* (-*των**) 19; ⌒2° 618^{txt} 53′ 458 527 122*(cprm) | *σύν* — fin] om *σὺν δυνάμει αὐτῶν* 120′-126-128-628-669; bis scr 44 | *σύν*] *εν* G-72 767 Cyr I 312 ^{Lat}cod 100; > 707 | *δυνάμει* 2°] pr *τη* Compl | *σύ*] pr *και* 120′-126-128-628-669; *μωυσης* 318 | *ἐπισκέψασθε αὐτούς* 2°] -*ψεσθε αυτους* 72; -*ψησθε αυτους* 68 (sed hab Ald); om *αὐτούς* 417(|); sub ÷ G; > Aeth^{CG} = Compl 𝔐 | *ἐπισκέψασθε* 2°] *αριθμησεις* 321′^{mg}

4 *ὑμῶν*] *ημων* 56 | *ἔσονται* 1°] post *ἕκαστος* tr *b*; + *συν δυναμει αυτων* z^{-18}: ex 3 | *ἕκαστος* F^{a}] > 761* 610; + *συν δυναμει αυτων εκαστος* 246; + *εκαστος* A F G-29-426 56 y^{-318} z^{-18} 59 624 Syh ↓ | *φυλήν* F^{a}] *φυγην* 669*(cprm); *κεφαλην* F 53 319 ^{Lat}Aug *Loc in hept* IV 1 Bo; *capita* ^{Lat}cod 100 | *ἑκάστου*] -*στος* M′ 64*(vid) *C''* 44′ n^{-767} 30′-85^{mg} *t* 318 18 646 Arm; > 107′-125 | *ἀρχόντων*] pr *των* 246; *αρχοντος* *b* 129*(cprm) 392 Cyr I 312; *αρχων* (-*χον* 54) *d* n^{-767} *t* 18 319 Arm = 𝔐 | *κατ' οἴκους πατριῶν*] pr *και* B* 128; + *αυτων* 16-46 106-107′ *t* 392 319 Co: cf 𝔐 | *ἔσονται* 2°] *κατα αριθμον* (-*μων* 46^{s}) *εξ ονοματος αυτων πας αρσην απο εικοσαετους και επανω πας ο εκπορευομενος εν δυναμει ισραηλ* 16-46; > Aeth^{CG}

5 *παραστήσονται*] *στησονται* $C''^{-46\,131c}$ $s^{-30'}$ 646 ↓; *stabunt* ^{Lat}cod 100 | *μεθ' ὑμῶν*] *μεθ ημων* 46^{s} 56*(cprm); > 730(||) | *τῶν* 2°] *τον* 58-72-376 19′ 53′ 509-527 y^{-121} 59 319 799; *τω* A 29 *d* n^{-767} 30 *t* 121 18 55* Arm = 𝔐 Sam

---

4 (*ἔσονται*) *ἕκαστος*] *ο' ἕκαστος ἕκαστος θ' α' ἀνὴρ ἀνήρ* 344; *σ' ἔστωσαν ἕκαστοι* 344(ind ad *ἕκαστος*)

5 *παραστήσονται*] *ο' παραστήσονται* 344; *οἱ λ' στήσονται* 344^{txt}

Ἐλισοὺρ υἱὸς Σεδιούρ· ⁶τῶν Συμεὼν Σαλαμιὴλ υἱὸς Σουρισαδαί· ⁷τῶν 6 7
Ἰούδα Ναασσὼν υἱὸς Ἀμιναδάβ· ⁸τῶν Ἰσσαχὰρ Ναθαναὴλ υἱὸς 8
Σωγάρ· ⁹τῶν Ζαβουλὼν Ἐλιὰβ υἱὸς Χαιλών· ⁽¹⁰⁾τῶν υἱῶν Ἰωσήφ, 9
τῶν Ἐφράιμ Ἐλισαμὰ υἱὸς Ἐμιούδ, ¹⁰τῶν Μανασσὴ Γαμαλιὴλ υἱὸς 10

ABFMV *O''* *C''* *bdfnstxyz* al verss

Tar^{O}; *e tribu* Bo = Tar^{P} | *Ῥουβήν*] pr *υιων* B* V ^{Lat}cod 100 Arab = Tar^{P}; -*βιν* 426 107 129 321′ t^{-84} 527 y^{-121} 18 799; -*βειν* 15; -*βημ* F^{b} 376 528 55^{c}; -*βιμ* 72 $C^{''-46\ 528\ 550'}$ 44-125-610 f^{-129} 767 84 71′ 126-128-628-669 59 646; -*βειμ* 381′ 550′ 106 416; *rōbēl* Aeth; *rūbīl* Arab Syh | *Ἐλισούρ*] *ελεισουρ* B G; -*σσουρ* 56-664 799; *elsur* Bo; *εδισουρ* 376 127; *ελκουρ* $C^{''-46\ 52'\ 528}$ | *υἱὸς Σεδιούρ* F$^{c\ prm}$ F^{b}] > F* 125 | *υιον* 72 59; *υιους* 53′ | *Σεδιούρ*] *σεδειουρ* 129 = Compl; *εσδιουρ* 413; *sadiur* Arm; *εδιουρ* A G $C^{''-46\ 52'\ 413\ 528}$ 53′-56^{c}-246 *s* 121; *ελιουρ* 82 *b* 56* 319; *semiur* Bo
6 init] pr *et* Aeth Arab | *τῶν*] *filiorum* ^{Lat}cod 100 Arab: cf Tar^{P}; *τον* 58-72 53′ 527* y^{-121} 59 319 799; *τω* A 528-551 *d* n^{-767} *t* 121 18 Arm = 𝔐 | *σιμεων* 619; *συμαιων* 54-75 | *Σαλαμιήλ*] pr *υιος* 413; -*μηιλ* 767; -*μεηλ* 126; -*μαηλ* 314 54; -*μιηδ* 53′-56; -*μιειδ* 246; *salamichel* ^{Lat}cod 100; *šlmw'yl* Syh; *σαμαηλ* 646; *σαμιηλ* 417 | *υἱὸς Σουρισαδαί*] pr *ο* 15; *υιον σουρησαδαι* 72; *υιους σουρισαμαι* 53′; > 125 | *Σουρισαδαί*] -*δε* *b* 319 799 ^{Lat}cod 100 Bo; *σουρεισαδαι* B; -*δδαι* 58-426 127; -*δδε* 767; -*δα* 527; -*δαμ* 126; -*δεμ* 18; -*σαλαι* 56; *του ρισαβαι* 246; litt *δ* sup ras F
7 init] pr *et* Aeth Arab | *τῶν*] *τον* 58-72 313-320 53′ 509* 318*-392 55 59 319 799; *του* 416; *τω* A *d* n^{-767} *t* 121 18 Arm = 𝔐; *filiorum* ^{Lat}cod 100 Arab: cf Tar^{P} | *ιουδαν* 58 16′-73′-313-422-500′-615* 509 59 | *Ναασσών*] *νaασων* V 30′ 59 646 Arm = Compl; *νασσων* B 72 528 130-321′ 68 624 Bo (sed hab Ald); *μαασσων* 343; *ναακσων* $C^{''-46\ 52'\ 528}$ | om *υἱὸς Ἀμιναδάβ* 125 | *υιον* 72; *υιους* 53′ | *Ἀμιναδάβ* F^{a}] *αμειν.* B M′ G 127; -*δαμ* F 618-707 528 130 84 527 68′; -*ναβαδ* 422; *ναμειναδαβ* 46^{s}
8 init] pr *et* Aeth Arab | *τῶν*] *τον* 58-72 53′ 392 59 319 799; *τω* A^{c} 46^{s} *d* n^{-767} *t* 18 Arm = 𝔐; *filiorum* ^{Lat}cod 100 Arab: cf Tar^{P} | *Ἰσσαχάρ*] *ισαχαρ* 72-376-618 46^{s}-73′-414′-417-550* *d* 53′-246 54-75′ 30′-321* 74-76 619 18-68′-126-669 646 ^{Lat}cod 100 Arm Co = Compl; *εισσ.* 127; *ιεσαχαρ* (*ιεσσ.**) 59; *ισσαρ* 527 | *Ναθαναήλ*] *nathaniel* ^{Lat}cod 100 Bo; *ναθαηλ* 77-131-500′-529; *θαναηλ* 414*; *ναθαθναηλ* 75; *σαλαμιηλ* 121 | om *υἱὸς Σωγάρ* 125 | *υιον* 72; *υιους* 53′ | *σογαρ* 72; *σωγωρ* 628*(vid); *σσωγαρ* 130; *σαγαρ* 59; *σωγχαρ* 246
9 init] pr *et* Aeth Arab | *τῶν* 1°] *τον* 58-72 53′ 392 59 319 799; *τω* A^{c} *d* n^{-767} *t* 18 Arm = 𝔐; *filiorum* ^{Lat}cod 100: cf Tar^{P} | *ζαβολων* 73′-550; *ζαβυλω* 127 | *Ἐλιάβ*] *ελειαβ* G; *ελιαμ* 68′; *ελιαθ* 509; *ελιαδ* 72; *ελιαβδ* 84 | om *υἱὸς Χαιλών* 125 | *υἱός* 1°] *υιον* 72; *υιους* 53′ | *Χαιλών* A B F M′ G-58-707-*oI*$^{-15}$ 127-767 85′-321′-344 *x* y^{-318} 68′-120′ 55 59] *χαιδων* 426; *χειλων* 46^{s}(vid); *χελλων* 15 Arm Bo Sa^{12}; *achilōn* Sa^{4}; *αχελλων* 730; *αχαιλων* $C^{''-46\ 77\ 414'\ 528\ 761*}$ 30; *αχελων* 77-414′-528-761*; *χελωμ* f^{-129} 18 799 ^{Lat}cod 100; *χελων* rell | *τῶν υἱῶν*] pr *et* Aeth Arab; pr ras 1 litt 59; *τον υιον* 72 392 59 | *ιωσφ* 527 | *τῶν* 3°] *τον* 58-72 313 53′ 392 59 319 799; *τω* 73′-550′-761* *d n t* 18 Arm = 𝔐; *ab* ^{Lat}cod 100 | *Ἐφράιμ*] pr *υιων* 46 Arab; *εφρεμ* 30 | *Ἐλισαμά*] *ελεισ.* B Sa^{4}; *elismama* ^{Lat}cod 100; *ελκαμα* *C''* | om *υἱὸς Ἐμιούδ* 125 | *υἱός* 2°] *υιον* 72; *υιους* 53′ | *Ἐμιούδ*] *αμιουδ* G; *σεμιουδ* A F V 72-376-*oI* *b* 129 *n* x^{-509} 121 18′-126-628-669 55 59 646 Bo^{A} = Ald; *emiut* ^{Lat}cod 100; *σαμιουδ* 82 68′-120′; *εμιουλ* 318 799; *ελιουδ* 624; *nemiud* Sa^{4}

11 12 Φαδασούρ· ^{11}τῶν Βενιαμὶν Ἀβιδὰν υἱὸς Γαδεωνί· ^{12}τῶν Δὰν Ἀχιέζερ
13 14 υἱὸς Ἀμισαδαί· ^{13}τῶν Ἀσὴρ Φαγαιὴλ υἱὸς Ἐχράν· ^{14}τῶν Γὰδ Ἐλισὰφ
15 16 υἱὸς Ῥαγουήλ· ^{15}τῶν Νεφθαλὶ Ἀχιρὲ υἱὸς Αἰνάν. ^{16}οὗτοι ἐπίκλητοι

ABFMV *O'' C'' bdfnstxyz* al verss

10 init] pr *et* Aeth Arab | τῶν] τον 58-72 118' 53' 392 59 319 799; τω 618 *d n t* 18 Arm = M; *filiorum* ^{Lat}cod 100 Arab: cf Tar^{P} | μαννασση A 458 121; μαναση 72-618 417*-422 128 | Γαμαλιήλ] -ληιλ 767; *kalamiēl* Sa^{12}; *galamiēl* Bo^{B}; γαμαιηλ 53'; γαμιηλ 799; γαμαηλ 527 ^{Lat}cod 100; γαλαηλ 528 | om υἱὸς Φαδασούρ 125 | υιον 72; υιους 53' | Φαδασούρ B 72-426-618 528 $d^{(-125)}$ 53' 54-75' 30'-343 76-84 x^{-509} 18-68'-120'-669 624 646 799 ^{Lat}cod 100 Arm^{te} Bo] φαιδασσουρ 126; φαδδασουρ 414'; φαλασσουρ V; *phaldasur* Sa^{12}; φιδδασουρ 55; *pharasur* Arm^{ap}; φαλδασσουρ *b*; φωδασουρ 59; σφαδασουρ 246; -σσουρ rell = Ra

11 init] pr *et* Aeth Arab | om τῶν Βενιαμίν 75(|) | τῶν] τον 58-72 53' 509 392 55 59 319 799; τω *d* $n^{(-75)}$ *t* 18 Arm = M; + υιων 624 ^{Lat}cod 100 Arab: cf Tar^{P} | Βενιαμίν] -μειν A B F M V G-58-82-376-707 413-422 118'-537 56-246^{c} 127 30-85-343' 509 y^{-318} 68^{c}-120'-122 319 624 = Ald; -μην 313 246*-664 54 527 59* 646; -μιμ 52* = Sam; -μειμ 29 416; βενια^{μ} 529 126; βαιν. 15 528; βεανιμιν (-μην*) 53 | Ἀβιδάν] αβειδαν B F M' G-707 $C''^{-73' 414'}$ 127 30'-85-343' 509; -δαμ 53'; αμιδαν 321' 126 = Compl; -δααν V^{c}; αβδαν 320(|); *abiadan* Sa^{4}; αβιδα 392; *abinadab* Bo^{A}; αμιναδαβ 376 Bo^{B}; αμιναδαν 799; αδαβ 319; > 527 | υἱός — (12) Δάν] om υἱὸς Γαδεωνί 125; > 314^{txt} 318 | υἱός] υιον 72; υιους 53' | Γαδεωνί] -νει M^{mg} 416; γαδαιωνει G 319; γαδαιωνι 82 528^{c}; γαδαιονι 528*; γαδε[.]ων[.] 56*; γαδεων f^{-56*} 799 ^{Lat}cod 100; γαδαιων 68'-120'; αδεωνι 58-72 59; γαλεωνι 426; γεδ. V n^{-767} 85 527 Arm(vid); γεδεωνει B M^{txt} 767 392; γεδεωνη 18; γεδωνι 509 Sa^{4}; γεδεων $d^{(-125)}$ *t* 71' Bo; βεδεωνι 46^{s}

12 init] pr *et* Aeth Arab | τῶν] τον 58-72 53' 346* 392 59 319^{c} 799; τω *d n t* 18 Arm = M; *filiorum* ^{Lat}cod 100 Arab: cf Tar^{P} | Δάν] δαζ 72 | Ἀχιέζερ] εχ. 528; αχεεζερ 318; *eachieser* Bo^{B}; αρχ. 129 | υἱὸς Ἀμισαδαί] υιον μεσαδαι 72; υιους αμιναδαβ 53'; om υἱός 509; > 125 | Ἀμισαδαί] αμισα[.]αι 56*; αμεισ. B G; -σαδε V 319 Bo; αμμισαδδαι 426; -σαδαη 318; σαμ. 15-58; -σαδαν $d^{(-125)}$ *t*; αμεισαδαν M'; μισ. x^{-509} 59; μισαδαν 127-767 18 Arm; αμισαι 54; *amisale* ^{Lat}cod 100; αχιμσαδε b^{-19*}; αχισαδεμ 19*; αβιελδε 799

13 init — (15) fin] pr *et* Aeth Arab; ordinem versuum 15 14 13 habet Arm^{te} | τῶν] τον 58-72 53' 392 59 319 799; τω *d n t* 18 Arm = M; *filiorum* ^{Lat}cod 100 Arab: cf Tar^{P} | Ἀσήρ] ασσηρ 64 46$^{s\ vid}$ 56 127 619 318 126 Bo Sa^{12} = Compl; ασυρ 528; σασηρ 509 | Φαγαιήλ] φαγεηλ V 46 *b* d^{-44} 53'-129 n^{-75} x^{-509} 319 Co; φαγαηλ 15-72 $C''^{-46\ 761}$ 76(vid) 318 126-128-628-669 646; *faceel* ^{Lat}cod 100; φαγεη 75; *phagiel* Arm; φαγαηρ 246; φεγ. 799; φαγαλιηλ 376 59; φαγελιηλ 18 | om υἱὸς Ἐχράν 125 | υιον 72; υιους 53' | Ἐχράν] αιχραν 29 127-767 18 624; αχραν 527; εχθραν *b* 129 y^{-318}; *nechran* Sa^{4}; εχραμ 58; εχρανειν 528; *aechraraan* ^{Lat}cod 100

14 init] pr *et* Aeth Arab | τῶν] τον 58-72 53' 392 59 319 799; τω 551 *d n t* 18 Arm = M; *filiorum* ^{Lat}cod 100 Arab: cf Tar^{P} | Γάδ] γαν 458; δαν 74 | Ἐλισάφ] ελησαφ 55; ελεισαφ B; *elisab* ^{Lat}cod 100; ελιασαφ 426^{c}; ελιαφη 59; -σαφα G; *eliasphan* Arm; -σαφαν V *b* 127; -σαφατ 458; -σαφαδ 53' Sa^{12}; *eliphas* Bo^{B}; εσαφ 767 | υἱὸς Ῥαγουήλ] υιον ραγ. 72; υιους ραγ. 53'; > 125

15 init] pr *et* Aeth Arab | τῶν] τον 58-72 53' 392 59 319 799; τω *d n t* 18 Arm = M; *filiorum* ^{Lat}cod 100 Arab: cf Tar^{P}; > 82* | Νεφθαλί] -λει B F V

τῆς συναγωγῆς, ἄρχοντες τῶν φυλῶν κατὰ πατριὰς αὐτῶν· χιλίαρχοι
Ἰσραήλ εἰσιν. 17 καὶ ἔλαβεν Μωυσῆς καὶ Ἀαρὼν τοὺς ἄνδρας τούτους 17
τοὺς ἀνακληθέντας ἐξ ὀνόματος, 18 καὶ πᾶσαν τὴν συναγωγὴν συνή- 18
γαγον ἐν μιᾷ τοῦ μηνὸς τοῦ δευτέρου ἔτους, καὶ ἐπηξονοῦσαν κατὰ
γενέσεις αὐτῶν, κατὰ πατριὰς αὐτῶν, κατὰ ἀριθμὸν ὀνομάτων αὐτῶν,
ἀπὸ εἰκοσαετοῦς καὶ ἐπάνω, πᾶν ἀρσενικὸν κατὰ κεφαλὴν αὐτῶν,

ABFMV *O'' C'' bdfnstx*(527)*yz* al verss

G-15-64*-72-426 127 85 55 59 319 (sed hab Sixt); *νεφαλι* 54; *-λιμ* 82 56′-129 321 *t* 128-628-669 = Compl; *nepthalim* ^{Lat}cod 100 Arm Bo Sa^{12}; *-λειμ* 58-64^{c}-376-381′ 52′-77-414′-417-528′ *b d* 53′ 730 x^{-527} 392 18-68′-120′-126 646 799; *-λημ* 413 75′ Aeth; *νεφαλειμ* 767; *ephthalei* Sa^{4} | Ἀχιρέ] *αχειρε* B M′ 72-376′-*oI* 106 f^{-129} x^{-509} = Ald; *-ραι* 54-75′ Sa^{4}; *αχειραι* G-29 129 127 318 = Compl; *αχειρα* 319; *αχιρ* 82; *αχειρ* 68′-120′; *αχηρ* 18; *αχειραρ* V; *χειραι* 767; *αχειρεν* 509 121; *αχειναι* 799; *αρχιερευς* 59; litt *ρε* sup ras 58 | υἱὸς Αἰνάν] *υιον εναν* 72; *υιους ενων* 53′; > 125 | Αἰνάν] *εναν* 15-58-376*-707 *C''* b^{-314} 56′-129 54-75′ 343 84*(vid) 71′ 59 799 Bo; *ενναν* 527; *αειναν* 509; *εραν* 314; *senan* ^{Lat}cod 100

16 ἐπίκλητοι] pr *εισιν* (+ *οι* 458) n^{-127} ^{Lat}cod 100 Hi *Eph* II 3 Aeth Arm Bo; pr *οι* G 129 = Compl; *επιβλητοι* 313* | om τῆς 628(|) | τῶν φυλῶν] *των πυλων* F*(cprm); *tribus* ^{Lat}cod 100 (sed hab Hi *Eph* II 3) | om κατά — fin 82*(cprm) | κατά] *και* 376 | πατριάς] pr *τας* 15 | αὐτῶν] *αυτου* 82$^{(c)}$; > B V n^{-767} x^{-619} 18-628 319 ^{Lat}cod 100 Arm Bo^{B} (sed hab Hi *Eph* II 3) = Ra; + *κατα αριθμον ονοματων αυτων* 73*: ex par | χιλίαρχοι] pr *et* Aeth^{C} | Ἰσραήλ] pr *του* 381′; ad fin tr 72 | εἰσιν] *εστιν* 30; > ^{Lat}cod 100 Hi *Eph* II 3 Arm Co

17 om init — (44) fin 527 | ἔλαβεν F* F^{b}] *-βον* F$^{c\,prm}$ Aeth Arm | *μωσης* 58-72-426 *n* 18 | om τούτους 458 Bo | om τούς 2° 107′-125 75 319: haplogr | *επικληθεντας* z^{-18} 126 646; *κληθεντας* 417 126 | ἐξ ὀνόματος] *in nominibus eorum* Aeth Arab: cf 𝔐 Tar

18 τὴν συναγωγήν] *την συγγενιαν* 55; om τήν A 72 | συνήγαγον] *συνηγαγωσαν* 319; *-γεν* (*-γαγαγεν* 376) 376(|) 767; *εξεκκλησιασαν* (*-σιασασαν* 414; *εκκλησιασασαν* 551; *εξεκλ.* 618* 313 19 30-343; *εξεκκλησιαν* 528; *εξεγκλ.* 73′) A M′^{txt} *oI*-29-707^{mg}(vid) *C'' b s* 318 55 624↓; *εξεκκλησιασεν* 121; > 392 | om ἐν G(|) | μηνὸς τοῦ δευτέρου] pr *δευτερου* 106; *δευτερου μηνος* 107′-125; + *του δευτερου* *n* t^{-84} 18 Aeth^{CG} | ἔτους] > 426 46 d^{-106} ^{Lat}cod 100 Arab = 𝔐; + *του δευτερου* 84 Arm | ἐπηξονοῦσαν (*επιξ.* 619; *επεξ.* 509) B *x*] *επεσκεψαντο d* 129 127-767 *t* 18 = Compl; *επεσκεψατο* 54-75′; *disposuerunt* ^{Lat}cod 100; *recensuerunt eos* Aeth Sa; *επεσκεφθησαν* 53′; *επεσκεπησαν* (c var) rell | γενέσεις] *γενν.* 619; *γενεας* 127 | αὐτῶν 1°] ⌒3° 314 53′ | κατά 2°] pr *και* 551 127 Aeth; *και* 458 | πατριάς] pr *τας* Compl | αὐτῶν 2°] ⌒3° 529^{txt} 134 | κατά 3°] *κατ* 56 54-75 126 | *αριθμων* 376 246 767 | αὐτῶν 3°] sub ÷ G Syh; > 417^{txt} 458 ^{Lat}cod 100 = 𝔐 Sam; ⌒(20) 4° 319 | ἀπό] pr *και* 458 | *εικοσι ετους* 72 | om καὶ ἐπάνω Sa^{4} | πᾶν ἀρσενικόν] om πᾶν G-426 Aeth^{M} ↓; ἀρσενικόν sub ÷ G Syh; > Arab = 𝔐 | κατὰ κεφαλήν] *per capita* ^{Lat}cod 100 Arm Syh: cf 𝔐; *κατα κεφαλης* 458 71* | αὐτῶν ult] *αυτου* F^{b} 15 Bo

---

18 συνήγαγον] ο′ συνήγαγον 344; οἱ λ′ ἐξεκκλησίασαν 344^{txt} | πᾶν ἀρσενικόν] ο′ οἱ λ′ ἀρσενικὸν χωρὶς τοῦ πᾶν 344

19 [19]ὃν τρόπον συνέταξεν κύριος τῷ Μωυσῇ· καὶ ἐπεσκέπησαν ἐν τῇ
ἐρήμῳ τῇ Σινά.
20 [20]Καὶ ἐγένοντο οἱ υἱοὶ Ῥουβὴν πρωτοτόκου Ἰσραὴλ κατὰ συγγε-
νείας αὐτῶν, κατὰ δήμους αὐτῶν, κατ' οἴκους πατριῶν αὐτῶν, κατὰ
ἀριθμὸν ὀνομάτων αὐτῶν, κατὰ κεφαλὴν αὐτῶν, πάντα ἀρσενικὰ ἀπὸ
21 εἰκοσαετοῦς καὶ ἐπάνω, πᾶς ὁ ἐκπορευόμενος ἐν τῇ δυνάμει· [21]ἡ
ἐπίσκεψις αὐτῶν ἐκ τῆς φυλῆς Ῥουβὴν ἓξ καὶ τεσσαράκοντα χιλιάδες

ABFMV *O''* *C''* *bdfnst*x^{-527}*yz* al verss

19 om comma 343 | om *τρόπον* 120* | *μωυσει* 18-68′-120′; *μωυ*^{σ} 126; *μωσει* 72-426 52′-529-*c*I^{-413c} ↓; *μωση* 58 131-313-413^{c}-500′ *n* | *ἐπεσκέπησαν ἐν*] *επεσκεπησεν* 458 | *ἐπεσκέπησαν*] *considerunt* ^{Lat}cod 100; + *αυτους* 767 ↓; + *αυτοι* *O*-72 *b* 129 68′-120′ 59 Aeth Syh ↓ | *ἐν τῇ ἐρήμῳ*] *in monte* Aeth Bo | *τῇ* 2° B V *O* 44-107′ 54-75 74′-76′-84$^{c\,pr\,m}$ *x* 126-128-628-669] *τω* 106 30; *το* 799; > *o*I^{-64*}-72 125 53′ 127-458-767 84* 18 ↓; *του* rell = Tar | *Σινά*] *σεινα* B* G 509^{c}; *συνα* 664; *σιναι* 58 54′-75 18 ↓; *συναι* 458

20 om *καί* 1° Sa^{12} | *εγενετο* 314* | *οἱ υἱοί*] *του υιου* 71′; om *οἱ* M′ 15*-29-58 52 *b* d^{-44} 129-246 767 30-343 74-76-84*(cprm) 509 *y* 18-68′-120′-628 624 799 | *Ῥουβήν*] pr *του* 127; *-βιν* 15-426 46^{s} 107 129 130-321′ 74-76^{c}-134^{c}-370 392; *-βειν* M; *-βημ* 376 55^{c}; *-βιμ* 72 $C''^{-46s\ 77\ 550'}$ 44-125-610 f^{-129} 75′ 730 76*-84-134* 71 18′-126-628-669 59 646 799; *-βειμ* 381′ 77-550′ 106 619 424; *ροβην* 767; *rōbēl* Aeth; *rūbīl* Arab Syh | *πρωτοτόκου*] *-κος* 127; *-κοι* 58-72 552 59 | *Ἰσραήλ*] *ιακωβ* 121 | *κατὰ δήμους αὐτῶν*] pr *et* Aeth; om *αὐτῶν* ^{Lat}cod 100; > 30′: homoiot; post *αὐτῶν* 3° tr 458 | *αὐτῶν* 2°] ⌒4° 53′ | *κατ'* — *αὐτῶν* 3°] pr *et* Aeth; *et domos et pagos* ^{Lat}cod 100 (sed hab Aug *Num* 2) | *κατά* 3°] pr *et* ^{Lat}cod 100 (sed hab Aug *Num* 2) Aeth; *κατ* 426 54-75 126 | *αριθμων* 376 313*-528; *αριθμους* G | *αὐτῶν* 4°] sub ÷ G Syh; > *b* = 𝔐 Sam | *κατὰ κεφαλήν*] pr *et* Aeth; *per capita* ^{Lat}cod 100 Aug *Num* 2 Arab Arm Bo Syh: cf 𝔐 | om *αὐτῶν* 5° 106 | *πάντα ἀρσενικά*] *παντ αρσ.* 126; *παν αρσ.* 120*; *παντα τα αρσ.* 16-46 44 799; *παν αρσενικον* (+ *αυτων* 458) *b* 53′ 458 Arm = 𝔐; + *αυτων* 75 | *εικοσι ετους* (*αετους* 246) 107* 246 54 | *ἐπάνω*] + *αυτου* 107′-125 | *πᾶς ὁ ἐκπορευόμενος*] *omnes qui proficiscebantur* ^{Lat}cod 100 (sed hab Aug *Num* 2) = Tar^{P}; om *πᾶς* 53; om *ὁ* 376 | om *τῇ* 71′ | *δυνάμει*] + *αυτων* 72 413; + $\overline{ιηλ}$ 58-376-707 *d n t* 18 Arm Syh

21 init — (22) fin] pr *και* 29; > Aeth^{M} | *ἡ ἐπίσκεψις*] *η* (> 426) *επισκοπη* B *O n* x^{-509} 18 319 ↓; om *ἡ* 707 | om *ἐκ* — *Ῥουβήν* A* | *Ῥουβήν*] *-βιν* 15-426

---

19 comma] *ο′ ὃν τρόπον συνέταξε* $\overline{κς}$ *τῷ Μωσεῖ καὶ ἐπεσκέπησαν αὐτοὶ ἐν τῇ ἐρήμῳ τῇ Σιναΐ α′ καθὰ ἐνετείλατο* $\overline{κς}$ *τῷ Μωσεῖ καὶ ἐπεσκέψαντο αὐτοὺς ἐν ἐρήμῳ Σιναΐ σ′ καθὰ ἐνετείλατο* $\overline{κς}$ *Μωσεῖ ἐπεσκέψατο δὲ αὐτοὺς ἐν τῇ ἐρήμῳ τῇ Σιναΐ θ′ καθὰ ἐνετείλατο* $\overline{κς}$ *τῷ Μωσεῖ καὶ ἐπεσκέψατο αὐτοὺς ἐν τῇ ἐρήμῳ τῇ Σιναΐ* 344 | init — *συνέταξεν* (*κύριος τῷ Μωυσῇ*)] *καθὰ ἐνετείλατο* $\overline{κς}$ *τῷ Μωυσῇ* 85; *καθὰ ἐνετείλατο* 130-321′

20 (*καί* 2° — *ἐκπορευόμενος*) *ἐν τῇ δυνάμει*] *α′* (*ο′* 85) *καὶ ἐπάνω παντὸς ἐκπορευομένου στρατιάν σ′ καὶ ἐπάνω πᾶς* (+ *ο* 85) *ἐξερχόμενος εἰς στρατιάν θ′ πᾶς ὁ ἐκπορευόμενος δυνάμει ο′* (> 85) *ἐν τῇ δυνάμει* 85′-344; *σ′ in exercitum* Syh

21 init — *Ῥουβήν*] *α′* (*ο′* 85) *ἐπεσκεμμένοι αὐτῶν τῆς ῥάβδου Ῥουβήν σ′ οἱ ἐπεσκεμμένοι αὐτῶν τῆς φυλῆς Ῥουβήν θ′ αἱ ἐπισκέψεις αὐτῶν τῆς φυλῆς Ῥουβήν ο′* (> 85) *ἡ ἐπισκοπὴ αὐτῶν ἐκ τῆς φυλῆς Ῥουβήν* 85′-344

καὶ πεντακόσιοι. 22τοῖς υἱοῖς Συμεὼν κατὰ συγγενείας αὐτῶν, κατὰ 22
δήμους αὐτῶν, κατ᾽ οἴκους πατριῶν αὐτῶν, κατὰ ἀριθμὸν ὀνομάτων
αὐτῶν, κατὰ κεφαλὴν αὐτῶν, πάντα ἀρσενικὰ ἀπὸ εἰκοσαετοῦς καὶ
ἐπάνω, πᾶς ὁ ἐκπορευόμενος ἐν τῇ δυνάμει· 23ἡ ἐπίσκεψις αὐτῶν ἐκ 23
τῆς φυλῆς Συμεὼν ἐννέα καὶ πεντήκοντα χιλιάδες καὶ τριακόσιοι.
24τοῖς υἱοῖς Ἰούδα κατὰ συγγενείας αὐτῶν, κατὰ δήμους αὐτῶν, κατ᾽ 24(26)
οἴκους πατριῶν αὐτῶν, κατὰ ἀριθμὸν ὀνομάτων αὐτῶν, κατὰ κεφαλὴν

ABFMV *O''* *C''* *bdfnstx*$^{-527}$*yz* al verss

107 129 130-321′ *t*$^{-84}$ 392 18′-669*; -βημ 55^{c} 319; -βιμ 72 *C''*$^{-46s\ 77\ 550'}$ 44-125-610 *f*$^{-129}$ 127*(vid) 84 *x*$^{-509}$ 126-628-669^{c} 59 646 799; -βειμ 381′ 77-550′ 106; ροβιμ 458; *rōbēl* Aeth; *rūbīl* Arab Syh | ἕξ — fin] τεσσ. χιλ. πενταχ. εξ 799; χιλ. πενταχ. τεσσ. εξ *x*$^{-509}$; ϛ και μφ 85^{mg} | ἕξ καὶ τεσσαράκοντα χιλιάδες] χιλιαδες (-δας 126) μϛ 125 343^{mg1} 126; μϛ χιλ. 107′ 319; ,μ,ϛ 458; om καί 72 | τεσσαράκοντα F^{b}] τεσσερ. A B* F M′ V 129 55 624 | χιλιαδας 55 59 | πεντακόσιοι] *quadringenti* Sa; + λβ 343^{mg2}

22 τοῖς υἱοῖς] pr και *O* 68′-120′ Arm Sa Syh; *et* (> La) *filii* ^{La}cod 100 Aeth Arab | Συμεών] σιμ. 53; συμαιων 528 54-75; ⌒(23) 106-125 | κατὰ συγγενείας] *per synagogas* Bo^{AB*} | om αὐτῶν 1° 82 *x*$^{-509}$ | κατά 2°] pr *et* Aeth; και *x*$^{-509}$ | om αὐτῶν 2° 44 | κατ᾽] pr *et* Aeth | πατριας 767 | om αὐτῶν 3° 319 ^{La}cod 100 | κατά 3°] pr και 44 Aeth; pr (※ G Syh) αι (και G-376; η 767) επισκεψεις (-ψις G-376 767) αυτων *O* 767 Syh = Sam: cf 𝔐 Tar^{O}; κατ 426 417 126 = Compl; ⌒4° M′ *C*-46 | αριθμων 376 343 68-120 (sed hab Ald) | om ὀνομάτων αὐτῶν 44 | αὐτῶν 4°] sub ÷ G Syh; > Compl = 𝔐 Sam; ⌒5° 107′ 246 | κατά 4°] pr και 44 Aeth | κεφαλης 529*(vid)-739 75′; κεφαλας 77 ^{La}cod 100 Arab Arm Bo Syh: cf 𝔐 | πάντα ἀρσενικά] παντα τα αρσ. 16-46 107′ 54-75′ 799; παν αρσενικον *z*$^{-18}$ 646 Arm = 𝔐; > G | πᾶς — (23) Συμεών] pr και 664; > 107′ *x*$^{-509}$ | πᾶς ὁ ἐκπορευόμενος] *omnes qui proficiscebantur* ^{La}cod 100 = Tar^{P}; om ὁ 76 | πᾶς] *omnis masculus* Arm^{ap} | ἐν] συν 767 | om τῇ 58-72 458 | δυνάμει] + *israel* Arm^{te}; + αυτων 381′

23 ἡ ἐπίσκεψις αὐτῶν] om ἡ 313; > 59* | ἐκ τῆς φυλῆς] εκ των υιων 129; om τῆς 381′ 761; > Bo | συμαιων 528 54-75 | ἐννέα — fin] pr χιλιαδες 343^{mg}; χιλ. τριακοσιαι πεντηκ. εννεα *x*$^{-509}$; ϑ και ντ 85^{mg}; ,ϑντ 321^{mg} | ἐννέα — χιλιάδες] χιλ. (-δας 126) νϑ 107′-125 126; νϑ χιλ. 319; ,ν,ϑ 458 | πεντηκοντα και εννεα (ενεα 108) *b*$^{-537}$ = Tar | χιλιαδας (χειλ. G) G 44 59* | καὶ τριακόσιοι] και τετρακ. *b* 416; > 318

24 init — (35) fin] post (37) fin tr *O*$^{-58}$ Arab Syh = Compl ↓ | τοῖς υἱοῖς] pr και 72 318 Arm Sa; *et filii* ^{La}cod 100 Aeth Arab | Ἰούδα] ⌒(25) 106-125 | κατά 1° — fin] καϑ ομοιοτητα των πρωτων *b* | κατά 1°] ⌒2° 376 | συγγενείας] pr τας 53′-56 | αὐτῶν 1°] > 458(|) *x*$^{-509}$; ⌒2° ^{La}cod 100*; ⌒3° 53′ | κατά 2°] pr και 44 Aeth; και *x*$^{-509}$ | om αὐτῶν 2° — ἀρσενικά 44 | αὐτῶν 2°] > 107′; + κατ οικους αυτων 15 | κατ᾽ — αὐτῶν 3°] pr *et* Aeth; post αὐτῶν 4° tr Sa^{12} | αὐτῶν 3°] > 529* 75; ⌒4° 107′ 509 | κατά 3°] pr *et* Aeth; κατ G-426 53′ 54 126 | αριϑμων 376 | om ὀνομάτων 529^{txt} | αὐτῶν 4° — ἀρσενικά] sub ÷ G Syh = 𝔐 | αὐτῶν 4°] ⌒5° Compl | κατὰ κεφαλήν] pr *et* Aeth; κατα κεφαλης 75;

24—37 commata] τὰ ἑξαπλᾶ τὴν συγγένειαν τοῦ Γὰδ εὐθὺς μετὰ τὴν συγγένειαν τοῦ Συμεὼν ὑποτάσσει εἶθ᾽ οὕτως τὴν τοῦ Ἰούδα ὑποβάλλει 85′-344

αὐτῶν, πάντα ἀρσενικὰ ἀπὸ εἰκοσαετοῦς καὶ ἐπάνω, πᾶς ὁ ἐκπο-
(27)25 ρευόμενος ἐν τῇ δυνάμει· ^{25}ἡ ἐπίσκεψις αὐτῶν ἐκ τῆς φυλῆς Ἰούδα
(28)26 τέσσαρες καὶ ἑβδομήκοντα χιλιάδες καὶ ἑξακόσιοι. ^{26}τοῖς υἱοῖς
Ἰσσαχὰρ κατὰ συγγενείας αὐτῶν, κατὰ δήμους αὐτῶν, κατ᾽ οἴκους
πατριῶν αὐτῶν, κατὰ ἀριθμὸν ὀνομάτων αὐτῶν, κατὰ κεφαλὴν αὐτῶν,
πάντα ἀρσενικὰ ἀπὸ εἰκοσαετοῦς καὶ ἐπάνω, πᾶς ὁ ἐκπορευόμενος ἐν
(29)27 τῇ δυνάμει· ^{27}ἡ ἐπίσκεψις αὐτῶν ἐκ τῆς φυλῆς Ἰσσαχὰρ τέσσαρες
(30)28 καὶ πεντήκοντα χιλιάδες καὶ τετρακόσιοι. ^{28}τοῖς υἱοῖς Ζαβουλὼν κατὰ
συγγενείας αὐτῶν, κατὰ δήμους αὐτῶν, κατ᾽ οἴκους πατριῶν αὐτῶν,

ABFMV *O''* *C''* *bdfnstx*$^{-527}$*yz* al verss

per capita ^{Lat}cod 100 Arab Arm Bo Syh | om αὐτῶν 5° 107′ | πάντα ἀρσενικά] παν αρσ. 82 767; παντα τα αρσ. 16-46-73′ 54-75′; παν αρσενικον 126 Arm; παντα αρσενικον 72* | om πᾶς — (25) Ἰούδα 44 | πᾶς ὁ ἐκπορευόμενος] *omnes qui proficiscebantur* ^{Lat}cod 100 = Tar^{P}; πας ο εισπορ. 129 18; om πᾶς 107′; > 71 | ἐν τῇ δυνάμει] om ἐν 767; om τῇ 53′ 134* 71 392; + αυτων 72

25 init — Ἰούδα] om ἡ 19′; om αὐτῶν — Ἰούδα *b*; om αὐτῶν 53; om ἐκ τῆς 458; om τῆς 53′ 128-669; > 107′ 71 | τέσσαρες — fin] χιλ. εξακοσιαι εβδομ. τεσσ. 71; δ̄ και ν̄χ̄ 85^{mg} | τέσσαρες — χιλιάδες] χιλ. (-δας 126) ο̄δ̄ 107′-125 343^{mg} 126; ,ο,δ 458; εβδ. και τεσσ. χιλ. *b* = Tar; ο̄δ̄ χιλ. 319; om καί 54 | τέσσαρες] τεσσαρακοντα 426*(cprm) | χιλιαδας 246* | εξακοσιαι 18

26 τοῖς υἱοῖς] pr *et* Arm Sa; *et filii* ^{Lat}cod 100 Aeth Arab; om υἱοῖς 664* | ισαχαρ 72-376-618 46-417-529-551-739 *d* 53′-246 54-767 84 619 392 18-68-126-669 59 646 ^{Lat}cod 100 Arm Bo = Ald Compl; εισσαχαρ 313; *iesachar* Sa^{12}; σαχαρ 82 458; ⌒(27) 106-125 | κατά 1° — fin] om κατά 1° — ἀρσενικά 610; > *b* | αὐτῶν 1°] > 44 71 799; ⌒2° 318(||) = Tar^{P}; ⌒4° 107 | κατὰ δήμους] pr και 619 68′-120 Aeth; και δημους 71; *per plebem* ^{Lat}cod 100 | δήμους αὐτῶν] αριθμον 44 | αὐτῶν 2°] ⌒3° 30′ | κατ᾽] pr και 44 Aeth | αὐτῶν 3°] > 619; ⌒4° F | κατά 3° — ἀρσενικά] pr *et* Aeth; > 44 | κατά 3°] κατ G-426 77 53′ 75 126 | αριθμων 376 528 458 | om ὀνομάτων 664*(cprm) | αὐτῶν 4° — ἀρσενικά] sub ÷ G Syh = 𝔐 | αὐτῶν 4°] > 528; ⌒5° Compl | κατὰ κεφαλήν] *et per capita* ^{Lat}cod 100; *per capita* Arab Arm Bo Syh; κατα κεφαλης 72 75 | κεφαλήν] sup ras 58 | πάντα ἀρσενικά] παντα τα αρσ. 16-46; παν αρσενικον 126 Arm; + αυτων 376 | ἀπό] pr και 313 | πᾶς — (27) Ἰσσαχάρ] om πᾶς 610*; om ὁ 528; > 44 *x*$^{-509}$ | τῇ δυνάμει] om τῇ 458; ⌒(28) 130

27 init — Ἰσσαχάρ] om αὐτῶν — Ἰσσαχάρ *b*; om αὐτῶν 134; om ἐκ τῆς 767; om τῆς 53′ 75; > 107′ | ισαχαρ 72-82-376-618 46-417-529-739 53-246 392 18-68-126-669 59 646 ^{Lat}cod 100 Arm Bo = Ald Compl; *iesachar* Sa^{12} | τέσσαρες — fin] χιλ. τετρακοσιαι πεντηκ. τεσσ. 71; πεντηκ. τεσσ. και τετρακοσιαι χιλ. 619; δ̄ και ν̄ῡ 85^{mg} | τέσσαρες — χιλιάδες] χιλ. (-δας 126) ν̄δ̄ 107′-125 458 343^{mg} 126; ν̄δ̄ χιλ. 319 | πεντηκοντα και τεσσαρες *b* = Tar | om καὶ τετρακόσιοι 106^{txt} | τετρακόσιοι] -σιαι 246; τριακοσιοι 72 59

28 τοῖς υἱοῖς] pr *et* Arm Sa; *et fili⟨i⟩* ^{Lat}cod 100 Aeth Arab; ⌒(30) 799 | Ζαβουλών] ζαβολων 509 126*; σαβουλων 551*; ⌒(29) 106-125 | om κατά 1° — fin *b* | κατὰ συγγενείας αὐτῶν] κατα συγγενιαν αυτων V; om αὐτῶν 44 68′; > 127^{txt}(cprm); post αὐτῶν 2° tr 127^{mg}-767 18 | κατὰ δήμους αὐτῶν] κατα δε δημ. αυτων 313 Aeth; κατα αριθμον αυτων 414*(cprm); om αὐτῶν 44; > 72-376^{txt}(cprm) 30 318 59 319; post αὐτῶν 3° tr 414′ | κατ᾽] pr και 44 Aeth;

κατὰ ἀριθμὸν ὀνομάτων αὐτῶν, κατὰ κεφαλὴν αὐτῶν, πάντα ἀρσενικὰ
ἀπὸ εἰκοσαετοῦς καὶ ἐπάνω, πᾶς ὁ ἐκπορευόμενος ἐν τῇ δυνάμει· 29*ἡ* 29(31)
ἐπίσκεψις αὐτῶν ἐκ τῆς φυλῆς Ζαβουλὼν ἑπτὰ καὶ πεντήκοντα χιλιά-
δες καὶ τετρακόσιοι. 30*τοῖς υἱοῖς Ἰωσὴφ υἱοῖς Ἐφράιμ κατὰ συγγε-* 30(32)
νείας αὐτῶν, κατὰ δήμους αὐτῶν, κατ' οἴκους πατριῶν αὐτῶν, κατὰ
ἀριθμὸν ὀνομάτων αὐτῶν, κατὰ κεφαλὴν αὐτῶν, πάντα ἀρσενικὰ ἀπὸ
εἰκοσαετοῦς καὶ ἐπάνω, πᾶς ὁ ἐκπορευόμενος ἐν τῇ δυνάμει· 31*ἡ* 31(33)
ἐπίσκεψις αὐτῶν ἐκ τῆς φυλῆς Ἐφράιμ τεσσαράκοντα χιλιάδες καὶ
πεντακόσιοι. 32*τοῖς υἱοῖς Μανασσὴ κατὰ συγγενείας αὐτῶν, κατὰ* 32(34)

ABFMV *O'' C'' bdfnstx*$^{-527}$*yz* al verss

και 68'-120' (sed hab Ald) | *κατά* 3° — *αὐτῶν* 4°] pr *et* Aeth; > 381' 52-615^{c}; inc 615* | *κατά* 3°] *κατ* G-426 53' 54-75 126 | *αριθμων* 376 44 458 59* 646 | *αὐτῶν* 4° — *ἀρσενικά*] sub ÷ G Syh = 𝔐; om *αὐτῶν κατὰ κεφ. αὐτῶν* Compl; om *κατά* — *ἀρσενικά* 44 | *αὐτῶν* 4°] *αυτας* 646*(cprm); > 18(|); ⌒5° 16-46 107' | *κατὰ κεφαλήν*] pr *et* Aeth; *κατα κεφαλης* 75; *per capita* ^{Lat}cod 100 Arab Arm Bo Syh | *πάντα ἀρσενικά*] *παν αρσ.* 72-82; *παντα τα αρσ.* 16-46; *τα αρσ.* 107'; *παν αρσενικον* 54-767 18-126 Arm; > Arab | *ἀπό*] pr *και* 313 | om *πᾶς* — (29) *Ζαβουλών* 44-107' | om *ἐν* 15-64*(cprm) | *τῇ δυνάμει*] om *τῇ* 53 509 319; + *αυτου* 646

29 om *αὐτῶν ἐκ* 72 | *ἐκ* — fin] sup ras A; om *ἐκ* — *Ζαβουλών* *b* 68'-120'; om *τῆς* 53' | *Ζαβουλών*] pr *υιων* 343* = Tar^{P} | *ἑπτά* — fin] *χιλ. τετρακ. πεντηκ. επτα* 71; *ζ̄ και ν̄ῡ* 85^{mg} | *ἑπτά* — *χιλιάδες*] *χιλ.* (-*δας* 126) *ν̄ζ̄* 107'-125 343^{mg} 126; *πεντηκ. επτα χιλ.* 458 619 319 | *ἑπτά*] *τεσσαρες* 55 ^{Lat}cod 100 | *πεντήκοντα*] *εβδομηκοντα* 55 | *τετρακόσιοι*] *πεντακοσιοι* A

30 init — (43) fin] ordinem versuum 38 39 42 43 36 37 40 41 30 — 35 hab 246 | *τοῖς υἱοῖς*] pr *et* Arm Sa; *et filii* ^{Lat}cod 100 Aeth Arab | *Ἰωσὴφ υἱοῖς Ἐφράιμ*] *εφραιμ του ιωσηφ* 106 | *υἱοῖς* 2°] pr *τοις* 125 54-75'; *οι υιοι* (*υιοις* 246) 53'-246; *υιοι* 58 56-129 59 319 ^{Lat}cod 100 Aeth Arab; *υιους* 72 343; *υιος* A* *x*$^{-509}$ 121 55; > 376(|) 669 | *Ἐφράιμ*] *εφρεμ* 56 30; *εφραι* 46*; *ευφραιμ* 130; ⌒(31) 106-125 | om *κατά* 1° — fin *b* | *αὐτῶν* 1°] ⌒2° *C*$^{-529mg}$-46 68'-120 (sed hab Ald) | om *κατά* 2° — (31) *Ἐφράιμ* 799 | *κατά* 2°] pr *και* 44 Aeth; *και* 72; ⌒3° 107' | [*δή*]*μους* — (40) *αὐτῶν* 4°] absc 624(||) | om *αὐτῶν* 2° 44 | *κατ'*] pr *και* 44 ^{Lat}cod 100 Aeth | om *αὐτῶν* 3° 75 | om *κατά* 3° — *ἀρσενικά* 44 | *κατά* 3°] pr *et* ^{Lat}cod 100 Aeth; *κατ* G-426 53' 54-75 126 | *αριθμων* 376 52* 458 | om *ὀνομάτων* 56* | *αὐτῶν* 4° — *ἀρσενικά*] sub ÷ G Syh; > 107' = 𝔐 | om *αὐτῶν* 4° — *αὐτῶν* 5° Compl | *κατὰ κεφαλήν*] pr *et* Aeth; *κατα κεφαλης* 75; *per capita* ^{Lat}cod 100 Arab Arm Bo Syh | *αὐτῶν* 5°] *αυτου* 376*(cprm); bis scr 370* | *πάντα ἀρσενικά*] *παντα τα αρσ.* 16-46; *παν* (*παντα* 75) *αρσενικον* 75 126 59 Arm; > Arab | *ἀπό*] pr *και* 343 | om *πᾶς* — (31) *Ἐφράιμ* 44-107' | *ἐν τῇ δυνάμει*] om *τῇ* 319; bis scr 376

31 init] pr *παντα* 618 | *ἐκ* — *Ἐφράιμ*] om *τῆς* 75; > *b* | *ευφραιμ* 130 | *τεσσαράκοντα* — fin] *χιλ. πεντακοσιαι τεσσαρακοντα* 71; *μ̄ και φ̄* 85^{mg} | *χιλιαδες* (-*δας* 126) *τεσσαρακοντα* *d*$^{-106}$ 343^{mg} 126 | *τεσσαράκοντα* F^{b}] *τεσσερ.* (*τησσ.* A*) A B* F M' 707 129 509 55; *σαρακ.* 106 318 | om *καί* 321'^{mg} | *πεντακόσιοι*] -*σιαι* 619; -*σιες* 54; *πεντεκ.* 30; *quadringenti* Sa

32 *τοῖς υἱοῖς*] pr *et* Arm Sa; *et fili⟨i⟩* ^{Lat}cod 100 Aeth Arab | *Μανασσή*] -*νασῃ* 72 529 Arm; *μανν.* A ^{Lat}cod 100; ⌒(33) 106-125 | om *κατά* 1° — fin *b* |

δήμους αὐτῶν, κατ' οἴκους πατριῶν αὐτῶν, κατὰ ἀριθμὸν ὀνομάτων
αὐτῶν, κατὰ κεφαλὴν αὐτῶν, πάντα ἀρσενικὰ ἀπὸ εἰκοσαετοῦς καὶ
(35)33 ἐπάνω, πᾶς ὁ ἐκπορευόμενος ἐν τῇ δυνάμει· [33]ἡ ἐπίσκεψις αὐτῶν ἐκ
τῆς φυλῆς Μανασσὴ δύο καὶ τριάκοντα χιλιάδες καὶ διακόσιοι.
(36)34 [34]τοῖς υἱοῖς Βενιαμὶν κατὰ συγγενείας αὐτῶν, κατὰ δήμους αὐτῶν,
κατ' οἴκους πατριῶν αὐτῶν, κατὰ ἀριθμὸν ὀνομάτων αὐτῶν, κατὰ
κεφαλὴν αὐτῶν, πάντα ἀρσενικὰ ἀπὸ εἰκοσαετοῦς καὶ ἐπάνω, πᾶς ὁ
(37)35 ἐκπορευόμενος ἐν τῇ δυνάμει· [35]ἡ ἐπίσκεψις αὐτῶν ἐκ τῆς φυλῆς
(24)36 Βενιαμὶν πέντε καὶ τριάκοντα χιλιάδες καὶ τετρακόσιοι. [36]τοῖς υἱοῖς

ABFMV *O'' C'' bdfnstx*$^{-527}$*yz* al verss

κατά 1°] ⌒2° Arab | om *αὐτῶν* 1° 44 | om *κατά* 2° — (33) *Μανασσή* 799 | *κατὰ δήμους αὐτῶν*] pr *και* 44 Aeth; > 72 107; bis scr 319 | *κατ'* — *αὐτῶν* 4°] pr *et* Aeth; om *κατ'* — *αὐτῶν* 3° 44; post *αὐτῶν* 5° tr 53 | *οικων* 126 | *αὐτῶν* 3°] > 75; ⌒4° B^{txt} 318 Sa^{4} | *κατά* 3°] pr *et* Aeth; *και* 44; *κατ* G-426 53′ 54-75 126 | *αριθμων* 376 458 646 | om *ὀνομάτων αὐτῶν* 107′ | *αὐτῶν* 4° — *ἀρσενικά*] sub ÷ G Syh^{T}; *κατά* — *ἀρσενικά* sub ÷ Syh^{L}; om *αὐτῶν* 4° — *αὐτῶν* 5° Compl; > 44 = 𝔐 | *κατὰ κεφαλήν*] pr *et* Aeth; *κατα κεφαλης* 75 130; *per capita* ^{Lat}cod 100 Arab Arm Bo Syh | *πάντα ἀρσενικά*] *παντα τα αρσ.* 16-46 458; *παν αρσενικον* 126 Arm; om *πάντα* Aeth^{-C}; > Arab; + *αυτων* 381′ = Ald | om *πᾶς* — (33) *Μανασσή* 44-107′ 71 | om *τῇ* 16′-46′-73′-77-417-422-550′-739-761 318 319

33 *ἐκ* — *Μανασσή*] om *τῆς* 761 53′; > *b* | *μαναση* 72 529 Arm; *μανναση* A 121 ^{Lat}cod 100 | *δύο* — fin] *χιλ. διακοσιαι τριακοντα δυο* 71; *β̅ και λ̅σ̅* 85^{mg} | *δύο* — *χιλιάδες*] *χιλ.* (-*δας* 126) *λ̅β̅* 107′-125 458 343^{mg} 126 | *δύο καὶ τριάκοντα*] *τριακ. δυο* 619 319; *XXVI* ^{Lat}cod 100 | *διακόσιοι*] -*σιαι* 129; *τριακοσιοι* B *d*$^{-106c}$ 54′ *t* 392 799 ^{Lat}cod 100 Arm; *τετρακοσιοι* 509

34 *τοῖς υἱοῖς*] pr [.]*οις φυλ* 376*; pr *et* Arm Sa; *et fili⟨i⟩* ^{Lat}cod 100 Aeth Arab; om *υἱοῖς* 120*(cprm) | *Βενιαμίν*] -*μειν* A B F M V G-15^{c}-58-376-381′-707 *b* 56′-664*(vid) 127 30^{c}-85′-343′ *x*$^{-71}$ *y*$^{-318}$ 68′-120′ 319*; -*μην* 610* 54-75′ 30* 319^{c} 646; *βαινιαμειν* 15*; -*μειμ* 29 416; *βενιμειν* 767; + *κατα δημους αυτων* 55; ⌒(35) 106-125 | om *κατά* 1° — fin *b* | om *αὐτῶν* 1° 44 | *κατὰ δήμους αὐτῶν*] pr *et* Aeth; om *αὐτῶν* 44 344*(cprm); > 72 | *κατ'*] pr *και* 44 619 Aeth | om *αὐτῶν κατὰ ἀριθμόν* ^{Lat}cod 100 | *αὐτῶν* 3°] ⌒4° 381′; ⌒5° 44 30′ | *κατά* 3°] pr *et* Aeth; *κατ* V G-426 53′ 54-75 126 | *αριθμων* 376 246 458 | *ὀνομάτων* — *αὐτῶν* 5°] pr *των* 16-46; > 107′ | *αὐτῶν* 4° — *ἀρσενικά*] sub ÷ G Syh^{T} = 𝔐; om *αὐτῶν* 4° — *αὐτῶν* 5° Compl | *κατὰ κεφαλήν*] pr *et* Aeth; *κατα κεφαλης* (*καιφ.* 75) 75 18; *per capita* ^{Lat}cod 100 Arab Arm Bo Syh | *πάντα ἀρσενικά*] *παντα τα αρσ.* 46 458 799; *παν αρσενικον* 126 Arm; *ἀρσενικά* sub ÷ Syh^{L}; > 44 Arab; + *αυτων* 381′ = Ald | om *ἀπό* — *ἐπάνω* 618^{txt} | *πᾶς* — (35) *Βενιαμίν*] om *πᾶς* Aeth^{M}; om *τῇ* 319; > 44-107′ *x*$^{-509}$ | *δυνάμει*] + *αυτου* 767; ⌒ (36) 126

35 *ἐκ* — *Βενιαμίν*] om *τῆς* F*(cprm) 618*(cprm) 53′ 84; > 72 *b* | om *Βενιαμίν* — (37) *Γάδ* 618^{txt} | *Βενιαμίν*] -*μειν* A B F M V *O*$^{-426}$-15^{c}-381-707 56′ 127-767 85-343′ *y*$^{-318}$ 407; -*μην* 618$^{(mg)}$ 46^{s} 75′ 68′-120 59* 319 646; *βαινιαμειν* 15*; *βαινημαμειν* 30; -*μιμ* 52*; -*μειμ* 29 416; *βαν.* 134*(vid); *μενιαμιν* 313 | *πέντε* — fin] *χιλ. τετρακοσιοι τριακοντα πεντε* 71; *ε̅ και λ̅υ̅* 85^{mg}; *χιλ. λ̅ε̅ και γ̅* 458 | *πέντε* — *χιλιάδες*] *χιλ. λ̅ε̅* 107′-125 343^{mg} | *πέντε καὶ τριάκοντα*]

Γὰδ κατὰ συγγενείας αὐτῶν, κατὰ δήμους αὐτῶν, κατ' οἴκους πα-
τριῶν αὐτῶν, κατὰ ἀριθμὸν ὀνομάτων αὐτῶν, κατὰ κεφαλὴν αὐτῶν,
πάντα ἀρσενικὰ ἀπὸ εἰκοσαετοῦς καὶ ἐπάνω, πᾶς ὁ ἐκπορευόμενος ἐν
τῇ δυνάμει· 37*ἡ ἐπίσκεψις αὐτῶν ἐκ τῆς φυλῆς Γὰδ πέντε καὶ τεσσα-* 37(25)
ράκοντα χιλιάδες καὶ ἑξακόσιοι καὶ πεντήκοντα. 38*τοῖς υἱοῖς Δὰν* 38
κατὰ συγγενείας αὐτῶν, κατὰ δήμους αὐτῶν, κατ' οἴκους πατριῶν
αὐτῶν, κατὰ ἀριθμὸν ὀνομάτων αὐτῶν, κατὰ κεφαλὴν αὐτῶν, πάντα
ἀρσενικὰ ἀπὸ εἰκοσαετοῦς καὶ ἐπάνω, πᾶς ὁ ἐκπορευόμενος ἐν τῇ
δυνάμει· 39*ἡ ἐπίσκεψις αὐτῶν ἐκ τῆς φυλῆς Δὰν δύο καὶ ἑξήκοντα* 39

ABFMV *O'' C''* *bdfnst*x^{-527}*yz* al verss

τριακοντα πεντε 619 319; *XXXIIII* ^{Lat}cod 100 | *καί* 1°] bis scr 551 | *τριάκοντα*] *τετρακοσιοι* 739^{txt} | *τετρακόσιοι*] *τριακοσιοι* d^{-106c} 85*(vid) *t* 392 799; *διακοσιοι* 52'-313-414'; > 669*(cprm)

36 init — (43) fin] ordinem versuum 38 39 42 43 36 37 40 41 hab Arm^{te} | om init — (37) fin Syh^{L}: cf 1 24 | *τοῖς υἱοῖς*] pr *et* Arm Sa; *et fili⟨i⟩* ^{Lat}cod 100 Aeth Arab; om *τοῖς* 669*(cprm) | *Γάδ*] ⌒(37) 106-125 | om *κατά* 1° — fin *b* | *κατά* 1° — *ἀρσενικά*] *κατα αριθμον αυτων κατα συγγενειας αυτων* 44 | *κατὰ δήμους αὐτῶν*] pr *et* Aeth^{-M}; > 72 107' 458 Aeth^{M} | *κατ'*] pr *et* Aeth | *κατά* 3° — *ἀρσενικά*] pr *et* Aeth; pr *αι επισκεψεις αυτων* 426; > 107' | *κατά* 3°] *κατ* 426 53' 54-75 | *αριθμων* 376 458-767 321* 646 | *αὐτῶν* 4° — *ἀρσενικά*] sub ÷ G Syh = 𝔐 | om *αὐτῶν* 4° — *αὐτῶν* 5° Compl | *αὐτῶν* 4°] > 376(|) 509; ⌒5° ^{Lat}cod 100 | *κατὰ κεφαλήν*] pr *et* Aeth; *κατα κεφ*^{λ} 75; *per capita* Arab Arm Bo Syh | *πάντα ἀρσενικά*] pr *και* 313; *παντα τα αρσ.* 46^{s}; *παν αρσενικον* 799 Arm; + *αυτων* 381-618$^{(mg)}$ = Ald | om *ἀπό* — *ἐπάνω* 381-618$^{(mg)}$ | *πᾶς* — (37) *Γάδ*] om *τῇ* $C'^{-528\ 529}$-313-414'-422 319; > 44-107' x^{-509}

37 *ἐκ* — *Γάδ*] om *τῆς* 381-618$^{(mg)}$ 529 664; > *b* | *Γάδ*] *δαν* 370*(vid; cprm) 18 | *πέντε* — fin] *ε̄ και μ̄χ̄ν̄* 85^{mg} | *πέντε* — *χιλιάδες*] *χιλ.* (*-δας* 126) *μ̄ε̄* 107'-125 458 343^{mg} 126; *τεσσ. πεντε χιλιαδες* 619 319 799; om *πέντε κ. τεσσ.* 71; om *χιλιάδες* 53 | *τεσσαράκοντα* F^{b}] *τεσσερ.* A B* F M' V 707 55; *σαρακ.* 106; *σαρα*^{κ} 56 | om *καί* 2° 71 799 | *καὶ πεντήκοντα*] om *καί* oI^{-15}-72 528 537 d^{-125} 343^{mg} 84 x^{-509} 126-128*(cprm) 319 799; > 125 54-75' Bo^{A}

38 *τοῖς υἱοῖς*] pr *et* Arm Sa; *et fili⟨i⟩* ^{Lat}cod 100 Aeth Arab | *Δάν*] ⌒(39) 106-125 | om *κατά* 1° — fin *b* | *συγγενιαν* V; *συγγενει* 129(|) | *κατὰ δήμους αὐτῶν*] pr *et* Aeth Bo^{A}; om *αὐτῶν* 44; > 72 $C''^{-52'\ 77\ 414'\ 528\ 529\ 761mg}$ 107' | *κατ'* — *αὐτῶν* 3°] pr *και* 44 134 Aeth Bo^{A}; post *αὐτῶν* 4° tr 72^{c} | om *κατά* 3° — *ἀρσενικά* 44 | *κατά* 3° — *αὐτῶν* 4°] post *αὐτῶν* 5° tr 72*; bis scr 130(||) | *κατά* 3°] pr *et* Aeth^{-M}; *κατ* G-426 53' 75 126 | *αριθμων* (*αρηθ.* 767) 376 458-767; *αριθμους* 58 | *αὐτῶν* 4° — *ἀρσενικά*] sub ÷ G Syh = 𝔐; om *αὐτῶν* 4° — *αὐτῶν* 5° Compl | *αὐτῶν* 4°] > 122 (sed hab Ald); ⌒5° 414' | *κατὰ κεφαλήν*] pr *et* Aeth; *κατα κεφαλης* 72; *per capita* ^{Lat}cod 100 Arab Arm Bo Syh | *πάντα ἀρσενικά*] *παντα τα αρσ.* 46; *παν αρσενικον* 126 799 Arm; > Arab; + *αυτων* 381' 75 = Ald | om *πᾶς* — (41) *Ἀσήρ* 610 | *πᾶς* — (39) *Δάν*] om *τῇ* 77-413; > 44-107 x^{-509}

39 *ἐκ* — *Δάν*] om *τῆς* 72* 53-246^{c}; > *b* | *δύο* — fin] *χιλ. επτακοσιοι εξηκοντα δυο* 71; *χιλ.* *ξ̄β̄ψ̄* 458; *β̄ και ξ̄ψ̄* 85^{mg} | *δύο* — *χιλιάδες*] *χιλ.* (*-δας* 126) *ξ̄β̄* 125' 343^{mg} 126 | *δύο καὶ ἑξήκοντα*] *εξηκοντα* (*εξικ.* 799) *δυο* 619 319 799; *LXXX*

40 χιλιάδες καὶ ἑπτακόσιοι. [40]τοῖς υἱοῖς Ἀσὴρ κατὰ συγγενείας αὐτῶν,
κατὰ δήμους αὐτῶν, κατ᾿ οἴκους πατριῶν αὐτῶν, κατὰ ἀριθμὸν ὀνο-
μάτων αὐτῶν, κατὰ κεφαλὴν αὐτῶν, πάντα ἀρσενικὰ ἀπὸ εἰκοσαετοῦς
41 καὶ ἐπάνω, πᾶς ὁ ἐκπορευόμενος ἐν τῇ δυνάμει· [41]ἡ ἐπίσκεψις αὐτῶν
ἐκ τῆς φυλῆς Ἀσὴρ μία καὶ τεσσαράκοντα χιλιάδες καὶ πεντακόσιοι.
42 [42]τοῖς υἱοῖς Νεφθαλὶ κατὰ συγγενείας αὐτῶν, κατὰ δήμους αὐτῶν, κατ᾿
οἴκους πατριῶν αὐτῶν, κατὰ ἀριθμὸν ὀνομάτων αὐτῶν, κατὰ κεφαλὴν
αὐτῶν, πάντα ἀρσενικὰ ἀπὸ εἰκοσαετοῦς καὶ ἐπάνω, πᾶς ὁ ἐκπορευό-
43 μενος ἐν τῇ δυνάμει· [43]ἡ ἐπίσκεψις αὐτῶν ἐκ τῆς φυλῆς Νεφθαλὶ

ABFMV *O'' C'' bdfnstx*$^{-527}$*yz* al verss

^{Lat}cod 100; om καί 618* | ἑξήκοντα] εξ 318 | ἑπτακόσιοι F^a] εξακοσιοι F *b*

40 τοῖς υἱοῖς] pr *et* Arm Sa; *et fili⟨i⟩* ^{Lat}cod 100 Aeth Arab | Ἀσήρ] ασσηρ 77 730 619 126-628 Bo Sa^{12}; ⌒(41) 106-125 | om κατά 1° — fin *b* | om αὐτῶν 1° M 107 | κατὰ δήμους αὐτῶν] pr *et* Aeth; om αὐτῶν 44; > 72 | κατ᾿ — αὐτῶν 3°] pr και 44 Aeth; > 107; post αὐτῶν 4° tr 72 | οικου 16'-500' | πατριῶν αὐτῶν] sup ras A; om πατριῶν Syh^L | αὐτῶν 3°] > 376 44; ⌒4° 458 | κατά 3°] pr και 799 Aeth; κατ G-426 53' 75 126 | αριθμων (αρηθ. 767*) 376 767 646 | αὐτῶν 4° — ἀρσενικά] sub ÷ G Syh = 𝔐; om αὐτῶν 4° — αὐτῶν 5° Compl; om κατά — ἀρσενικά 107 | αὐτῶν 4°] > 664*; ⌒5° 44 Sa^4 | om κατά 4° — (41) Ἀσήρ 799 | κατὰ κεφαλήν] pr και 313-414'-422-550'-761 Aeth; κατα κεφαλης 72 75-767; *per capita* ^{Lat}cod 100 Arab Arm Bo Syh | om πάντα — ἐπάνω 75 | πάντα ἀρσενικά] παντα τα αρσ. 46 44; παν αρσενικον 126 Arm; > Arab; post ἐπάνω tr Aeth^M; + αυτων 381' = Ald | om ἀπό — ἐπάνω 381' | πᾶς — (41) Ἀσήρ] pr *et* Aeth^M; > 44-107 *x*$^{-509}$ | om τῇ 381' 77

41 ἡ ἐπίσκεψις] pr *et* Arab; > 59 | ἐκ — Ἀσήρ] om τῆς 16-46-552; > *b* | ασσηρ 77-131* 730 126-628 Bo Sa$^{4\ 12}$ | μία — fin] χιλ. πεντακοσιαι τεσσαρακοντα μια 71; ᾱ και φ̄μ̄ 85^{mg} | μία — χιλιάδες] χιλ. μ̄ᾱ 107'-125 458 343^{mg} 126; τεσσαρακ. μια χιλιαδες (-δα 619) 619 799; μ̄ᾱ χιλ. 319 | τεσσαράκοντα F^b] τεσσερ. A B* F M' V 707 129 55 624; σαρακ. 106 664 | χιλιαδα 58 | πεντακόσιοι] -σιαι 619; *DC* ^{Lat}cod 100; *quadringenti* Arm^{te} Sa

42 τοῖς υἱοῖς] pr *et* Arm Sa; *et fili⟨i⟩* ^{Lat}cod 100 Aeth Arab | Νεφθαλί] -λει B F M' V 15-64*-82-426 127 Sa^1; -λη 318 319; νεφαλι 54-767*; -λιμ 376^c 131-422-500' 56-129 75 130-346* *t* 128-628-669 Sa^{12} = Compl; *nepthalim* ^{Lat}cod 100 Aeth Arab Arm Bo; -λειμ G-58-64^c-72-381' *C''*$^{-131\ 422\ 500'\ 528}$ *b d* 53' 321-343-346^c-730 *x* 392 18-68'-120'-126 55 59^c 646 799; -λημ 528 246; -θαλμ 376*; ⌒(43) 106-125 | om κατά 1° — fin *b* | αὐτῶν 1°] > 44-107'; ⌒2° 72 56^{txt} 458 321*(vid; cprm) *x*$^{-509}$ 59 | κατά 2°] pr *et* Aeth | αὐτῶν 2°] > 44; ⌒3° 799 | κατ᾿] pr και 44 Aeth | om αὐτῶν 3° — αὐτῶν 5° 107 | αὐτῶν 3°] ⌒4° 376; ⌒5° 610 | κατά 3°] pr *et* Aeth; κατ G-426 551-739 53' 54-75 126 | αριθμων (αριμ. 767*) 64* 458-767 646 | om ὀνομάτων 414' | αὐτῶν 4° — ἀρσενικά] sub ÷ G Syh = 𝔐; om αὐτῶν 4° — αὐτῶν 5° Compl | αὐτῶν 4°] > 319; ⌒5° 44 458 | om κατά 4° — (43) Νεφθαλί 799 | κατὰ κεφαλήν] pr *et* Aeth; κατα κεφαλης 72 75; *per capita* ^{Lat}cod 100 Arab Arm Bo Syh | πάντα ἀρσενικά] παντα τα αρσ. 46^s 44; παν αρσενικον (-κα 82) 82 126 Arm; > Arab; + αυτων 381' = Ald | om ἀπό — ἐπάνω 381' | πᾶς — (43) Νεφθαλί] om τῇ 707 77 126; > 44-107'

43 init — Νεφθαλί] om ἡ ἐπίσκεψις αὐτῶν 458 Arab; > 71 | ἡ] και 730 |

τρεῖς καὶ πεντήκοντα χιλιάδες καὶ τετρακόσιοι. [44]αὕτη ἡ ἐπίσκεψις, 44
ἣν ἐπεσκέψατο Μωυσῆς καὶ Ἀαρὼν καὶ οἱ ἄρχοντες Ἰσραήλ, δώδεκα
ἄνδρες· ἀνὴρ εἷς κατὰ φυλὴν μίαν κατὰ φυλὴν οἴκων πατριᾶς αὐτῶν
ἦσαν. [45]καὶ ἐγένετο πᾶσα ἡ ἐπίσκεψις υἱῶν Ἰσραὴλ σὺν δυνάμει 45
αὐτῶν ἀπὸ εἰκοσαετοῦς καὶ ἐπάνω, πᾶς ὁ ἐκπορευόμενος παρατά-
ξασθαι ἐν Ἰσραήλ, [46]ἑξακόσιαι χιλιάδες καὶ τρισχίλιοι καὶ πεντα- 46
κόσιοι καὶ πεντήκοντα.

ABFMV *O''* *C''* *bdfnstx*(527)*yz* al verss

ἐκ — Νεφθαλί] om *τῆς* 458; > *b* | *Νεφθαλί*] *-λει* B F M′ V 15-64*-82-426 127 319 Sa^{1}; *-λιμ* 131-422-500′ 56-129 54-75 130-346 *t* 18′-628-669 59 Sa^{12} = Compl; *nepthalim* ^{Lat}cod 100 Aeth Arab Arm Bo; *-λειμ* *O*$^{-426}$-64^{c}-72-381′ *C*$''^{-131\ 422\ 500'}$ 53′ 458^{c} 321-343-730 619 392 68′-120′-126 55 646; *-λημ* 246; *νενεφθαλειμ* 509(|); *νεφδαλειμ* 458*(vid) | *τρεῖς* — fin] *χιλ. τετρακοσιαι* (*πεν-τακ.**) *πεντηκοντα τρεις* 71; $\overline{\nu\gamma}$ *χιλ. και* $\bar{\gamma}$ 458; $\bar{\gamma}$ *και* $\overline{\nu\upsilon}$ 85^{mg} | *τρεῖς — χιλιάδες*] *χιλ.* $\overline{\nu\gamma}$ 107′-125 343^{mg} 126 | *πεντηκοντα και* (> 799) *τρεις* (*τρις* 619) 619 799 = Tar | *τρις* A V 130 509 | *χιλιαδας* 618 30 | *τετρακόσιοι*] *τριακοσιοι* 52′-313-414′; *πεντακοσιοι* F*(cprm) 72

44 *αὕτη*] *και* 646* | *ἐπίσκεψις*] + *αυτων* *b* 509 | *ἐπεσκέψατο*] *-ψαντο* (*επισκ.* 107′) B F$^{c\,prm}$ M′ *d* 127^{c} 74^{c}-76′ Aeth Arm Bo^{ABc} Sa^{1} Syh = Ra; *αποσκ.* G*; inc 413 | *μωσης* 58-72-426 *n* | *καὶ οἱ ἄρχοντες*] *τοις υιοις* 799; om *καί* 551 767 | *οἱ — ἄνδρες*] $\overline{\iota\beta}$ *αρχοντες* $\overline{\iota\eta\lambda}$ 75 | *Ἰσραήλ*] *αυτων* 72 121 | *δώδεκα*] pr *οι* 343 | *ἄνδρες*] *αρχοντες* A^{c} *d* 54′-458 *t* Arm | *κατά* 1° — *φυλήν* 2° = Sam] sub ÷ G Syh = 𝔐 Tar | *κατά* 1°] > 624; ⌒2° 619 59 | *φυλήν* 1°] *κεφαλην* 44 75 624 | om *μίαν* Bo | om *κατά* 2° — fin 72 Arab | *φυλήν* 2°] *φιλην* 646; *κεφαλην* *b* 624; *tribus* Arm Sa; *numerum* Bo | *οἴκων* F^{a}] *οικον* 376-707 767 343 84*; *οικιων* 15; *οικου* F 509 392 = Sam; *εις οικον* G-426 Syh = 𝔐 Tar; *domos* ^{Lat}cod 100; > 54-75′ Aeth^{M} | *πατριᾶς*] *πατριων* F V 29-376 *d* 53′ *n* 130^{mg}-346^{mg} *t* 318 68′ 59 ^{Lat}cod 100 Arm Co Syh (sed hab Ald): cf 𝔐; > 15 | om *αὐτῶν* B F*(cprm) V 19 71-509 319 ^{Lat}cod 100 = Ra | om *ἦσαν* 528 319 ^{Lat}cod 100 Bo

45 *εγενοντο* G-426 ↓ | *πᾶσα*] > 343′ 71; post *ἐπίσκεψις* tr 528 | *ἐπίσκεψις*] + *αυτων* 53* Bo^{B} | om *υἱῶν — ἀπό* Bo^{B} | *υἱῶν* B V G-426 53* 71-509] *των* 58; pr *των* rell | om *σὺν δυνάμει αὐτῶν* 527 Arab | *σύν*] *εν* B* 58-72 59 | *δυνάμει*] pr *τη* *O* *z* 646 ↓ | om *πᾶς* 527 | *οι εκπορευομενοι* 527 = Tar^{P} | *παρατάξασθαι ἐν*] *-ξεσθαι* 72; *παταξ. εν* 16-46 44; *ad dilectum* ^{Lat}cod 100; om *παρατ.* Bo^{B} | *Ἰσραήλ* 2°] pr *filiis* Ruf *Num* IV 2; + *δωδεκα ανδρες ανηρ εις κατα φυλην μιαν κατα φυλην οικων πατριας ησαν* 71′: ex 44

46 init] pr (※ G 127 Syh) *και εγενοντο παντες* (*-ταις* 376 75) *οι επεσκεμμενοι* (*επισκ.* 376 107′-125 458 799) *O*$^{-58}$ *d n t* 799 Arm Syh = 𝔐 | *ἑξακόσιαι χιλιάδες*] *-σιοι χιλ.* 528 130 59; *χιλιαδας* $\overline{\chi}$ 126; *χιλ.* $\overline{\chi\iota}$ 458; tr 125 | *καὶ τρισχίλιοι*] om *καί* 707 414′; > 529^{txt} 527 | *τρισχιλιαι* (*τρεισχ.* 30) 125 30 | om *καί* 2° — fin 767 |

---

44 *ἡ ἐπίσκεψις*] visitationem *numerum* vocat ut videtur Syh

45 init — *αὐτῶν*] *ο′ καὶ ἐγένοντο πᾶσα ἡ ἐπίσκεψις υἱῶν* $\overline{\iota\eta\lambda}$ *σὺν τῇ δυνάμει αὐτῶν* 344; *α′ θ′ καὶ ἐγένοντο* (*-νετο* 130*) *πάντες οἱ ἐπεσκεμμένοι υἱῶν* $\overline{\iota\eta\lambda}$ *εἰς οἶκον* $\overline{\pi\rho\omega\nu}$ *αὐτῶν σ′ ἦσαν δὲ πάντες οἱ ἐπεσκεμμένοι υἱοὶ* $\overline{\iota\eta\lambda}$ *κατ᾽ οἶκον* (*οικων* 130vid) *πατέρων αὐτῶν* 85′-344 | *πᾶσα ἡ ἐπίσκεψις*] *οἱ λ′ omnes qui visitati sunt* Syh^{L}

47 [47]Οἱ δὲ Λευῖται ἐκ τῆς φυλῆς πατριᾶς αὐτῶν οὐ συνεπεσκέπησαν
48 ἐν τοῖς υἱοῖς Ἰσραήλ. [48]καὶ ἐλάλησεν κύριος πρὸς Μωυσῆν λέγων
49 [49]Ὅρα τὴν φυλὴν τὴν Λευὶ οὐ συνεπισκέψῃ, καὶ τὸν ἀριθμὸν αὐτῶν
50 οὐ λήμψῃ ἐν μέσῳ υἱῶν Ἰσραήλ. [50]καὶ σὺ ἐπίστησον τοὺς Λευίτας
ἐπὶ τὴν σκηνὴν τοῦ μαρτυρίου καὶ ἐπὶ πάντα τὰ σκεύη αὐτῆς καὶ ἐπὶ
πάντα, ὅσα ἐστὶν ἐν αὐτῇ· αὐτοὶ ἀροῦσιν τὴν σκηνὴν καὶ πάντα τὰ
σκεύη αὐτῆς, καὶ αὐτοὶ λειτουργήσουσιν ἐν αὐτῇ, καὶ κύκλῳ τῆς

ABFMV *O'' C''* *bdfnstxyz* al verss

om *καί* 2° 72 414′ *d* 85^{mg}-130 71′ 126 799 | *πεντακόσιοι*] -*σιαι* 125; τ̄ 72; *quadringenti* Sa; *εξακοσιοι* 15^{c} 73^{mg}-320 127 Tht *Nm* 190te Arm | om *καί* 3° 376 46-52*-414′ *b d* 85^{mg} 84 71′ 126 | fin] + *τρεις* 125; + *ομου* χ̄γ̄ *χιλιαδες* φ̄ν̄ 799

47 om comma 799 | om init — *συνεπεσκέπησαν* 414′ | *οἱ δὲ Λευῖται*] *και οι λευιται* 458 ↓; *filii autem levi* Sa | *λευειται* B* G 127; *λεβειται* 767 | *ἐκ — αὐτῶν*] om *τῆς* 458; om *φυλῆς* A *oI*-29 *C''*$^{-131^{c}\,(414')}$ *s* 121 55 424 624; > Arab | *πατριᾶς*] pr *της* B*; > 84^{txt} | *οὐ συνεπεσκέπησαν*] *ουκ* (*ου* G) *επεσκ.* (*επισκ.* 53) B *O*$^{-58}$ *f* 75 *x*$^{-527}$ 319 = Ra ↓ | *συνεσκεπησαν* *C''*$^{-52'\,(414')\,417}$ 628* 424 646 | om *ἐν* 76 121(|)

48 *μωυση* 19; *μωσην* 426 77 *n*; *μωση* 58; *μωσει* 72

49 *ὅρα*] *videte* ^{Lat}cod 100 | *τὴν Λευί*] *levitarum* Bo^{B*} | *τήν* 2° B M^{txt} 58 44-107′ 75-767 *t* 527 59] > A 72 *b* 106-125 127-458 *x*$^{-527}$ 392 319 Cyr I 845 = Sixt 𝔐; + *του* 416; *του* rell = Sam | *λευει* B* V G 127-767 68′-120′; *λλευι* 624(|) | *συνεπεσκεψη* *d*$^{-44}$ 246 84 59; *συνεπεσκεψει* 75 | *καί — λήμψῃ*] om *καί* 19 Cyr I 845; > 392 68′-120 (sed hab Ald) | *των αριθμων* (-*μον* 664) 618*-707* 664 458-767 | *οὐ* 2°] pr *και* Cyr I 845 | *λήμψῃ* A B F V G-82 509 624] sine *μ* F^{b} rell; + *eos* Ambr *Off min* I 249 | *ἐν μέσῳ*] *εκ μεσω* 458; *εμμεσον* 75; *εμπροσθεν* 71′; *επι* 646; > 126 | *υἱῶν Ἰσραήλ* B 319] *των αδελφων αυτων* A*; pr *των* (bis scr A^{c}) rell = Ra | fin] + *μεσων* 646; + *και ελαλησε κυριος προς μωυσην λεγων* 318: ex 48

50 *σὺ ἐπίστησον* F^{b}] *συ επιστηστησον* F(|); *σοι επιστησον* 767 30; *συνεπιστ.* V 82 16-46 55; *συνεπεστησεν* 376; om *σύ* ^{Lat}Ambr *Off min* I 249 Aeth Arm | *Λευίτας*] *λευειτας* B* G 127-767; *λεβιτας* 610; *υιους λευι* 417 | *ἐπὶ τὴν σκηνήν*] *εις τ. σκ.* *oI*; *εν τη σκηνη* 75 | *καί* 2°] pr ras 4 litt 59 | *αὐτῆς καὶ ἐπὶ πάντα*] om *αὐτῆς* Bo^{A} Sa; om *ἐπί* 707 130; om *ἐπὶ πάντα* 126; > 58-72 59; + *τα σκευει* 319 | *αὐτῆς* 1°] ⌒2° 44 129^{txt}(cprm) *x*$^{-509}$ | *ὅσα*] *α* 72 59; *τα* 53*(cprm) | *ἐστίν*] *ην* 509; > Compl = 𝔐 | *ἐν αὐτῇ* 1°] *επ* (*εν* 376) *αυτης* 376 53′; sub ÷ Syh; *ἐν* sub ÷ G; om *ἐν* V 707 537 106* 55 Sa = 𝔐 | om *αὐτοί* 1° — *αὐτῆς* 2° 75 | *αὐτοί* 1°] pr *και* 72 Arm^{te}; *αυτη* 528; > 85′-346^{txt}; post *ἀροῦσιν* tr 68′-120′ = Sixt | *αιρουσιν* 319 | *σκηνήν* 2°] + *του μαρτυριου* 767 30 319: ex praec; + *et omnia quae sunt in ea* Bo | om *πάντα* 3° Arab | *αὐτῆς* 2° — *κύκλῳ*] om *αὐτῆς*

---

47 init — *συνεπεσκέπησαν* (*ἐν* — fin)] α′ *καὶ οἱ* (*οι δε* pro *καὶ οἱ* 85′) *Λευῖται εἰς ῥάβδον* (*εκ ραβδων* pro *εἰς ῥ.* 130) *πατέρων αὐτῶν οὐκ ἐπεσκέπησαν* σ′ *οἱ δὲ Λευῖται κατὰ τὴν φυλὴν τῶν* π̅ρ̅ω̅ν̅ *αὐτῶν οὐκ ἐπεσκέπησαν ἐν αὐτοῖς* θ′ (> 130) *καὶ οἱ Λευῖται εἰς φυλὴν* π̅ρ̅ω̅ν̅ *αὐτῶν οὐκ ἐπεσκέπησαν ἐν μέσῳ αὐτῶν* 85′-344; ο′ *οἱ δὲ Λευῖται ἐκ τῆς φυλῆς πατριᾶς αὐτῶν οὐκ ἐπεσκέπησαν* 344

48 *καὶ ἐλάλησεν*] θ′ *καὶ ἐλάλησε* 344

50 *τοῦ μαρτυρίου*] *τῆς συνταγῆς* 343

σκηνῆς παρεμβαλοῦσιν. 51 καὶ ἐν τῷ ἐξαίρειν τὴν σκηνὴν καθελοῦσιν 51
αὐτὴν οἱ Λευῖται, καὶ ἐν τῷ παρεμβάλλειν τὴν σκηνὴν ἀναστήσουσιν·
καὶ ὁ ἀλλογενὴς ὁ προσπορευόμενος ἀποθανέτω. 52 καὶ παρεμβαλοῦσιν 52
οἱ υἱοὶ Ἰσραήλ, ἀνὴρ ἐν τῇ ἑαυτοῦ τάξει καὶ ἀνὴρ κατὰ τὴν ἑαυτοῦ
ἡγεμονίαν, σὺν δυνάμει αὐτῶν· 53 οἱ δὲ Λευῖται παρεμβαλέτωσαν 53
ἐναντίοι κύκλῳ τῆς σκηνῆς τοῦ μαρτυρίου, καὶ οὐκ ἔσται ἁμάρτημα
ἐν υἱοῖς Ἰσραήλ. καὶ φυλάξουσιν οἱ Λευῖται αὐτοὶ τὴν φυλακὴν τῆς

ABFMV *O'' C''* *bdfnstxyz* al verss

καί Sa^{12}; > 376 | *καί* 5° — *αὐτῇ* 2°] om *ἐν* 246 = 𝔐; ad fin tr 75 | *αὐτοί* 2°] *ουτοι* 71′ | *λειτουργησωσιν* 53′ 54* | om *ἐν* 2° — (51) *καθελοῦσιν* 53′-56 | *ἐν* 2° — fin] om *καί* A 59 319 Bo; om *καί* — fin Aeth^{FM}; > 509 | *αὐτῇ* 2°] *αυτη* (*-τοι**) *οι λευιται* 246 | *παρεμβαλοῦσιν*] pr *και* 15; pr *ipsi* Ambr *Off min* I 249 Isid *Off* II 8.1; *-λλουσιν* 319; *παραβ.* 130

51 *ἐξαίρειν*] *εξαρειν* 392 | *τὴν σκηνήν* 1°] *αυτην* 72; ⌒2° 314 | *καθελοῦσιν*] pr *και* G 68′-120 (sed hab Ald); *καθαιρουσιν* 392 | *αὐτήν*] *αυτοι* 529; *αυτων* 56*; > 618 | *λευειται* B* G 127-767 | *καί* 2°] ⌒3° d^{-44} | *παρεμβαλειν* (*-λην* 246* 75) F 58-376-618-oII^{-707} 52′-73′ 44 f^{-129} 75-767 30-321′ 370 71′ 318-392* 68′-120′-128-669 59 319 624 799; *παραβαλλειν* 54 | *ἀναστήσουσιν*] pr *ii* Aeth; pr *το* 75*; pr *του* 527; *-σωσι* 53; + *αυτην* A *b* Co; + (※ G) *αυτην* (+ ※ Syh) *οι λευιται* (*λευειται* G 127; *λεβειται* 767) *O*-707 44 *n t* 55 319 799 Arab Arm Syh = 𝔐 | om *καί* 3° 669 ^{Lat}cod 100 Ambr *Off min* I 249 (sed hab Aug *Num* 3) | *ὁ* 1° — *προσπορευόμενος*] *ο προσπορ. αλλογενης* 72 | *οι αλλογενεις* 527 | om *ὁ* 1° oI^{-15} 52′-313-414′ 246 75′ 128 319 = Compl | *αλλογεννης* V | om *ὁ* 2° 58 59 | *προπορευομενος* V 82-707 77-414′ 53′ 458 84 509 | *ἀποθανέτω*] *-νειτω* *d t*; *-νειται* (*-θα*^{vr} 126; *-νει*^{r} 628) F^{b} 130-321′ 318 *z* 55 ^{Lat}cod 100

52 *παρεμβαλλουσιν* B^{c} G 73-320$^{c\,pr\,m}$-528-529 53^{c} 85 | om *οἱ* 618^{c}-707 59 319 | om *Ἰσραήλ* 54* | *ἀνήρ* 1°] pr *et* ^{Lat}cod 100 | *ἐν*] *επι* 29 = Ald 𝔐; > 500(|) | *ἑαυτοῦ τάξει* (*-ξι* B*; *-ξη* 319) B M′ V oI^{-618c} d^{-106} *f n* 730 *t* 71′ 318 z^{-126} 319 799 = edd] *ταξει αυτου* O^{-58} = 𝔐; *αυτου ταξει* (*-ξη* 58 30) rell | om *καὶ ἀνήρ* ^{Lat}cod 100 | *ἑαυτοῦ ἡγεμονίαν* (*-νειαν* 381) A B F V oI'^{-29} *d* f^{-246} *n t* x^{-509} y^{-392} 18′-628-669 59^{c} 319^{c} = edd] *ηγεμονιαν* (*-μωνιαν* G) *αυτου* (*εαυτου* G^{c}-426) O^{-58} = 𝔐; om *ἑαυτοῦ* 68′-120; *αυτου ηγεμ.* (*-νειαν* 528* 343) rell | *σύν*] *in* ^{Lat}cod 100; > 618 | *αὐτῶν*] *eius* Bo Sa^{12}; + *erit* ^{Lat}cod 100

53 *Λευῖται* 1°] *λευειται* B V G 127-767 | *παρεμβαλέτωσαν*] *-βαλλετωσαν* B^{c} 73′-528-529 54-458 t^{-370} $z^{-126\,628}$ 319 = Compl Sixt; *constituent castra* ^{Lat}cod 100 | *ἐναντίοι*] *υπεναντιοι* *C''* 646; *εναντιον* (*ενατ.* 59*; *-τιων* 108) 19′ 321^{c} 527 318 126 59 799; *εναντι* 53′ 509; *εναντι κυριου* 127 55; *εναντιον* (*-τιων* 458) *κυριου* B* M′^{mg} V *d* 54-75′ *t* = Ra; + $\overline{κυ}$ B^{c}; sub ÷ G Syh^{T}; > 58-376(|) Arm Bo = 𝔐 | om *κύκλῳ* 509 | *τοῦ μαρτυρίου* 1°] > 72; ⌒2° 628; +*coram domino* Arm | *μαρτυρίου* 1° — *ἁμάρτημα*] *μαρτημα* 413 | *ἔσται*] *εστιν* 376 799 | *ἁμάρτημα*] *αμαρτια* 52′ 318; + (※ G) *επι την* (*τοις* pro *της* 376) *συναγωγην* (*-γης* 376) O^{-426}-15 318 Arab Syh = 𝔐 | *ἐν*] *super* Aeth; > 246 458 76 | *υἱοῖς*] pr *τοις* 381′ *d* 246 *n t* 619 = Ald; > 53′ | om *καί* 2° — fin 72 19: homoiot | *φυλαξωσιν* 529 | *οἱ Λευῖται*] *οι λευειται* B* V G 127-767; bis scr 414 | *αὐτοί*]

---

51 *ὁ προσπορευόμενος*] *ὁ ἁπτόμενος* F^{b}
53 *ἁμάρτημα*] *σ′ ira* (*rwgz'*) *θ′ iracundia* (*ḥmt'*) Syh

54 σκηνῆς τοῦ μαρτυρίου. [54]καὶ ἐποίησαν οἱ υἱοὶ Ἰσραὴλ κατὰ πάντα,
ὅσα ἐνετείλατο κύριος τῷ Μωυσῇ καὶ Ἀαρών, οὕτως ἐποίησαν.
1 2 **2** [1]Καὶ ἐλάλησεν κύριος πρὸς Μωυσῆν καὶ Ἀαρὼν λέγων [2]Ἄνθρω-
πος ἐχόμενος αὐτοῦ κατὰ τάγμα, κατὰ σημέας, κατ' οἴκους πατριῶν
αὐτῶν, παρεμβαλέτωσαν οἱ υἱοὶ Ἰσραήλ· ἐναντίοι κύκλῳ τῆς σκηνῆς
3 τοῦ μαρτυρίου παρεμβαλοῦσιν οἱ υἱοὶ Ἰσραήλ. [3]καὶ οἱ παρεμβάλλον-
τες πρῶτοι κατ' ἀνατολὰς τάγμα παρεμβολῆς Ἰούδα σὺν δυνάμει

ABFMV *O'' C''* *bdfnstxyz* al verss

αυτην 376 53′ 527; *αυτα* 537; *ipsius* $^{\rm Lat}$cod 100; sub ÷ G Syh$^{\rm T}$; > 58 319 Aeth Arm Bo = 𝔐 | *τὴν φυλακήν*] *της φυλ.* 313; *την φυλακης* G*; *την σκηνην* 458 527 Arab; *την φυλην* 528 | fin] + *και ουκ εσται αμαρτημα εν υιοις ιηλ* $b^{(-19)}$: ex praec

54 init — *κατά*] pr *και* 54(||); om *οἱ* 246* 767 30 319; om *κατά* $^{\rm Lat}$cod 100 Aeth$^{-\rm M}$; > Aeth$^{\rm M}$ | om *κατά* — 2 1 *κύριος* 618$^{\rm txt}$ | om *πάντα* Arab | *ὅσα* A $O^{-\rm G}$-72 *b f* 85′$^{\rm mg}$-321-346$^{\rm mg}$ 121 18′-126-628-669 59 319 624] *α* rell = Ra | om *τῷ* — fin Arab | *μωυσει* 46-528 343 619 18-68′-120′; *μωση* G-58 *n*; *μωσει* 72-426 | *καὶ Ἀαρών*] *και τω* (*το* 619) *ααρων* 343 509-619; sub ÷ G Syh; > 15 75 = 𝔐 | *οὕτως ἐποίησαν*] *ουτως εποιησεν* *b*; > 72 53′

2 1 *καὶ ἐλάλησεν*] *ειπε δε* 44 | *μωυση* 376 313$^{\rm c}$ 19; *μωσην* 426 *n* Cyr I 724; *μωση* 58; *μωσει* 72 | *καὶ Ἀαρών*] *και αρων* 53*; > 381′ 319 | om *λέγων* 44

2 init — *σημέας*] *vir unusquisque post signum agminis sui ibunt* (>$^{\rm ap}$) Arm | *ἄνθρωπος*] + *εις* 15; + *omnis* Bo | *ἐχόμενος* — *τάγμα*] *habeat semper ordinem* $^{\rm Lat}$cod 100 | *ἐχόμενος*] pr *ο* G; *ερχομ.* 528 730; > Ruf *Num* II 1 = 𝔐 | *αὐτοῦ* / *κατὰ τάγμα* B V *d n t x* 319] *κατα τα ταγματα αυτων* 53′; *κατα* (+ *τα* 414) *ταγματα αυτου* 131-320-414′ 458 y^{-121} Bo = Sam; > 416; tr rell = 𝔐 | *τάγμα*] pr ras 2 litt 59 | *κατά* 2°] pr *και* 29 624 Cyr I 724 $^{\rm Lat}$Ruf *Num* II 1 Aeth; *και* (> 318 416) *κατα τας* A M′ *oI* y^{-392} 55 = Ald; > 767 | *σημέας* A B$^{\rm c2}$ M′ 15*-oII^{-82} $C''^{-46^{\rm c}\ 73'\ 528\ 551}$ 343′ 71*-509-527 y^{-318} 59] *σ*[. .]*ημε*[.]*ας* 82; *σημασιας* (*σιμ.* 318 319; *-σειας* 664; *μασιας* 767) V 58 *b d* f^{-53} 767 30′-85$^{\rm mg}$-130-321′ *t* 71$^{\rm c}$-619 318 18′-126-628-669 319 799; *σημασειας αυτων* 53 Sa; *σημιας* B*; *τας ημερας* 127; *σημαιας* rell | *κατ'*] pr *et* Aeth | *πατριας* V 30-346$^{\rm mg}$ 319 | *αὐτῶν*] *αυτου* 84; + *παρεμβολαι αυτων* *d* n^{-767} *t*; + *secundum castra sua* Arm | *παρεμβαλέτωσαν*] pr *και* 528-551(vid); *-βαλλετωσαν* 426 528-529 54 121 18′-122-407-669 319 = Compl Sixt | *οἱ υἱοί* 1°] pr *οι υιοι του μαρτυριου* 54; om *οἱ* 59 319 | *Ἰσραήλ* 1°] > 59; ⌒2° 72 Aeth$^{\rm M}$ Arm | *ἐναντίοι* B M$^{\rm txt}$ G-426-oI^{-15} *b* n^{-127} *x* 319 416] *εναντι κυ* 376 52′-313-414′ 30-346* Cyr I 724 Eus VI 353; *εναν$^{\tau}$ κυ* 730; *εναντιον κυ* A 82-707$^{\rm c}$ *C′*-46 107′-125 127 85′-321-343′-346$^{\rm c}$ 76 121 $z^{-122^*\ 126}$ 646; > 417 Aeth$^{\rm C}$; *εναντιον* (*ενατ.* 59*) rell | *κύκλῳ* — fin] om *κύκλῳ* 29; om *παρεμβαλοῦσιν* — fin 53′ Eus VI 353 $^{\rm Lat}$cod 100; > 618$^{\rm txt}$ | *παρεμβαλοῦσιν*] pr *ου* G; *-βαλλουσιν* 528 54 84; *-λετωσαν* 55 | *οἱ υἱοὶ Ἰσραήλ* 2°] sub ÷ G Syh; om *οἱ* 618$^{\rm (mg)}$-707 458 319; > 75 = 𝔐

3 *οἱ παρεμβάλλοντες*] *ουτοι παρεμβ.* A*; *οι περιβ.* *b*; *οι παρεμβαλοντες* B* 72-618 52′ 125-610* 664 75* 130-321* 84*-370* 71′ 126 59 646 799; *οι παρεμβαλουσιν* 44; *qui constituit* $^{\rm Lat}$cod 100; om *οἱ* 707* 134* | *πρῶτοι*] *πρωτον*

---

2 2 *υἱοί* 1° — *κύκλῳ*] *ο′ υἱοὶ ιηλ ἐναντίοι κύκλῳ α′ υἱοὶ ιηλ ἀπὸ κατέναντι κύκλῳ σ′ υἱοὶ ιηλ μακρόθεν κύκλῳ ϑ′ υἱοὶ ιηλ ἐξ ἐναντίας κύκλῳ* 344

αὐτῶν, καὶ ὁ ἄρχων τῶν υἱῶν Ἰούδα Ναασσὼν υἱὸς Ἀμιναδάβ·
⁴δύναμις αὐτοῦ οἱ ἐπεσκεμμένοι τέσσαρες καὶ ἑβδομήκοντα χιλιάδες 4
καὶ ἑξακόσιοι. ⁵καὶ οἱ παρεμβάλλοντες ἐχόμενοι φυλὴ Ἰσσαχάρ, καὶ 5
ὁ ἄρχων τῶν υἱῶν Ἰσσαχὰρ Ναθαναὴλ υἱὸς Σωγάρ· ⁶δύναμις αὐτοῦ 6
οἱ ἐπεσκεμμένοι τέσσαρες καὶ πεντήκοντα χιλιάδες καὶ τετρακόσιοι.
⁷καὶ οἱ παρεμβάλλοντες ἐχόμενοι φυλὴ Ζαβουλών, καὶ ὁ ἄρχων τῶν 7

ABFMV *O''* *C''* *bdfnstxyz* al verss

72; *κυκλω* 55; *κατα νοτον* (*νωτον* 619) B *x* $^{\rm Lat}$cod 100; + (÷ G Syh) *κατα νοτον* (+ *και* 376) G-376 Co Syh | *κατ'*] *κατα* F V 29-72-376-*oI* *C''*$^{-52'\ 313\ 417\ 551}$ *b* *d*$^{-125}$ 246 *n* 130 *t* *x*$^{-509}$ *y*$^{-121}$ *z* 55 59 319 624 646 799 Cyr I 724 Eus VI 353; inc 551 | *τάγμα παρεμβολῆς*] *disponant castra* $^{\rm Lat}$cod 100 | *τάγμα*] -*ματα* 58 *C''*$^{-46'\ 52'\ 417}$ 53' 74-76 126-628 646; *πραγμα* 59 | *παρεμβαλης* 619 | *Ἰούδα* 1°] pr *υιων* Eus VI 353 = Tar$^{\rm P}$; *ιουδας* 76-84 59 Bo; ⌒2° Aeth$^{\rm M}$ | *αὐτῶν*] + *illos* $^{\rm Lat}$cod 100 | *καὶ ὁ ἄρχων*] *και οι αρχοντες* 75' $^{\rm Lat}$cod 100; om *ὁ* 767; > A* | om *τῶν* 509 | *υἱῶν Ἰούδα*] *ιουδαιων* *b*; + *cum virtute eius* Sa^{12} | *Ναασσών*] pr *συν* 18; *νασσων* 422-528-739 458(||) 130-321'-344* 624 Bo; *νaασων* 72 537 53 30 646 Arm; *αασσων* 376; inc 551 | *Ἀμιναδάβ*] *αμειν.* B* M' G-376; -*δαμ* 72 130 509 126; -*δα* 458 18; *ναδαβ* 528

4 init] pr *et* Arm = 𝔐 | *δυναμεις* 707* *d* *f* 54 30 *t* 509 392 68'-120' 55 319 Arm | *αὐτοῦ*] *αυτων* 509* | om *οἱ* — fin 72 | *οἱ ἐπεσκεμμένοι*] *οι επισκεψαμμενοι* 53; *η επεσκεμμενη* 59; *οι ηριθμημενοι* (*ηρηθ.* M) A M$^{\rm mg}$ 121; om *οἱ* 319; + *αυτων* *O*$^{-58}$ Syh = 𝔐 Tar | *τέσσαρες* — *χιλιάδες*] *χιλ.* $\overline{οδ}$ ($\overline{οε}$ 458) 125 458 343$^{\rm mg}$; *εβδ. τεσσ.* (-*ρεις* 799) *χιλ.* 107' 84 126 799 | *τέσσαρες*] -*ρακοντα* 528 | *ἑβδομήκοντα* — fin] *ογδοηκοντα χιλ. και* $\bar{λ}$ 53'; $\overline{οχ}$ 85$^{\rm mg}$ | *ἑξακόσιοι*] *επτακ.* 509 121*

5 *παρεμβαλοντες* 72-618* 52'-551 108* *d*$^{-44}$ 53* 127-767* 343 71 318 646 799 | *ἐχόμενοι*] -*μενα* 68'-120; + *αυτων* 376 Arm Bo; + *αυτου* *O*$^{-376}$-15 767 318 Sa↓ | *φυλή* *O'*$^{-29\ 376}$ 77 767 343-344$^{\rm c}$ 392 Aeth Arm Co] -*λην* V; -*λης* rell = Ra; ⌒(7) 77 | *Ἰσσαχάρ* 1°] *ισαχαρ* 72-707$^{\rm c}$ 46-73-320*-529 *d*$^{-44}$ 53 458-767 527*-619 18-68-126-669 59 646 Cyr I 724 $^{\rm Lat}$cod 100 Arm Bo = Ald; *εισαχαρ* G*; *iesachar* Sa^{12}; ⌒2° 44 56$^{\rm txt}$ 30'-130 84 121$^{\rm txt}$-318 128 | *ὁ ἄρχων*] *principes* $^{\rm Lat}$cod 100 | *τῶν υἱῶν Ἰσσαχάρ*] *αυτων* 125 | *υἱῶν*] *φυλων* G; sup ras 314 | *Ἰσσαχάρ* 2°] *ισαχαρ* 72-618 46-529 106-107' 53' 458 619 121$^{\rm (mg)}$ 18-68-126-669 59 646 $^{\rm Lat}$cod 100 Arm Bo = Ald; *iesachar* Sa^{12}; *σαχαρ* 246*; *ισσαρχαρ* 320 | *ναθανιηλ* 313; *ναθαηλ* 500-761 | *Σωγάρ*] *σωγωρ* *C''*$^{-46\ 52'\ (77)\ 413\ 529}$ 53' 646; *σογορ* 46; *σογωρ* 529; *σογαρ* 72; *σωγαλ* 392; *σωχαρ* 619; *sedior* Arm$^{\rm te}$; *sedor* Arm$^{\rm ap}$; inc 624

6 init] pr *et* Arm = 𝔐 | *δυναμεις* 376-707* *d* *f* 458-767 30 *t* 509 392 55 Arm | om *οἱ* — fin 72 | *οἱ ἐπεσκεμμένοι*] *η επεσκεμμενη* 59 = Tar$^{\rm P}$; *οι ηριθμημενοι* (*ηρηθ.* M) A M$^{\rm mg}$ 121; + *αυτου* *O* Syh = 𝔐 | *τέσσαρες* — fin] *χηλιαδες* $\overline{νδξφ}$ 343$^{\rm mg}$ | *τέσσαρες* — *χιλιάδες*] *χιλ.* $\overline{νδ}$ 107'-125 126 | *τέσσαρες καὶ πεντήκοντα*] *πεντικοντα τεσσαρεις* 799; $\overline{νδ}$ 458; *LVI* $^{\rm Lat}$cod 100 | *τεσσερες* A | *πεντήκοντα* — fin] $\overline{νυ}$ 85$^{\rm mg}$; *εβδομηκοντα χιλιαδες και εξακοσιοι* 527

7 init — *ἐχόμενοι*] sub ÷ G$^{\rm c}$ Syh = 𝔐 Tar$^{\rm O}$; *ἐχόμενοι* sub ÷ G* | *παρεμβαλοντες* 72-618 52'-73' 125-610*(vid) 127 71 120'-128 319 799 $^{\rm Lat}$cod 100 |

---

5 init — *φυλὴ* (*Ἰσσαχάρ*)] *οʹ καὶ οἱ παρεμβάλλοντες ἐχόμενοι αὐτοῦ φυλή αʹ καὶ οἱ παρεμβάλλοντες ἐπ' αὐτῷ ῥάβδος Ἰσσαχάρ σʹ καὶ οἱ παρεμβάλλοντες παρ' αὐτὸν φυλὴ Ἰσσαχάρ θʹ καὶ οἱ παρεμβάλλοντες ἐπ' αὐτῷ φυλὴ Ἰσσαχάρ* 344

8 υἱῶν Ζαβουλὼν Ἐλιὰβ υἱὸς Χαιλών· [8]δύναμις αὐτοῦ οἱ ἐπεσκεμμένοι
9 ἑπτὰ καὶ πεντήκοντα χιλιάδες καὶ τετρακόσιοι. [9]πάντες οἱ ἐπεσκεμμένοι ἐκ τῆς παρεμβολῆς Ἰούδα ἑκατὸν ὀγδοήκοντα χιλιάδες καὶ ἑξακισχίλιοι καὶ τετρακόσιοι σὺν δυνάμει αὐτῶν· πρῶτοι ἐξαροῦσιν.
10 [10]Τάγμα παρεμβολῆς Ῥουβὴν πρὸς λίβα σὺν δυνάμει αὐτῶν, καὶ

ABFMV *O'' C'' bdfnstx*(527)*yz* al verss

ἐχόμενοι] -μενα 552 68'-120; *iuxta eos* Bo; > 126 799; + αυτου *f* Sa = Compl | φυλή A* F M' G-426-*oI'*$^{-29}$ *C*$^{(-77)}$-313-414'-417-761^{c1} *f*$^{-246}$ 54-75 85*-130-321'*-343' 121 68'-120' 624 Aeth Arm Co] *tribu* ^{Lat}cod 100; φυ^{λ} 767; φυλης rell = Ra | Ζαβουλών 1°] ζαβολων 509; ⌒2° 72 44 129^{txt}(c pr m) 628 | ὁ ἄρχων] *principes* ^{Lat}cod 100; om ὁ G | τῶν υἱῶν Ζαβουλών] αυτων 106-125 | τῶν υἱῶν] pr των 82; φυλης *x*$^{-509}$; om τῶν 528 | Ζαβουλών 2°] ζαβολων 509-619* | Ἐλιάβ] και αβιου 392; ελιαμ 343; > ^{Lat}cod 100 | υἱός] pr ο 75 | Χαιλών] χελων G-72-82-376 77-414' *b* 610 *f* *n*$^{-767}$ 76 71-509* *y*$^{-121}$ 126-128-669 319 799; χελλων 58 Bo Sa^{4}; χαιδων F^{b}; χαιλωμ 343 18; χελωμ V; αχαιλων 46-52'-529^{c}

8 init] pr *et* Arm = 𝔐 | δυναμεις (-μει 509) 376 *d* *f*$^{-246}$ 458-767 30 *t* 509-527 68'-120' 55 Arm | αὐτοῦ] αυτων B 246^{c1} 509-527 | om οἱ — fin 72 | οἱ ἐπεσκεμμένοι] η επεσκεμενη (-μμενοι 130) 130^{txt} 59; οι ηριθμημενοι *b* 130^{mg}-321^{mg}(vid)-346^{mg} 319 ^{Lat}cod 100; + αυτου *O* Syh = 𝔐; ⌒(9) 53' ^{Lat}cod 100 | om ἑπτά — (11) fin Aeth^{M} | ἑπτά — χιλιάδες] πεντηκοντα (πεντικ. 799) επτα χιλ. 458 799; χιλ. νζ 107'-125 343^{mg} 126 | πεντήκοντα — fin] νυ 85^{mg} | καὶ τετρακόσιοι] > 318; ⌒(9) 64^{txt} 44

9 init] pr και 799 | om οἱ *C''*$^{-52\ 615c}$ 68'-120' 646 (sed hab Ald) | ἐπεσκεμμένοι] ηριθμημενοι (ηρηθμ. M 646*; ριθμ. 30*) M'^{mg} *oI*$^{(-64txt)}$-29 *C''* 30'-85'^{txt}-321'^{txt}-343' *z* 55 319 624 646 | ἐκ τῆς παρεμβολῆς] *castrum* ^{Lat}cod 100; om ἐκ *n* 319 Arm | παρεμβολῆς] φυλης A F 381^{txt}-618 121 55: cf Tar^{P} | ἑκατόν — τετρακόσιοι] χιλιαδες ρπ και ,ςυ 107'-125 458(om ς) 126; χιλιαδες ρπ,ς και υ 343^{mg}; ρ και π χιλιαδες και εξακισχιλιοι 417*; ρς χιλιαδες και τετρακοσιοι 417^{c}; *CLX milia et CCCC* ^{Lat}cod 100 | ἑκατόν] sup ras A; > Sa^{1}; + (※ G Syh) χιλιαδες (χειλ. G) *O*$^{-376}$ Syh = 𝔐 Sam | ὀγδοήκοντα] pr (※ G) και A F M' *O''*$^{-(64txt)\ 72}$ *C'*$^{-552}$-46-422 *b* 129 *s*$^{-343mg}$ *y*$^{-318}$ *z*$^{-126\ 628}$ 55 59 624 646 Bo^{B} Syh = 𝔐; *et quadraginta* Bo^{A}; + πεντε 318 | χιλιάδες καὶ ἑξακισχίλιοι] και εξ χιλιαδες *n*$^{-458}$; om χιλιάδες 426; om καὶ ἑξακισχίλιοι *x*$^{-509}$ | ἑξακισχίλιοι καὶ τετρακόσιοι] ,χ και υ 77; ,χυ 72; om καί 106 *f*$^{-129}$ | τετρακόσιοι] χ G-376 | om σύν — 3 9 fin 527 | πρῶτοι] pr *ii* Aeth; pr *ipsi* Bo; πρωτον 54 | ἐξαροῦσιν] pr αναζευξουσιν 767; και αναζευξουσιν 537; αναζευξουσι(ν) A M'^{mg} *b*$^{-537}$ 85'^{mg}-321'^{mg} 121 319; εξαιρ. 29*-72 458 392; εξαρχουσι 125; εμβαλουσιν 15*(vid); + *et levabunt* (-*bat* B) Bo

10 τάγμα παρεμβολῆς] pr *et* Aeth Sa; ταγματα παρεμβ. (-βαλης 619) *C'*$^{-761}$-414'-422 *d* 53'-56 75' *x* 68'-120'-126-628 646 Bo^{A} = Sixt; > ^{Lat}cod 100 | Ῥουβήν 1°] pr υιων 56'-129 Sa = Compl Tar^{P}; υιων 53'; -βιν 15-426 107' 56-129 321' 74-76' 18'; -βιμ 72 *C''*$^{-77\ 550'}$ 44-125 246 75' 84-134 71' 126-628-

9 ἐπεσκεμμένοι] α' οἱ λ' ἐπεσκεμμένοι 344 | παρεμβολῆς] α' παρεμβολῆς F

10 πρός — αὐτῶν (καί — υἱῶν)] α' νότον δὲ εἰς στρατιὰς αὐτῶν καὶ ἐπηρμένος τῶν υἱῶν σ' κατὰ νότον κατὰ στρατιὰς αὐτῶν σὺν τῷ ἄρχοντι τῶν υἱῶν θ' κατὰ νότον εἰς τὰς δυνάμεις αὐτῶν καὶ ἄρχων τῶν υἱῶν 344; ο' πρὸς λίβα δύναμις (-μης cod) αὐτῶν 344 | λίβα] οἱ λ' (τινες 85-321'; τινος 130) λίβα 85'-321' Syh

ὁ ἄρχων τῶν υἱῶν Ῥουβὴν Ἐλισοὺρ υἱὸς Σεδιούρ· [11]δύναμις αὐτοῦ οἱ 11
ἐπεσκεμμένοι ἓξ καὶ τεσσαράκοντα χιλιάδες καὶ πεντακόσιοι. [12]καὶ 12
οἱ παρεμβάλλοντες ἐχόμενοι αὐτοῦ φυλὴ Συμεών, καὶ ὁ ἄρχων τῶν
υἱῶν Συμεὼν Σαλαμιὴλ υἱὸς Σουρισαδαί· [13]δύναμις αὐτοῦ οἱ ἐπεσκεμ- 13
μένοι ἐννέα καὶ πεντήκοντα χιλιάδες καὶ τριακόσιοι. [14]καὶ οἱ παρεμ- 14
βάλλοντες ἐχόμενοι αὐτοῦ φυλὴ Γάδ, καὶ ὁ ἄρχων τῶν υἱῶν Γὰδ

ABFMV *O''* *C''*(616-) *bdfnstx*$^{-527}$*yz* al verss

669 59 646 799; -*βειμ* 381' 77-550' 106; -*βημ* *b* Cyr I 724; *rōbēl* Aeth; *rūbīl* Arab Syh | *λίβα* F^{a} F^{b}] *νοτον* (*νωτ.* 82 343; *νομον* 528*) F M'^{txt} *oI'*$^{-72}$ *C''* *s* 392 55 319 624 646 Cyr I 724 = Ald↓; *λιβα· νοτον* Syh^{mg} | om *σύν* — fin 53' | *σὺν δυνάμει*] *δυναμις* B G-426 54'-75^{c} Arm(pr *et*) Syh↓; *δυναμεις* 376 *d* 56-129 75*-458 *t* 71-509; *συν δυναμεις* 767 | *αὐτῶν*] *αυτου* 376; > 75 | *οι αρχοντες* 134 ^{Lat}cod 100 Sa^{1} | *τῶν υἱῶν*] om *των* 376; > Arab | *Ῥουβήν* 2°] -*βιν* 15-426 107 56-129 130-321' *t*$^{-84}$ 18; -*βημ* 19' Cyr I 724; -*βιμ* 72 *C''*$^{-77\ 550'}$ 44-125-610 246 75' 84 619 126-128-628-669 59 646 799; -*βειμ* 381' 77-550' 106 71; *rōbēl* Aeth; *rūbīl* Arab Syh | *Ἐλισούρ*] *ελεισουρ* G 129; *ελησουρ* 30; *ελιουρ* 29 | *υἱός*] *υιοι* 68' (sed hab Ald) | *Σεδιούρ*] *σεδηουρ* 426* = Compl; *εδιουρ* A 30'-343' 319; *ελιδουρ* *b*; *ελιουρ* 82 767; *εδουειρ* 71; *σιβιουρ* 72

11 *δύναμις*] pr *και η* 799 ^{Lat}cod 100 Arm = 𝔐; -*μεις* 376 *d f*$^{-246}$ 458-767 *t x* 68'-120' 55 319 | *αυτων* 15 610 458 | om *οἱ* — fin 72 | *οἱ ἐπεσκεμμένοι*] *η επεσκεμμενη* (*επισκ.* 799) 59 799; *οι ηριθμημενοι* A *b* 121 319 ^{Lat}cod 100; om *οἱ* 126; + *αυτου* *O* Syh = 𝔐 | om *ἕξ* — (12) *ἐχόμενοι* 343^{txt} | *ἕξ* — *χιλιάδες*] *χιλ.* $\overline{μς}$ 107'-125 458 126; *τεσσαρ. εξ χιλ.* 619 319 799; om *ἕξ καί* 84*; om *καί* 84^{c} | *τεσσαράκοντα* — fin] $\overline{μφ}$ 85^{mg} | *τεσσαράκοντα* F^{b}] *τεσσερ.* A B* F M 129 55 624; *σαρακ.* 44' | *πεντακόσιοι*] *τετρακ.* 71 Sa; *septingenti* Syh

12 om *καί* 1° 84 | *οἱ παρεμβάλλοντες*] pr *οι* 392(|); *οι παρεμβαλλον* 314; *οι παρεμβαλοντες* (*παρεβ.* 46) B* 72-618 46^{s}-52' 106-125-610 56 127 71 59 799; *υπερεμβ.* 458 | *εχομενα* 319 | *αυτων* V 15-58 422 *b* 55 319 Aeth Bo; *αυτης* 509 | *φυλή* A F M' V G-29-72-426-*oI* 52'-73'-313-414'-417-422-528-529^{c}-761^{c} 56-129 85'-343'-346* *t y*$^{-392}$ 624 799 Aeth Arm Co] *φυλην* 767; *φυ*^{λ} 458; *tribu* ^{Lat}cod 100; *φυλης* rell = Ra | *Συμεών* 1°] *συμαιων* 376* 54-458; *σημεων* 75; ⌒2° 18 Aeth^{M} | om *ὁ* — fin 53' | *ὁ ἄρχων*] *principes* ^{Lat}cod 100 | *τῶν υἱῶν Συμεών*] *αυτων* V 125 | *Συμεών* 2°] *συμαιων* 54; > M' | *Σαλαμιήλ*] *σαλλ.* 30; *σασαλ.* 528(||); *σαμιηλ* 52 799; *σαμαδιηλ* 72; *ελλαμιηλ* 509 | *υἱός*] *υιους* 30 | *Σουρισαδαί* F^{c}] pr *του* *C*-46; -*σαδε* *b* 319 799 Bo; -*σαδα* 126; -*σαδαει* F; -*σαδδαι* 58-426 767 318; -*ρασαδαι* 59; *σουριδαι* M'; *σουρεισαδδαι* 127; *σουρεισαδαι* G 509; *ουρισαδαη* 72; *surisatai* Sa^{4}

13 comma] pr *et* ^{Lat}cod 100 Arm = 𝔐; > 72 | *δυναμεις* 376 *d* 53' 458-767 *t x* 68'-120' 55 319 | *αὐτοῦ*] *eorum* Arm^{ap} | *οἱ ἐπεσκεμμένοι*] *η επεσκεμμενη* 551* 59; *οι ηριθμημενοι* (*ηρηθ.* 108) A *b* 121 319 ^{Lat}cod 100; om *οἱ* 126; + *αυτου* 58-376 Syh = Sam; + *αυτων* G-426 = 𝔐 Tar | *ἐννέα* — *χιλιάδες*] *χιλ.* $\overline{νθ}$ 107'-125 458 343^{mg} 126 | *ἐννέα καὶ πεντήκοντα*] *πεντηκ.* (*πεντικ.* 799) *εννεα* 319 799; *LVIII* ^{Lat}cod 100; om *ἐννέα καί* Sa^{4} | *πεντήκοντα* — fin] $\overline{ντ}$ 85^{mg} | *τριακόσιοι*] *τετρακοσιοι* 707 *cI b* 54-75' 344*(c pr m) 71' 646 Bo^{B}; *ογδοηκοντα* 53'

14 om *καί* 1° 669* ^{Lat}cod 100 | *οἱ* — *αὐτοῦ*] sub ÷ G Syh; > Arab = 𝔐 | *παρεμβάλλοντες*] -*βαλοντες* B* 72-618 52'-422 106-125-610 664 127 84 71 799; + *αυτων* 19 | *αὐτοῦ*] *αυτων* *O*-15 *b*$^{-19}$ 509 319 Aeth Bo Syh; > 618*(c pr m) 19 | *φυλή*] *φυλης* 58-72-376 413-550' *b* 106-125 129 54-75' 321^{c} *x* 318 18'-126-628-

15 Ἐλισὰφ υἱὸς Ῥαγουήλ· ^{15}δύναμις αὐτοῦ οἱ ἐπεσκεμμένοι πέντε καὶ
16 τεσσαράκοντα χιλιάδες καὶ ἑξακόσιοι καὶ πεντήκοντα. ^{16}πάντες
οἱ ἐπεσκεμμένοι τῆς παρεμβολῆς Ῥουβὴν ἑκατὸν πεντήκοντα μία
χιλιάδες καὶ τετρακόσιοι καὶ πεντήκοντα σὺν δυνάμει αὐτῶν· δεύτεροι
ἐξαροῦσιν.
17 ^{17}Καὶ ἀρθήσεται ἡ σκηνὴ τοῦ μαρτυρίου καὶ ἡ παρεμβολὴ τῶν
Λευιτῶν μέσον τῶν παρεμβολῶν· ὡς καὶ παρεμβάλλουσιν, οὕτως καὶ

ABFMV *O'' C'' bdfnstx*$^{-527}$*yz* al verss

669 55 59 319 646 Bo = Ra; *φυ*^{λ} 107′; *tribu* ^{Lat}cod 100; *φυ* A | *Γάδ* 1°] *dan* Bo*; ⌒2° 16-46(*και ο* hab 46^{s}) *d t*$^{-76}$ | *ὁ ἄρχων*] *principes* ^{Lat}cod 100 | *υἱῶν*] bis scr F*(cprm) | *Γάδ* 2°] *dan* Bo^{A*B}; bis scr 799 | *Ἐλισάφ*] pr *και* 529; *ελεισαφ* B 129 509; -*σαβ* *n*$^{-767}$; -*σαφαφ* 18; *ελισα* G(||) Bo^{B}; *elisap* Bo^{A}; -*σαφατ* 44; *ελιαφ* V*; *ελιαβ* 29 Arm; > 15 | *Ῥαγουήλ* — (30) *πεν*[*τήκοντα*] absc 624 | *ruguēl* Sa^{12}

15 comma] pr *και η* *b* 319 ^{Lat}cod 100 Arm = 𝔐; > 72 | *δυναμεις* 376 *d* 53′ 458-767 *t* 509 392 68′-120′-126 55 319 | *οἱ ἐπεσκεμμένοι*] pr *οι* 134; pr *et* ^{Lat}cod 100 = 𝔐; *πας ο αριθμος αυτου* (*eorum* La) *b* ^{Lat}cod 100; *η επεσκεμμενη* 59; *οι ηριθμημενοι* A 121 319; om *οἱ* 126; + *αυτων* *O* Syh = 𝔐 Tar | *πέντε* — *χιλιάδες*] *χιλ.* $\overline{με}$ 107′-125 458 343^{mg} 126 | *πέντε καὶ τεσσαράκοντα*] *τεσσ. πεντε* 319 799 | *πέντε*] $\bar{ν}$ 376 Syh | *τεσσαράκοντα* — fin] $\overline{μχν}$ 85^{mg} | *τεσσαράκοντα* F^{b}] *τεσσερ.* A B* F M V 129 55; *σαρακ.* 44′ 664; $\overline{μα}$ 84 | *καὶ πεντήκοντα*] om *καί* V 52* *d*$^{-106}$ *f* 75′-767 343^{mg} *t* 619 126 319 799 = Compl; > 125 Bo

16 *οἱ ἐπεσκεμμένοι*] *οι* (> 414′-550′) *ηριθμημενοι* (*ριθμ.* 30) A *oI*-29 *C''* *b* 30′-85′^{txt}-321-343′-346^{txt} 121 55 319 646 ^{Lat}cod 100 = Ald | *τῆς παρεμβολῆς*] pr *εκ* B*; *της* (> 125 127) *φυλης* 107′-125 *n* Arm; > ^{Lat}cod 100 | *Ῥουβήν*] -*βιν* 15-426 107 56-129 130-321′ 74′-76′ 18-669*; -*βημ* 376 458; -*βιμ* 72 *C''*$^{-77\ 550'}$ 44-125-610 53′-246 75 84 619 126-128-628-669^{c} 59 646 799; -*βειμ* 381′ 77-550′ 106 71; *rōbēl* Aeth; *rūbīl* Arab Syh | *ἑκατόν* — *χιλιάδες*] *χιλ.* $\overline{ρν}$ 343^{mg} 126; *χιλ.* $\overline{ρνα}$ 72 *d*$^{-106}$ | *ἑκατὸν πεντήκοντα μία*] *εκ. και πεντηκ. και μια* 707 129 *y*$^{-121}$ = Compl Tar^{O}; *εκατον και μια και πεντηκοντα* V *O*$^{-58}$ 344^{mg} Arab Syh: cf 𝔐 Sam; *εκατον και πεντηκοντα* (+ $\bar{α}$ 319^{c}) F 58 *C''*$^{-417}$ *s*$^{-343'mg}$ 319 646 Aeth^{FM} Sa$^{1\ 4}$: cf Tar^{P}; *μια και εκατον και πεντηκ.* F^{b1} 59; *μια και* (> 68′-120′, non Ald) *πεντηκ. και εκατον* A M′ *oI*-29 *b* 121 *z*$^{-18\ 126}$ 55; *μια και πεντηκ.* 18; om *μία* 458 71′ | *πεντήκοντα* 1°] pr *και* F^{b2} 82 509 Aeth^{-FM} Arm Sa^{12} | *μία*] pr *και* 106 *f*$^{-129}$ 54′-75 *t*$^{-370*}$ | *χιλιάδες*] pr *και* F^{b2}; *χιλιαδα* 54; *χια*^{δ} 458; *χιλιας* 75; + *και χιλιοι* 58 | *καί* 1° — *πεντήκοντα* 2°] *DCL* ^{Lat}cod 100; om *καὶ τετρακόσιοι* 707* 68′-120′ (sed hab Ald); om *καὶ πεντήκοντα* Bo^{B}; om *καί* 2° 72 52*-616 *d f*$^{-129}$ 458-767 343^{mg} 74-76-84 126 799; > Aeth^{FM}; + *και δυο χιλιαδες* 127*(vid) | *τετρακόσιοι*] *πεντακοσιοι* *b* Bo | *δυνάμει αὐτῶν*] pr *τη* 73′; litt *μει αυτων* sup ras 9 litt 127 | *δεύτεροι*] pr *και* *O*$^{-58}$ *f*$^{-246}$ Aeth Syh = Compl 𝔐 Sam; > 381′ | *ἐξαροῦσιν*] *εξαιρουσι* 72; *αναζευξουσιν* A M′^{mg} *b* 85′^{mg}-321′^{mg} 121 319; + *ii* Aeth; + *και εξαρουσι* 528

17 *ἀρθήσεται*] *αριθμηθησεται* *x*$^{-509}$ 126 | *ἡ παρεμβολή*] *οι παρεμβαλλοντες την παρεμβολην* 458 | om *τῶν* 1° 15 | *λευειτων* B* G 127; *λεβειτων* 767 | *μέσον τῶν παρεμβολῶν* F^{a}] pr *εις* *d n t* 799; pr *ανα* A; pr *εσται* 82; om *τῶν* A* F;

---

16 *ἐπεσκεμμένοι*] *ο′ οἱ λ′ ἐπεσκεμμένοι* 344

ἐξαροῦσιν ἕκαστος ἐχόμενος καθ᾽ ἡγεμονίαν.
18 Τάγμα παρεμβολῆς Ἐφράιμ παρὰ θάλασσαν σὺν δυνάμει αὐτῶν, 18
καὶ ὁ ἄρχων τῶν υἱῶν Ἐφράιμ Ἐλισαμὰ υἱὸς Ἐμιούδ· 19 δύναμις αὐτοῦ 19
οἱ ἐπεσκεμμένοι τεσσαράκοντα χιλιάδες καὶ πεντακόσιοι. 20 καὶ οἱ 20
παρεμβάλλοντες ἐχόμενοι φυλὴ Μανασσή, καὶ ὁ ἄρχων τῶν υἱῶν

ABFMV *O'' C'' bdfnstx*$^{-527}$*yz* al verss

> 56^{txt} | *μέσον*] *εν μεσω* 426 = 𝔐 | *ὡς καὶ παρεμβάλλουσιν*] *ωσπερ εμβαλουσιν* (-*βαλλ.* 392) 52 85 392 | *καί* 3° (*κε* 75) B V *d n* 30'-130^{mg}-346^{mg} *t x* 319] > rell = 𝔐 | *παρεμβάλλουσιν*] -*βαλουσι(ν)* (-*βολ.* 72) F^{b} M' V 58-*oI' C''*$^{-52}$ $^{73'}$ $^{414'}$ *b* 125-610* 54-75' *s*$^{-85}$ 370* *x y*$^{-392}$ *z* 55 59 319 646 799 ^{Lat}cod 100 Sa = edd; *παραβ.* 53 | *οὕτως καὶ ἐξαροῦσιν*] om *καί* 19 458 319 ^{Lat}cod 100 Aeth = 𝔐; > 246 | *ουτω* 707^{c}(vid) 125 54-75' 85 18'-68'-126-669 646 = Sixt | *ἐξαροῦσιν*] *αναζευξουσι(ν)* A 118^{mg} 121 319; *αναζευγνυουσιν* 54; *εξερ.* (pro *εξαιρ.*) 767 | om *ἕκαστος* 392 | *ἐχόμενος*] -*μενοι* 72 *d* 54'-458 *t*; -*μενα* 52-615(vid); -*μενοις αυτοις* 767; > 417^{txt}; + *αυτου O* Syh ↓ | *καθ᾽ ἡγεμονίαν*] *κατα* (*κατο* 458) *ηγεμ.* (*ιγεμων.* 458) 58^{mg} 458; *καθ ηγεμονιας* Sixt; *καθ ηγεμονια* V; *κατα ταγμα* A M'^{txt} 29-58^{txt}-72-*oI C''*$^{-131}$ ^{528} *b* 246 *y*$^{-392}$ *z*$^{-126}$ 55 319 646 ^{Lat}cod 100; *κατα ταγματα* 131-528 30'-85'^{txt}-321'^{txt}-343' 126 ↓; *κατα* 59 | fin B V 707 *d f*$^{-246}$ *n t x* 392 59 799 Arm Sa^{4} ^{12}] + *αυτου* 376 *C*$^{-16}$-46-417 Bo ↓; + *αυ*^{τ} 16; + *αυτων* rell ↓

18 init] pr *et* Aeth Arm Co | *ταγματα* (*ταγμαμ.* 53) 131 *d f*$^{-246}$ 75 730 74-76' 68'-126 Bo^{A} = Compl | *Ἐφράιμ* 1°] *εφρεμ* 56; *εμφραιμ* 68 (sed hab Ald) | *παρά* — *Ἐφράιμ* 2°] bis scr 71' | *παρὰ θάλασσαν*] *κατα θαλ.* (-*λατταν* 126; -*λασαν* 767) A F^{a} M'^{mg} V *O C''*$^{-131c}$ 767 121 126-128-628-669 55 319 646; *ad mare* ^{Lat}cod 100; post *αὐτῶν* tr *O*$^{-58}$ Syh = 𝔐 | *θαλασσων* 618 | *σὺν δυνάμει αὐτῶν*] om *σύν* 59; om *αὐτῶν* 29; > 73' | om *καὶ ὁ* 59 | *ὁ ἄρχων*] *principes* ^{Lat}cod 100; om *ὁ* 422 | *Ἐφράιμ* 2°] *εφραμ* 509 | om *Ἐλισαμά* — fin 318 | *Ἐλισαμά*] *ελεισ.* B 129; *αιλ.* 669*; *μελισαμα* 319 | om *υἱός* B* Aeth^{M} | *Ἐμιούδ*] *αμιουδ C''*$^{-52'}$ ^{313} $^{414'}$ ^{761*} 646 = Compl; *αβιουδ* 52'-313-414'; *σεμιουδ* 376 *b d n t*$^{-134*}$ 509 121 *z* 416 Arm Bo; *σεμουδ* 134*; *εμιουλ* 426 799; *σαμιουδ* 71'; *εμιουθ* 618; *ελιουδ* V; *ελιου* 72

19 comma] pr *et* Arm = 𝔐; > 72 | *δύναμις*] *δυναμεις* 376 *d* 458-767 *t x* 68'-120' 55 319; *συν δυναμει* 29 Aeth | *αὐτοῦ*] *eorum* Arm^{te} Sa^{4} | *οἱ ἐπεσκεμμένοι*] *η επεσκεμμενη* (-*νοι**) 59; *οι ηριθμημενοι b* 319 ^{Lat}cod 100; om *οἱ* 417 458 126; > 125; ⌒(21) 618^{txt}; + *αυτων O* = 𝔐 Tar; + *eius* Syh = Sam; + *πεντε και τριακοντα χιλιαδες και τετρακοσιοι παντες οι επεσκεμμενοι της παρεμβολης εφραιμ* 68'-120' (sed hab Ald): ex 23 24 | *τεσσαράκοντα χιλιάδες*] *χιλιαδας μ̄* 126; tr 107'-125 458 343^{mg} | *τεσσαράκοντα* F^{b}] *τεσσερ.* A B* F M V 707 129 509*(vid); *σαρακ.* 664; *ιβ̄* G*; *δυο και τριακοντα* 16-46 | *πεντακόσιοι*] *quadringenti* Sa

20 *καὶ οἱ παρεμβάλλοντες*] *καὶ οἱ* sub ÷ Syh^{T}; sub ÷ Syh^{L} | *οἱ παρεμβάλλοντες*] *οι παρεμβαλοντες* 72 52'-313 19' *d*$^{-44}$ 71 126 799 (sed hab Compl);

---

17 (*ἐξαροῦσιν ἕκαστος*) *ἐχόμενος* — fin] *α' ἀπαροῦσιν ἀνὴρ ἐπὶ χεῖρα αὐτοῦ* (-*των* 85-344) *εἰς τάγματα* (*ταγμα* 85') *αὐτῶν* (-*του* 130) *σ' ἀπαροῦσιν ἕκαστος ἀνὰ χεῖρα τοῦ ἰδίου κατὰ τάγματα* (*ταγμα* 85; -*ματος* 130) *αὐτῶν* (-*του* 130) *θ' ἐξαροῦσιν ἀνὴρ ἐπὶ χεῖρα αὐτοῦ* (-*των* 85') *εἰς τάγμα αὐτῶν ο'* (> 130) *ἐχόμενος αὐτοῦ καθ᾽ ἡγεμονίαν αὐτοῦ* (-*των* 344) 85'-344

21 Μανασσὴ Γαμαλιὴλ υἱὸς Φαδασούρ· [21]δύναμις αὐτοῦ οἱ ἐπεσκεμμένοι
22 δύο καὶ τριάκοντα χιλιάδες καὶ διακόσιοι. [22]καὶ οἱ παρεμβάλλοντες
ἐχόμενοι αὐτοῦ φυλὴ Βενιαμίν, καὶ ὁ ἄρχων τῶν υἱῶν Βενιαμὶν Ἀβιδὰν
23 υἱὸς Γαδεωνί· [23]δύναμις αὐτοῦ οἱ ἐπεσκεμμένοι πέντε καὶ τριάκοντα

ABFMV O'' C'' $bdfnstx^{-527}yz$ al verss

sub ÷ G = 𝔐 Sam; ante φυλή tr 376 | ἐχόμενοι] + αυτων G-58 Arm Bo; + αυτου 376′ *f* Syh = Compl 𝔐 | φυλή A* M′ O'^{-376}-82-707 $C''^{-46\ 52'\ 73'\ 550'\ 616^c}$ f^{-246} 127-458 30-85*-130-343′-346* *y* 68′-120′ Aeth Arm Co Syh = Compl] *tribu* Latcod 100; φυλης rell = Ra | Μανασσή 1°] μανν. A 121 Latcod 100; μανασση 72-618 529 130* Arm; -σσην 107′; μανασην 767; νασση 509; + ras 1 litt F(vid); ⌒2° 19 30 126 59 | om καί 2° *d* | ὁ ἄρχων] *principes* Latcod 100 | Μανασσή 2°] μανασση 72-618 529 118′ 767* Arm; μανν. A 458 121 Latcod 100 | Γαμαλιήλ] -ληηλ 30; γαμαηλ 618 616 $53^{c\,prm}$-664; γαμαη[.] 53*; *gamaliet* Latcod 100 | υἱός] υιο[.]ς 56*; > *d* | Φαδασούρ 72-426-618 414′-528 125-610 54-75′-767* 343-730 84 x^{-509} 392 799 Arm] φαδδασουρ 68′-120′ 55 Bo Sa[12]; φασδ. 16-46 669; φαδεσουρ 127; φαδασαρ 53; φαλασουρ 59; φασουρ 509; φαλλασσουρ V; φαδιασσουρ 767^c(vid); φαδαρσαρ 664; *prṣwr* Syh^Lmg; *fadam* Latcod 100; -σσουρ rell = Ra

21 comma] pr και η 799 Latcod 100 Arm = 𝔐; > 72 | δύναμις αὐτοῦ] -μεις αυτου 376 *d* 458-767 *t* 509 68′-120′ 55; > 121 | οἱ ἐπεσκεμμένοι] η επεσκεμμενη 59; οι ηριθμημενοι 319 Latcod 100; om οἱ 126; > 318; + αυτων O^{-58} Syh = 𝔐 Tar | δύο — χιλιάδες] χιλ. (-δας 126) τριακοντα δυο d^{-106} 343^mg 126; τριακοντα δυο χιλ. 458 319 799 | δύο] πεντηκοντα 318 | τριάκοντα — fin] λ̅σ̅ 85^mg | διακόσιοι] τριακοσιοι A*(vid) V 413*(cprm) *d* n^{-767} *t* 55 799 Latcod 100 Arm; τετρακοσιοι B* = Tar^P

22 init — αὐτοῦ] sub ÷ Syh^T | οἱ — αὐτοῦ] ο αρχων 799; sub ÷ G; > Arab = 𝔐 | παρεμβαλοντες B* 72-618 $46^{s\,vid}$-52′-761 44-125′ 343 71 646 | ἐχόμενοι αὐτοῦ 376′ *f*(+ ras 1 litt 56) *z* Syh = Compl] sub ÷ Syh^L; εχομ. αυτων G-58 Arm Bo; > Latcod 100; om αὐτοῦ rell = Ra | φυλή F* F^b M′ $O''^{-29\ 376}$ $C''^{-46\ 52'\ 616^c}$-413-528-761* f^{-246} 767 s^{-321} y^{-121^c} Aeth Arab Co Syh = Ald Compl] *tribu* Latcod 100; *agmen* Arm; φυ^λ 458; φυλης $F^{c\,prm}$ rell = Ra | Βενιαμίν 1°] -μειν A B F M V O^{-426}-381′-707 *b* 246 127^c-767^c 30-85-343′ y^{-318} 68′-120′ (sed hab Compl Sixt); -μην 313* 54-75-767* 59* 319; βεναμειν 127*; βενιααμειν 509(|); βαιν. 15; -μιμ 52 = Sam; -μειμ 29 416; ⌒2° 75′-767 x^{-509} 799 Aeth^M | ὁ ἄρχων] οι αρχοντες 19; om ὁ 528 | τῶν υἱῶν Βενιαμίν] αυτων 44 | Βενιαμίν 2°] -μειν A B F M V O^{-426}-381′-707 *b* 246 127 30-85-130*-343′ 509 y^{-318} 68′-120′ (sed hab Compl Sixt); -μην 319; βαιν. 15; -μειμ 29 416 = Sam; αυτων 125 | Ἀβιδάν] αβειδαν A^c B G-376-707*(vid) 16′-46′-52′-77-422-500′-616 127 30′-85′-344 509 121 (sed hab Sixt); αμιδαν 458 321; εβιδαν 72; *abitan* Sa[12]; αβειδα 417; αδεβ 319; αμιναδαβ V Bo; αμιναβιδαν 767; > 346 392 | om υἱός 346* | Γαδεωνί] -νει B 376^c-426 129 509 ↓; γεδ. $F^{c\,prm}$ 381′ $C''^{-73'\ 77}$ 54 30′-343′ 646 Arm(vid); γεδεωνει V 127; γεδαιωνι 73′; -ωνη 72; γαδεονει 376*; γαδαιωνει G; γεδεονι 75; γαεδωνι 15; *kadeōni* Sa[12]; *gedōnia* Sa[1]; γαδεων 82 53′ 318 Latcod 100; γεδεων 77 *d* 458 *t* x^{-509} Bo^B; γαδε 799(|); ταδεων 767

23 comma] pr η *f* 799 = Compl; pr *et* Latcod 100 Arm = 𝔐; > 72 | δυναμεις (-μει 44) 376 *d* 458-767 *t x* 68′-120′ 55 | οἱ ἐπεσκεμμένοι] η επεσκεμμενη

---

22 Γαδεωνί] ο′ οἱ λ′ Γαδεωνεί 344

χιλιάδες καὶ τετρακόσιοι. [24]*πάντες οἱ ἐπεσκεμμένοι τῆς παρεμβολῆς* 24
Ἐφράιμ ἑκατὸν χιλιάδες καὶ ὀκτακισχίλιοι καὶ ἑκατὸν σὺν δυνάμει
αὐτῶν· τρίτοι ἐξαροῦσιν.
[25]*Τάγμα παρεμβολῆς Δὰν πρὸς βορρᾶν σὺν δυνάμει αὐτῶν, καὶ* 25
ὁ ἄρχων τῶν υἱῶν Δὰν Ἀχιέζερ υἱὸς Ἀμισαδαί· [26]*δύναμις αὐτοῦ οἱ* 26
ἐπεσκεμμένοι δύο καὶ ἑξήκοντα χιλιάδες καὶ ἑπτακόσιοι. [27]*καὶ οἱ* 27

ABFMV *O''* *C''* *bdfnst*x^{-527}*yz* al verss

59; *οι ηριθμημενοι* (*ηρηθ.* 108) *b* 319 ^{Lat}cod 100 (sed hab Compl); om *οἱ* 126; + *αυτων* O^{-58} Syh = 𝔐 Tar^{O}; + *της παρεμβολης* 126*; ⌒(24) 19 125 Sa^{12} | *πέντε* — *χιλιάδες*] *χιλ.* (*-δας* 126) *τριακοντα πεντε* 44-107′ 343^{mg} 126; *τριακ. πεντε χιλ.* 458 319 799 | *πέντε*] *δυο* 15*(cprm); *εννεα* 318 | *τριάκοντα* — fin] *λ̄ῡ* 85^{mg} | *χιλιαδας* 528 | *τετρακόσιοι*] *-σιαις* 54; *τριακοσιοι* 44-106*-107′ *t* x^{-509} 799; *D* ^{Lat}cod 100; *γ̄* 458; + *και εκατον* 509*
24 init — *ἐπεσκεμμένοι*] *εκ δε* 799 | *πάντες*] pr *et* ^{Lat}cod 100; *παντα* 54 | *οἱ ἐπεσκεμμένοι*] *οι* (> 46-414-616*) *ηριθμημενοι* (*ηρηθ.* 64 108) A *oI*-29 C''^{-551} $b^{(-19)}$ 30′-85′^{txt}-321′-343′ 121 55 319 646 ^{Lat}cod 100 = Ald; *εχομενοι* 551 | *παρεμβολῆς*] *φυλης* 381′ 75′ | *Ἐφράιμ*] *nephthalim* Sa^{12}; > 422 | *ἑκατόν* 1° — *ἑκατόν* 2°] *χιλιαδες* (*χιλιδες* 107) *εκατον και οκτακισχιλιοι διακοσιοι* d^{-106}; *ρ̄ και* (> 458) *ν̄ χιλιαδες και σ̄* 54-458; *εκατον και οκτω χιλιαδες και διακοσιοι* (*ρ̄ο̄* 767) 75-127-767 | *ἑκατόν* 1° — *ὀκτακισχίλιοι*] *χιλιαδες* (*-δας* 126) *εκ. οκτακ.* 72 126; *CLXXX milia* ^{Lat}cod 100 | *ἑκατόν* 1°] *ρ̄ξ̄* 319*; post *χιλ.* tr 343^{mg}; ⌒2° 18 | om *καί* 1° 799 = Tar^{P} | *ὀκτακισχίλιοι*] *-λιαι* 619; *δισχ.* f^{-246}; *πεντακισχ.* 414′; *τετρακοσιοι* 509 | *ἑκατόν* 2°] *διακοσιοι* 106* *t* 318 799 Arm | om *σύν* 122* | *αὐτῶν*] ⌒(25) 509 126 | om *τρίτοι ἐξαροῦσιν* 319 | *τρίτοι*] pr *και* O^{-376} 68′-120′ Aeth Syh (sed hab Ald) = 𝔐 Sam Tar^{P}; *και ο αρχον των υιων δαν ουτοι τριτον* 376; *τριτον* 407* 799; *πρωτοι* 767* x^{-509} | *ἐξαροῦσιν*] *εξαιρουσι(ν)* 75′; *αναζευξουσιν* A M′^{mg} *b* 130^{mg}-321′^{mg}-344^{mg} 121 (sed hab Compl); + *ii* Aeth
25 *τάγμα*] pr *et* Aeth Arm Co; *-ματα* 16-77 108 610 f^{-246} 75 628 ^{Lat}cod 100 = Compl; bis scr 528 | om *πρός* — *αὐτῶν* 72 | *σὺν δυνάμει*] *δυναμεις* 68′-120′ (sed hab Ald) | *αὐτῶν*] bis scr 120 | *ὁ ἄρχων*] *principes* ^{Lat}cod 100 | *τῶν υἱῶν Δάν*] *αυτων* 125; om *τῶν* y^{-392}; om *υἱῶν* V; > 72 | *Ἀχιέζερ* F^{a}] *εχιεζερ* F; *αχειεζερ* G; *achieser* Sa; *achiezzer* ^{Lat}cod 100; *αχιεζερερ* 84*; *ελιαζερ* 120′; *ελιεζερ* 707 $C''^{-52'}$ 44 *s* 68′ (sed hab Ald) | *Ἀμισαδαί*] *-σαδε* b^{-19*} 319; *-σαδεκ* 19*; *-σαδαη* 72 318; *-σαδαει* 376; *-σαδδαι* 344^{c}; *αμεισ.* B G; *σαδε* 68′-120 (sed hab Ald); *σαδαι* x^{-509} 407; *amisede* Bo; *μισαδαι* 392; *misadan* Arm^{to}; *αμμισαδδαι* 426; *samisade* ^{Lat}cod 100; *σαμισαδαι* A 59; *σαμισαδδαι* 58
26 init — (28) fin] pr *et* Arm = 𝔐; > 72 | *δυναμεις* A 376-707* *d* 56^{c} 458-767 321 *t x* 68′-120′ 55 | om *αὐτοῦ* 126 | *οἱ ἐπεσκεμμένοι*] *η* (>*) *επεσκεμμενη* 59; *οι* (> b^{-537}) *ηριθμημενοι* A *b* 319 ^{Lat}cod 100 (sed hab Compl); om *οἱ* 126; + *αυτων* *O* Syh = 𝔐 Tar | *δύο* — *χιλιάδες*] *χιλ.* (*-δας* 126) *ξ̄β̄* 107′-125 458 343^{mg} 126; *εξηκοντα* (*εξικ.* 799) *δυο χιλ.* 319 799; om *καί* 618*(cprm) 128-669* | *ἑξήκοντα* — fin] *ξ̄ψ̄* 85^{mg} | *ἑπτακόσιοι*] *quadringenti* Bo^{A}; *πεντακοσιοι* B*; *τ̄* 767; *εξακοσιοι* *b* (sed hab Compl)

---

24 *οἱ ἐπεσκεμμένοι*] *ο′ οἱ λ′ οἱ ἐπεσκεμμένοι* 344
25 (*Δὰν*) *Ἀχιέζερ*] *ϑ′ σ′ ο′ Δὰν Ἀχιέζερ α′ Ἀειέζερ* 344

παρεμβάλλοντες ἐχόμενοι αὐτοῦ φυλὴ Ἀσήρ, καὶ ὁ ἄρχων τῶν υἱῶν
28 Ἀσὴρ Φαγαιὴλ υἱὸς Ἐχράν· ^{28}δύναμις αὐτοῦ οἱ ἐπεσκεμμένοι μία καὶ
29 τεσσαράκοντα χιλιάδες καὶ πεντακόσιοι. ^{29}καὶ οἱ παρεμβάλλοντες
ἐχόμενοι αὐτοῦ φυλὴ Νεφθαλί, καὶ ὁ ἄρχων τῶν υἱῶν Νεφθαλὶ Ἀχιρὲ
30 υἱὸς Αἰνάν· ^{30}δύναμις αὐτοῦ οἱ ἐπεσκεμμένοι τρεῖς καὶ πεντήκοντα

ABFMV *O'' C''* *bdfnstx*$^{-527}$*yz* al verss

27 *παρεμβάλλοντες*] *-βαλοντες* 618 46-52'-616 44'-125 71 392* 669 799; *επεσκεμμενοι* 551 | *αὐτοῦ*] *αυτων* V 58-82 75' 343 *z* 319 646 Aeth Bo (sed hab Ald); + *φυλη νεφθαλειμ* 53'; + ras 1 litt 56 | *φυλή*] *εκ φυλης* 458; *tribu* ^{Lat}cod 100; *φυλης* B V 58-376 550'-616^{c}-761^{c} *b* 107'-125 246 75 321 *x* *y*$^{-318}$ 18'-126-628-669 59 319 646 = Ra | *Ἀσήρ* 1°] *ασσηρ* *C*$^{-529}$ 106 53 *x*$^{-509}$ 126-628 Bo Sa^{12} = Compl; ⌒2° 58 528 Aeth^{M} | om *καί* 2° — (28) fin 628 | om *ὁ* — (28) *δύναμις* 53' | *τῶν υἱῶν Ἀσήρ*] *αυτων* 125 | *Ἀσήρ* 2°] *ασσηρ* *C*$^{-16\ 529}$ *x*$^{-509}$ 126 Bo Sa^{12} = Compl; > 318 | *Φαγαιήλ*] *φαγεηλ* F V 82 46-77 *b* *d* 54'-75 30 *t* *x*$^{-509}$ 392 55 319 Sa^{1} (sed hab Compl) = Sixt; *φαγαηλ* 52' 343 318 18'-126-669 646; *φαγαλιηλ* 426; *phachiēl* Arm; *φαγαινα* 68'-120'; *φαγε* 458 | *υἱός*] *υιοις* 82 | *Ἐχράν*] *αιχραμ* 58 ^{Lat}cod 100; *αιχραν* 29 767 59; *σεχραν* 30'; *εχθραν* 46-417 509 318

28 comma] pr *et* Arm = 𝔐; absc 616 | *δυναμεις* A* 376 *d*$^{-44}$ 56^{c} 458-767 *t* *x* 68'-120' 55; *δυνα*^{μ} 44 | *αὐτοῦ*] *αυτων* 458 = Tar^{P} | *οἱ ἐπεσκεμμένοι*] *η επεσκεμμενη* 59; *οι ηριθμημενοι* *b* 319 ^{Lat}cod 100 (sed hab Compl); om *οἱ* 126 55; > 458; + *αυτων* *O*$^{-58}$ Syh = 𝔐 Tar | *μία* — *χιλιάδες*] *χιλ.* (-*δας* 126) *μα* 107'-125 343^{mg} 126; *τεσσαρ. μια χιλ.* 417*(cprm) 458 319 799; om *μία καί* Sa^{12} | *μία*] *δυο* 19 | *τεσσαράκοντα* — fin] *μφ* 85^{mg} | *τεσσαράκοντα* F^{b}] *τεσσερ.* A B* F M' 129 55; *σαρακ.* 44' 664 54; *εξηκοντα* 19 | *χιλιάδες* — (29) *υἱῶν*] sup ras A | *χιλιαδας* 509 | *πεντακόσιοι* F^{a}] *ν̄* 417; *quadringenti* Sa; *εξακοσιοι* 19; *επτακ.* F 82 68'-120' 59 (sed hab Ald)

29 init — (30) fin] > Aeth^{M} | *οἱ* — *αὐτοῦ*] sub ÷ G Syh^{T}; > Arab = 𝔐 | *παρεμβάλλοντες*] *-βαλοντες* A 52'-313 44-107 664 71 799; post *ἐχόμενοι* tr 551* | *αὐτοῦ* *O*$^{-58}$ 52' *b* *f* 799 ^{Lat}cod 100 Arm Sa Syh] *αυτων* 58-72 318 Aeth Bo; > rell = Ra | *φυλή*] *φυλην* 767 134; *tribu* ^{Lat}cod 100; *φυλης* A B V 58-376 46-550'-616^{c}-761^{c} *b* *d* 246 127*^{vid}-458 321^{c} *x* 18'-628-669 59 319 646 (sed hab Compl Sixt) = Ra | *Νεφθαλί* 1°] *-λει* B F G-15-64*-426 127 319 416 Sa$^{1\ 4}$; *-λη* 82 318; *-λιμ* V 422 129* 321-346^{c} *t* 18'-628-669 Sa^{12}; *-λειμ* A 58-64^{c}-72-376-381' *C''*$^{-422\ 528\ 616}$ *b* *d* 53' 767 343-730 *x* 392 68'-120'-126 55 59 646 799 Cyr I 724; *nepthalim* ^{Lat}cod 100; *nephthalim* Aeth Arab Arm Bo; *-λημ* 528 246; ⌒2° A* B*(vid) 73^{txt} 44 75 344^{txt} 134 | om *ὁ* 458 | *τῶν υἱῶν Νεφθαλί*] *αυτων* 72 125; om *τῶν* 376 528 | *Νεφθαλί* 2°] *-λει* B$^{(c)}$ G-15-64*-426 127 319 416 Sa$^{1\ 4}$; *-λη* 82 318; *-λιμ* 422 321-346^{c} *t*$^{(-134)}$ 18'-628-669 Sa^{12}; *-λειμ* A$^{(c)}$ V 58-64^{c}-376-381-618^{c} *C''*$^{-(73txt)\ 422\ 616}$ *b* 106-107' 53' 767 343-730 *x*$^{-619*}$ 392 68-120'-126 55 59 646 799 = Ald; *nepthalym* ^{Lat}cod 100; *nephthalim* Aeth Arab Arm Bo; *-λημ* 246; *νεφθαλμ* 619*(cprm); *νεφαλειμ* 122; > 618*(vid) | *Ἀχιρέ*] *αχειρε* B M' G-82-426-*oI* *C''*$^{-52'\ 414'}$ *s*$^{-730}$ 619 *y*$^{-392}$; *αχειραι* 29-376 799; *-ραι* 54-75-767 392 18-120* 319* Sa^{1}; *αχειρ* *f* 127; *αχιρ* Compl; *αχηραι* 319^{c}; *αχυρε* 107'-125; *αχαιρε* V; *alei* Sa^{12}; *αρχιερευς* 59 | *Αἰνάν*] *εναν* V 707 *C''* 19 54-75' 619; *αινα* 343; *αυναν* 53'; *αινναν* 319; *αιμαν* A; *αιραν* 314 76; + *υιος* 30

30 comma] pr *et* ^{Lat}cod 100 Arm = 𝔐; > 72 | *δυναμεις* 376 *d* 458-767 *t* *x* 68'-120' 55 319 | *αυτων* 68'-120' = Tar^{P} | *οἱ ἐπεσκεμμένοι*] *η επεσκεμ-*

χιλιάδες καὶ τετρακόσιοι. [31]πάντες οἱ ἐπεσκεμμένοι τῆς παρεμβολῆς 31
Δὰν ἑκατὸν καὶ πεντήκοντα ἑπτὰ χιλιάδες καὶ ἑξακόσιοι σὺν δυνάμει
αὐτῶν· ἔσχατοι ἐξαροῦσιν κατὰ τάγμα αὐτῶν.
[32]Αὕτη ἡ ἐπίσκεψις τῶν υἱῶν Ἰσραὴλ κατ' οἴκους πατριῶν αὐτῶν· 32
πᾶσα ἡ ἐπίσκεψις τῶν παρεμβολῶν σὺν ταῖς δυνάμεσιν αὐτῶν ἑξακό-
σιαι χιλιάδες καὶ τρισχίλιοι πεντακόσιοι πεντήκοντα. [33]οἱ δὲ Λευῖται 33

ABFMV *O''* *C''* $bdfnstx^{-527}yz$ al verss

μενη 59; οι (> 319) ηριθμημενοι *b* 319 ^{Lat}cod 100 (sed hab Compl); om οἱ 126; ⌒(31) 44 Sa^{12}; + αυτων *O* Syh = 𝔐 Tar | τρεῖς — χιλιάδες] χιλ. (-δας 126) $\overline{\nu\gamma}$ 107'-125 458 343^{mg} 126 | τρεῖς καὶ πεντήκοντα] πεντηκ. (πεντικ. 799) τρεις 319 799; *LIIII* ^{Lat}cod 100; om τρεῖς καί Sa^4 | πεντήκοντα — fin] $\overline{\nu\upsilon}$ 85^{mg} | πεντήκοντα] $\bar{\mu}$ G-376 | χιλιαδας 509 | τετρακόσιοι] πεντακοσιοι 799 Bo

31 οἱ ἐπεσκεμμένοι] οι ηριθμημενοι (ηρηθ. 64) oI^{-15} 19' = Ald; οι (> 417) αριθμηθεντες A 15-29 *C''* 118'-537 *s* 121 55 319 624 646; *qui numerati sunt* ^{Lat}cod 100 | τῆς παρεμβολῆς] pr εκ 799; της (> 16-46) φυλης 29 16-46 76 Bo; om τῆς $C''^{-16\ 46\ 52'}$ 646 | Δάν] δαδ 29* | ἑκατόν — χιλιάδες] εκατον χιλιαδες (χειλ. G; > Arab) και επτα και πεντηκοντα χιλιαδες (χειλ. G) O^{-58} Arab Syh = 𝔐; επτα και πεντηκοντα και εκατον χιλιαδες A M' 29-58-*oI* *C''* $s^{-343^{\text{mg}}}$ 121 55 319 624 646; *CLII milia* ^{Lat}cod 100; χιλιαδες (-δας 126; bis scr 125) εκατον πεντηκοντα επτα 72 d^{-106} 343^{mg} 126; εκατον πεντηκοντα επτα χιλιαδες 106 54 x^{-509} 799; εκατον πεντηκοντα και επτα χιλιαδες F Cyr I 724; εκατον και πεντηκοντα και επτα ($\overline{\xi}$ 118; sup ras 7 litt 314) χιλιαδες V 82-707 118'-537 129^{mg}(prm) 127-767 *t* 318 68'-120'-669 59; εκατον και (> 53') πεντηκοντα χιλιαδες και επτα 53'-56 = Compl; $\overline{\rho\nu}$ χιλιαδες 458; om ἑπτά 19' 129^{txt} 392 Aeth^{FG} | ἑξακόσιοι] pr πεντακοσιοι μαλλον δε C^{-16}; πεντακοσιοι *b* 392*(vid; sed hab Compl); $\bar{\psi}$ 126; $\overline{\rho\nu}$ $417^{\text{c prm}}$ | σὺν δυνάμει αὐτῶν] sub ÷ Syh^{T}; > B V O^{-58}-707 *b* f^{-246} *x* 392 Cyr I 724 ^{Lat}cod 100 Aeth Arab Co Syh^{L} = Ra 𝔐; post ἐξαροῦσιν tr 246 | ἔσχατοι] pr *ii* Aeth; εσχατον 58 | ἐξαροῦσιν] εξαιρουσι(ν) G-72 84^{c}; αναζευξουσιν A 130^{mg}-344^{mg}-346^{mg} 121 | κατά — fin] συν δυναμει αυτων 126; *secundum ordinationes istas* ^{Lat}cod 100; > Bo | κατά] και τα 458 | τάγμα] (+ τα G 52'-73^{c}-313-320-413-417-422-550-761 85-344 509 392) ταγματα M' V G-82-707-oI^{-15} C''^{-528} b^{-19} *d* 53'-56 *s* 509 y^{-121} 55 Cyr I 725 = 𝔐; τα συνταγματα 528; *agmina* Arm | αὐτῶν 2°] των 458; + και ουτως εξηρον εκαστος 618*: cf 34; ⌒(32) 1° 72

32 init — ἐπίσκεψις 1°] pr οτι αριθμος εστι των υιων $\overline{\iota\eta\lambda}$ 53'; ουτοι οι επισκεψις 458; αυτοι οι επισκεψις 376; ουτος ο αριθμος M'^{mg} *b* 130^{mg}-344^{mg}-346^{mg} ^{Lat}cod 100 Bo (sed hab Compl) | ἐπίσκεψις 1°] ⌒2° 52'-313-414' 319 | τῶν 1°] των παρεμβολων 18; > x^{-509} | κατ' — παρεμβολῶν] pr των 44; > 68 | οικου 619* | om αὐτῶν 1° Ald | πᾶσα ἡ ἐπίσκεψις] πας ο αριθμος $85'^{\text{mg}}$-$321'^{\text{mg}}$-344^{mg} ^{Lat}cod 100; om ἡ 54; + αυτων 767 | πᾶσα] *et* Arab; + δε 707 | παρεμβολῶν] υιων $\overline{\iota\eta\lambda}$ $z^{(-68)}$ 646 Bo (sed hab Ald); + των υιων $\overline{\iota\eta\lambda}$ 246 | σύν] bis scr 458(|) | ταῖς δυνάμεσιν] ταις δυναμεις 72; τοις δυναμεσιν 53'; *virtute* $\text{Sa}^{4\ 12}$ | om αὐτῶν 2° F*(cprm) 416 | ἑξακόσιαι — fin] *DCCIII milia DCCL* ^{Lat}cod 100 | ἑξακόσιαι] -σιαις 615* 30 799; -σιοι 707 528 x^{-509}; post χιλιάδες tr 72 d^{-106} 458; + τριακοντα 53' | καὶ τρισχίλιοι] pr και τρεις 509; τρεις 72; και τρισχιλιαι 84* 619 18; > *f* 767 799 | πεντακόσιοι B V 125* x^{-509} 126] και

---

31 ἐπεσκεμμένοι] ο' οἱ λ' ἐπεσκεμμένοι 344; ἐπισκεφθέντες 130-321'

οὐ συνεπεσκέπησαν ἐν αὐτοῖς, καθὰ ἐνετείλατο κύριος τῷ Μωυσῇ.
34 [34]καὶ ἐποίησαν οἱ υἱοὶ Ἰσραὴλ πάντα, ὅσα συνέταξεν κύριος τῷ Μωυσῇ,
οὕτως παρενέβαλον κατὰ τάγμα αὐτῶν καὶ οὕτως ἐξῆρον, ἕκαστος
ἐχόμενοι κατὰ δήμους αὐτῶν, κατ' οἴκους πατριῶν αὐτῶν.
1 **3** [1]Καὶ αὗται αἱ γενέσεις Ἀαρὼν καὶ Μωυσῆ ἐν ᾗ ἡμέρᾳ ἐλάλησεν
2 κύριος τῷ Μωυσῇ ἐν ὄρει Σινά· [2]καὶ ταῦτα τὰ ὀνόματα τῶν υἱῶν

ABFMV O'' C'' $bdfnstx^{-527}yz$ al verss

(> d^{-44}) *εξακοσιοι* d^{-125*} n^{-767} *t* 799 Arm Bo; *και* $\bar{\tau}$ 417; *et quadringenti* Sa; > 509; pr *και* rell = 𝔐 | *πεντήκοντα* B F*(cprm) V 72 417 *d* 53′ 30 *x* 392 126 799] > Bo; pr *και* rell = 𝔐

33 om *δέ* Bo | *λευειται* B* V G 127-767 | *οὐ*] *οι* 767 509; > 707 | *συνεπεσκέπησαν*] *συνεπισκεσαν* 376; *-σκεπτησαν* 246^{c}; *συνεπισκεπτ.* 610; *συνεσκ.* 53; *-σκεφθησαν* 414^{c}-551; *συνηριθμηθησαν* 344^{mg}; *ηριθμηθησαν* 85′^{mg}-321′^{mg} ^{Lat}cod 100 Arab | *ἐν αὐτοῖς* (*-της* 619) B F M^{mg} V 58-82-426-707 *f* 767 344^{txtc} *x* y^{-121} 59 416 Syh] pr *εν τοις υιοις ισραηλ* 343; *εν τοις υιοις ισραηλ* *b* 85′^{mg}-321′^{mg}-344^{mg} 68′-120′ ^{Lat}cod 100 Arab = 𝔐; *εαυτοις* 376 799; *αυτης* 75; om *ἐν* rell | *κατα* 84* | *τῷ Μωυσῇ*] *τω μωυσει* 46 343 18-68′-120^{c}-407; *τω μωση* G-58 *n*; *τω μωσει* 72-426; om *τῷ* 628; ⌒(34) 426^{txt} 52′-313-414′-422-528 19′ 125 56^{txt} 75′ 392 646; ⌒3 1 Arab

34 init — *Μωυσῇ*] sub ※ 344(vid) | init — *οἱ*] *οι δε* 246; om *οἱ* 343 628 | om *Ἰσραήλ* 59* | *πάντα ὅσα συνέταξεν*] pr *κατα* F M^{mg} $O'^{-29\ (426txt)}$ $f^{(-56txt)}$ 85′^{mg}-321′^{mg} 318 z^{-126} 59 416 799 Bo Syh = Compl ↓; *καθα ενετειλατο* (*-λατω* 30) A *oI*-29 $C'^{(-528)}$-46-417 118′-537 30′-85′^{txt}-321′^{txt}-343′ 121 55 319 624 | *ὅσα*] *α* Compl | *συνέταξεν*] *ενετειλατο* V 72 246 318; *ελαλησεν* 509 | om *κύριος* 529 | *μωυσει* 46 56$^{(mg)}$ 343 18-68′-120′; *μωση* G-58 54′-767; *μωσει* 72-426$^{(mg)}$ | *οὕτως* 1°] pr *και* 72; pr *ουτως εποιησαν* 246; pr *και εποιησαν* 64*; *ουτω* A 376 246 54-75′ 18′-68′-126-669 646 = Sixt; inc 628 | *παρενέβαλον*] *-λλον* (*παρενεμβ.* 53) F 82-707 616 53-56-129 767 76-84 18-628 ^{Lat}cod 100 Arm Co Syh; *παρεβ.* 15*; + *οι υιοι* $\overline{\iota\eta\lambda}$ 72 | *κατὰ τάγμα αὐτῶν*] om *κατά* 16-46 458; > 72 | *τάγμα*] (+ *τα* 16-46 246 458 85′-321′-344 509) *ταγματα* F V G-58-64-82-381-618^{c}-707 $C''^{-52'\ 313}$ 108-118-537 44 f^{-129} 458 *s* 74-76-84 509 y^{-121} 126 416 ^{Lat}cod 100 Arm Bo Sa^{4} Syh = 𝔐 | *αὐτῶν* 1°] ⌒2° 53′ | *οὕτως* 2°] + *etiam* Bo | *ἐξῆρον*] *-ραν* 72 118^{mg} 107′ 56′-129 343 = Compl; *-ρεν* 29 458; *ανεζευγνυσαν* (*αναζ.* M′ 130-321′; *-γνοισαν* b^{-118mg}) M′^{mg} V b^{-118mg} 85′^{mg}-321′^{mg}-344^{mg}; *promovebunt* ^{Lat}cod 100; > 126^{txt} | *ἕκαστος*] *-στις* 72; bis scr 458(|); post *ἐχόμενοι* tr 426 | *ἐχόμενοι*] sub ÷ G Syh; > ^{Lat}cod 100 Aeth Arm(vid) = 𝔐 | *κατά* 2° — fin] *κατα συγγενειαν* (*-νειας* 130) *αυτων κατ οικον πατρικον αυτου* (*αυτων* 85) 85′^{mg}-321′^{mg}-344^{mg} | *κατὰ δήμους*] *μετα δημους* 799 Arm; *per cognationem* ^{Lat}cod 100 | *αὐτῶν* 2°] ⌒3° 318 | *κατ' οἴκους*] pr *et* Aeth Sa^{4}; om *οἴκους* Sa^{12}

3 1 *καὶ αὗται*] *αυται δε* 44; om *καί* 126 | *αὗται αἱ γενέσεις*] *haec est progenies* ^{Lat}cod 100 Aeth; + *τεσσαρες* $C''^{-414'}$ 319; + *αυτω* 458 | *γεννεσεις* 619 | *Ἀαρὼν καὶ Μωυσῆ*] *μωση και ααρων* 458 Aeth; om *καὶ Μωυσῆ* Arm^{te} | *Μωυσῆ*] *μωυσην* 84*; *μωυσει* 343 68′-120′; *μωση* G-58-426 n^{-458}; *μωσει* 72 | om *ἐν* 1° — fin *b* | *ᾗ ἡμέρᾳ*] *η αν ημερα* (*ημερ* 72) 72 107′-125; om *ᾗ* F*(cprm) V* 52; tr *f* 30 x^{-509} 126 55 = Compl | *ἐλάλησεν*] *ελαβε* 53′ | *κύριος*] $\overline{\kappa\omega}$ F*(cprm) | om *τῷ* G | *Μωυσῇ*] *μωυσει* 46 343 18-68′-120′; *μωση* G-58 *n*; *μωσει* 72-426 |

---

34 *πάντα ὅσα συνέταξεν*] *ο′ οἱ λ′ κατὰ πάντα ὅσα συνέταξεν* 344

Ἀαρών· πρωτότοκος Ναδὰβ καὶ Ἀβιούδ, Ἐλεαζὰρ καὶ Ἰθαμάρ· ^{3}ταῦτα 3
τὰ ὀνόματα τῶν υἱῶν Ἀαρών, οἱ ἱερεῖς οἱ ἠλειμμένοι, οὓς ἐτελείωσαν
τὰς χεῖρας αὐτῶν ἱερατεύειν. ^{4}καὶ ἐτελεύτησεν Ναδὰβ καὶ Ἀβιοὺδ 4
ἔναντι κυρίου, προσφερόντων αὐτῶν πῦρ ἀλλότριον ἔναντι κυρίου ἐν
τῇ ἐρήμῳ Σινά, καὶ παιδία οὐκ ἦν αὐτοῖς· καὶ ἱεράτευσεν Ἐλεαζὰρ καὶ
Ἰθαμὰρ μετὰ Ἀαρὼν τοῦ πατρὸς αὐτῶν.
^{5}Καὶ ἐλάλησεν κύριος πρὸς Μωυσῆν λέγων ^{6}Λάβε τὴν φυλὴν Λευί, 5 6

ABFMV *O*'' *C*'' *bdfnstx*$^{-527}$*yz* al verss

ἐν 2° — (2) *ταυτα*] sup ras 68 | *ὄρει*] pr *τω* A 72 *d* 246 *n t* 121 | *Σινά*] *σεινα* B* G; *σιναι* 58-426 n^{-767} = 𝔐; *σιεν* 619*(vid)

2 om *καί* 1° 134(|) Sa^{12} | om *ταῦτα* 509 | *τά* F^{c}] bis scr F | *Ἀαρών*] *αρων* 75; + *sacerdotis* Arm^{te}; + *οι ιερεις οι ειλημμενοι ω ετελειωσαν τας χειρας αυτων* 618*: ex 3; ⌒(3) 59 | *πρωτότοκος*] pr *ο* 53′ = 𝔐; *-κον* 767; + *ααρων* V 58-426 | *Ναδάβ*] pr *ο* 16-77-616; *ο νοδαβ* 46; *αδαβ* 44-106*-107*(cprm)-125 767 30 74′-370; *ναδαμ* 130; *ναδαν* 54*; *nabad* Arm; *ναβαβ* V*(cprm); *δαβ* 528 | om *καί* 2° 125 | *Ἀβιούδ*] *αβιαδ* 72; *αβιουβ* 767; *αβιου* G-426 = Compl 𝔐 | *Ἐλεαζάρ* B *O*$^{-58}$ 106-125 76 *x* 126 799 Syh] *eliazar* Arm; *και ελιεζερ* 414′; *et eleazer* Bo; *και ελεζαρ* 500*; pr *και* rell | *καὶ Ἰθαμάρ*] *και ηθαμαρ* 313 30; *και ειθαμαρ* 127; *κιθαμαρ* 767; om *καί* 106

3 comma] pr *και* 707 106-107′ 56′-129 *t* 799 Aeth Arm Bo = Compl Tar^{P}; om *ταυτα* — *Ἀαρών* 44 53′ 126; om *ταυτα* — *οἱ* 1° 125; > *b* | *οἱ* 1° — *ἠλειμμένοι*] *sacerdotum unctorum* Aeth Arm | *οἱ ἱερεῖς*] pr *οι* 767; *και ιερεις* 44; *sacerdotis* ^{Lat}cod 100 Bo^{B} Sa | *οἱ* 2°] pr *και* A 121; + *ησαν* 509 | *ἠλειμμένοι*] *ειλημμ.* 82*(vid)-381 528-551 53 730 619; *ειλειμμ.* 82^{c} 624; *ηλεημμ.* 55; *ηλειγμενοι* 646; *κλειμμ.* 130; *κλημμ.* 58 | *οὕς*] pr *et* Aeth | *ἐτελείωσαν*] *-σε(ν)* *O*$^{-58}$-29 *C*'' 767 30′ 319 646 Bo Syh = 𝔐 Sam Tar^{O}; *συνετελ.* 707*(vid) 509 | *χεῖρας*] *χιλιαδας* 616*(cprm) | om *αὐτῶν* A 68′-120 ^{Lat}cod 100 (sed hab Ald) | *ἱερατεύειν*] pr *του* A M′ *oI*-29 121 *z* 55 646

4 *ἐτελεύτησεν*] *-σαν* 29-72 *C*''$^{-73'}$ *d* 246 n^{-458} $s^{-343\ 344c\,prm}$ *t* 71′ 318 319 799 ^{Lat}cod 100 Aeth = Ald; *ετελευ*^{τ} 56 | *Ναδάβ*] *ναδαμ* 509; *ναδιβ* 767*(vid); *nabad* Arm; *ναδακ* 130; *αδαβ* 72 610 53 75 619 126 59* Bo Sa^{12} | *καὶ Ἀβιούδ*] *και βιουδ* 458; *και αβιουβ* 767 392; *και αβιου* 426 = Compl 𝔐; > 68′-120 (sed hab Ald) | *ἔναντι κυρίου* 1°] > 392 = Sam Tar^{P}; ⌒2° 15-64^{txt} 318 | *προσφερόντων αὐτῶν*] *εν τω προσφερειν αυτους* 53′ | *ἔναντι κυρίου* 2°] > 72 52′-413 *b* 53′ (sed hab Compl); post *Σινά* tr 376 55 | *ἐν τῇ ἐρήμῳ*] *in monte* Bo; om *τῇ* 126 | *Σινά*] *σεινα* B* G; *σηνα* 376*; *σιναι* 58-426 n^{-767} = 𝔐 | *παιδία*] *-δεια* 131*(vid); *-διον* 72 | *αὐτοῖς*] pr *εν* 628; *αυτους* 246*(cprm) | *καὶ ἱεράτευσεν*] *ιερατευσε δε* 72 | *ἱεράτευσεν*] *ιδου ιερατευσαν* (*-τεσαν* 30) F 82 *C*'' 30′-85′-321′-344*(cprm) 318 319; *-σαν* M′ *oI*-707 *d f n t* y^{-318} z^{-628} 624 799 ^{Lat}cod 100 Aeth Arm = Compl | *ελιαζαρ* 130 Arm | *ηθαμαρ* 246* 767 509; *θαμαρ* 664*(vid) 75 | *μετά*] *μετ* B* 376 313-615 108-118 54*-75′ 130* 120-126 646 = Ra | om *Ἀαρών* A* | *αὐτῶν* 2°] *αυτου* 29

5 *ἐλάλησεν*] *ειπε* 125 Tht *Nm* 192 | *μωυση* 19 106-610 319^{c}; *μωσην* G-426 n^{-458} 76 Tht *Nm* 192^{ap}; *μωσιν* 458; *μωση* 58; *μωσει* 72 | om *λέγων* 125 Tht *Nm* 192

6 *τὴν φυλήν*] *τους υιους* 76; *castra* Syh^{L} | *Λευί*] pr *του* 29-426 52′ 767 126 Tht *Nm* 192te; pr *την* A F M′ 58-82-707-*oI* *C*''$^{-52'\ 417}$ *s* y^{-392} $z^{-126\ 669}$ 55 59 424 624 646 799; *λευει* B* V G 127-767 68′-120′ Sa^{4}; *λευιν* 130-321′; +

καὶ στήσεις αὐτοὺς ἐναντίον Ἀαρὼν τοῦ ἱερέως, καὶ λειτουργήσουσιν
7 *αὐτῷ,* ^{7}*καὶ φυλάξουσιν τὰς φυλακὰς αὐτοῦ καὶ τὰς φυλακὰς τῶν*
υἱῶν Ἰσραὴλ ἔναντι τῆς σκηνῆς τοῦ μαρτυρίου ἐργάζεσθαι τὰ ἔργα
8 *τῆς σκηνῆς,* ^{8}*καὶ φυλάξουσιν πάντα τὰ σκεύη τῆς σκηνῆς τοῦ μαρτυ-*
ρίου καὶ τὰς φυλακὰς τῶν υἱῶν Ἰσραὴλ κατὰ πάντα τὰ ἔργα τῆς
9 *σκηνῆς.* ^{9}*καὶ δώσεις τοὺς Λευίτας Ἀαρὼν καὶ τοῖς υἱοῖς αὐτοῦ τοῖς*
ἱερεῦσιν· δόμα δεδομένοι οὗτοί μοί εἰσιν ἀπὸ τῶν υἱῶν Ἰσραήλ.

ABFMV *O''* *C''* *bdfnst*x^{-527}*yz* al verss

ras ca 23 litt 376; + *de medio filiorum israhel* Ambrst *Quaest* CI 2 | *στήσεις*] -*σης* 56′ 458; -*σον* 767; *statue* ^{Lat}cod 100 Aeth Bo | *αὐτούς*] *αυτην* 550* 53′ 30′ 319 624 Tht *Nm* 192^{ap} = 𝔐 | *ἐναντίον* F^{a}] pr *coram domino et* Sa^{12}; *εναντι* F 53′-246 121* | om *τοῦ ἱερέως* Sa^{12} | *λειτουργησωσιν* 422 127 Tht *Nm* 192^{ap} ^{Lat}cod 100 | *αὐτῷ*] *αυτων* 72* Tht *Nm* 192^{ap}

7 *φυλαξωσι* *b* ^{Lat}cod 100 (sed hab Aug *Num* 4 Compl) | *φυλακάς* 1°] ⌒2° 129*(cprm) 54 Tht *Nm* 192^{ap} | *αὐτοῦ* F] *αυτων* 29-72-376 19 53 130* 134* 319 416*(vid); *αυτοι* F^{b}; et *τῶν υἱῶν Ἰσραήλ* tr 381′ | *καὶ τὰς φυλακάς*] om *τάς* 59; om *τὰς φυλακάς* F 106; > 730 | *τῶν υἱῶν Ἰσραήλ*] pr *παντων* G-426 18′-126-628-669 646 Syh ↓; *παντων υιων* $\overline{ιηλ}$ 376; + *απαντων* 767; + *κατα παντα τα εργα της σκηνης αυτου και φυλαξουσιν την ιερατειαν αυτων* 509; ⌒(8) 413^{txt} 84^{txt}(cprm) | *ἔναντι* — *ἐργάζεσθαι*] *κατα παντα* 53′ | *εναντιον* 646 Tht *Nm* 192 | *ἐργάζεσθαι* — (8) *μαρτυρίου*] > 313^{txt}: homoiot; bis scr 392 | om *ἐργάζεσθαι* — fin 618^{txt} Sa^{12} | *τά*] pr *παντα* 121; *αυτω* 799; > 72 | *ἔργα*] *ερια* 376 | *σκηνῆς* 2°] *γης* 343*; + *του μαρτυριου* V 246 799; ⌒(8) 2° 426 x^{-509}

8 *καί* 1° — *σκηνῆς* 1°] > M′ 707^{txt}: homoiot; ad fin tr 664 | *καὶ φυλάξουσιν*] *et custodiant* ^{Lat}cod 100; *και* (> Bo) *φυλασσειν* (aut -*ττειν*) Tht *Nm* 192^{ap} Bo | *πάντα τὰ σκεύη*] *omnes custodias* Bo^{Bc}; *παντα τα εργα* 68′-120′ (sed hab Ald); om *πάντα* Aeth Sa^{12} | *τῆς σκηνῆς* 1°] *et tabernaculum* $Aeth^{M}$ | *τοῦ* — *πάντα* 2°] *και δωσεις αυτω εργαζεσθαι* 53′; om *τοῦ* 19; om *τοῦ μαρτυρίου* 46^{s}(||) | *καί* 2° — fin] om *τῶν* — fin 125; om *κατά* — fin 44 126; om *πάντα* 29 624 Arab = 𝔐; > 72 | *φυλακάς*] *φυλας* 121* 624* 799 | *κατά*] *και* 376 528-739* 106-107′ n^{-767} *t* Tht *Nm* 192 Arab Arm | fin] + *του μαρτυριου* 75 59

9 *δωσει* 500 56*-129 730 509 | *τοις λευιταις* 29; *τους λευειτας* B* V G 127; *τους λεβειτας* 767 | *Ἀαρών* B V O^{-58} 46^{s} *x* 121 Arab Sa Syh] pr *fratri tuo* ^{Lat}cod 100; *τω αδελφω σου* 246; + *τω αδελφω σου* Tht *Nm* 192 rell | *καί* 2° — *αὐτοῦ*] om *καί* 125(|) $Aeth^{M}$; post *ἱερεῦσιν* tr 72 | *τοῖς υἱοῖς*] *τους υιους* (*υιοις* 120) 15-426* x^{-509} 120 59 Tht *Nm* 192^{ap} | *τοῖς ἱερεῦσιν*] pr *και* 72 z^{-628} 646 (sed hab Ald); *τοις ιερατευουσι* 318; *του ιερατευειν* 121; *τοις λευιταις* 413; sub ÷ G Syh; > 426 = 𝔐 | *δόμα*] *dona* Syh^{Lap}; *δογμα* 376 106 319; post *δεδομένοι* tr B* Cyr I 845 | *δεδομένοι* Tht *Nm* 192^{ap}] *δεδομενον* (*δεδωμ.* 64*) V 64-381^{c}-618 *C''* 53′ 30′-85 509 319 Tht *Nm* 192te; *διδομενον* Tht *Nm* 192^{ap} |

---

3 7 *καί* 2° — *υἱῶν* (*Ἰσραήλ* — fin)] α′ *καὶ τὴν φυλακὴν πάσης τῆς συναγωγῆς εἰς πρόσωπον σκέπης συνταγῆς τοῦ δουλεύειν τὴν δουλείαν τῆς σκηνῆς* σ′ *καὶ τὴν φυλακὴν πάσης τῆς συναγωγῆς κατὰ πρόσωπον τῆς σκηνῆς τῆς συνταγῆς* (*συναγωγης* 85) *λατρεύειν τὴν λατρείαν τῆς σκηνῆς* θ′ (nom absc 130) *καὶ τὴν φυλακὴν πάσης τῆς συναγωγῆς κατὰ πρόσωπον τῆς σκηνῆς τοῦ* (> 130) *μαρτυρίου τοῦ* (> 85) *δουλεύειν τὴν δουλείαν τῆς σκηνῆς* 85′-344; ο′ *καὶ τὰς φυλακὰς πάντων τῶν υἱῶν* 344

8 *καὶ φυλάξουσιν*] α′ σ′ θ′ *καὶ φυλάξουσι* 344

10καὶ Ἀαρὼν καὶ τοὺς υἱοὺς αὐτοῦ καταστήσεις ἐπὶ τῆς σκηνῆς τοῦ 10
μαρτυρίου, καὶ φυλάξουσιν τὴν ἱερατείαν αὐτῶν καὶ πάντα τὰ κατὰ
τὸν βωμὸν καὶ τὰ ἔσω τοῦ καταπετάσματος· καὶ ὁ ἀλλογενὴς ὁ ἁπτό-
μενος ἀποθανεῖται.
11Καὶ ἐλάλησεν κύριος πρὸς Μωυσῆν λέγων 12Καὶ ἐγὼ ἰδοὺ εἴληφα 11 12
τοὺς Λευίτας ἐκ μέσου τῶν υἱῶν Ἰσραὴλ ἀντὶ παντὸς πρωτοτόκου
διανοίγοντος μήτραν παρὰ τῶν υἱῶν Ἰσραήλ· λύτρα αὐτῶν ἔσονται,
καὶ ἔσονται ἐμοὶ οἱ Λευῖται. 13ἐμοὶ γὰρ πᾶν πρωτότοκον· ἐν ᾗ 13

ABFMV *O''* *C''*(57-) *bdfns*(28-)*tx*$^{-527}$*yz* al verss

οὗτοί — υἱῶν] *mihi filii* Sa^{4} | οὗτοί μοί / εἰσιν] εισιν ουτοι Tht *Nm* 192te Arm; αυτοι (aut αυτη) Tht *Nm* 192^{ap}; μοί sub ÷ G Syh; om μοί 550*(c pr m) 107* 68; om εἰσιν 54-75′ 319 = 𝔐; om μοί εἰσιν 127; tr *O*$^{-58}$ | οὗτοί] αυτοι V = 𝔐; post μοί tr *z*$^{-68}$ Aeth Sa^{1} (sed hab Ald); post εἰσιν tr 29 509 ^{Lat}cod 100 Bo | μοί] μου 15 *b* *x*$^{-509}$ 318 (sed hab Compl); μη 59^{txt}; μονοι A | ἀπό] pr και 318; εκ 29; > Arm^{ap}

10 om καὶ Ἀαρών Arab | om καί 2° 528* | τοις υιοις 376 *C''*$^{-46^c\ 77\ 414'\ 417\ 528^c\ 761}$ 107′-125 53′ 30-343 *x*$^{-509}$ 628 | καταστήσεις] -σης 246* 392; -σει 509; κατασκηνωσεις 624; + αυτους 75′ | ἐπί — μαρτυρίου] sub ÷ G Syh; > Arab = 𝔐 | την σκηνην *x*$^{-509}$ 126 | φυλάξουσιν] *custodiant* ^{Lat}cod 100 | τὴν ἱερατείαν] *custodiam* Arm^{te} | om αὐτῶν Bo^{A} | καί 4° — καταπετάσματος] sub ÷ G Syh; > Arab = Compl 𝔐 | τά 1° — βωμόν] *quae circa aron sunt* ^{Lat}cod 100; om τὰ κατά 77 799; om τά 15-72 53′ 126 | κατὰ τὸν βωμόν] κατα το θυσιαστηριον 54-75-458^{mg} 624; κατα του θυσιαστηριου 131^{mg}; του (> 68) θυσιαστηριου F V 72-82-707^{txt} *b* 767 392 *z* 59 646 Aeth Arm Bo Sa^{4}; om τόν 15; + και (> 58) του θυσιαστηριου 58 125; + και παντα τα του θυσιαστηριου 707^{mg} *d*$^{-125}$ *t* 799 | καί 5°] pr ο αλλοτριος ος εαν προσελθη αποθανετω 54 ↓ | om τά 2° B 72-376 *x* Cyr I 845 Bo = Ra | ἔσω] + τα 537 | καί 6° — fin] *alius autem quicumque accesserit moriatur* ^{Lat}cod 100 ↓; om καί 75′; om ὁ 1° 16-46 246; > 72 54 Tht *Nm* 192^{ap} | αλλογεννης 77 610 | ἀποθανεῖται] -νετω V; αποθα^{ντ} 126; αποθ^{ν} 458

11 μωυση 19; μωσην 426 *n*; μωση 58; μωσει 72

12 καὶ ἐγώ] καγω Phil I 250; om καί 414′-417 126 Aeth Bo^{A}; om ἐγώ 53′; > 121 Bo^{B} | ιδου εγω 72-82*(c pr m)-376-381′ 417-551 44 424 799 ^{Lat}Ruf *Num* 3 Aeth Bo^{A} Sa^{4te} = Ald Sixt | ηλιφα A 509 | Λευίτας] λευειτας B* V G 127-767; λεβιτας 610 | ἐκ — Ἰσραήλ 1°] om τῶν Phil I 250; > Phil III 29 | μέσου] pr του 76; μεσω V 82 | Ἰσραήλ 1°] ⌒2° 131^{txt} 44 30′ Phil I 250^{ap} | ἀντί] εναντιον 551 | πρωτοτόκου] pr του 72 | μητρας Phil III 29^{Pap} | παρὰ τῶν υἱῶν] *filiis* ^{Lat}cod 100 Ambr *Off min* I 249 | παρά] περι Phil III 29^{ap}; απο 53′ 55 ^{Lat}Ambr *Cain* II 7 *Ep* XXXIII 4 Ruf *Num* 3 Arm | λύτρα αὐτῶν ἔσονται = Sam] sub ÷ G Syh; > Ambr *Cain* II 7 = 𝔐 Tar | αὐτῶν] αυτω 46* 53′ 509 Phil I 250^{ap} | ἔσονται 1°] *erint isti* ^{Lat}cod 100; ⌒2° 72 52′-313-414′ 59 319 Aeth | om καί 2° — fin V Arab | ἔσονται 2°] *erint* ^{Lat}cod 100; > *f*$^{-246}$ | ἐμοί] pr εν 68′-120 (sed hab Ald); μοι *O*$^{-58}$ 73* 458 Phil I 250^{UF}; > 618*(c pr m) | om οἱ 15* 314 44 | Λευῖται] λευειται B* G 127; λεβιται 619; λεβειται 767

13 πᾶν 1°] pr *sanctificavi* Aeth^{-C}; pr *occidi* Aeth^{C}; > 58-72-376-618*(c pr m)

10 καί 6° — fin] σ′ α′ ὁ δὲ ἀλλότριος ὃς ἐὰν (αν 130-321′) προσέλθη ἀποθανέτω (-το 130) 85′(s nom)-321′(s nom)-344 | ὁ ἀλλογενής] ὁ (> M) ἀλλότριος M′

ᾗ ἡμέρᾳ ἐπάταξα πᾶν πρωτότοκον ἐν γῇ Αἰγύπτου, ἡγίασα ἐμοὶ πᾶν
πρωτότοκον ἐν Ἰσραὴλ ἀπὸ ἀνθρώπου ἕως κτήνους· ἐμοὶ ἔσονται, ἐγὼ
κύριος.
14 [14]Καὶ ἐλάλησεν κύριος πρὸς Μωυσῆν ἐν τῇ ἐρήμῳ Σινὰ λέγων
15 [15]Ἐπίσκεψαι τοὺς υἱοὺς Λευὶ κατ' οἴκους πατριῶν αὐτῶν, κατὰ δή-
μους αὐτῶν, κατὰ συγγενείας αὐτῶν· πᾶν ἀρσενικὸν ἀπὸ μηνιαίου
16 καὶ ἐπάνω ἐπισκέψῃ αὐτούς. [16]καὶ ἐπεσκέψατο αὐτοὺς Μωυσῆς καὶ
17 Ἀαρὼν διὰ φωνῆς κυρίου, ὃν τρόπον συνέταξεν αὐτοῖς κύριος. [17]καὶ

ABFMV *O'' C'' bdfnstx*$^{-527}$*yz* al verss

392 59 | *πρωτότοκον* 1°] ⌒2° G-376 16-46-77-500′-529′ 53′ 318 68 Aeth Sa^{12}; ⌒3° 131 106 Phil I 250^{UF} | *ᾗ ἡμέρᾳ*] *η αν ημερα x*$^{-509}$; om *ᾗ* 52 55*(cprm); tr 509 Phil I 250^{ap} | *επαταξε* 458 | *πᾶν* 2° — *ἐμοί* 2°] bis scr 761 | *πᾶν πρωτότοκον* 2°] *των πρωτοτοκων* 319; *τον πρωτ. b*$^{-537}$ (sed hab Compl); > 85^{txt}; ⌒3° 509 | *ἐν γῇ Αἰγύπτου*] *aegyptiorum* Sa^{4te}; om *ἐν γῇ* ^{Lat}Ambr *Cain* II 7 Arab | *γῇ*] pr *τη* Compl | *Αἰγύπτου*] *-πτω* 29-72-376-*oI* 413-414′-417-528-552 *b d*$^{(-106)}$ 664 130*(cprm)-343 *t y*$^{-392}$ 126 55 Phil I 250 255 (sed hab Compl); *αιγυ*^{πτ} 82; > 761*(2°) | om *ἡγίασα ἐμοί* Aeth | *ἡγίασα*] *-σας* A 376 121; *sanctifica* ^{Lat}cod 100; > 761*(1°) | *ἐμοί* 2°] *μοι b* (sed hab Compl) | *ἐν Ἰσραήλ*] om *ἐν* G Phil I 250^{ap} 255^{ap} ^{Lat}cod 100 Ambr *Cain* II 7 Ruf *Num* III 2 Arm; > Ambr *Ep* XXXIII 4 | *Ἰσραήλ*] pr *filiis* Sa^{4}; pr *τω* 53′; +*εν ημερα η επαταξα παν πρωτοτοκον εν γη αιγυπτω* 131^{mg} | *ἔσονται*] *erit* ^{Lat}cod 100 Ruf *Num* III 2 Aeth | *ἐγώ*] pr *quia* Aeth Arm

14 om *κύριος* 417 | *πρὸς Μωυσῆν*] *τω μωυση* 84; > 618 | *μωυση* 313; *μωσην* 426 *n* Cyr I 848; *μωση* 58; *μωσει* 72 | *ἐν* — *Σινά*] pr *εν τη* 552*; > Sa^{12} | *τῇ ἐρήμῳ*] *monte* Bo | *Σινά*] pr *τη b* 55 (sed hab Compl); *σιναι* 426 *n*$^{-767}$ = 𝔐; *σεινα* B* G; > 550*(cprm) | om *λέγων* 376

15 *ἐπίσκεψαι*] *-ψετε* A* 121; *-ψατε* 799; *αριθμησον* M^{mg} *b* 54 130^{mg}-321′^{mg}-344^{mg} 416 ^{Lat}cod 100 Hi *Eph* III 3 Sa^{4} Syh^{mg} | *Λευί*] *λευει* B* V G 127 68′-120′ Sa^{4}; *λεβι* 610; *ιηλ* 767; *ααρων* A*(vid) | *κατά* 1°] pr *και* 82 Aeth^{-GH}; ⌒2° 128 Aeth^{GH} = Compl | om *αὐτῶν* 2° 106 | *κατὰ συγγενείας αὐτῶν*] pr *και* 82 Aeth^{-C}; sub ÷ G Syh; > B *x* 55 Aeth^{C} Arab Sa = 𝔐 | *κατά* 2°] *και* 106 126; *κατ οικους* 68′ (sed hab Ald) | *παντα* 58 | *μηνιαίου*] *μηναιου* 313-529* 59; ⌒(22) 707^{txt} | *ἐπισκέψῃ* — (16) *καί* 1°] bis scr 376; om *αὐτούς* Arm; om *ἐπισκέψῃ αὐτούς* Arab; > 54 | *ἐπισκέψῃ* F 82 392 *z* 646 Sa^{4}] *-ψαι* (*-ψε* 318) 72 130^{mg}-321′^{mg} 318 59 Cyr I 848; *-ψας* 84*(cprm); *-ψει* 799; *αριθμησον* (*-μισον* 739) *oI*-707$^{(mg)}$(vid) *C''* 28-30′-85-130^{txt}-321′^{txt}-343′ 55 319 624 Aeth; *αριθμησονται* A *b*; *αριθμησεις* 29 ^{Lat}cod 100; *καταριθμησονται* 121; *recensebitis* Bo; *-ψασθε* (c var) rell = Ra Compl ↓

16 init — *αὐτούς*] om *καί* 669*; > 53 ^{Lat}cod 100: homoiot | *ἐπεσκέψατο* (*επισκ.* 246 54-458 321′ 126) F V 72-82 44-610 *f*$^{(-53)}$ *n*$^{-767}$ 130^{mg}-321′^{mg} *y*$^{-121}$ *z*$^{-669}$ 59 646 799 = Compl] *ηριθμησεν* A *oI*-29-707$^{(mg)}$(vid) *C'' b* 28-30′-85-130^{txt}-321′^{txt}-343′ 121 55 319 624 Sa^{4}; + *αυτο* 669; *-ψαντο* (*-τω* 376) rell = Ra ↓: contra 𝔐 | om *αὐτούς* 68^{txt} | *μωσης O*$^{-376}$-72 *n* Cyr I 848 | *καὶ Ἀαρών*] sub ÷ G Syh; > 417 Arab = 𝔐 | *διά* — fin] pr *και* 552; *κατα*

---

15 *ἐπισκέψῃ*] *ο' οἱ λ' ἐπισκέψασθε* (*-ψαι**) 344
16 *ἐπεσκέψατο*] *ο' ἐπεσκέψαντο* 344

ἦσαν οὗτοι οἱ υἱοὶ Λευὶ ἐξ ὀνομάτων αὐτῶν· Γεδσών, Καὰθ καὶ
Μεραρί. [18]*καὶ ταῦτα τὰ ὀνόματα τῶν υἱῶν Γεδσὼν κατὰ δήμους* 18
αὐτῶν· Λοβενὶ καὶ Σεμεΐ. [19]*καὶ υἱοὶ Καὰθ κατὰ δήμους αὐτῶν·* 19
Ἀμρὰμ καὶ Ἰσαάρ, Χεβρὼν καὶ Ὀζιήλ. [20]*καὶ υἱοὶ Μεραρὶ κατὰ* 20

ABFMV *O'' C'' bdfnstx*$^{-527}$*yz* al verss

το ρημα κ̅υ̅ καθα ενετειλατο κ̅ς̅ τω μωυση (*-σει* 130) 85'^{mg}-321'^{mg}-344^{mg} ^{Lat}cod 100 | *διὰ φωνῆς κυρίου*] *κατα το ρημα κ̅υ̅* M'^{mg} 54; om *κυρίου* 53; + *κατα το ρημα καθα συνε{σ}τειλατο κ̅ς̅ τω μωση* 458 | *ὃν τρόπον συνέταξεν*] *καθα ενετειλατο* 29 54 | *ὃν τρόπον*] *ον τροπω* 767; *καθα* A *oI b* 121 55 624 (sed hab Compl) | *αὐτοῖς κύριος*] *αυτους* (*-τοις o* 646; + *o* 619) *κυριος* 19 84 619 646; *κ̅ς̅ τω μωση* 54-75; tr *f*$^{-129}$ 416 = Compl; sub ÷ G Syh: cf 𝔐 Tar; om *αὐτοῖς* 82; om *κύριος* Arab = Sam

17 *ἦσαν οὗτοι*] *hi sunt* ^{Lat}cod 100 Arm Co; tr *n* | *οὗτοι*] > *b f*$^{-246}$ Aeth; post *Λευί* tr 381' | om *οἱ* A M' G-64-426 *C*$^{-16}$-528 44-125 246 130-321' *x*$^{-509}$ *z*$^{-18\ 126}$ 55 624 799 | *υἱοὶ Λευί*] *υιοι λευει* B* G 127-767 68'-120' Sa^{4}; *λευιται* 29; + *εναντιον* 72 | *ἐξ*] *secundum* Bo Sa^{4} | *ονοματος C''* 53' 319 | om *αὐτῶν* 44 | *Γεδσών*] pr *των υιων* 669; *γελσων* 129; *γεδεων* V*(vid) 72-82-618 422 44-610 53' 85*-130-346*(vid) 74-76-84-370*(vid) 619 59 Bo^{Bc}; *γεθσων* 343 509 319 799 Arm; *γε[.]σων* 56*; *γεσων* 616*; *γεδισων* 528 537 321*(vid); *gesson* ^{Lat}cod 100; *γερσων* Compl; *γηρσων O*$^{-58}$ ^{Lat}Ruf *Num* IV 1 Syh ↓; post *Καάθ* tr 128; ⌒(18) 314 | *Καάθ*] pr *et* Aeth = 𝔐 Tar; *καιαθ* 458 318; *gaath* ^{Lat}cod 100 Bo Sa^{4} | om *καί* 2° 376 126 Bo | *Μεραρί*] *μεραρει* B M V *O*$^{-376}$ *f*$^{-53*}$ 127-767 509 18 Sa^{12}; *μεραρη* 82 318 628*; *αμεραρι* 458; *μαρ.* 610; *μαραρει* 53*; *μαρι* 528; *μερανη* 72

18 om *καί* 1° Cyr I 848 | om *τά* 56 | *Γεδσών*] *γελσων* 68'-120'(sed hab Ald); *γεδεων* V*(vid) 72-82-618 108^{c} 44 53' 85*-130-346*(vid) 74-76-84 619 59; *γεθσων* 343 509 799 Arm; *γε[.]σων* 56*; *gesson* ^{Lat}cod 100; *γερσων* Compl; *γηρσων O*$^{-58}$ Syh ↓; *γεδισων* 528 537; *γεδεσων* 610; *γεων* 767; > 52'-313 | *αὐτῶν*] ⌒(19) B^{txt} 16-46 127^{txt} 509 628 ^{Lat}cod 100; ⌒(20) 1° 52' | *Λοβενί*] *-νει* B$^{(mg)}$ V G-426 458-767 68'-120' 59; *λωβ.* 15; *λουβ. x*$^{-509}$ Bo^{A}; *-βονι* 610; *λομενι* 18-126; *lobena* Sa^{12}; *-ννει* 54-127$^{(mg)}$; *-ννεει* 75 | om *καί* 2° 528 799 | *Σεμεΐ*] *σεμεει* B$^{(mg)}$ V *O*$^{-376}$-29 77-414'-422-761^{c} *n*$^{(-127txt)}$ 18'-126-669 646 Sa = Ald; *σεμεσει* 68'-120'; *σεμεειν* 799

19 om *καί* 1° 799 | *υἱοί*] pr *οι* F M' V *O*$^{-G}$-29-72-381' *cI*$^{-552}$-313-414'-417-422 *b*$^{-314}$ 107' 53' *n*$^{-75\ (127txt)}$ *s*$^{-321'}$ *t y*$^{-121}$ 18 319 | *Καάθ* — fin] *καηλ* 313 | om *Καὰθ κατὰ δήμους* 318 | *Καάθ*] *gaath* Co; *ακααθ* 458; *καθ* 74; > 392* | *αὐτῶν*] ⌒(20) 1° 53 | *Ἀμράμ* B G-29-426 664 799 Cyr I 848 Arm Bo = Compl] *αμβραν cI*$^{-413}$-414'-417-422 *b* 321 71-619$^{c\,pr\,m}$; *αβραν C*$^{-77}$-46 619*; *αμβρααμ* 68'*-120*(vid); *αβρααμ* 72 30-343* 59; *αβραμ* 77 *d* 458 130*-343^{c}-344-730 76 318 128-407 319 Sa; *γαμβραμ* V; *αμβραμ* rell = Ald | om *καί* 2° 106-125 126 799 | *Ἰσαάρ* F V 44-610 458-767* 30'-343-346* 76 126 55 59 ^{Lat}cod 100 Bo] *ισσαρ* 57^{c}-73^{c}-413-414'-417-422-528'-550'; *ισαρ* 73*-320 319; *sahar* Arm(vid); *ιεσααρ* 376; *ιεσσααρ* 246; *ισαχαρ* 46-529 18; *ισσαχαρ* 15 *C*$^{-529}$-57*

---

17 *Γεδσών*] *ο' οἱ λ' Γηρσών* 344; *τὸ Γεδσὼν ὄνομα Γηρσὼν εὑρέθη ἐν παντί* 58; *α' σ' θ' Γηρσών* ut semper Or IV 150

18 *Γεδσών*] *ο' οἱ λ' Γηρσών* 344

19 *Ἀμράμ*] *ο' οἱ λ' Ἀμράμ* 344

δήμους αὐτῶν· Μοολὶ καὶ Μουσί. οὗτοί εἰσιν δῆμοι τῶν Λευιτῶν κατ᾽
οἴκους πατριῶν αὐτῶν.
21 [21]Τῷ Γεδσὼν δῆμος τοῦ Λοβενὶ καὶ δῆμος τοῦ Σεμεΐ· οὗτοι δῆμοι
22 τοῦ Γεδσών. [22]ἡ ἐπίσκεψις αὐτῶν κατὰ ἀριθμὸν παντὸς ἀρσενικοῦ
ἀπὸ μηνιαίου καὶ ἐπάνω, ἡ ἐπίσκεψις αὐτῶν ἑπτακισχίλιοι καὶ πεντα-

ABFMV *O''* *C''* *bdfnst*x^{-527}*yz* al verss

129* 392; *ιεσαχαρ* 56; *ιεσσαχαρ* 129^{c}-664; > x^{-509}; *ισσααρ* rell = Ra | *Χεβρών*] pr *και* 72 246 *n t* ^{Lat}cod 100 Aeth Arab = 𝔐^{mss} Tar^{P}; *και* (> 106-125) *χευρων d* | om *καί* 3° 125 799 | *Ὀζιήλ*] *οζειηλ* B 127; *οζηηλ* 320-616* 56*; *ουζιηλ* 799; *ozael* ^{Lat}cod 100

20 *υἱοί*] pr *ουτοι* A ^{Lat}cod 100; pr *οι* F V O^{-G}-29-72-381′ 16-46-414′-417-$cI^{-413\ 761}$ *b* 44-107 56-664^{c} n^{-767} 28-343′-730 *t* y^{-121} 18-628 319 799 | *Μεραρί*] *μεραρει* B M′ V O^{-376} 320 $f^{(-53)}$ 127-767 18^{c} 59 Sa^{12}; *μεραρη* 72; *μαρερει* 18*; *μαρερι* 28-85; *βεραρι* 458; *μεραρσι* 509 | *αὐτῶν* 1°] *αυτω* 624(|) | *Μοολί*] -*λει* B V G-82-426 *f* 54-75′ 509 68′-120′ 59 Sa^{12}; *μωολι* 15; *μωολη* 318; -*λλει* 127-767; *μολι d t*; *mothai* Sa^{4}; *oli* Bo; *moob* ^{Lat}cod 100; *μολι μοσθε* 799 | *Μουσί* 376^{c} 19′ Cyr I 849 = Sixt] -*σει* G-376*(vid)-426 53 Arm Syh; *μοουσι* 118′-537; *ωμουσι* 15; *ομουσει* B 56-129-664 n^{-54*} Sa^{12}; *οβουσει* 246; *ομουση* 54* 318 59; *ομουσιν* x^{-509} 68′-120′; *ομοσι* d^{-44} t^{-84} ^{Lat}cod 100; *ομοσιν* 44; *usi* Bo; *ομουσι* rell | *δῆμοι*] pr *οι* 318; *δημος* 319 | *Λευιτῶν*] *λευειτων* B* G 127; *λεβιτων* 610; *λεβειτων* 767; + *κατα ταξιν* 53′ | *κατ᾽*] pr *και* 52′-313

21 *τῷ*] *των* V 82 343 319; *του* 29-72 Aeth(vid); *gens* Sa^{4}; *plebes* ^{Lat}cod 100; > *x*; + *δε* 246 126 | *Γεδσών* 1°] *γεδεων* V* 72-82-618 108^{c1} 44 53′ 127 130-346*(vid) 74-76-84 x^{-509} 68-122^{c} 59 (sed hab Ald); *γεθσων* 343 Arm; *γεδισων* 528*(vid) 537; *γερσων* Compl; *γηρσων* G-426 767 Syh ↓; *γηρσωμ* 376^{txt}; *geson* ^{Lat}cod 100; ⌒2° 246 | *δῆμος τοῦ Λοβενί*] pr *et* Sa^{4}; > 376 | *δῆμος* 1°] *δημους* 30; ⌒2° 68 | *τοῦ* 1°] pr *ο* 509; *τω* 125 53′-56 | *Λοβενί*] -*νει* B V 426 53′ 767 509 120′-122 = Ald; -*νη* 318; *λωβ.* 15; *λομενι b* 18 (sed hab Compl); *λοβονει* G; -*ννει* 54′-75^{c}-458; -*ννη* 75*; *lobonbi* Sa^{12} | *καί* — *Σεμεΐ* F^{a}] > F 58-72 59 | *δῆμος* 2°] *δημοι* 610* | om *τοῦ* 2° 319 | *Σεμεΐ*] *σεμεει* B F$^{(a)}$ V G-426 77-414′-422-761^{c} n^{-458} 509 z^{-407} 646 799 Sa; *σεμεη* 458 318; *σεβει* 319; *σεμεσει* 407 | om *οὗτοι* — fin *b* | *δῆμοι*] pr *οι d t*; pr *εισι(ν)* O^{-58} Arm Syh = 𝔐; + *εισι του γηρσων ητοι* 58 | *τοῦ* 3°] *των* 29 551 619; *τω* 53′ *z* 646; *τ*[. . . 624 | *Γεδσών* 2°] *γεδεων* V*(vid) 72-82-618 44 53′ 74-76-84 x^{-509} 68′ 59 (sed hab Ald); *γεθσων* 343 Arm; *getson* ^{Lat}cod 100; *γεδισων* 528*(vid); *γεδεσων* 376^{mg}; *γερσων* Compl; *γηρσων* G-376^{txt}-426 767 Syh ↓

22 *ἡ ἐπίσκεψις αὐτῶν* 1°] pr *et* Aeth Arm; om *ἡ* 59(|) 624*; > ^{Lat}cod 100 Bo; ⌒2° 610 | *κατά*] *κατ* G-426 53′ 54-75′ 126 | *ἀριθμόν*] -*μων* (*αρηθ.* 767) 376 767 59*; -*μοι* 319; > 64^{txt}(cprm); + *αυτων* 767 Sa^{12} | om *παντός* — *ἐπίσκεψις* 2° 319 | *παντὸς ἀρσενικοῦ*] *παντος του αρσ.* 528; *παν αρσενικον b*

---

21 *Γεδσών* 1° 2°] *ο′ οἱ λ′ Γηρσών* 344

22 *καί* 1° — (23) *ὀπίσω*] *ο′ καὶ ἐπάνω* (om *καὶ ἐπ.* 85) *ἡ ἐπίσκεψις αὐτῶν ἑπτακισχίλιοι καὶ πεντακόσιοι καὶ* (absc 321) *οὗτοι οἱ δῆμοι Γηρσὼν* (absc 321; *γερσω* 130-346) *ὀπίσω* 85(s nom)-130-321′(s nom)-344; *α′ καὶ ἐπάνω ἐπεσκεμμένοι αὐτῶν ͵ζ καὶ φ̄ συγγένειαι τοῦ Γηρσοννεὶ ὀπίσω σ′ καὶ ἐπάνω οἱ ἐπεσκεμμένοι αὐτῶν ͵ζ καὶ φ̄ ὁ δῆμος ὁ Γηρσοννίτης ὀπίσω ϑ′ καὶ ἐπάνω αἱ ἐπισκέψεις αὐτῶν ͵ζ καὶ φ̄ συγγένειαι τοῦ Γηρσοννεὶ ὀπίσω* 344 | *ἡ ἐπίσκεψις* 2°] *ο′ οἱ λ′ ἡ ἐπίσκεψις* 344

κόσιοι. ^{23}καὶ οὗτοι υἱοὶ Γεδσὼν ὀπίσω τῆς σκηνῆς παρὰ θάλασσαν 23
παρεμβαλοῦσιν, ^{24}καὶ ὁ ἄρχων οἴκου πατριᾶς τοῦ δήμου τοῦ Γεδσὼν 24
Ἐλισὰφ υἱὸς Λαήλ. ^{25}καὶ ἡ φυλακὴ υἱῶν Γεδσὼν ἐν τῇ σκηνῇ τοῦ 25
μαρτυρίου· ἡ σκηνὴ καὶ τὸ κάλυμμα καὶ τὸ κατακάλυμμα τῆς θύρας

ABFMV O'' C'' $bdfnstx^{-527}yz$ al verss

^{Lat}cod 100 (sed hab Compl) | μηνιαίου] μηναιου 313 56′ 59; μικρου 646 | ἡ ἐπίσκεψις αὐτῶν 2°] ο αριθμος αυτων A *oI*-29-707 *C''* *b* 28-30′-85′^{txt}-321′^{txt}-343′ 121 18′-126-628-669 55 624 646 ^{Lat}cod 100 = Ald; om ἡ 509; > 72 799 Arab Sa | ἑπτακισχίλιοι] ζ 458; πεντακ. 121*; *LIII milia* ^{Lat}cod 100; + και τετρακοσιοι 318 | om καί 2° 72 *d* 84 126 | πεντακόσιοι] διακ. *b* (sed hab Compl); *quadringenti* Sa^{12}

23 καὶ οὗτοι B^{c} V O^{-G} *d f n t x* 799 Arm Bo] και και 320; sub ÷ G Syh; om καί Sa^{4}; > ^{Lat}cod 100 = 𝔐; om οὗτοι rell = Ra | υἱοί B* M 64*-82-707 77 314* 53*-56′-129 85′-321′-344 *x* z^{-18} 55 624 646 = Compl] pr οι δημοι 58 799; οι (> V 54-75′) δημοι V O^{-58} *d n t* Arm Sa Syh ↓; *plebs* ^{Lat}cod 100 ↓; οι 18; > B^{c} Bo; + ουτοι οι δημοι 318; pr οι rell | Γεδσών] γεδεων V* 72-82-618 16^{s} 44 53′ 74-76-84 x^{-509} 68′ 59 (sed hab Ald); γεθσων 343 509 Arm; *getson* ^{Lat}cod 100; γεδισων 528*(vid) 537; γεδεσων 56; γερσων Compl; γηρσων *O* 767 Syh ↓ | σκηνῆς] + του μαρτυριου F*(cprm) | παρὰ θάλασσαν / παρεμβαλοῦσιν (εμβαλλ. 767) B *b d n t x* 318 ^{Lat}cod 100 Arm] παρεμβαλλουσι παρα θαλ. 53′; tr M′^{txt} G 56′-129 624 Syh = Compl Sixt 𝔐; παρεμβαλουσιν (-λλουσιν 82 320 392) κατα θαλασσαν (-τταν 130) rell

24 om καί 767 | om οἴκου πατριᾶς Arab | οἴκου] pr του 58-72 *d* n^{-75} *t* 59 799; του δημου 75 | πατριᾶς] pr και 52; -ριων 417 *d n t* 799 ^{Lat}cod 100 Aeth^{CG} Arm Co | τοῦ δήμου] της δημου 610; *per plebes* ^{Lat}cod 100; του δημους 108; om τοῦ V n^{-127}; sub ÷ G Syh; > 707(vid) 56^{txt} 628 646 Sa^{12} = 𝔐 Sam; post Γεδσών tr O^{-58} Syh | τοῦ Γεδσών] *getson* ^{Lat}cod 100 | τοῦ 2°] των 551 18-126; inc 707; > oI^{-15} 52′-320-417-761 19′ *d n t* 55 (sed hab Compl) | Γεδσών] γεδεων V* 72-82-618 44 53′ 74-76-84 x^{-509} 68′ 59 (sed hab Ald); γεθσων 343 Arm; γεθσωθ 509; γεδισων 528*(vid) 537; γερσων Compl; γηρσων G-426 Syh: cf 𝔐; σηρσων 376; γηρσσων 767; ⌒(25) 414′ | Ἐλισάφ] ελεισαφ f^{-53} = Compl; *elesap* Sa^{12}; ελιασαφ 426; ελισαβ 15; -σαφα 458; -σαφαν 58 *b* 44′ *t* Arm; ελεισαφατ G*; -σαφαθ 509 | Λαήλ 426 Syh] αηλ 528*; δεηλ n^{-458} Arm; δαιηλ 58 458 318 59; δα[.]ηλ 71*; δαη 121; δανιηλ 72 53′; δαουηλ 376 *b*; αδαηλ 669^{c} 55 Sa^{4}; φαηλ 392; δαηλ rell = Compl ↓

25 om καί 1° 669* | ἡ 1°] > V O^{-58}-82 134 392 z^{-669*} 646 (sed hab Ald); ⌒2° 53′ | φυλακή] φυλη F 552 669*(vid) | υἱῶν] pr των *d n t*; του δημου του 121 | Γεδσών] γεδεων V* 72-82-618 44 76-84 68′ 59 (sed hab Ald); γεθσων 343 Arm; *getson* ^{Lat}cod 100; γεδσωθ 509; γεδισων 537; γερσων Compl; γηρσων O^{-58} 767* x^{-509} Syh = 𝔐; γηρσσων 767^{c}; > 552 | om τῇ 52′-313-414′ 319 | μαρτυρίου 1°] ⌒2° 618^{txt} 128-669 319^{txt}(cprm) | ἡ σκηνή] pr και 528-550′; η σκε[. . . 624; + (※ G Syh) και η σκεπη *O* 767 Syh = 𝔐 | καὶ τό 1°] om καί 426 = 𝔐 Tar^{O}; > 129^{txt}; ⌒2° F*(cprm) 29-72 b^{-19} 44-106^{c}-125 246 54-75′ 84 59 Bo = Compl | κάλυμμα] καταλυμμα (-λυμα 414-528 106) 52-414*-500*-528 106$^{(*)}$ 664* 130 370; κατακαλ. (-λλυμα 610) 58 $C''^{-52\ 57^{*}\ 414^{*}\ 500^{*}\ 528}$ 107′ 56-129 28-30′-85-321′-344* 74′-76 121 = Ald; καταπετασμα 127; + αυτης *O* 68′-120′ ^{Lat}cod 100 Syh = Ald 𝔐 | om καί 3° — θύρας 53′ | καὶ τὸ κατα-

24 Λαήλ] ο′ Δαήλ οἱ λ′ Λαήλ 344

26 τῆς σκηνῆς τοῦ μαρτυρίου [26]καὶ τὰ ἱστία τῆς αὐλῆς καὶ τὸ καταπέ-
τασμα τῆς πύλης τῆς αὐλῆς τῆς οὔσης ἐπὶ τῆς σκηνῆς καὶ τὰ κατά-
λοιπα πάντων τῶν ἔργων αὐτοῦ.
27 [27]Τῷ Καὰθ δῆμος ὁ Ἀμραμὶς καὶ δῆμος ὁ Ἰσααρὶς καὶ δῆμος ὁ
28 Χεβρωνὶς καὶ δῆμος ὁ Ὀζιηλίς· οὗτοί εἰσιν δῆμοι τοῦ Καάθ. [28]κατὰ
ἀριθμὸν πᾶν ἀρσενικὸν ἀπὸ μηνιαίου καὶ ἐπάνω ὀκτακισχίλιοι καὶ
29 ἑξακόσιοι φυλάσσοντες τὰς φυλακὰς τῶν ἁγίων. [29]οἱ δῆμοι τῶν υἱῶν

ABFMV *O''* *C''* *bdfnstx*$^{-527}$*yz* al verss

κάλυμμα] om *καί* 318; > 73′-77-131-413-414′-417-528 19 30-343 | *τό* 2°] bis scr 550 | *κατακάλυμμα*] *καταλυμμα* (*-λιμμα* 458) M 82 52 44 458 84-370 x^{-509} 18-126; *καταλυμα* 106-107 75-767*; *καλυμμα* (*καλλ.* 68) G-426-707 54′ 68′-120′ 319$^{(mg)}$ | om *τῆς θύρας* A* 16-46 56′-129 509 18-126-628 55^{txt} 799 Arm | fin] + *η σκηνη και το καταλλυμμα της θυρας της σκηνης του μαρτυριου* 314*

26 *τὰ ἱστία*] *oppans* ^{Lat}cod 100 | *αὐλῆς* 1°] *φυλης* 131*; ⌒2° 343 | *καί* 2° — 5 13 *σπέρματος*] absc 624 | *καταπέτασμα*] *κατακαλυμμα* 55 Bo | *τῆς* 2°] ⌒4° Sa | *τῆς* 3°] pr *και f* Aeth^{M}; ⌒4° G-376 76; ⌒5° Arm Bo | *οὔσης*] sub ÷ G Syh: cf 𝔐 | om *ἐπί* 799 | *σκηνῆς*] + *και τους καλους αυτων* 84; + (※ G Syh^{T}) *και επι του θυσιαστηριου κυκλω O* 767 Arab Syh = 𝔐 | *κατάλοιπα*] *λοιπα* 30 126; + *αυτου* O^{-58} Syh = 𝔐 | *πάντων*] *παντα* 55 319; > f^{-129} Bo | *αὐτοῦ*] *αυτων* C''^{-73*} 54-75′ 509 319 Arm^{te} Sa

27 *τῷ*] pr *και* 15-72 Aeth Arm Sa = 𝔐; *plebs* ^{Lat}cod 100; > 53 | *Καάθ* 1°] *gaath* ^{Lat}cod 100 Co; + ras 1—2 litt 84 | *δῆμος ὁ Ἀμραμίς*] *plebs* (*plebi* Syh^{L}) *amram una* Syh; *et plebs ambram* ^{Lat}cod 100; om *ὁ* 376 *b* f^{-246} *n* x^{-509} 68′-120′ (sed hab Ald) | *Ἀμραμίς* 799] *-μεις* B G-29-426 53′ 628* Arm = Compl; *αβραμεις* 72-618* C^{-616}-46-52′ *d* 458-767 28-85-343′-730 76 619 318 68′-128 319 646; *αμβρααμεις* A 126; *αβρααμεις* 30 59; *amram* Bo = Tar^{O}; *abram* Sa; *αβρανεις* 528-616; *αμβρανεις* 82 *cI*$^{-528}$-414′-417-422 *b* 54; *αμβραμεις* rell = Ald | *καί* 1° — *Χεβρωνίς* / *καί* — *Ὀζιηλίς*] > 417; tr 28-85 | *καί* 1°] bis scr 73(||); ⌒2° 54 343 x^{-509} | *δῆμος ὁ* 2°] *δημοις τοις* 392 | *ὁ Ἰσααρίς*] *τοις σααροις* 799; *saar* Bo; *isaar* ^{Lat}cod 100 Sa = Tar^{O}; *εις ο αρρης* 318 | *ὁ* 2°] *του b* = 𝔐; *τω* f^{-246} 59 = Compl; *το* 58; > V 616 $n^{(-54)}$ 28-85 509 | *Ἰσααρίς* We.] *-ρεις* 72 730 18-126 = Compl; *ισσααρεις* F M′ V 29-58-376-707-*oI b* 75′-767 $s^{-343\ 730}$ 68′-120′-128-628 646 = Sixt; *ισσαρεις* $C''^{-46\ 77\ (417)\ 528\ 529\ 616c}$ 319; *ισαρεις* 46-529; *οισσααρεις* Ald; *ιασσαρεις* 528; *εισσααρεις* 82 127 669; *ισσαριεις* B^{c}; *σαριεις* B*; *σαειρεις* 56-129; *ιεσααρεις* 246; *σαειμεις* 53′; *ισσαχαρεις* 616^{c}; *ισσαχαρ ο εις* 77; *ṣahar una* Syh; *ισσααρ* 509; *σααρις* Ra.; *σααρεις* rell | *καί* 2° F^{a}] ⌒3° F 29-618*(cprm) | *δῆμος* 3°] pr *ο* 82 | *ὁ Χεβρωνίς*] *ochebron* ^{Lat}cod 100 | *ὁ* 3°] *του* V *b* = 𝔐; > f^{-246} *n* = Compl | *Χεβρωνίς* Ra.] *χευρωνεις d* 246; *χεβρωμεις* 18; *hebron una* Syh; *χεβρων* 58-72 59 Co = Tar^{O}; *-νεις* rell | *δῆμος* 4°] *plebes* ^{Lat}cod 100; > 125 | *ὁ Ὀζιηλίς* Ra.] *ο οζιηλεις* A M′ $O''^{-G\ 72\ 618}$ 44′-107 246 30-130-321′-343′ *t* 121 *z* 55 646; *ο οζειηλεις* B G; *οζειηλεις* 127; *ο οζηλεις* 610 509; *ο οζηλης* 72; *ο οζιηλ* 799; *ozel una* Syh; *oziel* ^{Lat}cod 100 Co; *οζιηλεις* rell | *δημοι εισιν* V | *δῆμοι*] pr *οι* 82 z^{-628}; *δημος* 28-85′-321′ ^{Lat}cod 100 | *τοῦ Καάθ*] *filiorum gaath* ^{Lat}cod 100; post (28) *ἀριθμόν* tr 761* | *τοῦ*] *τω* 376; > 392; bis scr 126(||) | *Καάθ* 2°] *gaath* Co

28 *κατὰ ἀριθμόν*] *κατα αρηθμων* 767; *κατ αρ.* G-426 458 344-730 126; + *eorum* Bo | *μηναιου* 529* 59 | *ὀκτακισχίλιοι*] *visitatio eorum septem milia* Syh^{L} | om *καί* 2° 72 *d* 767 343^{mg} | *ἑξακόσιοι*] *τριακοσιοι d* n^{-767} *t* 799 Arm;

Καὰθ παρεμβαλοῦσιν ἐκ πλαγίων τῆς σκηνῆς κατὰ λίβα, 30*καὶ ὁ* 30
ἄρχων οἴκου πατριῶν τῶν δήμων τοῦ Καὰθ Ἐλισαφὰν υἱὸς Ὀζιήλ.
31*καὶ ἡ φυλακὴ αὐτῶν ἡ κιβωτὸς καὶ ἡ τράπεζα καὶ ἡ λυχνία καὶ τὰ* 31
θυσιαστήρια καὶ τὰ σκεύη τοῦ ἁγίου, ὅσα λειτουργοῦσιν ἐν αὐτοῖς, καὶ
τὸ κατακάλυμμα καὶ πάντα τὰ ἔργα αὐτῶν. 32*καὶ ὁ ἄρχων ὁ ἐπὶ* 32
τῶν ἀρχόντων τῶν Λευιτῶν Ἐλεαζὰρ υἱὸς Ἀαρὼν τοῦ ἱερέως καθεστα-
μένος φυλάσσειν τὰς φυλακὰς τῶν ἁγίων.

ABFMV *O'' C'' bdfnstx*$^{-527}$*yz* al verss

πεντακοσιοι 15^{c}-58; *οκτακωσιοι* 376 | *φυλάσσοντες* — fin] pr *οι* 72 126; > 125 | *τὰς φυλακάς*] *custodiam* Arm = 𝔐; *τας φυλας* 44 76; om *τάς* 15-64^{txt}(cprm) 57*(cprm) | *τῶν ἁγίων*] *sanctitatis* Sa Syh$^{L^{mg}T}$ = 𝔐

29 *οἱ δῆμοι*] pr *et* Aeth Arm Sa; *et plebs* ^{Lat}cod 100 | *τῶν υἱῶν*] *των αγιων* (*αγι* 381) 381′ 77; *του* 53′ | *Καάθ*] *καθ* 313*; *καοθ* 528; *gaath* ^{Lat}cod 100 Bo; *gad* Sa; ⌒(30) 107′-125 | *παρεμβαλοῦσιν*] -*βαλλουσιν* 82 53′ 767 30 121 319; *παραβαλουσιν* 646; *constituet castra* ^{Lat}cod 100 | *ἐκ πλαγίων*] *εναντιον* 73′ | *τῆς σκηνῆς*] > 29 19; + *του μαρτυριου* 44′ *t* | *κατὰ λίβα* F^{a}] pr *νοτον* *x*$^{-509}$; *κατα νοτον* (*νωτον* 82 529^{c} 55) A* F M′^{txt} *oI*′$^{-29}$ *C''*$^{-616*}$ *b* 767 *s y*$^{-318}$ 55 59 319 799 = Ald ↓; *κατα νοτον του μαρτυριου* 29; *προς λιβα* 106^{mg}; *in africum* ^{Lat}cod 100; *ad septentrionem* Bo; > 616*(||) 44-106^{txt} *t*

30 om *καί* 53′ ^{Lat}cod 100 | om *ὁ* A* | *οἴκου*] pr *του* 44′ *t* 799; *οικους b* (sed hab Compl); *δημου* 16-46; > Bo; post *πατριῶν* tr 422 | *τῶν δήμων*] *τον δημον* 53; *τω δημω* 127-767; *δημους* 730; *του δημου* 376 54-75′ ^{Lat}cod 100 Arm Bo; *δημου C''* 28-30-85-130^{txt}-321-343′-346^{txt} 319; om *τῶν* A V 15-29 121 55 | *τοῦ Καάθ*] *gaath* ^{Lat}cod 100 Bo; *gaad* Sa; *το κααθ* 458; *των κααθ x*$^{-509}$ | *Ἐλισαφάν*] *ελεισ*. B 56-129 = Compl; *ελισσ*. 59; *ελσαφαν* 30; -*σαφ* V 319 ^{Lat}cod 100 Bo; -*σαφα* 75′ 619; -*σαφατ* 16-46-414′-528; *ελιφαν* 53′ | *υἱός*] pr *ο* 58 73′ 107′ 126 | *Ὀζιήλ*] *οζειηλ* B G; *gaziel* ^{Lat}cod 100; *ζιηλ* 313

31 om *καί* 1° 58 | om *ἡ* 1° 376 = Compl | *αὐτῶν* 1°] post *κιβωτός* tr 414′ | *ἡ κιβωτός*] *ο υιος* 107*(cprm) | om *καί* 2° 126 | om *ἡ* 3° 246-664* | om *ἡ* 4° 343′ | om *καί* 4° 126 | *τά* 2° — *ἁγίου*] *vasa sancta* ^{Lat}cod 100; *vasa sanctitatum* Arm | *λειτουργοῦσιν*] pr *λειτουργικα και* 381′; -*γησουσιν* (-*γεισουσιν* 53) *f*$^{-246}$ = Compl; *ministrabant* Arm | *ἐν αὐτοῖς*] *εν αυτη* (-*τοι* 458) *C''* 458 319 Aeth; *αυτοι* 53′; *εαυτοις* 15* | *καὶ τὸ κατακάλυμμα*] *και τα κατακαλυμματα* 59 ^{Lat}cod 100 Aeth^{-C}; *κατακαλυμματα* 58; *και τα καλυματα* 72; *και ο λουτηρ και η βασις αυτου* 15: cf 4 14; om *καὶ τό* G; > 767 | *καταλυμμα* (-*λυμα* 106 71) 82-707*(vid) 52 106-125′ 458 84 71 319 799; *καλυμμα* (-*λυμα* 619) 707^{c}(vid) 619 *z* 646 (sed hab Ald) | *καὶ πάντα*] om *καί* ^{Lat}cod 100; + *τα σκευη και παντα* 53′ | *τὰ ἔργα*] *vasa* Sa^{12} | *αὐτῶν* 2° = Sam] *αυτου* 29 125 = 𝔐 Tar; > Aeth Bo Sa^{12}

32 *ὁ ἄρχων*] *principem et* ^{Lat}cod 100; *principes* Syh^{Lmg} | om *ὁ* 2° B(||) *O*$^{-58}$-15-707* 44′-125 *f*$^{-246}$ *n* 321* *x y*$^{-121}$ 669* Syh = Ra | om *ἐπὶ τῶν ἀρχόντων* 55 | om *τῶν* 2° 75 | *λευειτων* B* V G 127; *λεβειτων* 767 | *Ἐλεαζάρ*] *eliazar* Arm; *eleazarum* ^{Lat}cod 100; bis scr 619(||) | *υἱός*] pr *ο* B V 19 *d*$^{-125}$ *t* 126 646 Bo = Ra; *filium* ^{Lat}cod 100 | *τοῦ ἱερέως*] > 125; + *κααθ* 71 | *καθεσταμένος*] *κατεστ*. (-*μμενος* 71) B G 71; *καθιστ*. F^{b2} 72 73′-414-529^{c}-761^{c} 125 53′ 392 59;

---

29 *κατὰ λίβα*] *ο′ κατὰ λίβα οἱ λ′ κατὰ νότον* 344
32 init — *ἀρχόντων*] *σ′ princeps autem principum* Syh^{T}

33 ³³Τῷ Μεραρὶ δῆμος ὁ Μοολὶ καὶ δῆμος ὁ Μουσί· οὗτοί εἰσιν δῆμοι
34 Μεραρί. ³⁴ἡ ἐπίσκεψις αὐτῶν κατὰ ἀριθμόν, πᾶν ἀρσενικὸν ἀπὸ
35 μηνιαίου καὶ ἐπάνω, ἑξακισχίλιοι καὶ πεντήκοντα· ³⁵καὶ ὁ ἄρχων
οἴκου πατριῶν τοῦ δήμου τοῦ Μεραρὶ Σουριὴλ υἱὸς Ἀβιχάιλ· ἐκ
36 πλαγίων τῆς σκηνῆς παρεμβαλοῦσιν πρὸς βορρᾶν. ³⁶ἡ ἐπίσκεψις ἡ

ABFMV *O'' C''* *bdfnstx*$^{-527}$*yz* al verss

και ο εσταμενος 767; *his constitues* ^{Lat}cod 100 | *φυλάσσειν τάς*] > 77 318; om *τάς* 68'-120'-128-669 59 (sed hab Ald) | *φυλακάς*] *φυλας* 76*(cprm) | *τῶν* ult] *αυτων* 52

33 init — *Μουσί*] pr *et* Aeth Arm Co; *et plebi maerari et plebi moob et plebis moysi* ^{Lat}cod 100 | *Μεραρί* 1°] *μεραρει* B V O^{-376} *f* 127-767 392 18 59 Sa^{12}; *μεραρη* 72 318; *μιραρι* 319 | *δῆμος* 1°] + *δη* 458; ⌒2° *C*-46 | *Μοολί*] -*λει* B^{c} V G-376-426^{c} 619^{c} 318 68'-120'; *μολει* B*; *μολι* 58-72 75 392 59 Bo^{B*} = Compl; *moloi* Bo^{Bc}; *μοολη* (-*λλη*^{c}) 767; *μοωλει* 321* 619*; *μοελι* 71; *μοσλει* 54; *μουλι* 84; *μαολλει* 127; *molthi* Bo^{A}; *ομολι* $cI'^{-(46)\ 320}$ 319 416 Sa^{12}; *ομολει* 426* 56^{c}-129-246; *ομουλι* 126; *ομολειν* 53'; *ομολ*[. .]*ει* 56*; *ομομ* 320; *μεραρι* 509 | om *καί* 319 | *ὁ* 2°] *τω* 376; *του* G-58-72 *d* n^{-127} *t* x^{-619} 59 = Tar ↓; + *του* V 426 127 ↓ | *Μουσί* M' 82-381 19 730 18* 55^{c} 799 Arm Bo^{B} = Compl Sixt] -*σει* B V G-426 53' Syh; *μοουσι* 618 b^{-19} Bo^{A}; -*ση* 318; *μοουση* 15; *μωουση* 376; *ομουσει* 56-129 127 619 68'-120^{c}-407; *ομουση* 767 120* 59; *omussei* Sa^{12}; *ομοσι* 16*(cprm) d^{-106c} 71; *ομου* 509; *ομουσι* rell | *οὗτοί*] pr *ου* G; pr *και* *C''* 319 | *δῆμοι*] pr *οι* n^{-767}; *δημος* 84 319 799 | *Μεραρί* 2° *b* 71] pr *τω* 73*-500*(vid) *d* 54-75' *t*; *τω μεραρει* 127; *μεραρει* B V 509; *του μεραρει* O^{-376} *f* 767 392 18 59 Sa^{12}; *του μεραρη* 72 318; pr *του* rell

34 *ἡ*] pr *et* Aeth Arm = 𝔐; > 319 | *κατὰ ἀριθμόν*] *κατ αριθμον* G-426 53' 458 126; *κατα αριθμων* (*αρηθ.* 767) 376 767 319; *secundum numeros eorum* Bo; > *b* (sed hab Compl); + *παν αριθμον* F*(cprm); + *eorum* Sa^{12} | *πᾶν ἀρσενικόν*] *των αρσενικον* 618*(vid); om *πᾶν* ^{Lat}cod 100; > A* 414 | *μηναιου* (*μιν.* 30) 313-528 458 30 59 | *ἑξακισχίλιοι* — fin] *χιλιαδας* $\overline{\varsigma\tau\nu}$ 126 | *ἑξακισχίλιοι*] *χιλιαδες* $\overline{\varsigma}$ 458; *εξ χιλιαδες* n^{-458} | *καὶ πεντήκοντα*] pr *και τριακοσιοι* 246 z^{-126} 646 (sed hab Ald); pr *και διακοσιοι* O^{-58} 767 ↓; *και* (> 58 *d*) *διακοσιοι* 58 *b d* n^{-767} *t* ^{Lat}cod 100 Arab Arm = Compl 𝔐; sub ÷ G Syh; om *καί* 72 53' 343^{mg} 799; > 15 Aeth^{C}

35 *καὶ ὁ ἄρχων*] *et principes* ^{Lat}cod 100; om *ὁ* 28-85; > 509 | *οἴκου*] *δημου* 799 | *πατριας* B* Aeth^{-CG} = 𝔐 | om *τοῦ* 1° — *σκηνῆς* 53' | *τοῦ δήμου*] om *τοῦ* 458; > 799 Sa | *τοῦ* 2°] > 19 106-125; bis scr 246 | *Μεραρί*] *μεραρει* B V O^{-376} 56'-129 127-767 392 18 59 Sa^{12}; *μεραρη* 72 318; *μερερι* 509 | *Σουριήλ*] -*ρειηλ* V; -*ρουηλ* 75; *ισουριηλ* 426; *uriēl* Bo^{B}; *eziur* Sa; *σοβριηλ* 422 | om *υἱός* 799 ^{Lat}cod 104 | *Ἀβιχάιλ* A(vid) Syh = Sixt] *αβειχαιλ* B; *abichel* Bo; -*χαηλ* V; *αβιμεηλ* 509; -*χεα* 75; *abiçea* ^{Lat}cod 104; -*χια* 59; -*χαι* *d t*; -*χαιου* 52'-313; *αβηχαια* 30; *αμιχαια* 16-46 130-321-346(vid) 126; *αμιχεα* 72 458; *amachia* Sa; *σαβιχαια* 71; inc 551; -*χαια* (bis scr 376) rell | *ἐκ πλαγίων*] pr *et* Aeth; *εκ δεξιπλαγιων* 72 | *παρεμβαλοῦσιν*] -*λλουσι(ν)* 29 53 767 30 84 y^{-318} 319 646; *προσβαλλ.* 799; *παραβ.* 19; *castra constituet* ^{Lat}cod 100; ad fin tr 422 | *βορρα* 16-46

36 init — *φυλακή*] *και η φυλη* *b* | *ἡ ἐπίσκεψις*] pr *και* 767 130^{mg}-321'^{mg}

---

33 (*ὁ*) *Μουσί*] *α' θ' ὁ τοῦ Μουσί σ' Μουσίτης* 344
34 *ἑξακισχίλιοι* — fin] *ο' οἱ λ' ἑξακισχίλιοι καὶ* $\bar{\sigma}$ *καὶ* $\bar{\nu}$ 344

φυλακὴ υἱῶν Μεραρί· τὰς κεφαλίδας τῆς σκηνῆς καὶ τοὺς μοχλοὺς
αὐτῆς καὶ τοὺς στύλους αὐτῆς καὶ τὰς βάσεις αὐτῆς καὶ πάντα τὰ
σκεύη αὐτῶν καὶ τὰ ἔργα αὐτῶν [37]καὶ τοὺς στύλους τῆς αὐλῆς κύκλῳ 37
καὶ τὰς βάσεις αὐτῶν καὶ τοὺς πασσάλους καὶ τοὺς κάλους αὐτῶν.
[38]Καὶ οἱ παρεμβάλλοντες κατὰ πρόσωπον τῆς σκηνῆς τοῦ μαρτυ- 38
ρίου ἀπ' ἀνατολῆς Μωυσῆς καὶ Ἀαρὼν καὶ οἱ υἱοὶ αὐτοῦ φυλάσσοντες
τὰς φυλακὰς τοῦ ἁγίου εἰς τὰς φυλακὰς τῶν υἱῶν Ἰσραήλ· καὶ ὁ
ἀλλογενὴς ὁ ἁπτόμενος ἀποθανεῖται.

ABFMV *O'' C'' bdfnstx*$^{-527}$*yz* al verss

Aeth Arm = 𝔐; + *αυτων d n t* Arm Sa | ἡ φυλακή B O^{-58} d n^{-458} t 71 Syh^{T}] pr *et* Arm Sa; *η φυνσακη* 458; *της φυλης* 29-64*-72 528-551 f^{-246} 130^{mg}-$321'^{mg}$ 18 55 59 Aeth = Compl; > 509; *της φυλακης* (*φυληκης* 30; + *της φυλης* 246) rell ↓ | υἱῶν] pr *των f* 646 = Compl; > 72^{txt} | Μεραρί] *μεραρει* B V O^{-376} *f* 127-767 509 392 18 59 Sa; *μεραρη* 72 318 | κεφαλας *b* (sed hab Compl) | αὐτῆς 1°] ⌒2° Sa^{4}; ⌒3° 343 | τοὺς στύλους] *της στυλους* 628; et τὰς βάσεις tr *b* (sed hab Compl) | αὐτῆς 2°] *αυτην* 122(vid); > 125 ^{Lat}codd 100 104 Sa^{12}; ⌒3° F*(cprm) | om καί 3° Arm | om τάς 2° 125 | αὐτῆς 3°] *αυτων* A*(vid) *d t* Aeth; *τουτων* 130^{mg}-$321'^{mg}$; > ^{Lat}cod 104 | καί 4°] ⌒(37) 3° 618^{txt} | om πάντα 53' 126 | om τά 1° 458 | αὐτῶν 1° F^{a}] *τουτων* d^{-125} n^{-767} *t* Arm; *eius* Bo Syh = 𝔐; > 125; ⌒2° F 44; ⌒(37) 2° 616^{txt}(cprm) | τά 2°] pr *παντα* $F^{(a)}$ *O* 619 *z* 646 Syh = 𝔐 | αὐτῶν 2°] *τουτων* (-*τον* 458*) $d^{(-44)}$ n^{-767} *t* Arm; *αυτης* 55 Bo = 𝔐

37 αὐλῆς] + *της σκηνης* 53' | καί 2°] ⌒3° 44 | αὐτῶν 1°] *τουτων* 54-75'; > 106-125; + *και παντα τα σκευη αυτων* 799: ex 36 | om καὶ τοὺς πασσάλους Arab | τούς 2°] *τας* 72 552; > 106-125 | πασσάλους (*πασαλ.* 799) B V 44-125 x^{-619} 799 ^{Lat}codd 100 104] *παλους αυτης* 120*; + *αυτης* z^{-120*} 646; + (+ ras 2 litt 376) *αυτων* rell = 𝔐 | καί ult — fin F^{a}] om τούς 125; > F F^{b} 246 126 | κάλους] *καλλους* 46^{c} 44; *καδους* 53' 509 799; *καλως* 381 77-414-417^{c} 646; *καυλους* V 131^{c} 54-75' Bo; *κλαδους* A *b* y^{-392} (sed hab Compl); *σχοινοι* 64^{mg} | αὐτῶν 2°] *αυτης* z^{-126} 646; > 44

38 om καί 1° 619 = Ald Sixt | οἱ παρεμβάλλοντες] *qui constituit castra* ^{Lat}cod 100; *οι παρεμβαλοντες* 72'-618 52' 125 458 370* 71 18 646 799 | κατά — σκηνῆς] pr ※ *contra tabernaculum contra orientem* ↙ Syh^{mg}; + (※ G) *απο ανατολων κατεναντι της σκηνης* G-426 = 𝔐; bis scr 628 | τῆς σκηνῆς] *τη σκηνη* 75; > 16-46 | om τοῦ μαρτυρίου ^{Lat}cod 104 Arab | ἀπ' ἀνατολῆς B *n*] *απο αν.* Sixt; *κατ* (*κατα* 376) *ανατολας* O^{-58} Bo; *απο* (*απ* M' 53' 126; > 68) *ανατολων* (-*τωλ.* 53* 30 646) rell | Μωυσῆς] -*ση* 319; *μωσ.* O^{-376} *n*; + *δε* F*(cprm) | om καί 3° 730 | om οἱ 2° 52'-131-500'-529' 664* 75 619 68'-120-126 = Compl | αὐτοῦ] *αυτων* 71; > 529* | φυλάσσοντες] *custodient* Arm Bo | om τάς 1° 376 551* 84(|) 59 | φυλακάς 1°] *φυλας* 46*; ⌒2° 618 68 59 Sa^{12} | *των αγιων* 15 126 Arm Bo Sa^{4} Syh^{L} | φυλακάς 2°] *φυλας* 376 | υἱῶν] *αγιων* 134* | om ὁ 1° 246 458 | ἁπτόμενος] *προσπορευομενος* (*προπορ.* 618; -*ρεβομ.* 54) A M'^{txt} *oI*-29 16-46 *b* 54 28-30'-$85'^{txt}$-$321'^{txt}$-343' 619 121 55 = Ald ↓; *παραπορευομενος* $C''^{-16\ 46}$ 319; bis scr G* | *αποθανη* 509

36 init — φυλακή] σ' *et* (> L) *visitatio custodiae* Syh | τὰς κεφαλίδας] οἱ λ' *asseres* Syh

38 (καὶ) ὁ ἀλλογενής — fin] ο' ὁ ἀλλογενὴς ὁ ἁπτόμενος ἀποθανεῖται σ' ὁ δὲ

39 ³⁹Πᾶσα ἡ ἐπίσκεψις τῶν Λευιτῶν, οὓς ἐπεσκέψατο Μωυσῆς καὶ
Ἀαρὼν διὰ φωνῆς κυρίου κατὰ δήμους αὐτῶν, πᾶν ἀρσενικὸν ἀπὸ μη-
νιαίου καὶ ἐπάνω, δύο καὶ εἴκοσι χιλιάδες.
40 ⁴⁰Καὶ εἶπεν κύριος πρὸς Μωυσῆν λέγων Ἐπίσκεψαι πᾶν πρωτό-
τοκον ἄρσεν τῶν υἱῶν Ἰσραὴλ ἀπὸ μηνιαίου καὶ ἐπάνω, καὶ λάβε
41 τὸν ἀριθμὸν αὐτῶν ἐξ ὀνόματος· ⁴¹καὶ λήμψῃ τοὺς Λευίτας ἐμοί, ἐγὼ
κύριος, ἀντὶ πάντων τῶν πρωτοτόκων τῶν υἱῶν Ἰσραήλ, καὶ τὰ κτήνη
τῶν Λευιτῶν ἀντὶ πάντων τῶν πρωτοτόκων ἐν τοῖς κτήνεσιν τῶν
42 υἱῶν Ἰσραήλ. ⁴²καὶ ἐπεσκέψατο Μωυσῆς, ὃν τρόπον ἐνετείλατο κύριος,

ABFMV (803-) *O′′ C′′ bdfnstx*(527)*yz* al verss

39 init — *ἐπίσκεψις*] *πας ο αριθμος* M′^{mg} *b* 85′^{mg}-321′^{mg} ^{Lat}codd 100 104 (sed hab Compl) | *πᾶσα*] + *δε* 54-75′ | *Λευιτῶν*] pr *υιων* F(sup ras); *λευειτων* B* V G 127; *λεβειτων* 767; *υιων λευι* Cyr I 316 | *ἐπεσκέψατο*] -*ψεν* 30*(cprm); *recensuerunt* Aeth Arm Sa; *επεμψατο* 610 | om *Μωυσῆς* — *φωνῆς* 551 | *μωσης* O^{-376}-72 *n* Cyr I 316 | om *καὶ Ἀαρών* Arab Bo = 𝔐^{mss} Sam | *διὰ φωνῆς*] *a tabernaculo* Sa^{12} | *κυρίου* — *αὐτῶν*] pr *παν αρσενικον απο μηνιαιου* 551*: ex sq; *αυτων ην ελαλησε* κ̅ς̅ 125; om *κυρίου* 528; om *αὐτῶν* 509 | *πᾶν*] *παντα* 458 | *μηναιου* 59; *μηνιου* A* | *καὶ ἐπάνω*] bis scr 56*(vid); ⌒(40) 414 | *δύο* — fin] *χιλιαδες* (-*δας* 126) κ̅β̅ 72 107′-125 126; *χιλιαδες* κ̄ 458 | *δύο καὶ εἴκοσι*] *εικ. και* (> 799) *δυο* 54′-767 799; om *δύο καί* 75 | *χιλιάδες*] -*δας* 343; + *CCC* ^{Lat}cod 100 (sed hab Ruf *Num* 4); + *και* ρ̅ν̅ 46^{c}

40 *εἶπεν*] *ελαλησε(ν)* 527 55 ^{Lat}cod 104 Arm | *μωυση* 19; *μωσην* G-426 107 n^{-458} 130 Cyr I 316; *μωσιν* 458; *μωση* 58; *μωσει* 72 | *λέγων*] sub ÷ G Syh; > $C''^{(-414)}$ 319 424 646 = 𝔐 | *ἐπίσκεψαι*] *ạριθμησο[ν]* 803 | *πρωτότοκον ἄρσεν*] *πρωτ. αρσενικον* 527 ^{Lat}cod 100; *αρσενικον πρωτοτοκον* 53′ ^{Lat}cod 104; om *ἄρσεν* 628 | *τῶν υἱῶν*] pr *omnium* Arm^{te} | *μηναιου* 59 | om *καί* 3° — (43) *αὐτῶν* 527 | *λάβε* 803] *λαβετε* B F 71; *λαβων* 799 | *των αρηθμων* (*αριθμον* 529 669) 529* 767 669 | *αὐτῶν* 803(vid)] > B 54-75′ x^{-619} ^{Lat}codd 100 104 = Ra; ad fin tr O^{-58} Bo Syh = 𝔐 | *ὀνόματος*] -*των* G ^{Lat}codd 100 104(*omnia* pro *nomina*) Aeth(+ *eorum*) = 𝔐; + *αυτων* 58 Sa

41 *λήμψῃ* A B* F V G-82 509] *ληψις* 458; sine *μ* F^{b} rell; *adsume* ^{Lat}codd 100 104 | *Λευίτας* 803] *λευειτας* B* V G 127; *λεβειτας* 767 | *ἐγὼ κύριος*] pr *quia* Aeth Arm; ad fin tr ^{Lat}cod 100; + *ελαλησα* G | *ἀντί* 1°] *απο* 71 | *τῶν* 1° 803] > F | *πρωτοτόκων* 1°] > F*(cprm); + *εν τοις κτηνεσι* 392: ex sq; ⌒2° 314 619 68′-120 (sed hab Ald) | *τῶν υἱῶν* 1°] om *τῶν* G 72 19′ 44 53′ 71; > 16-46 ^{Lat}codd 100 104 | *καί* 2° — fin] > 767 321′ 126: homoiot; bis scr 669* | *Λευιτῶν*] *λευειτων* B* V G 127 | *πάντων* 2°] *των κτηνων d* $n^{(-767)}$ *t*; > Arm; + *των κτηνων* $b^{(-314)}$ | *τῶν πρωτοτόκων* 2° 803] post *κτήνεσιν* tr 376; + *των* V *d* $n^{(-767)}$ t^{-84} 318 Sa Syh | *ἐν τοῖς κτήνεσιν*] *pecorum* Aeth Arm Bo; om *ἐν* 82; > B^{txt} 669(1°)

42 om comma 125 Arab: homoiot | *Μωυσῆς*] *μωσης* 58-72-426 *n* Cyr I 317; + *και ααρων b* (sed hab Compl) | *κύριος* B 54′-75 71-509 ^{Lat}cod 100

ἀλλότριος ὁ προσεγγίζων θανατωθήσεται 344; α′ *καὶ ὁ ἀλλότριος ὁ προσερχόμενος θανατωθήσεται* 85(s nom)-130-321-344-346(s nom); θ′ *ὁ ἀλλογενὴς ὁ προσπορευόμενος ἀποθανεῖται* 344^{txt}

42 *καὶ ἐπεσκέψατο*] id est *et numeravit* Syh

πᾶν πρωτότοκον ἐν τοῖς υἱοῖς Ἰσραήλ· [43]καὶ ἐγένοντο πάντα τὰ πρω- 43
τότοκα τὰ ἀρσενικὰ κατὰ ἀριθμὸν ἐξ ὀνόματος ἀπὸ μηνιαίου καὶ ἐπάνω
ἐκ τῆς ἐπισκέψεως αὐτῶν δύο καὶ εἴκοσι χιλιάδες τρεῖς καὶ ἑβδομή-
κοντα καὶ διακόσιοι.
[44]Καὶ ἐλάλησεν κύριος πρὸς Μωυσῆν λέγων [45]Λάβε τοὺς Λευίτας 44 45
ἀντὶ πάντων τῶν πρωτοτόκων τῶν υἱῶν Ἰσραήλ, καὶ τὰ κτήνη τῶν
Λευιτῶν ἀντὶ τῶν κτηνῶν αὐτῶν, καὶ ἔσονται ἐμοὶ οἱ Λευῖται· ἐγὼ
κύριος. [46]καὶ τὰ λύτρα τριῶν καὶ ἑβδομήκοντα καὶ διακοσίων, οἱ 46

ABFMV (803 833-) O'' C'' *bdfnstx*(527)*yz* al verss

Arm] pr *αυτω* V 381′ $d^{(-125)}$ *t* 392 Aeth; + *τω μωυση* 30; + *τω μωση* 458; + *moysi* ^{Lat}cod 104; + *αυτοις b*; + *αυτω* rell = Compl 𝔐 | *πᾶν* — fin] om *ἐν* 246 458 18-126 ^{Lat}cod 100 Arm; > 53′ Cyr I 317 | *υἱοῖς* 803] *κτηνεσι των υιων* 628: ex 41

43 *ἐγένοντο* A B M′ V 82-707 46^s *d* f^{-129*} 458 30 *t* 509 y^{-121} 126 55 799 = Sam Tar] *-νετο* (*-τω* 528) rell = 𝔐 | *πάντα τὰ πρωτότοκα*] *παν πρωτοτοκον* 75 | *τά* 1° — *ἀρσενικά*] *masculi primogeniti* ($>^{ap}$) *filiorum israel* Arm | *πρωτότοκα*] *-κια* 318; + *εν* (> 125) *τοις υιοις ισραηλ d n t* | om *τὰ ἀρσενικά* G Arab | *τά* 2° B M′ V 58 52′ *d n t* 509 121 59 799 Cyr I 317] > rell | *κατὰ ἀριθμόν*] pr *και* 528; *κατα αρηθμων* 767; *κατ αριθμον* G-426 75 126; *κατα γενος* 72; > ^{Lat}cod 104; + *eorum* Sa | *ἐξ ὀνόματος*] pr *και* f^{-129} = Compl; *nominum eorum* Aeth Bo; *εξ ονοματων* G* Syh = 𝔐; + *eorum* Sa | *μηναιου* 134 | *ἐκ* — *αὐτῶν*] pr *και* C'' 319 646; > Arab | *αὐτῶν*] *των* 509; > 121* | *δύο* — fin] pr *και επεσκεψατο και ευρεθη* 527; *XXXII milia et CCCLXXXIII* ^{Lat}cod 100; *χιλιαδες* $\overline{κγ}$ *και* $\overline{σο}$ 458; *χιλιαδας* $\overline{κβτογ}$ 126; *χιλιαδες εικοσι τρεις και εβδομηκοντα δυο και διακοσιοι* 619; *χιλιαδες* $\overline{κβ}$ *και* $\overline{σογ}$ 125 | *δύο καὶ εἴκοσι*] *εικοσι δυο* 107′ 799 | *χιλιαδας* 343; *χιλιαδων* 509 | om *τρεῖς* — 8_{22} fin 527 | *τρεῖς* — fin] *και διακοσιοι και* (> 44-107′ 246 799) *εβδομηκοντα και* (> 44-107′ 246 799) *τρεις* d^{-125} 246 *t* 799 Arm | *τρεῖς* A F G^c-15-64*-82-376′-707(vid) $cI'^{-46\ 414}$ *b s* x^{-619} 121 319 Cyr I 317] $\bar{ϱ}$ G*; pr *και* 833 rell | *ἑβδομήκοντα*] + *και τρεις* 618* | *διακόσιοι*] *-σιαι* B 414; *τριακοσιοι* 528 121^{c1} 18 646

44 *ἐλάλησεν*] *ειπε* 125 | om *πρὸς Μωυσῆν* G | *μωυση* 19 610; *μωυσιν* 509*; *μωσην* 426 *n* Cyr I 317; *μωση* 58; *μωσει* 72 | om *λέγων* 125

45 *λαβετε* B* 127 | *Λευίτας*] *λευειτας* B* V 833 G 127; *λευητας* 509*; *λεβειτας* 767 | *ἀντί* 1°] *απο* 71 | om *πάντων* 509 799 | om *τῶν* 1° 833 | om *τῶν* 2° 833 G 53′ 619 68′ = Sixt | *Ἰσραήλ*] ⌒(46) 44 | *τὰ κτήνη*] *opera* ^{Lat}cod 100; + *αυτων* 619 | *τῶν Λευιτῶν*] *των λευειτων* B* V G 127; *των λεβειτων* 767; *αυτων* 72 | *ἀντὶ τῶν κτηνῶν αὐτῶν*] om *αὐτῶν* 72; > Sa^{12} | *τῶν κτηνῶν*] pr *παντων* 72 509 319 ^{Lat}cod 104 Aeth; *τα κτηνη* 376 125 | *μοι* 833 G 417-616* 125* *f* n^{-127} 628 646 = Compl | *οἱ Λευῖται*] *οι λευειται* B* V G 127; *οι λεβειται* 767; om *οἱ* 52′-313 75; > 72 | *ἐγὼ κύριος*] pr *quia* Aeth Arm; *λεγει κυριος* 16-46; > 75

46 om *καί* 1° Compl | om *τά* 392* | *τριῶν* — *διακοσίων*] $\overline{σογ}$ 126; > $Aeth^M$ | *τριῶν*] pr *των* (*τω* 127*) V 833 82 $d^{(-44)}$ *f n* 30′-130^{mg}-$321'^{mg}$ *t* 318 799 = Compl; *τρεις* B* 376; *ποιων* 52′-313 | *καί* 2°] > 417; ⌒3° Arm^{ap} | *ἑβδομήκοντα καὶ διακοσίων*] $\overline{σο}$ 107′-125; om *καί* 318*(|) | *διακοσίων*] *-σια* 53′; *-σιοι*

---

46 *καὶ τὰ λύτρα*] *καὶ τὰ ἀλλάγματα* F^b

πλεονάζοντες παρὰ τοὺς Λευίτας ἀπὸ τῶν πρωτοτόκων τῶν υἱῶν
47 Ἰσραήλ, ⁴⁷καὶ λήμψῃ πέντε σίκλους κατὰ κεφαλήν, κατὰ τὸ δίδραχμον
48 τὸ ἅγιον λήμψῃ, εἴκοσι ὀβολοὺς τοῦ σίκλου, ⁴⁸καὶ δώσεις τὸ ἀργύριον
49 Ἀαρὼν καὶ τοῖς υἱοῖς αὐτοῦ λύτρα τῶν πλεοναζόντων ἐν αὐτοῖς. ⁴⁹καὶ
ἔλαβεν Μωυσῆς τὸ ἀργύριον, τὰ λύτρα τῶν πλεοναζόντων, εἰς τὴν
50 ἐκλύτρωσιν τῶν Λευιτῶν· ⁵⁰παρὰ τῶν πρωτοτόκων τῶν υἱῶν Ἰσραὴλ
ἔλαβεν τὸ ἀργύριον, χιλίους τριακοσίους ἑξήκοντα πέντε σίκλους κατὰ

ABFMV (803 833) *O'' C''* *bdfnstx*$^{-527}$*yz* al verss

B* 376; *εικοσι(ν)* 52'-313 | *οἱ πλεονάζοντες*] *των πλεοναζοντων* (*πλεοναναζ.* 767; *-ζωντων* 54*) 833 *C''* *d*$^{(-44)}$ *n* 30'-130^{mg}-321'^{mg} *t* 319 646 Arm; *οι πλησιαζοντες* 53'; *οι πλεοναζουσι* 318; *quia superabundant* Bo; om *οἱ* 537; + *ησαν* 82 | *παρά*] *περι* F^{b}; > 707 | *λευειτας* B* V G 127; *λεβιτας* 610; *λεβειτας* 767 | *ἀπό*] pr *και* 52'-313; *αντι* 376 | om *τῶν* 2° 707

47 *καί*] > Aeth Arm; + *τα κτηνη* 618* | *λήμψῃ* 1° A B* F V G 509] *λημψει* 82; *ληψεται* 16-46; sine *μ* F^{b} rell | *πέντε σίκλους* F^{a}] > F 799 Aeth; tr 414 | *πέντε*] *παντος* 72; *V milia* ^{Lat}cod 100; + (※ G) *πεντε* O^{-58} = 𝔐 | *κεφαλας* Cyr I 317 | om *κατά* 2° 343 | *τό* 1°] *τον* 833; > 44 | *δίδραχμον*] *διδραγμον* (*δηδ.* 246*; *-δαγμ.* 130; *-μαν* 320; *-μα* 767) F 15-72-376-707 *C*-46-73'-414-417* *b* 610 56' n^{-127} 130 y^{-121} 18* 59 799 (sed hab Compl) = Ald; *διδραγχμον* 321'; *-μα* 30* Cyr I 317; *siclum* Sa⁴ | *τὸ ἅγιον*] *τον αγ.* 833 619*; [*s*]*ancti* ^{Lat}cod 104; *sanctitatis* Syh; > 616 | *λήμψῃ* 2° A B* F V 82 509] *και λημψεται* G; sine *μ* F^{b} rell; pr *και* V 376' 610 Sa Syh ↓: contra 𝔐; > ^{Lat}cod 100 | *εἴκοσι* — *σίκλου*] *οβολοι κ̄ ο σικλος* 126 | *ὀβολοὺς* (*οβουλους* 458) *τοῦ σίκλου* B V O^{-58txt} *d n t* x^{-619} 318 Cyr I 317 ^{Lat}cod 104 Aeth Arm Sa Syh] *obios siclos* ^{Lat}cod 100; *οβολοι* (*-λοις* 72 *f* Compl) *ο* (> 15-72 56-129 Compl) *σικλος* 833(vid) rell ↓

48 *δωσει* (*δοσει* 646) $C''^{-52'}$ ^{529c} 319 646 | *Ἀαρών*] pr *ο* 528 646 | *τους υιους* C^{-77} ^{529}-46 | om *λύτρα* — fin Arab | *λύτρα*] + *eorum* ^{Lat}codd 100 104; ⌒(49) 414 106 669 Aeth^{CH} | *ἐν* — (49) *ἀργύριον*] sup ras 610 | *ἐν αὐτοῖς*] *ab eis* Aeth^{-CH}; om *ἐν* 56* 509

49 om init — *πλεοναζόντων* Sa¹² | *μωσης* O^{-376}-72 313-417-615 *n* | *τὸ ἀργύριον*] om *τό* 551(|); > 318 | *τὰ λύτρα*] pr *και* 29 ^{Lat}cod 104; *redemptionis* ^{Lat}cod 100; om *τά* A 15 121 18 55 | *τά*] inc 833 | *τῶν* 1° — (50) *τῶν* 2°] bis scr 414 | *τῶν πλεοναζόντων*] pr *παρα* G-426 d^{-106} *f* 54' 343' *t* 646 799 Syh = Compl 𝔐; + (÷ G Syh) *εν αυτοις* *O* 314 Arm^{te} Syh: ex 48 | *εἰς τήν*] om *εἰς* 414(2°); om *τήν* 417(|) 53'; > 127 | *λυτρωσιν* 833 | *τῶν Λευιτῶν*] *των λευειτων* B* V G 127; *των λεβειτων* 767; > 458 | *τῶν* 2°] sup ras 6 litt 529

50 *παρὰ τῶν*] pr *των* 414(1°); > 619 | om *τῶν πρωτοτόκων* *b* (sed hab Compl) | om *τῶν* 2° 376 | *ἔλαβεν τὸ ἀργύριον*] pr *και* 767 ^{Lat}codd 100 104(vid) Aeth Arm Bo; > F 72 | *χιλίους* — *πέντε* B M' V 833 44' n^{-767} *t* x^{-619} 318 126 Arab

---

47 (*πέντε*) *σίκλους*] *ε̄ ἑξάγια* 56; *α' σ' στατῆρες* 130-321' Syh | *κατὰ τὸ δίδραχμον*] *κατὰ* (> F^{b1}) *τὸ ἑξάγιον* F^{b} | *λήμψῃ* 2° — (48) *δώσεις*] *ο' καὶ λήψῃ κ̄ ὀβολοὺς* (absc 321) *τοῦ* (absc 321; *τους* 130*) *σίκλου* (*-λους* 130*) *καὶ δώσεις α' λήψῃ κ̄ ὀβολῶν τὸν στατῆρα καὶ δώσεις σ' λήψῃ κ̄ νομισμάτων* (*-ματα* 344; *νομ*[. . . 321) *ὁ στατὴρ καὶ δώσεις θ' λήψῃ κ̄ ὀβολοὶ ὁ σίκλος καὶ δώσεις* 85'-321-344-346(nom absc) | *εἴκοσι* — fin] *εἴκοσι ξυλόκοκκα ὁλκὴ τοῦ σίκλου* 56 | *ὀβολούς*] *ξυλόκοκκα* F^{b} | *σίκλου*] *ἑβραϊστὶ ὁ σίκλος ἑξάγιον* F^{b}

τὸν σίκλον τὸν ἅγιον. [51]καὶ ἔδωκεν Μωυσῆς τὰ λύτρα τῶν πλεονα- 51
ζόντων Ἀαρὼν καὶ τοῖς υἱοῖς αὐτοῦ διὰ φωνῆς κυρίου, ὃν τρόπον συνέ-
ταξεν κύριος τῷ Μωυσῇ.
4 [1]Καὶ ἐλάλησεν κύριος πρὸς Μωυσῆν καὶ Ἀαρὼν λέγων [2]Λάβε τὸ 1 2
κεφάλαιον τῶν υἱῶν Καὰθ ἐκ μέσου υἱῶν Λευὶ κατὰ δήμους αὐτῶν,
κατ' οἴκους πατριῶν αὐτῶν, [3]ἀπὸ εἴκοσι καὶ πέντε ἐτῶν καὶ ἐπάνω 3
ἕως πεντήκοντα ἐτῶν, πᾶς ὁ εἰσπορευόμενος λειτουργεῖν ποιῆσαι
πάντα τὰ ἔργα ἐν τῇ σκηνῇ τοῦ μαρτυρίου. [4]καὶ ταῦτα τὰ ἔργα τῶν 4

ABFMV (803 833) *O'' C'' bdfnstx*$^{-527}$*yz* al verss

Arm Sa] *εξικοντα πεντε και τριακοσιοι και χιλιους* 799; *πεντε και εξηκοντα και* (> 19′ 53) *χιλιους και* (> *f* Compl) *τριακοσιους b f* = Compl; *͵γτξε* 107′-610; *XC milia CCCCLXV* ^{Lat}cod 100; *UCCCLX*[. . . ^{Lat}cod 104; om *χιλίους* 767; post *σίκλους* tr 72; (c var) *πεντε και εξηκοντα και τριακοσιους και χιλιους* (om *κ. χιλ.* 413 68) rell = 𝔐 Sam; pr *των* 319 | *σίκλους* = Tar] sub ÷ G Syh; > A = 𝔐 Sam | *τόν* 1°] ⌒2° 108*(c pr m) | *τὸν ἅγιον*] *των αγιων* G; *sanctitatis* Syh

51 *Μωυσῆς* 833] *μωσης O*$^{-376}$-72 *n*; + *το* (*τω* 767) *αργυριον* F *O' C'' b f* 127-458-767 30′-85′^{mg}-321′^{mg}-343-344$^{c\,pr\,m}$ 619 *y*$^{-121}$ *z* 59 319 646 799 ^{Lat}codd 100 104(vid) Aeth Arab Bo Syh = 𝔐 | *τὰ λύτρα τῶν πλεοναζόντων*] om *λύτρα τῶν* 646; > Arab | *τὰ λύτρα*] *redemptionis* ^{Lat}cod 100 Syh; om *τά C''* 319; > 458 30′; + *το αργυριον* 54 | *τῶν πλεοναζόντων*] sub ÷ G Syh = 𝔐 | *αυτων* 767 | om *διὰ φωνῆς κυρίου* 72 84^{txt}(c pr m) Sa^{12} | *τρωπω* 767 | *συνέταξεν*] pr *και* 131; *προσεταξεν* 58; *-ξατο* 550; *ενετειλατο* (*-λατω* V) F M′^{mg} V *O'*$^{-29\,58}$ *f* 85′^{mg}-321′^{mg} 619 392 *z* 59 646 799 = Compl↓ | *κύριος* — fin] *αυτω ο κυριος* 72; *κω̄ τω μωυση* 319*; *κυριος αυτω* 381′; *κυριος μωυσην* 707 | *Μωυσῇ*] *-σει* 46-550* 56 343 619 18-68′-120′ 59; *μωση* 833(vid) G-58 *n*; *μωσει* 426

4 1 *μωυση* 19 130; *μωσην* 833(vid) G-426 *n*; *μωση* 58; *μωσει* 72 | *καὶ Ἀαρών*] *και προς ααρων* 426 Arm = 𝔐 Sam; > 550^{txt} 424; post *λέγων* tr 551; + *fratrem eius* Bo

2 init — *υἱῶν* 1°] *separate filios* Aeth | *λάβε*] *λαβετε* (*-ται**) G | *τὸ κεφάλαιον*] *τον αριθμον* 130^{mg}-321′^{mg} ^{Lat}cod 100 Ruf *Num* IV 2 Arm; + *τον* 458 | *κααθ των υιων* 72 | *υἱῶν* 1°] ⌒2° 417 | *Καάθ*] *καθ* A 343 509; *gath* ^{Lat}cod 100; *gaath* Co | *υἱῶν Λευί*] pr *των* 58-376-707 528 246 74-76 392 126; *των λευει* 127; *levitarum* Sa^{12} | *λευει* B* V G 619$^{c\,pr\,m}$ 68′-120′ Sa^{4}; *λεβει* 767 | *κατά*] *τα* V | om *αὐτῶν* 1° 106 | *κατ'*] pr *και* G-426 106 Aeth Syh

3 *εἴκοσι* — *ἐτῶν* 1°] *κ̄ ετους* 458; *εικοσαετους* A | *εἴκοσι καὶ πέντε*] *πεντε και εικοσι* 55; *triginta* Arab = 𝔐; *εικοσαετους και πεντε b* | *καὶ πέντε*] pr *και* 134(‖); om *καί* 15 52′-313-414 *d*$^{-106}$ *n*$^{-458}$ 126 319 799; > ^{Lat}cod 104 | *ἐτῶν* 1°] ⌒2° 318 | om *καὶ ἐπάνω* Did *Ps* CVII 5 Sa^{4} | *ἕως*] pr *και* B F M′ V 833 *O*-29-707 19 *d*$^{-125}$ *t x*$^{-619}$ 392 *z* 59 799 Syh = Ra 𝔐 | *πεντήκοντα ἐτῶν*] pr (※ G^{c}vid; ÷ G*) *υιου* G-376 18′-126-628-669 Syh = 𝔐; om *ἐτῶν* 127; tr 126; + *και επανω* 426 | *ὁ εἰσπορευόμενος*] *ο εκπορ.* V *d* 370 *y*$^{-121}$; *ο εισερχομενος O*$^{-58}$; *ο πορ.* 126; *qui proficiscitur* ^{Lat}codd 100 104 | *λειτουργεῖν*] ad fin tr *f*$^{-129}$ | *ποιῆσαι*] pr *et* ^{Lat}cod 100; *-σει* F^{b} *b* (sed hab Compl); *ποιη* 767 | *πάντα*] sub ÷ G Syh; > ^{Lat}cod 104 = 𝔐 | om *τά* 458 | *ἐν τῇ σκηνῇ*] *της σκηνης* V *f* 767 130^{mg}-321′^{mg}-344^{mg} 121 *z* 319 ^{Lat}codd 100 104 Bo; om *ἐν*

---

51 *συνέταξεν*] *ο′ οἱ λ′ ἐνετείλατο* 344

5 υἱῶν Καὰθ ἐν τῇ σκηνῇ τοῦ μαρτυρίου· ἅγιον τῶν ἁγίων. [5]καὶ εἰσελεύ-
σεται Ἀαρὼν καὶ οἱ υἱοὶ αὐτοῦ, ὅταν ἐξαίρῃ ἡ παρεμβολή, καὶ καθε-
λοῦσιν τὸ καταπέτασμα τὸ συσκιάζον, καὶ κατακαλύψουσιν ἐν αὐτῷ
6 τὴν κιβωτὸν τοῦ μαρτυρίου, [6]καὶ ἐπιθήσουσιν ἐπ' αὐτὸ κατακάλυμμα
δέρμα ὑακίνθινον, καὶ ἐπιβαλοῦσιν ἐπ' αὐτὴν ἱμάτιον ὅλον ὑακίνθινον
7 ἄνωθεν, καὶ διεμβαλοῦσιν τοὺς ἀναφορεῖς. [7]καὶ ἐπὶ τὴν τράπεζαν τὴν
προκειμένην ἐπιβαλοῦσιν ἐπ' αὐτὴν ἱμάτιον ὁλοπόρφυρον καὶ τὰ τρύ-

ABFMV (803 -833) *O''* *C''* *bdfnstx*$^{-527}$*yz* al verss

52 | τοῦ μαρτυρίου] > 707 Aeth Sa^{12}; + αγια των αγιων 55; + αγια των αγιων και εν τη σκηνη του μαρτυριου 458; ⌒(4) 319

4 om καί ^{Lat}codd 100 104 Bo^{A} = 𝔐 | ταῦτα] παντα 619* | τὰ ἔργα] τα ονοματα G; om τά 707* | τῶν υἱῶν] τοις υιοις 246*(cprm); om υἱῶν 321′ | Καάθ] καθ 509; *gath* ^{Lat}cod 100; *chat* ^{Lat}cod 104; *gaath* Co; inc 833 | ἐν B 833 58-707 *b d f*$^{-246}$ *n*$^{-767}$ *t x*$^{-619}$ 392 799 Cyr I 849 ^{Lat}codd 100 104 Aeth Arab Sa] pr (÷ G Syh) εκ μεσου (+ των 29-72 414 246 767 18 59) υιων λευ(ε)ι κατα δημους αυτων (om κ. δημ. αυτ. Bo) κατ οικους πατριων αυτων (> V Arm) rell: ex 2 | τοῦ — fin] om τῶν ἁγίων ^{Lat}cod 104; > *b* (sed hab Compl) | ἅγιον] αγια *d n*$^{-127*}$ *t* 646 Arm^{ap}; *sancti* ^{Lat}cod 100

5 om καί 1° 799 ^{Lat}cod 100 | εἰσελεύσεται B *O*$^{-58}$-72 *d n t x*$^{-619}$ Cyr I 849 ^{Lat}codd 100 104 Sa Syh] εισελευ^{στ} 126; -λευσονται rell = Tar^{P} | om οἱ 376 52′-313-528 246 75′ 619 68′-120-126 Cyr I 849 = Sixt | ἐξαίρῃ] -ρειν 458; εξαρη (-ρει 77 19′ 319) G-82 *C''* *b* 730 319 | ἡ 803(vid)] > 458 | τὸ συσκιάζον] τον συσκ. 82; το σκιαζον 320 *s* 126 416*; *quo conteguntur sancta* Ruf *Num* IV 2 | καί 4° 803] >319 | κατακαλύψουσιν] καταληψ. V 53′; καταλειψ. (-λυψ. 618 610) 618* 44-125-610; *coperiet* ^{Lat}cod 104 | ἐν αὐτῷ] εαυτω 767* | τὴν κιβωτόν 803] την σκηνην A V 833 *C''*$^{-528}$ 125-610 730 76 18 319 424; τη σκηνη 528 | τοῦ μαρτυρίου] *testamenti* ^{Lat}cod 104

6 καί 1° 803] ⌒2° Aeth^{M} | ἐπ' αὐτό] εαυτω 767*; εν αυτω 72 767^{c} 59 799 | ἐπ' 1°] sup ras 4 litt 707 | αὐτό 803] αυτω 707 *C''* *d* 54′-458 30 134 628 319 424 646; αυ[... 833; αυτη 537; αυτην 343; > ^{Lat}cod 104 | κατακάλυμμα] pr το 127 343; pr τα 54; τα καλυμματα *C''* 319; καταλυμα 71; καλυμμα 126 55; > 833(vid) *b* 130 ^{Lat}codd 100 104 Arab (sed hab Compl) | δέρμα] -ματα 319; -ματινον *f*$^{-246}$ = Compl; > 767 | ὑακίνθινον 1°] -θινα 319; + ανωθεν 458 55 Bo | καί 2° — ὑακίνθινον 2°] pr και 761(|); > 537 ^{Lat}cod 104; bis scr 108 ^{Lat}cod 100; om καί 68 | ἐπιβαλοῦσιν] επιβαλλ. 53 767 319; επιθησουσιν 509 | ἐπ' αὐτήν = Sam] επ αυτο 29; επ αυτον 528 75; *super ea* Aeth; εν αυτη 767; sub ÷ G Syh; > 58 = 𝔐 Tar; post ἱμάτιον tr 376 | ὅλον — (7) ἱμάτιον] bis scr 71 | om ὅλον 108(2°) 343 ^{Lat}cod 100(1°) | ὑακίνθινον 2°] πορφυρουν 53′; > Arab | om ἄνωθεν 19 Aeth Bo | διεμβαλοῦσιν] -βαλλουσι(ν) 53 767 74 319; διαβ. *b* (sed hab Compl); εμβαλ. 376 126-628*; διεκβαλ. 71(2°); επιβαλ. 246 | τούς] τας 376 | ἀναφορεῖς] -ριεις 314; [α]ρτηρας 803; + *ab ea* Bo; + αυτης *O f* Arab Syh = Compl 𝔐

7 om καί 1° 417 *b* Arab (sed hab Compl) | προκειμένην 803] προσκιμ. V; κειμ. 126 | ἐπιβαλοῦσιν] pr και *b* 106 (sed hab Compl); -βαλλουσιν 53 767 319

---

4 5 τὸ συσκιάζον] ο′ θ′ τὸ συσκιάζον σ′ τὸ τῆς σκέπης 344; α′ τοῦ παρατανυσμοῦ (-νουσμου 130-346) 85′(s nom)-321′-344

6 ὑακίνθινον] βενε^{τ} (= *venetum*) F^{b}

βλια καὶ τὰς θυίσκας καὶ τοὺς κυάθους καὶ τὰ σπονδεῖα, ἐν οἷς
σπένδει· καὶ οἱ ἄρτοι οἱ διὰ παντὸς ἐπ᾽ αὐτῆς ἔσονται. [8]*καὶ ἐπιβα-* 8
λοῦσιν ἐπ᾽ αὐτὴν ἱμάτιον κόκκινον, καὶ καλύψουσιν αὐτὴν καλύμματι
δερματίνῳ ὑακινθίνῳ, καὶ διεμβαλοῦσιν δι᾽ αὐτῆς τοὺς ἀναφορεῖς.
[9]*καὶ λήμψονται ἱμάτιον ὑακίνθινον, καὶ καλύψουσιν τὴν λυχνίαν τὴν* 9
φωτίζουσαν καὶ τοὺς λύχνους αὐτῆς καὶ τὰς λαβίδας αὐτῆς καὶ τὰς
ἐπαρυστρίδας αὐτῆς καὶ πάντα τὰ ἀγγεῖα τοῦ ἐλαίου, ὅσοις λειτουρ-

ABFMV (803) *O'' C'' bdfnstx*$^{-527}$*yz* al verss

799; *βαλουσιν* 126 | *ἐπ᾽ αὐτήν*] om *ἐπ᾽* 314; sub ÷ G; > 58 Aeth Arm Bo = 𝔐; post *ἱμάτιον* tr 376 | *αὐτήν*] ⌒(10) 1° 669^{txt} | *ἱμάτιον ὁλοπόρφυρον*] sub ※ (÷*) G(mend); tr *n* | *ἱμάτιον* 803] pr *ολον* 529*; *super vestimentum* ^{Lat}cod 94 | *ὁλοπόρφυρον*] pr *ολον* 509 121; *ολον πορφυρουν* (*-ρον* 707) F 707 *C''*$^{-529*}$ 319; *πορφυρουν ολον d t*; *πορφυρουν* 529* *b* 30 ^{Lat}codd 100 104; *υ[α]κινθι[νον]* 803 | *καί* 2°] pr ※ Syh; > G*(c pr m); + (※ G) *δωσουσιν επ αυτης* (*[αυ]την* 803) 803 *O* 767 Arab Syh = 𝔐 | *τὰ τρύβλια*] om *τά* 18-628; + *και τα πυξινα* 58 | om *καί* 3° — *διά* 618^{txt} | *τὰς θυίσκας*] *τους θυισκας* 610; et *τοὺς κυάθους* tr 509 | *καί* 4°] ⌒5° 646 | *τούς*] *τας* 319 | *κυάθους* 803] *κυεθους* B*; *κυανθους* 84; *σκιαθους* 53; *κυασθους* 458^{c}(vid); *κναθους* (*κναδ.* 610) 107'-125; [. . . .]*μους* 551 | *σπονδεῖα*] + *και τους κρατηρας των σπονδων* 127: cf 𝔐 | *ἐν οἷς σπένδει*] om *ἐν οἷς* 767; > Bo | *σπένδει*] *-δη* 58; *-δεις* 56-129; *-διεις* 53'; *σπενδειν* 71; *-δουσι* Cyr I 849 ^{Lat}codd 100 104 Syh; *libabunt* Arm; *σπευδει* 54; + *εν αυτοις* 803 *d n t* | *οἱ διὰ παντός*] bis scr 73 | *οἱ* 2°] *ενωπιον d t*; > F$^{c\,pr\,m}$ F^{b} 550*(c pr m) 127 ^{Lat}codd 100 104 (sed hab Aug *Num* 7); + *ενωπιον* 799 | *διὰ παντός*] post *αὐτῆς* tr ^{Lat}cod 100 | *ἐπ᾽ αὐτῆς*] *επ αυτηι* 803; *επ αυτην* 707 121; *επ αυτοις* 414-616* 314 509 669$^{(mg)}$ 319; *εν αυτη* 75; *επλαιτοις* 54; > 413; ad fin tr 528

8 *επιβαλλουσιν* 53 767 30 319 799 | *ἐπ᾽ αὐτήν* 803(vid)] *επι αυτην* 619; *επ αυτη* 54-75; > Bo | *κόκκινον*] pr *purpureum* Bo; *πορφυρουν* 314; + *ολον* 127 318; + (※ G Syh) *διαφορον* (*διφ.* V) V *O*$^{-58}$ 767 Syh = 𝔐 | om *καί* 2° G | *κατακαλυψουσιν* V | *αὐτήν* 2°] pr *επ* 413 128-669$^{(mg)}$; *αυτο* 417$^{c\,pr\,m}$ | *καλυμα δερματινον υακινθινον* 669$^{(mg)}$ | *καλύμματι*] *-τα* 319; > Bo | *δερματι* (*-μα* 458) *b n*$^{-767}$ Bo (sed hab Compl) | *καί* 3°] ⌒(9) 2° Sa; ⌒(12) 4° 129^{txt}(c pr m) | *διεμβαλοῦσιν*] *-βαλλουσι(ν)* 767^{c} 319; *εμβαλουσι(ν)* 29 *f*$^{(-129txt)}$ 75-127 126 = Compl; *διαβαλουσι* (*-λλουσι* 59^{c}) 72 59 | *δι᾽ αὐτῆς* B F^{a} V 803(vid) *d*$^{-610}$ *f*$^{(-129txt)}$ *n*$^{-767}$ *t x*$^{-619}$ 318 Cyr I 852 ^{Lat}cod 100 Arm] *δι αυτους* 610; om *δι᾽* 767; ad fin tr 58-72 59 Bo; > F rell = 𝔐 | *τούς*] pr *αυτου* 799 ^{Lat}codd 91 92 94 — 96; bis scr 610 | *ἀναφορεῖς*] *-ριεις* 131 85*(vid); *αρτηρας* 803; + *αυτης* (*-τοις* 319*) A F M' *O''*$^{-58\ 72}$ *C''*$^{-52'}$ *b s* 619 *y*$^{-318}$ *z*$^{(-669txt)}$ 55 319 646 799 Syh = 𝔐

9 *λήμψονται* A B* F V G-82 509] sine *μ* F^{b} rell | *ὑακίνθινον* 803] > M' | *καί* 2° 803] > 319 Bo | *κατακαλυψουσιν* V | om *τήν* 1° 669$^{(mg)}$ | *λυχνίαν*] *οικιαν* 799 | *τὴν φωτίζουσαν*] *[τη]ς φαυσεως* 803: cf 𝔐; *του φωτος b* (sed hab Compl) | *λύχνους*] pr *δυο* M^{mg} 54-75' 416 Arm ↓ | *αὐτῆς* 1°] > 125; ⌒2° 318 59 | *λαβίδας*] *λοβ.* V; *λιβαδας* 509; et *ἐπαρυστρίδας* tr Compl | *αὐτῆς* 2°] ⌒3° 628 Bo | om *καί* 5° ^{Lat}cod 100 | om *τάς* 2° 509 | *ἐπαρυστρίδας*] *-ρισας* 319; *επανοιστρ.* 72 | om *αὐτῆς* 3° 72 | om *πάντα* Bo | *ἀγγεῖα*] *αγια* A 58-72

---

9 *λύχνους*] *τινὰ μὲν τῶν ἀντιγράφων ἀπροσδιορίστως ἔχει τοὺς λύχνους μὴ προσκειμένου τοῦ δύο* M 130 | *τὰς ἐπαρυστρίδας*] *οἱ λ' turibula* (*pyrm'*) Syh | *λειτουργοῦσιν ἐν αὐτοῖς*] *ο' οἱ λ' λε⟨ι⟩τουργήσουσιν αὐτῇ ἐν αὐτοῖς* 344

10 γοῦσιν ἐν αὐτοῖς, [10]καὶ ἐμβαλοῦσιν αὐτὴν καὶ πάντα τὰ σκεύη αὐτῆς
εἰς κάλυμμα δερμάτινον ὑακίνθινον, καὶ ἐπιθήσουσιν αὐτὴν ἐπ᾽ ἀνα-
11 φορέων. [11]καὶ ἐπὶ τὸ θυσιαστήριον τὸ χρυσοῦν ἐπικαλύψουσιν ἱμάτιον
ὑακίνθινον, καὶ καλύψουσιν αὐτὸ καλύμματι δερματίνῳ ὑακινθίνῳ, καὶ
12 διεμβαλοῦσιν τοὺς ἀναφορεῖς αὐτοῦ. [12]καὶ λήμψονται πάντα τὰ σκεύη
τὰ λειτουργικά, ὅσα λειτουργοῦσιν ἐν αὐτοῖς ἐν τοῖς ἁγίοις, καὶ ἐμβα-
λοῦσιν εἰς ἱμάτιον ὑακίνθινον, καὶ καλύψουσιν αὐτὰ καλύμματι δερμα-
13 τίνῳ ὑακινθίνῳ, καὶ ἐπιθήσουσιν ἐπὶ ἀναφορεῖς. [13]καὶ τὸν καλυπτῆρα

ABFMV (803) *O''* *C''* *bdfnstx*$^{-527}$*yz* al verss

d 53′-56-129$^{(\text{mg c1})}$ 54-767 *t* 71 318 | *ἐλαίου* B V 44′ *n t x*$^{-619}$ Cyr I 852 ^{Lat}cod 100 Aeth Arm Co] *ελαιους αυτης* 392; + *αυτης* rell = 𝔐 | *ὅσοις*] *οσοι* A 72 551 30′ 121 18 59; *οσα* 529 *b* ^{Lat}cod 100(vid); *οις* B M′^{txt} V 509 318 Cyr I 852 = Ra; *εν οις d n t* 71; > 53′-56-129$^{(\text{mg})}$ | *λειτουργησουσιν* (*λιτ.* G) *O*$^{-58}$ 53′-56-129$^{(\text{mg})}$ Arm^{te} = Compl ↓ | *ἐν* — (10) *ἐμβαλοῦσιν*] bis scr V | *ἐν αὐτοῖς*] pr *αυτη O* Syh ↓; *αυτην* 53′-56-129$^{(\text{mg})}$(vid) Aeth; *αυτη* 392 68′-120′ 799 (sed hab Ald); *in illo* ^{Lat}cod 100; om *ἐν* F 82(|) 528 246

10 *ἐμβαλοῦσιν*] *-λλουσιν* (*εβ.* 30) 53 767 30 319; *παρεμβ.* 68′-120′ (sed hab Ald) | *αὐτήν* 1°] *in illum* ^{Lat}cod 100 | *πάντα*] *ταυτα b* (sed hab Compl) | om *αὐτῆς* 53′ Sa = Tar^{O} | om *εἰς* 72 | *δερμάτινον*] pr *υακινθινον* 246*; *-τιον* 75′ 619; post *ὑακίνθινον* tr 799 | *ὑακίνθινον*] > 314 59; ⌒(11) 68 | *καί* 3° — (12) *ὑακινθίνῳ*] *και καλυψουσιν την λυχνιαν την φωτιζουσαν* 628*: ex 9; > 628^{c} | om *καί* 3° — fin 458 | *ἐπιθήσουσιν*] *tollent eam portantes* Bo | *αὐτήν* 2°] pr *επ* 53′ 346* 84 318*; *αυτο C''* 730 319 ^{Lat}cod 100; sub ÷ G; > 58 59 = 𝔐 | *ἐπ᾽ ἀναφορέων*] *επι αναφ.* V 15; *επ αναφορων* 343-344^{c}; *επανω φορεων* 417 767

11 om *ἐπί* 730(|) | *τὸ χρυσοῦν*] pr *και* 58-72 59*; *το χρυσον* V* | *ἐπικαλύψουσιν*] *καλυψουσιν* 618 126; *εκπετασουσιν* 426; *εμβαλουσιν* 58^{mg}(vid); *et imponens* ^{Lat}cod 100 (sed hab Aug *Num* 8); *επιθησουσι(ν)* (+ *επ αυτην* 53) V 29 *b f*$^{(-129\text{txt})}$ 619 Bo = Ald | *ἱμάτιον* — *καλύψουσιν*] pr *και* 318; > 417: homoiot | *ὑακίνθινον*] . . .]*ινα* 803 | *καί* 2°] ⌒3° 767 | *καλύψουσι(ν)* B 803 *O*$^{-58}$ *d n*$^{(-767)}$ *t x*$^{-619}$ 126 Cyr I 852] *επικαλ.* rell | *αὐτό*] *αυτω* 381′-707* 131-500′-528-529-616* 343 | *καλύμματι*] pr *εν* 321′^{mg} = 𝔐; *καλυμμα* 59; *κατακαλ.* 15; > 707 *b* Aeth (sed hab Compl) | *δερματίνῳ* 803] *-ματι* A 707 *b n*$^{(-767)}$ Aeth (sed hab Compl); > 56^{txt} | *ὑακινθίνῳ*] *-θινον* 528; > Sa; ⌒(12) 72(|) | *διεμβαλοῦσιν*] *-βαλλουσι(ν)* (*διαεμβ.* 319) 53′ 767 319; *εμβαλ.* (*ενβ.* G) F V 803 G* 77 *d* 130-321′ *t* 18-126; *επικαλυψουσι* 529 | *τούς*] *τας* 376 | *ἀναφορεῖς*] *-ριεις* 131; *αρτ[ηρας]* 803 | *αὐτοῦ*] *αυτης* 381*(vid) 19 767 55; *αυτους* 30; > 29; + *per illud* Bo

12 *λήμψονται* A B* F V 803(vid) G-82 509] *καλυψουσιν* 458; sine *μ* F^{b} rell | om *τὰ λειτουργικά* Arab | *ὅσα* 803] *εις α* F; + *αν* 82 318 | *λειτουργοῦσιν* 803] *-γησουσιν* (*λειτουγ.* 664; *λιτ.* G) *O*$^{-58}$ *f*$^{(-129\text{txt})}$ 127 121 = Compl; *convivunt* ^{Lat}cod 100 | *ἐν τοῖς ἁγίοις*] *εν τω αγιω* V = 𝔐; om *ἐν* 125; > Aeth | *καί* 2°] ⌒3° 54 | *ἐμβαλοῦσιν*] *-βαλλουσιν* 53 767 319; *εκβαλ.* 52; *θ̣η̣σουσιν* 803; + *τους αναφορεις* 458 | *εἰς* 803] > 58 528 *b* 318 ^{Lat}cod 100 (sed hab Compl) | *ἱμάτιον ὑακίνθινον*] *vestimenta hyacinthina* Arm | *ἱμάτιον*] *-τινον* 761; *vestimentum totum* ^{Lat}cod 100 | *καί* 3° 803] ⌒4° Sa | *καλύψουσιν* 803] *κατακαλ.* *d* 54-75′ *t* | *αὐτά*] *αυτο* F$^{\text{c pr m}}$ Aeth Arm; > *b* ^{Lat}cod 100 (sed hab Compl) | *καλύμματι*] *καλυμμα* 59; post *δερματίνῳ* tr 414; > Aeth | *δερματίνῳ* 803] *δερματι* (bis scr 118′) A *b n* Aeth (sed hab Compl); post *ὑακινθίνῳ* tr 376 | *ὑακινθίνῳ* 803] *-θω* 392; > 509 | *θησουσιν* 126 | *ἐπὶ ἀναφορεῖς*] *επ αμφοτερεις*

ἐπιθήσει ἐπὶ τὸ θυσιαστήριον, καὶ ἐπικαλύψουσιν ἐπ' αὐτὸ ἱμάτιον
ὁλοπόρφυρον, [14]καὶ ἐπιθήσουσιν ἐπ' αὐτὸ πάντα τὰ σκεύη, ὅσοις 14
λειτουργοῦσιν ἐν αὐτοῖς, καὶ τὰ πυρεῖα καὶ τὰς κρεάγρας καὶ τὰς
φιάλας καὶ τὸν καλυπτῆρα καὶ πάντα τὰ σκεύη τοῦ θυσιαστηρίου·
καὶ ἐπιβαλοῦσιν ἐπ' αὐτὸ κάλυμμα δερμάτινον ὑακίνθινον, καὶ διεμ-
βαλοῦσιν τοὺς ἀναφορεῖς αὐτοῦ. καὶ λήμψονται ἱμάτιον πορφυροῦν, καὶ
συγκαλύψουσιν τὸν λουτῆρα καὶ τὴν βάσιν αὐτοῦ, καὶ ἐμβαλοῦσιν αὐτὰ

ABFMV (803) *O'' C''* *bdfnstx*$^{-527}$*yz* al verss

458; [επ] ạρτηρος 803 | ἐπί] επ F M' *O'*-72 422 *b d* 56-129-246$^{c\ pr\ m}$ *n*$^{-458}$ 74'-76'-84$^{c\ pr\ m}$ *x y*$^{-121}$ *z* 55 59 646; > 53'-246* 84*; ⌒(13) 30

13 init — ἐπιθήσει] pr *et removebunt cinerem* Aeth^{C}; pr και εκσποδιασουσιν το θυσιαστηριον 15: cf 𝔐; και επιθησεις τον καλυπτηρα A | ἐπιθήσει] -σεις V G 509 121^{c}-392 18'-126-628-669 646 799; -σουσι(ν) (-θυσουσιν 320) M^{mg} *C'' d n* 85^{mg}-346^{mg}-730 *t* 319 416 Cyr I 852 ^{Lat}cod 100 Aeth Arm Bo = Compl | ἐπὶ τὸ θυσιαστήριον] om τό 85; > ^{Lat}cod 100; + το χαλκουν 15 | ἐπικαλύψουσιν] καλυψ. 126; κατακαλ. (καταλ. 127*) *d n t*; επιθησουσιν (-θυσουσιν 376) *O*-29 Bo Syh ↓ | om ἐπ' 739 | αὐτό] αυτω 58^{c}-376-381* 57-414-528-550'-616^{c} 246* 54*-458-767 30-343 319 646; αυτον 52 *b* (sed hab Compl) | ἱμάτιον — (14) αὐτό 1°] bis scr 126

14 καὶ ἐπιθήσουσιν 1°] και θησουσιν 126; bis scr 761*(|) | ἐπ' 1° — αὐτοῖς] bis scr 107'-125 | αὐτό 1°] αυτω 58 *C''*$^{-16\ 46\ 52*\ 77}$ 108 767 30-343 76 509* 318*(vid) 319 646; αυτου 458 | om πάντα 1° 44 126 Arm | σκεύη 1° B 72 *d n t x*$^{-619}$ Cyr I 852 ^{Lat}cod 100 Arm Bo] + αυτου rell = 𝔐 | ὅσοις] οσοι A *C''*$^{-16\ 46\ 77\ 528\ 529c}$ 19' 121 126 59; οσα 16-46-77-529^{c}; οις 318; εν οις F V *d f n t* ^{Lat}cod 100 = Compl; οις εις 426 | λειτουργοῦσιν] -γησουσιν 56'-129 121 = Compl; λιτουργησουσιν επ αυτο V; + επ αυτο (αυτω Cyr Sixt) B *O*$^{-58}$ *x*$^{-619}$ Cyr I 852 Arm Syh = Ra 𝔐; + αυτοι *b* | ἐν αὐτοῖς] εαυτοις 528; *ad aram* ^{Lat}cod 100; + επ αυτο 44'-125(2°) 127 *t* Sa; + επ αυτων *n*$^{-127}$ | καί 2°] ⌒3° 767 | om καί 3° 106 = 𝔐^{L} Sam | τάς 1°] τους 610 | om καί 4° 106 | om τάς 2° 19 | φιάλας] *itholas* ^{Lat}cod 100; ψαλας 551(vid); + και τας θυισκας 318 | καί 5° 803] > 106; ⌒6° Compl | τὸν καλυπτῆρα] την καλ. 59; τα σπ[ονδεια] 803; τον (> 53) λουτηρα *f*; *opercula* Arm; *lebetes et guttos* Aeth^{C} | θυσιαστηρίου 803] + *aerea* ^{Lat}cod 100 | ἐπιβαλοῦσιν] -βαλλουσιν V 53; βαλουσιν 126 | om ἐπ' 2° 68 | αὐτό 2°] αυτω 58 *C''*$^{-46\ 77\ 417}$ 767 30-343 619* 319 646; αυτου 458 121 | κάλυμμα 1° 803] -μματι 458; post δερμάτινον 1° tr 53' | δερμάτινον 1°] -τιον 616 458 68'-120 (sed hab Ald); post ὑακίνθινον 1° tr ^{Lat}cod 100 | ὑακίνθινον 1°] -θινω 75; + και επιθησουσιν αυτου 618*; ⌒2° 376 53' | διεμβαλοῦσιν] διαβ. 458; διαβαλλ. 767; εμβαλουσι(ν) A 121 126 59 | τούς] pr επ αυτω 458 Arm; τας 52 | αὐτοῦ 1°] pr επ 54-75; αυτης 707 30 509; > 64^{txt} 458 Arab Arm; + *per illud* Bo | καί 9° — fin] sub ÷ G Syh; > 58 Arab = Compl 𝔐 Tar | λήμψονται A B* F V G-82 509] sine μ F^{b} rell | καὶ συγκαλύψουσιν] και συγκατακαλ. 619 = Ald; και καλυψουσι 126; και λιψουσιν 767;

---

13 καὶ ἐπικαλύψουσιν (ἐπ' αὐτό)] ο' καὶ ἐπιθήσουσιν ἐπ' αὐτό α' καὶ ἐκπετάσουσιν ἐπ' αὐτό σ' καὶ ἐκτενοῦσιν ἐπ' αὐτό θ' καὶ περιβαλοῦσιν ἐπ' αὐτοῦ 344; ο' καὶ (> 130; absc 321) ἐπιθήσουσιν α' καὶ (absc 321) ἐκπετάσουσιν 130-321(nom absc)-346

εἰς κάλυμμα δερμάτινον ὑακίνθινον, καὶ ἐπιθήσουσιν ἐπὶ ἀναφορεῖς.
15 [15]καὶ συντελέσουσιν Ἀαρὼν καὶ οἱ υἱοὶ αὐτοῦ καλύπτοντες τὰ ἅγια
καὶ πάντα τὰ σκεύη τὰ ἅγια ἐν τῷ ἐξαίρειν τὴν παρεμβολήν, καὶ μετὰ
ταῦτα εἰσελεύσονται υἱοὶ Καὰθ αἴρειν, καὶ οὐχ ἅψονται τῶν ἁγίων,
ἵνα μὴ ἀποθάνωσιν· ταῦτα ἀροῦσιν οἱ υἱοὶ Καὰθ ἐν τῇ σκηνῇ τοῦ
μαρτυρίου.
16 [16]Ἐπίσκοπος Ἐλεαζὰρ υἱὸς Ἀαρὼν τοῦ ἱερέως· τὸ ἔλαιον τοῦ φωτὸς
καὶ τὸ θυμίαμα τῆς συνθέσεως καὶ ἡ θυσία ἡ καθ' ἡμέραν καὶ τὸ
ἔλαιον τῆς χρίσεως, ἡ ἐπισκοπὴ ὅλης τῆς σκηνῆς καὶ ὅσα ἐστὶν ἐν
αὐτῇ ἐν τῷ ἁγίῳ, ἐν πᾶσιν τοῖς ἔργοις.

ABFMV (-803) *O'' C'' bdfnstx*$^{-527}$*yz* al verss

> ^{Lat}cod 100 | om *αὐτοῦ* 2° ^{Lat}cod 100 | om *καί* 12° Bo | *ἐμβαλοῦσιν*] *εμβαλλ.* 767; *επιβαλ.* 246 | om *αὐτά* — *ἐπιθήσουσιν* 2° *b* (sed hab Compl) | *αὐτά*] *αυτο* B *x*$^{-619}$ 392 18'-126-669 Cyr I 852; *αυτω* 59*; *αυτον* 15 646; *αυτην* 319 ^{Lat}cod 100; inc 628 | *εἰς*] *et* ^{Lat}cod 100 | *δερμάτινον* 2°] *-τιον* 75' 619 68'-120 (sed hab Ald); > 56* | *ὑακίνθινον* 2°] *-θινα* 646 | *ἐπιθήσουσιν* 2°] *επιθουσιν* 376; *θησουσιν* 126; + *αυτου* 618* | *ἐπί*] *επ* M' *O'*$^{-58}$-72 46^{s} *b d f*$^{-246*}$ *n t x* 318 *z*$^{-126}$ 55 646; sup ras 57; > 246*(cprm) 126 | *ἀναφορεῖς* 2°] pr *τους* 528

15 *συντελέσουσιν*] *-σωσιν* 392; *-λουσιν* 53' 458; > Bo | *Ἀαρών*] bis scr 74* | om *οἱ* 1° 57 19 44 246 75 30 318 | *καλύπτοντες*] *-τοντα* 72; *κατακαλ.* 28; *καλυψουσιν* 29 Bo | *ἅγια* 1°] *αλλα* 319; + *των αγιων* 75; ⌒2° B^{txt} 528 18 Bo | *τὰ ἅγια* 2°] *sanctitatis* Arm Syh = 𝔐 | om *ἐν* 1° — *ταῦτα* 1° Arab | om *καί* 4° — *ἀποθάνωσιν* 64^{txt} | om *καί* 4° 19 Bo^{A} | *μετὰ ταῦτα*] *μετ αυτα* 767 | *εἰσελεύσονται*] *εξελ.* 318 | *υἱοί* 2° B *b* 56'-129 126 424 799 Cyr I 852] pr *οι* rell | *Καάθ* 1°] *καθ* 72 610 75 30 71-509* 68'-120* (sed hab Ald); *καατ* 127*(vid); *gaath* ^{Lat}cod 100 Co | om *αἴρειν* — *ταῦτα* 2° 319^{txt}(cprm) | *αἴρειν*] *αρειν* 616(sup ras) | om *καί* 5° 628(|) | *οὐχ*] *ουκ* B* 58 30 318 | *τῶν ἁγίων*] *τω αγιω* 126: cf 𝔐 | *αποθανονται* 767 | *ταῦτα* 2°] + *δε d t* | *ἀροῦσιν*] *αιρ.* 319* | om *οἱ* 2° 131-500'-529' *f*$^{-53}$ 126 799 = Compl | *Καάθ* 2°] *καθ* 313* 71; *gaath* ^{Lat}cod 100 Bo | *ἐν τῇ σκηνῇ*] *e tabernaculo* Aeth Arm

16 *ἐπίσκοπος*] pr *και* 29* Aeth Arm^{te} = 𝔐; *-ποι* 126 | *Ἐλεαζάρ*] *ελεαζ* 314; *eliazar* Arm↓ | *υἱός*] pr *ο* 392; *υιοις* 75; > 628 | *τό* 1°] pr *super* Aeth; + *δε* 376 | *ἔλαιον* 1°] *ελαιος* 376 509 | *καί* 1°] ⌒2° 84^{txt}(cprm) | *τὸ θυμίαμα*] pr *super* Aeth; *tura* Syh | om *τῆς* 1° — *χρίσεως* 528 | om *καί* 2° 130-321' | *ἡ* 1° — *ἡμέραν*] *super* (> Arm) *sacrificium quotidianum* Aeth Arm | om *ἡ* 2° 619 68' | *καθ' ἡμέραν*] *καθ ημερα* 376; *καθαρα* 646; *καθημερινη* 75' | *τό* 3°] pr *super* Aeth | *τῆς χρίσεως*] *του χρισματος* 72 | *ἡ* 3° — *σκηνῆς*] *et super totum tabernaculum praefectus* Aeth | *ἡ ἐπισκοπή*] pr *et* Sa; *et apparatum* Arm; *η επισκοπον* 376 | *ολη* F *b* 610* *f* 28-85'-321'-344* 71 59 319 799 (sed hab Compl) | *καί* 4° — *αὐτῇ*] *τη* V | *ὅσα*] pr *super* Aeth; *οσον* 53' | *ἐστὶν ἐν αὐτῇ*] post *ἁγίῳ* tr 53' | *ἐν αὐτῇ*] *εν αυτω* (*αυτο* G) G 458 509; *εν αυτιν* 376; om *ἐν* 730; > Aeth | *ἐν* 2°] pr *et quae* Arm | *ἐν* ult B *b d* 127-767 *t*$^{-84*}$ *x*$^{-619}$ 318 Bo] *και* 53'; > ^{Lat}cod 100; pr *και* rell = edd 𝔐 | om *πᾶσιν* Bo^{A} = 𝔐 | *ἔργοις*] *αγιοις* 29 Arm; + *sanctis* Bo; + (※ G Syh) *αυτου* *O*$^{-426}$ 646 Syh = 𝔐

---

16 init — *υἱός*] *σ' θ' visitatio eliazar filii* Syh

[17]*Καὶ ἐλάλησεν κύριος πρὸς Μωυσῆν καὶ Ἀαρὼν λέγων* [18]*Μὴ ὀλε-* 17 18
θρεύσητε τῆς φυλῆς τὸν δῆμον τὸν Καὰθ ἐκ μέσου τῶν Λευιτῶν·
[19]*τοῦτο ποιήσατε αὐτοῖς, καὶ ζήσονται καὶ οὐ μὴ ἀποθάνωσιν, προσπο-* 19
ρευομένων αὐτῶν πρὸς τὰ ἅγια τῶν ἁγίων· Ἀαρὼν καὶ οἱ υἱοὶ αὐτοῦ
εἰσπορευέσθωσαν, καὶ καταστήσουσιν αὐτοὺς ἕκαστον κατὰ τὴν ἀνα-
φορὰν αὐτοῦ, [20]*καὶ οὐ μὴ εἰσέλθωσιν ἰδεῖν ἐξάπινα τὰ ἅγια, καὶ* 20
ἀποθανοῦνται.
[21]*Καὶ ἐλάλησεν κύριος πρὸς Μωυσῆν λέγων* [22]*Λάβε τὴν ἀρχὴν τῶν* 21 22
υἱῶν Γεδσών, καὶ τούτους κατ' οἴκους πατριῶν αὐτῶν, κατὰ δήμους

ABFMV *O'' C'' bdfnstx*$^{-527}$*yz* al verss

17 *ἐλάλησεν*] *επελαλησε(ν)* (*επιλ.* 313) 52'-313; *ειπε* 125 | *μωυση* 19 799; *μωυσης* 551*; *μωσην* 426 *n*$^{-458}$; *μωσιν* 458; *μωση* 58; *μωσει* 72 | om *καὶ Ἀαρών* 29 30 392* 55 Sa

18 *ὀλεθρεύσητε* B*^{etc2} M 15-29-58 129-246 74-76' 55] *εξολ.* A; *ολοθρευθησηται* (-*σετε* 130*; -*σεται* 130^{c}) 53 130; *ολοθρ.* (c var) rell = edd | *τῆς φυλῆς*] *τη φυλη* 85'^{mg}-321'^{mg}; *την φυλην* (-*λιν* 30) 30 Aeth; *a tribu sua* Fac *Def* XII 3 Ruf *Num* IV 2; *την φωνην* 319; *της σκηνης* *C''*$^{-131c}$ 730; > Arm | *του δημου του* (> 321) 30-85'^{mg}-321'^{mg} 319 Aeth; *των δημων των* 767 | *τὸν Καάθ*] *του κααθ* 72-618*(vid) 77 537 53'-246 321^{txt}-730 669*(vid) 799; *gaath* ^{Lat}cod 100 Co | om *ἐκ μέσου* G* | *Λευιτῶν*] *λευειτων* V G 127; *λεβιτων* 54; *λεβειτων* 767; *πολειτων* B*

19 *τοῦτο* = Sam] pr *και* 739 *f* Aeth = Compl 𝔐 Tar | *ποιήσατε*] -*σεται* 319; -*σετε* 246; *ποιη*^{στ} 126 | *αὐτοῖς*] pr *εν* 537; *εαυτοις* *b*$^{-537}$ 127 (sed hab Compl); *αυτους* 343; *αυτοι* 458(|); > 75 509 | om *καί* 2° 628(|) Bo^{A} | *προσπορευομένων*] *προπορ.* 72 71; *πορευομ.* 126; -*μενος* 75 | *πρός*] *εις* 72-381' *C''* 125-610 54-75' *s* 509 126 799 | *τὰ ἅγια*] *sanctitatem* Aeth Arm | *Ἀαρών*] pr *et* Bo | om *καί* 3° 376 | om *οἱ* 82 44' 246 458 126 319 | *εἰσπορευέσθωσαν*] *προσπορ.* B V 82 551* 509 *y*$^{-121}$ 55 ^{Lat}cod 100 = Ra; *προπορ.* 72 71; *πορευεσθ.* 610; *ingredientur* Bo | *καταστήσουσιν*] -*σωσιν* M' ^{Lat}cod 100; -*στησον* 52'; -*στησεις* *b* (sed hab Compl); *καταθισουσιν* 68 | *αὐτούς*] *αυτοις* 618 | *ἕκαστον*] pr *ενα* *O* Arab Syh = 𝔐 Tar; *εκαστος* *f* 75 28 59 319 = Compl; + (※ G Syh) *επι την δουλ(ε)ιαν αυτου* *O* 767 Arab Syh = 𝔐 | *κατά*] *εις* *b* | *αὐτοῦ* 2°] *αυτων* 72

20 *εξελθωσιν* 73' | *εξαπινα ιδειν* 422 ^{Lat}cod 100 Fac *Def* XII 3 Aeth Arm Bo | *το αγιον εξαπινα* 628 | *τὰ ἅγια* B V 29 *x*$^{-619}$ 318 Bo Syh] *τα των αγιων αγια* 610; *sanctitatem sanctitatum* Arm; | *των αγιων* *d*$^{-610}$ *n t*; *το* (*τον* 52) *αγιον* rell | *ἀποθανοῦνται*] pr *ουκ* V 319; pr *ου μη* 417 318 55; *ου μη αποθανωσι(ν)* *d n t* ^{Lat}cod 100 Arm Bo

21 *μωυση* 19; *μωσην* G-64-426 77-131-500' *n*; *μωση* 58; *μωσει* 72

22 *λάβε*] + *tu* Arm | *τὴν ἀρχήν*] *την απαρχην* 319; *principem* ^{Lat}cod 100 | *Γεδσών*] *γεδων* 16*(c prm); *γεδεων* 15*-72-82-618 44 53'-56*-129 127* 74-76-84 71 68' 59 (sed hab Ald); *γεθσων* 75* 343 Arm; *getson* ^{Lat}cod 100; *γεδισων* 537; *γερσων* Compl; *γηρσων* *O*$^{-58}$ 767 Syh ↓ | *καί — αὐτῶν* 1°] om *καὶ τούτους* A 53' 392 55 Aeth Arm Sa; > F | *τούτους*] *τουτων* (-*τον* 75*) 75'-127 346^{mg}

---

19 *κατά* — fin] *ἐπὶ τὸ ἔργον αὐτοῦ* (absc 321) *καὶ ἐπὶ τὴν βασταγὴν αὐτοῦ* 130-321' 128

22 *τὴν ἀρχήν*] *τὸ κεφάλαιον* 130-321' 128 | *Γεδσών*] *ο' οἱ λ' Γηρσών* 344

23 αὐτῶν· ²³ἀπὸ πεντεκαιεικοσαετοῦς καὶ ἐπάνω ἕως πεντηκονταετοῦς
ἐπίσκεψαι αὐτούς, πᾶς ὁ εἰσπορευόμενος λειτουργεῖν καὶ ποιεῖν τὰ
24 ἔργα ἐν τῇ σκηνῇ τοῦ μαρτυρίου. ²⁴αὕτη ἡ λειτουργία τοῦ δήμου τοῦ
25 Γεδσὼν λειτουργεῖν καὶ αἴρειν· ²⁵καὶ ἀρεῖ τὰς δέρρεις τῆς σκηνῆς
καὶ τὴν σκηνὴν τοῦ μαρτυρίου καὶ τὸ κάλυμμα αὐτῆς καὶ τὸ κάλυμμα
τὸ ὑακίνθινον τὸ ὂν ἐπ᾽ αὐτῆς ἄνωθεν καὶ τὸ κατακάλυμμα τῆς θύρας

ABFMV *O''* *C''* *bdfnstx*$^{-527}$*yz* al verss

319 ^{Lat}cod 100; τους 56′-129 *x*$^{-619}$ 121 18 = Compl; > 799 | κατ᾽ οἴκους] *secundum nomina* Arm^{te} | αὐτῶν 1°] + κατ οικους πατριων 458; ⌒2° A *d t* 392 | κατά] pr και 58 71 799 Aeth; και 458 | δημων 458

23 πεντεκαιεικοσαετοῦς] εικοσ. 77; δη και κ̄ ετους G*; ε̄ εικοσαετους 75; κε̄ ετων 107′-125 458 319; τριακονταετους 426 767 Arab = 𝔐 | καί 1° — πεντηκονταετοῦς] > 53 30′ 59 Syh: homoiot; bis scr 28-85 | ἐπάνω] + (※ G) εκει *O*$^{-426}$: contra 𝔐 | ἕως] pr και 58-426 *b*$^{-537}$ 319 ^{Lat}cod 100 (sed hab Compl) = 𝔐^{mss} Sam Tar^{P} | πεντηκονταετοῦς] πεντικοντα 799; πεντηκοντα ετων *b n*$^{-127}$ 319 (sed hab Compl); ετων ν̄ 126 | ἐπίσκεψαι B M′ V 127 *x*$^{-619}$ Co] pr και *d*$^{-610}$ *n*$^{-127}$ *t* Arm; και επισκεψον 610; -ψεσθε 19; επισκεψασθαι (pr και 30) A G-15-376-*oII*$^{-707}$ *C*-46-414*-417-551 53-246 30-343 *y* 18-126 55 59 319; -ψασθε rell | πᾶς] pr και 319 ^{Lat}cod 100 | εκπορευομενος 52′-313-414-417 392 59; πορευομενος 126 | λειτουργεῖν καί] om καί B *x*$^{-619}$ Arm Sa = 𝔐; > Aeth Arab | λειτουργεῖν] + (※ G Syh) λειτουργιαν (λιτ. G) *O*$^{-58}$ 767 Syh = 𝔐 | ἔργα] + αυτου B V 29 *b d f n* 130^{mg}-321′^{mg} *t x*$^{-619}$ 318 319 ^{Lat}cod 100 Bo = Ra | ἐν τῇ σκηνῇ] της σκηνης A 121 *z* Arm (sed hab Ald) | μαρτυρίου] ⌒(25) 1° 129^{txt}(c pr m)

24 αὕτη] pr *et* ^{Lat}cod 100; αυτου 610; ⌒(28) 343 | om ἡ 319 | τοῦ δήμου τοῦ] των υιων 18 Aeth^{M} Arab Sa^{12} | τοῦ 1°] > 509; ⌒2° 130-321′ | τοῦ Γεδσών] *getson* ^{Lat}cod 100; *gethson* Arm | τοῦ 2°] των *C''*$^{-52\ 417\ 528\ 552}$ 44 767 30 134 71 392 126 424 646; > A G-376 52-417-552 *b* 125 *f*$^{(-129txt)}$ *n*$^{-767}$ 121 55 | Γεδσών] γεδεων 72-82-618 77 44 53′-56* 127* 74-76-84 71 68′ 59 424 (sed hab Ald); γεδ[.]ων 500; γεδισων 537; γεγδσων 19; γερσων Compl; γηρσων *O*$^{-58}$ Syh ↓ | λειτουργεῖν] *quod facient* Sa^{4}; + λειτουργιαν 15 318 | καὶ αἴρειν] > Sa^{12}; + τα σκευη *b* (sed hab Compl)

25 om καὶ ἀρεῖ *f*$^{(-129txt)}$ 509 55 ^{Lat}cod 100 Aeth | ἀρεῖ τάς] αρειται 59; αιρειται 72 | ἀρεῖ] αρεις 426 54-75′; αρειν 730; αρρει 131^{txt}-739; *tollent* Arm Sa^{4} = 𝔐 | τὰς δέρρεις] τους δερρεις 18; πας δερρ(ε)ις 107′-125; τα σκευη δερρ. 71; τα σκευη B^{c} 509; *sagestra* ^{Lat}cod 100 | om καὶ τὴν σκηνήν G 75 68′-120′ Arab Sa^{12} (sed hab Ald) | om καί 3° — καί 4° ^{Lat}cod 100 | κάλυμμα 1°] κατακαλ. A B^{c} F M′ 58-64-381 *C''*$^{-52\ 77*\ 320\ 414\ 528}$ 56-129-246^{c} *n*$^{-75}$ *s*$^{-321*\ (343)}$ 318 59 = Compl; καταλυμμα (-λημμα 509*) 72-618 52-77*-528 75 509; καταλυμα 71; καταπετασμα 246* | αὐτῆς 1°] *eorum* Sa^{12}; > 53 | κάλυμμα 2° B M′ V 426-707 *b* 121 68′-120′-126-669 55 319] καταλυμα 71; καταλυμμα 72-82-618 52 106-107 75′ 509 392*; κατακαλ. (κατακατακαλ. 313) rell; + *eius* Arm^{te} | ἐπ᾽ αὐτῆς B* F V *C''* *s*$^{(-343)}$ 319] επ αυτου 75′; επ αυτην A M′ 29-58-72-*oI f* 71 *y*$^{-392}$

---

23 λειτουργεῖν — ἔργα] εἰς δύναμιν δυναμικὴν εἰς τὸ ὑπηρετῆσαι ὑπηρεσίαν 130(ind ad (24) λειτουργία)-321′(ind ad (24) λειτουργεῖν) 128

24 ἡ λειτουργία] ἡ μαρτυρία 58 | Γεδσών] ο′ οἱ λ′ Γηρσών 344

25 κάλυμμα 2°] τὸ σαμ′ ἐπίσπαστρον καὶ δέρματα ὑακίνθινα ἅτινα καλεῖ τὸ ξ

τῆς σκηνῆς τοῦ μαρτυρίου [26]καὶ τὰ ἱστία τῆς αὐλῆς, ὅσα ἐπὶ τῆς 26
σκηνῆς τοῦ μαρτυρίου, καὶ τὰ περισσὰ καὶ πάντα τὰ σκεύη τὰ λει-
τουργικά, καὶ ὅσα λειτουργοῦσιν ἐν αὐτοῖς ποιήσουσιν. [27]κατὰ στόμα 27
Ἀαρὼν καὶ τῶν υἱῶν αὐτοῦ ἔσται ἡ λειτουργία τῶν υἱῶν Γεδσὼν κατὰ

ABFMV *O'' C''* *bdfnstx*$^{-527}$*yz* al verss

55 59 646 = Compl; > ^{Lat}cod 100; *επ αυτη* rell | *ἄνωθεν*] > Arab; + *και το καταπετασμα* 126 ↓ | *τό* 5°] *τοις τα* M; > 126 | *κατακάλυμμα*] *καταλυμα* 71; *καταλυμμα* 72-82 52 75 509; *καλυμμα* B M V 707 *b* 84^{txt}(cprm) 121 126 319 (sed hab Compl) = Ra | *τῆς* 2°] ⌒3° M^{txt} *C''*$^{-131^{\text{mg}}}$ 767*(cprm) *s*$^{-(343)}$ $^{730^{\text{c}}}$ 121 319 Arm

26 om init — *μαρτυρίου* B^{txt} 707^{txt} *C*$^{-131^{\text{mg}}}$-46-552^{txt}-615-761^{txt} 458 71: homoiot | *τὰ ἱστία*] *oppans* ^{Lat}cod 100; *τα ισθια* 131$^{(\text{mg})}$ | *αὐλῆς*] + *και το επισπαστρον* (*επιπ.* 376 131 646; *κατακαλυμμα* Compl) *της θυρας* (om *της θ.* 767) *της πυλης* (om. *τ. πυλ.* 29-58-72 131 619 59 646 Aeth Ald Compl) *της αυλης* (*της* 1° — *αυλης* sub ※ G Syh) V *O*-29-72 131$^{(\text{mg})}$ 767 619 59 646 Aeth^{C} Arab Syh = Ald Compl ↓ | *ὅσα* 1° — *σκηνῆς*] sub ※ G(mend); > 707$^{(\text{mg})}$ | *ὅσα* 1°] pr *et* Arm; *α* 767 | *ἐπὶ τῆς σκηνῆς*] *in tabernaculum* ^{Lat}cod 100 | *τοῦ μαρτυρίου*] sub ÷ G Syh; > *b* 53′ 319 Arab = 𝔐 | *μαρτυρίου*] + (※ G Syh) *και επι του θυσιαστηριου* (*το θυσιαστηριον* pro *τ. θυσ.* V) *κυκλω* (> Compl; + *οσα επι της σκηνης του μαρτυριου* 767) V *O*-29 767 619 Syh = Ald Compl 𝔐 | *τὰ περισσά* B 82 *d n*$^{-767}$ *t x*$^{-619}$ 319 ^{Lat}cod 100 Aeth Arm Bo Sa^{12}] *abundantiam eius omnem* Sa^{4}; + *τουτων b*; + *αυτων* rell = Compl 𝔐 | *καί* 3°] ⌒4° 72 | *σκεύη*] + *της σκηνης του μαρτυριου* 413 | *τὰ λειτουργικά* B M′ V 82 16-46 *b d n t x*$^{-619}$ 319 Arm Co] *της λειτουργιας* (+ *αυτων* 392) 392 ^{Lat}cod 100; + *αυτων* rell = Compl 𝔐 | om *καί* 4° B *b x*$^{-619}$ 392 319 ^{Lat}cod 100 Aeth^{M} Arm Bo Sa^{4} = Ra | *ὅσα* 2°] pr *παντα* (*παντ* V) V *O*$^{-58}$-29 619 Aeth Syh = Ald 𝔐 | *λειτουργοῦσιν*] *-γησουσιν f*$^{-246}$ 71 55 = Compl; *-γειν* 68′-120′ (sed hab Ald) | om *ἐν* 52′-313-414 = 𝔐 | *αὐτοῖς*] *αυταις* 618 | *ποιήσουσιν*] pr *et* Aeth$^{-\text{M}}$ Arm = 𝔐; > Aeth^{M}

27 *στόμα*] pr *το* 52′; pr ∼ *verbum* ↙ Syh: cf מימר Tar^{O} | *Ἀαρών*] *αρων* 75; bis scr 618*(|) | om *τῶν* 1° 458 | *αὐτοῦ*] *αυτω* 799*(vid); *αυτων* 529 127-767*(cprm) | *ἔσται*] pr *et* ^{Lat}cod 100 Co | *ἡ λειτουργία*] pr (※ G Syh) *πασα* *O*-29 619 Sa^{4} Syh = Ald 𝔐; *consideratio* Sa^{12} | *λειτουργία τῶν υἱῶν*] litt *ια των υιων* sup ras F | *Γεδσών*] *γεδσσων* 75; *γεδεων* 72-82-618 44 53′ 74-76-84 68′ 59 (sed hab Ald); *getson* ^{Lat}cod 100; *gethson* Arm; *γεδισων* 537; *γερσων* Compl; *γηρσων* *O*$^{-58}$ 767 Syh: cf 𝔐; ⌒(28) 71; + *εν τη σκηνη του μαρτυριου*

κεφάλαιον τῆς Ἐξόδου διφθέρας *C''*^{cat} | *καί* 5° — (26) *ὅσα* (*ἐπὶ τῆς σκηνῆς*)] *οʹ καὶ τὸ κατακάλυμμα* (*καταλυμα* 85) *τῆς θύρας τῆς σκηνῆς τοῦ μαρτυρίου καὶ τὰ ἱστία τῆς αὐλῆς καὶ τὸ ἐπίσπαστρον τῆς θύρας* (+ *της πυλης* 344) *τῆς αὐλῆς ὅσα* (> 130; om *τῆς* 4° — *ὅσα* 85) *αʹ καὶ τὸ παρατάνυσμα ἀνοίγματος σκέπης συνταγῆς καὶ τοὺς ἱστοὺς τῆς αὐλῆς καὶ τὸ παρατάνυσμα ἀνοίγματος πύλης τῆς αὐλῆς ὅσα* (> 85′) *σʹ καὶ τὸ καταπέτασμα τῆς θύρας τῆς σκηνῆς τῆς* (> 130) *συνταγῆς καὶ τὰ ἱστία τῆς σκηνῆς καὶ τὸ παραπέτασμα τῆς θύρας* (+ *της πυλης* 344) *τῆς αὐλῆς τὸ ἐπὶ τῆς σκηνῆς* 85′-344; *θʹ καὶ τὸ ἐπίσπαστρον τῆς θύρας τῆς σκηνῆς τοῦ μαρτυρίου καὶ τὰ ἱστία τῆς αὐλῆς καὶ τὸ ἐπίσπαστρον τῆς θύρας τῆς πύλης τῆς αὐλῆς ἥ ἐστιν ἐπὶ τῆς σκηνῆς* 344

πάσας τὰς λειτουργίας αὐτῶν καὶ κατὰ πάντα τὰ ἀρτὰ δι' αὐτῶν·
28 καὶ ἐπισκέψῃ αὐτοὺς ἐξ ὀνομάτων πάντα τὰ ἀρτὰ ὑπ' αὐτῶν. [28]αὕτη
ἡ λειτουργία τῶν υἱῶν Γεδσὼν ἐν τῇ σκηνῇ τοῦ μαρτυρίου, καὶ ἡ
φυλακὴ αὐτῶν ἐν χειρὶ Ἰθαμὰρ υἱοῦ Ἀαρὼν τοῦ ἱερέως.
29 [29]Υἱοὶ Μεραρί, κατὰ δήμους αὐτῶν, κατ' οἴκους πατριῶν αὐτῶν,
30 ἐπισκέψασθε αὐτούς· [30]ἀπὸ πεντεκαιεικοσαετοῦς καὶ ἐπάνω ἕως
πεντηκονταετοῦς ἐπισκέψασθε αὐτούς, πᾶς ὁ εἰσπορευόμενος λειτουρ-

ABFMV O'' C'' $bdfnstx^{-527}yz$ al verss

550* | κατά 2° — αὐτῶν 1°] *secundum haec* Sa^{4}; om τάς 54-75' 509 319 799 | om καί 2° A 15-618* 75 121 55 Bo | om κατά 3° *b* 106 (sed hab Compl) | om πάντα 1° 106 Arab Sa^{4} | τὰ ἀρτὰ δι'] δισσα $321'^{mg}$ (cf τα εργα δια sq) | om τά 1° 28^{txt}-85^{txt}-130 | ἀρτά 1° A 15-707^{mg} C'' 127 28^{txt}-30'-85^{txt}-130-$321'^{txt}$-344* 121^{txt} 55^{*etc2} 319*] εργαλεια (-λια 509 318) *d* 54-75' *t* 509 318 799; αρματα 319^{c}; εργα rell | δι' A B F^{a} M 15-64* *b* 55* 319 416^{c} Sa] δια 64^{c}-381' 127 28-85'-$321'^{txt}$ 121 55^{c}; δισσα C''; > F F^{b} rell = Compl | αὐτῶν 2°] > 551; ⌒3° 707^{txt}-381' | ἐπισκέψῃ] -ψασθε (επεσκεψασθαι 75*; -σθαι 75^{c}-458 134*) n^{-767} 84-134 Arm; -ψεσθε *d* 74-76' Arab = 𝔐 | ὀνομάτων] -τος 52'-739 53' 458 Arm = Sixt; + αυτων 68'-120' Bo Sa^{12} (sed hab Ald) | πάντα 2° — fin] pr και C'' *d* 127-767 $s^{(-343)}$ *t* Arm; *et omnia opera eorum secundum inchoationem eorum* ^{Lat}cod 100; > *b* 246 (sed hab Compl) | πάντα 2°] παντων 75; > Sa^{4} | τὰ ἀρτὰ ὑπ'] τα εργα δια $321'^{mg}$ | τὰ ἀρτά 2° F^{b1}] τα εργα B^{c} F^{b2} V* 72-$707^{(mg)}$ *d* 767 130^{mg} *t* 619 121^{mg}-318 *z* 59 646 799; τα εργαλ(ε)ια M^{mg} 344^{mg} 416; *mascula* Bo; τα αρματα 319; om τά F 82 52'-528 | ὑπ'] pr τα *d t* z^{-18*} 646 799; τα δι 619 = Ald; δια 55^{c} 130^{mg}; δι M^{txt} 64 319; inc $707^{(mg)}$; επ 551; > M^{mg} 72 416 Bo

28 τῶν υἱῶν] pr του (> 376) δημου (-μους 767) O-29 767 619 Syh = Ald 𝔐; pr των 82*(|); om τῶν 72* | Γεδσών] γεδεων 618-oII^{-29} 44 53' 74-76-84 68' 59 (sed hab Ald); *getson* ^{Lat}cod 100; γεθσων 343 Arm; γερσων 767 = Compl; γηρσων O^{-58} Syh↓; γεδισων 537 | ἐν 1°] pr κατα πασας τας λειτουργιας αυτων 537 318 Bo | om καί — fin 707^{txt} | ἡ φυλακή] *custodiae* ^{Lat}cod 100 | αὐτῶν] αυτου 53' | χειρί] pr τη 343'; *manibus* Bo | Ἰθαμάρ] θαμαρ 72-618* 414-417 509 799; ειθ. 127; ηθ. 313 53* 319 | υἱοῦ Ἀαρών 29-381' 125 799] του ααρων υιου 107'; > 319; pr του rell = Ra | om τοῦ ἱερέως 125

29 υἱοί B M' O^{-58}-618 529* *b f* 54-75 *t* x^{-619}] pr και 125 319; pr και οι V 106^{c} 127-767 28-85^{mg}-130^{mg} Aeth Arab Arm Co; *et fi[.]lios* ^{Lat}cod 100; υιου 610; pr οι rell | μεραρει B M' V O^{-376} *f* 127-767 392 18 59 319 Sa^{12}; μεραρη 72 318; μεναρι 458 | κατ'] pr *et* $Aeth^{-M}$ | αὐτῶν 2°] αυτω 19; > C'' s^{-30} 646 | ἐπισκέψασθε] pr και 58-72 44 n^{-767} 84 59 $Aeth^{M}$; και επισκεψεσθε d^{-44} t^{-84}; -ψεσθε M' Bo; *recensebis* Sa^{4} = 𝔐; *numera* Aeth | αὐτούς] αυτων 458; > Arm^{ap}; ⌒(30) 707^{txt}(||) 509

30 init] pr και 126 | πεντεκαιεικοσαετοῦς] πεμπτουκ. z^{-126} 646 (sed hab Ald); κε ετους 458; κε ετων 126; τριακονταετους 426 Arab = 𝔐 | om καὶ ἐπάνω Arab Sa^{4} | πεντηκονταετοῦς] pr (※ G Syh) υιου O^{-426} Syh = 𝔐; πεντηκοστου ετους z^{-18} (sed hab Ald); ν ετων 319; + και επανω 767 | ἐπισκέψασθε αὐτούς] -ψεσθε αυτους t^{-84} Bo; *numera eos* Aeth; *recensebis eos* Sa^{4} =

27 ἀρτά 2°] σ' ἄρσιν α' ἅρμα 344
28 Γεδσών] ο' οἱ λ' Γηρσών 344

γεῖν τὰ ἔργα τῆς σκηνῆς τοῦ μαρτυρίου. [31]*καὶ ταῦτα τὰ φυλάγματα* 31
τῶν αἰρομένων ὑπ᾽ αὐτῶν κατὰ πάντα τὰ ἔργα αὐτῶν ἐν τῇ σκηνῇ
τοῦ μαρτυρίου· τὰς κεφαλίδας τῆς σκηνῆς καὶ τοὺς μοχλοὺς αὐτῆς
καὶ τοὺς στύλους αὐτῆς καὶ τὰς βάσεις αὐτῆς, [32]*καὶ τοὺς στύλους* 32
τῆς αὐλῆς κύκλῳ καὶ τὰς βάσεις αὐτῶν καὶ τοὺς πασσάλους αὐτῶν
καὶ τοὺς κάλους αὐτῶν καὶ πάντα τὰ σκεύη αὐτῶν καὶ πάντα τὰ λει-

ABFMV *O''* *C''* *bdfnstx*$^{-527}$*yz* al verss

𝔐; > 72 *b* (sed hab Compl) | *εἰσπορευόμενος*] *εκπορ.* *b* (sed hab Compl); *πορ.* 126; + (※ G Syh) *εις την δυναμιν* (*-μειν* 376) V *O* Syh = 𝔐 | *λειτουργεῖν*] + *και ποιειν* 246; + *ποιειν* 56-129 71 = Compl | *τὰ ἔργα*] *εις τα αγια* 509 | om *τῆς σκηνῆς* F

31 init — *μαρτυρίου*] bis scr 628 | *ταῦτα*] *παντα* 628(1°) 799 | om *τά* 1° 413 *d*$^{-610c}$ 75* 370 392 | *τῶν*] *τα* 528; > 509 | *αιρουμενων* 615* 75 | *αὐτῶν* 1°] *αυτου* A | *κατά*] *και* 458 | *αὐτῶν* 2°] *των* B*; > 509; + *κατα παντα* 799 | *ἐν* — *μαρτυρίου*] > *b* (sed hab Compl) | *τοῦ*] bis scr 120(|) | *τὰς κεφαλίδας*] pr *και* 82 Sa^{12}; *και* 53 | *τῆς σκηνῆς*] *του βιβλιου* 73′; + *του μαρτυριου* 53′ | *καί* 2°] ⌒3° ^{Lat}cod 100 | *αὐτῆς* 1°] > B V *d* 54-75′ *t* *x*$^{-619}$ 319 ^{Lat}cod 104 Arm Sa^{12} = Ra; ⌒2° F*(cprm) 707^{txt} 30 18; ⌒3° 53 | *τοὺς στύλους*] *τον στηλους* 75; *οι στυλοι* V 319 | *αὐτῆς* 2°] > V 106-125 319 Sa^{12}; ⌒3° 319 Arab Sa^{4}; + *αυτα* 458 | *τάς* 2°] *αι* V; > 106-125 | *αὐτῆς* 3°] *αυτων* 121 Aeth; > 82*(cprm) Sa^{12} | fin 58 = Compl] + *και το κατακαλυμμα* (*τα κατακαλυμματα* pro *το καταϰ.* 246) *της θυρας της σκηνης* (+ *του μαρτυριου* 799) 29 *b* 610 246 130 392 799 Co; + (÷ G Syh) *και το κατακαλυμμα* (*καλ.* 44 54′-458 318 126; *καταλυμμα* V 82-618*-707 52-414*; *καταλυμα* 71; *καλλυμμα* 75; *-λυμα* 106; om *και το κατ.* 319 Sa^{4}; + *της σκηνης* A; + *αυτης* 376; + *της θυρας της σκηνης* 414) *και* (> ^{Lat}cod 100) *αι* (*τας* 414* Arm) *βασεις* (*βασσ.* 30) *αυτων* (*αυτης* 319 Arm^{te}; > 125; *αυτης και το κατακαλυμμα και αι βασεις αυτων* 53; om *και το* — *αυτων* Aeth^{C} Arab; om *και αι β. αυτ.* 71) *και οι στυλοι* (*columellas* pro *οι στ.* ^{Lat}codd 100^{c} 104 Arm) *αυτων* (*αυτω* 458; om *και οι στ. αυτ.* ^{Lat}cod 100* Sa^{4}; + *και οι στυλοι αυτων* F*(cprm) 77*; + ras ca 45 litt 56) *και το κατακαλυμμα* (*καλυμμα* A B^{c} 75′ 126 319; *-λυμα* 528; *καταλ.* F (sed hab F^{b}) 82-618-707* 52 71) *της θυρας* (om *τ. θ.* 16* 30; + *της θυρας* 417) *της σκηνης* (om *τ. σκ.* Bo^{A}; + *του μαρτυριου* 127 ^{Lat}cod 104 Aeth Syh(non sub ÷); + *ανω* 767) rell = Ra

32 *τῆς αὐλῆς κύκλῳ*] *του καταπετασματος της πυλης της αυλης* 669 | *τῆς αὐλῆς*] *της σκηνης* 376-381*(cprm)-618^{mg}; *αυτης* *C''* 85*-130-321′-343′ 509 392 18; om *τῆς* 108*; > 30′ | *κύκλῳ* 58-426 44 54-75′ 84 Aeth] + *και αι* (*τας* 72 *b* *d*$^{-44}$ 127-767 *t*$^{-84}$ Arm) *βασεις* (*βασσ.* 30) *αυτων* (*αυτω* G*; *αυτης* 19; *omnium* ^{Lat}cod 104) rell = Ra | *καὶ τὰς βάσεις αὐτῶν* 58 44 54-75 84 Aeth] + *και αι βασεις αυτων* 426; (÷ G Syh) *και τους στυλους του* (*τους* 528) *καταπετασματος της πυλης της αυλης* (+ *κυκλω* 458) *και τας* (*αι* V 318 319) *βασεις* (*βασσ.* 30) *αυτων* (om *και τ. βασ. αυτ.* 107′-125) rell (552 bis scr) = Ra | *αὐτῶν* 1° F^{a}] ⌒2° F ^{Lat}cod 104; ⌒3° 71 | *τούς* 2°] *τας* *t*$^{-84}$ | *αὐτῶν* 2°] > 44-125; ⌒3° 767 509 55 | *τούς* 3°] *τας* 551*; > 125 | *κάλους*] *καυλους* F*(cprm) V 72 54-75′ Bo; *καλλους* 46; *καδους* 799; *σκαλους* 125; *κλαδους* A 121^{txt}; *μοχλους*

---

31 *κεφαλίδας*] *σανίδας* 128
32 init — *κύκλῳ*] *ο′ οἱ λ′ καὶ τοὺς στύλους τῆς αὐλῆς κύκλῳ* 344

τουργήματα αὐτῶν, ἐξ ὀνομάτων ἐπισκέψασθε αὐτοὺς καὶ πάντα τὰ
33 *σκεύη τῆς φυλακῆς τῶν αἰρομένων ὑπ᾽ αὐτῶν.* 33*αὕτη ἡ λειτουργία*
δήμου υἱῶν Μεραρὶ ἐν πᾶσιν τοῖς ἔργοις αὐτῶν ἐν τῇ σκηνῇ τοῦ
μαρτυρίου ἐν χειρὶ Ἰθαμὰρ υἱοῦ Ἀαρὼν τοῦ ἱερέως.
34 34*Καὶ ἐπεσκέψατο Μωυσῆς καὶ Ἀαρὼν καὶ οἱ ἄρχοντες Ἰσραὴλ τοὺς*
35 *υἱοὺς Καὰθ κατὰ δήμους αὐτῶν, κατ᾽ οἴκους πατριῶν αὐτῶν,* 35*ἀπὸ*
πεντεκαιεικοσαετοῦς καὶ ἐπάνω ἕως πεντηκονταετοῦς, πᾶς ὁ εἰσπο-
ρευόμενος λειτουργεῖν καὶ ποιεῖν τὰ ἔργα ἐν τῇ σκηνῇ τοῦ μαρτυρίου.
36 36*καὶ ἐγένετο ἡ ἐπίσκεψις αὐτῶν κατὰ δήμους αὐτῶν δισχίλιοι ἑπτα-*

ABFMV *O''*(72) *C''* *bdfnstx*$^{-527}$*yz* al verss

b (sed hab Compl) | om *αὐτῶν* 3° 44 | om *καί* 5° Aeth^{M} | om *τά* 1° 313 | om *αὐτῶν* 4° 125 | om *πάντα τά* 2° 125 | *ἐξ ὀνομάτων*] *et e nomine* Arm; + *αυτων* 15 318 Co | *ἐπισκέψασθε*] *επεσκ.* 30; *recensebis* Aeth Sa^{4}; *recensebitis* Bo Sa^{12} | *αὐτοὺς καὶ πάντα*] pr ÷ Syh; sub ÷ G; om *αὐτούς* 72 = 𝔐; om *καί* ^{Lat}codd 100 104 = 𝔐; om *πάντα* 392 = 𝔐 Tar | *τὰ σκεύη* 2°] pr *και* 376; > Aeth^{M} | *τῆς φυλακῆς*] *της φυλης* 59*; *της σκηνης* 77; *custodite* ^{Lat}cod 100; *ministerii* Sa^{4}; > Bo | *τῶν αἰρομένων*] *αυτων αιρ.* 528; *τα αιρομενα* (*ερ.* 75*; *αιρωμ.* 458-767) *d n*$^{-767*}$ *t* Arm; *των αρ.* 551*; inc 767* | *ὑπ᾽*] *απ* *C*$^{''-73'*\ 77\ 529c\ 550'\ 761}$ *s*(346 inc); *επ* 58 53′

33 om init — (49) fin 72 | *δήμου*] pr (※ G) *του* *O*$^{-426}$ 413 19 246 126; > *f*$^{-246}$ ^{Lat}cod 104; *plebum* ↙ Syh = 𝔐; post *υἱῶν* tr 319 | *υἱῶν*] pr *των* 58-376 413 *b* 53′-246 126; *του* 799; > 76 = Compl | *μεραρει* B M′ V *O*$^{-376}$ *f*$^{-53}$ 127-767 392 18 59 319 Sa^{12}; *μαρερει* 53; *μεναρι* 458 | *ἐν* 1°] > G = 𝔐; ⌒2° 318 | om *τῇ* 44 | *μαρτυρίου*] + *secundum quod statutum est eis* Sa^{4} | *ἐν χειρί*] *εν τη χειρι* 128; *in manibus* ^{Lat}cod 104 Bo^{B} | *ειθαμαρ* 127; *ηθαμαρ* 30; *αθαμαρ* 458; *θαμαρ* 46-414 346* | *υἱοῦ Ἀαρών*] pr *του* A 426-*oI* *f* 619 *y*$^{-392}$ *z* 646 = Compl Sixt; > 319 | *Ἀαρών*] > ^{Lat}cod 104; ⌒(34) 376

34 *καί* 1°] bis scr 528(|) | *ἐπεσκέψατο*] *επισκεψατω* (-*το* 610) 610 59; *επισκεψας* 458; *ηριθμησε* 128^{mg}; *recensuerunt* Aeth Arm Co Syh | *μωσης* *O*$^{(-376)}$ 73′ *n* | *καὶ Ἀαρών*] *και αρων* 106*; > 68′-120′ (sed hab Ald) | *καί* 3° — *Ἰσραήλ*] > 799; + ras 3—4 litt 707 | *Καάθ*] *καθ* 75; *chat* ^{Lat}cod 104; *gaath* ^{Lat}cod 100 Bo | *δήμους*] *αριθμον* 509 | *αὐτῶν* 1°] *αυτους* 313; > 125 | *κατ᾽*] pr *και* 125 Aeth = 𝔐

35 init — *ἐπάνω*] *απο εικοσι πεντε και επανω ετων* 107′-125 | *πεντεκαιεικοσαετοῦς*] *ετων* $\overline{κε}$ 126; *τριακονταετους* 426 767 Arab = 𝔐 | *καί* 1° — *πεντηκονταετοῦς*] > ^{Lat}cod 100; post *εἰσπορευόμενος* tr 313-414 | *ἕως*] pr *και* 58-426 *n*$^{-75}$ = 𝔐 | *πεντηκονταετοῦς*] pr (※ G) *υιου* *O*$^{-426}$ Syh = 𝔐; *πεντηκοστου ετους* 537; *πεντηκοντα* 52′; *ετων* $\bar{ν}$ 126; -*ετη* 528; + *επισκεψασθαι αυτους* 75 | *πᾶς ὁ εἰσπορευόμενος*] *omnes qui introibant* ^{Lat}cod 100; *πας ο πορ.* 414 126; om *ὁ* 28-85 | om *λειτουργεῖν καί* Aeth | *ποιεῖν*] *faciebat* Arm | *τὰ ἔργα*] *in opere* Aeth; > B *f* *x*$^{-619}$ 319 ^{Lat}cod 100 Sa = Ra: cf 𝔐; + *αυτου d t*; + *αυτων* V | *ἐν τῇ σκηνῇ*] *της σκηνης* A M′ 29-58-*oI* 619 121 68′-120 55 59 Aeth; om *ἐν* 343; om *τῇ* 44 126

36 om *καί* Sa | *εγενηθη b* (sed hab Compl) | *ἡ ἐπίσκεψις*] *ο αριθμος b* 319 ^{Lat}codd 100 104 Bo (sed hab Compl); om *ἡ* 75 | *αὐτῶν* 1° — (37) *ἐπίσκεψις*] bis scr 68′-120 (sed hab Ald) | *αὐτῶν* 1°] > 68(2°)-120(2°) 799; + *απο εικοσι ετων εως πεντηκοντα* 318 | *κατὰ δήμους αὐτῶν*] > 59 319 Arab; bis

κόσιοι πεντήκοντα· [37]αὕτη ἡ ἐπίσκεψις δήμου Καάθ, πᾶς ὁ λειτουρ- 37
γῶν ἐν τῇ σκηνῇ τοῦ μαρτυρίου, καθὰ ἐπεσκέψατο Μωυσῆς καὶ
Ἀαρὼν διὰ φωνῆς κυρίου ἐν χειρὶ Μωυσῆ.
[38]*Καὶ ἐπεσκέπησαν υἱοὶ Γεδσὼν κατὰ δήμους αὐτῶν, κατ᾽ οἴκους* 38
πατριῶν αὐτῶν, [39]ἀπὸ πεντεκαιεικοσαετοῦς καὶ ἐπάνω ἕως πεντη- 39
κονταετοῦς, πᾶς ὁ εἰσπορευόμενος λειτουργεῖν καὶ ποιεῖν τὰ ἔργα ἐν
τῇ σκηνῇ τοῦ μαρτυρίου. [40]καὶ ἐγένετο ἡ ἐπίσκεψις αὐτῶν κατὰ 40
δήμους αὐτῶν, κατ᾽ οἴκους πατριῶν αὐτῶν, δισχίλιοι ἑξακόσιοι τριά-

ABFMV O''^{-72} C'' $bdfnstx^{-527}yz$ al verss

scr 344* 134(||) | *αὐτῶν* 2°] *αυτους* 246; [*fi*]*liorum* ^{Lat}cod 104; > 122(2°); + *κατ οικους πατριων αυτων* V d^{-125} *t*: ex par | *δισχίλιοι*] *χιλιαδες* $\bar{\beta}$ 458; -*λιων* 414; $\overline{o\beta}$ Bo^{B} | *ἑπτακόσιοι*] pr *και* 318 = Sam; *et DC* ^{Lat}cod 100; -*σιων* 414; *διακοσιοι* B 82 x^{-619} Sa = Ra; *τριακοσιοι* A 15 121 126-128-628-669 55; *τριακοσια* 18; *πεντακοσιοι* 19′ (sed hab Compl) | *πεντήκοντα*] pr *και* F 426 16-46-529 509 318 18-68′(2°)-120(2°)-628 = 𝔐

37 init — *ἐπίσκεψις*] *ουτος ο αριθμος* *b* 85′^{mg}-321′^{mg} 319 ^{Lat}cod 100 | *δήμου*] *δημον* 107; *filiorum* Aeth Sa; + *υιων* V | *Καάθ*] *gaath* Co; *aath* ^{Lat}cod 100; *chạ*[*t*] ^{Lat}cod 104; + *κατ οικους πατριων αυτων* 799 | *πᾶς ὁ λειτουργῶν*] [*omnes qui deser*]*viunt* ^{Lat}cod 104 | *λειτουργος* 125 | *ἐν* 1° — *ἐπεσκέψατο*] bis scr 77* | om *καθὰ ἐπεσκέψατο* 77(2°) | *καθά*] pr *και εγενετο η επισκεψις* 54: ex par; *κααθ* G* 392; *κααθ α* 767; *καθαπερ* 509 55; *καθως* 619 *z* 646; *ους* V = 𝔐 | *ἐπεσκέψατο*] pr *και* 82; (+ *et* Arm) *recensuerunt* Aeth Arm Syh | *Μωυσῆς*] *μωσης* O^{-376} 73′ *n* | om *καὶ Ἀαρών* 509 | *ἐν* 2° — fin] pr *et* Aeth; > 381′ | *χειρί*] *manibus* Bo^{A} | *Μωυσῆ*] -*σει* 343; -*σεως* 120′; -*σεος* 68′ (sed hab Ald); *μωση* G-58 *n*; *μωσει* 426

38 *επεσκεπη* 707* | *υἱοί* B M′ G-426 44 *f* 75′ 71 126 59 319 799 = Compl] pr *οι* rell | *Γεδσών*] *γηδσων* 376; *γεδεων* 82-618-707 44 53′ 74-76-84 71 68′ 59 (sed hab Ald); *getson* ^{Lat}cod 100; *γεθσων* 343 509 Arm; *γεδισων* 537; *δεδσων* 54 120*(vid); *γεδτων* 458; *γερσων* Compl; *γηρσων* G-426 Syh ↓; *γηρσσων* 767 | *κατὰ δήμους αὐτῶν*] ad fin tr 509 Sa | *αὐτῶν* 1°] *αυτους* 246 | *κατ᾽* — fin] pr *et* Aeth = 𝔐; *per pagos suos* ^{Lat}codd 100 104(vid); bis scr 71

39 *πεντεκαιεικοσαετοῦς*] *τριακονταετους* 426 Arab = 𝔐; $\overline{\kappa\varepsilon}$ *ετων* 107′-125 126 | *καί* 1° — *πεντηκονταετοῦς*] om *καὶ ἐπάνω* *f* Arab Sa^{6}; om *ἐπάνω* 319; > 707^{txt} | *ἕως*] pr (※ Syh) *και* A 376′ *b* ^{Lat}cod 100 Syh (sed hab Compl) = 𝔐; ※ *και εως* ↙ G | *πεντηκονταετοῦς*] pr (※ Syh) *υιου* 58-376 Syh = 𝔐; *ετων* $\bar{\nu}$ 126 | *πᾶς ὁ εἰσπορευόμενος*] *πας ο εκπορ.* 376*(c pr m) *b* (sed hab Compl); *πας ο πορ.* 126; *πας δε ο εισπορ.* 610; *omnes qui intrabant* ^{Lat}cod 100 | *ἐν τῇ σκηνῇ*] *της* (*τη* 75-767*) *σκηνης* (-*νη* 120) F 29-58-376-*oI* 57* 75-767 71 121 120*(c pr m)-126 59 ^{Lat}cod 100 Aeth Bo | *τοῦ μαρτυρίου*] pr *του* 68(|); ⌒(41) 44

40 init — *αὐτῶν* 1°] om *καὶ ἐγένετο* 53′; > A | *ἡ ἐπίσκεψις*] *ο αριθμος* M′^{mg} b^{-19} 130^{mg}(vid) 319 ^{Lat}cod 100 Bo; *ο αριθμος και εγενετο ο αριθμος* 19 | *αὐτῶν* 1°] + *εν τη σκηνη του μαρτυριου* F; ⌒2° Arab; ⌒3° $d^{(-44)}$ | *αὐτῶν* 2°] *αυτω* 458; ⌒3° 52′ ^{Lat}cod 104(vid) | *κατ᾽*] pr *et* ^{Lat}cod 100 Aeth | *αὐτῶν* 3°] > 68′-120′ (sed hab Ald); + *απο πεντεκαιει* 618* | *δισχίλιοι*] bis scr A* | *τριάκοντα*] pr *και* V 28-85-130^{mg}-321′^{mg} Syh = 𝔐

---

38 *Γεδσών*] *οἱ λ′ ο′ Γηρσών* 344

41 *κοντα· [41]αὕτη ἡ ἐπίσκεψις δήμου υἱῶν Γεδσών, πᾶς ὁ λειτουργῶν*
ἐν τῇ σκηνῇ τοῦ μαρτυρίου, οὓς ἐπεσκέψατο Μωυσῆς καὶ Ἀαρὼν διὰ
φωνῆς κυρίου ἐν χειρὶ Μωυσῆ.
42 *[42]Ἐπεσκέπησαν δὲ καὶ δῆμος υἱῶν Μεραρὶ κατὰ δήμους αὐτῶν,*
43 *κατ᾽ οἴκους πατριῶν αὐτῶν, [43]ἀπὸ πεντεκαιεικοσαετοῦς καὶ ἐπάνω*
ἕως πεντηκονταετοῦς, πᾶς ὁ εἰσπορευόμενος λειτουργεῖν πρὸς τὰ ἔργα
44 *τῆς σκηνῆς τοῦ μαρτυρίου. [44]καὶ ἐγενήθη ἡ ἐπίσκεψις αὐτῶν κατὰ*
δήμους αὐτῶν, κατ᾽ οἴκους πατριῶν αὐτῶν, τρισχίλιοι καὶ διακόσιοι·

ABFMV O''^{-72} C'' *bdfnstx*$^{-527}$*y*(121)*z* al verss

41 init — *ἐπίσκεψις*] *ουτος ο αριθμος b* 85′^{mg}-321′^{mg} 319 ^{Lat}codd 100 104 (sed hab Compl) | *δήμου*] pr *του* 16-46; *δημους* 82 120; *των* 106; > 529* *b* Sa (sed hab Compl); post *υἱῶν* tr 319 | om *υἱῶν* ^{Lat}codd 100 104(vid) | *Γεδσών*] *γηδσων* 376; *γεδεων* 82-618-707 53′ 74-76-84 71* 68′ 59 (sed hab Ald); *getson* ^{Lat}cod 100; *γεθσων* 343 Arm; *γεδισων* 118-537; *γερσων* Compl; *γηρσων* G-426 767 Syh = 𝔐 | om *πᾶς* — *μαρτυρίου* Arab | *οὕς*] *ου* 707* 509; *ας* 610; > 528 | *επεσκεψαντο* M′ 44 Aeth Arm Syh | *Μωυσῆς*] *μωσης* O^{-376} 422 *n* | *καὶ Ἀαρών*] *και αρων* 344*; > 799 | *διά* — fin] *et principes filiorum israel* Arab; > 44 | *φωνῆς*] *χειρος* 121 | *ἐν* 2° — fin] pr *et* Aeth; *in manibus moysi* Bo; sub ÷ G Syh = 𝔐 | *Μωυσῆ*] *-σει* 707(sup ras) 343; *-σεως* 120′; *-σεος* 68′ (sed hab Ald); *-σου* 131-500′-616; *μωση* G-58-82(vid) *n*; *μωσει* 426; *μωυ*^{σ} 126; > 246*

42 *επεσκεπη* F ^{Lat}cod 100 | om *δέ* 54*(|) Arm | om *καί* 53′ Bo | *δῆμος*] *δημοι d* 127-767 *t* ^{Lat}cod 104 Arm; *δημον* 64; *δημους* 376-707* 52 458 59; *δημου* 618 54-75 | *υιος* 53′ | *μεραρει* B M′ V O^{-376} 46^{s} *f* 127-767 392 59 319 Sa^{6}; *μεραρη* 318; *μεναρι* 458 | om *κατὰ δήμους αὐτῶν* 75 | *αὐτῶν* 1°] ⌒2° 125 | *κατ᾽*] pr *et* Aeth; *κατα* 53; *και* 82 | *πατριῶν*] *-ριας* 319; > V 68′-120 (sed hab Ald) | *αὐτῶν* 2°] > ^{Lat}cod 100; bis scr 413; + *τρισχιλιοι και διακοσιοι* 618*: ex 44

43 *ἀπό* F^{a}] > F | *πεντεκαιεικοσαετοῦς*] *εικοσι πεντε ετων* 107′-125 458; *ετων κε̅* 126; *πεντεκαιδεκαετους* 59; *τριακονταετους* 426 Arab = 𝔐 | *καί* — *πεντηκονταετοῦς*] om *καὶ ἐπάνω* Arab; > 130 | *ἕως*] pr (※ Syh) *και* 18′-628-669 Syh = 𝔐; > 68′-120 (sed hab Ald) | *πεντηκονταετοῦς*] pr *filii* Syh = 𝔐; *πεντηκονταετων b* (sed hab Compl); *ετων ν̄* 126 | *πᾶς*] pr *και* 59 | *εἰσπορευόμενος*] *εκπορ. b* 319 (sed hab Compl); *πορ.* 126; + *εις την δυναμιν* 318 | *λειτουργεῖν* — 6 7 *αὐτῷ*] absc 121; > 53′; + *και* (> Bo) *ποιειν b* Bo | *πρός*] *εις* 16-77-414 53′ Arm; > 126 Bo

44 om *καί* 1° Sa | *εγενετο* A F 58-*oI*′ C'' *n s* 619 392 68′-120′ 55 59 319 646 799 | *ἡ ἐπίσκεψις αὐτῶν*] *ο αριθμος b* 130^{mg}(vid)-321′^{mg}(vid) 319 ^{Lat}cod 100 (sed hab Compl); om *αὐτῶν* A 58-*oI*$^{-64txt}$ 414 125 767 619 318 55 59 = Ald | om *κατά* — *αὐτῶν* 3° 106 | *κατὰ δήμους*] pr (+ *και* 646) *της συγγενειας* (*-νιας* 58; *κατα δημους* pro *τ. συγγ.* 46^{s}) *αυτων* 58-*oI*$^{-64txt}$ $C''^{-52'}$ *b* 767 619 59 319 646 ^{Lat}cod 100 (sed hab Compl) = Ald; *της συγγενειας* (*-νιας* 318 55) A 28-85′^{txt}-321′^{txt}-343′ 318 55 | om *αὐτῶν* 2° $C''^{-52'\ 77\ 551}$ 314 646 | *κατ᾽* — *αὐτῶν* 3°] pr *et* Aeth; sub ÷ G Syh; om *αὐτῶν* 68′-120 (sed hab Ald); > 426 52′ 107′-125 ^{Lat}cod 100 = 𝔐 | *κατ᾽ οἴκους*] *κατ οικων* 646; *κατα* 319; > 413 | *πατριας* 319 | *τρισχίλιοι* — fin] *͵βσ̅* 319; om *καί* 529 314 *d*$^{-44}$ 126 71

45αὕτη ἡ ἐπίσκεψις δήμου υἱῶν Μεραρί, οὓς ἐπεσκέψατο Μωυσῆς καὶ 45
Ἀαρὼν διὰ φωνῆς κυρίου ἐν χειρὶ Μωυσῆ.
46Πάντες οἱ ἐπεσκεμμένοι, οὓς ἐπεσκέψατο Μωυσῆς καὶ Ἀαρὼν 46
καὶ οἱ ἄρχοντες Ἰσραήλ, τοὺς Λευίτας κατὰ δήμους αὐτῶν, κατ᾽ οἴκους
πατριῶν αὐτῶν, 47ἀπὸ πεντεκαιεικοσαετοῦς καὶ ἐπάνω ἕως πεντη- 47
κονταετοῦς, πᾶς ὁ εἰσπορευόμενος πρὸς τὸ ἔργον τῶν ἔργων καὶ τὰ
ἔργα τὰ αἰρόμενα ἐν τῇ σκηνῇ τοῦ μαρτυρίου, 48καὶ ἐγενήθησαν οἱ 48
ἐπισκεπέντες ὀκτακισχίλιοι πεντακόσιοι ὀγδοήκοντα. 49διὰ φωνῆς 49

ABFMV O''^{-72} C'' *bdfnstx*$^{-527}$*y*$^{-121}$*z* al verss(Pal-)

45 init — (46) fin] pr *και* 29*; > 106 | *δήμου*] *δημων* 59 = 𝔐 Sam; *δημους* 767; > 29 458 Co; post *υἱῶν* tr 319 | *υἱῶν*] pr *των* 53′ | *Μεραρί*] *μεραρει* B V O^{-376} *f* 127-767 509 392 18 59 319 416 Sa; *μεραρη* 318 | *οὕς* — fin] pr *και δημους* 458; pr *per plebes eorum* Sa; > 44 | *ἐπεσκέψατο*] *recensuerunt* Aeth Arm Syh | *Μωυσῆς*] *μωμωυσης* 84(|); *μωσης* O^{-376} *n* 669(|) | *Ἀαρών*] *ααρω* 118^{mg}; ⌒(46) 618^{txt} 417 53-129^{txt}-246 319 | *διά* — (46) *Ἀαρών*] bis scr 761 610 | *κυρίου*] ⌒(49) Sa^{12} | om *ἐν* — (46) *Ἀαρών* 129$^{(mg^c)}$ 59 | *ἐν* — fin] pr *et* Aeth; *in manibus moysi* Bo; > 646^{txt} | *Μωυσῆ*] *μωυσει* 343 68′-120′(sed hab Ald); *μωση* G-58 *n*$^{-127}$; *μωσει* 426 127

46 *πάντες*] + *ομου* 30′ 18-126-628 | *ἐπεσκεμμένοι*] *ηριθμημενοι* *b* ^{Lat}cod 100 (sed hab Compl) | *ἐπεσκέψατο*] *recensuerunt* Aeth Arm Syh | *μωυση* 610(1°); *μωσης* O^{-376} *n* 669 | om *καί* 2° B*(|) 73*(cprm) | *ἄρχοντες*] + *αυτων* 53′ 18 | *Ἰσραήλ* B O^{-58}-15 *b* *d*$^{(-106)}$ 54′-75 *t* *x*$^{-619}$ 318 18 ^{Lat}codd 100 104(vid) Arm Pal Syh] pr *των υιων* 52′ 53′ 28-85-730; pr *υιων* (bis scr 68) rell | *Λευίτας*] *λευειτας* B* V G 127; *λεβειτας* 767; + *secundum nomina eorum* Bo | om *κατά* — (47) fin 107′-125 | om *αὐτῶν* 1° B *x*$^{-619}$ ^{Lat}cod 104(vid) = Ra | *κατ᾽* — fin] pr *και* B Aeth = 𝔐 Tar^{O}; > 126 | om *αὐτῶν* 2° B 71 ^{Lat}cod 104

47 *πεντεκαιεικοσαετοῦς*] *εικοσαετους* 246; *κε̅ ετους* 458; *ετων κε̅* 126; *τριακονταετους* 426 Arab = 𝔐 | *καὶ ἐπάνω*] *και απανω* 126; > Arab | *ἕως πεντηκονταετοῦς*] pr (※ G Syh) *και* O^{-426} Syh = 𝔐; > 246 | *πεντηκονταετοῦς*] pr *filii* Syh = 𝔐; *ετων ν̅* 126 | om *πᾶς* 29(|) | *ὁ εἰσπορευόμενος*] *ο εκπορ.* 58-82 C''^{-46} 646; *ο πορ.* 126; *qui introivit* ^{Lat}cod 100; om *ὁ* 46^{s}(|) | *πρὸς τὸ ἔργον*] *εις το εργον* 71 Aeth Arm; *προς τα εργα* Compl Pal; *εις τα εργα* 799; *προς την λειτουργιαν* *b*$^{-19}$; *εις την λειτουργιαν* 19; om *τό* 509(|) | *τῶν ἔργων*] *των αγιων* 29-58 44′ *n*$^{-767}$ 85′^{mg}-321′^{mg} *t* 68′-120′ 799 ^{Lat}cod 100 Arm (sed hab Ald); *secundum opera sanctorum* Bo; > V | *καί* 2° — *σκηνῇ*] *operis quod portant tabernaculi* Aeth | *καὶ τά*] *κατα τα* (> Sa) M′ V 15-58-376 246 318 18′-126-628-669 319 646 Bo Sa^{6}; om *καί* ^{Lat}cod 104; bis scr 120(||) | *τὰ ἔργα*] *ad opera* Ruf *Num* V 2; > Sa^{6} | *τὰ αἰρόμενα*] *τα αιρουμενα* 82-707*(vid); *των αιρομενων* 122*; *tolluntur* ^{Lat}cod 100; om *τά* 52′-313 | *ἐν τῇ σκηνῇ*] *επι της σκηνης* *b* (sed hab Compl); *εκ της σκηνης* 74-76; *tabernaculi* ^{Lat}Ruf *Num* V 2 Arm

48 *καί* B M′ V *O* *b* *d* *n* *t* *x*$^{-619}$ 318 ^{Lat}cod 100 Syh] > rell | *εγεννηθησαν* A 618-707 313-528 30 | *ἐπισκεπέντες* (*επεσκ.* G-29-58-376*-707* 59) B F *O*′ 85′^{mg} 59] *επισκεφθεντες* (*επεσκ.* 56′-129 84) V *d* *f* *t* = Compl; *αριθμηθεντες* 319 ^{Lat}cod 100; *επεσκεμμενοι* rell; + *αυτων* *O* Syh = 𝔐; + *παντες* *d* *t* 71 *y* 799 | *ὀκτακισχίλιοι*] *οκταχιλιοι* 130; *͵ζ̅* 376; *͵ω̅* 319; *χιλιαδες η̅* 458 | *πεντακόσιοι*] pr *και* V 127-458 76 669 Syh = 𝔐; *CCCC* ^{Lat}cod 100; *οκτακοσιοι* *f* | *ὀγδοήκοντα*] pr *και* 44 54′-767 *t*$^{-84}$ Syh = 𝔐; *και ο̅* 75′; *και πεντηκοντα* A; *εβδομηκοντα* 426; > Bo *κυρίου ἐπεσκέψατο αὐτοὺς ἐν χειρὶ Μωυσῇ ἄνδρα κατὰ ἄνδρα ἐπὶ τῶν ἔργων αὐτῶν καὶ ἐπὶ ὧν αἴρουσιν αὐτοί· καὶ ἐπεσκέπησαν, ὃν τρόπον συνέταξεν κύριος τῷ Μωυσῇ.*

1 2 **5** [1]*Καὶ ἐλάλησεν κύριος πρὸς Μωυσῆν λέγων* [2]*Πρόσταξον τοῖς*
υἱοῖς Ἰσραήλ, καὶ ἐξαποστειλάτωσαν ἐκ τῆς παρεμβολῆς πάντα λε-
3 *πρὸν καὶ πάντα γονορρυῆ καὶ πάντα ἀκάθαρτον ἐπὶ ψυχῇ·* [3]*ἀπὸ*
ἀρσενικοῦ ἕως θηλυκοῦ ἐξαποστείλατε ἔξω τῆς παρεμβολῆς, καὶ οὐ μιανοῦσιν τὰς παρεμβολὰς αὐτῶν, ἐν οἷς ἐγὼ καταγίνομαι ἐν αὐτοῖς.

ABFMV *O''*(72) *C''* *bdfnstx*$^{-527}$*y*$^{-121}$*z* al verss Pal

49 init — *αὐτοί*] om *διά* — *ἄνδρα* 1° 628; > Arab | *ἐπεσκέψατο* — *Μωυσῇ*] pr *ους* A; *επεσκ. μωυσης αυτους* 19′; *επεσκ. αυτους μωυσης* 118′-537; *numerati sunt* Aeth; > 71 | *ἐπεσκέψατο*] *-ψαντο* 29 Bo Sa^{6} | *αὐτούς*] + *dominus* Arm; + *μωσης και ααρων* 54-75′; + *μωσης* 127 | *ἐν χειρὶ Μωυσῇ*] *moyses in manu sua* ^{Lat}cod 100; *in manibus moysi* Bo; > 52′ | *Μωυσῇ*] *-σει* 343 619 68′-120′; *mōyseōs* Sa^{8}; *μωση* G-58 *n*; *μωσει* 426; + *και ααρων f* Sa^{12} | *ἄνδρα* 1°] *ανδρας* 19; > *f*$^{-246}$ | *κατά*] *κατ* B F V 58-376-*oI*′ *C''* *b* 44′ 53′ 28-85′-321′ 71 *y* 126 55 59 319 799 (sed hab Compl) | *ἐπί* 1°] ⌒2° Sa | *αὐτῶν*] *αυτου* *b* 30′ 126* Pal = 𝔐; > 767 | om *καί* 1° 29 Arm | *ἐπί* 2°] *εφ* V *b d n t* 319 (sed hab Compl) | *ὧν*] pr *των* 528; *ω* 319; *των* 82 68′-120′ (sed hab Ald) | *αἴρουσιν αὐτοί*] *ipsi capiunt* Pal; *ipsi tollebant* Arm | *αρουσιν* 52-615^{c}(vid) 319 ^{Lat}cod 104 | *αὐτοί*] *αυτων* 458; + *αι* 127 | *καί* 2° — fin] om *καί* 319 Bo; > Sa | *ἐπεσκέπησαν*] + *αυτοι* *O* Syh | *τροπω* 767 | *συνέταξεν*] *ενετειλατο* *b* (sed hab Compl) | om *τῷ* 664 | *Μωυσῇ*] *-σει* 46 343 619 68′-120′; *μωση* G-58 53* *n*; *μωσει* 426

5 1 *μωυση* 19 346*; *μωσην* 426 *n* Cyr I 888 977; *μωση* 58; *μωσει* 72

2 *πρόσταξον*] *προσαξον* 73*; *προταξον* 618*; *λαλησον* Cyr I 888 977 1081 | *τους υιους* *b* 392 (sed hab Compl) | *Ἰσραήλ*] + *λεγων* 799 | *αποστειλατωσαν* 15 Cyr X 733 | *ἐκ*] *εξω* 417 | *παρεμβολῆς*] *συναγωγης* A | *πάντα* 1°] *παν* 56*; + *τον* 392 | om *καί* 2° Cyr II 556 | *γονορυην* G*; *γονορυν* 509 | om *καί* 3° Aeth^{M} | *ακαθαρτον παντα* 107′-125 | *ἐπί*] *απο* 319*; *εν* (+ *τη* 72) 72 *b* Phil I 114 ^{Lat}codd 100 104 Arm Syh (sed hab Compl); *τη* 16-46 Cyr II 556 = 𝔐 | *ψυχῇ*] *ψυχην* 610 767 619 318; *ψυχης* 414 54 Tht *Nm* 194^{ap}; *τυχη* 426

3 *ἀπό*] *απ* 126; > 610 | om *ἕως θηλυκοῦ* V 669* | om *ἐξαποστείλατε* — *παρεμβολῆς* 53′ | *ἐξαποστείλατε*] *-λεται* 75; *αποστ.* *b* 71 Cyr X 733 (sed hab Compl); *emittet* ^{Lat}cod 100; *mitte* ^{Lat}cod 104*; bis scr 129* | *τῆς παρεμβολῆς*] pr *της σκηνης* 318; + *καθα ελαλησε* κ̅ς̅ 618*; + *et mittite* ^{Lat}cod 104; + *εξαποστειλαται* 319; + (※ G Syh) *εξαποστειλατε αυτους* *O* Syh = 𝔐; + *αυτων* 18 | om *καί* — *αὐτῶν* 18 Sa | *οὐ*] > Aeth^{M}; + *μη* B Cyr I 977 = Ra | *μιαινουσι(ν)* 16-46 509 | *τὰς παρεμβολὰς αὐτῶν*] *την παρεμβολην* 319; *castra vestra* Pal | om *ἐν* 1° — fin 319 | *οἷς*] *αις* *b* 59 (sed hab Compl) | om *ἐγώ* 44 = Tar^{O} | *καταγίνομαι*] *-νωμαι* 107 246 75′; *γινομαι* 126; *παραγεν.* 72; *venio* Aeth^{-C}; d̅m̅s̅ *ego* ^{Lat}cod 104; *apparebo eis* Bo | *ἐν αὐτοῖς*] *επ αυτοις* 68′-120′ (sed hab Ald); *εαυτοις* 313-615*; om *ἐν* 343 Cyr X 733; > 72 Aeth^{C}

---

5 2 *γονορρυῆ*] *ῥέοντα* 130-321′ | *ἀκάθαρτον* — fin] *μεμιαμ⟨μ⟩ένον ψυχῇ* 130-321′
3 *καταγίνομαι*] *κατοικῶ* 130-321′

[4]καὶ ἐποίησαν οὕτως οἱ υἱοὶ Ἰσραήλ, καὶ ἐξαπέστειλαν αὐτοὺς ἔξω τῆς 4
παρεμβολῆς· καθὰ ἐλάλησεν κύριος τῷ Μωυσῇ, οὕτως ἐποίησαν οἱ
υἱοὶ Ἰσραήλ.
[5]Καὶ ἐλάλησεν κύριος πρὸς Μωυσῆν λέγων [6]Λάλησον τοῖς υἱοῖς 5 6
Ἰσραὴλ λέγων Ἀνὴρ ἢ γυνή, ὅστις ἂν ποιήσῃ ἀπὸ τῶν ἁμαρτιῶν τῶν
ἀνθρωπίνων καὶ παριδὼν παρίδῃ, καὶ πλημμελήσῃ ἡ ψυχὴ ἐκείνη,
[7]ἐξαγορεύσει τὴν ἁμαρτίαν, ἣν ἐποίησεν, καὶ ἀποδώσει τὴν πλημμέ- 7

ABFMV O'' C'' bdfnst$x^{-527}y^{-121}$z al verss Pal

4 ἐποίησαν 1°] -σε(ν) b (sed hab Compl) | οὕτως 1° — παρεμβολῆς] om οὕτως 125 Bo; om οἱ — παρεμβολῆς b^{-19}; > 19 | om οἱ 1° 246 458-767 318 319 | Ἰσραήλ 1°] ⌒2° 53′ | καί 2° — παρεμβολῆς] om καί 509 Bo Sa^{4}; > 107′-125 | εξαπεστειλεν 426 16*-46-73′ | αὐτούς] > A; post παρεμβολῆς tr 76 | om καθά — fin 72 | τῷ Μωυσῇ] προς μωυσην 71 = 𝔐; τω μωση G-58 n; τω μωσει 426; τω μωυσει 46 343 619 68′-120′; om τῷ B 509; > ^{Lat}cod 104 | om οὕτως 2° — fin 107′-125 126 Arab | οὕτως 2°] λεγων 68′-120 (sed hab Ald); + και 767; + γαρ 44 | ἐποίησαν 2°] -σεν 18*(cprm) | οἱ υἱοὶ Ἰσραήλ 2°] om οἱ 58 246 30 319; > 16-46

5 ἐλάλησεν] ειπε(ν) 107′-125 509 | πρὸς Μωυσῆν] τω μωυση 628; τω μωσει 72 | μωυση 19; μωσην G-426 75-127-767; μωση 58 54-458 | om λέγων 107′-125 126

6 om init — λέγων 52′-313 106 ^{Lat}cod 100: homoiot | λέγων] sub ÷ G Syh; > F*(cprm) 72 73^{txt}-320 125 53′ 799 Arab = 𝔐 Tar | om ἀνήρ — ποιήσῃ 664^{txt} | ἀνήρ] ων ην 53 | ὅστις ἂν ποιήσῃ] ητις ποιησει 319 Tht *Nm* 194^{ap}; ει τις ποιησει Tht *Nm* 194te; ει τις ποιησοι Tht *Nm* 194^{ap}; οστις ποιησει (ποι^{η} 767) b n (sed hab Compl); + αμαρτιαν 55 Sa^{4} | ὅστις] ητις 134; ως τις 53-$664^{(mg)}$ 318; > 126 | ἄν] εαν A B F M′ 414 $f^{(-664txt)}$ 71 126 (sed hab Sixt) = Ra; > V | τῶν ἁμαρτιῶν A B G x^{-619} Anast 376 Arab Sa] pr παντων 29; πασων αμαρτιων 126; πασων 55; pr πασων Tht *Nm* 194 rell = Sixt 𝔐 | ἁμαρτιῶν] ανομιων 53′; et ἀνθρωπίνων tr 799 | τῶν 2°] αυτων 127*; > 799 | καί 1° — καί 2°] *per neclegentiam perneclegens* ^{Lat}cod 100 (sed hab Aug *Num* 9) | καὶ παριδών] sub ※ G | παριδών] παριδω 619; > 125; bis scr 53* | παρίδῃ] παρειδη V 55; παρειδης 509; παρι^{δ} 126; + (※ Syh) εν κυριω *O* 619 68′-120′ Arab Syh = 𝔐; + εις κ̅ν̅ 767 | πλημμελήσῃ] pr πλημμελων B*; -σει (πλημελ. 707) 58-72′ 57′-73′-761* 537 53′-246 75-767 30 84 y 120*-126 319 799; -λεισης 458; *inquinata fuerit* Bo

7 ἐξαγορεύσει] pr και 64^{c}-381′ 628 319 = 𝔐; και αγορευση 767; *et confessus sit* Aeth; -ση (-γωρ. 376-707) 376′-707* $C^{-16\ 77}$ 19′ 53′ 321* 509 18-68′-120-126 646 (sed hab Ald); -ρευει 392; -σαι 56*-129-246 343 ^{Lat}cod 100; -σωσην 319 ↓ | ἁμαρτίαν] + αυτης 15 b ^{Lat}cod 100 Sa^{8} (sed hab Compl); + αυτου 58; + *eius* Arm; + (※ G Syh) αυτων (-των G^{c}) O^{-58} 318 Syh = 𝔐; + εκηνη 619 | ἐποίησεν] ημαρτε(ν) A M'^{mg} oI C'' 28-30′-$85'^{txt}$-$321'^{txt}$-343′ 55 646; ημαρτωσαν 319 | om ἀποδώσει τὴν πλημμέλειαν 509 | ἀποδώσει 1°] δωσει 59*(cprm); ⌒2° 53 | τήν 2° — προσθήσει] *pro neglegentia sua domino quod obicitur et opponet* ^{Lat}cod 100; *neclegentiam suam et quo dimittitur e[. . .* ^{Lat}cod 104 | τὴν πλημμέλειαν] της πλημμελ(ε)ιας 72 d n $85'^{mg}$-$321'^{mg}$-344^{mg} t Arm; + αυτης

---

7 ἐξαγορεύσει] α′ θ′ ἐξαγορεύσωσιν 130(s nom)-321′(s nom)-344(s nom) Syh |

λειαν τὸ κεφάλαιον, καὶ τὸ ἐπίπεμπτον αὐτοῦ προσθήσει ἐπ' αὐτό,
8 καὶ ἀποδώσει τίνι ἐπλημμέλησεν αὐτῷ. ^{8}ἐὰν δὲ μὴ ᾖ τῷ ἀνθρώπῳ
ὁ ἀγχιστεύων ὥστε ἀποδοῦναι αὐτῷ τὸ πλημμέλημα πρὸς αὐτόν, τὸ
πλημμέλημα τὸ ἀποδιδόμενον κυρίῳ τῷ ἱερεῖ ἔσται, πλὴν τοῦ κριοῦ
9 τοῦ ἱλασμοῦ, δι' οὗ ἐξιλάσεται ἐν αὐτῷ περὶ αὐτοῦ. ^{9}καὶ πᾶσα ἀπαρχὴ
κατὰ πάντα τὰ ἁγιαζόμενα ἐν υἱοῖς Ἰσραήλ, ὅσα ἂν προσφέρωσιν
10 κυρίῳ τῷ ἱερεῖ, αὐτῷ ἔσται. ^{10}καὶ ἑκάστου τὰ ἡγιασμένα αὐτοῦ

ABFMV O'' C'' *bdfnstx*$^{-527}$*y*$^{-121}$*z* al verss (Pal)

15 Sa^{8}; + (※ G Syh) αυτου *O* 767 Syh = 𝔐 | τὸ κεφάλαιον] τω κεφαλαιω Anast 376; το κεφαλη 528; (※ G Syh) το κεφ. αυτου *O* 318 Syh = 𝔐 | om τό 2° 321 318 59 | om αὐτοῦ V 319 Bo Pal Sa^{8} | προσθήσει] pr και 318 Aeth^{FM}; -θηση 739 19 664 343; επιθ. V 319; δωσει 72 | ἐπ' αὐτό] επ αυτω 376 *C''* 343 318 55 646; επ αυτον 509; αυτω V 319; > 72 | ἀποδώσει 2°] -ση 343; αποδω^{σ} 126; αποδοθη 58-72 59; + επ αυτο G | τίνι] pr ει F | αὐτῷ] pr εν 509 Syh; αυτο A*(c pr m) 29-72 52-414-615^{c} 44 53-56^{c}-246-664^{c} 75' 68'-120' 59 799; > *b* 84^{txt} (sed hab Compl)

8 om δέ Tht *Nm* 195^{ap} | τῷ ἀνθρώπῳ] ο (τω 82 767) ανος 82 767 Aeth; *ei* ^{Lat}cod 100 (sed hab Aug *Num* 9) | om ὁ A *oI n* 130 68' 55 Tht *Nm* 195 (sed hab Ald) = 𝔐 | ὥστε ἀποδοῦναι / αὐτῷ] tr Pal | αὐτῷ 1°] αυτο 82; αυτου 72 Tht *Nm* 195^{ap}; sub ÷ G Syh; > 58 246 Bo = 𝔐 | πλημμέλημα 1°] ⌒2° V 52'-313-414 54-75' 319 Tht *Nm* 195^{ap} Bo | πρὸς αὐτόν] pr το (τω 107'-125 767) 707^{c} *d* 127-767 85'^{mg}-346^{mg} *t* Tht *Nm* 195; *eius* Arm; > Compl | τὸ πλημμέλημα 2°] pr *et* Arm; > 71; post ἀποδιδόμενον tr ^{Lat}cod 100 (sed hab Aug *Num* 9) | κυρίῳ B *b* 509] του κυ̅ 72; > 16-46 53'; pr τω (το 321*) Tht *Nm* 195 rell = Compl | τῷ 2°] pr *id* Arm; pr και 44 ^{Lat}cod 100 (sed hab Aug *Num* 9) | ἔσται] *dabit* ^{Lat}cod 100 (sed hab Aug *Num* 9) Aeth; sub ÷ G Syh = 𝔐 | τοῦ κριοῦ] τους κριους V; του κυριου 15 392* | ἐξιλασμου A 130^{mg}-344^{mg}-346^{mg} 392 | ἐξιλάσεται] -σκεται 73'; + αποδιδομενον τω κω̅ 618*: ex praec | ἐν αὐτῷ] ενιαυτου (εναυτ. 118; -τω 528^{c}) 528 118*; εαυτω G*; ad fin tr 414 *b d f n t* Tht *Nm* 195 Bo | αὐτοῦ] εαυτου G

9 πᾶσα ἀπαρχή] πασα η απ. 550'; πασα αρχη 19' 106* 53' 18-68-126 (sed hab Ald Compl); *omnes primitiae* ^{Lat}cod 100 | κατά B *O*$^{-58}$ *d f* 767 *t*(370 inc) *x*$^{-619}$ 799 ^{Lat}cod 100 Arm Bo Sa$^{5\,8}$ Syh = Compl] και τα 127 318; και rell | om πάντα Bo | om τά 52' 53-664* 75 71 319 | ἐν υἱοῖς] *filiorum* Aeth = 𝔐 | υἱοῖς Ἰσραήλ] pr τοις V 458 130^{mg}-321'^{mg}-344^{mg} 319; υμιν 55; ⌒(12) 56* | ὅσα ἂν προσφέρωσιν] *quae cum offeruntur* ^{Lat}cod 100; > Arab | εαν A M' V *oII*$^{-72}$ *C''*$^{-422\ 551}$ *f*$^{(-56*)}$ *s*$^{-30'}$ 619 *y z*$^{-126}$ 646 799 = Sixt | προσφέρωσιν] -ρουσι(ν) 52'-131-313-417-500'-529'* 767; φερωσιν οι υιοι ισραηλ 55 | κυρίῳ] pr τω B *oI*-82 *C''* *b* 125 56$^{(c1)}$ *s* 18'-126-628 646 799 = Ra; sub ÷ G; > 58 Arab = 𝔐 | τῷ] pr και *b* (sed hab Compl) | αὐτῷ] αυτο 53'; αυτου F^{b}; αυτα *C*$^{-16}$; αυτων 58-72 107'-125; > 16-46 246 55 59 ^{Lat}cod 100 Aeth Arm Bo Sa^{8}; ad fin tr *n* 319

10 comma] om init — ἔσται 1° *cI*$^{-413\ 528}$-422-551 346^{txt} 134: homoiot; > 72 *C*$^{-131mg}$-46-413-528 *b d* 370 509 (sed hab Compl): homoiot; bis scr 618*(||) | ἑκάστου τὰ ἡγιασμένα] *quaecumque sanctificantur* ^{Lat}cod 100 | εκαστω B* 29 52'-313-414-417 28-30'-85-130^{txt}-321*-343'-346$^{(mg*)}$ 18-628

ἐποίησεν] ο' οἱ λ' ἐποίησεν 344 | **ἐπίπεμπτον**] ἄλλο ἕτερον κατάπεμπτον F^{b}

ἔσται· καὶ ἀνὴρ ὃς ἂν δῷ τῷ ἱερεῖ, αὐτῷ ἔσται.
[11]Καὶ ἐλάλησεν κύριος πρὸς Μωυσῆν λέγων [12]Λάλησον τοῖς υἱοῖς 11 12
Ἰσραὴλ καὶ ἐρεῖς πρὸς αὐτούς Ἀνδρὸς ἀνδρὸς ἐὰν παραβῇ ἡ γυνὴ αὐτοῦ
καὶ παρίδῃ αὐτὸν ὑπεριδοῦσα, [13]καὶ κοιμηθῇ τις μετ' αὐτῆς κοίτην 13
σπέρματος, καὶ λάθῃ ἐξ ὀφθαλμῶν τοῦ ἀνδρὸς αὐτῆς καὶ κρύψῃ, αὐτὴ
δὲ ᾖ μεμιαμμένη, καὶ μάρτυς μὴ ᾖ μετ' αὐτῆς καὶ αὐτὴ μὴ ᾖ συνει-
λημμένη, [14]καὶ ἐπέλθῃ αὐτῷ πνεῦμα ζηλώσεως, καὶ ζηλώσῃ τὴν 14

ABFMV (963-) *O'' C'' bdfnstx*$^{-527}$*y*$^{-121}$*z* al verss

319 646; *εκαστα* 376 | *τὰ ἡγιασμένα*] *το ηγιασμενον* 71; *τω ηγιασμενω* 321; *τα αγια ασμενα* 53′; om *τά* 52′ | om *αὐτοῦ* — *ἄν* 71 | *αὐτοῦ*] *αυτω* 29-707^{c} 52′-313-414-417 53′ *n*$^{-767}$ *s*$^{(-346txt)}$ 74-76-84 *y* ^{Lat}cod 100 Bo Sa^{8}; + (※ G Syh) *αυτω* V *O* 767 319 Syh = 𝔐 | *καί* 2° — fin F^{a}] om *καί* B* = Ra 𝔐 Tar; om *καὶ ἀνήρ* 707^{txt} 392; sub ※ G Syh; > F 29 131$^{(mg)}$ 53′ *z* 59 (sed hab Ald): homoiot | *ανδρι* 52′-313 | *ὅς*] *οσα* 376-707 *cI'*$^{(-46\ 413\ 528)}$ *s t*$^{(-370)}$ 392 646 799 Sa | *ἄν* A F$^{(a)}$ M′ *O*$^{-58}$-15′-82 414 56$^{(c)}$-129-246 127 30-343 619 318 55 = edd] *εαν* rell = Ra | om *τῷ* 75 | *αὐτῷ*] *eius* Arm

11 om init — 8₇ *αὐτῶν* 2° 646(||) | *ἐλάλησεν*] *ειπε* 125 | *μωυση* 19; *μωσην* G-426 *n* Cyr I 909; *μωση* 58; *μωσει* 72 | om *λέγων* 125

12 *υἱοῖς*] bis scr 58 | *Ἰσραήλ*] *ααρων* 417 | *καί* 1° — *αὐτούς*] *λεγων* 126; > 72 107′-125 Arab; + *λεγων* 77 | *ἀνδρὸς ἀνδρός*] *virum maritum* ^{Lat}cod 100 (sed hab Aug *Loc in hept* IV 8); om *ἀνδρός* 2° V 72 529^{c} *d* 53′ 75′-767 71 68′-126 799 Cyr I 909 Bo Sa^{12} (sed hab Ald) | *παραβῇ*] *παρη* 18* | om *ἡ* 528 Chr II 917 | *αὐτοῦ*] *κατα του ανδρος αυτης* Chr II 917; > *b* 628 ^{Lat}cod 100 (sed hab Compl Aug *Loc in hept* IV 8) | om *καί* 2° — fin 75 | *παρίδῃ αὐτόν*] ad fin tr 53′ 619 *z*$^{-126}$ Cyr I 909 Arm^{ap} Sa = Sixt | *παρίδῃ*] *παρειδη* 29 30-130-346* 509 55; *υπεριδη b* (sed hab Compl) | *αὐτόν*] *αυτην* 72-376 246↓; *αυτων* 28*(c prm) | *ὑπεριδοῦσα* 963] *παριδ.* 73* 53′ 619*(c prm) Arm^{ap}; > 126 Aeth Arab Arm^{te}

13 *τις*] > 417*(c prm); post *αὐτῆς* 1° tr A 376 | *μετ' αὐτῆς* 1°] *μετα ταυτης* 963; *μετ αυτην* 64-72 318 128; bis scr 552* | *κοιτης* 458; *κοιτη* 71 | *λάθῃ*] *λαβη* 963 77 68′ (sed hab Ald); *λαληθη d t*$^{-84c}$ | *τοῦ ἀνδρός*] om *τοῦ* 414; > 413* | om *αὐτῆς* 2° 82 Chr II 917 ^{Lat}cod 100 | *καί* 3°] ⌒4° Chr II 917 | *κρύψῃ*] *κρυψει* 58 16-46* 56′ 75′ 84 71 318 59 799; + *hoc* ^{Lat}cod 100 | *αὐτή* 1° — *μεμιαμμένη*] post *αὐτῆς* 3° tr Bo | om *δέ* V 30 | *ᾖ* 1° F^{b}] pr *μη* A F 55 799; *ην* 963 82 *b* 68′-120′ (sed hab Ald Compl); > 72 59 | *μεμιαμμένη* 963] *μεμιασμενη* 381′ 77 19 53′ 127-767 619 126-669 55^{c} Cyr I 909 = edd | om *καί* 4° — fin 53′: homoiot | om *μή* 1° 618 | *ᾖ* 2° 963] *ην* B Cyr I 909 = Ra; ⌒3° 68′-120 (sed hab Ald) | *μετ' αὐτῆς* 2° B *x*$^{-619}$ 59 Cyr I 909] *μετα ταυτης* 963; *κατ αυτης* rell | om *αὐτή* 2° Chr II 917 Arm | om *ᾖ* 3° 767 | *συνετλημμενη* (*συνεντλ.* 458) 54-75′

14 *ἐπέλθῃ* 1°] *επελθοι* 56′; *απελθη* 314 | *αὐτῷ* 1° 963] pr *επ* 72-82-376 761 *b* 509 68*-122 55 799 Chr II 917 (sed hab Ald Compl) = 𝔐; *επ αυτον* V 319; *τω* (*το* 767) *ανδρι αυτης d n t* Arm Bo | om *καί* 2° — *αὐτοῦ* 2° Chr II 917 | om *καί* 2° — *αυτου* 1° 417 | *ζηλώσῃ* 1° 963] *-σει* V 58-72 *C*$^{-529'c}$-46′-52′ 19

---

12 (*παρίδῃ αὐτόν*) *ὑπεριδοῦσα*] *πανουργεύσῃ αὐτὸν* (*αυτην* 130) *πανούργημα* (*-γευμα* 128) 130 128; *πανούργημα* (*-γευμα* codd) 321′

γυναῖκα αὐτοῦ, αὐτὴ δὲ μεμίανται, ἢ ἐπέλθῃ αὐτῷ πνεῦμα ζηλώσεως,
15 *καὶ ζηλώσῃ τὴν γυναῖκα αὐτοῦ, αὐτὴ δὲ μὴ ᾖ μεμιαμμένη,* [15]*καὶ ἄξει*
ὁ ἄνθρωπος τὴν γυναῖκα αὐτοῦ πρὸς τὸν ἱερέα, καὶ προσοίσει τὸ δῶρον
περὶ αὐτῆς τὸ δέκατον τοῦ οἰφὶ ἄλευρον κρίθινον, οὐκ ἐπιχεεῖ ἐπ' αὐτὸ
ἔλαιον οὐδὲ ἐπιθήσει ἐπ' αὐτὸ λίβανον, ἔστιν γὰρ θυσία ζηλοτυπίας,
16 *θυσία μνημοσύνου ἀναμιμνήσκουσα ἁμαρτίαν.* [16]*καὶ προσάξει αὐτὴν*
17 *ὁ ἱερεύς, καὶ στήσει αὐτὴν ἔναντι κυρίου,* [17]*καὶ λήμψεται ὁ ἱερεὺς*

ABFMV (963) *O''* *C''* *bdfnstx*$^{-527}$*y*$^{-121}$*z* al verss (Fa-)

125 *f*$^{-129}$ 75′ 730 84 71 318 18-120-122*-126 59 319 799 | *αὐτοῦ* 1°] ⌒2° G-58-72 52′-131^{txt}-422-550′ 107′ 53′ 30 628 799 Arab Sa | om *αὐτή* 1° — fin 125 624 | *αὐτή* 1° — *ζηλώσεως* 2°] sup ras A | om *δέ* 1° A | *μεμίανται*] *μεμιασται* 381′; *η μεμιαμενη* (-*ασμενη* 77; -*αμμ.* 529^{c}) 16^{c}-46-77-500′-529′ ^{Lat}cod 100(vid); *μη η μεμιαμενη* 16* Arm | om *ἤ* — fin F^{b} 44 458 71 Bo | *ἤ*] *ει* 131$^{(mg)}$ 75; *και* 963 319; + *si* ^{Lat}cod 100 | om *ἐπέλθῃ* 2° — *δέ* 2° 126 | *ἐπέλθῃ* 2° 963] -*θοι* 56′; *επηλθεν* *b* (sed hab Compl) | *αὐτῷ* 2° 963] pr *επ* 761 *b*$^{-19}$ 56′-129 509 59 ^{Lat}codd 91 92 94—96 Syh = 𝔐; *επ αυτον* V 106^{c} *t* 319; *επ αυτη* 19; *επ αυτην* 106* | *ζηλώσεως* 2°] *ζηλοτυπιας* (-*λωτ.* 313) 313-414 | om *καί* 3° — *αὐτοῦ* 2° 106 | *ζηλώσῃ* 2° 963] -*σει* 82-376 16-46-73′-131$^{(mg)}$-417-500′-529* 56′-129 75 321*-730 84 619 318 68′ 55 59 319; *εζηλωσε* *b* ^{Lat}codd 91 92 94 — 96 | *αὐτοῦ* 2°] + ras 5 litt 616 | om *μή* 422 Arm | *μεμιασμενη* 381′ 77-528 53-664*(vid) *n*$^{(-458)}$ 84* 619 126 55^{c} Chr II 917 Cyr I 909 = edd

15 om *καί* 1° 72 ^{Lat}cod 100 Aeth Arm Bo | *ἄξει*] *αξη* 313 343 ^{Lat}cod 100; *εξει* 346; + *ο ιερευς* 246*(cprm) | om *ὁ* 58* | om *καί* 2° Bo^{A} | *προσοίσει*] *offerat* ^{Lat}cod 100; *οισει* A; *προσσεισοι* 376 | *τό* 1° — *αὐτῆς*] *pro ea sacerdos donum* Arm | *δῶρον*] + (※ G Syh) *αυτης* *O* Chr II 917 Syh = 𝔐 | *περί* — *οἰφί*] pr *το* 963 *O* Syh; om *περί* 392(|); om *τὸ δέκατον* 767 ^{Lat}cod 100; > Chr II 917 | *τοῦ*] *το* 767; *τω* 72 | *κρίθινον*] pr *και* 767 | *οὐκ*] pr *και* *n*$^{-127}$ Aeth Arm Bo | *ἐπιχεεῖ* 963] -*χει* Cyr I 909; -*χεεις* F*(cprm) 551 *b* 509 Chr II 917 (sed hab Compl) | *αὐτό* 1° 963] *αυτω* 72-381 *C''*$^{-16\ 46\ 529'*}$ 108-118′ 28-30-85-343 509 122*-126 = Compl; *αυτιν* 767; ⌒2° Sa^{4} | *ελεον* V | om *οὐδέ* — *λίβανον* Bo | *οὐδέ*] *ουδ* 58 73′-413 126; + *enim* ^{Lat}cod 100 | *ἐπιθήσει*] -*σεις* F *b* 509 Chr II 917 (sed hab Compl); post *αὐτό* 2° tr 16-46 | *αὐτό* 2° 963] *αυτω* 72-381-707 *C''*$^{-16\ 46}$ 458-767 30-343 | *ἔστιν* — *ζηλοτυπίας* 963] *θυσια* (*θυμιαμα* 376) *γαρ* (> 72) *ζηλοτυπιας* (-*λωτ.* 72*) *εστι(ν)* *O*$^{-58}$-72 Aeth Arm Bo Syh = 𝔐; om *γάρ* 16*; om *θυσία* 53′-56 = Compl; om *θυσία ζηλοτυπίας* 669^{txt} | *θυσία μνημοσύνου*] pr *και* 125 Fa; *αμνημοσυνου* 767; > 246 | *θυσία* 2°] -*σιαν* 376 44 319 799; -*σιας* 29; > Syh | *μνημοσυνον* 72 52 392; *μνημοσυνω* 458 | *ἀναμιμνήσκουσα ἁμαρτίαν*] pr (+ *και* 125) *θυσια* *d*$^{-106}$ *n* *t* Tht *Nm* 196 Arm; > Fa | *αμαρτιας* 458; *αμαρτια* 72

16 om *καί* 1° Arm | *αὐτήν* 1°] *peccatum mulieris suae* Fa; > *n*$^{-767}$ Tht *Nm* 196 Arm; ⌒2° *C''*$^{-52'}$ | *ὁ ἱερεύς*] *sacerdoti* Aeth | *καί* 2° — fin] om *καὶ στήσει αὐτήν* 52′ Sa^{5}; > Tht *Nm* 196^{ap} | *στηση* 108-118 56-664 321 | *αὐτήν* 2° 963] *την γυναικα* 44′ *n* *t* Tht *Nm* 196 Arm; > ^{Lat}cod 100; + *ο ιερευς* 29 59 | *ἔναντι* 963] -*τιον* G 616 130^{mg}-321′^{c} | *κυρίου*] + *dei* Fa

17 om *καί* 1° 68(||) | *λήμψεται* A B* F V 963 G-82 509 624] sine *μ* F^{b} rell; *dabit* Arm^{ap} | om *ὁ ἱερεύς* 1° Chr II 917 | *ὁ* 1°] + *και πασα απαρχη και παντα τα*

---

15 *δῶρον*] *προσφοράν* F^{b} | *δέκατον τοῦ οἰφί*] *δεκάλιτρον μοδ⟨ίου⟩* F^{b}

ὕδωρ καθαρὸν ζῶν ἐν ἀγγείῳ ὀστρακίνῳ καὶ τῆς γῆς τῆς οὔσης ἐπὶ
τοῦ ἐδάφους τῆς σκηνῆς τοῦ μαρτυρίου, καὶ λαβὼν ὁ ἱερεὺς ἐμβαλεῖ
εἰς τὸ ὕδωρ· ^{18}καὶ στήσει ὁ ἱερεὺς τὴν γυναῖκα ἔναντι κυρίου, καὶ 18
ἀποκαλύψει τὴν κεφαλὴν τῆς γυναικός, καὶ δώσει ἐπὶ τὰς χεῖρας αὐτῆς
τὴν θυσίαν τοῦ μνημοσύνου, τὴν θυσίαν τῆς ζηλοτυπίας, ἐν δὲ τῇ
χειρὶ τοῦ ἱερέως ἔσται τὸ ὕδωρ τοῦ ἐλεγμοῦ τοῦ ἐπικαταρωμένου
τούτου· ^{19}καὶ ὁρκιεῖ αὐτὴν ὁ ἱερεὺς καὶ ἐρεῖ τῇ γυναικί Εἰ μὴ κεκοί- 19
μηταί τις μετὰ σοῦ, εἰ μὴ παραβέβηκας μιανθῆναι ὑπὸ τὸν ἄνδρα τὸν

ABF(K-)MV (963) *O'' C'' bdfnstx*$^{-527}$*y*$^{-121}$*z* al verss(-Fa)

αγιαζομενα εν υιοις ιηλ οσα εαν προσφερωσι τω κω 73*(||): ex 9 | *ζων καθαρον* Tht *Nm* 196^{ap} | *ζῶν*] sub ÷ G^c Syh; > Chr II 917 ^{Lat}ApocEvang *Inf* H 51 Aeth^C Fa: cf 𝔐; + *εναντι κυριου* Tht *Nm* 196te | *ἐν ἀγγείῳ* 963] sub ÷ G*: cf praec | *καί* 2° — *ἱερεύς* 2°] *et sumet sacerdos terram e terra loco tabernaculi testimonii* Sa; *et sumet sacerdos pulverem e tabernaculo testimonii e terra* Aeth | *τῆς γῆς* 963] pr *απο* K V *O C''* 767 30'-130^{mg}-321'^{mg} *z* Chr II 917 Syh (sed hab Ald) = 𝔐; *terram* ^{Lat}cod 100 | om *τῆς* 2° G* 75 | *ἐπί*] *απο* 426 122* | *τοῦ ἐδάφους*] *το εδ.* 458; *του εδαφου* V 319; > 509 | *τῆς* 3° — *καί* 3°] pr *επι* 82; > Chr II 917 | *τοῦ μαρτυρίου*] sub ÷ G Syh = 𝔐 | om *καί* 3° Arm = 𝔐 | *λαβών*] *αναλαβων* 963(vid) *b* (sed hab Compl); > Bo; + *ααρων* 58 | *ἐμβαλεῖ*] pr *et* ^{Lat}cod 100 Aeth; *-λλει* 610; *-λη* 29 246* 767^c; *-λειν* 53; *εκβ.* 120; + *terram* Bo Fa | *εἰς* K] > 610* | *τὸ ὕδωρ* K] *το πυρ* 55; *aquam puram* Fa

18 *στήσει* K] *στηση* 664 55 | *ὁ ἱερεύς* K] post *γυναῖκα* tr B (sed hab Sixt) | om *τὴν γυναῖκα* 618^{txt} | *εναντιον* Phil I 173s | *κυρίου*] + *dei* Fa; + *και λημψεται* 618* | *αποκαλυψη* 30-343 624; *αποκαλει* 44 | *κεφαλήν*] + *αυτης* 381' 619 = Ald | *τῆς γυναικός*] om *τῆς* 618*(cprm); *αυτης* 107'-125 Phil I 173 Arab | *δώσει*] *δωσεις* G*; *θησει* 381' 125 619 = Ald | *ἐπὶ τὰς χεῖρας*] *in manu* ^{Lat}cod 100 Aeth; *επι της χειρος* Tht *Nm* 196^{ap} Sa; *επι των χειρων* Tht *Nm* 196te; om *τάς* 417 | *αὐτῆς*] *αυτην* 414; > 18 | *τήν* 3° — *μνημοσύνου*] om *τήν* 730 Tht *Nm* 196^{ap}; om *τοῦ* Tht *Nm* 196^{ap}; > B* 130-321'; bis scr 56* | *μνημοσυνη* 108 | *τὴν θυσίαν* 2°] pr *και* 376 ^{Lat}ApocEvang *Inf* H 51; *της θυσιας* F; *και θυσιαν* 52'-313; > 75(|); post *ζηλοτυπίας* tr 53 | om *τῆς* 2° 52' | *ἐν δέ*] *εαν δε* 318; *και εν* 130^{mg}-346^{mg} 319; om *δέ* 529 75 | om *τῇ* 75 | *ἔσται*] *εστω* 458; > 29 | *τοῦ ἐλεγμοῦ*] *το ελεγμον* 134; > Arab | *τοῦ ἐπικαταρωμένου* (*-ρομ.* 75) *τούτου* B 963 *n*$^{-458}$ *x*$^{-619}$ 319 Cyr I 909 Tht *Nm* 196 Arm Bo] *του επικαταρωμεμενου τουτο* 458(|); *quae abicietur* ^{Lat}cod 100; *το επικαταρωμενον* (*-ρομ.* 376; *καταρ.* 126) *τουτο* (sub ÷ G; pr ÷ Syh; > 58 *b* Aeth = 𝔐) ^{Lat}Aug *Loc in hept* IV 10s rell

19 om *καί* 1° Sa^{12} | *ορκεει* 120; *ορκει* 72 | *αὐτήν*] *αυτους* 46^{c1}; *αυτης* 16-46*; *ταυτην* 707 | *καί* 2° — *γυναικί*] *ουτως* 72 | om *εἰ μή* 1° 126 | om *κεκοίμηταί* — *ὑπό* 616^{txt} | *κεκοίμηταί* 963] *εκοιμηται* 624; *κεκεκοιμηκε* (*-μηται*^{c}) 313 | *τις*] post *σοῦ* tr ^{Lat}cod 100 Arm | *εἰ μή* 2°] pr (※ G; + ÷ Syh) *και* V *O* 18'-628-669 ^{Lat}Or *Matth* 110 Syh = 𝔐; *και* 126; *et non* Aeth Bo; om *μή* 422* | *μὴ παραβέβηκας μιανθῆναι*] *concubuisti coinquinata* ^{Lat}cod 100 | *παρεβηκας* 426 71 392 126-669 624; *παρεβης* Chr II 917 | *ὑπό*] pr *και* 68' (sed hab Ald); *επι* 71; *προς*

---

18 *τοῦ ἐλεγμοῦ*] *α' θ' amarorum* Syh | *ἐλεγμοῦ τοῦ ἐπικαταρωμένου* (*τούτου*)] *ἐμφανισμοῦ τὸ ἐμφανίζον* 130-321' 128

σεαυτῆς, ἀθῴα ἴσθι ἀπὸ τοῦ ὕδατος τοῦ ἐλεγμοῦ τοῦ ἐπικαταρω-
20 μένου τούτου· [20]εἰ δὲ σὺ παραβέβηκας ὑπ᾽ ἀνδρὸς οὖσα ἢ μεμίανσαι,
21 καὶ ἔδωκέν τις τὴν κοίτην αὐτοῦ ἐν σοὶ πλὴν τοῦ ἀνδρός σου. [21]καὶ
ὁρκιεῖ ὁ ἱερεὺς τὴν γυναῖκα ἐν τοῖς ὅρκοις τῆς ἀρᾶς ταύτης, καὶ ἐρεῖ
ὁ ἱερεὺς τῇ γυναικί Δῴη κύριός σε ἐν ἀρᾷ καὶ ἐνόρκι**ον** ἐν μέσῳ τοῦ
λαοῦ σου, ἐν τῷ δοῦναι κύριον τὸν μηρόν σου διαπεπτωκότα καὶ τὴν
22 κοιλίαν σου πεπρησμένην· [22]καὶ εἰσελεύσεται τὸ ὕδωρ τὸ ἐπικατα-
ρώμενον τοῦτο εἰς τὴν κοιλίαν σου πρῆσαι γαστέρα καὶ διαπεσεῖν

ABFMV (963) *O'' C''* *bdfnstx*$^{-527}$*y*$^{-121}$*z* al verss

A Chr II 917; > 610 | *τὸν σεαυτῆς*] *τον εαυτης* 15 392 126*; *τον σον* 53′; *σου* 381′; om *τόν* 552 | *ἀθῴα*] *αθωος* F^{b} 551 *n* Tht *Nm* 197te; *σωα* Chr II 917 | *ἴσθι*] *εση* 509 ^{Lat}Or *Matth* 110 Syh; *συ z* (sed hab Ald) | *ἀπὸ τοῦ*] [. . .] 963 | *ὕδατος*] et *ἐλεγμοῦ* tr 16-46 | om *τοῦ* 2° 963 | *τοῦ* 3° — fin] *τον καταρ. τουτου* 126; *τουτου επικ. τουτου* 130; *το επικαταρωμενον τουτο* 52′; + *πικρου* 767

20 *εἰ*] *εαν* 422 | *δέ*] > Sa^{5}; + *μη* 739 | *σύ — οὖσα*] *παρεβης* Chr II 917 | *σὺ παραβέβηκας*] *συμπαραβ.* 318; *συ παρεβηκας* 71 669 | *σύ*] spat 1-2 litt 509; > 319 ^{Lat}cod 100 Aeth Arm | *υπο* 72 458 799 | *ἤ*] *και* V 767 30′-321′^{mg} 319 Chr II 917 Aeth↓; *ει* 376 *b* 75 59 Cyr I 909 Tht *Nm* 197^{ap} (sed hab Compl); > 414 | *μεμίανσαι*] pr *συ* (*σοι* G) *O b d n*$^{-767}$ *t* Tht *Nm* 197 ^{Lat}cod 100 Syh (sed hab Compl)↓; pr *μη* 126; *μεμιανται* 500 | *καί*] *η* Tht *Nm* 197 | *ἔδωκέν*] + *σοι* 53′ | *τις — αὐτοῦ*] om *τήν* 616; post *σοί* tr 58 | *τὴν κοίτην αὐτοῦ*] post *σοί* tr *O*$^{-58}$ Syh = 𝔐 | *κοίτην*] bis scr 767 | *αὐτοῦ*] *του* 619; > 610* 84^{txt}(cprm) Tht *Nm* 197 | *ἐν σοί*] *επι σοι* 628; *μετα σου* V 319; > 125 53 509

21 init — *γυναικί*] om *καί — ταύτης* 72; om *τὴν γυναῖκα* 319; om *ἐν — γυναικί* 963^{txt}; > *d t* 619 Chr II 917 Tht *Nm* 197 | om *καί* 1° 59(|) | *ὁρκιεῖ*] + *αυτην* 767 319 | *ἱερεύς* 1°] ⌒2° 53 | *ἐν τοῖς ὅρκοις*] *in iuramento* Bo = 𝔐; *εν τοις λογοις* B (sed hab Sixt); om *ἐν* 59 | *τῆς*] *τοις* 130 | *ἀρᾶς*] *ωρας* 767 | *ταύτης*] *eius* ^{Lat}cod 100 (sed hab Or *Matth* 110); sub ÷ G; pr ÷ Syh; > 58 = 𝔐 | om *ὁ ἱερεύς* 2° 72 | *τῇ γυναικί*] pr *sic* Sa; *την γυναικα* 669*(cprm): *προς αυτην* 72 | *δῴη κύριός σε*] *δωσει κυριος* Tht *Nm* 197^{ap} | *δῴη*] *δωσει* 318 | *κύριός σε* B F 963 *O'*$^{-376}$ *d f t x*$^{-619}$ *y z*$^{-68' 126}$ 59 799 Chr II 917 ^{Lat}cod 100 = Compl] *σε ο κυριος* 552; *σοι* (*σει* 54) *κυριος* 616^{c} 54 Tht *Nm* 197^{ap}; om *σε* 376 68′; tr Tht *Nm* 197te rell = Ald Sixt | *ἐν ἀρᾷ*] *εν ορα* 319; *εις αραν* 55 = 𝔐; > 77 Sa^{4}; + *σε* 376 | om *καί* 3° 551(vid) Sa^{4} | *ενορκω f*$^{-129}$ = Compl | *ἐν μέσῳ*] *εμμεσου* (*ενμ.* 68) 509 68 | om *τοῦ* 767 | om *σου* 1° *b* Aeth^{-CG} (sed hab Compl) | *ἐν* 4° — *κύριον*] *et det dominus* ^{Lat}cod 100 | *κύριον*] *κυριος* 426; > 44 | om *τόν — καί* ult Chr II 917 | *των μηρων* 610 | *διαπεπτωκεναι* Tht *Nm* 197^{ap} | *καὶ τὴν κοιλίαν*] bis scr 16-46 | om *σου* 3° F 320 Tht *Nm* 197^{ap} | *πεπρησμένην* 963] *πεπρισμ.* 15-72-82 46^{s}-414-529^{c} *b f*$^{-129}$ 127 343 68′-120-126 799 (sed hab Ald); *διαπεπρισμ. d* 458 *t* 319; *διαπεπρ.* V 376 509 318; *διαπεπρυσμ.* 75; *εμπεπρισμ.* Chr II 917; *παν πρησμενην* 54

22 *ελευσεται* 767 126 | *τό* 1°] bis scr 618(||) | *τουτο το* (> 52) *επικαταρωμενον* (*-ρομ.* 313; *καταρ.* 376; *τουτο το επι* sup ras 57) 376 *C''* 44-610 Bo | *επικατηραμενον* Chr II 917; *καταρωμενον* 126 | *τοῦτο — σου* 1°] om *τοῦτο* Arm;

---

20 *ἢ μεμίανσαι*] *ο′ ἢ σὺ μεμίανσαι α′ σ′ καὶ ὅτι μεμίανσαι θ′ καὶ ἐμιάνθης* 344
21 *πεπρησμένην*] *πεφυσημένην* (*-μενη* 130) 130-321′ 128

μηρόν σου. καὶ ἐρεῖ ἡ γυνή Γένοιτο, γένοιτο. 23καὶ γράψει ὁ ἱερεὺς 23
τὰς ἀρὰς ταύτας εἰς βιβλίον, καὶ ἐξαλείψει εἰς τὸ ὕδωρ τοῦ ἐλεγμοῦ
τοῦ ἐπικαταρωμένου, 24καὶ ποτιεῖ τὴν γυναῖκα τὸ ὕδωρ τοῦ ἐλεγμοῦ 24
τοῦ ἐπικαταρωμένου, καὶ εἰσελεύσεται εἰς αὐτὴν τὸ ὕδωρ τὸ ἐπικατα-
ρώμενον τοῦ ἐλεγμοῦ. 25καὶ λήμψεται ὁ ἱερεὺς ἐκ χειρὸς τῆς γυ- 25
ναικὸς τὴν θυσίαν τῆς ζηλοτυπίας, καὶ ἐπιθήσει τὴν θυσίαν ἔναντι
κυρίου, καὶ προσοίσει αὐτὴν πρὸς τὸ θυσιαστήριον, 26καὶ δράξεται 26
ὁ ἱερεὺς ἀπὸ τῆς θυσίας τὸ μνημόσυνον αὐτῆς, καὶ ἀνοίσει αὐτὸ ἐπὶ

ABF(K)M(S-)V (963) *O'' C''* *bdfnstx*$^{-527}$*y*$^{-121}$*z* al verss

> Chr II 917 | *εἰς*] pr *γενοιτο* 618; + *γενοιτο* 618* | *σου* 1°] ⌒2° 72 | *πρῆσαι*] *πρισαι* (-*σε* 799) 29 46^{s}-414-529^{c} *b d*$^{-44}$ 127-458 343 *t*$^{-84}$ 71 319 799 Chr II 917; *διαπρισαι* 44; *πλησαι* *f*$^{-129}$ 84* 55 | *γαστέρα*] *την γαστ. σου* Chr II 917; + *σου* *d n t* Aeth Arm Bo Syh = Tar^{P} | *διαπεσεῖν*] *διεμπ.* 18; *διεκπ.* 628; *επεσειν* 126; -*σει* 458 346* | *μηρόν*] pr *τον* 29; *ο μοιρος* 458 | *σου* 2°] sub ÷ (※ G) G Syh = 𝔐 Sam Tar^{O} | *ἡ γυνή*] > 77; + *γενη* 321 | om *γένοιτο* 2° M' 618* Sa^{4}

23 *γράψει*] *γραψη* 616* 319; *γραφει* 75; *βαψει* 799 | *ὁ ἱερεύς*] post *ταύτας* tr 376' Syh = 𝔐 | om *τὰς ἀράς* 19 30 319 | *ταύτας*] *παντας* 313-615*(vid); *πασας* 52-615^{c} | *εἰς βιβλίον*] *εις βιβλιος* 122; *εις το βιβλιον* 381'; *εις βιβλον* 552*; *επι βιβλιου* G | *εξαλειψη* 75 509 | *τοῦ* 1°] ⌒2° Arab | *τοῦ ἐπικαταρωμένου*] (÷ Syh) *το επικαταρωμενον* (-*νου* 458) 246 458 Syh; *του καταρ.* 77* 76(|); *του επικαταραμενου* 44; sub ÷ G = 𝔐; + *του ελεγμου* 767

24 init — 66 *πά*[*ση*] absc 624(||) | om comma 53' | init — *ἐπικαταρωμένου*] > 963 52'-413-414-528 *d* 767 370 126-669 Aeth: homoiot; bis scr 376; post *ὕδωρ* 2° tr 458 | *ποτιεῖ*] *ποιει* 28; + *ο ιερευς* 55 ^{Lat}cod 100 | *τό* 1° — *εἰσελεύσεται*] om *τό* — *ἐπικαταρωμένου* 72; > 314 | *τὸ ὕδωρ* 1°] bis scr 130*; post *ἐλεγμοῦ* 1° tr 319 | om *τοῦ* 1° — *ἐπικαταρωμένου* 71 | *τοῦ ἐπικαταρωμένου*] *το επικαταρωμενον* (-*νου* 30) G* 246* 30 ^{Lat}cod 100 Syh; *του καταρ.* 761*; > Arab | *εἰσελεύσεται εἰς αὐτήν*] sup ras 500 | *εἰς αὐτήν*] *επ* (*εν**) *αυτην* G; *εις αυτω* 376; > 68; ad fin tr *b* Aeth (sed hab Compl) | *τό* 3° — fin] *του ελεγμου του επικαταρωμενου* 56'-129 Aeth = Compl; > 381' | *τὸ ἐπικαταρώμενον* K] > 72 *b* 458

25 *λήμψεται* A B* F V 963 G-82 509] sine *μ* F^{b} rell | *ἐκ* — *γυναικός*] om *ἐκ χειρός* Bo; om *τῆς γυναικός* 73^{txt}; post *ζηλοτυπίας* tr 75 | *χειρός*] pr *της* 107'-125 130^{mg} 319 | *τῆς* 1° K] *την* 29 | *τῆς* 2° — *θυσίαν* 2°] bis scr F; + *της ζηλοτυπιας* F^{b} | *τῆς* 2°] *την* 108 | *ἐπιθήσει*] -*ση* 664; -*θυσει* 376; *ποιησει* 71 | om *τὴν θυσίαν* 2° 75 | *προσοίσει*] *προσθησει* 509 | om *αὐτήν* Arm | *πρός* B V *b d* 54'-75 *t* 71 319 Cyr I 909 ^{Lat}cod 100] *εις* 458; *επι* 963(vid) rell = Compl Tar^{P}

26 *καί* 1°] ⌒3° 44 | *δράξεται*] *δοξαζεται* 16-46 | *τὸ μνημόσυνον* 963] pr *επι* 56*-129; *τουτο μνημ.* 246; *του μνημοσυνου* V 739 319 ^{Lat}cod 100 Arm | om *αὐτῆς* V 319 ^{Lat}cod 100 | *ἀνοίσει*] -*σεται* 619 68 Cyr I 909 = Ald Sixt; *οισει* 53' | *αὐτό* 963] *αυτην* 318; > 458 68 ^{Lat}cod 100 = 𝔐; + *ο ιερευς* 619 *z* = Ald |

---

22 *Γένοιτο γένοιτο*] α' (σ' *C'*) *πεπιστωμένως* (c var) *πεπιστωμένως* (c var) M' *C'*^{cat} 54^{txt}-458(s nom) 85'-321(nom absc)-344-346; σ' (α' *cII*) *ἀμὴν ἀμήν* F^{b} M *C*^{cat}(s nom)-*cII*^{cat} 54^{txt}-458(s nom) 85'-321(nom absc)-344-346 416(s nom)

23 *τοῦ ἐλεγμοῦ*] οἱ λ' *τοῦ* (> M' 85) *πικροῦ* M'(ind ad *ἐπικαταρωμένου*) 85(ind ad *ἐπικαταρωμένου*)-344; *ἤγουν τοῦ πικροῦ* 54^{txt}(post *ἐπικαταρωμένου* posita)

27 τὸ θυσιαστήριον, καὶ μετὰ ταῦτα ποτιεῖ τὴν γυναῖκα τὸ ὕδωρ. [27]καὶ
ἔσται ἐὰν ᾖ μεμιαμμένη καὶ λήθῃ λάθῃ τὸν ἄνδρα αὐτῆς, καὶ εἰσελεύ-
σεται εἰς αὐτὴν τὸ ὕδωρ τοῦ ἐλεγμοῦ τὸ ἐπικαταρώμενον, καὶ πρησθή-
σεται τὴν κοιλίαν, καὶ διαπεσεῖται ὁ μηρὸς αὐτῆς, καὶ ἔσται ἡ γυνὴ
28 εἰς ἀρὰν ἐν τῷ λαῷ αὐτῆς· [28]ἐὰν δὲ μὴ μιανθῇ ἡ γυνὴ καὶ καθαρὰ ᾖ,
29 καὶ ἀθῴα ἔσται καὶ ἐκσπερματιεῖ σπέρμα. [29]οὗτος ὁ νόμος τῆς
30 ζηλοτυπίας, ᾧ ἂν παραβῇ ἡ γυνὴ ὑπ' ἀνδρὸς οὖσα καὶ μιανθῇ, [30]ἢ
ἄνθρωπος, ᾧ ἂν ἐπέλθῃ ἐπ' αὐτὸν πνεῦμα ζηλώσεως, καὶ ζηλώσῃ

ABFM(S)V (963) *O'' C'' bdfnstx*$^{-527}$*y*$^{-121}$*z* al verss

μετὰ ταῦτα] *μετ αυτα* 767; *μετα τουτο* 58-376 | om *ποτιεῖ* — (27) *ἔσται* 1° 75 | *ποτισει* 376 | *ὕδωρ*] + *reprehensionis* Arm

27 init] pr (※ G Syh) *και ποτιει αυτην το υδωρ* O^{-58} Syh = 𝔐 | om *ἔσται* 1° S(vid) Aeth | om *ἐὰν ᾖ* Bo | *ἐάν* B S 963 O^{-58} 417^{txt} f^{-246} x^{-619} 319 Chr II 917 Cyr I 909 Sa Syh = Compl] *ει* (*εν* 707) *μεν* 72-707*; + *μη* 528; + *μεν* rell | *ᾖ*] *ην* 707*; + *τ*[. . . S | *μεμιαμμένη*] *μεμιασμενη* 381′ 422-528 53-664* *n* 619 55^{c} Chr II 917 Cyr I 909 = edd; > 59; + *mulier* Bo | *λήθῃ* 963] *ληθην* 72; > 509 59 ^{Lat}cod 100 Aeth | *λάθῃ*] *διαλαθη* 59; *λαθρα* 799 | om *αὐτῆς* 1° Syh | om *καί* 3° 72 30′ Aeth | om *εἰς αὐτήν* Chr II 917 | *τοῦ ἐλεγμοῦ* / *τὸ ἐπικαταρώμενον*] *του επικαταρωμενου ελεγμου* 77; tr O^{-58} Syh = 𝔐; > Arab | *τὸ ἐπικαταρώμενον*] *του επικαταρωμενου* C''^{-77} 767 $s^{-343\ 344^{c}}$; > 72 Chr II 917 | om *καί* 4° Arm | *πρησθήσεται*] *πρηθ.* 963; *πρισθ.* 15-29-82-376′ 46^{c}-414-529^{c}-616* *b d f* n^{-458} 30-343 *t* 71 318 55 319 799; *προσθ.* 618 528 x^{-71} 68′-120 59*; *πρισει* 72 Chr II 917 | *τὴν κοιλίαν*] *τη κοιλια* 53′; + (※ G Syh) *αυτης* *O* 767 Chr II 917 ^{Lat}cod 100 Aug *Loc in hept* IV 12 Arm Co Syh = 𝔐 | om *καί* 5° Bo | *διαπεσει* 707 | *μοιρος* 458 | *αὐτῆς* 2°] + *ως ψευσαμενη τον ανδρα επι τοις γαμοις και τον θν̄ επι τοις ορκοις* 58 | *ἔσται ἡ γυνή*] [. . . . .] S; om *ἡ γυνή* 414*(|) | *ἐν τῷ λαῷ* 963] *in medio populi* Sa = 𝔐; om *ἐν* B S* 68′ 799 Cyr I 909 Arm^{ap} (sed hab Ald)

28 *δέ*] *δη* 616 | *μὴ μιανθῇ*] om *μή* 44; et *καθαρὰ ᾖ* tr Sa | *μιανθῇ* 963] *μεμιανται* (-*τε* 458) *d n t*; *εμιανθη* 318; *η μεμιαμμενη* (-*αμενη* 122) 68′-120′ (sed hab Ald) | *ἡ γυνή*] om *ἡ* 707*; > 68′-120′ Phil I 146 Aeth Arab (sed hab Ald); + *αυτη* 72 | *καὶ καθαρὰ ᾖ*] om *καί* 125; > 126: homoiot; bis scr S(vid) | *ᾖ*] *εσται* G; > 376 68′-120′ Phil I 146 (sed hab Ald) | om *καί* 2° V *b n* 318 319 799 ^{Lat}cod 100 Aeth Arm | *ἀθῴα ἔσται* 963] *αθωος εσται* (*εσθαι* 54^{c}) S* $n^{-127^{c}}$ Phil I 146; *αθωα η* 126; *αθωωθησεται* (*αθοωθ.* V 319) V 85^{mg}-321′^{mg}-344^{mg} 319 | om *ἔσται καί* 72 | *καὶ ἐκσπερματιεῖ*] *εκ σπερματων* Phil I 146 | *ἐκσπερματιεῖ*] -*τιεις* (*εκπερ.* G) G*-82 54 130*; -*τισει* 68′-120′ (sed hab Ald); *σπερμ.* 30′-343′ 71 126; *σπερματισει* 509; *ενσπερ.* 53′; -*τευει* 319* | *σπέρμα*] pr *εις* (*ει* 509) x^{-619} Phil I 146

29 *οὗτος*] pr *και* 134; *ουτως* 707 30 59*(vid) | om *τῆς* 29 552 | *ζηλοτυπουμενης* (*ζηλωτ.* 319) V 85^{mg}-321′^{mg}-344^{mg} 319 | *ᾧ*] *ο* 963 707; *ου f* ^{Lat}cod 100 = Compl; *ως* V 52′-313 59; *ον* 616^{c}; > 319 | *ἄν* 963] *εαν* B G 19 458 319 = Compl Ra; > S* 707* | *ἡ γυνή*] om *ἡ b* 75 392 799 (sed hab Compl); > 618*(c pr m); + *η* V G 127 319 | *γυνή*] post *ἀνδρός* tr 392 | *υπο* 75 | om *καί d*

30 *ἤ*] *ει* 75; > 413 130 509 | *ἄνθρωπος*] pr *ο* 376 *C''* $s^{-343\ 344^{c}}$ 509 | *ᾧ ἄν* S] *ο εαν* 707; *ος αν* 799; *ος* (*ως* 458) *εαν* 458 619 68′-120′ = Sixt; *ω εαν* A B F 963 G-58-72-82-oI^{-15} 77-417-529 19 54 134 71 392 18′-126-628-669 59 319 =

τὴν γυναῖκα αὐτοῦ, καὶ στήσει τὴν γυναῖκα αὐτοῦ ἔναντι κυρίου, καὶ
ποιήσει αὐτῇ ὁ ἱερεὺς πάντα τὸν νόμον τοῦτον· 31 καὶ ἀθῷος ἔσται 31
ὁ ἄνθρωπος ἀπὸ ἁμαρτίας, καὶ ἡ γυνὴ ἐκείνη λήμψεται τὴν ἁμαρτίαν
αὐτῆς.
6 1 Καὶ ἐλάλησεν κύριος πρὸς Μωυσῆν λέγων 2 Λάλησον τοῖς υἱοῖς 1 2
Ἰσραὴλ καὶ ἐρεῖς πρὸς αὐτούς Ἀνὴρ ἢ γυνή, ὃς ἂν μεγάλως εὔξηται
εὐχὴν ἀφαγνίσασθαι ἁγνείαν κυρίῳ 3 ἀπὸ οἴνου καὶ σίκερα, ἁγνισθή- 3
σεται ἀπὸ οἴνου, καὶ ὄξος ἐξ οἴνου καὶ ὄξος ἐκ σίκερα οὐ πίεται, καὶ

ABFM(S)V 963 *O'' C'' bdfnstx*$^{-527}$*y*$^{-121}$*z* al verss

Ra; om ἄν 28-343′; > 509 | ἐπέλθῃ F^{a}] απελθη 619; παραβη και ελθη 458; > F | αὐτόν] αυτων 314* 509*; αυτω S^{mg} 29-72 *C''*$^{-500*}$ *d* 53′-129 767 30 *t* 799 = Compl; αυτο F 376-707*(vid) 56′ | ζηλώσεως] pr ζηλοτυπιας η 72 | ζηλώσῃ 963] -σει 29-58 52′-73′-313-417-422-550′-616*-761^{c} 106-125 *f* 75 30-343 84 71 318 120-126 59 319 799 | αὐτοῦ 1°] > 618*(cprm); ⌒2° S^{txt} 29 458 509 318 68-126 59 799 | καί 2°] > 669(|) Arm Sa^{12}; ⌒3° 72 *C''*$^{-131mg}$ | στησῃ *oI*$^{-64}$ 56-664* 54 619 ^{Lat}cod 100 = Ald | τὴν γυναῖκα αὐτοῦ 2°] αυτην *b* 107′-125 53′ 319 ^{Lat}cod 100 | αὐτοῦ 2°] sub ÷ G Syh; > 58 Arm = 𝔐 | κατεναντι *f* = Compl | ποιήσει 963] -σῃ 15 46-529′^{c}-551-*cI*$^{-320*\ 552}$ 128-669 | αὐτῇ 963] αυτην F 107′ 767; αυτω 528; αυτα 18; > 52′-313-414 730 | ἱερεύς] + αυτη 551 | πάντα] pr *secundum* ^{Lat}cod 100 Arm Bo | τόν] pr κατα 72

31 comma] και α 417(||) | καὶ ἀθῷος] και αθοως 376 319; καθως F*(cprm); om καί Bo | ἀθῷος ἔσται] αθωωσεται (αθωοσ. 30) 30′ | ἀπό] pr ο *cI*$^{-552}$-551 | ἁμαρτίας — 6 2 αὐτούς] pr της 15 52 *n* 126; sup ras A | om ἡ 619 = Ald Sixt | ἐκείνη 963] pr αυτη 376; ÷ αυτη ↙ G; εκει 343; > 246 Arm; + αυτη 426 319 | λήμψεται A B F V 963 G-82 127* 509] sine μ F^{b} rell

6 1 om init — Μωυσῆν Arab^{txt} | καὶ ἐλάλησεν] ελαλησε δε 125 | om κύριος G* | πρός] + πυργι 618*(vid) | Μωυσῆν 963] -ση 19; -σεα Or II 306; μωσην G-426 *n* Cyr I 1041; μωση 58; μωσει 72 | om λέγων *C''*$^{-52'\ 77\ 417\ 551}$ 424

2 om init — αὐτούς Arab | om υἱοῖς V | om Ἰσραήλ 30 | καί — αὐτούς] om πρὸς αὐτούς Arm; > 72 125 126 | γυνή] + η 125′ | ὅς 963] ως G-58 52′ 54-75′ 30 71 | ἄν 963] εαν A B *n* 318 Or II 306 Tht *Nm* 197^{ap} (sed hab Sixt) = Ra | om μεγάλως 53′ | ευχην ευξηται *b* Arm (sed hab Compl) | ευχηται 319 | εὐχήν 963] pr την 30; + μεγαλην V | ἀφαγνίσασθαι — fin] *domino omni castificatione sanctificabitur* ^{Lat}cod 100 | ἀφαγνίσασθαι] (+ και 52′) αφαγνισθηναι (αμφαγν. 77) *C''* *s*$^{-30\ 343'}$ Meth 152; εφαγν. 82; -σασθω (-γνησ. 75-767) *n*$^{-127}$; αγνισασθαι (aut -σεσθαι) Tht *Nm* 197^{ap}; αγνισασθω 126 | ἁγνείαν] αγιαν 72; *eum* Bo; *seipsum* Aeth; > 126 Meth 152 | κυρίῳ] pr εν Meth 152; pr τω 414 *d* 53′ *n* 321*(vid) *t* 126-128 799 Tht *Nm* 197te; $\overline{κυ}$ 72-376(vid); τω θεω Tht *Nm* 197^{ap}; > Sa^{12}

3 init] pr αγιασθησεται 58 | σίκερα 1°] pr μεθυσματος 767↓; -ρας 56^{c}; + *vini* Sa | ἁγνισθήσεται 963] -σονται 707*(cprm); αφαγν. 761; αγιασθησεται (-τε cod) 376; > 126 | ἀπό 2° — πίεται 1°] pr ου σταφυλην προσφατον 72*; om ἀπό — σίκερα Arab; > 71 | om ἀπό 2° — οἴνου 3° 458 | ἀπὸ οἴνου 2° 963] *vinum* Bo; sub ÷ G Syh; > 58-72-381′ *d f n*$^{(-458)}$ *t* 619 59 319 Cyr I 1041 Eus VIII 2. 116 ^{Lat}cod 100 Aeth^{CG} Arm Sa = edd 𝔐 | om καί 2° *b* 319 = 𝔐 | ὄξος 1°] οξους 72 529-616* *z*; οινος 59; ⌒2° Arm | ἐξ — σίκερα 2°] εκ σικερα και εξ οινου 106; om ἐξ οἴνου *b* (sed hab Compl) | καὶ ὄξος 2°] η 125; om ὄξος ^{Lat}cod 100 |

ὅσα κατεργάζεται ἐκ σταφυλῆς οὐ πίεται, καὶ σταφυλὴν πρόσφατον
4 καὶ σταφίδα οὐ φάγεται. 4πάσας τὰς ἡμέρας τῆς εὐχῆς αὐτοῦ ἀπὸ
πάντων, ὅσα γίνεται ἐξ ἀμπέλου, οἶνον ἀπὸ στεμφύλων ἕως γιγάρτου
5 οὐ φάγεται. 5πάσας τὰς ἡμέρας τῆς εὐχῆς τοῦ ἁγνισμοῦ ξυρὸν οὐκ
ἐπελεύσεται ἐπὶ τὴν κεφαλὴν αὐτοῦ· ἕως ἂν πληρωθῶσιν αἱ ἡμέραι, ὅσας
6 ηὔξατο κυρίῳ, ἅγιος ἔσται τρέφων κόμην τρίχα κεφαλῆς. 6πάσας

ABFM(S)V 963 *O'' C'' bdfnst*$x^{-527}y^{-121}z$ al verss

ἐκ 1°] *εν* 18 | *οὐ* 1°] + *μη* 72^{c} 509 | *πίεται* 1°] *πιστευεται* 500 | *καί* 4° — *πίεται* 2°] > 72 ^{Lat}cod 100 Arm: homoiot; post (4) *αὐτοῦ* tr 381′ | *κατεργάζεται* 963] *-γαται* 319; *-γασεται* 246*; post *σταφυλῆς* tr *b* (sed hab Compl) | *οὐ πίεται* 2°] *ου πιετε* 46*; > 107′-125 | *καί* 5°] *ου* 72; > Cyr I 1041 Bo | *σταφυλὴν πρόσφατον*] *σταφ. προσφαντος* 458; *uvam eius* Arm; om *πρόσφατον* Aeth | *καί* ult] *η* 126 | *σταφίδα*] *-δας f* = Compl; *σταφεδρα* 458; + *τε* (*ται* cod) 30 | *φάγεται*] *-τε* 618; *φα*^{γτ} 126

4 om init — *αὐτοῦ* Arab | *τῆς εὐχῆς*] pr *του αγνισμου* 551; litt *ευχ* sup ras 85; + *του αγνισμου* Cyr I 1041 ^{Lat}cod 100(pr *et*) | om *αὐτοῦ* 59 319 | *ἀπό* 1°] pr *και* 128 | *πάντων*] *πασων* A; *παντα* 52′-313 | *γινονται* M′ | *ἀμπέλου*] *απελου* 963; *-λων f* = Compl | om *οἶνον* — *γιγάρτου* 126 | *οἶνον ἀπὸ στεμφύλων*] *vinum de vinacia non bibet* ^{Lat}cod 100; > 318 | *οἶνον* 963$^{c\ pr\ m}$] pr *et* Aeth; *οινου* 963* 319 | *στεμφύλων* M′ 963 *oI* C''^{-417} 127-767 509 628 799 Cyr I 1041 = edd] *στρεμ.* (*στρεφ.* 107) 44-107*-125 84 128-669; *στρεμφυλλων* (*-φιλλ.* 76) 106-107^{c}-610 t^{-84}; *σταμ.* 619; *-λης* 417; *-λου* (*στεφ.* F^{b}) F^{b} oII^{-707} 343 71 55 319; *-λλου* F 130^{mg} 59 Arm; *στρεμφυλον* V; *σταφ.* O^{-58} *b* 53′ 18; *σταφυλης* 58; *σταφυλου* 68′-120′; *-λλων* (*στεφ.* 246 392) rell | *ἕως γιγάρτου* 963] pr *και* O^{-426} 246 18′-628-669 ^{Lat}cod 100 Syh = 𝔐 Sam Tar^{O}; pr *usque ad granum* (*-nam* 95) ^{Lat}codd 91 92 95; *η γιγ.* 72; *εως γιγαρτων* 15 *b* (sed hab Compl); *εως σιγ.* (*σηγ.* 125) 107′-125*; ad fin tr 52′ | *οὐ φάγεται*] *ου πιεται ουδ ου μη φαγεται εξ αυτων* 381′ 619 = Ald

5 om init — *ἁγνισμοῦ* Arab | *τάς* — *εὐχῆς*] om *τῆς b* (sed hab Compl); > 53 | *τῆς* — *ἁγνισμοῦ*] *του αγνισμου της ευχης αυτου C''* 30′; om *τῆς εὐχῆς* B 963 664 54-75′ 28-85 x^{-619} 628 799 Cyr I 1041 Arm Sa^{4} | *εὐχῆς*] *προσευχης* 619 68′-120′; *προσευχης αυτου* 72; + *αυτου* 319 ^{Lat}cod 100 | *τοῦ ἁγνισμοῦ* B 963 58 127 84 x^{-619} Cyr I 1041 Arm Bo] pr *et* ^{Lat}cod 100; *αφαγν.* 44; *αγνισμου αυτου b*; > 72 319; + (※ G; ÷ Syh) *αυτου* rell = Compl 𝔐 | *ξυρόν*] pr *και d t* Aeth Arm; *ξυρος* 381′ 619 68′ 59 = Compl; *ξηρον* 767; *λυτρον* 963 | *οὐκ ἐπελεύσεται*] bis scr 730* | *ἐπελεύσεται* 963] *εισελ.* 64^{txt}-381′; *ελευσ.* 126; *απελ.* 376; *επιβησ.* 54 | *ἐπί* 963] > 509 ^{Lat}cod 100 | *τὴν κεφαλήν* 963] *της κεφαλης* 381′; om *τήν* 417 392(|) | *ἄν* 963] > 75′ | *πληρωθῶσιν αἱ ἡμέραι*] *repleatur dies* ^{Lat}cod 100; + *πασαι* 29 Aeth | *ὅσας* 963] *οσα* 56′; *οσαι* 71; *ας* A; *quibus* ^{Lat}cod 100 | *ηὔξατο*] *αν* (> 319) *ευξηται* V 319; *ευξατο* S 963 G-426 d^{-125} 54-75 t^{-76}; *ευξεται* 125 | *κυρίῳ* 963] pr *τω* 72-426 73′-413-414-552-761 75′-767 30 x^{-71} 68′ Tht *Nm* 198; $\overline{κς}$ 313 d^{-106} 130; > Compl | *ἅγιος*] *αγιους* 458; bis scr *b* (sed

---

6 3 *σίκερα* 1°] *α′ σ′ μεθύσματος* 108 Syh(nom absc) | *ὅσα* — *σταφυλῆς*] *α′ σ′ πᾶσαν ἀπόβρεξιν* (*-ξιαν* 344; *απο*[. . . 321) *σταφυλῆς* M′ 85′(s nom)-321′(s nom)-344

5 *τοῦ ἁγνισμοῦ*] *τῆς ἐγκρατείας* 130-321′ | *ξυρόν*] *κουρά* 130-321′ | *τρέφων*] *α′ μεγεθύνων σ′ αὔξων* 85′-321′-344

τὰς ἡμέρας τῆς εὐχῆς κυρίῳ ἐπὶ πάσῃ ψυχῇ τετελευτηκυίᾳ οὐκ εἰσε-
λεύσεται· ⁷ἐπὶ πατρὶ καὶ ἐπὶ μητρὶ καὶ ἐπ᾽ ἀδελφῷ καὶ ἐπ᾽ ἀδελφῇ, 7
οὐ μιανθήσεται ἐπ᾽ αὐτοῖς ἀποθανόντων αὐτῶν, ὅτι εὐχὴ θεοῦ αὐτοῦ ἐπ᾽
αὐτῷ ἐπὶ κεφαλῆς αὐτοῦ· ⁸πάσας τὰς ἡμέρας τῆς εὐχῆς αὐτοῦ ἅγιος 8
ἔσται κυρίῳ.
⁹Ἐὰν δέ τις ἀποθάνῃ ἐξάπινα ἐπ᾽ αὐτῷ, παραχρῆμα μιανθήσεται ἡ 9

ABFM(S)V 963 *O''* *C''* *bdfnstx*$^{-527}$*y*(121)*z* al verss (Syh)

hab Compl) | *ἔσται* 963] *εστι(ν)* *b* Phil III 258 Tht *Nm* 198^{ap} (sed hab Compl) | *τρέφων*] pr *ο* Phil III 258 | *τριχα κωμην* 799 | *κόμην* 963$^{c\,prm}$] *κοιμην* 963*; *κομης* 246 | *τρίχα κεφαλῆς* 963] *capilli sui* ^{Lat}cod 100 | *τρίχα*] *τριχας* 707 552 134* 71 392 Tht *Nm* 198^{ap}; > 58^{txt} 53′ 75′ 628 Arm^{ap} Co | *κεφαλῆς*] + (※ G Syh vid) *αυτου* (*αυτον* 56^{c}) V *O*-29 *f*$^{-129}$ 767 628 319 Arm Co Syh = Compl 𝔐

6 om init — *κυρίῳ* 53′ | *τῆς εὐχῆς* 963 = Tar^{O}] *της προσευχης* (+ *αυτου* 458) 458 68′-120′ (sed hab Ald); *αυτου* 84; om *τῆς* S* 381′; + (※ G Syh) *αυτου* F^{b} M′ V *O*$^{-58}$ *d* *n*$^{-458}$ 85′^{mg}-321′^{mg}-344^{mg} *t*$^{-84}$ 319 Tht *Nm* 198 Arm Bo Sa^{4} Syh = 𝔐 Sam Tar^{P} | *κυρίῳ* 963] sub ※ S^{c}; pr (※ S G Syh) *τω* (*το* 376) M^{txt} S^{c} *O*-82 52′-313-414 *d* *n* 28-85′^{mg}-321′^{mg}-344^{mg} *t* Tht *Nm* 198 Bo Syh: cf 𝔐; *του* $\overline{κυ}$ 68′-120′ (sed hab Ald); $\overline{κυ}$ S* *x*$^{-619}$ 18′-126-628-669 ^{Lat}cod 100; *τω* $\overline{κω}$ *αυτου* (+ *τω* M) M^{mg} 416; > F^{b} V 29 319 | *ἐπί*] pr *και* 29-72 Aeth Bo; > 58*(cprm) | *πάσῃ*] sub ÷ G Syh; > 58 *n*$^{-767}$ Arm = 𝔐 | *τετελευτηκυίᾳ*] *-κυιη* B (sed hab Sixt); *τεθνηκυια* 85′^{mg}-321′^{mg}-344^{mg} 319 | *εισελευσῃ* Isid 1241

7 *πατρί* 963] + (※ G Syh) *αυτου* *O*$^{-58}$ 767 Syh = 𝔐 | *καί* 1° 963] *aut* ^{Lat}cod 100 Bo Sa^{12}; > 125; ⌒2° 56*(cprm) | *ἐπί* 2° A B* V G-29-72-376-*oI*$^{-15}$ *b* *d*$^{-125}$ *n* 130^{mg}-321′^{mg} *t* 619 318 55 319 Aeth^{-CG} Arm = Ald] > 963 rell = Compl Sixt | *μητρί* 963] + (※ G Syh) *αυτου* *O*$^{-58}$ 767 Syh = 𝔐; + *super filium et filiam* Bo | *καί* 2° 963] *aut* ^{Lat}cod 100 Sa^{12}; > 72 *b* 125 *z* Arm Bo (sed hab Ald Compl) = 𝔐; ⌒3° 618^{txt} 44 | *ἐπ᾽* 1° 963] *επι* V *n*$^{-767}$; > *C''*$^{-413}$ 125 767 Sa^{12} | *ἀδελφῷ* — 7₇ *ἔδωκεν*] absc Syh^{T} | *ἀδελφῷ*] *-φη* 72 130*; + (※ G) *αυτου* *O*$^{-58}$ 767 = 𝔐 | *καί* 3°] *aut* ^{Lat}cod 100 | *ἐπ᾽* 2° 963] *επι* V 414 *n* 18 799; > 15′ 413-529 126 Bo Sa^{12} | *ἀδελφῇ*] *-φης* 59; *-φω* 72; + (※ G) *αυτου* *O* 767 = 𝔐 | *ἐπ᾽* 3° — *αὐτῶν*] *in ipsis mortuis* ^{Lat}cod 100 | *ἐπ᾽ αὐτοῖς* 963] *επ αυτους* 610*; *επ αυτης* 53′ 59; *εν αυτοις* 72 *C''* *n* 84*(vid) 392 Bo; *εαυτοις* 799; > *b* (sed hab Compl) | *αὐτῶν* 963] *αυτω* 246; > 68′-120 (sed hab Ald) | *ευχην* 610 | *θεοῦ* 963] $\overline{θω}$ 799; $\overline{κω}$ 458; $\overline{κυ}$ *b* *n*$^{-458}$ 130^{mg}-321′^{mg} 319 ^{Lat}cod 100 Arm (sed hab Compl); > M′ 107*(cprm)-610 | *αὐτοῦ* 1°] *αυτω* 18*(cprm); > 963 72 52′ 53′ 75 71 628 ^{Lat}cod 100 Arm; + *επ αυτου* 59 | *ἐπ᾽ αὐτῷ* 963] *εν αυτω* V ^{Lat}cod 100; *επ αυτο* 618*(cprm); *επ αυτου* F*(cprm) F^{b2} 15 126; sub ÷ G; > 58 *C''* Arm = 𝔐; + *αποθανοντων* 84*: ex praec | *ἐπί* ult] pr *και* 72-376 | *κεφαλῆς* 963] pr *της* 509; *-λην* 72 246

8 *τῆς εὐχῆς αὐτοῦ* 963] *της προσευχης αυτου* 68′-120′ (sed hab Ald); om *τῆς* 381-618* 54′-767 30′ 392; om *τῆς εὐχῆς* 417; om *αὐτοῦ* 18; > 52′-313 | *ἅγιος ἔσται*] ad fin tr 18 | *κυρίῳ* A B V G-29-426 761 *n*$^{-767}$ 509 55 Cyr I 1041] pr *τω* 963 rell

9 om *τις* Cyr I 1048 = 𝔐 | *ἀποθάνῃ* (*-νει* 75^{c}-458) B 963 376 *d* *f*$^{-246}$ *n*$^{-767}$ *t* *x*$^{-619}$ 68′-120′-126 Phil II 131 III 134 Clem I 92 Cyr I 1048 Arm Co] +

---

9 *ἐξάπινα*] *ἀγνοοῦν* 321′; *ἀγνοούντως* (*-ντος* cod) 130

κεφαλὴ εὐχῆς αὐτοῦ, καὶ ξυρήσεται τὴν κεφαλὴν αὐτοῦ ᾗ ἂν ἡμέρᾳ
10 καθαρισθῇ· τῇ ἡμέρᾳ τῇ ἑβδόμῃ ξυρηθήσεται. [10]καὶ τῇ ἡμέρᾳ τῇ
ὀγδόῃ οἴσει δύο τρυγόνας ἢ δύο νοσσοὺς περιστερῶν πρὸς τὸν ἱερέα
11 ἐπὶ τὰς θύρας τῆς σκηνῆς τοῦ μαρτυρίου, [11]καὶ ποιήσει ὁ ἱερεὺς μίαν
περὶ ἁμαρτίας καὶ μίαν εἰς ὁλοκαύτωμα, καὶ ἐξιλάσεται περὶ αὐτοῦ
ὁ ἱερεὺς περὶ ὧν ἥμαρτεν περὶ τῆς ψυχῆς, καὶ ἁγιάσει τὴν κεφαλὴν
12 αὐτοῦ ἐν ἐκείνῃ τῇ ἡμέρᾳ, [12]ᾗ ἡγιάσθη κυρίῳ τὰς ἡμέρας τῆς εὐχῆς,

ABFM(S)V (963) *O''* *C''* *bdfnstx*$^{-527}$*yz* al verss(om Syh)

θανατω 319 = 𝔐; pr *θανατω* rell | *ἐξάπινα* / *ἐπ' αὐτῷ* B M' 963 G-376-707 *d f n t x*$^{-619}$ 392 799 Bo = Compl] *επ αυτω* (*εαυτω* pro *επ α.*^{ap}) *αιφνιδιως* Phil II 131; *επ αυτω αιφνιδιον* Clem I 92; om *ἐπ' αὐτῷ* Cyr I 1048; tr Phil III 134 rell = Sixt 𝔐 | *αὐτῷ*] *αυτο* 618* 120'-122* 799 | *παραχρῆμα*] pr *και* 610; pr *et mortuus sit* Aeth^{-C}; > Aeth^{C}; post *μιανθήσεται* tr 417* | *ἡ*] pr *anima eius et* Arm^{ap} | *ευχη κεφαλης* 767 | *αὐτοῦ* 1°] *αυτοι* 458 | *ξυρήσεται*] *ξυρισ.* V 15 313-417-552 75' 318 59 319 799; *ξυρηθησ.* 29-82*(vid) 55; *ξηρ.* 107-610^{c} | *ᾗ* — *καθαρισθῇ*] pr *εν* 509 = Compl; *τη ημερα εν η αν καθαρος η* 319; *τη ημερα η αν καθ.* *b*; *εν ημερα καθ.* *f*$^{-246}$: cf 𝔐; *εαν ημερα καθ.* 58 | *ἂν* 963] > *C''* = Compl | *καθαρισθησεται* 246 | *τῇ* 1° — *ἑβδόμῃ*] pr *και* 29 *n* 318 Arm; *τη εβδ. ημερα* 53' | *ἑβδόμῃ*] *ημερα* 414 | *ξυρηθήσεται* 963] *ξυρισθ.* 58-72 500-550' 19 343 59; *ξυρησεται* 54'-458; *ξυρισεται* 75-767 319; *ξηρ.* 610; *καθαρισθησεται* 55; + (※ G) *αυτην* *O*$^{-58}$ = 𝔐; litt *ξυρη* sup ras 6 — 7 litt A

10 om *καὶ τῇ ἡμέρᾳ* 619 | *καὶ τῇ* B V 963 *O*$^{-58}$ *d f n t x*$^{(-619)}$ Cyr I 1041 1048 Bo Sa^{4} = Compl] om *καί* 392; *τη δε* rell | *ἡμέρᾳ τῇ ὀγδόῃ*] *ογδ. ημ.* 126 799; om *ἡμέρᾳ τῇ* 125 | om *οἴσει* 500 | *δύο* 1°] post *τρυγόνας* tr 125; ⌒2° 72 | *νοσσούς* (*νοσους* G-707*) B F V 963 G-15'-426-707 127 30-130-321'-343' 134 55] *νεοσσους* (c var) rell = Ra | *περιστερῶν*] *columbae* Aeth = 𝔐 | *πρός*] *επι* 68'-120' (sed hab Ald) | *ἐπί*] *παρα* 707 344^{mg} | *τὰς θύρας* 963] *της θυρας* 618 537 53' 343 Sa = 𝔐; *την θυραν* 799 = 𝔐; > 128(|)

11 *ποιήσει*] *επιθησει* 767 | *μίαν* 1°] pr *την f* = Compl; *μιας* 610; ⌒2° 318 | *ἁμαρτίας*] pr *της* 414 | *μίαν* 2°] pr *την f* = Compl | om *εἰς ὁλοκαύτωμα καί* 59 | *ὁλοκαύτωμα* 963] *-καρπωμα* 500 | *εξηλασηται* 458 | *περὶ αὐτοῦ*] *περι της ψυχης αυτου* 125; post *ἱερεύς* 2° tr 55 ^{Lat}cod 100 | *ὁ ἱερεύς* 2°] sub ÷ G; > 58 *z* (sed hab Ald) = 𝔐 | om *περί* 3° 125(|) | *περὶ τῆς ψυχῆς*] *περι της κομης* 414; *περι αυτης* 52-615^{c}; om *τῆς* 16-46; om *ψυχῆς* 313-615*; > 125; + *αυτου* 376 ^{Lat}cod 100 Co | *καί* 4°] pr *dimittet ei* Sa; > Aeth^{-CG} | *ἁγιάσει*] *α[γι]ηση* 963*(c pr m); *-ση* 125; *σκεπασει* 130^{mg}-321'^{mg}-344^{mg} | *ἐν* — fin] bis scr 127 | *ἐκείνῃ* 963] ad fin tr *O*$^{-58}$ Arm = 𝔐 | om *τῇ* Cyr I 1048

12 init — *εὐχῆς* 1°] pr (※ G) *και* *O*$^{-58}$ = 𝔐; pr *και εγκρατευσηται* 318; om *τάς* — *εὐχῆς* *d t*; > 58 | *ᾗ ἡγιάσθη* F^{a} 963 = Ald] *quod in ea die sanctificavit* Arm; *et sanctificabit eum* Aeth; *η ηγιασεν* 707 *C''* 127-767 28-85-130^{txt} *y*$^{-121}$ 55 624 Cyr I 1041; *ηγιασεν* (*ηγιαασεν* 30) A 30'-343-344^{txt} 121* 319; *η αγιασθη* 628; *αγιασθη* 68'-120'; (※ G 321'-344) *διαφυλαξει* *O*$^{(-58)}$ 130^{mg}-321'^{mg}-344^{mg}; om *ᾗ* F *oII*$^{-707}$ *b f* 54-75' *x*$^{-619}$ 59 Arab Bo | *κυρίῳ* 963] pr (※ G) *τω* F S *O'*$^{-(58)\ 707}$ 619 *z* 59: cf 𝔐; *κ̅υ̅* 458; *κ̅ς̅* 319; + *και διαφυλαξει τω κ̅ω̅* 767 | *τὰς ἡμέρας* B G-426 *n*$^{-767}$ *x*$^{-619}$ 319 Or II 306 ^{Lat}cod 100 Arab Arm] *in die* Sa; *της ημερας* V; *τη ημερα* 963; pr *πασας* rell | *τῆς εὐχῆς* 963] *της προσευχης* 68'-120' (sed hab Ald); *ευχης αυτου* 529 130 319; + (※ G) *αυτου* *O*$^{(-58)}$-

καὶ προσάξει ἀμνὸν ἐνιαύσιον εἰς πλημμέλειαν, καὶ αἱ ἡμέραι αἱ
πρότεραι ἄλογοι ἔσονται, ὅτι ἐμιάνθη κεφαλὴ εὐχῆς αὐτοῦ.
13*Καὶ οὗτος ὁ νόμος τοῦ εὐξαμένου· ᾗ ἂν ἡμέρᾳ πληρώσῃ ἡμέρας* 13
εὐχῆς αὐτοῦ, προσοίσει αὐτὸς παρὰ τὰς θύρας τῆς σκηνῆς τοῦ μαρτυ-
ρίου, 14*καὶ προσάξει τὸ δῶρον αὐτοῦ κυρίῳ ἀμνὸν ἐνιαύσιον ἄμωμον* 14
ἕνα εἰς ὁλοκαύτωσιν καὶ ἀμνάδα ἐνιαυσίαν ἄμωμον μίαν εἰς ἁμαρτίαν
καὶ κριὸν ἕνα ἄμωμον εἰς σωτήριον 15*καὶ κανοῦν ἀζύμων σεμιδάλεως* 15

ABFM(S)V 963 *O''* *C''*(414) *bdf*(53′)*nstx*$^{-527}$*yz* al verss (om Syh)

707^{c} *C''*$^{-529}$ *s*$^{-130}$ Arm Bo Sa^{4} = 𝔐 | *προσάξει*] *προσαυξο* 458 | *ἀμνόν*] *agnum unum* Arm | *ἐνιαύσιον*] *-σιαιον* 72; + *αμωμον* 29 | *εἰς πλημμέλειαν* 963] *εις ολοκαυτωμα πλημμελειας* Cyr I 1041; > G | *καί* 2° — (21) fin] absc 414 | *καὶ αἱ*] *αι δε* (*δ* Phil) Phil II 131 Clem I 92; om *καί* 619; om *αἱ* 458 | *αἱ* 1° — *ἔσονται*] *αλογιστοι εσονται αυτων* (*αυτω*^{ap}) *αι προτεραι ημεραι* Tht *Nm* 198 | *ἡμέραι αἱ πρότεραι*] *προτερον ημεραι* 125 | *ἡμέραι*] *ημετεραι* 18 | *αἱ* (*ε* 458) *πρότεραι* (*-ρε* 509*; *πρωτ.* 75^{c}-458 318) B M′ 963 *O*$^{-58}$ 246 *n* 321′^{c} *x*$^{-619}$ 318 624 Phil I 65 II 131 = Compl] *οι προτεροι* 19; *αι προτεροι* F *b*$^{-19}$; *αι προ*^{τε} 126; om *αἱ* V *f*$^{-246}$; *αι* (> 64) *προτερον* (*πρωτ.* 82 615*) rell | *ἄλογοι* 963] *αλογιστοι* *d n*$^{-767}$ *t*; *αναλογοι* 29; *ολιγοι* 72 56-129; *ολιγαι* 131^{mg} 53′ | *ὅτι*] *οτε* A | *ευχη κεφαλης* 29 Aeth | *κεφαλή* 963] pr *η* *O′*$^{-58}$-72 *C''* 44′-610 *f n x*$^{-71}$ *y*$^{-392}$ 18-68-122^{c} 55^{c} 624 799 Phil II 131^{ap} Cyr I 1041 Tht *Nm* 198 = Ald Compl | *εὐχῆς* 2°] pr *της* Tht *Nm* 198 | *αὐτοῦ* 963] *αυτω* 619 = Ald

13 om *καί* 55 ^{Lat}cod 100 | *ουτως* 707 767 | *ᾗ ἄν* 963] pr *εν* 509 = 𝔐; *η δ αν* V; om *ἄν* 319 | *πληρωσει* 319 | *ἡμέρας*] *ημερα* 963 707^{mg}(vid) 767 71 68′-120′ 59 (sed hab Ald); *η ημερα* 730; *ημεραν* V *O*-72 Or II 306↓; > 707^{txt} 529^{txt} 458; post *εὐχῆς* tr 509; post *αὐτοῦ* tr 128-669 | *προσοίσει αὐτός* 963] pr *και* V 44 767 319; > 72 | *αὐτός*] *αυτο* 29 *d* 370 59; *αυτον* *O*$^{-376}$ 619↓; *αυτας* 551; *αυ|αυτους* 528; > 319 Arm | *παρά* — fin] post (14) *κυρίῳ* tr 72 | *τὰς θύρας* 963] *της θυρας* 799; *την θυραν* *b* ^{Lat}cod 100 (sed hab Compl) = 𝔐

14 *καί* 1° 963] > 72 Sa | *προσάξει*] *offerre* Sa^{4} | *αὐτοῦ* 963] *αυτω* 126 | *κυρίῳ* 963] pr *τω* M′ V *oI*-72 16-46-413-417-422 44 75′-127 30 84 *x*$^{-71}$ 318 799 = Ald Compl | *ἐνιαύσιον ἄμωμον*] post *ἕνα* 1° tr Arm | *ἐνιαύσιον*] *-σιαιον* 72 | om *ἄμωμον* 1° — *ὁλοκαύτωσιν* 72 | *ἄμωμον* 1° 963] > 58 52′-57*(cprm)-313-417 458 84^{txt}(cprm) ^{Lat}cod 100 (sed hab Aug *Num* 12); post *ἕνα* 1° tr 422; post *ὁλοκαύτωσιν* tr 125; ⌒2° 53 30 | *ἕνα* 1° 963] > 19′ *s*$^{-30′}$ 509 ^{Lat}Aug *Num* 12 (sed hab Compl) | *ὁλοκαύτωσιν* B V 963$^{c\,prm}$ *x*$^{-619}$ 319 Cyr I 1052] *-τησιν* 963*; *-τωμα* (*-τομα* 313*) rell | *αμναδας* 761* | *μιαν ενιαυσιαν αμωμον* *O*$^{-58}$ 126 Arm = 𝔐 | *ἐνιαυσίαν* 963] *-σιαιαν* (*-σιονεαν* 458) 72 16-46-73′ 107′-125 664 75′; *-σιαι* 550*; *-σιον* V 618* 528-529^{c} 321 *x*$^{-509}$ 319 | *ἄμωμον μίαν* 963] om *ἄμωμον* 125; om *μίαν* 458 Aeth^{M}; tr 15 *b n*$^{-458}$ 76 619 *z*$^{-126}$ Cyr I 1052 ^{Lat}cod 100 (sed hab Compl) = Sixt | *εἰς* 2°] ⌒3° 75′ | om *καί* 3° — 18 11 *μετὰ σοῦ* 53′ | *ἕνα* 2° 963] > A 72 529 44 121 55 319 624; post *ἄμωμον* 3° tr 426 52′-313; + *αμωμον εις αμαρτιαν και κριον ενα* 54 | *ἄμωμον* 3°] pr *εις* 106* | *σωτήριον*] *-ριαν* B* V^{c} 963 552^{txt}-616*(vid) *b* 44 767 628 624 (sed hab Compl); *σριον* 799

---

12 *ἄλογοι ἔσονται*] *οὐ* (absc 321) *λογισθήσονται* (*-γησθ.* 321′) 130-321′ 128
13 *ἡμέρας*] *ο′ ἡμέραν* 344 | *αὐτός*] *ο′ οἱ λ′ αὐτόν* 344

ἄρτους ἀναπεποιημένους ἐν ἐλαίῳ καὶ λάγανα ἄζυμα κεχρισμένα ἐν
16 ἐλαίῳ καὶ θυσίαν αὐτῶν καὶ σπονδὴν αὐτῶν. [16]καὶ προσοίσει ὁ ἱερεὺς
ἔναντι κυρίου, καὶ ποιήσει τὸ περὶ ἁμαρτίας αὐτοῦ καὶ τὸ ὁλοκαύτωμα
17 αὐτοῦ, [17]καὶ τὸν κριὸν ποιήσει θυσίαν σωτηρίου κυρίῳ ἐπὶ τῷ κανῷ
τῶν ἀζύμων, καὶ ποιήσει ὁ ἱερεὺς τὴν θυσίαν αὐτοῦ καὶ τὴν σπονδὴν
18 αὐτοῦ. [18]καὶ ξυρήσεται ὁ ηὐγμένος παρὰ τὰς θύρας τῆς σκηνῆς τοῦ
μαρτυρίου τὴν κεφαλὴν τῆς εὐχῆς αὐτοῦ, καὶ ἐπιθήσει τὰς τρίχας ἐπὶ

ABFM(S)V (963) *O''* *C''*$^{-414}$ *bdf*$^{-53'}$*nstx*$^{-527}$*yz* al verss (om Syh)

15 *κανοῦν* 963] *κανου* 392; + *unum* Arm | *ἀζύμων* 963] -*μον* 376 54-767 319; *αζυμους* 509; *ανζυμω* 458 | *σεμιδάλεως*] pr *εκ* 127; -*λεαν* 54; *σιμιδ.* (-*μηδ.* 319) G 319 | *ἄρτους*] pr *et* Arm; *αρτου* 72; *αρτων* 59 | *ἀναπεποιημένους* 963] *πεποιημ.* 120*-126; *αναπεφυραμενους* V 319 | *ἐν* 1° 963] > 52'-313-413; ⌒2° 618^{txt} 75' 343 | *κεχρισμένα* / *ἐν ἐλαίῳ*] pr *και* 799; tr 30 | *ἐν* 2° 963] > 552 18 ^{Lat}cod 100; inc 126 | *θυσίαν*] *θυσια* (*θυσι* 963*) B 963 *n*$^{-458}$ *x*$^{-619}$ (sed hab Sixt) = Ra | *αὐτῶν* 1° 963] > 125 | om *καί* 4° *C*-46 | *σπονδήν*] *σπονδη* (-*δι* 458; *σποδη* 509; *σποδι* 767) B 963 *n* *x*$^{-619}$ (sed hab Sixt) = Ra

16 om init — (17) fin 72 | om *καί* 1° 619 | *προσοίσει*] *προσθησει* 82 | om *ἔναντι* — *ποιήσει* 537 | *ἔναντι* 963] -*τιον* 376 | *ποιήσει* 963] -*ση* 120*; + *ο ιερευς* *b*$^{(-537)}$ (sed hab Compl) | om *τό* 1° 963 ^{Lat}cod 100 | *ἁμαρτίας* 963] pr *της* V 618* 246 458 128 319 624 | *αὐτοῦ* 1° 963] *eorum* Arm; > Bo Sa^{12}; ⌒2° ^{Lat}cod 100 | *τὸ ὁλοκαύτωμα* 963] *τα ολοκαυτωματα* *b*$^{-537}$ (sed hab Compl) | *αὐτοῦ* 2°] *αυτων* 458

17 *ποιήσει* 1° 963] *προσοισει* 18 ^{Lat}cod 100 | *θυσίαν* 1°] pr *εις* *f*; > 963 | *σωτηρίου*] *σριαν* 528; *μνημοσυνου* *f*$^{-246}$; + *μνημοσυνου* 246; > 417 = Compl | *κυρίῳ* 963] pr *τω* V *O*$^{-G}$-381'-707 *C''* 44 246 767 28-30'-85'^{mg}-321'^{mg} 619 18-126-628 319 Cyr I 1052 = Ald Sixt; *κυριου* 56 84; *και* 458; sup ras 75 | *του κανου* 458 Cyr I 1052 | *καί* 2° 963] > S* 319 | *αὐτοῦ* 1° 963] *αυτω* 68'-120; > *oI*$^{-15}$ 619 392 Sa^{12} = Ald | *σπονδήν*] *σπουδην* 68 | *αὐτοῦ* 2° 963] > 73' Sa^{12}

18 *ξυρισεται* (*εξυρ.* 75*) 15 313-417-550' 75'-767 509 59 319 799; *ξυρησειται* 55; *ξηρησεται* (*ξηρηθησ.* 82*) 82 610 | *ηὐγμένος* F^{b} 963^{c}] *ηυγμε* 963*(|); *ευγ.* (*εγ.* 30*; *ευμ.* 767*) A* F G-82-376-426$^{c\,pr\,m}$-707 *d* *f*$^{-246}$ *n*$^{-75c}$ 28-30-85'-321*(vid)-343'-346^{txt} *t*$^{-84*}$ *x*$^{-619}$ 319 624 = Compl; *ηγμ.* (*ηηγμ.* 799) 246 730 121 68'-120-126-669 799; *ηυγασμενος* 528; *ευχομενος* 318; *ευξαμενος* 426*(vid) 75^{c}; *ηγνισμενος* 72 619 | *παρά* — *μαρτυρίου*] post *αὐτοῦ* tr *C''* *s*$^{-30'}$ Sa^{12} | *παρά*] *περι* *oI*$^{-15}$ 619 = Ald | *τάς* 1° 963] *της* 75 | *τοῦ* 1°] *αυ*|*του* 54*(vid) | *αυτου της ευχης* 761* | *καί* 2° — fin] om *καί* 624; > Arab | *ἐπιθήσει* 963] -*ση* 108; *θησει* 767; *επιθησεται* V*(cprm); *λημψεται* 799 = 𝔐; + *ο ιερευς* 376 | *τὰς τρίχας*] *τας τριβους* 28; *τας χειρας* 29; *τας θυρας* 963*(cprm); om *τάς* V*(cprm); > 767 319; + (※ G) *της* (> 318) *κεφαλης ευχης* (> 799) *αυτου* (*ευχ. αυτ.* tr 376) *και θησει* (*επιθησει τας τριχας* 799; om *κ. θησει* 318) *O* 318

---

15 *ἄρτους*] *κολλύρας* (aut -*ριδας*; *κολλ* cod) F^{b} | *σπονδήν*] *συγκι*[.] F^{b}

18 *ὁ ηὐγμένος*] *α' ὁ* (> 58-376; absc 321) *ἀφωρισμένος* (*αφορ.* 58-376) M' 58(s nom)-376 28-85'-321(nom absc)-344-346; *σ' Ναζιραῖος* (-*ζηρ.* 85'-321'; -*ζειρ.* M') M' 58(s nom)-376 85'-321(nom absc)-344-346; *ὁ* (absc 321) *ἐγκρατής* 130-321' 128; *ἀφιερωμένος* F^{b}

τὸ πῦρ, ὅ ἐστιν ὑπὸ τὴν θυσίαν τοῦ σωτηρίου. ^{19}*καὶ λήμψεται ὁ* 19
ἱερεὺς τὸν βραχίονα ἑφθὸν ἀπὸ τοῦ κριοῦ καὶ ἄρτον ἕνα ἄζυμον ἀπὸ
τοῦ κανοῦ καὶ λάγανον ἄζυμον ἕν, καὶ ἐπιθήσει ἐπὶ τὰς χεῖρας τοῦ
ηὐγμένου μετὰ τὸ ξυρήσασθαι αὐτὸν τὴν εὐχὴν αὐτοῦ· ^{20}*καὶ προσ-* 20
οίσει αὐτὰ ὁ ἱερεὺς ἐπίθεμα ἔναντι κυρίου· ἅγιον ἔσται τῷ ἱερεῖ ἐπὶ
τοῦ στηθυνίου τοῦ ἐπιθέματος καὶ ἐπὶ τοῦ βραχίονος τοῦ ἀφαιρέματος·
καὶ μετὰ ταῦτα πίεται ὁ ηὐγμένος οἶνον. ^{21}*οὗτος ὁ νόμος τοῦ εὔξα-* 21

ABFMV 963 *O''* *C''*$^{-414}$ *bdf*$^{-53'}$*nstx*$^{-527}$*yz* al verss (om Syh)

799 = 𝔐 | om *ἐπί* 318 | *πῦρ* 963] *πυριον* 15 | *ὅ ἐστιν*] *ος εστιν* V; > 126 | *ὑπό* B 963 44' 74-76'-134^{c} 509 392^{c} Cyr I 1053 ^{Lat}cod 100 Sa] *επι* rell | *τὴν θυσίαν* 963] *sacrificia* Bo^{B}; *την θυραν* (-*ρα* 75) 54-75' 68'-120' (sed hab Ald) | *σωτηρίου* 963] *μαρτυριον* 551*

19 *λήμψεται* A B* F V 963 G-82 509 624] sine *μ* F^{b} rell = Sixt | *ἑφθόν* 963] pr *τον* 413; *οφθον* 376 669; *εφεον* 799; *ευφθον* 59; *οπτον* F^{b1} 75^{c}; *εφ ον* 313 30; > Bo^{B} | om *τοῦ* 1° 619 = Ald | *ἄρτον ἕνα*] tr ^{Lat}codd 91 92 94—96 | *ἕνα ἄζυμον* 963] *ενα αζυμων* 458 509^{c}; *αζυμων ενα* 799; om *ἄζυμον* 29; tr A V 376'-707-*oI* *C''*$^{-46^{s}}$ *b s y*$^{-318}$ 55 319 624 ^{Lat}cod 100 Aeth = 𝔐 | *ἀπό* 2°] pr *τον* 509; *επι* 72 | om *τοῦ* 2° 68 | *λαγανα* 246; *λαγαναν* 528 | *ἄζυμον* 2°] -*μων* 458; -*μα* 107; post *ἕν* tr Arm; > 134; + *sanctum* Bo | *ἕν*] *ενα* B* 963 246; *ενα απο του κανου* 16-46 | om *καί* 4° — *τοῦ* 3° 318 | *ἐπιθήσει* 963] *θησει* 126; -*θυσει* 619*; -*θυσι ο ιερευς* 458; + *ο ιερευς d n*$^{-458}$ *t* 55 Arm | *ἐπί*] *εις b* (sed hab Compl); > 707* 126 | om *χεῖρας τοῦ* 75' | *χεῖρας*] *θυρας* 72-618 54; + *αυτου* 707* 18 | om *τοῦ* 3° 707* 739*(|) | *ηὐγμένου*] *ευγμ.* (*εγμ.* 458) 963 G*-15'-29-426$^{c\,prm}$-707 56-129^{txt}(cprm) *n*$^{-75^{c}}$ 28-30-85'-321'*-343' *x*$^{-619}$ 319; *ηγμ.* (*ηηγμ.* 799) 46^{s} 246 619 121 18*-68'-120-407*-669 799; *ευξαμενου* F V 426*(vid) 75^{c}; *ευχομενου* G^{c}; *ηγνισμενου* 72 | *μετά* — fin] pr *και* 610; > 72 | *τό*] *του* 392 | *ξυρήσασθαι*] *ξυρηθηναι* (-*ριθ.* 319) V 85'^{mg}-321'^{mg}-344^{mg} 319; *ξυρισ.* (*ξυριισ.* 59*) 15-58 313-417-550' 56' 75^{c}-767 30 71 318 59 799; *ξυρασθαι* 54'-75*; *ξηρ.* 610; *ευξασθαι* 458 | *αὐτόν*] *αυτων* 458; > 610* | *τὴν εὐχήν* B 85'^{mg}-321'^{mg}-344^{mg} *x*$^{-619}$ 319 ^{Lat}cod 100 Arab] pr *την κεφαλην* 75'; *τη κεφαλη* 126; *την κεφαλην* 963 rell | *αὐτοῦ*] *αυτων* 59*(vid)

20 *προσοίσει*] *ανοισει f* 319 = Compl; *προσοισεται* 72; *προσθησει* 120'-122* | *αὐτά*] *ταυτα* 319; *αυτο* (-*τω* 509) 509* Aeth; > G-58-82 458 | *ἐπίθεμα*] *επι το θεμα* 963; *et inponit* ^{Lat}cod 100; > Bo; post *κυρίου* tr 128-669 | *ἔναντι* 963] -*τιον* 72 761* | *ἅγιον ἔσται*] pr *ot* Aeth Arm; *αγια εσται* 963 Sa^{4}; *αγιον εστι d* 370 | om *ἔσται τῷ ἱερεῖ* Sa^{12} | *τῷ ἱερεῖ*] *sacerdotis* ^{Lat}cod 100; + *erit* Arm = Sam | *ἐπί* 1°] pr *et* Bo | *στηθυνίου*] -*νιον* 509; *θυσιαστηριου* 628 | *τοῦ ἐπιθέματος*] *και επιθ.* 624; *της εξαρσεως* 376 | *καί* 2°] *του* 71 | *ἐπί* 2° 963] *απο* 767; > 413 | *πίεται* 963] > 610* 246(|) | om *ὁ* 2° 537 | *ηὐγμένος*] *ευγμ.* A*(vid) F V 963 G*-15'-29-426-707 54'-458-767^{c} *s*$^{-130^{c}\,321^{c}}$ *x*$^{-619}$ 319; *εκμενος* 75*; *ηγμ.* (*ηηγμ.* 799) 619 68'-120-669 799; *ευξαμενος b* 75^{c} (sed hab Compl); *ευχομενος* G^{c}; *ηγνισμενος* 72 | *οἶνον*] > 121^{txt} 59; + *qui orabit* ^{Lat}cod 100

---

19 *ἐπί — ηὐγμένου*] α' *ἐπὶ τοὺς ταρσοὺς τοῦ ἀφωρισμένου* σ' *ἐπὶ τὰς παλάμας τοῦ Ναζηραίου* Field | *ηὐγμένου*] *Ναζιραίου* F^{b}

20 *ἐπίθεμα*] *ἀφαίρεμα* F^{b}

μένου, ὃς ἂν εὔξηται κυρίῳ δῶρον αὐτοῦ κυρίῳ περὶ τῆς εὐχῆς, χωρὶς
ὧν ἂν εὕρῃ ἡ χεὶρ αὐτοῦ κατὰ δύναμιν τῆς εὐχῆς αὐτοῦ, ἣν ἂν εὔξηται
κατὰ τὸν νόμον ἁγνείας.
22 23 [22]*Καὶ ἐλάλησεν κύριος πρὸς Μωυσῆν λέγων* [23]*Λάλησον Ἀαρὼν καὶ*
τοῖς υἱοῖς αὐτοῦ λέγων Οὕτως εὐλογήσετε τοὺς υἱοὺς Ἰσραὴλ λέγοντες
(27) 24 *αὐτοῖς* [24]*καὶ ἐπιθήσουσιν τὸ ὄνομά μου ἐπὶ τοὺς υἱοὺς Ἰσραήλ, καὶ*
ἐγὼ κύριος εὐλογήσω αὐτούς

ABFM(S)V (963) *O''* *C''*(414) *bdf*$^{-53'}$*nstx*$^{-527}$*yz* al verss (om Syh)

21 init] pr *et* Aeth | om *ὁ* — *εὐξαμένου* Sa^{12} | *ὃς ἂν εὔξηται*] *εαν ευχηται* 319; > Bo | *ὅς* 963] *ως* 30 71 392$^{c\,vid}$; sup ras 4 litt 370 | *ἄν* 1° 963] *εαν* Or II 306; > 68 | *κυρίῳ* 1° 963] pr *τω* 72 *d* 54-458-767 624; > V *O*$^{-58}$ 52′ 75 130 619 *z* 319 Cyr I 1053 ^{Lat}cod 100 Aeth^{C} Bo Sa^{4} = 𝔐; ⌒2° Aeth^{M} | *δῶρον*] pr *et* Arm | *αὐτοῦ* 1° 963] *αυτω* 458 624; > Arab Bo | *κυρίῳ* 2° 963] pr *τω* 72-426 75′-767 30′-130^{mg} 619 *z* 319; *καιρω* 392^{c}; > F^{b} 58-381′ 73′-413-500-550′-551 *b d* 246 54′ *t* Or II 306 Arab Arm | *περί*] pr *και* 500; > 707* | *εὐχῆς* 1° 963] *ψυχης* 59; + (※ G^{c}; ÷ G*) *αυτου* *O C''* *b* 610 *s* 318 Bo Sa^{4} = 𝔐 | om *χωρίς* — *αὐτοῦ* 3° 528^{txt}-616 130: homoiot | *χωρίς* 963] > *b* ^{Lat}cod 100 (sed hab Compl) | *ὧν* 963] *ου* 72^{c}; *οσα* *b* 319 ^{Lat}cod 100 (sed hab Compl); > 107′-125 134* 71 | *εὕρῃ*] *ευξηται* 619 121 68′ | om *ἡ* 528$^{(mg)}$ | *τῆς εὐχῆς αὐτοῦ*] *της ευχης αυτης* 963; om *τῆς* A M′ *oI* *C''*$^{(-528^{txt}\,616)}$ *s*$^{(-130)}$ 71 121 55 624; > 72 | *ἣν ἂν εὔξηται*] *statim ut vovit* ^{Lat}cod 100 | *ἥν* B *x*$^{-619}$ Cyr I 1053] *η*[. . . 963; *ος* 537; *ης* rell | *ἄν* 3°] *εαν* 318; > 458 509 669(|) | *εὔξηται* 2°] + *domino* Bo; + (※ G) *ουτως ποιησει* (-*σειν* 318) V *O* 318 Arab Sa = 𝔐 | *κατά* 2°] pr *και* 319 | *τόν* 963] > B M′ V 16-46 19 130-321′ *x*$^{-619}$ 319 Cyr I 1053 = Ra | *ἁγνείας* 963] pr *της* F^{b}; *αγνοιας* 82; *αγνοιας τω κυριω* 54-75′; + *κ̅υ̅* (+ *κ̅ω̅* 118′-537) *b* ^{Lat}cod 100; + *τω κυριω* M^{mg} 127 416 Arm; + *αυτου τω κ̅ω̅* 767; + (※ G) *αυτου* (+ *κ̅ω̅* 376) V *O′* 318 Arab Sa^{4} = 𝔐; + *αυτου τω κυριω ουτως ποιησει* *d t* 799

22 *πρὸς Μωυσῆν*] *τω μωυση* 799; *μετα μουση* Thess | *Μωυσῆν* 963] -*ση* 19; *μωσην* G-426 500* *n*; *μωση* 58; *μωσει* 72 | *λέγων*] ⌒(23) S^{txt} 422

23 *Ἀαρών*] pr *τω* *b*$^{-19}$ Thess Sev 514 | om *λέγων* 72 799 Sev 514 | om *οὕτως* — *λέγοντες* F*(c pr m) | om *οὕτως* Bo | *εὐλογήσετε* 963] -*σητε* (-*σειτε* 799) 318 799; -*γησε* 528 = Ald; -*σατε* (-*ται* 319*) *oI*$^{-15}$-29 16-46-550′ 84 319 424 Sev 514 ^{Lat}cod 100; *επιθησετε* 126 | *τοὺς υἱούς* 963] *τοις υιοις* 82* 16′-46-500′-616 318; + *ααρων* 55* | *λέγοντες*] *ειπατε* Thess | *αὐτοῖς* 963] *αυτους* 71 120; *προς αυτους* *C''* 424; *αυτων* 509; > 75 28

24 comma] post (26) fin tr Arab; post (27) fin tr S^{c}(vid) *O* 669 Thess Aeth^{C} Co = Compl Sixt 𝔐 | *ἐπιθήσουσιν*] *inponentes* ^{Lat}cod 100; *θησεται* Thess | *ἐπί* — *Ἰσραήλ*] *επ αυτους* 125 | *ἐπὶ τοὺς υἱούς* 963] *επι* (> 767) *τοις υιοις* *C*$^{-77}$-46 44 54-458-767; *εν τοις υιοις* F; *in filios* ^{Lat}cod 100 (sed hab Ambrst *Quaest* XI 1) | *Ἰσραήλ*] + *λεγων* 618* | om *καί* 2° — fin 761*(vid) | *καὶ ἐγώ*] *καγω* Thess; om *καί* Bo^{A} | *ἐγὼ κύριος εὐλογήσω* 963] *ευλογηση κ̅ς̅* 458; om *κύριος* 16-46 125 Thess Tht *Nm* 199^{ap} Aeth^{C} = Compl 𝔐 | fin 963] + *λεγοντες αυτοις* (> 628; absc 121) 619 121^{c} *z*$^{-669}$

---

21 *εὐξαμένου*] *Ναζιραίου* F^{b}

25Εὐλογήσαι σε κύριος καὶ φυλάξαι σε, 25(24)
26ἐπιφάναι κύριος τὸ πρόσωπον αὐτοῦ ἐπὶ σὲ καὶ ἐλεήσαι σε, 26(25)
27ἐπάραι κύριος τὸ πρόσωπον αὐτοῦ ἐπὶ σὲ καὶ δῴη σοι εἰρήνην. 27(26)

7 1Καὶ ἐγένετο ᾗ ἡμέρᾳ συνετέλεσεν Μωυσῆς ὥστε ἀναστῆσαι τὴν 1
σκηνήν, καὶ ἔχρισεν αὐτὴν καὶ ἡγίασεν αὐτὴν καὶ πάντα τὰ σκεύη
αὐτῆς καὶ τὸ θυσιαστήριον καὶ πάντα τὰ σκεύη αὐτοῦ, καὶ ἔχρισεν
αὐτὰ καὶ ἡγίασεν αὐτά, 2καὶ προσήνεγκαν οἱ ἄρχοντες Ἰσραήλ, δώ- 2
δεκα ἄρχοντες οἴκων πατριῶν αὐτῶν· οὗτοι ἄρχοντες φυλῶν, οὗτοι

ABFMV (963) *O'' C'' bdf*$^{-53'}$*nstx*$^{-527}$*yz* al verss (om Syh)

25 *εὐλογήσαι*] pr *και* 15; *-ση* 82; *-σει* Thess Sev 514 Co | *σε* 1° 963] > 72 | *κύριος*] ⌒(26) 669 | om *καί* 128*(c pr m) | *φυλάξαι* 963] *-ξει* Thess Sev 514 Co | *σε* 2°] > B 963 *x*$^{-619}$; + *dominus* Bo
26 *ἐπιφάναι* 963] pr *και* B* 121 Latcod 100 FirmMat *Consult* II 5 Aeth Arab Arm (sed hab Fulg *C Fab* XXI 4); *-νει* Thess Sev 514 Co; *επαραι* Procop 677 | om *κύριος* 376 57*(|) 121 799 Procop 677 Arm | om *αὐτοῦ* Latcodd 91 92 94 95 | *ἐπὶ σέ*] *προς σε* Thess = 𝔐; > 44 799 Did *Ps* 301. 27 | *καί* — (27) *σέ*] bis scr 313*; > 963 16-46-414-422 75-127 392 68'-126 59 Cyr I 772 (sed non 773) Sa[12] (sed hab Ald): homoiot | *ἐλεήσαι*] *-σει* 55 Co; *-σεται* 54; *ευλογησαι* Did *Ps* 301. 27 Procop 677; *ευλογησει* Sev 514; *αγαπησει* Thess
27 comma] pr *και f*$^{-129}$ LatBeat *Elip* I 74 Aeth; > Arab | *ἐπάραι*] *-ρει* Thess Sev 515 Co; *επιφαναι* Procop 677 | om *κύριος* Procop 677 | om *τό* 739 | *ἐπὶ σέ*] *προς σε* Thess = 𝔐; *επι σοι* Tht *Nm* 199s; > 624 Procop 677; + *και ελεησαι σε* 15 | *καί*] bis scr 761(|) | *δῴη σοι*] *δωησει* 82 30-130-321c vid | *δῴη* Did *Ps* 301. 26 Sev 515] *δωσει* 84 Co; *ποιησει* Thess | fin 963] + *και επιθησουσι το ονομα μου επι τους υιους ιηλ και εγω κς ευλογησω αυτους* 313mg 619 121mg 18'-68'-120'-126; + *και εγω κς ευλογησω αυτους* 628; + *και ελεησατω σε* Cyr I 772
7 1 om init — (83) fin 799 | om init — *σκηνήν* 707txt: homoiot | *ᾗ ἡμέρᾳ* B V 963 *O*$^{-58}$-707(mg) *b n* 84 *x*$^{-619}$ 55 Cyr I 705] *ημερα ογδοη* 44; *τη ημερα τη ογδοη* 125; tr 68 59; + *η* 72 74'-76; + *η ογδοη* 106-107' 370; *τη ημερα η* rell = Ald Compl | *Μωυσῆς* 963] *μωσης O*$^{-376}$-72 *n* Cyr I 705 | om *ὥστε* 376 | *ἀναστῆσαι* 963] *ανασταναι* 58*-72 *C*-46 19 44 30 619*; *εξαν.* V *f* = Compl; *εξαναστηναι* 319; + *μωυσης* 84* | *καὶ ἔχρισεν αὐτήν*] bis scr 52 | *ἔχρισεν* 1°] *εχρησεν* 707 313-616* 767 30 318; *-σαν* 319 | *αὐτήν* 1°] > 44-125 Aeth; + *και παντα τα* (> 127) *σκευη αυτης* 127 55 | *καὶ ἡγίασεν αὐτήν*] om *καί* Bo; > 29 246*(c pr m) 130-321' Arm: homoiot; bis scr 376 | *ἡγίασεν* 1° 963] *-σαν* 319 | om *αὐτήν* 2° 71 | om *καί* 4° — fin 618txt | *τά* 1°] + *εν αυτη* 29 | *αὐτῆς*] *αυτου* 54* | *καί* 5°] ⌒7° Latcod 100 Bo; ⌒(2) Sa[12] | *καί* 6° — *καί* 7°] om *καί* 6° — *αὐτοῦ* 107': homoiot; > 125 75 | *αὐτοῦ* 963] *αυτης* 72* | om *καί* 7° — fin 71 | *ἔχρισεν* 2°] *-σας* (*χρισ.* 125) *d*$^{-44}$; *εχρησεν* 767 318 | *αὐτά* 1° 963] *αυτην* 509; > 75 319 | *καί* ult 963] > 125 Bo | *αὐτά* 2° 963] *αυτην* 125 509; > 82
2 *προσήνεγκαν*] + *αυτας* 73*(vid); + *αυτω* 767 | *ἄρχοντες* 1°] ⌒2° 46 130 | *δώδεκα ἄρχοντες οἴκων*] *τα δωρα αυτων εναντι κυ κατ οικον* 72 | *δώδεκα*] sub ÷ G; > 58 Arab = Compl 𝔐 | *ἄρχοντες* 2° 963] pr *και οι* (> 58) 58-376;

---

27 *ἐπάραι*] *ὑψώσαι* 130-321'

3 οἱ παρεστηκότες ἐπὶ τῆς ἐπισκοπῆς· [3]καὶ ἤνεγκαν τὸ δῶρον αὐτῶν
ἔναντι κυρίου ἓξ ἁμάξας λαμπηνικὰς καὶ δώδεκα βόας, ἅμαξαν παρὰ
δύο ἀρχόντων καὶ μόσχον παρὰ ἑκάστου, καὶ προσήγαγον ἐναντίον
4 5 τῆς σκηνῆς. [4]καὶ εἶπεν κύριος πρὸς Μωυσῆν λέγων [5]Λάβε παρ'
αὐτῶν, καὶ ἔσονται πρὸς τὰ ἔργα τὰ λειτουργικὰ τῆς σκηνῆς τοῦ μαρ-
τυρίου, καὶ δώσεις αὐτὰ τοῖς Λευίταις, ἑκάστῳ κατὰ τὴν αὐτοῦ λει-
6 τουργίαν. [6]καὶ λαβὼν Μωυσῆς τὰς ἁμάξας καὶ τοὺς βόας ἔδωκεν
7 αὐτὰ τοῖς Λευίταις· [7]τὰς δύο ἁμάξας καὶ τοὺς τέσσαρας βόας ἔδωκεν

ABFM(S)V (963) *O''* *C''* *bdf*$^{-53'}$*nstx*$^{-527}$*yz* al verss (om Syh)

-*τας* V *f*$^{-56c}$ 28-85 71 318; *αρχον*^{τ} 75; > 458; ⌒3° ^{Lat}cod 100 | *οἴκων*] *οικον* 71; *οικους* 75; *οικου* 319; *secundum domos* Bo | *εαυτων* 19 | *οὗτοι* 1°] pr *και* 73' Sa^{4}; *οι τοι* (*τι* 52) 52'-313; + *autem* Bo | *ἄρχοντες* 3° A B M' 963 15'-29-426 *C''* *b* *s*$^{-321'}$ 509 *y*$^{-318}$ 126-128-628-669 55 319 624] pr *οι* rell = edd | *φυλῶν*] pr *των* *d n t*; *φυλης* 376 Aeth | *οὗτοι* 2°] pr *et* Arm; > 72 Aeth | om *οἱ* 2° 82 *x*$^{-619}$ 120'-126-128-628-669 319 | *παρεστηκότες*] *παραστηκοντες* A; *patres assistentium* Bo | *ἐπὶ τῆς* 963] > 56*: homoiar; bis scr 344* | *τῆς ἐπισκοπῆς* 963] *της κορυφης* 509; *των αριθμων* 321'^{mg}; *τον αριθμον* 130^{mg}

3 om *καί* 1° 72 | *ἤνεγκαν* 963] *ανην.* *b* 59 (sed hab Compl); *προσεφερον* 72 | *τὸ* (*τω* 509*) *δῶρον* B 963 *x*$^{-619}$ Cyr I 705 Aeth Sa] *τα* (> 72) *δωρα* rell = Ra Tar^{P} | *αὐτῶν* 963] *αυτου* 58 509; > 72 19' (sed hab Compl) | *ἔναντι κυρίου*] *κ̅ω̅* 72 | *ἓξ ἁμάξας*] pr *και* 963; tr 458 | *λαμπηνικάς* 963] -*νιακας* 134; *κατασκεπαστας* 75-767 ↓ | *βοας ι̅β̅* 458 | *ἅμαξαν* 963] pr *et* ^{Lat}cod 100 (sed hab Aug *Loc in hept* IV 15); *αμαξα μια* *d* 370; + *μιαν* 58-376 *n* *t*$^{-370}$ Aeth Arm | *μόσχον*] pr *δωδεκα* 84* | *παρά* 2°] *παρ* V 963 376-*oI* *C''* 54-75' *s* 392 126; *περι* 319 | *προσήγαγον* B 963 *b d n t* *x*$^{-619}$ Cyr I 705 856] + (※ G) *αυτα* *O*$^{-58}$ Bo = 𝔐; *προσηνεγκαν* (*προσειν.* 130) rell = Compl | *ἐναντίον* 963] *εναντι* 376 *b n* 392 319 (sed hab Compl) | *τῆς σκηνῆς*] *κ̅υ̅* *προς την σκηνην* 19

4 *εἶπεν* 963] *ελαλησεν* 55 Arm | *κύριος* 963] pr *ο* 52; > 707* | *Μωυσῆν* 963] -*ση* 19; *μωσην* G-426 *n* Cyr I 705 856; *μωση* 58; *μωσει* 72 | *λέγων* 963] > 72 417 458 319 Arab Bo

5 *λάβε* 963] + *illud* Arm | *καὶ ἔσονται* 963] bis scr 313 | *πρὸς τὰ ἔργα*] bis scr 963*(cprm) | *πρός*] *παρα* 376 | *τά* 1°] *αυτα* 46* | *τὰ λειτουργικά* 963] om *τά* 59; > 54-75' Arab; + *της θυρας* 392 | *τοῖς Λευίταις*] *τους λεβειτας* 767; ⌒(6) 106^{txt} | *λευειταις* B* V 963 G 127; *λεβιταις* 54 | *ἑκάστῳ* 963] -*στου* 58 529* 30 509 | *τήν* — fin 963] *την εαυτου λειτ.* V *b* *n*$^{-767}$; *τα εργα αυτου* 106$^{(mg)}$; *την λειτ. αυτου* *O*$^{-58}$ ^{Lat}cod 100 = Compl 𝔐; om *αὐτοῦ* 610* 56-129

6 *λαβών* 963] *ελαβε* 106$^{(mg)}$ Bo = 𝔐 | *Μωυσῆς* 963] *μωσης* *O*$^{-376}$-72 *n* Cyr I 705 856 | *τοὺς βόας* 963] *τας βοας* F*(cprm) 52'-313 71 121; > ^{Lat}cod 100 | *ἔδωκεν* 963] pr *και* 106$^{(mg)}$ 246 121 126: cf 𝔐 | *αὐτά* 963] *αυτας* 127 319^{c}; *αυτο* 669*(vid); > V Arm | *τοῖς* 963] *ταις* 321 | *λευειταις* B* V 963 G 127; *λευιτας* A*; *λευιτοις* 319*; *λεβειτες* 767; *λεβιτες* 106$^{(mg)}$

---

7 2 *ἐπισκοπῆς*] *ἀριθμήσεως* M'; *ἄλλος ἀριθμήσεως τοῦ λαοῦ* *C''*^{cat}

3 *λαμπηνικάς*] *α' κατασκεπαστάς* M' 54^{txt} 85(s nom)-130-321'-344; *α' σκεπαστάς* F^{b}(s nom) 58(s nom) *C''*^{comm} = Sixt; *σ' ὑπουργίας* M' 85'(s nom)-321'-344; *ἄλλος κατασκευαστάς* *C''*^{cat}; *τὸ σαμ' δυνάμεως* *C''*^{cat} = Sixt; *δυναμένας* 130-321'

τοῖς υἱοῖς Γεδσὼν κατὰ τὰς λειτουργίας αὐτῶν, [8]καὶ τὰς τέσσαρας 8
ἁμάξας καὶ τοὺς ὀκτὼ βόας ἔδωκεν τοῖς υἱοῖς Μεραρὶ κατὰ τὰς λει-
τουργίας αὐτῶν διὰ Ἰθαμὰρ υἱοῦ Ἀαρὼν τοῦ ἱερέως. [9]καὶ τοῖς υἱοῖς 9
Καὰθ οὐκ ἔδωκεν, ὅτι τὰ λειτουργήματα τοῦ ἁγίου ἔχουσιν· ἐπ'
ὤμων ἀροῦσιν.
[10]Καὶ προσήνεγκαν οἱ ἄρχοντες εἰς τὸν ἐγκαινισμὸν τοῦ θυσια- 10
στηρίου ἐν τῇ ἡμέρᾳ, ᾗ ἔχρισεν αὐτό, καὶ προσήνεγκαν οἱ ἄρχοντες
τὸ δῶρον αὐτῶν ἀπέναντι τοῦ θυσιαστηρίου. [11]καὶ εἶπεν κύριος πρὸς 11

ABFMV (963) *O'' C'' bdf*$^{-53'}$*nstx*$^{-527}$*yz* al verss

7 *τάς* 1°] pr *και* B^c 125 Cyr I 856 Bo = Sixt; + *δε* 127 | om *καί* Aeth^M | *τούς*] *τας* 44; > 127(|) | *τεσσαρες* A B* V 82 107 392 | *ἔδωκεν* 963] + *αυτα* 75'; + *αυτας* 54 | *υἱοῖς* — (41) *ἐνιαυσίας*] absc 624(||) | *Γεδσών*] *γεδ[.]ων* 963; *γεδεων* 72-82-618-707 44-125* 127* 74-76-84 71 68' 59 (sed hab Ald); *γεδσω* 319; *getson* ^{Lat}cod 100; *γεθσων* 343 Arm; *γεδισων* 537; *γερσων* Compl; *γηρσων* *O*$^{-58}$ Syh = 𝔐; *γηρρσων* 767; *δελσων* 120*; + *προς αναλογον της εργασιας αυτων* 318 | *κατά*] *και* 59 | *τὰς λειτουργίας*] *operam* Aeth; *deservitionem* ^{Lat}cod 100 Arm

8 *καί* 1°] *dedit* ^{Lat}cod 100; > Aeth^M | *τάς* 1° 963] *τους* 610*; > G-618 75' 509 126 | *τεσσαρες* (*τεσαρ.* 767) B* V 82 767 392 | *ὀκτώ*] *β̄* Aeth^M | *ἔδωκεν*] pr *και* 610 | *μεραρει* B V 963 *O*$^{-376}$ *f* 127-767 392 18 59 319 Sa; *μεραρη* 72 318; *μαραρι* 126* | om *κατά* — *αὐτῶν* Sa^{12} | *τὰς λειτουργίας*] *operam* Aeth; *deservitionem* ^{Lat}cod 100 Arm | *αὐτῶν* 963] > 68' (sed hab Ald) | *διά*] pr *et* Aeth | *Ἰθαμάρ* 963] *ηθαμαρ* 30; *θαμαρ* 72 458 Sa^4 | *υἱοῦ* — fin B 963 376 509 Cyr I 856] *του* (> 126) *ιερεως του* (> 126) *υιου ααρων z* (sed hab Ald); pr *του* rell

9 *Καάθ* 963] *gaath* ^{Lat}cod 100 Co | *οὐκ ἔδωκεν* 963] *ου εδωκεν* 707*; *ου δεδωκεν* 127 619 *z*$^{-18\ 669}$ Cyr I 856 = Sixt | *τὰ λειτουργήματα*] *opus* Aeth; *deservitionem* Arm; om *τά* 127 120'-122*; + *τα* 963^c | *τοῦ ἁγίου* 963] *των αγιων b* 458 Arm(bis scr^{te}) Syh (sed hab Compl); > 46 | *ἔχουσιν*] pr *α* 72 414; pr *ουκ d t*; *εχωσι* 75; *εχον* 59; *habebant* Arm^{te}; *oblationis* Arm^{ap} | om *ἐπ'* — fin 246^{txt}(cprm) | *ἐπ' ὤμων* 963] *et* (> Arm^{ap}) *in humeris suis* Arm; *et super humerum suum* Aeth; *επ ωμον* 376-707* 73'-528-550'-551-761* 30-346* | *ἀροῦσιν*] *αιρουσιν* (+ *ea* Co) 29 Co Syh; *portare* ^{Lat}cod 100; *tollebant* Arm; + *αυτα* 58 381' 619 = Ald

10 init — *αὐτό*] om *καί* — *ἄρχοντες* 414; > 107'-125 | *προσήνεγκαν* 1° 963] *ηνεγκαν b* (sed hab Compl) | *ἄρχοντες* 1° 963] + *ιηλ̄* V *b* 44' *t* ^{Lat}cod 100 (sed hab Compl); + *δωρα αυτων* 376 | *εἰς* — *αὐτό*] post *θυσιαστηρίου* 2° tr 414 | *εἰς τὸν ἐγκαινισμόν* 963] *εις* (> 319) *την εγκαινησιν* (*-νισιν* 346) 130^{mg}-321'^{mg} 319; om *εἰς* 72 = 𝔐 | *εγκαινιασμον* 246; *καινισμον* 529 | *ἐν* — *ᾗ*] *η ημερα* 16-46 121; om *τῇ* 417 | *ᾗ*] pr *εν* 129 = Compl | *ἔχρισεν*] *-σας* 44'; *-σαν* 71; *εχθισεν* 68; *εχρησεν* 313-616* 30 318 120 319 | *αὐτό*] *αυτω* 707 57'-73'-550'-551-761* 458-767 321*(vid)-343; *αυτον* 72 319; > Aeth | *καί* 2° — *αὐτῶν*] om *καί* — *ἄρχοντες* 71 Bo; > 376 | om *καί* 2° 54-75' Aeth Sa^4 | *τὸ δῶρον* Aeth] *τα* (> 19) *δωρα* 963 rell = Ra Tar^P | *αὐτῶν*] ⌒(11) 314 125-610 | *ἀπέναντι* — fin] *coram domino* Arab Sa^{12} | *ἀπέναντι* 963] *εναντι* 59 | *τοῦ* 2° 963] bis scr 59* | fin] + *προσηνεγκαν τα δωρα αυτων* 414; + *εν τη ημερα η εχρισας αυτο* 107

Μωυσῆν Ἄρχων εἷς καθ' ἡμέραν ἄρχων καθ' ἡμέραν προσοίσουσιν
τὸ δῶρον αὐτῶν εἰς τὸν ἐγκαινισμὸν τοῦ θυσιαστηρίου.
12 [12]Καὶ ἦν ὁ προσφέρων τῇ ἡμέρᾳ τῇ πρώτῃ τὸ δῶρον αὐτοῦ Ναασ-
13 σὼν υἱὸς Ἀμιναδὰβ ἄρχων τῆς φυλῆς Ἰούδα. [13]καὶ προσήνεγκεν τὸ
δῶρον αὐτοῦ τρύβλιον ἀργυροῦν ἕν, τριάκοντα καὶ ἑκατὸν ὁλκὴ αὐτοῦ,
φιάλην μίαν ἀργυρᾶν, ἑβδομήκοντα σίκλων κατὰ τὸν σίκλον τὸν ἅγιον,
ἀμφότερα πλήρη σεμιδάλεως ἀναπεποιημένης ἐν ἐλαίῳ, εἰς θυσίαν·

ABFM(S)V 963 *O'' C''* *bdf*$^{-53'}$*nstx*$^{-527}$*yz* al verss

11 om comma 19: homoiot | *Μωυσῆν* 963] *μωσην* G-15-426 127-767 Cyr I 705 Eus VI 353; *μωσει* 72; *μωσην λεγων* 54-75' | *καθ'* 1° — *ἡμέραν* 2°] *in die custodiae ex principibus cotidiae singuli* ^{Lat}cod 100 (sed hab Aug *Loc in hept* IV 16) | *ἡμέραν* 1°] *-ρα* 376; ⌒2° F^{b} 963 58-72-82*(c pr m) *cI*-52'-313^{c}-414'-422 108-118-537 44'-107 75-127-767 730 *t* 509 *y*$^{-121}$ 669 59 Bo | *ἄρχων* 2°] pr *και* 126; *και αρχων εις* *C*-46; + *εις* 426 313$^{(*)}$-417 30 Eus VI 353 Syh = 𝔐 | *καθ'* 2°] *προς* 619 *z*$^{(-669)}$ | *ἡμέραν* 2°] *-ρα* 376 | *προσοίσουσιν* 963] *προσοισει* 376 Aeth Bo; *ποιησουσι* 58-72 59 | *τὸ δῶρον* Aeth Bo] *τα δωρα* 963 rell = Ra | *αὐτῶν* 963] *αυτου* 376 Aeth Bo; + *domino* Sa^{12} | *εἰς* — (12) *αὐτοῦ*] bis scr 413(||) | *εἰς* — fin 963] *απεναντι του θυσιαστηριου εις τον εγκαινισμον* *d* 370; > Eus VI 353 | *εγκαινιασμον* 246

12 om *ἦν* Bo | *τῇ* 1° — *πρώτῃ*] pr *εν* B Cyr I 705 = 𝔐; *εν τη πρωτη ημερα του θυσιαστηριου* 314; *τη πρωτη ημερα* 72 413 *b*$^{-314}$ (sed hab Compl); *την ημεραν την την πρωτην* 376; post *αὐτοῦ* tr A 126 Arm Bo | *τῇ ἡμέρᾳ*] pr *την ημεραν* 46; > 529; bis scr 16 | *πρωτα* 528 | *τὸ δῶρον αὐτοῦ* 963] *τα δωρα αυτου* *C''* 246 84 Arm = Tar; om *τό* 619 68'-120; > 618*; ⌒(13) 767 | *ναασων* S* 131-414-550'-616-739 30' 319 Arm; *νασσων* 963 Bo; *δασσων* 509; *αασσων* 59 | *υἱός*] *ο του* 319 | *Ἀμιναδάβ*] *αμειν.* B M (sed hab Sixt); *αμειναδεβ* 963; *αμην.* V 319; *αμειναδαθ* 416; *αμειδαδαβ* G; *ναμιναδαβ* 72*; *-δαμ* 618 414^{c}-739 392 | *ἄρχων* 963] pr ÷ Syh; sub ÷ G; > 319 = 𝔐; + ras 3 litt A | om *τῆς* 376 *b* 318 (sed hab Compl)

13 *προσήνεγκεν* 963] sub ÷ G(*-νηγκεν*) = 𝔐; *-καν* S* | *τὸ δῶρον αὐτοῦ*] *τα δωρα αυτου* 246 Arm = Tar; om *τό* 963; > 125 | *τρυβλον* 19 | *ἀργυροῦν*] *-ρον* 318; > 28 | om *ἕν* ^{Lat}cod 100 | *τριάκοντα καὶ ἑκατόν*] pr *και* 246 18-628; *και* $\overline{ρλ}$ 126; *εκατον τριακοντα* 125'; $\overline{ρκ}$ 610 | *ὁλκὴ αὐτοῦ*] pr *σταθμων η* 318 ↓; pr *η* *d* 130^{mg} *t* 319; *αυτου η* (> *) *ολκι* 30 | *φιάλην*] pr *et* Arm^{ap}; *φιελην* 963; *φιλην* 127* | *ἀργυρᾶν*] *-ρην* 963 130^{mg}; *-ρουν* 107'-125 | *σικλων εβδομηκοντα* 126 | *κατὰ τὸν σίκλον*] om *τὸν σίκλον* 610*: homoiot; > 120 | *ἀμφότερα*] pr *et* Aeth Arab; *-ραι* V | *πλήρη* 963] *-ρης* F 29-707^{c} 125-610 767 30-130 134* *x*$^{-619}$ 628 319; *-ρις* 707* 19 54-75'; *-ρεις* 58 84; *πληγη* V; post *σεμιδάλεως* tr 56' = Compl | *σιμιδαλεως* G | om *ἀναπεποιημένης ἐν ἐλαίῳ* 30' | *ἀναπεποιημένης* 963] *-μενη* 52'-73'-131-313-417-500'-529'*; *-μενα* 72 46 59; *-μενας* 246 458; *πεποιημενης* 126; *αναπεφυραμενης* V 319; litt *ης* sup ras 16 | om *ἐν* 628

---

13 *τρύβλιον*] *ἑβρ' ἀπαλλαρέαν* (= *appallarea*; *απαλλ*^{α} F^{b}) F^{b1}(s nom) 56; *πίναξ* F^{b2} | *ὁλκή*] *σταθμὸς ταλάντων λιτρῶν* F^{b2}; *ἢ ἐξάγιον* F^{b1}; *ἤγουν ἐξάγιον* (*-γιων* cod) 56; *σταθμός* 130-321' | *φιάλην*] *μέγα ποτήριον* F^{b2}; *τὸ ἑβρ' χερνιδήν* (cf *κέρνος*) 56 | *σίκλων*] *ἐξαγίων* F^{b}

[14]*θυίσκην μίαν δέκα χρυσῶν πλήρη θυμιάματος·* [15]*μόσχον ἕνα ἐκ* 14 15
βοῶν, κριὸν ἕνα, ἀμνὸν ἕνα ἐνιαύσιον εἰς ὁλοκαύτωμα· [16]*καὶ χίμαρον* 16
ἐξ αἰγῶν ἕνα περὶ ἁμαρτίας· [17]*καὶ εἰς θυσίαν σωτηρίου δαμάλεις* 17
δύο, κριοὺς πέντε, τράγους πέντε, ἀμνάδας ἐνιαυσίας πέντε. τοῦτο
τὸ δῶρον Ναασσὼν υἱοῦ Ἀμιναδάβ.
[18]*Τῇ ἡμέρᾳ τῇ δευτέρᾳ προσήνεγκεν Ναθαναὴλ υἱὸς Σωγὰρ ἄρχων* 18
τῆς φυλῆς Ἰσσαχάρ. [19]*καὶ προσήνεγκεν τὸ δῶρον αὐτοῦ τρύβλιον* 19
ἀργυροῦν ἕν, τριάκοντα καὶ ἑκατὸν ὁλκὴ αὐτοῦ, φιάλην μίαν ἀργυρᾶν,

ABF(K)M(S)V (963) *O'' C'' bdf*$^{-53'}$*nstx*$^{-527}$*yz* al verss

14 *θυίσκην*] pr *et* Arab Bo; *φιαλην* 321′^{mg} | *μίαν*] + *auream* Arm | *χρυσῶν*] *χρυσω* 84$^{c\,vid}$; *χρυσον* 72; *χρυσουν* 458 130; > 58 | *πλήρη* 963] pr *et* Aeth; *-ρης* G-707^{c}; *-ρις* 707* 458; *-ρεις* 75; *πληγη* V; + *και* 125
15 om *ἐκ* 44 | *κριόν*] pr *και* B* Aeth Bo | *ἕνα* 2° 963] > 106 | *ἀμνὸν ἕνα* 963] pr *et* Aeth^{C} Bo; om *ἀμνόν* 125; om *ἕνα* B F*(cprm) V 29-82-707^{txt} *f n*$^{-767}$ 730 *x*$^{-619}$ 126-628 319 ^{Lat}cod 100 Aeth^{-C}; > 417 | *ενιαυσιον ενα d t* 416 | om *ἐνιαύσιον* — (16) *χίμαρον* Bo^{B} | *ἐνιαύσιον* 963] *-σιαιον* 72 414*(cprm); + *sine macula* ^{Lat}cod 100 | *ὁλοκαύτωμα* 963] *-τωσιν* 18; + *ενα* 246
16 *καί* 963 = Sam] pr *και τραγον* 767; > 414(|) Arm Sa^{6} = 𝔐 Tar | *ἐξ αἰγῶν* / *ἕνα* 963] om *ἐξ* 64^{txt}; tr 551 | fin] + *ενα* G*
17 om *καί* 126 | om *εἰς* Bo | *δαμαλεως* 392 | *κριούς* 963] pr *και* B* Aeth Bo | *πέντε* 1°] ⌒2° 58 669*; ⌒3° 552^{txt} | *τράγους*] pr *et* Aeth Bo; *ταυρους* 730 | om *ἀμνάδας* — fin 52′-313 | *ἀμνάδας*] pr *et* Aeth Bo; *-δες* 121 | *ἐνιαυσίας*] *-σιαιας* 72; *-σιους* 376-618* 19′ 44 28* 18-68 319 (sed hab Compl); *-σιαιους* 528 610 | om *πέντε* 3° 392 | *τουτον* 458 | om *τό* 28*(cprm) 619 68′-120′ Cyr I 708 = Sixt | *Ναασσών* 963] *νaaσων* S*(vid) 414-550′ 30′ Arm; *νασσων* 426*(cprm) 130-346 Bo; *-σσον* 370; *αασσων* 59; *αχιεζερ* 318: ex 71 | om *υἱοῦ Ἀμιναδάβ* 125 | *υἱοῦ*] *υιος* 392; *του* 552; *τω του* 319 | *Ἀμιναδάβ*] *αμειν.* B M′ 963 G 127; *αμινα*[. . . S; *αμιναβ* 707*(vid); *-δαμ* 618 414; *αμεισαδαι* 318: ex 71
18 *τῇ ἡμέρᾳ*] pr *et* Aeth Arab Arm Bo; bis scr 551 | *προσήνεγκεν* 963] *προηνεγκε(ν)* 73^{c}-131-313-320-422-500′-616-761* 424; *αρχων των υιων ασηρ* 318: ex 72 | *Ναθαναήλ* F^{a} 963*] *ναναθαηλ* 963^{c}(vid); *-νιηλ* 56′; . . .]*αναηλ* S; *-νηλ* 75; > F | *υἱός* K] > 314 | *Σωγάρ* K] [. .]*γαρ* S; *σωγαδ* 963; *σωγωρ* 414 56; *σογωρ* 72; *σωχαρ* 130; *sugar* ^{Lat}cod 100 | *ἄρχων* — fin] pr *ο* 127 84 *z*$^{-126}$ = Sixt; > 318 | *τῆς φυλῆς* K 963] sub ÷ G Syh = 𝔐 Sam | *Ἰσσαχάρ* S 963] *ισαχαρ* 72-618 16-46-57-73′-529-551-761* 107′ 125 246 767 30 84 619 18 55 59 ^{Lat}cod 100 Arm Bo^{A}; *ισ*[. .]*χαρ* K; *εισσ.* 75; *iesachar* Sa; *izachar* Bo^{B}; *σαχαρ* 458
19 init — *αὐτοῦ* 1°] om *καί* K ^{Lat}cod 100 Sa = 𝔐; om *καὶ προσήνεγκεν* 44′ 318 126; > 125 | *προσήνεγκεν* 963] *-καν* S*; *προηνεγκε* 73′ | *αὐτοῦ* 1° S 963] > 551 | *τρύβλιον* — (23) fin] *ομοιως b* (sed hab Compl) | *στρυβλιον* 313 | *εν αργυρουν* 381′ | *ἕν*] *ενα* 16-46; > K M′ 72-618* | *τριάκοντα καὶ ἑκατόν*] $\overline{ρλ}$ 72 107′-125 126; + *ην* 319 | *ὁλκή*] pr *η d* 130^{mg} *t* 319 | *φιάλην* K] pr *et* Aeth Arab Bo^{B}; *φιελην* 963; *φιλην* 707* | *ἀργυρᾶν* K] *-ρην* (*-ριν* 458-767) 963 G 44 458-767

---

14 *θυίσκην*] *τὸ ἑβρ′ κοππαν* (= כף) 56; *ἴγδιν μικρὰν καμ*^{πρ} (ex כפור) F^{b2}; *ὀρθομίλιον* F^{b1}
16 *χίμαρον*] *ἔριφον* F^{b}

ἑβδομήκοντα σίκλων κατὰ τὸν σίκλον τὸν ἅγιον, ἀμφότερα πλήρη
20 σεμιδάλεως ἀναπεποιημένης ἐν ἐλαίῳ, εἰς θυσίαν· ^{20}θυίσκην μίαν
21 δέκα χρυσῶν πλήρη θυμιάματος· ^{21}μόσχον ἕνα ἐκ βοῶν, κριὸν ἕνα,
22 ἀμνὸν ἕνα ἐνιαύσιον εἰς ὁλοκαύτωμα· ^{22}καὶ χίμαρον ἐξ αἰγῶν ἕνα
23 περὶ ἁμαρτίας· ^{23}καὶ εἰς θυσίαν σωτηρίου δαμάλεις δύο, κριοὺς πέντε,
τράγους πέντε, ἀμνάδας ἐνιαυσίας πέντε. τοῦτο τὸ δῶρον Ναθαναὴλ
υἱοῦ Σωγάρ.
24 ^{24}Τῇ ἡμέρᾳ τῇ τρίτῃ ἄρχων τῶν υἱῶν Ζαβουλὼν Ἐλιὰβ υἱὸς Χαιλών.
25 ^{25}τὸ δῶρον αὐτοῦ τρύβλιον ἀργυροῦν ἕν, τριάκοντα καὶ ἑκατὸν ὁλκὴ
αὐτοῦ, φιάλην μίαν ἀργυρᾶν, ἑβδομήκοντα σίκλων κατὰ τὸν σίκλον

ABF(K)M(-S)V (963) O'' C'' *bdf*$^{-53'}$*nstx*$^{-527}$*yz* al verss

130^{mg} 71 319; -ρουν 376 | σικλων εβδομηκοντα 126 | σίκλων 963] σικλους 618^{c}; σικλοι 426 | om κατὰ τὸν σίκλον 767 | ἀμφότερα] pr *et* Aeth Arab | πλήρη 963] -ρης S 707^{c} 44 54 84 319; -ρις 707* 75'-767; -ρεις 58 509; -ρω G*; πληγη V*; > 628 | σιμιδαλεως (σειμ.*) G | ἀναπεποιημένης 963] -μενη 52'; -μενα 730; αποπεπ. C''$^{-16\ 46\ 52'\ 414\ 761c}$; αυτο πεπ. (πεποιμ. 46) 16-46; πεπ. 54-75' 126; αναπεφυραμενης V 71; πεφυραμενης 319 | ἐν 963] > 72 107'-125

20 init] pr *et* Aeth Arab | om μίαν F | om δέκα χρυσῶν A^{txt} | χρυσῶν 963] -σουν 458; -σον 72 | om πλήρη θυμιάματος Sa^{12} | πλήρη 963] pr *et* Aeth; -ρης B S 84 59; -ρις 458-767; -ρεις G 75; inc 707

21 init] pr *et* Aeth Arab Bo | ἕνα 1°] εναν 767; > ^{Lat}cod 94 | om ἐκ βοῶν 126 | κριὸν ἕνα] pr *et* Aeth Bo; > Compl | ἀμνόν] pr *et* Aeth Bo = Tar^{P} | ἕνα 3°] εν 125; > V 82-376-618*-707 C''$^{-52'}$ 106 54-75' *s* 509 18-68^{txt}-120'-122 59 319 416 ^{Lat}codd 96 100 Aeth^{-CH}; post ἐνιαύσιον tr 29 *d*$^{-106}$ *t*; ad fin tr 56-129 | ενιαυσιαιον 72 | om εἰς — (23) πέντε 3° Sa^{12} | ὁλοκαύτωμα 963] -τωσιν C''$^{-52'}$

22 καί 963 = Sam] > Arm Sa^{6} = 𝔐 Tar | ἕνα] εναν 318

23 om καί 72 134(|) | om εἰς ^{Lat}cod 100 Bo | θυσίαν] bis scr 528 | κριούς] pr *et* Aeth Arab Bo | τράγους πέντε] pr *et* Aeth Arab Bo; > 28-85'-346 319; post πέντε 3° tr 29 | ἀμνάδας ἐνιαυσίας πέντε] pr *et* Aeth Arab Bo; > 30': homoiot | ἐνιαυσίας] -σιαιας 72 16-46-550'; -σιους 73' 44' 28* 71-619* 18-126-628; -σιαιους 528 610; > Aeth^{M} | τοῦτο — fin 963] om τό 707 120'; > 44' | δῶρον] pr εργον 84* | ναθανιηλ 246; αθαναηλ 707* 458 | om υἱοῦ Σωγάρ 125 | υιους 551 509; υιος F 767 30-343 18 | Σωγάρ] σωγωρ 414; σογωρ 72; *zōgar* Sa^{12}; *sugar* ^{Lat}cod 100

24 init] pr *et* Aeth Arab Arm Bo | αρχη 54 | om Ἐλιάβ — fin 628 Aeth^{M} | Ἐλιάβ] ελαβ 619; *eliam* ^{Lat}cod 100 | Χαιλών] χελων F V 963 15-72-82-376 77-414 *b* 125-610 *f*$^{-56}$ 54-75' 130* 76-84 *x* 318 669 319; χαιλωμ 18 ^{Lat}cod 100; *chellōn* Sa$^{6\ 12}$; *chellon* Arm Bo; χαιδων 426; αχαιλων 46-52'; inc 707

25 init] pr τουτο 376 509; pr προσηνεγκε(ν) *b* ^{Lat}cod 100 Aeth Arab (sed hab Compl) | τρύβλιον — (29) fin] ομοιως *b*$^{-314}$ (sed hab Compl); καθως και ναθαναηλ 125; ως της ετερας ημερας 44; > 314 | τρύβλιον — (29) πέντε 3°] ως και τω πρωην 58 | ἕν 963] pr πεντηκοντα και 71; > 72 | τριάκοντα καὶ ἑκατόν] pr και 84; ρ̅λ̅ 107' 126 | ὁλκή] pr η 106-107' 54-75' *t* 319 | φιάλην] pr *et* Aeth Arab Bo^{B}; φιελην 963 | αργυραν μιαν V 417 | ἀργυρᾶν] -ρην 963 509

25 ὁλκή] ἤγουν ἐξάγιον (-γιων cod) 56

τὸν ἅγιον, ἀμφότερα πλήρη σεμιδάλεως ἀναπεποιημένης ἐν ἐλαίῳ, εἰς
θυσίαν· ^{26}θυίσκην μίαν δέκα χρυσῶν, πλήρη θυμιάματος· ^{27}μόσχον 26 27
ἕνα ἐκ βοῶν, κριὸν ἕνα, ἀμνὸν ἕνα ἐνιαύσιον εἰς ὁλοκαύτωμα· ^{28}καὶ 28
χίμαρον ἐξ αἰγῶν ἕνα περὶ ἁμαρτίας· ^{29}καὶ εἰς θυσίαν σωτηρίου 29
δαμάλεις δύο, κριοὺς πέντε, τράγους πέντε, ἀμνάδας ἐνιαυσίας πέντε.
τοῦτο τὸ δῶρον Ἐλιὰβ υἱοῦ Χαιλών.
^{30}Τῇ ἡμέρᾳ τῇ τετάρτῃ ἄρχων τῶν υἱῶν Ῥουβὴν Ἐλισοὺρ υἱὸς 30
Σεδιούρ. ^{31}τὸ δῶρον αὐτοῦ τρύβλιον ἀργυροῦν ἕν, τριάκοντα καὶ 31

ABF(K)MV 963 *O'' C'' $bdf^{-53'}nstx^{-527}yz$* al verss

319; -*ριν* 458; -*ρουν* 106 246 | *σικλων εβδομηκοντα* 126 | *κατὰ τὸν σίκλον* 963] om *τόν* 610*; > 767 | *τόν* 1° 2°] *το* 458 | *ἀμφότερα* 963] pr *et* Aeth Arab | *πλήρη* 963] -*ρης* 46^{s} 610 84 319; -*ρις* 707 n^{-127}; -*ρεις* 509 | *σιμιδαλεως* G | *ἀναπεποιημένης* 963] -*μενη* 52′ 610 767; -*μενα* 730; -*μενας* 458; *πεπ.* 75 126; *αναπεφυραμενης* (-*φυρμενης* 319) V 319 | *ἐν* — fin 963] *oleo sancto* Arab; om *ἐν* 552 76* 120-122^{txt}; + *σωτηριου* $C''^{-52'}$ 730

26 init] pr *et* Aeth Arab Sa^{6} | *δέκα*] > 669*; post *χρυσῶν* tr 126 | *χρυσῶν* 963] *χρυσου* 509; *χρυσον* 72 | *πλήρη* 963] pr *et* Aeth; -*ρης* 707^{c} 767^{c} 84 509^{c}; -*ρις* 707* 75′; -*ρεις* G; -*ρω* 528 | *θυμιαματων* 72

27 init] pr *et* Aeth Arab Bo | *ἕνα* 1°] *εναν* 619; > ^{Lat}cod 100 $Aeth^{M}$; post *βοῶν* tr V | *ἐκ βοῶν*] *εκ βων* 619; > 126 | *κριὸν ἕνα*] pr *και* 392 $Aeth^{-M}$ Arab Bo; *κριον εν* 458; + *ex arietibus* Bo | *ἀμνόν*] pr *et* $Aeth^{-M}$ Arab Bo = Tar^{P} | *ἕνα* 3°] *εν* 126; > V 82 n^{-767} 30′-343′ 71 392 68^{txt}-628 416 $Aeth^{-CH}$; post *ἐνιαύσιον* tr 29 106-107′ 129 *t* 120′-122* ^{Lat}cod 100 (sed hab Ald) | *ἐνιαύσιον*] -*σιαιον* 72; > 319

28 *καί* 963 = Sam] > 72 Arm Sa = 𝔐 Tar | *ἐξ αἰγῶν* / *ἕνα*] om *ἐξ αἰγῶν* Bo; om *ἕνα* 75′; tr 126

29 om *καί* 72 | *εἰς θυσίαν σωτηρίου*] om *εἰς* ^{Lat}cod 100 Bo^{A}; post *δύο* tr 72 | *κριούς*] pr *et* Aeth Arab Bo^{A} | *τράγους πέντε* 963] pr *et* Aeth Arab Bo; > B^{txt} F*(cprm) 30-343 | *ἀμνάδας*] pr *et* Aeth Arab | *ἐνιαυσίας*] -*σιαιας* 72 528; -*σιους* 376*-618 73′ 106 767 619* 18′-126-628^{c}; -*σιαιους* 610 | *τοῦτο* — fin] pr *τουτο το δωρον ελισαφαν υιου ραγουηλ τη ημερα τη ζ̄ αρχων των υιων εφραιμ ελισαμα* 54: ex 47-48; > 106 | *δῶρον*] ⌒(35) 343 | *Ἐλιάβ*] *ελειαβ* 963; *ελιαφ* 127; *ενιαβ* 129 | *υἱοῦ*] *υιος* (-*ως* 30) 82 30; *υι*[. .] 85* | *Χαιλών* 963^{c}] *χελων* F V 72-82-376 77-414 129 54-75′ 76 71 318-392^{c} 319 = Compl; *χαιδων* 426; *χαλων* 963* 407* Syh(vid); *chellōn* Sa; *chellon* Arm Bo; *χαιλωμ* 18 ^{Lat}cod 100; *αχαιλων* 46-52′; inc 707

30 init] pr *et* Aeth Arab Arm Bo | om *τῶν* 552* | *Ῥουβήν* 963] -*βιν* 426 107′ 129 321′ t^{-84} 318 128-669*; -*βημ* 55^{c}; -*βιμ* 72 $C''^{-16\ 77\ 550'}$ 44-125 f^{-129} 767 84 71 18-126-628-669^{c} 59; -*βειμ* 381′ 16-77-550′ 106 730 424; *rūbīl* Arab Syh; *rōbēl* Aeth | *Ἐλισούρ* K] *ελεισ.* 963 G 73′-131-313-417-422-500′-550′-616^{c}-761 28-85-344 424; -*σσουρ* 58-707 30 | *Σεδιούρ* F] *σεδειουρ* 963; *σελιουρ* F^{b}; *εδιουρ* 82 d^{-610} f^{-129} *t* 392 319; *εδουρ* 610; *σεδηουρ* Compl; *σεδεουρ* 71*; *σεδιους* 528^{c}; *εδισουρ* B*; *σεδισουρ* B^{c}; *δεδιουρ* 54*; *σεβουηρ* 16-46-739; *sedior* ^{Lat}cod 100

31 *τό* K] pr *προσηνεγκε(ν)* *b* ^{Lat}cod 100 Aeth Arab (sed hab Compl); > 376 | *τρύβλιον* — (35) fin] *ομοιως* *b* 44-125 (sed hab Compl); *ως των πρωην* 106; *κατα*

---

29 *σωτηρίου*] *οἱ λ′ pacificam* (*mšynn*’ pro *mšyḥ*’) Syh^{L}

ἑκατὸν ὁλκὴ αὐτοῦ, φιάλην μίαν ἀργυρᾶν, ἑβδομήκοντα σίκλων κατὰ
τὸν σίκλον τὸν ἅγιον, ἀμφότερα πλήρη σεμιδάλεως ἀναπεποιημένης
32 ἐν ἐλαίῳ, εἰς θυσίαν· 32θυίσκην μίαν δέκα χρυσῶν πλήρη θυμιά-
33 ματος· 33μόσχον ἕνα ἐκ βοῶν, κριὸν ἕνα, ἀμνὸν ἕνα ἐνιαύσιον εἰς
34 35 ὁλοκαύτωμα· 34καὶ χίμαρον ἐξ αἰγῶν ἕνα περὶ ἁμαρτίας· 35καὶ εἰς
θυσίαν σωτηρίου δαμάλεις δύο, κριοὺς πέντε, τράγους πέντε, ἀμνάδας
ἐνιαυσίας πέντε. τοῦτο τὸ δῶρον Ἐλισοὺρ υἱοῦ Σεδιούρ.
36 36Τῇ ἡμέρᾳ τῇ πέμπτῃ ἄρχων τῶν υἱῶν Συμεὼν Σαλαμιὴλ υἱὸς
37 Σουρισαδαί. 37τὸ δῶρον αὐτοῦ τρύβλιον ἀργυροῦν ἕν, τριάκοντα καὶ

ABF(K)MV (963) *O'' C'' bdf*$^{-53'}$*nstx*$^{-527}$*yz* al verss

τον ποσον τον προειρημενον 107′; ομοιως τοις αλλοις 72 | τρύβλιον — (35) πέντε 3°] ως και το πρωην 58 | ἀργυροῦν K] -ρον 318 | ἕν] > K 52 246; + και 963*(c prm) | τριάκοντα — ἀργυρᾶν K] > Sa^{12} | τριάκοντα καὶ ἑκατόν] $\overline{ρλ}$ 126; ρ̄ και εκατον 319 | ὁλκή] pr η 54-75 130^{mg} *t* 319 | φιαλη μια αργυρα 422 | φιάλην] pr *et* Aeth Arab Bo^{B} | ἀργυρᾶν] -ρην 963 130^{mg} 319; -ρουν 54* | σικλων εβδομηκοντα 126 | σίκλων K 963] και εκατον 618 | κατά — (35) fin] εισεκομησεν και αυτος καθος και οι λυποι οι προγραφεντες 319 | τόν 2°] bis scr 618 | ἀμφότερα K 963] pr *et* Aeth; > 77 | πλήρη — fin 963] > Arab | πλήρη] -ρης 707^{c} 84 509; -ρις 707* *n*$^{-127}$ | σιμιδαλεως G | ἀναπεποιημένης] -μενη 52′; -μενα 730; -μενας 458; πεπ. 126 | om ἐν *C''*$^{-46c\ 52'\ 57c\ 313\ 414\ 417}$ | εἰς θυσίαν] > 127; + $\overline{σριου}$ 417

32 init] pr *et* Aeth Arab Bo Sa^{11} | μίαν] > 18(|); + ras 1 litt 126 | δέκα] > 669*; post χρυσῶν (-σον 75) tr 75′ 126 | πλήρη] pr *et* Aeth; -ρης 707^{c} 84; -ρις 707* 75′; -ρεις G | θυμιάματος] σεμηδαλεως 318

33 init] pr *et* Aeth Arab Bo | om ἐκ βοῶν 126 | κριόν] pr *et* Aeth Arab Bo | ἀμνόν] pr *et* Aeth Arab Bo = Tar^{P} | ἕνα 3°] εν 458-767; > A V 963 82-426-*oI*$^{-64}$ *C''*$^{-52'}$ ^{528} *s*$^{-321c\,prm\ (343)}$ 71 18 ^{Lat}cod 100 Aeth^{-CH}; post ἐνιαύσιον tr 29 *n t* 509 | ὁλοκαύτωμα 963] -τωσιν G *C''*$^{-52'}$ 458

34 καί 963 = Sam] > 458 Sa$^{6\ 12}$ = 𝔐 Tar | ἐξ F^{b}] εκ F | ἕνα] εν 458

35 εἰς K] > Bo^{A} | κριοὺς πέντε K] pr *et* Aeth Arab Bo; > A Sa^{12} | πέντε 1° K] β̄ G; ⌒2° 28-85; ⌒3° 30 | τράγους K] pr *et* Aeth^{-M} Arab Bo | πέντε 2° K] ⌒3° *C''*$^{-52'}$ 767 730 | ἀμνάδας K] pr *et* Aeth Arab Bo; αμνους *t*$^{-84}$ | ἐνιαυσίας K] -σιους F*(cprm) 963 376* *t*$^{-84}$ 71 18-126-628; post πέντε 3° tr 458 | Ἐλισούρ K] ελεισ. 963 G 313-417-500-550′ 28-30-85′-344; -σσουρ 58-707; *eliesur* Bo^{B} | υἱοῦ Σεδιούρ K] > *C''*$^{-52'\ 417\ 529}$ | υιος V 963 458-767 | Σεδιούρ] σεδειουρ 963; σεδηουρ G = Compl; σελιουρ F; εδιουρ *f*$^{-129}$ 458 *t* Sa^{11}

36 init] pr *et* Aeth Arab Arm Bo | αρχη 54 | Συμεών] συμαιων 75; σεμεων 509; > 19′ (sed hab Compl) | Σαλαμιήλ 963] -μηλ 767; *šlmw'yl* Syh; -μινα 509; σαμιηλ 16-46-52-77-131*-500′-529*-616; σαμαλιηλ F 381′ *b* 18 (sed hab Compl) | υἱὸς Σουρισαδαί] pr οι 30; om υἱός 528; > 19 | Σουρισαδαί] -σαδε *b*$^{(-19)}$ 319 Bo; -σαδδαι 426 127; σουρεισαδαι 963 G 509; -σαιδαι 15; σερισαδαι 18; σουρησαδε 619*(cprm); σουριδασαι 126; σουριδαι 46 424*; ουρισ. 30′; ρισαδαι 125; σουρισσαδαι 767

37 init] pr προσηνεγκε 19 ^{Lat}cod 100 Aeth Arab | τρύβλιον — (41) fin] ομοιως *b* 106-125 (sed hab Compl); ωσαυτως 44; κατα το προειρημενον 107′; επισως τοις αλλοις 72 | τρύβλιον — (41) πέντε 3°] οιον και των πρωην 58 | om ἀργυροῦν Sa | ἕν] ενα 30 84*(vid) | om τριάκοντα — αὐτοῦ 2° 319 | τριάκοντα καὶ ἑκατόν] $\overline{ρλ}$ 126 | τριάκοντα] ō 73^{mg}-320-761^{mg2}; spat 8 litt 761^{txt} | om καί — ἑβδομή-

ἑκατὸν ὁλκὴ αὐτοῦ, φιάλην μίαν ἀργυρᾶν, ἑβδομήκοντα σίκλων κατὰ
τὸν σίκλον τὸν ἅγιον, ἀμφότερα πλήρη σεμιδάλεως ἀναπεποιημένης
ἐν ἐλαίῳ, εἰς θυσίαν· 38*θυίσκην μίαν δέκα χρυσῶν πλήρη θυμιά-* 38
ματος· 39*μόσχον ἕνα ἐκ βοῶν, κριὸν ἕνα, ἀμνὸν ἕνα ἐνιαύσιον εἰς* 39
ὁλοκαύτωμα· 40*καὶ χίμαρον ἐξ αἰγῶν ἕνα περὶ ἁμαρτίας·* 41*καὶ εἰς* 40 41
θυσίαν σωτηρίου δαμάλεις δύο, κριοὺς πέντε, τράγους πέντε, ἀμνάδας
ἐνιαυσίας πέντε. τοῦτο τὸ δῶρον Σαλαμιὴλ υἱοῦ Σουρισαδαί.
42*Τῇ ἡμέρᾳ τῇ ἕκτῃ ἄρχων τῶν υἱῶν Γὰδ Ἐλισὰφ υἱὸς Ῥαγουήλ.* 42
43*τὸ δῶρον αὐτοῦ τρύβλιον ἀργυροῦν ἕν, τριάκοντα καὶ ἑκατὸν ὁλκὴ* 43
αὐτοῦ, φιάλην μίαν ἀργυρᾶν, ἑβδομήκοντα σίκλων κατὰ τὸν σίκλον

ABF(K)MV (963) *O''* *C''* *bdf*$^{-53'}$*nstx*$^{-527}$*yz* al verss

κοντα 16'^{txt}-57'-73'-77-422-500'-528'-550^{txt}-616 424: homoiot | *ὁλκή* — *ἑβδομήκοντα*] pr *η* *n*$^{-127}$ 130^{mg} *t*; om *μίαν* 130-346; > 417 | *φιάλην*] pr *et* Aeth Arab Bo; *φιελην* 963 | *ἀργυρᾶν* — (41) fin] *και τα λοιπα παντα καθως και οι προ αυτου* 319 | *ἀργυρᾶν*] -*ρην* 963 130^{mg} | *ἑβδομήκοντα*] *τριακοντα* 16$^{(mg)}$-46; post *σίκλων* tr 126 | *σίκλον*] + *εν ελαιω εις θυσιαν* 528: ex sq | *ἀμφότερα*] pr *et* Aeth Arab; -*ρας* 458 | *πλήρη*] -*ρης* 707 246 54-767 84 509; -*ρις* 75' | *σιμιδαλεως* G | *ἀναπεποιημένης* 963] -*μενη* 52' 767; -*μενα* 129; -*μενας* 458; *πεπ.* 126 | om *ἐν* 77 | *εἰς θυσίαν* K] > 127 59

38 *θυίσκην*] pr *et* Aeth Arab Bo | *χρυσων δεκα* 126 | *χρυσιν* G^{c} | *πλήρη* K 963] pr *et* Aeth; -*ρης* 707 767 84; -*ρις* 75' 318 | *θυμιάματος*] *σεμιδαλεως* 18

39 init] pr *et* Aeth Arab Bo | *ἕνα* 1°] bis scr V(|) | om *ἐκ βοῶν* 126 | *κριόν*] pr *και* 52 Aeth Arab Bo | *ἕνα* 2°] *εν* 458 | *ἀμνόν*] pr *et* Aeth Arab Bo = Tar^{P} | *ἕνα* 3° K 963] > V 82 *C''*$^{-52'}$ 56* 54-75' *s*$^{-321}$ 68'-120' 59 ^{Lat}codd 100 104 Aeth^{-CH}; post *ἐνιαύσιον* tr 29 *t* *x*$^{-619}$ 392

40 *καί* 963 = Sam] > Sa = 𝔐 Tar

41 *καί* 963] > 75*(cprm) 18 Bo^{B} | om *εἰς* ^{Lat}codd 100 104* Bo^{A} | *σωτηριον* 18 | *κριούς*] pr *et* Aeth Arab Bo | *τράγους πέντε* 963] pr *et* Aeth Arab Bo; > B^{txt} F*(cprm) 29 318 18 ^{Lat}cod 104 | *πέντε* 2° 963] ⌒3° *C''*$^{-52'}$ 417^{mg} | *ἀμνάδας*] pr *et* Aeth Arab Bo | *ἐνιαυσίας*] -*σιους* 963 52 56 619 18-126-628; -*σιαιους* 730 | *Σαλαμιήλ* 963] -*μαηλ* 528; *šlmw'yl* Syh; *σαμαλιηλ* 381' 509 18; *σαμιηλ* 52; *σαμιουηλ* 16-46 | *υιος* 963 29-707* 30-343' 74' 392 | *Σουρισαδαί*] *σουρεισαιδαι* 963; -*σαδδαι* G-426; *σουρεισαδδαι* 127; *σουριδαι* M' 46-616* 56 767* 74; *σουδεισαραι* 509; *εουρισαδαι* 54; *σασαδαι* 126; + *die sexto* ^{Lat}cod 104

42 init] pr *et* Aeth Arab Arm Bo | *ἕκτῃ*] *ογδοη* 767* | *ἄρχων*] pr *ο* 46^{s}; *αρχη* 54 | *Γάδ*] *γααδ* 376 *C*$^{-77}$ 739^{mg}-46; *δαδ* 458*(cprm) | *Ἐλισάφ*] *ελεισ.* B 963 G 129 509; *ελιασαφ* 426$^{c\,prm}$; *elisab* ^{Lat}cod 100; -*σαφατ* 424; -*σαφαθ* 72 84; -*σαφαν* *n* Arm | *υἱός* K] *υιου* 82; *υιους* 528*

43 init] pr *προσηνεγκε(ν)* *b* ^{Lat}codd 100 104 Aeth Arab (sed hab Compl) | *τρύβλιον* — (47) fin] *ομοιως* *b* (sed hab Compl); *ομοιον* 44; *κατα το προειρημενον* 107'-125; *ως ανωτερω ειρηκαμεν* 106; *τοις αλλοις επισως* 72 | *τρύβλιον* — (47) *πέντε* 3°] *οιον και των πρωην* 58 | *ἀργυροῦν* K] > 318 | om *ἕν* — *αὐτοῦ* 2° 319 | *ἕν*] *ενα* 75; > K | *τριάκοντα καὶ ἑκατόν*] *ρλ* 126 | *ὁλκή* K] pr *η* 54'-767 130^{mg} *t*(76 inc) | *φιάλην* K] pr *et* Aeth^{-M} Arab Bo; *φιελην* 963 | *αργυραν μιαν* 29 417^{mg} | *ἀργυρᾶν* — (47) fin] *και τα λοιπα παντα ως και των λοιπων* 319 | *ἀργυρᾶν*] -*ρην* K(vid) 963 130^{mg}; -*ρουν* 529*(vid) 767*; -*ροαν* 529^{c} 767^{c}; > 417^{txt} |

τὸν ἅγιον, ἀμφότερα πλήρη σεμιδάλεως ἀναπεποιημένης ἐν ἐλαίῳ,
44 45 εἰς θυσίαν· [44]θυίσκην μίαν δέκα χρυσῶν πλήρη θυμιάματος· [45]μό-
σχον ἕνα ἐκ βοῶν, κριὸν ἕνα, ἀμνὸν ἕνα ἐνιαύσιον εἰς ὁλοκαύτωμα·
46 47 [46]καὶ χίμαρον ἐξ αἰγῶν ἕνα περὶ ἁμαρτίας· [47]καὶ εἰς θυσίαν σωτηρίου
δαμάλεις δύο, κριοὺς πέντε, τράγους πέντε, ἀμνάδας ἐνιαυσίας πέντε.
τοῦτο τὸ δῶρον Ἐλισὰφ υἱοῦ Ραγουήλ.
48 [48]Τῇ ἡμέρᾳ τῇ ἑβδόμῃ ἄρχων τῶν υἱῶν Ἐφράιμ Ἐλισαμὰ υἱὸς
49 Ἐμιούδ. [49]τὸ δῶρον αὐτοῦ τρύβλιον ἀργυροῦν ἕν, τριάκοντα καὶ ἑκατὸν
ὁλκὴ αὐτοῦ, φιάλην μίαν ἀργυρᾶν, ἑβδομήκοντα σίκλων κατὰ τὸν σί-
κλον τὸν ἅγιον, ἀμφότερα πλήρη σεμιδάλεως ἀναπεποιημένης ἐν ἐλαίῳ,

ABF(K)MV (963) O'' C'' $bdf^{-53'}nstx^{-527}yz$ al verss

σικλων εβδομηκοντα 126 | ἀμφότερα 963] pr τα 767; pr *et* Aeth Arab | πλήρη 963] -ρης 64*-707 84 509; -ρις 54-75' | om σεμιδάλεως ἀναπεποιημένης Sa | σιμιδαλεως G | ἀναπεποιημένης 963] -μενη 52'; -μενα G*; -μενας 458; πεπ. 126; αναπεφυραμενης V | ἐν — fin 963] *oleo sancto* Arab; om ἐν ἐλαίῳ 376; om εἰς θυσίαν 127 68 Arm

44 init] pr *et* Aeth Arab Bo | δέκα] > 528; post χρυσῶν tr 126 624 | χρυσουν 509 | πλήρη 963] pr *et* Aeth; -ρης 767 84; -ρις 75; -ρεις G | θυμιάματος] σεμηδαλεως 318

45 init] pr *et* Aeth Arab Bo | ἕνα 1°] εναν 767 | om ἐκ βοῶν 126 | κριόν] pr και f^{-129} Aeth Arab Bo | ἕνα 2°] εν 458 | ἀμνόν] pr *et* Aeth Arab Bo = Tar^{P} | ἕνα 3°] > A V 15-82-376 $C''^{-52'}$ f^{-246} n s^{-321} x^{-619} 628 ^{Lat}codd 100 104 Aeth^{-CH}; inc 963; post ἐνιαύσιον tr 29-426 *t* 392 | om ἐνιαύσιον 963 | ὁλοκαύτωμα 963] -τωσιν G

46 καί 963 = Sam] > Sa = 𝔐 Tar | om ἕνα Aeth^{M}

47 om εἰς ^{Lat}cod 100 Bo^{A} | σωτηριους 77 | κριούς] pr *et* Aeth Arab Bo | πέντε 1°] β̄ G | τράγους πέντε] pr *et* Aeth^{-M} Arab Bo; > 29 318 669* ^{Lat}cod 104(vid); post πέντε 3° tr ^{Lat}cod 100 | ἀμνάδας ἐνιαυσίας πέντε] pr *et* Aeth^{-M} Arab Bo; om ἀμνάδας Aeth^{M}; > 73' 767 | ἐνιαυσίας] pr *et* Aeth^{M}; -σιαιας 528; -σιους 381' 344* 619 18 59 624; -σιαιους 71 | om πέντε 3° Aeth^{M} | om τό 963 413 | Ἐλισάφ] ελεισαφ B 963 G 129; *elisab* ^{Lat}cod 100; -σαφατ 767; -σαφαν n^{-767} Arm | υιος V; υιους 458 | Ραγουήλ] *raguza* Bo^{B}

48 τῇ ἡμέρᾳ] pr *et* Aeth Arm Bo; ⌒(54) 125 | om ἄρχων 610 | om τῶν 963 | εφρεμ 963*(c pr m); *eufrem* ^{Lat}cod 104 | ελεισαμα 963 G 129; ελισαμαν 120'; ελισαβα 73' | Ἐμιούδ] εμειουδ 963; αμμιουδ Compl; αμιουδ 44; σεμιουδ F O^{-G}-29-72-618 77*-414 *b* 106-107' n^{-127} 30' *t*(76 inc) x^{-71} 121 z^{-669} Arm Bo; σεμιουθ 246 127; μιουδ 59

49 init] pr *obtulit* ^{Lat}codd 100 104 Aeth Arab; pr *et* Bo = Sam | τρύβλιον — (53) fin] ομοιως *b* (sed hab Compl); ως των ετερων 44; ωσαυτως των πρωην 106; κατα το προειρημενον 107'; τοις αλλοις επισως 72; ομοιον των προ αυτου 319 | τρύβλιον — (53) πέντε 3°] οιον και των πρωην 58 | ἀργυροῦν] -ρον 963 | τριάκοντα καὶ ἑκατόν] ρλ̄ 126 | ἑκατόν] ō G* | ὁλκὴ αὐτοῦ] pr η *n* 130^{mg} *t*; ολκην αυτου 616*; σταθμων 426 | φιάλην] pr *et* Aeth Arab Bo; φιελην 963 | om μίαν 28-85'-346 84 | ἀργυρᾶν] -ρην 130^{mg} | σικλων εβδομηκοντα 126 | κατὰ τὸν σίκλον 963] > 131^{txt} | ἀμφότερα 963] pr *et* Aeth Arab | πλήρη 963] -ρης 54-458-767 84 509; -ρις 75 | σιμιδαλεως G | ἀναπεποιημένης 963] -μενη 52' 767; πεπ. 126; αναπεφυραμενης V | ἐν ἐλαίῳ 963] om ἐν 77; + αγιω 318

εἰς θυσίαν· [50]θυίσκην μίαν δέκα χρυσῶν πλήρη θυμιάματος· [51]μό- 50 51
σχον ἕνα ἐκ βοῶν, κριὸν ἕνα, ἀμνὸν ἕνα ἐνιαύσιον εἰς ὁλοκαύτωμα·
[52]καὶ χίμαρον ἐξ αἰγῶν ἕνα περὶ ἁμαρτίας· [53]καὶ εἰς θυσίαν σωτηρίου 52 53
δαμάλεις δύο, κριοὺς πέντε, τράγους πέντε, ἀμνάδας ἐνιαυσίας πέντε.
τοῦτο τὸ δῶρον Ἐλισαμὰ υἱοῦ Ἐμιούδ.
[54]Τῇ ἡμέρᾳ τῇ ὀγδόῃ ἄρχων τῶν υἱῶν Μανασσὴ Γαμαλιὴλ υἱὸς 54
Φαδασσούρ. [55]τὸ δῶρον αὐτοῦ τρύβλιον ἀργυροῦν ἕν, τριάκοντα καὶ 55
ἑκατὸν ὁλκὴ αὐτοῦ, φιάλην μίαν ἀργυρᾶν, ἑβδομήκοντα σίκλων κατὰ
τὸν σίκλον τὸν ἅγιον, ἀμφότερα πλήρη σεμιδάλεως ἀναπεποιημένης
ἐν ἐλαίῳ, εἰς θυσίαν· [56]θυίσκην μίαν δέκα χρυσῶν πλήρη θυμιάματος· 56

ABFMV (963) *O'' C'' bdf*$^{-53'}$*nstx*$^{-527}$*yz* al verss

50 init] pr *et* Aeth Arab Bo | *δέκα*] > 75; post *χρυσῶν* tr 376* 126 | *χρυσουν* 509 | *πλήρη*] pr *et* Aeth; -*ρης* 84; -*ρις* 75 | *θυμιάματος*] pr *σεμιδαλεως* 84*; -*ματων* G*

51 init] pr *et* Aeth Arab Bo | *ἕνα* 1°] > Aeth^{M}; post *βοῶν* tr V | om *ἐκ βοῶν* 126 | *κριόν*] pr *et* Aeth Arab Bo; et *ἀμνόν* tr 318 | *ἀμνόν*] pr *et* Aeth Arab Bo = Tar^{P} | *ἕνα* 3° 963] > A V 82-707 54-75′ 28-130-343′ 509 68*-120-122 ^{Lat}codd 100 104 Aeth^{-CH}; post *ἐνιαύσιον* tr 129 127 *t* = Compl | *ἐνιαύσιον*] > 64^{txt}; ad fin tr 30 | *ὁλοκαύτωμα*] -*καρπωμα* 127*; -*καρπωσιν* 126^{txt}

52 om comma 381′ | *καί* = Sam] > Arm Sa = 𝔐 Tar | *χίμαρον*] + *ενα* 246

53 om *εἰς* Bo | *δαμάλεις*] pr *και περι αμαρτιας χιμαρον εξ αιγων ενα* 381′ | *κριοὺς πέντε*] pr *et* Aeth Arab Bo; post *πέντε* 2° tr 318 | *πέντε* 1°] ⌒3° 30 | *τράγους πέντε*] pr *et* Aeth Arab Bo; > ^{Lat}cod 104(vid); bis scr 73* 127 | *πέντε* 2°] ⌒3° Aeth^{M} | *ἀμνάδας*] pr *et* Aeth^{-M} Arab Bo | *ἐνιαυσίας*] pr *et* Aeth^{-M}; -*σιους* 130 71 18-628 59 624; > 963 | *ελεισαμα* B 963 G (sed hab Sixt); *ελισμα* 458*; *ελισαβα* 246 669*; *ελισαφ* 75 | *Ἐμιούδ*] *εμει*[.]*υδ* 963; *αμμιουδ* Compl; *εμιου* 82; *σεμιουδ* F^{a} 29-58-376-426^{c}-707(vid) 414 *n*$^{-127}$ 30 *t*(76 inc) 619 121 *z*$^{-128\ 669}$ 55 59 Arm Bo; *σεμιουθ* 246 127

54 init — (59) fin] pr *et* Aeth Arab Arm Bo; bis scr 963* | *αρχη* 54 | *Μανασσή*] *μαναση* 72 16-422-529 Arm; *μανν.* A 127 121 | om *Γαμαλιήλ* — (55) *αὐτοῦ* 1° 509 | *γαμαληηλ* 318; *γαμιληηλ* 30 | *Φαδασούρ* A 72′-376-381′ 46-320*-414-528-616* *d f*$^{-129}$ *n*$^{-127}$ 130*-343-730 *t* 71 18-126 424 624 ^{Lat}cod 100 Arm^{te} Bo] *φαδεσσουρ* 963; *φαδδ.* 619 68′-120′ 55; *φαλασσουρ* V; *pharasur* Arm^{ap}; *phaldasur* Sa; -*σσουρ* rell = Ra

55 init] pr *obtulit* ^{Lat}codd 100 104 Aeth Arab | *τρύβλιον* — (59) fin] *ομοιως* *b* 125 (sed hab Compl); *ως τοις πρωτοις* 44; *κατα των προτερων* 106; *ωσαυτως κατα το προειρημενον* 107′; *τοις αλλοις ομοιον* 72; *ομοιον* 319 | *τρύβλιον* — (59) *πέντε* 3°] *οιον και των πρωην* 58 | om *ἕν* 126 | *τριάκοντα καὶ ἑκατόν*] *ρλ* 126 | *ὁλκή*] pr *η n* 130^{mg} *t*; *ολκης* 126 | *φιάλην*] pr *et* Aeth Arab Bo; *φιελην* (-*λπν* 2°) 963 | *ἀργυρᾶν*] -*ρην* 963 130^{mg}; -*ρουν* 71 628 | *ἑβδομήκοντα σίκλων*] *εκατον σικλων* 59; > 414 75; tr 126 | *ἀμφότερα* 963] pr *et* Aeth Arab | *πλήρη* 963] -*ρης* 458 84 509; -*ρις* 54-75; inc 707 | *σιμιδαλεως* G 458 | *ἀναπεποιημένης* 963] -*μενη* 52′; -*μενας* 458; *εναπεπ.* 82; *πεπ.* 126; *αναπεφυραμενης* V 707; post *ἐλαίῳ* tr ^{Lat}cod 100 | *ἐν* 963] > 422 767 | *εἰς* 963] pr *και* 458

56 *θυίσκην* 963] pr *et* Aeth Arab Bo; > 458 | *δέκα*] > 417*; post *χρυσῶν* tr 126 | *χρυσουν* 550 | *πλήρη* — (57) *βοῶν*] om *πλήρη θυμιάματος* 68′ (sed hab Ald); > 30 | *πλήρη*] pr *et* Aeth; -*ρης* 707 84 509; -*ρις* 75

57 [57]μόσχον ἕνα ἐκ βοῶν, κριὸν ἕνα, ἀμνὸν ἕνα ἐνιαύσιον εἰς ὁλοκαύτωμα·
58 59 [58]καὶ χίμαρον ἐξ αἰγῶν ἕνα περὶ ἁμαρτίας· [59]καὶ εἰς θυσίαν σωτη-
ρίου δαμάλεις δύο, κριοὺς πέντε, τράγους πέντε, ἀμνάδας ἐνιαυσίας
πέντε. τοῦτο τὸ δῶρον Γαμαλιὴλ υἱοῦ Φαδασούρ.
60 [60]Τῇ ἡμέρᾳ τῇ ἐνάτῃ ἄρχων τῶν υἱῶν Βενιαμὶν Ἀβιδὰν υἱὸς Γαδεωνί.
61 [61]τὸ δῶρον αὐτοῦ τρύβλιον ἀργυροῦν ἕν, τριάκοντα καὶ ἑκατὸν ὁλκὴ
αὐτοῦ, φιάλην μίαν ἀργυρᾶν, ἑβδομήκοντα σίκλων κατὰ τὸν σίκλον
τὸν ἅγιον, ἀμφότερα πλήρη σεμιδάλεως ἀναπεποιημένης ἐν ἐλαίῳ,

ABFMV (963) O'' C'' $bdf^{-53'}nstx^{-527}yz$ al verss

57 init] pr *et* Aeth^{-M} Arab Bo | ἕνα 1° 963] post βοῶν tr 381; ⌒2° 71 | om ἐκ βοῶν 126 | κριὸν ἕνα] pr *et* Aeth Arab Bo; > Sa | ἕνα 2° 963] > Aeth^{M}; + περι αμαρτιας 54; ⌒3° 376-618* 619; ⌒(58) 52 | ἀμνόν] pr *et* Aeth Arab Bo = Tar^{P} | ἕνα 3° 963] > A 707 f^{-246} 54-75′ 343-730 509 120′-122 ^{Lat}codd 100 104 Aeth^{M}; post ἐνιαύσιον tr V 127 84; + αμωμον 417 | ἐνιαύσιον] + ενα 246

58 καί 963 = Sam] > Sa = 𝔐 Tar | ἐξ αἰγῶν] post ἕνα tr ^{Lat}cod 100 | ἕνα] εν 458; > 74′-370 628 Aeth^{M} | om περί 963(1°; sed hab 2°)

59 om καί ^{Lat}cod 100 | om εἰς Bo | θυσια G* | σωτηριον 500 | om δαμάλεις δύο F*(c pr m) | om δύο κριούς ^{Lat}cod 104 | κριούς] pr *et* Aeth Arab Bo | τράγους πέντε] pr *et* Aeth^{-M} Arab Bo; > 392; bis scr 18 | ἀμνάδας] pr *et* Aeth^{-M} Bo | ἐνιαυσίας] -σιους 618*(vid) 73′-414 767 344* 71 18 59 624; > 963 | om τό 528 | Γαμαλιήλ 963(2°)] pr ras 1-2 litt 84; γαλιηλ 529*; ελεισαμα 963(1°) | υἱοῦ] υιος 82 68′ (sed hab Ald); αβιου 458 | Φαδασούρ 618 $C'^{-320\ 413\ 500\ 529*}$-46-414 f^{-129} 54-458-767 343 *t* 71 68 59 624 ^{Lat}cod 100 Arm^{te} Bo = Ald] φαδδ. 619 120′-122 55; φαδεσσουρ 963(2°); εμειουδ 963(1°): ex 53; *phaldasur* Sa; *pharasur* Arm^{ap}; -σσουρ rell = Ra

60 init] pr *et* Aeth Arab Arm Bo | ἄρχων] αρχ 54 | υἱῶν] bis scr 551 | Βενιαμίν] -μειν A B F M V 963 O^{-426}-381′-707 *b* 246$^{c\,pr\,m}$ 127-767 28-30-85-343′ x^{-71} y^{-318} 68-120′-122^{c} 424* 624 = Ald; -μην 64*(vid) 246* 54-75^{c}-458 319; βαινιαμιν 15; -μειμ 29 416 = Sam | Ἀβιδάν] αβειδαν B F G $C''^{-57*\ 414'\ 417*\ 529\ 550^{c}}$ 127-767 28-30-85-344 509 121 120′ 424; αβηδαν 318; αβιδα 19 56; αβειδα 129; αμιδαν 414 321′; *abiddan* Bo^{A}; *abiadab* Bo^{B}; αβειναδαν 963; αμηναδαβ 319 | Γαδεωνί] -νει V 963* G 509 Sa; γαδαιωνει B (sed hab Sixt); γαδεονι 319; γεδεωνι F 29-82-618*(vid) 73′-528 *d* 129* 54-75*-458 730 *t* 68′-120′ (sed hab Ald) = Compl; γεδεονι 318; *gedeoni* ^{Lat}cod 100; γεδαιωνι 75^{c}; γεδαιωνει 127; γεδεωνει 129$^{c\,pr\,m}$; γαδεων 963^{c} 15 28-85; γεδεων 56*(vid) Bo; γεδσων 56^{c}; *gethson* Arm; *gad* ^{Lat}cod 104

61 τό] pr *obtulit* ^{Lat}codd 100 104 Aeth Arab; pr *et* Bo^{B} = Sam; τουτο 64*(vid) | τρύβλιον — (65) fin] ομοιως *b* (sed hab Compl); ομοιον των αλλων 72; ως τη ημερα τη πρωτη 44; καθως των πρωην ρηθεντων 106; καθως ανωτερω (ανοτ. 610) διαλαμβανει 107′; κατα των ετερων 125; ομοιον των λοιπων και αι θυσιαι ομοιαι αυτων 319 | τρύβλιον — (65) πέντε 3°] οιον και των αλλων των της πρωτης και δευτερας ημερας 58 | ἀργυροῦν] -ρον 75; post ἕν tr 381′ | τριάκοντα καὶ ἑκατόν] ρλ̄ 126; λ̄ και ρ̄ 75; om τριάκοντα καί Aeth^{M} | ὁλκή] pr η *n* 130^{mg} *t* 509 | φιάλην] pr *et* Aeth Arab Bo; φιελην 963 | μίαν] post ἀργυρᾶν tr ^{Lat}codd 100 104 | ἀργυρᾶν] -ρην 963 130^{mg}; -ρουν 54*; αργυ[. . .] G; > 84 | ἑβδομήκοντα σίκλων 963] pr εν 54; tr 126 | κατὰ τὸν σίκλον 963] > Sa | ἀμφότερα 963] pr *et* Aeth Arab | πλήρη 963] -ρης 707 458-767 84 509; -ρις 54-75 | σιμι-

εἰς θυσίαν· 62θυίσκην μίαν δέκα χρυσῶν πλήρη θυμιάματος· 63μό- 62 63
σχον ἕνα ἐκ βοῶν, κριὸν ἕνα, ἀμνὸν ἕνα ἐνιαύσιον εἰς ὁλοκαύτωμα·
64καὶ χίμαρον ἐξ αἰγῶν ἕνα περὶ ἁμαρτίας· 65καὶ εἰς θυσίαν σωτη- 64 65
ρίου δαμάλεις δύο, κριοὺς πέντε, τράγους πέντε, ἀμνάδας ἐνιαυσίας
πέντε. τοῦτο τὸ δῶρον Ἀβιδὰν υἱοῦ Γαδεωνί.
66Τῇ ἡμέρᾳ τῇ δεκάτῃ ἄρχων τῶν υἱῶν Δὰν Ἀχιέζερ υἱὸς Ἀμι- 66
σαδαί. 67τὸ δῶρον αὐτοῦ τρύβλιον ἀργυροῦν ἕν, τριάκοντα καὶ ἑκατὸν 67
ὁλκὴ αὐτοῦ, φιάλην μίαν ἀργυρᾶν, ἑβδομήκοντα σίκλων κατὰ τὸν
σίκλον τὸν ἅγιον, ἀμφότερα πλήρη σεμιδάλεως ἀναπεποιημένης ἐν

ABFMV 963 *O'' C'' bdf*$^{-53'}$*nstx*$^{-527}$*yz* al verss

δαλεως G | *ἀναπεποιημένης* 963] -*μενη* 52'; -*μενας* 458; -*μεναις* 616*(vid); *πεπ.* 56-246*(c prm) 126; *αναπεφυραμενης* V; post *ἐλαίῳ* tr ^{Lat}codd 100 104(vid) | *ἐν* 963] > 77-552 | *εἰς θυσίαν*] pr *και* 458; + *σωτηριου* 707

62 init] pr *εις* 963*; pr *et* Aeth Arab Bo | *χρυσων δεκα* 126 | *χρυσω* A* | *πλήρη* 963] pr *et* Aeth; -*ρης* B 707 84 (sed hab Sixt); -*ρις* 75

63 init] pr *et* Aeth Arab Bo | om *ἕνα* 1° 68'-120' (sed hab Ald) | *ἐκ* — (64) *καί*] om *ἐκ βοῶν* 126; > 963 | *κριόν*] pr *et* Arab Bo | *ἀμνὸν ἕνα*] pr *et* Aeth Arab Bo = Tar^{P}; > 59 | *ἕνα* 3°] > A V 82-707 413 54-75' 343 509 *y*$^{-318}$ ^{Lat}codd 100 104; post *ἐνιαύσιον* tr *f*$^{-56}$ 127; ⌒(64) *C*$^{-131^{mg}\ 529}$-46 | *ολοκαρτωμα* (sic) 619

64 *καί* = Sam] > Sa = 𝔐 Tar | *ενα εξ αιγων* 126

65 om *εἰς* ^{Lat}cod 100 | *κριούς*] pr *και* 84 Aeth Arab Bo | *τράγους* — *πέντε* 3°] pr *και* 84 Aeth Arab Bo; om *τράγους πέντε* 59; bis scr 127* | *ἐνιαυσίας*] pr *et* Aeth^{-M} Arab; pr *ε̄* 963; -*σιους* 71 18-126-628 59 624; post *πέντε* 3° tr 75 | *Ἀβιδάν*] *αβειδαν* A B 963 *C*$^{''-46\ 414'\ 529}$ 129 127 28-85 509 *y*$^{-392}$ 68'-120'; *αβιδα* *f*$^{-129}$ 392; -*δαμ* 75'; *αμιδαν* 321' 126; *abiddan* Bo^{A}; *abiadan* Bo^{B} | *Γαδεωνί*] -*νει* B 767 509 (sed hab Sixt); *γαδαιωνι* G; *γεδεωνι* 29 *C*$^{''-46^{s}\ 52'\ 131}$ 54-458 *s*$^{-85*}$ *t*(76 inc) *y*$^{-121}$ 68'-120'-126 59 (sed hab Ald) = Compl; *γεδεωνει* 963 129 127; *γεδεωνη* 131; *γεδαιωνι* 75; *γεδαιων* 46^{s}; *γεδεων* F 82 56*(vid) ^{Lat}cod 100 Bo; *γεδσων* 56^{c}; *gethson* Arm | fin] + *die decimo* ^{Lat}cod 104

66 init] pr *et* Aeth Arab Arm Bo | *αρχη* 54 | *Ἀχιέζερ* 963] *αχειεζερ* G 767; *achiezzer* ^{Lat}cod 100; *αβιεζερ* Compl; *achezer* Arm^{ap} | *υιον* 72 | *Ἀμισαδαί*] *αμεισ.* B 963 G (sed hab Sixt); -*σαδε* *b* 767 Bo^{A} (sed hab Compl); -*σαδαει* 376; *αμασ.* 131; *amisate* Bo^{B}; *αμεισααδαι* 127; *σαμισ.* 71; *αμμισαδδαι* 426; -*δαρ* 509; *αμισαδα*[. . .] 761*; *μισαδαι* 28-85'-321' 121

67 init] pr *obtulit* ^{Lat}codd 100 104 Aeth Arab; pr *et* Bo = Sam | *τρύβλιον* — (71) fin] *ομοιως* *b* 125 (sed hab Compl); *τοις αλλοις ομοιον* 72; *ως το πρωην* 44; *ως των προτερων* 106; *κατα το προειρημενον* 107'; *ομοιον ως* (*οσα* 458) *αναγεγραπται* (-*πτε* 75*) 54-75'; *κατα παντα ομοιων των λοιπων* 319 | *τρύβλιον* — (71) *πέντε* 3°] *οιον και των αλλων* 58 | om *ἕν* 52 | *τριάκοντα καὶ ἑκατόν*] *εκατον και λ̄* 18; *ρ̄λ̄* 126 | *ὁλκή*] pr *η* 127-767 130^{mg} *t* | *φιάλην*] pr *et* Aeth Arab Bo; *φιελην* 963 | *μίαν*] post *ἀργυρᾶν* tr ^{Lat}cod 104 | *ἀργυρᾶν*] -*ρην* 963$^{c\ prm}$ 130^{mg}; -*ρον* 963* | *σικλων εβδομηκοντα* 126 | *ἀμφότερα* 963] pr *et* Aeth Arab | *πλήρη* 963] -*ρης* B 707 767 84 (sed hab Sixt); *πληρς* (sic) 509 | *σιμιδαλεως* G | *ἀναπεποιημένης* 963] -*μενη* 52'; *πεπ.* 126; *αναπεφυραμενης* V; post *ἐλαίῳ* tr ^{Lat}codd 100 104 | *ἐν* 963] > 77-422

68 *ἐλαίῳ, εἰς θυσίαν· [68]θυίσκην μίαν δέκα χρυσῶν πλήρη θυμιάματος·*
69 *[69]μόσχον ἕνα ἐκ βοῶν, κριὸν ἕνα, ἀμνὸν ἕνα ἐνιαύσιον εἰς ὁλοκαύτωμα·*
70 71 *[70]καὶ χίμαρον ἐξ αἰγῶν ἕνα περὶ ἁμαρτίας· [71]καὶ εἰς θυσίαν σωτη-*
ρίου δαμάλεις δύο, κριοὺς πέντε, τράγους πέντε, ἀμνάδας ἐνιαυσίας
πέντε. τοῦτο τὸ δῶρον Ἀχιέζερ υἱοῦ Ἀμισαδαί.
72 *[72]Τῇ ἡμέρᾳ τῇ ἑνδεκάτῃ ἄρχων τῶν υἱῶν Ἀσὴρ Φαγαιὴλ υἱὸς*
73 *Ἐχράν. [73]τὸ δῶρον αὐτοῦ τρύβλιον ἀργυροῦν ἕν, τριάκοντα καὶ ἑκατὸν*
ὁλκὴ αὐτοῦ, φιάλην μίαν ἀργυρᾶν, ἑβδομήκοντα σίκλων κατὰ τὸν
σίκλον τὸν ἅγιον, ἀμφότερα πλήρη σεμιδάλεως ἀναπεποιημένης ἐν

ABFMV (963) *O'' C'' bdf*$^{-53'}$*nstx*$^{-527}$*yz* al verss

68 *θυίσκην*] pr *et* Aeth Arab Bo; bis scr 414(|) | *χρυσων δεκα* 126 | *πλήρη*] pr *et* Aeth; -*ρης* 46^{s} 84; -*ρεις* G | *θυματος* V

69 init — *βοῶν*] pr *et* Aeth Arab Bo; > 18 | *ἕνα* 1°] *εν* 130; ⌒3° 376 | om *ἐκ βοῶν* 126 | *κριόν*] pr *et* Aeth Arab Bo | *ἕνα* 2°] > Aeth^{M}; ⌒3° 59 | *ἀμνόν*] pr *και* M Aeth Arab Bo = Tar^{P} | *ἕνα* 3° 963] > V 82-618-707 73′ 56 127(|) 730 *x*$^{-619}$ 121 120′-122 55(||) ^{Lat}codd 100 104; post *ἐνιαύσιον* tr 246 | *ἐνιαύσιον*] -*σιαιον* 313; + *αμωμον* A | *ολοκαρτωμα* (sic) 619

70 *καί* 963 = Sam] > Sa = 𝔐 Tar | *ἐξ αἰγῶν*] > 126; post *ἕνα* tr 84 | *ἕνα*] *εν* 963*(cprm); > 618* | om *περὶ ἁμαρτίας* Sa

71 om *καί* ^{Lat}cod 104 Sa | om *εἰς* Bo^{A} | *δύο*] *πεντε* 509 | *κριούς*] pr *et* Aeth Arab Bo | *πέντε* 1°] ⌒2° F*(cprm) *C*$^{-131^{mg}\ 529}$-46(sed hab 46^{s}); ⌒3° Aeth | *τράγους*] pr *et* Aeth^{-M} Arab Bo | *ἀμνάδας*] pr *et* Aeth^{-M} Arab Bo; *αμνους* G | *ἐνιαυσίας* 963] -*σιους* G *C*$^{-16\ 529}$ 767 71 18 624; > 126 | *τοῦτο τό*] bis scr 618(||) | *Ἀχιέζερ* — fin] *abida[n] filius gadeon dedit achir filius amisadae die XI* ^{Lat}cod 104 | *Ἀχιέζερ*] *ασχ.* 528; *χιεζερ* 550; *αβιεζερ* Compl; *achiezzer* ^{Lat}cod 100 | *υιον* 120 | *Ἀμισαδαί*] *αμε*[. . . 963; *αμεισ.* B G (sed hab Sixt); *αμεισααδαι* 127; *αμμισαδδαι* 426; *σαμισ.* 71; *αμεισαδαρ* 509; *μισαδαι* 57-528 619 121 68′-120′; *αμιναδαι* 30

72 *τῇ ἡμέρᾳ*] pr *et* Aeth Arab Arm Bo; ⌒(78) 75 | *ἡμέρᾳ τῇ ἑνδεκάτῃ*] *ια̅ ημερα* 126; *ημ. τη δεκατη* 424*(cprm); + ※ *ημερα* ↙ G = 𝔐 | om *τῶν* 52′ | *ασσηρ* 56 126-628 Co; *ασυρ* 528; *αση* A* | *Φαγαιήλ* 963] *φαγεηλ* B V G-72-707*-*oI*$^{-15}$ 77 118′-537 125 54-458 30 76 *x* 392^{c} 319 Co = Ald; *φαγαηλ* 414 *f*$^{-56}$ 343 318 126-669^{c} ^{Lat}cod 104 = Compl; *φαγεελ* 19′; *phagiel* Arm; *φαγαηηλ* 669*; *φαγαλιηλ* 376; *φαγαι ι̅η̅λ̅* 528 | *Ἐχράν* 963] *αιχραν* 15-29-58 127 71 18 59 624; *ekran* Bo; *αχραν* 376; *εχθραν* 707* 550′ 424; *αισχραν* 767; *etchram* ^{Lat}cod 104

73 init] pr *obtulit* ^{Lat}codd 100 104 Aeth Arab; pr *et* Bo^{B} = Sam | *τρύβλιον* — (77) fin] *ομοιως b* 125 (sed hab Compl); *ως των προτερων* 44; *ως των προλαβοντων* 106; *κατα το προειρημενον* 107′; *ομοιον των αλλων* 72; *ομοιον ως αναγεγραπται* 54; *ομοιον* 458 319 | *τρύβλιον* — (77) *πέντε* 3°] *οιον των της πρωτης και δευτερας ημερας* 58 | *ἀργυροῦν ἕν*] om *ἕν* 74-76; tr 376 | *τριάκοντα καὶ ἑκατόν*] *ρ̅λ̅* 126 | *ὁλκή*] pr *η* 127-767 *t* | *αὐτοῦ* 2°] + *secundum siclum sanctum* Arab | *φιάλην*] pr *et* Aeth Arab Bo; *φιελην* 963 | *μίαν*] > 28-85′; post *ἀργυρᾶν* tr 417 126 | *ἀργυρᾶν*] -*ρην* 963; -*ρουν* 52 | *σικλων εβδομηκοντα* 126 | *ἀμφότερα* 963] pr *et* Aeth Arab; > 618; + *αναπεποιημενα* 376 | *πλήρη σεμιδάλεως* 963] > Sa | *πλήρη*] -*ρης* 707 767 84 509; > 392 | *σιμιδαλεως* G | *ἀναπεποιημένης* 963] pr *μοσχον ενα εκ βοων* 707; -*μενη* 52′; *αποπεπ.* 616*(vid); *πεπ.* 126; *αναπεφυραμενης* V; post *ἐλαίῳ* tr ^{Lat}cod 100 | *ἐν* 963] > 313

ἐλαίῳ, εἰς θυσίαν· 74θυίσκην μίαν δέκα χρυσῶν πλήρη θυμιάματος· 74
75μόσχον ἕνα ἐκ βοῶν, κριὸν ἕνα, ἀμνὸν ἕνα ἐνιαύσιον εἰς ὁλοκαύτωμα· 75
76καὶ χίμαρον ἐξ αἰγῶν ἕνα περὶ ἁμαρτίας· 77καὶ εἰς θυσίαν σωτη- 76 77
ρίου δαμάλεις δύο, κριοὺς πέντε, τράγους πέντε, ἀμνάδας ἐνιαυσίας
πέντε. τοῦτο τὸ δῶρον Φαγαιὴλ υἱοῦ Ἐχράν.
78Τῇ ἡμέρᾳ τῇ δωδεκάτῃ ἄρχων τῶν υἱῶν Νεφθαλὶ Ἀχιρὲ υἱὸς 78
Αἰνάν. 79τὸ δῶρον αὐτοῦ τρύβλιον ἀργυροῦν ἕν, τριάκοντα καὶ ἑκατὸν 79
ὁλκὴ αὐτοῦ, φιάλην μίαν ἀργυρᾶν, ἑβδομήκοντα σίκλων κατὰ τὸν
σίκλον τὸν ἅγιον, ἀμφότερα πλήρη σεμιδάλεως ἀναπεποιημένης ἐν

ABFMV (963) *O'' C'' bdf*$^{-53'}$*nstx*$^{-527}$*yz* al verss

74 init] pr *et* Aeth Arab Bo | δέκα χρυσῶν] > 414^{txt}(c pr m); tr 126 | πλήρη] pr *et* Aeth; -ρης 84

75 init] pr *et* Aeth Arab Bo | ἕνα ἐκ βοῶν] pr ενα 392; εκ βοων εν 30; om ἕνα ^{Lat}cod 100; om ἐκ βοῶν 126 | κριὸν ἕνα] pr και 343 Aeth Arab Bo; > 528 | ἀμνόν] pr *et* Aeth Arab Bo = Tar^{P}; αμωμον 963 | ἕνα 3° 963] > A V 82 16-46-528 767 *x*$^{-619}$ 18-126; post ἐνιαύσιον tr 376-707 246 127 619 68'-120' = Sixt; ad fin tr ^{Lat}cod 100

76 καί 963 = Sam] > ^{Lat}cod 100 Sa = 𝔐 Tar | om ἐξ αἰγῶν 126

77 om εἰς Bo^{A} | κριούς] pr *et* Aeth Arab Bo | πέντε 1° 963] ⌒2° F*(c pr m); ⌒3° 318 59 | τράγους] pr *et* Aeth^{-M} Arab Bo | πέντε 2° 963] ⌒3° 730 | ἀμνάδας] pr *et* Aeth Arab Bo; αμνας 509 | ἐνιαυσίας] -σιους 618*(vid) 52'-313 71-619* 18 624; > Aeth^{M} | τοῦτο] τραγους 376 | om τό A* | Φαγαιήλ 963] φαγεηλ B V *oI*$^{-15}$ 77 127 30 76 *x*$^{-509}$ 392 Co = Ald; *phagiel* Arm; φαγαηλ 414 129 318 126-669^{c} = Compl; φαγουηλ 343; φαγιηλ 707*; φαγαιλ 120*; φαγαι A(|); φαγαλιηλ 376 | υιος 82 | Ἐχράν] αιχραν 15-29-58 127-767 71 18 59 624; *ekran* Bo; εχραμ M'; [ε]χθραν 963

78 init — δωδεκάτῃ] pr *et* Aeth Arab Arm Bo; τη ιβ ημερα 126 | αρχη 54 | Νεφθαλί — 82 ἐπιτιθῇς] absc 624(||) | Νεφθαλί A M' 82-707 129 *s*$^{-343\ 730}$ *y*$^{-392}$ Syh = Sixt] -λει B F V *O*$^{-376}$-15-64* 127; νε[. . . . .]ι 963; -λιμ 29 56 54-458 *t*(76 inc) 126-128-628-669 Sa = Compl; *nepthalim* ^{Lat}cod 100 Arab Arm Bo; -λημ 246 767; -λιν 413; -λειν 73'-761 619*; -λειμ rell | Ἀχιρέ] αχειρε B F 963 *O'*$^{-58}$ 509 318 (sed hab Sixt); -ραι 54-75'; αχειραι 29 129; αχιρα Compl; αχεραι V; αχαιρε 319; -ρεε 108; -ρευ *y*$^{-318}$; αχιερε 314 28; -ραν 707*(vid) *d*$^{-610}$ 767 *t* Arm; αχειραν 127; -ρων 610; *achiēl* Sa; αρχιερεως 18 | Αἰνάν] . . .]αν 963; εναν V *C'' b f*$^{-129}$ *n*$^{-127}$ 130* 59*(vid) 424 Bo; αιαναν 610

79 init 963] pr *et* Bo = Sam; pr προσηνεγκε 125 ^{Lat}cod 100 Aeth Arab | αὐτοῦ 1°] + ομοιως *b* (sed hab Compl); > 125 | τρύβλιον — (83) fin] κατα του δωρου των προτερων 125 | τρύβλιον — (83) πέντε 3°] οιον των της πρωτης και δευτερας ημερας 58 | ἀργυροῦν] -ρον 313 | om ἕν 72 | τριάκοντα καὶ ἑκατόν] εκατον και τριακοντα 106 = Tar; ρλ 107' 126 | ἑκατόν] δεκα 129; + σικλων 458 | ὁλκή] pr η *d*$^{-125}$ *n* 130^{mg} *t* 319 | φιάλην] pr *et* Aeth Arab Bo; φιελην 963 | αργυραν μιαν 126 | ἀργυρᾶν] -ρην 963 130^{mg} 509 319; -ρουν 44; > Aeth^{M} | σικλων εβδομηκοντα 126 | ἀμφότερα] pr *et* Aeth Arab; -ροι 72 | πλήρη 963] -ρης B 707 610 458-767 84 509 319 (sed hab Sixt); -ρις 54-75 | σι[. .]δαλεως G | ἀναπεποιημένης 963] -μενη 52'; -μενας 761*(vid); πεπ. 458 126; πεφυραμενης *b* (sed hab Compl); αναπεφυραμενης V 319; post ἐλαίῳ tr ^{Lat}cod 100 | ἐν

80 ἐλαίῳ, εἰς θυσίαν· [80]θυίσκην μίαν δέκα χρυσῶν πλήρη θυμιάματος·
81 [81]μόσχον ἕνα ἐκ βοῶν, κριὸν ἕνα, ἀμνὸν ἕνα ἐνιαύσιον εἰς ὁλοκαύτωμα·
82 83 [82]καὶ χίμαρον ἐξ αἰγῶν ἕνα περὶ ἁμαρτίας· [83]καὶ εἰς θυσίαν σωτηρίου
δαμάλεις δύο, κριοὺς πέντε, τράγους πέντε, ἀμνάδας ἐνιαυσίας πέντε.
τοῦτο τὸ δῶρον Ἀχιρὲ υἱοῦ Αἰνάν.
84 [84]Οὗτος ὁ ἐγκαινισμὸς τοῦ θυσιαστηρίου, ᾗ ἡμέρᾳ ἔχρισεν αὐτό,
παρὰ τῶν ἀρχόντων τῶν υἱῶν Ἰσραήλ· τρύβλια ἀργυρᾶ δώδεκα,
85 φιάλαι ἀργυραῖ δώδεκα, θυίσκαι χρυσαῖ δώδεκα, [85]τριάκοντα καὶ
ἑκατὸν σίκλων τὸ τρύβλιον τὸ ἕν, καὶ ἑβδομήκοντα σίκλων ἡ φιάλη

ABFMV (963) *O''* *C''* *bdf*$^{-53'}$*nstx*$^{-527}$*yz* al verss

963] > 422 | εἰς 963] pr και 313

80 init 963] pr *et* Aeth Arab Bo | δέκα χρυσῶν] om δέκα ^{Lat}cod 100; tr 126 | χρυσον 72 121; χρυσουν 509 ^{Lat}cod 100 | πλήρη] pr *et* Aeth; -ρις 75′

81 init] pr *et* Aeth Arab Bo | om ἕνα 1° ^{Lat}cod 100 | om ἐκ βοῶν 126 | κριὸν ἕνα] pr και 313 Aeth Arab Bo; > 68 | ἀμνόν] pr *et* Aeth Arab Bo = Tar^{P} | ἕνα 3° 963] > A* V 29^{txt}(c pr m)-82 529 107′ 56 n^{-767} x^{-619} 392 120 319 ^{Lat}cod 100; post ἐνιαύσιον tr 422 *b* 246 (sed hab Compl) | ενιαυσιαιον 72 | ολοκαυτωσιν 19

82 καί 963 = Sam] > 15 417 Arm Sa = 𝔐 Tar | om ἐξ αἰγῶν 126 | om ἕνα 72 ^{Lat}cod 100

83 om καί 72 ^{Lat}cod 100 | εἰς θυσίαν σωτηρίου] om εἰς Bo^{A}; post δύο tr 72 | κριούς] pr *et* Aeth Arab Bo; et τράγους tr Sa | τράγους πέντε] pr *et* Aeth Arab Bo; > 68′-120′ 59 (sed hab Ald) | ἀμνάδας] pr *et* Aeth Arab Bo | ἐνιαυσίας] -σιαιας 72; -σιους 16*-46-52-77 19′ 458 71 18-126 (sed hab Compl); > Aeth^{M} | Ἀχιρέ] αχειρε B 963 *O*$'^{-58}$ 509 319 (sed hab Sixt); -ραι 54-75; αχειραι 29 318; αχεραι V; αχιερε 28 120; αχειρ 129; αχιρα Compl; αχιραν d^{-125} t^{-76} Arm; αχειραν 127-767; αχιαρ 76; *achiēl* Sa; *achieser* Bo^{B}; inc 707 | υιος 528 | Αἰνάν 963] εναν V *C''* *b* f^{-129} 54-75′ 509 120-122* Bo^{A}; *eman* Bo^{B}; νεφθαλημ 767; + καθ εκαστην ημεραν ηγουν κατ αρχοντα φυλης το δωρον ενος εκαστου γεγραμμενον εν τω μετεκβολιω ην εγω δε οκνω φερωμενος ταυτα επαφιησα σημανας του ζητειν το δωρον των της πρωτης και δευτερας ημερας 58

84 init — ἐγκαινισμός 963] τουτο το δωρον d^{-106}; ταυτα τα δωρα 106; τουτο το δωρον του εγκαινισμου 376; *haec est lex inaugurationis* Arm | ουτως 30 | ἐγκαινισμός] νομος και εγκαινιασμος 19; -νιασμος 550-551 | τοῦ θυσιαστηρίου] αυτου θυσ. 610; *arcae* ^{Lat}cod 100 | ἔχρισεν] pr *is* Sa; εχρησεν 767 30 318 319 | αὐτό 963] αυτω 707 108-118′ 106 56 343; αυτον 376 246 75′ 799; αυ^{τ} 72; + μωυσης V *d* *t* ^{Lat}cod 100(+ *et accepit munera*) | τῶν ἀρχόντων] > B* 319 | τῶν υἱῶν = Tar^{P}] om τῶν B^{c} *C*$'^{-131^{c}\ 414\ 739}$-57′-528′ 392; sub ÷ G Syh; > 58 Co = 𝔐 Sam Tar^{O} | τρύβλια] + γαρ 739 | ἀργυρᾶ] -ρια V | δώδεκα 1°] ⌒2° A M′ 730 392 55; ⌒3° $C^{-131^{mg}}$-46 30 126 ^{Lat}cod 100 | φιάλαι ἀργυραῖ δώδεκα] ανα εβδομηκοντα σικλων κατα τον σικλον τον αγιον 799 | φιάλαι] pr και 72 f^{-129} Aeth Arab Bo; φιαλια 767(vid); φιαλες 84 | ἀργυραῖ] -ρα 767; > 72 | δώδεκα 2°] δεκαδυο 129; ⌒3° *oI* 458 18 | θυίσκαι — (85) μία 963] pr *et* Aeth^{-M} Arab Bo; > 72 | χρυσαῖ] αργυραι 318; > Arm | om δώδεκα 3° 417

85 init — ἕν] *erat parabsidis una ponderis CXXX* ^{Lat}cod 100 | init — σίκλων 1°] pr και 44 n^{-767} *t* 799 Aeth; $\overline{ρλ}$ σικλων 107′-125; σικλων $\overline{ρλ}$ 126; τριακ. μεν και εκ. αργυριου 58 | καί 1° — ἕν] bis scr 618 | ἑκατόν] *ducenti* Sa | σίκλων 1° = Tar] sub ÷ G Syh = 𝔐 Sam; + κατα τω σικλω τω αγιω 246; ⌒2°

ἡ μία, πᾶν τὸ ἀργύριον τῶν σκευῶν δισχίλιοι καὶ τετρακόσιοι σίκλοι
ἐν τῷ σίκλῳ τῶν ἁγίων. 86*θυίσκαι χρυσαῖ δώδεκα πλήρεις θυμιά-* 86
ματος· πᾶν τὸ χρυσίον τῶν θυισκῶν εἴκοσι καὶ ἑκατὸν χρυσοῖ.
87*πᾶσαι αἱ βόες εἰς ὁλοκαύτωσιν μόσχοι δώδεκα, κριοὶ δώδεκα, ἀμνοὶ* 87
ἐνιαύσιοι δώδεκα, αἱ θυσίαι αὐτῶν καὶ αἱ σπονδαὶ αὐτῶν· καὶ χίμαροι
ἐξ αἰγῶν δώδεκα περὶ ἁμαρτίας. 88*πᾶσαι αἱ βόες εἰς θυσίαν σωτη-* 88

ABFMV (963) O''(G) C'' $bdf^{-53'}nstx^{-527}yz$ al verss

509 | *τό* 1° — *ἕν*] pr *και* 319; *το εν τρυβλιον* 126; om *τό* 1° 413 392*; om *τὸ τρύβλιον* 458; om *τὸ ἕν* Sa; + *αργυρουν* 85′^{mg}-321′^{mg} 319; + (※ G Syh) *αργυριον* O^{-58}-15 Bo^B Syh = 𝔐 | *καὶ ἑβδομήκοντα*] *εβδομ. δε* 58; sub ※ G | *καί* 2°] > Arm; + *XII phyale* ^{Lat}cod 100 | *ἑβδομήκοντα σίκλων / ἡ φιάλη ἡ μία*] *η μια φιαλη σικλων ō* 126; tr ^{Lat}cod 100 | *σίκλων* 2°] sub ÷ Syh; > 319 = 𝔐; post *μία* tr G-376 | *φιάλη ἡ μία*] *μια φιαλη* 84; om *ἡ* B* 458; om *ἡ μία* Sa | *πᾶν*] + *autem* Bo | *ἀργύριον*] pr *εν* 528; + *το* 392 | om *τῶν σκευῶν* 44 | *δισχίλιοι* — 11 18 *λέγοντες*] absc G(||) | *δισχίλιοι* — *σίκλοι*] *σικλοι ͵βυ* 125 126; om *καί* V 72 131* 106-107′ *n* 799 | *τετρακόσιοι*] *πενταχ.* 129 = Compl | *σίκλοι* = Tar^P] sub ÷ Syh; > 319 ^{Lat}cod 100 = 𝔐 Sam Tar^O; *κυκλοι* 44; bis scr 619 68′-120′ = Sixt | om *ἐν* — (86) *θυμιάματος* 799 | *ἐν*] *κατα* 246 | *σίκλῳ*] *διδραχμω* (-*μων* 130) 85′^{mg}-321′^{mg} 319 ^{Lat}cod 100 | *τῶν ἁγίων* B 963 458 x^{-619}] *τω* (*το* 376* 615) *αγιω* rell = Sixt Ra

86 init — *θυμιάματος*] pr *et* Aeth Arab Bo; > 72 $C''^{-131^{mg}}$ | *πλήρεις*] pr *και* 75; *και λ̄ και ō σικλων η φιαλι η μια θυισκαι και χρυσαι ιβ̄ πληρη* 458; -*ρης* B F 381′-$oII^{(-72)}$ b^{-537} 44 f^{-56} 767 30-85*-343 84 71 628; -*ρις* 54-75 318; -*ρη* V 963 15-376 106 130 509 392 68′-120′ 55 (sed hab Ald); -*ρει* 319; *εν τω πληρεις* 76(vid) | *θυμιάματος*] -*των* 15 19; *αι θυισκαι εν τω σικλω τω αγιω* 767; + *δωδεκα θυισκαι εν τω σικλω τω αγιω* 321; + *φιαλαι αργυραι δωδεκα* (*δεκα δεκα* pro *φ. αργ. δωδ.**) *η θυισκη εν τω σικλω των αγιων* A; + (※ 85-344-730 Syh) *δεκα δεκα* (*χρυσων* M′ V *oI* 619 55 Ald; > 319) *η* (*οι* 343) *θυισκη* (-*κοι* 343; *turabula* pro *η θυισκη* Syh; + *η μια* V 55) *εν τω σικλω τω αγιω* (*αγιω σικλω* pro *σικλω τω αγιω* 30) M′ V O'^{-58} s^{-321} 619 y^{-392} 18-126-628 55 319 Syh = Ald 𝔐 | *πᾶν*] pr *και* 72 799 Aeth Bo | *χρυσίον*] -*σον* 107′-125 | *θυισκῶν*] *σκευων* 128 | *εἴκοσι* — fin] pr *και* 963*(cprm); *εκατον εικοσι χρυσοι* (+ *πληρεις θυμιαματων* 799) 44-107′ 799; *χρυσοι ρκ̄* 125 126 | *χρυσοῖ*] *χρυσων* V 319; *χρυσιον* O^{-58} 75*; sub ÷ Syh; > 58 = 𝔐

87 init — *βόες*] pr *και* 767 Aeth Arab Arm Bo; *και* (> 414) *παντες οι βοες* (+ *οι* 414 84) 414 *d* n^{-767} *t*; om *αἱ* 19; > V(|) 72 246 319 ^{Lat}cod 100 | *βόες*] *βοαι αι* 799; + *αι* B 318 | *εἰς ὁλοκαύτωσιν*] *εις ολοκαυτωμα* (-*ματα* 52) 52′-313 318; post *μόσχοι* tr 72 | *μόσχοι*] pr *και* 246; *μοσχους* 963*(cprm); *μοσχου* 71; > 417 Bo; post *δώδεκα* 1° tr O^{-58} 319 ^{Lat}cod 100 Syh = 𝔐 | *δώδεκα* 1° ⌒2° 246 Bo^B | *κριοί*] pr *et* Aeth Arab Bo^A | *ἀμνοί*] pr *και* 707 Aeth Arab Bo; *τραγοι* 59 | *ἐνιαύσιοι*] > 72; + *αμωμοι* d^{-106} 458^{mg} Arm | *δώδεκα* 3°] *δεκαδυο* 129 = Compl; + *αμωμοι* 106 n^{-458} *t* 55 799 | om *αἱ* 2° — *καί* 2° 72 | *αἱ θυσίαι* 963] pr *και* B* 707 *d* f^{-129} *n t* 319 Arm Sa = Compl Sixt Ra 𝔐; *in* (> La) *sacrificium* (-*cia* Bo^A) ^{Lat}cod 100 Aeth Bo; + *αι* V | *αὐτῶν* 1° 963] > *d* Bo | *καὶ αἱ σπονδαὶ αὐτῶν* 963] om *αἱ* 44-125 730; om *αὐτῶν* Bo; > 58 Arab = 𝔐 | *χίμαροι* 963] *χειμαρρον* 121 | *δώδεκα* ult] *ενα* 121*; ad fin tr d^{-106} Arm | om *περί* — (88) *σωτηρίου* 72 | *ἁμαρτίας*] -*τιαις* 458; -*τιων* 52′-313; + *και εις θυσιαν σωτηριου δαμαλεις δυο κριους* (46 inc) *πεντε* 16-46: ex par

ρίου δαμάλεις εἴκοσι τέσσαρες, κριοὶ ἑξήκοντα, τράγοι ἑξήκοντα,
ἀμνάδες ἑξήκοντα ἐνιαύσιαι ἄμωμοι. αὕτη ἡ ἐγκαίνισις τοῦ θυσιαστη-
ρίου μετὰ τὸ πληρῶσαι τὰς χεῖρας αὐτοῦ καὶ μετὰ τὸ χρῖσαι αὐτόν.
89 89Ἐν τῷ εἰσπορεύεσθαι Μωυσῆν εἰς τὴν σκηνὴν τοῦ μαρτυρίου λαλῆσαι
αὐτῷ, καὶ ἤκουσεν τὴν φωνὴν κυρίου λαλοῦντος πρὸς αὐτὸν ἄνωθεν
τοῦ ἱλαστηρίου, ὅ ἐστιν ἐπὶ τῆς κιβωτοῦ τοῦ μαρτυρίου, ἀνὰ μέσον
τῶν δύο χερουβίμ· καὶ ἐλάλει πρὸς αὐτόν.

ABFMV (963) O''^{-G} C'' $bdf^{-53'}nstx^{-527}yz$ al verss

88 init — βόες] pr και d n^{-767} t 799 Arab Arm = 𝔐; και V b f^{-129} 392 319 Aeth Bo; > 707 ^{Lat}cod 100 | εἰς] pr αι 414 799; > Bo = 𝔐 Sam Tar^{P} | σωτηρίου] pr του 551; *holocausti duodecim* Arm | δαμάλεις] pr και 54-75′; post τέσσαρες tr O^{-58} Syh = 𝔐 | κριοί] pr και B* 963 Aeth Arab Bo; + ενιαυσιοι 126; et τράγοι tr Sa | ἑξήκοντα 1°] + ενιαυσιοι z^{-126} (sed hab Ald); ⌒3° 320 314 | τράγοι ἑξήκοντα] pr *et* Aeth Arab Bo; > 19′ 610 246 54 509 68′-120′ Arm^{ap} (sed hab Compl); post ἑξήκοντα 3° tr B*; post ἄμωμοι tr B^{c}; + ενιαυσιοι 619 = Ald Sixt | ἀμνάδες — ἄμωμοι] pr *et* Aeth Arab Bo; αμναδας ενιαυσιας αμωμας εβδομηκοντα 509; om ἀμνάδες ἑξήκοντα 106 | αμναδας 963* 72 121; αμναδαι 75 | ἑξήκοντα 3° 963] post ἐνιαύσιαι tr V O n^{-54} 126 = 𝔐; post ἄμωμοι tr 381′ 125 54 619 z^{-126} ^{Lat}cod 100 Arm Syh | ἐνιαύσιαι] -σιαιας 72; -σιοι F 82-618* 52′-313-413-414 b d^{-125} 127-767 28-85′-321′ t 619 392 68′-120 59 799 (sed hab Compl) = Sixt | ἄμωμοι] pr οι 30′; αμωμαι 72; sub ÷ Syh; > 58 413(spat 7 litt) 126 Arab = 𝔐 | ἐγκαίνισις] -νησις (ενκ. 30; -σεις 319) 963 O^{-426}-29-707 16′-616* b d^{-107} f^{-129} 54-458 30-130 84-134 71 y 68′-120*-128-628 319 (sed hab Ald Compl); -νωσις (ενκ. 509) B 426 509 = Ra; εγκαιν[.]σις 129*; εγκενισμος 767; εγγεννησις (γενν.*) 799 | τοῦ θυσιαστηρίου] *arcae* ^{Lat}cod 100 | μετά 1° — καί] sub ÷ Procop 812 Syh; > 58 Aeth^{C} Arab = Compl 𝔐 | τό 1° F^{b}] του F ; > 46 | τὰς χεῖρας] *manum* Sa | αὐτοῦ] αυτων 767 Arm^{te}; αυτους 71 | καί — fin] om καί 52′-313; om μετά ^{Lat}cod 100; > Arm | τό 2°] του 82 | χρῖσαι] πληρωσαι 15*(cprm) | αὐτόν 963] αυτο V = Compl ↓; αυτω 528*(cprm) 56; *eam* ^{Lat}cod 100; > Aeth^{-C}; + αυτα d n t 799

89 init] pr *et* Aeth Bo = 𝔐 | Μωυσῆν 963] μωσην 72-426 n^{-458} Cyr I 717; μωσης 458 | εἰς τὴν σκηνήν 963] εν τη (της 75) σκηνη 618-707 550* 129 54-75′ 318 = Compl | λαλῆσαι αὐτῷ καί] pr και V; pr του Cyr I 717; > Arab | αὐτῷ] αυτον 376* 799; + *dominus* ^{Lat}cod 100; + ο θς 75 | καί 1° — κυρίου] om καί Sa = Tar^{P}; > ^{Lat}cod 100 | ἤκουσεν 963] -σα 16-46*-739; -σαν n^{-767} Arm | τὴν φωνήν] της (> 376) φωνης O^{-58}-72 C-46 767 343′ 71; om τήν 458 59 | κυρίου] pr του 963 458 84; sub ÷ Syh; > 426 Arab = 𝔐; + του θεου Cyr I 717 | ἄνωθεν] + ανα μεσων των δυο χερουβιμ 767 | ἱλαστηρίου] θυσιαστηριου 246; + (+ και 74-76) ανα μεσον των δυο χερουβιμ (-βιν 107 127 74′-370) d^{-125} 54′ t 799 Arm | ὅ — μαρτυρίου / ἀνά — χερουβίμ] om ὅ — μαρτυρίου 75′ 509 ^{Lat}cod 100; tr 125 Bo; > Arm^{ap} | ὅ] ω 125; α V d^{-125} 54′-767 t 799 Arm Bo | ἐστιν] εισιν V Arm | κιβωτοῦ] pr σκηνης 30; + της σκηνης 381′ 619 = Ald | τοῦ 3°] bis scr 963*; > 417*(vid) | ἀνά] pr και 414; pr α εστιν V; > 126 | χερουβίμ] -βειμ A B M′ 15^{c}-29-618 b^{-537} 28 619 121 68′ 55 319; χαιρ. 376; -βιν V 82^{c} 107′ 127 321′ 74′-370 ^{Lat}cod 100; -βειν F 963 15*-64-

88 αὐτόν] ἄλλοι αὐτό Procop 812

8 [1]Καὶ ἐλάλησεν κύριος πρὸς Μωυσῆν λέγων [2]Λάλησον τῷ Ἀαρὼν 1 2
καὶ ἐρεῖς πρὸς αὐτόν Ὅταν ἐπιτιθῇς τοὺς λύχνους, ἐκ μέρους κατὰ
πρόσωπον τῆς λυχνίας φωτιοῦσιν οἱ ἑπτὰ λύχνοι. [3]καὶ ἐποίησεν 3
οὕτως Ἀαρών· ἐκ τοῦ ἑνὸς μέρους κατὰ πρόσωπον τῆς λυχνίας ἐξῆψεν
τοὺς λύχνους αὐτῆς, καθὰ συνέταξεν κύριος τῷ Μωυσῇ. [4]καὶ αὕτη 4
ἡ κατασκευὴ τῆς λυχνίας· στερεὰ χρυσῆ, ὁ καυλὸς αὐτῆς καὶ τὰ κρίνα
αὐτῆς, στερεὰ ὅλη· κατὰ τὸ εἶδος, ὃ ἔδειξεν κύριος τῷ Μωυσῇ, οὕτως
ἐποίησεν τὴν λυχνίαν.
[5]Καὶ ἐλάλησεν κύριος πρὸς Μωυσῆν λέγων [6]Λάβε τοὺς Λευίτας 5 6
ἐκ μέσου τῶν υἱῶν Ἰσραὴλ καὶ ἀφαγνιεῖς αὐτούς. [7]καὶ οὕτως ποιή- 7

ABFMV (963) O''^{-G} C'' $bdf^{-53'}nstx^{-527}yz$ al verss

707 30-85'-343' | *καί* 2° — fin] om *καί* 72 125; > 376 75 Arab | *ἐλάλει*] *ελαλησε(ν)* 963 72-707*(vid) 458-767 134 509 68' (sed hab Ald) | *αὐτόν* 2°] *αυτους* 58-72; + *τα δε ονοματα των προσαγοντων αρχοντων ναασσων υιος αμιναδαβ εκ της φυλης ιουδα ελισουρ υιος σεδιηρ φυλης ρουβιμ σαμιηλ υιος σουρισαδε* (*σαρ*.*) *φυλης συμεων ελισαφ υιος ραγουηλ φυλης γαδ ελισαμα υιος εμιουλ φυλης εφραιμ γαμαλιηλ υιος φαδασουρ φυλης μανασση αβιδα υιος γαδεων φυλης βενιαμιν αχιεζερ υιος αμισαελαι φυλης δαν φαγεηλ υιος αιχραν φυλης ασηρ αχειρε υιος αιναν φυλης νεφθαλημ* 799

8 1 *ἐλάλησεν* 963] *ειπε* 619 | *Μωυσῆν*] -*ση* 58 19; *μωσην* 963 426 *n* Cyr I 608; *μωσει* 72; *αυτον* 319

2 init — *Ἀαρών*] *λαβε τους λευιτας εκ μεσου* 509 | *τῷ*] *προς* 72; *τον* 376 528-739*(cprm); > V 75' 319 Cyr I 608 | *αρων* 414*; *ααρω* 19 | *καί* — *αὐτόν*] *λεγων* 126; > Arab | *ερει* 619 | *αὐτόν*] *ααρων* 509 | *ἐπιτιθῇς* 963] *επιθης* (-*θεις* 82 56 134 799) 64-82-381'-707 616* d^{-610} f^{-246} 127 *t* 619 *z* 799 Cyr I 608 = Compl; *επιθησεις* 246; *επιθεσεις* 610 | *ἐκ μέρους*] *εκ του ενος μερους* *d t* Arm; bis scr 127* | om *κατὰ πρόσωπον* Bo | *λυχνίας*] ⌒(3) 56^{txt} 75' 126 Sa | *φωτιοῦσιν*] pr *και* 58; *φωτισουσιν* 82*(vid) 319; *luceant* ^{Lat}cod 100

3 *εποιησαν* 767 669* | *ααρων ουτος* V | *οὕτως*] *ουτος* 376 30; > *C*-46 Arab | *ἐκ* — *μέρους*] om *ἑνός* 963 = 𝔐; om *μέρους* 59; > Compl; + *της λυχνιας* 129 | *λυχνίας*] + *φωτιουσιν οι λυχνοι* 44: cf 2; ⌒(4) 618^{txt} | *ἐξῆψεν*] pr *και* 15 44 Cyr I 608 Bo; *accende* ^{Lat}cod 100 | *τοὺς λύχνους αὐτῆς*] *αυτους* 44; om *αὐτῆς* Bo | om *καθά* — fin B^{txt} | *Μωυσῇ*] -*σει* 46 343 619 18-68'-120'; *μωση* *n* Cyr I 608; *μωσει* 72-426

4 om comma 72 | *η λυχνια της κατασκευης* 54-75' | *κατασκευή*] *καταστασις* 343'; + *αυτης* 59 | *στερεά* 1°] ⌒2° 121 | *ὁ καυλὸς αὐτῆς*] pr *et aureus est* Bo; om *ὁ καυλός* 618*; > 246 | *αὐτῆς* 1°] *αυτος* 551; > A | *αὐτῆς* 2° 963] > 319 ^{Lat}cod 100 (sed hab 91 92 94—96) | *κατά* — fin 963] > 44 | *ὅ*] *ου* 551*; *quemadmodum* Arm | *Μωυσῇ*] -*σει* 46 343 619 18-68'-120'; *μωση* *n*; *μωσει* 426 | *οὕτως*] *ουτος* 458 | *ἐποίησεν*] pr *is* Sa; -*σαν* 71 799 Arm^{te}; + *κ̅ς̅ τω μωυση* 19 | fin] + *και εξηψεν αυτην* 75: cf 3

5 om init — (19) fin 799 | *πρὸς Μωυσῆν* 963] *προ μωυσην* 619; *τω μωυση* cI^{-528}-551 424 | *μωυση* 58 19; *μωσην* 426 *n*; *μωσει* 72

6 *λάβε* 963] *λαβετε* M'; + *tu* Arm | *Λευίτας*] pr *δυο* 121; *λευειτας* B* V 963 127; *λεβιτας* 44; *λεβειτας* 767 | *τῶν* 963] > B O^{-58} d^{-610} 127-767 t^{-84} 509 55 319 = Ra | *ἀφαγνιεῖς* 963] *αφαγυνιεις* 707; *αφανιεις* 72 126; *purifica* ^{Lat}cod 100 Aeth (sed hab Cyp *Ep* LXIX 12)

σεις αὐτοῖς τὸν ἁγνισμὸν αὐτῶν· περιρρανεῖς αὐτοὺς ὕδωρ ἁγνισμοῦ,
καὶ ἐπελεύσεται ξυρὸν ἐπὶ πᾶν τὸ σῶμα αὐτῶν, καὶ πλυνοῦσιν τὰ
8 *ἱμάτια αὐτῶν, καὶ καθαροὶ ἔσονται. [8]καὶ λήμψονται μόσχον ἕνα ἐκ*
βοῶν καὶ τούτου θυσίαν σεμίδαλιν ἀναπεποιημένην ἐν ἐλαίῳ, καὶ
9 *μόσχον ἐνιαύσιον ἐκ βοῶν λήμψῃ περὶ ἁμαρτίας. [9]καὶ προσάξεις τοὺς*
Λευίτας ἔναντι τῆς σκηνῆς τοῦ μαρτυρίου, καὶ συνάξεις πᾶσαν συνα-
10 *γωγὴν υἱῶν Ἰσραήλ· [10]καὶ προσάξεις τοὺς Λευίτας ἔναντι κυρίου,*
καὶ ἐπιθήσουσιν οἱ υἱοὶ Ἰσραὴλ τὰς χεῖρας αὐτῶν ἐπὶ τοὺς Λευίτας,
11 *[11]καὶ ἀφοριεῖ Ἀαρὼν τοὺς Λευίτας ἀπόδομα ἔναντι κυρίου παρὰ τῶν*

ABFMV (963) O''^{-G} C'' *bdf*$^{-53'}$*nstx*$^{-527}$*yz* al verss

7 init — *αὐτοῖς* 963] om *καί* Bo^{A}; > 528^{txt} | *οὕτως*] *ουτω* 54-75 619 18'-68'-126-628-669 = Sixt | *ποιησης* (*ποιεισης* 313) 52'-313 509 | *αὐτοῖς*] *αυτους* 29*-82* *cI*$^{-57}$ 761^{c}-551 424 624; > A 414 44 18 Cyr I 776 Aeth^{-C} | *ἁγνισμόν* F^{a} 963] *αφαγν.* (*-μων* 458; *αφαν.* 107*) V *d* 54-75' *t* Cyr I 776; *αγνιασμον* A; *αγιασμον* (*αγισμον* 528) F F^{b} 29-58-72-82 414-528-529 28 55 59 | *περιρρανεῖς*] *περιρανιεις* F 129 509 318 624; *περιρανης* 55 319; *και ρανεις* 126 | *αὐτούς* 963] *αυτοις* 15 127 121 18-628 | *ἐπελεύσεται* 963] *εξελ.* 767; *ελευσ.* 126; *superveniat* ^{Lat}cod 100 | *ξυρόν* 963] *ξηρον* 610 767; *ξυρος* 528-761^{c} 59 = Compl; *ξηραφη* $106^{sup\ lin}$ | *πᾶν* 963] > A | *τό* 963] > 414*-552 | *σῶμα* 963] *προσωπον* 246 | *αὐτῶν* 2° 963] *αυτου* 29 529* 75 Sa; ⌒3° 458 | *πλυνοῦσιν* 963] *πλυνου* F*(cprm); *πλυνατωσαν* 319; *πλυνουνται* (*πλην.* 321') 130^{mg}-$321'^{mg}$ | *αὐτῶν* 3° 963] > 121 | *καί* ult — fin 963] > 71

8 om *καί* 1° 529 | *λήμψονται* A B F V 963 82 56* 509 624] sine *μ* F^{b} rell = Sixt; *sumes* Arm | *ἕνα*] *εν* 19; sub ÷ Syh = 𝔐 | om *ἐκ βοῶν* 1° 963 | om *καί* 2° Bo | *τούτου* 963] *τουτον* 30 319; *του* 767; post *θυσίαν* tr O^{-58} Syh: cf 𝔐 | *θυσίαν* F^{a} 963] *θυσια* 126; *θυμιαμα* F; > 106 | *σεμίδαλιν* 963] pr *et* Bo; *σεμηδαλιαν* 319; *σεμιδαλεως* B 71 68'-120' 59 (sed hab Ald) = Ra; *σεμι*^{δλ} 126; > 29 551 | *ἀναπεποιημένην* 963] *-μενης* 71; *πεπ.* 126 | *ἐν* 963] > *cI*-52'-313-551 | *καί* 3° 963] > 16-46 | *μόσχον* 2° — *βοῶν* 2°] pr *alterum* Aeth^{C}; post *λήμψῃ* tr Arm | *ἐνιαύσιον*] pr *ενα* 29 Cyr I 776; *-σιαιον* 72; *ενα* V 15 392 319; *δεφτερον* (pro *δευτ.*) 106^{c} = 𝔐; > Sa; + *ενα b* (sed hab Compl) | *ἐκ βοῶν* 2°] > 72 126 Aeth^{C}; post *λήμψῃ* tr *f*$^{-129}$; + *ενα* 414 | *λήμψῃ* A B F V 56* 509^{c} 624] *λημψει* 82 509*; *ληψην* 767; sine *μ* F^{b} rell = Sixt; pr *και oI*; *accipient* ^{Lat}cod 100 Aeth; ad fin tr *n*

9 om *καί* 1° Bo | *προσάξεις*] *-ξης* 313 458 319; *-ξει* 30-130 509 59* | *τοὺς Λευίτας*] *τ. λευειτας* B* V 963 127; *τ. λεβειτας* 767; > Bo | *ἔναντι*] *-τιον* (*-ων* 767) F 58 767 59; *ενδοσθεν* Cyr I 776 | *συναξης* 319 | *συναγωγήν*] pr *την* 29-426-*oI* 52' *n* 319 | *υἱῶν*] pr *των* 29 54'-458

10 *καί* 1°] ⌒2° 107'-125 | *προσάξεις*] *adducent* Arm^{te} | *Λευίτας* 1° 963] *λευειτας* B* V 127; *λεβιτας* 54; *λεβειτας* 767; ⌒2° 528 Cyr I 776; ⌒(11) 106^{txt} | *κυρίου*] *της σκηνης του μαρτυριου* 618*: ex 9 | *καί* 2° — (13) *κυρίου* 1°] bis scr 44 | om *καί* 2° Bo^{A} | *ἐπιθήσουσιν* 963] *θησ.* (*θισουσην* 106) $106^{(mg)}$ 126 | *οἱ υἱοὶ Ἰσραήλ* 963] om *οἱ* 707 $106^{(mg)}$ 767 319; post *χεῖρας* tr 458 | *αὐτῶν* 963] > 413 458 | *Λευίτας* 2°] *λευειτας* B* V 963 127; *λεβητας* $106^{(mg)}$; *λεβειτας* 767; *λειτας* 75*; ⌒(11) F*(cprm) 319

11 om *καί* 1° 619 | *ἀφοριεῖ*] *-ρει* 963*(cprm); *-ρισει* Cyr I 776; *προσαξη* $106^{(mg)}$ | *Ἀαρών*] pr *ο* 963; *ααρον* $106^{(mg)}$ | *Λευίτας*] *λευειτας* B* V 963 127;

υἱῶν Ἰσραήλ, καὶ ἔσονται ὥστε ἐργάζεσθαι τὰ ἔργα κυρίου. [12]οἱ δὲ 12
Λευῖται ἐπιθήσουσιν τὰς χεῖρας ἐπὶ τὰς κεφαλὰς τῶν μόσχων, καὶ
ποιήσει τὸν ἕνα περὶ ἁμαρτίας καὶ τὸν ἕνα εἰς ὁλοκαύτωμα κυρίῳ
ἐξιλάσασθαι περὶ αὐτῶν. [13]καὶ στήσεις τοὺς Λευίτας ἔναντι κυρίου 13
καὶ ἔναντι Ἀαρὼν καὶ ἔναντι τῶν υἱῶν αὐτοῦ, καὶ ἀποδώσεις αὐτοὺς
ἀπόδομα ἔναντι κυρίου· [14]καὶ διαστελεῖς τοὺς Λευίτας ἐκ μέσου τῶν 14
υἱῶν Ἰσραήλ, καὶ ἔσονται ἐμοί. [15]καὶ μετὰ ταῦτα εἰσελεύσονται οἱ 15
Λευῖται ἐργάζεσθαι τὰ ἔργα τῆς σκηνῆς τοῦ μαρτυρίου, καὶ καθαριεῖς

ABFMV (963) O''^{-G} C'' $bdf^{-53'}nstx^{-527}yz$ al verss

λεβητας 106$^{(mg)}$; *λεβειτας* 767 | *ἀπόδομα* 963] *-δαμα* 77*(vid)-422-500′-528; *δομα* 68′-120′ (sed hab Ald); > *b* Aeth (sed hab Compl) | om *υἱῶν* 122^{txt} | *ἔσονται* 963] *erit* ^{Lat}cod 100 | *ὥστε* 963] *ωσπερ* *d* 370; *του* 126; > 376 | *κυρίου* 2° 963] pr *του* 422; pr *της* (*τη* 54-458) *σκηνης* *d* n^{-767} *t* Arm; *coram domino* Arm; $\overline{\kappa\omega}$ 376

12 *δὲ Λευῖται*] *δε λευειται* B* V 963 127-767; *δευιται* 126; om *δέ* 458 | *ἐπιθήσουσιν* 963] *θησ.* 126 | *τὰς χεῖρας* 963] > 130; + (※ Syh) *αυτων* A O^{-58} *b* 18′-126-628-669 ^{Lat}cod 100 Arm Co Syh = 𝔐 | *τὰς κεφαλάς* 963] *caput* Arm Co = 𝔐 Sam Tar^{O} | *τῶν*] *αυτων* 963*(c pr m) | om *καί* 1° 30 | *ποιήσει* 963] *-σεις* 58-*oI* $C''^{-52'}$ *b d* 246 n^{-458} 28-85^{c} *t* 619 *z* 646 Cyr I 776 ^{Lat}cod 100 Arm; *-σης* 376 52′ 458; *-ση* 56 343; *offerent* Bo | *τόν* 1°] > 552*; ⌒2° ^{Lat}cod 100 | *περὶ ἁμαρτίας*] et *εἰς ὁλοκαύτωμα κυρίῳ* tr 127 | om *τόν* 2° 618* | *ἕνα* 2°] *ετερον* 126 | om *εἰς* 319^{c} = 𝔐 | *ὁλοκαύτωμα* 963] *-ματα* 44(2°); *-τωσιν* V *b* 129 85′^{mg}-321′^{mg} 121 319; *-καρπωμα* 376 | *κυρίῳ* 963] pr *τω* F V 58-72 16-46-414-422 59; > 54-75′ 619 *z* 55 Cyr I 776 | *ἐξιλάσασθαι* 963] pr *και* 54-75′ Cyr I 776; *εξιλασθαι* (*εξηλ.* 767) 52 767 628; *εξιλασεσθαι* 82

13 *στησης* 56; *στησει* 72 458 x^{-619} 392 | *λευειτας* B* V 963 127; *λεβιτας* 54; *λεβειτας* 767 | om *ἔναντι* 1° — *αὐτοῦ* 126^{txt} | *κυρίου καὶ ἔναντι* 963] om *κυρίου* 59; om *καί* B*; sub ÷ Syh; > Aeth^{C} Arab Sa = Compl 𝔐 | *κυρίου* 1°] ⌒2° Bo | *ἔναντι* 2°] *εναντιον* Cyr I 776; > 125; ⌒4° 314 | *Ἀαρών*] + *sacerdote* Sa | *ἔναντι* 3° 963] *εναντιον* Cyr I 776; > 44′-125 71 319 | *αὐτοῦ* 963] *αυτων* 84; *αυ*^{τ} 458 646; *ισραηλ* 619 | om *καί* ult — fin 68-126 | *ἀποδώσεις* 963] *-σει* 707 319 ^{Lat}cod 100 | *αὐτούς*] *αυτοις* 319 | *ἀπόδομα* 963] *δομα* (*δωμα* 19) $b^{(-314)}$ (sed hab Compl) | *ἔναντι κυρίου* 2° 963$^{c\,pr\,m}$] *εναντιον κυριου* 963*; $\overline{\kappa\omega}$ A *oI* C'' $s^{-85'mg\ 346mg}$ y^{-392} 55 319 624 ^{Lat}cod 100 Aeth = 𝔐^{L} Sam; *εναντι* $\overline{\kappa\omega}$ 130^{mg}-346^{mg}; om *ἔναντι* 619 646 = Ald; + *και εναντι ααρων* 72; + *και εναντι ααρων και εναντι των υιων αυτου* $z^{(-68\ 126)}$: ex praec

14 om init — *Λευίτας* 126^{txt} | *διαστελεῖς*] *-λης* 319^{c}; *-λει* 72 392; *-λλεις* 767 646; *αποστ.* 509 | *λευειτας* B* V 963 127; *λεβειτας* 767 | *εν μεσω* 29 | *τῶν* 963] > A B O^{-58} *d* 127-767 *t* x^{-619} 121 = Ra | *ἔσονται*] *εσται* 730 | *ἐμοί*] *μοι* 963 619 68′-120′ = Sixt; + *οι λευιται* *O* 246 18′-126-628-669 Syh = 𝔐

15 om *μετὰ ταῦτα* 126 | *εισελευσειται* 767 | *οἱ Λευῖται*] *οι λευειται* B* V 127; > 29 767 | *ἐργάζεσθαι*] *-σασθαι* (*-θε* 52′) C''(551 inc) 646; *εργαζετε* (litt *ζετε* sup ras) 376 | *τά — σκηνῆς* = Sam] *την σκηνην* 767 = 𝔐 Tar; *in tabernaculum* ^{Lat}cod 100; om *τὰ ἔργα* 610 | *καὶ καθαριεῖς αὐτούς*] bis scr 413 |

---

8 13 *ἀπόδομα* — fin] *ο′ ἀπόδομα ἔναντι* $\overline{\kappa\upsilon}$ 344

16 *αὐτοὺς καὶ ἀποδώσεις αὐτοὺς ἔναντι κυρίου.* 16*ὅτι ἀπόδομα ἀποδε-*
δομένοι οὗτοί μοί εἰσιν ἐκ μέσου υἱῶν Ἰσραήλ· ἀντὶ τῶν διανοιγόντων
πᾶσαν μήτραν πρωτοτόκων πάντων ἐκ τῶν υἱῶν Ἰσραὴλ εἴληφα αὐτοὺς
17 *ἐμοί.* 17*ὅτι ἐμοὶ πᾶν πρωτότοκον ἐν υἱοῖς Ἰσραὴλ ἀπὸ ἀνθρώπου*
ἕως κτήνους· ᾗ ἡμέρᾳ ἐπάταξα πᾶν πρωτότοκον ἐν γῇ Αἰγύπτῳ,
18 *ἡγίασα αὐτοὺς ἐμοί·* 18*καὶ ἔλαβον τοὺς Λευίτας ἀντὶ παντὸς πρωτο-*
19 *τόκου ἐν υἱοῖς Ἰσραήλ.* 19*καὶ ἀπέδωκα τοὺς Λευίτας ἀπόδομα δεδο-*
μένους Ἀαρὼν καὶ τοῖς υἱοῖς αὐτοῦ ἐκ μέσου υἱῶν Ἰσραὴλ ἐργά-

ABFMV (963) O''^{-G} C'' $bdf^{-53'}nstx^{-527}yz$ al verss

καθαρισεις V 319 | *καί* 3° — fin] om *καὶ ἀποδώσεις αὐτούς* 739 18 Arm^{ap}: homoiot; > 107′-125 | *ἀποδώσεις* 963] *δωσεις* 19 | *αὐτούς* 2° 963] > 71; + *αποδομα* (-*δωμα* 44 84-370 392* 319) F^{a} V 44′ 129 130^{mg}-321′^{mg} *t* y^{-318} 319 Arm = 𝔐; + *δομα* (aut *δωμα*) 58-376 118′-537 f^{-129} *n* ^{Lat}cod 100; + *donum* Bo; + *δοματα* 19′ | *ἔναντι κυρίου*] sub ÷ Syh; > Compl = 𝔐

16 om init — *εἰσιν* Sa | *ἀπόδομα ἀποδεδομένοι οὗτοί*] *redditionem dn̄o redditione reddit* ^{Lat}cod 100; om *ἀπόδομα* 319 | *ἀποδεδομένοι* 963] -*νον* M′ V 413 *b* 610 134 x^{-509} Arm Bo = Ald; *αποδιδομενον* 376; *αποδιδ.* 15; *αποδομ.* 624; *ανταποδιδομενον* oI^{-15}; *δεδ.* 126 | *οὗτοί μοί* / *εἰσιν*] *mihi est hoc* Bo; tr 426 Arm | *οὗτοί*] *αυτοι* V 319; sub ÷ et post *μοί* tr Syh; post *εἰσιν* tr *n* | *μοί*] *μου* 68′ (sed hab Ald); > 509 392(|) | *ἐκ* 1°] pr *οι* 120′; pr *και* 646 | *υἱῶν* 1° 963] pr *των* 29-376 44 *f* 75 619 *z* = Compl; > 528 59^{txt}(cprm); ⌒2° 610 | *ἀντί* F^{a}] + *δε* F F^{b} | *τῶν* 1° — *μήτραν*] > Sa; post *πάντων* tr 646: cf Sam | om *πᾶσαν* 707 417*(vid; cprm) 56-129^{txt}(cprm) Bo = Sam | *πρωτοτόκων*] pr *των* 646; -*κον* (*προτ.* 767) 767 55 ^{Lat}cod 100; -*κω* 30; post *πάντων* tr 422 = Sam | *πάντων ἐκ*] om *πάντων* 552; > 29 | *ἐκ τῶν*] pr *των* B* f^{-129} (sed hab Sixt); om *ἐκ* F 58-72 458 59 Bo; > 739 509 392 | *Ἰσραήλ* 2°] > 618^{txt}; ⌒(17) Bo | *εἴληφα* — 11 3 *Ἐμπυρι*[*σμός*] absc 624(||) | *ειληφας* 528 | *αὐτούς*] *αυτοις* b^{-537} (sed hab Compl)

17 om *ὅτι ἐμοί* 963 72 509 | *ἐμοί* 1°] > 321; post *πρωτότοκον* 1° tr *b* (sed hab Compl) | om *ἐν υἱοῖς Ἰσραήλ* 75 | *ἐν υἱοῖς* 963] *εν τοις υιοις* 129 *z* = Compl; *εξ* (+ *οι* 30; > 56* Arm) *υιων* A M^{mg} *oI*-707 C'' *b* f^{-129} *s* 619 *y* 319 646 ^{Lat}cod 100 Aeth Arm = Ald; *εκ των υιων* V 55 | *ἀνθρώπου* 963$^{c\,prm}$] -*πους* 963*; *ανων* (*ανω* 509) B cI'^{-46} 509 646 | *ᾗ*] pr *εν* 376 = 𝔐 | *επαταξαν* 52; *επαταξεν* 767* | *γῇ*] *τη* 963 | *Αἰγύπτῳ*] -*πτου* F*(cprm) 376-707*(vid) 414-739 54′-75 509* 619 68′-120′ = Sixt Tar; *αιγυ*^{πτ} 52 458-767 | *ἡγίασα* — fin] pr *και* 414 Aeth^{CG} Arm; pr *propter hoc* ^{Lat}cod 100; > Bo

18 om init — (19) *Ἰσραήλ* 3° 72 | *Λευίτας*] *λευειτας* B* V 127; *λεβειτας* 767; + *εμοι* 55 | *ἀντί*] *απο* 551 129 | *παντων των πρωτοτοκων* 121 Arm | *παντός*] *παντων* 392* | *πρωτοτόκου*] pr *του* 84 | *ἐν υἱοῖς*] *τοις υιοις* 106 Arm; *εν τοις υιοις* 392; *a filiis* Aeth | *ἐν*] + ras 1—2 litt 707

19 *απεδωκαν* 129; *αποδεδωκα* Compl | *τοὺς Λευίτας*] *τ. λευειτας* B* V 963 127; *τ. λεβειτας* 767; *αυτους* 125 | om *ἀπόδομα δεδομένους* Bo | *ἀπόδομα*] sub ÷ Syh; > 58 Arab = 𝔐 | *δεδομένους*] -*νον* (*δεδωμ.* 19; *αποδεδ.* Compl) V *b*; *αποδεδ.* f^{-129} | om *Ἀαρών* M^{txt} | *τοῖς υἱοῖς* 1°] *τους υιους* 29 414 56*-246 392 | *αὐτοῦ*] *αυτων* 392* | *υἱῶν* 1°] pr *των* 29 129 458 130* 628 = Compl; ⌒2°

---

17 *ἐν υἱοῖς Ἰσραήλ*] *ο′ οἱ λ′ ἐν υἱοῖς ιηλ* 344

ζεσθαι τὰ ἔργα τῶν υἱῶν Ἰσραὴλ ἐν τῇ σκηνῇ τοῦ μαρτυρίου καὶ
ἐξιλάσκεσθαι περὶ τῶν υἱῶν Ἰσραήλ, καὶ οὐκ ἔσται ἐν τοῖς υἱοῖς
Ἰσραὴλ προσεγγίζων πρὸς τὰ ἅγια.
20Καὶ ἐποίησεν Μωυσῆς καὶ Ἀαρὼν καὶ πᾶσα συναγωγὴ υἱῶν Ἰσραὴλ 20
τοῖς Λευίταις, καθὰ ἐνετείλατο κύριος τῷ Μωυσῇ περὶ τῶν Λευιτῶν,
οὕτως ἐποίησαν αὐτοῖς οἱ υἱοὶ Ἰσραήλ. 21καὶ ἡγνίσαντο οἱ Λευῖται 21
καὶ ἔπλυναν τὰ ἱμάτια, καὶ ἀπέδωκεν αὐτοὺς Ἀαρὼν ἀπόδομα ἔναντι
κυρίου, καὶ ἐξιλάσατο περὶ αὐτῶν Ἀαρὼν ἀφαγνίσασθαι αὐτούς.

ABFMV O'^{-G} C'' $bdf^{-53'}nstx^{-527}yz$ al verss

707^{txt} $C''^{-52'\ 131^{mg}\ 313\ 417}$ 56^{txt} 127 84 319 646; ⌒3° 628 | *τὰ ἔργα*] om *τά* 131$^{(mg)}$; bis scr 426* | *τῶν υἱῶν Ἰσραήλ* 1°] > 458 Co; ⌒2° 619 | *ἐν τῇ σκηνῇ*] *της* (*τη* 458) *σκηνης* 458 Bo^{A} | *καί* 3°] *του* 413; > *C*-46 Aeth^{M} | *εξιλασασθαι* 19′ 669 (sed hab Compl); *εξιλασεσθε* 610 | *τῶν υἱῶν Ἰσραήλ* 2°] *αυτων* 71 | *καί* 4° — *Ἰσραήλ* 4°] om *καί* Aeth^{M}; om *οὐκ* 72; om *ἐν* B (sed hab Sixt); om *τοῖς* f^{-129}; > ^{Lat}cod 100 Arm: homoiot; + *θραυσις εν τη θραυσει* 15; + *εν θραυσει* *O* Arab; + (※ Syh) *θραυσις* (*-σεις* 767) 767 Syh = 𝔐; + *θανατος* 106^{c}; + *πληγη* Compl | *ἐν τοῖς*] *αυτοις* 619 | om *προσεγγίζων* — (20) *Ἰσραήλ* 1° 107′-125: homoiot | *προσεγγίζων* B V 72 *b* 44′ n^{-767} *t x* 392 68′-120-126 55 Aeth^{C} Arm Co] *προσεγγιων* 319; *προσεγγιζοντων των* (> 417) *υιων* *ιηλ* 426 417 767 18 Syh: cf 𝔐; *οταν προσεγγιζωσι* Compl ^{Lat}cod 100; + *τοις υιοις* *ιηλ* 407; + *των υιων* *ιηλ* Aug *Loc in hept* IV 18 rell | *πρός*] *εις* 72-376 *C''* 19 75′ 28-85-343 646 Arm; > 126

20 om init — *Λευίταις* 707^{txt} | *ἐποίησεν*] *-σαν* 707$^{(mg)}$ Aeth Arm | *Μωυσῆς*] *-σην* 528; *μωσης* 72-426 *n* | *συναγωγή*] pr *η* 54 30′ 509 619 *z* 799 = Sixt | *υἱῶν*] pr *των* F $cI'^{-46\ 417^{*}}$ *s* 646 | *τοῖς Λευίταις*] *τ. λευειταις* B* V 127; *τ. λεβιταις* 618; *τ. λεβειτες* 767; *τους λευιτας* 376 16-46-77*-500′-616 *d* 319; *de levitis* ^{Lat}cod 100 Aug *Loc in hept* IV 19 | *καθά*] *καθως* 106; *κατα παντα α* O^{-58} Syh ↓ | *κύριος*] *κω* 77*; + *ο θς* 414 | *τῷ Μωυσῇ*] *ei* Aeth; *τω μωυσει* 46 343 619 18-68′-120′; *τω μωυσην* 528; *τω μωση* *n*; *τω μωσει* 72-426 | om *περί* — fin 72-381′ 106 | *τῶν Λευιτῶν*] pr *των υιων* *b* (sed hab Compl); *τ. λευειτων* B* V 127; *τ. λεβειτων* 767; *αυτων* 75 | om *οὕτως* — fin 126 Arab | *ἐποίησαν*] *-σεν* 56* ^{Lat}cod 100 (sed hab Aug *Loc in hept* IV 19) | *αὐτοῖς*] > 71; ad fin tr 29 *n* | *οἱ υἱοὶ Ἰσραήλ*] *filiis istrahel* ^{Lat}cod 100 (sed hab Aug *Loc in hept* IV 19); om *οἱ* 707 52′ 610 54* 74′-370 318 319; > 799 Sa

21 om init — (22) fin 417^{txt}(‖; cprm) | *ηγνισαν* 321 509 | *λευειται* B* V 127; *λεβιται* (*-βηται**) 618; *λεβειται* 767 | *καί* 2°] > V Co; ⌒3° 54-75′ | *ἔπλυναν*] *-νον* 767; *απεπλ.* 509; *επλυν* 126; *επλατυναν* 417$^{(mg*)}$; *-ναντο* (*επλην.* 376) B M′ 15-376 *d* 56 127 *t* = Ra | *τὰ ἱμάτια* B d^{-125} 127 *t* x^{-619} Arm] om *τά* 125; + *αυτων* rell = 𝔐 | om *καί* 3° Bo | *ἀπέδωκεν* (*-δοκεν* 767) B M′ V 426-*oI* 44 f^{-56} n^{-458} x^{-509} *z* 55 319 799 ^{Lat}cod 100 Sa Syh] *επεδ.* 376; *-καν* (*-δοκαν* 131-500-529) rell | *αὐτούς* 1°] *eis* ^{Lat}cod 100 | *Ἀαρών* 1°] > 129 = Tar^{P}; post *ἀπόδομα* tr 29; post *κυρίου* tr $C''^{(-417^{txt})}$ $s^{-30'}$ 646; ⌒2° 376 | om *κυρίου* 552 | *ἐξιλάσατο*] *-σετο* 799; *-σατε* 75; *-σεται* 56* 319 | *περὶ αὐτῶν*] *περι αυτον* 52′-313 321*; *περι αυτους* 75; post *Ἀαρών* 2° tr 417$^{(mg*)}$ 509 | *Ἀαρών* 2°]

---

20 *καθά*] *ο′ θ′ α′ κατὰ πάντα* ⟨*ἅ*⟩ 344
21 *καί* 3° — *Ἀαρών* 1°] *ο′ καὶ ἀπέδωκεν αὐτοὺς Ἀαρών* 344

22 [22]*καὶ μετὰ ταῦτα εἰσῆλθον οἱ Λευῖται λειτουργεῖν τὴν λειτουργίαν*
αὐτῶν ἐν τῇ σκηνῇ τοῦ μαρτυρίου ἔναντι Ἀαρὼν καὶ ἔναντι τῶν υἱῶν
αὐτοῦ· καθὰ συνέταξεν κύριος τῷ Μωυσῇ περὶ τῶν Λευιτῶν, οὕτως
ἐποίησαν αὐτοῖς.
23 24 [23]*Καὶ ἐλάλησεν κύριος πρὸς Μωυσῆν λέγων* [24]*Τοῦτό ἐστιν τὸ περὶ*
τῶν Λευιτῶν· ἀπὸ πεντεκαιεικοσαετοῦς καὶ ἐπάνω εἰσελεύσεται ἐνεργεῖν
25 *ἐν τῇ σκηνῇ τοῦ μαρτυρίου·* [25]*καὶ ἀπὸ πεντηκονταετοῦς ἀποστήσεται*
26 *ἀπὸ τῆς λειτουργίας καὶ οὐκ ἐργᾶται ἔτι,* [26]*καὶ λειτουργήσει ὁ ἀδελ-*

ABFMV O''^{-G} C'' $bdf^{-53'}nstx(527)yz(630\text{-})$ al verss

> Sa; + *ο ιερευς* 767 | *ἀφαγνίσασθαι*] *αφαγνισαι* (*-νησαι* 75′) M^{mg} *d* n^{-767} *t* 416; *αφαγνισας* 56 = Compl; *αγν.* 126; *αγνισαι* 319

22 *μετὰ ταῦτα*] *μετα τα* 19; > 126 | *εἰσῆλθον* (*-θων* 376) B V O^{-58} 550*(vid) *b d* n^{-458} *t* x^{-619} 319 799] *-θεν* 458; *-θουσαν* 528; *-θοσαν* (aut *-θωσαν*) rell = Compl | *Λευῖται*] *λευειται* B* V 127; *λεβειται* 767; *λεβιται* 618^{c}; *λεβι* 618*; sup ras 56; *υιοι λευι* 121 | *λειτουργεῖν*] pr *του* 118′-537 129 = Compl; *-γεισαι* 458; *-γουντες* 75; *λειτουρ* 18(|) | *τὴν λειτουργίαν*] *τας λειτουργιας* 55; om *τήν* 392 | *ἔναντι* 1°] *-τιον* 29 | om *καί* 2° — *αὐτοῦ* Arab | *ἔναντι* 2°] *-τιον* 29; > 44′-125 71 319 | *τῶν* 1°] bis scr 707* | *αὐτοῦ*] *israel* Bo | *καθά*] *καθως* B* 58-72 59 = Ra | *μωυσει* 46 343 619 18-68′-120′; *μωση n*; *μωσει* 72-426 | om *περί* — fin 72 106 | *τῶν Λευιτῶν*] *τ. λευειτων* B* V 127; *τ. λεβειτων* 767; *τ. λειτων* 509; *αυτων* 381′ | om *οὕτως* — fin 381′ | *ἐποίησαν*] pr *και* 767 Arm; *-σεν* 318 | *αὐτοῖς*] *αυτους* 16-46 767; > *b* 125 458 71 Bo (sed hab Compl)

23 *ἐλάλησεν*] *ειπε* 125 | *πρός*] *τω* 120*(cprm) | *μωυση* 58 19 76*; *μωσην* 426 *n*; *μωσει* 72 | om *λέγων* 125

24 *τοῦτό*] *τουτ* (*του* 28*) A F 15*-707 C''^{-46} 28-85-343′-730 121 68′-120′ 59 424 (sed hab Ald) | om *τὸ περί* 126 | *τό*] *τα* 458; *των* 646; > $C''^{-52'\,313\,417}$ 71 319 424 | *περί*] *παρα* O^{-58} | *λευειτων* B* V 127; *λεβιτων* 54; *λεβειτων* 767 | *πεντεκαιεικοσαετοῦς*] *-κοσι(ν) ετων* 130^{mg}(vid)-$321'^{mg}$ 319 Phil I 273; $\overline{κε}$ *ετων* 107′-125; *ετων* $\overline{κε}$ 126; *πεμπτου και εικοσαετους* 527; *viginti annis* Bo = Tar^{P}; *πεντε ετους και ηκουσι ετους των λευιτων* 458; + ras 6—7 litt 56 | *καί* — (25) *πεντηκονταετοῦς*] om *καὶ ἐπάνω* Phil I 273; bis scr 126 | *εἰσελεύσεται* Phil I 273] pr *και* 458; *και εισελευσονται* V; *εισελευ*^{στ} 126; *-σονται* (*-σωνται* 376; *ειλ.* 529*; *εισσελ.* 618) rell = Ra | *ἐνεργεῖν* B x^{-619} Phil I 273 ^{Lat}cod 100 Aeth Arm] pr *α* 54; *λειτουργειν* (*λιτουργιν* V) V *d* 75′-127 *t* 392 319 Arab Sa; *in liturgiam* Bo; *λειτουργειν* (c var) *λειτουργιαν* (*-γιας b* 129; *λιτ.* 29-707* 56; *-γειαν* A F 767 30; > 72) *εν* (> 19 246) *εργοις* F F^{b} ^{Lat}Aug *Num* 13 rell = 𝔐 | *ἐν τῇ σκηνῇ*] *opus eorum opus tabernaculi* Aeth; om *τῇ* 707*

25 *πεντηκονταετοῦς*] *-κοστοvετους* 537; *-ντα ετων* Phil I 273; *ετων* $\bar{ν}$ 126(1°); *πενταετους* 107*(cprm) | *ἀποστήσεται*] *-σονται* (*-τε* 376; *-στεισ.* 458) O^{-58} 19 246 *n* 527-619 318 z^{-126} 319 646 Arm Bo Syh; *αποστη*^{στ} 126; bis scr 30 | om *ἀπό*

---

22 *εἰσῆλθον*] *ο′ οἱ λ′ εἰσῆλθον* 344

24 *ἐνεργεῖν*] *α′ τοῦ στρατεύεσθαι* (*στατ.* 130) *στρατείαν* (*-τιαν* 321) *δουλείας* M′ 707 85′-321′-344; *σ′ παρίστασθαι παράστασιν* (*παρα πασιν* 85′-321′-344) *εἰς λατρείαν* M′ 85′-321′-344

25 *καί* 2° — fin] *ο′ καὶ οὐκ ἐργῶνται ἔτι α′ θ′ καὶ οὐ δουλεύσει ἔτι σ′ καὶ οὐκ ἐργάσεται οὐκέτι* 344

φὸς αὐτοῦ ἐν τῇ σκηνῇ τοῦ μαρτυρίου φυλάσσειν φυλακάς, ἔργα δὲ οὐκ ἐργᾶται. οὕτως ποιήσεις τοῖς Λευίταις ἐν ταῖς φυλακαῖς αὐτῶν.
9 [1]Καὶ ἐλάλησεν κύριος πρὸς Μωυσῆν ἐν τῇ ἐρήμῳ Σινὰ ἐν τῷ 1
ἔτει τῷ δευτέρῳ, ἐξελθόντων αὐτῶν ἐκ γῆς Αἰγύπτου, ἐν τῷ μηνὶ
τῷ πρώτῳ λέγων [2]Εἶπον καὶ ποιείτωσαν οἱ υἱοὶ Ἰσραὴλ τὸ πάσχα 2
καθ᾽ ὥραν αὐτοῦ· [3]τῇ τεσσαρεσκαιδεκάτῃ ἡμέρᾳ τοῦ μηνὸς τοῦ 3
πρώτου πρὸς ἑσπέραν ποιήσεις αὐτὸ κατὰ καιρούς· κατὰ τὸν νόμον

ABFMV O$^{''-G}$ C$^{''}$ bdf$^{-53'}$nstxyz al verss

2° B* 77 127 318 Phil I 273 | τῆς] pr (※ Syh) της δυναμεως (-μεος 376*; -μαιως 767) O 767 Syh = 𝔐 | λειτουργίας] + αυτων 376 | οὐκ B V O^{-58} b d 129 n t x^{-619} z$^{-68'}$ 55^{c} 646 Phil I 273] ουχ 55*; ουχι (ουχοι 799) rell | ἐργᾶται] εργεται 458; εργωνται O z$^{-68'}$ Arm Bo Syh ↓; εργουνται 646; ερατai 730 799^{c}; εργαζεται B 130; εργασεται 707 77 318 Phil I 273 ↓

26 om init — αὐτοῦ Arab | καὶ λειτουργήσει] λειτ. δε Phil I 273; και λειτουργιση 30 | ὁ ἀδελφός] μετα αδελφων Compl ↓; om ὁ Phil I 273^{ap} | αὐτοῦ] σου 68'-120' (sed hab Ald) | ἐν 1° — φυλάσσειν] ο δε φυλαξει Phil I 273 | φυλάσσειν] pr *et* ^{Lat}cod 100; pr αυτος δε 669^{c}; -σσει (-σει 767) 767 120; -σσων d t; -σσουσι 527; *custodiens custodiet* Arm | φυλακάς] pr τας M' f^{-56} = Compl; -κην 18 | δέ] > 68; + ras 1—2 litt 707 | om οὐκ Aeth^{FM} | ἐργᾶται] εργεται 458; εργαζεται B*; εργασεται Phil I 273; εργασαι d^{-44}; -γονται 319 ^{Lat}cod 100 Aeth; εργαγατει 528(|) | οὕτως] pr *et* Aeth; ουτω 54-458 z$^{-68\ 120'}$ 646 | ποιήσεις] -σης 30; ποιησει 84 799; ποι^{η} 767 | τοῖς Λευίταις] pr εν 552; τ. λευειταις B* V 127; τ. λεβιταις 610; τους λευιτας (λεβειτας 767) 376 417 129 767 527 | φυλακαῖς] φυλαις 72-381' 628

9 1 om init — (23) fin 799 | καὶ ἐλάλησεν] ελαλησε δε 125; ειπε δε 44 | om κύριος 76 | Μωυσῆν] μωσην 426 n^{-767} Cyr I 1080; μωσει 72; μωσην λεγων 767; + λεγων 376 Bo^{A} | om ἐν 1° — (3) fin 527 | ἐν τῇ] bis scr 313 | τῇ ἐρήμῳ] τω ορει Cyr I 1080; om τῇ 126 | Σινά] pr τη 129 84; τη σιναι 426; σιναι 54'-75; συναι 458; σεινα B*; σηνα 30; σι^{ν} 126 | ἐξελθόντων] εκπορευομενων b 54-75-767 85'^{mg}-321'^{mg}-344^{mg} 319 (sed hab Compl); εκπεπορευμενων 127; εξεληλυθοτων 458 | αὐτῶν] > oI^{-15}-72; bis scr 413 | ἐκ γῆς] εξ n 319 ^{Lat}cod 100 Arab Arm Sa Syh* | ἐν 3° — πρώτῳ] εν τω πρωτω (-το 246) μηνι (-νη 246) 417$^{c\,pr\,m}$ 44 246; > 417*; ad fin tr 126

2 om εἶπον καί Arab Co | εἶπον] ειπε (-παι 458) n^{-767} Chr X 331; ειπω Cyr X 749; λαλησον 58^{mg}; sub ÷ Syh; > 73^{txt} = 𝔐; + τοις υιοις ισραηλ 29 Aeth | om καί 126 | ποιησατωσαν 417-529-739; ποιησουσιν 458 ^{Lat}cod 100 | οἱ υἱοὶ Ἰσραήλ] om οἱ 376* 458 319 Chr X 331; > 29 Aeth | καθ᾽ ὥραν] κατα καιρον 82 b (sed hab Compl); εν τω καιρω V 319 ^{Lat}cod 100 Bo Syh = 𝔐

3 comma] bis scr Bo^{A} | init — καιρούς] bis scr 314* | om τῇ 767 | τεσσερεσκαιδεκατη 314 392 | om ἡμέρᾳ C$^{''}$ 44 458 s 509 424 646 Sa | τοῦ 1° — πρώτου] του πρωτου μηνος 628; *mensis huius* ^{Lat}cod 100 AntiphMoz 143v = 𝔐 | πρός] pr το b^{-19} (sed hab Compl) | ποιήσεις 1° B M^{txt} V oI f^{-56} 71-509^{c} Cyr I 1080 X 749 ^{Lat}cod 100 Bo] pr και 619 18'-126-628-630' = Ald; και

---

26 ὁ ἀδελφός] α' σὺν ἀδελφοῖς σ' τοῖς ἀδελφοῖς θ' μετὰ τῶν ἀδελφῶν M' 85'-321'-344

9 2 πάσχα] σ' φασεκ ὁ δὲ Φίλων διαβατήριον (cf Phil V 122. 3) C$^{''\,comm}$

4 αὐτοῦ καὶ κατὰ τὴν σύγκρισιν αὐτοῦ ποιήσεις αὐτό· [4]καὶ ἐλάλησεν
5 Μωυσῆς τοῖς υἱοῖς Ἰσραὴλ ποιῆσαι τὸ πάσχα· [5]ἐναρχομένου τῇ
τεσσαρεσκαιδεκάτῃ ἡμέρᾳ τοῦ μηνὸς ἐν τῇ ἐρήμῳ Σινά, καθὰ συνέ-
ταξεν κύριος τῷ Μωυσῇ, οὕτως ἐποίησαν οἱ υἱοὶ Ἰσραήλ.
6 [6]Καὶ παρεγένοντο οἱ ἄνδρες, οἳ ἦσαν ἀκάθαρτοι ἐπὶ ψυχῇ ἀνθρώπου
καὶ οὐκ ἠδύναντο ποιῆσαι τὸ πάσχα ἐν τῇ ἡμέρᾳ ἐκείνῃ, καὶ προσ-
7 ῆλθον ἐναντίον Μωυσῆ καὶ Ἀαρὼν ἐν ἐκείνῃ τῇ ἡμέρᾳ· [7]καὶ εἶπαν

ABFMV O''^{-G} C'' $bdf^{-53'}nstxyz$ al verss

ποιησετε 68′-120′ Arab; -σης 509*; -σουσιν b^{-19} 54′-458 319 Arm = Sam; -σωσι(ν) 19 75; ποιουσιν 767; ποιειτωσαν (ποιητ. d) d t 55; ποιησαι 392; ποιησατε 616 30; -σεται 82-376-426*(vid) 52′-313*^{vid} 56 318 646; -σετε (ποιησ. 130) rell = Compl 𝔐 Tar | αὐτό 1°] αυτω 118′ 75′ 30; αυτοι 55 | καιρούς B d 129 n^{-127c} t 71-509 Cyr I 1080 X 749 ^{Lat}cod 100 Arm Bo] καιρον V 127^{c} 319; καιρον αυτου A M′ O′-707 b f^{-129} 619 y 55 Syh = Ald 𝔐; + αυτων $C''^{-52'\ 77\ 313\ 761c}$; + αυτου rell | κατά 2°] pr και V Aeth | τόν] pr (※ Syh) παντα O^{-58} Syh = 𝔐; > C'' 30′ 319 | αὐτοῦ 1°] αυτων (-τον 75) 75′ | om καί oI-29-72 16-46 n 509 18′-126-628-630′ 319 646 ^{Lat}cod 100 Arm | τήν] pr (※ Syh) πασαν (πασσ. 376) O^{-58} Syh = 𝔐; > 551 107′-125 = Compl | σύγκρισιν] κρισιν 55 | αὐτοῦ 2°] αυτων 458 | ποιήσεις 2°] pr και 68′-120′ (sed hab Ald); -σουσιν d 54′-458 t Arab; -σωσι 75 Arm; ποιουσιν 767; -σηται 376(vid); -σετε 426 Syh ↓ | αὐτό 2°] αυτω 616* 75*-458; αυτον 615*; αυτα 707

4 init — Μωυσῆς] λαλησον 527 | ἐλάλησεν] ελαβεν 54 | μωσης 72-426 n^{-458}; μωσησης 458 | τοῖς υἱοῖς] pr προς 18; et filii Bo^{B}; > 730 | om Ἰσραήλ 68 | ποιησατε 318 | τω 527

5 init] pr και εποιησαν 767; pr (※ Syh) και εποιησαν (επησυσαν 106) το πασχα V O 106^{mg} Syh = 𝔐 | init — ἡμέρᾳ] εναρχομενης της τεσσαρεσκαιδεκατης ημερας V ^{Lat}cod 100 | ἐναρχομένου] -νης 537; -νη (-χωμ. 458) 376 n; -νοι 319; αρχομ. (αρχουμ. 528) 528 126; > 527 | τῇ 1°] της 767; του 313-616* | ἡμέρᾳ] > 16-46 Arab; post μηνός tr 527 | μηνός] + του πρωτου 509 ^{Lat}cod 100 Arab Co; + (※ Syh) ανα μεσον (μεσων του μηνος 376) των εσπερινων O Arab Syh = 𝔐 | τῇ ἐρήμῳ] monte Bo; om τῇ 126 | Σινά A 72-376 552 44′ 71-509 126] σιναι (συναι 458) 75′ = 𝔐; τη σινα μεταξυ των εσπερινων 767; τη σιναι 54; pr τη 618 127 84 527; του σεινα B*; του σηνα 30; του σιναι 426; pr του rell = Ra | om καθά — fin 71 | καθά] pr και 527 ^{Lat}Hiln Pasch 11; καθως V f^{-129}; καθω 707*; κατα παντα ως 58; κατα παντα α O^{-58} Syh = 𝔐 | om τῷ Μωυσῇ ^{Lat}cod 100 | μωυσει 46 343 619 18-68′-120′; μωση n Cyr I 1080; μωσει 72-426 | om οἱ 376 767 319 416

6 init — (8) αὐτούς] bis scr 618* | παρεγενετο 130^{txt} = 𝔐^{L} | ἄνδρες] ανθρωποι b 85′^{mg}-321′^{mg} 319 (sed hab Compl) | ψυχην F V 58-72 52′-313 d f^{-129} t 509 59 319; ψυχης 619 = Ald | ἀνθρώπου] αυτου 313; αυτων 52′ Aeth | ηδυνατο (οιδ. 75) 52 75 28* 509*; εδυναντο V 426 d^{-610} 74′-370 | τῇ ἡμέρᾳ / ἐκείνῃ] tr 646 | om καί 3° — fin Arm^{ap}: homoiot | προσηλθοσαν (-θωσαν 19′ 319) V b 319 (sed hab Compl) | ἐναντίον Μωυσῇ] ad moysen ^{Lat}cod 100 | ἐναντίον] εναντι b n^{-75} 527 55 319 (sed hab Compl); post Ἀαρών tr 646 | Μωυσῇ] -σεος 68′ (sed hab Ald); -σει 707^{c} 343 120′; -σην 707*(vid) 528; μωση 58-72 n Cyr I 1081;

3 ποιήσεις αὐτό 2°] οἱ λ′ ο′ ποιήσετε (-ται 130*) αὐτό 130(s nom)-321′(s nom)-344
6 (ἀκάθαρτοι) ἐπὶ ψυχῇ] οἱ μεμιασμένοι ἐπὶ νεκρῷ $C''^{\,comm}$; ἐπὶ νεκρῷ 130-321′

οἱ ἄνδρες ἐκεῖνοι πρὸς αὐτόν Ἡμεῖς ἀκάθαρτοι ἐπὶ ψυχῇ ἀνθρώπου·
μὴ οὖν ὑστερήσωμεν προσενέγκαι τὸ δῶρον κυρίῳ κατὰ καιρὸν αὐτοῦ
ἐν μέσῳ υἱῶν Ἰσραήλ; ⁸καὶ εἶπεν πρὸς αὐτοὺς Μωυσῆς Στῆτε αὐτοῦ, 8
καὶ ἀκούσομαι τί ἐντελεῖται κύριος περὶ ὑμῶν. ⁹καὶ ἐλάλησεν κύριος 9
πρὸς Μωυσῆν λέγων ¹⁰Λάλησον τοῖς υἱοῖς Ἰσραὴλ λέγων Ἄνθρωπος 10
ἄνθρωπος, ὃς ἂν γένηται ἀκάθαρτος ἐπὶ ψυχῇ ἀνθρώπου ἢ ἐν ὁδῷ
μακρὰν ὑμῖν ἢ ἐν ταῖς γενεαῖς ὑμῶν, καὶ ποιήσει τὸ πάσχα κυρίῳ·

ABFMV $O^{\prime\prime-G}$ $C^{\prime\prime}$ $bdf^{-53'}nstxyz$ al verss

μωσει 426 | *Ἀαρών*] pr (※ Syh) *εναντιον* O^{-58} Syh = 𝔐; *αρων* 413* 106*(vid); *ααρω* 528 | om *ἐν* 2° — fin Arab | *ἐκείνῃ* 2°] > 552^{txt}; ad fin tr O^{-58}-15-72 417* 392 319 Arm^{te} = 𝔐

7 *ειπον* F^b 72'-376-381' 46*(vid)-529 19 d^{-106} f^{-129} n^{-458*} 343 84 527' 392 18-126-628 55 59 (sed hab Compl); *ειπεν* 458* | *οἱ ἄνδρες / ἐκεῖνοι*] tr 18; om *ἐκεῖνοι* 321' Bo; > 527 Arab; post *αὐτόν* tr Arm | *αὐτόν* (*-των* 426) B 426 71-509 Cyr I 1081 Sa Syh] *αυτους* rell | *ἡμεῖς*] *υμεις* d^{-106} 527; + (※ Syh) *εσμεν* O Syh | *ἀκάθαρτοι*] + *εσμεν* 56^{mg}-246 Chr II 877 ^{Lat}cod 100 | *ψυχην* (*ψηχην* 56) F^b O^{-426} *d* 56^c-246 *t* 630 59 319 = Compl; *ψυχης* 72 458 | *μὴ οὖν*] sup ras 106; *μη ου* 527*; *μη γουν* 646; om *οὖν* 319 Chr II 877 ^{Lat}cod 100 | *προσενέγκαι τὸ δῶρον*] *offe⟨r⟩re mu⟨nu⟩s* ^{Lat}cod 100 | *προσενέγκαι* B V 71-509 126 319 Cyr I 1081 Bo] pr *του b*; pr *ωστε του* 619 68'-120'; *προσενεγκειν* 127 527 Chr II 877; pr *ωστε* (*-αι* 75') rell = Compl; *προσεγγισαι* 55; *προσενεγκειν* n^{-127} | *κυριω το δωρον* 528 | *δῶρον*] + *αυτου* 75* | *κυρίῳ*] pr *εναντι* 319; *κυριου* 426 44 *n* 527-619 68'-120' Chr II 877 Aeth Syh = 𝔐 | *καιρόν*] pr *τον* $C^{\prime\prime}$ 28-85'-321' 646; *καιρων* 376 767 | *αὐτοῦ*] *αυτων* 72; > ^{Lat}cod 100; post *μέσῳ* tr 376 | *ἐν μέσῳ*] *μεσον* 71 | *υἱῶν*] pr *των* 422 246 54-75' 730 128

8 *πρὸς αὐτούς*] post *Μωυσῆς* tr B* 16-46 *n* 730 527 318; + *εν μεσω υιων ιηλ* 618*(1°) | *μωσης* O^{-376}-72 *n* 130 Cyr I 1081 | om *στῆτε* — (9) fin 126 | *στῆτε*] *στησετε* 458; *στησαται* 767 | *αὐτοῦ*] *αυτω* 458; sub ÷ Syh; > 15-58 552 Aeth = 𝔐 | *ἀκούσομαι* — fin] *λαλησει περι υμων κ̅ς̅ και ακουσωμαι* 75 | *ἀκούσομαι*] *-σωμαι* (*-με* 30) 739 30: cf 𝔐 Sam; *-σομεν* 376^c = Compl; *-σωμεν* 376* 767 | *τί*] pr *ο* $C^{\prime\prime-131mg}$ $s^{-343'}$ 646; + *λαλησει και* 458 | *ἐντελεῖται*] *εντελλεται* F 29-72 71 59; *praecipiat* ^{Lat}cod 100; *praecepit* Syh; *λαλησει* 129; + *μοι* f^{-129} | *κύριος / περὶ ὑμῶν*] *περι υμων ο κ̅ς̅* 646; tr V 129 = Compl

9 *κύριος* — (10) *λάλησον*] om *πρός* 82; om *λέγων b* 125 527 (sed hab Compl); om *λέγων λάλησον* 131^c; > $C^{\prime\prime-131c}$ 646 | *μωσην* 426 *n* Cyr I 1081; *μωυση* 58-82; *μωσει* 72

10 om init — *λέγων* 72 75' 669^{txt} 59 Chr II 877 Sa^{12}: homoiot | om *Ἰσραήλ* $669^{(mg)}$ 646 | om *λέγων* d^{-44} 527 Arab | *ἄνθρωπος ὅς*] om *ἄνθρωπος* F^b 72 75' Chr II 877 Cyr I 1081 ^{Lat}cod 100 Bo Sa^{12}; om *ὅς t*; > *d* 126 319 | *ἄν* F M' *O*-72 *C*-46^s-528 *b* f^{-56} 30'-130-343' 71-509 126 55] spat 2 litt 59; *εαν* Cyr I 1081 rell = Ra | *ἀκάθαρτος*] pr *α̅ν̅ο̅ς̅* 30; post *ἀνθρώπου* tr 72 | *ψυχην* F^b 72-376 *d* 56^c 767 *t* 59 319 | *ἀνθρώπου*] *eius* $Aeth^C$; sub ÷ Syh; > Arab Sa^{12} = 𝔐 Sam | om *ἤ* 1° 509 Sa^{12} | *μακρα* O^{-376}-72 414 56 75 Chr II 877 ^{Lat}cod 100 Syh(vid) = 𝔐 | *ὑμῖν* B F V 29-72-426 129 767 x^{-619} $z^{-68'}$ Cyr I 1081 Bo = Compl] pr *η* 54'-458; pr *εν* M^{txt} ^{Lat}cod 100; *υμων* 376 f^{-129}; spat 4 litt 59; > 707^{txt} 417* 75 Aeth; + *sit* Syh; *η εν ημιν* 73^c; pr *η* (*ει* 318) *εν* rell | om *ἤ* 2° 376 106 54'-458 527 Chr II 877 Arm Syh | om *ἐν* 2° 319 = 𝔐 | om *ταῖς* 767 | *γενεαῖς*] *γεννεαις* 767^c; *εορταις* 121; > 68' (sed hab Ald) | *ὑμῶν*]

11 [11]ἐν τῷ μηνὶ τῷ δευτέρῳ ἐν τῇ τεσσαρεσκαιδεκάτῃ ἡμέρᾳ τὸ πρὸς
ἑσπέραν ποιήσουσιν αὐτό, ἐπ᾽ ἀζύμων καὶ πικρίδων φάγονται αὐτό,
12 [12]οὐ καταλείψουσιν ἀπ᾽ αὐτοῦ εἰς τὸ πρωί, καὶ ὀστοῦν οὐ συντρίψουσιν
13 ἀπ᾽ αὐτοῦ· κατὰ τὸν νόμον τοῦ πάσχα ποιήσουσιν αὐτό. [13]καὶ ἄνθρω-
πος, ὃς ἂν καθαρὸς ᾖ καὶ ἐν ὁδῷ μακρὰν οὐκ ἔστιν καὶ ὑστερήσῃ
ποιῆσαι τὸ πάσχα, ἐξολεθρευθήσεται ἡ ψυχὴ ἐκείνη ἐκ τοῦ λαοῦ
αὐτῆς· ὅτι τὸ δῶρον κυρίῳ οὐ προσήνεγκεν κατὰ τὸν καιρὸν αὐτοῦ,
14 ἁμαρτίαν αὐτοῦ λήμψεται ὁ ἄνθρωπος ἐκεῖνος. [14]ἐὰν δὲ προσέλθῃ

ABFMV *O*$^{\prime\prime-G}$ *C*$^{\prime\prime}$ *bdf*$^{-53\prime}$*nstxyz* al verss

ημων 458; > ^{Lat}cod 100 | om *καί* — (11) *δευτέρῳ* 509 | om *καί* Chr II 877 Aeth Arm Sa^{12} | *ποιήσει*] pr *non* ^{Lat}cod 100; -*ση* 414 56 130^{mg}(vid); -*σεις* 313-615*; *εποιησε* 19′ (sed hab Compl) | *τό*] *τω* 313 344 527 318 | *κυρίῳ* B 29-376 *C*$^{\prime\prime-52}$ *b* 125 *n s* 527′ 646 Cyr I 1081] pr *εν τω* 318; $\overline{κυ}$ 44 Aeth; > 72 52 84 55 Chr II 877; pr *τω* rell = Compl

11 om *ἐν* 1° *n*$^{-767}$ 527 | om *τῷ* 1° 761 | *ἐν* 2°] pr *η* 18* | *ἡμέρᾳ*] *mensis* Sa^{1}; + *mensis* Bo | *τό* B M′ V 376 *d n* 130^{mg} *t* 527′ 319 Cyr I 1081] *του* 509; *του μηνος* 618*; > rell | *εσπερα* 75 | *ποιήσουσιν*] *faciet* Arm | *αὐτό* 1°] pr *επ* 72; *αυτω* 707 127*-458-767* 30 370*; ⁀(12) 628 | *ἐπ᾽*] pr *και* 551 Bo; *επι* 129 = Compl; *απ* 376 | *πικρίδων*] pr *επι* 376-707 *b d* 246 *n t* 527 319 ^{Lat}cod 100 Aeth^{CG} (sed hab Compl); [. . . .]*ιδων* 108*; + *τη νυκτι* Cyr I 1081 | *φάγονται*] *edet* Arm^{te}

12 *οὐ* 1°] pr *et* Aeth Arab Arm; *ουκ* 630 | *καταλείψουσιν*] *απολ.* 630; -*ψονται* (-*ληψ.**) 77 | *ἀπ᾽ αὐτοῦ* 1°] *επ αυτον* 318*; *αυτο* (-*τω* 527*) 610 527; om *ἀπ᾽* 106 630 | om *εἰς τὸ πρωί* V | om *καί* — *αὐτοῦ* 2° Sa^{12} | *ὀστοῦν*] *os suum* ^{Lat}cod 100 Hil *Ps* LII 16 | *συντρίψουσιν*] -*ψεται* A 767; *συντριβησεται* 509 | om *ἀπ᾽* 2° 15 | om *κατά* — fin 417 | *κατά*] *και* 528 | *τόν*] pr (※ Syh) *παντα* *O* 767 Syh = 𝔐 | *αὐτό*] *αυτω* 707*(vid); *αυτον* 75*

13 *ἄνθρωπος* 1°] + *ανθρωπος* *C*$^{\prime\prime}$ *s* 646 ^{Lat}Aug *Loc in hept* IV 20 | *ὅς*] *ο* 458; > 126 | *ἄν*] *εαν* B 29 129 *n* 527-619 *z* Cyr I 1081 = Ra; > 19 392* | *καθαρὸς ᾖ*] *καθ. εσται* 29; *η ακαθαρτος* 319; tr V *O*$^{-58}$ 59 ^{Lat}cod 100 Syh = 𝔐 | om *καί* 2° 57*(|) | *ἐν ὁδῷ*] *εις οδον* 319 | *μακράν*] *μακρα* B V *O*$^{-376}$-72 16^{c}-46-422 75-127 76 509 392 ^{Lat}cod 100 Arm Syh(vid) = Ra; sub ÷ Syh = 𝔐 Sam Tar^{O} | om *οὐκ* Bo^{AB*} | om *καί* 3° Bo^{A} | *ὑστερήσῃ* A B M′ V 707 57-77-414-761$^{c\,vid}$ *d*$^{-125}$ *f*$^{-129}$ 54′ 130-344-346* *t*$^{-84}$ 509-619 392 18^{c}-128-628-630′ Cyr I 1081 = Ald] *υστερη* (+ spat 2 litt) 422; -*σοι* 646; -*σαι* 18*(vid); -*σηται* 458; -*σει* (-*ρισει* 75-767) rell | *ποιῆσαι*] pr *του* A 318; -*ση* 707 77; > 458 | *τὸ πάσχα*] om *τό* 730; + $\overline{κω}$ 767 | *ἐξολεθρευθήσεται* A B* F M 29 129 370] *εξολοθρ.* (-*θρευσειται* 458) F^{b} rell; pr *και* *n*$^{-767}$ 527 ^{Lat}cod 100 (sed hab Aug *Loc in hept* IV 20) = 𝔐 | *λαοῦ*] pr *σωματος του* 458 | *τὸ δῶρον κυρίῳ*] om *τό* 58-72′ 458 28 74-76 *x*$^{-71}$ 59; post *προσήνεγκεν* tr *b* (sed hab Compl) | *κυρίῳ*] pr *τω* 414; *του κυριου* 381′; *κυριου* A F 64-72-376^{c}-426 73′ 106 *n*$^{-54}$ 30 *x*$^{-509}$ 392 *z*$^{-120\prime}$ 319 Aeth Bo Syh = 𝔐 | *προσηνεγκαν* A* 28 121 | om *τόν* 29 *b* 71-509 (sed hab Compl) | *καιρόν*] *νομον* 72 | *αὐτοῦ* 2°] > *b* 767 Aeth; bis scr 528(|) | *λήμψεται* A B* F V 82 56* 509] *ληψεται* (*λειψ.* 75 318) F^{b} rell | om *ὁ ἄνθρωπος ἐκεῖνος* 72 458

---

11 *πικρίδων*] + *καὶ ἐπὶ ἀμνοῦ* F^{b}

14 *ἐάν* — *προσήλυτος*] *α′ ἐὰν δὲ προσέλθῃ πρὸς ὑμᾶς προσήλυτος* Field

πρὸς ὑμᾶς προσήλυτος ἐν τῇ γῇ ὑμῶν, καὶ ποιήσει τὸ πάσχα κυρίῳ,
κατὰ τὸν νόμον τοῦ πάσχα καὶ κατὰ τὴν σύνταξιν αὐτοῦ, οὕτως ποιήσει
αὐτό· νόμος εἷς ἔσται ὑμῖν καὶ τῷ προσηλύτῳ καὶ τῷ αὐτόχθονι
τῆς γῆς.
[15]Καὶ τῇ ἡμέρᾳ, ᾗ ἐστάθη ἡ σκηνή, ἐκάλυψεν ἡ νεφέλη τὴν σκη- 15
νήν, τὸν οἶκον τοῦ μαρτυρίου· καὶ τὸ ἑσπέρας ἦν ἐπὶ τῆς σκηνῆς
ὡς εἶδος πυρὸς ἕως πρωί. [16]οὕτως ἐγίνετο διὰ παντός· ἡ νεφέλη 16
ἐκάλυπτεν αὐτὴν ἡμέρας καὶ εἶδος πυρὸς τὴν νύκτα. [17]καὶ ἡνίκα 17
ἀνέβη ἡ νεφέλη ἀπὸ τῆς σκηνῆς, καὶ μετὰ ταῦτα ἀπῆραν οἱ υἱοὶ

ABFMV O''^{-G} C'' $bdf^{-53'}nstxyz$(630) al verss

14 om δέ 528-739 68 | προσέλθῃ / πρὸς ὑμᾶς] pr προσελθη 54; post προσήλυτος tr *b* (sed hab Compl); tr f^{-129} | πρὸς ὑμᾶς] εφ υμας 15; προς ημας 82-376* 75 646; > *d t*; post προσήλυτος tr 72 | ἐν — ὑμῶν] sub ÷ Syh; > Arab Bo = 𝔐 | ὑμῶν] ημων 120′ = Compl | om καί 1° 72 Aeth | ποιήσει 1°] ποιησαι 72; ποιηση F M′ V oI^{-64}-707 46-57-77*-414-417-422-528-550′-551^{c} 537 56 130^{mg}-321′^{c}-343-730 76 318 18-68′ 424 Cyr I 1081 Arm Bo = Sixt | τό — κατά 1°] om τό 72; om τὸ πάσχα 707*; > 130-321′ | κυρίῳ] pr τω 417; κυ 426 619 Aeth; > 528* 318 18′-126-628-630′ | τοῦ πάσχα] το πασχα 458; αυτου 55; *dei* Arab | καί 2° — αὐτό] om καί 376-707 44 509*; > 126 | σύνταξιν] συναξιν 28; ταξιν 19 54 (sed hab Compl) | οὕτως] ουτω 619 18′-628-630′ 646 Cyr I 1081 = Ald; και 527; > B 129 n^{-767} 71-509 Aeth Arab Arm Co = Ra | ποιήσει 2°] ποιηση 550*; ποιησουσιν (-σοσιν 314; -σωσιν 19′) F 58-*oII* *b* f^{-246} 130^{mg}-321′^{mg} 392 59 319 Aeth; ποιησεται 426; + θυσιαν V | αὐτό] αυτω 19 75; αυτου V 458; sub ÷ Syh; > 58 319 ^{Lat}cod 100 = 𝔐 | νόμος] pr ο 59 | εἷς] ουτος 376; > 72 107′-125 Tht *Nm* 201^{ap} | ἔσται] εστω V Tht *Ios* 277^{ap} | ὑμῖν καί] pr εν 619 68′; υμων και V* 318; om καί ^{Lat}cod 100 Aeth Arm; > Tht *Ios* 277 | τῆς γῆς] *et terra* ^{Lat}cod 100; *terrae vestrae* Bo

15 init — ᾗ] *ex qua die* ^{Lat}cod 100 (sed hab Aug *Num* 16. 1) | ᾗ] pr εν Cyr I 393 | σκηνή] + *testimonii* ^{Lat}cod 100 Sa^{1} | ἡ νεφέλη] post σκηνήν tr 414 | τήν — 10$_{34}$ Μω[υσῆς] absc 630(||) | τὸν οἶκον] pr και V 64-381-618^{mg} *d n t* 527-619 121 Arm = Ald; *domus* (+ *autem* Bo) ^{Lat}cod 100 Bo; > 618^{txt} Sa^{12} | σκηνῆς] γης A | πρωί — (16) ἐκάλυπτεν] pr το b^{-19} (sed hab Compl); bis scr 28

16 init] pr και 528 Aeth | εγενετο 72-376 C'' 127^{c}-458 321 *x* 392 120′-126 59 = Compl; εγιγνετο Cyr VI 616 | om διὰ παντός 458 | ἡ — fin] pr *et* Bo; om ἐκάλυπτεν αὐτήν 527; om καί Cyr VI 616; > 72 | εκαλυψεν 52′-313 28(1°) | αὐτὴν ἡμέρας] την ημεραν 376 | ἡμέρας] ημερα 246; sub ÷ Syh = 𝔐 | τὴν νύκτα] εως πρωι 509

17 καὶ ἡνίκα] ηνικα δε 319; + αν 767 | καί 1°] + *dixit dominus ad moysen* ^{Lat}cod 100 | ἀνέβη] ανεβαινεν (-βενεν 54) M^{mg} *d n t* 527 392 416 ^{Lat}cod 100 Sa | ἀπό — νεφέλη 2°] bis scr 121 | σκηνῆς — (23) fin] γης απειρον οι υιοι ιηλ εκει δε παρενεβαλλον οπου η νεφελη εν τοπω δια προσταγματος κυ παρεμβαλουσι(ν) οι υιοι ιηλ και δια προσταγματος κυ απαρουσι 527 | καὶ μετὰ ταῦτα] *tunc* ^{Lat}cod 100 (sed hab Aug *Loc in hept* IV 21 *Num* 16. 1); om καί V 72 106-125 Cyr I 393 Aeth Arm Co; > 75 Arab | ἀπῆραν (απειραν 376*(vid) 458 318 126 319) B F^{b} O^{-58}-72-381′ 73′-413-414′-422-528′-550′ *b* 106-610 129 458 321 509-619 318 126 55 319 Cyr I 393 VI 616 = Ald] *promovebunt* ^{Lat}cod 100;

Ἰσραήλ· καὶ ἐν τῷ τόπῳ, οὗ ἂν ἔστη ἡ νεφέλη, ἐκεῖ παρενέβαλον οἱ
18 *υἱοὶ Ἰσραήλ. 18διὰ προστάγματος κυρίου παρεμβαλοῦσιν οἱ υἱοὶ*
Ἰσραήλ, καὶ διὰ προστάγματος κυρίου ἀπαροῦσιν· πάσας τὰς ἡμέρας,
ἐν αἷς σκιάζει ἡ νεφέλη ἐπὶ τῆς σκηνῆς, παρεμβαλοῦσιν οἱ υἱοὶ Ἰσραήλ·
19 *19καὶ ὅταν ἐφέλκηται ἡ νεφέλη ἐπὶ τῆς σκηνῆς ἡμέρας πλείους, καὶ*
φυλάξονται οἱ υἱοὶ Ἰσραὴλ τὴν φυλακὴν τοῦ θεοῦ καὶ οὐ μὴ ἐξάρωσιν·
20 *20καὶ ἔσται ὅταν σκεπάσῃ ἡ νεφέλη ἡμέρας ἀριθμῷ ἐπὶ τῆς σκηνῆς,*
διὰ φωνῆς κυρίου παρεμβαλοῦσιν, καὶ διὰ προστάγματος κυρίου ἀπα-
21 *ροῦσιν· 21καὶ ἔσται ὅταν γένηται ἡ νεφέλη ἀφ᾽ ἑσπέρας ἕως πρωί,*

ABFMV O′′$^{-G}$ C′′ *bdf*$^{-53'}$*nstxyz*$^{-630}$ al verss

απηρον (aut *απειρον*) rell | om *οἱ* 1° 458 28 370* 319 | *καί* 3°] > 458 Bo; ⌒(18) 628 | om *τῷ* 618* 509(|) | *οὗ*] *ω* 121(1°) | *ἂν ἔστη*] *εαν εστη* 84 59; *αν εσταθη* *b* 318 (sed hab Compl); *ανεβη* *cI*$^{-57}$-551; om *ἄν* 618* | *παρενέβαλον*] -*λλον* A F M′ 15-29-58-64^{c}-381-707 57-313-422 125′-610^{c} 56 54′-458 321′-344-730 *t* 121 Aeth Arm Sa; -*βαλοσαν* 129 = Compl; *παρεβαλον* 319; *constituent tabernaculum* ^{Lat}cod 100 | *οἱ υἱοὶ Ἰσραήλ* 2°] om *οἱ* V 246 75′ 130 319; > Arab; ⌒(18) 1° 551 767 Aeth

18 *προστάγματος* 1°] ⌒2° 707^{txt} 52′-313 75′ 71 646 Cyr VI 616 | om *παρεμβαλοῦσιν* 1° — fin 72 | *παρεμβαλοῦσιν* 1° — *ἀπαροῦσιν*] om *παρεμβαλοῦσιν* — *Ἰσραήλ* F^{b} 126 55; om *οἱ* — *ἀπαροῦσιν* 426^{txt}(cprm); om *οἱ υἱοὶ Ἰσραήλ* 707$^{(mg)}$(vid); om *οἱ* 56*(cprm) 54* 319; > 59 | *παρεμβαλοῦσιν* 1°] pr *η* V; -*λλουσιν* A 29 121 68′ (sed hab Ald); *απαρουσιν* 426^{mg} ^{Lat}cod 100 (sed hab Aug *Num* 16. 1) = 𝔐; *castra ponebant* Arm Sa | *καί*] > B* 509-619 Sa; ⌒(19) 1° 343 | om *κυρίου* 2° 529 319* | *ἀπαροῦσιν*] *απαιρουσι(ν)* F^{b} 318; *παρουσιν* 314; *παρεμβαλουσιν* 426$^{(mg)}$ = 𝔐; *promovebant* Arm Sa; ⌒(23) 628 | *σκιαζη* 376 392 | om *ἐπί* 319 | *σκηνῆς*] *γης* 761*; + *δια προσταγματος κ̅υ̅* 54-75′; + *του μαρτυριου* V 129; ⌒(19) 71 | *παρεμβαλοῦσιν* 2° — fin] pr *ου* 108^{c}; > Bo | *παρεμβαλοῦσιν* 2°] -*λλουσιν* 29 610 767 121 68′ Sa (sed hab Ald) | *οἱ υἱοὶ Ἰσραήλ* 2°] om *οἱ* 313-422 319; sub ÷ Syh; > Arab = 𝔐; + *και δια προσταγματος κυριου απαρουσιν πασας τας ημερας εν αις σκιαζει* 75

19 init — *Ἰσραήλ*] om init — *ἐφέλκηται* 75; om *ἐπὶ τῆς σκηνῆς* C′$^{-131mg\ 551}$-57 *s* 646; bis scr 107 | *αφελκηται* (-*τε* 318) O^{-58}-15* 52′-313 127 84 *y*$^{-121}$; *εφελκητο* 126 | *ἐπί*] *απο* 376 | *σκηνῆς*] + *του μαρτυριου* 246 | *ημερα* 82-376 | om *καί* 2° 72 Aeth Arm Bo^{A} | *φυλαξωνται* 15*; *φυλαξουσιν* 458 | om *οἱ* 767* 126 319 | om *Ἰσραήλ* F*(cprm) | *θεοῦ*] *κ̅υ̅* 129 Aeth Arm Bo = Compl 𝔐 | *εξαρουσι(ν)* 29-58-707 129 54-75′ 509 59 = Compl; *εξαιρουσι* 72

20 om comma *b* (sed hab Compl) | om *ἔσται* Aeth | *σκεπάσῃ*] -*παζη* (-*ζει* 426 71) O^{-58} 71′ 68′-120′ Cyr I 393 = Sixt; *επισκ.* 121; *γενηται* Compl = 𝔐 | *ἡμέρας*] *dies plures* ^{Lat}cod 100; *ημερα* 376 | *αριθμων* (*αρηθ.* 767) *f*$^{-129}$ 767 | *τῆς σκηνῆς*] pr *της γης* 72; om *τῆς* 551*; + *dei* ^{Lat}cod 100 | om *διὰ φωνῆς* 52′-313 646 | *κυρίου* 1°] + *dei* ^{Lat}cod 100; ⌒2° 54-458 | *παρεμβαλοῦσιν*] *περεμβ.* 619; -*λλουσιν* 29 767 | *προστάγματος*] *φωνης* 75-127-767 Arm | *κυρίου* 2°] pr *του* 82 | *ἀπαροῦσιν*] *εξαρουσι(ν)* A M′ *oI* C′′$^{-414}$ 127^{c} 28-30′-85′^{txt}-321′^{txt}-343′ 619 *y*$^{-392}$ 55 319 646 = Ald; *απαιρ.* F^{b}; *επαρ.* 767; *εξαριθμουσι* 414; *παρεμβαλουσι* 376*(cprm); ⌒(21) 1° 392

---

19 init — *ἐφέλκηται*] σ′ *καὶ ὅποτε ἐχρόνιζεν* 108(s nom) Syh

καὶ ἀναβῇ ἡ νεφέλη τὸ πρωί, καὶ ἀπαροῦσιν ἡμέρας ἢ νυκτός, καὶ
ἀναβῇ ἡ νεφέλη ἀπαροῦσιν 22*ἡμέρας ἢ μηνός, ἡμέρας πλεοναζούσης* 22
τῆς νεφέλης σκιαζούσης ἐπ' αὐτῆς παρεμβαλοῦσιν οἱ υἱοὶ Ἰσραὴλ καὶ
οὐ μὴ ἀπάρωσιν. 23*ὅτι διὰ προστάγματος κυρίου ἀπαροῦσιν, τὴν φυ-* 23
λακὴν κυρίου ἐφυλάξαντο διὰ προστάγματος κυρίου ἐν χειρὶ Μωυσῇ.

ABFMV O''^{-G} C'' $bdf^{-53'}nstxyz^{-630}$ al verss

21 om *ἔσται* Aeth | *εγινετο* 767 | *ἀφ' ἑσπέρας* F^{a}] *αφ εσπερου* F M' 52'-57-313-417 28-85'*-321'^{txt}-343' 319; > 509 | *ἀφ'*] *απ* 54 318; *εφ* 414; *απο b* 75' (sed hab Compl); > 616(|) | *ἕως*] *ως* 509 | *πρωί* 1° F^{a} F^{b}] pr *το* (*τω* 707 246) F O^{-58}-82-707 f^{-129} 71-509 68'-120'; *πρωιας* V | *καί* 2° — *πρωί* 2° F^{a} F^{b}] > F cI^{-57}-551 246 84 509 Bo^{A}: homoiot | *ἀναβῇ* 1°] pr *εαν* M' *b* 54-767 85'^{mg}-321'^{mg} Arm Bo; pr *αν* 75; *εαν ανεβη* 458; *ανεβη* 707 *C*-46-57-414-422 129 71 121 68'-120' 319 (sed hab Ald) = Compl; *ανεβη* F^{b} | *τό*] *τω* 29-707 52'-313 75-767; > 107'-125 | *καί* 3° F F^{a}] > F^{b} Aeth Arm Bo^{A} ↓: contra 𝔐 | *ἀπαροῦσιν* 1°] *promoverit* ^{Lat}cod 100 | *ἡμέρας* — fin F] om *καί* — *νεφέλη* F^{a}; > F^{b} 528 321' $Aeth^{F}$: homoiot; bis scr 529 | *ἡμέρας*] pr (※ Syh) *η* O^{-376} Syh ↓; *ημερα* 376 | *ἤ*] *και* 707 *d* 127 730 *t* 71 Sa ↓; > 509(|) | om *καί* 4° — (22) fin *b* (sed hab Compl) | *καί* 4° — (22) *ἤ*] om *καί* — *ἡμέρας* V 707^{txt} 56 = Compl; > B 129 71-509 Sa = Ra | om *καί* 4° 72 127 $Aeth^{CG}$ ↓: contra 𝔐 | *ἀναβῇ* 2° A M' *O'*-29-82 $cI^{-57\,(528)}$-739 130 84 *y* 55 59 319 Cyr I 393 ^{Lat}cod 100 Syh] *ανεβη* F 551; *si non tollatur* Arm; pr *εαν* (*αν* 76; *ε* 669; *οταν* 72) rell | *νεφέλη* 3°] + *τω πρωι* 246 | *ἀπαροῦσιν* 2°] pr *non* Arm; pr *και* $cI^{-57\,(528)}$-551 = 𝔐; *και απερουσιν* 246; *και εξηραν* O^{-58}; *αποδιμισωσιν* 127^{mg}; > 72 Syh; + *noctu per mandatum domini castra ponent* $Aeth^{CG}$

22 *ἡμέρας* 1° — *ἡμέρας* 2°] *a diebus* ※ *ad dies* ↙ Syh | *ἡμέρας ἤ*] *et* Arm; *ει δε* 72; > n^{-767} | *ἡμέρας* 1°] pr *η* O^{-376} ↓; *ημερα η νυκτος* 376; + *η νυκτος* 246; ⌒2° *d t* | *ἡμέρας* 2°] pr *η* V 58-72 ↓; > 376 | *τῆς νεφέλης σκιαζούσης* F^{a}] > A F 376 cI^{-57}-551 121 | *τῆς νεφέλης*] *την νεφελην* 458; + *ημερας πλεονα* 84*; + (※ Syh) *επι της σκηνης* $O^{(-376)}$ 767 Arab Syh ↓ | *σκιαζούσης*] pr *και* *d* n^{-458} 346^{mg} *t* Arm; *και συσκιαζουσης* 72 | *ἐπ' αὐτῆς*] *επ αυτοις* 619 Sa = Ald; *επ αυτη* 72; *εν αυτοις* 68'-120'; om *ἐπ'* 319 | *παρεμβαλωσιν* A; *παρεμβαλλουσιν* 29 767 55 | *οἱ* — fin] om *οἱ* 75 319; > $C'^{-131^{mg}\,551}$-57; om *οἱ υἱοὶ Ἰσραήλ* 131^{mg} | *οὐ* — fin] *cum movebunt* ^{Lat}cod 100 | *ἀπάρωσιν*] -*ρουσιν* (*παρ.* 458) F 58-72' $131^{(mg)}$ 129 n^{-767} *s* 318 55 59 Cyr I 393 = Compl; *αναχωρισουσιν* 127^{mg}; + (※ Syh) *και* (> *oI* 619 Ald) *εν τω αναχθηναι αυτην εξηραν* (*εξ ημερα* 376) *O'* 767 619 Arab Syh = Ald 𝔐

23 init — *ἀπαροῦσιν* F^{a}] > F 28-85 | *ὅτι*] (+ ※ Syh) *οτι δια προσταγματος κυριου* (+ *εν χειρι μωυση* 618*) *παρεμβαλουσι(ν)* (-*λλουσιν* 767; + ↙ Syh) *και* O'^{-376} 767 619 Syh = Ald 𝔐 | *διὰ προστάγματος* 1°] *praeceptum* ^{Lat}cod 100 | *ἀπαροῦσιν*] *εξαρουσιν* 381' 619 = Ald; > 72 458 | *τήν*] pr *et* Aeth Arm | *κυρίου* 2°] *dei* $Aeth^{M}$; *ην* 376; + *ην* B* 44; ⌒3° 529 | *ἐφυλάξαντο* B V 376 *d* 129 n^{-767} *t* 71-509 319 Cyr I 393] -*ξεν* 28; -*ξαν* rell | *διὰ προστάγματος κυρίου* 2°] *praeceptum domini* ^{Lat}cod 100; *δια φωνης κυριου* 458; om *κυρίου* 73*; > 72; ad fin tr 44 | *ἐν χειρί*] pr *et* Aeth; *in manibus* $Aeth^{M}$ Bo | *Μωυσῇ*] -*σει* 343; -*σην* 246*; -*σεως* 120'; -*σεος* 68' (sed hab Ald); *μωση n* Cyr I 393; *μωσει* 426; *μωυ*^{σ} 126

21—22 commata] σ' *et erat cum esset nubs a vespere usque mane, sustollebatur autem nubs in mane, proficiscebantur, aut die et nocte quando sustollebatur*

1 2 **10** [1]*Καὶ ἐλάλησεν κύριος πρὸς Μωυσῆν λέγων* [2]*Ποίησον σεαυτῷ*
δύο σάλπιγγας ἀργυρᾶς, ἐλατὰς ποιήσεις αὐτάς, καὶ ἔσονταί σοι ἀνα-
3 *καλεῖν τὴν συναγωγὴν καὶ ἐξαίρειν τὰς παρεμβολάς·* [3]*καὶ σαλπιεῖς*
ἐν αὐταῖς, καὶ συναχθήσεται πᾶσα ἡ συναγωγὴ ἐπὶ τὴν θύραν τῆς
4 *σκηνῆς τοῦ μαρτυρίου·* [4]*ἐὰν δὲ ἐν μιᾷ σαλπίσωσιν, προσελεύσονται*
5 *πρὸς σὲ πάντες οἱ ἄρχοντες, ἀρχηγοὶ Ἰσραήλ.* [5]*καὶ σαλπιεῖτε σημα-*
σίαν, καὶ ἐξαροῦσιν αἱ παρεμβολαὶ αἱ παρεμβάλλουσαι ἀνατολάς·

ABFMV O''^{-G} C'' $bdf^{-53'}nstxyz^{-630}$ al verss

10 1 *μωυση* 58 19; *μωσην* 426 *n* 527; *μωσει* 72
2 *ποίησον*] -*σω* 313-615*; -*σεις* 84 | *σεαυτῷ*] -*τον* 767; *εαυτω* 392 59; *αυτας* 84 | om *δύο* Chr II 881 | *ἀργυρᾶς*] > 84^{txt}(cprm); post *ἐλατάς* tr B V *b d* 129 *n* t^{-84txt} x^{-619} 319 Chr II 881 Cyr I 397 V 773 X 837 ^{Lat}cod 100 Ambr *Sat* II 107 (sed hab Or *Matth* 52 Sixt) | *ἐλατάς*] pr *και* 52′-313 Aeth; > Cyr X 409 | *ποιήσεις αὐτάς*] *ποιησον αυτας* 84^{c}; -*σης αυτας* 767 392; > 107′-125 Arab | om *σοι* 75′ 59 ^{Lat}cod 100 | *ἀνακαλεῖν*] + *και υπεξελθειν* Cyr X 409 | *συναγωγήν*] pr *σην* 458 | om *καί* 2° — (7) fin 799 | *εξαιρεις* 610 | om *τάς* 46
3 om comma 527 | *σαλπιεῖς* — *συναγωγή*] *tuba canetis significationem et promovebunt castra* ^{Lat}cod 100 (sed hab Ambr *Sat* II 107): cf 6 | *σαλπιεῖς*] -*πισεις* B* 619 *z* (sed hab Sixt) = Ra; -*πιειν* 29 616*; -*πιουσιν* V 319 Arm = 𝔐 | *αυτοις* 106 | *συναχθήσεται*] -*σονται* V O^{-426}-29 C'^{-551}-57 *b s* 669* 319 (sed hab Compl) = 𝔐; *συναχθη*^{στ} 126 | *πᾶσα ἡ συναγωγή*] pr *επι σαι* 376; pr (※ Syh) *προς σε* V O^{-376} 246 619 *z* 646 ^{Lat}Or *Matth* 52 Syh = 𝔐; *πασα ει σκηνη επι την συναγωγη* 767; *πασαι αι συναγωγαι* 319; om *ἡ* 54-458 | *ἐπί*] *εις* 54-75′; *ad* ^{Lat}cod 100 Ambr *Sat* II 107 Or *Matth* 52 | *τὴν θύραν*] *τας θυρας* 18-126 Bo; *της θυρας* 628 646; om *τήν* 46; > 72 | *τοῦ μαρτυρίου*] pr *του μαρ* 618(|)
4 *δέ*] *δ* 126; *μη* 458; *ουν* 527 | om *ἐν* 72-376 | *μιᾷ*] + *σαλπιγγι* 619 *z* 646 | *σαλπιωσιν* F; *σαλπιουσιν* 319; *σαλπισουσι* 58 54* | *προσελεύσονται*] pr *και* V = 𝔐; *προελ.* 500; *ελευσ.* Cyr I 397 | *πρὸς σέ*] *προ σε* 619; *autem* ^{Lat}cod 100 | *πάντες*] pr ÷ Syh; > 58 n^{-767} 527 319 Arm = 𝔐 | *οἱ ἄρχοντες*] om *ἄρχοντες* 75′; > 130(||) | *ἀρχηγοί*] pr *et* ^{Lat}cod 100 Ambr *Sat* II 107 (sed hab Or *Matth* 52); *και χιλιαρχοι* oI^{-15} 619 = Ald; *χιλιαρχοι* M'^{mg} V 15-82-707^{mg} $C'^{-131mg\ 551}$-57 118^{mg} $s^{-130mg\ 321'mg}$ 318 55 319 ↓; *οι υιοι* 125; *filiorum* Bo; + *χιλιαρχοι* (*χιαρχοι* 528) cI^{-57}-551 121; + (※ Syh) *χιλιαδων* *O* 767 Syh ↓ | *Ἰσραήλ*] pr *οι υιοι* 767
5 om comma 16-46 | *σαλπιεῖτε*] -*πιειται* 767; *tubabis* Or *Matth* 52; -*πιει* *d*; *canebunt* ^{Lat}cod 100 | *σημασίαν*] pr *δευτεραν* 527; -*σιας* 646; *σημασια αλαλαγμω* 767; *αλαλαγμον* 54 ↓; + *α̅* 669^{c} ^{Lat}Or *Matth* 52; + *δευτεραν* 55 | *ἐξαροῦσιν*] -*ρωσιν* 318; *εξαιρ.* 376-426* 85* 527-619; *σαλπιουσιν* 71 | *παρεμβολαί*] *παραβολαι* 343 | *αἱ* 2°] pr *και* 343 ^{Lat}Ambr *Sat* II 107; > 707* | *παρεμβάλλουσαι*] -*βαλουσαι* B* V 72-618 52′-73′-551-616*-739 *b d* 56 54-767 370 71 18-126 55 59 646; -*βαλουσι* 30; > 527; ⌒(6) 1° 761 128-669^{txt} | *ἀνατολάς*] pr *κατα* *b d* 75′-767

---

nubs proficiscebantur, aut diebus aut mensibus aut tempore quando remansit nubs super tabernaculum ad manendum super eo, castra ponebant filii israel et non proficiscebantur Syh
10 4 *ἀρχηγοί*] *ο′ ἀρχηγοί* 344; *σ′ θ′ χιλίαρχοι* 344^{txt}; + *,α̅* (= *χιλιάδων* vid) *ἀκύλας* 344
5 *σημασίαν*] *α′* (inc 707) *ἀλαλαγμόν* (-*μον* 321′) M′ 707 458(s nom) 85(s nom)-321′(s nom)-343(s nom)-344

[6]καὶ σαλπιεῖτε σημασίαν δευτέραν, καὶ ἐξαροῦσιν αἱ παρεμβολαὶ αἱ 6
παρεμβάλλουσαι λίβα· καὶ σαλπιεῖτε σημασίαν τρίτην, καὶ ἐξαροῦσιν
αἱ παρεμβολαὶ αἱ παρεμβάλλουσαι παρὰ θάλασσαν· καὶ σαλπιεῖτε
σημασίαν τετάρτην, καὶ ἐξαροῦσιν αἱ παρεμβολαὶ αἱ παρεμβάλλουσαι
πρὸς βορρᾶν· σημασίᾳ σαλπιοῦσιν ἐν τῇ ἐξάρσει αὐτῶν. [7]καὶ ὅταν 7
συναγάγητε τὴν συναγωγήν, σαλπιεῖτε καὶ οὐ σημασίᾳ. [8]καὶ οἱ υἱοὶ 8
Ἀαρὼν οἱ ἱερεῖς σαλπιοῦσιν ταῖς σάλπιγξιν, καὶ ἔσται ὑμῖν νόμιμον

ABFMV O''^{-G} C'' $bdf^{-53'}nstxyz^{-630}$ al verss

t 527 Aeth; pr *κατ* 54′ 392 = Compl; pr *προς* 52′ 646 ^{Lat}cod 100 Ambr *Sat* II 107 Or *Matth* 52; pr *νοτον* 618*; *παρα θαλασσαν* 318; *-λαις* 73′-413-528-551; *εντολας* 619

6 *σαλπιεῖτε* 1°] *-πισετε* 68′-120′ (sed hab Ald); *tubabis* Or *Matth* 52; ⌒2° 72 527 | om *δευτέραν* — fin Arab | *δευτερον* B^{c} 509 | *ἐξαροῦσιν* 1°] *-ρωσιν* 318 | *αἱ* 1°] ⌒2° 618 108-118^{txt}-314 (sed hab Compl) | *αἱ παρεμβάλλουσαι* 1°] *αι παρεμβαλουσαι* V 618-707^{c} 46-52′-73*-417^{c}-528-551 *b d* 56 767 30-346* 71 18-126; *et constituentur* ^{Lat}cod 100 Ambr *Sat* II 107 | *λίβα* (*λιβαν* 56) B M′^{mg} V *O* 118^{mg} 56^{c}-129 127 71-509 319 Cyr I 397] pr *κατα* 537 n^{-127} Aeth = Compl; pr *προς d t* ^{Lat}cod 100 Ambr *Sat* II 107 Or *Matth* 52; *προς νοτον* (*νωτον* 313) C'^{-551}-57 646; *ανατολας* 318; *νοτον* (*νωτον* 73*) rell ↓ | *καί* 3° — *βορρᾶν*] sub ÷ Syh = 𝔐 | *σαλπιεῖτε* 2°] pr *ει* 527; *tubabis* Or *Matth* 52; *σαλπιει* 126 | *σημασίαν* 2°] > 126; post *τρίτην* tr 527 | *τρίτην*] *τεταρτην* 767* | *καί* 4° — *παρεμβολαί* 2°] om *αἱ παρεμβολαί* 28; > 106^{txt} | *αἱ* 3° — *θάλασσαν*] *αι κατα θαλασσαν παρεμβολαι* 527 | *παρεμβάλλουσαι* 2°] *-βαλουσαι* (*παραιμβ.* 458) 72′-376*-618 52′-616* b^{-537} 44′-125 f^{-129} 458-767 71-509 18-126-669 646; *παραβ.* 537 392; ⌒3° 343 71 | *παρά*] *προς* 77 *d* $s^{(-343)}$ 646 ^{Lat}cod 100 Ambr *Sat* II 107; *εις* $C'^{-77\ 551}$-57; *κατα* M^{mg} 73′-413-528′-551 b^{-19} *n* ^{Lat}Or *Matth* 52 Aeth (sed hab Compl); > A 72 | *θάλασσαν*] *ανατολας* 646 | *σαλπιεῖτε* 3°] pr *ει* 527; *tubabis* Or *Matth* 52; *σαλπιει* 126 | *σημασίαν* 3°] > 126; post *τετάρτην* tr 527 | om *καί* 6° 527 | *αἱ παρεμβολαί* 3°] bis scr 618* | om *αἱ* ult 75 | *παρεμβάλλουσαι* 3°] *παραβ.* 537 392 126; *-βαλουσαι* V 72-618 52′ 44′ f^{-129} 458-767 18 59* 319 = Compl; > 107′-125 527 | *πρός* B* 15^{c}-381′-707 C'^{-551}-57 *d n s t* 527-619 646 Cyr I 397 ^{Lat}cod 100 Ambr *Sat* II 107 Or *Matth* 52 = edd] *κατα* V *O* Aeth Syh; > rell | *σαλπιουσιν σημασιαν* 246 | *σημασίᾳ*] *κατα σημασιαν* 376 Sa; *κατα σημασιας* 58; *-σιαν* 29-72-707*(vid) b^{-19} 458 343 71 318 55 59 ^{Lat}cod 100 Syh = Compl; *-σιας* (*σιμ.* 319) 130^{c} 319; *-σιαι* 129; *αλαλαγμον* 344$^{sup\ lin}$; *orgo* Or *Matth* 52 | *σαλπιοῦσιν*] *σημανουσιν* (*σιμ.* 314) *b* (sed hab Compl); *-πιειτε* Tht *Nm* 201; *tuba canet* ^{Lat}cod 100 Ambr *Sat* II 107 | *ἐν*] *επι* 619 *z* 646 | *ἐξάρσει*] *εξαρξει* (*-ρξη* 75; *ερξαξει* 458) 54-75′ 392 | *αὐτῶν*] *αυτου* 458; *υμων* Tht *Nm* 201

7 *καί* 1°] + *erit* Bo^{B} | *συναγαγει* 319; *συναγαγετε* 321* 59; *αναγαγητε* 54 | om *τήν* 767 646 | *συναγωγήν*] + *υμων* Tht *Nm* 201^{ap} | *σαλπιεῖτε*] pr *et* Arm | om *καὶ οὐ* Bo | *σημασίᾳ*] *-σιαν* 343 392 68′-120′ ^{Lat}cod 100 Ambr *Sat* II 107 (sed hab Or *Matth* 52 Ald); *in signo* ^{Lat}Aug *Num* 17 Bo

8 *καὶ οἱ*] *οι δε* 799; om *οἱ* 528 75′ 126 319 | *οἱ υἱοὶ Ἀαρών*] post *ἱερεῖς* tr Bo | *Ἀαρών*] *αρρων* 646; *αρων* 509*; $\overline{ιηλ}$ 71; + *απηραν* 16* | *οἱ ἱερεῖς*] pr *και* 16-

---

6 *λίβα*] *ο′ λίβα* 344; *οἱ λ′ νότον* 344^{txt}
7 (*καὶ*) *οὐ σημασίᾳ*] *καὶ οὐκ ἀλαλάξετε* 127; *οὐκ ἀλαλαγμῷ* 343

9 αἰώνιον εἰς τὰς γενεὰς ὑμῶν. 9ἐὰν δὲ ἐξέλθητε εἰς πόλεμον ἐν τῇ γῇ
ὑμῶν πρὸς τοὺς ὑπεναντίους τοὺς ἀνθεστηκότας ὑμῖν, καὶ σημανεῖτε
ταῖς σάλπιγξιν, καὶ ἀναμνησθήσεσθε ἔναντι κυρίου, καὶ διασωθή-
10 σεσθε ἀπὸ τῶν ἐχθρῶν ὑμῶν. 10καὶ ἐν ταῖς ἡμέραις τῆς εὐφροσύνης
ὑμῶν καὶ ἐν ταῖς ἑορταῖς ὑμῶν καὶ ἐν ταῖς νουμηνίαις ὑμῶν σαλπιεῖτε
ταῖς σάλπιγξιν ἐπὶ τοῖς ὁλοκαυτώμασιν καὶ ἐπὶ ταῖς θυσίαις τῶν
σωτηρίων ὑμῶν, καὶ ἔσται ὑμῖν ἀνάμνησις ἔναντι τοῦ θεοῦ ὑμῶν· ἐγὼ

ABFMV *O*''$^{-G}$ *C*'' *bdf*$^{-53'}$*nstx*(527)*yz*$^{-630}$ al verss

46; *του ιερεως* 72 ^{Lat}cod 100; > 417 | *σαλπιουνται* 72 | *ταῖς*] pr *εν* V *oI*$^{-15}$ *b d n t* 527-619 Bo (sed hab Compl) = Ald 𝔐; *τοις* 528; > 72 | om *καί* 2° — fin 799 | *εσονται* V 130^{mg}-321'^{mg} 319 = 𝔐 | *ὑμῖν*] *υμων* 319; > Sa^{12} | *νομον* 707 | om *αἰώνιον* 458 30'-321' | *γενναιας* 376-707*(vid) | om *ὑμῶν* — (36) fin 527

9 om init — *ὑμῶν* 1° 551^{txt}(cprm) | *δέ*] *δ* 126; > Tht *Nm* 202; + *και* 799 | *ἐξέλθητε*] *εισελ.* (*-θοιτε* 414) *C*'$^{(-551mg)}$-57 *s* ↓; *-θη* 44; *-θης* Cyr X 580 637 (sed hab 729 837); post *πόλεμον* tr 799 | om *πρὸς τοὺς ὑπεναντίους* Bo | *πρός*] *super* Aeth = 𝔐 | *τούς* 2° — *καί* 1°] pr *και* 106; om *τ. ἀνθ. ὑμῖν* Or *Matth* 52; > 799 | *καθεστηκοτας* Cyr X 840 (sed hab passim) | *ὑμῖν*] *υμων* 75; *αυ*^{τ} 458 | *καί* 1°] pr *και* (> 628) *σαλπιειτε* (*-ται* 646) 246 619 *z*$^{-126}$ 646; pr *και σημα* 56*(||); > 72 ^{Lat}Or *Matth* 52 Arm Bo; bis scr 552(|) | *σημανεῖτε*] *-νητε* 29 Cyr X 580 637 729^{ap} 840; *σημαινητε* Cyr X 729te; *-νιειτε* 58; *σαλπιειτε* (*-ται* V 30 55 319) A M^{mg} V *oI C*'' 44 *s*$^{-130mg\ 321'mg}$ *y*$^{-392}$ 126 55 319 416 ^{Lat}Or *Matth* 52 | om *ταῖς* — *ἀναμνησθήσεσθε* Aeth^{F}: homoiot | *ταῖς σάλπιγξιν*] pr *εν* M' *d t* 71 799 Cyr X 637 729 840 = 𝔐; *εν τοις σαλπ.* 509; om *ταῖς oI*; ⌒(10) Cyr X 637 | *ἀναμνησθήσεσθε*] *αναμνησεσθε* M' 414; *αναβοησεσθε* 118'-537; *αναβησεσθε* 108; *διαναβησεσθε* 19 (sed hab Compl) | om *ἔναντι* — *διασωθήσεσθε* Tht *Nm* 202^{ap} | *εναντιον* Tht *Nm* 202^{ap} | *κυρίου*] + (+ *του* Compl; ※ Syh) *θεου υμων O* Arab Syh = Compl 𝔐 | *σωθησεσθε* 126 | *τῶν ἐχθρῶν*] *των υπεναντιων* 319; *τους εχθρους* 71 | *ὑμῶν* 2°] > 319; + *qui sunt coram vobis* Bo

10 *καί* 1°] > 707 Sa^{12}; + *εσται* 376 | om *ἐν* 1° 618* | *τῆς*] bis scr 413(|) | *εὐφροσύνης*] *σοφροσυνης* 767 | *ὑμῶν* 1°] *ημων* 537; ⌒2° 529 *d t* Arm; ⌒3° 52'-313 | om *ἐν* 2° 54-75' | *ἑορταῖς*] *ημεραις* 72 | om *ὑμῶν* 2° ^{Lat}cod 100 | *νεομηνιαις* (*-μιν.* 767) V *O*$^{-426}$ 528 *b n* Tht *Nm* 202 (sed hab Compl) | *ὑμῶν* 3°] *ημων* 767 | *σαλπιεῖτε*] pr *και* Chr II 881 Aeth^{-C} = 𝔐; *σαλπιει* 55; *σημανειτε* 85^{mg}-344^{mg}; bis scr 618*(|) | *ταῖς σάλπιγξιν*] pr *εν b* 319 (sed hab Compl) = 𝔐; *τοις σαλπ.* *C*$^{-16\ 77}$-551 44; *in tubis vestris* Bo Sa^{11}; om *ταῖς oI*$^{-15}$ 458 30*(cprm)-343' *x*$^{-509}$ *z* 646 | om *ἐπὶ τοῖς ὁλοκαυτώμασιν* Sa^{12} | *ἐπί* 1°] pr *και* Cyr X 580 637 (sed hab 729 840) Arm; *εν* V 376 314 127 121 319 | *ὁλοκαυτώμασιν*] + *υμων O* Chr II 881 ^{Lat}Or *Matth* 52 Aeth Bo Sa^{11} Syh = 𝔐 | *ἐπί* 2°] *εν* 127 319; > Chr II 881 ^{Lat}Ambr *Sat* II 107 Bo | *τῶν σωτηρίων*] *του σριου* 414; *τ. θυσιαστηριων* Cyr X 729 (sed hab passim) | *ὑμῶν* 4°] *ημων* 30; ⌒5° 458 | *ἔσται*] *εστιν* 29 | *ἀνάμνησις*] *εις* (> 376) *αναμνησιν* V 376 *b* 767 319 ^{Lat}cod 100 Ambr *Sat* II 107 = 𝔐 | *ἔναντι τοῦ θεοῦ*] *εναντι κυριου* 799 ^{Lat}cod 100 Ambr *Sat* II 107 Arm^{te}; *coram domino deo* Sa^{12} = 𝔐^{mss} Sam; om *τοῦ*

9 *ἐξέλθητε*] *ο' θ' σ' ἐξέλθητε* 344; *α' εἰσέλθητε* 344^{txt}

κύριος ὁ θεὸς ὑμῶν.
[11]Καὶ ἐγένετο ἐν τῷ ἐνιαυτῷ τῷ δευτέρῳ ἐν τῷ μηνὶ τῷ δευτέρῳ 11
εἰκάδι τοῦ μηνὸς ἀνέβη ἡ νεφέλη ἀπὸ τῆς σκηνῆς τοῦ μαρτυρίου,
[12]καὶ ἐξῆραν οἱ υἱοὶ Ἰσραὴλ σὺν ἀπαρτίαις αὐτῶν ἐν τῇ ἐρήμῳ τοῦ 12
Σινά, καὶ ἔστη ἡ νεφέλη ἐν τῇ ἐρήμῳ τοῦ Φαράν. [13]καὶ ἐξῆραν πρῶτοι 13
διὰ φωνῆς κυρίου ἐν χειρὶ Μωυσῆ. [14]καὶ ἐξῆραν τάγμα παρεμβολῆς 14

ABFMV O''^{-G} C'' $bdf^{-53'}nstx^{-527}yz^{-630}$ al verss

72 | εναντιον (-τιων 30) M′ $C'^{-414'}$-57 *s* 619 *z* 646 Cyr X 580 (sed hab passim) Tht *Nm* 202 | ὑμῶν 5°] ημων 75; >799 ^{Lat}Ambr *Sat* II 107; ⌒6° 18 59 Sa^{12} | ἐγώ] pr *et* Aeth | ὁ — fin] > 319; + και ελαλησεν κ̅ς̅ προς μωσην λεγων ικανουσθω υμιν κατοικειν εν τω ορει τουτο επιστραφηται και απαραται υμεις και εισπορευεσθαι εις ορος αμορραιων και προς παντας τους περιοικους αυτου τους εν τη παιδιαδι εις ορος και παιδιον και προς λιβαν και παραλιαν θαλασσης γην χαναναιων και αντιλιβανον εως του μεγαλου ποταμου ευφρατου εισσελθατε (-ται*) παραδεδωκα ενωπιον υμων την γην εισελθονται κλιρονομησαται την γην ην ωμοσα τοις πατρασιν υμων τω αβρααμ και ισαακ και ιακωβ δουναι τω σπερματι αυτου μετ αυτους 767↓

11 ἐν 2° — δευτέρῳ / εἰκάδι τοῦ μηνός] om ἐν V; om ἐν — δευτέρῳ 707^{txt} $C^{-131^{mg}}$-46-57-414′-422 127 509 Bo = Tar^{P}: homoiot; > 76; tr *d* t^{-76} | εικαδα 528 | ἡ νεφέλη] bis scr 120 | ἀπό] επι 44 | om σκηνῆς 58(|)

12 om οἱ 82*(|) 126 319 | σὺν ἀπαρτίαις αὐτῶν] *cum expeditione cum virtute sua* ^{Lat}cod 100; *cum profectionibus eorum* Syh ↓ | ἀπαρτίαις] pr ταις (τες 75) 52′ *d n t* 646; (+ τη 55) απαρτια (+ *omni* Bo) *b* 55 319 Bo (sed hab Compl); απαρτησει 126; αμαρτιαις 458 | ἐν τῇ ἐρήμῳ 1°] εκ (απο V Compl) της ερημου V *d* n^{-458} *t* Arab Arm = Compl 𝔐; *in monte* Bo; ⌒2° 52′-313 | τοῦ 1°] τω 246; τη 618* 319; της 107 *t*; > B V O^{-58} 44′-125 x^{-619} = Ra | Σινά — ἐρήμῳ 2°] bis scr 376 | Σινά] σεινα B*; σιναι O^{-376} n^{-767} = 𝔐 | ἔστη] εσται 529 125; + ras 3 litt 131 | ἐν τῇ ἐρήμῳ 2°] επη ερημω 75; *in monte* Bo | τοῦ Φαράν] σινα 376*; τη φαραν (φαραμ 55*) V 107′ *t* 392^{c} *z* 55 319 646 (sed hab Ald); του μαραν 550*; *pharran* (*pharnē* Bo^{B*}) *kadēs* (> Sa) Bo Sa^{12}; om τοῦ 44′-125 767

13 om καί Sa | εξηραντο (-ρατο*) 75 | πρῶτοι] *filii israel* Arm^{te}; ⌒(14) 57 | ἐν χειρί] pr *et* Aeth; *in manibus* Bo | Μωυσῆ] -σει 343; -σεως 120′; -σεος 68′ (sed hab Ald); μωση 72 *n*; μωσει 426; $μωυ^{σ}$ 126

14 καὶ ἐξῆραν] *et promovit* Bo = 𝔐; om καί Sa; > 55; + *prius* Arm^{te}; + ras 2 litt 129 | τάγμα — Ἰούδα] post πρῶτοι tr 68′-120′ (sed hab Ald) | ταγματα 58 414-529-616*(c pr m) 610 75 28 74-76 619 68-126 319 Arm =

---

10 fin] + ÷ *et locutus est dominus ad mosen* (> T) *dicens: satis est vobis habitare in monte hoc. convertimini et proficiscimini vos et intrate in montem amorrhaeorum et ad omnes incolas eius qui in campo in monte et in campo* (+ *et* T) *ad austrum et super oram maris terram chananaeorum et antilibanum usque ad flumen magnum* (+ *flumen* L) *euphratem. intrate tradidi coram vobis terram, intrate et possidete terram quam iuravi patribus vestris abraham isaac iacob dare eam semini eorum post eos* ↙ Syh (ex Sam secundum Syh: cf Deut 1 6–8)

12 σὺν ἀπαρτίαις αὐτῶν] οἱ γ′ εἰς τὰς ἀπάρσεις αὐτῶν 108; οἱ γ′ *in profectionibus eorum* Syh

υἱῶν Ἰούδα πρῶτοι σὺν δυνάμει αὐτῶν· καὶ ἐπὶ τῆς δυνάμεως αὐτῶν
15 *Ναασσὼν υἱὸς Ἀμιναδάβ·* [15]*καὶ ἐπὶ τῆς δυνάμεως φυλῆς υἱῶν Ἰσσα-*
16 *χὰρ Ναθαναὴλ υἱὸς Σωγάρ·* [16]*καὶ ἐπὶ τῆς δυνάμεως φυλῆς υἱῶν*
17 *Ζαβουλὼν Ἐλιὰβ υἱὸς Χαιλών·* [17]*καὶ καθελοῦσιν τὴν σκηνὴν καὶ ἐξα-*
18 *ροῦσιν οἱ υἱοὶ Γεδσὼν καὶ οἱ υἱοὶ Μεραρὶ αἴροντες τὴν σκηνήν.* [18]*καὶ*
ἐξῆραν τάγμα παρεμβολῆς Ῥουβὴν σὺν δυνάμει αὐτῶν· καὶ ἐπὶ τῆς
19 *δυνάμεως αὐτῶν Ἐλισοὺρ υἱὸς Σεδιούρ·* [19]*καὶ ἐπὶ τῆς δυνάμεως φυλῆς*

ABFMV O''^{-G} C'' $bdf^{-53'}nstx^{-527}yz^{-630}$ al verss

Ald | παρεμβολῆς] *tribus* Sa[12] | υἱῶν Ἰούδα] pr των A 58-oI $C''^{-(57)\ 529}$ s 619 y^{-392} = Ald; των ιουδαιων 529; om υἱῶν F 71 Co; tr 646 | πρῶτοι] πρωτη d; > 15[txt] | σύν — (28) fin] και κατ επος αι λοιπαι φυλαι υιων ιηλ 799 | om δυνάμει — τῆς 458 | αὐτῶν 1°] ⌒2° 72 59 Syh[L] | om καί 2° Sa[12] | Ναασσών] νaασων 77-131-413-414'-500-528'-529'-550' 30 Arm; *nassōn* Bo; > 318 | Ἀμιναδάβ] αμειν. B M' (sed hab Sixt); αβιν. F*(cprm); αμην. (-δ[a] 767) 107' 767 318; -δαμ 414-616 75'; -δαρ 72

15 om comma 313 | om τῆς 528 | om φυλῆς 318 Arm Bo | υἱῶν] pr των 318; > Arab | Ἰσσαχάρ] ισαχαρ 72 46-529 d^{-106} 246 458 30 84 669 59 646 [Lat]cod 100 Arm Bo Sa[11]; *iesachar* Sa[12] | Ναθαναήλ] -νιηλ 16-414[c]; + υιος ισσαχαρ ναθαναηλ 319 | υἱός] υιου 30'; > 376 458 | Σωγάρ] σογαρ 72; *zōgar* Bo[B]; σσωγαρ 458; σωχαρ 551*; σωγωρ 414 Arm; σωβαρ f = Compl

16 ἐπὶ τῆς δυνάμεως] *in virtute sua* [Lat]cod 100; om τῆς 528 | φυλῆς] φυλην 376; > Bo Sa[12]; post υἱῶν tr 319 | om υἱῶν 72 Arab | Ἐλιάβ] ελιαφ 343 18; *aliab* Bo | υἱός] ο του 319 | Χαιλών] χελων F 376-oII^{-707} 73'-77-413-414'-761 b 125 f 54-75' 28-130* 76 318-392[c]; χαιλωμ 127 18; χελωμ V 319; *chellon* Arm; *challōn* Sa; αχαιλων 52'; *gedsōn* Bo

17 καί 1°] ⌒2° 344*(cprm) | καθελοῦσιν] καθαιρουσι oI^{-15}; καλουσι 529; *deposuerunt* [Lat]cod 100; *deponebant* Arm | ἐξαροῦσιν] *promoverunt* [Lat]cod 100; *promovebant* Arm | om οἱ 1° O^{-58}-707 C^{-16}-417 d^{-44} 129 75 321* 509* 392* 319 | Γεδσών] γεδεων 72-82-618-707(vid) 44 458 85* 74-76-84 71 68' 59 Sa[11](vid; sed hab Ald); γεδσσων 75; γεδισων 537; *getson* [Lat]cod 100; γεθσων 343 Arm; γεασων 509; γερσων Compl; γηρσων 426 Syh ↓; γηρσσων 767 | om οἱ 2° M' 82-426-707 $C^{-16'}$ 44-125' 129 458 669 59 319 | υἱοί 2°] υιου 458; > 313 | Μεραρί] -ρει B V O^{-376} f 127-767 509 392 18 59 319 Sa; -ρη 72; βεραρη 458 | αἴροντες] pr οι 246 619 z 319 646 = Sixt; αιροντας 509 | τὴν σκηνήν 2°] *arcam* Bo

18 εξηρεν V 537 319 = 𝔐 | τάγμα] -ματα 44-610 75 730 74-76 509 126 319 Arm; bis scr 71(||) | παρεμβολῆς] *tribus* Sa[12]; + φυλης υιων (+ του 58) 58-376 = Tar[P]; + οι υιοι 54; + υιων 52' b d n^{-54} t x^{-619} 392 [Lat]cod 100 Arm Bo (sed hab Compl) = Sam | Ῥουβήν] -βιν 426 550' 107' f^{-246} 130-321 t^{-84} 392 18'-628-669* 319[c] 646*; -βημ 376 619 55[c]; -βειμ 381' 77 106; -βιμ 72 $C''^{-77\ 550'}$ 44-125 246 75' 346-730 84 71 126-669[c] 59 646*; *rūbīl* Arab Syh; *rōbēl* Aeth; > 343 | δυνάμει] -μεως 458 | καί 2° — fin] om καί — αὐτῶν [Lat]cod 100; > 417 | τῆς δυνάμεως] τη δυναμει 414; της δυνασεως 616; om τῆς 528 | αὐτῶν 2°] αυτου 376 = 𝔐 | Ἐλισούρ] ελησουρ 458; ελισσουρ 707; ελιουρ 71 | Σεδιούρ] εεδιουρ 30; σεδεουρ Compl; σελιουρ V; εδιουρ cI^{-57}-551 71 319; δεουρ 118*; σεβιουρ 72

---

17 Γεδσών] ο' οἱ λ' Γηρσών 344

υἱῶν Συμεὼν Σαλαμιὴλ υἱὸς Σουρισαδαί· ^{20}*καὶ ἐπὶ τῆς δυνάμεως* 20
φυλῆς υἱῶν Γὰδ Ἐλισὰφ ὁ τοῦ Ραγουήλ· ^{21}*καὶ ἐξαροῦσιν οἱ υἱοὶ Καὰθ* 21
αἴροντες τὰ ἅγια καὶ στήσουσιν τὴν σκηνήν, ἕως ἂν παραγένωνται.
^{22}*καὶ ἐξαροῦσιν τάγμα παρεμβολῆς Ἐφράιμ σὺν δυνάμει αὐτῶν· καὶ ἐπὶ* 22
τῆς δυνάμεως αὐτῶν Ἐλισαμὰ υἱὸς Ἐμιούδ· ^{23}*καὶ ἐπὶ τῆς δυνάμεως* 23
φυλῆς υἱῶν Μανασσὴ Γαμαλιὴλ ὁ τοῦ Φαδασούρ· ^{24}*καὶ ἐπὶ τῆς δυνά-* 24
μεως φυλῆς υἱῶν Βενιαμὶν Ἀβιδὰν ὁ τοῦ Γαδεωνί. ^{25}*καὶ ἐξαροῦσιν* 25

ABFMV *O*$^{''-G}$ *C''* *bdf*$^{-53'}$*nstx*$^{-527}$*yz*$^{-630}$ al verss

19 om comma 30 | om *καί* Bo^{A} | *ἐπὶ τῆς δυνάμεως*] *in virtute sua* ^{Lat}cod 100; + ras 4 litt 131 | om *φυλῆς* 509(|) Sa^{12} | om *υἱῶν* 72 319 Arab Bo | *Συμεών*] *γαδ* 414* | *Σαλαμιήλ*] *σαμιηλ* 52 28; *σαμαμιηλ* 122*; *σαλαμινα* 509; *σαλαμαλιηλ* 44; *šlmw'yl* Syh; *σαμαλιηλ* 72-381' *C*$^{-77}$ 18; *σαραμιηλ* 610; *γαμαλιηλ* 77; *kamaliēl* Sa^{12} | *Σουρισαδαί*] -*σαδδαι* 426 127; -*σαδε* *b*$^{-19*}$ (sed hab Compl); -*σσαδαι* 707; *σουριδαδε* 19*(cprm); *σουρεισσαδδαι* 767; *συρισαδαι* 730; *σουρισωδαι* 71; *σουρισεδαι* Sixt; *σουριδαι* 74-76; *σουδεισαραι* 509; *sur* Bo
20 *ἐπὶ τῆς δυνάμεως*] *in virtute sua* ^{Lat}cod 100 | om *φυλῆς* 529 392 Bo | om *υἱῶν* Arab | *Ἐλισάφ*] *ελεισαφ* B (sed hab Sixt); *ελιασαφ* 426; *ελισαφατ* 529; *elisaphan* Arm; *elisama* Sa^{12} | *ὁ τοῦ*] *υιος* V *oI*$^{-15}$ *b* 85'^{mg}-321'^{mg} 392 319 Arm Co Syh (sed hab Compl) = 𝔐; om *ὁ* 552 509 | *Ραγουήλ*] *rakuēl* Bo^{B}; + *υιος* 318
21 *ἐξαροῦσιν*] *promoverunt* ^{Lat}cod 100 Bo | *οἱ υἱοί*] om *οἱ* M 376 616* 125 75 392 126 59 319; > 72 | *Καάθ*] *καθ* 72 616 107'-125 509; *gaath* ^{Lat}cod 100 Bo Sa^{11}; *gad* Sa^{12} | *τὰ ἅγια*] *tabernaculum* Arab | *στήσουσιν*] *στησωσι* 106; *statuerunt* ^{Lat}cod 100 | *ἕως*] *ως* 319; + *ceteri* Arm | *ἄν* V *b d n* 85'^{mg}-321'^{mg}(vid) *t* 319] > rell = Compl Ra | *παραγένωνται*] *παραγιν.* (-*νονται* 616 610) 616 610 730; + *αυτοι* *O* Syh: cf 𝔐
22 *ἐξαροῦσιν*] *promoverunt* ^{Lat}cod 100 Arm^{ap} Bo | *ταγματα* 528 610 75 74-76 126 Arm | *Ἐφράιμ*] pr *υιων* *O* 52' 246 18'-126-628-669 646 ^{Lat}cod 100 Syh = 𝔐; *εφρεμ* 30 Bo; *αιφρεμ* 767 | *σὺν δυνάμει αὐτῶν*] *in virtute sua* ^{Lat}cod 100; > Sa^{12} | *αὐτῶν* 1°] *αυτου* 130^{mg}-321'^{mg}; ⌒2° 509 | *καί* 2°] > B*(|) Sa^{12} (sed hab Sixt); ⌒(23) 72 417 | om *τῆς* *cI*$^{-57}$-551 | *αὐτῶν* 2°] *αυτου* *b* = 𝔐 | *ελισαβα* 246; *ελισα* *d* | om *υἱός Ἐμιούδ* Aeth^{M} | *Ἐμιούδ*] *αμιουδ* 84; *σεμιουδ* F V *O*$^{-426}$-29 *b n* 28-85 *x*$^{-71}$ *y*$^{-392}$ *z* 319 646 Aeth^{-M} Arm^{ap} Bo (sed hab Compl) = Sixt; *semuda* Arm^{te}
23 om comma 75 | *φυλῆς*] pr *της* 106; > 426 Sa^{12} | om *υἱῶν* Arab Bo^{A} | *μανναση* A 121; *μαναση* 72 529* Arm; *μανναση* 54; *μανασσην* 376* | om *Γαμαλιήλ* — (24) *Βενιαμίν* 72 | *Γαμαλιήλ*] *γαμαηλ* 528; *kamaliēl* Sa^{12}; bis scr 610(||) | *ὁ τοῦ*] *ο υιος* 121; *υιος* 52' *b d n*$^{(-75)}$ *t* 392 319 Sa (sed hab Compl) = 𝔐; om *ὁ* 46^{s}(|) | *Φαδασούρ* 618-707 46-414'-529-*cI*$^{-57}$ 106-125 246 54-458 30'-343 76-84 71 59 646 ^{Lat}cod 100 Arm Bo] *φαδδ.* 44-107' 74'-370 619 68'-120' 55; *phatasur* Sa^{12}; *phadasud* Syh^{Lap}; *φαλασσουρ* 82; *φαιδαισουρ* (*φαισουρ**) 376; -*σσουρ* rell = Ra
24 om *καί* 68(|) | *ἐπὶ τῆς δυνάμεως*] *in virtute sua* ^{Lat}cod 100; om *δυνάμεως* Arm | *φυλῆς υἱῶν*] om *φυλῆς* Bo; om *υἱῶν* Arab; tr 458; + ras 3—4 litt 30 | *Βενιαμίν*] -*μειν* A B F V *O*$^{-426}$-618-707 *b*$^{-19}$ 246 127-767 28-30-85-130*-343' *x*$^{-71}$ *y*$^{-318}$ 68'-120' (sed hab Compl Sixt); *βεναμειν* 19; -*μην* 82 54-75 318 319 646; *βαιν.* (-*ναμιν**) 15; -*μιμ* 416^{c}; -*μειμ* 29 = Sam | *Ἀβιδάν*] *αβειδαν* B 15

---

21 *τὰ ἅγια*] *οἱ λ' sanctuarium* Syh^{L}

τάγμα παρεμβολῆς υἱῶν Δὰν ἔσχατοι πασῶν τῶν παρεμβολῶν σὺν
δυνάμει αὐτῶν· καὶ ἐπὶ τῆς δυνάμεως αὐτῶν Ἀχιέζερ ὁ τοῦ Ἀμισαδαί·
26
27 [26] καὶ ἐπὶ τῆς δυνάμεως φυλῆς υἱῶν Ἀσὴρ Φαγαιὴλ υἱὸς Ἐχράν· [27] καὶ
28 ἐπὶ τῆς δυνάμεως φυλῆς υἱῶν Νεφθαλὶ Ἀχιρὲ υἱὸς Αἰνάν. [28] αὗται
αἱ στρατιαὶ υἱῶν Ἰσραήλ, καὶ ἐξῆραν σὺν δυνάμει αὐτῶν.
29 [29] Καὶ εἶπεν Μωυσῆς τῷ Ὠβὰβ υἱῷ Ῥαγουὴλ τῷ Μαδιανίτῃ τῷ

ABFMV O''^{-G} C'' $bdf^{-53'}nstx^{-527}yz^{-630}$ al verss

52′-528 f^{-246} 127 28-30-85-344 121*-318 (sed hab Sixt); *αβηδαν* 72; *αβιδα* 82 134; *abiadan* Bo; *αβειδαμ* 121^{c}; *αμιδαν* 321′ 126; *αμιναδαι* 319; *αμιναδαβ* V; > 313 | *ὁ* — (25) *Δάν*] bis scr 58 | *ὁ τοῦ* B F M′ V O′ *f* x^{-619} 392 59 319 Syh = Compl] *υιος* rell = 𝔐 | *Γαδεωνί*] *-νει* B 767 509 Sa^{12} (sed hab Sixt); *γαδεονι* 376* 318; *γεδεωνι* (*-νει* 127) 82-618 $C''^{-413\ 528'\ 550'\ 551}$ *d* 246 n^{-767} *t* 68′-120′ 416 Arm(vid) Bo Sa^{11} (sed hab Ald); *γεδεωνη* 59; *gedeon* ^{Lat}cod 100; *γεωνει* 319

25 *ἐξαροῦσιν*] *promoverunt* ^{Lat}cod 100 Arm Bo; *εξαρει* 319 = 𝔐 | *ταγματα* 58 528 610 75 74-76 619 68′-120′-126 Arm = Compl | om *παρεμβολῆς* Bo Sa^{11} | *υἱῶν*] *tribu* ^{Lat}cod 100; > 319 | *Δάν*] pr ras 2 litt 72; *γαδ* 413 | *εσχατον* 82 | om *τῶν* 16-46 | *παρεμβολῶν*] + *εσχατοι* 55; + *αυτων* 707 | om *σὺν δυνάμει αὐτῶν* 458 | *σύν*] *in* ^{Lat}cod 100; + *τη* V | *αὐτῶν* 1°] *αυτης* 321^{mg}; ⌒2° 71 | om *καί* 2° — fin 376 129^{txt}(cprm) | *αὐτῶν* 2°] *αυτου* 127 = Compl 𝔐; > 618*(vid) 56-129$^{(mg)}$ Sa^{12} | *Ἀχιέζερ*] *αχειεζερ* 127^{c}; *achiezzer* ^{Lat}cod 100; *achieser* Sa; *αβιεζερ* Compl | *ὁ τοῦ*] *υιος* 52′ *d n* 85′^{mg}-321′^{mg} *t* 392 Arm Co = 𝔐 | *Ἀμισαδαί*] *αμεισ.* B 127 (sed hab Sixt); *-σαδε* *b* 56-129$^{(mg)}$ 75* Bo (sed hab Compl); *αμησ.* 318; *-σσαδε* 767; *αμμισαδδαι* 426; *μισαδαι* A oI^{-64} C''^{-73*} s^{-30} 121 55; *μησαδαι* 30; *αμιδασαι* 707; *μιδαδαι* 73*(cprm); *ainan* Sa^{12}

26 comma] > 313 130 126; post (27) fin tr 458 | *δυνάμεως*] pr ras 5—6 litt 616; > Arm^{te}; + *αυτων* 75 ^{Lat}cod 100; + *αυτων αχιεζερ* 30; + ras 4 litt 131 | *υἱῶν*] > 44 18 Arab Bo Sa^{12}; bis scr 500 | *Ἀσήρ*] *ασσηρ* 77 18-628-669 Bo Sa^{12}; *ιωσηφ* 55 | *Φαγαιήλ*] *φαγεηλ* V oI^{-15}-82 *b* 106-125 54-75-767 76 71-509* 392 319 Co = Sixt; *φαγεη* 458; *φαγαηλ* 376 *C*-46-57-414-417-422 *f* 28-85-321′-343 669 = Compl; *φαγαλιηλ* 72; *φαγωιηλ* 30 | *υἱός*] *ο του* *b* (sed hab Compl) | *Ἐχράν*] *αιχραν* 15-29-58-72 73′-528-550′-615*(vid)-761^{c} 107 127-767 74′-370 71 18 59; *εχθραν* 739* 346 84; *εσχραν* 122; *αισχραν* 44; *αχραν* (*αχηρ**) 376; *εχρα* 618*

27 *ἐπὶ τῆς δυνάμεως*] *in virtute sua* ^{Lat}cod 100; om *δυνάμεως* Arm^{te} | om *φυλῆς* V 458 392^{txt} 628 Co | om *υἱῶν* Arab | *Νεφθαλί* A 707 57-131-422-500′ f^{-246} 54-458 28-85′-344 121 416 Arab Syh = Sixt] *-λει* B F M V 15-64*-82-426 127 319; *-λη* 30; *νεφθα^{λ}* 529; *-λιμ* 29 313 246 75 321′ *t* 126-128-628-669 Sa = Compl; *nephthalim* ^{Lat}cod 100 Arm Bo; *nephtalēm* Aeth; *-λημ* 318; *-λειμ* rell | *Ἀχιρέ*] *αχειρε* A B 82-376^{c}-426-*oI* 509 319^{c} (sed hab Sixt); *-ραι* 125* 54-75′ 18-126-628; *αχαιρε* 319*; *αχειραι* V 29 318; *αχιερε* 28; *αχειλε* 376*; *αχιραν* d^{-125*} 767 *t* Arm = Compl; *αχειραν* *f* 127; *achiras* ^{Lat}cod 100; *αρχιερευς* 59 | *Αἰνάν*] *εναν* V 16-52′-77-414 *b* n^{-127} 318 59 Bo (sed hab Compl); *ena* ^{Lat}cod 100

28 init — *στρατιαί*] *haec est militia* ^{Lat}cod 100 | *στρατειαι* 64* 56-129^{c} | *υἱῶν*] pr *των* V *d n t* | *καὶ ἐξῆραν* / *σὺν δυνάμει αὐτῶν*] om *καί* 376 18; tr O^{-58} Syh = 𝔐; > 71

29 *Μωυσῆς*] pr *ο* 77; *μωσης* 72-426 413-550′-761 *n* 424 | *Ὠβάβ* A $O'^{-58\ 618}$-707 $C''^{-52'\ 77\ 131*\ 417\ 528\ 616c}$ b^{-19} 127* 28-85-321′(vid)-344-730 y^{-318} 18′-126-

γαμβρῷ Μωυσῇ Ἐξαίρομεν ἡμεῖς εἰς τὸν τόπον, ὃν εἶπεν κύριος
Τοῦτον δώσω ὑμῖν· δεῦρο μεθ' ἡμῶν, καὶ εὖ σε ποιήσομεν, ὅτι κύριος
ἐλάλησεν καλὰ περὶ Ἰσραήλ. 30καὶ εἶπεν πρὸς αὐτόν Οὐ πορεύσομαι 30
ἀλλὰ εἰς τὴν γῆν μου καὶ εἰς τὴν γενεάν μου. 31καὶ εἶπεν Μὴ ἐγκατα- 31
λίπῃς ἡμᾶς, οὗ εἵνεκεν ἦσθα μεθ' ἡμῶν ἐν τῇ ἐρήμῳ, καὶ ἔσῃ ἐν
ἡμῖν πρεσβύτης· 32καὶ ἔσται ἐὰν πορευθῇς μεθ' ἡμῶν, καὶ ἔσται τὰ 32

ABFMV O''^{-G} C'' $bdf^{-53'}nstx^{-527}yz^{-630}$ al verss

628-669* 55 424 646 Aeth] οβαβ B 343 71 799 Procop 817; ωβαθ 528; αβαβ 618 130; ωμαβ 131*; ολιβαθ 509; ιωαβ 44-610 Latcod 100 Invent nom; ιωαβαβ 458; ιωαβαδ 246; *eliab* Sa; ιω[...] F; ιωβαβ F^a rell = Compl Ra | υἱῷ] υιου 392; υιων 52'-313 54-458; sup ras F^a | Μαδιανίτῃ] -νειτη B* 129* 127 (sed hab Sixt); -νιτει 58; -νητι 458; -νιτι A 318; -νειτι f^{-129}; -νη^{τ} 72; μαδινιατη 118'; μαδινιατι 19' (sed hab Compl); μανιαδιτη 30; μααδανιτη 319 | τῷ γαμβρῷ / Μωυσῇ] > 426(||) 413; tr Latcod 95 | τῷ 3° B* V 82 16-46 *d n t* 319 = Sixt] > rell | γαμβρῷ] πενθερω F^b 106^c ↓ | Μωυσῇ] pr τω 392; -σει 343; -σεως $z^{-68'}$ 646; -σεος 68' (sed hab Ald); μωση 72 118'-537 *n*; αυτου 16-46 d^{-44} 71 | ἐξαίρομεν ἡμεῖς] *ecce nos promovemus* Arm | εξαιρωμεν 58-72' 19' 75'-767 84 59 799 (sed hab Compl); εξαρουμεν 71; επαιρομεν 46^s | ἡμεῖς] > F; post τόπον tr 730 | εἰς τὸν τόπον] *in terram* Arab; om εἰς 29; + τουτον 376 | τοῦτον δώσω ὑμῖν] *dare eum nobis* Arm^{te} | τοῦτον] τουτο 618 799; > 458 | δώσω] σωσω 68 | δεῦρο] pr *et* Aeth; δορον 610; ιθι δη Phil II 178 | σε ποιήσομεν] ποιησομεν (-σωμεν 376-426*) σοι (σε 426) O^{-58} Arm Syh = 𝔐 | σε] σοι 107'-125 126 Phil II 178^{ap}; > 71 | ποιήσομεν] -σωμεν 29-58-82-618-707* 16'-52'-313-417-500'-529'* 19' 44-125-610 *n* 28*-30' 84 x^{-619} y^{-121} 55 319 (sed hab Compl); -σομαι 56 59; -σωμαι 246; -σω 799 | Ἰσραήλ] pr του 392

30 om καί 1° Sa | εἶπεν] pr *is* Arm | πρὸς αὐτόν] οβαβ 799; > Arm; + *raguel* Latcod 100 (sed hab Aug *Loc in hept* IV 25); + και ειπεν 551 | οὐ] pr και 72 | πορεύσομαι] πορευομαι 82; + *illuc* Arm | ἀλλά B 376 422 *f* 71 = Compl] αλλ η (ει 120*) F M' oI^{-15}-29-82 529 *b d* n^{-75} 321*(cprm) *t* 619 392 z^{-18} 646 799; αλλ rell; + *ibo* Bo | εἰς 1°] προς 422 | τὴν γῆν] τον τοπον του π̅ρ̅ς̅ 29 | εἰς 2°] *ad* Latcod 100; > 381' Phil II 178 | γενεαν 707 | fin] + (※ Syh) πορευσομαι (-σωμαι 376 75*-767) *O f n* Latcod 100 Aug *Loc in hept* IV 25 Aeth Arm Syh = Compl 𝔐

31 εἶπεν] + *ei* Aeth Arab Arm = Tar^P; + *moyses* (+ *ei* Bo) Latcod 100 Arab Bo | μή] + δη 426 = 𝔐 | ἐγκαταλίπῃς] -λειπης A F M' *O*-29-64-381-618*-707 52'-313-417 *f* 54-75' 30-343' 134* 509 y^{-392} 55 319 = Compl; -ληπης 120*; -λιποις 414 | εἵνεκεν] ενεκεν 528 75 619 392 68'-120' = Sixt; εινεκα 72; ηνεκα 319; ηνεκεν 82* 52'-131-500' 108 54-767 28 318; ηνεγκεν (ειν. 707 321) 707*(vid) 19 30-321*(vid; sed hab Compl); litt ει sup ras 529 | ἦσθα] ης 71 *z* 646 (sed hab Ald); εις 82; + (※ Syh) εν τη παρεμβολη 426 Syh: cf 𝔐 | μεθ' ἡμῶν] sub ÷ Syh: cf 𝔐; + και εν τη παρεμβολη O^{-426} | ἔσῃ] *erit* Latcodd 95 96 | ἐν ἡμῖν] pr μεθ ημων και 75'; μεθ ημων 56'-129^{txt}(c prm) Arm = Compl; ημων 381' 319; om ἐν 15' 416 = 𝔐

32 om ἔσται 1° 126 Aeth | πορευση 509 | καί 2° — ἡμᾶς] εν των αγαθων ων αν ποιησει κ̅ς̅ μεθ ημων εσται ημιν τε και συ 799 | καί 2° — ἀγαθά] om καί 72 509 Aeth; om καὶ ἔσται 125 458; sup ras 52 | ἔσται 2°] + σοι 509 | om

---

29 γαμβρῷ] νυμφευτῇ· πενθερῷ 343(ind ad Ὠβάβ)

ἀγαθὰ ἐκεῖνα, ὅσα ἂν ἀγαθοποιήσῃ κύριος ἡμᾶς, καὶ εὖ σε ποιήσομεν.
33 [33]Καὶ ἐξῆραν ἐκ τοῦ ὄρους κυρίου ὁδὸν τριῶν ἡμερῶν, καὶ ἡ κιβωτὸς
τῆς διαθήκης κυρίου προεπορεύετο προτέρα αὐτῶν ὁδὸν τριῶν ἡμερῶν
34 κατασκέψασθαι αὐτοῖς ἀνάπαυσιν. [34]καὶ ἐγένετο ἐν τῷ ἐξαίρειν τὴν
κιβωτὸν καὶ εἶπεν Μωυσῆς Ἐξεγέρθητι, κύριε, διασκορπισθήτωσαν
35 οἱ ἐχθροί σου, φυγέτωσαν πάντες οἱ μισοῦντές σε. [35]καὶ ἐν τῇ κατα-
παύσει εἶπεν Ἐπίστρεφε, κύριε, χιλιάδας μυριάδας ἐν τῷ Ἰσραήλ.
36 [36]καὶ ἡ νεφέλη ἐγένετο σκιάζουσα ἐπ᾽ αὐτοῖς ἡμέρας ἐν τῷ ἐξαίρειν
αὐτοὺς ἐκ τῆς παρεμβολῆς.

ABFMV *O''*$^{-G}$ *C''* *bdf*$^{-53'}$*nstx*$^{-527}$*yz*(630) al verss

ἐκεῖνα Arm Bo | *ὅσα*] *α* A | *ἄν*] *εαν* B* F 58-82-707 *C''*$^{-528}$ *s* 392 59 = Ra | om *κύριος* — (33) *ἐξῆραν* 509 | *κύριος*] *deus* Bo; post *ἡμᾶς* tr ^{Lat}cod 100 Arm Syh | *καί* 3° — fin] *faciemus et tibi* Arm; om *καί* 72-82 106 619 68′-120′ Aeth Bo; > Arab | *σε ποιήσομεν*] *ποιησωμεν σοι* 376 Syh = 𝔐; *σοι ποιησωμεν* 610; tr 426 | *ποιησωμεν* V 29-58 16′-313-417-422-500′-528-529′*-615 *n*$^{-127}$ 30′ 84 55 59 319; *ποιησομαι* *f*$^{-129}$; *ποιησω* 799

33 *εξηρεν* 29-82 56 | *τοῦ ὄρους*] *τους ορους* A*; *της οδους* 610 | *ὁδόν* 1°] *οδω* 73* | *τριῶν ἡμερῶν* 1°] tr 381′; ⌒2° 72 77 767 799 | *καί* 2° — *ἡμερῶν* 2°] ad fin tr 381′ | om *ἡ* 314 | *τῆς* B 16-46 *b d n*$^{(-767)}$ *t x*$^{-619}$ 319 646 Cyr I 381] > rell = Compl | om *διαθήκης* 417 | om *κυρίου* 2° 125 | *προεπορεύετο*] *προσεπορ.* 52′ *b* 54 509 (sed hab Compl); *προπορευετω* 458; *προσπορευετω* 610 | *προτέρα*] > 44 319; post *αὐτῶν* tr 392 | *τριῶν ἡμερῶν* 2°] tr 381′; + *και η κιβωτος της διαθηκης* $\overline{\kappa\upsilon}$ *εμπροσθεν* 106 | *σκεψασθαι* 126 | *αὐτοῖς*] *αυτης* 619 = Ald; *ei* Sa^{5} | *ἀνάπαυσιν*] pr *εις* 761; + *et utensilia* ^{Lat}codd 95 96 100

34 init — (35) fin] post (36) fin tr 426 Arab Syh = Compl 𝔐 | init] pr *και η νεφελη κυριου εγενετο* (-*τω* 376) *σκιαζουσα* (*σησκ.* 376) *επ αυτοις* (-*της* 246; -*τους* 58) *ημερας* (-*ρα* 376; > 246) *εν τω εξαιρειν* (*εξερειν* 246) *αυτους εκ της παρεμβολης* (*εν τη παρεμβολη* pro *εκ τ. π.* 246) *O*$^{-426}$ 246 767 18′-126-628-669 646 | om *καί* 1° 619 | om *ἐγένετο* 125 | *κιβωτόν*] *σκηνην* 509; *παρεμβολην* 55 | *καὶ εἶπεν Μωυσῆς*] om *καί* 72 *d*$^{-44}$ 799 ^{Lat}cod 100 Aeth Arm Bo^{B} Syh; bis scr 529 | *μωσης* 72-426 *n* Cyr I 381 | *εγερθητι* B^{c} M′ 56*-129^{c} 71 = Compl | *διασκορπισθήτωσαν*] pr *και* *oI*$^{-15}$-72 *C''* 19′ *s*$^{-321}$ *x*$^{-509}$ ^{Lat}Spec 33 Aeth Arm Bo Sa^{11} = Ald Sixt 𝔐; -*πιζεσθωσαν* 392 | *σου*] > 413(vid); + *omnes* Bo | *φυγέτωσαν*] pr *και* 72 52′ 767 30 126 ^{Lat}Spec 33 Aeth = Compl 𝔐; *φευγ.* *oI*; + *απο προσωπου σου* *O*$^{-426}$ | *πάντες*] sub ÷ Syh; > 58 Arab Sa^{5} = 𝔐 | *σε*] *σοι* 730*(vid); + (※ Syh) *απο προσωπου* (-*πος* 767) *σου* 426 767 Arab Syh = 𝔐

35 om *καί* Bo | *εἶπεν*] pr *et* Bo | *ἐπίστρεφε*] *επιστρεψον* 72; *επεστρ.* 58*; *αποστρ.* 414; + *ειπεν* 799 | *κυριος* 134 | *χιλιάδας μυριάδας*] *myriadas et millia* Syh; tr *O*$^{-58}$ = 𝔐 | *χιλιάδας*] pr *εις* *C''* *d n* 28-30′-85′^{mg} *t* ^{Lat}cod 100 Aeth Arm; *χιλιας* 72 *b* (sed hab Compl) | *μυριάδας*] pr *και* V 618 *C''* *d n* 30′-85^{mg}-321′^{mg} *t* 318 126 Aeth Arm Bo; > ^{Lat}cod 100; bis scr 15 | *ἐν τῷ*] *in populo tuo* Bo; > ^{Lat}cod 100 = 𝔐

36 *ἡ νεφέλη*] om *ἡ* 610; + *κυριου* 426 Arab Syh = Compl 𝔐; post *ἐγένετο* tr *b* Aeth | *ἐγένετο σκιάζουσα*] sub ÷ Syh = 𝔐 | *ἐγένετο*] *εγινετο* 56 Bo^{B}; > 15 | *σκιάζουσα* F^{b}] *σκιαζον* F; *σκοτιζουσα* 392; *επισκ.* V 15-72; *lucens* Bo | *ἐπ᾽*] *εν* 72; > V | *αὐτοῖς*] *αυτης* 73^{c}-320-414′ 458 321; *αυτους* 381′ *x*$^{-509}$ 68′-120; *αυτην* 319 | *ημερα* 376 | *ἐν*] pr *και* B* (sed hab Sixt) | *αὐτούς*] *αυτην* 376

11 [1]*Καὶ ἦν ὁ λαὸς γογγύζων πονηρὰ ἔναντι κυρίου, καὶ ἤκουσεν* 1
κύριος καὶ ἐθυμώθη ὀργῇ, καὶ ἐξεκαύθη ἐν αὐτοῖς πῦρ παρὰ κυρίου
καὶ κατέφαγεν μέρος τι τῆς παρεμβολῆς. [2]*καὶ ἐκέκραξεν ὁ λαὸς πρὸς* 2
Μωυσῆν, καὶ ηὔξατο Μωυσῆς πρὸς κύριον, καὶ ἐκόπασεν τὸ πῦρ. [3]*καὶ* 3
ἐκλήθη τὸ ὄνομα τοῦ τόπου ἐκείνου Ἐμπυρισμός, ὅτι ἐξεκαύθη ἐν
αὐτοῖς πῦρ παρὰ κυρίου.
[4]*Καὶ ὁ ἐπίμικτος ὁ ἐν αὐτοῖς ἐπεθύμησαν ἐπιθυμίαν, καὶ καθίσαντες* 4
ἔκλαιον καὶ οἱ υἱοὶ Ἰσραὴλ καὶ εἶπαν Τίς ἡμᾶς ψωμιεῖ κρέα; [5]*ἐμνή-* 5
σθημεν τοὺς ἰχθύας, οὓς ἠσθίομεν ἐν Αἰγύπτῳ δωρεάν, καὶ τοὺς

ABFMV *O*$''^{-G}$ *C*'' *bdf*$^{-53'}$*nstxyz* al verss

11 1 *καὶ ἦν*] *ην δε* 125 ^{Lat}cod 100 | *λαός*] *λογος* 30* | *γογγύζων*] pr *ο* 46 767; pr (※ Syh) *ως* *O*$^{-58}$ Syh = 𝔐; post *πονηρά* tr F | *ἔναντι κυρίου*] *contra moysen* Arab | *εναντιον* *C*-46 *d*$^{-44}$ 54' *t* 527 | om *κυρίου* 1° 126-628 | *καί* 2°] ⌒3° Arab | *ὀργῇ*] *οργην αυτου* 376; > 509(|); bis scr 59; + (※ Syh) *αυτου* *O*$^{-376}$ Syh = 𝔐 | *εξεκαυθησαν* *b* (sed hab Compl); *εξεκαυσεν* 376 | *ἐν αὐτοῖς*] *super eos* Aeth; om *ἐν* 799; > 767; post *πῦρ* tr *d t* | *παρὰ κυρίου*] sub ÷ Syh^{T} | *παρά*] sub ÷ Syh^{L}; > Arab = 𝔐 Sam | om *καί* ult Sa | om *τι* 426 246 75 Syh = 𝔐 | om *τῆς* *d*

2 *εκεκραξαν* 44; *εκραξεν* *oI* *C*$''^{-616}$ *f* 767 343 527 669 424 = Compl; *εκραζεν* 616 | om *ὁ λαός* A* | *πρὸς Μωυσῆν*] *κατα μωυση* 799; *προς μωυση* 19 610; *προς μωσην* 72-426 *n* 527 Cyr I 381 | *ηὔξατο*] *ευξατο* 426; *ηυξαντο* 56*; *εκεκραξεν* 319 | *Μωυσῆς*] *-σην* 551*; *μωσης* *O*$^{-376}$-72 *n* Cyr I 381; > Arab Sa^{5} | *κύριον*] pr *τον* 318 Cyr I 381 | *κεκοπακε* 527

3 *εμπρυσμος* 376*; *εμπρισμος* 799 | *ἐν αὐτοῖς*] *εν αυτω* 414 Bo^{B}; *super eos* Aeth; > 75' | *πῦρ*] pr *το* 75; > B*(vid) 72 767* 619 68'-120 = Sixt | om *παρά* Arab = 𝔐 Sam

4 om *ὁ* 1° 458* | *επιμυκτος* 610 646 | *ὁ ἐν αὐτοῖς*] bis scr 129* | *ὁ* 2°] sub ※ Syh^{T}; > *O* 52' 19 767 71 (sed hab Compl); + *ων* 707 | om *αὐτοῖς* 54*(c pr m) | *ἐπεθύμησαν*] pr *και* 19 (sed hab Compl); *-σεν* (*-μισεν* 107 75) B *O*$^{-58}$ 313* 106-125' *n*$^{-458}$ *t x*$^{-619}$ 624 Phil II 298 Cyr I 389 II 461 Arm^{ap} | *ἐπιθυμίαν*] *-μια* 72; *-μιας* Phil II 298^{ap} | *καθίσαντες* — fin] *κρεα και ειπαν* 72 | *ἔκλαιον*] + *domino* Sa^{12} | om *καί* 3° — *εἶπαν* 527 | *καί* 3°] *πας* 669^{c}; > 15^{c}-82 52' *b* 767 318 630 799 Cyr I 389 ^{Lat}cod 100 Arm (sed hab Compl); ⌒4° 126 | om *οἱ* 319 | om *Ἰσραήλ* 16-46 | *καί* 4° F^{a}] > F 413*-552 107'-125 75' 509* 18 319* Aeth^{CG} Bo Sa$^{5\ 11}$ | *εἶπαν*] *ειπα* 528 76*; *ειπον* F^{b} 376-707 529^{c} 19 *d*$^{-106}$ 246 *n* 18-126 Cyr I 389 = Compl | *ψωμιει* (*-μησει* 376) *ημας* *O*$^{-58}$ Syh = 𝔐 | *ψωμισει* 82 | *κρεας* B* 618* *C*'' 458* 71' Chr I 476 (sed hab Sixt)

5 *ἐμνήσθημεν*] + *γαρ* F^{a} *d n*$^{-127}$ *t* 527 Chr I 476 (sed hab X 331) ^{Lat}Quodv *Prom* II 14 Arm | om *τούς* 1° Cyr II 461 (sed hab I 389) | *ιχθυς* 246*(c pr m) 319 Chr X 331 (sed hab I 476) | *οὕς*] *ης* 71; *τους* 56*-129 | *ἠσθίομεν*] *εσθιωμεν* (*-ομεν* 71') 71' 799; *ησθιαμεν* V 426 DialTA 80; *ησθομεν* 509; post *Αἰγύπτῳ* tr Tert *Ieiunio* 5 | *ἐν Αἰγύπτῳ*] *εν γη αιγυπτου* (*εγ.* 619*) 619 68'-120' Aeth;

---

11 1 *μέρος τι*] *ἐν τοῖς ἄκροις* 58

4 (*ὁ*) *ἐπίμικτος*] *α' συνειλεγμένοι θ' ὁ ἐπισυστρέφων* 344 | *καί* 3°] *α' θ' et ergo* Syh^{L}

5 (*τοὺς*) *σικύους*] *τὰ ἀγγούρια* 56; *κιτραγγουρ*^{α} 246; *τὰ σῦκα* 58

σικύους καὶ τοὺς πέπονας καὶ τὰ πράσα καὶ τὰ κρόμμυα καὶ τὰ
6 *σκόρδα· ⁶νυνὶ δὲ ἡ ψυχὴ ἡμῶν κατάξηρος, οὐδὲν πλὴν εἰς τὸ μάννα*
7 *οἱ ὀφθαλμοὶ ἡμῶν. ⁷τὸ δὲ μάννα ὡσεὶ σπέρμα κορίου ἐστίν, καὶ τὸ*
8 *εἶδος αὐτοῦ εἶδος κρυστάλλου· ⁸καὶ διεπορεύετο ὁ λαὸς καὶ συνέλε-*
γον, καὶ ἤληθον αὐτὸ ἐν τῷ μύλῳ ἢ ἔτριβον ἐν τῇ θυείᾳ, καὶ ἥψουν

ABFMV O''^{-G} C'' $bdf^{-53'}nstxyz$ al verss

om *ἐν* 618*; > Phil III 19^{ap} DialTA 80; post *δωρεάν* tr Or II 388 | *δωρεάν*] > 610 458 318 Chr I 476 X 331; + *και τα κρεα* DialTA 80 | om *καί* 1° Phil III 19^{ap} Chr X 331 ^{Lat}Quodv *Prom* II 14 = 𝔐 | *τούς* 2°] *τας* 54 646; > Phil III 19^{Pap} | *σικύους*] *σικυας* (c var) A B* F 58^{c}-72 528 *f* 54-75′ y^{-318} 55 59 646 799 Phil III 19te DialTA 80 (sed hab Sixt) = Ra; *σικ*[. . .]*ς* 624 | *καὶ τοὺς πέπονας*] om *καί* 799; om *καὶ τούς* Phil III 19; om *τούς* 125 126; > DialTA 80 ^{Lat}Quodv *Prom* II 14 | *καὶ τά* 1°] om *καί* 799 Chr X 331 ^{Lat}Quodv *Prom* II 14; om *τά* DialTA 80; > 125 126 Phil III 19; ⌒2° 646 | *πράσα*] et *κρόμμυα* tr 107′-125 | *καὶ τά* 2°] om *καί* 730 799 Chr X 331 ^{Lat}cod 100 Quodv *Prom* II 14; om *τά* 56 DialTA 80 = Compl; > 125 126 Phil III 19te; ⌒3° Phil III 19^{ap} | *κρόμμυα*] *κρομυα* (*-μυια* 84; *-μια d* 646) A F V 64-72′-376-381 46-52′-57-77-414-550′ *b d* 127*-767 130-343-346* *t* y^{-392} 128-630′ 55 646 (sed hab Compl); et *σκόρδα* tr 29 DialTA 80 ^{Lat}Quodv *Prom* II 14 | *καὶ τά* 3°] om *καί* Chr X 331; om *τά* DialTA 80; > 126 Phil III 19 | *σκόρδα*] *σκοροδα* F^{b} 376-707^{c}-oI^{-15*} 16-46-77-414′-$529'^{c}$-761^{c} *b* d^{-610} 767^{c} 28-85-343 84 71 126-128-407-628-630′ $55^{c\,prm}$ 59 416 646 Phil III 19^{ap} Chr I 476 X 331 Cyr I 389 II 461 Or II 388 = Ald; *σκοραδα* Phil III 19^{ap}; *κοροδα* M

6 *νυν* F 72 422-529 54-75′ 343′ 59 Chr I 476 X 331 | *ἡ — κατάξηρος*] *ecce marcentes sunt animae nostrae* Arm | *ἡ ψυχὴ ἡμῶν*] post *οὐδέν* tr DialTA 80 | om *ἡ* 52 | om *ἡμῶν κατάξηρος* 610 | *κατάξηρος — τό*] *κατακενος επι τω* Chr IX 291 (sed hab passim); *καταξ. εν τω* Cyr VI 600; om *κατάξηρος* DialTA 80 | *οὐδέν* — fin] pr *cum* Syh; *nihil est enim nisi manna ante oculos nostros* ^{Lat}cod 100 (sed hab Aug *Loc in hept* IV 27); om *οὐδέν* B* (sed hab Sixt) | *εἰς τὸ μάννα*] pr *ει μη* 799; ad fin tr *f* = Compl | *εἰς*] *προς* Phil III 19^{ap}; > Quodv *Prom* II 14 | *μάννα*] *μανα* 707 551 321′-343; *μαν* 318(|); ⌒(7) 619^{txt}(c prm) | *οἱ* — fin] *in oculis nostris* Quodv *Prom* II 14; om *οἱ* Phil III 19^{ap}; om *ἡμῶν* Phil III 19^{Pap}

7 *τὸ δὲ μάννα*] *το δε μανα* 707; > 246; + *ην b* Arm (sed hab Compl) | *ὡσεί*] *ως* (*ω* 19 54-75′-767* 527) *b n* 527 (sed hab Compl); *ωσπερει* 318; + ras 2 litt 707 | om *σπέρμα* 129^{txt}(c prm) | *κορίου*] *κοριον* f^{-246}; *κουριου* 458 527; *κολιανδρου* 58^{mg} ^{Lat}cod 100 | *ἐστίν*] *λευκον b* 75 55 Arm (sed hab Compl); + *λευκον* (*-κα* 527) *d* n^{-75} *t* 527: ex Exod 16_{31} | *καὶ τό*] *το δε* 71 | *τὸ εἶδος*] *coloris* ^{Lat}codd 94—96 | *εἶδος* 2° B 707 *f* 509 318 *z* 624 646 799 Bo^{B} = Compl] *ωσει* M′; *ως* 106 Sa^{5}; pr (※ Syh) *ως* rell = Ald 𝔐 | fin] + *εστιν* 509

8 om *καί* 1° 52′-313 = 𝔐 | *διεπορεύετο*] *επορ.* V 82 529* b^{-537} 28 126-628* 319 (sed hab Compl); *επορευθη* 537; *exibat* Bo; *ibant* Aeth | *ὁ λαός*] bis scr 528* | *καὶ συνέλεγον*] *colligere id* Bo; *και συνελεγε(ν)* 29 71-509 126; *και συνηγον* 72 | *ἤληθον*] *ηλεθον* 58^{mg} 77 *d* t^{-76*} 392 68′-120′ Tht *Nm* 203te; *ηλυθον* 314 71 646; *ηθελον* 76*; *αληθον* 624; *-θαν* 72; *ηλθον* 528* 75-767 Tht *Nm* 203^{ap};

---

7 *κρυστάλλου*] *ο′ κρυστάλλου* 344^{txt}; *οἱ λ′ βδελλίου* (c var) C''^{cat} 85(s nom)-130-321′-344 = Sixt

αὐτὸ ἐν τῇ χύτρᾳ καὶ ἐποίουν αὐτὸ ἐγκρυφίας, καὶ ἦν ἡ ἡδονὴ αὐτοῦ
ὡσεὶ γεῦμα ἐγκρὶς ἐξ ἐλαίου· [9]καὶ ὅταν κατέβη ἡ δρόσος ἐπὶ τὴν 9
παρεμβολὴν νυκτός, κατέβαινεν τὸ μάννα ἐπ' αὐτῆς. [10]καὶ ἤκουσεν 10
Μωυσῆς κλαιόντων αὐτῶν κατὰ δήμους αὐτῶν, ἕκαστον ἐπὶ τῆς θύρας

ABFMV O''^{-G} C'' $bdf^{-53'}nstxyz$ al verss

ηλεον 619 = Ald | *αὐτό* 1°] *αυτω* 618 131-615-739* 19 30 84* 55; *αυτον* d^{-106} 246*(cprm); sub ÷ Syh; > *n* 527 121 628 319 Tht *Nm* 203 ^{Lat}cod 100 Arm (sed hab Aug *Loc in hept* IV 28) = 𝔐 | *ἐν τῷ*] om *τῷ* 616; > 392 | *μύλῳ*] *εμμυλωνι* 619 68'-120'; *μυλωνι* 58^{mg}-381' 52'-529^c 134 | *ἤ* V *b* 319 ^{Lat}cod 100 Bo] *και* Tht *Nm* 203 rell = Ra | *ἔτριβον*] *διετριβον* M'; -*βαν αυτο* 509; + *αυτο* 413-422 44-107' 730 *t* 392 799 Aeth Bo Syh^L; + *αυτον* 125 | *θυείᾳ*] *θυια* A B F M' V O'' $C''^{-414\ 761c}$ *d f n* $s^{-343\ 730}$ *t* 71-509 *y* $z^{-128\ 630'}$ 55 59 319 624 646 799 (sed hab Ald) = Compl Ra; *θυα* 414 *b* 343-730; *θεια* 527 Tht *Nm* 203^{ap}; *θυσια* Tht *Nm* 203^{ap} | *ἤψουν*] *ηψουσαν* (*υψ.* 314; *οψ.* 537; *ηψωσαν* 319) *b* 319 (sed hab Compl); *ηψον* 458 509-527 Tht *Nm* 203^{ap}; *ηψιον* oI^{-15}; *ηψεον* 318; *εψουν* 72; *υψουν* 767 | *αὐτό* 2°] *αυτω* 707 615 127* 30 55; *αυτον* 528 125; *αυτα* 767; sub ÷ Syh; > *b* Tht *Nm* 203 ^{Lat}codd 94—96 100 Arm (sed hab Compl) = 𝔐 Sam Tar^P | *χύτρᾳ* — *ἐγκρυφίας*] *κρυφια* 58 | *χύτρᾳ* F^b] *χυθρα* (*χηθ.* 246) F *f*; *κυτρα* 82; *κυθρα* (-*ραν* 130) 29 130^{mg}-$321'^{mg}$ 392 319 | *ἐποίουν*] sup ras 610 | *αὐτό* 3°] *αυτω* 707 615; *εαυτοις* 54-75'; *inde* ^{Lat}cod 100; > Tht *Nm* 203 Arm | *ἐγκρυφίας*] -*φιαν* 59; *εν κρυφια* 72; *rotundas in foco* ^{Lat}cod 100 | om *ἦν* f^{-246} 71 Aeth | *ἡ ἡδονὴ αὐτοῦ*] om *ἡ* 46'-52'-551-552 44 127 527-619 120 = Ald; > 75 | *ὡσεί*] *ως* 15 392 | *γεῦμα* — fin] *placenta olei et mellis* Arm | *γεῦμα*] -*μον* 106-107'; *ρευμα* V; > F | *ἐγκρίς* — fin] *του μασθου το ελαιον* 767 ↓; *εγχρησαι μελητι* 318; *mellis cum oleo* Aeth | *ἐγκρίς*] *ακρις* 319; *εν κρισει* V; *in melle* Bo | *ἐξ ἐλαίου*] *εκ μελιτος* M'^{mg} $85'^{mg}$-$321'^{mg}$-344^{mg} 319 ↓ = Tar^P sed contra 𝔐: ex Exod 16₃₁; *μελιτος* V; om *ἐξ* 422-739 120 = 𝔐

9 om comma 767 | *ὅταν*] *οτε* 381' 246; > 799 | *κατέβη*] -*βαινεν* (-*βενεν* 54-75) *d* $n^{(-767)}$ *t* 527 799 Aeth Arm Syh; *καταβη* 72-82 71 59 | *ἡ δρόσος*] om *ἡ* 52'-313; > 799 | *ἐπὶ τὴν παρεμβολήν*] *εν τη παρεμβολη* 319 799 | *παρεμβολήν*] *γην* 75; *γην επι* (> 16-46) *της παρεμβολης* 16-46 *d t* | *κατέβαινεν*] pr *και* 82-426 73' 314 28 624; *ωσει δροσος* 799 | *τὸ μάννα*] pr *et* ^{Lat}cod 100 Arm; *το μανα* 72'-618* | *ἐπ' αὐτῆς*] *επ αυτην* V 319; *επ αυτη* 54-75; *επ αυτοις* 376 *d* 458 *t* 669; *επ αυτους* 527; *supra castra* ^{Lat}cod 100; *super eos* Aeth; > 799

10 om *καί* 1° Arm | *ηκουε* 72 | *Μωυσῆς κλαιόντων* / *αὐτῶν*] *μωσης αυτων κλαιοντων* 426; *μωυσης οντων αυτων* 509; tr ^{Lat}cod 100 | *Μωυσῆς*] *μωσης* 58-72 *n* Cyr I 389 II 461 | *αὐτῶν* 1°] > 29 528 *b* 628 319 (sed hab Compl); ⌒2° 529 799 | *δήμους*] *δημος* 458; *συγγενειας* $321'^{mg}$-344^{mg} 319 ^{Lat}cod 100 |

---

8 *ἐγκρυφίας*] *διάρτισμα* (-*τησμα* cod) 343 | *καὶ ἦν* — fin] *α' et erat sapor eius ut sapor depsti in oleo σ' erat autem sapor praeparationum eius ut sapor pinguedinis* Syh; *σ' ἦν δὲ τὸ γεῦμα αὐτοῦ τῇ σκευασίᾳ ὡς γεῦμα μαστοῦ εἰς λίπος* 108 | *ὡσεί* — fin] *ὡς γεῦμα μαστοῦ εἰς λίπος* 343 | *ἐγκρίς* (*ἐξ ἐλαίου*)] graece *ἐγκρίς* Syh; *α' τοῦ* (absc 321; > C'' Sixt) *μαστοῦ* (+ *το* 343) *ἔλαιον* (*ελεον* 343; -*ων* 130*) M' C''^{cat} 85'-321'-343(s nom)-344 = Sixt; *σ' μαστοῦ* (-*στουν* 85) *εἰς* (*εκ* 130) *λίπος* (*λειπος* 85'-321'-344) M' C''^{cat} 85'-321(nom absc)-344-346 = Sixt | *ἐξ ἐλαίου*] *ἄλλος ἐκ μέλιτος* C''^{cat} = Sixt; *εἰς λίπος* 58

αὐτοῦ· καὶ ἐθυμώθη ὀργῇ κύριος σφόδρα, καὶ ἔναντι Μωυσῇ ἦν πονη-
11 *ρόν.* [11]*καὶ εἶπεν Μωυσῆς πρὸς κύριον Ἵνα τί ἐκάκωσας τὸν θερά-*
ποντά σου, καὶ διὰ τί οὐχ εὕρηκα χάριν ἐναντίον σου ἐπιθεῖναι τὴν
12 *ὁρμὴν τοῦ λαοῦ τούτου ἐπ᾽ ἐμέ;* [12]*μὴ ἐγὼ ἐν γαστρὶ ἔλαβον τὸν*
πάντα λαὸν τοῦτον, ἢ ἐγὼ ἔτεκον αὐτούς, ὅτι λέγεις μοι Λάβε αὐτοὺς
εἰς τὸν κόλπον σου, ὡσεὶ ἄραι τιθηνὸς τὸν θηλάζοντα, εἰς τὴν γῆν,

ABFMV O''^{-G} C'' $bdf^{-53'}nstxyz$ al verss

αὐτῶν 2°] + *κατα συγγενιας αυτων* V | *ἕκαστον*] *εκαστος* A C''^{-528} *f* 54-75′ 509 669* 55 Or II 388 = Compl; *εκαστου* V 321′^{mg} 319; *εκ*$^{\alpha\tau}$ 767; > 528 | *ἐπὶ τῆς θύρας*] *κατα την θυραν* A; *in ianuis* ^{Lat}cod 100; *επι την θυραν της σκηνης* 44′ 370 527 | *τῆς*] *τας* 413 54-75′ 30 | *θύρας*] + (※ Syh^{L}) *της* (> 58*) *σκηνης* *O* 107′-125 *n* t^{-370} Arm Syh = 𝔐 | *αὐτοῦ*] *αυτων* 799 | *ὀργῇ*] pr *εν* *d* 127 *t* 527; > F* 509; post *κύριος* tr F$^{c\,pr\,m}$ Cyr II 464 | *σφόδρα*] *εις τον λαον αυτου* Cyr II 464 | *καί* 3° — fin] *και πονηρον ην εναντιον μωση* 767; *et moysi videbatur malum* ^{Lat}cod 100; om *καί* 72; > Sa^{12} | *εναντιον* V 29-72 *C*-46 *d* n^{-767} *t* 527 318 55 624 | *Μωυσῇ*] *-σει* 343; *-σην* 707* 246; *-σεος* 68′ (sed hab Ald); *-σεως* 120′; *μωση* 58-72 n^{-767} 527 Cyr I 389 II 461 464; *μωσει* 426; *κ̅υ̅* A*(cprm) | *ἦν πονηρόν*] > 72; tr 54-75′ Aeth Arm

11 *μωσης* 72-426 *n* 527 | *κύριον*] *τον θεον* Chr I 476 | *ἵνα τί*] *δια τι* Tht *Nm* 203^{ap}; + *domine* Arm | *ἐκάκωσας*] *-σα* 527; + *με* V 319 | *τὸν θεράποντά*] *προς θεραποντας* 246 | *σου* 1°] ⌒2° Tht *Nm* 204^{ap} | om *καί* 2° 619 | *διὰ τί*] *ινα τι* *b* 107′-125 (sed hab Compl); > Tht *Nm* 204^{ap} | *οὐχ* F^{b}] *ουκ* B* F 29-58 75 30 (sed hab Sixt) | *εὕρηκα*] *ευρον* 376 527; *invenisti* Sa^{4} | *ενωπιον* V 619 68′ Tht *Nm* 204^{ap} | om *σου* 2° 71* | om *ἐπιθεῖναι* — fin Arab | *ἐπιθεῖναι*] *ne inponeres* ^{Lat}cod 100; + *μοι* (*με* 107 Tht^{ap}; + *και* Tht^{ap}) *d* 767 *t* 527 319 Tht *Nm* 204 Arm | *τὴν ὁρμήν* B F^{b} V 58-707^{mg} *d* 54-75-127^{c}-767 t^{-370c} x^{-619} 55 Chr I 476 Tht *Nm* 204te ^{Lat}cod 100 Sa^{4}] post *λαοῦ* tr Tht *Nm* 204^{ap}; *την οργην* rell | *τοῦ λαοῦ*] pr (※ Syh) *παντος* O^{-58} 246 18′-126-628-630′ Syh = 𝔐; post *τούτου* tr 73′ | *τούτου*] *αυτου* 707*(vid; cprm); *του* 528; *σου* 75; > 71(|) | om *ἐπ᾽ ἐμέ* 44 Arm

12 om *μή* Tht *Nm* 204^{ap} | *ἐγώ* / *ἐν γαστρί*] tr 646; om *ἐγώ* Phil III 5^{Pap}; om *ἐν γαστρί* 30 | *ἔλαβον*] *συνελ.* 669 | *τὸν πάντα λαόν*] *τον λαον παντα* 72; *παντα τον λαον* B V O^{-58} 422 *f n* x^{-619} Phil III 6 Chr I 476 Tht *Nm* 204^{ap} = Compl Ra | *πάντα*] > Tht *Nm* 204te ^{Lat}cod 100 (sed hab Hi *Gal* II 4); post *τοῦτον* tr 319; + *μου* 528 | *λαόν*] pr *τον* 381′ | *ἤ*] *μη* 72 | *τετοκα* A | *αὐτούς* 1°] *αυτοις* 84*; *αυτον* 628 799 Phil III 6te Chr I 476 Tht *Nm* 204 = 𝔐 Sam; > Phil III 6^{Pap} | *ὅτι*] *και* 799 | *λέγεις*] *λεγης* 129*; *λαλεις* 121; *ειπες* Chr XVII 34; post *μοι* tr ^{Lat}cod 100 | om *μοι* Sa | om *λάβε αὐτούς* 72 | *λάβε*] pr *οτι* 799 Tht *Nm* 204te; *αρον* Chr XI 411 XVII 34 | *αὐτούς* 2°] *τουτους* 528; *αυτον* B O^{-58} *d* 56* n^{-767} *t* x^{-619} Phil III 6te Chr I 476 (sed hab XI 411 XVII 34) Tht *Nm* 204 Arm Bo^{B} Syh = Ra 𝔐 Sam Tar^{O}; > Phil III 6^{ap} | om *εἰς* 1° — *σου* 126 Chr XVII 34 | *ὡσεί*] *ως αν* Chr XI 411; *ως* 376; *καθα* Phil III 6^{ap}; + *αν* Tht *Nm* 204^{ap} | *ἄραι*] *αρη* Phil III 6^{ap} Chr XI 411; *αιρει* Phil III 6^{ap};

---

11 *τὴν ὁρμήν*] α′ *τὸ ἅρμα* M′ 58(s nom) 130-321(nom absc)-344-346; σ′ *τὸ βάρος* (*βαι* M′) M′ 58(s nom)-707 130-321(nom absc)-344-346; θ′ *τὴν ὁρμήν* M′ 58(s nom)-707(s nom) 130-321(nom absc)-344-346

12 *ἔτεκον*] *ἐγέννησα* 58 | *τιθηνός*] *τροφός* 58; *ἡ τιθηνή· ὁ τιθηνός* 106

ἣν ὤμοσας τοῖς πατράσιν αὐτῶν; [13]*πόθεν μοι κρέα δοῦναι παντὶ τῷ* 13
λαῷ τούτῳ; ὅτι κλαίουσιν ἐπ' ἐμοὶ λέγοντες Δὸς ἡμῖν κρέα, ἵνα φάγω-
μεν. [14]*οὐ δυνήσομαι ἐγὼ μόνος φέρειν τὸν λαὸν τοῦτον, ὅτι βαρύτερόν* 14
μοί ἐστιν τὸ ῥῆμα τοῦτο. [15]*εἰ δὲ οὕτως σὺ ποιεῖς μοι, ἀπόκτεινόν* 15
με ἀναιρέσει, εἰ εὕρηκα ἔλεος παρὰ σοί, ἵνα μὴ ἴδω μου τὴν κάκωσιν.
[16]*Καὶ εἶπεν κύριος πρὸς Μωυσῆν Συνάγαγέ μοι ἑβδομήκοντα ἄνδρας* 16
ἀπὸ τῶν πρεσβυτέρων Ἰσραήλ, οὓς αὐτὸς σὺ οἶδας ὅτι οὗτοί εἰσιν

ABFMV O''^{-G} C'' $bdf^{-53'}nstxyz$ al verss

αρα 528 54-75' 527 ^{Lat}cod 100; *λαβοι* Tht *Nm* 204; > Sa^{4} | *τιθηνη* Phil III 6^{Pap} ↓ | om *τήν* A *oI* y^{-392} 55 624 | om *ἥν* 131* | *ὤμοσας*] *ωμοσα* (*ωμωσα* 246* 458) 29 C''^{-131c} f^{-129} 458 28-85 527 121 55 646 Chr I 476 Tht *Nm* 204^{ap} Bo; *ωσα* 376; + *daturum te* ^{Lat}cod 100

13 init — *τούτῳ*] pr *et nunc* Arm; sup ras 610; > 458 | *μοι*] *inveniam* Co; > A M' *oI* y^{-392} 55 624(|) | *κρέα* 1°] *κρεας* C''; > Cyr II 461; post *δοῦναι* tr V | om *παντί* 318(|) Cyr II 461 IX 949 | *τούτῳ*] + *κρεα φαγειν* Cyr II 461; + *φαγειν* Cyr IX 949; > 799 | *κλαιοντες* 551; *κλαιει* Phil III 6^{ap} | *ἐπ' ἐμοί* B M' V *d* 127-767 *t* 319 Phil III 6 Chr I 476] *ad me* ^{Lat}cod 100; > 799; *επ εμε* rell | *λέγοντες*] *λεγουσι* 551 | *κρέα ἵνα*] *κρεας ινα* C''^{-551} 458 126; *carnem quam* ^{Lat}cod 100

14 init] pr *et* Aeth | *δυνήσομαι*] *δυνομαι* 106; *possum* Arm Bo | om *ἐγώ* 30'-343' 799 | *μόνος*] > Sa^{4}; post *φέρειν* tr 381 761* 527 | *φέρειν*] post *τοῦτον* tr 799 | *τὸν λαόν*] pr (※ Syh) *παντα* O^{-58} Syh = 𝔐; > 85^{txt}-130-321' | *τοῦτον*] *αυτου* 646 | om *ὅτι* 121 | *βαρύτερόν* B V n^{-127} x^{-619} 319 Chr I 476 Arm] *βαρυς* F$^{c\,pr\,m}$; *βαρυ* F* F^{b} rell | *μοί*] *μου* *b* 318 Arm (sed hab Compl); post *ἐστιν* tr 646 ^{Lat}cod 100 Syh | *ἐστιν*] sub ÷ Syh = 𝔐 | *τὸ ῥῆμα τοῦτο* F^{a}] om *τοῦτο* Arm; > F oII^{-82} 392 59 Aeth = 𝔐

15 *εἰ* 1°] *ου* 30; sup ras 19 | *δέ*] *δ* A F M' $O''^{-29\ 426}$ C''^{-131} *b s* 619 y^{-392} *z* 55 59 624 646 799 (sed hab Compl) = Sixt; > V 131 319 Arm | *οὕτως*] *ουτω* A 619 $z^{-120'}$ 646 Cyr II 461 = Sixt; post *σύ* tr 392 | *σύ*] *ου* 59 Chr I 476; > ^{Lat}cod 100 Aeth Arm Bo | *ποιεῖς*] *ποιης* 767 509*; *ποιησεις* 121 799 Bo Sa^{4} | *μοι*] *εμοι* 376; *με* 71; > V 422 319 | *με*] *μοι* 72 417 19 458 55* (sed hab Compl) | *ἀναιρέσει* (*ανερ.* F$^{c\,pr\,m}$) *εἰ* F^{b}] > F* | *ἀναιρέσει*] pr *εν* 29 Cyr II 461; *ανερησει* 319; *si placeat tibi* Arm; > ^{Lat}cod 100 | *εἰ* 2° — fin] om *εἰ* — *σοί* Cyr II 461; > 761 | *εἰ* 2°] *η* 458-767 527; > 82 | *ἔλεος*] pr *χαριν και* f^{-129} 55 416 Arm = Tar^{P}; *χαριν και ελεον* (*ελαιον* 458; *ελαβον* 127) M^{mg} *n*; *ελεον* (c var) *b d* t^{-76}; *χαριν* F O^{-426} 551 76 Chr I 476 Co — Compl, + *και χαριν* F^{b} | *παρὰ σοί*] *παρα σου* 72; *εναντιον σου* Chr I 476 | *ειδω* A V 82-426-707 30-130-344 509 624 | *μου* B V *f n* x^{-619} 319 Cyr II 461 ^{Lat}cod 100] > Bo; ad fin tr rell = Sixt 𝔐 Sam Tar^{O} | *κάκωσιν*] + *populi huius* (> B) Bo: cf Tar^{P}

16 *Μωυσῆν*] *-ση* 610; *μωσει* 72; *μωσην* 426 *n* Cyr II 461; *μωσην λεγων* 58 | *συνάγαγέ μοι*] *συν. με* 799; *συναγαγετε* (*-ται* 54) *μοι* M' V 54 84; *καταστησον μετα σεαυτου* Did 548; om *μοι* 414 | *ανδρας εβδομηκοντα* 126 | *ἄνδρας* — *Ἰσραήλ*] *πρεσβυτερους* Did 548 | *ανδρες* 767 | om *ἀπό* — *οἶδας* 417^{txt} | *ἀπό*] *εκ* *b* 319 (sed hab Compl); > 618* | *τῶν πρεσβυτέρων*] *filiorum* Bo^{B} | *Ἰσραήλ*] pr *filiorum* Aeth; pr *του λαου* 628; pr *του* 376 Bas II 285; *populi* Sa^{12} | *οὕς*] *ος* 321*-

---

14 init — *μόνος*] *ο' οἱ λ' οὐ δυνήσομαι ἐγὼ μόνος* 344

πρεσβύτεροι τοῦ λαοῦ καὶ γραμματεῖς αὐτῶν, καὶ ἄξεις αὐτοὺς πρὸς
17 τὴν σκηνὴν τοῦ μαρτυρίου, καὶ στήσονται ἐκεῖ μετὰ σοῦ. [17]καὶ κατα-
βήσομαι καὶ λαλήσω ἐκεῖ μετὰ σοῦ, καὶ ἀφελῶ ἀπὸ τοῦ πνεύματος
τοῦ ἐπὶ σοὶ καὶ ἐπιθήσω ἐπ' αὐτούς, καὶ συναντιλήμψονται μετὰ σοῦ
18 τὴν ὁρμὴν τοῦ λαοῦ, καὶ οὐκ οἴσεις αὐτοὺς σὺ μόνος. [18]καὶ τῷ λαῷ
ἐρεῖς Ἁγνίσασθε εἰς αὔριον, καὶ φάγεσθε κρέα, ὅτι ἐκλαύσατε ἔναντι
κυρίου λέγοντες Τίς ἡμᾶς ψωμιεῖ κρέα; ὅτι καλὸν ἡμῖν ἐστιν ἐν Αἰ-

ABFMV O''(G) C'' bdf$^{-53'}$nstxyz(630) al verss

346 | αὐτὸς σύ (σοι B* 54*) B O^{-58} b d n t x^{-527} Phil II 219 Bas II 285 Procop 1024 ^{Lat}cod 100] αυτην συ 799; αυτους σν 527; σοι αυτος F; σν αυτους 246 343; σύ sub ÷ Syh^{L}; sub ÷ Syh^{T}; om σύ 417$^{(mg)}$ Cyr II 461 Did 548 Tht Nm 204 205^{ap}; om αὐτός 59 Phil I 234 Arm Co = Tar^{P}; > 58 Tht Nm 205te = 𝔐 Sam Tar^{O}; tr F^{b} ^{Lat}codd 94 95 rell = Compl | οἶδας] οιδες B*; ειδας 619 | om ὅτι 458(|) Phil I 234 = Compl | οὗτοί Tht Nm 204^{ap}] αυτοι C''$^{-528}$ s 424 799 Tht Nm 204te Arm; > 528 71' 319 Did 548 Procop 1024 Tht Nm 204^{ap} Bo; post πρεσβύτεροι tr 74-76 | εἰσιν] > 59; post πρεσβύτεροι tr 319 Procop 1024 Tht Nm 204^{ap} | πρεσβύτεροι] pr οι 376 59 | λαοῦ] + huius Bo | καὶ γραμματεῖς αὐτῶν] om αὐτῶν 799 Sa; > Bas II 285 | ἄξεις] αξης 120; εξαξεις 16-46 56^{c}-129 54-75' 509 318 = Compl; συναξεις Bas II 285 | om αὐτούς 619*(cprm) | πρὸς τὴν σκηνήν B d 130^{mg}-321'^{mg} t x Cyr II 461] εν τη σκηνη 46 b; επι την σκηνην Bas II 285; εις την σκηνην Tht Nm 204 rell = Compl | καί ult] ⌒(17) 2° 799 | στήσονται] στησεις αυτους b (sed hab Compl) | om μετά — (17) σοῦ 1° 527

17 init] pr και αφελω απο του πνευματος του επι σοι 376: ex sq | init — σοῦ 1°] om καὶ καταβήσομαι Sa^{4}; om καὶ λαλήσω 84^{txt}(cprm); > 57^{txt}-550'-761 509 121 68'-120 319 Bas II 285 Tht Nm 204^{ap} Sa^{12} (sed hab Ald): homoiot | εκει και λαλησω 72 Arm | λαλησομαι 529 | ἐκεῖ] post σοῦ 1° tr 426 Bo^{ABc} Syh = 𝔐 | αφελομαι Tht Nm 204^{ap} | ἀπό] εκ 54-75 | πνεύματος] πρς 118*; + μου 458 Sa^{12} | om τοῦ 2° 458 | ἐπὶ σοὶ καί] in te et ^{Lat}cod 100 Aug Num 18 (sed hab PsCyp Rebapt 15); > 767^{txt} | καί 4°] ⌒5° 54-75' | θησω 16-46 126 Cyr II 461 | om ἐπ' 129*(cprm) | αὐτούς 1°] αυτοις 319 799 | συναντιλήμψονται A B F V 82 509 624] αντιληψ. Epiph I 203; sine μ F^{b} rell = Sixt | μετὰ σοῦ 2°] μετα σοι 313*(cprm); σοι 319; > V 72 Epiph I 203 | τὴν ὁρμήν] της ορμης Tht Nm 204^{ap}; τ. οργην 707*(vid) 646 | τοῦ λαοῦ] τω λαω 319*; + μου 75; + τουτου 58 d n^{-75} t Bas II 285 Tht Nm 204 Aeth Arab Arm Co; + ras 14—16 litt 246 | αὐτούς 2°] αυτος 458; sub ÷ Syh; > 58 = 𝔐 | om σύ Aeth Bo

18 τῷ λαῷ] populo huic Bo^{B}; post ἐρεῖς tr 72 | ἐρεῖς] dixit moyses Arab | ἁγνίσασθε] -σθαι (αγνεισ. 75; αγνοισ. 527) V 82-376-707* 610 f^{-129} 75'-767 343 x 68' 55 59* 646 (sed hab Ald); -σεσθαι 319 | om εἰς 72-376* 422 Or II 388 | αὔριον] pr την V 246 71' z 646 Nil 125 | καί 2° — (35) ἐπιθυμίας] absc 630(||) | φάγεσθε 1°] -σθαι (φαλ. 376*) V 82-376 610 f^{-129} 75'-767 30 319 646 | κρέα 1°] κρεας C'' | ὅτι 1°] pr εις 75 | ἐκλαύσατε] -σετε 16-46 106-125; εκλαυ^{στ} 126 | εναντιον oI^{-15}-72 C'' d s t x^{-509} 126 799 Cyr I 389 Or II 388; ενωπιον O^{-58txt} b (sed hab Compl) | ἡμᾶς] > ^{Lat}cod 95; post ψωμιεῖ tr G-426 Arm Syh = 𝔐 | ψωμησει 376; ψωμισει 426* | κρέα 2°] κρεας 618 C'' 75; ⌒4° 107'-125 | ὅτι 2°] et Bo | καλως Chr III 338 XVII 835 | ἡμῖν ἐστιν] fuit nobis Syh; ην ημιν Chr III 338 XVII 835 Arm = Tar^{P}; ημιν ην

γύπτῳ· καὶ δώσει κύριος ὑμῖν κρέα φαγεῖν, καὶ φάγεσθε κρέα. [19]*οὐχ* 19
ἡμέραν μίαν φάγεσθε οὐδὲ δύο, οὐδὲ πέντε ἡμέρας, οὐδὲ δέκα ἡμέρας,
οὐδὲ εἴκοσι ἡμέρας· [20]*ἕως μηνὸς ἡμερῶν φάγεσθε, ἕως ἂν ἐξέλθῃ* 20
ἐκ τῶν μυκτήρων ὑμῶν, καὶ ἔσται ὑμῖν εἰς χολέραν, ὅτι ἠπειθήσατε
κυρίῳ, ὅς ἐστιν ἐν ὑμῖν, καὶ ἐκλαύσατε ἐναντίον αὐτοῦ λέγοντες Ἵνα
τί ἡμῖν ἐξελθεῖν ἐξ Αἰγύπτου; [21]*καὶ εἶπεν Μωυσῆς Ἑξακόσιαι χιλιά-* 21
δες πεζῶν ὁ λαός, ἐν οἷς εἰμι ἐν αὐτοῖς, καὶ σὺ εἶπας Κρέα δώσω αὐτοῖς,

ABFMV *O'' C''* $bdf^{-53'}nstxyz^{-630}$ al verss

55 ^{Lat}cod 100 Bo; *ημιν ην εστιν* 75; om *ἡμῖν* 414; om *ἐστιν* G-426 392 18'-126-628-669 646 = 𝔐 Sam Tar^{O}; tr C''^{-414} 44' $s^{-30'}$ | *δωη* 529 | *κύριος*] > 19 (sed hab Compl); post *ὑμῖν* tr 72 799 Or II 388 ^{Lat}cod 100 Arm | *ὑμῖν*] *ημιν* 29-376 313 84 59 Bo^{AB*}; *ειμιν* 767 | *φαγειν κρεας* 414 | *κρέα* 3°] *κρεας* 52'-73'-313; post *φαγεῖν* tr F *O'* 392 *z* 59 646 799 Cyr I 389 Aeth Syh = Sixt | *φαγεῖν*] sub ÷ G Syh; > Compl = 𝔐 | *καί* ult — fin] om *καί* 75'; > 106 f^{-129} 799 | *φάγεσθε* 2°] ⌒(19) C''^{-46s} 131^{mg} | *κρέα* 4°] pr *και* 416; > O^{-58}-72 46^{s} Arab Syh = Compl 𝔐; + *οτι εκλαυσατε εναντιον κυ λεγοντες τουτο* 44

19 om comma 126 | *οὐχ*] *ουχι* 426* d^{-106} *n t*; *ου* 46^{s} | *ἡμέραν μίαν*] *ημερα μια* 767 799; tr 426* 44 | *φάγεσθε*] + *κρεα* 29 75' Cyr I 389; > 46^{s}; post *δύο* tr *b* 121 (sed hab Compl) | *οὐδέ* 1°] *ου* 125; *η* 707 | *δύο*] + (※ G Syh) *ημερας* *O* 246 Syh = 𝔐 | om *οὐδέ* 2° — (20) *φάγεσθε* 19 (sed hab Compl): homoiot | *οὐδέ* 2°] ⌒3° 107'-125 127^{txt} | *πέντε*] sup ras 106 | om *ἡμέρας* 1° — *ἡμέρας* 2° 246 | *ἡμέρας* 1°] > 72 $b^{(-19)}$ 44' 75' (sed hab Compl); ⌒2° 321' 509 ^{Lat}cod 100 Sa^{4} = Tar^{P} | om *ἡμέρας* 2° 72-381' $b^{(-19)}$ d^{-44} *n* 71' Aeth Arm Bo Sa^{12} (sed hab Compl) | *ἡμέρας* 3°] > *d* 75 799 Bo; + *φαγεσθε* 246

20 init] pr *sed* Sa^{12} | *ημερας μηνος* 71' | *ἡμερῶν*] *ημερας* $b^{(-19)}$ 767 (sed hab Compl); > 64^{txt}(cprm) Tht *Nm* 205 | *φάγεσθε*] sub ÷ G Syh = 𝔐; + *κρεα* Tht *Nm* 205 Bo | om *ἄν* Or II 389 (sed hab 388) Syh | *ἐξέλθῃ*] -*θοι* 77-414 646 | *ἐκ* — *ὑμῶν*] spat ca 60 litt 767 | *ἐκ*] *δια* V *b f* 130^{mg}-346^{mg} | *τῶν μυκτήρων*] *του μυκτηρος* G Bo^{A}; *των μυκτυρων* 246 | *ὑμῶν*] *ημων* 82* 761* 610* 54 319; + *κρεα* B* (sed hab Sixt) | om *καί* 1° — *χολέραν* Bo^{B} | *ἔσται*] *εστω* C''^{-414} 28-85'-321'; *εσονται* 318 | *ὑμῖν* 1°] pr *εν* 458^{c}; *ημιν* 319* | *εἰς*] *ως* 52 | *χολέραν*] -*ρα* 72 799; -*ρον* 319; *σχολ.* 82 527 | *ὅτι*] *ωστε* 767 | *ἠπειθήσατε*] *ηπισθησατε* 314; *ηπεισθησατε* 52; *ηποιθησεται* 458; -*σετε* 528 107'-125; *επιθ.* (-*ται* 82 767) 72-82 767; *ηπειθη^{σατ}* 126 | *κυρίῳ*] pr *τω* 58-72-426 417-529 44 71' 18-126 59 | *ὅς*] *οσα* f^{-129}; *ως* 458; *ο* x^{-509} 120'; + ras 3 litt 707 | *ἐν ὑμῖν*] *μεθ υμων* 319 | *εκλαυσετε* 46 | *ἐναντίον*] *εναντι* 730; *ενωπιον* *b* 392 55 (sed hab Compl) | *αὐτοῦ*] *κυ* 107'-125 Arab | *ἡμῖν ἐξελθεῖν*] *υμιν εξελθειν* (*εξαιλθ.* 376) 72'-376 19' (sed hab Compl); *εξηλθομεν* F = 𝔐 | *ἐξελθεῖν*] ad fin tr 77 | *ἐξ* — (22) fin] sup ras A | *ἐξ*] *εκ γης* *d* 129 *t* Sa^{12} = Compl Tar^{P}

21 om *εἶπεν* 707* | *Μωυσῆς*] *μωσης* G-72-426 *n*; + *προς κν* B* ^{Lat}cod 100 Arab (sed hab Aug *Num* 19 Sixt) | *εξακοσιων χιλιαδων* 107'-125 | *χιλιάδες*] + *εισι* Chr I 506 Isid 1488 | *ὁ λαός*] > 84^{txt}(cprm) ^{Lat}Aug *Num* 21; *populus hic* Bo; + *και φαγονται* 528* | *εἰμι*] + *εγω* 624 Arm; sup ras 57 | om *ἐν αὐτοῖς* ^{Lat}codd 100 104 (sed hab Aug *Num* 21) | *καί* 2°] ⌒3° Aeth^{FM} | *εἶπας*] *ειπες*

---

20 (*εἰς*) *χολέραν*] *α'* {*σ'*} *in alienationem* Syh; *σ'* *εἰς ἀπεψίαν* Tht *Nm* 205; alii *cruditatem* Procop 822

22 *καὶ φάγονται μῆνα ἡμερῶν;* 22*μὴ πρόβατα καὶ βόες σφαγήσονται*
αὐτοῖς, καὶ ἀρκέσει αὐτοῖς; ἢ πᾶν τὸ ὄψος τῆς θαλάσσης συναχθή-
23 *σεται αὐτοῖς, καὶ ἀρκέσει αὐτοῖς;* 23*καὶ εἶπεν κύριος πρὸς Μωυσῆν*
Μὴ χεὶρ κυρίου οὐκ ἐξαρκέσει; ἤδη γνώσει εἰ ἐπικαταλήμψεταί σε
24 *ὁ λόγος μου ἢ οὔ.* 24*καὶ ἐξῆλθεν Μωυσῆς καὶ ἐλάλησεν πρὸς τὸν λαὸν*
τὰ ῥήματα κυρίου, καὶ συνήγαγεν ἑβδομήκοντα ἄνδρας ἀπὸ τῶν πρε-
25 *σβυτέρων τοῦ λαοῦ, καὶ ἔστησεν αὐτοὺς κύκλῳ τῆς σκηνῆς.* 25*καὶ*
κατέβη κύριος ἐν νεφέλῃ καὶ ἐλάλησεν πρὸς αὐτόν· καὶ παρείλατο ἀπὸ

ABFMV *O'' C'' bdf*$^{-53'}$*nstxyz*$^{-630}$ al verss

Cyr VI 449; + *mihi* Bo^{A} | *κρεας* A *C''* 509 392 | *δώσω*] *επιδοσω* 799; post *αὐτοῖς* 2° tr 18 | *αὐτοῖς* 2°] *αυτω* 707; + *φαγειν* B = Ra | om *καὶ φάγονται* Bo | om *ἡμερῶν* Aeth^{M}

22 *σφαγήσονται*] *σφραγ.* 118*-314^{c}; *φαγ.* 30 74-76 509 | *αὐτοῖς* 1°] pr *εν* 29 52-551 537 458 343; > 129 730* 84 128-669 Phil III 6 Chr I 506 Isid 1488 Arm Bo = Compl | om *καὶ ἀρκέσει αὐτοῖς* 1° 414 *f*$^{-129}$ Phil III 6 Chr I 506 Isid 1488 Aeth | *ἀρκέσει* 1°] *-ση* 15; *-σεις* 120'-122 (sed hab Ald) | *αὐτοῖς* 2°] pr *εν* 343*; ⌒4° 376 | *πᾶν τό*] *παντος* 527 | *ὄψος*] *οψον* F^{b} M' *oI*-707 414'-528-761^{c} 108-118' 458 730 646 799 Phil III 6^{ap} Chr I 506 Isid 1488 = Ald Compl; *υψος* 75 | om *τῆς θαλάσσης* Aug *Num* 19 | *συναχθήσεται*] *-σονται* 15 417 *d* 370; *συναχθη*^{στ} 126 | *αὐτοῖς* 3°] > A *oI* 16-46 75 55 Phil III 6 Chr I 506 Isid 1488 ^{Lat}cod 100 Arm Bo; ⌒4° 19 (sed hab Compl) | *ἀρκέσει* 2°] *-σοι* 126 | *αὐτοῖς* 4°] *αυτω* 799

23 om *πρὸς Μωυσῆν* 44 | *Μωυσῆν*] *μωσην* *O*$^{-376}$ *n*; *μωσει* 72; + *λεγων* 376* 319 ^{Lat}cod 104 | *χείρ* B F 707 129 343 *x* 392 59 Phil III 197 Cyr VI 449] pr *η* F^{b} Cyr IX 949 Iust *Dial* CXXVI 6 Tht *Nm* 205 rell | *κυρίου*] pr *του* (*μου* F^{s}) F^{b} V *O*$^{-58}$-82-707 *C''* *b*$^{-19}$ *s z* 646 799 (sed hab Compl); *του* $\overline{\vartheta\upsilon}$ 319; *μου* 458; > 509 | *οὐκ* B G-29-426-*oI* 422-529-551 129 *n x* 318^{c} Phil III 197 Cyr VI 449 IX 949 Iust *Dial* CXXVI 6 Tht *Nm* 205 = Compl] *ου μη* 730; > 318*; *ουχι* (*-χη* 376) rell | *ἐξαρκέσει*] *αρκεσει* 29 129 Cyr VI 449 IX 949 = Compl; + *αυτοις* *b* | *ἤδη*] *et* Sa^{12}; *quia* Sa^{4}; *ecce* Aeth Syh | *γνώσει*] *γνωσιν* 669^{c}; *γνωθι* 426; *οψει* 319 Phil I 229 ^{Lat}Ambr *Cain* I 32 Aeth Arm^{te} = 𝔐 | *εἰ* — fin] *quia verbum meum non fiet* Sa^{4} | *εἰ*] *επει* 68'-120*-407 Phil I 229^{ap}; *οτι* 319 Sa^{12}; *η* B M' 82*-376 610 129 767 343 509 669 624; > 125 54-75' 120^{c}: haplogr | *ἐπικαταλήμψεταί* A B F V G-82 509 624] *-ληψηται* 128; *καταληψ.* (*-λιψ.* Phil^{Pap}) 68'-120*-126-407 Phil I 229^{ap} Tht *Nm* 205^{ap}; *επικαλυψεται* 19-537; sine *μ* F^{b} rell = Compl Sixt | *σε*] *σοι* 19' 106 71' (sed hab Compl); *σου* 618; > 799 | *μου*] $\overline{\varkappa\upsilon}$ 628; > 320 | om *ἢ οὔ* 68'-120' 55* Phil I 229^{ap}

24 init — *ἐλά*[*λησεν*] sup ras 129 | *εξελθων* 376 319 | *μωσης* 58-72-426 313* *n* | om *καί* 2° 376 319 | *ἐλάλησεν*] *ειπεν* 799 | *πρὸς τὸν λαόν*] post *κυρίου* tr 799; + *totum* Bo | *το ρημα* G | *κυρίου*] *dei* ^{Lat}cod 100; *ταυτα* *C''* 799 | *συνηγαγον* *oI*$^{-15}$ | *ἑβδομήκοντα*] *τους πεντικοντα* 799 | om *ἀπό* — (29) fin 799 | *ἀπό*] *εκ* 376 | *τοῦ* — *κύκλῳ*] bis scr G | *εστησαν αυτου* 458

25 *εκατεβη* 344^{mg} | *κύριος ἐν νεφέλῃ*] *η νεφελη* 128 | *νεφέλῃ*] pr *τη* 376 68' (sed hab Ald); + *και εστη* 55 | *καί* 2°] ⌒3° CyrHier 953 | *ἐλάλησεν*] *ελαλη* 19 (sed

---

25 *παρείλατο*] *α' ἀπεσπάσατο* 85(s nom)-130-321'-344; *α' περιεῖλεν* 54^{txt} 85-130(s nom)-321'(s nom)-344(s nom); *σ' ἐπεσπάσατο* 58(s nom)-707 54^{txt}-458(s nom); *σ' ἐπεσκίασεν* 321; *ϑ' ἐπεσκίασεν* 707 54^{txt} 85'-346; *ϑ' ἀπεσκίασεν* 344

τοῦ πνεύματος τοῦ ἐπ' αὐτῷ καὶ ἐπέθηκεν ἐπὶ τοὺς ἑβδομήκοντα
ἄνδρας τοὺς πρεσβυτέρους· ὡς δὲ ἐπανεπαύσατο τὸ πνεῦμα ἐπ' αὐτούς,
καὶ ἐπροφήτευσαν καὶ οὐκέτι προσέθεντο. [26]*καὶ κατελείφθησαν δύο* 26
ἄνδρες ἐν τῇ παρεμβολῇ, ὄνομα τῷ ἑνὶ Ἐλδὰδ καὶ ὄνομα τῷ δευτέρῳ
Μωδάδ, καὶ ἐπανεπαύσατο ἐπ' αὐτοὺς τὸ πνεῦμα, καὶ οὗτοι ἦσαν τῶν
καταγεγραμμένων καὶ οὐκ ἦλθον πρὸς τὴν σκηνήν, καὶ ἐπροφήτευσαν
ἐν τῇ παρεμβολῇ. [27]*καὶ προσδραμὼν ὁ νεανίσκος ἀπήγγειλεν Μωυσῇ* 27
καὶ εἶπεν λέγων Ἐλδὰδ καὶ Μωδὰδ προφητεύουσιν ἐν τῇ παρεμβολῇ.

ABFMV *O'' C''* $bdf^{-53'}nstxyz^{-630}$ al verss

hab Compl); + *κυριος* A M' *oI* C''^{-414*} 610 75 s^{-730} *y* 55 624 Arm | *αὐτόν*] *μωυσην d t* Arm; *μωσην n* | *καί* 3°] ⌒4° 72 | *παρείλατο*] *-λετο* M' *oI* 77-414-529^c 127 321-346^c = Ald; *περιειλ.* 55*; *περιειλετο d* 246 *t z* 55^c 646; *περιειλεν* 319↓; *παρηλαξεν* 527; *αφιλεν* V | *ἐπ'* 1°] *εν* 414-528 ^Lat codd 100 104; *απ* 767 | *αὐτῷ*] *αυτων* 767*; *αυτου* A V 313* 458-767^c 71*(c pr m) 319; *αυτον* 75; *αυτο* 44 | *ἐπέθηκεν*] *απεθ.* 616; > 458 | *ἐπί*] *απο* 126 | om *ἄνδρας* Bo | om *ὡς* — *αὐτούς* 125 | *δέ*] *δ* 126; > 528 | *ανεπαυσατο* $C''^{-16\ 46\ 57*\ 417*\ 552}$ 424; *επαυσατο* 18 | *τὸ πνεῦμα / ἐπ' αὐτούς* B $d^{(-125)}$ 129 n^{-458} *t x* Arm] om *τό* Compl Sixt; om *τὸ πνεῦμα* 458; tr rell = 𝔐 | om *καί* 5° — fin *b* (sed hab Compl) | om *καί* 5° ^Lat codd 100 104 Aeth Co | *ἐπροφήτευσαν*] *προεφ.* (*-φοιτ.* 646; *-τεσαν* 30*; *-φυτ.* 44 321*) F^a 58^mg-72-376-*oI* $C''^{-77\ 131\ 313\ 500'\ 528\ 529'*\ 615}$ *d* 246 *n* 30'-321-346*^et c2 *t* 71' *z* 55^c 424 646; *επροεφ.* (*-φυτ.* 528; *-σε* 392*) 426-707 528 *y* 59; *προφ.* 624*; *επροεφητευκαν* 319; + *εν* (> cod 104) *τη παρεμβολη* V 376 *n* ^Lat codd 100 104 Arm Bo: ex 26 | *καί* ult — fin] *και ου προσεθεντο ουκετι* 509 | *προσέθεντο*] *-θοντο* 73'; *-θετο* 246; *προεθ.* 618* 646; *-θηκεν* 319

26 om *καί* 1° Arm^ap | *ανδρας* 134* | *ἐν τῇ παρεμβολῇ* 1°] *επι της παρεμβολης* 72; + *και ουκετη προ* 376* | *Ἐλδάδ*] *ελααδ* 72 528*; *ελαδ* 527; *helat* ^Lat cod 104; *haeidat* ^Lat cod 100 | om *ὄνομα* 2° 44' | *Μωδάδ*] *μοδαδ* 72 73-313-320* 75 343; *μοιδαδ* V; *μωλδαδ* 319^c; *modas* ^Lat cod 100; *αμωδαν* 509 | *ἐπανεπαύσατο* F^b] *ενεπαυσ.* F; *ανεπαυσατο* C''^{-46} 392 424 | *ἐπ'*] *εις* 458 | *αὐτούς*] *αυτοις* oI^{-15}-72 = Ald | *τὸ πνεῦμα*] om *τό* B x^{-619}; + *το αγιον* G*(vid); + *et prophetaverunt* ^Lat cod 100 Bo | *οὗτοι*] *αυτοι C'' s* 424 Aeth Arm | *οι καταγεγραμμενοι* 319 | *καί* 5°] ⌒6° C''^{-131mg} 424 | *ηλθοσαν* (*-θωσαν* 19 319) *b* 129 319 | *πρὸς τὴν σκηνήν* B V 82 *d* 129 *t* x^{-527} = Compl] *επι τ. σκ.* 624; *εν τη σκηνη* 15 121 ^Lat cod 100; om *τήν* 527; *εις την σκηνην* rell | *καί* ult] *sed* Sa | *ἐπροφήτευσαν*] *προεφ.* (*-φυτ.* 44) F^b 72-376-*oI* $C''^{-77\ 131\ 313\ 422\ 500'\ 528\ 615\ 616*}$ *d* 54'-458 *t* 71' 121 55^c 319 424; *προεφητ* + spat ca 40 litt 767; *επροεφ.* 426-707 528 y^{-121} 624; *-σεν* 527; *επροφητευον* 82 509; *προεφητευον* (*-τευων* 246) 246 75 *z* 646; *profetabant* ^Lat cod 100 | *ἐν τῇ παρεμβολῇ* 2°] *εις την παρεμβολην* 75; *και ουκετι προσεθεντο* 125: ex 25; *και ουκετι προσεθεντο και κατελειφθησαν* (*-ληφθ.* 610) *δυο ανδρες* 107'; > 767; ⌒(27) 44 628

27 *προσδραμών*] *δραμον* 376; + *super eos* Syh^T | *ὁ νεανίσκος*] *νεανισκος τις* 767 Aeth^C; om *ὁ* V *b* 319 Arm (sed hab Compl) | *ἀπήγγειλεν*] *ανηγγ.* (*-γγιλ.* 458) n^{-767} | *Μωυσῇ* B V *b* 129 *x* 55] *τω μωυσει* 46 343 68'-120'; *τω μωση* G *n*; *τω μωσει* 72-426; pr *τω* rell | *καὶ εἶπεν*] *και απηγγειλε* 77; *και προεφητευσεν* 121*; > 72 55 ^Lat codd 100 104(vid); + *αυτω* 58-376 118'-537 $d^{(-44)}$ f^{-129} *n t* Arm | *λέγων*] sub ÷ Syh; > *b* $d^{(-44)}$ *n t* 126 Aeth Arm Sa = 𝔐 | *Ἐλδάδ*] pr *λαβε* 18; *ελδαν* 392; *ελααδ* 72 527; *ολδαδ* 126; *cheldat* ^Lat cod 100 |

28 [28]καὶ ἀποκριθεὶς Ἰησοῦς ὁ τοῦ Ναυὴ ὁ παρεστηκὼς Μωυσῇ ὁ ἐκλεκτὸς
29 εἶπεν Κύριε Μωυσῆ, κώλυσον αὐτούς. [29]καὶ εἶπεν αὐτῷ Μωυσῆς Μὴ
ζηλοῖς σύ μοι; καὶ τίς δῴη πάντα τὸν λαὸν κυρίου προφήτας, ὅταν
30 δῷ κύριος τὸ πνεῦμα αὐτοῦ ἐπ' αὐτούς; [30]καὶ ἀπῆλθεν Μωυσῆς εἰς
τὴν παρεμβολήν, αὐτὸς καὶ οἱ πρεσβύτεροι Ἰσραήλ.
31 [31]Καὶ πνεῦμα ἐξῆλθεν παρὰ κυρίου καὶ ἐξεπέρασεν ὀρτυγομήτραν
ἀπὸ τῆς θαλάσσης, καὶ ἐπέβαλεν ἐπὶ τὴν παρεμβολὴν ὁδὸν ἡμέρας
ἐντεῦθεν καὶ ὁδὸν ἡμέρας ἐντεῦθεν κύκλῳ τῆς παρεμβολῆς, ὡσεὶ

ABFMV *O''* *C''* *bdf*$^{-53'}$*nstxyz*$^{-630}$ al verss (Pal)

Μωδάδ] *μοδαδ* 72 313 343; *modat* ^{Lat}cod 100; *αμωδαδ* 509; *μωλδαδ* 319^{c} | *προφητεύουσιν*] *και προφητευσουσιν* 18; *-τευσουσιν* 125' 134 68' 59 (sed hab Ald); *prophetaverunt* Aeth Arm^{te}; + *ημιν* 71'; + *υμιν* 527 | om *ἐν* — fin 319

28 init — *Μωυσῇ*] *και ο παρεστηκος ιησους τω μωση* 319 | *ἀποκριθείς*] *απεκριθη* Tht *Nm* 206^{ap}; > Arab | *Ἰησοῦς*] pr *ο* 414 610 458 = Compl; *ιηους* 134(|) | om *ὁ* 1° 72 | *Ναυή*] *ναυι* 58-72-426* 458; *ναβη* 44'-610 59; *ναβι* 125 71' | *Μωυσῇ*] *-σης* 707 125; *-σει* 46 343 68'-120'; *μωση* G 56 *n*; *μωσει* 72-426 44 | *ὁ ἐκλεκτός*] om *ὁ* 72-707* 509; > 767 | *ἐκλεκτός* (*εκκλ.* 509) B V 376^{txt} 129 *n*$^{(-767)}$ *x* 319 Tht *Nm* 207 ^{Lat}codd 100 104(vid) Arm Bo] + *αυτου* rell = 𝔐 | *εἶπεν*] pr *και* 18 Tht *Nm* 207^{ap} Syh^{T} = 𝔐; pr ras 3—4 litt 121 | *κύριε* B V 417^{txt} *d n t*$^{-84}$ *x* 126 319 Tht *Nm* 206te 207 ^{Lat}cod 104 Arm Co] ad fin tr ^{Lat}cod 100; + *μου* Cyr VII 720 CyrHier 956 Tht *Nm* 206^{ap} rell = 𝔐 | *Μωυσῆ*] *-σει* 343 68-120 (sed hab Ald); *μωση* G-72 552 56 *n* 134 319 Cyr VII 720; *μωσει* 426; > Tht *Nm* 206^{ap} Aeth^{-C} Arab | *κώλυσον*] *κυκλωσον* 528; *καυσον* 767*

29 *ειπων* 527* | *αὐτῷ*] *αυτοις* 19 (sed hab Compl); > 739* 509 128-669 319 Arab; post *Μωυσῆς* tr 417 68'-120 Bo = Sixt | *Μωυσῆς*] *μωσης* G-72-426 56 *n*; > 376; + *αυτου* 509 | *μοι*] *εμοι* Chr XVI 520 Cyr VII 720 = Compl; *εμε* B *x*$^{-527}$ 392; > 527 | *καὶ τίς*] *τις γαρ* Cyr VII 720; + *αν* Tht *Nm* 206te | *δῴη*] *δοιη* Cyr VII 720; *δω* V G 75 319 Chr X 331 Tht *Nm* 206^{ap}; *δωσει* 392 Sev 513 ^{Lat}codd 100 104 | *πάντα τὸν λαόν*] *παντι* (> Cyr) *τω λαω* 75 Cyr VII 720; *in omnem populum* ^{Lat}cod 100; + *τουτον* 509 Bo | *πάντα*] *απαντα* Chr X 331; > *oI* 59; post *κυρίου* tr Tht *Nm* 206^{ap} | om *κυρίου* 376 44 458 28-85-321' 509 Sev 513 | *προφήτας*] pr *esse* ^{Lat}cod 100; + *ειναι* *x*$^{-509}$ Chr IX 192 XVI 520 Sev 513 Tht *Nm* 206^{ap} | *ὅταν δῷ κύριος*] *εν τω δουναι κυριον* Sev 513; *nisi cum dederit dominus* ^{Lat}cod 100 | *ὅταν*] *ο αν* 767*; *οτι* 46^{s} | *δῷ*] *δωη* 29-58 *f*$^{-129}$ 59 | *τό*] pr *παν* 19 (sed hab Compl); > 319 | *πνεῦμα*] pr *αγιον* Sev 513: cf Tar^{P} | *αὐτοῦ*] *eorum* Syh^{T*}; > *oI* = Tar^{P} | *ἐπ' αὐτούς*] *επ αυτοις* 319; *εις αυτους* 129 = Compl; > Tht *Nm* 206^{ap}

30 om *καί* 1° 509^{txt} | *Μωυσῆς*] *μωσης* (*-ση* G*) G-72-426 *n*; > Aeth | *αὐτός*] pr *και* 121 Syh^{T}; *αυτους* 509*; *αυτου* 407; *αυτων* 550' | *Ἰσραήλ*] pr *του λαου* 84*; pr *του* 376; *populi* Sa; sup ras 73

31 *πνεῦμα*] + *κυριου* 392; post *ἐξῆλθεν* tr 381' *n* Aeth Arm | *παρά*] *απο* 392; > 767 | *ἐξεπέρασεν*] *-πετασεν* G-58-82 *f*$^{-129}$ 18'-126-628-669 646; *misit* ^{Lat}cod 100; *εξεπαρασεν* 509 | *ορτυγομητρα* F 528-550' 246 343 74 318 799 | *ἀπό* 1°] sup ras 6 litt 73 | om *τῆς* 1° A *C''* 54-75' 121 799 | *επεβαλλεν* 376 646 | *ἐπὶ τὴν παρεμβολήν*] *απο τ. παρ.* 527 646; *επι της παρεμβολης* 129 = Compl; *εν τη παρεμβολη* 458 | *ἐντεῦθεν* 1°] ⌒2° B* 618^{txt} *C*$^{-131mg}$-46 458-767 407 55

δίπηχυ ἀπὸ τῆς γῆς. 32*καὶ ἀναστὰς ὁ λαὸς ὅλην τὴν ἡμέραν καὶ ὅλην* 32
τὴν νύκτα καὶ ὅλην τὴν ἡμέραν τὴν ἐπαύριον καὶ συνήγαγον τὴν ὀρτυ-
γομήτραν, ὁ τὸ ὀλίγον συνήγαγεν δέκα κόρους, καὶ ἔψυξαν ἑαυτοῖς
ψυγμοὺς κύκλῳ τῆς παρεμβολῆς. 33*τὰ κρέα ἔτι ἦν ἐν τοῖς ὀδοῦσιν* 33
αὐτῶν πρὶν ἢ ἐκλείπειν, καὶ κύριος ἐθυμώθη εἰς τὸν λαόν, καὶ ἐπά-
ταξεν κύριος ἐν τῷ λαῷ πληγὴν μεγάλην σφόδρα. 34*καὶ ἐκλήθη τὸ* 34
ὄνομα τοῦ τόπου ἐκείνου Μνήματα τῆς ἐπιθυμίας, ὅτι ἐκεῖ ἔθαψαν
τὸν λαὸν τὸν ἐπιθυμητήν.

ABFMV *O''* *C''* *bdf*$^{-53'}$*nstxyz*$^{-630}$ al verss

319 799 (sed hab Sixt) | om *ἐντεῦθεν* 2° V | *ὡσεί*] *erant* Bo | *δίπηχυ*] -*χυν* (c var) A^{c} 82 *d*$^{-44}$ 71′ 68′-120′ 55 59 ↓; *δυο πηχυ* 246; *πηχυν* 58

32 *ἀναστάς*] *ανασταντες* 72; *exurrexit* ^{Lat}codd 100 104 | om *ὁ λαός* 72 392 | *ὅλην τὴν ἡμέραν* 1°] *την ημεραν εκεινην ολην* 44; + (※ G Syh) *εκεινην* (*εκηνειν* 376; *εκην.* 767*) *O* *d*$^{-44}$ *f*$^{-129}$ *n t* 18′-126-628-669 646 Syh = Compl 𝔐 | *ὅλην* 1°] > 319; ⌒2° 707 ^{Lat}cod 104(vid); ⌒3° Sa^{12} | *καί* 2° — *ἐπαύριον*] bis scr 527 | *νύκτα*] + *εκεινην* (*εκηνειν* 376) 376 458 | om *ὅλην* 3° 799 | *τὴν ἡμέραν τήν*] *τη* (*την* 19) *ημερα τη* 19 318 799 | *τήν* 4°] *τη* A F^{c} 58-72-381′ 529 *b*$^{-19}$ *f*$^{-129}$ 54-75 121 59 = Compl; > 18 | om *καί* 4° 72-381′ 414-417*-552 *d* 54-75′ 130-321′ *t* 509 318 *z* 55 Arm | *συνήγαγον*] -*γαγε(ν)* 107′-125; *συνηγαγοσαν* V 129; *συνελεγον* *b* | om *τήν* 5° 319 | *ορτυγομητρα* 376 | *ὁ* 2°] *ω* 72; *et* Aeth | *ολιγω* 246 | *συνήγαγεν*] -*γαγον* V 126 319; *συνηκακεν* 537; *συνηγε* 120′; > 52′-313-551 | *κορους ῑ* 619 | *κόρους*] *βορους* 610 | *καὶ ἔψυξαν*] pr *και εσφαξαν* (-*ξεν* 767; + *και* 44) 58-376 *d f*$^{-129}$ *n t* 55 Arm; *και εσφαξαν* B 509 (sed hab Sixt); *και εψυξεν* 624; *και εψησαν* 52′-551; *και εψουν* 799 | *ἑαυτοῖς*] *εαυτους* 16-46-52*-551 106 343 318 55* 646; *επ αυτης* 707 | *ψυγμούς*] *ψυχους* 509; *ψυγμον* 527; *αποκτυα* 106$^{sup\ lin}$; bis scr Arm | *κύκλῳ*] *εξω* *x*$^{-509}$

33 *τὰ κρέα*] *τα δε κρεα* V 707 Aeth; + *τα* 126 | *ἔτι*] > 417 75′; post *ἦν* tr 422 | *ἦν*] *η* 44; *ουν* 528; > 707 30′ | *ἐν* 1°] *επι* 767; > 458 | om *τοῖς* 246 | *αὐτῶν*] + *τα κρεα* 413 | *πρίν*] *πλην* 319 | om *ἤ* 426 319 | *ἐκλείπειν* B F M′ 15-*oII*$^{-72}$ *f*$^{-129}$ 767 *s*$^{-343\ 730}$ 84 527 *z*$^{-126}$ 55 59 799] *εκλειπλει* 72; *εκλειπη* 75 509; + *manna* ^{Lat}cod 100; *εκλιπειν* (*εκληπειν* 313*) rell | om *καί* 1° Aeth | *κύριος ἐθυμώθη*] pr *ο* 82; *εθυμ. οργη κυριος* 426; *εθυμ. κυριος οργη* (sub ※ G Syh) G-376 Arab Syh: cf 𝔐; + *οργη* 58 *f*$^{-129}$ = Compl; + *σφοδρα* 82 *z* 646 | *εἰς*] *προς* 458; *super* Syh | *λαόν*] + *αυτου* B* 44 (sed hab Sixt); + *σφοδρα* 246^{c} | *κυριος επαταξεν* B* (sed hab Sixt) | *κύριος* 2°] > 106-125 84 799 ^{Lat}cod 100 (sed hab Aug *Loc in hept* IV 31 PsAmbr *Mans* 13; inc cod 104); + *plagam* Syh^{L} | *ἐν τῷ λαῷ* A M′ V *oI* *C''*$^{-52'\ 313\ 551}$ 28-30′-85′^{txt}-321-343-344^{txt}-346^{txt} *y*$^{-392}$ *z* 55 319 624 646] *αυτους* 125 75; om *ἐν* 52′-313-551; > 509; *τον λαον* rell = Ra | *πληγη μεγαλη* G-426-707 799 ^{Lat}codd 100(vid) 104(vid) PsAmbr *Mans* 13 Co (sed hab Aug *Loc in hept* IV 31)

34 om *καί* Bo^{B} | *Μνήματα τῆς ἐπιθυμίας*] *βουνον επιθυμιων* PsClem 73; om *τῆς* *cI* 126 624 | *Μνήματα*] *μνημα* 29-72 16-46 314 509 59 ^{Lat}cod 100; *μνηματος* 52′-313-551 799 ^{Lat}cod 104 Hi *Ep* LXXVIII 15. 3 ItinEger I 1 | *ὅτι*] *ο δε* 75; > B *x* (sed hab Sixt) | om *ἐκεῖ* 376 Aeth | *εθαψεν* 509 319 | *τόν* 2° — (35)

---

31 *δίπηχυ*] *τὸ ἑβρ′ ⟨δί⟩πηχυν* 343 | *ἀπὸ τῆς γῆς*] *ὑπὲρ πρόσωπον τῆς γῆς* 343
34 *Μνήματα τῆς ἐπιθυμίας*] *ἑβραϊστὶ καβρωθαβα* 85′-321′-344

35 ^{35}Ἀπὸ Μνημάτων τῆς ἐπιθυμίας ἐξῆρεν ὁ λαὸς εἰς Ἀσηρώθ, καὶ
ἐγένετο ὁ λαὸς ἐν Ἀσηρώθ.
1 **12** ^{1}Καὶ ἐλάλησεν Μαριὰμ καὶ Ἀαρὼν κατὰ Μωυσῆ ἕνεκεν τῆς γυ-
ναικὸς τῆς Αἰθιοπίσσης, ἣν ἔλαβεν Μωυσῆς, ὅτι γυναῖκα Αἰθιόπισσαν
2 ἔλαβεν, ^{2}καὶ εἶπαν Μὴ Μωυσῇ μόνῳ λελάληκεν κύριος; οὐχὶ καὶ
3 ἡμῖν ἐλάλησεν; καὶ ἤκουσεν κύριος. ^{3}καὶ ὁ ἄνθρωπος Μωυσῆς
πραῢς σφόδρα παρὰ πάντας τοὺς ἀνθρώπους τοὺς ὄντας ἐπὶ τῆς γῆς.

ABFMV *O'' C'' bdf*$^{-53'}$*nstxyz*(630) al verss

τῆς] [spat ca 33 litt] *των* 767 | *τὸν ἐπιθυμητήν*] *τον επιθυμητον* (-*μιτον* 509) 58-72-376 528-529' 44 509 55 59; *τον εν ασηρωθ* 646; > 319(||)

35 init — 16₄₀ *προσ[έλθῃ]* absc 646(||) | *ἀπὸ Μνημάτων*] pr *και* 54-75' ^{Lat}cod 104 Aeth Arm Bo; *a memoria* ^{Lat}cod 100 | om *τῆς* B F V *O'*$^{-29}$ ^{58} 129 54-75' *x* 392 59 319 799 = Ra | om *ἐξῆρεν ὁ λαός* F^{b*}(cprm) | *ἐξῆρεν*] pr *και* 125 458 ^{Lat}cod 100; + *δε* 16-46 | om *εἰς Ἀσηρώθ* F^{b} | *εἰς*] *απο* 19 (sed hab Compl); *εν* 381' 416 | *Ἀσηρώθ* 1°] *ασειρωθ* 68'-120; *ασιρωθ* 630 319^{c}; *αηρωθ* 71'; -*ραθ* 458; *σασηρωθ* 707 59; *ασιβωθ* 319*(cprm); *ακρωθ* 527; ⌒2° 72 54 392 128 59 ^{Lat}cod 100 Aeth^{F} Arm Syh | *ἐγένετο* — fin] *εποϱευθη εκει* 126 | *ἐγένετο*] -*νοντο* 106-125 = 𝔐; *consederunt* Aeth^{-F} | *ὁ* 2° — fin] *εκεισε* 106-125 | *ὁ λαός* 2°] *κ̅ς̅* 528; om *ὁ* 767; > 414 Aeth^{-F} = 𝔐 | *ἐν*] *εις* 29-376 75' 318 630 | *Ἀσηρώθ* 2°] *ασειρωθ* 68'-120*; *ασιρωθ* 527 630 319; *azērōth* Sa; *αρηρωθ* 130; *αυλαις* 767

12 1 *ἐλάλησεν*] *calumniati sunt* Aeth Arm | *Μαριάμ*] *μαρια* F*(cprm vid) *oII*$^{-707}$ ^{Lat}cod 100; *μωσησ* 761*; et *Ἀαρών* tr G-376 *b* 55 (sed hab Compl) | om *καί* 2° 72 | *Μωυσῆ*] -*σην* 85*; -*σει* 343; -*σεος* 618 68' (sed hab Ald); -*σεως* 381 246 18'-120'-126-628-669; *μωσεως* 630; *μωση* G-72 414 19' *n* 84 Cyr II 592 (sed hab Compl); *μωσει* 426 | *ἕνεκεν*] *περι* 126 | *γυναικός*] + *αυτου* 799 | om *τῆς* 2° 126(|) | om *ἣν ἔλαβεν Μωυσῆς* 18 ^{Lat}cod 104(vid) | *ἥν*] *και* 71'; *ης* A V 58-72 131^{mg} 56 59 319 | *ἔλαβεν* 1°] ⌒2° Sa | *Μωυσῆς*] *μωσης* G-72-426 *n* Cyr II 592; sub ÷ G Syh; > Aeth^{C} Arab = 𝔐 | *ὅτι* — fin] pr *et* ^{Lat}codd 95 96; *εις γυναικα* 126; > Bo

2 *εἶπαν*] *ειπον* (-*πων* 458) F^{b} 376-381' 19 *d n t* 126 Cyr II 592 (sed hab 593 Compl); *ειπεν* 509 | *μὴ Μωυσῇ*] *και μωυση* 106; sub ÷ Syh^{L}; om *μή* 72 318 Arm^{te} | *μονω μωυση* (*μωσει* 426) 426 422 ^{Lat}Ruf *Num* VI 6 = 𝔐 | *Μωυσῇ*] -*σει* 46 343 68'-120'; *μουση* 318; *μωση* G 125 *n* Cyr II 592 593; *μωσει* 72; post *κύριος* 1° tr ^{Lat}cod 100 | *μόνῳ*] *μονον* 68 (sed hab Ald); sub ÷ G Syh; > 619 | *λελάληκε(ν)* B 72 44 74-76 630] *ελαλησε(ν)* Chr X 331 Cyr II 592 593 rell | *κύριος* 1°] *ο θ̅ς̅* 129 319 Chr X 331 = Compl | *καί* 2°] *δε* 246 | *ἡμῖν*] pr *εν* A = 𝔐; *υμιν* 527 59 | *ἐλάλησεν*] + *κυριος* 417 | *καὶ ἤκουσεν*] > 129; + *hoc* ^{Lat}cod 100 | *κύριος* 2°] *μωυσης* 551

3 init — *ἄνθρωπος*] *ο δε* 125 | *ὁ ἄνθρωπος*] om *ὁ* 72 610 343 84; > Spec 35; post *Μωυσῆς* tr G-72 Aeth | *Μωυσῆς*] pr *ο* 381' 422; *μωσης* *O*$^{-376}$-72 *n* Cyr II 592 597; post *πραΰς* tr ^{Lat}cod 100 | *πραῢς σφόδρα*] *πραοτατος* Chr V 134 VII 313 IX 191 379 XII 716 Tht III 1393 | *πραΰς*] pr *πρα|υσης* 628; *πραος* *n* Cyr II 592 597; *ταπινος* 106^{c}; > 106*-107'-125 | *παρά* — *ὄντας*] *παντων ανθρωπων* (*ανδρων* IX 379) *των* Chr VII 313 IX 191 379; om *ὄντας* 246 55

---

12 3 *πραῢς σφόδρα*] *ο' οἱ λ' πραῢς σφόδρα* Field

[4]καὶ εἶπεν κύριος παραχρῆμα πρὸς Μωυσῆν καὶ Μαριὰμ καὶ Ἀαρὼν 4
Ἐξέλθατε ὑμεῖς οἱ τρεῖς εἰς τὴν σκηνὴν τοῦ μαρτυρίου· καὶ ἐξῆλθον
οἱ τρεῖς εἰς τὴν σκηνὴν τοῦ μαρτυρίου. [5]καὶ κατέβη κύριος ἐν στύλῳ 5
νεφέλης καὶ ἔστη ἐπὶ τῆς θύρας τῆς σκηνῆς τοῦ μαρτυρίου, καὶ ἐκλή-
θησαν Ἀαρὼν καὶ Μαριάμ, καὶ ἐξῆλθον ἀμφότεροι. [6]καὶ εἶπεν πρὸς 6
αὐτούς Ἀκούσατε τῶν λόγων μου· ἐὰν γένηται προφήτης ὑμῶν κυρίῳ,
ἐν ὁράματι αὐτῷ γνωσθήσομαι, καὶ ἐν ὕπνῳ λαλήσω αὐτῷ. [7]οὐχ 7

ABFMV O'' C'' $bdf^{-53'}$nstxyz al verss

Chr XII 716 | παρά — ἀνθρώπους] παντων ανθρωπων Chr V 134; om τούς 417 n^{-54} 84 126 Cyr II 592 597 Tht III 1393 | om τούς 2° — fin 126

4 παραχρῆμα — Ἀαρών] προς μωυσην και ααρων παραχρημα και μαριαμ 509 | παραχρῆμα] εξευνης (pro εξαιφνης) $106^{\text{sup lin}}$; > B* 618^{txt} 126 (sed hab Sixt) | πρός] επι 72; τω 610* | Μωυσῆν] -ση 19 610 130 (sed hab Compl); μωσην O^{-376} n Cyr II 592 600; μωσει 72 | om καί 2° 799 | Μαριὰμ καὶ Ἀαρών A B* 121] προς ααρων και προς μαριαμ 426 = 𝔐; ααρων (+ λεγων 19) και μαριαμ Cyr II 592 600 rell = Sixt | ἐξέλθατε (-ται 767 630 319; -θα 127*) A B F V O'^{-376} 127-767 30'-344^{txt} 121*-392 630 55* 59 319 624] επελθετε 130-321-346^{c}; εισελ. 799; εξηλθετε 314; $εξελ^{θτ}$ 619; -θετε (-ται 376 75) F^{b} Cyr II 592 600 rell = Sixt | ὑμεῖς / οἱ τρεῖς] tr O^{-58} = 𝔐; om οἱ τρεῖς 529 509 | om εἰς 1° B 72 59 (sed hab Sixt) | σκηνήν 1°] παρεμβολην 529; ⌒2° 376-381' 77-cI'^{-46} 56 54 x^{-509} 18-68-126 319 Cyr II 600 (sed hab 592) Aeth Bo (sed hab Ald) | καί ult — fin] bis scr 16*(cprm); om οἱ — fin 72 75; om οἱ τρεῖς G* | ἐξῆλθον] -θοσαν (-θωσαν 30) V 30'; εισηλθον 799 | εἰς 2° — fin] pr και Compl; τοῦ μαρτυρίου sub ÷ Syh^{T}; sub ÷ G; > 58 Sa = 𝔐

5 om init — μαρτυρίου 125 76: homoiot | om καί 1° 346 = Compl | κατέβη] κατηλθεν 29 | om κύριος 68'-120 (sed hab Ald) | στύλῳ νεφέλης] νεφελη 29 509 | om καὶ ἔστη Aeth | ἐπί] ad Ruf Num VII 2 | τῆς θύρας] τας θυρας 426 44-107' 75 74'-370 Cyr II 592 Bo; την θυραν 767 121 630; om τῆς Cyr II 600; > 321*(vid; cprm) | τοῦ μαρτυρίου] sub ÷ G Syh; > Arab = 𝔐; + και κατεβη κ̅ς̅ 799: ex praec | καί 3° — fin] και εξηλθον αμφοτεροι ααρων και μαριαμ διοτι εκληθησαν 72 | ἐκλήθησαν] εκαθησαν 127; vocavit Aeth Sa = 𝔐 | Μαριάμ] maria ^{Lat}cod 100 Ruf Num VII 2; + εξελθετε υμεις οι τρεις b (sed hab Compl): ex 4 | om καί ult Compl | ἐξῆλθον] -θοσαν (-θωσαν 319) A B* 130^{mg}-$321'^{\text{mg}}$ 319 = Sixt Ra; ηλθον 552; steterunt Ruf Num VII 2; εισηλθον 392

6 om init — αὐτούς 528 | εἶπεν] ειπον 730 799*; + κ̅ς̅ 58-376 b 44 f^{-129} n ^{Lat}Spec 31 | πρὸς αὐτούς] ad aaron et mariam Spec 31; sub ÷ G; > 58 = 𝔐; + ο κ̅ς̅ 799; + κ̅ς̅ V d^{-44} t Cyr II 592 Arm | om ἀκούσατε — μου Sa^{12} | ἀκούσατε] ηκ. 551; + (※ G Syh) δη O f^{-129} Syh = 𝔐 | τῶν λόγων] τον λογον (-γων 313^{c} 130-346 59) 72-376-707* 313 56 75-767 30-130*-346* 76* 509*-527 630 59* Cyr II 592 (sed hab 600); om τῶν 246 | ἐάν] pr και 52'-313-551 | γεννηται 767 | προφήτης ὑμῶν] pr προφητης 799; υμιν προφ. Cyr II 592; tr Phil III 60 | ὑμῶν κυρίῳ] domini in vobis Spec 31 | ὑμῶν] pr εξ Cyr V 69 ^{Lat}codd 100 104; υμιν Cyr II 600 Tht Nm 208te; ημων 52* 630 Phil III 60^{ap}; ημιν Phil III 60^{ap}; > Phil I 136 | κυρίῳ] pr τω 417* Bas I 5 Cyr II 600; κυριου Phil III 60 (sed hab I 136) ^{Lat}codd 100 104 Ruf Num VII 2; κ̅ς̅ G; > Cyr VI 172 (sed hab II 592 V 69) Tht Nm 208 | αὐτῷ 1°] αυτων 767 509 392; αυτη 54; αυτου 458 730; et γνωσθήσομαι tr ^{Lat}Tert Marc IV 22. 15 Prax

οὕτως ὁ θεράπων μου Μωυσῆς· ἐν ὅλῳ τῷ οἴκῳ μου πιστός ἐστιν·
8 *[8]στόμα κατὰ στόμα λαλήσω αὐτῷ, ἐν εἴδει καὶ οὐ δι' αἰνιγμάτων, καὶ*
τὴν δόξαν κυρίου εἶδεν· καὶ διὰ τί οὐκ ἐφοβήθητε καταλαλῆσαι κατὰ
9 *τοῦ θεράποντός μου Μωυσῆ; [9]καὶ ὀργὴ θυμοῦ κυρίου ἐπ' αὐτοῖς,*
10 *καὶ ἀπῆλθεν. [10]καὶ ἡ νεφέλη ἀπέστη ἀπὸ τῆς σκηνῆς, καὶ ἰδοὺ Μα-*
ριὰμ λεπρῶσα ὡσεὶ χιών· καὶ ἐπέβλεψεν Ἀαρὼν πρὸς Μαριάμ, καὶ
11 *ἰδοὺ λεπρῶσα. [11]καὶ εἶπεν Ἀαρὼν πρὸς Μωυσῆν Δέομαι, κύριε, μὴ*

ABFMV *O'' C''* *bdf*$^{-53'}$*nstxyz* al verss

XIV 6 Sa | *γνωσθήσομαι*] pr *φανησομαι και* 72; pr *dominus* Aug *Gen ad litt* XII 27; *-σεται* Phil I 136; *γνωρισθ.* Phil III 60^{ap} | *ὕπνῳ*] *ενυπνιω* Cyr II 592 (sed hab passim) Aeth Arm Co Syh = 𝔐 | *λαλήσω αὐτῷ* Tht *Nm* 208^{ap}] tr *n* Tht *Nm* 208te; om *αὐτῷ* Tht *Nm* 208^{ap} ^{Lat}cod 100; ⌒(8) 618*(cprm) 314 Tht *Nm* 208^{ap}

7 *οὐχ*] pr *και* 707 ^{Lat}cod 100 Aeth; *ουχι* 318 | *οὕτως — Μωυσῆς*] *sicut famulo meo moysi* ^{Lat}cod 100 | *ουτος* G 56* 509* 799 | *ὁ* B G-426 *f*$^{-246}$ 54-75' *x* Cyr VI 172 Bo Syh^{L} = Compl] *ως* 707* 767*: cf Hebr 3$_{5}$; pr *ως* Cyr passim Tht III 700 *Nm* 208 rell | om *μου* 1° 376* | *μωσης* G-72-426 417* *n* Cyr passim | *ἐν* — fin] pr *qui* ^{Lat}cod 100 Ruf *Num* VII 2 Spec 31 Arm Bo (sed hab Aug *Gen ad litt* XII 27); *πιστος εν* (> 164^{ap}) *ολω* (*παντι* 158) *τω οικω* Phil I 136 158 164: cf Hebr 3$_{2\ 5}$ | *μου τω οικω* Cyr II 592 (sed hab passim) | *μου* 2°] *αυτου* 55: cf Hebr 3$_{2\ 5}$ | *ἐστιν*] *εσται* G^{s}; *ετι* 527^{c}; > 55 799

8 *στόμα* 1°] pr *ως* 121; *-ματι* 552 | *κατά* 1°] *προς* 630 = 𝔐 | om *στόμα* 2° ^{Lat}cod 104 | *λαλήσω αὐτῷ*] *λαλησει* Phil I 136; tr 509; om *αὐτῷ* 321-343 ^{Lat}codd 100 104 | *ἐν εἴδει*] pr *et* ^{Lat}codd 100 104; *ονειδει* 68 (sed hab Ald); om *ἐν* 528; + ras 2—3 litt 707 | om *καί* 1° 319 ^{Lat}cod 104 | *αἰνιγμάτων*] *ενηγματος* 630 ^{Lat}cod 100 Ruf *Num* VII 2 Tert *Prax* XIV 6 Aeth Syh^{L} | *καί* 2°] > 72 552 Tht *Nm* 208^{ap}; ⌒3° *b* (sed hab Compl) | *κυρίου*] *μου* A Cyr II 592 (sed hab 600); + *ην* 29 | *εἶδεν*] *οιδε(ν)* 610 75 | om *οὐκ* 130 | *καταλαλῆσαι*] *λαλησαι* V 509 318 | *κατὰ τοῦ θεράποντός*] *τω θεραποντι* 72; om *κατά* Tht *Nm* 208^{ap} | *Μωυσῆ*] *-σει* 343; *-σεως* 120'; *-σεος* 68' (sed hab Ald); *μωυ*^{σ} 126; *μωση* G *n*$^{-75}$ Cyr II 592 601; *μωσει* 72-426

9 init — *θυμοῦ*] *extra animi erat* ^{Lat}cod 104 | *ὀργὴ θυμοῦ κυρίου*] pr *εγενετο* V 127 Aeth Arm; *οργη κυριου και θυμου* 376; *οργισθη θυμω* $\overline{κς}$ 458: cf 𝔐; om *θυμοῦ* 761^{txt} 76* 121 126 | *κυρίου*] $\overline{κς}$ 509 18; > *b* (sed hab Compl); + *facta est* Sa; + *erat* ^{Lat}cod 100; + *erit* Spec 31 | *αυτους* V 29-82-376-*oI*$^{-15}$ 413-529-616^{c} *b d* 129 *n*$^{-767}$ 343 *t x*$^{-509}$ *y* 68'-120'-630 | om *καὶ ἀπῆλθεν* Bo | *ἀπῆλθε(ν)* B G-72-426 343 509 392 *z*$^{-630}$ 799 Syh] *απηλθωσαν* 319; *απηλ*^{θ} 458; *-θον* (*-θων* 630) Cyr II 592 rell = Ald

10 *καί* 1°] > 618; post *νεφέλη* tr G | *ἡ νεφέλη*] *απηλθεν η νεφελη και* 58 *f*$^{-129}$; post *ἀπέστη* tr Aeth | *ἀπέστη*] *ανεβη* 77; *απεστι* 630; *απεστει* 75; *απηλθεν* A 376 | *Μαριάμ* 1°] *maria* ^{Lat}codd 100 104 Ruf *Num* VII 2 | *λεπρῶσα ὡσεὶ χιών*] *ελεπρωθη* 767^{c}; > 767*; + *facta est* ^{Lat}codd 100 104 | *λεπρῶσα* 1°] *λεπρουσα* 120' | *ὡσεί*] *ως* 72 59; + ras 1 litt 426 | *ἐπέβλεψεν*] *εβλ.* 392; *απεβλ.* 58 73*; *-ψαν* 30 | *Ἀαρὼν πρὸς Μαριάμ*] *μαριαμ ο ααρ*^{ω} 75 | *ααρω* 458; *αρων* A* | *πρός*] *επι* B V *d* 129 *n*$^{-75}$ 321'^{mg} *t x* 319 Arab Arm Co = Compl Ra | *Μαριάμ* 2° — fin] pr *την* 458; *μωυσην δεομαι* $\overline{κε}$ *μη ιδουσα λεπρωσα* 528; om *καί* — fin Aeth^{M} | *καὶ ἰδού* 2°] > F*; + *μαριαμ* F$^{c\,prm}$ *f*$^{-129}$ 392: ex praec; + *ην* 630 | *λεπρῶσα* 2°] *λεπρουσα* 120'

συνεπιθῇ ἡμῖν ἁμαρτίαν, διότι ἠγνοήσαμεν καθότι ἡμάρτομεν· [12]*μὴ* 12
γένηται ὡσεὶ ἴσον θανάτῳ, ὡσεὶ ἔκτρωμα ἐκπορευόμενον ἐκ μήτρας
μητρός· καὶ κατεσθίει τὸ ἥμισυ τῶν σαρκῶν αὐτῆς. [13]*καὶ ἐβόησεν* 13
Μωυσῆς πρὸς κύριον λέγων Ὁ θεός, δέομαί σου, ἴασαι αὐτήν. [14]*καὶ* 14
εἶπεν κύριος πρὸς Μωυσῆν Εἰ ὁ πατὴρ αὐτῆς πτύων ἐνέπτυσεν εἰς τὸ
πρόσωπον αὐτῆς, οὐκ ἐντραπήσεται ἑπτὰ ἡμέρας; ἀφορισθήτω ἑπτὰ

ABFMV *O'' C''* *bdf*$^{-53'}$*nstxyz* al verss

11 *πρός*] bis scr 313 | *Μωυσῆν*] *-ση* 19 (sed hab Compl); *μωσην* G-426 *n*; *μωσει* 72; *μωσεα* Cyr II 592 | *δέομαι*] + *σου* 381′ 68′-120′ Arm Bo | *κύριε*] + *μου* O^{-G} f^{-129} Arab Syh = Compl 𝔐 | *μή*] + *δη* 426 = 𝔐 | *συνεπιθου* F^{b}; *συνεπιθηναι* 619 | *ἁμαρτίαν*] *-τια* 72 $C''^{-414c\ 422}$ 44 669; *αμαρ*ᵀ 422; + *μεγαλην* 767; *peccatum hoc* ^{Lat}FragmMatth I 11 Bo | *ηγνοηκαμεν* Cyr II 604; *ηγνοησαν* 52*(cprm) | *καθότι ἡμάρτομεν*] pr *et* Arm^{te} = 𝔐; > 130-321′ | *καθότι*] *et* Arm^{ap}; *καθ ου* Cyr II 592 604

12 *μή*] pr *et* Aeth; *και* 551; + *και O* f^{-129} Syh ↓ | om *γένηται — θανάτῳ* x^{-509} | *γένηται*] *γενοιτο* A Phil I 81^{ap}; *γε*ᵛᵀ 126; + *ημιν* Cyr II 592 | *ὡσεί* 1° — *μητρός*] *ωσει* (*οσει* 346) *νεκρος* (+ *ο* 346) *εξελθων εκ μητρας μητρος αυτου* 130^{mg}-$321'^{mg}$ 128^{mg} = 𝔐 | *ὡσεί* 1°] *ως* F*(cprm) 29-376 129 509 318 120′-630 Phil I 81 Cyr II 592 = Compl; > ^{Lat}codd 100 104 Ruf *Num* VII 3 Aeth Arm Bo; ⌒2° Cyr I 889 | *ἴσον*] *εννεον* Phil I 81^{ap} | *θανατον* F^{b} 72*(vid)-82 52′-313-528-551 75 84 120′ 59 319 Cyr II 592 | *ὡσεὶ ἔκτρωμα*] pr *et* Ruf *Num* VII 3; *ως εκτρ.* 75 Phil I 81; *ἔκτρ.* sub ÷ Syh; sub ÷ G; > F*(cprm) = 𝔐 | *ἐκπορευόμενον*] *-μενος* 56; *πορ.* Cyr II 592 (sed hab I 889) | om *ἐκ* Phil I 81^{UFL} | *μητρός*] + (※ G Syh) *αυτου O* f^{-129} 319 Co Syh = Compl 𝔐 | om *καί* B* 799 Bo (sed hab Sixt) | *κατεσθίει*] *-σθιη* 376 610 74′-370*(vid) ^{Lat}codd 100 104 Arm; *consumptum est* Aeth; *καταφαγεται* Cyr I 889 (sed hab II 592) Bo | *τὸ ἥμισυ*] *τον ημ.* 616; *το ειμυσις* 458; > 426^{txt}(cprm) | *της σαρκος* G-381′ *C''* 71′ y^{-121} 59 | *αὐτῆς*] *eorum* Arm^{ap}; sup ras A(vid)

13 *Μωυσῆς*] *μωσης* G-72-426 422 *n* Cyr II 592 Eus VI 99; *κ̅ς̅* 528; post *κύριον* tr 106 | *κύριον*] *populum* Syh^{L}; *μωυσην* 528 | om *λέγων* — (14) *Μωυσῆν* 528*(cprm): homoiot | *ὁ θεός*] *θεε* 319; + *μου* 121 | om *σου* 319 Eus VI 99 ^{Lat}codd 100 104 | *ἴασαι*] + *δη* 767 = 𝔐

14 om init — *Μωυσῆν* 551 | *πρὸς Μωυσῆν*] *μωση λεγων* 767; bis scr 618* | *Μωυσῆν*] *-ση* 610; *μωσην* G-426 n^{-767} Cyr II 592; *μωσει* 72; + *λεγων* V 30′ Sa | *ὁ πατὴρ αὐτῆς*] om *αὐτῆς* Chr XI 59; post *ἐνέπτυσεν* tr Chr III 203 XI 59 (sed hab XIV 248) | *πτύων*] *εμπτυων* 376 f^{-129} Chr III 203 XI 59 Tht *Nm* 209; > Chr XIV 248 ^{Lat}Ruf *Num* VII 4 Bo | *ἐνέπτυσεν*] *επτυσεν* $C''^{-52'\ 313\ 413\ 417}$ 509(|) | *εἰς τὸ πρόσωπον* / *αὐτῆς*] om *αὐτῆς* Chr III 203 (sed hab XI 59); tr 767 | *οὐκ — ἡμέρας* 1°] *και εβοησε μωυσης προς κ̅ν̅ λεγων* 551: ex 13 | *οὐκ*] pr *και* 19 (sed hab Compl); + *αν* Chr III 203 | *ἐντραπήσεται*] *-πηθησεται* 799; *-πισονται* 30*(cprm); *esset munda* ^{Lat}cod 100; *ενετραπη* Chr III 203 Tht *Nm* 209^{ap} | *ἑπτὰ ἡμέρας* 1°] > 422 Bo; tr 126; ⌒2° 321′ $Aeth^{M}$ Sa^{12}(vid) | *ἀφορισθήτω*] pr *et nunc* ^{Lat}cod 100; *-θησεται* A 54-75′ 799 Cyr II 592 (sed hab 604) Tht *Nm* 209te; *μεινατω* Chr III 203; *ουκ εντραπησεται* Tht *Nm* 209^{ap}; *καθησεται* Tht *Nm* 209^{ap}; + *δη* 44; post *παρεμβολῆς* tr 458 | *ἑπτὰ*

---

12 *μὴ γένηται*] *ο′ μὴ καὶ γένηται* 344 | *αὐτῆς*] *miriam* Syh

15 ἡμέρας ἔξω τῆς παρεμβολῆς, καὶ μετὰ ταῦτα εἰσελεύσεται. [15]καὶ
ἀφωρίσθη Μαριὰμ ἔξω τῆς παρεμβολῆς ἑπτὰ ἡμέρας· καὶ ὁ λαὸς
οὐκ ἐξῆρεν, ἕως ἐκαθαρίσθη Μαριάμ.
(16) 1 **13** [1]Καὶ μετὰ ταῦτα ἐξῆρεν ὁ λαὸς ἐξ Ἀσηρώθ, καὶ παρενέβαλον
ἐν τῇ ἐρήμῳ Φαράν.
(13 1) 2 [2]Καὶ ἐλάλησεν κύριος πρὸς Μωυσῆν λέγων [3]Ἀπόστειλον σεαυτῷ
(2) 3 ἄνδρας, καὶ κατασκεψάσθωσαν τὴν γῆν τῶν Χαναναίων, ἣν ἐγὼ
δίδωμι τοῖς υἱοῖς Ἰσραὴλ εἰς κατάσχεσιν, ἄνδρα ἕνα κατὰ φυλήν,

ABFMV *O'' C'' bdf*$^{-53'}$*nstxyz* al verss

ἡμέρας 2°] > A F V 29-58-72-376 *b* 44 *f*$^{-129}$ 458-767 130 619 121 *z* 55 59 799 Cyr II 592 (sed hab 604) Tht *Nm* 209; post *παρεμβολῆς* tr (et bis scr 73*) G *C'*$^{-73^c\ 131\ 529'\ 761}$-46-414-422 Anast 384 Chr III 203 Aeth Bo | *παρεμβολῆς*] + *ημερας επτα* 44; ⌒(15) 669^{txt} Arab^{txt} | om *καί* 2° — fin 74-76 | *τουτο* Anast 384 | *εξελευσεται* Tht *Nm* 209^{ap}

15 *Μαριάμ* 1°] pr *η* 125 767; *μαριαν* 108 (sed hab Compl); *maria* ^{Lat}cod 100; > Sa^{12} | *ἔξω τῆς παρεμβολῆς*] *εις την παρεμβολης* G*; > 319; post *ἡμέρας* tr 413^c 76 619 | *ημερας επτα* 44' | *ὁ*] pr *πας* V 319; > 313 | om *οὐκ* 314 509 | *ἕως*] + *ου* 54-75' 84 *x*$^{-509}$ 319 Cyr II 593 | *εκαθερισθη* (-*θαιρ*. 129 730; -*σθει* 75) 58-*oII*$^{-72}$ 52'-313 129 75-767 30'-343 509-527 630 55* 319 416 799; *καθερισθη* A 72 | *Μαριάμ* 2°] pr *η* *x*$^{-509}$ 121 68'-120'; *maria* ^{Lat}cod 100

13 1 *καὶ μετά*] *μετα δε* 125 | *ἐξῆρεν*] *απηρεν* 29; *εξηλθεν* 376 610 | *ἐξ* F^b] *εις* F^s 28-85 126-128*(vid); *εκ* F 610*(cprm) 59; *επι* 458; > 75 | *Ἀσηρώθ*] *ασιρωθ* 72 130^c 509 630 319; *ασορωθ* Cyr II 605; *σασηρωθ* 59; *εσηρωθ* 75; *ασηρωμ* 44; *ρωθ* 458 | *παρενέβαλον*] -*λεν* A 19 134 318 319 Cyr II 608 Arm (sed hab Compl); -*λλον* G *C*$^{-77\ 616^c}$-46^c-422* 84 | *τῇ ἐρήμῳ*] *γη ερημω* 630; *monte* Bo | *Φαράν* B* 376 761 44'-125] *του φαρα* 56 630; *pharran* Bo; *sīnā* Aeth^{FM}; > Aeth^C; pr *τω* (*το* 75) 75'; pr *τη* V 29 107' 54'-767 *t* 319 Cyr I 372 II 608; pr *του* rell = Sixt Ra

2 *Μωυσῆν*] -*ση* 58 19 (sed hab Compl); *μωσην* G-426 125 *n* Cyr I 372 II 608; *μωσει* 72 | om *λέγων* Bo

3 *σεαυτῷ*] -*τον* 707; *αυτω* 458; > ^{Lat}Ruf *Num* VII 5 Aeth Arm Bo Sa^{12} | om *καί* 106 Bo | *κατασκεψατωσαν* 527 | *τῶν Χαναναίων*] *χανααν* 44 Aeth Arab = 𝔐; *των χαναιων* 64^{txt} | *ἥν*] *η* 130 | *δίδωμι*] *dabo* Arm Bo Sa^{12}; + *αυτοις* 381' | *τοῖς υἱοῖς Ἰσραήλ*] post *κατάσχεσιν* tr *b* (sed hab Compl) | *εἰς κατά-*

---

14 *εἰσελεύσεται*] *συναχθήσεται* 130-321'

13 1 fin] + (※ 344 mend) *καὶ εἶπεν Μωυσῆς τοῖς υἱοῖς ιηλ Ἤλθετε* (-*θατε* 344) *ἕως ὄρους τοῦ Ἀμορραίου* (*αμωρ*. 130*; *αμωρρ*. 130^c), *ὅπερ κς ὁ θς ἡμῶν δίδωσιν ἡμῖν. εἴδετε* (*ειδε* 130-344) *ὅτι* (> Syh) *ἔδωκεν κς ὁ θς σου* (*υμων* Syh) *ἔμπροσθέν σου* (*υμων* Syh) *τὴν γῆν· ἀναβὰς* (-*βαντες* Syh) *κληρονόμησον* (-*σετε* Syh), *καθὰ ἐλάλησεν κς ὁ θς τῶν πρων σού σοι* (*συ* codd; *υμων υμιν* pro *τῶν* — *σοι* Syh)· *μὴ φοβοῦ* (-*βητε* Syh) *μηδὲ ὀκνήσῃς* (-*σητε* Syh). *καὶ προσῆλθον πρὸς* (> 85) *Μωυσῆν καὶ εἶπαν Ἀποστείλωμεν* (-*λομεν* 344) *ἄνδρας ἔμπροσθεν ἡμῶν, καὶ κατασκοπήσωμεν* (-*σωσιν ημιν* 344 Syh) *τὴν γῆν, καὶ ὑποστρέψουσιν ἡμῖν λόγον περὶ τῆς ὁδοῦ, δι' ἧς ἀνελευσόμεθα, καὶ τὰς πόλεις, εἰς ἃς εἰσελευσόμεθα. καὶ ἤρεσεν ὁ λόγος ἐν ὀφθαλμοῖς Μωυσῇ* 85'-344 Syh^L (ex Sam secundum 85'-321'-344 Syh: cf Deut 1 20–23)

κατὰ δήμους πατριῶν αὐτῶν ἀποστελεῖς αὐτούς, πάντα ἀρχηγὸν ἐξ
αὐτῶν. [4]καὶ ἐξαπέστειλεν αὐτοὺς Μωυσῆς ἐκ τῆς ἐρήμου Φαρὰν διὰ 4 (3)
φωνῆς κυρίου· πάντες ἄνδρες ἀρχηγοὶ υἱῶν Ἰσραὴλ οὗτοι. [5]καὶ ταῦτα 5 (4)
τὰ ὀνόματα αὐτῶν· τῆς φυλῆς Ῥουβὴν Σαμοὺ υἱὸς Ζακχούρ· [6]τῆς 6 (5)
φυλῆς Συμεὼν Σαφὰτ υἱὸς Οὑρί· [7]τῆς φυλῆς Ἰούδα Χαλὲβ υἱὸς 7 (6)
Ἰεφοννή· [8]τῆς φυλῆς Ἰσσαχὰρ Ἰγαὰλ υἱὸς Ἰωσήφ· [9]τῆς φυλῆς 8 (7) 9 (8)

ABFMV (963) *O'' C'' bdf*$^{-53'}$*nstxyz* al verss

σχεσιν] sub ÷ G Syh = 𝔐; om *εἰς* $C''^{-52'\ 313\ 417\ 551}$ 424 Cyr I 373 (sed hab II 608); + *λεγει κυριος* 55 | *ἄνδρα ἕνα*] *ανδρα εν* 76; *ανδρας ενα* 72 68'-120' (sed hab Ald); + (※ G) *ανδρα ενα* G-376 = 𝔐 Sam Tar^{O} | *ἄνδρα*] sup ras 7 litt 56 | *κατὰ φυλήν*] *ab omni tribu* Syh | *φυλήν*] pr *την* 73'; pr ras 2—3 litt 16 | om *κατά* 2° — *αὐτῶν* 1° Arab | *κατὰ δήμους*] pr *και* 376 129 Aeth; *κατ οικους* M^{mg} *d* 127 *t* 392 55 416 799 Arm; + (+ *αυτων* 458) *κατ οικους* V n^{-127} | *πατριῶν*] pr *των* 630; *πριους* 610 | *αὐτῶν* 1°] + *κατα δημους αυτων* 416; ⌒2° 85^{txt}-130-321' | *ἀποστελεῖς* = edd] pr *et* Aeth; *-λης* 108-118'; *-λλεις* 426 630; *-λειν* 68; *-στειλον* 509; *-στειλας* B x^{-509}; *αποστει*^{λ} 458; *εξαπ.* Cyr II 608 (sed hab I 373) | *αὐτούς*] sub ÷ G Syh; > 29 Aeth Bo = 𝔐 | *πάντα* — fin] *μετα αρχηγων αυτων* 318; om *ἐξ* 246*(cprm) Cyr II 608 (sed hab I 373) Syh | *παντας* 527

4 om init — *κυρίου* C''^{-131mg} Aeth | *απεστειλεν* A 126 | *μωσης αυτους* G | *αὐτούς*] *εαυτους* 319; > 669 | *Μωυσῆς*] *μωσης* 72-426 131$^{(mg)}$ *n* Cyr I 373 II 608; post *Φαράν* tr 628 | *ἐκ τῆς ἐρήμου*] *εν τη ερημω* 458 68'-120 Arm^{ap} (sed hab Ald); *de monte* Bo; om *ἐκ τῆς* 59*(|) | *Φαράν*] pr *του* 59; pr *της* V 319; *φαρα* 56; *pharran* Bo Sa^{12} | om *πάντες* — (5) *αὐτῶν* 72 | om *ἄνδρες* 64^{txt} 414 75 Bo | *υἱῶν*] pr *των* 55; *υμων* 527 | *οὗτοι*] pr *erant* Arm; > Co; + *εκ τους αρχηγους αυτων και εποιησε μωυσης ουτως* 799

5 om *καί* 319 | *αὐτῶν*] *των υιων ιηλ* 551*; > 618* 59 799 | *τῆς*] pr *εκ* 58 799 | *Ῥουβήν*] *-βιν* 426 107 129 130^{c}-321' t^{-84} 527 128-628-669*; *-βημ* 376 19 630 (sed hab Compl); *-βιμ* $C''^{-77\ 550'}$ 44-125-610 f^{-129} 767 730 84 71' 392^{c} 18-126-669^{c} 59 799; *-βειμ* 381' 77-550' 106; *ρουμιβ* 72; *rōbēl* Aeth; *rūbīl* Arab Syh | *Σαμού* 129 *x* Sa^{12} = Compl] . . .]*ου* 963; *σαμμον* F 29-426 f^{-129} 392; *σαμουηλ* B Syh; *σαμουτος* 799; *σαμιηλ* 68'; *salamēl* Sa^{4}; *σαλαμουηλ* 82; *σαλαμηηλ* 30; *σαμαλιηλ* A 72-618 19; *σαλαμιηλ* F^{a} rell = Ra | *υἱός*] *υιον* 72; *υιου* A | *Ζακχούρ*] *ζακχυρ* B 509; *ζαχουρ* 19 616 129 54-75 18-630 = Compl Sixt; *ζαγχουρ* b^{-19}; *zachchur* Sa^{4}; *sachur* Bo; *sachir* Sa^{12}; *zacthur* ^{Lat}cod 100; *ζακουρ* 130(|); *σακχουρ* V 84; *ζακχαρ* 799; *ζακχου* 319; *ζαχχου* 426; *ζαχηρ* x^{-509}; *ζαχαρ* 458; *ζαυχουρ* 82; *ζακχους* Ald; *ζακχουν* 29; *ζαχρου* A 121; *ζαριχουρ* 318; *χακχουρ* 15 f^{-129}; *κακχουρ* oI^{-15}; *αχουρ* 127-767 Arm

6 init] pr *et* Aeth Arab | *Συμεών*] *συμαιων* 75; *συμωων* 376; > 551 | *Σαφάτ*] *σαφαθ* G *b* 458 84* 319 (sed hab Compl); *σαφα* x^{-509} ^{Lat}cod 100; *σαφαν* F 509; *σαφαι* 318; *σαφοτ* 131^{mg}; *σαφως* 131^{txt*}(cprm); *asaph* Bo | *υιον* 72 | *Οὑρί* 426 *C''* f^{-129} 28-85'-321' 319 Syh^{txt}] *σουρει* B 129 127-767 509-527 Sa^{4} = Compl; *σουριει* 58; *σουδρι* *b*; *σουρ* V; *σουργει* G; *σουριση* 376; *σουρι* rell = Sixt Ra

7 init] pr *et* Aeth Arab | *Χαλέβ*] *χαλαβ* Compl; *χαλεφ* 72 56 127 730 126 799; *χαλευ* 630(vid); *χαλε* 318; *χελεμ* 767 | *υιον* 72 | *Ἰεφοννή*] *ιεφονη* 15'-58-

---

8 *Ἰγαάλ*] *ο' οἱ λ' Ἰεγάλ* 344

(9)10 *Ἐφράιμ Αὐσὴ υἱὸς Ναυή·* ^{10}*τῆς φυλῆς Βενιαμὶν Φαλτὶ υἱὸς Ῥαφού·*
(10)11 (11)12 ^{11}*τῆς φυλῆς Ζαβουλὼν Γουδιὴλ υἱὸς Σουδί·* ^{12}*τῆς φυλῆς Ἰωσὴφ τῶν*
(12)13 *υἱῶν Μανασσὴ Γαδδὶ υἱὸς Σουσί·* ^{13}*τῆς φυλῆς Δὰν Ἀμιὴλ υἱὸς Γαμαλί·*

ABFMV *O'' C'' bdf*$^{-53'}$*nstxyz* al verss

376 46^{c}-77-320*-414-422-550′ 125 28 527 126 59^{c} 319 416 Arm Sa^{12}; *iep-phone* ^{Lat}cod 100; *ιεφοννι* 44′ 84 509; *ιεφωννη* 707; *ιεφωνη* 616 767 343 18 Bo; *ιεφοννει* 426; *ιεφωνει* 799; *ιεφονι* 71′; *ιεφαννη* 458; *ιεφοοννη* 624; *ηαφωνι* 630; *ιεφθοννη* 528; *ιεφθονη* 381′; *ιεφθονην* 59*; *sephonē* Sa^{4}; *εφωννη* 75; *εφονη* 72; *εφονι* 318; *ιεφνη* 76

8 comma] pr *et* Aeth Arab; > 75′ | *φυλῆς*] *φωνης* 58 | *Ἰσσαχάρ*] *ισαχαρ* F*(cprm) 72 46-73*-529 107′-125 246 767 130 619 318 630′ 59 ^{Lat}cod 100 Arm Bo; *iesachar* Sa^{12} | *Ἰγαάλ* Ra.] *ιλααλ* B *x*; *iglaal* Bo; *ιεγααλ* 426; *ieglaat* ^{Lat}cod 100; *iglath* Sa^{4}; *ιεγλα* 376; *yg'yl* Syh; *ιεγαλ* G-58 767 ↓; *ιεγλαθ* V; *ιγαδ* 68′-120′; *ηγαλ* 30; *γαλ* 318 799; *εχαλ* 246; *ιεγλαμ* 319; *ηγλαν* 19; *ηγλαμ* *b*$^{-19}$; *γαλαν* 127; *γαλαμ* 54 Arm; *γαλααχ* 129; *γαδ* *d t*; *adad* Sa^{12}; *ιγαλ* rell = Compl | *υιον* 72 | *ιωσφ* 527

9 init — (10) *Βενιαμίν*] pr *et* Aeth Arab; om *τῆς φυλῆς Ἐφράιμ* 246; > 528^{txt} | *εφρεμ* 767; *ευφραιμ* 630 | *Αὐσή*] *αυσης* V *oI d* 127^{txt} *t*$^{-84}$ 18′-126-628 59^{c} Arm Bo Sa^{4} = Ald; *'wš'* Syh; *yēsū* Sa^{12}; *αυσις* 84; *οσεα* 246; *ο και ιησους* 127^{mg} | *υἱός*] *υιον* 72; bis scr 624 | *Ναυή*] *ναβη* 44 76^{c} 59; *ναυι* 58-72 56 799; *ναβι* 106-125 71′; *ναυνα* F*(cprm); *νουν* 246 = 𝔐; *μαυι* 318

10 init — (11) fin] pr *et* Aeth Arab; > F*(cprm) | *Βενιαμίν* F^{b} = Compl Sixt] *-μειν* A B F$^{(c)}$ M V *O*$^{-426}$-82-618-707 19-537 *f*$^{-129}$ 127-767 28-30-85′-343′ 509 *y*$^{-318}$ 68′-120′ 624; *-μην* 54-75 630 319; *βαινιαμην* 15; *-μιμ* 416^{c}; *-μειμ* 29 108-118′ = Sam | *Φαλτί*] *φαλτει* B V G-426-707 *f*$^{-129}$ 127 (sed hab Sixt); *φαλτη* 458 55; *φαλτειν* 129 Sa^{4}; *φελτι* 319; *φαιατι* 376^{c}(vid); *φατι* 376*; *φαλτιας* 767; *φα*[. . .] 320; *phadti* Bo^{B}; *pharti* Sa^{12} | *υιον* 72 | *Ῥαφού* F^{b}] *ραφαν* F$^{(c)}$ = Compl; *ραφαν* *b* 129; *ριαφου* 71′; *ρειραφου* 509; *εριαφων* 527; *ραφουμ* 376; *paphu* Bo^{c}

11 comma] pr *et* Aeth Arab; post (16) fin tr Bo | *Ζαβουλών*] *zabulun* Sa^{4}; *-λωμ* 313; *ραβ.* 75; *ναβ.* 15* | *Γουδιήλ*] *γουλιηλ* *C''* 28-85′-321′ 619; *ιουδιηλ* *d n*$^{-767}$ *t* Arm; *γουζιηλ* F$^{(c)}$ F^{b}; *γουδοηλ* 730*; *γαδιηλ* *oI*$^{-15}$-72; *τουδιηλ* V; *τουδηια* 120′; *σουδιηλ* 376; *γωμολ* 58 | *υιον* 72 | *Σουδί*] *σουδει* B V 129 127-767 509 Sa^{12} (sed hab Sixt); *σουδη* 58 107′-125; *σωδι* 426; *σοδι* 106; *σουδ* 799; *suedi* Sa^{4}; *σουρι* *C''* *s* 392; *σουρει* 319; *σουδιελ* 376; *σουαγ* 82

12 init — (28) *μέλι*] pr *et* Aeth Arab; absc 624(||) | *φυλῆς*] bis scr 122 | *Ἰωσήφ*] *ιωσφ* 527; > 128-669 | *τῶν υἱῶν Μανασσή*] *τον υιον μανασση* 72; om *τῶν* *b* (sed hab Compl); om *υἱῶν* 376; > 799 | *Μανασσή*] *μανασση* 422 130^{c}(vid) Arm; *μαννασση* A 610 458 84 121; *μανναση* 130*; *βενιαμιν* 55 | *Γαδδί*] *γαδδει* B V G 129 127-767 Sa (sed hab Sixt); *γαδδη* 58 30 Arm; *γαιδδι* 458; *γαδι* 426-618 392 120′ 55; *γααδι* 82; *γαδ* 799; *galsi* Bo^{A}; *gelsi* Bo^{B} | *υἱός*] *υιον* 72 | *Σουσί*] *σουσει* B G 129 127 (sed hab Sixt); *σουση* 58-72 767 799; *σους* 527; *σουδει* V 509; *σουδδη* 319; *σουδι* 376; *assur* Sa

13 init] pr *et* Aeth Arab | *Δάν*] *γαδ* 55 | *Ἀμιήλ*] *αμειηλ* B (sed hab Sixt); *αμηηλ* 30; *αμεηλ* 318; *miel* ^{Lat}cod 100 | *υιον* 72 | *Γαμαλί* F^{a}] *-λει* V 127 120′; *-λη* 417 767 799; [. .]*λι* F; *γαμαελει* G; *-λιι* 73$^{c\,prm}$-320; *-λιηλ* M′ 58-376; *γαμιηλ* 392; *γαμαδι* 318; *γαμασει* 129; *γαμαν* 29; *δαμαλη* 72; *γαμαλιηλης* 73*; *γαμαι* B *x* 319 Arm (sed hab Sixt); *γαμε* 54-75′ ^{Lat}cod 100 Co

14 τῆς φυλῆς Ἀσὴρ Σαθοὺρ υἱὸς Μιχαήλ· 15 τῆς φυλῆς Νεφθαλὶ 14(13) 15(14)
Ναβὶ υἱὸς Ἰαβί· 16 τῆς φυλῆς Γὰδ Γουδιὴλ υἱὸς Μακχί. 17 ταῦτα τὰ 16(15) 17(16)
ὀνόματα τῶν ἀνδρῶν, οὓς ἀπέστειλεν Μωυσῆς κατασκέψασθαι τὴν
γῆν. καὶ ἐπωνόμασεν Μωυσῆς τὸν Αὐσὴ υἱὸν Ναυὴ Ἰησοῦν.
18 Καὶ ἀπέστειλεν αὐτοὺς Μωυσῆς κατασκέψασθαι τὴν γῆν Χανάαν 18(17)

ABFMV (963) *O'' C''* *bdf*$^{-53'}$*nstxyz* al verss

14 *τῆς*] pr *et* Aeth Arab; > 73*(cprm) | *Ἀσήρ*] ασσηρ 127 619 628 799 Co; σασηρ 54 | *Σαθούρ*] *sathor* ^{Lat}cod 100; σατθουρ 58; αθουρ 129; *sathra* Sa; θασουρ 19' (sed hab Compl); σαρουθ 414*(vid) 343 126 Bo; σαφουρ 246* | υιον 72 | *Μιχαήλ*] μειχαηλ B* G (sed hab Sixt); μηχαηλ 767* 527*(vid); [. . .]χαηλ 59*; μαχαηλ 392; μιχαιηλ 619 319; *misachel* ^{Lat}cod 100; μιχ^{λ} 126; μιχ 313; μιαηλ 707; *machir* Sa; μιηλ 68'-120' (sed hab Ald); χα 610

15 comma] pr *et* Aeth Arab; > 68'-120' (sed hab Ald) | *τῆς φυλῆς*] τοις υιοις 58 | *Νεφθαλί* A 15-82-707 129 54-458 730* *y*$^{-392}$ 416 Arab Syh = Sixt] -λει B F M G-64*-426 127-767 30-343'; νεφθα^{λ} 529; -λιμ 56 75 321'-730^{c} *t* 392 126-128-628-630' 59* Sa = Compl; *naphtalēm* Aeth; *nepthalim* ^{Lat}cod 100 Arm Bo; -λημ 246 799; -λην 58; -λειμ F^{b} rell | *Ναβί*] ναβει B M' V G^{c} 767 Sa (sed hab Sixt); ναβη 417* 76 527 669; ναυι 46-73'-422; ναυη 376 77-414 799; ναηι 619; νααβη 58; νααβι Ald; ναβα A; ναβαυ 121; ναβια *b* (sed hab Compl); ναβιαμ 318; ναμι *oI*$^{-15}$; ναο 126; αβι F^{c} 29-72 413 54-458 28-85'-321' 55 59 ^{Lat}cod 100 Arm Bo^{A}; αβει G* 129 127 509 319; αμι 75; αυση 246; *lmiabi* Bo^{B} | υιον 72 | *Ἰαβί*] ιαβει B V G^{c} 127; ιαβη 376 44* 76 527; ιαβειμ 381'; ιαβιν 15' 246 18'-126-628-630'; ιακει 319; *iarii* ^{Lat}cod 100; *ywby* Syh^{mg}; ουαφει 426; ουαφση 767 Syh^{txt}: cf 𝔐; ουαβη 58; σαβι 29 59 = Ald Sixt; αβι *C''*$^{-413\ 414\ 417*}$ 107'-125 75 *s* = Compl; αβη 417* 799; αυι 414; ναυι 413; αβει G* 129; *nabi* Bo; *abie* Sa; ακι 318; δαβει 509

16 init] pr *et* Aeth Arab | om *φυλῆς* 669* | *Γάδ*] δαν 55 | *Γουδιήλ*] γονοιηλ 75'; γουιηλ 426 54'; *gw'yl* Syh^{txt}; *guziēl* Bo^{B}; *guzuēl* Bo^{A}; τουδιηλ B 107'-125 319 (sed hab Sixt); γουθιηλ 134; ουδιηλ 106 527 799 Sa; γοθδιηλ 528; ρουδιηλ 376; σουδιηλ 77* | υιον 72 | *Μακχί* B^{txt} *d* 54-75 *t* ^{Lat}cod 100 Arm = Sixt] μακχει G 127; μακχη 376^{c} 767; μαχχη 376*; βακχι 458; μαχη 52* 318 799; μαχει 58-72 129 59 Sa; μακκει 319; μαχχει F^{a}; μαχειρ F; ναχι V; μακοσι B^{mg} 509; μοκοσι 71'; μοσκωση 527; μαχι rell

17 init] pr και 799 | *τά*] > V; bis scr 28 | om *τῶν* 552 | *ἀνδρῶν*] [. . . .]ων 129* | εξαπεστειλε 72 | *Μωυσῆς* 1°] μωσης G-72-426 *n* Eus VI 195; *dominus* Arm; ⌒2° 376^{txt} | *κατασκέψασθαι*] επισκ. 72; τον αυση υιον 528: ex sq | *γῆν*] + χανααν (-ναν 54*) V *d*$^{-44}$ *n* 130^{mg}-321'^{mg} *t* 392 55 319 799 Arab = Tar^{P}: ex 18; + των χαναναιων *b* Arm (sed hab Compl); ⌒(18) 44 343 | *καί*] ην 551 | *Μωυσῆς* 2°] μωσης (-σεις 72*) G-72-426 *n* Eus VI 195; post *Ναυή* tr 84 | *τὸν Αὐσή*] του ναυση 707; το ονομα οσεα 246 | *Αὐσή*] ωσηε Phil III 177; *ausen* ^{Lat}cod 100; αυσην 376 59; σαυη 29; ναυη G* 55*; ναυσην Eus VI 195; ναυση 72 57-739 *x*$^{-509}$ 318 68'-120'-126-628 (sed hab Ald) | *υἱὸν Ναυή*] ad fin tr ^{Lat}cod 100 | υιος A | *Ναυή*] του ναυν 82; ναυι 58*-72 134^{c}; ναβη 320 107 54 76 59; ναβι 106-125 71'; ναη 528; νουν 246 = 𝔐 | *Ἰησοῦν*] pr και 318; ηισουν 130; ιησου 19' 527 Arm (sed hab Compl); ιην 963; + υιον ναυη 246

18 *καί* 1°] ⌒2° 319 | εξαπεστειλεν 29 *d*$^{(-44)}$ *n t* 799 | μωυσης αυτους 414 | om *Μωυσῆς* — *Χανάαν* 72 | *Μωυσῆς*] μωσης G-426; μωσης εκ της ερημου (ερημ. 75'-767) φαραν 58 *n*; + εκ της ερημου φαραν M' 29-376-*oI* *d*$^{(-44)}$ *t* 799

καὶ εἶπεν πρὸς αὐτούς Ἀνάβητε ταύτῃ τῇ ἐρήμῳ, καὶ ἀναβήσεσθε εἰς
(18)19 τὸ ὄρος, ¹⁹καὶ ὄψεσθε τὴν γῆν τίς ἐστιν, καὶ τὸν λαὸν τὸν ἐγκαθή-
μενον ἐπ' αὐτῆς, εἰ ἰσχυρότερός ἐστιν ἢ ἀσθενής, εἰ ὀλίγοι εἰσὶν ἢ
(19)20 πολλοί· ²⁰καὶ τίς ἡ γῆ, εἰς ἣν οὗτοι ἐγκάθηνται ἐπ' αὐτῆς, εἰ καλή
ἐστιν ἢ πονηρά· καὶ τίνες αἱ πόλεις, εἰς ἃς οὗτοι κατοικοῦσιν ἐν αὐταῖς,
(20)21 εἰ ἐν τειχήρεσιν ἢ ἐν ἀτειχίστοις· ²¹καὶ τίς ἡ γῆ, εἰ πίων ἢ παρει-
μένη, εἰ ἔστιν ἐν αὐτῇ δένδρα ἢ οὔ· καὶ προσκαρτερήσαντες λήμψεσθε
ἀπὸ τῶν καρπῶν τῆς γῆς. καὶ αἱ ἡμέραι ἡμέραι ἔαρος, πρόδρομοι

ABFMV (963) *O'' C'' bdf*$^{-53'}$*nstxyz* al verss (Pal)

Arm = Ald: ex 4 | κατασκέψασθαι — Χανάαν] pr και απηλθον του 799; > 64^{txt} | Χανάαν] χαναν 509*(cprm); χανααμ 54-767; των χαναναιων 799 | πρὸς αὐτούς] μωυσης 799 | ἀνάβητε] -βησετε (-ται 616) 616* 527 | om ταύτῃ Arm Bo
19 καὶ τὸν λαόν] bis scr 761(||) | ἐγκαθήμενον] καθ. 126; ενοικουντα 128^{mg}; > Bo | ἐπ' αὐτῆς] επ αυτην 426*(vid) 56*; επ αυτοις 767; εν αυτη 72 Aeth Arm | εἰ 1°] η A F M' 29 *f* 54-75*-458 71' 319 799 = Compl; και 72; > 82-707*(vid) 616 126 | ἰσχυρότερός B V Arm] ισχυρος (ησχ. 707*(vid); εισχ. 246; + ει 72) rell = Sixt | om ἢ ἀσθενής 458 Sa^{12} | ἢ 1°] ει 730 318 628; *et si* Syh | εἰ 2° — fin] pr και *n*; pr *aut* Pal; > 126 | εἰ 2°] η B F M' V *O'*$^{-376}$ 52-529 *d f*$^{-56}$ 458 *t*$^{-84}$ *x*$^{-527}$ 121-392* 68'-120' 55 319 799 ^{Lat}cod 100 Bo = Compl; και 527 | ἢ 2°] ει 75 730 318; οι 527; inc 628
20 om comma Arab | καί 1°] *aut* ^{Lat}cod 100; ⌒2° 528^{txt} Aeth^{M} | ἡ γῆ] pr εστιν 246; + *sit* ^{Lat}cod 100 | om εἰς 1° — εἰ 1° 126 | εἰς ἣν] εισιν 458 30 71' | εἰς 1°] sup ras 15 | οὗτοι 1°] αυτοι *oI*$^{-15}$ *b* Pal Sa (sed hab Compl); *illi* Syh; > Bo; post ἐγκάθηνται tr 29 319 Aeth | ἐπ' αὐτῆς] επ αυτην A 121; εν αυτη 319 799 ^{Lat}cod 100 Aeth Pal = 𝔐 | εἰ 1°] η B F 29 528$^{(mg)}$-529* *f*$^{-129}$ 54*-458-767 30 84$^{c\,vid}$ 509* 392* 68'-120 55*; ⌒2° 72 | ἢ 1°] ει 75 730 318; *et si* Syh | τίνες] τινι G*; + εισιν 319 ^{Lat}cod 100 | πόλεις] + αυτων 126 | εἰς 2° — αὐταῖς] om εἰς 29-82 *b* 74-76 392 *z*$^{-126}$ 319 (sed hab Compl) = Sixt; om ἅς 46*-552; om ἐν αὐταῖς ^{Lat}cod 100 (sed hab Aug *Doctr* II 20 *Loc in hept* IV 35); > 126 | οὗτοι 2°] αυτοι *C''*$^{-414}$ *b* 319 Pal Sa (sed hab Compl); *illi* Syh; > ^{Lat}cod 100 Bo | ἐν 1°] επ 58 *f*$^{-129}$ 54-75' | εἰ 2°] η B 15-29-707 *d*$^{-44}$ *f n*$^{-127}$ 509 55 319 799 ^{Lat}cod 100 (sed hab Sixt) = Compl; εις V; > Arm Syh | τειχήρεσιν] τειχεσι(ν) (τιχ. 55; -στιν 610) 107'-125 75 55; τειχηραις (-χειρες 318; -χιραι 71'; -ραι 527) εισιν *x*$^{-509}$ 318; τειχεσιν οχυροις εισιν 58; + εισιν 376 | ἢ 2° F^{b}] ει F 551 75 730 318 628 | om ἐν ult G 552 75 84* = Sam | ατιχισταις B*; ανατιχεισμοις 319: cf 𝔐
21 καί 1°] *aut* ^{Lat}cod 100 Bo | ἡ γῆ] pr εστιν 246; + *est* ^{Lat}cod 100 | εἰ 1°] η A B F M' 618*-*oII*$^{-707}$ *f*$^{-56}$ 54-75' *x y*$^{-318}$ 68'-120' 55* 319 799 = Compl; > 126 ^{Lat}cod 100 Arm | πίων] + εστι(ν) 426 *d* 246 *n t* 319 Arm(vid) Bo Pal = 𝔐 | ἢ 1°] ει V 15 75 730 318; *et si* Syh | εἰ 2° — οὔ] pr και 126 ^{Lat}cod 100 Sa^{1}; > 18 | εἰ 2°] η B F 29-82-381' 313* *f* 458-767 *x*$^{-527}$ 68'-120' 319 799 (sed hab Ald Sixt) | ἐν αὐτῇ] επ αυτη 54-75; εν αυτοις 767; > Aeth^{M} Bo | ἢ 2°] ει 75 | προσκαρτερήσαντες] *cum exploraveritis eam* Bo | λήμψεσθε (aut -σθαι)

---

21 (εἰ πίων ἢ) παρειμένη] εἰ (η cod) λιπαρὰ ἢ ξηρά 58; ἀσθενής (-νεις 130-321*; -ναις 346) 130-321' 128 | ἔαρος] θέρους F^{b2} | πρόδρομοι σταφυλῆς] προΐμων σταφυλῶν (absc 321) 130-321' 128

σταφυλῆς. 22καὶ ἀναβάντες κατεσκέψαντο τὴν γῆν ἀπὸ τῆς ἐρήμου 22(21)
Σὶν ἕως Ῥαὰβ εἰσπορευομένων Ἐμάθ. 23καὶ ἀνέβησαν κατὰ τὴν 23(22)
ἔρημον καὶ ἦλθον ἕως Χεβρών, καὶ ἐκεῖ Ἀχιμὰν καὶ Σεσὶ καὶ Θελαμίν,
γενεαὶ Ἐνάκ· καὶ Χεβρὼν ἑπτὰ ἔτεσιν ᾠκοδομήθη πρὸ τοῦ Τάνιν

ABFMV *O*'' *C*'' *bdf*$^{-53'}$*nstxyz* al verss Pal

A B* F V G-82 56* 509] ληψασθαι 767; ανηψεσθε 426; sine μ F^{b} rell = Sixt | om τῆς γῆς Aeth | αἱ ἡμέραι ἡμέραι] ημερα 319; om αἱ 509 | ἡμέραι 2°] -ρας Ald; -ρων 551; sub ÷ Syh(mend); > 29 413 *d* 75 Bo Sa^{12} | ἔαρος] αερος B* F*(vid; cprm) V 15 16-46* 767 18 319 (sed hab Sixt); sub ÷ G; > Bo = 𝔐 | πρόδρομοι] pr και 46; δρομοι 799
22 κατεσκέψαντο] -ψατο A*; -ψαν 707*; εσκεψ. 126; -σκαψ. V G-376*(vid) 107* 68 (sed hab Ald) | ἀπὸ τῆς ἐρήμου] *de monte* Bo | Σίν] σειν B G 129 509 799 Sa^{1} (sed hab Sixt); σην 56*-246; σινα V 58-376 *C*''$^{-528}$ *d* 767 *s*$^{-30}$ *t x*$^{-509}$ 18^{c} 319 Aeth^{-C} Bo; σηνα 30; σιναι *n*$^{-767}$; σιηρ 59; > 528 | om ἕως Ῥαάβ 319 | Ῥαάβ B M'^{mg} 54-75 *x* ^{Lat}cod 100] ροοβ 44 *f*$^{-129}$ 799 = Sixt; ρωωβ G Sa^{1}; ριωβ 392; ρωαβ 458; *rḥbwt* Syh; *roboōth* Bo^{A}; *robōoth* Bo^{B}; ροωδ 72; ρωωθ 376 120'; ρεωθ 59; ροωθ F M'^{txt} 29-58-82 52'-313-417-551 *s*; ερωθ 529; ρωθ *C*''$^{-52'}$ $^{313\ 417\ 529\ 551}$; ροωβ F^{a} rell | εἰσπορευομένων] pr *et* Pal; πορ. 126; -μενον 30; *quod in ingressu* Syh; + αυτων 318 | Ἐμάθ] pr εις 58; αιμαθ A M'^{txt} *oI*-29 *C*''$^{-528}$ *s*$^{-28\ 85}$ *y*$^{-318}$ *z* 55 = Sixt; *emaath* Sa^{12}; εμαε 129; αιθαμ 528 28-85; εμμαωθ 75; σαμαθ 319; εφααθ B 376 509 ^{Lat}cod 100 Sa^{1} = Ra; *paath* Bo; εφρααθ *d n*$^{-75}$ *t x*$^{-509}$; εφρααт M'^{mg}; *ephrath* Arm; ενφαθ 799; νεφαθ 56; νιφαθ 246; εγλααμ G*; εγφααμ G^{c}(vid); > 318
23 om κατά 417 Sa | τὴν ἔρημον] *austrum* Aeth^{C}: cf 𝔐 | ἦλθον] -θοσαν (-θωσαν 376 319) V 376 129 130^{mg}-321'^{mg} 319 = Compl; απηλθον 68'-120' = Sixt | ἕως] εις 29 319 ^{Lat}cod 100 | Χεβρών 1°] χευρων *d* 246; χεβωρ 528 | ἐκεῖ] ιδου 121 | Ἀχιμάν] αχειμαν B *O*$^{-58}$ *C*''$^{-414\ 417\ 529'\ 550'}$ 44-107 *f* 127-767 *s* 509 (sed hab Sixt) = Compl; αχιμα 75 319; αχειμα 458; -μααν 55* Sa^{12}; *chiman* Sa^{1}; εχειμαν 550'; αχικαμ A | καί 4°] + εκει *C*''$^{-46}$ *s*$^{-343'}$; + ras 2 litt 46 | Σεσί] σεσει F 82-707 *C*''$^{-46\ 414*\ 739}$ *b f* 767 *s*$^{-321'\ 343}$ 509 68'-120' 319 (sed hab Compl); σεση 58-72; σισει 426; σεσε 318; σεσεει *y*$^{-318}$ Sa$^{1\ 11}$; σεσιν G Phil II 13 ^{Lat}cod 100; σεσην 376; σεσσι 71' = Sixt Ra; σεσσει B F^{a} V 127 343; σεσεσι 29; σεμει A; *semeei* Sa^{12} | Θελαμίν 318 Sa^{1} = Compl] -μειν A B 129 509 121; θαλ. *x*$^{-509}$; θαλαμειν G-376 *b* Phil II 13; *thalmin* Bo; *thellamin* Sa^{12}; . . .]*amin* Sa^{11}; *tholamin* ^{Lat}cod 100; θαλαμμειν V; θελαμει M' = Ald; θαλαμει F 707 *C*''$^{-46\ 414\ 552}$ *f*$^{-129}$ 127 28-85'-343' *z*$^{-126}$ 799; θαλαμι *oII*$^{-707}$ 46-414 54-75' 321' 59 Arm; θαλαμη 58; θαλαμμει 319; θολομεει 426; θαλαβι 126; θαλμι 392; θαλμει 767 30'; θολμι 55; *twlmy* Syh; θαλβει 552; θελαμι rell = Sixt | γενεαί] pr *et* Arm; γε υιοι 29 | Ἐνάκ F^{b}] αιναχ *oI*$^{-15c}$ 54' 318 18 319; αναχ 126; ναχ 75'; εναχ B F 129 *x* Sa = Compl Ra; αιναχ 767; ενωχ Phil II 13; *senac* ^{Lat}cod 100 | Χεβρών 2°] χευρων *d* 246; χωρων 29; *cheron* ^{Lat}cod 100 | ἑπτὰ ἔτεσιν] pr εν 59; tr 126 | ἔτεσιν] ετη 246 | ωκονομηθη 68 = Ald | πρὸ τοῦ Τάνιν] προ τανεως 130^{mg}-321'^{mg} 128^{mg}; πρωτον της 381'; προ της τανεως 55^{c} | πρό] προς *C*''$^{-417}$ 610* 246 | Τάνιν] τανειν 29-82 767 30 527 120 319 799; τανην 52'-313-551; τανυν 72 458 Phil II 13^{ap}; ταηιν 55*; *tn'yn* Syh; τανι 509 = Compl; τανις 64 Pal; *tayanis* Arm; ταμαν 318; *chani*

---

22 κατεσκέψαντο] διηρεύνησαν 130-346 | Ῥαάβ] πλάτους 130-321'

(23)24 Αἰγύπτου. [24]καὶ ἦλθον ἕως Φάραγγος βότρυος καὶ κατεσκέψαντο
αὐτήν· καὶ ἔκοψαν ἐκεῖθεν κλῆμα καὶ βότρυν σταφυλῆς ἕνα ἐπ' αὐτοῦ,
καὶ ἦραν αὐτὸν ἐπ' ἀναφορεῦσιν, καὶ ἀπὸ τῶν ῥοῶν καὶ ἀπὸ τῶν συκῶν.
(24)25 [25]τὸν τόπον ἐκεῖνον ἐπωνόμασαν Φάραγξ βότρυος διὰ τὸν βότρυν, ὃν
ἔκοψαν ἐκεῖθεν οἱ υἱοὶ Ἰσραήλ.
(25)26 [26]Καὶ ἀπέστρεψαν ἐκεῖθεν κατασκεψάμενοι τὴν γῆν μετὰ τεσσα-
(26)27 ράκοντα ἡμέρας. [27]καὶ πορευθέντες ἦλθον πρὸς Μωυσῆν καὶ Ἀαρὼν

ABFMV *O'' C'' bdf*$^{-53'}$*nstxyz* al verss Pal

(*jani* A) Bo; *jaani* (aut *-ne*) Sa; *safon* ^{Lat}cod 100 | Αἰγύπτου] pr της 130^{mg} 128^{mg}; εν αιγυπτω *b* Bo (sed hab Compl); αιγυπτω 527-619

24 ἦλθον (ειλ. 767) B G-426 *n x*$^{-509*}$ 55 Cyr I 373] ηλθεν 509*; -θοσαν (aut -θωσαν) rell = Sixt Ra | Φάραγγος] φαρυγγος 52'-313-417-551(vid) 392 799; -γγα *d*; φαρετ 318 | βότρυος] -ρυας 54*-458; -ρυς 527 | καὶ κατεσκέψαντο αὐτήν] om καί Co; sub ÷ G Syh; > Arab = Compl 𝔐 | κατεσκέψαντο] -ψατο 73* 767 527; κατεσκαψ. G-82 107* 458 68' (sed hab Ald) | αὐτήν] εκει 72 | εκοψεν 107'-125 75 | ἐκεῖθεν] αυτοις 72; > Bo | κληματα B 509 319 (sed hab Sixt) | om καί 4° 72 392 | ἕνα] εν 616*; > 55 319 Sa^{11}(vid)^{12} | ἐπ' αὐτοῦ 370^{c}] επ αυτης 75; απ αυτης 414; επ αυτους 44; υπ αυτου 82; απ αυτου G-72-426 *C''*$^{-414}$ 107'-125 54 28-85 370* 319 Syh; επ αυτο 370^{s}; *cum ea* ^{Lat}cod 100 GregIl *Tr* 11; sub ÷ G Syh = 𝔐 | ἦραν] ηρον (ηρων 129 Compl) A F M' 15-58-707 *C''*$^{-46\ 77\ 414\ 528\ 761c}$ *b f*$^{-246}$ *s*$^{-321'mg}$ 509 121 59; ηροσαν 321'^{mg} 319 | αὐτόν] αυτο F^{b} 528 75 509 799 Cyr I 373; αυτω 376; αυτους G | ἐπ' ἀναφορεῦσιν] επ αναφορευσι δυο 56$^{sup\ ras}$; + δυο 246 18-128^{mg}-628; + (※ G Syh) δυσι(ν) V *O* 767 Syh = 𝔐 | ἐπ' 2°] εν *O*$^{-58}$ ^{Lat}cod 100 Pal Syh↓ | αναπορευσει 75 | καί 6° — fin] *sed et granata et ficum secum attulerunt* GregIl *Tr* 11 | καί 6°] + *tulerunt* Bo; ⌒7° Aeth^{M} | ῥοῶν] ροιων 72-376 414-761^{c} 107'-125 343 Cyr I 373 = Compl; ρυων 58^{mg}; ρων 44 | ἀπὸ τῶν συκῶν] *ficos* ^{Lat}cod 100 | συκῶν] σικυων B* (sed hab Sixt); + των τοπων εκεινων 799

25 init A B F G-426*-*oII*$^{-707c}$ *f x y* 68'-120'-126 55 59 Sa^{1}] pr και εκαλεσαν 799; pr και F^{a} Cyr I 373 rell = Ald Sixt | τὸν τόπον ἐκεῖνον] *vallem illam* Sa; om ἐκεῖνον Arm; post ἐπωνόμασαν tr 376 *n* ^{Lat}cod 100 Aeth Arm Pal | ἐπωνόμασαν = Sam] pr *quem* Aug *Loc in hept* IV 36; ωνομ. 126; -σα G; -σεν 29↓; > 799 | Φάραγξ] φαρυγξ 392; -γγα (φρ. 528; -γκα 619) *C'' x*$^{-509}$ 318 ^{Lat}cod 100 Aug *Loc in hept* IV 36; post βότρυος tr 128 | βότρυος] -ρυας *d* 30; -ρυαν 528 | om διὰ τὸν βότρυν Aeth^{FM} Sa^{12}: homoiot | εκοψεν 107' | ἐκεῖθεν — (26) fin] οι κατασκοποι και μετα τεσσαρακοντα ημερας υπεστρεψαν 799 | ἐκεῖθεν] > 121; ⌒(26) 392 | om οἱ 319

26 init — ἐκεῖθεν] > Bo; + *filii israel* Arm | ἀπέστρεψαν ἐκεῖθεν] post γῆν tr ^{Lat}cod 100 | επεστρεψαν A M' 29-58-707-*oI C''*$^{-52'\ 551}$ *b* 129 *n s*$^{-30'}$ *y*$^{-392}$ = Ald↓; υπεστρεψαν 376 | κατασκεψάμενοι] pr και 30; καταστρεψ. 616 | μετά — fin] εν ημεραις μ̄ 126; om μετά 76 | τεσσαράκοντα F^{b}] τεσσερ. A B* F M' V 129 509 55 (sed hab Sixt); σαρακ. 106

---

24 ἦραν] οἱ λ' ο' ἦραν 344 | ἐπ' ἀναφορεῦσιν] ο' ἐν ἀναφορεῦσι θ' α' ἐν ἀναφορεῖ σ' ἐν ἀρτῆρι 344

25 ἐπωνόμασαν] α' ἐπωνόμασεν 344

26 καὶ ἀπέστρεψαν] ο' οἱ λ' καὶ ἀπέστρεψαν α' θ' καὶ ἐπέστρεψαν σ' καὶ ἀνέστρεψαν 344

καὶ πρὸς πᾶσαν συναγωγὴν υἱῶν Ἰσραὴλ εἰς τὴν ἔρημον Φαρὰν Καδής·
καὶ ἀπεκρίθησαν αὐτοῖς ῥῆμα καὶ πάσῃ τῇ συναγωγῇ, καὶ ἔδειξαν
τὸν καρπὸν τῆς γῆς. [28]*καὶ διηγήσαντο αὐτῷ καὶ εἶπαν Ἤλθομεν εἰς* 28(27)
τὴν γῆν, εἰς ἣν ἀπέστειλας ἡμᾶς, γῆν ῥέουσαν γάλα καὶ μέλι, καὶ
οὗτος ὁ καρπὸς αὐτῆς· [29]*ἀλλ' ἢ ὅτι θρασὺ τὸ ἔθνος τὸ κατοικοῦν ἐπ'* 29(28)
αὐτῆς, καὶ αἱ πόλεις ὀχυραὶ τετειχισμέναι καὶ μεγάλαι σφόδρα, καὶ
τὴν γενεὰν Ἐνὰκ ἑωράκαμεν ἐκεῖ, [30]*καὶ Ἀμαλὴκ κατοικεῖ ἐν τῇ γῇ* 30(29)

ABFMV *O'' C''* *bdf*$^{-53'}$*nstxyz* al verss Pal

27 *καὶ πορευθέντες*] om *πορ.* 799 ^{Lat}cod 100; > Bo | *ἦλθον*] *ηλθοσαν* 30' 319; *εισηλθον C''* 28-85'-321'^{txt}; *εισηλθοσαν* 321'^{mg} | *πρός* 1°] *εις* 528 | *Μωυσῆν*] *-σῃ* 58 19 134 (sed hab Compl); *μωσην* G-426 *n* Cyr I 373; *μωσει* 72 | *Ἀαρών*] pr *προς* 426 Arm = 𝔐 Sam Tar^{O} | *πρός* 2°] *εις* 126; > Bo^{B} Sa | *πᾶσαν*] *απασαν την* 509; > Bo^{B} = Tar^{P} | *υἱῶν*] pr *των* Cyr I 373 | *τὴν ἔρημον*] *montem* Bo; om *τήν* 19' (sed hab Compl); om *ἔρημον d t* | *Φαράν*] *pharran* Bo^{B} Sa^{12}; > 75* | *Καδής*] *καδις* 75; *καδδης* 707^{c} 528-529 71'-527^{c} 55^{c}; [.]*δης* 55*; *καδας* 44-610; *gadēs* Sa^{12}; > Arab | *καί* 4°] ⌒6° 799 | *ἀπεκρίθησαν*] *ii responderunt et dixerunt* Pal | *ρημα* (*-ματα* Sa) *αυτοις* V Sa | om *ῥῆμα* — *συναγωγῇ* 126 | *ρηματα f x*$^{-509}$ = Compl | *καί* 5°] > *x*$^{-509}$; ⌒6° Aeth^{M} | om *τῇ* B 29 56* 509 Cyr I 373 | *ἔδειξαν*] + (※ G Syh) *αυτοις* V *O*-29 *d t* 121 319 ^{Lat}cod 100 Aeth Bo Pal Syh = Ald 𝔐 | *τὸν καρπόν*] pr *και* 126; *των καρπων* 318

28 *καί* 1°] ⌒2° 125 | *διηγήσαντο*] *-σατο* 44*; *εδιηγ.* Compl; + *αυτο* 509 | *αὐτῷ*] *αυτοις* V 72-376 106 *n*$^{-767}$ 71* ^{Lat}cod 100 Aeth Arab Arm Co; *αυτον* 551; *αυτων* 55*; *παντα* 799; post *εἶπαν* tr *b* (sed hab Compl) | *εἶπαν*] *ειπον* F^{b} *oI*$^{-15}$-72' 414 *b* 246*(cprm) 71' Cyr I 373 (sed hab Compl); *ειπον προς μωυσην* 106-125; *ειπον αυτω* (*αυτων* 458) 376 44-107' *n* 84 370*(vid); + *αυτω* 74'-76-370^{c} Arm | *ἤλθομεν*] *ηλθαμεν* B G *C'*$^{-528\ 616c\ 761c}$-52*-313-417-551-615 343* 509 = Ra; *ηλθον* 59*(cprm) | *εἰς τὴν γῆν*] *de terram* ^{Lat}cod 100; om *τήν* 121 | *εἰς* 2°] > B 46-413-550' 610 *x*$^{-509}$ 799; post *ἡμᾶς* tr 72 16 44 509 | *ἀπέστειλας*] *-λες* 610 127; *-λεν* 799; *εξαπ.* V 319; *misistis* ^{Lat}cod 100 Sa^{11} | *ἡμᾶς*] *ημιν* 416 799 | om *γῆν* 2° — *μέλι* 767 | *γῆν* 2°] *την* 414 59: cf 𝔐; *in terram* Arm^{ap}; *terra est* (> La) ^{Lat}cod 100 Co | *ρεουσα* 320 75-127 130 509* 126 ^{Lat}cod 100 Co | *μελι και γαλα* 72 414-528-761* 509 | om *καί* ult G | *ουτως* 767 59* | *αὐτῆς*] *της γης* 72

29 init — *ὅτι*] *αλλα* 126; *αλλ εστιν* 799 ^{Lat}cod 100; om *ἤ* 318 55; om *ὅτι* 58 Aeth Arab Arm Co | *θρασύ*] *θρασυν* 58 610 18-126; *ορα συ* 129; post *ἔθνος* tr 799 | *τό* 1° — *αὐτῆς*] *fructus ille* Sa^{12}; om *τὸ ἔθνος* 320 | *ἐπ' αὐτῆς* B V 376 *d*$^{-610*}$ 129 54'-75-767^{c} *t* 71' Cyr I 373 Co Pal] *επ αυτη* 527; *εν αυτη* (*-την* 509) 509 319 799 Arab Arm; *εν αυτοις* (*-της* 458) 610* 458-767*; *in ea terra* ^{Lat}cod 100 Aeth; *in terra* Syh; *αυτην* 55; *την γην* rell = 𝔐 | om *αἱ* B F*(cprm) V 29 *d n*$^{-767}$ *t x* Cyr I 373 | *ὀχυραί*] *ισχυραι x*$^{-509}$ | *τετειχισμέναι*] pr *και* V 58-376 *b d n* 28-85'^{mg}-321'^{mg} *t* 319 ^{Lat}cod 100 Arm (sed hab Compl); sub ÷ G: cf 𝔐 | *καί* 2° B V *O*$^{-58}$ *b d* 129 *n* 28-85'^{mg}-321'^{mg} *t*$^{-84}$ *x* 319 Cyr I 373 Arm Bo Pal Sa^{1} = Sam] > rell = Sixt 𝔐 Tar | *σφοδρα μεγαλαι* 414 ^{Lat}cod 100 Arab | *τὴν γενεάν*] *nationes* ^{Lat}cod 100 | *Ἐνάκ*] *αιναχ* A 58-*oI*$^{-15c}$ 127-458 121 18 319; *inhac* ^{Lat}cod 100; *ενεκ* G*; *ειναχ* 767^{c}; *εναακ* 16'-46-500'-616; *εναχ* B 129 *x* Sa = Compl Ra | *ἑωράκαμεν*] *ευρηκ.* 799 | om *ἐκεῖ* 413

30 om *καί* 1° G-426 Syh ↓ | *Ἀμαλήκ*] *-λικ* 108-118' 75 (sed hab Compl); *amalech* ^{Lat}cod 100 | *κατοικεῖ* 1°] pr *εκει* G*; *κατωκει* (*-κη* 319) 55 319 Arm;

τῇ πρὸς νότον, καὶ ὁ Χετταῖος καὶ ὁ Εὐαῖος καὶ ὁ Ἰεβουσαῖος καὶ ὁ
Ἀμορραῖος κατοικεῖ ἐν τῇ ὀρεινῇ, καὶ ὁ Χαναναῖος κατοικεῖ παρὰ
(30)31 θάλασσαν καὶ παρὰ τὸν Ἰορδάνην ποταμόν. 31καὶ κατεσιώπησεν
Χαλὲβ τὸν λαὸν πρὸς Μωυσῆν καὶ εἶπεν αὐτῷ Οὐχί, ἀλλὰ ἀναβάντες
ἀναβησόμεθα καὶ κατακληρονομήσομεν αὐτήν, ὅτι δυνατοὶ δυνησό-
(31)32 μεθα πρὸς αὐτούς. 32καὶ οἱ ἄνθρωποι οἱ συναναβάντες μετ' αὐτοῦ

ABFMV *O'' C''* *bdf*$^{-53'}$*nstxyz* al verss Pal

+ *εκει* 54 | om *ἐν* 1° — *τῇ* 2° 246 | om *τῇ* 1° 527 | *τῇ* 2° F^{a}] *της* 707 75; > A F 58-72-82 417 *b* 56 30 509-527 y^{-318} 59 799 ^{Lat}Beda *Sam* 273 Arm (sed hab Compl) | *πρός*] *προ* 75 | *νωτον* 82 131-529 19' 75^{c} 28*-30 370* (sed hab Compl) | om *καί* 2° 29 | om *ὁ* 1° 610 | *χεταιος* 618*; *αχετταιος* 458; *χεγαιος* 120 | *καί* 3° — *Ἰεβουσαῖος*] post *Ἀμορραῖος* tr Aeth | *καὶ ὁ Εὐαῖος* = Sam] sub ÷ G Syh; om *καί* 106-125 799; > Arab Bo = 𝔐 Tar | *Εὐαῖος*] *εβαιος* 72 106 30; *eucheus* ^{Lat}cod 100 | *καί* 4°] > 106-125 799; ⌒5° 128 Sa | *ιεβουσσαιος* 58 46-73-761 56; *ιενουσαιος* 19 (sed hab Compl); *εβουσαιος* 131; *δεβουσαιος* 376 | om *καί* 5° 125 | om *ὁ* 4° 707 | *Ἀμορραῖος*] *αμμοραιος* 46-422-550 44-107' 730 55 799; *αμοραιος* 15-82-618 16-739 628*; *αμμωρραιος* 75; + *και ο* 127* | *κατοικεῖ* 2°] pr *qui* ^{Lat}cod 100; *κατωκει* 55 319; *κατοικουσιν* *d n t* 628 Aeth Co Pal; *habitabant* Arm | *ἐν τῇ* 2°] pr *ibi* Pal; om *τῇ* 528; + *γη τη* 55 | om *καί* 6° ^{Lat}cod 100 | *Χαναναῖος*] *channaneus* ^{Lat}cod 100; *χαναντης* 319 ↓; *αμορραιος* 413; litt *αι* sup ras V | *κατοικεῖ* 3°] pr *qui* ^{Lat}cod 100; *κατωκει* 55 319; > 799 Arm | om *καί* ult — fin B* (sed hab Sixt) | *ιουδανην* 44 | om *ποταμόν* V O^{-58} *d* n^{-767} *t* 319 ^{Lat}cod 100 Arab Arm Co Pal Syh ↓

31 *κατεσιώπησεν*] *-πησαν* M' *oI* 28-85*-344 18'-126-628-630'; *κατεστη ωπισε* 75 | *Χαλέβ*] *χαλεφ* 72; *chalep* ^{Lat}cod 100; *caleph* ^{Lat}codd 91 92 94 96; + *filius iephaniya* Arab; + *και ιησους* M' *oI* 127 18'-126-628-630' 55 | *τὸν λαόν*] *τω λαω* 84 | om *λαὸν πρός* 527 | *πρὸς Μωυσῆν*] *a mose* Arm | *Μωυσῆν*] pr *τον* 77; *-ση* 58 529 19 (sed hab Compl); *-σει* 343; *μωσην* G-426 *n*; *μωσει* 72 | om *καὶ εἶπεν αὐτῷ* Aeth^{FM} | *ειπαν* M' 15'-426 619* 55; *ειπον* 381' 127^{c} 18'-126-628-630' | *αὐτῷ οὐχὶ ἀλλά*] sub ÷ G = 𝔐 Tar | *αὐτῷ* = Sam] *eis* Arm; sub ÷ Syh; > 392 799 Bo^{B} | *ἀλλά*] *αλλ* 58-72-618 77-529-551 *b d* 75 t^{-84} 126 55 799 (sed hab Compl); *αλλ η* V 29 767 85'^{mg}-346^{mg}(vid); *ανα* 46^{s}; > 127 | om *ἀναβάντες* 552 628 Arab Pal | om *καί* 3° 46* 527 | *κατακληρονομήσομεν*] *-σωμεν* (*-μισωμεν* 75-767 619) A 29-58-72'-381'-426* $C''^{-77\ 414'\ 422\ 528\ 616c\ 761*\ et\ c2}$ d^{-125} 129 54-75-767 30'-130-343'-346 84 x^{-527} y^{-121} 68'-120' 55 59 319 799 = Compl; litt *ο* 3° sup ras F; *κληρ.* 121; *κληρονομησωμεν* 376 125 321 | *αὐτήν*] *αυτον* 44; *την γην* 121 | *δυνατοί* — fin] *potentiores erimus in illos* ^{Lat}cod 100 | *δυνατοί*] *-τα* 118'-537; *δυναμενοι* 129 = Compl; > V 72 414 126 59 Cyr I 373 | *δυνησόμεθα*] *-σωμεθα* 381-618* 46^{s}-52 767 x^{-527} 55 59 799; *δυνηθησομεθα* 246; + *ημεις* V

32 *οἱ ἄνθρωποι*] *οι ανδρες* (*-ραις* 376) 376 392; > 799 Arab | *οἱ* 2°] *ου* 134; > 618* | *μετ αυτου συναναβαντες* 799 | *μετ' αὐτοῦ*] *μετ αυτων* A F M' oI'^{-72} *C''* 127 $s^{-343\ 344c}$ *y* 55 59 624 Aeth; *μετ αυτον* 129 = Compl; *μετ αυτω* 58;

---

30 *καὶ Ἀμαλήκ*] *ο' οἱ λ' Ἀμαλήκ* 344 | *Χαναναῖος*] *Χαναντης* 130-321' | (*καὶ παρὰ*) *τόν* — fin] *ο' θ' καὶ παρὰ τὸν Ἰορδάνην α' τοῦ Ἰορδάνου σ' καὶ κατὰ τὸν Ἰορδάνην* 344

εἶπαν Οὐκ ἀναβαίνομεν, ὅτι οὐ μὴ δυνώμεθα ἀναβῆναι πρὸς τὸ ἔθνος,
ὅτι ἰσχυρότερόν ἐστιν ἡμῶν μᾶλλον. [33]καὶ ἐξήνεγκαν ἔκστασιν τῆς 33(32)
γῆς, ἣν κατεσκέψαντο αὐτήν, πρὸς τοὺς υἱοὺς Ἰσραὴλ λέγοντες Τὴν
γῆν, ἣν παρήλθομεν αὐτὴν κατασκέψασθαι, γῆ κατέσθουσα τοὺς
κατοικοῦντας ἐπ' αὐτῆς ἐστιν· πᾶς ὁ λαός, ὃν ἑωράκαμεν ἐν αὐτῇ,
ἄνδρες ὑπερμήκεις· [34]καὶ ἐκεῖ ἑωράκαμεν τοὺς γίγαντας, καὶ ἦμεν 34(33)

ABFMV *O''* *C''* *bdf*$^{-53'}$*nstxyz* al verss(Pal)

μετ αυτους 630; μετα ταυτα 72 | ειπον (-πων 739) F^{b} 72'-376-381' 414-739-761^{c} 19 *d n* 71' 318 126 319 799 (sed hab Compl) | οὐκ ἀναβαίνομεν ὅτι] sub ÷ G Syh; > Arab = 𝔐 | ἀναβαίνομεν] αναβησομεθα F ^{Lat}cod 100 Arm Bo | οὐ μὴ δυνώμεθα] ου (μη Compl) δυνησομεθα (-σωμ. 313^{c} 59) 58 52'-313-414' *b* 59 ^{Lat}cod 100; ου δυναμεθα 72 799; om μή F*(cprm vid) V 129^{txt} 126 | δυναμεθα 28; δυνησωμεθα (aut -σομ.) 82-376-707 *C''*$^{-52'\ 313\ 414'}$ 458 85'-321' 392; δυνηθωμεθα 619; δυνηθωμεν 75 | ἀναβῆναι] διαβ. 509; > 75 126 Bo | πρὸς τὸ ἔθνος] *ad gentem illam* ^{Lat}cod 100; *ad gentem hanc* Bo; *super gentem* Arm; om τό 799 | ὅτι ἰσχυρότερόν] το ισχυρον τουτον 319; οτι ισχυρον V; om ὅτι 799 | μαλλον ημων εστι(ν) 414 127 | ἐστιν ἡμῶν A B V *O*$^{-58}$ *d*$^{-610}$ 129 *t x* = Compl] om ἐστιν 392* 799; om ἡμῶν 618^{txt} 528 319; tr rell = Sixt | μᾶλλον] sub ÷ G Syh; > 126 799 = 𝔐

33 εξηνεγκον *d* | ἔκστασιν] εκδασιν 72 | τῆς] pr επι B* 610 (sed hab Sixt); pr κατα 319↓ | ἥν 1°] ης 29 *f*$^{-56}$ *z* 319 624 (sed hab Ald) = Compl | κατεσκέψαντο] -ψατο 528 54; -σκαψαντο G* | αὐτήν 1°] αυτοι 72; > ^{Lat}cod 100 Aeth Pal (sed hab Aug *Loc in hept* IV 38 Cassiod *Inst* I 15. 5) | πρός — Ἰσραήλ] post λέγοντες tr 54-75' | τούς] pr αυτους 458; > 28; + ras 4—5 litt 246 | om τήν — κατασκέψασθαι 458 | αὐτήν 2°] εν αυτοις 767; εν αυτη (-την 28) 28 319 Pal↓; > G-72-*oI*$^{-15}$ 54-75 ^{Lat}cod 100 GregIl *Tr* 11 Aeth Syh | κατασκέψασθαι] σκεψ. 52; sub ※ Syh; > Bo; + (※ G Syh) αυτην *O'*$^{-15\ 58}$ *n*$^{(-458)}$ 319 Aeth Arm Pal Sa^{11} Syh↓; + και οτι 799 | γῆ] η G*; *terra illa* GregIl *Tr* 11 | κατέσθουσα (καταισθ. 509; -θοσα 28-85) A B F M *oI*-82-707 *C''*$^{-615*}$ 56 *s*$^{-30\ 343}$ *x* 121] -θιουσα (-θηουσα 376) rell↓ | κατοικοῦντας] ενοικ. *oI* | ἐπ' αὐτῆς] *illam* ^{Lat}cod 100 (sed hab Aug *Loc in hept* IV 38 GregIl *Tr* 11); επ αυτη 75; επ αυτην G-72-381'-426 52'-313-551 246* 30' 318 68'-120' 799 (sed hab Ald)↓ | om ἐστιν 799 | πᾶς B V 426 *x* Bo^{ABc} Sa] και G *C''* 799; > Bo^{B*}; pr και rell = Sixt 𝔐 | ὁ λαός] pr *enim* Bo; + αυτης 799 | om ὅν — ἄνδρες 799 | om ὅν 75 | ἐν αὐτῇ] επ αυτη 84; επ αυτην *C''*(46 inc) 767; επ αυτης 29 129 *z* = Compl; επ αυτους 46^{s}; *super eum* Pal; παρ εαυτη 125; εκει 54-75' 319 Bo; om ἐν 426^{txt}(cprm) 527; > ^{Lat}GregIl *Tr* 11 Aeth | ἄνδρες] ανδρας 426 *C''*$^{-414'\ 761c}$ | ὑπερμήκεις] ευμηκης 319; ευθυμεις 72; + εκει B *x*$^{-509}$ ^{Lat}cod 100 (sed hab Sixt)

34 καὶ ἐκεῖ] pr και 417(|); κακει 58; om καί 509 392 126 Sa; tr V | ἑωρά-

---

33 ἔκστασιν (τῆς γῆς)] τὸ σαμ' ὄνειδος κατὰ τῆς γῆς (+ κατακρισιν 376 *C''*) 376(s nom) *C''*^{cat} = Sixt; α' σ' ψόγον (ψωγ. 130) 130-321(s nom)-343(s nom)-346 Syh | τῆς γῆς] pr κατά 85'-321'-344 | αὐτήν 2°] ἐν ⟨αὐτῇ⟩ 85'-321'-344 | κατασκέψασθαι] + αὐτήν (-της 130) 85'-321'-344 | κατέσθουσα] ο' οἱ λ' κατεσθίουσα 344 | ἐπ' αὐτῆς] ο' **ἐπ' αὐτήν** οἱ λ' αὐτῆς 344 | ὑπερμήκεις] πλεῖον τοῦ μέτρου 58; **ἔμμετροι 130-321'**

ἐνώπιον αὐτῶν ὡσεὶ ἀκρίδες, ἀλλὰ καὶ οὕτως ἦμεν ἐνώπιον αὐτῶν.
1 **14** [1]Καὶ ἀναλαβοῦσα πᾶσα ἡ συναγωγὴ ἔδωκεν φωνήν, καὶ ἔκλαιεν
2 ὁ λαὸς ὅλην τὴν νύκτα ἐκείνην. [2]καὶ διεγόγγυζον ἐπὶ Μωυσῆν καὶ
Ἀαρὼν πάντες οἱ υἱοὶ Ἰσραήλ, καὶ εἶπαν πρὸς αὐτοὺς πᾶσα ἡ συνα-

ABFMV *O''* *C''* *bdf*$^{-53'}$*nstxyz* al verss

καμεν] + *επ αυτην* 417 | *τοὺς γίγαντας*] pr *και* 44′ *n*$^{-767}$ *t*; litt *τους γι* sup ras G; *filios gigantum* ^{Lat}cod 100 (sed hab GregIl *Tr* 11); om *τούς* 343(|); om *γίγαντας* 767 59*; + *υιους γιγαντων* 128-669; + *filios enak* Arab; + (※ G) *υιους εναχ* (*αιναχ* 767^{c} 18) *εκ των γιγαντων* (*γηγ.* 376) *O*$^{-58}$ 246 767 18-126-628-630 Syh = 𝔐 | *ἦμεν* 1°] *οι μεν* 527; *εγενηθημεν* 19′ (sed hab Compl) ↓; *εγεννηθημεν* 118′-537 319 | *ἐνώπιον* 1°] *εναντιον* V G *b* 319 (sed hab Compl); ⌒2° 52*-313-615 318 68′ (sed hab Ald) | *αὐτῶν* 1°] *αυτου* Tht *Gen* 47^{ap}; *ημων* Compl = 𝔐 | *ὡσεί*] *ως* G-29 75 527 | *ἀλλά* — fin] *ει και ωσει ουθεν* 799; om *ἀλλά* 19 Sa (sed hab Compl) = 𝔐; om *καί* 761*(|); > 72 52$^{(c)}$ 75-458^{txt}(cprm) 126 ^{Lat}cod 100 Arab Arm | *ἦμεν* 2°] *οι μεν* 527 | *ἐνώπιον* 2°] *εναντιων* 319↓

14 1 om *ἀναλαβοῦσα* Arm | *πᾶσα / ἡ συναγωγή*] *πασαν* (*πασα η*^{c}) *συναγωγην* G; om *πᾶσα* 75′; om *ἡ* 72; tr 767 | om *ἔδωκεν φωνήν* 799 | *ἔδωκεν*] *ενεδωκε(ν)* B 130^{c}-346^{mg} 319; *δεδωκε* Cyr I 373; *-καν* M′ G-426 *b* 344^{mg} Aeth Arm Bo Syh (sed hab Compl) = 𝔐; *vociferata est* ^{Lat}cod 100 (sed hab GregIl *Tr* 11) | *φωνήν*] pr (※ G^{c} Syh) *την* *O*$^{-58}$ Syh = 𝔐; *φωνη* B ^{Lat}cod 100 Aeth (sed hab Sixt); + (※ G Syh) *αυτων* *O b* Arab Syh (sed hab Compl) = 𝔐 | *εκλαιεν και* 799 | *ἔκλαιεν*] *εκλαιον* (*-ων* 458) V 376 19′-314 54-75′ 344^{mg} 319 Aeth Bo (sed hab Compl) = 𝔐; *εκλαυσεν* 77 ^{Lat}cod 100 GregIl *Tr* 11 Arm | *ὁ* — fin] *totam noctem populus ille* Syh; om *ὁ λαός* 246 | *ὅλην*] sub ÷ G = 𝔐 | om *ἐκείνην* 618*(cprm) 799 Aeth

2 *διεγόγγυζον*] *-γγυσαν* 344^{mg} 319 ^{Lat}cod 100 GregIl *Tr* 11; *εγογγ.* 82 130; *-ζεν* 15; *murmuravit congregatio* Arm; *-ζαν* 55^{c}(vid) | *ἐπί*] *κατα* 799 | *Μωυσῆν*] *-σει* 46 343; *-ση* 58-381′ *C* 19 44 *f*$^{-129}$ 71 128-630′ 55 799 (sed hab Compl); *μωυ*$^{\sigma}$ 126; *μωσην* G-426 54′ Cyr I 373; *μωση* 75′-767; *μωσει* 72 | om *καὶ Ἀαρών* 618 | *Ἀαρών*] pr *super* Aeth = 𝔐 | *πάντες* — *Ἰσραήλ*] *πασα η συναγωγη*

---

34 *γίγαντας*] σ′ *τεραστίους* M′ 58(s nom) 85′-321(nom absc)-344-346; *φοβερούς* 58 | *ἦμεν ἐνώπιον* 1°] *ἐγενήθημεν ἔναντι* (> 85) 85′-321′-344 | *ἦμεν* 2°] *ἐγενήθημεν* M′ | *ἐνώπιον* 2°] *ἐναντίον* 85-344

14 1 init] pr *et murmuraverunt filii israel in tabernaculis suis et dixerunt: quia odit nos pypy eduxit nos de terra aegypti, ut tradat nos in manus amorrhaeorum delere nos. quo nos ascendimus? fratres nostri deflexerunt cor nostrum dicentes: populus est magnus et validior multum nobis et urbes magnae et munitae moenibus usque ad caelum, sed et filios gigantum vidimus ibi. et dixit moses filiis israel: ne tremueritis neque timueritis ab iis. pypy deus noster, qui antecedit ante faciem vestram, is pugnabit contra eos nobiscum secundum omnia quaecumque fecit vobis in aegypto contra oculos vestros et in deserto, quod vidistis, sicut nutrivit te pypy deus tuus, sicut nutrit homo filium suum super omnem viam quam ivistis usque dum venistis in locum hunc. et in verbo hoc non credidistis in pypy deo vestro qui antecedit anterior vestrum in via eligere vobis locum, ducens vos in igne noctu, ostendens vobis viam quam itis in ea et in nube* Syh (ex Sam secundum Syh: cf Deut 1 27–33)

γωγή Ὄφελον ἀπεθάνομεν ἐν γῇ Αἰγύπτῳ, ἢ ἐν τῇ ἐρήμῳ ταύτῃ εἰ
ἀπεθάνομεν· [3]καὶ ἵνα τί κύριος εἰσάγει ἡμᾶς εἰς τὴν γῆν ταύτην 3
πεσεῖν ἐν πολέμῳ; αἱ γυναῖκες ἡμῶν καὶ τὰ παιδία ἔσονται εἰς
διαρπαγήν· νῦν οὖν βέλτιον ἡμῖν ἐστιν ἀποστραφῆναι εἰς Αἴγυπτον.
[4]καὶ εἶπαν ἕτερος τῷ ἑτέρῳ Δῶμεν ἀρχηγὸν καὶ ἀποστρέψωμεν εἰς 4
Αἴγυπτον. [5]καὶ ἔπεσεν Μωυσῆς καὶ Ἀαρὼν ἐπὶ πρόσωπον ἐναντίον 5

ABFMV *O'' C'' bdf*$^{-53'}$*nstxyz* al verss

υιων ισραηλ 319; om *πάντες* Bo^{B}; om *οἱ* 550'-761; > 799 Arab | *υἱοί*] *αρχοντες* 121 | *εἶπαν*] *ειπον* (-*πων* 509) F^{b} V 376-381-707 320-414' 19 *d n t* 509 (sed hab Compl); *ειπε* 618 527 Cyr I 373 ^{Lat}cod 100 Arm | om *πρός* — *συναγωγή* 799 | *πρὸς αὐτούς* F^{a}] *προς αυτοις* F; *προς αυτον* 125*; om *αὐτούς* 630*(c pr m); post *συναγωγή* tr 319 | *πᾶσα ἡ συναγωγή*] sup ras 6 litt 56; om *πᾶσα* 319; om *ἡ* 72 739; > Arab | *ἀπεθάνομεν* 1°] *αποθανωμεν* 75-767 319; *αποθ.* 73'-131-500'-529-552-761* 458 509 318; *αποθανειν* 126; -*ναμεν αν* 799 | om *γῇ* *C''* 126 | *Αἰγύπτῳ*] pr *τη* 414-417-422; -*πτου* 56 54'-458 68'-120' Cyr I 373 = Compl; *αιγυ*^{π} 82 314 | *ἢ*] pr *και* *d*$^{-44}$ 54-75 84; *και μη* 44 767; *και ει* 127-458 74-76'; *ει* A 120*-407 624; *και* 29 134 | *ἐν* 2° — *ταύτῃ*] pr *ει* 58; ad fin tr 72 | om *εἰ ἀπεθάνομεν* V 15 509 126 319 | *εἰ*] *η* 707 *f*$^{-129}$ *y*$^{-121}$; > F$^{c\,pr\,m}$ 58-72-376-618 *b d n t* 669 59 799 ^{Lat}cod 100 Arab | *ἀπεθάνομεν* 2°] *αποθανωμεν* 616 767 624 ^{Lat}cod 100; *αποθ.* 125 458 59; *αποθανειν ημας και πεσειν ημας εν πολεμω* 799

3 *κύριος*] $\overline{κε}$ *b* 125-610 *x*$^{-509}$ 121 128 (sed hab Compl); *deus* Aeth^{-C}; > 319 | *εἰσάγει*] -*γη* 82 57 19' *f* 30-321* 84 318 628 (sed hab Compl); -*γεις* 551 *x*$^{-509}$; -*γαγει* 528 509; *εισηγαγες* 319; *ησειγαγεν* 376 | *ἡμᾶς*] *υμας* 527; + ras 9 litt 346 | om *ταύτην* Bo | *πεσεῖν*] pr *του* 126; *αποκτειναι* 29 | *πολέμῳ*] pr *τω* 246 75 Cyr I 373 | *αἱ*] pr *et* Aeth Arm Co Syh | *ἡμῶν*] *υμων* 551; > *d* | *παιδία* B M' 129 *x* Cyr I 373 = Compl] *τεκνα ημων b*; + *υμων* 44-107' 321; + *ημων* rell = 𝔐 | *ἔσονται*] + *εν τω πολεμω* 75; post *διαρπαγήν* tr A | *διαρπαγήν*] -*γμον* 75'; *αρπαγην* 426* 509 121 | *ἡμῖν ἐστιν*] pr *εστιν* 130; *εστιν ημας* 376 799 ^{Lat}cod 100; om *ἡμῖν* B^{c} *x*$^{-509}$ = Sixt; tr G-426 *f*$^{-129}$ 28-85-321'-344 509 628 Arm Syh | *ἡμῖν*] *υμιν* 610; post *ἀποστραφῆναι* tr 343 | *στραφηναι* 126 | *εἰς Αἴγυπτον*] *in terram aegypti* Aeth; > 15; ⌒(4) 318 Bo^{A}

4 *εἶπαν* — *δῶμεν*] *ποιησωμεν εαυτοις* 799 | *εἶπαν*] *ειπον* F^{b} 72-381' 414 19 44'-125 *n* Cyr I 373; *ειπεν* V 82-376 129 392 *z* Arm Bo^{B} Syh = Compl ↓: contra 𝔐; *ει* 28 | *ἕτερος*] pr *ο* Cyr I 373 | om *τῷ* 77* | *ἑτέρῳ*] *εταιρω αυτου* 426 Syh; + *αυτου* *O*$^{-426}$ ↓ | *δῶμεν*] *faciamus* (+ *nobis* Greg) ^{Lat}cod 100 GregIl *Tr* 11 | *ἀρχηγόν*] -*γους* BasSel 340 Cyr VI 945 (sed hab I 373); + *nobis* Bo^{B} | *ἀποστρέψωμεν*] -*ψομεν* 77-131-500'-528-529 127-458 527; *υποστρ.* Nil 948; *πορευθωμεν* Cyr VI 945 (sed hab I 373) | *εἰς Αἴγυπτον*] *in terram aegypti* Aeth

5 *επεσον* *C''*$^{-16\ 46\ 761}$ Aeth Arm Co | *μωσης* G-72-426 *n* | *καὶ Ἀαρών*] > 29; post *πρόσωπον* tr 16-46 | *ἐπί*] *κατα* 799 | *πρόσωπον*] + (※ G Syh) *αυτων O* Arab Arm Co Syh = 𝔐 | *ἐναντίον πάσης*] pr *και* 730*(|); sub ※ Syh | *ἐναντίον*] *εναντι* V 376 *d* 129 127-767 *t* 319^{mg} 624 = Compl; > 618* 321 319^{txt}; post

---

2 *ὄφελον*] *μακάρι* (-*ρη* cod) 58 | *εἰ ἀπεθάνομεν*] *α' οἱ λ' ὄφελον ἀπεθάνομεν* (*αποθ.* M') M' 85'-344-346

4 (init — *ἕτερος*) *τῷ ἑτέρῳ*] *α' καὶ εἶπεν ἀνὴρ πρὸς ἀδελφὸν αὐτοῦ σ' καὶ εἶπον ἕκαστος πρὸς τὸν ἀδελφὸν ἑαυτοῦ θ' καὶ εἶπαν ἀνὴρ πρὸς τὸν ἀδελφὸν αὐτοῦ ο' τῷ ἑτέρῳ αὐτοῦ* 344 | *ἀρχηγόν*] *πρόοδον· ὁδηγόν* 58

6 *πάσης συναγωγῆς υἱῶν Ἰσραήλ.* [6]*Ἰησοῦς δὲ ὁ τοῦ Ναυὴ καὶ Χαλὲβ*
ὁ τοῦ Ἰεφοννὴ τῶν κατασκεψαμένων τὴν γῆν διέρρηξαν τὰ ἱμάτια
7 *αὐτῶν,* [7]*καὶ εἶπαν πρὸς πᾶσαν συναγωγὴν υἱῶν Ἰσραὴλ λέγοντες*
8 *Ἡ γῆ, ἣν κατεσκεψάμεθα αὐτήν, ἀγαθή ἐστιν σφόδρα σφόδρα·* [8]*εἰ*
αἱρετίζει ἡμᾶς κύριος, εἰσάξει ἡμᾶς εἰς τὴν γῆν ταύτην καὶ δώσει
9 *αὐτὴν ἡμῖν, γῆ ἥτις ἐστὶν ῥέουσα γάλα καὶ μέλι.* [9]*ἀλλὰ ἀπὸ τοῦ κυρίου*

ABFMV *O'' C'' bdf*$^{-53'}$*nstxyz* al verss

συναγωγῆς tr 52* | *πάσης συναγωγῆς*] *omnium in synagoga* ^{Lat}cod 100 (sed hab GregIl *Tr* 11); *των* 30; *παση συναγωγη* 72 | *συναγωγῆς*] pr *της* 381′ 54 28-85 624; pr (※ G Syh) *εκκλησιας* O^{-58} Syh = 𝔐; *της συναγ. εκκλησιας* 58; > Arm^{te}

6 *δέ*] *ουν* 319; > Bo | *ὁ* 1°] pr *ο υιος* 416; > 799 | *Ναυή*] *ναυι* 58-72 134^{c} 318; *ναβη* 610 54 130-346 76 669 59; *ναβι* 106-125 71′; *ναη* 527 | om *καί* 72 | *Χαλέβ*] *χαλεφ* 72 127 730; *χαβελ* 618-707* 528 | *ὁ τοῦ Ἰεφοννή*] *duo isti ex duodecim* GregIl *Tr* 11 | *ὁ τοῦ* 2°] *υιος* V 376 *b* 130^{mg}-$321'^{mg}$-344^{mg} 319 (sed hab Compl) | *Ἰεφοννή*] *ιεφωννη* 82-707 313 107′ 75′-767^{c} 55; *ιεφονη* 64*-376 *C*-46-414-422 108-118-537 f^{-129} 321′ 370^{s}(sed hab 370) 18 59 416 Arm Sa = Compl; *ιεφωνη* 314 767* 527 318 Bo; *ιεφονι* 72 *cI* 106 76 71′ 424; *ιεφωνι* 44; *ιεφωνει* 799; *ιεφο*^{ν} 126; *iepphone* ^{Lat}cod 100; *ιεφθονη* 64^{c}-381′ | *διερρηξε* 72 | *αὐτῶν*] *αυτου* 72

7 om init — *λέγοντες* 19 (sed hab Compl) | *εἶπαν*] *ειπον* 376-381′-707 414-761^{c} d^{-106} 246 *n*; *ειπε* 72; *locuti sunt* Arm | *πρός* — *Ἰσραήλ*] *αυτοις* 75; om *πρός* 72^{txt} | *πᾶσαν*] *πασα* 72; post *συναγωγήν* tr 77 | *συναγωγήν*] pr *την* $C''^{-52'\ 57^{*}\ 77\ 313\ 528\ 551}$ 44-107′ 127 $t^{-84^{*}}$ 424 | *υἱῶν Ἰσραήλ*] pr *των* 413-414; > 56 | om *λέγοντες* 72 75 Aeth Arab | om *ἡ γῆ* 77* | *κατεσκεψάμεθα*] pr (※ G) *παρηλθομεν εν αυτη* (+ ※ Syh) *και* (bis scr G) *O* Arab Syh: cf 𝔐; pr *παρηλθωμεν ωστε* 767; *παριλθομεν* M^{mg}; *παρηλθομεν κατασκεψασθαι* (-*σθε* 610) *d t* 799; *παρηλθομεν* (-*θωμεν* 319) *ωστε κατασκεψασθαι* V $85'^{mg}$-$321'^{mg}$-344^{mg} 319 | *αὐτήν*] *terra* Arm; > 414 19′ 84 ^{Lat}cod 100 GregIl *Tr* 11 Aeth (sed hab Compl); + ↙ Syh | *ἐστιν* — fin] *nimis est* GregIl *Tr* 11 | *ἐστιν*] > Cyr VI 609; + *καλη εστι(ν)* 54-75′ | om *σφόδρα σφόδρα* Arab | om *σφόδρα* 2° 58-72 551-552* 19′ 107′-125 527-619 68′-120′-669*(cprm) 59 Cyr VI 609 Arm Bo Sa^{12} (sed hab Ald Compl)

8 *εἰ*] pr *και* 46^{s} 319 Aeth; *και* C^{-529}-46; *η* 799; + *autem* Sa^{12} | *ἡμᾶς* 1°] *υμας* 527; *ημιν* 72*↓; > 58; post *κύριος* tr V 319 | *κύριος*] pr *ο* d^{-44}; *deus* Arm^{te}; > *b* (sed hab Compl); + *deus* Arm^{ap}; + *deus noster* Syh | om *εἰσάξει* — *γῆ* 72 | *εἰσάξει*] pr *και* 126 Arm = 𝔐; -*ξη* 610; -*ξαι* 58 75 392 Aeth Syh; *εισαγει* 29 | *ἡμᾶς* 2°] *υμας* 527; > 75 619 126 ^{Lat}cod 100 Arm (sed hab GregIl *Tr* 11) | *τὴν γῆν* / *ταύτην*] tr ^{Lat}cod 100 (sed hab GregIl *Tr* 11); om *ταύτην* 107′-125 Co | om *καί* 1° — *ἡμῖν* Arab | *δωη* 246 | *αὐτήν*] *αυτη* 527; > 126 ^{Lat}GregIl *Tr* 11; post *ἡμῖν* tr V 82-381′ 529 f^{-129} *n* 76 18 416 ^{Lat}cod 100 | om *ἡμῖν* — (9) *τοῦ* 527 | *ἡμῖν*] *υμιν* 529 669; ⌒(9) 2° 616 | *γῆ*] *γην d* 127 *t* 509 392 799 ^{Lat}cod 100 GregIl *Tr* 11; > 29 126-628; + *haec* Bo | *ἥτις*] *η τι* 54 509* | *ἐστίν*]

---

6 *τῶν κατασκεψαμένων*] α′ σ′ *ἐκ τῶν κατασκόπων* Field

8 init — *κύριος*] σ′ *εἰ εὐδοκεῖται* (-*τε* cod) *ἡμῖν* $\overline{κς}$ θ′ *εἰ εὐδοκεῖ ἐν ἡμῖν* $\overline{κς}$ α′ *εἰ βούλεται ἐν ἡμῖν* $\overline{κς}$ 344 | *εἰ αἱρετίζει*] *εἰ* (> 130) *βουληθῇ* (-*θειν* 130-346) 130-321′

μὴ ἀποστάται γίνεσθε· ὑμεῖς δὲ μὴ φοβηθῆτε τὸν λαὸν τῆς γῆς, ὅτι
κατάβρωμα ἡμῖν ἐστιν· ἀφέστηκεν γὰρ ὁ καιρὸς ἀπ' αὐτῶν, ὁ δὲ κύριος
ἐν ἡμῖν· μὴ φοβηθῆτε αὐτούς. [10]καὶ εἶπεν πᾶσα ἡ συναγωγὴ κατα- 10
λιθοβολῆσαι αὐτοὺς ἐν λίθοις. καὶ ἡ δόξα κυρίου ὤφθη ἐν νεφέλῃ ἐπὶ
τῆς σκηνῆς τοῦ μαρτυρίου ἐν πᾶσιν τοῖς υἱοῖς Ἰσραήλ. [11]καὶ εἶπεν 11
κύριος πρὸς Μωυσῆν Ἕως τίνος παροξύνει με ὁ λαὸς οὗτος, καὶ ἕως

ABFMV *O''* *C''* *bdf*$^{-53'}$*nstxyz* al verss

> 64*(cprm)-618 126 799; + *γη* 127 | *ῥέουσα*] *ρεη* 126; ad fin tr *z*$^{-126}$ (sed hab Ald) | *μελι και γαλα* 72 52-414' 44-610 619 126 | fin] + *η κυριος διδει υμιν την αγαθην γην εξ ης ρεει γαλα και μελι* 799

9 init — *ἐστιν*] *μη ουν αποστωμεν απο* $\overline{κυ}$ *οτι παντα τα εθνη καταβρωμα υμιν γενησεται* 799 | *ἀλλά*] *αλλ* 58-72 528 54-75 126; + *και* 55 | *ἀπό — ὑμεῖς*] *μη γινεσθε αποσταται υμεις* (> Aeth) *απο του* $\overline{κυ}$ 106 Aeth | om *τοῦ* F 58-72-426^{txt} 19' 44 59 (sed hab Compl) | *κυρίου*] $\overline{θυ}$ 85'^{mg} | *αποστηται* G* ↓ | *γίνεσθε*] *γενεσθε* (-*σθαι* 319) 72* 313* 75 319; *γενησθε* 72^{c}; sub ÷ G Syh: cf 𝔐 | *ὑμεῖς δέ*] *και* 56(sup ras)-246 Arm | *δὲ μή*] *μηδε* 106 318; om *δέ* 376 Sa^{12} | *μή* 2°] > V* 75(|) 527 120*; sup ras 56 | *φοβηθῆτε* 1°] *φοβησθε* 618; *φοβεισθαι* G; *φοβητε* 44 59*; post *γῆς* tr 106 | *τὸν λαόν*] *ab incolis* Syh | *τῆς γῆς*] *τουτον* 19* (sed hab Compl); *terrae huius* ^{Lat}cod 100 GregIl *Tr* 11 (sed hab Aug *Num* 22 Quodv *Prom* II 16); + *εκεινης* 84 | *εστιν ημιν* 707; *εστιν υμιν* 414 | *ἡμῖν* 1°] *υμιν* 29-376 *C''*$^{-77\ 414\ (616)}$ 19'-537* 129 458 343 527-619 121 122^{c}-126 319 ^{Lat}cod 100 (sed hab Ald); *υμων* 75; *illis* GregIl *Tr* 11; > 767 | *ἐστιν*] *εισιν* F 58-*oII*$^{-82}$ *b* 56 392 59 Arm (sed hab Compl) = 𝔐; *erit* Bo; *erint* ^{Lat}cod 100; > 344^{txt}(cprm) | *αφεστη* 120 | *καιρός*] $\overline{κς}$ F^{b} V 58 *n*$^{-127}$ 59 Arm; + (※ G) *αυτων* *O*$^{-58}$ 18'-126-628-630' Co Syh ↓ | *ἀπ' αὐτῶν*] bis scr V; > Bo | *κύριος*] $\overline{θς}$ 82 | *ἐν ἡμῖν*] *nobiscum* Aeth Arm = 𝔐; *εν υμιν* 528-551 321'-343 527 122* 59* 799 ^{Lat}cod 100 (sed hab Ald) | *φοβηθῆτε* 2°] *φοβειτε* 44; *φοβεισθε* 58; *φοβησθε* 628; *φοβηθησεται* 799 | *αὐτούς*] pr *απ* 551*; *αυτοις* 121

10 init — *συναγωγή*] *και ηβουληθησαν* 799 | *εἶπεν*] *ειπαν* (-*πον* F^{b} 72-376 537) F F^{b} 72-376' 73' 537 59 319 Aeth Syh = 𝔐; *ει* 552*; + $\overline{κς}$ *προς μων* 618* | om *ἡ* 1° 72-82 52'-417-551 126 624 | *καταλιθοβολῆσαι*] *λιθοβ.* 376 *C''* 126 55; *καταβολησαι* 130; -*λησωμεν* 72; -*λησομεν* 458 | *αὐτούς*] *αυτοις* 72-426* 30; *αυτ[. . .]* 624 | *ἐν λίθοις*] om *ἐν* F*(cprm) M' 72 *n*$^{-54}$ 30 624; > B* 126 (sed hab Sixt) | om *ἡ* 2° 767 | *κυρίου*] *dei* ^{Lat}cod 100 | *ὤφθη*] sub ÷ Syh: cf sq | *ἐν νεφέλῃ*] *εν τη νεφ.* *z* = Sixt; *εν νεφελαις* (-*λες* 75) 75'; sub ÷ G; > 58 319 = 𝔐 | *ἐπὶ τῆς σκηνῆς*] *εν τη σκηνη* 426 319 = 𝔐 | *ἐπί*] *απο* 77*; *επτα* 618 | om *τοῦ — πᾶσιν* Sa | *ἐν* 3°] *επι* 75; *coram* Arm; > B *x* Aeth | om *τοῖς* *n*$^{-458}$

11 *Μωυσῆν*] *μωσην* G-426 *n*; *μωσει* 72; + *λεγων* V 319 | *παροξύνει*] -*νη* (-*ρωξ.* 318) 458-767 30 527 318 59; -*νουσι(ν)* (-*ξην.* 376) V *O* Phil II 281 Syh ↓ | *με*] *μ⟨ο⟩ι* 610; *και* 527; > Phil II 281 | *ὁ λαός*] *populus meus* ^{Lat}cod 100 |

---

9 init — *ἀποστάται*] *πλὴν κατὰ* $\overline{κυ}$ *μὴ* (absc 321) *ἀντάρητε* 130-321' | *μή* 1°— *δέ* 1°] *ο'* *μὴ ἀπόστητε ὑμεῖς δέ* 344 | *ὁ καιρός*] *θ'* *α'* (> Syh) *ἡ σκιὰ αὐτῶν* *σ'* *ἡ σκέπη αὐτῶν* 108 Syh

10 *κυρίου*] *pypy* Syh(s ind)

11 *παροξύνει — λαός*] *ο'* *σ'* *θ'* *παροξύνουσί(ν) με ὁ λαός* *α'* *διασυροῦσίν με ὁ λαός* 344

τίνος οὐ πιστεύουσίν μοι ἐν πᾶσιν τοῖς σημείοις, οἷς ἐποίησα ἐν
12 αὐτοῖς; [12]πατάξω αὐτοὺς θανάτῳ καὶ ἀπολῶ αὐτούς, καὶ ποιήσω
σὲ καὶ τὸν οἶκον τοῦ πατρός σου εἰς ἔθνος μέγα καὶ πολὺ μᾶλλον ἢ τοῦτο.
13 [13]καὶ εἶπεν Μωυσῆς πρὸς κύριον Καὶ ἀκούσεται Αἴγυπτος ὅτι ἀνήγα-
14 γες ἐν ἰσχύι σου τὸν λαὸν τοῦτον ἐξ αὐτῶν, [14]ἀλλὰ καὶ πάντες οἱ
κατοικοῦντες ἐπὶ τῆς γῆς ταύτης ἀκηκόασιν ὅτι σὺ εἶ κύριος ἐν τῷ
λαῷ τούτῳ, ὅστις ὀφθαλμοῖς κατ' ὀφθαλμοὺς ὀπτάζῃ, κύριε, καὶ ἡ
νεφέλη σου ἐφέστηκεν ἐπ' αὐτῶν, καὶ ἐν στύλῳ νεφέλης σὺ πορεύῃ

ABFMV *O'' C''* *bdf*$^{-53'}$*nstxyz* al verss

οὗτος] *ουτως* 707 107* 54 30 59*; > 318 Arm | om *καί* 2° — *μοι* *C''*$^{-131mg}$ | om *καί* 2° 72 610 | om *ἕως τίνος* 2° 126 | *πιστευσουσι(ν)* (*-σωσι* 125 527 799) 72-426 107'-125 246 84 527-619 128-630 799 Phil II 281 = Compl; *πιστευετε* 318 | *μοι*] *με* 125 84* 799 | *ἐν* 1°] *επι* *oI*$^{-15}$ *z*$^{-126}$ = Sixt | *σημείοις*] *θαυμασιοις* A; + *et prodigiis* Bo | *ἐποίησα*] pr *εγω* V 121 | om *ἐν* 2° 28-85 Aeth

12 init] pr *αφες με* (> 458) *και* (> 799) M' 58-376 *d n t* 55 799 Arm | *θανάτῳ*] pr *εν* V = 𝔐 | *ἀπολῶ αὐτούς*] *αποδω αυτοις* 56*(cprm) | *ἀπολῶ*] *-λλω* 527 669 59; *απολεσω* 44; *αποκτεινω* F*(cprm); *αποκτενω* F^{b} | *ποιήσω*] + *σε* 246 | *σέ* — *σου*] post *πολύ* tr 246 | *καί* 3° — *σου*] *et patres* Bo; sub ÷ G; *καὶ τὸν οἶκον* sub ÷ Syh; > Arab = Compl 𝔐 | om *εἰς* *C''*$^{-16\ 46\ 552}$ 28-85'-321' | *καί* ult — fin] om *καὶ πολὺ μᾶλλον* *x*$^{-509}$; > *C''* | *πολύ*] pr *πληθος* 767 319 | *μᾶλλον*] *μεγιστον* 799; > 319 Phil II 281 | *τουτον* 125

13 *μωσης* G-72-426 125 *n* | om *πρὸς κύριον* Arab | *καί* 2°] $\overline{κε}$ 318; *sed nunc* Arm; > 15 ^{Lat}cod 100 Aeth^{C} Co | *ἀκούσεται*] pr *ακου* 55*(||; cprm); *-σαται* (*-τε* 72) 72 528 610 | *ὅτι*] *unde* ^{Lat}cod 100 Aeth | *ἀνήγαγες*] pr *tu* Arm; *-γαγεν* 75*(cprm); *ηγαγες* B* (sed hab Sixt); > 551 | *ἐν ἰσχύι σου*] *vi tua magna* Arm; ad fin tr 76 Aeth | *ἐν*] *τη* B 44' 129 127-767 *t* *x*$^{-509}$ = Compl Ra; *τα* 509; > 500 | *σου*] pr *ου* 376; > 64^{txt} 610* 126 | *λαόν*] + *σου* 422 121 *z*$^{-128}$ 55

14 om *ἀλλά* 126 799 Aeth Arab Sa: cf 𝔐 | om *καί* 1° 527 | *πάντες οἱ κατοικοῦντες*] *omnis qui inhabitat* ^{Lat}cod 100; om *πάντες* Arab = 𝔐 | om *ἐπί* 72 767 | om *ταύτης* 55 Co | *ἀκηκόασιν*] *audient* Aeth Arm; + *γαρ* 799 | *σὺ εἶ*] *συνιει* 318 | *σύ* 1°] post *κύριος* tr 319 | *εἶ*] > *C''* 129 75*-458 527' 319 Sa = Compl; post *κύριος* tr V Aeth | *κύριος*] $\overline{κε}$ 426 *d* 84-134-370 ↓ | om *ἐν* 1° 319 | om *τῷ λαῷ* 68 (sed hab Ald) | *τούτῳ*] + *tuo* Sa | *ὅστις* — *κύριε*] *qui oculis ad oculos viderint dominum* ^{Lat}cod 100 | *ὅστις*] *ος* 509; *et* Co | *ὀφθαλμοῖς*] pr *τοις* 509; *-μους* A M' G-*oI* 57-77 610* 127 130* 370 527 121 55 799 Syh | *κατ'*] *προς* 376 | *ὀφθαλμούς*] *-μοις* 16* 75 68* (sed hab Ald); *-μων* 799 | *ὀπτάζῃ* A B M' *oI*-29 *d t* 71' *y*$^{-392}$ 128-630' 319 624 Bo = Ald] *-ζει* 509-527 55 799; *οπαζη* 72; *συ οπτανη* F^{a} V; *οπτανη* (*-νει* 75-767; *-νης* 458) *συ* *n*; *συ οπτ. οτι συ* 58; *συ οπταζει* 46^{s}-52-528-616* 246 30; + *συ* *O*$^{-58}$ 129 Eus VI 240 Arm Syh = Compl ↓; pr *συ* rell | *κύριε*] $\overline{κς}$ 58 528 *n*$^{-767}$ 28-30-85'-346 *x*$^{-509}$ | om *καί* 2° — *καί* 3° 68'-120' (sed hab Ald) | om *σου* Arab Sa | *επεστησεν* 319; *εστηκεν* 799 | *ἐπ'*] *απ* 767 | *αὐτῶν* 1°] *αυτον* 75 319* = Ald; *αυτω* *cI* 458; ⌒2° Aeth^{M} | *σὺ πορεύῃ* = Sixt] *συμπορευη* B^{c2} 376; *συνπορευη* B* 129; *σου πορευη* 318; om *σύ* 319 Co | *πορεύῃ*] *πορευση* (*-σει* 619) *x*$^{-509}$; *επορευθης* 59 Aeth;

---

14 *ὅτι* — *κύριος* (*ἐν* — *κύριε*)] α' *ὅτι σὺ εἶ κύριος ἐν ἐγκάτῳ τοῦ λαοῦ τούτου ὃς ὀφθαλμὸν ἐν ὀφθαλμοῖς ὁρᾷ σὺ κύριε* σ' *ὅτι σὺ εἶ κύριε* Eus VI 240

πρότερος αὐτῶν τὴν ἡμέραν καὶ ἐν στύλῳ πυρὸς τὴν νύκτα. 15καὶ 15
ἐκτρίψεις τὸν λαὸν τοῦτον ὡσεὶ ἄνθρωπον ἕνα, καὶ ἐροῦσιν τὰ ἔθνη,
ὅσοι ἀκηκόασιν τὸ ὄνομά σου, λέγοντες 16Παρὰ τὸ μὴ δύνασθαι 16
κύριον εἰσαγαγεῖν τὸν λαὸν τοῦτον εἰς τὴν γῆν, ἣν ὤμοσεν αὐτοῖς, κατέ-
στρωσεν αὐτοὺς ἐν τῇ ἐρήμῳ. 17καὶ νῦν ὑψωθήτω ἡ ἰσχύς σου, κύριε, 17
ὃν τρόπον εἶπας λέγων 18Κύριος μακρόθυμος καὶ πολυέλεος καὶ ἀλη- 18
θινός, ἀφαιρῶν ἀνομίας καὶ ἀδικίας καὶ ἁμαρτίας, καὶ καθαρισμῷ οὐ
καθαριεῖ τὸν ἔνοχον ἀποδιδοὺς ἁμαρτίας πατέρων ἐπὶ τέκνα ἕως τρίτης
καὶ τετάρτης. 19ἄφες τὴν ἁμαρτίαν τῷ λαῷ τούτῳ κατὰ τὸ μέγα 19

ABFMV *O''* *C''* *bdf*$^{-53'}$*nstxyz* al verss

bis scr 75 | πρότερος] -ρον 414*(cprm) 458; εμπροσθεν 730 | αὐτῶν 2°] αυτην 458 | τη (την 376) ημερα 376 75 76* | πυρός] προς 618 73*

15 ἐκτρίψεις] εκτρεψεις (-ψης 509*) 376 509; τριψεις 707 | λαόν] ανον 29; + σου 376 *d*$^{-125}$ 54′ *t* Arm | om τοῦτον 319 Bo^{B} | ὡσεί] ως 29 | ἐροῦσιν] αιρουσι(ν) 707* 73′-616* 767 | om τά — ἀκηκόασιν 707^{txt} | τὰ ἔθνη] τα εθη 19; *gentes omnes* Bo | ὅσοι] οσα V G^{c}-376-707 *C*-528 44 126 319 ^{Lat}cod 100; οσασοι 610 | om λέγοντες Aeth^{M}

16 δυνηθηναι Tht II 993 | κύριον] κν 799; > ^{Lat}Quodv *Prom* II 17 Bo; + τον θν *b* (sed hab Compl) | εισαγειν 318 | τὸν λαὸν τοῦτον] pr αυτους 416; αυτους A M^{mg} V *oI C''* 28-30′-85′^{txt}-321′^{txt}-343′ 121 55 319 624 Tht II 993 ^{Lat}Quodv *Prom* II 17 Aeth | εἰς τὴν γῆν] om εἰς 46*; bis scr 730(|||) | ὤμοσεν] -σας 458; επηγγειλατο Tht II 993; + *dare* Sa | αὐτοῖς] αυτους 381^{c}-618 52′-313; τοις πατρασιν αυτων 75′ 121 Tht II 993 | κατέστρωσεν] pr και G-426 Arm^{ap} Syh = 𝔐; και τεστρωσεν 75; κατετρ. 246; κατεστρεψεν 106; κατηναλωσεν Tht II 993; *contrivit* ^{Lat}cod 100 | ἐρήμῳ] γη ταυτη 319

17 νῦν] μην 72 | ἡ ἰσχύς σου] om ἡ 120′ Cyr VI 945; post κύριε tr 59 416 | ἰσχύς] χειρ A M′ 29-72-376 16-46 *d* 129 *n t* 392 59 799 Eus VI 240 ^{Lat}Quodv *Prom* II 17 Arab Arm = Compl | σου κύριε] του κν 319 = 𝔐 Sam | ὅν — fin] λεγων ον τροπον ης 72 | εἶπας] ειρηκας 376; *locutus es* Arm; ειπε(ν) 52′-313-551

18 init — ἀληθινός] bis scr 529 | κύριος] pr *ego sum* ^{Lat}cod 100; θς 426^{c}; + και Cyr VI 945 (sed hab 948) | om καί 1° 125 | καὶ ἀληθινός = Sam] sub ÷ G Syh; > Cyr VI 948 (sed hab 945) Arab = 𝔐^{L}; + ειμι 19 (sed hab Compl) | ἀφαιρῶν — ἀποδιδούς] pr και 422 *d*$^{-610}$ *n t* 319 ^{Lat}cod 100; και 610 | αμαρτιας και ανομιας και αδικιας 343 | ἀνομίας] αμαρτιας 551*; *iniquitatem* ^{Lat}cod 100 Aeth; et ἀδικίας tr 414 | καὶ ἀδικίας] om καί 126; > Cyr VI 948 (sed hab 945); et καὶ ἁμαρτίας tr 628 | καὶ ἁμαρτίας = Sam] sub ÷ G Syh; > ^{Lat}cod 100 Arab = 𝔐^{L} | ἁμαρτίας 1°] ⌒2° 75′ | om καί 5° 52-551 129 | καθαρισμῷ — ἔνοχον] *purgatione purgabo qui diligunt me* ^{Lat}cod 100 | καθαρισμῷ] -μου 509; -μων Cyr VI 945 (sed hab 949); bis scr 73* | om οὐ 509 Bo | καθαριεῖ] -ριεις 72 ^{Lat}Aug *Num* 58; *purgat* Arm Bo | τὸν ἔνοχον] sub ÷ G Syh; > Arab = 𝔐 | ἀποδιδούς] pr *et* ^{Lat}cod 100 Aeth Sa; αποδους 44 | ἁμαρτίας 2°] -τιαν 59; > 552; post πατέρων tr 799 | πατέρων ἐπὶ τέκνα] επι τεκνα πατερων αυτων 376; om ἐπὶ τέκνα 44; + *eorum* Sa | ἕως] επι 72 = 𝔐 | τρίτης – fin] επι τριτην και τεταρτην γενεαν Eus VI 240 | καὶ τετάρτης (τετερ. 509*)

---

16 τὸν λαὸν τοῦτον] ο′ τὸν λαὸν τοῦτον 344
18 ἕως — fin] ο′ ἕως γ̅ καὶ τετάρτης 344

ἔλεός σου, καθάπερ ἵλεως αὐτοῖς ἐγένου ἀπ' Αἰγύπτου ἕως τοῦ νῦν.
20 [20]καὶ εἶπεν κύριος πρὸς Μωυσῆν Ἵλεως αὐτοῖς εἰμι κατὰ τὸ ῥῆμά σου·
21 [21]ἀλλὰ ζῶ ἐγὼ καὶ ζῶν τὸ ὄνομά μου, καὶ ἐμπλήσει ἡ δόξα κυρίου
22 πᾶσαν τὴν γῆν, [22]ὅτι πάντες οἱ ἄνδρες οἱ ὁρῶντες τὴν δόξαν μου
καὶ τὰ σημεῖα, ἃ ἐποίησα ἐν Αἰγύπτῳ καὶ ἐν τῇ ἐρήμῳ ταύτῃ, καὶ
ἐπείρασάν με τοῦτο δέκατον καὶ οὐκ εἰσήκουσάν μου τῆς φωνῆς,

ABFMV *O''* *C''* *bdf*$^{-53'}$*nstxyz* al verss

B G-426 509] γενεας 68'-120; + γενεας (γεναιας 767) Cyr VI 945 rell = Ald Sixt: ex Exod 20$_5$

19 init — σου] pr *et nunc domine* (> Arm) ^{Lat}cod 100 Arm^{ap}; ιλασθητι δη τη ανομια του λαου τουτου Procop 829: cf 𝔐; > Sa | ἁμαρτίαν] + ταυτην 246 ^{Lat}cod 100; + ανθρωπων Cyr VI 945 | τῷ λαῷ τούτῳ] του λαου τουτου F^b = 𝔐; *populo tuo* Arm | τουτου V | τό] > 75; bis scr 19 | ἔλεός σου] om σου 528; tr 52-551 125 246 126 319 | καθάπερ] pr *et* Aeth Arab = 𝔐 | ἵλεως] ελεος 44 | αὐτοῖς ἐγένου B M' *O*$^{-58}$ *d* 129 *n t x*$^{-527}$ Cyr VI 945 Procop 829 ^{Lat}cod 100 Syh = Compl] εγινου αυτοις *f*$^{-129}$ 799; tr rell = Sixt | ἀπ' Αἰγύπτου] εν αιγυπτω Cyr VI 945 ^{Lat}cod 100 | ἀπ'] απο F V *O'*$^{-G\ 707}$ *d* 129 458 *t* 68'-120' 59 Procop 829 (sed hab Ald) = Compl; επ 527 121 319; *de terra* Aeth Arab | εγυπτου 509 | ἕως] pr και 426 *b* ^{Lat}cod 100 (sed hab Compl) = 𝔐 | τοῦ νῦν] ωδε 426; om τοῦ V

20 πρὸς Μωυσῆν] τω μωυσει 120*(cprm); πρός sub ÷ Syh; sub ÷ G; > Compl = 𝔐 | Μωυσῆν] μωσην G-426 *n*$^{-458}$ Cyr II 609; μωσιν 458; μωσει 72; + λεγων 319 | ἵλεως] pr *ecce* Aeth | αὐτοῖς] sub ÷ G = 𝔐 | εἰμι] εσομαι *oI*$^{-15}$-29 *x*$^{-509}$ Arm Co; sub ÷ G*

21 ἀλλά] αλλ η *n*$^{-127}$ 509 319 Tht II 41; πλην Procop 1936; *et* ^{Lat}cod 100 | ζῶ] ζων 129 121 | ἐγώ] > 618*(cprm); + *dominus* Bo^B | καί 1° — μου] sub ÷ G; > Compl = 𝔐 | καὶ ζῶν] ζη και 125 | ζῶν] pr αει *z*; αει ζωντος 246; ζη V 72 414 *d*$^{-125}$ 129*(cprm) *t* 319*(cprm) Cyr III 545 (sed hab II 609) Procop 1936 Tht II 41 *Nm* 210te ^{Lat}cod 100 Bo; ζω 19 767 Tht *Nm* 210^{ap} | om τό 246 | om μου 550' | καί 2° — fin] η μην εμπλησθησεται της δοξης κ̅υ̅ πασα η γη Cyr III 545 (sed hab II 609) ↓ | ἐμπλήσει] -ση 417 *f*$^{-129}$ 346* 392; + το ονομα μου 618* | δόξα] δεξια Tht *Nm* 209^{ap} | κυρίου] μου 29-376 ^{Lat}cod 100 Arab | πᾶσαν] συμπασαν 58-426; > Arab | τὴν γῆν] την συναγωγην της γης 527

22 om πάντες Bo^A | οἱ 1°] ⌒2° 29-426 *C''*$^{-131c}$ 767 *s* | οἱ ὁρῶντες] οι ορων[...]-τες 59*; > 392^{txt} | μου 1°] κ̅υ̅ 58; + οιτινες ειδον την δοξαν μου 799 | σημεῖα] + (※ G) μου (+ metob Syh) V *O d t* 799 Arab Syh = 𝔐 | ἐποίησα] pr εγω 58 127 Cyr II 609; + *ego* Arm | Αἰγύπτῳ] pr τη 58 414 107'-125 Cyr II 609; *terra aegypti* Aeth Arab | καί 2°] > 72 59 799; ⌒3° Aeth^{FM} | om ἐν 2° 319* Sa | τῇ] γη 72 | ταύτῃ] sub ÷ G Syh; > B 58 *x* Aeth^{CG} Arab Co = 𝔐; + και τα σημεια μου ειδον 799 | om καί 3° Sa | επειρασεν (επηρ. 319) 319 624 | τοῦτο δέκατον] pr *ecce* Aeth; ηδη δεκατον τουτο V; *hoc decies iam* ^{Lat}cod 100 (sed hab PsRuf *Fide* 41) | τοῦτο] τουτω 55; τουτον 426* 458 126 | δέκατον] pr το

---

21 (καί) ἐμπλήσει — fin] σ' *et implebitur gloria dpypy omnis terra* Syh; ἄλλοι ἐμπλήσει πᾶσαν τὴν γῆν ἡ δόξα κυρίου Tht *Nm* 210

22 init — ὁρῶντες (τὴν δόξαν μου)] σ' πάντες γὰρ οἱ ἀ̅ν̅ο̅ι̅ οἱ ἰδόντες τὴν δόξαν μου α' ο' θ' πάντες οἱ ἄνδρες οἱ ὁρῶντες 344 | μου τῆς φωνῆς] σ' τῆς φωνῆς μου 344

²³ἦ μὴν οὐκ ὄψονται τὴν γῆν, ἣν ὤμοσα τοῖς πατράσιν αὐτῶν, ἀλλ' 23
ἢ τὰ τέκνα αὐτῶν, ἅ ἐστιν μετ' ἐμοῦ ὧδε, ὅσοι οὐκ οἴδασιν ἀγαθὸν
οὐδὲ κακόν, πᾶς νεώτερος ἄπειρος, τούτοις δώσω τὴν γῆν, πάντες δὲ
οἱ παροξύναντές με οὐκ ὄψονται αὐτήν. ²⁴ὁ δὲ παῖς μου Χαλέβ, ὅτι 24
ἐγενήθη πνεῦμα ἕτερον ἐν αὐτῷ καὶ ἐπηκολούθησέν μοι, καὶ εἰσάξω
αὐτὸν εἰς τὴν γῆν, εἰς ἣν εἰσῆλθεν ἐκεῖ, καὶ τὸ σπέρμα αὐτοῦ κληρονο-
μήσει αὐτήν. ²⁵ὁ δὲ Ἀμαλὴκ καὶ ὁ Χαναναῖος κατοικοῦσιν ἐν τῇ κοι- 25

ABFMV *O''* *C''* *bdf*$^{-53'}$*nstxyz* al verss

107'-125; + ras 2—3 litt 30 | om *οὐκ* 107*(cprm) 128 | *εἰσήκουσάν*] *ηκουσαν* 29 767 126-669 799; *-σεν* 58; *-σας* 130 | *μου* / *τῆς φωνῆς* B M' V *d* 129 *t x* Cyr II 609 = Compl] *vocem meam ipsi* ^{Lat}cod 100; tr ^{Lat}PsRuf *Fide* 41 rell = Sixt ↓

23 *ἦ μήν*] *ει μην* (*μι* 767) A B F V G-15*-29-82-426-707* 77-131-313-414*-417-422-500'-529-551 *f* n^{-127c} 30'-130-321'-344*(vid) 509 121*(vid)-318-392 120*-407 55 624 (sed hab Sixt); *οι μην* 52-615ᶜ(vid); *et ideo* ^{Lat}cod 100; *si* Arm^{te} Syh ↓; *propter hoc* Bo; *και* 126; > 799 ↓ | *οὐκ* 1°] *ουχ* 392 126 319; *ει* 426; > G 52-551 Arm Syh ↓ | om *τὴν γῆν* 1° 618 | *αὐτῶν* 1°] *υμων* 44; *σου* 624; > G* | *ἀλλ'* — *γῆν* 2°] sub ÷ G Syh; > Arab = 𝔐 | *ἀλλ'* — *ὧδε*] bis scr 529 | *ἀλλ' ἤ*] *αλλα* 72 *b* 129 126 59 624; *αλλα η* 376; *nisi* PsRuf *Fide* 41 | *τὰ τέκνα*] *filiis* ^{Lat}cod 100; om *τά* 458 | *ἅ*] *οσα* 72-376 | *ἐστιν*] *εισι* 72 | *ὧδε*] + *σημερον* V f^{-129} 767 85'^{mg}-321'^{mg} 319 799 ^{Lat}PsRuf *Fide* 41 Bo = Compl | *αγαθα ουδε κακα b d* 75'-127 *t* 319 (non Compl) | *ἀγαθόν*] *αγαθα* 54-767; *καλον* 29; et *κακόν* tr Arm Bo | *οὐδέ* B V 509 ^{Lat}cod 100 Bo] *et* Aeth Sa; *η* Cyr II 609 ^{Lat}Ruf *Num* VIII 1 rell = Compl | *κακα* 54-767 | *πᾶς* — *τούτοις*] *omnes qui iuniores sunt qui non temptaverunt me* ^{Lat}cod 100 (sed hab Ruf *Num* VIII 1); om *πᾶς νεώτερος ἄπειρος* 126; om *ἄπειρος* 75' | *δώσω*] *δω* $C^{\prime\prime-131c}$ | *γῆν* 2°] > G*; + *ην ωμοσα τοις πατρασιν αυτων* 550*: ex praec | om *πάντες* Bo | om *δέ* 528 56*(cprm) 624 Aeth^{M} | *παροξύναντές* Fᵇ] *-νοντες* (*παρωξ.* 44 55) A F V $O'^{-72\ 376}$-15 *d f* 767 74-76' y^{-392} 55 319 624 799 ^{Lat}cod 100 Syh = Compl | om *με* 319 | *οὐκ* 3°] *ουχ* B* C^{-77}-52-73'-313-615*-761* 392 126 319 799 (sed hab Sixt); sup ras 56 | *αὐτήν*] pr *την γην* 458; *την γην* 46ˢ(sed hab 46) 624 Th 793; *ταυτην* 58

24 *Χαλέβ*] *χαλεφ* 72 799; *χελεβ* 509; *χαβελ* 707 528 | *ὅτι*] *ετι* 75 | *ἐγενήθη*] *εγενν.* 313-417 537; *εγενετο* 799 Phil III 177; > Sixt | *πνεῦμα ἕτερον*] *spiritus meus* Arab Bo; tr 392; post *αὐτῷ* tr V 319; + *ετερον* 376 | *ἐν*] *επ* 417 767 392 $z^{-68'}$ Aeth | *ηκολουθησε* 126 | *μοι*] *με* 610; > 321 | om *καί* 2° B V 72 106 *x* 55 Cyr II 609 ^{Lat}cod 100 Aeth Arm Co (sed hab Aug *Loc in hept* IV 43s) = Ra | *αὐτόν*] *αυτω* 246*; *αυτην* 426*(cprm) | *εἰς* 1°] *επι* V | om *τήν* 106 | *εἰς ἥν*] om *εἰς* 64-72 16-46 129*; > 537 | *εἰσῆλθεν*] *ηλθεν* 246 126; *εισηλθ*[.]*ν* F; *-θον* Fᵇ 29 75 343 799 Cyr II 609 | om *ἐκεῖ* ^{Lat}cod 100 Co (sed hab Aug *Loc in hept* IV 44) | *τα σπερματα* 18 | *αὐτοῦ*] *αυτων* 318 | *κληρονομήσει αὐτήν*] *μετ αυτου* 75 | *κληρονομήσει*] *-ση* (*-μιση* 246) f^{-129}; *-μησαι* 121; *-μιει* 799; *-νομη*^{σ} 126

25 *ὁ δέ*] *και ο* 75; *ο δ* 126 | *Ἀμαλήκ*] *-λικ* 767; *-ληκιτης* 376: cf 𝔐 | om *καί* 1° $C'^{-77\ 131c}$-46-422 628* | *Χαναναῖος*] *χανναναιος* 343 ^{Lat}cod 100 | *κατοικοῦσιν*]

---

23 init — *γῆν* 1°] σ' *οὐκ ὄψονται τὴν γῆν* ο' *ἦ μὴν ὄψονται τὴν γῆν* α' θ' *εἰ ὄψονται τὴν γῆν* 344

λάδι· αὔριον ἐπιστράφητε ὑμεῖς καὶ ἀπάρατε εἰς τὴν ἔρημον ὁδὸν θάλασσαν ἐρυθράν.
26 27 *²⁶Καὶ εἶπεν κύριος πρὸς Μωυσῆν καὶ Ἀαρὼν λέγων ²⁷Ἕως τίνος*
τὴν συναγωγὴν τὴν πονηρὰν ταύτην; ἃ αὐτοὶ γογγύζουσιν ἐναντίον
μου, τὴν γόγγυσιν τῶν υἱῶν Ἰσραήλ, ἣν ἐγόγγυσαν περὶ ὑμῶν, ἀκήκοα.
28 *²⁸εἶπον αὐτοῖς Ζῶ ἐγώ, λέγει κύριος, ἦ μὴν ὃν τρόπον λελαλήκατε εἰς*
29 *τὰ ὦτά μου, οὕτως ποιήσω ὑμῖν· ²⁹ἐν τῇ ἐρήμῳ ταύτῃ πεσεῖται τὰ*
κῶλα ὑμῶν καὶ πᾶσα ἡ ἐπισκοπὴ ὑμῶν καὶ οἱ κατηριθμημένοι ὑμῶν

ABFMV *O'' C'' bdf*$^{-53'}$*nstxyz* al verss

κατοικησουσιν 376 *b* 68′-120 (sed hab Compl); *κατωκουν* 29; *κατοικει* 16-46: cf M | om *ἐν* 82 | *κοιλαδα* 509 | *αὔριον*] pr *sed vos* Arm; + *et vos* Aeth | *ἐπιστράφητε* — *ἀπάρατε*] *απαραντες επιστραφητε υμεις* Cyr VI 609 | *ἐπιστράφητε*] *επιστρεφεται* 509; *αποστρ.* 29 *b* 55 (sed hab Compl); et *ἀπάρατε* tr Aeth | *ὑμεῖς* / *καὶ ἀπάρατε* B V 129 *x* Co = Compl] *και εξαρ.* (-*ται* 75-767 319) *υμεις* (> 75) *αυτους* (> 127) *n* 319; *και απαρ.* (-*ται* G-376) *υμεις αυτοι* (sub ※ G Syh) *O* 18′-628-630′ Syh: cf M; om *ὑμεῖς* F* Aeth Arm; + *vos* ^{Lat}cod 100; + *αυτους d t*; tr F$^{\mathrm{c\,pr\,m}}$ rell = Sixt | *ἀπάρατε*] *εξαρ.* 130^{mg}-321′^{mg}; *επαρ.* 73′ 68′ | *εἰς τὴν ἔρημον*] *εν τη ερημω* 767; *e deserto* Arm; om *τήν* 458; > Cyr VI 609 | *ὁδόν*] *viae* ^{Lat}cod 100 | *θάλασσαν ἐρυθράν*] -*σση ερυθρα* 799; *θαλασσης ερ.* 376 44-107-610^{c}; -*σσης ερυθρας* 610*(vid) 129 767 ^{Lat}cod 100 = Compl

26 *καὶ εἶπεν*] *locutus est* Arm | *μωυση* 58 16′-414-500-529 19 (sed hab Compl); *μωσην* G-426 *n*; *μωσει* 72

27 om *τίνος* 77 537 527 | *τὴν πονηράν* / *ταύτην*] *ταυτην την πονηραν φερω* 127 ^{Lat}cod 100 Arm; tr *b* 44 *n*$^{-127}$ *x*$^{-509}$ 392 (sed hab Compl); om *τὴν πονηράν* 72; om *ταύτην* Sa | *ἅ*] *et* Arm; > B* V *d*$^{-44}$ 75 *t* 318 319 ^{Lat}cod 100 Sa (sed hab Sixt) | *αὐτοὶ γογγύζουσιν*] *ουτοι γογγ.* 82; *murmurantem* ^{Lat}cod 100 | *μου*] *εμου* B V 108-118-314* 30′-321′^{c} 121 319 (sed hab Compl Sixt) = Ra | *τήν* 3° — *ὑμῶν* / *ἀκήκοα*] om *τῶν υἱῶν Ἰσραήλ* 75; tr 68 (sed hab Ald) | *ἥν*] *η* 458* | *ἐγόγγυσαν*] pr (※ G Syh) *αυτοι* V *O*$^{-376}$ *d t* 18′-126-628-630′ Syh ↓; *αυτοι γογγυζουσι(ν)* 376 129 = Compl M; *murmurant* ^{Lat}cod 100 Arm Bo | *ὑμῶν*] *αυτων* 75

28 *εἶπον αὐτοῖς*] pr *και* 72 Aeth^{M} Arab; pr *nunc* Arm; > 56^{txt} | *εἶπον*] *ειπε δη* (*δι* 767) 127-767; *ειπε δε d* 54-75′; *dicite* ^{Lat}cod 100; + *δη t*$^{-370}$; + *δε* 370 | *λέγει*] *λεγω d*$^{-125}$ 370; > 125 | *ἦ μήν*] *sed si* Syh; *ημιν* 376*(vid) 527*(vid) 319; *υμιν* 527^{c}; *ει μη* A G 417 56* 54 321 318 59^{c} 799 ^{Lat}cod 100 Arm = M; *ειμι* 75′; > 126 Co | *ἦ*] *ει* B F V 15*-29-82-426-707* 77-131-313-414-422-500′-529-615*-616*-*cI*$^{-57'}$ 56^{c}-129 127*-767 30′-130-344*-346 509 121*-392 120*-407 55 59* 624 (sed hab Sixt) | *μήν*] *non profecto* Aeth | *λελαλήκατε*] *ελαλησατε* 126; *dixi* Aeth$^{-\mathrm{CG}}$; post *μου* tr 77 | *εἰς* — *μου*] *in aures vestras* Aeth$^{-\mathrm{CG}}$; > A 29 | *οὕτως*] *ουτω z*$^{-120'}$ = Sixt; *οπως* 528; > 319 | *ποιήσω ὑμῖν*] -*σει ημιν* 59

29 om init — *ὑμῶν* 1° 616^{txt} | *πεσεῖται*] pr *και* 343 Aeth Bo; pr *ουτως* 381′; *πεσηται* 376; *επεσον* 75; *πεσουνται* 107^{mg} = M | *τά*] bis scr 618(|) | *κῶλα*] *μελα* 107^{mg} | *ὑμῶν* 1°] *ημων* 618; ⌒2° 72 319 | om *καί* 1° — fin *d*$^{-106}$ | *πᾶσα*] *πας* Compl;

27 *ἥν*] *οἱ λ′ ο′ ἣν αὐτοί* 344
29 *τὰ κῶλα*] *τὰ πτώματα* 343

ἀπὸ εἰκοσαετοῦς καὶ ἐπάνω, ὅσοι ἐγόγγυσαν ἐπ' ἐμοί· 30εἰ ὑμεῖς 30
εἰσελεύσεσθε εἰς τὴν γῆν, ἐφ' ἣν ἐξέτεινα τὴν χεῖρά μου κατασκηνῶσαι
ὑμᾶς ἐπ' αὐτῆς, ἀλλ' ἢ Χαλὲβ υἱὸς Ἰεφοννὴ καὶ Ἰησοῦς ὁ τοῦ Ναυή.
31καὶ τὰ παιδία, ἃ εἴπατε ἐν διαρπαγῇ ἔσεσθαι, εἰσάξω αὐτοὺς εἰς 31
τὴν γῆν, καὶ κληρονομήσουσιν τὴν γῆν, ἣν ὑμεῖς ἀπέστητε ἀπ' αὐτῆς.
32καὶ τὰ κῶλα ὑμῶν πεσεῖται ἐν τῇ ἐρήμῳ ταύτῃ, 33οἱ δὲ υἱοὶ ὑμῶν 32 33

ABFMV O'' C'' bdf$^{-53'}$nstxyz al verss

> Bo^{B} Sa^{1} | ὑμῶν 2°] ημων Compl; sub ÷ Syh; ⌒3° Latcod 100 | οἱ κατηριθμημένοι] pr (※ G) παντες O^{-376} 128-630' Syh = 𝔐; πανταις οι καριθμουμενοι 376 | ὑμῶν 3°] υμιν 458 | ἀπό] υπο 528 | εἰκοσαετοῦς] ετων κ̄ 126 | om ἐπάνω ὅσοι 29*(c pr m) | ὅσοι] οσα 392 55; οι 319; *et quodquod* Latcod 100 | ἐγόγγυσαν] εγογγυζαν 739 = Sixt; εγογγυζον 68'-120'; *murmurastis* Latcod 100 = 𝔐 | ἐπ' ἐμοί] κατ εμου V; επ εμε 739 106 127^{c} t^{-370*}

30 εἰ] η 29-72 75 509; και 458 | ὑμεῖς] > Arm; post εἰσελεύσεσθε tr 84 Aeth Sa^{1} | εἰσελεύσεσθε] -σησθε 28-85'-346 128; *intrabunt* Arm | ἐφ' — κατασκηνῶσαι] *quam per meam manum statuero* Latcod 100 | ἐφ' ἥν] εφ ης 343 319*(vid); εις ην V G* 55 Arm; εμοι 75'; om ἐφ' 84 Aeth | ἐξέτεινα] -νατο 314; -ναν 527 | om μου 319 | κατασκηνωσω 343 318 | ἐπ' αὐτῆς F^{b}] επ αυτην F oII^{-707} 321'^{c} 59; επ αυταις 54; επ αυτοις 767; εν αυτη O^{-58} b Latcod 100 Aeth Arm Syh (sed hab Compl) ↓ | ἀλλ' ἢ Χαλέβ] *chaleb autem* Sa^{12} | ἀλλ' ἤ] pr πλην 767; πλην 85'^{mg}-321'^{mg} 319 | χαλαβ 618; χαλευ 314; χαλεφ 72 127; χαβελ 707* 528 | υἱός] pr ο C'-46-414-422; ο του 29 | Ἰεφοννή] ιεφωννη 610 130*; -ννι 44-125; ιεφονη G C-46-73'-413-414-422-552*-761 108 f^{-129} 527 18 59^{c} 416 Arm Sa = Compl; ιεφωνη 458 Bo; ιεφωνει 799; ιεφονι 72-376 57-528-550-552^{c} 76 71' 318; ιεφο^{ν} 126; εφοννη 30 392; εφοννι 509; *iepphone* Latcod 100; ιεφθονη oI^{-15} 59*(vid); ιεφθοννη Ald | om καί 72 | Ἰησοῦς] υιος 767 | ὁ τοῦ] υιος V 130^{mg}-321'^{mg} 319 | Ναυή] ναυι 58-72 107; ναβη 44-610 76 669 59; ναβι 106-125 71'; ναυ[.]η A; + *intrabunt in illam* Latcod 100

31 παιδία] + (※ G) υμων O 767 18'-126-628-630' Sa Syh = 𝔐 | om ἅ 618 54-75 30 121 | εἴπατε] *dixerunt* GregIl *Tr* 11; post διαρπαγῇ tr Latcod 100 | ἐν διαρπαγῇ B V 426 d n t x Latcod 100] εις (> G) διαρπαγην (-γειν 376 246*) rell | om ἔσεσθαι — γῆν 1° 30': homoiot | ἔσεσθαι] εσεσθε B* M 29-72-381' 118' 44'-107*-125 54 343 74-84 x^{-509} 121 630 55 624 799 (sed hab Sixt); εσεσ^{θ} 458; πεσεσθε 416; εσονται A V 75 319 Aeth Arm Syh | εἰσάξω] pr και 630 = 𝔐; pr ÷ Syh^{L}; -ξον 509 | αὐτούς] υμας 75; > 426^{txt} | εἰς τὴν γῆν] sub ÷ G; om τήν 72; > 58 319 Latcod 100 GregIl *Tr* 11 = 𝔐 | γῆν 1°] ⌒2° oI d 75' 28-85^{txt}-130 t 71' 799 = Compl | κατακληρονομησουσι(ν) (-μισουσιν 767; -ρομ. 58) F V 58-72 16-46 f^{-129} 54'-767 509-527 392 18'-126-628-630' 59 | τὴν γῆν 2°] αυτην 414 509 Arm Sa^{12} | ἥν] pr εις 64; αφ ης M^{mg} d n^{-767} t Latcod 100 GregIl *Tr* 11 (sed hab Aug *Loc in hept* IV 47); εφ ης 767 85'^{mg}-321'^{mg}; ης 551 b (sed hab Compl); + αφ ης 416; + εσεσθε 618* | ὑμεῖς] sub ÷ G; > 58 = 𝔐 | ἀπ' αὐτῆς] sub ÷ Syh^{L}; > Latcod 100

32 κῶλα] πτωματα 767 ↓ | ημων 767 | πεσεῖται] πεσηται 376 46^{s} 30; επεσον 75 | ἐρήμῳ] γη 52-551; ⌒(33) 1° 616^{txt} | om ταύτῃ 29 Arm Bo

---

30 ἐπ' αὐτῆς] ο' οἱ λ' ἐν αὐτῇ 344

32 (καὶ τὰ) κῶλα] α' θ' (+ *et* Syh) πτώματα σ' (+ *et* Syh) σώματα 130-321(nom absc)-346 Syh^{T}

ἔσονται νεμόμενοι ἐν τῇ ἐρήμῳ τεσσαράκοντα ἔτη καὶ ἀνοίσουσιν τὴν
34 πορνείαν ὑμῶν, ἕως ἂν ἀναλωθῇ τὰ κῶλα ὑμῶν ἐν τῇ ἐρήμῳ. 34κατὰ
τὸν ἀριθμὸν τῶν ἡμερῶν, ὅσας κατεσκέψασθε τὴν γῆν, τεσσαράκοντα
ἡμέρας, ἡμέραν τοῦ ἐνιαυτοῦ, λήμψεσθε τὰς ἁμαρτίας ὑμῶν τεσσαρά-
35 κοντα ἔτη καὶ γνώσεσθε τὸν θυμὸν τῆς ὀργῆς μου. 35ἐγὼ κύριος ἐλά-
λησα· ἦ μὴν οὕτως ποιήσω τῇ συναγωγῇ τῇ πονηρᾷ ταύτῃ τῇ ἐπι-
συνεσταμένῃ ἐπ' ἐμέ· ἐν τῇ ἐρήμῳ ταύτῃ ἐξαναλωθήσονται καὶ ἐκεῖ

ABFMV *O''* *C''* *bdf*$^{-53'}$*nstxyz* al verss

33 om init — ἐρήμῳ 1° Sa: homoiot | υἱοί] pr *οι* 376-618-707* 528-616$^{(mg)}$ 127 134 509 318 669; > 610(|) | ὑμῶν 1°] *υμιν* 610; > 616$^{(mg)}$ | νεμόμενοι] *νενομημενοι* 129; *commemorantes et* ^{Lat}cod 100; post ἐρήμῳ 1° tr 509 | ἐν τῇ ἐρήμῳ 1° F^{a}] *εν τη γη* 392; > F; + *ταυτη* *d t* 527 Aeth^{C}: ex 32 | τεσσαράκοντα F^{b}] *τεσσερ.* A B* F M' 129 509 55 624 (sed hab Sixt); *σαρακοντα* 106; post ἔτη tr 126 | om καί — fin Aeth: homoiot | *ανοισωσι* 30 | πορνείαν] *πορειαν* (*-ριαν* 58 246 55) 58-64^{c}-376-381' 77* 246 130-321' 18*-126-128-628-630' 55; *πονηριαν* 707*(vid) 458 | ὑμῶν 2°] *ημων* 75*(vid); *αυτων* A 121; + *quadraginta annos* Syh^{T} | ἕως ἄν] *οπως* 29; om ἄν A B* F*(cprm) 707 77 *b* 44 *f*$^{-129}$ 458-767 *x*$^{-509}$ *y* 126 55 319 624 (sed hab Compl Sixt) | ἀναλωθῇ] *ανηλ.* B^{c} 509 (sed hab Sixt); *εξαν.* *O* *z*$^{-126}$ ↓; *εξαναλωθωσι(ν)* *b* (sed hab Compl); *αναψωθη* 320; *αναλαμωθη* 75*; *δωθη* 799; *ελθη* 30' | ἐν τῇ ἐρήμῳ 2°] > 72; + *ταυτη* V 527 318 Sa^{12}

34 *των αριθμων* (*-μον* 376^{c}) 376 75*-767 30; *τον αρτον* F*(cprm) | ἡμερῶν] + *quadraginta* Arm | om ὅσας — ἡμέρας Arm Bo^{A} | *οσα* 56* | κατεσκέψασθε] *-ψεσθε* (*-σθαι* 500) 500* 84; *επεσκ.* (*-σθαι* G 71') B^{c} G *x* (sed hab Sixt); *κατεσκαψ.* 610*(vid) 134 | τεσσαράκοντα 1° F^{b}] *τεσσερ.* (*τεστ.* 624) A B* F M' V 129 509 55 624 (sed hab Sixt); *σαρακ.* 44; post ἡμέρας tr 126 | om ἡμέραν — fin Sa^{12} | τοῦ ἐνιαυτοῦ] *contra unum annum* ^{Lat}cod 100; + (※ G Syh) *ημεραν του ενιαυτου* *O*$^{-58}$ Syh = 𝔐 | λήμψεσθε (*-σθαι* V G*-82 56 509*) A B F V G-82 56* 509 624] sine *μ* F^{b} rell = Sixt | τάς] *της* 15 799 | ὑμῶν] *αυτων* 707^{txt} | τεσσαράκοντα 2° — 15$_{3}$ βοῶν] absc 624(||) | τεσσαράκοντα 2° F^{b}] *τεσσερ.* A B* F M' V 129 509 55 (sed hab Sixt); *σαρακ.* 106 628; post ἔτη tr 126 | γνώσεσθε] *ληψεσθε* 64^{txt}; + *και ληψεσθε* 64^{mg}-381' | τῆς ὀργῆς] *μου και την οργην* 458; pr ÷ G; sub ÷ Syh = 𝔐

35 init] pr *quia* Aeth | om ἦ μὴν οὕτως 30 | ἦ μήν] *ει μη* B* Arm (sed hab Sixt) = 𝔐; *υμιν* 75-767 527 318 68'-120 319 799; *ει μην* A B^{c} F V *O*$^{-376}$-15*-29-82-707* *C'*$^{-16\ 46\ 616c}$ *f*$^{-246}$ 54-127*-458 130-321'-344*-730 509 121*-392 407 55 59^{txt}; *και* 126 ^{Lat}cod 100 Bo; *sed si* Syh; *quod* Aeth^{-CM}; > 376 Aeth^{CM} | οὕτως] *ουτω* 54 18'-68'-628-630' = Sixt; > Arm; post ποιήσω tr ^{Lat}cod 100 Bo | τῇ 1°] pr (※ G Syh) *παση* (*-σι* 246) *O* 246 18'-126-628-630' Syh = 𝔐 | *ταυτη τη πονηρα* *n* ^{Lat}cod 100 Arm | ταύτῃ 1°] ⌒2° 761 71' | om τῇ 3° 318 | ἐπισυνεσταμένῃ] pr *επ εμε* 58*(vid); *-συνιστ.* (*-νηστ.* 767 120; *-νι|μενη* 528) F^{b} G-72-*oI*$^{-15}$ *C''*$^{(-761)}$ *b* *d*$^{-44}$ *n* *t* 392 68'-120-669 (sed hab

---

33 καὶ ἀνοίσουσιν] α' θ' (+ *et* Syh) ἀροῦσιν 130-321(nom absc)-346 Syh^{T}; σ' βαστάζουσι 130-321'; σ' (ἄλλος *C''* Sixt) βαστάζοντες *C''*^{cat} Syh^{T} = Sixt | ἀναλωθῇ (τὰ κῶλα ὑμῶν)] α' τελειωθῶσι(ν) πτώματα ὑμῶν 85(s nom)-130-321'(s nom)-344; ο' θ' ἐξαναλωθῇ σ' συντελέσθῃ τὰ σώματα 344

ἀποθανοῦνται. 36*καὶ οἱ ἄνθρωποι, οὓς ἀπέστειλεν Μωυσῆς κατα-* 36
σκέψασθαι τὴν γῆν καὶ παραγενηθέντες διεγόγγυσαν κατ᾽ αὐτῆς πρὸς
τὴν συναγωγὴν ἐξενέγκαι ῥήματα πονηρὰ περὶ τῆς γῆς, 37*καὶ ἀπέ-* 37
θανον οἱ ἄνθρωποι οἱ κατείπαντες κατὰ τῆς γῆς πονηρὰ ἐν τῇ πληγῇ
ἔναντι κυρίου· 38*καὶ Ἰησοῦς υἱὸς Ναυὴ καὶ Χαλὲβ υἱὸς Ἰεφοννὴ* 38
ἔζησαν ἀπὸ τῶν ἀνθρώπων ἐκείνων τῶν πεπορευμένων κατασκέψα-
σθαι τὴν γῆν.

ABFMV *O'' C''*(320) *bdf*$^{-53'}$*nstxyz* al verss

Compl) = Sixt; *επισυστ.* 55; *συνεστ.* 126; *συνιστ.* 44; *επισυνεπιστ.* 59; *επισυνηγμενη* V 319 | *ἐμέ*] *εμοι* 458 | om *ταύτῃ* 2° Arm Bo | *ἐξαναλωθήσονται*] *-λωσονται* 730*(cprm); *-σεται oI*$^{-15}$-72 | om *ἐκεῖ* Bo

36 om *καί* 1° 29 | *οἱ* — (37) *ἀπέθανον*] bis scr 44 | om *οἱ* 72 | *οὕς*] + ras 2—3 litt 761 | *μωσης* G-72-426 *n* | *σκεψασθαι* 126 | *καί* 2° — *κατ᾽*] sup ras 615; om *καί* 75(|) Aeth Bo | *παραγενηθέντες*] *περιγ.* 246; *-γενομενοι* 414; *reversi* ^{Lat}cod 100 Aeth Bo; + *σου* 610*(vid) | *διεγογγυζον* (*-γγογγ.* 52; *-ζων* 376^{c}) 376 *C''* 458; *κατεγογγυσαν* 537 | *κατ᾽ αὐτῆς*] *κατ αυτου* 319 ^{Lat}cod 100 = 𝔐; *contra terram* Sa^{12} | *πρός*] *εις* 29 125 799 ^{Lat}cod 100 | *τήν* 2°] pr (※ G Syh) *πασαν O*$^{-376}$ Aeth Syh = 𝔐; *πασαν* 376 | om *ἐξενέγκαι* — 15 20 *αὐτόν* 320 | *ἐξενέγκαι*] *-γκειν n*; *qui locuti sunt proferentes* ^{Lat}cod 100 | *πονηρα ρηματα* 44(1°) | *πονηρά*] bis scr 77 | om *περί* — fin 71′ | *περί*] *κατα* 413-551* 85′^{mg}-321′^{mg} 55 799; *επι* A 125 527: cf 𝔐 | *γῆς*] *ψυχης* 52′-313-551; > 75(|); + *θανατω τελευτωσι* 106

37 init — *πονηρά*] > Aeth^{CG}; ad fin tr 71′ 799 | *καὶ ἀπέθανον οἱ*] sup ras 75; om *καί* 72 *d*$^{-106}$ 509 ^{Lat}cod 100 Arm | *αποθανονται* 509 630 | *οἱ* 1° — *πληγῇ*] om *οἱ ἄνθρωποι* 71′; om *οἱ* 1° — *πονηρά* 72 ^{Lat}cod 100; om *οἱ* 2° B* (sed hab Sixt); om *οἱ* 2° — *πονηρά* Arab; om *οἱ* 2° — *πληγῇ* 106; > 125 | *ἄνθρωποι*] *ανδρες* 376 319; + *εκεινοι b d*$^{(-125)}$ *n t* 799 Aeth^{-CG} Arm Syh (sed hab Compl) | *κατείπαντες* (*καθ.* G*) A B M′ V G-29-64* *b*$^{-19}$ 56 55*] *-ποντες* rell = Compl | *κατὰ τῆς γῆς* / *πονηρά* B M′ 44-107′ 129 127-767 *t x*$^{-509}$ = Compl] om *κατά* V 54-75; om *κατὰ τῆς γῆς* 458; tr rell = Sixt Tar | *κατά*] *περι* 128-669 55 | *γῆς*] *ψυχης* 52′-313-551 | *ἐν τῇ πληγῇ*] *in plagam malam* ^{Lat}cod 100; *εν αυτη πληγη* 319; *εν τη γη* 107′ *t*; *terra autem bona est* Aeth^{-CG}; > M′^{txt} *oI* | *εναντιον* 29 *d*$^{-44}$ *t*

38 *υἱός* 1°] pr *ο* 417; *του* 509; *ο του* V 29 55 = Ald; > 529 44 458 68′-120 | *Ναυή*] *ναυι* 58-72 107*; *ναβη* 44 54 669 59; *ναβι* 106-125-610 71′ | *Χαλέβ*] *χαλευ* 314; *χαλεφ* 72; *χαβελ* 707*; *χαβ* 528; post *Ἰεφοννή* tr 529 | *υἱός* 2°] *ο του* 29 | *Ἰεφοννή*] *ιεφωννη* 56* 158; *ηεφ.* 707* 30; *-ννι* 44′-125 509^{c}; *εφοννι* 509*; *ιεφονη* G-376 *C*$^{-16}$-46-57′-414-422-761 56^{c}-246 527 318 18-120-122-126 59 Arm Sa = Compl; *ιεφονι* 72 16-73-550′ 76 71′; *ιεφωνη* 108 75 Bo; *ιεφωνει* 799; *ιεχοννη* 628; *ιοφονι* 528; *iepphone* ^{Lat}cod 100; *ιεφθοννη* Ald; *ιεφθονη oI*$^{-15}$; *ιεφοννηη* 319; + *soli* Arm | *εζητησαν* 29; *εζηλωσαν* 129 | om *ἐκείνων* 72 54 | *πεπορευμένων* — fin] *κατασκοπων* 126 | *πεπορευομενων* 376 75-767 134 509^{c} 59 319 799; *πορευομενων* 72 529; *πεποιημενων* 71′

---

36 *ῥήματα πονηρά*] *φοβερά* (*φεβ.* cod) M
37 *οἱ κατείπαντες κατά*] *α′ οἱ ἐξενέγκαντες διαβολήν* M′

39 ^{39}Καὶ ἐλάλησεν Μωυσῆς τὰ ῥήματα ταῦτα πρὸς πάντας υἱοὺς
40 Ἰσραήλ, καὶ ἐπένθησεν ὁ λαὸς σφόδρα. ^{40}καὶ ὀρθρίσαντες τὸ πρωὶ
ἀνέβησαν εἰς τὴν κορυφὴν τοῦ ὄρους λέγοντες Ἰδοὺ οἵδε ἡμεῖς ἀνα-
41 βησόμεθα εἰς τὸν τόπον, ὃν εἶπεν κύριος, ὅτι ἡμάρτομεν. ^{41}καὶ εἶπεν
Μωυσῆς Ἵνα τί ὑμεῖς παραβαίνετε τὸ ῥῆμα κυρίου; οὐκ εὔοδα ἔσται
42 ὑμῖν. ^{42}μὴ ἀναβαίνετε· οὐ γάρ ἐστιν κύριος μεθ' ὑμῶν, καὶ πεσεῖσθε
43 πρὸ προσώπου τῶν ἐχθρῶν ὑμῶν. ^{43}ὅτι ὁ Ἀμαλὴκ καὶ ὁ Χαναναῖος
ἐκεῖ ἔμπροσθεν ὑμῶν, καὶ πεσεῖσθε μαχαίρᾳ· οὗ εἵνεκεν ἀπεστράφητε
44 ἀπειθοῦντες κυρίῳ, καὶ οὐκ ἔσται κύριος ἐν ὑμῖν. ^{44}καὶ διαβιασά-

ABFMV *O''* C''^{-320} *bdf*$^{-53'}$*nstxyz* al verss

39 *μωσης* G-72-82*-426 *n* | *τά*] pr (※ G Syh) *παντα* *O b* Arab Syh (sed hab Compl) = 𝔐^{mss} | om *ταῦτα* 630 | om *πάντας* 84 Arab | *υἱούς*] pr *τους* 376-381' *C''* 118'-537 *d* 246 *n s t* x^{-527} 18'-126-628-630' 424 = Ald | *επενθησαν* 73 Aeth^{CG} = Ald; *επεθησεν* 314*

40 *ὀρθρίσαντες*] *ορθρισας* 75; *ανασταντες* 376 | *τό*] pr *εις* B^{c} *x* (sed hab Sixt); *τω* 15-376-*oII*$^{-72}$ 313-615 246 767 30 319; > V | *εἰς* 1° B 381' *d* 129 *n t x* Lat^{cod} 100 Aeth Arm = Compl] *επι* rell: ex 44 | *τήν* — *ὄρους*] *το ορος* 381' | om *λέγοντες* G* | om *οἵδε ἡμεῖς* 610 | *οἵδε*] *ειδε* 19'; *ιδε* 58-72 46-417 106 76 71' 59 799; *οιδι* (-*δη**) 376; *ωδε* 509; *ηδε* G*; *οιδα* 52'-313-551; *ουδε* 319; > 44-125' 54-75' 126 Procop 833 Lat^{cod} 100 Aeth Bo = Compl: cf 𝔐 | *ἀναβησόμεθα*] pr *αν* 120; *ελευσομεθα* 319; *εισελευσομεθα* 130^{mg}-321'^{mg}; *ascendimus* Lat^{cod} 100 | *τὸν τόπον*] *montem* Bo; om *τόν* 551(|) | *εἶπεν*] + *nobis* Aeth Bo | *κύριος*] pr *ο* 19' (sed hab Compl)

41 *Μωυσῆς*] *μωσης* G-72-426 *n*; + *eis* Bo | *ἵνα τί*] *quia* Lat^{cod} 100; *τί* sub ※ Syh^{L}; + (※ G Syh^{L}) *τουτο* *O* Syh = 𝔐; + *ειπατε* 618* | *ὑμεῖς*] > Arm^{te}; post *παραβαίνετε* tr Arm^{ap} | *αναβαινεται* G* | om *τὸ ῥῆμα κυρίου* V | *οὐκ*] pr *et* Arm = 𝔐 | *εὔοδα*] *bonum* Lat^{cod} 100 | *ὑμῖν*] *ημιν* 246* 75; sub ÷ G(*υμεις**); sub ※ Syh^{L}; > 58 = 𝔐

42 *μὴ ἀναβαίνετε*] pr *et nunc* Lat^{cod} 100; > 616^{txt}(||) | *μή*] *ουκ* 509; > G | *ἀναβαίνετε*] -*νητε* 72 417; -*βητε* 376 f^{-129}; *αναβαι*^{ντ} 126 | *οὐ*] *ουκ* 19*(cprm) | *ἐστιν*] *ετι* 458; *εσται* 75 | *κύριος*] + *ο θεος* 18 | *μεθ'*] *καθ* 52*-313-551*-615 | *ὑμῶν* 1°] *ημων* 376 246; ⌒2° 71'; ⌒(43) 527 | *καί*] *η* 551; > Lat^{cod} 100 | *πεσεῖσθε*] pr *ου* M' *d* n^{-75} *t* = 𝔐; pr *ου μη* Cyr VI 621; *πεσειτε* 46^{s} | *πρό* — *ἐχθρῶν*] *προς τον εχθρον* 319; om *πρό* 618*(cprm); om *προσώπου* n^{-127} Lat^{cod} 100 Aeth^{-M} Arm; om *τῶν* 616 = Compl | *ὑμῶν* 2°] *ημων* 618 54*; > 321'

43 om *ὁ* 1° A F M' V G-*oI*$'^{-618}$ $C''^{-422\ 528}$ 44 f^{-246} n^{-127} $s^{-130\ 730}$ 71' 318 59 319 = Compl | *Ἀμαλήκ*] -*λικ* 75-767; -*ληλ* 739* | *ὁ Χαναναῖος*] *οι χαναναιοι* M' *d t*; *channaneus* Lat^{cod} 100; om *ὁ* 82 529; + *κατοικει* 16-46 | *ἐκεῖ*] > 528-739 392^{txt} 68 (sed hab Ald); + *ενεκεν* d^{-106} | *ὑμῶν*] *υμιν* 71'; > 28-85'-321' | *μαχαίρᾳ*] pr *εν* *b* 370^{c}(vid) 319 (sed hab Compl) = 𝔐 | *οὗ εἵνεκεν*] *διοτι* d^{-106}; > 414(|) | *εἵνεκεν*] *ενεκεν* *C'*-422 19' 126 (sed hab Compl); *ηνεγκεν* (*ειν.* 527) 75* 30 527 | *ἀπεστράφητε*] -*φη* 314; -*φην* 19'-118 (sed hab Compl); -*φησθε* x^{-509}; *επεστρ.* 29; post *κυρίῳ* tr 509 | *ἀπειθοῦντες*] -*θοντες* 376; -*θησαντες*

40 fin] + *et dixit dominus ad mosen: dic eis: ne ascenderitis neque pugnaveritis, non enim sum vobiscum; et non confringemini ante inimicos vestros* Syh (ex Sam secundum Syh: cf Deut 1 42)

μενοι ἀνέβησαν ἐπὶ τὴν κορυφὴν τοῦ ὄρους· ἡ δὲ κιβωτὸς τῆς δια-
θήκης κυρίου καὶ Μωυσῆς οὐκ ἐκινήθησαν ἐκ τῆς παρεμβολῆς. [45]καὶ 45
κατέβη ὁ Ἀμαλὴκ καὶ ὁ Χαναναῖος ὁ ἐγκαθήμενος ἐν τῷ ὄρει ἐκείνῳ
καὶ ἐτρέψαντο αὐτοὺς καὶ κατέκοψαν αὐτοὺς ἕως Ἑρμά· καὶ ἀπεστρά-
φησαν εἰς τὴν παρεμβολήν.

15 [1]Καὶ ἐλάλησεν κύριος πρὸς Μωυσῆν λέγων [2]Λάλησον τοῖς υἱοῖς 1 2
Ἰσραὴλ καὶ ἐρεῖς πρὸς αὐτούς Ὅταν εἰσέλθητε εἰς τὴν γῆν τῆς κατοι-
κήσεως ὑμῶν, ἣν ἐγὼ δίδωμι ὑμῖν, [3]καὶ ποιήσεις κάρπωμα κυρίῳ, 3

ABFMV O'' C''^{-320} $bdf^{-53'}nstxyz$ al verss

(-σατες 52*) 29 C''; bis scr 44; post κυρίῳ tr 75 | κυρίῳ] pr τω 19′ d^{-106} 509-527 (sed hab Compl) | καί 3°] > 799; ⌒(44) 1° d^{-106} | ἔσται] εστι(ν) M′ 376 551 Aeth | om κύριος 129^{txt}(cprm) Arab | ἐν ὑμῖν] μεθ υμων 29-72 458 $85'^{mg}$-$321'^{mg}$-344^{mg} ^{Lat}cod 100 Aeth Arab Arm Syh = 𝔐; om ἐν 707

44 διαβιασάμενοι] διαβησ. (-βισ. 707 52-615^{c}) 707 52′-313 = Ald; διαβιβασ. (-βηβ. 527) 618 46-73-422-550′ 106-125 527; βιασ. 126; *stantes* ^{Lat}cod 100 | ἀνέβησαν] > 52′-313-551; post κορυφήν tr 44 | ἐπί] εις 619 ^{Lat}cod 100 Aeth Arm | om τήν A y^{-318} | ἡ — Μωυσῆς] μωυσης ($μωσης^{ap}$) και η κιβωτος Phil II 51 | τῆς 1°] > 376′; bis scr 552(||) | διαθήκης] + του νομου 72 | om κυρίου 319 ^{Lat}cod 100 | καὶ Μωυσῆς] και μωσης O^{376}-72 n; > 19 (sed hab Compl) | ἐκινήθησαν] -θη 121; εκοιμηθ. 72 | ἐκ] απο 376 | τῆς 2° B M′ V 376 b 129 n^{-767} x 319 ^{Lat}cod 100 Arm Co] pr μεσου rell

45 καὶ κατέβη B V O^{-58}-82 52-551-615^{c} 129 x z 319 Sa^{1} Syh = Compl] om καί 58* Arm; + δε 313-615*; κατεβη (κατευη 30) δε rell | om ὁ 1° F V 15-58-*oII* 52′-313-529-551 f^{-246} 458 s^{-130} y^{-121} 68′-120′ 59 319 = Compl | αμαλικ 75 | καί 2°] ⌒3° Arab | ὁ Χαναναῖος] *channaneus* ^{Lat}cod 100 | ὁ 3° — ἐκείνῳ] εκ του ορους εκεινου 126 | ὁ ἐγκαθήμενος] pr και 68 (sed hab Ald); οι εγκαθημενοι 72 ^{Lat}cod 100 Aeth = Tar^{P}; ο καθ. 29 b (sed hab Compl); ο επικ. 799; ο κατοικων 121; om ὁ 422 59; > 129^{txt}(cprm) | om ἐν C^{-529}-46 | ἐκείνῳ] > 72 44 Arm Sa; + εις συναντησιν αυτων και κατεδιωξεν αυτους ωσει ποιησαισαν μελισσαι 343 ↓ | ἐτρέψαντο] εστρ. 246; ετροπωσαντο (-σατο 319) V 319; -ψατο A b^{-19} 54 318 55 59 (sed hab Compl) | αὐτούς 1°] αυτον 18; ⌒2° 767 59 Aeth | κατεκοψεν 319; εκοψαν 72 | om αὐτούς 2° $C''^{-131^{mg}}$ s ^{Lat}cod 100 | Ἑρμά] ερμαν B V 376 C'' 130* 509 = Ra; αρμα 54*; ερμωνα 30(vid); ρημα 129*(c prm) | καί ult — fin = Sam] pr ÷ Syh^{T}; sub ÷ G; > Compl = 𝔐 Tar | επεστραφησαν 29; εστραφησαν 72 | εἰς — fin] εν τη παρεμβολη 458 318

15 1 om init — (31) fin 799 | καὶ ἐλάλησεν] και ειπε(ν) B V d^{-125} 129 t x Cyr I 1029 = Compl Ra; ειπε δε 125 | Μωυσῆν] -σιν 319; -ση 58 19 (sed hab Compl); μωσην G-426 n Cyr I 1029; μωσει 72 | om λέγων 106-125 Sa

2 init — αὐτούς] τοις υιοις ισραηλ λαλησεις λεγων 75; om init — Ἰσραήλ 52′-313; > Arab | Ἰσραὴλ καί] sup ras 56 | καί — αὐτούς] *dicens ad eos* Bo; λεγων 413 126; > 125 | κατοικήσεως] -κισεως 75; κατασχεσεως A 458 121; κατασκηνωσεως 318 | om ὑμῶν 16-46 | ἣν] sup ras 52 | om ἐγώ Bo | δίδωμι] *dabo* Arm Co

3 om καί 72 68 Aeth Sa (sed hab Ald) | ποιήσεις B V n x^{-509} 319] -σης 509;

---

45 ἐκείνῳ] + ο′ (sub ※ 85-321′; > Syh) εἰς συνάντησιν αὐτῶν, καὶ κατεδίωξαν (-ξεν 85-344) αὐτούς, ὡσεὶ ποιήσαισαν αἱ μέλισσαι 85′-321′-344 Syh (ex Sam secundum Syh: cf Deut 1_{44}) | ἐτρέψαντο] ἀπώσαντο M′

ὁλοκαύτωμα ἢ θυσίαν, μεγαλῦναι εὐχὴν ἢ καθ᾽ ἑκούσιον ἢ ἐν ταῖς
ἑορταῖς ὑμῶν ποιῆσαι ὀσμὴν εὐωδίας κυρίῳ, εἰ μὲν ἀπὸ τῶν βοῶν ἢ
4 ἀπὸ τῶν προβάτων, 4καὶ προσοίσει ὁ προσφέρων τὸ δῶρον αὐτοῦ
κυρίῳ θυσίαν σεμιδάλεως, δέκατον τοῦ οἰφί, ἀναπεποιημένης ἐν ἐλαίῳ
5 ἐν τετάρτῳ τοῦ ἵν· 5καὶ οἶνον εἰς σπονδὴν τὸ τέταρτον τοῦ ἵν ποιήσετε
ἐπὶ τῆς ὁλοκαυτώσεως ἢ ἐπὶ τῆς θυσίας· τῷ ἀμνῷ τῷ ἑνὶ ποιήσεις

ABFMV O'' C''^{-320} $bdf^{-53'}nstxyz$ al verss

-σητε (-ται 73) A M' 15-58-707 $C''^{-77\ 413\ 414\ 528\ 529\ 551*}$ $s^{-321*\ 343}$ 121 68-122c 55; -σατε 551*; -σεται G-82 246 120-126-628-669*; -σετε Cyr I 1029 rell = Ald 𝔐 | om κάρπωμα κυρίῳ Sa | κάρπωμα] -ματα M' oI b f^{-129} y 55; ολοκαρπωματα 129; ολοκαρπ. (ολο sub ÷ G; sub ÷ Syh) G-426 128-630' Syh; ολοκαυτωμα (-καυμα 75) n; ολοκαυτωματα B d t x Cyr I 1029 = Ra; > Latcod 100 Aeth^M Bo | κυρίῳ 1° A B M' V G b 129c n^{-127} 318 55 319 Cyr I 1029] pr τω rell = Ald; ⌒2° 68 | ὁλοκαύτωμα ἤ] ολοκαρπωμαν 509 | ὁλοκαύτωμα] pr και 551 Arm; pr η f^{-129} = Compl; -ματα (+ κω V) A V 72 b y 55; ολοκαρπωμα (+ της κατοικησεως 44) B d 129 n t x^{-509} 319* Cyr I 1029 = Ra | ἤ 1°] ει 75; εις 767 Arm | μεγαλῦναι] -λην Ald | ἤ 2°] > 56 319 Bo; ⌒3° 343 126 | καθ᾽] κατ 46s 127 x^{-509}; κατα b (sed hab Compl); > V 125 319 | ἤ 3°] > 29 344*(cprm) 319; + καθ εορτην C-46 | ἐν ταῖς ἑορταῖς] *die festo* Latcod 100 | ὑμῶν] ημων 707* 75 669 | ποιῆσαι] -σετε Fb 29-58-72 59 Latcod 100 Aeth; -σεται F; > Ald | ὀσμήν] οσμη 58-72; *in odorem* Latcod 100 Aeth | κυρίῳ 2°] pr τω 58-72-381' d t 122 59 Cyr I 1029 = Ald Sixt | εἰ μέν] ει μην 376; η 44' Latcod 100 | εἰ] η 82; εαν V 319; + η 107'-125 | βοῶν] et προβάτων tr 458 Bo^A; + η C-551 | ἤ ult] *et si* Arm

4 om καί 15 Bo Syh | προσοισεις 707*(vid) 59 | om ὁ 707 59 | τα δωρα x^{-509} | om αὐτοῦ 54 | κυρίῳ θυσίαν] *a sacrificio domino* Latcod 100 | κυρίῳ] pr τω V 376' 610 75' 319; τω κυριω αυτου 54; > 56 | θυσίαν] pr εις b (sed hab Compl) | σιμιδαλεως G | δέκατον] pr το 129 127 = Compl; -τος 120 | τοῦ οἰφί] τω οιφι (υφει 72) 72 19 (sed hab Compl); του οιφειν 129; sub ÷ G; > Latcod 100 = 𝔐 | ἀναπεποιημένης B 129 127-767 t^{-370} x Cyr I 1029 Sa = Compl] -μενην 54-75'; -μενη (-ποη. 370*) d 370; πεφυραμενην F 29-82 19* 346mg 68'-120' 55 319; αναπεφυραμενην V 18'-628-630'; ανα(sub ÷ G)πεφυραμενης G-426; πεφυραμεν 126; *maceratam* Latcod 100; πεφυραμενης (-φυρμ. 344*) rell = Ald | ἐν 1° — fin] εν (+ τω 500 343 y^{-318} z 55) τεταρτω (ταρτω 624) του ιν (c var; + εν 29-426 414 19 y^{-392} z) ελαιω (ελεω V; αιλεω G*; ελαιου 707 346c) A F M' V O'' C'' b s y z 55 59 319 624 Arab Sa Syh^L (sed hab Compl) = 𝔐; om ἐν ἐλαίῳ Syh^T; om ἐν 2° — fin 56txt; om τοῦ 458 | ἐν τετάρτῳ] εν τω τεταρτω d t x^{-509}; εν τεταρτη 54; *et quartam partem* Latcod 100; *in decima* Bo^B

5 om init — ἵν 75' Aeth^{-C} Bo^B Syh^T: homoiot | καὶ οἶνον] pr το τριτον του ιν 551*: ex 6; και (> La) οινω Fb 82-376 Latcod 100; και οινος 624 | εἰς] επι f^{-129}; bis scr 314*(||) | om τό — ἵν Latcod 100 | τέταρτον] τριτον 551* | om τοῦ 130 | ποιήσετε] -ται M' V G-82-376 16'-46-500'-616* 19 f^{-129} 75'-767 30 509-527 392 126 55 319 624 (sed hab Compl); *faciet* Latcod 100 Aeth | om ἐπί 1° d^{-106} | ὁλοκαυτώσεως] ολοκαρπωσεως z^{-122*} = Ald; et θυσίας tr n^{-458} Arm | ἤ — θυσίας] om ἤ 54-75; om τῆς 528; > 458 | om τῷ 1° — εὐω-

15 3 μεγαλῦναι εὐχήν] θαυμαστῶσαι ὅρκους (ορκω 128) 130 128

τοσοῦτο, κάρπωμα ὀσμὴν εὐωδίας κυρίῳ. [6]καὶ τῷ κριῷ, ὅταν ποιῆτε 6
αὐτὸν εἰς ὁλοκαύτωμα ἢ εἰς θυσίαν, ποιήσεις θυσίαν σεμιδάλεως δύο
δέκατα ἀναπεποιημένης ἐν ἐλαίῳ, τὸ τρίτον τοῦ ἴν· [7]καὶ οἶνον εἰς 7
σπονδὴν τὸ τρίτον τοῦ ἴν προσοίσετε εἰς ὀσμὴν εὐωδίας κυρίῳ. [8]ἐὰν 8
δὲ ἀπὸ τῶν βοῶν ποιῆτε εἰς ὁλοκαύτωμα ἢ εἰς θυσίαν μεγαλῦναι
εὐχὴν ἢ εἰς σωτήριον κυρίῳ, [9]καὶ προσοίσει ἐπὶ τοῦ μόσχου θυσίαν 9

ABFMV *O''* C''^{-320} $bdf^{-53'}nstxyz$ al verss

δίας 52′-313-551: homoiot | *τῷ ἑνί*] om *τῷ* F*(cprm); > Bo | *ποιήσεις* — (6) *θυσίαν* 1°] pr *η τω κριω* (*κρυω**) 767; *aut arieti* Arab = 𝔐; om *ποιήσεις* — *κυρίῳ* Compl; om *κάρπωμα* — *κυρίῳ* Sa; *κάρπωμα* — *θυσίαν* sub ÷ $Syh^{LT(vid)}$; sub ÷ G; + (※ G Syh) *η τω κριω* (*κρειω* G) O^{-58} Syh | *ποιήσεις*] *-σει* M′ 15 $C''^{(-52'\ 313\ 551)}$ *s* 76 y^{-121} 55 624 Aeth | *τοσοῦτο*] *-τον* $oI'^{-15\ 707}$ $cI^{-413\ 761}$ *d* n^{-458} 130-321^{c}-343-346 *t* x^{-509} 318 *z* 59 319 Cyr I 1029; *-τω* C^{-616^c}-46 30-321*(c prm) 55; *τουτο* V G-426 Syh; *τουτω* 376; *το* 58; *ουτως b*; *in tantum* ^{Lat}cod 100; > 458 Bo | *ὀσμήν*] pr *εις* 414 *d t* 392 59 Aeth Arm; *οσμη* 54-458 | *κυρίῳ* 29-618*(cprm) *b* $s^{-28\ 85}$ 630 55 319] pr *τω* Cyr I 1029 rell = Ra

6 om init — (7) fin 125 130: homoiot | *τον κριον* 82 ^{Lat}cod 100 | *ποιειται αυτοις* 319; *ποιηται αυτω* 75 30 59*; *ποιειται αυτο* 59^{c} | *ποιῆτε*] *ποιησητε* oI^{-15}-29 = Ald; *ποιησετε* (*-ται* 458) 707 458; *ποιησης* 414 ^{Lat}cod 100 Arm | *αὐτόν*] *αυτω* 72′ 54-458 120′; *αυτο* 318; > ^{Lat}cod 100 | *εἰς* 1°] pr *η* B O^{-58} 509-527 Syh (sed hab Sixt) = Ra | *ὁλοκαύτωμα*] *ολοκαρπωμα* 129 *z* = Compl; + *οσμην ευωδιας τω κ̅ω̅* 318: ex par | om *ἢ* G-72 458 Bo | om *εἰς* 2° 628 | *θυσίαν* 1°] *ουσιαν* 120*-407; ⌒2° A 707^{txt} 416 | om *ποιήσεις θυσίαν σεμιδάλεως* $Aeth^{M}$ | *ποιήσεις*] *-σετε* $d^{(-125)}$ *t* = Tar^{P} | *θυσίαν σεμιδάλεως*] *θυσ. σιμιδ.* G; *σεμιδαλην* 319; om *θυσίαν* 500 44-107′; tr 417 | *δέκατα*] *-τας* 381′; *-τον* 108* 767; *δεκα* 528 | *ἀναπεποιημένης* B 129 *x* Cyr I 1029 = Compl] *-μενα* V $d^{(-125)}$ *n t* 319 ^{Lat}cod 100 Sa; *πεφυραμ.* 246*; *πεφυραμενα* 126; *αναπεφυραμενα* 246^{c} 18′-628-630′; *αναπεφυραμ.* (*-φυρμ.* 72 73) rell | om *ἐν* 422-551 84 | om *ἐλαίῳ τὸ τρίτον* 84^{txt}(cprm) | *τὸ τρίτον*] *του τριτου* (*-τον* 30) 376 30 Syh; *τω τριτω* (*γ̄* 75) *b* 56 75 527 Aeth (sed hab Compl); *secunda parte* Arm; om *τό* 121 | *τοῦ ἴν*] om *τοῦ* 528; > ^{Lat}cod 100; ⌒(7) V 72 16-46-73-550′ 610*(cprm) 458-767 321′ 18′-126-628-630′ 55 319

7 *εἰς* 1°] *και* 246 | *τό* — *ἴν*] *tertiam minus* ^{Lat}cod 100; > 624 | *τὸ τρίτον*] *τω γ̄* 75*; *secundam partem* Arm; *decimam* Bo | *προσοίσετε* — (9) fin] bis scr 18 | *προσοίσετε*] *-σειτε* 376 f^{-129}; *-σεται* A V 82 313-615 75*-767 30 509 392* 55 319; *προσοισε*^{τ} 458; *portabit* (*-bis* c) Aeth; *ποιησετε* 84; *offerent* ^{Lat}cod 100 | om *εἰς* 2° V 618*(cprm) 422(vid) 54 55 319 = 𝔐 | *κυρίῳ*] pr *τω* 72-426 422 44-107′ n^{-127} 74-76 *x* 121 18(2°)-628; > *b* (sed hab Compl)

8 *ἀπὸ τῶν βοῶν* / *ποιῆτε*] tr A F M′ *O''* *C''* *b* f^{-129} *s y z* 55 59 319 624 Cyr I 1029 ^{Lat}cod 100 Arab Bo Syh (sed hab Compl) = Sixt 𝔐 | *ἀπὸ τῶν βοῶν*] *de ovibus* Bo | *ποιῆτε*] *ποιησητε* M′ *oI* $t^{-84\ 134*}$ 121 = Ald; *ποιηται* (*-ειται* 319) V 246 30 319; *ποιησετε* (*-ται* 75-767; *-σειται* 458) *d* 129* *n* 84-134*; *ποιης* 509 = 𝔐 Sam Tar^{O} | *εἰς* 1°] pr *ποιειται* 319; pr *ποιησεται* A^{c}; > Aeth | *ὁλοκαύτωμα* A B V O^{-58} *d* 129 *n t x* 121 = Compl] *-καρπωσιν* 528; *-καυτωσιν* rell = Sixt | om *ἢ* 1° 528 458 509 | om *εἰς* 2° Aeth Bo | *μεγαλῦναι*] *vel magnificaveritis* Aeth | *εὐχήν*] *vota* Arm^{ap}; *ψυχην* 551 | *ἢ εἰς* 2°] om *ἢ* B* V 426*-

---

8 (*εἰς*) *ὁλοκαύτωμα*] *θ′ ο′ α′ ὁλοκαύτωμα σ′ εἰς ἀναφοράν* 344

10 σεμιδάλεως τρία δέκατα ἀναπεποιημένης ἐν ἐλαίῳ ἥμισυ τοῦ ἵν, [10]καὶ
οἶνον εἰς σπονδὴν τὸ ἥμισυ τοῦ ἵν κάρπωμα ὀσμὴν εὐωδίας κυρίῳ.
11 [11]οὕτως ποιήσεις τῷ μόσχῳ τῷ ἑνὶ ἢ τῷ κριῷ τῷ ἑνὶ ἢ τῷ ἀμνῷ τῷ
12 ἑνὶ ἐκ τῶν προβάτων ἢ ἐκ τῶν αἰγῶν· [12]κατὰ τὸν ἀριθμὸν ὧν ἂν
13 ποιήσητε, οὕτως ποιήσετε τῷ ἑνὶ κατὰ τὸν ἀριθμὸν αὐτῶν. [13]πᾶς
ὁ αὐτόχθων ποιήσει οὕτως τοιαῦτα, προσενέγκαι καρπώματα εἰς

ABF(K)MV O'' C''^{-320} $bdf^{-53'}nstxyz$ al verss

707 *d* f^{-246} *n* 343 *t* x^{-509} 392 55 59 624 ^{Lat}cod 100 Arm Bo (sed hab Sixt) = Compl; om *εἰς* *C'*-46-414-422 246 Syh; > 29 509 319 Aeth | *σωτήριον*] *θυσιαν σωτηριον* V; *σριαν* 72; *salutis* Aeth Syh | *κυρίῳ*] pr *τω* V 29-426 = Ald; *κυριου* *d* 343 *t* ^{Lat}cod 100

9 om *καί* Arm Bo | *προσοίσει*] -*σεις* 376; -*σετε* oI^{-64*} ^{Lat}cod 100 = Ald; *ποιησετε* 64*; *ποιησεις* V 29 *d t* | om *ἐπὶ τοῦ* 381′ | *τω μοσχω* 319; *τους μοσχους* 624 | *θυσίαν*] pr *εις* 56 = Compl | *σιμιδαλεως* G | *τρία δέκατα*] *τρια δεκτα* 767; *δεκατον του οιφι* 121; > Sa | *ἀναπεποιημένης* B 376 129 *x* Cyr I 1029 = Compl] -*μενα* *d n t* ^{Lat}cod 100; *αναπεφυραμενα* V 319; *πεφυραμενης* 343 121; *αναπεφυραμενης* (-*φυρμ.* 73-528) rell | *ἐν ἐλαίῳ*] pr *του ιν* 84*; om *ἐν* 126; > 551 | *ἥμισυ*] pr *το* 73; pr *et* Bo; *ημισει* (-*σι* 610) F 82 118′-537 610 527 Aeth Arm; *ημισου* 509 Syh | *τοῦ ἵν*] *et in* ^{Lat}cod 100; *το ιν* 44; ⌒(10) B^{txt} *C*-46-57* 19 75′ 343 509 121 68′-120 319 (sed hab edd)

10 init — *ἵν*] *και ποιησεις επι του μοσχου θυσιαν σεμιδαλεως* 106: cf 9; bis scr 413 | *καὶ οἶνον*] *vino* ^{Lat}cod 100; + (※ Syh^{T}) *προσοισει* (-*σεις* 376) O^{-G}-15 Syh = 𝔐; + ※ *προ⸔οισει* G | *εἰς σπονδήν*] *επι σπονδην* $x^{(-509)}$; *σπονδειν* 376; sub ※ Syh^{L} | *τό*] *του* 134; > 72 730 | *τοῦ*] *το* 56* | *ἵν*] *ειναι* (*ιναι**) 130 | *καρπα* V | *ὀσμήν*] pr *εις* O^{-58}-82 106 392 624 Cyr I 1029 Arm Syh; *οσμη* F 64*-707 314 x^{-509} | *κυρίῳ*] pr *τω* 16-46-73-414-528-550′-739 610 54-75-767 527 y^{-121} 630 319

11 *οὕτως*] *ουτω* 73 *d* 54-75 *t* 18′-68′-126-630′ Cyr I 1029 = Sixt; inc 628 | *ποιήσεις*] -*σει* G-72-426 *x* Syh; *facietis* ^{Lat}cod 100 | *τῷ* 1°] pr *εν* O^{-58} | *ἤ* 1°] *τι* V; ⌒2° M′ O^{-58}-707 19 318 68′-120′ Syh (sed hab Ald Compl) | *κριῷ*] et *ἀμνῷ* tr 422 | om *τῷ* 4° — *ἑνί* 3° Bo | *τῷ ἑνί* 2°] om *τῷ* 417(|); > 126 $Aeth^{M}$; ⌒3° 56^{txt} 509 392 | om *ἤ* 2° 59 | *τῷ* 5°] pr *εν* 376 | om *τῷ* 6° — fin 126 | *τῷ ἑνί* 3°] > 319 ^{Lat}cod 100 = 𝔐; ⌒(12) 761 | *ἐκ* 1°] pr *η* 58; > 44 | *ἤ* ult — fin] pr (※ G Syh^{T}) *η* (> G-376′) *εκ των αμνων* *O* Syh: contra 𝔐; om *ἐκ* 72 417 127-458; > Arab

12 om init — *ἑνί* 77 | *τὸν ἀριθμόν* 1°] *των αριθμων* 30; om *τόν* 29-618 57*(c pr m)-73 18 624 | *ὧν ἂν ποιήσητε*] *facietis* ^{Lat}cod 100 | *ὧν* B F K G-426-oII^{-707c} *b* d^{-44} 129 54′ 74′-76-370^{c} 71′ 120′ Cyr I 1029 Syh] *ω* V 509 392; *ον* rell | *ἄν* M′ O^{-376}-72 414 129 *n x* 55 59 624 = Compl] > A; *εαν* Cyr I 1029 rell = Ra | *ποιήσητε*] -*ται* (-*σειται* 82 75) G-82 75-767; -*σητ*[. . . K; -$σει^{τ}$ 458; $ποιη^{στ}$ 126; *ποιητε* (-*ειτε* 58) F 58; -*σετε* 72 *d* 54 84 318 59 624; -*σεται* V 376 509 319 | *οὕτως* — fin] om *οὕτως ποιήσετε* V 417 610 75′-767 30 318 18; > 72 126 | *οὕτως*] *ουτω* B M $d^{(-610)}$ 54 *t* 509 128-628-630′ (sed hab Sixt) = Ra; ⌒(13) ^{Lat}cod 100 | *ποιήσετε*] -*ται* 82-376 f^{-129} 509 319; -*σηται* K(vid); -*σητε* 15 $C^{(-77)}$-313-422-615 19 130-321′-343′ 55 (sed hab Compl); *ποιησε* 44 | *τῷ*] *τουτω* 458 | om *τόν* 2° 29 107*-610 321; > Bo

13 *πᾶς*] + *autem* Sa | om *ὁ* *d* t^{-134} | *αὐτόχθων*] *εγχωριος* M'^{mg} $85'^{mg}$-$321'^{mg}$ 319 | *ποιήσει οὕτως τοιαῦτα*] *ουτως ποιησειτω αυτα* 509 | *ποιήσει*] -*ση* 64 616*

ὀσμὴν εὐωδίας κυρίῳ. [14]ἐὰν δὲ προσήλυτος ἐν ὑμῖν προσγένηται ἐν 14
τῇ γῇ ὑμῶν ἢ ὃς ἂν γένηται ἐν ὑμῖν ἐν ταῖς γενεαῖς ὑμῶν, καὶ ποιήσει
κάρπωμα ὀσμὴν εὐωδίας κυρίῳ· ὃν τρόπον ποιεῖτε ὑμεῖς, οὕτως
ποιήσει (15)ἡ συναγωγὴ κυρίῳ. [15]νόμος εἷς ἔσται ὑμῖν καὶ τοῖς 15
προσηλύτοις τοῖς προσκειμένοις ἐν ὑμῖν, νόμος αἰώνιος εἰς τὰς γενεὰς
ὑμῶν· ὡς ὑμεῖς, καὶ ὁ προσήλυτος ἔσται ἔναντι κυρίου· [16]νόμος εἷς 16
ἔσται καὶ δικαίωμα ἓν ἔσται ὑμῖν καὶ τῷ προσηλύτῳ τῷ προσκειμένῳ
ἐν ὑμῖν.

ABF(K)MV *O''* C''^{-320} *bd*$f^{-53'}$*nstxyz* al verss

246*; post *οὕτως* tr Aeth Arm | *οὕτως*] *ουτω* 54-75'; *τουτο* 18 | *τοιαῦτα*] pr *et* ^{Lat}cod 100 Aeth; *εγχωριος* 318; > Bo | *προσενέγκαι*] *-γκειν d n t*; *-γκας* Cyr I 1029; *offeretis* ^{Lat}cod 100 | *καρπώματα*] *-μα* 246 458 509 Aeth = 𝔐 | *εἰς ὀσμὴν εὐωδίας*] om *εἰς* 15-707^{c} 319 ^{Lat}cod 100 Syh^{L} = 𝔐; > Bo | *κυρίῳ*] pr *τω* f^{-129} 458-767 319; *κ̅υ̅* b^{-537} (sed hab Compl); > 318

14 *ἐν* 1° — *κυρίῳ* 1°] sub ÷ Syh^{L} | *ἐν ὑμῖν / προσγένηται*] pr *ο* 44; om *ἐν* 76; tr 509 Arm; post *ὑμῶν* 1° tr 106; > 551 | *ὑμῖν* 1°] *ημιν* 73-414* 125 319; ⌒2° 246 126 Sa | om *προσγένηται* — *ὑμῶν* 1° 128 | *προσγένηται*] *-γινεται* 130*; *γενηται* 72 414; *fuerit* ^{Lat}cod 100 | *ἐν* 2° — *ὑμῶν* 1°] om *τῇ* 58 77; sub ÷ G Syh^{T}; > Arab = 𝔐 | *ἐν* 2°] ⌒3° 130 | *ἤ* — *ὑμῖν* 2°] om *ἤ* 376 Arm; om *ἢ ὃς ἄν* 551; > 58 | *ὅς*] *ως* 417 107'-125 343 619* 55; *οσα* 319 | *ἄν*] *εαν* 15-29-72^{c} *b d* f^{-246} 127-767 *t* 318 59 319 624 (sed hab Compl); > 82 | *γένηται*] *προσγεν.* 551 *d* 127 *t x*; pr ÷ Syh^{T}; sub ÷ G = 𝔐 | *ἐν ὑμῖν* 2°] *εν ημιν* 73*(c pr m); om *ἐν* 376; > V Aeth | *ἐν* 4° — *ὑμῶν* 2°] pr ÷ Syh^{T}; > 551 | om *καί* 72 Aeth Arm | *ποιήσει* 1° F^{b}] *-ση* A M' 15'-29-707 57'-528'-616^{c} 118-537^{c} 56 130-321-344-346^{c}-730 318 407 624 = Ald; *ποιη* 767; *ποιησεν* F | *ὀσμήν*] pr *εις d t* 509 ^{Lat}cod 100 Arm Bo^{B} | *εὐωδίας*] pr *fructum* ^{Lat}cod 100 | *κυρίῳ* 1°] pr *τω* 82*(vid) 246 75'; > ^{Lat}cod 100; ⌒2° 71' Arab | *ποιεῖτε*] *ποιητε* (*-ται* 75' 509) M' 376'-707 C^{-77} 54*-75'-767 509 y^{-121} 120'; *ποιησετε* 72 ^{Lat}cod 100; *εποιειται* G; *ποιησε* 246*; *ποιη* 59* | *ὑμεῖς*] *υμιν* 16-46-552^{txt}; sub ÷ G Syh^{L}; > Sa = 𝔐 | om *οὕτως* — fin 72 Aeth^{C} | *οὕτως*] pr *και ο προσιλοιτος* 767; *ουτω d* 54-75' 730 *t* $z^{-120'}$ Cyr I 1029 = Sixt | *ποιήσει* 2°] *-ση* K 707 624; + *και* (> 75) *ο προσηλυτος και* M' *d* n^{-767} *t* Arm | *ἡ*] pr *και* 767 | *κυρίῳ* 2°] *κ̅υ̅* V 376 125 129 n^{-458} 346^{c} 319 ^{Lat}cod 100; sub ÷ G Syh^{L}; > 58 = 𝔐

15 om init — *ὑμῶν b* (sed hab Compl) | *νόμος* 1°] *νομον* 75 | *ἔσται* 1° A B* V C''^{-528} *f* 767 130^{mg}-321'^{mg} 55 Cyr I 1029 Arm Bo = Compl Sixt] *εστιν* 528 x^{-509}; post *ὑμῖν* 1° tr K 85^{mg} ^{Lat}cod 100; > rell = 𝔐 | *ὑμῖν* 1°] pr *εν* 392; *υμων* 82; + *εστι* 75 | *τοῖς* 1° — *προσκειμένοις*] *prosyliti sunt* ^{Lat}cod 100 | *τοῖς προσκειμένοις*] pr *και d* 767 *t*; *τοις προκ.* 72 414 246 75' 130-321'-343 509-527 18-68'-120-669 319 624; *της προσκειμενης* 30; om *τοῖς* 15' | *ἐν ὑμῖν*] *εν ημιν* 44; om *ἐν* 528 84(|); sub ÷ G Syh = 𝔐 | *νόμος αἰώνιος*] *νομιμον αιωνιον* V 376 *d t* | om *τάς* B 129 509 (sed hab Sixt) = Compl Ra | om *ὡς* — (16) fin 72 | *ὡς ὑμεῖς*] *ως και υμεις* 376 Arm; om *ὡς* 59; post *ἔσται* 2° tr Bo | *ὑμεῖς*] sup ras 8 litt 108 | *καί* 2°] pr *ita* Arm^{ap}; *ita* Aeth = 𝔐 Sam; bis scr 739(|) | om *ὁ* 29 $C''^{-52'}$ 551 | *ἔσται* 2°] ⌒(16) 1° M' 130 | om *ἔναντι κυρίου* 707^{txt} | *εναντιον* F 381' *C''* *d* $s^{(-130)}$ *t* 55 59; *ενωπιον b* (sed hab Compl) | *κυρίου*] *κυριω* 64*(vid) b^{-19} 458 = Compl; + *νομος εις υμων και τοις προσηλυτοις τοις προκειμενοις εν υμιν νομος αιωνιος εις τας γενεας υμων* 75

16 comma] om *νόμος εἷς ἔσται* 707; > Sa | om *εἷς* 134 | *ἔσται καί*] om *ἔσται*

17 18 [17]*Καὶ ἐλάλησεν κύριος πρὸς Μωυσῆν λέγων* [18]*Λάλησον τοῖς υἱοῖς*
Ἰσραὴλ καὶ ἐρεῖς πρὸς αὐτούς Ἐν τῷ εἰσπορεύεσθαι ὑμᾶς εἰς τὴν
19 *γῆν, εἰς ἣν ἐγὼ εἰσάγω ὑμᾶς ἐκεῖ,* [19]*καὶ ἔσται ὅταν ἔσθητε ὑμεῖς*
20 *ἀπὸ τῶν ἄρτων τῆς γῆς, ἀφελεῖτε ἀφαίρεμα ἀφόρισμα κυρίῳ·* [20]*ἀπαρ-*
χὴν φυράματος ὑμῶν ἄρτον ἀφαίρεμα ἀφοριεῖτε αὐτό· ὡς ἀφαίρεμα

ABF(K)MV *O''* C''^{-320} $bdf^{-53'}nstxyz$ al verss

O^{-376} 106 619*(cprm) 319 Bo Syh = 𝔐; > 376 | *δικαίωμα ἕν*] *δικ. εις* 426; *δικαιωματα* 509; om *ἕν* V | om *ἔσται* 2° Aeth | *ὑμῖν* 1°] pr *εν* 15; > B* (sed hab Sixt); ⌒2° C'^{-131mg}-46-414-422 56* | *τῷ* 1°] *πρω* A | *τῷ* 2° — fin] om *τῷ* $131^{(mg)}$-313-417 121; > Bo | *προκειμενω* 458 130 | om *ἐν* 313* 84 | *ὑμῖν* 2°] *ημιν* 130

17 *Μωυσῆν*] *-ση* 58 19 (sed hab Compl); *μωσην* G-426 n^{-458} Cyr II 617 VI 568; *μωσιν* 458; *μωσει* 72

18 *καί — αὐτούς*] *λεγων προς αυτους* C''^{-414} 424; *λεγων* 126 Bo; > Arab; + *λεγων* 414 | *ἐν*] pr *και* 75 | om *τῷ* 313* | *πορευεσθαι* 126 Cyr I 605 (sed hab II 617 VI 568) | *ὑμᾶς* 1°] > 72 610* 55(|); bis scr 376* | *γῆν*] + *χαναακ* 376 | *εἰς ἥν*] *ης* 52'-551; om *εἰς* 72 73-552 19' 44 527 18-126 55 Cyr I 605 (sed hab II 617 VI 568) ^{Lat}cod 100 Aeth (sed hab Compl); om *ἥν* 313 | *ἐγώ*] sub ※ G Syh^{T}; > 58 619 392 ^{Lat}cod 100 Ambr *Cain* II 6 (sed hab Aug *Loc in hept* IV 19) | *εἰσάγω*] *εισαγαγω* 72 616 118'-537 75' 619 319; *εισαξω* 414 129 Arm Bo = Compl; *αγαγω* 529; post *ὑμᾶς* 2° tr 381' 84^{cprm} | om *ὑμᾶς* 2° 84* | om *ἐκεῖ* 72 ^{Lat}cod 100 Co

19 *καὶ ἔσται*] *και εστω* Phil I 246^{Pap}; om *καί* 72; om *ἔσται* ^{Lat}cod 100; > Aeth Arab | *ἔσθητε*] *εσθιητε* (*-ται* G; *-θιειτε* 58; *αισθιηται* 767) F^{b} O^{-376} d^{-610} n^{-75} 343-344^{c} *t* Phil I 246 Cyr I 605 II 617 VI 568; *εσθαιτε* 624; *εσθιετε* (*-ται* V; *εισθιεται* 75) V 72 610 75 628; *εισελθητε* 59; post *ὑμεῖς* tr ^{Lat}cod 100 | *ὑμεῖς*] *υμας* 30*(cprm); > 319 Phil I 246 ^{Lat}Ambr *Cain* II 6 Aeth Sa = 𝔐 | *ἄρτων*] *καρπων* 422 129-246* Phil I 246^{ap}; *καρπωματων* 55 | *τῆς γῆς*] *terrae illius* Ambr *Cain* II 6 | *ἀφελεῖτε*] pr *separantes* Syh; *-ται* (*αφειλ.* G*) K V G-707 19' 107* 75 30 126 319; *-λητε* 739 18-120*-628; *-λετε* 82; *-λεται* 767; *αφαιρειτε* (*αφερ.* 129) 129 624 Cyr I 605 (sed hab II 617 VI 568) = Compl; *αφαιρειται* 458 318 Phil I 246^{Pap} | *ἀφαίρεμα*] *-ρετα* Phil I 246^{Pap}; > 381'; post *ἀφόρισμα* tr 71' | *ἀφόρισμα*] *-ρισμω* 44; sub ÷ G Syh^{L}; > ^{Lat}codd 91 92 94—96 = 𝔐; ad fin tr G-376 Syh | *κυρίῳ* B V 707 *d* f^{-129} n^{-75} *t x* 392 55 Phil I 246^{ap} Cyr I 605 VI 568] *κ̅υ̅* 75; pr *τω* K Cyr II 617 rell

20 *ἀπαρχήν*] pr *et* Bo; *-χης* Phil I 246^{ap}; *-χων* A 121; *e primitiis* Aeth | *ἄρτον* — (21) *ὑμῶν* 1°] pr (+ *αρτον* 767) *και δωσετε* (*δωσε*^{τ} 458; *-ται* 75-127-767) *κ̅ω̅* *n* Arm^{ap} Syh^{T}; > 125 509: homoiot; bis scr 314* | om *ἄρτον — ὡς* 72 | *ἄρτον ἀφαίρεμα*] *et feretis panem oblationis domino* Arm^{te} | *ἄρτον* K] *αρτων* 58 $C''^{-52'\ 313\ 417\ 529c\ 551}$ 19 28-85 Phil I 246^{ap} (sed hab Compl); > 59 ^{Lat}codd 91 92 94—96 | *ἀφαίρεμα* 1° — (32) *ἡμέρᾳ*] absc 624(||) | om *ἀφαίρεμα ἀφοριεῖτε αὐτό* Phil I 246^{UF} | *ἀφαίρεμα* 1°] *αφορισμα* 414; *oblationis* ^{Lat}cod 100; post *ἀφοριεῖτε* tr O^{-58} *z* Syh = Sixt 𝔐; ⌒2° $d^{(-125)}$ *t* 392 | *ἀφοριεῖτε*] *αφαιρειτε* (*-ριειτε* Cyr; *-ται* 527 318*) 527* 318 Cyr II 617 (sed hab I 605 VI 568); *αφελειτε* Phil I 246te = Compl; *separabis* ^{Lat}codd 91 92 95 96 100 | *αὐτό — ἀπό*] om *ὡς ἀφαίρεμα* 71'; > G | *αὐτό* K Phil I 246^{ap}] *αυτω* oI^{-64}-707 C^{-16}-73-414 75'-767 318^{c} 128-669 59 Phil I 246^{ap} Aeth = Compl; *αυτον* F 29 127 Phil I 246te; *non* ^{Lat}cod 100; sub ÷ Syh; > 58 = 𝔐; + *domino*

ἀπὸ ἅλωνος, οὕτως ἀφελεῖτε αὐτόν, [21]ἀπαρχὴν φυράματος ὑμῶν· 21
καὶ δώσετε κυρίῳ ἀφαίρεμα εἰς τὰς γενεὰς ὑμῶν.
[22]Ὅταν δὲ διαμάρτητε καὶ μὴ ποιήσητε πάσας τὰς ἐντολὰς ταύτας, 22
ἃς ἐλάλησεν κύριος πρὸς Μωυσῆν, [23]καθὰ συνέταξεν κύριος πρὸς 23
ὑμᾶς ἐν χειρὶ Μωυσῆ ἀπὸ τῆς ἡμέρας, ἧς συνέταξεν κύριος πρὸς ὑμᾶς,
καὶ ἐπέκεινα εἰς τὰς γενεὰς ὑμῶν, [24]καὶ ἔσται ἐὰν ἐξ ὀφθαλμῶν τῆς 24
συναγωγῆς γενηθῇ ἀκουσίως, καὶ ποιήσει πᾶσα ἡ συναγωγὴ μόσχον

ABF(K)MV *O''* *C''*(320) *bdf*$^{-53'}$*nstxyz* al verss

Arm Sa | *ἀφαίρεμα* 2°] *απαρχην* 72 Sa | *ἀπὸ ἅλωνος*] pr *εις τας γενεας υμων* 106; *πολλων ος* 318 | *ἀπό*] *απ* 126; *υπο* 28-85; > 426 Phil I 246^{ap} ^{Lat}codd 91 92 94—96 100 Syh (sed hab Spec 59) = 𝔐 | *ἅλωνος*] *αλω* B *x*$^{-509}$ Cyr VI 568 (sed hab I 605 II 617) = Ra; + ÷ *αυτο*↙ *ως αφαιρεμα αλωνος* G^{c}: cf praec | *οὕτως*] *ουτω* 72 | *ἀφελεῖτε*] *-ται* (*αφαιλ.* V) V 82-376-707 *f*$^{-129}$ 75'-767 619 319; *αφοριειτε* (*-ται* 55) 55 Cyr II 617 VI 568; *απολειτε* 68' (sed hab Ald); *αφιεναι* 318; *αφαιρειτε* *oI*$^{-15}$ *d*$^{(-125)}$ *t* 527 Phil I 246^{Pap}; *αφαιρησετε* Cyr I 605; *offeretis* ^{Lat}cod 100 | *αὐτόν* K] *αυτο* 58 16-46-528 *b* 129 54 343 68'-120'-630' Phil I 246^{ap} Cyr II 617 (sed hab VI 568); *αυτω* 529* 458-767 128 55^{c} Aeth; *αυ*^{τ} 72; *τον αρτον oI*; > 75 Phil I 246te Cyr I 605 ^{Lat}cod 100 Co (sed hab ^{Lat}codd 91 92 94—96 Spec 59); + *αρτον* A M' 29-58-72-707^{mg} *C''* 44-107' 246 *s*$^{-30}$ *t y* 18-126-628 55 59 = Ald

21 om init — *ὑμῶν* 1° 106 | *ἀπαρχήν*] *e primitiis* Aeth; *-χης* A 58-72 414 44-107' 458 *t*$^{-134}$; *-χη* 82 75 68'-120' (sed hab Ald) | *φυραματων* V *O*$^{-58}$ 129 319 ^{Lat}cod 100 Bo Syh = Compl 𝔐 | om *καί* 72 ^{Lat}codd 91 92 94—96 = 𝔐 | *δώσετε*] *-ται* V 82-376 552^{mg*} *f*$^{-129}$ 75^{c}-767 30 509-619 126 55 319; *δωσε* 552^{txt}; *δωσε*^{τ} 458 | *αφαιρεμα τω* (> Cyr) *κυριω* 426 Cyr II 617 | *κυρίῳ* K] pr *τω* F 58-72'-376 16-46 *b* 125 75 59 319 Cyr I 605 VI 568 (sed hab Compl); > 73* | fin] + *εγω* $\overline{κς}$ *ο θ̅ς̅ υμων* *f*$^{-56txt}$

22 *ὅταν*] *εαν* 128-630' Aeth Syh | *δέ*] *δ* 126; > 628 | *διαμάρτητε*] *αμαρτητε* 29 19' 126-628* (sed hab Compl); *διαμαρτυ*[. . . K; *διαμαρτυρητε* (*-ται* 121) A *y*$^{-318}$; *μη αμαρτητε* 669 | om *μή* 528 321' 509 | *ποιήσητε*] *-σετε* (*-ται* 75) 376* 528-551 44 75'-127 134 392; *ποιη*^{στ} 126; *ποιητε* 321'; + ras 10 litt 618 | *πάσας*] pr *συν* 426; *παντας* 106 | *ταύτας* — fin] *τας* 72 | om *ἅς* — fin Arab | *ἅς*] *οσας* 319 | *ελαλαλη* 528 | *κύριος*] ⌒(23) 1° *b*$^{-537}$ (sed hab Compl); ⌒(23) 2° 537 | *πρὸς Μωυσῆν*] *τω μωση* 458 | *μωυση* 321; *μωσην* G-426 54'-75 Cyr II 617; *μωσιν* 767

23 init — *ὑμᾶς* 2°] om init — *Μωυσῆ* 106 126; > 125 | *καθά*] *απο της ημερας ης* K; *ας* 551; *κατα παντα* (sub ※ G Syh^{T}) *a* (*ως* 58) *O* Syh = 𝔐 | *συνέταξεν* 1° — *ἧς*] bis scr 131 246 | *κύριος πρὸς ὑμᾶς* 1°] *ημιν* $\overline{κς}$ 422; *vobis dominus* Arm | *κύριος* 1°] > 376(|); ⌒2° 610 527 318; + *ο θεος* *z*$^{(-126)}$ Cyr II 617 | *πρός* 1° — fin] *και ελαλησε κυριος προς μωση* 72 | *πρὸς ὑμᾶς* 1° B 376' *b*$^{(-537)}$ 44-107 129 127-458 *t* *x*$^{(-527)}$ ^{Lat}cod 100 Syh] *προς ημας* G; *υμων* 18; > 413*(cprm) 75; + *και επεκεινα* 54: ex sq; *υμιν* Cyr II 617 rell | *χειρί*] pr *τη* 458 | *Μωυσῆ*] *-σει* 343; *-σης* 107*; *-σεος* 68' (sed hab Ald); *-σεως* 376 120'; *μωσεως* G-426; *μωση n* Cyr II 617; *υση* 739 | *ἧς*] *η* V 458 68'-120 Cyr II 617 = Sixt | *κύριος πρὸς ὑμᾶς* 2°] *vobis dominus* Arm | *πρὸς ὑμᾶς* 2°] *προς ημας* 422*-528*(cprm); *προς μωυσην* 527; *υμιν* 319; sub ÷ G Syh; > ^{Lat}cod 100 Arab = 𝔐 | *εἰς*] bis scr 610(|) | om *ὑμῶν* 318*(||)

24 om *ἔσται* Aeth | *ἐάν*] pr *ος* 318; *αν* 75; > V | om *ἐξ ὀφθαλμῶν* Bo |

ἕνα ἐκ βοῶν ἄμωμον εἰς ὁλοκαύτωμα εἰς ὀσμὴν εὐωδίας κυρίῳ, καὶ
θυσίαν τούτου καὶ σπονδὴν αὐτοῦ κατὰ τὴν σύνταξιν, καὶ χίμαρον ἐξ
25 αἰγῶν ἕνα περὶ ἁμαρτίας. [25]καὶ ἐξιλάσεται ὁ ἱερεὺς περὶ πάσης
συναγωγῆς υἱῶν Ἰσραήλ, καὶ ἀφεθήσεται αὐτοῖς· ὅτι ἀκούσιόν ἐστιν,
καὶ αὐτοὶ ἤνεγκαν τὸ δῶρον αὐτῶν κάρπωμα κυρίῳ περὶ τῆς ἁμαρτίας
26 αὐτῶν ἔναντι κυρίου περὶ τῶν ἀκουσίων αὐτῶν. [26]καὶ ἀφεθήσεται
κατὰ πᾶσαν συναγωγὴν υἱῶν Ἰσραὴλ καὶ τῷ προσηλύτῳ τῷ προσκει-
27 μένῳ πρὸς ὑμᾶς, ὅτι παντὶ τῷ λαῷ ἀκούσιον. [27]ἐὰν δὲ ψυχὴ μία

ABF(K)MV *O''* *C''* *bdf*$^{-53'}$*nstxyz* al verss

τῆς συναγωγῆς] + *υμων* 75; post *γενηθῇ* tr F | *γενηθῇ* — *ποιήσει*] *peccaverit quis nollens et fecerit malignum accipiet* ^{Lat}cod 100 | *γενηθῇ*] *γενν.* V 618 313 392; *γενηται* (*-νειται* 75) *d* 129 *n t* 121 = Compl; > 509; post *ἀκουσίως* tr Cyr II 620 | om *καί* 2° Arm Bo | *ποιήσει*] *-ση* B* F K M′ 15′-*oII*$^{-82}$ 46-422-500*-528-616^{c} *f*$^{-129}$ 127 527 669* (sed hab Sixt) = Ald | *πᾶσα*] > Arm; post *συναγωγή* tr 52′-313-551 | *ἕνα* 1°] > ^{Lat}cod 100; post *ἄμωμον* tr *O*$^{-58}$ Syh: cf 𝔐 | *ἐκ βοῶν*] om *ἐκ* 392*(cprm); > 126; + *περι αμαρτιας* 19 (sed hab Compl) | *ἄμωμον*] *αμνον* G(sub ÷); sub ÷ Syh; > 75 Arab = 𝔐 | om *εἰς* 1° ^{Lat}cod 100 | *ολοκαυτωσιν* 19 (sed hab Compl) | *εἰς* 2°] pr *et* Aeth; pr *et agnum* Bo; > 19 (sed hab Compl) | *κυρίῳ* — *αὐτοῦ*] pr *τω* 426 458-767 319 Cyr II 620; > 376 | om *καί* 3° *x*$^{-509}$ | *θυσίαν τούτου*] *θυσια* 125; *sacrificium unum* ^{Lat}cod 100 | *τούτου*] pr *και* 134*(|); *τουτω* 414; *αυτου* 55 319 = 𝔐 | *καί* 4°] *εις* 458 | *αὐτοῦ*] *αυτω* 414; *αυτην* 314* 128*; *τουτου* 29-72 *d n*$^{-458}$ *t*; > 458 Arm; + *εις οσμην ευωδιας* V: ex praec | *κατὰ τὴν σύνταξιν*] *secundum eandem rationem* Arm^{te}; *secundum libationis rationem* Arm^{ap}; om *τήν* 669 | *σύνταξιν* B V 72 *d*$^{-44}$ *n*$^{-767}$ *t x*$^{-509}$ 59 319 ^{Lat}cod 100 Bo] *ταξιν* 44; *συναξιν αυτου* 68 = Ald; + *αυτου* Cyr II 620 rell | *ἐξ αἰγῶν* / *ἕνα*] om *ἕνα* 458(|); tr 19 (sed hab Compl)

25 *ἐξιλάσεται*] *εξελ. περι αυτω* 458; + *περι αυτου* B* 19 (sed hab Compl Sixt) | *περί* 1°] pr *και* 458 | *πάσης*] *της* 29 *x*$^{-509}$ | *συναγωγῆς*] pr *της* 72 *d n t* 319 | *υἱῶν*] pr *των d n*$^{-458}$ *t* | *καί* 2° — fin] bis scr V | *αὐτοῖς*] *αυτου* 246*(c prm); *ei dominus* Hi *C Pel* I 35 | *ἀκούσιόν*] *-σιος* (*-σηος**vid) 376; *-σιως* 767 | om *καί* 3° — (26) fin *b* (sed hab Compl) | *ἤνεγκαν*] *-γκον* 319^{c}; *offerent* Arm^{te} | *τα δωρα x*$^{-509}$ Bo | *αὐτῶν* 1°] *αυτου* 73*(cprm); ⌒2° 320 | *κάρπωμα*] pr *et* Aeth; *-ματα* V(1°) | *κυρίῳ*] pr *τω* 319; $\overline{κυ}$ 509; > 72(|) 54 | om *τῆς* 58 417-529-739 129 28-85 527* 630 = Compl | *αὐτῶν* 2°] *αυτου* 509 | *ἔναντι κυρίου*] *in conspectu eius* Hi *C Pel* I 35 | *εναντιον* (*-τιων* 417) *C''* | *κυρίου*] $\overline{κω}$ 529 458 | *περί* 3°] pr *και* 44 Aeth Bo | *ἀκουσίων*] *εκ.* 75 | om *αὐτῶν* ult 130-321′

26 *ἀφεθήσεται*] + *illis* ^{Lat}cod 100 | *κατὰ πᾶσαν* (*πασας* 376*; *πασσαν* 376^{c}) *συναγωγήν* B V *O*$^{-58}$ *d* 129 *n*$^{-127}$ *t x* ^{Lat}cod 100 Syh] *πασα η* (> 46′-528-615) *συναγωγη* A 29-64*-707 46′-528-615 30′ 121; *παση* (+ *τη* 58-72^{c} 55 59) *συναγωγη* Cyr II 620 rell = 𝔐 | om *υἱῶν* 319 | *τῷ* 2°] pr *και* A 121 55; > 417(||)-529 Cyr II 620 | *προσκειμένῳ* B V 426 *d* 129 *t x* Syh = Compl] *προσπορευομενω* (*-νων* G*; *προπορ.* 56*; *-ρεβομ.* 54; *πορ.* 126) Cyr II 620 rell;

---

26 *κατὰ πᾶσαν συναγωγήν*] *ο′ κατὰ πᾶσαν συναγωγήν* 344 | *προσκειμένῳ*] *ο′ θ′ προσκειμένῳ* 344

ἁμάρτῃ ἀκουσίως, προσάξει αἶγα μίαν ἐνιαυσίαν περὶ ἁμαρτίας,
[28]καὶ ἐξιλάσεται ὁ ἱερεὺς περὶ τῆς ψυχῆς τῆς ἀκουσιασθείσης καὶ 28
ἁμαρτούσης ἀκουσίως ἔναντι κυρίου ἐξιλάσασθαι περὶ αὐτοῦ. [29]τῷ 29
ἐγχωρίῳ ἐν υἱοῖς Ἰσραὴλ καὶ τῷ προσηλύτῳ τῷ προσκειμένῳ ἐν
αὐτοῖς, νόμος εἷς ἔσται αὐτοῖς, ὃς ἂν ποιήσῃ ἀκουσίως. [30]καὶ ψυχή, 30
ἥτις ποιήσει ἐν χειρὶ ὑπερηφανίας ἀπὸ τῶν αὐτοχθόνων ἢ ἀπὸ τῶν
προσηλύτων, τὸν θεὸν οὗτος παροξύνει· ἐξολεθρευθήσεται ἡ ψυχὴ
ἐκείνη ἐκ τοῦ λαοῦ αὐτῆς, [31]ὅτι τὸ ῥῆμα κυρίου ἐφαύλισεν καὶ τὰς 31

ABFMV *O''* *C''* *bdf*$^{-53'}$*nstxyz* al verss

⌒(29) 618^{txt} | *ημας* 125* 68′-120 | om *ὅτι* — fin 246 | *ἀκούσιον*] pr *est* Arm; litt *ον* sup ras 376; + *εστιν* V 58 767 319 Aeth Bo

27 *δέ*] *τε* Sixt; > Hi *C Pel* I 35 | *μία*] *μη* 64*-707 129*; sup ras 2 litt 15; > 381-618$^{(mg)}$ 528; post *ἁμάρτῃ* tr 458^{c} | *ἁμάρτῃ*] *αμαρτημα* 126; post *ἀκουσίως* tr 55 | *ἀκουσίως*] *-σιος* 509; *-σιον* G; *εκ.* 528 730; bis scr 314; + *εναντι* *κ̅υ̅* 44 | *προσαξη* 616^{c} 126; *προσαξεις* 318 | *αἶγα*] pr ÷ Syh^{L}; post *μίαν* tr Compl | *μίαν*] sub ÷ G Syh(s metob); > 58 ^{Lat}Hi *C Pel* I 35 = 𝔐 | *ἐνιαυσίαν*] *-σιον* 82 129 Cyr II 620; *-σιαιαν* 72 107′; > 707 Bo; ad fin tr 55

28 *ψυχῆς*] + *της αμαρτιας* 527 | *τῆς* 2° — *ἀκουσίως*] *quae nollens deliquerit* ^{Lat}cod 100; om *ἀκουσ. καί* 126 Bo; om *καὶ ἁμαρτ. ἀκουσίως* Aeth^{M} | *ἀκουσιασθείσης*] *ακουσθησεις* 509; *ακουσασης* 318; *-θεσεις* 376; *ακουσιας θυσιασης* 72 | *ἁμαρτούσης*] *-τησασης* (*-τισ.* 458) 72 458; *-τωσης* (*-τοσ.* 630) 318 630; *-τανουσης* 376 | *ἀκουσίως*] *εκ.* 64-381-618$^{(mg)}$; post *κυρίου* tr *n* Arm Bo | *εναντιον* 552* | *κ̅ω̅* 458 | *ἐξιλάσασθαι* — fin] pr *και* 619* Aeth; > Bo | *ἐξιλάσασθαι*] *-σεσθαι* (*-σθε* 527; *εξειλ.* V G) V G *d*$^{-44}$ 76 527; *εξιλασθαι* (*εξειλ.* 509) 376 528 509* 628; *-σησθε* F^{b}; *-σεται* 550*(cprm)-739 *b* 319 ^{Lat}cod 100 Aeth | *αὐτοῦ*] *αυτης* 414; *αυτων* 15-72 | fin B F V 72′ *f*$^{-246}$ *n*$^{-127}$ *x* 59 ^{Lat}cod 100 Aeth Arab Arm Sa] + (※ G^{c} Syh^{L}; ÷ G*) *και αφεθησεται* (*-σετε* 313-615; *αφαιθ.* *y*$^{-392}$ 68′; *-σεσθαι* *d*$^{-44}$ *t*$^{-84}$; *-σεσθε* 44) *αυτω* (> 82) Cyr II 620 ^{Lat}Aug *Loc in hept* IV 50 rell = 𝔐

29 init — *αὐτοῖς* 1°] pr *et* Aeth^{M}; post *ἔσται* tr Bo | *ἐγχωρίῳ*] *εκχ.* 82; *αυτοχθονι* 130^{mg}-321′^{mg} | *ἐν* 1°] *επι* 46^{s} | *υἱοῖς*] pr *τοις* Cyr II 620 | *καί* — *προσκειμένῳ*] *μενω* 121 | *καί*] *vel* ^{Lat}cod 100 | om *τῷ* 2° 739 527 | *τῷ* 3° — *αὐτοῖς* 1°] om *τῷ* 528; > Sa | *προκειμενω* 130 | *ἐν αὐτοῖς*] *εν* (> Bo) *υμιν* *z* Aeth Bo^{A} (sed hab Ald); > Bo^{B} | *νόμος*] pr *et* Aeth^{M} | *ἔσται*] *εστω* *oI*$^{-15}$; *εστιν* 392; > 458 | *αὐτοῖς* 2°] pr *εν* F 29-82 30 122 Cyr II 620 ^{Lat}cod 100 = Ald; > *oI* Arm Bo | *ὅς*] *ως* G*; *οσα* (*ωσα* 319) 246 *z*$^{-126}$ 319 (sed hab Ald) | *ἄν*] *εαν* F 58-*oII*$^{-707}$ *d*$^{-44}$ *n t z*$^{-126}$ 59 Cyr II 620 = Sixt | *εκουσιως* 381$^{c\ vid}$-618

30 om *καί* Bo^{B} | *ψυχή* 1°] pr *η* G*-*oI* 129 = 𝔐 | *ἥτις*] *η τι* 615 246; *ει τις* *d*$^{-610}$ 84-370 619; + *αν* 71′ 319; + *εαν* F 58-72 59 | *ποιήσει*] *-ση* F^{b} 29-58 313-615 *f*$^{-129}$ 134 55 59 = Ald Sixt; *fecerit* ^{Lat}cod 100 Aug *Loc in hept* IV 51 Aeth | *χερι* 321 | *ὑπερηφανίας*] *-νιαν* F*(cprm) G* 414-417^{c} Bas III 668^{ap} Tht *Nm* 210 ^{Lat}cod 100 Aeth Arm^{te} Bo | *αυτοχθονιων* 318 | om *ἀπό* 2° 72 *b* 319 ^{Lat}cod 100 (sed hab Compl) | *τὸν θεόν*] *dominum* ^{Lat}cod 100 Aeth Arm^{ap} = 𝔐 | *ουτως* 58-376$^{c\ prm}$-*oII* 131* 75′-767 30-321-343-346* 527 318 120′-630 59 319 Aeth | *παροξύνει*] *-νη* 767 30 120; *-νειν* 58 59; *-ναι* 72; *παρωξυνε* (*-οξ.* 75) 75 Aeth Arm; *παροξυν*^{ν} 126 | *ἐξολεθρευθήσεται* B* Aeth Arm^{te} Bo] pr *και* A F 29 129 ^{Lat}cod 100 Arab Arm^{ap} Sa Syh = 𝔐; *εξολοθρ.* B^{c} V 58

ἐντολὰς αὐτοῦ διεσκέδασεν, ἐκτρίψει ἐκτριβήσεται ἡ ψυχὴ ἐκείνη, ἡ
ἁμαρτία αὐτῆς ἐν αὐτῇ.
32 32Καὶ ἦσαν οἱ υἱοὶ Ἰσραὴλ ἐν τῇ ἐρήμῳ καὶ εὗρον ἄνδρα συλλέγοντα
33 ξύλα τῇ ἡμέρᾳ τῶν σαββάτων. 33καὶ προσήγαγον αὐτὸν οἱ εὑρόντες
αὐτὸν συλλέγοντα ξύλα πρὸς Μωυσῆν καὶ Ἀαρὼν καὶ πρὸς πᾶσαν
34 συναγωγὴν υἱῶν Ἰσραήλ. 34καὶ ἀπέθεντο αὐτὸν εἰς φυλακήν· οὐ
35 γὰρ συνέκριναν τί ποιήσωσιν αὐτόν. 35καὶ ἐλάλησεν κύριος πρὸς
Μωυσῆν λέγων Θανάτῳ θανατούσθω ὁ ἄνθρωπος· λιθοβολήσατε

ABFMV *O'' C''* *bdf*$^{-53'}$*nstxyz* al verss

x 55 59 = Sixt; *και εξολοθρευθει* 319; *και εξολοθρ.* (*εξωλ.* 416) F^{b} rell | *ἐκείνη*] > 59; + *η* 610 | *τοῦ*] pr (※ G) *μεσου O* Bas III 668 Syh = 𝔐 | om *αὐτῆς* Aeth^{M} = Tar^{P}

31 *τὸ ῥῆμα*] *τα ρηματα* B* (sed hab Sixt); om *τό* 19' Tht *Nm* 211^{ap} (sed hab Compl) | *κυρίου*] *dei* Sa | *διεφαυλισεν* (-*λησεν**) 509 | *εσκεδασεν* 509 | *ἐκτρίψει* — *ἐκείνη*] pr *et ideo* Spec 12; > 126 Arab | *ἐκτρίψει*] *τριψει* 120; > 125 130-321' | *ἐκείνη*] + *εκ του λαου αυτης* (+ *οτι το ρημα κυριου εφαυλισεν* 16-46) 16-46 Arm: ex 30 | *ἡ ἁμαρτία*] pr *και* 82 ^{Lat}cod 100 Aeth; *αμαρτιας* 319; *αμαρτια* (-*τιας* 134*) *γαρ d n t* Tht *Nm* 211 Arm; om *ἡ* B^{c} 426 *f*$^{-129}$ *x* 392 (sed hab Sixt) | *αὐτῆς*] *αυτοις* 106 | fin] + *erit* ^{Lat}cod 100 Spec 12 Bo

32 *ἦσαν*] *ηκουσαν x*$^{-509}$ | om *οἱ* 707 246 30 126 319 | *ευροσαν* (-*ρωσ.* 319) V 319 | *ανδρας συλλεγοντας* 72 75-767* 509 | *ἄνδρα*] *ανδρας* 30; *ανον* 52'-313 610 | *τῇ* 2°] pr *εν* A 376 *n*$^{-127}$ *x*$^{-509}$ 318 319 ^{Lat}cod 100 Syh = 𝔐; *του* 68 (sed hab Ald) | *τῶν σαββάτων* B V *d n t x* 318 319 ^{Lat}cod 100 Bo] *του* (> 68) *σαββατου* rell

33 om init — *ξύλα* 509 | *προσήγαγον*] *προσηγον* 528 127(|); *ηγαγον* 126 55 | *αὐτόν* 1°] *αυτοι* 56*(vid); > 319 | *οἱ* — *ξύλα*] om *αὐτόν* B 129 Arm; om *αὐτὸν συλλέγοντα ξύλα* 71'; om *συλλέγοντα ξύλα oII*$^{-72}$ *b* 106 75 392 *z*$^{-126}$ 55 59 319 Aeth (sed hab Ald Compl); > 72 125 130-321' 126 Arab Co | *αὐτόν* 2°] *αυτων* 707 118' 54* | *συλλέγοντα* F^{a}] -*τες* B* (sed hab Sixt); > F; + ras 7 litt 426; + *τα* A 15' 550-552^{mg} 767 = Ald: dittogr | *ξύλα*] > F; + (+ *εν* 54-458) *τη ημερα των σαββατων* B *f n*$^{-75}$ *t* 527 799 = Ra; + *τη ημερα του σαββατου* M' 528 121 Arm | *μωυση* 58 19 (sed hab Compl); *μωσην* G-426 *n*; *μωση* 72 | *καὶ Ἀαρών*] *και προς ααρων* 426 Arm^{ap} = 𝔐; > 44 | om *πρός* 2° Bo^{A} | om *πᾶσαν* Syh^{G} | *συναγωγήν*] pr *την* 85^{mg} 628 319 | *υἱῶν Ἰσραήλ* = Tar^{P}] pr ÷ Syh; sub ÷ G; om *υἱῶν* 82; > 106(|) 319 = 𝔐 Sam Tar^{O}; + *dicentes invenimus hunc colligentem ligna in die sabbatorum* Bo

34 *ἀπέθεντο*] -*θοντο* 426; *επεθ.* 85*-130-321' | *αὐτόν* 1°] *αυτω* 376; *αυτην* G* | *εἰς* — fin] bis scr 313 | *εἰς φυλακήν*] *εις την φυλ. d*$^{-106}$ 319; *εν φυλακη* 376 | *εκριναν* 529 | *ποιήσωσιν*] -*σουσιν O'*$^{-15}$ ^{58}-72 46-52-77-414'-417-422-550'-761 *f*$^{-56}$ *n* 28^{c}-85-321*-730 74-76 509*-527 *y*$^{-121}$ *z* 319 799 = Compl; *faciet dominus* Bo | *αὐτόν* 2°] *αυτω* A F 29-58-72-376 414 *b* 75 121 68-120'-122^{c}-628 55 59 319 ^{Lat}cod 100 Arm^{te} Bo Syh (sed hab Compl) = Ald 𝔐

35 *ἐλάλησεν*] *ειπεν* 84 | *Μωυσῆν*] -*ση* 58 616 19 (sed hab Compl); *μουσην* 376; *μωσην* G-426 *n*; *μωσει* 72 | *λέγων*] sub ÷ G; > Arab = 𝔐 | om *θανάτῳ* — *ἄνθρωπος* 126 | om *θανατούσθω* 106 | *ὁ ἄνθρωπος*] *hic homo* ^{Lat}cod 100 Sa (sed hab Aug *Loc in hept* IV 52 PsAmbr *Mans* 27); > 414; + *εκεινος* 82 246 *z*$^{(-126)}$ | *λιθοις λιθοβολησατε* (-*λισ.* 529) *αυτον* 529 121 | *λιθοβολήσατε*] -*σετε*

αὐτὸν λίθοις, πᾶσα ἡ συναγωγή. 36καὶ ἐξήγαγον αὐτὸν πᾶσα ἡ συνα- 36
γωγὴ ἔξω τῆς παρεμβολῆς, καὶ ἐλιθοβόλησαν αὐτὸν πᾶσα ἡ συνα-
γωγὴ λίθοις ἔξω τῆς παρεμβολῆς, καθὰ συνέταξεν κύριος τῷ Μωυσῇ.
37Καὶ εἶπεν κύριος πρὸς Μωυσῆν λέγων 38Λάλησον τοῖς υἱοῖς 37 38
Ἰσραὴλ καὶ ἐρεῖς πρὸς αὐτούς, καὶ ποιησάτωσαν ἑαυτοῖς κράσπεδα
ἐπὶ τὰ πτερύγια τῶν ἱματίων αὐτῶν εἰς τὰς γενεὰς αὐτῶν, καὶ ἐπιθή-
σετε ἐπὶ τὰ κράσπεδα τῶν πτερυγίων κλῶσμα ὑακίνθινον. 39καὶ 39
ἔσται ὑμῖν ἐν τοῖς κρασπέδοις, καὶ ὄψεσθε αὐτὰ καὶ μνησθήσεσθε

ABFMV *O'' C'' bdf*$^{-53'}$*nstxyz* al verss

(-ται 129$^{c\,pr\,m}$) 129 318 = Ald Compl; *lapidabunt* Arm; *lapidabit* Bo | om *λίθοις* — (36) *παρεμβολῆς* 2° 120 | *λίθοις*] pr εν 16-46 *y*$^{-121}$ = 𝔐; > 417 767 68′ 799 ^{Lat}cod 100 (sed hab Aug *Loc in hept* IV 52 PsAmbr *Mans* 27 Ald) | om *ἡ* V 72 121 68′ 59 799 | *συναγωγή*] + εν λιθοις 799; + εξω της παρεμβολης G-376 74′-84 128-630′ ^{Lat}PsAmbr *Mans* 27 Arab Syh = Compl 𝔐

36 om init — *λίθοις* 76 | init — *συναγωγή* 1°] om *ἐξήγαγον* — *συναγωγή* *C*$^{''-46\ 131^{mg}\ 414\ 417}$; > V 426 46-414-417 *d* 767 370 319 Sa: homoiot | εξηγαγεν G 129 509 Bo | om *αὐτόν* 1° 71′ 59 | *πᾶσα* / *ἡ συναγωγή* 1°] *de carcere* ^{Lat}cod 100; om *πᾶσα* G; om *ἡ* 707; > 75 Arab; tr 392; + τον ανον 71′ | *παρεμβολῆς* 1°] ⌒2° 54-458 | ελιθοβολησεν B 767 527′ | om *αὐτόν* 2° 767 | *πᾶσα* 2° — fin] και απεθανεν 126 | *πᾶσα* 2° — *παρεμβολῆς* 2°] και εποιησαν ουτως 799; > F 58-*oII*$^{-82}$ *b* 75 30 392 128-407-630′ 59 Aeth | *πᾶσα ἡ συναγωγή* 2°] > *O*$^{(-58)}$-82-381′ *d*$^{-106}$ *f*$^{-129}$ 509-619 Arab Syh = 𝔐; post *λίθοις* tr 413-414 106 318 55 ^{Lat}cod 100 Bo | *λίθοις*] pr (※ Syh) εν A *O′*$^{(-58)}$ *C''*$^{-550'}$ 767 *s*$^{(-30)}$ 619 *y*$^{(-392)}$ 18-68′-628 55 319 624 Bo Syh = 𝔐; > 127(|) Arm | om *ἔξω* 2° — fin 106 | *ἔξω τῆς παρεμβολῆς* 2°] pr και 551*; (※ G) και απεθανε(ν) *O*$^{(-58)}$ Syh = 𝔐; > M′ 82-381′ *d*$^{(-106)}$ *x*$^{-527}$ Arab | om *καθά* — fin 417 | *συνέταξεν* B *d*$^{(-106)}$ *f*$^{-56}$ *n t x* 318 ^{Lat}cod 100 Arab Arm Co = Compl] + αυτοις 799; ελαλησε(ν) rell | *τῷ Μωυσῇ* B V *b d*$^{(-106)}$ *f*$^{-56}$ *t x* 628 ^{Lat}cod 100 Arab Arm Co Syh^{txt}] τω μωσει 426; τω μωση G* *n*; > 799; προς μωυσην (μωσην G; μωσει 72) rell

37 om init — *Μωυσῆν* *cI*$^{-413}$-52′-313-422 669^{txt} | *εἶπεν*] ελαλησε(ν) *C*-46-413-414′-417 Aeth Arm | μωυση 58 19 (sed hab Compl); μωσην G-426 *n*$^{-54}$ Cyr I 481; μωση 54; μωσει 72 | om *λέγων* *b* 106 458 121 68′-126 Sa (sed hab Ald Compl)

38 *καί* 1°] ⌒2° *b d*$^{-106}$ 126 (sed hab Compl); ⌒3° Arab | *καὶ ποιησάτωσαν ἑαυτοῖς*] *ut faciant sibi* ^{Lat}cod 100 Arm | *ἑαυτοῖς*] επ αυτοις 767; επ αυτους 58; εν αυτοις 376 550*(vid) 527; εαυτους 528; αυτοις 72 *d*$^{-106}$ 799 | *ἐπί* 1°] ⌒2° 126 | om *τά* 1° *oI* | *αὐτῶν* 1°] εαυτων 54-458 Cyr I 481; > 319; ⌒2° 56^{txt} 128 Sa | *εἰς* — *αὐτῶν* 2°] bis scr 313; om *εἰς τὰς γενεάς* 528; om *αὐτῶν* 527 | *ἐπιθήσετε*] -σεται A V G-82-376 313-615 19 107* *f*$^{-129}$ 75′-767 28*-30 509 55 319 799 (sed hab Compl); -σατε 343; *ponant* Aeth = 𝔐 | *ἐπὶ τὰ κράσπεδα*] *in pinnis* ^{Lat}cod 100 | *τῶν πτερυγίων*] pr των ιματιων και *d*$^{-106}$; των ιματιων 72 414-417 129 *x*$^{-509}$ 799 Syh^{G}; των πτερυγων 767* 130; + αυτων 29 458 | *κλῶσμα*] -ματα 246; κλασμα 618 509

39 *ἔσται*] + *hoc* Arm | *ὑμῖν*] ημιν 130; > 376 120 Cyr I 481 Sa; post *κρασπέδοις* tr 73′ | *τοῖς κρασπέδοις*] *fimbriis vestris* Co | *καί* 2°] sup ras 56 | *αὐτά* = Sam] αυτας 75; *eam* ^{Lat}cod 100; *id* Aeth = 𝔐 Tar | om *καί* 3° Bo | ανα-

πασῶν τῶν ἐντολῶν κυρίου καὶ ποιήσετε αὐτάς, καὶ οὐ διαστραφή-
σεσθε ὀπίσω τῶν διανοιῶν ὑμῶν καὶ ὀπίσω τῶν ὀφθαλμῶν ὑμῶν, ἐν
40 οἷς ὑμεῖς ἐκπορνεύετε ὀπίσω αὐτῶν, [40]ὅπως ἂν μνησθῆτε καὶ ποιή-
41 σητε πάσας τὰς ἐντολάς μου, καὶ ἔσεσθε ἅγιοι τῷ θεῷ ὑμῶν. [41]ἐγὼ
κύριος ὁ θεὸς ὑμῶν ὁ ἐξαγαγὼν ὑμᾶς ἐκ γῆς Αἰγύπτου εἶναι ὑμῶν
θεός, ἐγὼ κύριος ὁ θεὸς ὑμῶν.
1 **16** [1]Καὶ ἐλάλησεν Κόρε υἱὸς Ἰσαὰρ υἱοῦ Καὰθ υἱοῦ Λευί, καὶ Δα-
2 θὰν καὶ Ἀβιρὼν υἱοὶ Ἐλιάβ, καὶ Αὑν υἱὸς Φάλεθ υἱοῦ Ῥουβήν, [2]καὶ

ABFMV *O'' C''* $bdf^{-53'}nstxyz$ al verss

μνησθησεσθε (-*σθαι* $246^{c\,pr\,m}$) 246 121 z^{-126} Tht *Nm* 211te; *αναμνησεσθε* Tht *Nm* 211^{ap} | *πασῶν τῶν ἐντολῶν*] *πασας* (> 610*) *τας εντολας* (-*τωλας* 767) *d n t* Tht *Nm* 211; om *πασῶν* Bo^{A}; om *τῶν* 129 | *κυρίου*] *dei* ^{Lat}cod 100 | *καὶ ποιήσετε*] *και ποιησατε* 426 Aeth; *ποιησαι d n t* Tht *Nm* 211 Arm | *αὐτάς*] *αυτα* 59; *εαυτον* 799 | om *οὐ* G* $Aeth^{-C}$ | *διαστραφήσεσθε*] + *ετι* 82 z^{-18} | *ὀπίσω* 1° — *καί* 6°] > 30′: homoiot; bis scr 422-550-552^{mg} | *τη διανοια* d^{-106} | *ὑμῶν* 1°] > Arm^{te}; ⌒2° Tht *Nm* 211^{ap} | om *ὀπίσω* 2° B V *d* 129 n^{-767} *t x* 319 Tht *Nm* 211 ^{Lat}cod 100 Arm Co | om *ὑμῶν* 2° B 15-82 *cI*-551 *d* 129 n^{-767} t^{-84} x^{-509} *z* 319 Tht *Nm* 211 ^{Lat}cod 100 (sed hab Ald) | *οἷς*] *αις* 16-46 | om *ὑμεῖς* B* (sed hab Sixt) | *ἐκπορνεύετε*] -*νευσετε* 52′-313-417; *εκπορευετε* (-*ται* 376 246) 376 528-739* 314 246 130 71′; *εκπορευεσθε* 59; *συμπορευεσθε* Tht *Nm* 211^{ap} | om *ὀπίσω αὐτῶν* 72

40 *ἄν*] *εαν* G-426; > 422 *b* (sed hab Compl) | *μνησθῆτε*] *αναμν.* 422 *b* (sed hab Compl); -*σθησεσθαι* V 75; -*θησεται* 527 | om *καί* 1° 59 | *ποιησετε* (-*ται* 30; -*σε*ᵀ 458) 29-58-618 417 *d* 129-246* 458 30 84-134 527-619 318-392* 799 Cyr I 481; *ποιησεσθαι* 75; *ποιη*$^{σ\tau}$ 126 | om *πάσας* 767 | *μου*] *domini* ^{Lat}cod 100 Arab | *τῷ* — fin] pr *κ̅ω̅* 319 Bo; *τω κ̅ω̅ θεω υμων* 121; *τω κ̅ω̅* 29; > 106; + *και εσεσθε α* 551*

41 init — *ὑμῶν* 1°] pr *quia* Arm; om *κύριος* F; > 30-346^{txt} 120^{txt} Aeth Sa: homoiot | *ἐγώ* 1°] + *sum* ^{Lat}cod 100 Arm Bo | *ὑμῶν* 1°] ⌒3° F G*-381′ 126 | *εξαγων* 130-346 | *ἐκ γῆς*] *εκ της* 528; *εξ* 318 | *εἶναι*] pr *του* x^{-509} | *ὑμῶν* 2°] *υμιν* 72 Aeth Arm^{te} Bo = 𝔐; post *θεός* 2° tr 414 | *θεός* 2°] *deus vester* $Aeth^{M}$ | *ἐγώ* 2° — fin] pr *et* Aeth; > 72 71′ | *ἐγώ* 2°] + *γαρ* 500

16 1 *ἐλάλησεν*] *ελαβεν* 426 = 𝔐 Sam | *Κόρε*] *κοραι* 767; bis scr 131*-500′-616 | *υἱός* 1°] post *Ἰσαάρ* tr 72 | om *Ἰσαὰρ υἱοῦ* ^{Lat}cod 100 | *Ἰσαάρ* $F^{c\,pr\,m}$ 58-72 46-414-417 *t* 527 68′ 59 Cyr I 857 = Sixt] *ιασσααρ* F*; *σααρ* V(|) 54-75 55 319 Arm Bo; *ασσααρ* 44-125′; *σισααρ* 82; *ισσαχαρ* 29; *ασααρ* 610; *ααρων* 458; *ισσααρ* rell = Ra | *Καάθ*] *gaath* Bo | *υἱοῦ Λευί*] *υιος λευι* 527; *υιου λευει* B* V G 127 68′-120′ Sa (sed hab Sixt); *υιου λεβει* 767; > 46 54-75′ | *καὶ Δαθάν*] *et tathan* Sa; > 46(vid); post *Ἀβιρών* tr 46^{s} | *Ἀβιρών*] *αβειρων* A B M′ 376-707-*oI C''* 129 127-767 $s^{-321'}$ 71′ 121 $z^{-126\ 628\ 630}$ 55 424 624 799 Cyr I 857 = edd; *αβηρων* 58-72-82 *b d* 321′ $t^{-84^{c}}$ 527 318 126-628-630 59 319; *αβηρω* 84^{c}; *αβειρωμ* G; *'byrm* Syh = 𝔐 | *υἱοὶ Ἐλιάβ*] pr *και* 417 509 318*; pr *οι* $318^{c\,pr\,m}$; pr *και οι* $C''^{-46^{s}\ 417}$ 610 424; *υιος ελιαβ* G; *υιου ελιαβ* 416; > 46^{s} 319 | *Ἐλιάβ*] *ελιαφ* 18; *αιλιαβ* V; *ελιαμ* 68′; + *υιου ρουβην* (-*βιμ* 84

39 *ἐν οἷς* — fin] *σ′ quibus vos fornicamini vos sequentes vos* Syh
16 1 init — *Κόρε*] *τὸ ἑβρ′ καὶ ὑπερηφανεύθη Κόρε* 56

ἀνέστησαν ἔναντι Μωυσῇ, καὶ ἄνδρες τῶν υἱῶν Ἰσραὴλ πεντήκοντα
καὶ διακόσιοι, ἀρχηγοὶ συναγωγῆς, σύγκλητοι βουλῆς καὶ ἄνδρες
ὀνομαστοί, [3]συνέστησαν ἐπὶ Μωυσῆν καὶ Ἀαρὼν καὶ εἶπαν Ἐχέτω 3
ὑμῖν, ὅτι πᾶσα ἡ συναγωγὴ πάντες ἅγιοι, καὶ ἐν αὐτοῖς κύριος, καὶ
διὰ τί κατανίστασθε ἐπὶ τὴν συναγωγὴν κυρίου; [4]καὶ ἀκούσας 4

ABFMV O'' C'' $bdf^{-53'}nstxyz$ al verss

799) 75′ 84* 799 Arm; + υιοι ρουβιν (-βιμ 125-610 84; -βειμ 106) *d* t^{-84*} | καί 4° — Φάλεθ] om καὶ Αὐν 381′; > 54-767 | Αὐν B *x* Cyr I 857] αναν 72; αβ[.]αν 761*; αυθαν cI^{-761*}-551; αμναν *b*; αυναν rell = Compl | Φάλεθ] φελεθ 509; φαλετ 127; *phaath* Bo; φαλεβ 392; φαλεκ G^c-376 *b* 129 319 ^{Lat}cod 100; *phatith* Sa; ιαλεθ 68 (sed hab Ald); φαλ 527 | om υἱοῦ Ῥουβήν 125 | υἱοῦ 3° = Sam] υιος 392; υιοι V 129 Arab Bo = 𝔐 Tar | Ῥουβήν] -βιν 426 44-107′ 129 321′ t^{-84} 18′-628-630-669*; -βιμ 72 $C''^{-77\ 550'}$ f^{-129} 75^c 84 x^{-509} 126-669^c 59 799; -βειμ 376-381′ 77-550′ 106; *rōbēl* Aeth; *rūbīl* Arab Syh

2 ἀνέστησαν] αντεστ. (-τισαν 75) V *d* 75′-127 *t*; απεστ. 54; αναστaντες *b* 319 ^{Lat}cod 100 (sed hab Compl); εστησαν 246; ανεστη 426* | εναντιον (-ντιων 767) 16-46 *d n t* | Μωυσῇ] -σει 343; -σεως 120′; -σεος 68′ (sed hab Ald); μωση G-58-72 *b n* Cyr I 857 (sed hab Compl); μωσει 426 | ἄνδρες 1°] pr οι 529 | πεντήκοντα — ἀρχηγοί] αρχηγοι σ̅ν̅ 125 | πεντήκοντα καὶ διακόσιοι] pr και 730; διακοσιοι πεντηκ. 72 44-107′ 71′ 319; σ̅ο̅ 458; om πεντήκ. καί Bo^B; om πεντήκ. 767* | διακόσιοι] διακονοι 799; post ἀρχηγοί tr 126 | ἀρχηγοί] pr και 72 | συναγωγῆς] pr της V 16-46; συν συναγωγη 56 | σύγκλητοι] pr *et* Sa; pr οι (ο 68) 68′-120′ (sed hab Ald); -του *oI* 551; -τικοι 376; -του συναγωγης συγκλητου 18 | βουλῆς] sup ras 7—8 litt 75 | om καί ult Bo = 𝔐 | ἄνδρες 2°] οι ανδρες οι 618

3 συνέστησαν] επισυν. V d^{-125} *n t* 319; συνανεστ. 64*; συνεπεστ. 29 129 = Compl; ανεστ. 72 | ἐπί 1°] οπισω B* (sed hab Sixt) | Μωυσῆν] -ση B* 707 $C''^{-46\ 422}$ 19 28-30′-85 55 (sed hab Compl Sixt); -σει 46; μωυ^σ 126; μωσην G-426 n^{-458} Cyr I 857; μωση 58 458; μωσει 72 | Ἀαρών] pr επι 426 Aeth = 𝔐 | καὶ εἶπαν B V 72 *d n t x* 319 ^{Lat}cod 100 Arm Bo^A] + προς (> 376*) αυτους (αυτον 15-64*vid) Cyr I 857 rell = 𝔐 | εἶπαν] ειπον F^b 72′-376-381′ 313^c 19 d^{-106} 246 n^{-458} 126; ειπεν 82; ει^π 458; λεγουσιν 85′^{mg}-321′^{mg}-344^{mg} 319 | ἐχέτω] αρκετω 75 ↓ | ὑμῖν] pr εν 29 = Ald; ημιν 618 | om ὅτι 509 | πασαι 528 | ἡ συναγωγή] om ἡ *oI*-707 128; + κ̅υ̅ 426 | πάντες] pr *et* Arm; pr οτι G; *viri* Bo | ἐν] επ 68′-120′ (sed hab Ald) | καί 4°] > 18(|) Arab Bo^A; + *nunc* Arm | διά] ινα 29 *n* | κατιστασθε 29; κατεξανιστασθε 528 | ἐπί 2°] bis scr 552*(|) | τὴν συναγωγήν] της συναγωγης 319; om τήν 68′-120 (sed hab Ald) | κυρίου] κ̅ω̅ 426*(vid)

---

2 σύγκλητοι βουλῆς] ἄλλος καλούμενοι εἰς καιρόν C'' cat

3 συνέστησαν (ἐπί)] ἐξεκλησιάσθησαν (εξεκκλισ. 128) 321′ 128; ἐξεκλησιάσθησαν ἐπί 130 | ἐχέτω ὑμῖν] σ′ (pro ο′) ἐχέτω ὑμῖν 344^{txt}; α′ θ′ πολὺ (-λλυ 376) ὑμῖν (ημ. 321; υμην 376) ἀρκείτω (-κεστω 458; -ται 376) 376-707 C'' cat 458(s nom) 85′-321(nom absc)-344-346; α′ θ′ πολὺ ὑμῖν M′ 58(s nom) = Sixt; σ′ ἀρκείτω M′ 58(s nom); σ′ θ′ (α′ Syh^L) ἱκανὸν ὑμῖν 130(s nom)-321′(s nom) 128(s nom) Syh(cod T hab σ′ *tspqy* pro σ′ θ′ *spq*) | ὅτι — ἅγιοι] πᾶσα γὰρ ἡ συναγωγὴ πάντες οἱ (> 346; absc 321) ἅγιοι 130-321′ 128

5 *Μωυσῆς ἔπεσεν ἐπὶ πρόσωπον* [5]*καὶ ἐλάλησεν πρὸς Κορε καὶ πρὸς*
πᾶσαν αὐτοῦ τὴν συναγωγὴν λέγων Ἐπέσκεπται καὶ ἔγνω ὁ θεὸς τοὺς
ὄντας αὐτοῦ καὶ τοὺς ἁγίους, καὶ προσηγάγετο πρὸς ἑαυτόν, καὶ οὓς
6 *ἐξελέξατο ἑαυτῷ προσηγάγετο πρὸς ἑαυτόν.* [6]*τοῦτο ποιήσατε· λά-*
7 *βετε ὑμῖν ἑαυτοῖς πυρεῖα, Κορε καὶ πᾶσα ἡ συναγωγὴ αὐτοῦ,* [7]*καὶ*
ἐπίθετε ἐπ' αὐτὰ πῦρ, καὶ ἐπίθετε ἐπ' αὐτὰ θυμίαμα ἔναντι κυρίου
αὔριον, καὶ ἔσται ὁ ἀνήρ, ὃν ἂν ἐκλέξηται κύριος, οὗτος ἅγιος· ἱκα-

ABFMV *O'' C''* $bdf^{-53'}$*nstxyz* al verss

4 *μωσης* G-72-426 16-46 *n* Cyr I 860 | *πρόσωπον*] + *αυτου O* 246 18'-126-628-630' Arab Arm Co Syh ↓
5 *ἐλάλησεν*] *ειπε(ν)* 376 *d t* Aeth; *εβοησε* 46^{s}; + *μωυσης* 618* | *κοραι* 610 | *πρός* 2°] *επι* 799; > Bo | *αὐτοῦ* 1°] > 125 127*-458 Sa = Compl; post *συναγωγήν* tr O^{-58} 417* *b* 54-75 799 ^{Lat}cod 100 Arm Syh = 𝔐 | om *τήν* 82^{txt}-376 46 54-75 = Compl | om *λέγων* 126 | *ἐπέσκεπται* — *θεός*] *πρωιας και γνωρισει κυριος* 767 = 𝔐; *επεσκεψεσθε και εγω κυριος* 527; *videat dominus et agnoscat* Aeth | *καὶ ἔγνω*] *και επεγνω* 68'-120'; post *θεός* tr *C''* $s^{-30'}$ | *ὁ θεός*] *ο* $\overline{κς}$ 458*; $\overline{κς}$ 426 71' Tim II 2 19 Or IV 303 447 539 ^{Lat}cod 100 Ambr *Ep* LXIII 53 Aug *Serm* CCCLXIII 2 Beda passim EpiphSchol *Enarr* XLIII 17 Hi *Or in Ier hom* 1 ↓ | *τον οντα* (sup ras) 767 | *αὐτοῦ* 2°] *αυτω* 767^{c}; *αυτους* 619* | *τούς* 2° — *ἑαυτόν* 1°] *τον αγιον προσαξει εαυτω και ον εαν εκλεξηται εγγυς ποιησει εαυτω* (*-τον**) 767: cf 𝔐 | om *τούς* 2° 669 | *ἁγίους*] *αγιον* 551; + *αυτου* F^{a} Aeth Co = Tar^{P} | *καί* 5° B d^{-44} n^{-767} 28-85^{mg}-$321'^{mg}$ *t x* 319 799 Cyr I 860 Arm] > rell | *προσηγάγετο* 1°] *-γαγεν* 319; *-γαγετε* 106; *-γαγεντο* G*; *προσησαγαγετο* 528; post *ἑαυτόν* 1° tr 246 | om *πρός* 3° *C*-46 44 | *ἑαυτόν* 1°] *αυτον* 376-*oI* 319; *εαυτω* 77; ⌒2° 551 d^{-44} 75' 84-370 x^{-509} 126-628 Aeth | om *καί* 6° Bo | *οὕς*] *οσους* 54; > 767 | *ἐξελέξατο* B V G-426-707 16'-46* 509 Cyr I 860 Arab Syh^{txt}] *ουκ ελεξατο* 730; *ου εξελευξατο* (*-λευσατο**) 767; pr *ουκ* rell | *ἑαυτῷ* — fin] *προς εαυτον ου προσηγαγετο* 73* | *ἑαυτῷ*] pr ras 4—5 litt 767; *προς εαυτον* 77*; *εαυτον* (*-των* 44^{c}) 44 767* 120*; > 417 319 Arm Bo | om *προσηγάγετο* 2° — fin 120 | *προσηγάγετο* 2° B V 426 761* 767 509 Cyr I 860 Arab Syh^{txt}] *-γεντο* G* G^{s}; *ου προσηγαγεν* 319; pr *ου* rell | om *πρός* ult 529 44 | *ἑαυτόν* 2°] *εαυτω* 30; *αυτον* 376*-*oI*
6 *τοῦτο*] pr *τουτο ποιησατε* 313; pr *nunc* Arm; *et nunc sic* ^{Lat}cod 100; *et sic* Aeth; *ουτως* M^{mg} 85'^{mg}-321'^{mg} 319; + *ουτως* 416 | *ποιήσατε*] *-σετε* Compl; + *vos* $Aeth^{-M}$ | *ὑμῖν ἑαυτοῖς*] *υμιν εαυτους* 616*; *υμιν αυτοις* B 29 122* 55 Cyr I 860 (sed hab Ald) = Ra; *υμεις εαυτοις* 426 509; *vos* (sub ÷ τ) *vobis* Syh: cf 𝔐 | *ὑμῖν*] sub ÷ G; > 58 414; post *πυρεῖα* tr *n* | *πυρεῖα*] *thuribula vestra* Arm | *Κορε*] *gore* Bo^{B} | om *ἡ* x^{-509} | *αὐτοῦ*] *εαυτου* A
7 *ἐπίθετε* 1°] *θετε* 126; *-θησετε* (*-ται* 75') 54-75' Bo; *επιθετο* 610; ⌒2° B^{txt} 29 46-320 30' 84 392 (sed hab Sixt) | *ἐπ' αὐτά* 1°] *επ αυτω* 73; *in id* Aeth | *ἐπίθετε* / *ἐπ' αὐτά* 2°] om *ἐπ' αὐτά* $Aeth^{M}$ Bo; tr 413; > 106-125 x^{-527} 319 799 | *ἐπίθετε* 2°] *θετε* 126; *imponetis* Bo; > 72 Sa | *ἔναντι κυρίου*] *εναντιον* $\overline{κυ}$ 552* b^{-19} 610 54 319 (sed hab Compl); *coram deo* Bo; post *αὔριον* tr 75 |

---

4 *ἐπὶ πρόσωπον*] *ο' οἱ λ' ἐπὶ πρόσωπον αὐτοῦ* 344
5 *ὁ θεός*] *τὸ ἑβρ' οἱ λ' dominus* (*pypy* L) Syh
7 *ἱκανούσθω ὑμῖν*] *ἄλλος ἀρκείτω* Field

νούσθω ὑμῖν, υἱοὶ Λευί. ^{8}καὶ εἶπεν Μωυσῆς πρὸς Κόρε Εἰσακούσατέ 8
μου, υἱοὶ Λευί. ^{9}μὴ μικρόν ἐστιν τοῦτο ὑμῖν ὅτι διέστειλεν ὑμᾶς ὁ 9
θεὸς Ἰσραὴλ ἐκ συναγωγῆς Ἰσραήλ, καὶ προσηγάγετο ὑμᾶς πρὸς
ἑαυτὸν λειτουργεῖν τὰς λειτουργίας τῆς σκηνῆς κυρίου καὶ παρίστασθαι
ἔναντι τῆς συναγωγῆς λατρεύειν αὐτοῖς; ^{10}καὶ προσηγάγετό σε καὶ 10
πάντας τοὺς ἀδελφούς σου υἱοὺς Λευὶ μετὰ σοῦ, καὶ ζητεῖτε ἱερατεύειν;

ABFMV *O'' C'' bdf*$^{-53'}$*nstxyz* al verss

αὔριον] pr *επι* 75; > 82(||) Arab | *ὁ ἀνήρ* F^{a}] om *ὁ* 82 75'; > F | *ὅν*] *ος* 313*-422* 75 84*(vid); *ο* 376 46^{s} | *ἂν ἐκλέξηται*] *εαν εκλ.* (*εξελεξεται* 75; *-ξετε* 84) 75 84-134-370; *εκλελεκται* B^{c} *x* Cyr I 860 = Sixt; *εκλεγεται* B*(vid); om *ἄν* 59 | *εκλεξεται* 73' 19 799 (sed hab Compl); *εξελεξηται* 246 392; *εκλεξαται* 44 | *κύριος*] *deus* Bo | *οὗτος*] *ουτως* 30-321' 120 59* 319; post *ἅγιος* tr *n* | *ἱκανούσθω*] pr *και* 413 | *υἱοί*] pr *οτι οι* 75; pr *οι* 58-82-376 19 44 129 54' 84 509 318 18 59 416 624 (sed hab Compl); *in filiis* ^{Lat}cod 100; + *$\overline{ιηλ}$* 509 | *λευει* B* V G-707 127-767 120' Sa (sed hab Sixt)

8 om comma 550^{txt}(cprm) 509 Sa: homoiot | *καὶ εἶπεν*] *ειπε δε* 125 | *Μωυσῆς*] *μωσης* G-72-426 414 *n* Cyr I 860; post *Κόρε* tr 422 | *εἰσακούσατέ*] *ακουσατε* 46^{s} *b* (sed hab Compl); *-σετε* (*-ται* 131 75') 72 131 54-75' 74*(vid) 392* 669* 624 799 | om *μου* 321* $x^{(-509)}$ Arab = 𝔐 | *υἱοί*] pr *οι* 376 610 127 318 | *λευει* B* G 127-767 120' (sed hab Sixt)

9 *μή*] pr *ει* 319; > 458 68'-120' | *μικρόν ἐστιν*] post *τοῦτο* tr ^{Lat}cod 100 Ambr *Ep* LXIII 54 | *μικρόν*] + *υμιν* 799 | *ἐστιν τοῦτο*] *εστω τουτο* 44-107 84; *εσται τουτο* 125-610 71'; *ἐστιν* sub ÷ Syh^{L} = Tar^{P}; sub ÷ G; > V = 𝔐 Sam Tar^{O}; tr 376 *b* 319 (sed hab Compl); post *ὑμῖν* tr 29 414-422 Bo | *τοῦτο*] *το* (+ spat 3 litt) 392; post *ὑμῖν* tr F 72 $C''^{-414\ 422}$ $s^{-30'}$ Arm | *ὑμῖν*] *ημιν* 376 | *διεστειλα* 618 | *ὑμᾶς / ὁ θεὸς Ἰσραήλ*] *$\overline{κς}$ υμας* 54-75' x^{-509}; om *ὁ θεός* 122; om *ὁ θεὸς Ἰσραήλ* 68; om *Ἰσραήλ* V 58-*oI*$^{-15}$ 77-552^{txt} ^{Lat}cod 100 Ambr *Ep* LXIII 54 = Ald; tr B O^{-58} *d* 129 127 *t* 509 Cyr I 860 Syh = Compl Ra 𝔐 | *ὑμᾶς* 1°] *υμιν* V; > 767 Sa | *ὁ θεός*] pr *$\overline{κς}$* f^{-129} | *Ἰσραήλ* 1° F^{a}] ⌒2° F 72 767 59 | *ἐκ*] *εξ* F$^{(a)}$; + *μεσου* *d* 127 *t* Arab Sa | *Ἰσραήλ* 2°] pr *υιων* *d* 246 75' *t* ^{Lat}cod 100; *eius* Arm | *προσηγάγετο*] *-γαγετε* 106; *ηγαγετο* 126 | *πρός*] > 618*(cprm); bis scr 74 | *ἑαυτόν*] *εαυτους* 381'; *αυτον* 82 767 | *λειτουργεῖν*] pr (※ G) *εις το* O^{-426}: cf 𝔐; pr ※ Syh; sub ※ G^{c}(vid) | *τὰς λειτουργίας*] *operam* Aeth; *in servitute* ^{Lat}cod 100 (sed hab Ambr *Ep* LXIII 54) | *σκηνῆς*] + *του μαρτυριου* 376 | *κυρίου — συναγωγῆς* 2°] bis scr B (sed hab Sixt) | *κυρίου*] pr *του* 52'-313; *του μαρτυριου* 422 121; > 15; + *$\overline{θυ}$ ημων* (*υμ.**) 376 | *παριστασθε* F^{b1} M' G 537 106-107* 54 619^{c} | *ἔναντι τῆς συναγωγῆς*] *coram* (+ ÷ Syh) *omni congregatione* Arm^{ap} Syh^{T}; *in synagoga* ^{Lat}cod 100 | *εναντιον* F 58 59 | *συναγωγῆς* 2°] *σκηνης* B F^{a} 56 *x* 799 Cyr I 860 Sa; *σκηνης $\overline{κυ}$* 246 *z*; + *$\overline{κυ}$* Ald | *λατρεύειν αὐτοῖς*] pr *et* Bo; > 75 | *αὐτοῖς* A B F O^{-376}-72 *b* f^{-246} *x* y^{-392} 59 799 Syh^{L}] > Syh^{T}; *αυτω* rell

10 *σε*] *vos ad se* Arm^{ap}; + *tibi* Syh; + *ad se* Arm^{te} | om *πάντας* 18 Aeth Arab Bo | *υἱούς — σοῦ*] pr *et* Arm^{ap} Bo; om *μετὰ σοῦ* $C''^{-52'}$ 131^{mg} 313 417; > 72: homoiot | *λευει* B* V G 127-767 120' Sa (sed hab Sixt) | *ζητεῖτε ἱερατεύειν*] *sacerdotio fungi etiam quaeris* (*-rite*^{ap}) Arm | *ζητητε* 54* | *ἱερατεύειν*] pr *και* B f^{-129} 54 130^{mg}-321'^{mg} *x* 319 799; pr (※ G Syh) *και* (*κε* 376) *γε* G-376 18'-628-630' Arab Syh = 𝔐 | fin] + *αυτοις* 527

11 ^{11}οὕτως σὺ καὶ πᾶσα ἡ συναγωγή σου ἡ συνηθροισμένη πρὸς τὸν
12 θεόν· καὶ Ἀαρὼν τίς ἐστιν ὅτι διαγογγύζετε κατ᾽ αὐτοῦ; ^{12}καὶ
ἀπέστειλεν Μωυσῆς καλέσαι Δαθὰν καὶ Ἀβιρὼν υἱοὺς Ἐλιάβ. καὶ
13 εἶπαν Οὐκ ἀναβαίνομεν· ^{13}μὴ μικρὸν τοῦτο ὅτι ἀνήγαγες ἡμᾶς ἐκ
γῆς ῥεούσης γάλα καὶ μέλι ἀποκτεῖναι ἡμᾶς ἐν τῇ ἐρήμῳ, ὅτι κατάρχεις
14 ἡμῶν ἄρχων; ^{14}εἰ καὶ εἰς γῆν ῥέουσαν γάλα καὶ μέλι εἰσήγαγες ἡμᾶς

ABFMV *O''* *C''* *bd*$f^{-53'}$*nstxyz* al verss

11 *οὕτως σύ*] pr *et* Aeth Arm; *ουτως και συ* 318; *ουτω συ* *d* t^{-84} 18′-628-630′; *sicut* ^{Lat}cod 100; *ουτως ο* (*οτι**) 422; om *οὕτως* 126 Co; om *σύ* F^{c} 64^{txt} | om *πᾶσα* Arm Sa | om *ἡ* 1° V | om *σου* 15 *d* 120*(c prm) | *ἡ συνηθροισμένη*] *οι* (*η* 246) *συνηθροισμενοι* (-*θρισμ.* 458) F*(c prm) 246 458 ^{Lat}cod 100; *η συνηριθμημενη* 129; *η συνηγμενη* O^{-58}-29 ↓; *congregati estis* Arm; om *ἡ* 77 | *θεόν*] *κ̅ν̅* 426 ^{Lat}cod 100 Aeth Sa = 𝔐; + *ι̅η̅λ̅* 319 | om *καί* 2° — *ἐστιν* Aeth^{FM} | *τίς*] *τι* A M′ 46^{s} *b* 28-85′-321′-730* 509 y^{-392} 68′ Aeth Syh^{mg} (sed hab Ald) | *διαγογγύζετε*] -*ται* (-*γογυζ.* 75) V G-82-376 f^{-129} 75-767 30 509 55 319 624; *διεγογγ.* 343 68′; *καταγογγ.* 72 799; *γογγ.* 126 | *κατ᾽ αὐτοῦ*] *προς αυτον* 127*(c prm)

12 *μωσης* G-72-426 *n* | *καλέσαι*] *λαβεσθαι* 82; *και εσται* 343 | *Δαθάν*] *tathan* Sa; *δαν* 318 | *καί* 2°] *filium* Sa | *Ἀβιρών*] *αβειρων* A B F M′ 376-707-*oI* *C''* 610 129 127-767 *s x* 121 18′-68′-120′-669 55 319 624 799 = edd; *αβηρων* 72-82 *b* d^{-610} 56^{c} t^{-84c} 318 126-630 59; *αβηρω* 84^{c}; *αβιρον* 75; *αβειρωμ* G; *'byrm* Syh = 𝔐 | *υἱούς*] *υιος* 618 59; *filii* Sa | *Ἐλιάβ*] *ελιαμ* 528; *ελιαη* 130; *ελιαθ* 509 | *ειπον* F^{b} 72-376-381′ 57-414 19 d^{-106} *n* = Compl | *ἀναβαίνομεν*] *αναβησομεν* 707^{txt} Arm; + *illuc* ^{Lat}cod 100

13 *μή*] *nec* ^{Lat}cod 100; > 527 | *μικρόν*] + *υμιν* (*ημ.* 318) 318 120′ | *τοῦτο*] *τουτου* 57*-73′-131-313-422-500′-529-615*-616*-761*; sub ÷ G Syh; > 58 319 Bo = 𝔐 | om *ὅτι* 1° 551* | *ἀνήγαγες*] -*γαγε(ν)* 72 458 59; *adduxisti* ^{Lat}cod 100 | *ἡμᾶς* 1°] *υμας* 59; > 85*; + *εξ αιγυπτου* V 58 *b* n^{-127} (sed hab Compl); + *εις γης ημας* F*(c prm) | *ἐκ* — *ἡμᾶς* 2°] *εις γην ρεουσαν γαλα και μελι αποκτ. ημας* 669(bis scr*) | *ἐκ γῆς* (*της* 458-767) *ῥεούσης* (-*σεις* 767) V 15-58-82 *C''* *d n* 85′^{mg}-321′^{mg} *t* x^{-509} 319 799 Arab Arm Bo = Compl] *εκ γης ρεουσαν* 55^{c}; *de terra aegypti fluente* ^{Lat}cod 100; *εις γην ρεουσαν* (-*σα* 130 509 126) 59(*εις γην* bis scr) ^{Lat}Aug *Num* 26 rell | *μελι και γαλα* 72 509 | om *ἀποκτεῖναι* — *ἐρήμῳ* *b* (sed hab Compl) | *ἡμᾶς* 2°] *υμας* 59 | *ἐρήμῳ*] + *ταυτη* 58-376 *d* 127-767 *t* 799 ^{Lat}cod 100 Co | om *ὅτι* 2° — (14) *ἡμᾶς* 71′ | *ὅτι* 2°] *ετι* 72; *et nunc* Arm | *κατάρχεις* — fin] pr *συ αρχων ει και* *b* (sed hab Compl); pr *συ* V O^{-426}; *factus tu super nos caput* Syh | *κατάρχεις*] -*χης* M^{txt} 58-707 129^{c} 30 392 55 319 = Compl; *αρχεις* 126; *κατατυρανης γαρ* 767 ↓; + *συ* 799 | *ἡμῶν*] *υμας* 376; *etiam nobis et* Arm | *ἄρχων*] *προς σε* 767(vid); *και αρχων ει* Compl; *συ*

---

11 *ἡ συνηθροισμένη*] *ο′ ἡ συνηγμένη α′ οἱ συντεταγμένοι θ′ σ′ οἱ συνηγμένοι* 344

13 *ἐκ γῆς* (*ῥεούσης*)] *σ′* (> 707) *οἱ λ′ ἐκ γῆς ῥεούσης* 707(ind ad (14) *εἰς γῆν*) 344; *α′ σ′* (+ *θ′* Syh) *ἀπὸ γῆς* 130-321′ Syh | *ὅτι* 2° — fin] *α′ quia factus tu nobis caput etiam cum sis caput* Syh; *σ′ κατατυραννεῖς* (-*ρανης* 130) *γὰρ* (> 58 Syh^{L}; absc 321) *ἡμῶν βιαίως* (+ *cum eo* Syh) M′ 58(s nom)-707(s nom) *C''*^{cat} 54^{txt} 85′(s nom)-321′(s nom)-344 Syh; *ἀλλὰ καὶ ἐμεγαλύνθης καθ᾽ ἡμῶν καὶ μεγαλύνῃ* 130-321′

καὶ ἔδωκας ἡμῖν κλῆρον ἀγροῦ καὶ ἀμπελῶνας, τοὺς ὀφθαλμοὺς τῶν
ἀνθρώπων ἐκείνων ἂν ἐξέκοψας. οὐκ ἀναβαίνομεν. [15]καὶ ἐβαρυθύ- 15
μησεν Μωυσῆς σφόδρα **καὶ** εἶπεν πρὸς κύριον Μὴ προσσχῇς εἰς τὴν
θυσίαν αὐτῶν· οὐκ ἐπιθύμημα οὐδενὸς αὐτῶν εἴληφα οὐδὲ ἐκάκωσα
οὐδένα αὐτῶν. [16]καὶ εἶπεν Μωυσῆς πρὸς Κόρε Ἁγίασον τὴν συνα- 16
γωγήν σου καὶ γίνεσθε ἕτοιμοι ἔναντι κυρίου σὺ καὶ αὐτοὶ καὶ Ἀαρὼν

ABFMV *O''* *C''* *bdf*$^{-53'}$*nstxyz* al verss

αρχων ει d 127 *t* Arm Bo; > 15 *b* 54-75'; + *ει* (*η* 319) 527 319; + *εις* 52'; + *ημων* 799

14 *εἰ καί* B 129 54-75' 509 799] *num* Arm; *ουτε* 767: cf 𝔐; *ει καιγε* V; *et etiamsi tu* Syh; *ει συ* 126; *και συ* 52' Bo^{AB*} ↓; *η και συ* 15; om *εἰ b d* 84; tr 127 *t*$^{-84}$ 527 319 ^{Lat}cod 100; + *συ* rell = Sixt | *εἰς* — *μέλι*] pr *ει* 550'^{c}; pr *και* F^{a}; post *ἡμᾶς* tr 29 422 | *εἰς*] *ει* 458 130 | *γῆν*] *την f*$^{-129}$; *terram hanc* Bo^{A} | *μελι και γαλα* 72 414 | om *καὶ μέλι* 618(||) | *εἰσήγαγες ἡμᾶς*] pr *ει* F V; pr *ουκ* 106^{c}; *ανηγαγες ημας* 414; > 72 | *καί* 3°] *ουδε* 767 ↓ | *ἔδωκας*] pr *ει* 129; pr *ουκ* 106^{c} Bo^{ABc}; *εδωκες* V G | *ἡμῖν*] *ημας* 319; + *ibi* Arm | *κλῆρον*] *κληρου* 669; *κληρους* 767; *καιρον* B (sed hab Sixt); *in sortem* ^{Lat}codd 91 92 94—96 | *ἀγροῦ*] *αγρων* 54' 55 ^{Lat}codd 91 92 96 Arm; *αγρους* 426 ^{Lat}codd 94 95 100; *και χωρας* 767 | *ἀμπελῶνας*] *-νος* 376 *C'' d s t* 392 126 319 624 Bo ↓; *-νων* 55* Arm ↓; *-να* 72 | *τούς* — *ἐκείνων*] pr *μη και* 767; pr *και* 529 509 ^{Lat}codd 91 92 94—96 Bo; *si oculos nostros* Arm | *ἀνθρώπων*] *ανδρων* 29 | *ἐκείνων ἂν ἐξέκοψας*] sup ras 11 litt 56 | *ἐκείνων*] *horum* Syh^{L}; > 417 Bo; post *ἄν* tr 318; post *ἐξέκοψας* tr 52 | *ἂν ἐξέκοψας*] *απεξεκ.* 120'; *απεκ.* 68'; *αν εκοψας* 72 *C''*$^{-552}$ 246 730 509 59; *εξορυξισαν* 767; *αν εξεκολαψας* V; *αν εξεκοψαν* 426; om *ἄν* 58 *f*$^{-246}$ 84 799 = Compl | *ἀναβαίνομεν*] + *ad te* Arm; + *illuc* ^{Lat}codd 91 92 94—96 100 (sed hab Aug *Num* 26)

15 *εβαρυθυμωσε* 392; *εβαρυθη* 126; *εβαρυνθη* 509 | *Μωυσῆς*] *-ση* 509; *μωσης* *O*$^{-376}$-72 *n* 619*; > Arm | *εἶπεν*] + *μωυσης* 29 | *μή*] + *domine* ^{Lat}cod 100 | *προσσχῇς* (*-σχις* 422) 64-381 46'-57-77-422-615-761 343 630] *προσεχης* 246; *προσχες* 799; *προσθης* 458; *προσχης* (*-χεις* 19 75) Procop 840 Tht *Nm* 212 rell = Ra | *εἰς*] *προς O* Syh = 𝔐 | *τὴν θυσίαν*] *sacrificia* Arm; om *τήν* Tht *Nm* 212(2°) | om *αὐτῶν* 1° G* | *οὐκ*] pr *οτι* Tht *Nm* 212^{ap} Bo; + *enim* ^{Lat}cod 100 Sa^{12} | *ἐπιθύμημα* — *εἴληφα*] *accepi aliquid concupiscens eorum* ^{Lat}cod 100; *accepi aliquid ab iis* Bo | *ἐπιθύμημα*] *επεθυμησα* (aut *επιθ.*; *-μισα* 610*) 16-46 *d t* 527*-619; *επιθεμα* 59; *ονον* Procop 840 ↓ | *οὐδενός*] *ουθενος* 29 527 319; *ενος* Procop 840 = 𝔐; > 59 | *αὐτῶν* 2°] pr *παρ* M' = 𝔐; > 19' (sed hab Compl) | *εἴληφα*] *ελαβον* Phil II 239 Procop 840; + *ουδεν b* (sed hab Compl); + *τι d t* | *οὐδέ*] *ουδ* 126 | *οὐδένα*] *ουδεν* 767* 527; *ουδε ενα* 761; *τινα* 55

16 *μωσης O*$^{-376}$-72 552* *n* | *κορρε* 84*(vid) | *σου*] *μου* 75' | *γενεσθε* (*-σθαι*

---

14 comma] *α' etiam tu ad terram fluentem lac et mel duxisti nos et dedisti nobis dationem possessionis loci et vinearum* (*vineae* T). *numquid* (*non* T) *etiam* (> T) *oculos hominum illorum evellebas? non ascendimus σ' quod neque in terram fluentem lac et mel induxisti nos neque dedisti nobis sortes loci et vinearum. numquid etiam oculos hominum illorum evelles? non ascendimus* Syh

15 *ἐβαρυθύμησεν*] *ὠργίσθη* 130-346 | *μή* — *αὐτῶν* 1°] *μὴ προσδέξῃ τὰς προσφορὰς αὐτῶν* 130-321' | *τὴν θυσίαν*] *α'* (>Barh) *σ' δῶρον* M' 58(s nom)-707 54^{txt}(s nom) 85'-344(ind ad *οὐκ*)-346 Barh | *ἐπιθύμημα*] *α' θ' ὄνον* (*οινον* codd) 130-321'

17 *αὔριον· [17]καὶ λάβετε ἕκαστος τὸ πυρεῖον αὐτοῦ καὶ ἐπιθήσετε ἐπ'*
αὐτὰ θυμίαμα, καὶ προσάξετε ἔναντι κυρίου ἕκαστος τὸ πυρεῖον αὐτοῦ,
πεντήκοντα καὶ διακόσια πυρεῖα, καὶ σὺ καὶ Ἀαρὼν ἕκαστος τὸ πυ-
18 *ρεῖον αὐτοῦ. [18]καὶ ἔλαβεν ἕκαστος τὸ πυρεῖον αὐτοῦ, καὶ ἐπέθηκαν*
ἐπ' αὐτὰ πῦρ, καὶ ἐπέβαλον ἐπ' αὐτὰ θυμίαμα· καὶ ἔστησαν παρὰ τὰς
19 *θύρας τῆς σκηνῆς τοῦ μαρτυρίου Μωυσῆς καὶ Ἀαρών. [19]καὶ ἐπισυν-*
έστησεν ἐπ' αὐτοὺς Κόρε τὴν πᾶσαν αὐτοῦ συναγωγὴν παρὰ τὴν

ABFMV *O'' C'' bdf*$^{-53'}$*nstxyz* al verss

134) *t*$^{-370}$ | *ἕτοιμοι*] sub ÷ G Syh(metob post *κυρίου* L) = 𝔐 | *εναντιον* 72-381'; *ενωπιον* V | *σύ*] pr *και* 57-414; > 129 | *καὶ αὐτοί*] > 58*(cprm) Arm; post *Ἀαρών* tr 29 = Ald Sixt | om *καί* ult — fin 56^{txt}

17 *λαβετω* 246 | *ἕκαστος* 1° — *αὐτοῦ* 1°] *vos unusquisque arulas vestras* ^{Lat}cod 100 (sed hab Aug *Loc in hept* IV 53); + *coram domino* Aeth^{M}; ⌒2° 767; + *και επιθησετε* (-*θετε* 376; -*θυσ.* 528; -*ται* 57 30-130*) *αυτω* (*αυτο* 58 16-46-52^{c}-77 *s*$^{-343\ 730}$; *αυτα* 376) *πυρ* 58-376 *C''* *s*$^{-730}$ | *καί* 2° — (19) *μαρτυρίου*] sup ras A | om *καί* 2° — *θυμίαμα* Sa^{12} | *ἐπιθήσετε*] -*ται* (-*θισ.* 75; -*θυσ.* 376) A V G-376 131-313-500'-528 537 610 *f*$^{-129}$ 75' 30 84* 509 126; *επιθετε* (-*ται* 319) 55 319 ^{Lat}cod 100 Aeth^{-C} Syh; *ponant* Aeth^{C} | *ἐπ' αὐτά*] pr *αυριον* 246 30' 126-628; *επ αυτο* 29-58-82 16-46-52^{c}-77 28-85-321'-344 319; *επ αυτω* *C''*$^{-16\ 46\ 52c\ 77}$ 130-343; > Aeth | *θυμίαμα*] pr *ignem et* Arab; -*ματα* B* 72* (sed hab Sixt); + *εναντι* $\overline{κυ}$ 125; ⌒(18) 106 | *προσάξετε*] pr *προσεταξεν* 126; -*ται* G-376 550*(vid) *f*$^{-129}$ 75' 319; -*ξατε* 381'-707 108 799 ^{Lat}cod 100 Syh (sed hab Compl); -*ξαται* V; *adportet* Aeth | *εναντιον* *b* (sed hab Compl) | *κυρίου*] + *αυριον* *C''* *s* | *τὸ πυρεῖον αὐτοῦ* 2°] *arulas vestras* ^{Lat}cod 100; + *coram domino* Aeth; ⌒3° 458 509 669^{txt} Aeth Sa^{12}; ⌒(18) 52-414 Syh^{L} | *πεντήκοντα* — fin] pr *και* 767 Arm^{ap}; bis scr 313 | *πεντήκοντα* — *πυρεῖα*] *πυρεια* $\overline{σν}$ 126; *διακοσια πεντηκοντα* (-*ντικ.* 799) *πυρ(ε)ια* 72 *d*$^{(-106)}$ 319 799 | *διακόσια*] -*σιοι* 618*; $\bar{ε}$ 75 | *καί* 5°] > 799; ⌒6° 707*(cprm); ⌒(18) 1° Arab | *σύ*] *ego* ^{Lat}cod 100 | om *καί* 6° 376* 75 630 | *ἕκαστος* 3° — fin] *arulas accipiemus* ^{Lat}cod 100; om *ἕκαστος* 129; om *αὐτοῦ* Bo; ⌒(18) V 376 528 44 54' 343 *x*$^{-509}$ 68 Arm = Ald

18 *ἔλαβεν* = Tar^{P}] *ανελ.* *oI*$^{-15}$; -*βοσαν* 319; -*βον* G-426 75-767 ^{Lat}cod 100 Syh^{T}↓ | *αὐτοῦ*] *εαυτου* 129 = Compl | *καί* 2°] ⌒3° A Aeth^{M} | *ἐπέθηκαν*] -*κεν* (*επεθεθ.* 630) 426-707 46-77-529 *f* 30-130 509 *z*$^{-126}$ 55 (sed hab Ald) = Compl; *εθηκεν* 126 | om *ἐπ'* 1° 129*(cprm) | *αὐτά* 1°] *αυτο* B^{c} V 28-85'-321'-344 527 319 Aeth^{-M} (sed hab Sixt); *αυτω* 343; ⌒2° 121 | om *ἐπέβαλον ἐπ' αὐτά* 319 799 | *ἐπέβαλον* F^{b}] -*λαν* F *O'*$^{-376}$ *b* 28-30'-85'-344-346* 318 59^{c} 624; -*λεν* 129 392 *z*$^{-126}$ 55 59* (sed hab Ald) = Compl; -*λλον* 46 767 84; *εβαλεν* 126; *επεθηκαν* 414' | *ἐπ' αὐτά* 2°] *επ αυτο* B* V *s*$^{-30'\ 343}$ Aeth (sed hab Sixt) = Ra; *επ αυτω* 343; *επ αυτων* 56*; > 44 Bo | *ἔστησαν*] *εθηκαν* 414; -*σεν αυτα* 509 | *παρά*] *περι* 414; *επι* 537 318 | *τὰς θύρας*] *της θυρας* 28-85; *την θυραν* *O* ^{Lat}cod 100 Syh = 𝔐; > 528 | *τῆς σκηνῆς*] > 55; ⌒(19) 44 75' 527 | *μωσης* *O*$^{-376}$-72 73-552 54'-767; *μωσεις* 320

19 om init — *μαρτυρίου* 72 | *ἐπισυνέστησεν* F^{a}] pr *ο* 799; *επεστ.* 610 127;

---

18 *καὶ ἔλαβεν* (*ἕκαστος* — *καί* 3°)] **ο' θ' α' καὶ ἔλαβον 344; σ' λαβόντες δὲ ἕκαστος πυρεῖον** (-*ριον* 130-321') **ἴδιον καὶ ἐπιθέντες εἰς αὐτὰ πῦρ** 85'(s nom)-321'(s nom)-344

θύραν τῆς σκηνῆς τοῦ μαρτυρίου· καὶ ὤφθη ἡ δόξα κυρίου πάσῃ τῇ
συναγωγῇ. [20]*καὶ ἐλάλησεν κύριος πρὸς Μωυσῆν καὶ Ἀαρὼν λέγων* 20
[21]*Ἀποσχίσθητε ἐκ μέσου τῆς συναγωγῆς ταύτης, καὶ ἐξαναλώσω αὐτοὺς* 21
εἰς ἅπαξ. [22]*καὶ ἔπεσον ἐπὶ πρόσωπον αὐτῶν καὶ εἶπαν Θεός, θεὸς* 22
τῶν πνευμάτων καὶ πάσης σαρκός, εἰ ἄνθρωπος εἷς ἥμαρτεν, ἐπὶ
πᾶσαν τὴν συναγωγὴν ὀργὴ κυρίου; [23]*καὶ ἐλάλησεν κύριος πρὸς* 23
Μωυσῆν λέγων [24]*Λάλησον τῇ συναγωγῇ λέγων Ἀναχωρήσατε κύκλῳ* 24

ABFMV *O'' C'' bdf*$^{-53'}$*nstxyz* al verss

εστησεν 126; *ο επισυστησας* F *oII*$^{-72}$ 344^{mg} 392 59 319; -*σαν* 376-618 551; *qui instigaverant* ^{Lat}cod 100 | *ἐπ' αὐτούς*] *επ αυτω* G; *secum* Syh; om *ἐπ'* F; > 799 | om *Κόρε* 68 (sed hab Ald) | *τὴν πᾶσαν αὐτοῦ*] pr *et* ^{Lat}cod 100; om *τήν* A 414-761* 318; om *πᾶσαν* Bo; > 799 | *αὐτοῦ*] *αυτων* 73*-320; sub ÷ G Syh; > 15 84* = 𝔐; post *συναγωγήν* tr *C''* *b* Arm Syh (sed hab Compl) | *συναγωγήν*] pr *την* A 414 318 | *τας θυρας* A V 29-82 *d*$^{(-44)}$ 129 30' *t* *x*$^{(-527)}$ 121 Sa = Compl | om *ἡ* 610* 624 | *κυρίου*] pr *του* 319 799 | *πάσῃ*] *πασα* 610 | om *τῇ* *x*$^{-509}$ | fin] + *επι τη⟨ς⟩ σκηνης του μαρτυριου* 509
20 *ἐλάλησεν*] *εκαλεσε* 376 | *μωυση* 58 529 19 (sed hab Compl); *μωσην* G-426 *n*; *μωσει* 72 | om *καὶ Ἀαρών* 319 | om *λέγων* 72
21 *ἀποσχίσθητε*] *αποσχητε* 458; *αποσχειται* 75; *αποσχυνθηται* 767; *discedite vos* ^{Lat}cod 100; + *εκαστος* *z*$^{-630}$ | *ἐκ μέσου*] bis scr 108* (sed hab Compl) | *τῆς*] bis scr 118(|) | *συναγωγῆς*] *παρεμβολης* 619 | om *ταύτης* F*(cprm) Sa^{12} | *ἐξαναλώσω*] pr *consummans* ^{Lat}cod 100 (sed hab Ambr *Off min* III 79); *εξανηλωσω* 509; *αναλωσω* 46^{s}(|) 730(|) | *αὐτούς*] + *omnes* Bo
22 *καὶ ἔπεσον*] *prociderunt autem* ^{Lat}cod 100 | *καί* 1° F^{c}] *moyses autem et aaron* Sa^{12}; bis scr F | *ἔπεσον* F^{b}] *επεσαν* A B F M' *O'*$^{-72}$ 77 *f*$^{-129}$ 28-85'-321-344-346* *x* *y* 122 55 59 624 799 (sed hab Ald) ↓; > 19-108* (sed hab Compl) | *αὐτῶν*] *αυτου* 72 75'-767; + *ad terram* Sa^{12} | *εἶπαν*] *ειπον* F^{b} 72-376-381' 414-417-422-529* 19 *d* *n* 343 *t* 71' 18'-126-628-630' (sed hab Compl) | *θεὸς θεός*] pr *ο* 344* 628; *ο* (> 376) *ισχυρος θεος ο* (> 376) *θεος* 58-376 ↓; *ο* (> 82) *θεος ο θεος* 82-707 *b* 129 54'-458 *x*; *ο θεος* 75-767 Tht *Nm* 212(vid); *θεε θεε* F G^{c}-29-72-426 131^{c} *d* *t* 68'-120' 59; om *θεός* 2° Sa^{12}; + *fortis domine* ^{Lat}cod 100 | *τῶν πνευμάτων*] pr *et* ^{Lat}cod 100; *των* $\overline{πρων}$ 72 73'-414-528 19-108* 125-610$^{c\,prm}$ 54 730 76-84 68'-126-669* Tht *Nm* 212^{ap} (sed hab Compl) | *πάσης σαρκός*] *omnes carnes* ^{Lat}cod 100; om *πάσης* Sa^{12}; om *σαρκός* 44 | *εἰ*] *η* 799; *εαν* 246 | *εἷς*] *τις* 73' | *εξημαρτεν* Tht *Nm* 213^{ap} | *τὴν συναγωγήν*] om *τήν* V *x* *z*$^{-628}$ (sed hab Ald); + *hanc* Sa^{12} | *κυριου η οργη* 414 | *ὀργή* B F 15-29-58-72-426 528* 129 767 *x* 628 55 59] pr *η* Tht *Nm* 213 rell
23 *ἐλάλησεν*] *ειπε* 44-125 | *Μωυσῆν*] -*ση* 58-376 19 (sed hab Compl); *μωσην* G-426 *n*$^{-767}$; *μωσει* 72; *μωσην και ααρων* 767; + *και ααρων* 30 | om *λέγων* — (24) *λέγων* 44-125 | *λέγων*] > 131^{mg}; ⌒(24) 707 *C''*$^{-131mg}$ 107' 458 *s* 424 Sa^{12}
24 *τῇ συναγωγῇ*] + *omni* Bo | om *λέγων* 72 799 Aeth | *ἀναχωρήσατε*] *ανεχω-*

---

22 (*καὶ*) *ἔπεσον*] *ο' σ' θ' καὶ ἔπεσον* 344 *α' ἔπεσαν* 344^{txt} | *θεὸς θεός*] *α' σ' deus validus* (tr L) *θ' validus deus* Syh
23 (*πρὸς Μωυσῆν*) *λέγων* — (24) *λέγων* (*ἀναχωρήσατε κύκλῳ*)] *α' πρὸς Μωυσῆν τῷ λέγειν λάλησον πρὸς τὴν συναγωγὴν τὸ λέγειν ο' λέγων λάλησον τῇ συναγωγῇ λέγων ἀναχωρήσατε θ' λέγων λάλησον πρὸς πᾶσαν συναγωγὴν λέγων ἀναχωρήσατε σ' λέγων λάλησον πρὸς τὴν συναγωγὴν λέγων ἀναχωρήσατε κυκλόθεν* 344

25 ἀπὸ τῆς συναγωγῆς Κόρε. 25καὶ ἀνέστη Μωυσῆς καὶ ἐπορεύθη πρὸς
Δαθὰν καὶ Ἀβιρών, καὶ συνεπορεύθησαν μετ' αὐτοῦ πάντες οἱ πρεσβύ-
26 τεροι Ἰσραήλ. 26καὶ ἐλάλησεν πρὸς τὴν συναγωγὴν λέγων Ἀποσχί-
σθητε ἀπὸ τῶν σκηνῶν τῶν ἀνθρώπων τῶν σκληρῶν τούτων, καὶ
μὴ ἅπτεσθε ἀπὸ πάντων, ὅσα ἐστὶν αὐτοῖς, μὴ συναπόλησθε ἐν πάσῃ
27 τῇ ἁμαρτίᾳ αὐτῶν. 27καὶ ἀπέστησαν ἀπὸ τῆς σκηνῆς Κόρε κύκλῳ·

ABFMV *O'' C''* *bdf*$^{-53'}$*nstxyz* al verss

ρισατε 314; *του αναχωρησαι* 799; *et separentur* Aeth | *κύκλῳ*] *λεγων* 18; > 458 Bo^{A} | *ἀπὸ τῆς συναγωγῆς*] pr *απο της σκηνης και* 16-46; *tabernaculi* ^{Lat}cod 100: cf 𝔐; om *ἀπό* 458 319; + *των υιων* 376 | *Κόρε* B F V 72-707^{txt} *f*$^{-246}$ *x* 59 Aeth Sa^{12}] *δαθαν και αβειρων* (*αβηρ.* 125) 552^{txt}-761 125; + *κυκλω και δαθαν και αβιρων* 458; + (※ G 344 Syh) *και* (> G-426 68′-120′ (sed hab Ald) = 𝔐) *δαθαν και αβειρων* (*αβιρων* 29-58*-426 246^{c} 54-75^{c} 392 628; *αβηρων* 82 616* *b* *d*$^{-125}$ 246* 767* 321′ *t*$^{-84}$ 318 126-630′ 799 (sed hab Compl); *αβηρω* 84; *αβιρω* 319; *αβιρον* 75*; *αβειρωμ* G; *'byrm* Syh) rell = 𝔐; sub ※ 344 Syh^{L}

25 init — *Ἀβιρών*] om *καί* 1° 618*(|) 44; om *καὶ ἀνέστη* Sa^{12}; om *καί* 2° — *Ἀβιρών* 125; > 52 458 628-669^{txt}: homoiot | *ἀνέστη*] pr *συνεπορευθησαν μετ αυτου παντες* 73*: ex sq; *ανεβη* 72 | *Μωυσῆς*] *μωσης* *O*$^{-376}$-72 *n*$^{(-458)}$; post *ἐπορεύθη* tr Sa^{12} | om *καί* 2° Bo^{A} | *ἐπορεύθη*] *επορευετο* 46 | *πρός*] *απο* 55 ^{Lat}cod 100; *εις* 122* (sed hab Ald) | *Δαθὰν καὶ Ἀβιρών*] *αυτους* 44-107′; om *καὶ Ἀβιρών* *oI*$^{-15}$ | *Δαθάν*] *δαθαμ* G; *δαν* 30 | *Ἀβιρών*] *αβειρων* A B F^{b} M′ G-15-376-707 *C''*$^{(-52)}$ 129 127-767 *s*$^{-321'}$ 71′ 121 18′-68′-120′ 55 59^{c} 424 624 799 = edd; *αβηρων* 58-72-82 *b* 106 56^{c}-246 321′ *t*$^{-84}$ 527 318 126-630 59* 319; *αβηρω* 84; *'byrm* Syh = 𝔐; *βιρον* 75* | *συνεπορεύθησαν*] *επορ.* 126 | *πάντες*] sub ÷ G Syh^{T}; > 58 319 = 𝔐; bis scr 126(|) | *πρεσβύτεροι*] *υιοι* 707^{txt} | *Ἰσραήλ*] *του λαου* 319; > 392

26 *ἐλάλησεν*] *-σαν* 29 18*; + *μωυσης* 529; + *κ̅ς̅* 628 | om *λέγων* 125 | *ἀποσχίσθητε*] *απελθατε* (*-ται* 376 319) G-58^{mg}-376 319; *απελθετε* *b* (sed hab Compl); sub ※ Syh^{L}; + (※ G Syh^{T}) *δη* G-376 18′-126-630′ Syh = 𝔐 | *ἀπὸ τῶν σκηνῶν*] *a tabernaculo* Sa^{12} = Tar^{P}; om *τῶν σκηνῶν* 458 121 628 55 | *σκηνῶν*] *σκηνωματων* *b* 392 (sed hab Compl); *σκληρων* 46^{s}(sed hab 46); *εκεινων* 59 | *τῶν ἀνθρώπων*] > Arm^{ap}; post *σκληρῶν* tr 458 | *τῶν σκληρῶν*] *των κληρων* 82* 130(|); *των πονηρων* *O*$^{-58}$ Aeth Syh$^{LT txt}$ = 𝔐; > 19 (sed hab Compl) | om *τούτων* Sa^{12} | om *μή* 1° 376* | *απτησθε* 57-414-417 | *ἀπό* 2° — *αὐτοῖς*] *in aliquid ex iis* Arm | *ἀπό* 2°] *εκ* 126 | *ὅσα*] *α* *n*$^{-767}$; *ων* B M^{txt} V 376 *d* 129 *t x* = Ra | *αὐτοῖς*] pr *εν* 58 52-77-552 343 | *μή* 2°] pr *ινα* 72 392*; *και* 130; + (※ G Syh) *ποτε* (*πωτε* 376) *O* 246 18′-126-628-630′ Syh = 𝔐; + *simul* ^{Lat}Cyp *Ep* LXVII 3 LXIX 9 Fac *Ep* 67 Hi *Alterc Luc* 5 Spec 46 | *συναπόλησθε*] *-λεισθε* (*-σθαι* 458-767 30 319) 72 615 *f*$^{-129}$ 75′-767 30 392 120′-628 55 319; *-λεσθε* (*-σθαι* 376) 376 624; *-λλεισθε* 799; *ουν απολ.* (*-λεισθε* 527; *απωλ.* 619) *x*$^{-509}$ 59; sub ※ Syh^{L} | om *ἐν* 19 392 ^{Lat}cod 100 (sed hab Compl) | *πάσῃ*] sup ras 5 litt 392; > Bo | om *τῇ* 550′ 527 | *ἁμαρτίᾳ*] *συναγωγη* 19 (sed hab Compl) | *αὐτῶν*] *υμων* B (sed hab Sixt)

27 *ἀπέστησαν*] *απεστωσαν* *d*$^{-106}$; *-σεν* 108*(cprm; sed hab Compl) | *τῆς σκηνῆς*] *της συναγωγης* 246 767 319 Aeth Arm Bo; *την σκηνην* 75 | *σκηνῆς Κόρε*] *κορε συναγωγης* F | *Κόρε* B F M′ V 72-707^{txt} *f n x* 392 68′-120′ 59 319 799 ^{Lat}cod 100 Aeth Arm Co] + (※ G Syh) *και* (> *O* 125 = 𝔐) *δαθαν* (*θαν* 426*cprm) *και αβειρων* (*αβιρων* 29-58-426; *αβηρων* 82 *b d* 321′ *t*$^{-84}$ 318 126-

*καὶ Δαθὰν καὶ Ἀβιρὼν ἐξῆλθον, καὶ εἱστήκεισαν παρὰ τὰς θύρας
τῶν σκηνῶν αὐτῶν, καὶ αἱ γυναῖκες αὐτῶν καὶ τὰ τέκνα αὐτῶν καὶ
ἡ ἀποσκευὴ αὐτῶν. 28καὶ εἶπεν Μωυσῆς Ἐν τούτῳ γνώσεσθε ὅτι* 28
*κύριος ἀπέστειλέν με ποιῆσαι πάντα τὰ ἔργα ταῦτα, ὅτι οὐκ ἀπ᾿
ἐμαυτοῦ· 29εἰ κατὰ θάνατον πάντων ἀνθρώπων ἀποθανοῦνται οὗτοι,* 29
*εἰ καὶ κατ᾿ ἐπίσκεψιν πάντων ἀνθρώπων ἐπισκοπὴ ἔσται αὐτῶν, οὐχὶ
κύριος ἀπέσταλκέν με· 30ἀλλ᾿ ἢ ἐν φάσματι δείξει κύριος, καὶ ἀνοί-* 30
ξασα ἡ γῆ τὸ στόμα αὐτῆς καταπίεται αὐτοὺς καὶ τοὺς οἴκους αὐτῶν

ABFMV *O''* *C''* *bdf*$^{-53'}$*nstxyz* al verss

628-630′ (sed hab Compl); *αβηρω* 84; *'byrm* Syh) rell = Ald Compl 𝔐 | *κύκλῳ*] *κυκλων* 130; sub ※ Syh^{L}; > 319; post *Ἀβιρών* tr 68′ (sed hab Ald) | om *Δαθὰν καὶ Ἀβιρών* 58-82 | *Ἀβιρών*] *αβειρων* A B M′ G^{c}-376-707-*oI* *C''* 129 127-767 *s*$^{-321'}$ 71′ 121 18′-68′-120′ 55 59^{c} 624 799 = edd; *αβηρων* F^{b} 72 *b d* 56^{c}-246* 321′ *t* 527 318 126-628-630′ 59* 319; *αβειρωμ* G*; *'byrm* Syh = 𝔐 | *ἐξῆλθον*] *και εξηλθοσαν* 319; *-θοσαν* (*-θωσ.* 527) 130^{mg} *x*$^{-509}$; *-θεν* 509; *κυκλω* 54 | om *καί* 4° Arm^{te} Bo = 𝔐 | *εἱστήκεισαν*] *-κεσαν* 72; *εστησαν* 246; *ισταντο* 126 | *τὰς θύρας*] *της θυρας* 528; *την θυραν* G; + *της σκηνης του μαρτυριου* 59 Sa^{12} | *τῶν σκηνῶν αὐτῶν* B V *d f*$^{-129}$ *t*$^{-84}$ *x z* 799 = edd] *της σκηνης αυτων* (> Bo Sa) 84 Aeth^{-CG} Bo Sa^{1}; > Sa^{12}; *των σκηνωματων* (c var) *αυτων* (> 417) rell | *αὐτῶν* 1°] ⌒2° 82 127; ⌒3° 320 59 | *καί* 5°] pr *ii* Sa^{12} | *αὐτῶν* 2°] > 44′-125 318; ⌒3° 56^{txt}; ⌒4° 527 | om *καί* 6° 106 | *τέκνα*] *παιδια* V 319 | *αὐτῶν* 3°] > 106-125; ⌒4° 130 | *ἀποσκευή*] + *και αι γυναικες* 16-46

28 *εἶπεν*] + *προς αυτους* 246 Arab | *μωσης* G-72-426 *n* | *ἐν τούτῳ*] *εκ τουτου* 527 | *γνωσθησεσθε* 54 | *κύριος*] post *με* tr 422 75 | *απεσταλκε(ν)* *C*-46-422 106 129 30 392 = Compl | om *με* 29 | *ποιῆσαι*] *et faciem* Aeth^{M}; *ποιειν* 72 | *πάντα*] > *f*$^{-129}$; post *ἔργα* tr 799; post *ταῦτα* tr *C''*$^{-73'}$; bis scr 628(|) | *ταῦτα*] *αυτα* 707* | *ὅτι* 2° — fin] pr *et* ^{Lat}Fac *Def* XII 3 Arm Syh; > Aeth^{-C} | *ἀπ᾿*] *αφ* 29 129 = Compl; > *x*$^{-509}$ | fin] + *facio* Fac *Def* XII 3; + *facta sunt haec* ^{Lat}cod 100

29 *εἰ* 1°] pr *και* Compl; *η* 458-767 30 527 318 55* 59 319 | *κατά*] *κατ ον* 72 | *θάνατον*] pr *τον* 376 54-75′ 319 | *πάντων* 1° — *ἐπίσκεψιν*] bis scr 77-131-500-529-616*-739$^{c\,prm}$ | *ἀνθρώπων* 1°] pr *των* *C''*$^{-529(1°)}$ 392; > 59; ⌒2° ^{Lat}cod 100 | *οὗτοι*] *αυτοι* 529(2°) | *εἰ καί*] *η και* 318; *η* 458 30 319 Arm^{te}; *vel si* Arm^{ap}; om *καί* 29-376 551 *n*$^{-458}$ 392 18-630 799 Bo; tr *b x*$^{-509}$ ^{Lat}Fac *Def* XII 3 Syh | *κατ᾿*] *κατα* *b x*$^{-509}$ (sed hab Compl) | *ἀνθρώπων* 2°] pr *των* 29 16-46-528 120′; + ras 1 litt M; + *αποθανουνται ουτοι* 343: ex praec | *ἐπισκοπὴ ἔσται*] *επισκοπησεται* 509; tr Arm Syh | *αυτων εσται* 44 392 | *οὐχί* — fin] om *οὐχί* F*(c prm); > 72 | *κύριος*] *deus* ^{Lat}cod 100 | *ἀπέσταλκέ(ν)* B M′ V 15-58 *d* 129 *n t*(76 inc) *x* = Compl] *απεστειλεν* (c var) rell | *με*] *μοι* 30

30 init — *κύριος*] *et non in fantasmata ostendit dominus sicuti putant sed* ^{Lat}cod 100 (sed hab Aug *Num* 28) | *ἤ*] *ει* 72 319 Arm: cf 𝔐; > G | *φάσματι*] *φαντασματι* 75′; *σφαλματι* 72; *χασματι* *O*$^{-58}$ 121^{c} *z*$^{-120'}$ Aeth ↓ | *δειξη* 82 19 *f*$^{-129}$ 54-75′ 126 55 799 (sed hab Compl) | *κύριος*] pr *ο* 127 | om *καί* 1° Bo |

---

30 init — *κύριος*] *ο′ ἀλλ᾿ ἢ ἐν χάσματι δείξει* $\overline{κς}$ *α′ καὶ ἐὰν κτίσμα κτίσῃ* $\overline{κς}$ *θ′ καὶ εἰ κτίσμα κτίσῃ* $\overline{κς}$ 344; *σ′ ἐὰν δὲ κτίσμα κτίσῃ* $\overline{κς}$ 344 Syh | *καὶ ἀνοίξασα*] *σ′ ita ut aperiet* Syh

καὶ τὰς σκηνὰς αὐτῶν καὶ πάντα, ὅσα ἐστὶν αὐτοῖς, καὶ καταβήσονται
ζῶντες εἰς ᾅδου, καὶ γνώσεσθε ὅτι παρώξυναν οἱ ἄνθρωποι οὗτοι τὸν
31 κύριον. 31ὡς δὲ ἐπαύσατο λαλῶν πάντας τοὺς λόγους τούτους, ἐρράγη
32 ἡ γῆ ὑποκάτω αὐτῶν, 32καὶ ἠνοίχθη ἡ γῆ καὶ κατέπιεν αὐτοὺς καὶ
τοὺς οἴκους αὐτῶν καὶ πάντας τοὺς ἀνθρώπους τοὺς ὄντας μετὰ Κορε
33 καὶ τὰ κτήνη αὐτῶν. 33καὶ κατέβησαν αὐτοὶ καὶ ὅσα ἐστὶν αὐτοῖς
ζῶντα εἰς ᾅδου, καὶ ἐκάλυψεν αὐτοὺς ἡ γῆ, καὶ ἀπώλοντο ἐκ μέσου
34 τῆς συναγωγῆς. 34καὶ πᾶς Ἰσραηλ οἱ κύκλῳ αὐτῶν ἔφυγον ἀπὸ τῆς
35 φωνῆς αὐτῶν, ὅτι λέγοντες Μήποτε καταπίῃ ἡμᾶς ἡ γῆ. 35καὶ πῦρ

ABFMV *O''* *C''* *bdf*$^{-53'}$*nstxyz* al verss

καταπίεται] pr *et* Arm^{ap} = 𝔐; -τω 120′; κατεπιεν 72 125* 129-246* 75′; *devoravit* ^{Lat}cod 100 | καί 2° — αὐτῶν 2°] sub ÷ G Syh; > Arab = 𝔐 | om καί 2° — αὐτῶν 1° 58 | αὐτῶν 1°] > 106-125; ⌒2° Arm^{te} | τὰς σκηνάς] τας γυναικας 246; τα σκευη 799; τα σκηνωματα (-νομ. 376) 58-72-376 392 59; om τάς 127(|) | om αὐτῶν 2° 125 | αὐτοῖς] pr εν 72-381′ 422 246 458 527 392 | καταβήσονται] -βητωσαν *d*$^{-106}$; αναβ. 528; litt σονται sup ras ca 12 litt A | ζῶντες] pr παντες 75; παντες 19′ (sed hab Compl); post ᾅδου tr 72-381′ 44-125 767 318 Bo; + παντες 54-458 | ᾅδου] τον αδην 319 Did *Eccl* XCI 10; αδην 75 | om καί ult Arm | γνώσεσθε] γνωσονται A*(vid) 618 121 68′ Aeth^{-CG} | παρώξυναν] post οὗτοι tr V | οἱ ἄνθρωποι / οὗτοι] υιοι ανοις 75; tr 509; om οὗτοι Bo^{B} | om τόν 343 | κύριον] θεον *C''*$^{-46^s}$ *b* 28-85^{txt}-130^{mg}-321′^{mg} (sed hab Compl)

31 δέ] δ 126 | ἐπαύσατο] + *moyses* ^{Lat}cod 100 Arab | πάντας — τούτους] ταυτα παντα 458 | πάντας] παντα A*; > 19 129 126 Arm = Compl; post τούτους tr 30 | λόγους — (44) καί 2°] absc 624(||) | om ἐρράγη — (32) καί 1° 72 | ἐρράγη] *distillavit* ^{Lat}cod 100 | ἡ γῆ] > 58-376* 610; + η V *t* = 𝔐 | ὑποκάτω B G-426 *d* 129 *n*$^{-767}$ 130^{mg}-321′^{mg} *t x* 319 ^{Lat}cod 100 Arm Bo Syh] + των (> 82 56 799) ποδων rell | αὐτῶν] αυτου 28-30′-85*-343′

32 om comma 527 | om init — γῆ V 30 Sa | καί 1°] + ras 18 litt 616 | ἠνοίχθη] εσχισθη 376 | om ἡ γῆ 125 75 619 126 | om καί 2° Bo | καὶ τούς] bis scr 628* | καί 3°] ⌒4° ^{Lat}cod 100 | τούς 1° — πάντας] bis scr 618 | οἴκους] υιους 343 | καί 4°] ⌒(33) 2° 72 | om πάντας Arm | Κορε] pr του 58 | καί ult] ⌒(33) 1° 58 Arab | τά] pr παντα *b* = 𝔐

33 om καί 1° Aeth^{M} Sa | αὐτοί] ουτοι 121 | ὅσα B G-426 *b* 129 *n*$^{-767}$ 509 319 ^{Lat}cod 100 Arm Co] pr παντα (-νταν 619) ^{Lat}Aug *Loc in hept* IV 54 *Num* 29 rell = Compl 𝔐 | αυτων εστιν *f*$^{-129}$ | ἐστίν] ην 72 *d t* ^{Lat}cod 100 Arm (sed hab Aug *Loc in hept* IV 54 *Num* 29) | αὐτοῖς] pr εν 458; αυτων B ^{Lat}cod 100 = Ra | om ζῶντα εἰς ᾅδου 72 | ζῶντα] ζωντες (ζοντες 30) A M′ V 58-*oI* *C''* *b s y*$^{-392}$ 55 59 319 ^{Lat}cod 100 Aug *Num* 29 (sed hab Compl) = Ald ↓; ζωντας 426 | καί 3°] ⌒4° 413 | om ἡ γῆ 527 | απολωτο 75 | ἐκ μέσου] εξω 29 | τῆς συναγωγῆς] ιηλ 125; + αυτων 376

34 πασα 767 | οἱ] pr και M′ *oI* = Ald; ο *x*$^{-509}$; > 376 18 | αὐτῶν 1°] αυτου 376 529*; > *d* | εφυγωσαν 319 | φωνῆς αὐτῶν] σκηνης αυτων και φωνης 106 | φωνῆς] σκηνης 426 318; γης 126; συναγωγης 551*; + φευ 54 | om ὅτι M′ V

---

31 αὐτῶν] ο′ αὐτῶν 344
33 ζῶντα] ο′ ζῶντα 344; οἱ λ′ ζῶντες 344^{txt}

ἐξῆλθεν παρὰ κυρίου καὶ κατέφαγεν τοὺς πεντήκοντα καὶ διακοσίους ἄνδρας τοὺς προσφέροντας τὸ θυμίαμα.
³⁶Καὶ εἶπεν κύριος πρὸς Μωυσῆν ³⁷καὶ πρὸς Ἐλεαζὰρ τὸν υἱὸν 36(17 1)
Ἀαρὼν τὸν ἱερέα Ἀνέλεσθε τὰ πυρεῖα τὰ χαλκᾶ ἐκ μέσου τῶν κατα- 37(2)
κεκαυμένων καὶ τὸ πῦρ τὸ ἀλλότριον τοῦτο σπεῖρον ἐκεῖ, ὅτι ἡγίασαν
⁽³⁾τὰ πυρεῖα τῶν ἁμαρτωλῶν τούτων ἐν ταῖς ψυχαῖς αὐτῶν. ³⁸καὶ 38(3)
ποίησον αὐτὰ λεπίδας ἐλατάς, περίθεμα τῷ θυσιαστηρίῳ, ὅτι προσ-
ηνέχθησαν ἔναντι κυρίου καὶ ἡγιάσθησαν, καὶ ἐγένοντο εἰς σημεῖον
τοῖς υἱοῖς Ἰσραήλ. ³⁹καὶ ἔλαβεν Ἐλεαζὰρ υἱὸς Ἀαρὼν τοῦ ἱερέως τὰ 39(4)

ABFMV *O''* *C''* *bdf*$^{-53'}$*nstxyz* al verss

O^{-58}-707 *b d f t* 509 392 126 799 ^{Lat}cod 100 Aeth Arab Co Syh | *λέγοντες* B M′ V *O*$^{-58}$-707 *b d f t x* 392 126 799 ^{Lat}cod 100 Aeth Arab Co Syh] pr *ειπον* F^{b} 381′ 414; *ελεγον n*; *putabant* Arm; *ειπον* 72; pr *ειπαν* rell | *μήποτε*] pr *οτι* 376 | *ἡμᾶς*] pr *και* V 458 ^{Lat}cod 100; *et eos* Arm; *eos* Sa; *υμας* 376* 527

35 *καί* 1°] > ^{Lat}cod 100; bis scr 669*(||) | om *παρὰ κυρίου* 376(|) | *πεντήκοντα καὶ διακοσίους*] *διακοσιους και* (> 72 44-125 458 126) *πεντηκοντα* 72-376 414 44-125 458 126 Syh = Tar | *ανδρας και τους διακοσιους* 767 | *φεροντας* 126 | om *τό* 376 19 (sed hab Compl)

36 *εἶπεν*] *ελαλησεν* 82 = Compl 𝔐 | *Μωυσῆν*] *-ση* 19 (sed hab Compl); *μωσην* 426 *n*; *μωσει* 72; *μωσην λεγων* G; + *λεγων* (*-γον* 106) 376 106^{c} Arab Syh = Compl 𝔐

37 *καί* 1°] pr *loquere* Arm^{ap}; *λαλησον* (*-λυσον* 106) 106^{c} Arab = Compl ↓ | om *πρός* 29-72-381′ *d*$^{-106}$ ^{Lat}cod 100 Bo ↓ | *Ἐλεαζάρ*] *eliazar* Arm | om *τόν* 1° F G-376 30′-343′ 121 | *ἱερέα*] + *λεγων* V | *τά* 2° — *τῶν* 1°] *των αμαρτωλων εν ταις ψυχαις αυτων* 72 | *τὰ χαλκᾶ*] pr ÷ Syh; sub ÷ G; > 58 Arab = Compl 𝔐 | *κατακεκαυμένων*] *-κεκαμμενων* 72 75*; *-κεκαμενων* 767; *κεκαυμενων* *oI*$^{-15}$ 57*(c pr m) 59 Cyr I 616 | *τὸ ἀλλότριον τοῦτο*] sub ÷ G = 𝔐; om *τὸ ἀλλότριον* 58 Arab | *τοῦτο*] *τουτον* 75; *το* 125*; > Arm Bo | *σπεῖρον*] *disseminate* ^{Lat}cod 100 | *ἐκεῖ*] *foras* Arm | *ἡγίασαν*] *-σα* V 127; *-σε* *x*$^{-509}$ 68′ Cyr I 616; *-σθησαν* (*υγ.* 458) 29 54-75′ ^{Lat}cod 100 Caes *Serm* CX 1 Aeth Arm; litt *ν* sup ras 121 | *ἁμαρτωλῶν*] pr *ανδρων των* V; pr *αμαρτων* 669* | om *τούτων* 72 75 Bo

38 *ποίησον*] *-σαι* 799; *-σεις* V ^{Lat}cod 100 Arm Sa; *-σαται* 319; *εποιησαν* Cyr I 616: cf 𝔐 | *αὐτά*] *αυτας* 381-707 537 106-610 129 75^{c} 30 619*; > ^{Lat}cod 100 | *λεπίδας*] *-δες* B* (sed hab Sixt); *ελπιδας* 46* 68 = Ald | *ελαττας* 799; *ελαστας* 56 | *περίθεμα τῷ θυσιαστηρίῳ*] *ad circumdandam aram* ^{Lat}cod 100 | *περίθεμα*] pr *et* Caes *Serm* CX 1 Ruf *Num* IX 1; *επιθεμα* *x*$^{-527}$; *περιθειναι* (*-θηναι* 319) 85′^{mg}-321′^{mg} 319 | *τῷ θυσιαστηρίῳ*] *του θυσιαστηριου* (*-ριω* 59) 509 59*; *των θυσιαστηριων* 126; *το ιλαστηριω* 376 | *ὅτι* — (39) fin] bis scr 707 | om *ὅτι* — *ἡγιάσθησαν* *d*$^{-106}$ | *ὅτι*] *ο* 707(1°) 509 | *προσηνέχθησαν*] *intravit* Aeth | *ἔναντι* — *ἡγιάσθησαν*] om *ἔναντι κυρίου* 72; > 59 | *εναντιον* 630 | *ἡγιάσθησαν*] *sanctificatus est* Aeth | *ἐγένοντο*] *εγενετο* 58 129 28-85 68′ Aeth^{-C} Bo^{B} (sed hab Ald); *sint* Aeth^{C} | *τοῖς*] pr *εν* A M′ 58-*oI* *C''* *f*$^{-129}$ *s* *y*$^{-392}$ *z* 55 ^{Lat}Aug *Num* 30 Arab | fin] + *οτι προσηνεχθησαν εναντι κ̅υ̅ και ηγιασθησαν* 343: ex praec

---

37 init — *Ἐλεαζάρ*] *α′ σ′ dic ad eliazar ϑ′ dic eliazar* (*l'lyʿzr*) Syh | *σπεῖρον*] *α′ sparge* Syh; *σ′ σκόρπισον* 108 Syh

38 *ποίησον*] *ποιήσουσιν* 130-321′

πυρεῖα τὰ χαλκᾶ, ὅσα προσήνεγκαν οἱ κατακεκαυμένοι, καὶ προσέ-
(5)40 θηκαν αὐτὰ περίθεμα τῷ θυσιαστηρίῳ, [40]μνημόσυνον τοῖς υἱοῖς
Ἰσραήλ, ὅπως ἂν μὴ προσέλθῃ μηθεὶς ἀλλογενής, ὅς οὐκ ἔστιν ἐκ
τοῦ σπέρματος Ἀαρών, ἐπιθεῖναι θυμίαμα ἔναντι κυρίου, καὶ οὐκ
ἔσται ὥσπερ Κόρε καὶ ἡ ἐπισύστασις αὐτοῦ, καθὰ ἐλάλησεν κύριος
ἐν χειρὶ Μωυσῇ.
(6)41 [41]Καὶ ἐγόγγυσαν οἱ υἱοὶ Ἰσραὴλ τῇ ἐπαύριον ἐπὶ Μωυσῆν καὶ
(7)42 Ἀαρὼν λέγοντες Ὑμεῖς ἀπεκτάγκατε τὸν λαὸν κυρίου. [42]καὶ ἐγένετο

ABFMV *O'' C'' bdf*$^{-53'}$*nstxyz* al verss

39 *καί* 1°] bis scr 44(‖) | *ἔλαβεν*] *ελεαζαρ* 108*(c pr m); > 127*; + *μωυσης και* 29; + *ταυτα* 125 | *Ἐλεαζάρ*] *eliazar* Arm; + *ο ιερευς* 376 | *υἱός* — *κατακεκαυμένοι*] pr *ο* 619; om *υἱός* — *ἱερέως* 44-107'; > 125 | *υἱὸς Ἀαρών* = Sam] sub ÷ G; > Arab = 𝔐 Tar | *τοῦ ἱερέως*] *ο ιερευς* G; > *b* 527 628 319 ^{Lat}cod 100 Aeth (sed hab Compl ^{Lat}Aug *Num* 30 Ruf *Num* IX 1) | *χαλκᾶ*] *χαρκα* 551 | *ὅσα*] *α* 413 | *προσήνεγκαν*] *ησηνεγκαν* 126; + *οι υιοι αρρων* (*αρ.**) 509; + *αυτα* 55 | om *οἱ* 552* | *κατακεκαυμένοι*] *-κεκαμμενοι* 72; *κατακαυθεντες* G-376 *b* 767 85'^{mg}-321'^{mg} 319 (sed hab Compl) ↓ | *καί* 2° — fin] bis scr 529 | *προσέθηκαν αὐτά*] *adpositae sunt* ^{Lat}cod 100; *fecit* Arm; om *αὐτά* 319 | *προσέθηκαν*] *-κεν* V^c 55 ^{Lat}Aug *Num* 30 Bo; *εθηκαν* 126; *προσηνεγκαν* 15-29 57*(c pr m)-414; *περιεθ.* *O*$^{-G*}$ 44' *f*$^{-129}$ 321'^{mg}-344^{mg} *z*$^{-126}$; *περιεθηκεν* (*-θικεν* 75) 107'-125 *n*$^{-767}$ *t* 527 Syh | *περίθεμα*] *-ματα* 550' Arm; *επιθ.* 29; > Bo

40 *μνημόσυνον*] pr *και εγενοντο εις* 125; *in memoriam* ^{Lat}cod 100 Arm^{ap}; > 75 | *τοῖς υἱοῖς*] *των υιων* 619 | om *Ἰσραήλ* 56* | om *ἄν* 121 126 55 Tht *Nm* 213^{ap} | *μὴ προσέλθῃ μηθείς*] *μηθεις* (*μηδεις* 414) *προσελθη* 414 767; *μηδεις παρελθη* 72; om *μή* 527 | *προσέλθῃ*] *προσθη* Tht *Nm* 213^{ap}; *εισελθη* 126 Tht *Nm* 213^{ap}; *-θητε* B* (sed hab Sixt) | *μηθείς* B *d* 129 127 *t*$^{-76}$ *x* 319] *ουδεις* 126; *μηδε εις* *O*$^{-58}$; *μηδεις* (*-δις* 82) Tht *Nm* 213 rell = Sixt | *ὅς οὐκ ἔστιν*] *μη ον ουκ εστιν* 126; om *ὅς* G; > 707^{txt} | *ἔστιν*] post *Ἀαρών* tr *O*$^{-58}$ Syh(vid) = 𝔐 | *ἐκ τοῦ σπέρματος*] *εκτος σπ.* 458; *απο του σπ.* Tht *Nm* 213^{ap}; *e filiis* Bo | *Ἀαρών*] + *του ιερεως* 121 | *ἐπιθεῖναι*] pr *και* *C*''$^{-413}$ 54; *επιθη* 52-615^c(vid) | *καὶ οὐκ ἔσται*] *ut non sit* Arm; *και ουκ εστιν* 131 28^{txt} 59 Aeth | *ὥσπερ*] *ως περι* 68'-120; *ως* V | *κοραι* 610* 646 | *καί* 2°] > 72; + *sicut* Aeth = 𝔐 | *συστασις* 126; *επιστασις* 314 129 54-75' 319 | *καθά*] *καθως* 414 | *ελαλησα* 59* | *χειρί*] *χερι* 761; > Bo^{AB*} | *Μωυσῇ*] *-σει* 343 68' (sed hab Ald); *μωση* *n*; *μωσει* 72; *μωση* (*-σει* 426) *αυτω* G-426; + *αυτω* B 376 129 71' Syh = Compl ↓

41 *ἐγόγγυσαν*] *-σεν* (*-σαι* 246) 246 669^c; *ηγγισαν* 799; + (※ G Syh; + *πασαν* 630) *πασα η συναγωγη* *O* *f*$^{-129}$ 18'-126-628-630' 646 Arab Syh(s metob τ) = 𝔐 | *οἱ υἱοί*] *υιων* 376' 246 Arab ↓; om *οἱ* M G 313-615 120 319; sub ※ Syh^L | *Ἰσραήλ*] *ααρων* *C*$^{-131^c\ 500^c}$-46-551^c; > 551* | *τῇ ἐπαύριον*] *τη* (> B*vid) *αυριον* B *n*$^{-767}$ 509-527 (sed hab Sixt); > Ruf *Num* IX 2 | *Μωυσῆν*] *-ση* 58 *C*-46 19 30 799 (sed hab Compl); *-σει* 343; *μωσει* 72; *μωσην* G-426 54'-767; *μωση* 75';

---

39 *οἱ κατακεκαυμένοι*] *ο' σ' οἱ κατακαυθέντες α' οἱ ἐμπεπρησμένοι θ' οἱ ἐμπυρισθέντες* 344

40 *Μωυσῇ*] *ο' θ' α' Μωυσῇ αὐτῷ σ' Μωυσῇ περὶ αὐτοῦ* 344

41 *οἱ υἱοί*] *οἱ γ' filiorum* Syh | *ἀπεκτάγκατε*] *ο' ἀπεκτείνατε α' θ' ἐθανατώσατε σ' ἀνείλατε* 344

ἐν τῷ ἐπισυστρέφεσθαι τὴν συναγωγὴν ἐπὶ Μωυσῆν καὶ Ἀαρών,
καὶ ὥρμησαν ἐπὶ τὴν σκηνὴν τοῦ μαρτυρίου, καὶ τήνδε ἐκάλυψεν
αὐτὴν ἡ νεφέλη, καὶ ὤφθη ἡ δόξα κυρίου. 43*καὶ εἰσῆλθεν Μωυσῆς* 43(8)
καὶ Ἀαρὼν κατὰ πρόσωπον τῆς σκηνῆς τοῦ μαρτυρίου, 44*καὶ ἐλά-* 44(9)
λησεν κύριος πρὸς Μωυσῆν καὶ Ἀαρὼν λέγων 45*Ἐκχωρήσατε ἐκ* 45(10)
μέσου τῆς συναγωγῆς ταύτης, καὶ ἐξαναλώσω αὐτοὺς εἰς ἅπαξ. καὶ
ἔπεσον ἐπὶ πρόσωπον αὐτῶν. 46*καὶ εἶπεν Μωυσῆς πρὸς Ἀαρὼν Λάβε* 46(11)
τὸ πυρεῖον, καὶ ἐπίθες ἐπ' αὐτὸ πῦρ ἀπὸ τοῦ θυσιαστηρίου, καὶ
ἐπίβαλε ἐπ' αὐτὸ θυμίαμα, καὶ ἀπένεγκε τὸ τάχος εἰς τὴν παρεμ-
βολήν, καὶ ἐξίλασαι περὶ αὐτῶν· ἐξῆλθεν γὰρ ὀργὴ ἀπὸ προσώπου

ABFMV *O'' C''* $bdf^{-53'}$*nstxyz* al verss

⌒(42) 628 | *ἀπεκτάγκατε*] *απεκτειvατε* (-*κτην*. F^b) F^b O^{-58}-72 52-414 d^{-106} 129 126 799 = Compl↓; *αποκτειναται* 75 | *κυρίου*] pr *του* 376 414; *domino* Latcod 100 (sed hab Ruf *Num* IX 2)

42 *εγενοντο* 131 | *ἐν τῷ*] bis scr 75* | *ἐπισυστρέφεσθαι*] *επιστρ*. (-*σθε* 246 619 55) d^{-106} 246 54-75′ 71′ 392 55; *συνεπιστρ*. V; *συστρ*. 126; *επισυντρεψασθαι* 82; *επιστρεψασθαι* 319 | om *ἐπὶ Μωυσῆν* 74-76 | *Μωυσῆν*] -*ση* 58 19 28-85 (sed hab Compl); -*σει* 343; *μωυ*^{σ} 126; *μωσην* G-426 127-767; *μωση* 54-75′; *μωσει* 72 | *Ἀαρών*] *αρων* 54; + *λεγοντες* 618 | om *καί* 3° 72 d^{-106} Arm Bo | *ωρμησεν* 318 | *σκηνήν*] *συναγωγην* 730 | om *καί* 4° — (43) *Ἀαρών* 527 | *καὶ τήνδε*] *hoc autem* Latcod 100; *et eos* Arm; *και τηδε* 509; om *καί* 82 LatRuf *Num* IX 2; om *τήνδε* F^b 72-381′ 54-75 318 799 Bo | *αυτην εκαλυψεν* *d* 129 *t* = Compl | *εκαλυψετο* 646* | *αὐτήν*] *eos* Bo; > 58 417 246 130-321′ 121 *z* 59 646 Latcod 100 Arm (sed hab Ald) | om *ἡ* 1° 72 71′ 799 | om *ἡ* 2° 29

43 *εἰσῆλθεν*] *εστη* *d n t*; *steterunt* Arm | *μωσης* G-72-426 *n* | *αρων* 319 | *κατά* — *σκηνῆς*] *εις την σκηνην* 129 Arab

44 *ἐλάλησεν*] *ειπε* 125 | *κύριος* — fin] *eis* Arab | *μωυση* 58 19 (sed hab Compl); *μωσην* G-426 *n*; *μωσει* 72 | *καὶ Ἀαρών*] sub ÷ G Syh^T; > A* 551 Sa^{12} = Compl 𝔐; ad fin tr 376 | *Ἀαρών*] pr *προς* 376 Arm | *λέγων*] sub ÷ G; > 125

45 *μεσων* 72 | om *ταύτης* Sa^{12} | *αὐτούς*] pr *εις* 610* | om *εἰς* 46^s 19′ (sed hab Compl) | *ἔπεσον*] -*σαν* B^c G-29-426 x^{-527} (sed hab Sixt); -*σεν* M′; + *moyses et aaron* Sa^{12} | om *αὐτῶν* 618 319

46 *μωσης* G-72-426 *n* | *πρός*] *τω* 54*(c pr m) | *Ἀαρών*] + *λεγων* 72 | *λάβε*] *λαβετε* 458 | om *τό* 1° 458 | *ἐπ' αὐτό* 1°] *επ αυτω* M′ 707 52′-73′-131-313-414-500′-529′-551* 108-118′ 106 75-767 343 74′-370 18-126 55 (sed hab Compl); *εις αυτο* 458; om *ἐπ'* 128 | *ἀπό* 1°] *επι* 125 | om *καί* 3° 761*(|) 527(|) | *ἐπίβαλε*] -*λεις* 319; *επεβαλεν* 57*; *βαλε* 126; *επηνεγκεν* (-*γκαι*^{c}) 414; *επιθες* 15 413 527 | *ἐπ' αὐτό* 2°] *επ αυτω* M′ 707 $C''^{-16\ 46\ 77\ 413\ 417\ 528}$ 108 767 18 55 (sed hab Compl); *εις αυτο* 85^{mg}-$321'^{mg}$; *επ αυτον* 343; *επ αυτου* 458; *απ αυτο* 122* (sed hab Ald); sub ÷ G Syh; > 125 = 𝔐 | *ἀπένεγκε*] -*γκαι* A F 15-58-376 16-46*-77-414-422-616 129 $s^{-30'}$ 84 619 121 128-669 55 59 319*; *ανενεγκαι* V; *επενεγκαι* f^{-129}; *επεν*. 82 19′ (sed hab Compl); *ενεγκε* 126; *adfers* Latcod 100 | om *τὸ τάχος* 126 | *παρεμβολήν*] *συναγωγην* M^{mg} *b* 85^{mg}-$321'^{mg}$ 319 416 Latcod 100 Arab (sed

---

42 *ἐπισυστρέφεσθαι*] *συναθροίζεσθαι* 130-321′ 128
45 *εἰς ἅπαξ*] *ἐν θήξει* 130-321′

(12)47 *κυρίου, ἦρκται θραύειν τὸν λαόν.* [47]*καὶ ἔλαβεν Ἀαρών, καθάπερ ἐλά-*
λησεν αὐτῷ Μωυσῆς, καὶ ἔδραμεν εἰς τὴν συναγωγήν· καὶ ἤδη ἐνῆρκτο
ἡ θραῦσις ἐν τῷ λαῷ· καὶ ἐπέβαλεν τὸ θυμίαμα καὶ ἐξιλάσατο περὶ
(13)48 *τοῦ λαοῦ·* [48]*καὶ ἔστη ἀνὰ μέσον τῶν τεθνηκότων καὶ τῶν ζώντων,*
(14)49 *καὶ ἐκόπασεν ἡ θραῦσις.* [49]*καὶ ἐγένοντο οἱ τεθνηκότες ἐν τῇ θραύσει*
τέσσαρες καὶ δέκα χιλιάδες καὶ ἑπτακόσιοι χωρὶς τῶν τεθνηκότων
(15)50 *ἕνεκεν Κόρε.* [50]*καὶ ἐπέστρεψεν Ἀαρὼν πρὸς Μωυσῆν ἐπὶ τὴν θύραν*
τῆς σκηνῆς τοῦ μαρτυρίου, καὶ ἐκόπασεν ἡ θραῦσις.
(16) 1 (17) 2 **17** [1]*Καὶ ἐλάλησεν κύριος πρὸς Μωυσῆν λέγων* [2]*Λάλησον τοῖς υἱοῖς*

ABFMV *O'' C'' bdf*$^{-53'}$*nstxyz* al verss

hab Ruf *Num* IX 9) = 𝔐; *σκηνην* 318; + *εναντι κ̅υ̅ του θ̅υ̅ ημων* 509 | *καί* 5° — *αὐτῶν*] bis scr 44 | *ἐξίλασαι*] *-σεται* (*εξειλ.* B) B* 126 (sed hab Sixt); *-λασει συ* 392 | *αὐτῶν*] *αυτου* G*(c pr m)-707 458 | *ἐξῆλθεν γάρ*] *εξηλθε δε* 44; *και εξηλθεν* 799 | *ὀργή*] pr *η* *O*$^{-58}$ *d*$^{-106}$ 458; > A*(vid) | *ἀπὸ προσώπου*] *παρα* 29-72^{mg} *n*$^{-127}$ 319 Arm; om *προσώπου* 799; > 72^{txt} | *ἦρκται* — fin] pr *και* 72 417 125 318 799 ^{Lat}Ruf *Num* IX 4 Aeth Arm Bo Syh; > 59 | *ἦρκται*] pr *dominus* ^{Lat}cod 100; *ηρχθαι* 72; *ηρξατο* 799; > 58 126 | *θραυον* 527; *θραυσειν* 71' | *τὸν λαόν*] (÷ Syh^{L}) *in populo* Syh; sub ÷ G = 𝔐 Sam Tar^{O}

47 *ἔλαβεν*] + *thuribulum* Bo | om *καθάπερ* — *Μωυσῆς* 319 | *καθάπερ*] *καθα* 46^{s} | *αὐτῷ*] sub ÷ G; > 509 ^{Lat}cod 100 = 𝔐 | *Μωυσῆς*] *μωσης* G-72-426 *n*; sub ÷ Syh^{L} | *καί* 2°] > Bo^{A}; ⌒3° *C''* | *εἰς*] *επι* V 767; + (※ G Syh^{T}) *μεσην* (*μεσιν* 376) *O f*$^{-129}$ Syh = 𝔐 | *συναγωγήν*] *παρεμβολην* G 129 121 | *ἤδη*] *ecce* Arm Syh = 𝔐; > 426*(c pr m) 126 59 | *ἐνῆρκτο*] *ηρκτο* F G-72-82-426 125; *ενηκτο* (*ενικτο* 319) 68' 319; *ενηρκται* B* 29 106^{c} (sed hab Sixt); *διηρκτο* 59; *ενηρτο* 392; *ην* 126 | *ἡ* — *λαῷ*] *θραυειν τον λαον* 376; om *ἡ* 106^{c} | *ἐν* — (48) fin] bis scr 618* | *ἐν τῷ λαῷ*] *εις τον λαον* 75' | *καί* 4° — fin] pr *και ελαβε(ν)* A M' 58-*oI C'' f*$^{-129}$ *s y*$^{-392}$ 18-628 55 624 646; > 75' | *ἐπέβαλεν*] *ελαβε* 126; *επεστειλε* 527; *εβαλε* 46^{s} | om *καί* ult Bo^{A} | *περί*] + *αυτου* 707

48 om *καί* 1° Bo^{A} | *ἔστη*] *εστησαν* 129; *εσταθη* Nil 121 | *ἀνὰ μέσον*] *μεσος* Phil III 46 (sed hab 296) | *τεθνηκότων*] sub ※ Syh^{L}; *αποθανοντων* Nil 121; et *ζώντων* tr Nil 121 Sa | om *καὶ τῶν ζώντων* Phil III 296 (sed hab 46) | *τῶν* 2°] pr (※ G) *ανα μεσον* (*-σων* 376) *O*-15 *f*$^{-129}$ Aeth Arab Bo Syh = 𝔐 | *ἐκόπασεν*] *εκοπιασεν* Phil III 46^{ap}; *εστη* 58 | *θραῦσις*] + *εν τω λαω* B* (sed hab Sixt); ⌒(50) 72

49 *τέσσαρες* — *ἑπτακόσιοι*] *επτακοσιαι* (*-σιοι* 619) *δεκα τεσσαρες χιλιαδες* (*-δαι* 71) 71'; om *καὶ ἑπτακόσιοι* 551 | *τέσσαρες* — *χιλιάδες*] pr *τη* 618; *χιλ. δεκα τεσσαρες* *d*$^{-106}$ 458 126; *δεκα τεσσ. χιλ.* (*χειλ.* G) G 77 18 319 799; om *καί* V^{c}(vid); om *δέκα* V | om *χωρίς* — fin 71' | *ἕνεκεν*] *-κα* 68'-128 (sed hab Ald); *cum* Bo; > Arm^{ap}

50 *απεστρεψεν* *C'' f*$^{-246}$ = Compl; *υπεστρεψεν* 767 628 646 | *Ἀαρὼν πρὸς Μωυσῆν*] *moyses ad aaron* Sa^{12} | *πρὸς Μωυσῆν*] *και μωυσης* 121 68' (sed hab Ald) | *Μωυσῆν*] *μωσην* G-426 *n*; *tabernaculum* Syh^{L}; ⌒17 1 130 | *ἐπὶ τὴν θύραν*] pr *et* Aeth; *επι της θυρας* 610; *επι τας θυρας* 414; *εν τη θυρα* 767 | *τοῦ*] bis scr 646*(|) | om *καί* 2° — fin 125 646^{txt}(c pr m) | *ἐκόπασεν*] ad fin tr G-376 ^{Lat}cod 100 Syh = 𝔐

17 1 *Μωυσῆν*] *-ση* 73' 19 (sed hab Compl); *μωσην* G-426 *n*; *μωση* 58; *μωσει* 72; + *και ααρων* 610 127 | om *λέγων* 125-610

Ἰσραήλ, καὶ λάβε παρ᾽ αὐτῶν ῥάβδον ῥάβδον, κατ᾽ οἴκους πατριῶν
παρὰ πάντων τῶν ἀρχόντων αὐτῶν, κατ᾽ οἴκους πατριῶν αὐτῶν,
δώδεκα ῥάβδους, καὶ ἑκάστου τὸ ὄνομα αὐτοῦ ἐπίγραψον ἐπὶ τῆς
ῥάβδου αὐτοῦ. ³καὶ τὸ ὄνομα Ἀαρὼν ἐπίγραψον ἐπὶ τῆς ῥάβδου Λευί· 3 (18)
ἔστιν γὰρ ῥάβδος μία, κατὰ φυλὴν οἴκου πατριῶν αὐτῶν δώσουσιν.
⁴καὶ θήσεις αὐτὰς ἐν τῇ σκηνῇ τοῦ μαρτυρίου κατέναντι τοῦ μαρτυ- 4 (19)
ρίου, ἐν οἷς γνωσθήσομαί σοι ἐκεῖ. ⁵καὶ ἔσται ὁ ἄνθρωπος, ὃν ἂν 5 (20)

ABFMV *O'' C''* *bdf*$^{-53'}$*nstxyz* al verss

2 *λάλησον*] + *tu* Arm | *παρ᾽ αὐτῶν*] *παρα των* 509*; *παρ αυτου* 799 | *ῥάβδον* 1°] *ραβδους* 458 ^{Lat}cod 100 Arm Bo; *ραβδων* V 30 | om *ῥάβδον* 2° 72 *C''* *d*$^{-106}$ 129 75-127-767 *s* 527 59 319 424 799 Cyr I 672 Procop 841 ^{Lat}cod 100 Ruf *Num* IX 7 Aeth Arm Bo | *κατ᾽ οἴκους πατριῶν* 1°] *κατα φυλην πατριων* 29; > *b* (sed hab Compl) = Ald | *πατριῶν* 1° B *O*$^{-58}$ *x*$^{-527}$ Cyr I 672 ^{Lat}cod 100 Bo^{B} Sa^{1} Syh] pr *των* 82; + *αυτων* Ruf *Num* IX 7 rell = Compl | *παρά — αὐτῶν* 3°] om *παρὰ πάντων τῶν* 426^{txt}(c pr m); > 414-417 30' 527 68' Sa^{12} (sed hab Ald): homoiot; post *ῥάβδους* tr 74-76 | *παρά*] pr *και* 71'; *και* 628 | om *πάντων* 319 | *τῶν ἀρχόντων αὐτῶν*] *των ανθρωπων των αυτων* 509; *αρχοντων* *b* (sed hab Compl); om *τῶν* 129 | *αὐτῶν* 2°] > Bo; ⌒3° 125 75' 799 ^{Lat}cod 100 Ruf *Num* IX 7 | *κατ᾽* 2°] pr *και* *C''*$^{-52'\ 414\ 417\ 528}$; *κατα* 72 | *οἴκους* 2°] *οικων* 58; > 72 | *αὐτῶν* 3°] > Bo; + *ραβδον* 46^{s}; + *παρα παντων των αρχοντων αυτων* 106: ex praec | *δώδεκα*] *δυοδεκα* 46^{s}; *δυο και δεκα* 82 | *ῥάβδους*] + *αυτων* 381' | om *καί* 2° A 129 121 122* 319 (sed hab Ald) = 𝔐 | *ἑκάστου*] *-στον* *b* 527 (sed hab Compl); *-στο* 509; *εκαστος* 318 | *τό*] pr *κατα* 121 122* (sed hab Ald) | *αὐτοῦ* 1°] *eorum* Ruf *Num* IX 7; > 58-72-381' 52-529 *n*$^{-767}$ 527 799 ^{Lat}cod 100 Arm Bo Sa^{1} = Compl | *ἐπίγραψον*] *-ψεις* 319; *-ψει* 318; *γραψον* 126; ⌒(3) 376; ad fin tr *x*$^{-527}$ | *τῆς* — fin] *τας ραβδους αυτων* 19 (sed hab Compl) | *αὐτοῦ* 2°] *αυτων* 77*; > B Cyr I 672

3 init — *Λευί*] om *καί — ῥάβδου* Sa^{1}; > 29 | *Ἀαρών*] *αυτου* A | *ἐπίγραψον*] *-ψεις* *O*$^{(-376)}$ 129 319 Arm Bo Sa^{12} = Compl ↓; *-ψης* *f*$^{-129}$; *γραψον* 126 | om *ἐπί* 77 | *τῆς ῥάβδου Λευί*] *eius virgam* Arm^{te}; *την ραβδον λευι* 628; om *τῆς* 319 | *Λευί*] pr *της* V *d t*; *λευει* B* V G 127-767 120' Sa^{12} (sed hab Sixt); *αυτου* 426 54-75' Arm^{ap} | *ἔστιν* — fin] pr *ει* 426; > 799 | *ἔστιν γάρ*] *et sit* Arm; om *γάρ* A 121 | *ῥάβδος*] > 730^{txt}; + *λευι* 618* | *μία*] *μη* 527; > 125 = Tar^{P} | *κατὰ φυλήν*] *κατα φυλας* 767 321'^{mg} 319 ^{Lat}cod 100 Arm^{te} Bo; *κατα κεφαλην* 426 = 𝔐; *κατ* *oI*$^{-15}$; *κατα φυλη* 707*; *κατα φυλης* 59; bis scr 127 *t* 527 | *οἴκου*] *οικους* *oI*$^{-15}$-72 75' 628 646; *domorum* Aeth Bo Sa^{1}, *per domos* Ruf *Num* IX 7; *israel quae e domibus* Arm | *πατριῶν*] *-ριου* 19 (sed hab Compl); *-ριας* *d* 54'-458 *t* 527$^{\text{c pr m}}$ 319 | *αὐτῶν*] *υμων* 551; > 529 | *δώσουσιν*] sub ÷ G Syh^{L}; > Compl = 𝔐; + *tibi* Ruf *Num* IX 7; + *eas tibi* ^{Lat}cod 100

4 *θήσεις*] *θυσεις* 246; *θησουσιν* 29 | *αὐτάς*] *αυτους* 616 392 120'; *αυτα* G*-82-707 30' 509 55 | *ἐν τῇ σκηνῇ*] *super tabernaculum* Syh | *κατέναντι τοῦ μαρτυρίου*] *contra arcam* Ruf *Num* IX 7; *coram arca* Aeth^{C}; *απεν. του μαρτ.* 376; *κατ. του θυσιαστηριου* 619; *κατ. αυτου* 381'; om *τοῦ μαρτ.* 30; > V 72 *b d n*$^{-767}$ *t* 509-

---

17 2 *ῥάβδον* 1° — *οἴκους*] *ο' οἱ λ' ῥάβδον ῥάβδον κατ᾽ οἴκους* 344
3 *ἐπίγραψον*] *ο' οἱ λ' ἐπιγράψεις* 344
4 *γνωσθήσομαί σοι*] *συναντήσω σοι* 130-321' 128

ἐκλέξωμαι αὐτόν, ἡ ῥάβδος αὐτοῦ ἐκβλαστήσει· καὶ περιελῶ ἀπ' ἐμοῦ
τὸν γογγυσμὸν τῶν υἱῶν Ἰσραήλ, ἃ αὐτοὶ γογγύζουσιν ἐφ' ὑμῖν.
(21) 6 ^{6}καὶ ἐλάλησεν Μωυσῆς τοῖς υἱοῖς Ἰσραήλ, καὶ ἔδωκαν αὐτῷ πάντες
οἱ ἄρχοντες αὐτῶν ῥάβδον, τῷ ἄρχοντι τῷ ἑνὶ ῥάβδον κατὰ ἄρχοντα,
κατ' οἴκους πατριῶν αὐτῶν, δώδεκα ῥάβδους, καὶ ἡ ῥάβδος Ἀαρὼν
(22) 7 ἀνὰ μέσον τῶν ῥάβδων αὐτῶν. ^{7}καὶ ἀπέθηκεν Μωυσῆς τὰς ῥάβδους
(23) 8 ἔναντι κυρίου ἐν τῇ σκηνῇ τοῦ μαρτυρίου. ^{8}καὶ ἐγένετο τῇ ἐπαύριον

ABFMV *O''* *C''* *bdf*$^{-53'}$*nstxyz* al verss

527 126 319 799 Aeth^{M} Arm Sa^{12}: homoiot | σοι] σου 799; > 376 52' | ἐκεῖ] εκειθεν *oI* 55

5 ἔσται] εστιν 527; > Aeth | om ὁ 527 | ὅν] ος 413; ο 319 | ἄν] εαν B 129 (sed hab Sixt) = Ra; > 422 799 | εξελεξωμαι 392; εκλεξομαι 422 799; εκλεξω 551 | αὐτόν] αυτων 75*; αυτος και 59; απ αυτων 799; > V 72 ^{Lat}cod 100 Ruf *Num* IX 7 Arm | βλαστησει 343' | ἀπ' ἐμοῦ B *d* 127* *t x* Cyr I 673 ^{Lat}cod 100 Arm] απ εμαυτου 319; εκ σου G*; post γογγυσμόν tr 54-75'; > Sa^{12}; απο σου ^{Lat}Ruf *Num* IX 7 rell | τῶν B* V G-29-376 16-46-552 *d n t* 509-527 55] > Cyr I 673 rell = Sixt | om ἅ — fin 126 | ἅ B *O*$^{-58}$ 71-509-619^{c} Cyr I 673 Syh] ον *d* 129 *n t* 527 Arm Bo; > 619*; οσα rell | αὐτοί] > Bo; post γογγύζουσιν tr Aeth Arm | γογγύζουσιν] γογγυσουσιν 646; διαγογγ. V; *murmuraverunt* ^{Lat}cod 100 | ἐφ' ὑμῖν] εφ υμας 58-72-381' *f*$^{-129}$ = Ald; εφ υμων (ημ. 528) 707 *C''*$^{-528*\ 529\ 552}$ 54 85*-130-321; *super eos* ^{Lat}cod 100; αφ υμων (ημ. 528 75) 528*-529 75' ^{Lat}Ruf *Num* IX 7

6 μωσης G-72-426 *n* Cyr I 673 | om τοῖς 314 | om υἱοῖς 739 | Ἰσραήλ] + λεγων 509 Bo | εδωκεν 30 | αὐτῷ] αυτον 58*-707 19 84 (sed hab Compl); αυτοις 129 | αὐτῶν 1°] αυτω 416; > 75 | ῥάβδον 1°] ραβδους 610 75 646; *virgas suas* Arm Bo Sa^{12}; + μιαν 72; ⌒2° 376 *b* Bo (sed hab Compl) | τῷ 1° — ῥάβδους] κατα αριθμον των δωδεκα φυλων ραβδους δωδεκα 799 | τῷ 1° — ἄρχοντα] *unusquisque princeps singuli* ^{Lat}cod 100; καθ ενι αρχοντι ραβδον 72; > 126 | τῷ 1° — ἑνί] om τῷ ἄρχοντι 707 28; post ῥάβδον 2° tr Arm | τῷ ἑνί] αυτω ενι 129; + οι αρχοντες 68'-120' (sed hab Ald) | ῥάβδον 2°] pr ενα 58 56; pr ραυδον ενα 246; > 106; + μιαν Compl; post ἄρχοντα tr 55 | om κατὰ ἄρχοντα 125 Aeth^{M} Arm | κατά] κατ V 376 *b* 68'-120' (sed hab Compl) = Sixt | ἄρχοντα] αρχοντι 30; + (※ G Syh^{L}) ενα *O*$^{-58}$ Syh = 𝔐 | κατ' οἴκους] *domorum* Sa^{12} | πατριας 319 | om αὐτῶν 2° 125 127 527 | δώδεκα ῥάβδους] > 767; + ανδρος το ονομα αυτου επι ραβδου αυτου και το ονομα ααρων V | ῥάβδος Ἀαρών] του ααρων ραβδος 799; ραβδος η ααρων G-426 *C''*$^{-73'\ 414'\ 528\ 529}$ *s*$^{-343}$ 392 319 Syh | om ἀνά 799 | om τῶν ῥάβδων 381' 799 | om αὐτῶν ult Co

7 ἀπέθηκεν F^{a}] επεθ. (-θικε 75) F 15*-72 131*-551 *f*$^{-129}$ 54-75' 71' 59 = Compl; εθηκε 126 | Μωυσῆς] μωσης *O*$^{-376}$-72 *n* Cyr I 673; > ^{Lat}cod 100 | τάς] τους *d*$^{-44}$ | ἔναντι — σκηνῇ] εναντι της (τη 509) σκηνης 509 Bo; om ἔναντι κυρίου *C''*$^{-131mg}$ *s* | εναντιον *b* 55 (sed hab Compl) | ἐν τῇ σκηνῇ] επι της (τη 54) σκηνης *d n t*$^{-84}$ 527; επι την σκηνην 84

---

5 ἐφ' ὑμῖν] καθ' ὑμῶν 130-321'

7 τάς — σκηνῇ] ο' θ' τὰς ῥάβδους ἔναντι κυ̅ ἐν τῇ σκηνῇ α' τὰς ῥάβδους εἰς πρόσωπον κυ̅ ἐν τῇ σκηνῇ 344 | ἔναντι κυρίου] σ' ἔμπροσθεν κυ̅ 344

καὶ εἰσῆλθεν Μωυσῆς καὶ Ἀαρὼν εἰς τὴν σκηνὴν τοῦ μαρτυρίου, καὶ
ἰδοὺ ἐβλάστησεν ἡ ῥάβδος Ἀαρὼν εἰς οἶκον Λευί, καὶ ἐξήνεγκεν βλα-
στὸν καὶ ἐξήνθησεν ἄνθη καὶ ἐβλάστησεν κάρυα. 9 *καὶ ἐξήνεγκεν* 9 (24)
Μωυσῆς πάσας τὰς ῥάβδους ἀπὸ προσώπου κυρίου πρὸς πάντας υἱοὺς
Ἰσραήλ, καὶ εἶδον καὶ ἔλαβον ἕκαστος τὴν ῥάβδον αὐτοῦ. 10 *καὶ εἶπεν* 10(25)
κύριος πρὸς Μωυσῆν Ἀπόθες τὴν ῥάβδον Ἀαρὼν ἐνώπιον τῶν μαρτυ-
ρίων εἰς διατήρησιν, σημεῖον τοῖς υἱοῖς τῶν ἀνηκόων, καὶ παυσάσθω
ὁ γογγυσμὸς αὐτῶν ἀπ᾽ ἐμοῦ, καὶ οὐ μὴ ἀποθάνωσιν. 11 *καὶ ἐποίησεν* 11(26)

ABFMV *O''* *C''* *bdf*$^{-53'}$*nstxyz* al verss

8 om init — *μαρτυρίου* 73′ Sa^{12}: homoiot | *ἐγένετο*] *εγενηθη* 319; > 125 126 | *τῇ*] pr *εν* 15′ *C''*$^{-(73')}$ ^{413} *s*$^{-730}$ ^{Lat}cod 100; *της* 509 | *αυριον* 319 | om *καί* 2° 707 16-46 125 129 458 71′ ^{Lat}Quodv *Prom* II 18 Arm^{te} Bo | *μωσης* G-72-426 *n* 68* Cyr I 673 (sed hab Ald) | *καὶ Ἀαρών*] *και αααρων* 618; sub ÷ G Syh^{T}; > 58 628 Arab = Compl 𝔐 | *εν τη σκηνη* *oI*-29 414 *b* 129 54-458 *z*$^{-126}$ 59 646 Cyr I 673 = edd | om *τοῦ μαρτυρίου* Quodv *Prom* II 18 | om *ἰδού* 121 126 799 | *ἐβλάστησεν* 1°] + *ααρων* 84*; post *Ἀαρών* 2° tr 376-381′ | om *ῥάβδος* 130 | *Ἀαρών* 2° F^{c}] pr *του* 458; pr *η* A F M′ V G-82-426-707 *C''*$^{-57}$ $^{73'}$ ^{417} ^{422} ^{528} ^{551} 106 56 54 85-321′ 74-370 527 55; + *ανα μεσον των ραβδων αυτων* 509 | *εἰς οἶκον Λευί*] sup ras ca 22 litt 761; > F^{b} | *λευει* B* V G 127-767 120′ Sa^{12} (sed hab Sixt) | *ἐξήνεγκεν*] *εξηνθησεν* A 55 | om *βλαστὸν καὶ ἐξήνθησεν* Bo | *βλαστου* 646*; *βλαστων* 314* | *ἐξήνθησεν*] *εξηνθη* 19 (sed hab Compl); *ηνθισεν* 126; *εξηνεγκεν* F V 628 55 799; > 106 Sa^{12} | *ἄνθη*] *ανθος* 16-46 246; > 19 (sed hab Compl) | *ἐβλάστησεν* 2°] *εξηνθησεν* 416; *εποιησε* 68′-120 (sed hab Ald); > Sa^{12} | *κάρυα*] *αμυγδαλα* Syh^{Tmg} ↓

9 *Μωυσῆς*] *μωσης* G-72-426 313* *n* Cyr I 673; bis scr 44* | om *πάσας* 129 527 ^{Lat}cod 100 Arm | om *ἀπό* 767* | *προσώπου κυρίου*] *της σκηνης του μαρτυριου* 767 | om *πάντας* 44 Bo Sa^{12} | *υἱούς*] pr *τους* V 376-*oI* 314 44′-125 54-75′ 71′ 126-630 = Ald | *καὶ εἶδον*] *και ειδεν* V; *και ειδωσαν* 319; > 125 126 | *ἔλαβον*] *ελαβωσαν* 319; *ελαβεν* (bis scr 68) V 58-72 *C''*$^{-46s}$ $^{52'}$ ^{313} 19 *d*$^{-125}$ *f*$^{-129}$ *n* 30-85* *t x y*$^{-318}$ *z*$^{-126}$ ^{407} 646 799 Aeth Arm (sed hab Ald) = Compl; *εβαλεν* B (sed hab Sixt); *εδωκεν* 52′-313; bis scr 707* | *εκαστον* 615 68*(vid; sed hab Ald); *εκαστω* 52

10 *εἶπεν*] *ελαλησε(ν)* *x*$^{-527}$ | om *πρός* 125 | *Μωυσῆν*] *μωσην* G-426 *n* Cyr I 673; *μωυ*^{σ} 125; *μωσει* 72 | *ἀπόθες*] *αποδος* 319 | om *Ἀαρών* 417 392 | *ἐνώπιον τῶν μαρτυρίων*] *coram* (*in* Arab) *tabernaculo testimonii* ^{Lat}cod 100 Arab | *ἐνώπιον*] *εναντιον* (-*τιων* 56) 58 *f*$^{-129}$; *εναντι* *O*$^{-58}$ | *των μαρτυρων* 707 527; *του μαρτυριου* 129 Aeth(vid) = Compl 𝔐 | *διατήρησιν*] *διηγησιν* 414 | *σημεῖον* B V 82 129 54-75′ *x* Cyr I 673] pr *και εις* 246; pr *et* Bo; *signi* ^{Lat}cod 100; > 319; pr *εις* rell = 𝔐 | *τοῖς υἱοῖς*] *filiorum* ^{Lat}codd 91 92; om *τοῖς* 59(|); > 76 ^{Lat}codd 95 96 Bo; + *ιηλ* 75 30 Sa^{12} | *τῶν ἀνηκόων*] *merari* (-*rii* 92) ^{Lat}codd 91 92 94—96: cf 𝔐 מרי; > Sa^{12} | *ἀνηκόων*] spat 7 litt 129; *υπηκοων* 414 | *ἀπ᾽ ἐμοῦ*] *επ εμου* 458; *απο σου* 799; > 318 Bo | *αποθανουσι(ν)* (-*νοσιν* 318) 72 246* 54* 318-392* 799

---

8 *κάρυα*] *ο′* (> *C''*$^{-417}$) *κάρυα* *C''*; *οἱ λ′* *ἀμύγδαλα* M′ 707 *C''*^{cat} 56(s nom) 85′-321(nom absc)-346 Syh = Sixt

Μωυσῆς καὶ Ἀαρὼν καθὰ συνέταξεν κύριος τῷ Μωυσῇ, οὕτως ἐποί-
ησαν.
(27)12 [12]Καὶ εἶπαν οἱ υἱοὶ Ἰσραὴλ πρὸς Μωυσῆν λέγοντες Ἰδοὺ ἐξανη-
(28)13 λώμεθα, ἀπολώλαμεν, παρανηλώμεθα· [13]πᾶς ὁ ἁπτόμενος τῆς σκη-
νῆς κυρίου ἀποθνήσκει· ἕως εἰς τέλος ἀποθάνωμεν;
1 **18** [1]Καὶ εἶπεν κύριος πρὸς Ἀαρὼν λέγων Σὺ καὶ οἱ υἱοί σου καὶ
ὁ οἶκος πατριᾶς σου λήμψεσθε τὰς ἁμαρτίας τῶν ἁγίων, καὶ σὺ καὶ οἱ

ABFMV *O'' C'' bdf*$^{-53'}$*nstxyz* al verss

11 *ἐποίησεν*] *-σαν* (*εποισαν* 767) *n* 527 Aeth Arm Bo | *Μωυσῆς*] *μωσης* G-72-426 *n* 527 | *καὶ Ἀαρών*] sub ÷ G Syh^{T}; > 58 Arab = 𝔐 | *καθά* B V 82 129 x^{-527} Arm Sa = Compl] *οσα* rell | *κύριος τῷ Μωυσῇ*] *κυριος αυτω* 426 Arab Syh↓; *αυτω κυριος* G; om *κύριος* 59 | om *τῷ* — fin 72 106 126 | *Μωυσῇ*] *-σει* 46 343 68'-407; *μωση* 58 *n* 527 | om *οὕτως ἐποίησαν* 125 Arab | *οὕτως*] *ουτω* 246; + *και* 767 Arm | *ἐποίησαν*] *-σε(ν)* O^{-376} *C''* 28-85-343-344^{c} = 𝔐; *εποι*^{η} 767; + *μωσης και ααρων* 527

12 *εἶπαν*] *ειπον* (*-πων* 376) 72-376-*oI* 46*-414 19 44'-125 54'-75 76-84 527 (sed hab Compl); *ει*^{π} 458; *ει* 767; *locuti sunt* Arm | om *οἱ* M 46^{s}-52 246* 54*-458 126 319 | *πρὸς Μωυσῆν*] post *λέγοντες* tr Arm^{ap} | *μωυση* M 58 19 (sed hab Compl); *μωσην* G-426 *n* 527 646*; *μωσει* 72 | om *λέγοντες* 72 Arab Sa^{12} | *ἰδού*] pr *και* 707 | *ἐξανηλώμεθα*] *εξαναλ.* F^{b1} 72 529 129 54-75'; *εξηναλ.* F^{b2} 528 59; > 126 799 | *ἀπολώλαμεν παρανηλώμεθα*] pr *και* 19' Aeth Bo^{B} (sed hab Compl); *απολωμεθα* 125 75'; > 30' 669^{txt} | *ἀπολώλαμεν*] > 44; + *εξολωλαμεν* Chr XVII 858 (sed hab 860 886); + ※ *nos*↙ *omnes* Syh; + (※ G) *παντες ημεις* V *O* f^{-129} = Compl 𝔐 | *παρανηλώμεθα*] pr *et* Bo; *παρηναλ.* 417-552 527 799; *παρην.* 129; *-λωματα* 28; *παρηλ.* 528; > 72 126

13 om *ὁ* 129 | *σκηνῆς*] + *του μαρτυριου* V *d n t* 527 ^{Lat}codd 91 92 94—96 100 Arm | *κυρίου*] pr *του* 528 318; > V 767 74-76 527 799 ^{Lat}cod 100 (sed hab 91 92 94—96) Sa^{12} | *ἀποθνήσκει*] *-σκη* 120*; *-κετω* 376; *morietur* ^{Lat}cod 100 (sed hab 91 92 94—96) | om *ἕως* — fin 77 | *εἰς τέλος*] *εις το τελος* 120'; *omnes* Bo; om *εἰς* d^{-106}; > 761 | *ἀποθάνωμεν*] pr *και* V; *απεθανομεν* (*-νωμεν* M 16 416*) M' 16-46-528; *morimur* ^{Lat}cod 100; *-νομαι* 319*; *consumatur* (*-mmatur* 91) ^{Lat}codd 91 92 94—96

18 1 *καὶ εἶπεν*] *ειπε δε* 125; *και ελαλησε* 799 Aeth Arm | *Ἀαρών*] pr *μωυσην και* 16-46; *μωυσην* 122* 799 Aeth^{M} (sed hab Ald) | *λέγων*] sub ÷ G Syh; > 72 528 125 126 ^{Lat}Ruf *Num* X inscr Arab Sa^{12} = Compl 𝔐 | om *οἱ* 1° 767 319 | *καί* 3° — *σου* 2°] sup ras 75 | *καί* 3°] *φυλη λευι* 527 | om *ὁ* 75 | *πατριᾶς* (*-τρια* 767) B F^{a} V O^{-58} d^{-44} 129 54-458-767 *t x* Cyr I 837 Arm Sa$^{1\ 11}$ Syh] pr *της* 44 75; *του* (> 127) *πατρος* Procop 844 rell = Sixt↓ | *σου* 2° B V 58 529 129 x^{-527} 126 Cyr I 837 Arab Co] + (※ Syh) *μετα* (*-τας* 610; sup ras 75) *σου* (> 628) Procop 844 rell = 𝔐; sub ※ G | *λήμψεσθε* 1° (*-σθαι* V 82) A B F V G-82 509 624] sine *μ* F^{b} rell = Sixt | *τάς* 1°] > 72; bis scr 58 | *ἁμαρτίας* 1°] *-τιαν* 72 = 𝔐; *απαρχας* (+ *των ετων και* 44) B M^{txt}

---

11 *συνέταξεν* — *οὕτως*] *ο' οἱ λ' συνέταξεν κς αὐτῷ οὕτως* 344

18 1 (*σύ* 1° — *λήμψεσθε*) *τὰς ἁμαρτίας τῶν ἁγίων*] *σὺ καὶ οἱ υἱοί σου καὶ ὁ οἶκος τοῦ πατρός σου συμβαστάσετε τὴν παρανομίαν τοῦ ἁγιάσματος* Procop 844; *οἱ γ' illegalitatem sanctuarii* Syh^{L}

υἱοί σου λήμψεσθε τὰς ἁμαρτίας τῆς ἱερατείας ὑμῶν. [2]καὶ τοὺς 2
ἀδελφούς σου, φυλὴν Λευί, δῆμον τοῦ πατρός σου, προσαγάγου πρὸς
σεαυτόν, καὶ προστεθήτωσάν σοι καὶ λειτουργείτωσάν σοι, καὶ σὺ
καὶ οἱ υἱοί σου μετὰ σοῦ ἀπέναντι τῆς σκηνῆς τοῦ μαρτυρίου. [3]καὶ 3
φυλάξονται τὰς φυλακάς σου καὶ τὰς φυλακὰς τῆς σκηνῆς σου, πλὴν
πρὸς τὰ σκεύη τὰ ἅγια καὶ πρὸς τὸ θυσιαστήριον οὐ προσελεύσονται,
καὶ οὐκ ἀποθανοῦνται καὶ οὗτοι καὶ ὑμεῖς. [4]καὶ προστεθήσονται 4
πρὸς σὲ καὶ φυλάξονται τὰς φυλακὰς τῆς σκηνῆς τοῦ μαρτυρίου κατὰ

ABFMV *O''*(G) *C''* *bdf*$^{-53'}$*nstxyz* al verss

oI d t x^{-527} 68'-120'-126 416 799 Cyr I 837 (sed hab Sixt); ⌒2° 707 414-417 392 319 Aeth | *καί* 4° — *ἁμαρτίας* 2°] om *σύ* — *σου* Arab; om *σύ* — *λήμψ.* *b* (sed hab Compl); om *σύ* — *ἁμαρτίας* 527; > ^{Lat}cod 100 (sed hab Aug *Num* 31) | om *καί* 4° B* V 246 458 (sed hab Sixt) | om *οἱ* 2° M 82 320*(cprm) 767* 126 | *σου* ult] + (※ G Syh) *μετα σου* (> 56*) *O*$^{-58}$ *f*$^{-129}$ 121 Syh = Compl 𝔐 | *λήμψεσθε* 2° (-*σθαι* M*(vid) V G-82) A B F M V G-82 509 624] sine *μ* F^{b} rell = Sixt; pr *και* 318 | *τὰς ἁμαρτίας* 2°] *τον μισθον* 628 | *τῆς ἱερατείας*] *των αγιων* 669

2 om comma 527 | *τοὺς ἀδελφούς σου*] *εκ των αδελφων σου* 799; om *τούς* 616(|); > V | *φυλήν*] *φυλης* 29 *C''* *s* 799; *tribu* ^{Lat}cod 100 (sed hab Ruf *Num* X 3); *φυ*^{λ} 126; *υιους* *d t* 319 | *Λευί* — (30) *καί* 1°] absc G(||) | *λευει* B* V 127 120' Sa (sed hab Sixt); *λεβι* 610; *λεβει* (-*βειν**) 767 | *δημου* V 458; *δημους* 610 | *προσαγάγου*] -*γαγω* 72 414; -*γαγε* 29 54-75' 319; *προσαγου* 106 127; *προσηγαγου* 376; + *eos* ^{Lat}cod 100 (sed hab Ruf *Num* X 3) | *πρός*] *προ* 529(|) | *σεαυτόν*] -*τω* 458; *εαυτον* M' *O'*$^{-29}$ ^{58}-64-381 16-46-414'-*cI* *b* 125-610 129 54-75 30'-321-343 *t*$^{-370}$ 619 *y*$^{-121}$ *z*$^{-68'}$ 59 799; *αυτον* 646 | *καί* 2°] ⌒3° Sa^{12} | *προστεθεισατωσαν* 246; *προστεθησονται* *O*$^{-58}$ 458; *προσθητωσαν* 799 | *σοι* 1°] > A; ⌒2° 528 44 | *λειτουργείτωσάν*] -*γεισατωσαν* (-*γησ.* 71 799) 376 71 799; *υπουργητ.* (*υποργ.* 346) 28^{mg}-85^{mg}-346^{mg} 319 | om *καὶ σὺ καί* 126 | om *καί* 4° Bo^{B} | om *οἱ* M 19 75 126* 319 = Compl | *μετὰ σοῦ*] *μετ αυτων* 458; > 417 628 319 Bo; + metob Syh^{L} | *ἀπέναντι*] bis scr 77

3 om init — (4) *σέ* 1° 130: homoiot | *φυλάξονται*] -*ξουσι(ν)* *O*$^{-426}$ *f*$^{-129}$ 321^{mg}; -*ξεσθε* 527 | *φυλακάς* 1°] ⌒2° 527 | *σου* 1°] *μου* 246 | *καί* 2° — *σου* 2°] *et custodient tabernaculum* ^{Lat}cod 100; > F*(cprm) *C''*$^{-131mg}$: homoiot | *τὰς φυλακάς* 2°] *τας φυλας* 44; > 767 | *σου* 2°] *του μαρτυριου* F^{b} *d f*$^{-129}$ *n t* 527 126-628 799 Arm; sub ÷ Syh^{T}; > B V 58-82 *x*$^{-527}$ *z*$^{-126\ 628}$ 319 646 Aeth^{CG} Sa (sed hab Ald) = Compl Ra 𝔐; + *του μαρτυριου* 376 | om *πρός* 1° 72 | *τὰ σκεύη*] *vasa mea* Arm | *τὰ ἅγια*] *sanctitatis* Aeth | *τὸ θυσιαστήριον*] *aram meam* Arm^{ap}; + *και προς παντα του ναου* 106 | *ουκ* (*ου μη* 414) *εισελευσονται* 77-414-550' 125 799 | *οὐ*] *και* 59; > 610 | *προσελεύσονται*] -*σεται* 19 75 (sed hab Compl); *προσελευ*^{στ} 126; *προελ.* 500; + *οι υιοι σου* 527 | *καὶ οὐκ ἀποθανοῦνται*] *ne moriantur* Arm; om *οὐκ* 19' (sed hab Compl) | om *καί* 5° — (4) *σκηνῆς* 2° 125 | om *καί* 5° — (4) *σκηνῆς* 1° 618^{txt} | om *καί* 5° 46-552-761* 19' 84* 126 (sed hab Compl) | *οὗτοι*] *αυτοι* V 29-426 *z*$^{-68'}$ 646 Aeth(vid) Arm = 𝔐; *illi* ^{Lat}cod 100 Syh | *ὑμεῖς*] *ημεις* 550-551*(vid)-552^{c} 246 126; ras 5 litt 134

4 *καί* 1°] > Bo; ⌒2° 799; ⌒3° 72 527 | *προστεθήσονται*] -*σομαι* 68'-120'; + *και ουτοι* *d*$^{(-125)}$ *t* | *πρὸς σέ* 1°] *eis* Bo | *καί* 2°] ⌒(5) 3° 106 | *φυλάξονται*] -*ξου-*

---

2 *φυλήν*] *ο' σ' θ' φυλήν α' ῥάβδον* 344

πάσας τὰς λειτουργίας τῆς σκηνῆς, καὶ ὁ ἀλλογενὴς οὐ προσελεύσεται
5 πρὸς σέ. [5]καὶ φυλάξεσθε τὰς φυλακὰς τῶν ἁγίων καὶ τὰς φυλακὰς
6 τοῦ θυσιαστηρίου, καὶ οὐκ ἔσται θυμὸς ἐν τοῖς υἱοῖς Ἰσραήλ. [6]καὶ
ἐγὼ εἴληφα τοὺς ἀδελφοὺς ὑμῶν τοὺς Λευίτας ἐκ μέσου υἱῶν Ἰσραήλ,
δόμα δεδομένον κυρίῳ, λειτουργεῖν τὰς λειτουργίας τῆς σκηνῆς τοῦ
7 μαρτυρίου· [7]καὶ σὺ καὶ οἱ υἱοί σου μετὰ σοῦ διατηρήσετε τὴν ἱερα-
τείαν ὑμῶν κατὰ πάντα τρόπον τοῦ θυσιαστηρίου καὶ τὸ ἔνδοθεν τοῦ
καταπετάσματος, καὶ λειτουργήσετε τὰς λειτουργίας δόμα τῆς ἱερα-
τείας ὑμῶν· καὶ ὁ ἀλλογενὴς ὁ προσπορευόμενος ἀποθανεῖται.

ABFMV $O^{\prime\prime-G}$ $C^{\prime\prime}$ $bdf^{-53'}nstx$(527)yz al verss

σι(ν) $oI^{-15\ (618^{txt})}$ *b* $85'^{mg}$-346^{mg} (sed hab Compl) | φυλακάς — (5) θυσιαστηρίου] εντολας μου 799 | τοῦ μαρτυρίου] πλην προς τα σκευη τα αγια 71': ex 3 | κατά — λειτουργίας] *in omni opere* Aeth; *secundum omne ministerium* Arm Sa^{12} | κατά] και 376 129 54-75' 30' 74-76 | τῆς σκηνῆς 2°] > 126; + του μαρτυριου 551* 246 | om ὁ C^{-16} 125*(vid) f^{-129} 126 = Compl | οὐ προσελεύσεται] ουκ εισελ. 381'; *non accedat* ^{Lat}cod 100; om οὐ 129 | πρός 2° — (15) πάσης] absc 624(||)
5 om init — 19_{22} fin 527 | φυλάξεσθε] -ξασθε (-σθαι V 246 458 319) V 707 $d^{(-106)}$ 246 458 134 509 392 68'-120 59 319 (sed hab Ald); -ξετε (-ται 30') A *oI* 16-46-414-616-761 30'-130-343'-346 y^{-392} ↓; -ξατε $C^{\prime\prime-16\ 46\ 414\ 616\ 761}$ 28-85-321; -ξονται 55; + ετι 72 | φυλακάς 1°] φυλας 44 | τῶν ἁγίων] του αγιου 121; *sanctuarii* $Aeth^{C}$; + μου F | τὰς φυλακάς 2°] om φυλακάς 82 319; > 72 125; + τας 669 | om καί 3° — fin Sa^{12}: homoiot | οὐκ ἔσται B 82 129 730 *x* Bo] ουκετι εσται 381' *b d n t* 392 799 ^{Lat}cod 100 MissMoz 85 Arm; + ετι (οτι 30; ετη 376) rell = Compl 𝔐 Sam Tar^{O} | θυμός] ο θυμος μου 799; + ετι 730 | ἐν τοῖς υἱοῖς] επι τ. υιοις *b* Aeth = 𝔐; επι τους υιους $85'^{mg}$-$321'^{mg}$ 319 ^{Lat}cod 100 MissMoz 85; om ἐν 44; om τοῖς 129 799 = Compl; om τοῖς υἱοῖς 72
6 om init — (11) fin 799 | καὶ ἐγώ] και ιδου εγω 126 = Compl; *ego enim* ^{Lat}cod 100 (sed hab Aug *Loc in hept* IV 58) ↓; om ἐγώ 458; και ιδου 246; + ιδου (+ εγω 630*) V *O* 56 18'-628-630' 646 Sa Syh ↓ | καί] + *dominus dixit ad aaron dicens* Sa^{12}: cf 8 | ημων 550* 106* 246 | λευειτας B V 127-767 (sed hab Sixt) | εν μεσω 458 | υἱῶν B* 55] pr των rell = Sixt | Ἰσραήλ] + (※ Syh^{L}) υμιν O^{-58}-15 56 Syh = 𝔐 | δόμα] δοματος $321'^{mg}$: cf 7 | δεδομένον] -νων 108 44 30 319 (sed hab Compl); διδομ. 75 28-85'-321'; -νοι 426 Aeth Syh: cf 𝔐 | κυρίῳ] pr τω 426 | λειτουργεῖν] -γοι 75 | τὰς λειτουργίας] την λειτουργιαν $321'^{mg}$ Aeth Arm; *datione* ^{Lat}cod 100; τας λειτουργικας 392; + $\overline{κυ}$ 509 | om τῆς 509
7 om καί 2° V | om οἱ 82 246 319 | μετὰ σοῦ] μετα σε 318; > 72 Arab | διατηρήσετε] -σατε (-ρισ. 120) F $oI^{\prime-15\ 82}$ *d* 246 127 370 392 120' 59 Aeth; $διατηρη^{στ}$ 126 | ὑμῶν 1°] ημων 82 | πάντα] τον V | τρόπον] τοπον 46^{c}; *mandatum* ^{Lat}cod 100 Aeth | θυσιαστηρίου] μαρτυριου V | τό] τα 72 | ἔνδοθεν] εσωθεν 72; εντος *z* 646 (sed hab Ald) | λειτουργήσετε] -σουσιν 55; -σατε (-γισ. 707) 29-707 Aeth; $λειτουργη^{στ}$ 126; του λειτουργεισαι 458 | τὰς λειτουργίας] την (> 319)

5 φυλάξεσθε] α' σ' φυλάξεσθε 344; οἱ λ' φυλάξετε 344^{txt}
6 καὶ ἐγώ] α' σ' θ' καὶ ἐγὼ ἰδού σ' ἐγὼ γάρ 344
7 δόμα — ὑμῶν 2°] τὸ σαμ' καὶ δόματι δώσω τὰς ἱερατείας ὑμῶν $C^{\prime\prime comm}$ = Sixt

[8]Καὶ ἐλάλησεν κύριος πρὸς Ἀαρών Καὶ ἐγὼ ἰδοὺ δέδωκα ὑμῖν τὴν 8
διατήρησιν τῶν ἀπαρχῶν· ἀπὸ πάντων τῶν ἡγιασμένων μοι παρὰ
τῶν υἱῶν Ἰσραὴλ σοὶ δέδωκα αὐτὰ εἰς γέρας καὶ τοῖς υἱοῖς σου μετὰ
σέ, νόμιμον αἰώνιον. [9]καὶ τοῦτο ἔστω ὑμῖν ἀπὸ τῶν ἡγιασμένων 9
ἁγίων τῶν καρπωμάτων, ἀπὸ πάντων τῶν δώρων αὐτῶν καὶ ἀπὸ πάν-
των τῶν θυσιασμάτων αὐτῶν καὶ ἀπὸ πάσης τῆς πλημμελείας αὐτῶν

ABFMV O''^{-G} C'' $bdf^{-53'}nstx^{-527}yz$ al verss

λειτουργ(ε)ιαν 85^{mg} 319 ^{Lat}cod 100 Aeth Arm | *δόμα*] pr ※ Syh^{L}; *-ματος* (*δωμ.* 319) 85^{mg} 319 Aeth = 𝔐; *-ματα* 509; > 58 Arm; + (※ Syh^{T}) *δωσω* O^{-58} Syh ↓ | *ἱερατείας*] *ιερωσυνης* F | *ὁ* 1°] pr *πας* 767 28-85^{mg} 319; > 15-72 $C''^{-16\ 46\ 414}$ 126 | *ὁ* 2°] pr *και* 630; > 46 | *προπορευομενος* *b* 458 (sed hab Compl); *πορευομενος* 126

8 om init — *Ἀαρών* 106 | *ἐλάλησεν*] *ειπε* 125 | om *κύριος* 57′-550′-551 424 | *Ἀαρών*] pr *μωυσην* (*-ση* 414) *και* C'' 319^{c} 424 Bo; *αααρων* B(|) 610* (sed hab Sixt); + *λεγων* V 29-376 73′ *f* 54-75′ ^{Lat}cod 100 Ruf *Num* XI 6 Arm Co | *καὶ ἐγὼ ἰδού*] *και ιδου εγω* M′ oII^{-707} *C*-46-551 d^{-106} 129 127-458 *t x* z^{-126} 59 319 646 Cyr I 837 = edd; *ιδου εγω* 73′ 126 Aeth Co; om *καί* Arm; om *καὶ ἐγώ* ^{Lat}cod 100 Ruf *Num* XI 6; om *ἐγώ* 376 106; om *ἰδού* V; > Arab | *ὑμῖν*] *σοι* V Arab = 𝔐; > 551 458 321* | *τήν* — *ἀπαρχῶν*] *primitias custodiae vestrae* Bo | *τὴν διατήρησιν*] *custodias* Syh; + *υμων* 458 | *τῶν* 1°] *αυτων* B* (sed hab Sixt) | *ἀπαρχῶν* B V 82 129 x^{-619} Cyr I 837 ^{Lat}cod 100 Sa] *-χιων μου* 44; *εντολων μου* Procop 844; + *μου* rell = 𝔐 | *ἀπό*] *αντι* 58 | om *τῶν* 2° 120′ | *μοι*] pr ÷ Syh^{T}; > 58 120 = Compl 𝔐 | om *παρά* 52′-313 | *τῶν υἱῶν*] pr *παντων* 72; sub ※ Syh^{L} | *αὐτά*] *αυτας* 246; *αυτους* 106 | *εἰς γέρας*] *in senectute* ^{Lat}cod 100; *εις χειρας* 509; *εις γενεας* 730*; *εις χρησιν* 767 = 𝔐; post *σέ* tr 75; post *σου* tr 376 | om *καί* 3° 71 59 | *σου μετὰ σέ*] sub ÷ Syh^{L} | *σου*] *σοι* 319 | *μετὰ σέ*] pr ÷ Syh^{T}; *μετα σου* *b* 458 619*(cprm) ^{Lat}cod 100 Bo; sup ras 56; > 58-72 = Compl 𝔐

9 om *καί* 1° Bo = 𝔐 | *τουτω* *d* 321 370 319 | *ἔστω*] *εσται* (*-τε* 458) O^{-58}-29 $C''^{-52'\ 313\ 417}$ *b* 610 *n* 71 319 Bo (sed hab Compl) = 𝔐 | *ὑμῖν*] *υμων* 619*; post *καρπωμάτων* tr 72 | *ἀπό* 1°] ⌒2° 616 19 (sed hab Compl) | *τῶν* 1°] pr *παντων* $C''^{-52'\ 313\ 417\ (616)}$ 321; *παντων* 52′-313-417 $b^{(-19)}$ s^{-321} (sed hab Compl) | *ἡγιασμένων*] *-σματων* 246; + *ημιν* 106 | *ἁγίων* 1°] pr *των* 767 ↓; *αγιον* 129; > d^{-106} | *τῶν καρπωμάτων*] pr *απο* 128-669 = 𝔐; + *αυτων* *d t* Arm^{ap} | *ἀπό* 2° — *δώρων*] pr *και* V 343 ^{Lat}cod 100 Bo; *ab omni dono* Aeth; om *ἀπό* V = 𝔐 | om *αὐτῶν* 1° Bo^{D} | *καί* 2° — *αὐτῶν* 2°] *et ab omni sacrificio eorum* Aeth; om *ἀπό* ^{Lat}cod 100; om *ἀπὸ πάντων* 72; om *πάντων* 318 59; om *τῶν* 130; om *αὐτῶν* B* 72 (sed hab Sixt); + *quae offeruntur* Bo; post *αὐτῶν* 3° tr 75′ | *θυμιασματων* (*θυμιαμ.* 458) 19′ 458 (sed hab Compl) | *καί* 3° — *αὐτῶν* 3° / *καί* — *ἁμαρτιῶν*] > Arab; + *αυτων* et tr V Bo = 𝔐 | om *ἀπό* 4° 5° ^{Lat}cod 100 | *πάσης τῆς πλημμελείας*] *omnibus neclegentiis* ^{Lat}cod 100; om *τῆς*

---

8 *εἰς γέρας*] *εἰς* (> M) *τιμήν* M′

9 *ἀπὸ τῶν ἡγιασμένων* (*ἁγίων*)] *ο′ ἀπὸ τῶν ἡγιασμένων ἁγίων θ′ ἀπὸ τῶν ἁγίων τῶν ἁγίων* 344; *α′ ἀπὸ ἡγιασμένων* 321(s nom)-346; *α′* (*σ′* 85) *ἀπὸ ἡγιασμένου τῶν ἁγίων* (*ηγιασμενων* 344) 85′-344; *σ′ ἀπὸ τοῦ ἁγίου τῶν ἁγίων* 85(s nom)-130-321(s nom)-344-346

καὶ ἀπὸ πασῶν τῶν ἁμαρτιῶν, ὅσα ἀποδιδόασίν μοι, ἀπὸ πάντων τῶν
10 ἁγίων σοὶ ἔσται καὶ τοῖς υἱοῖς σου. [10]ἐν τῷ ἁγίῳ τῶν ἁγίων φάγεσθε
αὐτά· πᾶν ἀρσενικὸν φάγεται αὐτά, σὺ καὶ οἱ υἱοί σου· ἅγια ἔσται σοι.
11 [11]καὶ τοῦτο ἔσται ὑμῖν ἀπαρχὴ δομάτων αὐτῶν· ἀπὸ πάντων τῶν
ἐπιθεμάτων τῶν υἱῶν Ἰσραὴλ σοὶ δέδωκα αὐτὰ καὶ τοῖς υἱοῖς σου
καὶ ταῖς θυγατράσιν σου μετὰ σοῦ, νόμιμον αἰώνιον· πᾶς καθαρὸς ἐν
12 τῷ οἴκῳ σου ἔδεται αὐτά. [12]πᾶσα ἀπαρχὴ ἐλαίου καὶ πᾶσα ἀπαρχὴ
οἴνου καὶ σίτου, ἀπαρχὴ αὐτῶν, ὅσα ἂν δῶσιν κυρίῳ, σοὶ δέδωκα

ABFMV O''^{-G} C'' $bdf(53')nstx^{-527}yz$ al verss

B 82 d n^{-767} t x^{-619} Cyr I 837 = Ra | πασῶν] παντων 72 646 | om τῶν 5° 54-458 319(||) | ἁμαρτιῶν] αμαρτηματων $C''^{-52\ 414'\ 528'}$; + (※ Syh^{L}) αυτων F O-29 d f^{-56} n t x^{-509} $z^{-128\ 669}$ 646 Cyr I 837 ^{Lat}cod 100 Arm $Sa^{1\ 11}$ Syh = edd 𝔐 | ὅσα] οσας C'' 85* | ἀποδιδόασίν] αποδιαδοσιν V; αποδιδωσι(ν) 64* b 767 71 318 (sed hab Compl) | μοι] μου 313*; > 509 | ἀπό ult — ἁγίων 2°] pr και 73'-528; *a sanctis vero* ^{Lat}cod 100; om πάντων 319 = 𝔐; om τῶν F 59; > 72 | πάντων ult] πασων 82; ⌒(11) 669(||) | ἔσται] εσονται 122* (sed hab Ald) = Compl | fin] + *omnibus* Bo Sa^{4}(vid)

10 om αὐτά 1° — αὐτά 2° ^{Lat}cod 100 | αὐτά 1°] *id* Aeth = 𝔐; *omnia* Arm^{te}; + *omnia* Arm^{ap}; ⌒2° 320-529 392 | om πᾶν — σου 319 | πᾶν ἀρσενικόν] πας αρσην (-σιν 19') b (sed hab Compl) | om φάγεται — (11) Ἰσραήλ Arab | om φάγεται — fin 72 | φάγεται] φαγετε B 58 46-52'-417-616^{c} 130* 71 630 Bo (sed hab Sixt); φαγεσθε (-σθαι 82 75'-767) 29-82 414 b n^{-127} Cyr I 837 | αὐτά 2°] *id* Aeth = 𝔐; > 127 | om σύ — σου O^{-58} $Aeth^{C}$ Syh = Compl 𝔐 | om οἱ M 313-615-616* 30 x^{-619} | ἅγια] pr *quia* Arm^{te}; *quia sanctum* Aeth Arm^{ap} | ἔσται σοι] εσται υμιν b (sed hab Compl) = Tar^{P}; εσονται σοι d t 319; tr 71; + και τοις υιοις σου O^{-58} Syh ↓: ex 9

11 om init — αἰώνιον 58 | om init — ὑμῖν 314: homoiot | om καί 1° Sa | ἔσται ὑμῖν] εσται ημιν 125*(cprm); tr F 72-82*(cprm) 59 | ἔσται] sub ÷ Syh^{L} = 𝔐 Sam Tar^{O} | ἀπαρχή V d t 392 Bo] -χην b; *e primitiis* Aeth Arm Syh; -χων Cyr I 837 rell = Compl | δομάτων] pr των d 54'-767 t; *doni* Aeth = 𝔐 Sam | αὐτῶν] υμων 767 55; > 618* 129 | om ἀπό — αἰώνιον 72 | om τῶν 1° 376 108 (sed hab Compl) | επιτιθεμενων 458 | τῶν υἱῶν] *in filiis* ^{Lat}cod 100; om τῶν 82 414 19' n 628 319 (sed hab Compl) | om σοί 126 | δέδωκα] εδωκα 29; εσται 509 | αὐτά 1°] αυτο 54 Aeth; > 509 | καί 2°] ⌒3° Bo^{B} | σου 1°] > Arm; ⌒2° Sa | μετὰ σοῦ] μετα σε 129; > 376 C'' s | πᾶς καθαρός] pr και 72; + εσται 18 | om ἐν — σου ult 64^{txt} | τοις οικοις 129 ^{Lat}cod 100 | ἔδεται] φαγεται 319; δεδεται 767 | αὐτά 2°] ταυτα 75; αυτο (-τω 664*vid) 53' Aeth = 𝔐; ⌒(13) 56^{txt} 669^{txt}

12 πᾶσα ἀπαρχή 1°] pr και V d n t 319 ^{Lat}cod 100 Arm Bo; πασα αρχη M 381' 16-46 799; *omnes primitiae* Ruf *Num* XI 3 Spec 59; ⌒2° $Aeth^{M}$ | ἐλαίου] ελαιω 75; et οἴνου tr V | καὶ πᾶσα ἀπαρχή] *et omnes primitiae* Spec 59; και πασα αρχη 381'; η 75; om καί 426(|); om πᾶσα ἀπαρχή V 106-125 319 ^{Lat}cod 100 Ruf *Num* XI 3 Bo; > $669^{(mg)}$ 799; + αυτου b (sed hab Compl) | καί 1°] ⌒2° 618*(|) | οἴνου] pr του 246 619 $z^{(-669mg)}$ 646; et σίτου tr A 414-417

---

10 ἔσται σοι] ο' οἱ λ' ἔσται σοι καὶ τοῖς υἱοῖς σου 344
11 ταῖς — αἰώνιον] ο' οἱ λ' ταῖς θυγατράσιν σου μετὰ σοῦ νόμιμον αἰώνιον 344

αὐτά. [13]τὰ πρωτογενήματα πάντα, ὅσα ἐν τῇ γῇ αὐτῶν, ὅσα ἂν 13
ἐνέγκωσιν κυρίῳ, σοὶ ἔσται· πᾶς καθαρὸς ἐν τῷ οἴκῳ σου ἔδεται
αὐτά. [14]πᾶν ἀνατεθεματισμένον ἐν υἱοῖς Ἰσραὴλ σοὶ ἔσται. [15]καὶ 14 15
πᾶν διανοῖγον μήτραν ἀπὸ πάσης σαρκός, ἃ προσφέρουσιν κυρίῳ ἀπὸ
ἀνθρώπου ἕως κτήνους, σοὶ ἔσται· ἀλλ᾽ ἢ λύτροις λυτρωθήσεται τὰ
πρωτότοκα τῶν ἀνθρώπων, καὶ τὰ πρωτότοκα τῶν κτηνῶν τῶν ἀκα-
θάρτων λυτρώσῃ. [16]καὶ ἡ λύτρωσις αὐτοῦ ἀπὸ μηνιαίου· ἡ συντί- 16
μησις πέντε σίκλων κατὰ τὸν σίκλον τὸν ἅγιον· εἴκοσι ὀβολοί εἰσιν.

ABFMV O''^{-G} C'' *bdfnst*x^{-527}*yz* al verss

319 799 | om καί 2° B 426 x^{-619} | σίτου] pr του 246; post ἀπαρχή 3° tr 54-75′ | ἀπαρχή 3° — (14) fin] υμιν εσται και τοις τεκνοις υμων 799 | ἀπαρχὴ αὐτῶν] -χην αυτων 127 509; *primitias illas* Spec 59; απαρχη αυτου 376; > 72 125 126 Arab; post κυρίῳ tr Arm | ὅσα] pr *et* Aeth; οσαν $56^{(mg)*}$ | δῶσιν] δωσει B^c M^{txt} 616 56′ 458 509 628-$669^{(mg)}$ (sed hab Sixt); διδωσι(ν) 72 121; δωσωσι(ν) 376 416; δωσειν 82 127; δω 767; δωσω 528; δω σοι 44-125; δωση 53′ | κυρίῳ b^{-19} 319] $\overline{κς}$ 19; pr τω Cyr I 837 rell = Compl Ra | δέδωκα] δωσω 767 | αὐτά] *id* Aeth; + *omnia* Arm

13 τά] pr *et* Aeth Arm Bo; > 82 319 | πρωτογενήματα] -γεννηματα (προτ. 767*) V oI^{-64} 52-77-552 53′ 767 $669^{(mg)}$ 59 646 Cyr I 837 = Compl Sixt; πρωτα γενν. 72 | om πάντα 376 126 Arm | ὅσα 1° — αὐτῶν] bis scr 121 | ὅσα 1°] + αν 16-46 = Compl; + *nascentur* ^{Lat}cod 100 (sed hab Aug *Num* 32) | om αὐτῶν — fin 707^{txt} | ὅσα 2°] pr *et* Aeth | ἄν] εαν F^b *O*-29 *b* 392 59 (sed hab Compl); > 551 | ἐνέγκωσιν] ενεγκω σοι M* $56^{(mg)}$ | κυρίῳ] pr τω 15-426 414 610 n^{-127} 74-76 509 18-630; + σοι δεδωκα αυτα 82: ex 12 | σοί] σα 53′ | ἔσται] εστω $669^{(mg)}$; *dedi id* Aeth | πᾶς] pr και 246 Arm Bo | αὐτά] ταυτα 75*; *id* Aeth = 𝔐

14 πᾶν] pr *et* Arm Bo; > 528 | ἀνατεθεματισμένον] αναθεμ. 551 *b* 53′ 619 68 (sed hab Compl) = Ald; ανατεθημενον (-θεμ. 54-75; -τιθεμ. 458; -τεθισμ. 767) M'^{mg} n^{-127}; *quod tibi erit* ^{Lat}cod 100 | υἱοῖς] pr τοις A *b* 121 128-669 (sed hab Compl) | σοί] > 619; ⌒(15) 106

15 πᾶν] πας A | μητραν διανοιγων 799 | μήτραν] pr πασαν A M′ 15′-58 $C''^{-16\ 46\ 552^{txt}}$ *s* 619 y^{-121} 55 Procop 845 = Ald; + πασαν 121 | om πάσης 799 | om ἃ προσφέρουσιν κυρίῳ 799 | ἅ B* F 29-72 *b* 54-75′ 319] ο 127^c; ος 127*; οσα Cyr I 837 Procop 845 rell = edd | προσφέρουσιν] αν (> 29 122) προσφερωσι(ν) 29 $d^{(-106)}$ *t* 122* 55 Arm (sed hab Ald); *offerent* Co; *offertur* Hi *Helv* 10 | κυρίῳ] pr τω 15-426-707; $\overline{κυ}$ 458; > 72 121 | ἀπό 2°] υπο 313 | om σοί — ἤ 799 | σοὶ ἔσται] σοι εσονται 29; tr Syh = 𝔐 Sam Tar^O | ἀλλ᾽ — καί 2°] pr και 414; > 72 | λύτροις] λυτρωσιν 18*; λυτρωσις 528 Procop 845; post λυτρωθήσεται tr 414 | λυτρωθήσεται] λυτρωσηται 125; λυτρωσεται 376 509; -θησονται 29; λυτρωση (-σει 75′) d^{-125} n^{-767} *t* 319 Arm = 𝔐; *redimis* ^{Lat}cod 100 | τά 1°] pr παντα 121; ⌒2° 59 | om τῶν 1° 107′-125 | om καί 2° — (17) καί 3° 799 | τὰ πρωτότοκα 2°] > ^{Lat}cod 100; + *omnia* Bo | ἀκαθάρτων] καθαρων *d t*; inc 618*

16 init] pr *redimes ea quae hominum* Bo | αὐτοῦ] αυτων 15 C'' 767 30′-130^{mg}-$321'^{mg}$ 319 Sa^{12} = Tar^P; *carnis* Sa^4; > 618* | ἀπὸ μηνιαίου] απο του μην. 458; απο μηναιου 59; *a mense erit res* ^{Lat}cod 100; + (※ Syh) λυτρωση *O* Syh

---

15 init — μήτραν] ο′ οἱ λ′ καὶ πᾶν διανοῖγον μήτραν 344

17 [17]πλὴν πρωτότοκα μόσχων καὶ πρωτότοκα προβάτων καὶ πρωτότοκα
αἰγῶν οὐ λυτρώσῃ· ἁγιά ἐστιν· καὶ τὸ αἷμα αὐτῶν προσχεεῖς πρὸς τὸ
θυσιαστήριον, καὶ τὸ στέαρ ἀνοίσεις κάρπωμα εἰς ὀσμὴν εὐωδίας
18 κυρίῳ· [18]καὶ τὰ κρέα ἔσται σοί· καθὰ καὶ τὸ στηθύνιον τοῦ ἐπιθέ-
19 ματος καὶ κατὰ τὸν βραχίονα τὸν δεξιὸν σοὶ ἔσται. [19]πᾶν ἀφαίρεμα
τῶν ἁγίων, ὅσα ἂν ἀφέλωσιν οἱ υἱοὶ Ἰσραὴλ κυρίῳ, σοὶ δέδωκα καὶ
τοῖς υἱοῖς σου καὶ ταῖς θυγατράσιν σου μετὰ σοῦ, νόμιμον αἰώνιον·
διαθήκη ἁλὸς αἰωνίου ἐστὶν ἔναντι κυρίου σοὶ καὶ τῷ σπέρματί σου
μετὰ σέ.

ABFMV O''^{-G} C'' *bdfnstx*$^{-527}$*yz* al verss

= 𝔐; + και επανω 19 Arab Arm (sed hab Compl) | ἡ συντίμησις] και η συντ. αυτου 54-75′ Arm; η τιμησις 126; συντιμησεις 129; + αυτου 29-72 131^{c} 59 Sa^{12}; + αυτου αργυριου (sub ※ Syh^{T}) 376 Arab Syh = Tar; + αργυριου V O^{-376}: cf 𝔐; + αργυριου σταθμια 15; + δε Tht *Nm* 214^{ap}; > Sa^{4} | σίκλων] σικλοι 55 Syh | τὸν σίκλον] των σικλων (-κλον 130^{c}) 130 509 | τόν 2°] των 509

17 om πλήν Sa^{4} | πρωτότοκα 1°] + *omnia* Sa^{12}; ⌒3° 618^{txt} 59 | μοσχου F^{a} | πρωτότοκα 2°] > 44′ 71 319; bis scr 82* | om πρωτότοκα 3° 44′ 71 319 | αἰγῶν] αγιων 707 | λυτρωται 55* | ἁγιά] pr *quia* ^{Lat}Hi *Helv* 10 Aeth Arab Arm Bo | ἐστιν] εσται 15 71 | om καί 3° Sa^{12} = 𝔐^{L} | τό 1°] + μεν 799 | om αὐτῶν 799 | προσχεει 669; προχεεις 72(vid) C^{-16}-46-417*-528-551 19′ 53′ 458 321 128 799 (sed hab Compl); εκχεεις 376 126 | πρός] επι 72-376 552 44 *f*$^{-129}$ 75 84 619 *z* 646 799 = Compl 𝔐 | θυσιαστήριον] + κυκλω 19 Sa^{12} (sed hab Compl) | καὶ τό 2°] το δε 799 | τὸ στέαρ] *id* (= τὸ αἷμα) Sa^{12}; + (※ Syh^{L}) αυτων O^{-58}-15 Bo Syh = 𝔐 | ἀνοίσεις] + *et inpones* ^{Lat}cod 100 | om κάρπωμα Bo Sa^{12} | εἰς ὀσμὴν εὐωδίας / κυρίῳ] *domino et odorem bonum* Aeth; tr 624; om εἰς V 730 = Sam | κυρίῳ] pr τω 15-426 458

18 καί 1°] ⌒2° 799 | om τά 53 | κρέα] κρεατα 18; + (+ ※ Syh^{L}) αυτων O^{-58} Sa^{12} Syh = 𝔐 | ἔσται 1°] εστιν 82; εσονται 319 | καθὰ καί] καθαρα και 53′; om καθά B* 318 (sed hab Sixt); om καί Aeth Arm^{te} Co = 𝔐; > ^{Lat}cod 100 | καὶ τό] το δε 799; om τό 630 | στηθυνον 528 | τοῦ ἐπιθέματος] του επι του θεματος 107′; του επιτεθεματος 318; > ^{Lat}cod 100 | om καί 3° 616 321 18 | κατά — δεξιόν] ο βραχιων ο δεξιος 799 | κατά] pr το 72; pr τα 318; τα 376; > A 618*(c pr m) *d* 54-75′ *t* ^{Lat}cod 100 Arm | δεξιόν] υψηλον 624 | σοὶ ἔσται] εστω σοι 16-46; > 72; tr A M′ *oI* $C''^{-16\ 46}$ *s* *y*$^{-392}$ 55 319 624 Aeth Arab Bo

19 init] pr και 799 Bo | ἀφαίρεμα] αναφ. 458; αναιρεμα M*(vid) 416; post ἁγίων tr 761*; + εσται σοι 55 | τῶν ἁγίων] pr απο V *b d* 127-767 *t*$^{-76}$ 319 Arm Sa^{4} (sed hab Compl); εκ των αιγων 458; απο των αιγων 54-75; *sancti* Aeth | ὅσα — fin] pr οσα αν αφαιρεμα εσται και 458^{mg}; > 799 | ἄν] εαν A *oI*-707 $C''^{-551^{*}\ 616}$ *b*$^{-19}$ 56′ *s* 619 392 *z*$^{-126}$ 624 646 Cyr I 840 (sed hab Compl) = Sixt; > 127 | ἀφέλωσιν] -λουσιν 58-72 59; αφαιρωσιν *b* | οἱ υἱοὶ Ἰσραήλ] om οἱ 126 319; post κυρίῳ tr Arm | κυρίῳ] pr τω O^{-58} 550* *d n t*; > V 30 646 | σοὶ δέδωκα B M′ V 82 *b* 53′-129 127-767 *x*$^{-619}$ Arm] συ εστι (-ται*) 319; + αυτα *d* 54-75′ *t* ^{Lat}cod 100 Co; tr Cyr I 840 rell = Sixt 𝔐 | om σου 1° ^{Lat}cod 100 | om μετά 1° — fin Sa^{12} | om μετὰ σοῦ 29-72 71 | om νόμιμον αἰώνιον 628 | διαθήκη] -κης F^{b} 58-72 550′ 53′ 59 319 ^{Lat}cod 100; -κην 767 | ἁλός] αλλος 767; λαος 426 619 121 68′-120^{c}(vid)-669^{c}; λαου V; > F^{c} 58-72 509 59 319 ^{Lat}cod 100 Aeth | αἰωνίου] αγιου 75; > 16-46 Arab Arm | om ἐστίν — fin 72 | om ἐστιν

[20]Καὶ ἐλάλησεν κύριος πρὸς Ἀαρών Ἐν τῇ γῇ αὐτῶν οὐ κληρονομή- 20
σεις, καὶ μερὶς οὐκ ἔσται σοι ἐν αὐτοῖς, ὅτι ἐγὼ μερίς σου καὶ κληρονο-
μία σου ἐν μέσῳ τῶν υἱῶν Ἰσραήλ. [21]καὶ τοῖς υἱοῖς Λευὶ ἰδοὺ δέδωκα 21
πᾶν ἐπιδέκατον ἐν Ἰσραὴλ ἐν κλήρῳ ἀντὶ τῶν λειτουργιῶν αὐτῶν, ὅσα
αὐτοὶ λειτουργοῦσιν λειτουργίαν ἐν τῇ σκηνῇ τοῦ μαρτυρίου. [22]καὶ 22
οὐ προσελεύσονται ἔτι οἱ υἱοὶ Ἰσραὴλ εἰς τὴν σκηνὴν τοῦ μαρτυρίου
λαβεῖν ἁμαρτίαν θανατηφόρον. [23]καὶ λειτουργήσει ὁ Λευίτης αὐτὸς 23
τὴν λειτουργίαν τῆς σκηνῆς τοῦ μαρτυρίου, καὶ αὐτοὶ λήμψονται τὰ
ἁμαρτήματα αὐτῶν, νόμιμον αἰώνιον εἰς τὰς γενεὰς αὐτῶν· καὶ ἐν
μέσῳ υἱῶν Ἰσραὴλ οὐ κληρονομήσουσιν κληρονομίαν· [24]ὅτι τὰ ἐπι- 24

ABFMV O''^{-G} C'' $bdfnstx^{-527}yz$ al verss

ἔναντι κυρίου 56^{txt} | ἐστίν] εσται F 58 59; > 82 = Compl; post κυρίου tr 16-46 | εναντιον 16-46-422 *d t* | σέ] σου 767 Cyr I 840(2°) Arab = 𝔐 Sam Tar^{O}

20 Ἀαρών] pr μωυσην και 799; sup ras 7—8 litt F; + λεγων F 618 75 799 ^{Lat}cod 100 Arm Co | om τῇ 320(|) | αὐτῶν] των υιων ιηλ 799 | μερίς 1°] μεριαρχια 370^{s} | οὐκ — μερίς 2°] bis scr 130 | οὐκ] ουχ 624 | σοι] σου 458; > 707 | αὐτοῖς] αυτη 799 | ὅτι] ετι *d t* | ἐγώ] > 72; + ειμι 121 ^{Lat}cod 100 Aeth Arm Bo | σου 1°] σοι *b* (sed hab Compl); μου $cI^{-413\ 761}$-551; [.]ου 761; > 529; ⌒2° A 121 | κληρονομία] pr η d^{-106} Cyr I 861(2°); -μιας 57-73′ 30 68′-126-669 (sed hab Ald); κλιρονομιαν 767; κληροδοσια Phil II 146 | om σου 2° Arm | om τῶν *n* 55 319

21 om τοῖς υἱοῖς ^{Lat}cod 100 (sed hab Spec 59) | λευει B V 664* 127-767 120′ Sa^{12} (sed hab Sixt) | ἰδού] pr και 72; > 29 126 Bo | om δέδωκα πᾶν ἐπιδέκατον 707 | δέδωκα] + *tibi* ^{Lat}cod 100 (sed hab Spec 59) | om πᾶν Aeth Arab | δεκατον 126 | om ἐν Ἰσραήλ Spec 59 | ἐν 1°] τον 707; *filiorum* Aeth Co; > 82 319 Arm | Ἰσραήλ] pr υιοις *d* 53′-129 54-75′ *t* | ἐν κλήρῳ] αντι κληρου 319 | ἀντὶ τῶν λειτουργιῶν] pr *et* Arm^{ap}; *et* (> Syh) *pro ministerio* Arm^{te} Syh^{T}; *pro opere* Aeth; om τῶν 127 | λειτουργιῶν] λ(ε)ιτουργων V 618 | om ὅσα — (26) fin 799 | οσας 426 54-75′ 619 *z* 646 ^{Lat}cod 100 | αὐτοί] > 664* Sa^{12}; post λειτουργοῦσιν tr 246 ^{Lat}Spec 59 Aeth | λειτουργοῦσιν] -γησουσι(ν) (-γισ. 46) *O* 46^{s} 129-246-664 Bo; -γησωσι 53 | λειτουργίαν] -γιας (-γειας 646) 58 52′ 628 646 ^{Lat}cod 100 Bo; λειτουργει 313; $λει^{τγ}$ 46^{s} 126; > 82 $C''^{-52'\ 131^{c}\ 313}$ *d* n^{-127} *t* ^{Lat}Spec 59 Arm | om ἐν 3° — fin ^{Lat}cod 100 | ἐν τῇ σκηνῇ] *tabernaculi* Aeth Bo Sa^{12} = 𝔐; επι τη σκηνη 56′; om ἐν 392; om τῇ 707 | τῇ σκηνῇ] τοισκηνης 509 | μαρτυρίου] ⌒(22) 528^{txt} 53

22 προσελεύσονται] -σεται 529 44*; προελ. 551 | om οἱ 458 126 319 | εν τη σκηνη 72 | αμαρτιας 54 | θανατοφορον 319; θανατηφορων 120

23 init — Λευίτης] *et ministrabunt levitae* Arm^{ap} = Tar; om καί $Aeth^{M}$ | λειτουργηση (c var) d^{-106} 56′-664 392^{c} 624 | om ὁ 458 | λευειτης B* 127-767 (sed hab Sixt); λευειτις V; λευιτις 56′; λεβιτης 551* | αὐτός] αυτο 130; > Aeth Arm Bo | τήν — σκηνῆς] την σκηνην 319; om τήν 72 343 619 *z*; om τῆς 321(|) | αὐτοί] αυτον 528 | λήμψονται (λειμψ. 509*) A B F V 82 56* 509 624] sine μ F^{b} Cyr I 861 rell = Sixt | τὰ ἁμαρτήματα] το αμαρτημα 376 = 𝔐; om τά 15-618*(cprm) d^{-106} 509 | om αὐτῶν 1° 618^{txt}(cprm) | νομιμα (-μημα 767) αιωνια *n* | εἰς τάς] εσται 71 | αὐτῶν 2° = Tar] υμων 426 55 Syh = 𝔐 Sam | om καί 3° *n* 319 ^{Lat}cod 100 Arm | υἱῶν] pr των A V 72 56′ 84 18 | Ἰσραήλ] > 509;

*δέκατα τῶν υἱῶν Ἰσραήλ, ὅσα ἂν ἀφορίσωσιν κυρίῳ ἀφαίρεμα, δέδωκα
τοῖς Λευίταις ἐν κλήρῳ· διὰ τοῦτο εἴρηκα αὐτοῖς Ἐν μέσῳ υἱῶν Ἰσραὴλ
οὐ κληρονομήσουσιν κλῆρον.*
25 26 *^{25}Καὶ ἐλάλησεν κύριος πρὸς Μωυσῆν λέγων ^{26}Καὶ τοῖς Λευίταις
λαλήσεις καὶ ἐρεῖς πρὸς αὐτούς Ἐὰν λάβητε παρὰ τῶν υἱῶν Ἰσραὴλ
τὸ ἐπιδέκατον, ὃ δέδωκα ὑμῖν παρ᾽ αὐτῶν ἐν κλήρῳ, καὶ ἀφελεῖτε
ὑμεῖς ἀπ᾽ αὐτοῦ ἀφαίρεμα κυρίῳ ἐπιδέκατον ἀπὸ τοῦ ἐπιδεκάτου.*
27 *^{27}καὶ λογισθήσεται ὑμῖν τὰ ἀφαιρέματα ὑμῶν ὡς σῖτος ἀπὸ ἅλωνος*
28 *καὶ ὡς ἀφαίρεμα ἀπὸ ληνοῦ. ^{28}οὕτως ἀφελεῖτε καὶ ὑμεῖς ἀπὸ τῶν
ἀφαιρεμάτων κυρίου ἀπὸ πάντων ἐπιδεκάτων ὑμῶν, ὅσα ἂν λάβητε*

ABFMV *O''*$^{-G}$ *C''* *bdfnstx*$^{-527}$*yz* al verss

⌒(24) 1° 314 | *οὐ*] pr *et* Arm; > 59 | *κληρονομήσουσιν*] bis scr 761 | *κληρονομίαν*] > 53′ 318; + *eorum* Bo

24 init — *Ἰσραήλ* 1°] om *ὅτι* 53′ Arm^{te}; > ^{Lat}cod 100 (sed hab 91 92 94—96) | *ἐπιδέκατα*] *-δεκτα* 707 18 319*; *-δεκα* 458; *επιλεκτα* 71; *δεκατα* 126 | *ὅσα*] *ος* 59; *quo* ^{Lat}codd 91 92; *quam* ^{Lat}cod 100 | *εαν* 707 *b* 56′ 619 392 *z* Cyr I 861 (sed hab Compl) = Sixt | *ἀφορίσωσιν*] *-σουσι* (*-ρησ.* 72) 72 129; *αφοριζωσι(ν)* *d n t*; *-ρισω σοι* 246 | *κυρίῳ*] pr *τω* 426 *C''*$^{-414}$ 53′-129 646 = Compl | *ἀφαίρεμα*] *oblationes* ^{Lat}cod 100 Bo(vid); > 121 | *δέδωκα*] *δεκα* 551* 120* | *Λευίταις*] pr ras 5 litt 618; *λευειταις* B* V 127-767 (sed hab Sixt) | *κλήρῳ*] *κληρονομια* *d n t* Arm(vid) | *αὐτοῖς*] *αυτη* 72; > ^{Lat}cod 100 | *υἱῶν* 2°] pr *των* A *C''* 246 *s* 318 319 624; > 72 | *κλῆρον*] *κληρονομιαν* 76* 319

25 *ἐλάλησεν*] *ειπε* 125 | *μωυση* 19 (sed hab Compl); *μωσην* 426 *n*; *μωση* 58; *μωσει* 72 | om *λέγων* 125

26 om *καί* 1° 509 126 Aeth Arab Arm^{te} Bo | *τοῖς Λευίταις*] *τοις λευειταις* B* V 127-767 (sed hab Sixt); *τους λευιτας* 52′; *filiis israel* Sa^{12} | om *λαλήσεις καί* 125 | *λαλήσεις*] *-σης* 376 528 120; *loquere* Aeth Bo Sa^{12} | *καί* 2° — *αὐτούς*] om *πρὸς αὐτούς* 125; > 319 Arab; + *dicens* Aeth | *παρά*] *περι* 319; *απο* 628 | *Ἰσραήλ* — 21 15 *χειμάρρους*] absc 624(||) | om *Ἰσραήλ* 392(|) | *ἐπιδέκατον* 1°] *-δεκτον* 707; *δεκατον* 126 | *ὅ*] *ον* 458 | *εδωκα* V 319 | *παρ᾽ αὐτῶν* / *ἐν κλήρῳ*] tr 246; > Arm; + *υμιν* 319; + (+ ※ Syh^{L}) *υμων* *O*$^{-58}$ 767 Syh = 𝔐 | *παρ᾽ αὐτῶν*] *παρ αυτοις* (*-της* 53*) 53′; *παρα των* 75-767 | *καὶ ἀφελεῖτε*] *και αφαιρειτε* (*αφερ.* 129-664) 53′-129 71; *και αφεληιτε* 321* 619 68′-120′; om *καί* 72 Aeth; tr Arm | *ὑμεῖς ἀπ᾽ αὐτοῦ*] pr *και* *d*$^{-44}$ *t*; pr ÷ Syh^{L}; om *ὑμεῖς* 44 = 𝔐; > Sa^{12} | *αὐτοῦ*] *αυτων* 321*(vid) 319 | *ἀφαίρεμα*] pr *το* 707 | *κυρίῳ*] pr *τω* 54-458; *domini* ^{Lat}cod 100 = 𝔐; > 72 | *ἐπιδέκατον* 2°] pr *το* *d n t*; *αποδεκ.* 319; *δεκατον* 126 | om *ἀπό* 126 | *ἐπιδεκάτου*] *ενδεκ.* V; *δεκ.* 376 126; *επι του δεκατου* 54; + *αυτου* *oI*$^{-15}$ 619 = Ald

27 init — *ὑμῶν*] *ea quae accipietis e filiis israel* Bo^{B} | *τὰ ἀφαιρέματα*] pr *και* 130^{mg}-321′^{mg}; *oblatio* Aeth Arm = 𝔐; om *τά* 72 | *ὑμῶν*] > 618; + *των δεκαδων* 799 | om *ὡς* 1° 343 | *σῖτος* F^{a}] *σιτον* 75 319; *αφαιρεμα* 72 59; > F | *ἀπό* 1° B *O*-82 53′-129 *n* *x*$^{-619}$ = Compl] *απ* M′ 392 55 799; *εφ* 52′-313; *αφ* rell | *ἅλωνος*] *αλω* B 426 *x*$^{-619}$ Cyr I 844 = Ra | *ὡς* 2°] *εις* 246; > B 129 *x*$^{-619}$ 319 Cyr I 844 Bo Sa^{1} = Ra Tar^{P} | om *ἀφαίρεμα* 72 | *λινου* 376* 77-528 *b*$^{-537}$ 53′ 75-458^{c}-767 30-343 319 799 (sed hab Compl)

28 om init — (31) fin 799 | *ἀφελεῖτε*] *αφαιρειτε* (*-ται* 72) 29-72; *-ληται* 376; + *αυτους* B Cyr I 844; post *ὑμεῖς* tr 707 Arm | *καὶ ὑμεῖς ἀπό*] om *καί* 44; > Bo |

παρὰ τῶν υἱῶν Ἰσραήλ, καὶ δώσετε ἀπ' αὐτῶν ἀφαίρεμα κυρίῳ
Ἀαρὼν τῷ ἱερεῖ. 29 ἀπὸ πάντων τῶν δομάτων ὑμῶν ἀφελεῖτε ἀφαί- 29
ρεμα κυρίῳ ἀπὸ πάντων τῶν ἀπαρχῶν τὸ ἡγιασμένον ἀπ' αὐτοῦ.
30 καὶ ἐρεῖς πρὸς αὐτούς Ὅταν ἀφαιρῆτε τὴν ἀπαρχὴν ἀπ' αὐτοῦ, καὶ 30
λογισθήσεται τοῖς Λευίταις ὡς γένημα ἀπὸ ἅλωνος καὶ ὡς γένημα

ABFMV *O''*(G) *C''* *bdfnst*x^{-527}*yz* al verss

ἀπὸ τῶν ἀφαιρεμάτων] *ablationem* ^{Lat}cod 100 = 𝔐 | ἀπό 1°] ⌒2° 707 Arab | om τῶν ἀφαιρεμάτων κυρίου Bo^{B} | τῶν 1° B V *O*$^{-58}$ 616 *d* 129-246 *n t* x^{-619} 319 Arm Bo^{A} Sa Syh] παντων A 15-82 *C''*$^{-616}$ 56 *s* y^{-392} z^{-669c} 646; pr παντων Cyr I 844 rell = edd | κυρίου] κ̄ω̄ 82-426-*oI*$^{-15}$ *b d* 53 *n t* x^{-619} 318 319 ^{Lat}cod 100 Aeth Syh (sed hab Compl) | ἀπὸ πάντων] pr και 53'-129 71; και 72; om πάντων 15 *z* 319 Aeth (sed hab Ald) | ἐπιδεκάτων (-τον 392) A B V 64-82-381-426 19' 56 x^{-619} *y*] των δεκ. 72 552 126; pr των Cyr I 844 rell = edd | om ὑμῶν 72 Bo Sa^{12} | ὅσα] οια 71 | εαν B F 58-*oII*$^{-82}$ *b* 56' *s* 619 392 *z* 59^{c} 319 Cyr I 844 (sed hab Compl) = Ra | λάβητε] λαβηται (-βειται 767) V 82-618 610 246 75*-767 55 319; λαβη^{τ} 130 646 | om παρά — Ἰσραήλ 121 | παρά] απο 58-72 19 76* 59 (sed hab Compl) | om καί 2° Bo | δώσετε] -ται (-σειται 75') A V 72*-82-376 19 106 56'-664 75'-767 509 55 319 (sed hab Compl); δω^{στ} 126; δωσε 314 | ἀπ' αὐτῶν] αφ εαυτων 72; *ab eo* Aeth = 𝔐; > 53' | ἀφαίρεμα] pr το (τω 376) *O*$^{-58}$ = 𝔐; *primitias* Sa | κυρίῳ] κυριου 72 = 𝔐; > B 319 ^{Lat}cod 100 Arab (sed hab Sixt); ⌒(29) d^{-106} 392 628 | om Ἀαρών 72

29 om init — κυρίῳ 75' Aeth | πάντων τῶν δομάτων] δομ. παντων 126; om τῶν B^{c} *b* (sed hab Compl Sixt) | δομάτων] δογμ. 53 | ὑμῶν — fin] απαρχης ηγιασμενης κ̄ω̄ 72; om ὑμῶν 106 | ἀφελεῖτε] -ται 82 56-246$^{c\,pr\,m}$ 767 509 55 319; αφαιρειται V | ἀφαίρεμα] pr (※ Syh) παν *O*$^{-58}$ 130^{mg}-321'^{mg} 18'-126-630' 319 ^{Lat}cod 100 Syh = 𝔐; *primitias* Sa^{1} | κυρίῳ] *et* Arm | ἀπό 2° — fin] pr η B V 129 x^{-619} 392 Cyr I 844 Sa^{1} = Ra; *omne quod prius offerant ab eo* (+ *quod* c) *sanctificabitur* Aeth | ἀπό 2° — ἀπαρχῶν] *aaron sacerdoti* Sa^{12}: ex 28 | πάντων 2°] πασων (πασσ. 767) 52-414^{c} *d* 56' *n t* 18'-126-628-630' 646 | om τῶν 2° *oI* 314 319 | ἀπαρχῶν] + (※ Syh^{L}) αυτου *O* Syh = 𝔐 | τὸ ἡγιασμένον] τον (των 30) ηγιασμενον 313 30 669; των ηγιασμενων 52' 458-767 730 318 68'-120' 646 (sed hab Ald) = Compl; + (※ Syh^{L}) αυτου *O*$^{-58}$ Syh = 𝔐 | ἀπ' αὐτοῦ] υπ αυτου 54-75; υπ αυτων 458; απ αυτων *f*; sub ※ Syh^{L}; om ἀπ' 58 Bo; > Sa^{12}

30 init — αὐτοῦ] om καί Sa^{12}; om init — αὐτούς Arab; > 550' 318: homoiot; ad fin tr 44 | ερειτε (-ται 73'; αιρ. 417) A 707 *C''*$^{(-550')}$ *s* 121 55 | ἀφαιρῆτε] αφεληтε (-ται G; -λειτε 29-376) *O*$^{-58}$-29 | ἀπαρχήν] αρχην 53'; + ταυτην 15; + (※ G Syh^{L}) αυτου *O*$^{-G*}$ Syh = 𝔐 | ἀπ' αὐτοῦ] αυτων 72; om ἀπ' F*(c pr m vid) 29-82 422-529 44 127 $z^{-68'}$ 59 319 646; sub ※ G*; > Aeth | om καί 2°— fin 72 | om καί 2° 29 ^{Lat}cod 100 Arm Bo | λογισθήσεται] pr ου *b* (sed hab Compl) | τοις λευειταις B* V G 127-767 (sed hab Sixt); τους λευιτας 458 | ὡς 1°] > 707; ⌒2° *d t* ^{Lat}cod 100 | γένημα 1°] γενν. 381^{c} 417 53-56 Cyr I 844 = Compl Sixt; -ματα V 343' | ἀπό 1°] απ 126; αφ 29 619 = Ald; > *n* 319 Bo = 𝔐 | ἅλωνος] αλω B G 71 Cyr I 844 = Ra; α 417(|) | om καί ult 619 68 = Ald | γένημα 2°] γενν. 381 417 56 Cyr I 844 = Compl Sixt; -ματα

---

30 init — αὐτούς] ο' οἱ λ' καὶ ἐρεῖς πρὸς αὐτούς 344 | ὡς 1° — fin] ο' οἱ λ' ὡς γένημα ἀπὸ ἅλωνος καὶ ὡς γένημα ἀπὸ ληνοῦ 344

31 *ἀπὸ ληνοῦ.* [31]*καὶ ἔδεσθε αὐτὸ ἐν παντὶ τόπῳ ὑμεῖς καὶ οἱ οἶκοι ὑμῶν,*
ὅτι μισθὸς οὗτος ὑμῖν ἐστιν ἀντὶ τῶν λειτουργιῶν ὑμῶν τῶν ἐν τῇ
32 *σκηνῇ τοῦ μαρτυρίου·* [32]*καὶ οὐ λήμψεσθε δι' αὐτὸ ἁμαρτίαν, ὅταν*
ἀφαιρῆτε τὴν ἀπαρχὴν ἀπ' αὐτοῦ· καὶ τὰ ἅγια τῶν υἱῶν Ἰσραὴλ οὐ
βεβηλώσετε, ἵνα μὴ ἀποθάνητε.
1 2 **19** [1]*Καὶ ἐλάλησεν κύριος πρὸς Μωυσῆν καὶ Ἀαρὼν λέγων* [2]*Αὕτη*
ἡ διαστολὴ τοῦ νόμου, ὅσα συνέταξεν κύριος λέγων Λάλησον τοῖς
υἱοῖς Ἰσραήλ, καὶ λαβέτωσαν πρὸς σὲ δάμαλιν πυρρὰν ἄμωμον, ἥτις

ABFMV *O'' C''* *bdfnstx*$^{-527}$*yz* al verss

V *s*$^{-30'}$; *αφαιρεμα* (*αφερ.* F^{b}) F^{b} 246 619 *z* 646 Arm; *οινος* 53' Aeth | om *ἀπό* 2° *n* 319 ^{Lat}cod 100 Bo = 𝔐 | *ληνοῦ*] *λινου* 707* 313*(vid) *f*$^{-129}$ 75' 30-343 319; + *ουτως αφελειτε* 44

31 om *καί* 1° 72 Bo | *αὐτό*] *αυτω* 767 55; *αυτα* F V *O*$^{-58}$-82 *C''* 53'-129 30'-321' 319 Bo = Compl; > 72; + *λευιταις ως γενημα* 618*: ex 30 | *καὶ οἱ οἶκοι ὑμῶν* B F M' G-72'-426 *b* 56 *n*$^{-767}$ *x*$^{-619}$ 392 59 319 ^{Lat}cod 100 Aeth Arm Syh] *και οι υιοι υμων* 618^{txt} 413 53'-129 126 Co = Compl; pr *και οι* (> 28*) *υιοι υμων* Cyr I 844 rell | *οἶκοι*] *οικειοι* 426 | *ὑμῶν* 1°] ⌒2° 616^{txt}(c prm) | *ὅτι*] *ο* F*(cprm) 30' 319 | *μισθός*] pr *ο* 529 106 Tht *Nm* 214^{ap}; *μισθωτος* 392; *εθος* 75; *αισθως* 458; *μεθ υμων* Tht *Nm* 214^{ap}; + *υμων* V Tht *Nm* 214te Arm | *οὗτος ὑμῖν*] *ουτως υμων* 319; *αυτος υμιν* 376 = 𝔐; *υμιν ουτως* 458-767; *ουτος ημιν* 618; tr 73' *b* 54-75 (sed hab Compl) | *οὗτος*] post *ἐστιν* tr 127 Arm | *ὑμῖν*] > V Tht *Nm* 214 Arm; post *ἐστιν* tr 29-426 | om *ἐστιν* 767 = 𝔐 | *ἀντὶ τῶν λειτουργιῶν*] *pro opere* Aeth = 𝔐 | *ἀντί*] *απο* B^{c} *x*$^{-619}$ (sed hab Sixt) | *ὑμῶν* 2°] *ημων* 619 | om *τῶν* 2° 618 *b* ^{Lat}cod 100 Arm (sed hab Compl) = 𝔐

32 *οὐ* 1°] *ουτοι* A; > Aeth^{M}; + *μη* 82 | *λήμψεσθε* (*-σθαι* V 56) B F V G-82 56* 509] *-ψονται* A; sine *μ* F^{b} Cyr I 844 rell = Sixt | om *δι'* 616 458 | *αὐτό*] *αυτα* V *d n*$^{-458*}$ *t* 319 Arm; *αυτω* 376^{c} 458*; *αυτων* 376*(cprm) 646 | *ὅταν* M^{mg} V G 52 *d n* 30'-344^{mg} *t* 392 55 319 416 ^{Lat}cod 100 Bo] pr *et* Arm; *οτι* 58-*oII*$^{-707}$ 53'-129 71 121 Syh; *οτι εαν* 246; *οτι αν* (+ *οτι αν* 56) Cyr I 844 rell = Ra | *ἀφαιρῆτε*] *αναφερητε* (*-ρειτε* 75^{c}; *-ρειται* 75*; *-ται* 82; *-ρη*^{τ} 458; *-φαιρηται* 30-344; *-φαιρετε* 29-58) 29-58-82 53'-129 54-75' 30'-344^{mg} 71 121 Syh; *αφαιρε* 509 | *ἀπαρχήν*] *αρχην* 618 422; + (※ G Syh) *αυτου* *O* 767 Sa Syh = Compl 𝔐 | om *ἀπ'* 15-72 *b* (sed hab Compl) | *αὐτοῦ*] *αυτων* 72 44 53' 319 | om *καί* 2° Arm | *τὰ ἅγια*] *sanctitatem* Arm^{te}; + *των αγιων* 68 (sed hab Ald) | *υἱῶν*] *αγιων* 72-618 414 *d*$^{-106}$ 28 669 | om *Ἰσραήλ* 618^{txt} | *οὐ* 2°] *ουκ* 59; > 68' (sed hab Ald) | *βεβηλώσετε*] *εβεβ.* 59; *-σεται* (*-σηται* 82 19; *-βοιλωσειται* 75) V G-82-376-707* 19' 44 56' 75-767 30 319 Arm^{ap} (sed hab Compl); *-λωση*^{τ} 458

19 1 *καὶ ἐλάλησεν*] *ειπε δε* 125 | *Μωυσῆν*] *-ση* 58 19 (sed hab Compl); *-σιν* 509*; *μωσην* G-426 *n* Cyr II 625; *μωσει* 72 | *Ἀαρών*] pr *προς* 426 Arm = 𝔐; *ααρω* 321

2 init — *λέγων*] > *C*$^{-131mg}$-46 126: homoiot; bis scr 669* | *αὕτη*] *αυτοις* 72 | *κύριος*] pr *ο* 551; + *mosi* Arm | om *λέγων* 799 Arab Bo | *Ἰσραήλ*] *λεγων* V; + *λεγων* 246* Bo; + *και ερεις προς αυτους* 72 Aeth | om *καί* 1° Aeth Bo | *πρὸς σέ* F^{a}] *a te* ^{Lat}cod 100 Aug *Loc in hept* IV 60^{ap} PsAug *Serm Cai* II 38.2; om *σέ* 71; > F Bo | *δάμαλιν*] sup ras 9 litt F | *πυρράν*] *πυραν* 82*-381' 46-77-528 *b d* 127-767 343 84 (sed hab Compl); > 85*(cprm); post *ἄμωμον* tr 29 | *ἄμωμον*] pr *και* *C''* 424 646 | *ἥτις — μῶμον*] pr *et* Syh; > 72 126: homoiot | *ἥτις*]

οὐκ ἔχει ἐν αὐτῇ μῶμον καὶ ἣ οὐκ ἐπεβλήθη ἐπ᾽ αὐτὴν ζυγός. 3*καὶ* 3
δώσεις αὐτὴν πρὸς Ἐλεαζὰρ τὸν ἱερέα, καὶ ἐξάξουσιν αὐτὴν ἔξω
τῆς παρεμβολῆς εἰς τόπον καθαρὸν καὶ σφάξουσιν αὐτὴν ἐνώπιον
αὐτοῦ. 4*καὶ λήμψεται Ἐλεαζὰρ ἀπὸ τοῦ αἵματος αὐτῆς καὶ ῥανεῖ* 4
ἀπέναντι τοῦ προσώπου τῆς σκηνῆς τοῦ μαρτυρίου ἀπὸ τοῦ αἵματος
αὐτῆς ἑπτάκις. 5*καὶ κατακαύσουσιν αὐτὴν ἐναντίον αὐτοῦ, καὶ τὸ* 5
δέρμα καὶ τὰ κρέα αὐτῆς καὶ τὸ αἷμα αὐτῆς σὺν τῇ κόπρῳ αὐτῆς κατα-
καυθήσεται. 6*καὶ λήμψεται ὁ ἱερεὺς ξύλον κέδρινον καὶ ὕσσωπον καὶ* 6

ABFMV *O'' C'' bdfnstx*$^{-527}$*yz* al verss

η τι 15* 73 | *ἔχει*] *εχεται* Cyr II 625 | *αὐτῇ*] *εαυτη* A 376-*oI* 528-761^{c} *d*$^{-610*}$ 54'-767 *t*$^{-84}$ 318 | *καί* 2° = Sam] > 64*(cprm) 126 = 𝔐 Tar | om *ἥ* V *d* 53'-129 54-75' *t* 71 318 59^{c} 319 Arm Bo = Compl | *οὐκ* 2° — fin] *iugum iniectum non est* ^{Lat}codd 100 et Al: 91 92 94—96 (sed hab Aug *Num* 33.2) | *ἐπεβλήθη*] *-θην* 46; *εβληθη* 618 122^{c}-126; *εκληθη* 120'-122*; *επεκληθη* 458; *ετι εβληθη* 71; *εξεβληθη* 68 (sed hab Ald) | *ἐπ᾽ αὐτήν*] *επ αυτη* 58-72-82 616 54'-458 509 18'-126-630' 55*(cprm); *επ αυτης* V 19' 75-767 (sed hab Compl); *εν αυτη* F *oI* 30 628 59 799 | *ζυγον* 121

3 *δώσεις*] *-σει* F 551; *δος* 799 | om *πρός* 75 74^{txt} | *Ἐλεαζάρ*] *eliazar* Arm | *τὸν ἱερέα*] bis scr 669* | *ἐξάξουσιν*] *εξαγουσιν* 30; *επαξουσιν* 799; *εξουσιν* 319; *εξαξωσιν* 376; *adducent* ^{Lat}cod 100 | om *αὐτήν* 2° 319 | *εἰς τόπον καθαρόν*] sub ÷ G^{c} Syh; > 319 Arab = Compl 𝔐 | *καθαρόν*] pr *και* 551 | *ἐνώπιον αὐτοῦ*] *εν. αυτων* *C''*$^{-417c}$ 761^{txt} ^{Lat}cod 100; *εν. αυτ*[. .] 761^{txt}; *coram te* Bo^{B}; *εξω της παρεμβολης* 509

4 *λήμψεται* A B F V G-82 56* 509] sine *μ* F^{b} Cyr II 625 rell = Sixt | *Ἐλεαζάρ* — *αἵματος* 1°] *ex ea eleazar sanguinem* ^{Lat}cod 100 | *Ἐλεαζάρ*] *αιλ.* 126; *eliazar* Arm; + (※ G Syh) *ο ιερευς* *O* Arab Syh = 𝔐 | *ἀπὸ τοῦ αἵματος* 1°] pr *και* 528; pr *τω δακτυλω αυτου* 15; *sanguinem* Aug *Num* 33.4 | *αὐτῆς* 1°] *αυτου* 75 Bo^{A}; *της* F*(cprm); *τω δακτυλω αυτου* 376; + (※ G Syh) *τω δακτυλω αυτου* V *O*$^{-376}$ 108^{mg} 767 18'-126-628-630' 646 Aeth^{C} Arab Syh = 𝔐 | *ῥανεῖ*] *ρανιει* 30 318; *αρει* 46; + *απο του αιματος* 84* | *εναντι* 730 | om *τοῦ προσώπου* F^{b} 106 246 458 84^{txt}(cprm) 121 628 799 Arm Co | *τῆς*] *αυτης* V* | *ἀπό* 2° — *αὐτῆς* 2°] om *τοῦ* 458; > 72-381' 319 | *αὐτῆς* 2°] *αυτου* 84

5 om *καί* 1° 57-131*(cprm)-414'-422-500'-528'-529'-550' | *κατακαύσουσιν*] *καταπαυσ.* 669 | *αὐτήν*] *αυτου* 19 (sed hab Compl); > 44 246*(cprm) | *ἐναντίον*] *εναντι* 72 *C''* *z* 646 (sed hab Ald); *ενωπιον* V 799 | *αὐτοῦ*] $\overline{κυ}$ *z* 646 (sed hab Ald) | om *καί* 2° 72 = 𝔐 | *τὸ δέρμα* B 82 125 53'-129 *x* ^{610} ^{Lat}PsAug *Serm Cai* II 38.2] *τα κρεα* 319; + (※ G Syh^{L}) *αυτης* Cyr II 628 rell = 𝔐 | om *καί* 3° — *αὐτῆς* 2° 73' 18-126-628 | *καί* 3°] ⌒4° 75' | *τὰ κρέα*] *το δερμα* 319 | *αὐτῆς* 1°] > A F M' *oI*$^{-82}$ *C''*$^{(-73')}$ 125 56' *s* *x*$^{-509}$ *y* 68'-120'-128-630' 55 59 646 799 Cyr II 628 ^{Lat}Aug *Num* 33.5 PsAug *Serm Cai* II 38.2; ⌒2° 53' | *αἷμα*] *δερμα* 106 | om *αὐτῆς* 2° *d*$^{-106}$ 458 319 ^{Lat}PsAug *Serm Cai* II 38.2 | *σύν*] pr *και* 82 | *τῇ*] *τω* (*το* 376 314) 72-376-381' 314 *d*$^{-106}$ Cyr II 628 | om *αὐτῆς* 3° 72-381' 75 71 319 799 Cyr II 628 | *κατακαυθήσεται*] pr *και* 29 Aeth^{-C}; *-καυσονται* 509; *-καυσουσι* 75; *καυθ.* 628; > 72

6 *λήμψεται* A B* F V G-82 56* 509] *ληψει* 246; sine *μ* F^{b} Cyr II 628 rell = Sixt | *κέδρινον*] *καιδρινου* 75; et *ὕσσωπον* tr Bo | *καί* 3°] > 376; ⌒4° Sa |

κόκκινον, καὶ ἐμβαλοῦσιν εἰς μέσον τοῦ κατακαύματος τῆς δαμάλεως.
7 7καὶ πλυνεῖ τὰ ἱμάτια αὐτοῦ ὁ ἱερεὺς καὶ λούσεται τὸ σῶμα αὐτοῦ
ὕδατι, καὶ μετὰ ταῦτα εἰσελεύσεται εἰς τὴν παρεμβολήν, καὶ ἀκάθαρτος
8 ἔσται ὁ ἱερεὺς ἕως ἑσπέρας. 8καὶ ὁ κατακαίων αὐτὴν πλυνεῖ τὰ ἱμάτια
αὐτοῦ καὶ λούσεται τὸ σῶμα αὐτοῦ, καὶ ἀκάθαρτος ἔσται ἕως ἑσπέρας.
9 9καὶ συνάξει ἄνθρωπος καθαρὸς τὴν σποδὸν τῆς δαμάλεως καὶ ἀπο-
θήσει ἔξω τῆς παρεμβολῆς εἰς τόπον καθαρόν, καὶ ἔσται τῇ συναγωγῇ
10 υἱῶν Ἰσραὴλ εἰς διατήρησιν, ὕδωρ ῥαντισμοῦ· ἅγνισμά ἐστιν. 10καὶ
πλυνεῖ τὰ ἱμάτια ὁ συνάγων τὴν σποδιὰν τῆς δαμάλεως, καὶ ἀκάθαρτος

ABFMV *O'' C''* *bdfnst***x**$^{-527}$*yz* al verss

ἐμβαλοῦσιν] *βαλουσιν* 55; *εκβ.* 72; *εισβ.* Cyr II 628; *inmittet* ^{Lat}Aug *Num* 33.6 = 𝔐; *-λλουσιν* (+ *αυτω* 767) 320 53 767 | *εἰς μέσον*] *εις το μεσον* 376; [. . . . .]*σον* 56*; om *μέσον* Aeth; bis scr 84* | *κατακαύματος*] *καυματος* 528 53′; *καταπετασματος* 75-458^{txt}

7 *πλυνη* 54 | *τὰ ἱμάτια αὐτοῦ*] om *αὐτοῦ* 71 319; post *ἱερεύς* 1° tr 381′ | om *λούσεται* ^{Lat}cod 100 (sed hab Aug *Num* 33.7) | *τὸ σῶμα*] *τω* (*το* 30 630) *σωματι* 376 30 630; *τα ιματια* 59; *το δωμα* 44; post *αὐτοῦ* 2° tr 130 | *αὐτοῦ* 2°] *αυτο* 59* | *καί* 3°] ⌒4° 106; ⌒(8) 3° 376 Arab^{txt} | om *μετὰ ταῦτα* 126 | *εἰσελεύσεται*] *-σονται* 610; > 15^{txt}; + *ο ιερευς* 72 Cyr II 628 Bo | *ἀκάθαρτος*] *καθαρος* 669 | om *ὁ ἱερεύς* 2° 72 75 344^{txt} 669 319 Sa

8 om comma 72 84 *x*$^{-619}$: homoiot | *αὐτήν*] *αυτης* 246*; *αυτα* 121 ^{Lat}cod 100 (sed hab Aug *Num* 33.7) | *αὐτοῦ* 1°] + (※ G; + ※ Syh^{L}) *εν* (> Compl) *υδατι* *O*$^{(-376)}$ Aeth^{C} Syh = Compl 𝔐 | om *καί* 2° Bo | *τὸ σῶμα αὐτοῦ* B F 29-82 129 392 Aeth$^{-\mathrm{G}}$] pr *υδατι* 628; *αὐτοῦ* sub ※ Syh^{L}; + (※ G Syh) *εν υδατι* *O*$^{(-376)}$ Syh = 𝔐; + *υδατι* (c var) Cyr II 628 rell; + *και μετα ταυτα εισελευσεται εις την παρεμβολην* 107′-125 646^{mg}: ex 7 | *καί* 3° — fin] om *καί* Bo^{B}; om *ἔσται* 53; om *ἔσται ἕως* 56^{txt}; > *d*$^{-106}$ | *ἑσπέρας*] pr ※ *της*↙ G = 𝔐; + *και ρανει απο του αιματος απεναντι του προσωπου της σκηνης του μαρτυριου επτακις* 529: ex 4

9 *συναξεις* 127 | *ἄνθρωπος*] pr *ο* 707 *y*$^{-121}$ 59; + *omnis* Bo^{A} | *καθαρός*] pr *ο* 707 59; > 28(|) | *τήν*] *τον* 376 | *σποδόν*] *-δην* 707^{c} 56; *σπονδον* 58*(vid)-376 131 125 30-130 126 799; *σπονδην* G*-707* 16-46* 118′-537 610 246 767 509 392; *σπονδην* (*-δον* 664) *αυτης* 53′; *σπονδιαν* 75′; *σποδιαν* 54 | *τῆς δαμάλεως*] *του δαμ.* 56*(cprm); > Aeth | *ἀποθήσει*] *-ση* 56; *θησει* 509; + *ο ιερευς* G*(vid) | om *τῆς* 2° 52(|) | om *ἔσται* 246 | om *τῇ* 18 | *υἱῶν*] pr *των* 246; > 71 | *εἰς διατήρησιν*] *εις διατηριον* 528; *in consparsionem* ^{Lat}cod 100 | *ὕδωρ*] *aquae* ^{Lat}cod 100; *in aquam* Aeth | *ῥαντισμοῦ*] *ρανισμου* V; *αγνισμου* 551 | om *ἅγνισμά ἐστιν* 707 | *ἅγνισμά*] pr *quia* Arm; *-μος* 29 619*; *αγιασμα* 82 18′-126-628-630′ 646; *sanctificatio haec* ^{Lat}cod 100

10 init] pr *και λουσεται* (*-τε* 376) 58-376 ^{Lat}cod 100; pr *και λουσεται το* (*τω* 54) *σωμα αυτου* *n* Arm | *καί* 1° — *ἱμάτια*] om *καί* Bo; + *αυτου* et post *δαμάλεως* tr 58 *n* ^{Lat}cod 100 Arm | *πλυνεῖ τὰ ἱμάτια*] + *αυτου* et post *δαμάλεως* tr A F M′ *oI*′$^{-82}$ *C''* 56′ *s* 619 *y z* 55 59 646 799 ^{Lat}Aug *Num* 33.9 Aeth Bo = Sixt |

---

19 6 *κέδρινον καὶ ὕσσωπον*] *κυπαρίσσινον* (*-ρισινον* 130-321′) *καὶ ὀρίγανον* 130-321′ 128 | *εἰς* — *κατακαύματος*] *εἰς τὴν πυράν* 130-321′

7 *ἀκάθαρτος ἔσται*] *μιανθήσεται* 130-321′

ἔσται ἕως ἑσπέρας. καὶ ἔσται τοῖς υἱοῖς Ἰσραὴλ καὶ τοῖς προσκει-
μένοις προσηλύτοις νόμιμον αἰώνιον.
11Ὁ ἁπτόμενος τοῦ τεθνηκότος πάσης ψυχῆς ἀνθρώπου ἀκάθαρτος 11
ἔσται ἑπτὰ ἡμέρας· 12οὗτος ἁγνισθήσεται τῇ ἡμέρᾳ τῇ τρίτῃ καὶ τῇ 12
ἡμέρᾳ τῇ ἑβδόμῃ, καὶ καθαρὸς ἔσται· ἐὰν δὲ μὴ ἀφαγνισθῇ τῇ ἡμέρᾳ
τῇ τρίτῃ καὶ τῇ ἡμέρᾳ τῇ ἑβδόμῃ, οὐ καθαρὸς ἔσται. 13πᾶς ὁ ἁπτό- 13

ABFMV *O'' C'' bdfnstx*$^{-527}$*yz* al verss

τὰ ἱμάτια] + αυτου 82 *d t* 509; + αυτου et post δαμάλεως tr *O*$^{-58}$ *b* Syh (sed hab Compl) = 𝔐 | συναγαγων *d t* 630 | σποδιάν B M' V 426 129 71] σπονδιαν G-376 664; σποδην 56^{c} 346*(vid); σπονδην (-διν 53) 82 16-46* 610 53-56*-246 75' 509 392 126; σπονδον 58*(vid)-707* 131* 314 767 30-130-321* 799; σποδον rell | καί 2°] pr υδατι 15; pr και λουσεται τω σωματι αυτου υδατι (> 610) 131^{mg} 610; pr και λουσεται το σωμα αυτου *d*$^{-610}$ *t* Aeth^{C} | ἀκάθαρτος] καθαρος 630 | om καί 3° — (11) fin 509: homoiot | ἔσται 2°] + εις την (> *d*$^{-106}$ 75) συναγωγην 58-376 *d n t* 799 ^{Lat}cod 100 Arm (sed hab Aug *Num* 33.9) | τοῖς υἱοῖς] των υιων 458 ^{Lat}cod 100 Arm; τους υιους 767 | προσκειμένοις προσηλύτοις B V 82 129 71 Eus VI 11 = Compl] προκ. προσηλητοις 53'; προκ. (προσκ. 54'-767 74') εν αυτοις προσηλυτοις (-τος 75) *d n t*; tr 707 = Sixt; προσηλυτοις (c var; + και 422) τοις προσκειμενοις (προκ. 72 529 130(vid)-343 120 Cyr; -νης 618 314 321') Cyr II 628 rell: cf 𝔐 | νόμιμον B V 82 *d* 129 *n t* 71 ^{Lat}Aug *Num* 33.9] pr *iis* Bo; pr υμιν (ημ. 618*) *oI*$^{-15}$; pr εν υμιν *b*; pr εν αυτοις 321'^{mg} 319 ^{Lat}cod 100 Arm; pr μεσον υμων 528; pr εν μεσω αυτων *O* Eus VI 11 Syh = 𝔐; pr εν (εμ A F *y*$^{-121}$) μεσω υμων (υμιν 52'-313-550) F F^{b} Cyr II 628 rell = Compl | fin] + εις τας γενεας υμων 59

11 init] pr και 376 *d n* 343*(vid) *t* 319 ^{Lat}cod 100 Aeth Arm Bo Syh | om ὁ 550'(||) 767 424(||) | τοῦ τεθνηκότος] pr του 19; om τοῦ 53'-129 55 = Compl; post ψυχῆς tr *d t* | τεθνηκότος] post ψυχῆς tr 129 | πάσης ψυχῆς] πασης σαρκος η 799; om πάσης Arm; post ἀνθρώπου tr 53' | ἀνθρώπου] $\overline{ανων}$ 129 Bo^{B}; > 318 | om ἑπτά — (12) ἁγνισθήσεται *C''*$^{-131mg}$ 424 | ἑπτὰ ἡμέρας] pr εως 458 799; εως ημερας 18^{txt}; εσται ημερας 314*(c pr m); sup ras 426; ημερες επτα 664; tr 126; om ἡμέρας 53; + εως εσπερας A^{mg}

12 οὗτος] ουτως 15-376 *d*$^{-610}$ 767 71 120 646 799; *et sic* Aeth; *et* Arm; > Eus VI 12; + *autem* Sa | ἁγνισθήσεται] αφαγν. (-γνησθ. 75') 54-75'; + *is* Arm; + (※ G) εν αυτω *O*-15 Syh = 𝔐 | τῇ ἡμέρᾳ 1°] pr και A; pr εν 376 = 𝔐; om τῇ 130; bis scr 19(|) | om τῇ ἡμέρᾳ 2° 125 Eus VI 12 | ἑβδόμῃ 1°] ⌒2° 29 19' *d*$^{-106mg}$ (sed hab Compl) | καί 2° — ἑβδόμῃ 2°] και καθαρυζετε ουτος εαν τη ημερα τη τριτη ουκ αγνισθησεται τη ημερα τη εβδομη 106$^{(mg)}$ | καί 2° = Sam Tar^{P}] > 15*-82-376 550' 118'-537 53'-129 *n*$^{-127}$ 30 619 126 416 799 Eus VI 12 Bo = 𝔐 Tar^{O}; ⌒3° Arab | καθαρὸς ἔσται 1°] καθαρισθησεται 799 Eus VI 12; καθαρα εσται 646; ακαθαρτος εσται 129 71; καθ. εστιν A 121 59; ⌒2° 15 318 | ἀφαγνισθῇ] αγν. (αγνησθη 458; αγνησθει 75) 72 54-75' 126; εφ. (-σθει 664) 53' | τῇ 5° — τρίτῃ 2°] *nec die quarto* ^{Lat}cod 100 (sed hab Aug *Num* 33.10) | τῇ 5°] ⌒ 7° 75' | τῇ 6°] bis scr B* (sed hab Sixt) | καί 3°] η 129 = Compl; > 799 | om τῇ ἡμέρᾳ 4° 72 71 126 Eus VI 12 | οὐ καθαρός / ἔσται] ουκ εσται καθαρος *n*$^{-767}$ Arm; ου καθ. εστι 126; ου καθαρισθησεται 29-707 56' 85'^{mg}-321'^{mg} 392 319 799; ακαθαρτος εσται 58^{mg}-72-376; tr ^{Lat}cod 100 (sed hab Aug *Num* 33.10); om οὐ 19; om ἔσται 767

μενος τοῦ τεθνηκότος ἀπὸ ψυχῆς ἀνθρώπου, ἐὰν ἀποθάνῃ καὶ μὴ
ἀφαγνισθῇ, τὴν σκηνὴν κυρίου ἐμίανεν· ἐκτριβήσεται ἡ ψυχὴ ἐκείνη
ἐξ Ἰσραήλ· ὅτι ὕδωρ ῥαντισμοῦ οὐ περιερραντίσθη ἐπ' αὐτόν, ἀκά-
θαρτός ἐστιν, ἔτι ἡ ἀκαθαρσία αὐτοῦ ἐν αὐτῷ ἐστιν.
14 [14]Καὶ οὗτος ὁ νόμος· ἄνθρωπος ἐὰν ἀποθάνῃ ἐν οἰκίᾳ, πᾶς ὁ
εἰσπορευόμενος εἰς τὴν οἰκίαν καὶ ὅσα ἐστὶν ἐν τῇ οἰκίᾳ, ἀκάθαρτα
15 ἔσται ἑπτὰ ἡμέρας· [15]καὶ πᾶν σκεῦος ἀνεῳγμένον, ὅσα οὐχὶ δεσμὸν

ABFMV *O'' C'' bdfnstx*$^{-527}$*yz* al verss

13 init] pr και 799 Bo | om τοῦ 72 | ψυχῆς B M' V G-82-426 53'-129 54'-75 x^{-619} Eus VI 12 ^{Lat}cod 100 Arm Co Syh = Compl] ψυχην 458; pr πασης Aug *Leg* II 23 rell | ἐάν] pr ος 767 ↓; + δε 376 799 | ἀποθάνῃ καί] -νης και 610; > Sa | om μή 799 | ἀφαγνισθῇ] εφ. 53'; αγνισθη (αν. 314; αγνησθη 75'-767) 15-72' *b* 44 56' *n* 619 z^{-18} 799 Eus VI 12 (sed hab Compl) | σκηνήν] + του μαρτυριου 72-376 Eus VI 12 | κυρίου A B M' V *oI b d n t* x^{-619} 630 319] > 376; pr του Eus VI 12 rell = Compl | ἐκτριβήσεται] pr και V 72 *b* 767 319 ^{Lat}cod 100 = 𝔐; pr εκτριβη 392; εξολοθρευθησεται 121 | ἐξ Ἰσραήλ] εξ ισδραηλ 134; εκ του λαου αυτης 799 Sa | οὐ περιερραντίσθη] ουκ επεριεραντισθη 72; ουκ ερραντισθη (ερρ. 126) *b* 126 (sed hab Compl) | om οὐ 707* 799 | περιρραντισθη-σεται 18 | ἐπ' αὐτόν] περι αυτον 381' d^{-610} 370; περι αυτην 610; απ αυτον 619; απ αυτης 799; επ αυτω 767 318 319; επ αυτην 537; > F*(cprm) | ἀκάθαρτός ἐστιν] pr και 58-376 799; και 72 | ἔτι — fin] ακαθαρσια επ αυτω εσται Eus VI 12; > 75' 126: homoiot | ἔτι] pr *et* Aeth; και 129; επι G*; οτι M' 376-*oI C''* 54'-767 28-85'-321' x^{-71} 68'-120'-128-669 319 646 Arm; + οτι 730 | om ἡ 2° 129 74(vid) | καθαρσια 30 | αὐτοῦ ἐν αὐτῷ] αυτω επ αυτου *b* (sed hab Compl) | ἐν αὐτῷ] επ αυτω V 29 *C''* 56' *s* 392 68'-120' 319 646 Aeth (sed hab Ald); εν αυτη 53 | ἐστιν 2°] sub ÷ G; > 529* ↓

14 καὶ οὗτος] sub ÷ Syh^{L} | καί 1° = Sam] sub ÷ G^{c}; > Bo = 𝔐 Tar | ουτως 75-767 28 319 Aeth | ἄνθρωπος] pr *et* Bo | ἐάν] αν 126 | ἀποθάνῃ] αποκαθαρη 458^{txt}(cprm) | οἰκίᾳ 1°] pr τη B* (sed hab Sixt); οικεια 82 458; + ακαθαρτα εσται 739 | απας 53'-129 = Compl | om ὁ 2° 376-707 Eus VI 12 | πορευομενος 126 | om εἰς — ἐστίν 458 | εἰς τὴν οἰκίαν] εις την οικειαν M* 82 130-346*; εν τη οικια 72 799; + εκεινην V | καί 2° — οἰκίᾳ 2°] pr ακαθαρτος εσται V *d t* 799; om καί 72 = Compl; > $Aeth^{M}$ Bo: homoiot | ὅσα] pr (※ G) παντα *O* Eus VI 12 = 𝔐 | om ἐστίν 55 | ἐν τῇ οἰκίᾳ] εν τη (> 458) οικεια 82 458 416; εν αυτη 72; om ἐν 616*(cprm); > 630; + εκεινη V *d t* 799 | ακαθαρτος G-82-426 529 54-75' 71 318 18 319 Aeth | ἔσται] εστιν 550' 125 799 Eus VI 12 | ἑπτὰ ἡμέρας] pr εως 458; εως ημερας επτα 16-46; tr 126; om ἑπτά 75

15 om καί — ἀνεῳγμένον 75' Sa | ὅσα — αὐτῷ] *super quod alligamentum inditum non est* ^{Lat}cod 100 | ὅσα] pr *et* $Aeth^{-M}$; *quod* Syh; > 53' | οὐχί] ουχ 59*(vid); ου 126; εχει 376; ουκ εχει (εχι B) A B* V 121* 416 (sed hab Sixt) | δεσμόν] δεσμος 58-707-oI^{-15} 417 n^{-127*} 130^{mg}-$321'^{mg}$ Aeth Syh; δεσμω 72 57*-77 *b d t* 619^{c} 121^{c}-318 *z* 55 59 646 799 Phil I 281 II 261 Eus VI 12; δεσμων

---

13 ἐάν] pr ὅς 130-321'-344 | ἐν αὐτῷ ἐστιν] ο' οἱ λ' ἐν αὐτῷ 344
14 καί 2° — fin] σ' *et is qui in tabernaculo immundus erit septem dies* Syh

καταδέδεται ἐπ’ αὐτῷ, ἀκάθαρτά ἐστιν. [16]καὶ πᾶς, ὃς ἂν ἅψηται 16
ἐπὶ προσώπου τοῦ πεδίου τραυματίου ἢ νεκροῦ ἢ ὀστέου ἀνθρωπίνου
ἢ μνήματος, ἑπτὰ ἡμέρας ἀκάθαρτος ἔσται. [17]καὶ λήμψονται τῷ 17
ἀκαθάρτῳ ἀπὸ τῆς σποδιᾶς τῆς κατακεκαυμένης τοῦ ἁγνισμοῦ, καὶ
ἐκχεοῦσιν ἐπ’ αὐτὴν ὕδωρ ζῶν εἰς σκεῦος· [18]καὶ λήμψεται ὕσσω- 18
πον καὶ βάψει εἰς τὸ ὕδωρ ἀνὴρ καθαρός, καὶ περιρρανεῖ ἐπὶ τὸν
οἶκον καὶ ἐπὶ τὰ σκεύη καὶ ἐπὶ τὰς ψυχάς, ὅσαι ἂν ὦσιν ἐκεῖ, καὶ

ABFMV *O''* *C''* *bdfnstx*$^{-527}$*yz* al verss

376*; inc 551 | καταδέδεται] pr και V; -δεδενται 318; καταδεεται (-δειται Phil) 707* 550′ Phil I 281; κατεδεται 509 392; δεδενται 126 | ἐπ’ αὐτῷ] επ αυτο 16-46 53′-246 54-75′ 318; επ αυτων 15-58 414; επ αυτα 59; επ αυτου Compl; επ αυ^{τ} 130; > *b d t* 126 799 Phil I 281 II 261 Eus VI 12 | ακαθαρτος 426 120*; ακαθαρτον F V 619 68′-120^{c} 319 ^{Lat}cod 100 Aeth; καθαρα Phil II 261 | εσται *O*-15-72 77-414-616* 458 Eus VI 12 ^{Lat}cod 100 Arm Bo Syh

16 om καί 799 | πᾶς] > 707*(|); + ο αψαμενος απο 458 | ὃς ἂν ἅψηται] αψαμενος 126 | ὅς] ου 414 | ἄν] εαν B V *d n t* (sed hab Sixt) = Ra; > 15 Syh | ἐπί] απο 610; > ^{Lat}cod 100 (sed hab Aug *Num* 34) | προσώπου] -πον A V 72 75 126 319 Eus VI 12 ^{Lat}cod 100; > Aeth | om τοῦ 72 54-75′ 126 799 | πεδίου] παιδιου A M′ 72-82 77-500-551-616*-*cI*$^{-761c}$ 107*-610 *n*$^{-127c}$ 30′-344* 370* 509*-619 *y*$^{-318}$ 68′-126 319^{c} 799 ^{Lat}cod 100; ποδιου 19 (sed hab Compl) | τραυματίου] pr η 72 Aeth; -τισμενου 126; + (※ G Syh^{L}) ρομφαιας (-φαια G-376′) *O* Eus VI 12 Syh = 𝔐 | om ἤ 1° 59 | ὀστέου] οστου *n*$^{-767}$; + νεκρου 30 | ἀνθρωπίνου] ανου A *oI C''* *s y*$^{-392}$ 55 646 ↓ | om ἢ μνήματος 646 | ἑπτὰ ἡμέρας / ἀκάθαρτος ἔσται] ακαθ. εσται εως ζ̄ ημερας 72; ακαθ. εσται εως εσπερας αυτης και ζ ημερας 458; ακαθ. εσται ημερας ζ̄ 126; tr *O*$^{-58}$ 54-75-767 509 392 Eus VI 12 Aeth Arm Bo Syh = 𝔐; om ἡμέρας ^{Lat}cod 100 | ἀκάθαρτος ἔσται] ακαθ. εστιν Eus VI 12; tr 52

17 om καί 1° 799 | λήμψονται τῷ ἀκαθάρτῳ] *accipiet immundus* Bo | λήμψονται A B F V G-82 56* 509] ληψεται 318; sine μ F^{b} Eus VI 12 rell = Sixt | τῷ ἀκαθάρτῳ] του ακαθαρτου 18′-126-628-630′; om τῷ 618*(cprm); > Sa; + *homini* ^{Lat}cod 100 | σπονδ(ε)ιας G 46*-529 *d*$^{-106}$ 129 75′ 126 799; σπονδης 246*(cprm) | κατακεκαυμένης] + *vitulae* ^{Lat}cod 100 Bo | αγνισματος 376 | εγχεουσιν 426 | ἐπ’ αὐτήν] επ αυτη 126; επ αυτω 72; επ αυτο *b*$^{-537}$ (sed hab Compl); επ αυτου 537 319; om ἐπ’ Eus VI 12; > Bo | ὕδωρ ζῶν] om ζῶν G Arm; > Eus VI 12 | εἰς σκεῦος] και σκευος 72; *in vaso mundo* ^{Lat}cod 100; om εἰς 73*

18 λήμψεται A B F V G-82 56* 509] ληψονται (λειψ. 75; -ντε 54) 72 *d n t* Eus VI 12 Aeth Arm Bo; ληψηται 344; ληψ. F^{b} rell = Sixt; + *vir mundus* ^{Lat}cod 100 (sed hab Aug *Num* 33.11) | υσσωπον 59; υσσωπιον B* (sed hab Sixt) | βαψη 376 417 56′ 458 55 319; βαζει 528 | εἰς τὸ ὕδωρ] om τό 18; > Eus VI 12 | περιρρανεῖ] περιρανη 55; -ρραντιει Compl; περιρανιει F 129 509 318; επιρανει 54-75′; ρρανει 126 | ἐπὶ τὸν οἶκον] pr *super immundum et* Sa;

---

15 ὅσα — αὐτῷ] α′ *id cui non est tegumentum versatile super id* σ′ *id cui non est tegumentum coniunctum ad id* θ′ *id cui non est tegumentum constrictum* (*coniunctum* L) *super id* Syh(ind ad καί)

16 ἀνθρωπίνου] ο′ θ′ σ′ ἀνθρωπίνου 344; α′ ανου 344^{txt}

ἐπὶ τὸν ἡμμένον τοῦ ὀστέου τοῦ ἀνθρωπίνου ἢ τοῦ τραυματίου ἢ τοῦ
19 *τεθνηκότος ἢ τοῦ μνήματος· [19]καὶ περιρρανεῖ ὁ καθαρὸς ἐπὶ τὸν*
ἀκάθαρτον ἐν τῇ ἡμέρᾳ τῇ τρίτῃ καὶ ἐν τῇ ἡμέρᾳ τῇ ἑβδόμῃ, καὶ
ἀφαγνισθήσεται τῇ ἡμέρᾳ τῇ ἑβδόμῃ, καὶ πλυνεῖ τὰ ἱμάτια αὐτοῦ
20 *καὶ λούσεται ὕδατι, καὶ ἀκάθαρτος ἔσται ἕως ἑσπέρας. [20]καὶ ἄνθρω-*
πος, ὃς ἂν μιανθῇ καὶ μὴ ἀφαγνισθῇ, ἐξολεθρευθήσεται ἡ ψυχὴ
ἐκείνη ἐκ μέσου τῆς συναγωγῆς, ὅτι τὰ ἅγια κυρίου ἐμίανεν, ὅτι

ABFMV *O''* *C''* *bdfnstx*$^{-527}$*yz* al verss

tabernaculum ^{Lat}cod 100: cf 𝔐; *επι τω υδωρ* 75; + *et super supellectilem* Arm | *ἐπί* 1°] *εις* 82 799; > 319 | *καί* 4° — *σκεύη*] om *καὶ ἐπὶ τά* 319; om *καί* ^{Lat}cod 100 Aeth^{F}; om *ἐπί* 392 Eus VI 12; > 121: homoiar; bis scr 53* | *τά* = Sam] pr (※ G; + ※ Syh^{L}) *παντα* *O* Syh = 𝔐 Tar | om *ἐπί* 3° Eus VI 12 | *τάς* — *ὦσιν*] *animam omnem* Bo | *ταις ψυχαις* 16-46*(vid) | *ὅσαι ἂν ὦσιν*] *ας ωσαι* 458 | *ὅσαι*] *οσοι* Eus VI 12; *οσας* 106*; *οσα* *d*$^{-106*}$ 767 | *ἄν*] *εαν* (*αιαν* 30) A B F M′ G-82-376-707 52′-313 106 127-767 *s t* 71 121 59 319 Eus VI 12 (sed hab Sixt) = Ra | om *ἐπί* 4° 76(|) | *τὸν ἡμμένον*] *τον ημμενον* A; *τους ημμενους* (*-νου* 58) *O*$^{-G*}$ Arm; *των ημμενων* 616*(vid); *τον υμενα* 616^{c}; *τον απτομενον* V 319; *τον αψαμενον* (*αψομ.* 767) *n*; *τον ηεον* 392 | *τοῦ ὀστέου*] *των οστεων* 628 Bo; *αυτου* 72; sub ÷ Syh^{L}; > 392 | om *τοῦ* 2° — fin 72 | *τοῦ ἀνθρωπίνου*] pr *του* $\overline{\text{ανου}}$ *ηγουν* 376; *του* $\overline{\text{ανου}}$ G* 16-46 *b* 53′-129 75 392 68′-120′-628 (sed hab Ald); *mortui* Bo; sub ÷ G = 𝔐 | *τραυματίου*] *-ματος* A 121; *-ματισμενου* 126; + *domus* Sa | om *ἤ* 2° — (19) *ἐν* 1° 618^{txt}(cprm) | om *ἤ* 2° 56′ | *τεθνηκότος*] *νεκρου* *n*

19 *περιρανη* 75 319; *περιρανιει* 129 509 318; *επιρανει* 458; *ρρανει* 126; *περιρραντιει* Compl | *ἐπί*] *περι* 509; > 84 Aeth | *τόν*] *το* 19 610 (sed hab Compl) | *ἐν* 1°] pr *et* ^{Lat}cod 100; > Aug *Num* 33.11^{te} | *τρίτῃ*] + *επι τα* A | *καί* 2°] ⌒3° 75 Aeth^{M} | *ἐν τῇ ἡμέρᾳ* 2°] om *ἐν* *C*-46-52 799 Bo; > 72-381′ 71 126 Arab | *ἡμέρᾳ τῇ ἑβδόμῃ* 1°] *εβδομη ημερα* 799; ⌒2° B^{txt} 500-761 314 *d* 53′ 85^{txt}-343 *t* 59 Eus VI 12 (sed hab Sixt) | om *καί* 3° — *καί* 4° 458 | *καί* 3°] > 392 416 799; ⌒5° ^{Lat}cod 100 | *ἀφαγνισθήσεται*] *αγνισθ.* 126; *εφαγνισθη* 72; *-νισθη και* 46^{s} | *τῇ* 5° — *ἑβδόμῃ* 2°] pr *εν* A 82 414-550′ 54′-75 318 55 = 𝔐; om *τῇ ἡμέρᾳ* 126; > 416 799 Bo | om *καί* 4° — fin 72: homoiot | *εαυτου* Eus VI 12 | *καί* 5°] ⌒6° 56^{txt} | *λούσεται*] + *το* (*τω* 610 54) *σωμα αυτου* (> 64 Eus) 58-*oI*$^{-15}$ *b d n t* 619 18 799 Eus VI 12 Aeth Arm (sed hab Compl) = Ald | om *καί* ult Bo^{B} | *ἀκάθαρτος*] *-το* 127*; *καθαρος* F*(cprm) 71 | *ἔσται*] > 630(|); ⌒(21) 2° 414*(cprm)

20 *ἄνθρωπος*] pr *ο* 53′-129 509 392 319 = Sam | om *ὅς* 426(|) Eus VI 12 Bo | *ἄν*] *εαν* B 376′ 413 *d n t* 71 799 Eus VI 12 Tht *Nm* 215te (sed hab Sixt) = Ra; > 56 | om *μιανθῇ καί* Tht *Nm* 215 | om *καὶ μὴ ἀφαγνισθῇ* 130-321′ | *αγνισθη* 75′ 126 | *ἐξολεθρευθήσεται* A B* F 129 370] *εξολοθρ.* (*-θεισεται* 319) F^{b} Eus VI 12 Tht *Nm* 215 rell = Sixt | *μέσου τῆς συναγωγῆς*] *του λαου και της συναγωγης* 53′; *του λαου αυτης* 75; *μεσου των υιων* $\overline{\text{ιηλ}}$ *d t* 799; *μεσου αυτης* 126; om *μέσου* 319 Eus VI 12 Arm Bo; + *eius* Arm; + *υιων* $\overline{\text{ιηλ}}$ V; + *ισραηλ* *b* (sed hab Compl) | *ὅτι* 1°] ⌒2° Eus VI 12 Tht *Nm* 215 | *τὰ ἅγια*] pr *τα* 59(||); *sanctitatem* Aeth Arm; om *τά* 376 16-46 127*(cprm) 319 | *κυρίου*] pr *του* 458 | *ὅτι*

---

18 *ἐπὶ τὸν ἡμμένον*] *ἐπὶ τὸν ἐγγίσαντα* F^{b}

ὕδωρ ῥαντισμοῦ οὐ περιερραντίσθη ἐπ' αὐτόν, ἀκάθαρτός ἐστιν. [21]καὶ 21
ἔσται ὑμῖν νόμιμον αἰώνιον· καὶ ὁ περιρραίνων ὕδωρ ῥαντισμοῦ πλυνεῖ
τὰ ἱμάτια αὐτοῦ, καὶ ὁ ἁπτόμενος τοῦ ὕδατος τοῦ ῥαντισμοῦ ἀκάθαρτος
ἔσται ἕως ἑσπέρας· [22]καὶ παντός, οὗ ἂν ἅψηται αὐτοῦ ὁ ἀκάθαρτος, 22
ἀκάθαρτον ἔσται, καὶ ἡ ψυχὴ ἡ ἁπτομένη ἀκάθαρτος ἔσται ἕως ἑσπέ-
ρας.
20 [1]Καὶ ἦλθον οἱ υἱοὶ Ἰσραήλ, πᾶσα ἡ συναγωγή, εἰς τὴν ἔρημον 1
Σὶν ἐν τῷ μηνὶ τῷ πρώτῳ, καὶ κατέμεινεν ὁ λαὸς ἐν Καδής· καὶ
ἐτελεύτησεν ἐκεῖ Μαριάμ, καὶ ἐτάφη ἐκεῖ. [2]καὶ οὐκ ἦν ὕδωρ τῇ 2
συναγωγῇ, καὶ ἠθροίσθησαν ἐπὶ Μωυσῆν καὶ Ἀαρών. [3]καὶ ἐλοι- 3

ABFMV *O'' C'' bdfnsix*(527)*yz* al verss

2°] *και* 458 121 Arm; sub ÷ G Syh^{L} = 𝔐 | *το υδωρ του ραντισμου* 84 | *ῥαντισμοῦ*] *-σμω* Tht *Nm* 215^{ap}; *purificationis* Sa | *οὐ περιερραντίσθη*] *υπερεραντ.* 799 | *ουκ* 610* | om *ἐπ'* — (21) *ῥαντισμοῦ* 1° 125 | *ἐπ'*] *περι* $d^{(-125)}$ 370 | *αὐτόν*] *αυτων* 610 370* 59 | *ἀκάθαρτός ἐστιν*] pr *και* $C''^{(-414^*)}$ 509 646; pr *propterea* Bo; > 72 Eus VI 12 | *ακαθαρτον* 55*(cprm); *ακαθαρτο* 314* | *ἐστιν*] *εσται* 616* 458-767

21 *ἔσται* 1°] + *τουτο* $d^{(-125)}$ n^{-75} *t* 121 799 ^{Lat}cod 100 | *ὑμῖν*] *ημιν* 53′ 76; > 44; + *τουτο* 376 75 Arab Arm^{te} | om *ὁ* 1° 72 106 | *ὕδωρ*] *υδατι* G | *ῥαντισμοῦ* 1°] ⌒2° 53 ^{Lat}cod 100 | *πλυνεῖ* — *αὐτοῦ*] post *ῥαντισμοῦ* 2° tr 52′ 646 | *πλυνειται* 618 | om *καί* 3° — fin 15: homoiot | om *τοῦ ὕδατος* 77 Aeth^{-C} | *ῥαντισμοῦ* 2°] *επιραν.* 75; *αγνισμου* 121 | *ἀκάθαρτος*] pr *και* 52′ 646 | *ἔσται* 2°] *εστιν* 82 | *ἑσπέρας*] pr *της* 321(vid); ⌒(22) 72 19 75′ (sed hab Compl)

22 *παντὸς οὗ*] *παντων* ⟨*ων*⟩ 85′^{mg}-321′^{mg}; *παντων οσων* 319; *πας ου* 129 | *οὗ*] *ο* 127^{c}; *ουτος* 630; bis scr 618*(|) | *ἄν* M′ 82-376-707 53′-129 54-767 x^{-619} 121 55 319 = Compl] pr *δ* 426; *εαν* rell = Ra | *αὐτοῦ* — *ἀκάθαρτον*] *ακαθαρτα* 799; om *ὁ* 126; om *ὁ ἀκάθαρτος* 64^{txt} | *αὐτοῦ*] *αυτων* 85′^{mg}-321′^{mg} 319 Bo Sa^{12}; > 82 *d* 54′ *t* ^{Lat}cod 100; post *ἀκάθαρτος* 1° tr 413 | *ἀκάθαρτον*] *-τος* F^{s} 528-739 *d* 370 | *ἔσται* 1°] *εως εσπερας* 44; + *εως εσπερας* d^{-44} 54′-767 *t* 799 Arm; ⌒2° Compl | *ἡ ψυχή*] om *ἡ* 426 619 68′-120 = Sixt; + *εκεινη* (*-νει* 54) *d* 54′-767 *t* 799 | *ἁπτομένη*] + *inmunda* ^{Lat}cod 100 (sed hab Aug *Num* 33.11) | om *ἔσται* 2° 30′

20 1 *ηλθωσαν* 319 | om *οἱ* 376 313 106*(cprm) 527 59 319 | *πᾶσα*] pr *και* 129 126 799 Cyr II 488 ^{Lat}cod 100 Sa^{1} | om *ἡ* M^{txt}(cprm) 72 55 416 | *εἰς* — *Σίν*] post *πρώτῳ* tr 106 | *τὴν ἔρημον*] *montem* Bo | *Σίν*] *σειν* B G 129 799 Sa^{4} (sed hab Sixt); *σην* 52*-615 246* 319; *σινα* 15^{c}-82-376-707 550′-761*(vid) 730 424 ^{Lat}cod 100 Bo Sa$^{1\ 12}$; *σιναι* M′^{mg} *n* 527 Arm; *izin* ^{Lat}cod 91; *yzin* ^{Lat}cod 92; *etzin* ^{Lat}cod 96; > 59(|) | om *ἐν* 1° G | *πρώτῳ*] *τριτω* B* 106 (sed hab Sixt) | *εμεινεν* 126 | *ἐν* 2°] *εκ* 550′ 509 424 | *Καδής*] *καδεις* 72; *gadēs* Sa^{12}; *καδδης* 529-550′-761 53′ 71^{c} 646; *καδδοις* 71*; *καδη* 321 126; inc 346 | om *ἐκεῖ* 1° 15-376 Syh^{T} | *Μαριάμ*] *maria* ^{Lat}cod 100 | om *ἐκεῖ* 2° 72 318 799

2 init — *ἦν*] *non erat autem* ^{Lat}cod 100; + *δε* 319 | *ὕδωρ*] pr *εκει* 58 ^{Lat}cod 100 Arm^{te}; + *εκει* d^{-610} n^{-767} *t* 527 Arm^{ap} Sa^{12} | *τῇ*] pr *εν* 29-72 57-73′-417 610 53′ Bo | *συναγωγῇ*] + *πιειν* (*ποιειν* 458) 58 *d n t* 527 ^{Lat}cod 100 Arab Arm Sa^{12} | *ἠθροίσθησαν* (*ηθρυσθ.* 75; *αθρ.* 458) B 82-426 d^{-610} 53′-129 n^{-767} *t* x^{-619} = Compl] *ωργισθ.* 610; *συνηθροισαν* (*-οιθρισαν* 30) 618 73′ 30; *συνηθρ.* (c var) Cyr II 488 rell | *ἐπί*] *προς* oI^{-15} | *Μωυσῆν*] *-ση* 376 414-551* 19 44 (sed hab

δορεῖτο ὁ λαὸς πρὸς Μωυσῆν λέγοντες Ὄφελον ἀπεθάνομεν ἐν τῇ
4 ἀπωλείᾳ τῶν ἀδελφῶν ἡμῶν ἔναντι κυρίου· ⁴καὶ ἵνα τί ἀνηγάγετε
τὴν συναγωγὴν κυρίου εἰς τὴν ἔρημον ταύτην ἀποκτεῖναι ἡμᾶς καὶ
5 τὰ κτήνη ἡμῶν; ⁵καὶ ἵνα τί τοῦτο ἀνηγάγετε ἡμᾶς ἐξ Αἰγύπτου
παραγενέσθαι εἰς τὸν τόπον τὸν πονηρὸν τοῦτον; τόπος, οὗ οὐ σπείρεται
6 οὐδὲ συκαῖ οὐδὲ ἄμπελοι οὐδὲ ῥόαι οὐδὲ ὕδωρ ἐστὶν πιεῖν. ⁶καὶ ἦλθεν

ABFMV *O'' C''* *b*(314)*dfnstxyz* al verss

Compl); μωυ^{σ} 125 126; μωσην G-426 *n* 527 319; μωση 58 Cyr II 488; μωσει 72; ⌒(3) 616 | Ἀαρών] + *omnis synagoga* ^{Lat}cod 100

3 ελοιδορουτο 619 = Ald; ελοιδορει (-δωρει 376) 376 767 | πρὸς Μωυσῆν] τω (> 319) μωυση 75 319 ^{Lat}cod 100; τω μωση 54'-767 527; επι μωση 458; προς μωυση 58 19 (sed hab Compl); προς μωσην G-426 Cyr II 488; προς μωσει 72; *eis* Sa^{12}; > Arab; + και ααρων 618* | λέγοντες] pr (※ G Syh) και ειπαν (-πον 376) *O* Syh = 𝔐; και ελεγον 121 | ωφελον 15 529 53 319 416 | ἀπεθάνομεν] αποθανωμεν 53 75'-767 527; αποθ. 44-610; απωλομεθα (απολ. 29 30 619* 318; α|απ. 646) A F M'^{mg} oI^{-618}-29-707 $C''^{-131\ 500\ 550'\ 551}$ $s^{-343\ 730}$ 619 318 $z^{-126\ 628}$ 319 646 Cyr II 488 (sed hab 489): cf 𝔐; απολωμεθα 58-618 131-500-550'-551 56' 343-730 121 126-628 799; απωλωμεθα 72; απολλωμεθα 59; απολωλαμεν 55; + εν τη ερημω 82 | om ἐν τῇ 53' | υμων 376-618 767* 509-527 | εναντιον (-τιων 54) 54-75'

4 om καί 1° V Arab Sa^{12} | ἵνα τί] δια τι oI^{-618*} *C''* 28-85'^{txt}-321'^{txt}-343'; + τουτο 126 | ἀνηγάγετε] ηγαγετε (-ται 75 319) 54'-75 527 319; απηγ. 53'; συνγαγετε 134; ανηγαγες B* 129 74-76-84 71-509 (sed hab Sixt); ηγαγες 458 Cyr II 488 (sed hab 489) | τὴν συναγωγὴν κυρίου] om κυρίου 72; > Cyr II 489 (sed hab 488) | om ταύτην Arm^{ap} | ἡμᾶς] pr (※ G; + ※ Syh^{L}) εκει O^{-376} Syh = 𝔐; *eam* Sa^{4}; + εκει 376; + *hic* ^{Lat}cod 100; ⌒(5) 552^{txt} | κτήνη] pr τεκνα ημων και τα 246 55 Sa$^{1\ 12}$; τεκνα 85'^{mg}-321'^{mg} 619 *z* Cyr II 488 (sed hab 489) | ἡμῶν] υμων 767 346*(vid) 59; > 55

5 om init — παραγενέσθαι 126 | om καί 72 550-552$^{(mg)}$ | τοῦτο] τουτου 551* 527; sub ÷ G; > 72 71 ^{Lat}cod 100 Arm Bo Sa^{12} = 𝔐 | om ἀνηγάγετε ἡμᾶς 458 | ἀνηγάγετε] ανηγαγες B* 129 ^{Lat}cod 100 (sed hab Sixt); ανηγα 376; εξηγαγετε 55 Cyr II 489 (sed hab 488) | ἐξ] *e terra* Arm Bo | παραγενέσθαι] -γινεσθαι 321; > 72 Bo; + (※ G) ημας *O* 121 Aeth Arab Syh = 𝔐 | εἰς τὸν τόπον] sub ※ Syh^{L} | τόν 1°] > 320; bis scr 53 | τὸν πονηρόν F^{a}] om τόν 376 > B* F 59 (sed hab Sixt); post τοῦτον tr 58-72 75' 18 ^{Lat}cod 100 Arm | τουτον πονηρον 376 | τόπος] τοπου 527; *in locum* Arm; το πασι 54; > 127 59 Sa^{1}; + ουτος 551 | οὗ] ος 59 Co; > 551 370* 799 = 𝔐 | σπείρεται] σπερειται (-τε 56) A 56* 121; σπειρετε 56^{c} 527 669; σπερητε 29 | οὐδέ 1°] ουτε 528 121 126 319; + εισι(ν) *n* 527 | συκαῖ] συκα 767 509 Procop 593; συκαιαι 58; + εισιν *d t*; + *in eo* Bo | om οὐδὲ ἄμπελοι 246 | οὐδέ 2°] ουτε (ουτ 58 126) M' 15-58 C''^{-739} $s^{-85^{c}\ 321'^{c}}$ y^{-392} 126 55 319 | αμπελος 82 | om οὐδὲ ῥόαι 19 (sed hab Compl) | οὐδέ 3° B V O^{-58}-72-82 *d f* 321'^{c} *t* x^{-619} 799 Cyr II 488 492 Procop 593 = Compl] ουτε (ουται 75 669) rell = Sixt | ροιαι (ρυαι 58) 58-82-376^{mg}(prm) 414-528-761^{c}(vid) 44 53' 343 74-76 18 | οὐδέ 4° B V $O'^{-29\ 58}$ *d f* 127-767 *t* x^{-619} 318 799 Cyr II 488 492 Procop 593 = Compl] ουθ 58; ουτε (ουται 75) rell = Sixt | ἐστίν] ωσται 75 | πιεῖν] πειν G-82; > M*(cprm)

---

20 4 ἵνα τί] ο' σ' θ' ἵνα τί α' εἰς τί 344

*Μωυσῆς καὶ Ἀαρὼν ἀπὸ προσώπου τῆς συναγωγῆς ἐπὶ τὴν θύραν τῆς
σκηνῆς τοῦ μαρτυρίου, καὶ ἔπεσον ἐπὶ πρόσωπον· καὶ ὤφθη ἡ δόξα
κυρίου πρὸς αὐτούς. [7]καὶ ἐλάλησεν κύριος πρὸς Μωυσῆν λέγων* 7
[8]Λάβε τὴν ῥάβδον καὶ ἐκκλησίασον τὴν συναγωγὴν σὺ καὶ Ἀαρὼν ὁ 8
*ἀδελφός σου, καὶ λαλήσατε πρὸς τὴν πέτραν ἐναντίον αὐτῶν, καὶ
δώσει τὰ ὕδατα αὐτῆς, καὶ ἐξοίσετε αὐτοῖς ὕδωρ ἐκ τῆς πέτρας, καὶ
ποτιεῖτε τὴν συναγωγὴν καὶ τὰ κτήνη αὐτῶν. [9]καὶ ἔλαβεν Μωυσῆς* 9
τὴν ῥάβδον τὴν ἀπέναντι κυρίου, καθὰ συνέταξεν κύριος· [10]καὶ ἐξεκ- 10
κλησίασεν Μωυσῆς καὶ Ἀαρὼν τὴν συναγωγὴν ἀπέναντι τῆς πέτρας,

ABFMV *O'' C'' b*$^{-314}$*dfnstxyz* al verss

6 init — 21₁₃ *Μωάβ* 1°] absc 314(||) | *ἦλθεν*] *εισηλθε(ν)* (*ησ.* 30; *εισηλ*^{θ} 767) V *C'' d n* 30'-85'^{mg}-321'^{mg} *t* 527 646 ^{Lat}cod 100; *intraverunt* Arm | *Μωυσῆς*] -*ση* 619; *μωσης O*$^{-376}$-72 *n* Cyr II 488 | *ἀπό*] *προ b* 318 (sed hab Compl) | *τῆς* 1°] bis scr 767(|); ⌒2° 628 | *τὴν θύραν*] *της θυρας* (-*ραν* 68) 610 68; *την θυρα* 75^{c}-767; om *τήν b* (sed hab Compl) | *ἔπεσον* B^{c} F^{b} M' V G-426-*oI*$^{-64}$ 73'-414-528-761^{c}(vid) *b d* 53'-129 *n* 85*-321-343-346^{c} *t x*$^{-509}$ *y*$^{-121}$ *z* 319 646 799 = Sixt] -*σεν* 59*; -*σαν* Cyr II 489 rell = Ra↓ | *πρόσωπον*] + (※ G Syh^{L}) *αυτων O* Arab Arm Co Syh = Compl 𝔐 | *πρὸς αὐτούς*] *επ αυτους* V *O'*$^{-15}$ *d* 246 *n t* 527' 128 Arm Bo Syh↓; > 72

7 *καί*] bis scr 73(|) | om *πρός* — (8) *συναγωγήν* 1° 15 | *Μωυσῆν*] -*ση* 58 19 (sed hab Compl); *μωσην* G-426 *n*$^{-54}$ Cyr II 489; *μωση* 54; *μωσει* 72; + *et aaron* Bo | *λέγων*] pr *και* 18*; > ^{Lat}cod 100

8 *λάβε*] + *tu* Arm | *ῥάβδον*] + *σου* 58-*oI*$^{(-15)}$ 619 669 = Ald Sixt; + *εν τη χειρι σου εν η επαταξας τον ποταμον* 417 | *ἐκκλησίασον*] pr *ουκ* 527; *εξεκλησ.* 82; *εκκλησιας d*$^{-44}$ | *τὴν συναγωγήν* 1°] *τη συναγωγη* B 509 (sed hab Sixt); *τον λαον* 376; *omnem synagogam* ^{Lat}cod 100 Bo | *σύ*] *σου* 72 509; *σοι* 767 | *ααρω* 320(|) | om *ὁ ἀδελφός σου d*$^{-106}$ | om *καί* 3° 15 730(|) | *λαλήσατε*] -*σετε* 537 527 ^{Lat}cod 100; -*σεται* 82; -*σον* Cyr II 492 (sed hab 489) | *πρός*] *super* Arm | *ἐναντίον*] -*τιου* 619; *εναντι* B M' 82 *d*$^{-106}$ 71-509 646 (sed hab Sixt) = Ra | *αὐτῶν* 1°] *αυτου* G* | om *καί* 4° Bo^{A} | *δοσω* 799 | *αὐτῆς*] *αυτοις* 56* Cyr II 492 (sed hab 489) | *καί* 5°] ⌒6° Sa$^{1\ 12}$ | om *καὶ ἐξοίσετε αὐτοῖς ὕδωρ* Aeth^{M} | *ἐξοίσετε* F^{a}] -*σεται* (*αιξ.* 767) A F 376 16*(cprm)-77* 19' 53 75'-767 509 121 120 55 799 (sed hab Compl); *εξοισειται* G*; -*σητε* 56'; -*σατε* 82; *εξοι*^{στ} 126; *ανοιξεται* 68' (sed hab Ald); *εξαξετε* 30'-130^{mg}-321'^{mg}; *εξαξεται* V 319; *producet* ^{Lat}cod 100 | *αὐτοῖς*] *αυτους* 381' *C*$^{-77}$-46-550*(vid) *d*$^{-610}$ 84-370; *αυτου* 610; > 72 | *ποτιει* (-*τεει* 44) V *d* 319 ^{Lat}cod 100 | *συναγωγήν* 2°] + *αυτων* 376

9 *μωσης* G-72-426 *n* Cyr II 489 | *τη ραβδω τη* 527 | om *τήν* 2° 84 ^{Lat}cod 100 Arm (sed hab Aug *Loc in hept* IV 64) = Compl | *κυρίου*] pr *του* 392; *κ̅ω̅* 44 | *καθως* 58 | *συνέταξεν*] + *αυτω* 72 *b d n t* 527 Aeth^{F} Arm; + *illis* ^{Lat}cod 100 | *κύριος*] *αυτω* V 319 = 𝔐; sub ÷ Syh

10 *ἐξεκκλησίασεν*] *εκκλ.* 72 16-46 19' 53' 458 (sed hab Compl); *εκκλησιασαν* 527 ^{Lat}cod 100 Aeth Arm Bo Sa^{12} = 𝔐; *εξεκλ.* F V G-82-618 313-529*-551 44-610 129 54'-767* 321 509 68'-120* (sed hab Ald) | *μωσης* G-72-426 53* *n* Cyr II 489 | *τὴν συναγωγήν*] *omnem synagogam* ^{Lat}cod 100 Arab Bo^{A};

---

6 *ἔπεσον*] *ο' σ' θ' ἔπεσον* 344; *α' ἔπεσαν* 344^{txt} | *πρὸς αὐτούς*] *ο' ἐπ' αὐτούς* 344; *οἱ λ' πρὸς αὐτούς* 344^{txt}

καὶ εἶπεν πρὸς αὐτούς Ἀκούσατέ μου, οἱ ἀπειθεῖς· μὴ ἐκ τῆς πέτρας
11 ταύτης ἐξάξομεν ὑμῖν ὕδωρ; [11]καὶ ἐπάρας Μωυσῆς τὴν χεῖρα αὐτοῦ
ἐπάταξεν τὴν πέτραν τῇ ῥάβδῳ δίς, καὶ ἐξῆλθεν ὕδωρ πολύ, καὶ ἔπιεν
12 ἡ συναγωγὴ καὶ τὰ κτήνη αὐτῶν. [12]καὶ εἶπεν κύριος πρὸς Μωυ-
σῆν καὶ Ἀαρών Ὅτι οὐκ ἐπιστεύσατε ἁγιάσαι με ἐναντίον υἱῶν Ἰσραήλ,
διὰ τοῦτο οὐκ εἰσάξετε ὑμεῖς τὴν συναγωγὴν ταύτην εἰς τὴν γῆν, ἣν
13 δέδωκα αὐτοῖς. [13]τοῦτο ὕδωρ ἀντιλογίας, ὅτι ἐλοιδορήθησαν οἱ υἱοὶ

ABFMV *O''* *C''* *b*$^{-314}$*dfnstxyz* al verss

+ εναντι (-τιον 550′) κυριου M′ *C''* 30′-85′^{mg}-321′^{mg} 646 | πέτρας 1°] + εναντι κ̅υ̅ 318 | om καί 3° Bo | ειπαν 54 ^{Lat}codd 91 92 94 | πρὸς αὐτούς] αυτοις 72 = 𝔐 | ηκουσατε 458 | μου οἱ ἀπειθεῖς] *nunc asini* ^{Lat}codd 91 92 94 | μου] μοι 458; > 246* ^{Lat}cod 100 Aeth^{M} Arab (sed hab Aug *Num* 19 Ruf *Num* VI 3) = 𝔐 | om οἱ 44 | ταυτης της πετρας Anast 580 Bas III 664 | ταύτης] αυτης 72 319; > 19′ 527 (sed hab Compl) | ἐξάξομεν] εξαξωμεν 15-707 313-417-615* 19′ 106-107′ *f*$^{-246}$ 75′-767 84 *x*$^{-619}$ 628 55 59 319 799; εξαξομαι (-ωμαι*) 58; εξαξω (-ξο 126) 125 246 126 Tht I 1732 *Nm* 216te; εξαγω Anast 580; εξαγαγω Tht *Nm* 216^{ap}; *educam* Hi *Or in Is hom* III 2; εξαρξομεν 619 | ὑμῖν] ημιν 527; > 52′-529 44-610 767 128-628 59* 646; post ὕδωρ tr Chr X 332

11 μωσης G-72-426 *n* 527 Cyr II 489 VI 452 | τὴν χεῖρα] τας χειρας 19*(vid) 125 130* (sed hab Compl); την ραβδον χειρα 29 | om αὐτοῦ 381′ | ἐπάταξεν] επι G* | τὴν πέτραν / τῇ ῥάβδῳ] ετραν τη ραυ 767*; om τὴν πέτραν 730; tr 414 Cyr VI 452 (sed hab II 489) | om τῇ ῥάβδῳ δίς 527 | τῇ ῥάβδῳ] pr εν 54-458 = 𝔐; τω ραβδω 71*; sub ※ Syh^{L}; om τῇ 59; > 75 318 799 Arm; + (※ G) αυτου V *O* Syh = 𝔐 | δίς] pr απαξ και Cyr VI 452 (sed hab II 489); δυο 528 | om καί 2° Aeth^{M} | εξηλθον 630′* | ὕδωρ] > 53; + εκ της πετρας 246 | ἔπιεν ἡ] επι 669* | ἡ συναγωγή] *omnis synagoga* ^{Lat}cod 100 Arab (sed hab Aug *Num* 19)

12 καὶ εἶπεν] ειπε δε 58 | om κύριος 59* | Μωυσῆν] -ση 19 799 (sed hab Compl); μωσην G-426 *n* Cyr II 489 VI 452; μωση 58; μωσει 72 | om καὶ Ἀαρών 392 | Ἀαρών] pr προς 426 Arm = 𝔐; αρων 707*; + λεγων 799 | om ὅτι 64^{txt} | οὐκ 1°] ου 72*(|) | ἐπιστεύσατε] -σετε (-ται 30) 30 71; + μου 458 Tht *Nm* 216^{ap}; + μοι M′ V 82 *b d* 54′-75 130^{mg}-321′^{mg} *t* 527 319 Chr I 506 X 332 Tht *Nm* 216te ^{Lat}cod 100 Aeth^{C} Arab Arm (sed hab Aug *Loc in hept* IV 65 *Num* 19); + (※ G Syh) εν εμοι *O* Bas I 440 Syh = 𝔐; + εν 767 | ἁγιάσαι] pr του Bas I 440; αγιασεται 19 458 (sed hab Compl) | om με 458 30′ | εναντι 414 | υἱῶν] pr των A M′ V *oI* 413-422 *b d n* 30′ *t* 527-619 392 319 Chr I 506 X 332 Cyr II 489 492 VI 452 Tht *Nm* 216 (sed hab Compl) = Ald Sixt; ων 73*; > 73^{c}-320 130 | om διὰ τοῦτο 77 319 | ησαξεται 767 | ὑμεῖς] υμας 767; sub ÷ G Syh^{T}; > 58 Chr I 506 (sed hab X 332) Bo = 𝔐 | τὴν συναγωγὴν ταύτην] pr εις 799; η συναγωγη αυτη 767; τὴν συναγωγήν sub ÷ Syh^{L}; om ταύτην Arm | om εἰς τὴν γῆν 71 | δέδωκα B F *O'*$^{-G}$-15 413 *d* 56′ 458 *t x*$^{-527}$ 392 68′-120′-128-630′ 59 799 Cyr VI 452] inc 628; εδωκεν *b*; εδωκα Chr I 506 X 332 Cyr II passim Tht *Nm* 216 rell = Compl | αὐτοῖς] αυτους 527; *vobis* Arab; *tibi* Sa^{12}

13 τοῦτο] pr και *d t* Aeth; τουτου 527 | ὕδωρ A B M G-29-376-707-*oI* 528 44 56′ *t* 71′ *y*$^{-392}$ *z* 55 319 799] pr το (τω 767) Cyr II 489 rell = Sixt | ἀντιλογίας] λοιδοριας (c var) M′^{mg} 82 *n* 130^{mg}-321′^{mg}-344^{mg} 527 319 ^{Lat}cod 100 Arm (sed hab Aug *Num* 36) | ὅτι] οτε 85*(vid)-130-321′ | ελοιδορησαν (-δωρ.

---

10 οἱ ἀπειθεῖς] οἱ φιλόνεικοι 128

Ἰσραὴλ ἔναντι κυρίου, καὶ ἡγιάσθη ἐν αὐτοῖς.
[14]Καὶ ἀπέστειλεν Μωυσῆς ἀγγέλους ἐκ Καδὴς πρὸς βασιλέα Ἐδὼμ 14
λέγων Τάδε λέγει ὁ ἀδελφός σου Ἰσραήλ Σὺ ἐπίστῃ πάντα τὸν μόχθον
τὸν εὑρόντα ἡμᾶς, [15]καὶ κατέβησαν οἱ πατέρες ἡμῶν εἰς Αἴγυπτον, 15
καὶ παρῳκήσαμεν ἐν Αἰγύπτῳ ἡμέρας πλείους, καὶ ἐκάκωσαν ἡμᾶς
οἱ Αἰγύπτιοι καὶ τοὺς πατέρας ἡμῶν, [16]καὶ ἀνεβοήσαμεν πρὸς κύριον, 16

ABFMV *O'' C''* b^{-314}*dfnstxyz* al verss

376) 72-376 413* | om *οἱ* 29 126 319 | *εναντιον* 29 75 z^{-126} (sed hab Ald) | om *καί* — fin 29-707 Aeth | *ἡγιάσθη*] pr *ουχ* 127; pr *ουκ* 82 53′; *-θην* 55 | om *ἐν* 413* | *αὐτοῖς*] *eo* Sa^{1}; + *κυριος* 82

14 *μωσης* G-72-426 *n* Cyr I 569 896 | *ἀγγέλους*] > 54-75′ 628; post *Καδής* tr 392 | *ἐκ Καδής*] post *Ἐδώμ* tr 55; + *λεγων* 413 | *ἐκ*] *εν* 53; *ad* ^Lat^cod 100 | *Καδής*] *καδδης* 529-550′ 53; *καλης* 82; *gadēs* Sa^{12} | *βασιλέα*] pr *τον* 126 | *αιδωμ* (*-δων* 767*) 129 n^{-75} | om *τάδε λέγει* Syh^{T}: homoiot | om *ὁ ἀδελφός σου* $Aeth^{M}$ | *Ἰσραήλ*] pr *ο* 417; > 28 | *σύ*] *εν d t* | *ἐπίστῃ*] *-στα* 72; *-στασαι* (*-στασε* 75′ 799) *b* n^{-127} 799 (sed hab Compl); *επιτελει* 527 | om *πάντα oI* 44 344^{txt} | *τὸν μόχθον*] *laborem nostrum* ^Lat^cod 100 Aeth | *συροντα* V | *υμας* 72 761* 53*-664 346*

15 om *καί* 1° F*(cprm) 82 54-75′ ^Lat^cod 100 | *κατέβησαν*] pr *ως* 58-376 *d n t* 527 799 ^Lat^cod 100 Arm Bo | om *οἱ πατέρες* 72 | *ἡμῶν* 1°] *υμων* 707 767; > 618 | om *καί* 2° — *Αἰγύπτῳ* 318 $Aeth^{M}$ | *παρῳκήσαμεν*] *-κηκαμεν* F 58-72 59; *κατωκ.* 319 ↓; *παρωκησαν* O^{-58} Aeth Syh ↓; *παρωκοισαν εκει* 75; + *εκει* 52′-313 d^{-44} n^{-75} *t* 527 646 | *ἐν Αἰγύπτῳ*] *εν γη αιγυπτω* (*-πτου* 392) 53 392 Bo; *εις αιγυπτον* A M′ 15 121 55; om *Αἰγύπτῳ* 107′-125; > oI^{-15} 44 ^Lat^cod 100 (sed hab Aug *Loc in hept* IV 66); post *πλείους* tr 246 | *ἡμέρας πλείους*] post *Αἰγύπτιοι* tr A | *ἐκάκωσαν*] *εκακωκησαν* 319; + *οι αιγυπτιοι και* 628 | *ἡμᾶς*] *υμας* 82 527 | *Αἰγύπτιοι*] + *ημερας πλειους* 55 | *καί* ult — fin] pr *η* 131-500′; > *oI* d^{-106} | *ἡμῶν* 2°] *υμων* 664 527

---

13 fin] + ÷ *et dixit moses: domine domine* (*pypy* L), *tu coepisti monstrare ministro tuo vim tuam et manum tuam potentem; quis enim deus in caelo aut super terram, qui faciet quemadmodum fecisti tu et secundum vim tuam? transiens igitur videam terram bonam, quae est ultra iordanem, montem bonum hunc et antilibanum. et dixit dominus* (*pypy* L) *ad mosen: sufficiat tibi ne addideris loqui ad me iterum verbum hoc; ascende super verticem excisi, et suspendens oculos tuos contra mare et septentrionem et austrum et orientem vide oculis tuis; quia non transibis iordanem hunc. et praecipe iesui filio nun et confirma eum et consolare eum, quia is transibit ante faciem populi huius, et is dabit eis in possessionem terram, quam vidisti. et locutus est dominus ad mosen dicens: sufficiat vobis circumire montem hunc, redite igitur in septentrionem; et populo praecipe dicens: vos transitis per fines fratrum vestrorum filiorum esau, qui habitant in seir, et timebunt vos et verebuntur valde. ne coniunxeritis ad eos; non enim dabo vobis de terra eorum in possessionem ne quidem passum calcationis pedis, quia in sorte filiis esau dedi montem seir. cibos emite ab eis argento et edite, et aquam sumetis ab eis argento et bibetis* Syh (ex Sam secundum Syh: cf Deut 3 24–28 et 2 2–6)

14 *ἀγγέλους*] *μηνυτάς* 58

15 *καὶ παρῳκήσαμεν*] *ο′ καὶ παρῴκησαν α′ καὶ ἐκαθίσαμεν σ′ καὶ διετρίψαμεν θ′ καὶ κατῳκήσαμεν* 344

καὶ εἰσήκουσεν κύριος τῆς φωνῆς ἡμῶν, καὶ ἀποστείλας ἄγγελον
ἐξήγαγεν ἡμᾶς ἐξ Αἰγύπτου, καὶ νῦν ἐσμεν ἐν Καδής, πόλει ἐκ μέρους
17 *τῶν ὁρίων σου· ¹⁷παρελευσόμεθα διὰ τῆς γῆς σου, οὐ διελευσόμεθα*
δι' ἀγρῶν οὐδὲ δι' ἀμπελώνων, οὐδὲ πιόμεθα ὕδωρ ἐκ λάκκου σου,
ὁδῷ βασιλικῇ πορευσόμεθα, οὐκ ἐκκλινοῦμεν δεξιὰ οὐδὲ εὐώνυμα,
18 *ἕως ἂν παρέλθωμεν τὰ ὅριά σου. ¹⁸καὶ εἶπεν πρὸς αὐτὸν Ἐδώμ*
Οὐ διελεύσῃ δι' ἐμοῦ· εἰ δὲ μή, ἐν πολέμῳ ἐξελεύσομαι εἰς συν-

ABFMV *O''* *C''* *b*$^{-314}$*dfnstxyz* al verss

16 om *καί* 1° Syh^{T} | *ανεβοησαν* 52′-313 509; *εβοησαμεν* 246 126 | *κύριον*] + *της φωνης* 458 | *ηκουσεν* 376 | *κύριος*] sub ÷ G; post *ἡμῶν* tr *O*$^{-58}$ Syh; > 58 552 *d* 53′ 126 Arab = 𝔐 | *φωνῆς*] + *της δεησεως* 72 = Tar^{P} | om *ἡμῶν* F*(cprm) | *ἀποστείλας*] *απεστειλεν* V 82 129* 319 | *ἄγγελον*] *αγγελους* V 15 319 Cyr I 896 (sed hab 569 III 496); *τον αγγελον αυτου* 82 Aeth Bo | *ἐξήγαγεν*] pr *και* V 82 Aeth Arab; *ανηγαγεν* 53′; *εξαγαγειν* 319 | *ἡμᾶς*] *υμας* 53*(vid) 527 | *ἐξ*] *εκ γης* 509 | *αιγυ* 30(|) | *ἐν*] *εκ* G 46* 129 *y*$^{-318}$ | *Καδής*] *κκαδης* 767; *καδις* 318; *καδεις* 75; *καδδης* 529-550′-761^{c} 646; *καδη* 664; *καδδη* 53; *gadēs* Sa^{12}; post *πόλει* tr 71 Aeth | *πόλει*] *πολις* 319; *πολεις* 392; *πολεως* 527; *πο*^{λ} 458 | *ἐκ* — fin] post (17) *σου* 1° tr Bo | *μέρους*] *μεσου* 71 392 | om *σου* 552

17 *παρελευσόμεθα*] pr *και* 68′-120 Aeth (sed hab Ald); pr *et nunc* Arm; *ελευσομεθα δε* 126; *et nunc petimus ut transeamus* ^{Lat}cod 100; + *εκ των οριων σου και* 458 | *τῆς*] pr *των οριων* 72 | *οὐ*] pr *και* 126; *ουδε* 458 Aeth Arab Arm; > 343 | *δι'* 1°] pr *ου* Phil II 87^{UF}; *δια* G-376 107′-125 246 343 *t* 18′-628-669 319 646 | *ἀγρῶν*] pr *των* 376; *των αγρων σου* 319; *δρομου* 343; + *σου* *d* 53′-129 127-767 *t* 527 Arm | *οὐδὲ δι'*] *ου δι* 527 319 Phil II 87te; *ουδε δια* G 18; *και* Phil II 87^{ap} | *ἀμπελώνων*] *-λων* 56′ 799; *-λωνας* 313-615; *-λωνος* 52 = 𝔐; *vineas tuas* Arm | *οὐδέ* 2°] *ου* Phil II 87 ^{Lat}cod 100 (sed hab Aug *Num* 37) | *πιόμεθα*] *πιομεν* (*πιωμεν* 53′) 53′-129 = Compl; *πιομαι* 82 | om *ἐκ* Phil II 87 | *λάκκου*] pr *του* 414; *των* (> Cyr) *λακκων* 82 Cyr I 896 (sed hab 572 III 496) Aeth Arab Arm Syh | *σου* 2°] sub ÷ Syh^{L}; > 16-46 Phil II 87^{UF} Aeth = Compl 𝔐 | *ὁδῷ*] pr *αλλ* 126 ^{Lat}cod 100 Bo | *βασιλικῇ*] pr *τη* V *d* 54-75-767 *t* 527 319; *-λεικης* 509; *του βασιλεως* Phil II 87^{UF} = 𝔐 | *πορευσόμεθα*] *-σωμεθα* G* 44-125′ 54-75-767 30-343 84 71 55 59 799; *πορευομεθα* 319; + *δια της γης σου* 610* | om *οὐκ* — (19) *παρελευσόμεθα* 1° 414: homoiot | *οὐκ ἐκκλινοῦμεν*] pr *και* B* Aeth (sed hab Sixt); *ουδ εκκλ.* 458; *ουκ εκκλινουμεθα* 319; *ουκ εκκλινομεν* (*-νωμεν* 71) 71 392; > 610 | *δεξιά*] pr *ουδε* 458; pr *εις* (+ *τα* 73′) *C''*$^{-16\ 46\ (414)\ 417*}$ *s* 646; *δεξιαν* Phil II 87^{UF} | *οὐδέ* ult] *ουτε* Cyr III 496 (sed hab I 572 896); *η* *oI*$^{-15}$ Phil II 87^{ap} Eus VIII 1.307^{ap} Arm; *και* 630 Phil II 87^{UF} = 𝔐 | *εὐώνυμα*] pr *εις* *C*-46; *-μων* 319; *αριστερα* 82 458 527; *αριστεραν* Phil II 87^{UF} | *ἄν*] *ου* 53′; > V 610 130 319 Phil II 87^{UF} Syh | *παρέλθωμεν*] *πορευθωμεν* V | *τὰ ὅριά*] *οριον* Phil II 87^{UF}: cf 𝔐; ad fin tr Phil II 87te

18 *πρὸς αὐτόν*] *προς αυτοις* 72; *ad eos* Sa^{12} = Tar^{P}; > 126 | *Ἐδώμ*] pr *rex* Sa^{12}: cf Tar^{P}; *αιδωμ* 54′-458 | *οὐ*] *ουδε* *d*$^{-106}$ | *διελεύσῃ*] *παρελ.* Phil II 87; *διοδευση* Cyr III 496 (sed hab I 572 896) | *εἰ δέ*] *ουδ ου* 72; *ουδε* 618 | *ἐν*

---

18 *οὐ* — *ἐμοῦ*] *οὐ διελεύσῃ ἐν τοῖς ὁρίοις μου* 58 | *ἐξελεύσομαι*] *ο′ ἐξελευσόμεθα* *α′ σ′ θ′ ἐξέλθω* 344

ἄντησίν σοι. [19]καὶ λέγουσιν αὐτῷ οἱ υἱοὶ Ἰσραήλ Παρὰ τὸ ὄρος 19
παρελευσόμεθα· ἐὰν δὲ τοῦ ὕδατός σου πίωμεν ἐγώ τε καὶ τὰ κτήνη,
δώσω τιμήν σοι· ἀλλὰ τὸ πρᾶγμα οὐδέν ἐστιν, παρὰ τὸ ὄρος παρε-
λευσόμεθα. [20]ὁ δὲ εἶπεν Οὐ διελεύσῃ δι' ἐμοῦ· καὶ ἐξῆλθεν Ἐδὼμ 20
εἰς συνάντησιν αὐτῷ ἐν ὄχλῳ βαρεῖ καὶ ἐν χειρὶ ἰσχυρᾷ. [21]καὶ οὐκ 21
ἠθέλησεν Ἐδὼμ δοῦναι τῷ Ἰσραὴλ παρελθεῖν διὰ τῶν ὁρίων αὐτοῦ·
καὶ ἐξέκλινεν Ἰσραὴλ ἀπ' αὐτοῦ.

ABFMV *O''* *C''* *b*$^{-314}$*dfnstxyz* al verss

πολέμῳ / ἐξελεύσομαι] *cum bello veniemus* ^{Lat}cod 100; om *ἐν* PsAmbr *Mans* 34; om *ἐν πολέμῳ* 46 Phil II 87^{UF}; tr 75' | *ἐξελεύσομαι*] *-σομεθα* (*-σωμ.* 376) *O*$^{-58}$ 528 129 Sa^{4} Syh↓ : contra 𝔐; *διεξελ.* Phil II 87^{ap}; *εισελ.* 53'; ad fin tr PsAmbr *Mans* 34 | *εἰς συνάντησίν / σοι*] *εις* (> 528) *συναντ. σου* (*μου* 313-500) F^{b} V 376-*oI'*$^{-15\ 82}$ *C''*$^{(-414)}$ *d*$^{-106}$ 53' 54-75' *s* 84 71-509 318 68*-126-628-630 319 646 799 Phil II 87^{UF} Cyr III 496 Syh (sed hab Ald); *σου εις συναντ.* Phil II 87^{ap}; tr *b* Phil II 87te ^{Lat}cod 100 (sed hab Compl)

19 *λέγουσιν*] *dixerunt* ^{Lat}cod 100 (sed hab Aug *Loc in hept* IV 68) = 𝔐 | *αὐτῷ*] *αυτοι* 246; *αυτο* 376 30; > ^{Lat}cod 100 | *οἱ υἱοί*] om *οἱ* 707 319 Phil II 87^{ap}; > 413*(|) | *παρά* 1° — *παρελευσόμεθα* 1°] bis scr 376 | *παρὰ τὸ ὄρος* 1°] *circa montem* ^{Lat}codd 91 92 94—96 100 (sed hab Aug *Loc in hept* IV 68); > 130-321'; + *σου* 528 84 | *παρελευσόμεθα* 1°] *πορευσομεθα* *d* 370; *πορευσωμεθα* 75; *ελευσ.* 529 126; ⌒2° 19 628 (sed hab Compl) | *ἐὰν δέ*] *και εαν* Phil II 87^{UF} ^{Lat}cod 100 | *τοῦ ὕδατός σου*] pr *απο* 319 = Sam; *de puteo tuo* Arm^{ap}; *υδωρ* Phil II 87^{UF} | *σου*] *ου* 29 767*; > 16 | *πίωμεν ἐγώ*] *εγω πιω* 319 | *πιωμαι* (*πιομε* 126) 414 126; *πιω* Phil II 87te | *ἐγώ*] pr *nos* ^{Lat}cod 100 (sed hab Aug passim); *ημεις* V Aeth Sa^{12} = Tar^{P} | *τε*] *δε* A 55; > 414 *y*$^{-392}$ 319 Phil II 87^{ap} | *τὰ κτήνη* B V 82 *d* *n*$^{-767}$ *t* *x*$^{-619}$ Phil II 87te Sa^{12}] *pecora nostra* ^{Lat}cod 100 Aeth = Tar^{P}; + *μου* Phil II 87^{UF} Cyr I 572 ^{Lat}Aug *Loc in hept* IV 68 *Num* 37 rell = Sixt 𝔐 Sam Tar^{O} | *δώσω τιμήν*] *αργυριον δωσω* Phil II 87^{UF} | *δώσω*] *δωσομεν* (*δοσωμ.* V 125 799; *-σωμ.* 106-107') V *d* *t* 799 ^{Lat}cod 100 Aeth Arm Sa^{12} (sed hab Aug passim) = Tar^{P}; + *σοι* 108 (sed hab Compl) | *τιμήν*] pr *την* 126; *τιμη* M*(vid); post *σοι* tr *n* 527 Phil II 87te Arm Co | om *σοι* 126 Aeth^{M}: cf 𝔐 | *ἀλλά* — fin] *πλην παρελευσομαι εν γη μου* Phil II 87^{UF}; > 71 126 | *ουθεν* 53-129-664^{c} 319 = Compl | *παρὰ τὸ ὄρος* 2°] *circa montem tantum* ^{Lat}cod 100 | *ὄρος* 2°] *ο* 376 | *παρελευσόμεθα* 2°] *ελευσωμεθα* 529; *πορευομεθα* A; *διελ.* Phil II 87^{-UF}

20 om init — *ἐμοῦ* 381' | *ὁ δὲ εἶπεν*] *et ille dixit* ^{Lat}cod 100; *ο δε λεγει* 799; bis scr 628 | *διελεύσῃ*] *παρελευσει* 319; *transietis* ^{Lat}cod 100 | *δι' ἐμοῦ*] pr *ου* 106; sub ÷ G Syh; > ^{Lat}cod 100 = 𝔐 | *Ἐδώμ*] pr *rex* Sa^{12}; *αιδωμ* 54'-75; > Arab; et *αὐτῷ* tr 619 68' | *εἰς συνάντησιν αὐτῷ*] *adversos eos* Hi *Ep* LXXVIII 35.4; post *βαρεῖ* tr 551 | *αὐτῷ*] *αυτων* F^{b} V 72-82-376-381' *C''*$^{-16\ 46\ 413^*\ 414}$ 53-129-664$^{c\,pr\,m}$ *n* *s*$^{-30'}$ 84 527 392 59^{c} 319 646 Arm = Compl; *αυτου* A 16-46-413*-414 610*; *αυτοις* 509 | om *καί* 2° ^{Lat}cod 100 (sed hab Hi *Ep* LXXVIII 35.4) | *ισχυρα χειρι* 55

21 *ἠθέλησεν*] *εβουληθη* (*ηβ.* 130-321' 319) V 85'^{mg}-321'^{mg} 319; *βουληθην* 344^{mg} | *Ἐδώμ*] pr *rex* Sa^{12}; *αιδωμ* *n* | *τῷ*] *τον* 376 767 30 | *παρελθεῖν*] *-θηναι* (*-θειναι* 413-616) 57'-73'-131-313-417-500'-528-529-615*-616*-761*; *διελ.* 53'-129 799 = Compl | om *διὰ τῶν* 59 | *ορειων* B* 313-615 (sed hab Sixt) | *αὐτοῦ* 1°] *αυτων* 16*-414 509; > 392 | *Ἰσραήλ* 2°] ad fin tr 16-46 Bo | *ἀπ'*] *παρ* V; sup ras 84

22 ²²Καὶ ἀπῆραν ἐκ Καδής· καὶ παρεγένοντο οἱ υἱοὶ Ἰσραήλ, πᾶσα
23 ἡ συναγωγή, εἰς Ὢρ τὸ ὄρος. ²³καὶ εἶπεν κύριος πρὸς Μωυσῆν καὶ
24 Ἀαρὼν ἐν Ὢρ τῷ ὄρει ἐπὶ τῶν ὁρίων γῆς Ἐδὼμ λέγων ²⁴Προστεθήτω
Ἀαρὼν πρὸς τὸν λαὸν αὐτοῦ, ὅτι οὐ μὴ εἰσέλθητε εἰς τὴν γῆν, ἣν
δέδωκα τοῖς υἱοῖς Ἰσραήλ, διότι παρωξύνατέ με ἐπὶ τοῦ ὕδατος τῆς
25 λοιδορίας. ²⁵λάβε τὸν Ἀαρὼν καὶ Ἐλεαζὰρ τὸν υἱὸν αὐτοῦ, καὶ ἀνα-
26 βίβασον αὐτοὺς εἰς Ὢρ τὸ ὄρος ἔναντι πάσης τῆς συναγωγῆς, ²⁶καὶ
ἔκδυσον Ἀαρὼν τὴν στολὴν αὐτοῦ καὶ ἔνδυσον Ἐλεαζὰρ τὸν υἱὸν αὐτοῦ,

ABFMV *O''*(G) *C''* b^{-314}*dfnstxyz* al verss

22 om καί 1° 799 | ἀπῆραν] -ρεν (απειρεν 319) 72-376-618 d^{-125} 54-75-767 *t* 527 628 319; απηλθεν 71 | ἐκ] εν 53; *ad* Latcod 100 | καδδης 529-550′-761ᶜ 53; καδη 509 | παρεγενετο 422*(c pr m) | οἱ — συναγωγή] πασα η (> 72) συναγωγη των (> 72) υιων ιηλ 72 16-46; om οἱ υἱοὶ Ἰσραήλ 75 55; om οἱ 29 458 407 319 | υἱοί — 25₂ θυσιῶν] absc G(||) | πᾶσα] pr και 552 321 18-126; απασα 56′ | ἡ συναγωγή] om ἡ B* (sed hab Sixt); > Syh^{T} | Ὢρ] σωρ 416*(vid) 56 59*(vid); ad fin tr 126; ⌒(23) 53^{txt}
23 καί 1°] bis scr 413(||) | εἶπεν] *locutus est* Arm | πρὸς Μωυσῆν] τω μωυση 799 | Μωυσῆν] -ση 58 19 (sed hab Compl); μωσην 15*-426 n^{-458}; μω^{σ} 458; μωσει 72 | Ἀαρών] pr ※ *ad* ↙ Syh = 𝔐; ⌒(24) 527 628 | ἐν — Ἐδώμ] pr εν 422; ad fin tr 376 | Ὢρ] pr τω F *C''* 424 646; ορ 528; σωρ 59*(vid); > 84 71-509 799; post ὄρει tr 126 | om τῷ — fin 72 | το ορος 57′-73*-320 | ὁρίων F^{b}] ορειων F 127 | γῆς] pr της 58 *C''* 53′ 424 646 = Compl; της 82 46^{s}(sed non 46) 56′ 370 71 799; > Latcod 100 | Ἐδώμ] αιδωμ *n*; εδων Compl; *mōab* Sa^{4} | om λέγων 799 Arab
24 προτεθητω C^{-77}-46-73′-528 | τὸν λαόν] τον υιον 550′; τους πατερας Anast 740 | εἰσέλθητε] εισελθη (εισελ^{θ} 75-767) *b d* 129 *n t* 527 318 319 Latcod 100 Arm^{te} (sed hab Aug *Num* 39) = 𝔐; + *illuc* Syh^{G} | om τήν $C''^{-320\ 414'\ 417}$ 646 | ἥν] + εγω 618 75′ 71 18 Aeth | εδωκα A V $O'^{-15\ 376}$-72 52′-313-414′-422 *b* 53′-129 n^{-458} 74-76 527 121 55 59 646 | τοῖς υἱοῖς Ἰσραήλ] *patribus vestris* Sa^{12}; + εν κατασχεσει A F M′ V 58-72-*oI* *C''* 246 *s* 619 y^{-392} 18-126-628 55 59 319 646 LatAug *Num* 39 = Ald; + εις κατασχεσιν 767 | διότι] διο 246 | παρωξύνατέ] επαρ. (-ροξ. 458) 458 130; παροξυνεν 319 | με] μου 107′ 416; > 75′ 128-669 Arm^{ap} | ἐπὶ τοῦ ὕδατος] επι τω υδατι 30′; εν τω υδατι *b* 85′^{mg}-321′^{mg}-344^{mg} 319 Latcod 100 (sed hab Compl); om τοῦ 381′ 619 | om τῆς 381′ | λοιδορίας] αντιλογιας (αντιαλ. 618) 376^{txt}-oI^{-15} *b* 619 55 Bo = Ald
25 λάβε] λαβετε 72 761*; + *tu* Arm; + δε 58; + ουν 54-75′ | om τόν 1° V 72 529-761* 767 *z* 55 319 (sed hab Ald); + αδελφον σου 58 | Ἀαρών] + τον αδελφον σου A M′ V *oI*-82 *C''* 246 767 *s* 619 y^{-392} *z* 55 319 646 LatCyp *Ep* LXVII 4 | Ἐλεαζάρ] pr τον V 53′; ελαζαρ 616; *eliazar* Arm | om τόν 2° 72 121 | αὐτοῦ] ⌒(26) 2° 125 | ἀναβίβασον] *inpones* Cyp *Ep* LXVII 4 | αὐτούς] αυτον 72 C''^{-761} 730 59*(c pr m) 646 799 | Ὢρ] pr το 53′; ορ 130; ω 120*; σωρ 56 59*(vid); > 71 LatCyp *Ep* LXVII 4; post ὄρος tr 126 | ἔναντι — fin] sub ÷ Syh; om πάσης 618*(c pr m) *b* 53 55; om τῆς 82 56′ 75′ 84; > Arab = Compl 𝔐 | ἔναντι B O^{-58}-82 $d^{(-125)}$ 53′-129 *t* 71-509 55] -τιον (-τιων 767 319; bis scr 127*) rell | fin] + (+ των 527) υιων ιηλ 82-376 *b* $d^{(-125)}$ *n t* 527 Latcod 100
26 om init — (27) fin 730: homoiot | Ἀαρών 1° — ἔνδυσον] pr τον 426; om Ἀαρών 529 646; > 343(||): homoiot | ἔνδυσον] + ααρων την στολην 75: ex

καὶ Ἀαρὼν προστεθεὶς ἀποθανέτω ἐκεῖ. [27]*καὶ ἐποίησεν Μωυσῆς* 27
καθὰ συνέταξεν κύριος, καὶ ἀνεβίβασεν αὐτοὺς εἰς Ὢρ τὸ ὄρος ἐναντίον
πάσης τῆς συναγωγῆς. [28]*καὶ ἐξέδυσεν τὸν Ἀαρὼν τὰ ἱμάτια αὐτοῦ* 28
καὶ ἐνέδυσεν αὐτὰ Ἐλεαζὰρ τὸν υἱὸν αὐτοῦ· καὶ ἀπέθανεν Ἀαρὼν ἐπὶ
τῆς κορυφῆς τοῦ ὄρους, καὶ κατέβη Μωυσῆς καὶ Ἐλεαζὰρ ἐκ τοῦ
ὄρους. [29]*καὶ εἶδεν πᾶσα ἡ συναγωγὴ ὅτι ἀπελύθη Ἀαρών, καὶ ἔκλαυ-* 29
σαν τὸν Ἀαρὼν τριάκοντα ἡμέρας πᾶς οἶκος Ἰσραήλ.
21 [1]*Καὶ ἤκουσεν ὁ Χανανὶς βασιλεὺς Ἀρὰδ ὁ κατοικῶν κατὰ τὴν* 1
ἔρημον· ἦλθεν γὰρ Ἰσραὴλ ὁδὸν Ἀθαρίμ· καὶ ἐπολέμησεν πρὸς Ἰσραὴλ

ABFMV O''^{-G} C'' b^{-314}*dfnstxyz* al verss

praec; + (※ Syh) *αυτην* *O* 121 Co Syh = 𝔐 | *Ἐλεαζάρ*] *eliazar* Arm; *ελεαρ* V*; litt *ελεαζ* sup ras 19; ⌒(28) 1° 44 799; post *τόν* tr 426 | *τω υιω* 126 | *Ἀαρών* 2°] *ααρω* 344* | *προστεθείς*] *προτ.* M*; *postea* ^{Lat}cod 100 (sed hab Cyp *Ep* LXVII 4); > 126 Bo

27 *Μωυσῆς*] *μωσης* 72-426 500* *n*; > Arab Syh^{G} | *καθως* 527 | *κύριος* B* V 319 ^{Lat}cod 100] pr *αυτω* (+ *ο* 53′ 75) B^{c} M′ 376 *b* $d^{(-44)}$ f^{-246} n^{-458} *t* x^{-619} y^{-392} Arm Syh^{G}; + *αυτω* rell = Sixt | *καί* 2°] ⌒(28) 3° 72 | *ανεβιβασαν* 619 | *αὐτούς*] *αυτον* B V O^{-58} 414 f^{-664} *n* 71-509 Arm Bo Sa^{4} Syh = Ra Sam; *αυτο* 527; *αυτω* 664 | *Ὥρ*] pr *το* 53 767; *σωρ* 56 59*(vid); > 321′ Sa^{12}; post *ὄρος* tr 126 | *ἐναντίον*] *εναντι* 53′-129 = Compl; *απεναντι* $d^{(-44)}$ *t* | *πάσης*] > 53′; bis scr 246* | om *τῆς* F 29-707 75 130 71-509 55 | fin] + *filiorum istrahel* ^{Lat}cod 100

28 *ἐξέδυσεν*] *-σαν* 129; + (※ Syh) *μωυσης* (*μωσ.* 58-426) V *O*-82 Syh^{-G} = Compl 𝔐 Sam Tar^{O}; + *sic* Syh^{G}; + *αυτον* 18 | *τὸν Ἀαρών*] om *τόν* B 16-46-414-552-761 *b* 107′-125 129 84 71-509 392 55^{txt}(cprm) 319 (sed hab edd) = Ra; > 376 Sa^{12} | *τὰ ἱμάτια*] *την στολην* 59 | *αὐτοῦ* 1°] ⌒2° *cI*-551 | *αὐτά*] *αυτον* F*(cprm); > B* 381′ 71 ^{Lat}cod 100 Aeth (sed hab Sixt) | *Ἐλεαζάρ* 1°] pr *τον* 18; *eliazar* Arm; post *τόν* 2° tr 426; post *αὐτοῦ* 2° tr 458 | *τω υιω* 126 799 | *Ἀαρών* 2° B F *oII* 414-529 125 *f* 71-509 392 *z* 59 799 ^{Lat}cod 100 Aeth^{-C} Arab Arm Co = Compl] pr *εκει* 551 b^{-19}; + (※ Syh) *εκει* rell = Ald 𝔐 | *την κορυφην* 73′ 71 | *ὄρους* 1°] ⌒2° 52′-417 56^{txt} 343 646 | *κατέβη*] *εκατεβη* 72; *descenderunt* Aeth Arm | *μωσης* 72-426 *n* 527 | *Ἐλεαζάρ* 2°] *eliazar* Arm | *ἐκ*] *απο* 318; > 414

29 *εἶδεν*] *-δωσαν* (*ιδ.* 319) 319 Aeth = 𝔐; *ιδουσα* *b* (sed hab Compl); *οιδε* 528 | *ἀπελύθη*] *-λειφθη* 628; *απεθανεν* V 319; *απεδυθη* (*-δηθη* 799* vid) 56′ 799 | *Ἀαρών* 1°] + *ad populum suum* ^{Lat}cod 100 (sed hab Aug *Loc in hept* IV 69) | om *καί* 2° *b* 458 (sed hab Compl) | *τόν — ἡμέρας*] ad fin tr 799 | *τὸν Ἀαρών*] *τον ααρον* 16; *αυτον* (+ *εκει* 458*) 125 75′; om *τόν* 416*; > 126 | *τριάκοντα*] *XL* ^{Lat}cod 100 Bo (sed hab Aug *Loc in hept* IV 70); post *ἡμέρας* tr 44 458 126 | *πᾶς — fin* F^{a}] pr *πας* 59(||); > F 30′ | *οἶκος*] pr *ο* V 53′-129 54-75′ 121 319 646; *ο λαος* 56′; > 414*(cprm)

21 1 om init — *Ἰσραήλ* 1° 707^{txt}: homoiot | om *ὁ* 1° 44′-125 458 = Compl | *Χανανίς*] *-νεις* B; *-νης* 15-376 46*-52 30-343 318 55^{c} 59 416; *χανανι* 321′ *t* 121^{c}

---

29 *ἀπελύθη*] *α′ ἐδαπανήθη* 108 Syh; *θ′* (*σ′* Syh^{L}) *ἐξέλιπεν* 108 344 Syh

21 1 *ὁ Χανανίς*] *οἱ λ′ ὁ Χαναναῖος* 108 Syh | *Ἀθαρίμ*] *α′ σ′* (*ἄλλοι* Syh) *τῶν κατασκόπων* 58(s nom) Eus III 1. 10 Syh

2 *καὶ κατεπρονόμευσαν ἐξ αὐτῶν αἰχμαλωσίαν.* [2]*καὶ ηὔξατο Ἰσραὴλ*
εὐχὴν κυρίῳ καὶ εἶπεν Ἐάν μοι παραδῷς τὸν λαὸν τοῦτον ὑποχείριον,
3 *ἀναθεματιῶ αὐτὸν καὶ τὰς πόλεις αὐτοῦ.* [3]*καὶ εἰσήκουσεν κύριος τῆς*
φωνῆς Ἰσραὴλ καὶ παρέδωκεν τὸν Χανανὶν ὑποχείριον αὐτοῦ, καὶ ἀνε-

ABFMV O''^{-G} C'' b^{-314}*dfnstxyz* al verss

18′-126-628-630′ 646; *χανι* 130; *χαναναι* 54; *χαναναιος* A 72-426 56*(vid)-129-664 n^{-54} 527 Procop 856 ^{Lat}cod 100 Arab Arm^{ap} Bo Sa$^{10\ 12}$ = Compl ↓; *χαναιος* 53; *χανις* 730 392* 799; *χαναaν* *d* Aeth Syh; *χααvης* 73^{c}-320; *χαχανης* 73* | *βασιλεύς*] pr *ο* 19 106 *n* 527 (sed hab Compl) | *Ἀράδ*] pr *των* *n*; pr *τον* 527; *ραδ* $C''^{-52'\ 313\ 414\ 417}$ 646^{mg}; *ραα* 414; *αρατ* *d t* ^{Lat}cod 100; *αραβ* 72; *σαραδ* 56′; *σαρρατ* 376 | *κατοικῶν*] + *κατ οικον* 527 | *κατὰ τὴν ἔρημον*] *per deserta* ^{Lat}cod 100; *εις την ερημον* 72; om *κατά* 417 30′; om *τήν* 527 | *ἦλθεν γάρ* B 82 *b d* 127 *t* x^{-619} 319] *οτι ηλθεν* (*ηθεν* 414) rell = edd | *Ἰσραήλ* 1°] pr *ο λαος* 127 | *ὁδόν*] *οδων* 767 343; *οικος* 414$^{sup\ lin}$; > 344^{txt} | *Ἀθαρίμ*] *-ρειμ* A F M′ $O''^{-82\ 426\ 618*}$ C''^{-313*} *f* 127^{c} $s^{-344^{mg}\ 346^{c}}$ 619 y^{-318} 68′-120′ 59 646 799 = Compl; *-ρημ* 319; *ναθαρειμ* *b*; *θαρειμ* 767; *αθαρσιμ* F^{s}; *-ριν* 82 71 Arm Bo Sa^{12} = Ra; *-ρειν* B Sa^{4}; *-ρρειν* 509; *tharin* Sa^{10}; *αηθ.* 426; *αβαρειμ* 127* 344^{mg}-346^{c}; *αβαριν* d^{-106} *t*; *αβαρην* 527; *βαρειμ* 54-75′; *αβαρη* 106; *-ριθ* 18 | *ἐπολέμησεν*] *-σαν* $C'^{-414'}$ 458 28-85-321-343-344^{txt}-346* 68 646 (sed hab Ald); + *channaneus* ^{Lat}cod 100 | om *πρός* 72 | *Ἰσραήλ* 2°] *εδωμ* 15^{c} | *κατεπρονόμευσαν*] *-σε(ν)* (+ *istrahel* La) O^{-58}-29-381′ 44 129* 344^{mg}-346^{c} 619* 318 319 ^{Lat}cod 100 Arm Syh = 𝔐 Sam Tar^{O}; *κατεπροεν.* 68′-120′; *κατεπροενομευσεν* (*καταπρ.* 619) 619$^{c\ pr\ m}$ = Ald Sixt; *εκατεπρονομευσεν* 72; *επρονομευσεν* 126; *-μησαν* 527 | *ἐξ αὐτῶν*] *προς αυτον* 628 | *αιχμαλωσιν* 458

2 *καὶ ηὔξατο*] *και ευξατο* 426 54 71; *και ευξαντο* 75 = Tar^{P}; *oravit autem* ^{Lat}cod 100 | *Ἰσραήλ*] pr *ο* 126; > 343 527 | om *εὐχήν* 509 | *κυρίῳ*] pr *τω* C'' *d* 56′ *n* $s^{-30'}$ *t* 527 646; *προς* $\overline{κν}$ 509; > Sa^{12} | *καὶ εἶπεν*] *και ειπαν* (*-πον* 458) 75′ = Tar^{P}; *λεγων* *b* ^{Lat}cod 100 Sa^{12} (sed hab Compl) | *μοι — ὑποχείριον*] *trades sub manum meam populum hunc* Arm | *μοι*] *μη* 53′-246 646; *παραδιδους* (*-ραδους* 376) *O* Syh ↓; > 75 Bo | *παραδῷς*] *παρδωσω* 527; *-δω* 392; *tradiderit dominus* Aeth Sa^{12} | *τοῦτον*] *αυτον* 29 | *ὑποχείριον*] pr *τον* 29 630; *χειριον* 618*; *in manus meas* Bo; *υπο χειρα μοι* O^{-376} Syh; *in manu mea* ^{Lat}cod 100 = 𝔐; > 628; + *μοι* 376 | *ἀναθεματιῶ αὐτόν*] pr *αναθεματι* 127; pr *και* 376 = 𝔐; *devovam* ^{Lat}codd 91 92 94—96 = 𝔐 | *ἀναθεματιῶ*] *-τισω* 426; *-ματω* 376; + *vove* ^{Lat}cod 100 (sed hab Aug *Num* 40) | *αὐτόν*] *αυτω* 318* | *καί* ult — fin] *καὶ τὰς πόλεις* sub ÷ Syh^{L}; > 53′ | *αὐτοῦ*] *αυτων* *C*-46 458 59 = 𝔐; ⁀(3) 2° 44

3 *εἰσήκουσεν*] *ηκουσε(ν)* 15-72′ 619 *z* | *τῆς φωνῆς*] *την φωνην* 72 761*; *της φυλης* 71 | *Ἰσραήλ*] pr *του* 376 761*; *αυτων* 509 | *παρέδωκεν*] + $\overline{κς}$ F | *τὸν Χανανίν*] *populum chananei* Bo | *Χανανίν*] *-νανειν* B 799; *-νανην* 29-376 52-551 59; *χανανι* A M*(vid) 30′-130-321′-344 *t* 71-509 y^{-392} 18′-126-628-630′ 416 646; *χαναvη* 343; *χαναναιον* (*χαναν*^{αι} 458) 72-426-*oI* 53′-129 *n* 527-619 ^{Lat}cod 100 Arm Sa$^{10\ 12}$ Syh = Ald Compl 𝔐; *χαναaν* $d^{(-44)}$ Aeth | *ὑποχείριον αὐτοῦ* = Sam] sub ÷ Syh = 𝔐 Tar^{O}; om *ὑποχείριον* Bo | *αὐτοῦ* 1° B 82-707 414′ 106* 53′-129 458 71-509 799 Arm Sa^{12} = Compl] *αυτων* (*αυτον* 376*) 72-376

---

2 *ἐάν — λαόν*] *ο′ ἐὰν παραδιδοὺς παραδῷς τὸν λαόν α′ ἐὰν διδοὺς δῷς σὺν τὸν λαόν σ′ ἐὰν δῷς τὸν λαόν θ′ ἐὰν παραδόσει* (*-δωση* cod) *παραδῷς τὸν λαόν* 344

θεμάτισεν αὐτὸν καὶ τὰς πόλεις αὐτοῦ· καὶ ἐπεκάλεσαν τὸ ὄνομα τοῦ
τόπου ἐκείνου Ἀνάθεμα.
4Καὶ ἀπάραντες ἐξ Ὢρ τοῦ ὄρους ὁδὸν ἐπὶ θάλασσαν ἐρυθρὰν 4
περιεκύκλωσαν τὴν γῆν Ἐδώμ· καὶ ὠλιγοψύχησεν ὁ λαὸς ἐν τῇ ὁδῷ.
5καὶ κατελάλει ὁ λαὸς πρὸς τὸν θεὸν καὶ κατὰ Μωυσῆ λέγοντες Ἵνα 5
τί ἐξήγαγες ἡμᾶς ἐξ Αἰγύπτου ἀποκτεῖναι ἡμᾶς ἐν τῇ ἐρήμῳ; ὅτι οὐκ
ἔστιν ἄρτος οὐδὲ ὕδωρ, ἡ δὲ ψυχὴ ἡμῶν προσώχθισεν ἐν τῷ ἄρτῳ τῷ

ABFMV O''^{-G} C'' b^{-314}*dfnstxyz* al verss

52′ 246 68′-120′ 59 646 Aeth = Tar^{P}; αυτω rell = Ald | ἀνεθεμάτισεν — αὐτοῦ 2°] *civitates eorum anatematizavit* ^{Lat}cod 100 (sed hab Aug *Num* 41) | ανεθεματισαν (-τησαν 29) 29 761 Aeth | αὐτόν] αυτω 46^{s}; αυτους 319^{c} Aeth = 𝔐 | αὐτοῦ 2°] αυτων 458 30′ 319 Aeth = 𝔐; + και εισηκουσε κ̅ς̅ της φωνης ι̅η̅λ̅ 125: ex praec | καί ult] bis scr 413(|) | ἐπεκάλεσαν = Tar^{P}] -σε(ν) A 85′^{mg}-321′^{mg}-343-344^{mg} 68′-120′ 799 (sed hab Ald); εκαλ. V 72 $C''^{-16\ 46'\ 52'\ 422\ 529}$ *d* 54-75^{c} *t*; -σα 707*; -σαντο 58-82-*oI* f^{-56} 130^{txt}-321′^{txt}-730 509-527 392 18′-126-628-630′ 59 = Compl; εκαλεσε(ν) 16-46′-52′-422-529 75*-458 319 646; *vocavit* Arm Bo^{A} Sa = 𝔐 Sam Tar^{O}; *vocatum est* Aug *Num* 41 | om τὸ ὄνομα V | τοῦ] αυτου 75*(|); το 376 | om ἐκείνου 56′ 318 799 = 𝔐 | Ἀνάθεμα] pr *iorma id est* Arm^{ap}; ανεθεμα 53

4 ἀπάραντες] επαρ. 82 458 619 68 Cyr II 637 = Ald; εξαρ. 18 Cyr I 381; -ροντες 343 | το ορος 84 126 416 799 | ὁδόν] ο εστιν 53′; επορευθησαν 54-75′ | περιεκύκλωσαν] pr και 54-75′ 18 Aeth; *circuire* ^{Lat}cod 100 = 𝔐; + αυτοι 527 | om τήν B 82 54-75 = Ra | om γῆν *d t* 509-619 Arm = Ald | αιδωμ n^{-75}; εδεμ F^{a}; εδων Compl | καί 2° — fin] > 30′ 619(|); post (5) θεόν tr 75′ | καί 2°] οτι 75′; > ^{Lat}cod 100 | ωλιγοψυχησαν (ολιγ. 75) 75 Arm^{ap} = Compl | ὁ λαός] > 75; + *istrahel* ^{Lat}cod 100 | ἐν] επι 68′-120′

5 κατελάλει — Μωυσῆ] *calumniati sunt dominum et mosem* Aeth | κατελάλει] *calumniatus est* Arm | om ὁ λαός Sa^{10} | om πρός — καί 2° Sa^{12} | τόν — κατά] om τόν 422 128; > ^{Lat}cod 100 (sed hab Aug *Loc in hept* IV 71) | καί 2° — λέγοντες] λεγοντες προς μωσην και τον θεον 75; και κατελαλουν προς θεον και μωσην λεγοντες 458; om καί 72 552 b^{-118} 129 84* 71 669 Cyr II 637 (sed hab I 384) | κατὰ Μωυσῆ] προς μωυσην 18; om κατά Bo Sa^{10} | Μωυσῆ] -σει 343; -σεος 68′ (sed hab Ald); -σεως 120′; μωυ^{σ} 126; -σην 528 346*(vid) 619 318 = Compl; μωση 58 54′ 527 Cyr I 384 II 637; μωσην 767; μωσει 72-426 | λέγοντες] -ντος 29; *dicens* ^{Lat}cod 100 Bo; sub ÷ Syh^{L} = 𝔐 | ἵνα τί] δια τι 610; + τουτο B | ἐξήγαγες] -γαγετε (-ται 82 610 75-767) A M′ V 82 *d* 129 *n* 321*(vid) *t* 527′ 121 55 Sa$^{4\ 12}$ = 𝔐; εξαγαγετε 509 | ἡμᾶς 1°] > F*(cprm); + λεγοντες 53 | ἐξ] εκ γης 54-75′ 392*(cprm) Cyr I 384 (sed hab II 637) Bo Sa^{10} | ἀποκτεῖναι] θανατωσαι 77 | ἡμᾶς 2° = Tar^{P}] > B V 381′-426 767 71-509 55 Cyr I 384 (sed hab II 637) = 𝔐 Sam Tar^{O} | ἐν τῇ ἐρήμῳ] *in deserto hoc* Aeth

5 προσώχθισεν] α′ σικχαίνει (συγχ. 18; συγχ. aut σιγχ. C''; σηκχ. 344; εκχε^{ν} 130; εκχ. 85-321′) M C''^{cat} 85′-321′-344 18 = Sixt; α′ ἐσικχάνθη (εσησχ. 458*; εσισχ. 458^{c}) 58(s nom) 54^{txt}-458(s nom); σ′ ἐνεκάκησεν (-κισεν M) M 58(s nom) C''^{cat} 54^{txt}-458(s nom) 85-130(s nom)-321′-344 18 Syh^{L} = Sixt | (τῷ) διακένῳ] οἱ λ′ κούφῳ M′ 707 85′-321′-344; τῷ κούφῳ 58; τῷ κουφοτάτῳ 128; τῷ οὐδαμινῷ 58; ματαίῳ· ξηρῷ M′

6 διακένῳ τούτῳ. ⁶καὶ ἀπέστειλεν κύριος εἰς τὸν λαὸν τοὺς ὄφεις τοὺς
θανατοῦντας, καὶ ἔδακνον τὸν λαόν, καὶ ἀπέθανεν λαὸς πολὺς τῶν
7 υἱῶν Ἰσραήλ. ⁷καὶ παραγενόμενος ὁ λαὸς πρὸς Μωυσῆν ἔλεγον ὅτι
Ἡμαρτήκαμεν ὅτι κατελαλήσαμεν κατὰ κυρίου καὶ κατὰ σοῦ· εὖξαι
οὖν πρὸς κύριον, καὶ ἀφελέτω ἀφ' ἡμῶν τὸν ὄφιν. καὶ ηὔξατο Μωυσῆς
8 πρὸς κύριον περὶ τοῦ λαοῦ. ⁸καὶ εἶπεν κύριος πρὸς Μωυσῆν Ποίησον
σεαυτῷ ὄφιν, καὶ θὲς αὐτὸν ἐπὶ σημείου, καὶ ἔσται ἐὰν δάκῃ ὄφις

ABFMV O''^{-G} C'' b^{-314}*dfnstxyz* al verss

Arm | ἄρτος] + *nobis* Sa^{12} | om ἡ — fin 126 | δέ] > ^{Lat}cod 96; + η 610 | προσώχθισεν] -θικεν *b* (sed hab Compl) | om ἐν 2° C'' n^{-767} *s* 527 646 | ἄρτῳ] αρχοντι 646 | τῷ διακένῳ] τω δικενω 53'-129; τω διακειμενω 630; om τῷ 619; + και κουφω 767 ↓; ad fin tr C''^{-16} ^{46}-46^{s} 646 ^{Lat}codd 94—96 100 = Tar | τούτῳ] τουτου 246 767*(vid); *αυτου* 610*; sub ~ Syh^{L}; > B 29-426-707* 16-46 71-509 68'-120' Arab Arm Sa (sed hab Ald Sixt) = Ra 𝔐 Sam

6 κύριος] ο θ̅ς̅ 71 | εἰς τὸν λαόν] προς τον λαον 71 128; εις την οδον 527; > 72-376 | τοὺς ὄφεις] αυτους οφεις 29; om τούς 126 799; bis scr 761(|) | θανουντας 55* | καὶ ἔδακνον] και εδακνεν 122* (sed hab Ald); και δακνοντα 319; > 509 | ἀπέθανεν] -νον 29-72 55 $Aeth^{C}$ Sa^{12}; απεθνησκε Phil I 105 ^{Lat}cod 100; litt θαν sup ras 84 | λαός] pr ο V 108* 527 392 Cyr II 637 (sed hab Compl) | om τῶν — fin Arab | τῶν υἱῶν] pr εκ *b* Syh (sed hab Compl); pr *απο* 458; *ex* Sa^{1} = 𝔐; om υἱῶν 628(|)

7 init — ἔλεγον] *et venerunt ad mosem et dicunt* Arm | init — λαός] *surrexit autem populus omnis venerunt* Sa^{1} | παραγενόμενος] -γεναμ. oII^{-82} 75 59 319 646; παρεγενετο (παραγ. 46^{s}) 46^{s} 392 Bo; εδραμεν 126; *dixit* ^{Lat}cod 100 | Μωυσῆν] -ση 58; μωσην 426 53 *n* 527 Cyr II 637; μωσει 72 | ἔλεγον] pr και 392 = 𝔐; -γεν C''^{-414} 129 730 318 Cyr II 637 = Compl; λεγει 53-664^{c}; λεγων 381*-618 126 ^{Lat}cod 100; λεγοντες (-γων. 30) 30 Bo Sa^{12}; > 664* | ὅτι ἡμαρτήκαμεν] om ὅτι V O^{-58} 44 n^{-127} 30 619 *z* 646 ^{Lat}cod 100 Aeth Arm Syh = 𝔐; > 82 | ἡμαρτήκαμεν] -τησαμεν C''^{-414}; -τοκαμεν 58; -τομεν (aut -τωμεν; + τω κ̅ω̅ 30) B V O^{-58}-381' *d* 53'-129 *n* 30 *t* x^{-619} 392 55 = Compl Ra ↓; + κατα του κ̅υ̅ 246 | ὅτι κατελαλήσαμεν] και κατελ. 125 799; καταλαλησαντες 71; om ὅτι Bo $Sa^{1\ 10}$; > 318 | om κατά 1° V 381' 610* 767(|) Cyr II 637 | κυρίου M' 15-707 $C''^{-73'}$ $s^{-30\ 343}$ 318 $z^{-18\ 630'}$ 59 Phil I 105] του θ̅υ̅ 426 75 Bo Sa^{1}; pr του Cyr II 637 rell = Ald Ra | καί 2°] + *diximus* Sa^{1}; ⌒3° ^{Lat}cod 100 Sa^{12} | ευξου 799 | οὖν] νυν 551 | κύριον 1°] + περι ημων *b* Sa^{1} (sed hab Compl); ⌒2° *cI*-551 | om καί 3° Bo | αφελετε 527; αφειλετω 44 | ἀφ' — fin] om ἀφ' 128^{txt}(cprm); sup ras B | τὸν ὄφιν] τους οφεις (οφις 646) 646 Phil I 105 $Aeth^{C}$ Arm; *colubros hos* ^{Lat}cod 100 Bo^{B} Sa; + *hunc* Bo^{A} | ηὔξατο] ευξατο 426 71-509 | Μωυσῆς] pr ο 130; μωσης 72-426 *n* 527 Cyr II 637; post κύριον 2° tr 56' | om πρός 3° — fin 58 | πρὸς κύριον 2°] προς τον θεον 53' 458; sub ÷ Syh; > Cyr II 637 Arab = Compl 𝔐; ad fin tr ^{Lat}cod 100 | om περί — fin Sa^{12} | περί] υπερ 30

8 om κύριος 127*(cprm) | Μωυσῆν] -ση 19 (sed hab Compl); μωσην 426 *n*

---

7 ἔλεγον — ὅτι 2°] ο' σ' θ' ἔλεγον ἡμάρτομεν ὅτι 344 | ἡμαρτήκαμεν] α' ἡμαρτήκαμεν 344^{txt}

8 (ἐπὶ) σημείου] σ' (absc Syh^{T}) ὕψους M 458(s nom) 85'(s nom)-321'(s nom) Syh; σημεῖον· ἐν σημείῳ 58; ἐπὶ ὕψους 416; ἐπ' ὕψου⟨ς⟩ 58; ἐπὶ σκοπιᾶς 128

ἄνθρωπον, πᾶς ὁ δεδηγμένος ἰδὼν αὐτὸν ζήσεται. 9καὶ ἐποίησεν 9
Μωυσῆς ὄφιν χαλκοῦν, καὶ ἔστησεν αὐτὸν ἐπὶ σημείου, καὶ ἐγένετο
ὅταν ἔδακεν ὄφις ἄνθρωπον, καὶ ἐπέβλεψεν ἐπὶ τὸν ὄφιν τὸν χαλκοῦν
καὶ ἔζη.
10Καὶ ἀπῆραν οἱ υἱοὶ Ἰσραήλ, καὶ παρενέβαλον ἐν Ὠβώθ. 11καὶ 10 11
ἐξάραντες ἐξ Ὠβὼθ παρενέβαλον ἐν Ἀχελγαὶ ἐκ τοῦ πέραν ἐν τῇ

ABFMV O''^{-G} C'' b^{-314}*dfnstxyz* al verss

527 Cyr II 637; μωσει 72; αυτον *d* Sa^{10} | σεαυτῷ] -τον 376 19 53 767* (sed hab Compl); > Sev 503 Sa^{1} | ὄφιν] + (~ Syh) χαλκουν (-κου 19) M′ O^{-426}-82 46^{c} *b d* f^{-56*} *n t* 527 318 55 799 Sev 503 ^{Lat}cod 100 PsAmbr *Mans* 35 Aeth^{C} Arab Bo Sa$^{1\,10}$ Syh = Tar^{P}: cf 9 | θές — σημείου] πηξον αυτον προ της σκηνης του μαρτυριου Sev 503 | αὐτόν 1°] αυτο 458-767*(vid) 527 | σημείου] pr υψους 75 ↓ | ἔσται — ἄνθρωπον] om ἔσται 126 Aeth; > Compl ^{Lat}PsAmbr *Mans* 35 | om ἐάν — ἄνθρωπον 426 = 𝔐 | ἐάν] οταν *b* Aeth Arm | ὄφις ἄνθρωπον] pr ο F$^{c\,pr\,m}$ 72-618 *b* d^{-106} 53′ 127-458 730 71′ 318 *z* 59 319; *serpens* ÷ *aenea* ↙ Syh^{L}; om ὄφις 52′-313; om ἄνθρωπον Phil I 106; + ↙ Syh^{T} | ανθρωπος 77* | πᾶς ὁ δεδηγμένος] pr και 74-76 ^{Lat}cod 100; *et* Bo^{B}; om πᾶς Sa^{10}; om ὁ 527(|); om δεδηγμένος Phil I 106 ^{Lat}cod 100; > Bo^{A} | ἰδών] pr και V 15-376 *b n* 527 319 (sed hab Compl) = 𝔐; post αὐτόν 2° tr 44 | αὐτόν 2°] *serpentem aeneam et* Bo Sa^{10}; > 767

9 Μωυσῆς] pr ο 376 Cyr II 637; μωσης O^{-376}-72 *n* 527 Cyr II 637 | καί 2°] > Bo^{A}; ⌒3° 56^{txt} | επεστησεν *d n t* 527; εθηκεν 72 Bas IV 965 | αὐτόν] αυτην 458 | σημειον 458; σημειω 767 | om ἐγένετο ὅταν 126 | ἐγένετο] εγιν. 55 Arm Sa^{4}; > ^{Lat}cod 100; + δε 72 | ὅταν] οτε b^{-537} (sed hab Compl); + επι σημειον ην και 458 | ἔδακεν ὄφις] ο (> 129 Compl) οφις εδακεν 53′-129 = Compl; οφις εδακνεν *d t* Sa | ἔδακεν F^{a}] εδακνεν B oI^{-15}-29 537 n^{-767} 71′ 392 Cyr II 637 Arm Syh = Ald Ra; δακων 126; δακη 319; εδωκεν 18* 59*(vid); > F | ὄφις] pr ο F$^{c\,pr\,m}$ M′ 72-376-618 *b* 127-767 71 y^{-121} 18′-120′-628-630′ 59 319 Cyr II 637 = 𝔐 | ἄνθρωπον] pr τον 126 319: cf 𝔐 | om καί 4° 72 126 Aeth Arm | ἐπέβλεψεν] εβλεπεν 72 126; επεβλεπεν 15-376 53′ 55 Aeth Arm Co Syh = Compl ↓; αποβλεψας ιδεν 799; + αυτον 610 | ἐπί 2°] *ad* Syh = 𝔐; > 52′-313 799 | τὸν ὄφιν] την οφιν 74; bis scr 426*; et τὸν χαλκοῦν tr 381′ | om καί ult F 19′ 127-767 343* 59 799 ^{Lat}cod 100 Bo (sed hab Compl)

10 init — 24$_{9}$ fin] absc 646(||) | επηραν 75 | om οἱ 313-615 319 | om Ἰσραήλ 552 | καί 2° — (20) Βαμώθ] διαφορους απαρσεις οδευοντες και μετα ταυτα 527 | om καί 2° Bo | παρενέβαλον] -λλον 82 18(|) 59; -λωσαν 319; ⌒(11) B^{txt} (sed hab Sixt) | ἐν] εις *n* | Ὠβώθ] οβωθ 72-82 551 106 56′ 76 59 416 799 Bo; ω[.]ωθ 739*(c pr m); *aboth* Arm^{te}; αβωθ 528; *'bwt* Syh; ωβωδ 319; ωφωθ 84; εβωθ 71; σωβωθ n^{-767}; ωκωθ 618*; ωκωβ 618^{c}; *rōbōth* Sa^{12}; ⌒(11) 669*

11 ἐξάραντες] -ροντες 129; -ρεντες 72; απαρ. V 29 414 *d* 343 *t* 669$^{(c1)}$; επαρ. 82 392 | ἐξ] εν 761* 619 68 = Ald; εκ 54-75-767 | Ὠβώθ] οβωθ 72-82 551 56′ 76 59 799 Bo; εβωθ 610 71 319; αβωθ 528; *aboth* Arm; *'bwt* Syh; ωφωθ 84; σωβωθ 54-767; σωχωθ 75; ωκωθ 618*; ωκωβ 618^{c}; *rōbōth* Sa^{12} | παρεν-

9 σημείου] σ′ ὕψους 54^{txt} | ἐπέβλεψεν] ο′ θ′ ἐπέβλεπεν 344; α′ σ′ ἐπέβλεψεν 344^{txt}

11 ἐν Ἀχελγαὶ (ἐκ τοῦ πέραν)] ο′ ἐν Ἀχελγαὶ (αχαλ. 130) ἐκ τοῦ πέραν (ὅ ἐστιν ἐν ἐποικίαις (-κειαις 344; -κιας 346) Ἑβραίων) 85(s nom)-130-321(s nom)-344-

12 ἐρήμῳ, ἥ ἐστιν κατὰ πρόσωπον Μωὰβ κατ' ἀνατολὰς ἡλίου. [12]ἐκεῖθεν
13 ἀπῆραν, καὶ παρενέβαλον εἰς φάραγγα Ζαρέδ. [13]καὶ ἐκεῖθεν ἀπάραν-
τες παρενέβαλον εἰς τὸ πέραν Ἀρνὼν ἐν τῇ ἐρήμῳ τὸ ἐξέχον ἀπὸ τῶν

ABFMV O''^{-G} C'' b^{-314}*dfnstxyz* al verss

ἔβαλον] pr *και* B$^{(mg)}$ 72-82 319 ^{Lat}cod 100 (sed hab Aug *Loc in hept* IV 74) = Sixt 𝔐; -*λλον* (*παρεβ.* 59*) V 82 59; -*λωσαν* 319 | *ἐν* 1° — *ἐρήμῳ*] *achiin et in ulteriorem heremiam* ^{Lat}cod 100 | *ἐν* 1° — *πέραν*] *εν αιεβαριμ* Compl: cf 𝔐; > Bas II 629: homoiot | *ἐν* 1°] *εις* 53' | *Ἀχελγαί* F^{b}] *αχαλγαι* 56' s^{-343} ^{Lat}Aug *Loc in hept* IV 74 = Sixt; *αχαλχαι* $C''^{-52' \, 417 \, 528}$; *αχελγε* 799; *αχαλχαγι* 343; *αχελγα*[. .] 669*; *αχαλγαει* 509 Sa^{4}; *αχελλαι* F; *χαλγλει* B; *χελγει* 392; *χαλχαι* 52'-417-528; *φαχελγαι* 53'; *αχελταικ* 82; *γαι* 319; *ιαηλ* V; *αιη* 426; *achin et ein* Bo; *achirgaein* Sa^{12}; *nḥl g'y'* Syh; *αχελσεειν* M'^{mg}; *αχελσειν εν γειν d t*; *αχελσεειν εν γεειν* (*γεηλ* 458; *γαιειν* 767) *n*; *αχιλειμ γαιει* 118-537; *αχιλειμ χαιειμ* 19' | *ἐκ τοῦ* B M' O^{-58} *d* 53'-129 *n t* 71-509 Syh] pr *τω* 58; *εν τω* V 72; om *ἐκ* 82; > 126; *τω* (*το* 343 318) rell | *ἥ ἐστιν*] om *ἐστιν* Aeth; > 126 319 Sa^{12} | *Μωάβ*] *μοαβ* 72; > 125 | *κατ'*] *κατα* B M' 72-376-*oI* 16-46-422 537 610 f^{-56} 458-767 84 527' 126-669 799 (sed hab Sixt) = Compl Ra | fin] + *και ειπεν κ̅ς̅ προς μωυσην λεγων συ παραπορευη σημερον τα ορια μωαβ τ⟨ην⟩ αροηρ και προσαξετε εγγυς υμων αμμαν μη εχθραινετε αυτοις και μη συναψητε προς αυτους ου γαρ μη δω απο της γης υιων αμμαν συγκληρον οτι τοις υιοις λωτ δεδωκα αυτην εν κληρω και απηραν εκ της φαραγγος ζαρεθ* 343 ↓

12 comma F^{b}] > F Aeth^{M} | *ἐκεῖθεν ἀπῆραν*] pr *και* F^{b} 619 68'-120' = Sixt ↓ ; *και απηραν εκειθεν* 44 126 Aeth^{-M} Bo; *εκει απηραν* 529; tr 75; > 343 | *ἀπῆραν καί*] *απαραντες* F^{b} 376 318 ↓ ; om *καί* Bo | *παρενέβαλον*] -*λλον* V 767 59; -*λωσαν* 319; *venerunt* Bo; ⌒(13) $C''^{-52' \, 313 \, 417}$ 537 | *εἰς φάραγγα*] *εις την φαραγγα* V; *εις φαρετα* 799; *εν φαραγγι* $b^{(-537)}$ (sed hab Compl): cf 𝔐 | *Ζαρέδ*] *ζαρεθ* F^{b} $b^{(-537)}$ 127-767 343 509 318^{c}(vid) 18-669 55 799 Bo (sed hab Compl); *zireth* ^{Lat}cod 100; *ζαρετ* B 52* *d t* 318*(vid; sed hab Sixt) = Ra; *ζαρελ* V; *ζαρε* A *oI* 121; *sared* Sa

13 init — *παρενέβαλον*] pr *και εκειθεν πα* 417(||); sub ÷ Syh | *καὶ ἐκεῖθεν* A F M' V oI^{-82} 52'-313-417 $b^{(-537)}$ 56' 458 *s* 619 *y* 18'-126-628-630' 59 319 799 ^{Lat}cod 100 Aeth Arm^{ap} Bo Syh^{L} = Ald Sixt] *inde autem* Sa; *κακειθεν* 58 44 55; om *καί* rell = Compl 𝔐 Tar | *ἀπάραντες*] *επαρ.* 319; *απαντες* 610;

346; *σ' ἐν τοῖς βουνοῖς* Eus III 1. 10 | fin] + *καὶ εἶπεν κύριος* (*pypy* Syh) *πρὸς Μωυσῆν Μὴ ἐχθραίνετε τοῖς Μωαβίταις, καὶ μὴ συνάψητε* (-*ται* 344*) *πρὸς αὐτούς. οὐ γὰρ μὴ δῶ ὑμῖν ἀπὸ τῆς γῆς αὐτῶν ἐν κλήρῳ, τοῖς γὰρ υἱοῖς Λὼτ δέδωκα τὸ ὄρος ἐν κλήρῳ* 85'-344 Syh^{L}(ind ante 13; ex Sam secundum 130-344 Syh: cf Deut 2 9)

12 init — *παρενέβαλον*] *ο' οἱ λ' καὶ ἐκεῖθεν ἀπάραντες παρενέβαλον* 344

13 init — *παρενέβαλον*] *καὶ εἶπεν κύριος πρὸς Μωυσῆν* (*mosi* pro *πρ. Μ.* Syh^{L}) *λέγων Σὺ παραπορεύῃ σήμερον τὰ ὅρια Μωὰβ τὴν Ἀροὴρ* (*'dw'yr* Syh^{L}), *καὶ προσάξετε* (-*ται* 344) *ἐγγὺς υἱῶν* (*υμων* 85'-344) *Ἀμμάν* (*αμμων* Syh; *εμμε* 130). *μὴ ἐχθραίνετε* (-*θρεν.* 130) *αὐτοῖς* (*αυτον* 130) *καὶ μὴ συνάψητε πρὸς αὐτούς· οὐ γὰρ μὴ δῶ ἀπὸ* (*εκ* 130) *τῆς γῆς υἱῶν Ἀμμάν* (*αμμων* Syh) *σοι ἐν κλήρῳ, ὅτι* (*το* 130) *τοῖς υἱοῖς Λὼτ δέδωκα αὐτὴν ἐν κλήρῳ* (*ὅτι* — *κλήρῳ* bis scr 344) *καὶ ἀπῆραν ἐκ τῆς φάραγγος Ζαρέθ* (*zrd* Syh^{T}) *καὶ παρενέβαλον* 85'-344 Syh (ind ad (11) fin Syh^{T}; ex Sam secundum 85'-344 Syh: cf Deut 2 17–19)

ὁρίων τῶν Ἀμορραίων· ἔστιν γὰρ Ἀρνὼν ὅρια Μωὰβ ἀνὰ μέσον Μωὰβ
καὶ ἀνὰ μέσον τοῦ Ἀμορραίου. 14*διὰ τοῦτο λέγεται ἐν βιβλίῳ* 14

Πόλεμος κυρίου τὴν Ζωὸβ ἐφλόγισεν
καὶ τοὺς χειμάρρους Ἀρνών,
15*καὶ τοὺς χειμάρρους κατέστησεν κατοικῆσαι Ἢρ,* 15
καὶ πρόσκειται τοῖς ὁρίοις Μωάβ.

ABFMV *O*''$^{-G}$ *C*'' *b*(314)*dfnstxyz* al verss

απηραν και 343-344^{mg} ^{Lat}cod 100; > 52'-313-417 *s*$^{-343\ 344mg}$ | *παρενέβαλον*] -*λλον* 82 59; *παρεβ.* 53; -*λωσαν* 319 | *εἰς τὸ πέραν*] *εις το περα* B* 53'-129 (sed hab Sixt); om *εἰς* 46^{s}(|); > ^{Lat}cod 100 | *Ἀρνών* 1°] *arnōth* Sa; + (※ Syh^{L}) *ο* (+ ※ Syh^{T}) *εστι(ν)* *O*-15 246 18'-628-630' Syh = 𝔐; ⌒2° 392 126 | *ἐν τῇ ἐρήμῳ* F^{a}] + ↙ Syh; > F 707^{txt} 56^{txt} 799 Aeth | *τό* 2°] pr *εις* 376; + *δε* 528 | *ἐξέχον*] *εξοχον* *b* (sed hab Compl); *εξον* B* (sed hab Sixt); *εξερχον* 458 68-122* (sed hab Ald); -*χεον* 500 | *ὁρίων*] *ορεων* 529 | *τῶν* 2° — *μέσον* 2°] om *τῶν* 18; > Bo | *Ἀμορραίων*] *αμωρρ.* 707 528 246 767; *αμωραιων* 53*; *αμμορρ.* 55; *αμμοραιων* 46-550 730 799; *αμοραιων* 552 610* | om *ἔστιν* — fin 616^{txt}(c prm) | *ἔστιν*] *sunt* ^{Lat}cod 100 | om *γάρ* 46^{s}(|) | *Ἀρνών* 2°] pr *ορια* 53'-129 | *ὅρια*] *οριον* 426 Syh = 𝔐 | *Μωάβ* 1° F^{a}] *μοαβ* 72; *μωαμ* 129; ⌒2° F 707* 107'-125 129 458 392 59 319 | *ἀνά* 1°] pr *και* F^{b} Aeth; ⌒2° M^{txt} 44 130-321' = Compl | *Μωάβ* 2°] pr *του* 376; *μοαβ* 72 75; *μωαμ* 767 | *καὶ ἀνὰ μέσον*] *usque et* ^{Lat}cod 100 (sed hab Aug *Num* 42) | om *ἀνὰ μέσον τοῦ* 106 71 | *τοῦ Ἀμορραίου*] *των αμορραιων* (-*ρραιου* 767$^{c\ prm}$) 618 19 767 628 Sa Syh^{T} (sed hab Compl); *τον αμορραιον* 30; om *τοῦ* *C*''$^{(-616txt)}$ 126 | *Ἀμορραίου*] *αμωρρ.* 376 246; *αμμορρ.* 55; *αμμοραιου* 46-422 730* 799

14 *τοῦτο*] + *γαρ* 618 | *λέγεται*] -*τε* A 120; *ελεγεν* 29; *λεγει* 54-75 Aeth; > 73' | *ἐν βιβλίῳ*] *εν κ̅ω̅ βιβλιω* 618*; *εν βιβλω* (*βηβ.* 767; -*λο* 75) A M' 82-376 16-46-550'-551 *b d* 53'-129 *n t* 392 *z*$^{-68'}$ 319; > 318(|) | *πολεμου* 458-767 Aeth Syh | *κυρίου* A 72* 121 630 55] pr *του* rell = Ra | *τὴν Ζωόβ*] *τον ζοοβ* 55; *του ζοοβ* 376 53 392; *zoobon* ^{Lat}cod 100; *et iaeph* ^{Lat}codd 91 94—96: cf 𝔐 | *Ζωόβ* B M' V 52'-313 509 Bo] *ζωωβ* 318 319; *ζοωβ* 551; *zw'b* Syh; *ζοβ* 426 Arm; *ζωοφ* 127-458 343; *ζοοφ* 54-75-767; *ζουφ* 414; *βοοζ* 15 *d t*; *βοοβ* 121 68'; *mōab* Sa; *ζοοβ* rell = Ald | *εφλογιζε* 76; *εφλογη* 53 | *τοὺς χειμάρρους*] *vallem* Arm Sa; ⌒(15) *cI*-551 246 127 84 | *ααρνων* 314*

15 init — *χειμάρρους*] om *τοὺς χειμάρρους* 44; > *oI*-82 509 619 Aeth Bo = Ald | *κατέστησεν κατοικῆσαι*] pr *et* ^{Lat}codd 94—96; *εκλινεν μεχρι της κατοικιας* 58↓ | *κατέστησεν*] -*σαν* *O*$^{-58}$ Syh; + *αυτους* 44 | *κατοικῆσαι* F^{b}] -*κισαι* A B M' 56' 54' 344 121 Syh = Ra; -*κεισαι* F 29 129 767 30; -*κεισε* V; *οικησαι* 624; *κατοικιαν* *oI*$^{-15}$ *d t* 619 55^{c} = Ald; *habitationes* Bo | *Ἢρ*] *ειρ* 381 761 71 = Compl; *here* ^{Lat}cod 100; *aroer* (*iaroer* Bo^{A}) Arm^{te} Bo; *σηιρ* *t*$^{-76}$; *σιηρ* 76; *σιιρ* 44-107'; *σηειρ* 106; *σιειρ* 125 | *καί* 2°] *quod* Arm; > ^{Lat}cod 100 | *Μωάβ*] *μοαβ* 72 75; *βωαβ* 29

14—15 commata] σ' (> L) *et* (> T) *propter hoc dictum* ⟨*est*⟩ *in numero bellantium: dominus* (*pypy* L) *ad quidem 'w'b in procella vallium autem ad arnon; effusio enim vallium inclinavit usque ad habitationem* (*d*)*'r et posita* ⟨*est*⟩ *super terminum* (-*nos* L) *moab* Syh

16 [16]καὶ ἐκεῖθεν τὸ φρέαρ· τοῦτό ἐστιν τὸ φρέαρ, ὃ εἶπεν κύριος πρὸς
17 Μωυσῆν Συνάγαγε τὸν λαόν, καὶ δώσω αὐτοῖς ὕδωρ πιεῖν. [17]τότε
ᾖσεν Ἰσραὴλ τὸ ᾆσμα τοῦτο ἐπὶ τοῦ φρέατος

Ἐξάρχετε αὐτῷ·
18 [18]φρέαρ, ὤρυξαν αὐτὸ ἄρχοντες,
ἐξελατόμησαν αὐτὸ βασιλεῖς ἐθνῶν
ἐν τῇ βασιλείᾳ αὐτῶν, ἐν τῷ κυριεῦσαι αὐτῶν.
19 καὶ ἀπὸ φρέατος εἰς Μανθαναίν· [19]καὶ ἀπὸ Μανθαναὶν εἰς Νααλιήλ·

ABFMV O''^{-G} C'' *bdfnstxyz*(630) al verss

16 *καὶ ἐκεῖθεν*] *κακειθεν* 58; *και εκεινησεν* 528; om *καί* 72; + *venerunt* Bo | *τὸ φρέαρ* 1°] *super puteum* ^{Lat}cod 100 Bo; *in puteum* Aeth^{CG} Syh: cf 𝔐; *του φρεαρ* 52′-313 | *τοῦτό — φρέαρ* 2°] *τουτο φρεαρ εστιν* 799; *του φρεαρ* 458; > 30 319 ^{Lat}cod 100 Aeth^{CG} Arab Bo: homoiot | *τουτ* 528-615^{c} | *ἐστιν* F^{b}] > B F 82-426-707* *f* n^{-458} 71-509 392 Aeth^{-CG} Syh = Compl: cf 𝔐 | om *τό* 2° B F O'^{-15} ^{58}-29-82-707* *b* d^{-44} 56′-129 *t* x^{-527} *y* 68′-120′ 55 624 | *ὅ*] *et* ^{Lat}cod 100 | *Μωυσῆν*] *-ση* 414 19 (sed hab Compl); *μωσην* 426 *n*; *μωσει* 72 | [*συ*]*νάγαγε* — 22 16 *λέγει*] absc 630(||) | om *συνάγαγε τὸν λαόν* A | *συνάγαγε*] *συναγαγετε* F^{b} M′ 72 59 799; *συναγαγειν* F(vid); *συναγειν* 55; + *μοι* (*με* 314*) *b* 319 (sed hab Compl) = Sam | *ὕδωρ*] pr ÷ Syh^{L}; pr *το* oI^{-15} 619 = Ald; > ^{Lat}cod 100; + *de puteo* Ruf *Cant* 13 | *πιεῖν*] sub ÷ Syh; > 58 551 = Compl 𝔐

17 *ᾖσεν*] *ησαν* 376 53′ 54-458 126 Aeth; *ηνεσεν* (*ηναισεν* 30) V^{c} 30 319; *εβοησεν* 75 | *Ἰσραήλ*] pr *οι* (> 458) *υιοι* 53′ 458 | *τοῦτο ἐπί*] bis scr 767 | *τοῦτο*] *το* 46^{s} 106 75; *του* 458 | *ἐξάρχετε αὐτῷ*] *inchoarunt et* ^{Lat}cod 100 (sed hab Ruf *Cant* 13) | *ἐξάρχετε*] *-ται* V 72 53′ 130*-343 318*-392; *εξερχεται* 376; *-ρξετε* 344^{mg}; *-ρξατε* 29 *b n* 85^{mg}-321^{mg}-346^{mg}(vid) 319 (sed hab Compl); *εξερχετε* 246; *-χειν* 82; *-χοντα* 799 | *αὐτῷ*] *αυτο* 618 d^{-106} 53′ 75 343 84^{c} 318-392^{c}(vid) 799; *εαυτω* 82; *αυτων* 509; *αυ*^{τ} 458; *eis* Aeth^{C}

18 *φρέαρ*] *in puteum hunc quem* Bo | *ωρυξον* 343 | *αὐτό* 1°] *αυτω* 72* $C''^{-414\ 616^{c}\ 761^{c}}$ 19 f^{-129} 767 30-321 76* 18-120′-122-628 319 424 (sed hab Ald Compl); *αυτον* 129 624 | *ἄρχοντες*] pr *οι* 75 18 | *ἐξελατόμησαν*] pr *et* ^{Lat}cod 100 Aeth Arm Bo; *-σαντο* 82; *ελατ.* 72 Phil II 192 | *αὐτό* 2°] *αυτω* 64*-707 52*-551 19′ 56′ 130 55 319 799 (sed hab Compl); *αυτον* 528; > 82 | *βασιλεῖς*] + *αρχοντες* 246 | *ἐν* 1°] ⌒2° B* 319 Aeth (sed hab Sixt) | *τῇ — κυριεῦσαι*] *τω κυριευσαι τη βασιλεια* 53′ | *τῇ βασιλείᾳ*] *τω βασιλει* 54-75′ | *αὐτῶν* 1°] sub ÷ Syh = 𝔐; ⌒2° 458 318 | *ἐν* 2°] pr *et* Arm; pr ~ Syh^{L} | *κυριεβεσθαι* 767 | *φρέατος*] pr *του* V Aeth | *εἰς*] pr *εξηραν* V ^{Lat}cod 100 Ruf *Num* XII 3 | *Μανθαναίν*] *-ναειν* B F$^{c\,pr\,m}$ V 15′-58-707* *b* 53′-56 68′-120′ 799; *-ναην* 343; *-νεν* F* Bo; *-νιν* A 52-414 55* Arm; *-νειν* 29-707^{c} $C''^{-52\ 77^{*}\ 414\ 417}$ $s^{-343\ 344^{mg}}$ 624; *-νην* 318 59; *-ναιμ* 106 *t* 126-128-628-669; *-ναειμ* 381′ 392; *μαθ.* 72 509 319* Syh^{L}; *μαθαναειν* 129-246 319$^{c\,pr\,m}$; *mathanaim* Ruf *Num* XII 3; *-ναειλ* 619 = Ald;

---

17 *ἐξάρχετε*] *α′ σ′ καταλέξατε* (*-ξετε* 130) M′ 58(s nom)-707 54^{txt} 85′(s nom)-321′(s nom)-344

18 *ἐν* 2° — *αὐτῶν* 2°] *α′ ἐν τῇ βακτηρίᾳ* (*-ρι* 108; *in baculis* pro *ἐν τῇ β.* Syh^{L}) *αὐτῶν* (> Procop) 108 Procop 860 Syh; *ϑ′ ἐν ταῖς ῥάβδοις αὐτῶν* Procop 860 Syh^{L}

καὶ ἀπὸ Νααλιὴλ εἰς Βαμώθ· 20*καὶ ἀπὸ Βαμὼθ εἰς νάπην, ἥ ἐστιν* 20
ἐν τῷ πεδίῳ Μωὰβ ἀπὸ κορυφῆς τοῦ λελαξευμένου τὸ βλέπον κατὰ
πρόσωπον τῆς ἐρήμου.

ABFMV O''^{-G} C'' *bdfnstxyz*$^{-630}$ al verss

μανδαναιμ d^{-106}; *μαναιν* 18; *μαθανειν* 77*-417; *ματθανιν* 121; *μαθναι* n^{-767}; *μανθαναι* 767; *μαθθανα* 426 = 𝔐; *nathanaein* Sa; *manthapae* ^{Lat}cod 100; ⌒(19) F*(cprm) 426^{txt}(cprm) C'^{-77}-46-551 19′ 129 71 68 59 (sed hab Ald Compl)

19 *καί* 1°] ⌒2° *d* 370; ⌒(20) ^{Lat}cod 100 | *Μανθαναίν*] *-ναειν* B F$^{(c2)}$ V 15′-29-58-707* 118′-537 53′-56 120′-122 = Compl; *-ναην* 343; *-νιειν* 799; *-νιν* 52-414 55* Arm; *-νειν* A 707^{c} 77-313-422-615 $s^{-343\ 344mg}$ 624; *-νην* 318; *-ναιμ* t^{-370} 126-128-628-669; *-ναειμ* 381-618^{c} 392; *-ναειλ* 619^{c} = Ald; *-ναηλ* 619*; *μαθ.* 72 509 Syh^{L}; *μαθαναειν* 246 319; *mathanaim* Ruf *Num* XII 3; *μαθαναειμ* 618*; *μανθανεν* F$^{(c1)}$ Bo; *μαθανειν* 417; *nathanaein* Sa; *μαναιν* 18; *ματθανιν* 121; *μαθναι* n^{-767}; *μανθαναι* 767; *μαθθανα* 426$^{(mg)}$ = 𝔐 | *εἰς* 1°] + *ει* 77* | *Νααλιήλ* 1° F^{b} = Sixt] *ναaδιηλ* oI^{-618} 619 = Ald; *μααλιηλ* F(vid); *μανιηλ* F^{a}(vid); *ναλιηλ* 77*; *ναδιηλ* 618; *νααλλιηλ* 72^{c}; *ααλλιηλ* 72*; *νααvιηλ* 56 799; *νααvηλ* 246; *νεανιηλ* 55; *μαναηλ* B* V 376 129* 509 *z* Arm Sa; *ναχαιηλ* *b* 458-767 74′; *ναχεηλ* 54′-75 76-84; *αναχαιηλ* 319; *ναθαναηλ* Compl; *nachaēl* Bo^{A}; *nenachaēl* Bo^{B}; *μανανaηλ* B^{c} 82 71; *μαθαναην* 129^{c}; *μαθαναηλ* 664; *μανθαναηλ* 53; ⌒2° 376 129 75 Sa | *ἀπὸ Νααλιήλ*] om *ἀπό* 44; > 71 | *Νααλιήλ* 2° F^{b} = Sixt] *νααδιηλ* oI^{-618} 619 = Ald; *ναδιηλ* 618; *ναλιηλ* 30-321; *μααλιηλ* F; *νααvιηλ* 707 57 56 799; *νααvηλ* 246; *νααλλιηλ* 72; *νεανιηλ* 55; *ναχαιηλ* *b d* 458-767 74′-370; *ναχεηλ* 54′ 76-84; *αναχαιηλ* 319; *nachaēl* Bo^{A}; *nenachaēl* Bo^{B}; *ναθαναηλ* Compl; *μαναηλ* B* V 509 *z* Arm; *μανανaηλ* B^{c} 82; *μαθαναηλ* 664; *μανθαναηλ* 53 | *Βαμώθ* F^{b2}] *βαιμωθ* 376; *βαμωβ* F F^{b1}; *μαμωθ* 55*; *μαβωθ* 319 Bo^{A}; *βαθωμ* 57-414′-528′-550′; *βαθ* 730*; *βαθμωβ* 767; *nabōth* Bo^{B}; *καμωθ* 314; *manamōth* Sa; ⌒(20) 16-46 129 392 126 319

20 om *ἀπὸ Βαμώθ* 71 | *ἀπό* 1°] *εκ* F M′ 58-oII^{-82} $C''^{(-16\ 46)}$ *b s* y^{-392} 55 59 624 (sed hab Compl); *επι* 125 | *Βαμώθ*] *βαιμωθ* 376; *βα[.]ω[.]* 761^{txt}; *βαμωβ* F^{b1}; *βαθωμ* 414′-550′; *μαμωθ* 107*-610; *mabōth* Bo^{A}; *nabōth* Bo^{B}; *βαθωθ* 57; *βαθμων* 767; *math* ^{Lat}cod 100 | om *εἰς* — *Μωάβ* Sa | *νάπην* F^{a}] pr *σιανα* 458; pr *ιαννα* 54-75; *ναπαν* 527; *ναγην* f^{-129}; *ιαπην* 82; *ιαννα* 15^{c}-64-381-426 ↓; [.]*αννα* 15*; *αννα* 618; *ιανα* 130^{mg}-321′^{mg}; *ιανην* B; *anaen* Arm; *φαραγγα* 376 ↓; *φανην κορυφην* 129; + *ιαννα* F F^{b} 58 59; + *ηανα* 72 | *ἥ*] *ο* 381′ | om *ἐστιν* Aeth = 𝔐 | *ἐν τῷ πεδίῳ*] *εν τω πεδινω* 624; *επι των οριων* (*ορειων* 19) *b* (sed hab Compl); *αυτω πεδιω* 84; *in castris campis* ^{Lat}cod 100 | *Μωάβ*] *μοαβ* 75; *μωαμ*

---

19 *εἰς Νααλιήλ*] *α′ in rivos validorum* Syh; *χείμαρροι ἰσχυροί· εἰς φάραγγα* (*φαλαγγας* cod) 58(ind mend ad (12) *Ζαρέδ*) | *εἰς Βαμώθ*] *α′ εἰς* (> 108) *ὑψώματα* 58(s nom et ind mend ad (12) *Ζαρέδ*) 108 Syh; *σ′ in colles* Syh^{L}

20 (*εἰς*) *νάπην*] *ο′ θ′ ιαννα* 344; *α′ σ′ νάπην* 344^{txt}; *σ′ in vallem* Syh^{L} | fin] + *et dixit dominus* (*pypy* L) *ad mosen*: *surgite et promovete et transite vallem arnon*; *ecce tradidi in manus tuas sihon regem heshbon amorrhaeorum et terram eius*; *incipe possidere, consere ad eum pugnam. die hoc* (*incipe* — *hoc* bis scr L) *incipe dare tremorem tuum et metum tuum super faciem omnium gentium quae sub toto caelo* (*toto caelo* tr L), *qui si* (> T) *audiant* (*audientes* T) *nomen tuum perturbabuntur et dolores acquirent a facie tua* Syh (ex Sam secundum Syh: cf Deut 2 24 25)

21 ^{21}*Καὶ ἀπέστειλεν Μωυσῆς πρέσβεις πρὸς Σηὼν βασιλέα Ἀμορραίων*
22 *λόγοις εἰρηνικοῖς λέγων* ^{22}*Παρελευσόμεθα διὰ τῆς γῆς σου· τῇ ὁδῷ*
πορευσόμεθα, οὐκ ἐκκλινοῦμεν οὔτε εἰς ἀγρὸν οὔτε εἰς ἀμπελῶνα, οὐ
πιόμεθα ὕδωρ ἐκ φρέατός σου· ὁδῷ βασιλικῇ πορευσόμεθα, ἕως ἂν
23 *παρέλθωμεν τὰ ὅριά σου.* ^{23}*καὶ οὐκ ἔδωκεν Σηὼν τῷ Ἰσραὴλ παρελ-*

ABFMV *O''*$^{-G}$ *C''* *bdfnstxyz*$^{-630}$ al verss

M'; *μωαν* 527 | *ἀπὸ κορυφῆς*] pr *και* 72; *επι την κορυφην b* Sa (sed hab Compl); *ad verticem* ^{Lat}cod 100 Arab | *ἀπό* 2°] *επι* V 85'^{mg}-321'^{mg}-344^{mg} 319 | *τοῦ λελαξευμένου*] *loci* ^{Lat}cod 100 | *τό* = Sam] *και* 75' = 𝔐 Tar^{O} | *κατά* — fin] *mediam heremiam* ^{Lat}cod 100; *κατ ανατολας της ερημου* 509

21 *καὶ ἀπέστειλεν*] *και εξαπ.* 528 246; *απ. δε* 319 ^{Lat}cod 100 (sed hab Ruf *Num* XII 4) | *Μωυσῆς*] *μωσης* 426 *n* 527 120-122 (sed hab Ald); *ιηλ* F M^{mg} 58-72-707^{txt}(c pr m) 131^{c} *f*$^{-129}$ 85'^{mg}-321'^{mg} 392 59 624 799 Aeth Arab Syh = Compl ↓ | *πρέσβεις*] *πρεσβυς* 376 46* 75*; *πρεσβειαν* 344^{mg} 319 ^{Lat}cod 100 (sed hab Ruf *Num* XII 4) | *πρός*] *προ* 29; *εις* 458 | *βασιλεα σιων* 44 | *Σηών*] *σιων* 15*-376* 16-46*-313*(vid)-528 108-314 *d*$^{-44}$ 53'-56*-246 54-75'-767* 30-130-321 509*-527' 318 122^{c}-669* 55 319* (sed hab Ald Compl); *zēōn* Sa; *ση*[.]*ων* 29*; > F 392 Aeth^{M} Arm | *βασιλέα*] pr *τον* 392; + *τον* 46^{s} = Ald | *Ἀμορραίων*] pr *των* M' *oI* 761* 458 527-619 392 319; *αμωρρ.* 82-707 46^{s}-616* 246 85*; *αμμορρ.* 55; *αμμοραιων* 422 799; *αμοραιων* 314; *αμορραιον* 376 56* 75 | *λόγοις εἰρηνικοῖς* = Sam] *λογους ειρηνικους* 72; pr ÷ Syh^{T}; > 58 246 Arab Bo = Compl 𝔐 Tar | *εἰρηνικοῖς*] pr ÷ Syh^{L}

22 *παρελευσόμεθα*] *-σωμεθα* 707* 529 107'-125 56 *n*$^{-127}$ 30 59 ^{Lat}cod 100; *-σομαι oI* 71 = 𝔐; *ελευσ.* 126 | om *τῆς* 422 | *σου* 1°] *ου* 29 767* | *τῇ ὁδῷ πορευσόμεθα*] pr *και* 126 Aeth; pr *τη οδω* 30; sub ÷ Syh^{L}; om *τῇ* A; > 58 319 ^{Lat}PsAmbr *Mans* 41 Arab = Compl 𝔐 | *πορευσόμεθα* 1°] *-σωμεθα* 376 131-529 125 54-458-767 55 59 799; *-σομαι* B^{c} 426 130^{mg}-321'^{mg}-344^{mg} 71-509 Syh (sed hab Sixt) = Sam; *πορευομεθα* V* 82; *παρελευσομεθα* 53'-129; > ^{Lat}cod 100; ⌒2° 527 | *οὐκ ἐκκλινοῦμεν*] pr *et* Aeth; *ουκ εκκαινουμεν* 130; *ου κλιν.* 126; *ουκ εκληνομεν* 376; *ουκ εκκλινομεν* 458 624; *ουκ εκκλινουσιν* 509 | *ἐκκλινοῦμεν*] + (+ *εις* 58; + *neque* La) *δεξια* (*-αν* 767) *ουδε* (*ουδ* 75; *ουτε* 58 *d t*; + *εις τα* V; + *εις* 58) *ευωνυμα* (*ευον.* 75; *-νιμα* 246; *-νοιμα* 767*; *αριστερα* 58 53') V 58-376 *d f*$^{-129}$ *n t* 71-509 799 ^{Lat}cod 100 Bo = Sam ↓ | *οὔτε* 1°] *ουδε* V Bo; > 126 Arm^{te} = 𝔐 | *ἀγρόν*] *agros* Bo | om *εἰς ἀμπελῶνα οὐ* PsAmbr *Mans* 41 | *ἀμπελῶνα*] *-νας* 71 Bo; + *σου* A 121 | *οὐ*] *ουτε* 53'-129 Aeth Arab Arm Bo = Compl | *πιουμεθα* 46^{s} 44 246 130; *πιομεν* (*πιωμεν* 53') 53' 68'-120' (sed hab Ald) | *φρέατός*] pr *του* 246 619 *z*$^{-126}$; *φρεατων d t* Aeth Arm Bo | *σου* 2°] *ου* 619; sub ÷ Syh^{L}; > 128 319 ^{Lat}PsAmbr *Mans* 41 = Compl 𝔐 | *ὁδῷ βασιλικῇ*] pr *αλλ* 126 Bo; *οδω τη βασιλικη* (*-λεικη* 319) V 130^{mg}-321'^{mg}-344^{mg} 319; *per viam rectam* ^{Lat}cod 100 | *πορευσόμεθα* 2°] *-σωμεθα* 131-529 *d*$^{-106}$ 56'-664 75-767 344* 71 55 59 799 | *ἄν*] *ου* 84; > B 53'-129 71-509 55 = Ra |

---

21 *Μωυσῆς*] *ο' οἱ λ' ιηλ* 344

22 *τῇ* — *ἐκκλινοῦμεν*] *in via regali ibimus, non revertemur in dextram neque in sinistram; non declinabimus* Syh^{L} (cf Sam) | *οὐ* — fin] *cibos argento vendes mihi et edam, et aquam argento vendes mihi et bibam; sed transibo pedibus meis, quemadmodum fecerunt mihi filii esau qui habitant in seir et moabitae qui habitant in aroer* Syh^{L} (ex Sam secundum Syh: cf Deut 2 28 29)

θεῖν διὰ τῶν ὁρίων αὐτοῦ· καὶ συνήγαγεν Σηὼν πάντα τὸν λαὸν αὐτοῦ,
καὶ ἐξῆλθεν παρατάξασθαι τῷ Ἰσραὴλ εἰς τὴν ἔρημον, καὶ ἦλθεν εἰς
Ἰάσσα καὶ παρετάξατο τῷ Ἰσραήλ. ^{24}καὶ ἐπάταξεν αὐτὸν Ἰσραὴλ 24
φόνῳ μαχαίρας, καὶ κατεκυρίευσαν τῆς γῆς αὐτοῦ ἀπὸ Ἀρνὼν ἕως
Ἰαβὸκ ἕως υἱῶν Ἀμμάν· ὅτι Ἰαζὴρ ὅρια υἱῶν Ἀμμάν ἐστιν. ^{25}καὶ 25

ABFMV O''^{-G} C'' $bdfnstxyz^{-630}$ al verss

ορεια B* (sed hab Sixt) | fin] + *τροφην αργυριου μεταδωσεις μοι και φαγομαι και υδωρ αργυριου μεταδωσεις μοι και πιομαι και μονον τοις ποσιν μου παρελευσομαι ον τροπον πεποιηκαν μοι οι υιοι ησαν οι κατοικουντες εν γαβαλα και οι μωαβιται οι κατοικουντες εν τη ορινη* 15 ↓

23 *καί* 1°] ⌒2° *cI*-551 | om *οὐκ* 68′-120 (sed hab Ald) | *ἔδωκεν*] *ηθελησε* *b* (sed hab Compl) | *Σηών* 1°] *σιων* 15*-376* 313* 108-314^{c} *d* 53′-56* 54-75′-767* 130 509*-527′ 318 122$^{c\,vid}$-669* 55 319* (sed hab Ald Compl); *zēōn* Sa; *σημειον* 799; > Bo | *τῷ Ἰσραήλ* 1°] post *παρελθεῖν* tr 75 Arm; ⌒2° 44 | *παρελθεῖν*] *τοπον* 82 | *διά*] *απο* 121 | *τῶν ὁρίων*] *των ορειων* B* b^{-537} (sed hab Compl Sixt); *των πορειων* 619 68′-120′; *της γης* *n* 527 | *αὐτοῦ* 1°] *αυτων* 15 71* | *επισυνηγαγεν* 121 | *Σηών* 2°] *σιων* 15*-707 73*-131-313* 108 $d^{(-44)}$ 53′-56* 75′-767 85*-130 527′ 318 120-122-669* 55 319* (sed hab Ald Compl); *zēōn* Sa | om *πάντα* V 319 | *καὶ ἐξῆλθεν*] *και εξηλθον* 799; om *καί* Bo; > Arab | *τῷ* 2°] *τον* 73′ 30; > B* V 82 (sed hab Sixt) = 𝔐; bis scr 130(|); ⌒3° ^{Lat}cod 100 | *τὴν ἔρημον*] *την ερυθραν* 552^{txt}; *πολεμον* F*(cprm) 376 | *καί* 4° F^{c}] bis scr F(|) | om *εἰς* 2° 82 *d* 370 | *Ἰάσσα*] *ιασα* 72 46-414-616* 314* 370* 527 392 59; *εισσα* B* (sed hab Sixt); *ιασσαρ* V; *assaar* (*issaar* 2°) Ruf *Num* XII 4bis; *σααρ* 53-129; *ααρ* 664; *assa* Bo^{A}; *essa* Bo^{B} Sa; *σιασσα* 707^{mg}; *siasar* Arm; *σιασωρ* 707^{txt}; *σισσααρ* 509; *yhṣ* Syh = 𝔐; inc 551 | *παρετάξατο*] -*ξαντο* 246 | *τῷ* 3°] *τον* 125 30-321; > 71 | *Ἰσραήλ* 3°] + *εις την ερημον* 73*: ex praec; ⌒(24) Aeth^{M}

24 om *καὶ ἐπάταξεν* 73′ | *αὐτόν*] *αυτο* 130; *αυτω* 106; *eos* Aeth; *τον* 376*; *sēōn* Bo; post *Ἰσραήλ* tr 414 | *Ἰσραήλ*] pr *ο* 52 d^{-125} *n* t^{-84} 527 799; *deus* Sa; > 550*(cprm) 126; + *και τους υιους αυτου και παντα τον λαον αυτου* 58 = Sam ↓ | *φόνῳ*] pr *εν* 417 53′-129 343 121 799 ^{Lat}cod 100 Ruf *Num* XIII 1 = Compl | *μαχαιρης* B*(vid) 129 (sed hab Sixt) = Ra | *κατεκυρίευσαν τῆς γῆς*] *subiecerunt populum* Sa | *κατεκυρίευσαν* = Sam Tar^{P}] *εκυρ.* 126; -*σε(ν)* V 376 30′ 84 Bo^{B} = 𝔐 Tar^{O} | om *τῆς γῆς* F | *αὐτοῦ*] *αυτων* 72 *b* 343 (sed hab Compl); > ^{Lat}cod 100 (sed hab Aug *Num* 44) | *Ἀρνών*] *αρνω*[.] 126*; *αρνωθ* 126^{c}; *αρων* 246 | *ἕως* 1°] ⌒2° 529 527 ^{Lat}cod 100 | *Ἰαβόκ*] *ιαβωκ* 15-381-618^{c}-707 $C^{-101\,(550)}$-414-417-422 19 125 54 28-85-343-346^{c} 84 318 126 (sed hab Compl); *ιακωβ* 72-618* 131-$cI'^{-414\ 417\ 422\ 551c}$ 458 130-321-346*-730; *ιαβωβ* 59 | *ἕως* 2°] pr *και* 528 458 55 Sa; > Bo | *υἱῶν* 1°] *οριων* 72 ^{Lat}cod 100 (sed hab Aug *Num* 44): cf Tar^{P} | *Ἀμμάν* 1°] *αμμων* M′ V 426-707 417-528 *b* 767 30′ y^{-318} 68′-120′ 319 624 ^{Lat}cod 100 Arab Arm Bo Syh (sed hab Ald Compl) = 𝔐; *αμβαν* 53; *αμμα* 72; ⌒2° 59 | om *ὅτι* — fin 127 527 Bo | *Ἰαζήρ*] *iazzer*

---

23 *αὐτοῦ* 1°] + *et dixit dominus ad mosen: ecce coepi tradere ante faciem tuam sihon et terram eius; incipe possidere possessionem terram eius* Syh^{L} (ex Sam secundum Syh: cf Deut 2 31)

24 *Ἰσραήλ*] + *et filios eius et omnem populum eius* Syh^{T} (ex Sam secundum Syh: cf 35)

ἔλαβεν Ἰσραὴλ πάσας τὰς πόλεις ταύτας, καὶ κατῴκησεν Ἰσραὴλ ἐν
πάσαις ταῖς πόλεσιν τῶν Ἀμορραίων, ἐν Ἐσεβὼν καὶ ἐν πάσαις ταῖς
26 συγκυρούσαις αὐτῇ. 26ἔστιν γὰρ Ἐσεβὼν πόλις Σηὼν τοῦ βασιλέως
τῶν Ἀμορραίων, καὶ οὗτος ἐπολέμησεν βασιλέα Μωὰβ τὸ πρότερον,
27 καὶ ἔλαβεν πᾶσαν τὴν γῆν αὐτοῦ ἀπὸ Ἀροὴρ ἕως Ἀρνών. 27διὰ τοῦτο
ἐροῦσιν οἱ αἰνιγματισταί

ABFMV *O*′′$^{-G}$ *C*′′ *bdfnstxyz*$^{-630}$ al verss

^{Lat}cod 100; *αζηρ* V *oI*$^{-618c}$-29 414* 53′ 619 318 319 = Ald; *ιαζιρ* 128-669; *ιαζη* *d*$^{-610*}$; *αζη* 610*; *ιεζηρ* 72; *ιναζηρ* 130-321′; *αζ* 767 = 𝔐 | ὅρια] *ορεια* 458; *οριον* *O*$^{-376}$ Arm(vid) = 𝔐; bis scr 414(|); + ras 3—4 litt 75 | om υἱῶν 2° 71 18′-126-628-669 ^{Lat}cod 100 | Ἀμμάν 2°] *αμμων* B V 426 *b* 246 767 30′ 18 319 ^{Lat}cod 100 Arab Syh (sed hab Compl) = Ra 𝔐; *amon* Arm | ἔστιν] pr ÷ Syh^{L}; > 58 = 𝔐

25 Ἰσραήλ 1°] > 527; ⌒2° 414 | om πάσας 75 319 | ταύτας] *ταυτης* 730; *αυτου* 82; *αυτων* 458; > Bo^{A} | κατῴκησεν] pr *μετα ταυτα* 527; -*κισεν* 58 16-46 53^{c}-664 75 68* (sed hab Ald) | Ἰσραήλ 2°] pr *εν* 509; > Sa | ἐν πάσαις 1°] om ἐν 458; om πάσαις 71 Arab; > 72 | om ταῖς πόλεσιν 246 | Ἀμορραίων] *αμμορρ.* 55; *αμωρρ.* 707 767^{c}; *αμμοραιων* 46-422 799; *αμωραιων* 767*; ⌒(26) Sa; ⌒(31) 527 | ἐν Ἐσεβών] pr *και* 552 ^{Lat}cod 100 (sed hab Aug *Num* 44 Ruf *Num* XIII 1); sup ras 313; > 509 | Ἐσεβών] *εσσ.* 58-72 414′-761 537 *n*$^{-767}$ 28*-730 319; *εισεβων* 767; *σεβων* 53′ 318 Bo^{A}; *ευσεβων* 739; *εβων* 619*; ⌒(26) 75-767 | om ἐν 3° 528 | om ταῖς 2° — fin ^{Lat}cod 100 | *συγκρουσαις* (-*σαι* 739*; inc 616^{c}) *C*$^{-131mg}$-46; *συγκροτουσαις* *cI*-551 | αὐτῇ] *αυτης* 56 Syh ↓; *αυτην* 319; *αυταις* A M′ 58-*oI* *C*′′ *s* 619 *y* 55 624 = Ald

26 om init — Ἀμορραίων *C*$^{-131mg}$-46 | init — Ἐσεβών] pr *αυτη* 131^{mg} Bo; *γαρ εστιν εσσεβων* 72; *quia esebon erat* Arm; *εσεβων γαρ* *O*$^{-58}$ Syh: cf 𝔐; *quia sunt* (> c) *in esebon* Aeth; om γάρ 618* | Ἐσεβών] pr *εν* 509; *εσσ.* 58 414′-761 54′-458 730 318^{c} 628 319; *εν* (> Bo) *σεβων* 53′ 318* Bo^{A}; *εσβων* 82* ^{Lat}cod 100 | πόλις F^{b}] *πολεις* A B* F 376 246 75 30-130^{mg} 55 624 Aeth (sed hab Sixt); *πολ* 669 | Σηών] *σιων* 29-426* 313-528 108-118′-537* 106 53′-56* 54-75′-767* 346* 71 122^{c} 55 319* (sed hab Ald Compl); *σινα* *d*$^{-106}$; > 246 | Ἀμορραίων] *αμμορρ.* 126(|) 55; *αμωρρ.* 707 131$^{(mg)}$ 767 30 120; *αμμοραιων* 422 799; *αμοραιων* 618; + *εστιν* B *O*$^{-58}$ 129 509 Syh = 𝔐 | *ουτως* *O*$^{-426c}$-72 413 *d*$^{-125}$ 767 30 84 *y*$^{-121}$ 319 = Compl | βασιλέα] pr *τον* 376 669^{c}; -*λει* *n* 319; -*λευς* 72-82*(vid) 318; -*λευ* 82^{c}; *βασιλ* 126; > 52-552 | om τό 246 | ἔλαβεν] -*βον* B F 72-82-426 422 53′-129 71 *z* ^{Lat}cod 100 (sed hab Ald) = Ra; *ελα* 56 | om πᾶσαν 16-46-413 Arab | τήν] bis scr 59* | γῆν αὐτοῦ] *εαυτου* 52′-313; *γην αυτων* 127*; om γῆν 413-414-417-422-528′-550′-551*; tr *C*-46-551^{c} | ἀπό Ἀροήρ] pr *εκ χειρος αυτου* *O*$^{-426}$; *εκ χειρος αυτου* 767 ↓; *απο χειρος αυτου* Compl; om ἀπό *C*-46; > Arab | Ἀροήρ] *αρωηρ* 616* 75 619 68′-120′; *ροηρ* 58 458*; *αρουρ* 414; *αροημ* 426; *αροηλ* 127 18′-126-628-669 Sa; *ροηλ* 376; et Ἀρνών tr 55 | Ἀρνών F^{b}] pr *των* 106; *ανων* F

27 ἐροῦσιν] *αιρ.* 313-615 767 55* 319 799*(vid); *dicunt* Arm Bo; > 529 | οἱ αἰνιγμ. ἔλθετε] pr *omnes* Arm; bis scr 121 | αἰνιγματισταί] *δογματισται* 628 |

25 συγκυρούσαις (αὐτῇ)] οἱ γ′ (+ *et* Syh^{T}) θυγατράσιν αὐτῆς 108 Syh; ἐγγιζούσαις F^{b} | αὐτῇ] ο′ αὐτῇ οἱ λ′ αὐτῆς 344

26 ἀπὸ Ἀροὴρ (ἕως Ἀρνών)] οἱ γ′ ἐκ χειρὸς αὐτοῦ (+ *ad arnon* Syh) 108 Syh^{L}

Ἔλθετε εἰς Ἑσεβών,
ἵνα οἰκοδομηθῇ καὶ κατασκευασθῇ πόλις Σηών.
28ὅτι πῦρ ἐξῆλθεν ἐξ Ἑσεβών, 28
φλὸξ ἐκ πόλεως Σηών·
καὶ κατέφαγεν ἕως Μωάβ,
καὶ κατέπιεν στήλας Ἀρνών.
29οὐαί σοι, Μωάβ· 29
ἀπώλου, λαὸς Χαμώς.
ἀπεδόθησαν οἱ υἱοὶ αὐτῶν διασῴζεσθαι,
καὶ αἱ θυγατέρες αὐτῶν αἰχμάλωτοι,
τῷ βασιλεῖ τῶν Ἀμορραίων Σηών·

ABFMV O''^{-G} C'' bdfnstxyz^{-630} al verss

ἔλθετε] pr εως 610; ειλθεται 314; -τω 509; ελθατε (-ται V 75-767) A V 29-58 129 n 121(2°)-392 55*(cprm) 624 799; ελθε 18* | εἰς] εν 53′; εως d n t; > 509 | Ἑσεβών] εσ|σσεβων 54; εσσ. 58^{c}-72 414′-761 108 127 730 318 628-669(vid) 319 (sed hab Compl); σεσεβων 71; σεβων 53′ 75′-767; εβων 120; εσεβεις Phil I 163 | ἵνα — κατασκευασθῇ] *quod aedificata et praeparata est* Arm | οἰκοδομηθῇ] ανοικ. (ανηκ. 53; -μιθη 664) 53′; οικονομ. 739 | καὶ κατασκευασθῇ] και κατασκευαστη 53′; και σκευασθη oI; > ^{Lat}cod 100 (sed hab Ruf *Num* XIII 2) | πόλις] pr η 54-75′; + η cI$'^{-46\ 73^*\ 528}$ | Σηών] σιων 29 131^{c} 108-118′ d 53′-56*-246^{c} 54-75′-767* 84 71-509* y^{-121} 55 (sed hab Compl); *zēōn* Sa; εσσεβων 319; εθνων z (sed hab Ald); ημων (υμων 417-616^{c}) 707 C''^{-131c} 28-30′-85′^{txt}-321′^{txt}-343′

28 om ἐξῆλθεν 619 | ἐξ] εκ F 318 18; εις 46^{s}; εν F^{b} 75; > 72 | Ἑσεβών] εσσ. 58^{c}-72 414′-761 n 730 319 Phil I 164^{ap}; ασεβων 619 = Ald; *ezebōn* Sa; σεβων 318 18 ^{Lat}cod 100 Bo^{A}; εβων 664* | φλόξ] pr και 376-oI^{-15} b 619 624 ^{Lat}Ruf *Num* XIII 2 Aeth Arm Co Syh (sed hab Compl) = Ald; + εξηλθεν 18 | om πόλεως 18 | Σηών] σιων 29 16′-46-73*-77$^{c\,vid}$-313*-528-500′ 108-118′ d 53′-56* n^{-127} 84 71 318* 120-126 55 319 Phil I 163^{ap} 164 (sed hab Compl); [. .]ων 85*; *zēōn* Sa | om καί 1° V(|) Bo^{A} = 𝔐 | κατέφαγεν] εφαγεν 376; + την αρτην 767 | ἕως] του 767; > b (sed hab Compl) | Μωάβ — 22 29 fin] absc 624(||) | μωαμ M 343 416* | om καί 2° 120′ = 𝔐 | κατέπιεν] κατεφαγε (τεφ. 619*) 619 68′-120′ Bo; κατεπαυσε Phil I 163 | στήλας] pr *usque* ^{Lat}cod 100 | αργων Phil I 163

29 ἀπώλου λαός] απολωλας (απωλ. 319) ως V 319; απολωλε Phil I 163; *perdidisti populum* Aeth | ἀπώλου] pr οτι M^{mg} d n 85^{mg}-321′^{mg} t; απωλω 343; *periit* Arm^{ap}; *et perdidunt* Sa; πολις Phil I 164 | om λαός 56′ | Χαμώς] χαμος 53* 75 799; χαμ Phil I 163^{ap}; *thamos* ^{Lat}cod 100 | ἀπεδόθησαν] pr *et* Arm; pr οτι 75′; -θη Phil I 163; απεδηθ. 246*(cprm); απεθησαν 71; + σοι f^{-129} 799 | om οἱ 707^{c} 56′ 319 799 Phil I 163 | om υἱοί 707* | αὐτῶν 1°] αυτου 29-381* 422-529 = 𝔐 | διασῴζεσθαι] σωζεσθε Phil I 163; post αὐτῶν 2° tr ^{Lat}cod 100 | om αἱ 30′ 318 | om αὐτῶν 2° 72 | αἰχμάλωτοι] pr αι 127; -λωται 53′ | om τῷ 125 | τῶν Ἀμορραίων] τω (των*) αμορραιω 417; om τῶν 319 Phil

---

27 init — αἰνιγματισταί] διὰ τοῦτο ἔλεγον οἱ παροιμιαζόμενοι Procop 860 | πόλις Σηών] ο′ οἱ λ′ πόλις Σιών 344

30 30καὶ τὸ σπέρμα αὐτῶν ἀπολεῖται, Ἐσεβὼν ἕως Δαιβών,
καὶ αἱ γυναῖκες ἔτι προσεξέκαυσαν πῦρ ἐπὶ Μωάβ.

31 31Κατῴκησεν δὲ Ἰσραὴλ ἐν πάσαις ταῖς πόλεσιν τῶν Ἀμορραίων.
32 32καὶ ἀπέστειλεν Μωυσῆς κατασκέψασθαι τὴν Ἰαζήρ, καὶ κατελά-
βοντο αὐτὴν καὶ τὰς κώμας αὐτῆς, καὶ ἐξέβαλον τὸν Ἀμορραῖον τὸν
33 ὄντα ἐκεῖ. 33καὶ ἐπιστρέψαντες ἀνέβησαν ὁδὸν τὴν εἰς Βασάν· καὶ
ἐξῆλθεν Ὢγ βασιλεὺς τῆς Βασὰν εἰς συνάντησιν αὐτοῖς καὶ πᾶς ὁ
34 λαὸς αὐτοῦ εἰς πόλεμον εἰς Ἐδράιν. 34καὶ εἶπεν κύριος πρὸς Μωυσῆν

ABFMV *O''*$^{-G}$ *C''* *bdfnstxyz*$^{-630}$ al verss

I 163; ad fin tr 799 | *αμμορραιων* 55; *αμωρραιων* M 458-767 130*; *αμμοραιων* 46-422 71 799; *αμοραιων* 107; *αμαρραιων* 129 | *Σηών*] *σιων* 528 108 *d* 53′-56* 75′-767 71 318 120-122 55 319 (sed hab Ald Compl); *zēōn* Sa; > A Arm

30 om init — *γυναῖκες* 628 | *τω* (*το* 509) *σπερματι* (*σπερμα* 68*) 509 68′ (sed hab Ald) | *αὐτῶν*] *αυτου* 72 Bo | *ἀπολεῖται*] *-ληται* 82; *-λειτε* A 376 509 | *Ἐσεβών*] pr *et* Sa; pr *εξ* 29 Arm; pr *απο* V; pr *εν* *b* 509 (sed hab Compl); *sed esbon* ^{Lat}cod 100; *εσσ.* 58^{c}-72 414′-761 *n*$^{-767}$ 730 319 799; *εισεβων* 767; *εσαιβων* 107*; *εκ* (> Bo) *σεβων* 53′ Bo | om *ἕως Δαιβών* ^{Lat}cod 100 | *δεβων* V 72 46-57-77-313*-550′-551-761*(cprm) 314 106 *n*$^{-767}$ 343 76(vid) 509* 59 319 799 Phil I 163 Co; *δαβων* 730; *δαιμων* 53′-129 | om *αἱ* 29 619 *z*$^{-(628)\ 669c}$ Phil I 163(2°) | *γυναῖκες* B V 82 54-75′ 71-509 319 Phil I 163bis II 287 ^{Lat}cod 100] *mulieres tuae* Bo^{A}; + *αυτων* rell | *ἔτι* / *προσεξέκαυσαν πῦρ*] pr *οτι* M′; *insuper et exusserunt* ^{Lat}cod 100; tr 414; + *τουτο* Phil II 287^{ap} | *ἔτι*] *οτι* F*(cprm) 72-376 343 59; *επει* 318; > 767 126 Arm^{te} | *προσεξέκαυσαν* F^{a}] *προεξ.* 458*; *εξεκ.* F 414 767 126; *προσεκ.* *oI*$^{-15}$-72′ 84* 319 Phil II 287^{ap} | *ἐπί*] *εν* Phil I 163(1°) | *μωαμ* 528 127*

31 *κατῴκησεν δέ*] pr *και* 130; *και κατωκησεν* (*-κοισεν* 75; *-κεισεν* 767) *b d n*$^{-54}$ *t* 319 Procop 860 ^{Lat}cod 100 Bo; *κατωκισε δε* 16-46 53′ 343; *κατωκησαν δε* 58; *κατεκαυσεν δε* 509; om *δέ* 54 | *Ἰσραήλ*] pr *οι υιοι* 58 | om *τῶν* 71 | *Ἀμορραίων*] *αμμορρ.* 46^{s} 55; *αμμοραιων* 46(vid)-422 799; *αμωρρ.* 767; *αμαρρ.* 129; *αμορρων* 108* (sed hab Compl)

32 *εξαπεστειλε* 19′ (sed hab Compl) | *μωσης* 72-426 52(|) *n* 527 | *κατασκαψασθσι* 53; *σκεψασθαι* 126 | *τήν*] bis scr 59* | *Ἰαζήρ*] pr *γην* 121; *ιαζερ* 58-72 59; *ιαζαρ* 376*; *ιεζηρ* 618; *iezer* Sa; *ιασηρ* Compl; *iacoer* ^{Lat}cod 100; *azer* Arm^{te}; *iazēb* Bo^{B}; *ιαζ* 458* | *κατελάβοντο*] *-βετο* A Arm^{ap} Co; *προκατελαβετο* V; *-βον* 52′-528 | om *αὐτὴν καί* 319 ^{Lat}cod 100 = 𝔐 | *αὐτήν*] *αυτον* 72; *αυτης* 550*; > 58 | *καί* 3°] sub ÷ Syh^{L}; *κυκλω αυτης* 376 | *τάς*] *κατα* 44 | *κώμας*] *πολεις* F V Aeth | *καὶ ἐξέβαλον*] *κατεξεβαλλον* 527 | *ἐξέβαλον* = Sam Tar^{P}] *-λλον* 343 84 669; *-λεν* V 458 319 Sa = 𝔐 Tar^{O} | *τὸν Ἀμορραῖον*] *τον αμμ.* 55; *τον αμμοραιον* 46-422 799; *τον αμωρρ.* 767; bis scr 313* | *ὄντα*] *κατοικουντα* B V *O*-82 *d* 53′-129 *n t x*$^{-619}$ Arm Syh = Compl Ra Tar^{P}

33 om init — (35) fin 319^{txt} ^{Lat}cod 100 | om *ἐπιστρέψαντες* 761 | *ενεβησαν* 82 | *ὁδόν*] pr *την* 58-376 56*(vid) 121 126; pr *εις* 414 | *τήν*] *τον* 414; > 68-126 Arm (sed hab Ald) | *Βασάν* 1°] *βασσαν* 15′*-82*(vid)-376-381(vid) 56 59; + *εις* 618*; ⌒2° 527 Aeth^{M} | *καί* 2° — *αὐτοῖς*] om *καί* 552; om *τῆς* 72 125; om *τῆς Βασάν* 18; om *εἰς συνάντησιν αὐτοῖς* Bo^{Bc} Sa^{4}; > Bo^{AB*} | *Ὤγ*] *νωγ* 767; > 75 Arab | *Βασάν* 2°] *βασσαν* 15*-376-381(vid) 313-422 71 799 | *αὐτοῖς*] *αυτων* 58 Syh: cf 𝔐; *αυτου* 509; *αυτος* 707*; + *εις πολεμον* 44 |

*Μὴ φοβηθῇς αὐτόν, ὅτι εἰς τὰς χεῖράς σου παραδέδωκα αὐτὸν καὶ
πάντα τὸν λαὸν αὐτοῦ καὶ πᾶσαν τὴν γῆν αὐτοῦ, καὶ ποιήσεις αὐτῷ
καθὼς ἐποίησας τῷ Σηὼν βασιλεῖ τῶν Ἀμορραίων, ὃς κατῴκει ἐν
Ἐσεβών. [35]καὶ ἐπάταξεν αὐτὸν καὶ τοὺς υἱοὺς αὐτοῦ καὶ πάντα τὸν* 35
*λαὸν αὐτοῦ ἕως τοῦ μὴ καταλιπεῖν αὐτοῦ ζωγρίαν· καὶ ἐκληρονόμησαν
τὴν γῆν αὐτῶν.*
22 *[1]Καὶ ἀπάραντες οἱ υἱοὶ Ἰσραὴλ παρενέβαλον ἐπὶ δυσμῶν Μωὰβ* 1
παρὰ τὸν Ἰορδάνην κατὰ Ἰεριχώ.

ABFMV *O*$''^{-G}$ *C*'' *bdfnstxyz*$^{-630}$ al verss

καί 3°] pr *αυτος* V *O*$^{-58}$ *d n t* 527 Sa^{12} Syh = 𝔐 | *αὐτοῦ*] *eorum* Arm^{te} | om *εἰς πόλεμον* 44 Sa^{12} | *εἰς Ἐδράιν*] $\overline{ιηλ}$ 318; om *εἰς* 550*(cprm) | *Ἐδράιν* F^{a}] *-ραειν* A B M′ V *oI*-82-707 *C*$''^{-46\ 52\ 414'}$ *b f* 30′-85′-344 509-619 *y*$^{-318}$ 68′-120′ 55 319$^{(mg)}$ Sa^{4}; *-ραην* 343; *-ραειμ* 28; *σεδ.* 376; *αιδραειν* 127; *εδρασιν* 767; *-ραν* 54*; *-ρυιν* 799; *athrain* Bo; *hudraein* Sa^{12}; *-ρασι* 527; *εδραει* 426; *εδραι* F 29-58-72 54^{c} 59 Syh = 𝔐; inc 628

34 *μωσην* *O*$^{-376}$ *n* 527; *μωσει* 72 | *φοβης* 126 | *αὐτόν* 1°] *αυτω* M*(cprm) | *διοτι* 19 (sed hab Compl) | *τὰς χεῖράς*] *manum* Aeth = 𝔐; om *τάς* *d n*$^{-127}$ *t* 527 126 | om *σου* 53 | *παραδέδωκα*] *παρεδωκα* V 29-72-426-*oI*$^{-15}$ 46-422 *b* 54-75′-127*(cprm) 527 59 (sed hab Compl); *δεδωκα* 126; *tradam* Aeth Arm^{ap} | *καί* 2°] ⌒4° 16-46 75 | om *πάντα* Bo | *αὐτοῦ* 1°] *αυτων* 618; > 125; ⌒2° 527 = Tar^{P} | *πᾶσαν*] *παντα* 55; > 125 = 𝔐 | *γῆν*] *συναγωγην* 52′-616 | *αὐτοῦ* 2°] *αυτων* *C*$''^{-(16\ 46)\ 313^{*}\ 528\ 529^{*}}$ 59* | om *καί* 4° — (35) fin 73′: homoiot | *αὐτῷ*] *αυτον* 72 458-767; + *και παντι τω λαω αυτου* 75 | *καθα* *d t* | *τῷ*] *τον* (*των* 767^{c} 30 527) 537* 53′ 767 30 527 59; > 381′ *C*$''^{(-73')}$ 319$^{(mg)}$(vid) | *Σηών*] *σιων* 108 *d* 53′-56* 54-75′-767* 30 527′ 318 120-122 55 59* (sed hab Ald Compl); *seōn* Bo^{A}; inc 319$^{(mg)}$; > Sa^{12} | om *βασιλεῖ* — fin 527 | *βασιλεῖ*] pr *τω* 381′; *-λεα* 53′ 767 30 59 | *τῶν*] *τον* 610 59 | *Ἀμορραίων*] *αμμορρ.* 55^{c}; *αμμοραιων* 46-422 55* 799; *αμοραιων* 618; *αμωραιων* 767; litt *αμορρ* sup ras 18 | om *ὅς* — fin 72 125 71 | *ὃς κατῴκει*] *qui habitant* Arm^{ap}; *ου κατωκει* 53*; *ος κατοικει* 392 68′-120′ (sed hab Ald) | *Ἐσεβών*] *εσσ.* 58 414′-761 *n* 730 18; *σεβων* 664* Bo^{A}; *εσεων* 53-664^{c}

35 om *καί* 1° 53′ | *καί* 2°] ⌒3° 125 = Sam | om *πάντα* 125 | *αὐτοῦ* 2°] *αυτων* 414; + *και πασαν την γην αυτου* 799: ex 34; ⌒3° 509 126 | om *ἕως τοῦ* 125 | *καταλειπειν* (*-πην* 376 75) F M′ 29-376 129 75 30-130-344 84 55 = Compl; *καταλειψας* 125 | *αὐτοῦ* 3°] *αυτω* 426 527 318 Aeth Bo Syh = 𝔐; *αυτον* 72-376-381′ *C*-46 53′ 28-85; *αυτους* 82 *d*$^{-125}$ 56′ *t* 121 18 799; *αυτων* *cI*$'^{\ 46\ (73')}$ Arm; > 125 | *ζωγρίαν* A F M′ V *O*$''^{-72}$ 529 *b d*$^{-125}$ 53′-129 *n*$^{-127}$ *t x*$^{-619}$ *y* 628* 55] *σωον* 321′^{mg} 128^{mg}; + *επ αυτοις* 125; *-ρειαν* (*σωγρ.* 550* vid) rell = Ra | om *καί* ult — fin 381′ | *ἐκληρονόμησαν*] *-σα* 509*; *-σε* 71 Sa^{12} | *αὐτῶν*] *αυτου* 426 75 30′ 628 = Sixt 𝔐; *αυ*^{τ} 458; inc 319$^{(mg)}$

22 1 *καὶ ἀπάραντες*] *και εκειθεν απαραντες* 381′ ^{Lat}Ruf *Num* XIII 4 Sa^{12}; *και παντες* 458; *απαρ. δε* 125 126; om *καί* Aeth^{M} | om *οἱ* 664* 59 319 Cyr III 397 | *παρενέβαλον*] pr *και* 314 = 𝔐; *-λλον* 82 527; *-λωσαν* 319; *παρεβ.* 458; > 72 | *ἐπί*] *απο* 59 ^{Lat}Caes *Serm* CXIII 1 Ruf *Num* XIII 4 Arm | om *Μωάβ* 318(|) | *παρά*] *circa* ^{Lat}cod 100 | *τόν*] bis scr 130 | *κατὰ Ἰεριχώ*] *και τα ιεριχω* 82;

---

35 *ζωγρίαν*] *α′ λεῖμμα σ′ λείψανον θ′ ὑπόλειμμα* 344; *ο′ ζωγρείαν* 344^{txt}

2 ^{2}Καὶ ἰδὼν Βαλὰκ υἱὸς Σεπφὼρ πάντα, ὅσα ἐποίησεν Ἰσραὴλ τῷ
3 Ἀμορραίῳ, ^{3}καὶ ἐφοβήθη Μωὰβ τὸν λαὸν σφόδρα, ὅτι πολλοὶ ἦσαν,
4 καὶ προσώχθισεν Μωὰβ ἀπὸ προσώπου υἱῶν Ἰσραήλ. ^{4}καὶ εἶπεν
Μωὰβ τῇ γερουσίᾳ Μαδιάν Νῦν ἐκλείξει ἡ συναγωγὴ αὕτη πάντας
τοὺς κύκλῳ ἡμῶν, ὡς ἐκλείξαι ὁ μόσχος τὰ χλωρὰ ἐκ τοῦ πεδίου.
καὶ Βαλὰκ υἱὸς Σεπφὼρ βασιλεὺς Μωὰβ ἦν κατὰ τὸν καιρὸν ἐκεῖ-
5 νον. ^{5}καὶ ἀπέστειλεν πρέσβεις πρὸς Βαλαὰμ υἱὸν Βεὼρ Φαθούρα,

ABFMV $O^{\prime\prime-G}$ $C^{\prime\prime}$ $bdfnstxyz^{-630}$ al verss

om κατά Aeth^{-CG}; > oI^{-15} | ιερειχω B* F 29 73′-131-417-500′-616* 129 28-30^{c}-85′-344-346* 55 416 (sed hab Sixt); ιερηχω 30* 84; ιερυχω 619 68 = Ald
2 ἰδών] *ut audivit* ^{Lat}cod 100 | Βαλάκ] βαλαακ 82 313 53′-56 458 18 319 799 = Compl; *barak* Sa^{12} | υἱὸς Σεπφώρ] sup ras 56 | Σεπφώρ] -φορ 55; σεφφωρ 426 319; σεφωρ 707 Sa^{12}; σεμφωρ 46^{c}(vid) 314 84; -φων 44; επφωρ 458; *sepphōra* Sa^{4} | om πάντα 126 | εποιησαν 799 = Tar^{P} | Ἰσραήλ] pr ο $cI^{\prime-46}$ $^{73'}$; pr οι υιοι 799; μωυσης *b* (sed hab Compl) | Ἀμορραίῳ] αμμ. 55; αμωρρ. 528 75-767; αμμορραιω 46-422 106 799; αμορραιω 618
3 om καί 1° 72-376-381′ 125 53′ 527 Aeth^{CG} Arm | εφοβη 707 125 | Μωάβ 1°] pr τω 610; βαλακ 321^{txt}; > 72 125 | τὸν λαόν] τω λαω 550*; + *domini* Sa^{12}; post σφόδρα tr 246 75′ Arm | σφόδρα] post πολλοί tr Sa^{12} | πολλοὶ ἦσαν] πολλοι εισιν 71-509; πο^{λλ} ην 126 | καί 2° — fin] om καί ^{Lat}cod 100 Aeth^{M}; om ἀπό — fin Bo; > 767: homoiot | προσώχθισεν] -σαν (-θεισαν V) V Aeth; εφοβηθη 71 | Μωάβ 2°] μωαμ M^{txt}; βαλακ M′^{mg} $C^{\prime\prime-131^{c}}$ 30′-85′^{mg}-321′^{mg}; βαλαακ 344^{mg} 319; > 71 | ἀπό] εκ Cyr III 397 | υἱῶν] pr των F 16-46 *d* n^{-767} 130 *t* x^{-509} z^{-126}; > 29 | Ἰσραήλ] ισαηλ 619*; αμμων 318
4 om Μωάβ 1° 125 | τῇ γερουσίᾳ] προς την γερουσιαν 15 $C^{\prime\prime}$ *s*; προς γερουσια 246*(cprm) | Μαδιάν 426 ^{Lat}Aug *Num* 46 Ruf *Num* XIII 5 Syh = Compl] *mazyam* ^{Lat}cod 100; μαδιαμ rell = Ra | νῦν] pr και ειπεν 426; pr *et* ^{Lat}cod 100; ει μεν 527 | ἐκλείξει] -ξη 414 106; εκλιξεν 56; *absumit* Arm; εκλεξει 44; εκλειψει 618; εκαθιξεν 318 | om ἡ 414 | αὕτη = Sam Tar^{P}] > 58 = 𝔐 Tar^{O} | πάντας τούς] *omnis quae est* ^{Lat}cod 100; + λαους τους 121 | υμων 616* 53′ 75* 321′ 527 | ὡς B 29-82-426 125 53′-129 71-509 392 Aeth Sa = Compl] + αν 55; + ει rell = Sixt | ἐκλείξαι] εκλειψαι 618; εκλειψει 730; εκλιξη 319; εκλειξαν 376; εκλεξαι 44 75′; *absumit* Arm^{te}; εκλειξει (c var) A F 15-oII^{-707*} $C^{\prime\prime}$ 610 53′-129 127 s^{-730} 76 121 55 59; > 318 | ὁ μόσχος] om ὁ 422 *b* 509 318 (sed hab Compl); > 28-85^{txt} | ἐκ τοῦ πεδίου] *in campo* Arm; εκ του αγρου 72; om ἐκ 552 76 527 318 ^{Lat}Ruf *Num* XIII 5 = 𝔐 | καί 2° — fin] om καί Aeth^{M}; > 527 | Βαλὰκ υἱὸς Σεπφώρ] post Μωάβ 2° tr 55 | Βαλάκ] βαλαακ 82 107 f^{-129} 75 509 319 799 = Compl; *ballae* ^{Lat}cod 100; *barak* Sa^{12} | υἱός] pr ο 53′ | Σεπφώρ] σεφφωρ 426 319; σεφωρ 707* Sa^{12}; σεμφωρ 84 | βασιλεύς] -λευ F*(cprm) 246; -λεως 610 59*; > 616*(vid); + $\overline{υς}$ 618 | Μωὰβ ἦν] βωαβ ην F*(cprm); μωαβ η 72; ην μαδιαμ 54-75′; tr 422 127-767 | om τόν 619
5 ἀπέστειλεν] + βαλακ βασιλευς μωαβ 527 | πρέσβεις] -βυς 376* 458; *legatum* ^{Lat}cod 100 | om πρός 537* | Βαλαάμ] βαλαμ 618 120 ^{Lat}cod 100;

---

22 3 (καὶ) προσώχθισεν] ἠθύμησεν (ηθιμ. 346; ηριθμ. 321) 130-321′ 128; καὶ ἐδειλίασεν (εδιλειασεν cod) καὶ ἐμίσησεν (εμησεισεν cod) 127
4 νῦν ἐκλείξει] ἄρτι ἐξαλείψει (-λιψει cod) 127

ὅ ἐστιν ἐπὶ τοῦ ποταμοῦ γῆς υἱῶν λαοῦ αὐτοῦ, καλέσαι αὐτὸν λέγων
Ἰδοὺ λαὸς ἐξελήλυθεν ἐξ Αἰγύπτου, καὶ ἰδοὺ κατεκάλυψεν τὴν ὄψιν
τῆς γῆς, καὶ οὗτος ἐγκάθηται ἐχόμενός μου· [6]καὶ νῦν δεῦρο ἄρασαί 6
μοι τὸν λαὸν τοῦτον, ὅτι ἰσχύει οὗτος ἢ ἡμεῖς· ἐὰν δυνώμεθα πατάξαι
ἐξ αὐτῶν, καὶ ἐκβαλῶ αὐτοὺς ἐκ τῆς γῆς· ὅτι οἶδα οὓς ἂν εὐλογήσῃς
σύ, εὐλόγηνται, καὶ οὓς ἂν καταράσῃ σύ, κεκατήρανται. [7]καὶ ἐπο- 7

ABFMV O''^{-G} C'' *bdfnstxyz*$^{-630}$ al verss

βαλαακ 75; βαλακ 122 (sed hab Ald); βαλααν 527 | Βεώρ] βαιωρ A 426 *b d* 127 *t* 71 *y*$^{-392}$ 55 319 (sed hab Compl); βεω V; βεων 414; βερωρ 527; βεαν 376; σεπφωρ 18 | Φαθούρα] pr (※ Syh^{L}) εις 392 128-669 Syh; εις φατουρα 376 ^{Lat}cod 100; *ad phathur* Arm; παθουρα 29 54-767 130^{mg}-321′^{c}-344^{mg}; φαθυρα 129 = Compl; φαθουρρα 619^{c} 68′-120′; φαθουρας 121; φαθαρα 550′; φθθουρα 528; παρα 75*-458; βαθ. A 64-72-381-618^{c} 414-417 18; βαθουρω 618*; βαθυρα 664; βαιθ. 318; φαβουρα 616*(vid); *pharua* Sa^{12}; > 53 75^{c}(vid) | ὅ ἐστιν] οστις 59 | ὅ B V 29-376 C'' 129 509 68′-120′ 55 319 ^{Lat}cod 100] η 58; > 75^{c}(vid); ος rell = Ald | ἐστιν] *erat* Arm | ἐπί] ο 54 | om τοῦ 376 417 | γῆς 1°] pr της 29; της 799; [.]ης 56*; *terrae illius* Arm^{ap} | υἱῶν λαοῦ] υιου λαου 58-72; ιουδα 59 | λαοῦ] pr του 53′-129 = Compl; > 15^{txt} | καλέσαι] pr και 71 | αὐτόν] αυτο 618* | λεγοντα 75′ | om ἰδού 1° 126 | λαός] pr ο 739 53 75; + πολυς 82 | ἐξελήλυθεν] pr *qui* ^{Lat}cod 100 Aeth (sed hab Caes *Serm* CXIII 2 Ruf *Num* XIII 4); εξηλθεν *b* 127^{mg}-458 71-509 126 | ἐξ] εκ γης 55; ⌒(11) 29 | καὶ ἰδού] om ἰδού 106-125 126 Arm Bo^{B}; > ^{Lat}cod 100 Caes *Serm* CXIII 2 Ruf *Num* XIII 4 Bo^{A} | εκαλυψε 126 | ὄψιν τῆς γῆς] γην 126 | καί ult] + ιδου 376 55 ^{Lat}cod 100 | οὗτος] ουτως 56′ 767 319; > 126 ^{Lat}cod 100 | εκκαθητε 56′ | ἐχόμενός μου] *et obsidet me* ^{Lat}cod 100; > 500 | ἐχόμενός] εχθραμ. 59; εχθραινομ. 72 | μοι 458 59^{c}

6 νῦν] pr ο 313; post δεῦρο tr Caes *Serm* CXIII 2 | ἄρασαί] pr *et* ^{Lat}cod 100; αρατε 500; καταρασαι A 121; + *tu* Arm | τόν] bis scr 767* | τοῦτον] τουτο 550 | ὅτι 1°] *et* Bo | ἰσχύει — ἡμεῖς] ισχυροτερος (-ρωτ. 344 318) μου εστι(ν) A M′^{txt} *oI*-82 C'' *b s*$^{-85'mg\ 321'mg}$ 619 *y*$^{-392}$ 55 319 ^{Lat}cod 100 Caes *Serm* CXIII 2 Arm = Ald 𝔐 | ενισχυει (-χιει 664; -χυι 129*) 53′-129 | οὗτος ἢ ἡμεῖς] υπερ ημων 126 | ουτως 767 | ἢ ἡμεῖς] εις ημας 53′; om ἤ 707* | ἐάν] εανπερ *d n*$^{-458}$ *t* 527; ως 72; ει αρα 619 = Ald; + δε (τε 46^{s}) F 58 C''^{-414} 321*(vid) 59 799; + *forte* Caes *Serm* CXIII 2 Ruf *Num* XIII 5 | δυνώμεθα] δυναμεθα 537 610 246 84 799; δυνησωμεθα 72; δυνηθωμεθα 59; δυναμωμεθα 509; δυνηθωμεν 376 *z* 319; περιδυνηθωμεν 458; δυνησομαι 619 = Ald 𝔐 | πατάξαι] παραταξαι V; > 527; + *multitudinem* Bo | ἐξ αὐτῶν] αυτους 72; αυτον 106: cf 𝔐; *aliquos a terra* Ruf *Num* XIII 5 | ἐκβαλῶ] -λλω 767; -λων 44; -λαι 72 ^{Lat}Caes *Serm* CXIII 2 Ruf *Num* XIII 5; *eiciamus* Aeth^{-C} Sa; *eiciemus* Bo | αὐτούς] *hunc* Arm^{te} | ἐκ τῆς γῆς] *a terra mea* Arm; *a terra nostra* Sa^{12} | ἐκ τῆς] απο της 376 *d n* 85′^{mg}-321′^{mg}-344^{mg} *t* 527′ 392 55; sup ras A | ὅτι 2°] ετι F^{b} | οἶδα] > 529; + οτι A F^{a} V 376-*oI*$^{-15}$ *d f*$^{-129}$ *n*$^{-75}$ 28-85′^{mg}-321′^{mg}-344^{mg} *t*$^{-84}$ 121 55 319 Aeth Arm Bo = Compl | οὕς 1°] οσους 413; ος 314; *quem* Aeth Arm | ἄν 1°] εαν B 376 458 = Ra; > 44 126-628* | εὐλογήσῃς] -σεις 44 628; ευλογης A 121; post σύ 1° tr 129 Aeth = Compl | σύ 1°] και 370^{s}; sub ÷ Syh; > C''

---

5 Φαθούρα] τὸν ὑφηγητήν 130-321′ | ἐχόμενός] ἀπέναντι 130-321′
6 ἰσχύει — ἡμεῖς] ο′ ἰσχύει οὗτος ἢ ἡμεῖς 344

ρεύθη ἡ γερουσία Μωὰβ καὶ ἡ γερουσία Μαδιάν, καὶ τὰ μαντεῖα ἐν
ταῖς χερσὶν αὐτῶν, καὶ ἦλθον πρὸς Βαλαὰμ καὶ εἶπαν αὐτῷ τὰ ῥήματα
8 *Βαλάκ.* [8]*καὶ εἶπεν πρὸς αὐτούς Καταλύσατε αὐτοῦ τὴν νύκτα, καὶ*
ἀποκριθήσομαι ὑμῖν ῥήματα, ἃ ἂν λαλήσῃ κύριος πρός με· καὶ κατέ-
9 *μειναν οἱ ἄρχοντες Μωὰβ παρὰ Βαλαάμ.* [9]*καὶ ἦλθεν ὁ θεὸς πρὸς*
10 *Βαλαὰμ καὶ εἶπεν αὐτῷ Τί οἱ ἄνθρωποι οὗτοι παρὰ σοί;* [10]*καὶ εἶπεν*

ABFMV *O''*$^{-G}$ *C''* *bdfnstxyz*$^{-630}$ al verss

53′ 75 28-85′-321′ 527-619 318 *z* 55 59 319 ^{Lat}cod 100 Caes *Serm* CXIII 2 Ruf *Num* XIII 5 Bo = 𝔐 | *εὐλόγηνται*] *ηυλ.* (*-γεινται* 799) F M′ 72′ 414 b^{-19} 56′ 130^{mg}-321′^{mg}-344^{mg} 392 59 799 (sed hab Compl); *-γουνται* (*-ντε* 54) 54*-458; *-γουται* 75; *benedictus erit* (*est* Arm) Aeth Arm | *οὓς* 2°] *quem* Aeth Arm^{te} | *ἂν* 2°] *εαν* B 376 458 (sed hab Sixt) = Ra; > 131 71 126 | *καταράσῃ*] *-σης* (*-σσης* 30) 58 56′ 30; *-σεις* (*κατειρ.* 767) 458-767 509-527; *κατηρ.* (*-σει* 319) 82 106-125 84 318 319; post *σύ* 2° tr 319 Aeth | *σύ* 2°] sub ÷ Syh; > 72 44 527 392 ^{Lat}cod 100 Caes *Serm* CXIII 2 Ruf *Num* XIII 5 Arm Bo = 𝔐 | *κεκατήρανται* F^{b}] pr *και* Compl; *και κατηρανται* (*-τε* 376) F 376-707* 56′ 458-767* 28*(vid) 509 120-126*-628-669; *κατηρανται* 53′ 127 30 71; *κεκαταρ.* (*-ντε* 54; *καικαταραντε* 75) 426 54-75 130^{mg}-321′^{mg}-344^{mg}; *maledictus* Arm^{te}; *maledictus erit* Aeth

7 *εξεπορευθη* 619 68′; *εποευθησαν* 85′^{mg}-344^{mg}-346^{mg} 319 Arm = 𝔐 | *ἡ γερουσία* 1°] *seniores omnes* Sa^{12}; ⌒2° 458 68-407 (sed hab Ald) | *Μωάβ*] *μαδιαμ* 53′ | *καὶ ἡ γερουσία*] om *ἡ γερουσία* 44-125′; > 610 | *Μαδιάν* 426 Arab Syh = Compl] *mazziam* ^{Lat}cod 100; *μωαβ* 53′; *μαδιαμ* rell = Ra | *καὶ τά*] *κατα* 68 (sed hab Ald); om *τά* 528 767 | *μαντεῖα*] *μανδια* *d*; + *εχονται* 767 | om *ἐν* ^{Lat}cod 91 | *χειραις* 72 | *καί* 4° — fin] bis scr 529 | *καί* 4°] > Arm; ⌒5° 414-528 | *ἦλθον*] *ηλθαν* V; *ηλθοσαν* (*-ωσαν* 319) 130^{mg}-344^{mg}-346^{mg} 319; *ηλθε* 343 | *Βαλαάμ*] *balam* ^{Lat}cod 100 | *εἶπαν*] *ειπον* (*-πων* 376) F^{b} 72′-376-381′ *C''*$^{-52' 313}$ *d* 53′-129 n^{-458} 28-85-130^{mg}-321′^{mg}-344^{mg} *t* x^{-619} y^{-121} 126-128-628 59 319 = Compl; *ειπεν* 52′-313 Syh^{L}; *λεγουσιν* *b* 458 | *αὐτῷ*] *προς βαλααμ* 414 | *ῥήματα*] + *ταυτα του* 458 | *Βαλάκ*] *βαλαακ* M′ 15* 16-46 f^{-129} 127-458-767* 509 319 = Compl; *barak* Sa^{12}; *βαλααμ* 610*; *ταυτα ελθοντες εις αυτον* 414

8 *πρὸς αὐτούς*] *αυτοις* 319; + *βαλααμ* (*-λααβ* 767; *balam* La) *d* 246 *n* *t* 527 ^{Lat}cod 100 Arab Sa^{12} Syh^{T} | *καταλύσατε*] *μηνετε* 106$^{sup\ lin}$ | *νύκτα*] + *ταυτην* *b* *d* *n* *t* 527 ^{Lat}cod 100 Aeth Arm Co Syh (sed hab Compl) | om *καί* 2° Bo^{A} | om *ὑμῖν* 72 | *ῥήματα* M′ 458-767 130^{mg}-321′^{mg} ^{Lat}cod 100] pr *τα* f^{-129} = Compl; *ρημα* 75 Aeth = 𝔐; *προσταγματα* 730; *πραγμα* A 426*(c pr m) Cyr I 440; *πραγματα* rell = Ra | *ἅ*] *οσα* (*ος* 767) 58 *d* *n* *t* 527 319; *ο* Cyr I 440 Aeth; > 120′ | *ἄν*] *εαν* B 376 Cyr I 440 (sed hab Sixt) = Ra; > 767 319 | *λαλήσῃ*] post *κύριος* tr Arm | *κύριος*] pr *ο* 509; + *ο θεος* 458; post *με* tr ^{Lat}cod 100 Bo | *καί* 3° — fin] bis scr 414*(|) | *εμειναν* (*-νον* 127*; *εμει*^{ν} 126) *b* *d* n^{-767} *t* 527 126 (sed hab Compl) | *Μωάβ*] *βαλακ* 19 54′-75^{c} 527 Bo (sed hab Compl); *βαλαακ* b^{-19} 75*-458-767 | *παρά*] *προς* M^{txt} V *b* 458-767 71-509 392 126 319 (sed hab Compl) | *Βαλαάμ*] *balam* ^{Lat}cod 100; ⌒(9) 82 313 314^{c}

9 *ἦλθεν*] *ειπεν* 730 | *θεός*] *κυριος* *C''*$^{(-313)}$: cf Tar | *πρός*] *παρα* B* (sed hab Sixt) | *Βαλαάμ*] *balam* ^{Lat}cod 100 | *καί* 2°] > Bo; ⌒(10) 314 | *αὐτῷ*] *προς αυτον*

---

9 *τί οἱ ἄνθρωποι (οὗτοι)*] *ο′ ὅτι οἱ ἀνοι α′ θ′ τίνες οἱ ἄνδρες οὗτοι* 344; *σ′ τί οἱ ἀνοι* 344^{txt}

Βαλαὰμ πρὸς τὸν θεόν Βαλὰκ υἱὸς Σεπφὼρ βασιλεὺς Μωὰβ ἀπέστειλεν
αὐτοὺς πρός με λέγων ^{11}*Ἰδοὺ λαὸς ἐξελήλυθεν ἐξ Αἰγύπτου, καὶ ἰδοὺ* 11
κεκάλυφεν τὴν ὄψιν τῆς γῆς, καὶ οὗτος ἐγκάθηται ἐχόμενός μου· καὶ
νῦν δεῦρο ἄρασαί μοι αὐτόν, εἰ ἄρα δυνήσομαι πατάξαι αὐτὸν καὶ
ἐκβαλῶ αὐτὸν ἀπὸ τῆς γῆς. ^{12}*καὶ εἶπεν ὁ θεὸς πρὸς Βαλαάμ Οὐ* 12
πορεύσῃ μετ' αὐτῶν οὐδὲ καταράσῃ τὸν λαόν· ἔστιν γὰρ εὐλογημένος.
^{13}*καὶ ἀναστὰς Βαλαὰμ τὸ πρωὶ εἶπεν τοῖς ἄρχουσιν Βαλάκ Ἀποτρέχετε* 13

ABFMV *O''*$^{-G}$ *C''* *bdfnstxyz*$^{-630}$ al verss

628; sub ÷ Syh = 𝔐 | *τί*] pr *propter* Syh^{T}; *οτι* 426 528 509 Sa^{12} ↓; + *οτι* 392; + *venerunt* ^{Lat}cod 100 Aeth | *οἱ ἄνθρωποι*] om *οἱ* 509; > 126; post *οὗτοι* tr 392 | *οὗτοι*] *ουτος* 528; + *venerunt* ^{Lat}Ruf *Num* XIII 6 Bo^{A} | *παρὰ σοί*] *ad te* ^{Lat}cod 100 Ruf *Num* XIII 6

10 om init — *Βαλαάμ* 314* | *βαλαμ* 246 ^{Lat}cod 100 | *πρὸς τὸν θεόν*] pr *προς* 346(|); *domino* Aeth: cf Tar; > Sa^{12} | *Βαλάκ*] *βαλαακ* 15*-72 46 108-314 *f*$^{-129}$ 458-767 318 55 319 416 = Compl; *barak* Sa^{12} | *υἱὸς Σεπφώρ* / *βασιλεὺς Μωάβ*] pr *ο* 53'; pr *υιος* 72(|); *μωαβ βασ. υιος σεπφωρ* (-*φορ**) 75; tr (*ο βασιλευς* 54) 54-458; om *υἱὸς Σεπφώρ* 527 | *Σεπφώρ*] *σεφφωρ* 426 319; *σεφωρ* 618*-707* ^{Lat}Ruf *Num* XIII 6 Sa^{12}; *σεμφωρ* 84 | *μωαμ* 767 | *ἀπέστειλεν*] pr *και* 59 | *αὐτούς*] *αυτοις* 68 (sed hab Ald); *αυτος* 82*; *αγγελους* A; sub ÷ Syh^{L}; > 58 767 319 Bo = 𝔐 | *πρός* 2°] *προ* 509* | om *με* 458* | om *λέγων* 426 Arab = 𝔐

11 om *ἰδού* 1° 126 | om *λαός* — *οὗτος* 53' | *λαός* = Sam Tar^{O}] + *qui* Aeth = 𝔐; + *πολυς* 121 = Tar^{P} | *ἐξελήλυθεν*] *εξηλθεν* *y*$^{-392}$ 126; bis scr 77 | *ἐξ*] *εκ γης* 319 | *ἰδού* 2° B V 44-107' 129 *n t x*$^{-619}$ 319 ^{Lat}cod 100 Co] > Ruf *Num* XIII 6 rell | *κεκάλυφεν* B 71] *καικαλυψε* 509; *κατεκαλυψε(ν)* *d n t* 527; *εκαλυψε(ν)* (*εκαψ.* 426*) rell | *τήν* — *γῆς* 1°] *το προσωπον της γης* 246 75 Sa^{12}; *την γην* 72 126 | om *καί* 2° — *μου* Arab = Compl 𝔐 | *οὗτος*] *ουτως* 422*(vid) 767 319; *ιδου* 55 Syh^{L}; *αυτος* 414; > 18-126 | *ἐγκάθηται*] *καθ.* (-*τε* 376) 376' 53'; + *μου* 19' | *μου*] sub ÷ Syh^{L} | *καὶ νῦν δεῦρο* = Sam Tar^{P}] *veni ergo nunc et* Ruf *Num* XIII 6; om *καί* Arm = 𝔐 Tar^{O} | *δεῦρο*] pr *ιδου* 458; + *tu* ^{Lat}cod 100 | *ἄρασαί*] *αραται* 551; + *tu* Arm | *μοι αὐτόν*] *με αυτον* 527; *hos mihi* Arm; *eos mihi* Aeth; tr Syh | *αὐτόν* 1°] *αυτω* 707 346^{txt*}(vid); *τον λαον* 85'^{mg}-321'^{mg}-344^{mg}; *populum hunc* ^{Lat}cod 100 Sa (sed hab Ruf *Num* XIII 6) | *εἰ ἄρα δυνήσομαι*] *ut possim* ^{Lat}cod 100 (sed hab Ruf *Num* XIII 6); om *ἄρα* 126 | *δυνήσομαι*] *poterimus* Ruf *Num* XIII 6 | *πατάξαι*] -*ξω* 44-125; *παραταξαι* 615*(vid) 664*(vid); *εκπολεμησαι* 319 ^{Lat}cod 100 ↓; post *αὐτόν* 2° tr 416 | *ἐκβαλῶ*] *eicere* ^{Lat}cod 100 Ruf *Num* XIII 6 | *αὐτόν* 3°] *eos* ^{Lat}cod 100 Aeth = Tar^{P} | *ἀπὸ τῆς γῆς*] sub ÷ Syh^{L}; > Arab = Compl 𝔐; *τῆς γῆς* sup ras 56; + *μου* 458 Aeth^{C} Arm | *ἀπό* (*αυτο* 739) B V 29-376'-618 *C''* *d* 53'-129 *n t x*$^{-619}$ 122*] *εκ* rell = Ald

12 *ὁ θεός*] *dominus* ^{Lat}cod 100 (sed hab Ruf *Num* XIII 6) = Tar | *Βαλαάμ*] *βαλαμ* M; *bala* ^{Lat}cod 100 | *μετ' αὐτῶν*] *cum eo* Sa^{4}; *μετ αυτον* 761* 664 343 392*; > Anast 572 | *οὐδέ*] *ουδ ου μη* Cyr I 440; + *μη* 413 Anast 572 | *κατηρασῃ* 707 | *τὸν λαόν*] *αυτον* 72; *populum hunc* Sa^{12} | *ἔστιν*] *ην* 46^{s} | *γάρ*] + *εστιν* 130

13 *Βαλαάμ*] *βαλαμ* 56* ^{Lat}cod 100; *βααμ* 68 (sed hab Ald); *βαλαακ* 318*; litt *λα* sup ras 4 litt 376; > 550' | om *τὸ πρωί* 72 | *τό*] *τω* M' 15*-29-64-376-

---

11 *πατάξαι* (*αὐτόν*)] *ἐκπολεμῆσαι* M' 85'-321'; *ἐκπολεμῆσαι αὐτόν* 344

πρὸς τὸν κύριον ὑμῶν· οὐκ ἀφίησίν με ὁ θεὸς πορεύεσθαι μεθ' ὑμῶν.
14 *[14]καὶ ἀναστάντες οἱ ἄρχοντες Μωὰβ ἦλθον πρὸς Βαλὰκ καὶ εἶπαν Οὐ*
θέλει Βαλαὰμ πορευθῆναι μεθ' ἡμῶν.
15 *[15]Καὶ προσέθετο ἔτι Βαλὰκ ἀποστεῖλαι ἄρχοντας πλείους καὶ*
16 *ἐντιμοτέρους τούτων. [16]καὶ ἦλθον πρὸς Βαλαὰμ καὶ λέγουσιν αὐτῷ*
Τάδε λέγει Βαλὰκ ὁ τοῦ Σεπφὼρ Ἀξιῶ σε, μὴ ὀκνήσῃς ἐλθεῖν πρός
17 *με· [17]ἐντίμως γὰρ τιμήσω σε, καὶ ὅσα ἂν εἴπῃς, ποιήσω σοι· καὶ*

ABFMV O''^{-G} C'' *bdfnstxyz*(630) al verss

707 73-413-615 f^{-129} n^{-127} 30 84 527 120 55 319; inc 320 | *Βαλάκ*] pr *προς* 799; *βαλαακ* 15*-72* b^{-19} f^{-129} 458-767 130 509 319 = Compl; *barak* Sa^{12} | *ἀποτρέχετε*] pr *και* 82; *απετρ.* 75; *-τρεχε* 72; *πορευεσθε* 126 | *πρός*] *εις* 730; > 799 | *τὸν κύριον*] *την γην* Compl = 𝔐 | *ὑμῶν* 1°] *ημων* $73^{c\,pr\,m}$-320 537* 458-767* 30 527 | *οὐκ ἀφίησίν με*] pr *quia* Aeth Arm = 𝔐; *ου φιησιν με* V; *ουκ αφιη με* (*μαι* 610) 610 126 | *ἀφίησίν*] *-σε(ν)* 46^c 106-107 319; *αφηκε* 44-125 Aeth; *αφησει* 75 | *με* / *ὁ θεός*] *μοι ο θεος* 44 458; *κς με* 426; *με κς b* $85'^{mg}$-$321'^{mg}$-344^{mg} 319 ^{Lat}cod 100 Aeth Bo = 𝔐; tr Syh | *πορευθηναι b* 54-75' (sed hab Compl) | *μεθ' ὑμῶν*] *υπερ υμων* 53'; + ras 9 litt 509

14 om comma 628 ^{Lat}cod 100: homoiot | *ἀναστάντες*] pr *οι* 54 | *Μωάβ*] pr ras 5 litt 509; *μοαβ* 75; *βαλακ* 72 | *ηλθοσαν* (*-θωσαν* 319) 130^{mg}-$321'^{mg}$-344^{mg} 319 | *Βαλάκ*] *βαλαακ* 15* b^{-19} f^{-129} 458-767 130 319 Bo^B = Compl; *barak* Sa^{12}; *αυτον* 72 | *εἶπαν* B 426 53'-129 71-509 319 Arab Arm Bo^A Sa^4 Syh^L = Compl] *ειπον* 72; *ει*^{π} *αυτω* 458; *ειπεν αυτω* 528 75; *ειπον προς αυτον* (*αυτω*^{c}) 59; *ειπον αυτον* 16'-46-500'-529-616*; + *αυτω* 344^{mg}; *ειπον αυτω* rell | *θέλει*] *voluit* Arm; *βουλη* 458 | *βαλαμ* 528*(c pr m); *βαλλααμ* 767 | *πορευθῆναι*] *πορευεσθαι* 610; *ελθειν* V

15 init — *ἄρχοντας*] *και αναστάντες οι αρχοντες μωαβ εστειλαν* d^{-106} | *ἔτι*] *επι* 458; > 72 53'-246 767 71 Arm Bo; post *Βαλάκ* tr B 29 = Ra; post *ἀποστεῖλαι* tr 376 | *Βαλάκ*] *βαλαακ* (*-λααμ* 246*) 15* 16-46 108 f^{-129} 127-458-767 319 Bo^B = Compl; > ^{Lat}cod 100; post *ἀποστεῖλαι* tr Arm | *πλειονας* V *b* 319 (sed hab Compl) | om *καί* 2° 610 Syh^T | *τούτων*] *αυτων b* 319 Arm (sed hab Compl); *των πρωτων* 58; *αυτων προς αυτον* V; + *προς βαλααμ* (*-λαακ* 107^c) d^{-106}

16 *ἦλθον*] *ηλθωσαν* 319; *ηλθεν* 509 | *πρὸς Βαλαάμ*] *προς βαλααβ* 126; *ad balam* ^{Lat}cod 100; > 125 | om *καί* 2° Bo | *λέγουσιν*] *ειπον* (*ει*^{π} 458) 458-767 ^{Lat}cod 100 Bo Sa^{12} = 𝔐 | *αὐτῷ*] *προς αυτον* 458 | *Βαλάκ* F^b] *βαλαακ* 15*-82 46 108 106 f^{-129} 127*-458-767 319 Bo^B = Compl; *barak* Sa^{12}; *βαλααμ* F | *ὁ τοῦ Σεπφώρ*] *υιος σεπφωρ* (*πφωρ* 528; *sephōr* Sa^{12}) 15 C'' 28-30'-$85'^{txt}$-$321'^{txt}$-343-344^{txt} Aeth Co; om *ὁ* 53; > 527 Arab | *Σεπφώρ*] *σεφφωρ* 426 319; *σεφωρ* 707*; *sebphor* Bo^B; *σεμφωρ* 84 | *ἀξιῶ σε*] *αξιωσαι* M' 707 73*-320 19-314 107'-125 56*-129 509* 319 (sed hab Compl) | *σε*] pr ÷ Syh^L; > 68'-120' (sed hab Ald); ⌒(17) 314 | *οκνησαι* (*-νισαι* 56') 413 56'; *οκνησει* 458 | *εισελθειν* 44-125' 75

17 om *ἐντίμως* Bo | *τιμήσω*] *τιμω* 767; sup ras 616; post *σε* tr 458 | *σε*] *σοι* 71; + (※ Syh) *σφοδρα* O^{-58} 246 767 18'-126-628-630' Bo Syh = Compl 𝔐 | *καί* 1°] *κατα* F^b | *ὅσα* B* V b^{-314} *d* 53'-129 *n t* 527 319 ^{Lat}cod 100 Arm Sa = Sixt] *ος* 314; *ο* B^c 130^{mg}-$321'^{mg}$-344^{mg} 71-509; *παντα α* M' 426-oI^{-29} *cI*-52'-313-417^c-422 56 28-30'-85-130^{txt}-$321'^{txt}$-343-344^{txt} y^{-392*} 799; *παντα* F 29 C^{-16}-417* 392*; pr *παντα* F^a rell = 𝔐 | *ἂν* M' 15-29-426 *b d n t* 527 126 55]

δεῦρο ἐπικατάρασαί μοι τὸν λαὸν τοῦτον. [18]*καὶ ἀπεκρίθη Βαλαὰμ* 18
καὶ εἶπεν τοῖς ἄρχουσιν Βαλάκ Ἐὰν δῷ μοι Βαλὰκ πλήρη τὸν οἶκον
αὐτοῦ ἀργυρίου καὶ χρυσίου, οὐ δυνήσομαι παραβῆναι τὸ ῥῆμα κυρίου
τοῦ θεοῦ ποιῆσαι αὐτὸ μικρὸν ἢ μέγα ἐν τῇ διανοίᾳ μου· [19]*καὶ νῦν* 19
ὑπομείνατε αὐτοῦ καὶ ὑμεῖς τὴν νύκτα ταύτην, καὶ γνώσομαι, τί
προσθήσει κύριος λαλῆσαι πρός με. [20]*καὶ ἦλθεν ὁ θεὸς πρὸς Βαλαὰμ* 20
νυκτὸς καὶ εἶπεν αὐτῷ Εἰ καλέσαι σε πάρεισιν οἱ ἄνθρωποι οὗτοι,
ἀναστὰς ἀκολούθησον αὐτοῖς· ἀλλὰ τὸ ῥῆμα, ὃ ἂν λαλήσω πρὸς σέ,

ABFMV *O*$''^{-G}$ *C*$''$ *bdfnstxyz* al verss

inc 551; > V 52′-313; *εαν* rell = Ra | *εἴπῃς* A B *oI*$^{-15}$-82 *b d* 129 *n*$^{-767}$ *t x*$^{-619}$ *y*$^{-392}$ 55 319 ^{Lat}cod 100 Arm] pr *μοι* M′; + *μοι* rell = Compl 𝔐 | *ποιήσω*] *δωσω* 376 | *σοι*] *σε* F 58 416; sub ÷ Syh; > 761(|) *b* = 𝔐 | *καί* 2°] > Bo; + *νυν* 55 Arm; ⌒(18) 1° Sa^{12} | *ἐπικατάρασαί*] *καταρ.* 126; *αρασαι* 55; litt *σαι* sup ras 616 | om *μοι* 707* 53′-56^{c}-246 799 ^{Lat}cod 100 Arab = Compl

18 om *καὶ ἀπεκρίθη* Sa^{4} | *βαλαμ* A 118′ ^{Lat}cod 100 | *καί* 2° — *Βαλάκ* 1°] *προς αυτους* 44-107′; *λεγων* 126; om *καί* Bo Sa^{4}; > A* 125 | *εἶπεν*] + *αυτοις* 18 | *Βαλάκ* 1°] *βαλαακ* 15* 108 *f*$^{-129}$ 127*-458-767 319 = Compl; *βαλαμ* A$^{(c)}$; *βλαλακ* 414; *barak* Sa^{12}; > Bo | *δῷ μοι*] *δωη μοι* 29; tr 71 121 55 | *Βαλάκ* 2°] *βαλαακ* 15* 108 *f*$^{-129}$ 458-767 319 Bo^{B} = Compl; *barak* Sa^{12}; > Aeth^{M} | *πλήρη*] *-ρης* (*-ρεις* 799) 126 799; > 458; post *αὐτοῦ* tr 392 ^{Lat}cod 100 | *αὐτοῦ*] *τουτον* 509; + *πληρις* 458 | *ἀργυρίου καὶ χρυσίου*] *-ριω και χρυσιω* 75; *χρυσιου και αργυριου* 77 Aeth | *καί* 3°] *η* A 55 | om *παραβῆναι* *oI*$^{-15}$ | *τὸ ῥῆμα*] *τα ρηματα* 610; om *τό* 52 | *κυρίου*] pr *του* 619 | *τοῦ θεοῦ*] om *τοῦ* 392; > 72 ^{Lat}Aug *Num* 48te Aeth Sa^{12}; + *μου* *O* 414 343 Arab Syh ↓ | *ποιῆσαι*] *ποιειν* 761; *ποιει* 550′; *ποιη* 57-73′ | *αὐτό*] *αυτω* 72 767 343 509 318 126; *αυτα* 75′; *hoc* ^{Lat}cod 100; sub ÷ Syh^{T}; > 58 Aeth = 𝔐 | *ἐν* — fin] sub ÷ Syh^{T}; *μου* sub ÷ Syh^{L}; > 58 319 Arab = Compl 𝔐

19 om *καὶ νῦν* Sa^{4} | *ὑπομείνατε*] pr ※ Syh^{L}; + (※ Syh) *δη* *O*$^{-126}$ Syh = 𝔐; + *mecum* Bo | *αὐτοῦ*] *αυτο* 458; > 64^{txt} 422 Aeth; post *καί* 2° tr 75; post *ὑμεῖς* tr 84 319 | *καὶ ὑμεῖς*] om *καί* 422 53′ Arm; > Aeth Bo; post *ταύτην* tr 707 56′ 619 392 *z* 799 | *τήν*] pr *και* 125′ 74′-370 | *ταύτην*] sub ÷ Syh; > 58 = 𝔐 Sam Tar^{O}; + *vos* Aeth: cf praec | *γνωσθησομαι* 319 799 | *προσθήσει κύριος λαλῆσαι*] *λαλησει* $\overline{κς}$ *oI*$^{-15}$ Bo | *προσθηση* 344 ^{Lat}cod 100 (sed hab Aug *Num* 48); *προσστεθηση* 392 | *κύριος*] pr *ο* 610* | *λαλῆσαι*] pr *του* 799 | om *πρός* 799

20 *ὁ θεός*] pr *dominus* ^{Lat}cod 100 (sed hab Aug *Num* 48); $\overline{κς}$ 72 Aeth: cf Tar; *ο αγγελος* 130^{mg}-321′^{mg} 128: cf Sam | *Βαλαάμ*] *βαλαμ* 53 ^{Lat}cod 100; litt *μ* sup ras 57; *βαλαακ* 551 | om *νυκτός* B* 422 246*(c pr m) 120* 424 (sed hab Sixt) | *καλεσει* 616^{c}; *καλουσι* 126 | *σε*] *σοι* 130; *με* 52* 106-107* 68 (sed hab Ald) | *πάρεισιν*] *-σαν* (*παρησαν* Compl) *b* 53′; > 126 | om *οἱ ἄνθρωποι* Aeth^{M} | *οὗτοι*] pr ÷ Syh; > 58 ^{Lat}Aug *Num* 48 = 𝔐 | *ἀναστάς*] pr *και* 82; > 126 | *ηκολουθησαι* 75 | *αὐτοῖς*] *αυτους* 376-618 *C*$^{-77}$-46 53′ 75* | *ἀλλά*] *αλλ η* 56′ *z* (sed hab Ald) | *ἄν* B M′ V 75 84-134-370 509 = Compl] *ego* Arm; > *C*$''$ 53′ 28-85′-321′ 74-76(vid); *εαν* rell = Sixt | *λαλήσω*] *ελαλησα* 53′; *ειπω* F

---

18 *τοῦ θεοῦ*] *ο′ οἱ λ′ τοῦ θεοῦ μου* 344

21 τοῦτο ποιήσεις. ²¹καὶ ἀναστὰς Βαλαὰμ τὸ πρωὶ ἐπέσαξεν τὴν ὄνον
αὐτοῦ, καὶ ἐπορεύθη μετὰ τῶν ἀρχόντων Μωάβ.
22 ²²Καὶ ὠργίσθη θυμῷ ὁ θεὸς ὅτι ἐπορεύετο αὐτός, καὶ ἀνέστη ὁ ἄγγελος
τοῦ θεοῦ ἐνδιαβάλλειν αὐτόν, καὶ αὐτὸς ἐπιβεβήκει ἐπὶ τῆς ὄνου αὐτοῦ,
23 καὶ δύο παῖδες αὐτοῦ μετ᾽ αὐτοῦ. ²³καὶ ἰδοῦσα ἡ ὄνος τὸν ἄγγελον τοῦ
θεοῦ ἀνθεστηκότα ἐν τῇ ὁδῷ καὶ τὴν ῥομφαίαν ἐσπασμένην ἐν τῇ χειρὶ
αὐτοῦ, καὶ ἐξέκλινεν ἡ ὄνος ἐκ τῆς ὁδοῦ καὶ ἐπορεύετο εἰς τὸ πεδίον·
24 καὶ ἐπάταξεν τὴν ὄνον τῇ ῥάβδῳ τοῦ εὐθῦναι αὐτὴν ἐν τῇ ὁδῷ. ²⁴καὶ

ABFMV O''^{-G} C'' *bdfnstxyz* al verss

18′-126-628-630′ | πρὸς σέ] σοι 126 | τοῦτο] τουτω 73′; ουτως *b* 319 ^{Lat}cod 100 (sed hab Aug *Num* 48 Compl); *id* Aeth = 𝔐 | ποιήσεις] -σης F^{b} 664; ποιης F; > 413

21 Βαλαάμ] *balam* ^{Lat}cod 100; βααμ 127* | τὸ πρωί] τω πρωι 15-29-72*(vid)-707 313-615 53′ 458-767* 120 319; > 610 | om αὐτοῦ 319 ^{Lat}cod 100 (sed hab Aug *Num* 48) | om καί 2° Bo | ἀρχόντων] αρχοτωνα 30; ανδρων A; > 509 | Μωάβ] μωαμ 767; *balak* Sa^{4}; *balaq* Aeth; μαδιαμ *oI*

22 καί 1°] ⌒2° Sa^{12} | ὠργίσθη θυμῷ] ωργισθυμου 509; om θυμῷ Aeth^{M} Bo | ὁ θεός] pr κ̅ς̅ 68′-120 Sa^{4} (sed hab Ald); *dei* ^{Lat}codd 91 92; ο κ̅ς̅ 628; κ̅ς̅ F V 53′-246 71 Aeth Arm^{ap} = Sam Tar; post αὐτός 1° tr 72 | ἐπορεύετο] -ρευετεται 767; -ρευθη B V *O d* 53′-129 458 *t* 71-509 = Compl Ra ↓ | αὐτός 1°] αυτοις 346*(vid) 509; *balam* ^{Lat}cod 100 (sed hab Aug *Num* 48); μετ αυτων 19 (sed hab Compl); + προς αυτον 29 619 = Ald | ἀνέστη] ανθεστη 392 120′ ^{Lat}cod 100; εστη O^{-58} Or IV 409 ↓; + αυτω 319 | om ὁ 2° 72 *b d* 527 (sed hab Compl) | τοῦ θεοῦ] κυριου 376 314 *d t* 527 Aeth Bo ↓; om τοῦ 72 | ἐνδιαβάλλειν αὐτόν A F 707 f^{-246} 71 121^{txt}-392 68′-120^{c} 799 Aeth Sa^{4}] pr (÷ Syh) εν (> 407) τη οδω (> 120) O^{-58} *n* 527 120*-407 Or IV 409 ^{Lat}cod 100 Bo Syh = 𝔐; pr επι της οδου *b*; ενδιαβαλειν αυτον B F^{b} 509; διαβαλειν αυτον Procop 864 = Sixt; εν τη οδω ενδιαβαλλειν (-λλει*) αυτον επι της οδου 58; + εν τη οδω 77; + επι (απο 72 73′ 128) της οδου rell = Ald; ενδιαβαλειν αυτον V 82-426 125 30-343-344^{c} 18′-126-628-630′; ενδιαβαλλει αυτον 527; ενδ. αυτω 72(vid) | om καὶ αὐτὸς ἐπιβεβήκει A 121^{txt} | αὐτός 2°] ουτος 82 C'' *s* 318 55; > ^{Lat}cod 100 | ἐπιβεβήκει] -κη 19′ (sed hab Compl); επεβεβ. (-κη 82 30) 82 $C''^{-57' \ 77 \ 761}$ 44′ 53′ 767* 30-343 392*(vid) 59; -κως 29 319 | om ἐπί 75 | τῆς ὄνου αὐτοῦ] την (τον 59) ονον αυτου 58-72 59; της οδου 54-75′ | δύο B* F 58-72 *b* 54-75′ 527-619 59] pr αι 799; > Aeth^{M}; pr οι Or IV 409 rell = Sixt | αὐτοῦ 2°] αυτων 527; > 529 *b* (sed hab Compl); *ibant* ^{Lat}cod 100

23 η ονος ιδουσα 77 | θεοῦ] κ̅υ̅ 551 Aeth Sa ↓; > 16-46* | ἀνθεστηκότα] εφεστ. (-τος 46) 16-46-77; αφεστ. $C^{-16 \ 77}$; ανεστ. 527 630; εστηκ. 126 | om καί 2° 125 | τὴν ῥομφαίαν ἐσπασμένην] η ρομφαια εσπασμενη *b* 319 ^{Lat}cod 100 (sed hab Compl); εσπασμενην εχων την ρομφαιαν 125 | ῥομφαίαν] + (※

---

22 ἐπορεύετο] α′ θ′ πορεύεται ο′ ἐπορεύθη 344; σ′ ἐπορεύετο 344^{txt} | καὶ ἀνέστη] ο′ σ′ καὶ ἔστη α′ θ′ καὶ ἐστηλώθη 344 | τοῦ θεοῦ] οἱ λ′ τὸ ἑβρ′ *domini* (*pypy* L) Syh | ἐνδιαβάλλειν (αὐτόν)] κατάγνωστον αὐτὸν ποιῆσαι 130-321′; τὸ ἑβρ′ α′ σαταν θ′ ἀντικεῖσθαι Procop 864

23 τοῦ θεοῦ] τὸ ἑβρ′ οἱ λ′ *domini* Syh^{T} | τήν 2° — (24) ἔστη (ὁ ἄγγελος)] ο′ ἐν τῇ ῥάβδῳ τοῦ εὐθῦναι (εκκλιναι 85′-321′) αὐτὴν ἐν τῇ ὁδῷ (om ἐν τῇ ὁδῷ 85′-321′)

ἔστη ὁ ἄγγελος τοῦ θεοῦ ἐν ταῖς αὔλαξιν τῶν ἀμπελώνων, φραγμὸς
ἐντεῦθεν καὶ φραγμὸς ἐντεῦθεν· 25*καὶ ἰδοῦσα ἡ ὄνος τὸν ἄγγελον τοῦ* 25
θεοῦ προσέθλιψεν ἑαυτὴν πρὸς τὸν τοῖχον καὶ ἀπέθλιψεν τὸν πόδα
Βαλαάμ· καὶ προσέθετο ἔτι μαστίξαι αὐτήν. 26*καὶ προσέθετο ὁ ἄγγελος* 26
τοῦ θεοῦ καὶ ἀπελθὼν ὑπέστη ἐν τόπῳ στενῷ, εἰς ὃν οὐκ ἦν ἐκκλῖναι

ABFMV O''^{-G} C'' *bdfnstxyz* al verss

Syh^{L}) *αυτου* O^{-58} Or IV 409 Co Syh = 𝔐 | *ἐσπασμένην*] pr *την* 28; *επεσπ.* 509 120′-122 (sed hab Ald); *ανεσπ.* M; *-νον* 72 | om *αὐτοῦ* d^{-106} | om *καί* 3° 15-58-72′ f^{-129} 84 509-527 392 628-630 55 799 Aeth Arm Bo^{A} = Compl | *ἡ ὄνος* 2°] *μονος* 68′-120′ (sed hab Ald) | *ὁδοῦ*] + *αυτης* B* (sed hab Sixt) | *εισεπορευετο* 16-46; *επορευθη* O^{-426} 392 Aeth Bo | om *εἰς τό* 82*(cprm) | *ἐπάταξεν*] *επαισε(ν)* (*επεσ.* M′ 72 314 246 68-120*-128-628* 319 799; *επησε* 669) F M′^{mg} 72′ *b* 56′ 344^{mg} 392 *z* 319 799 (sed hab Compl); *επλησσε* (*-ησε**) 59; *ετυπτε(ν)* 29 619 = Ald; + (※ Syh) *βαλααμ* (*balam* La) M′^{mg} V *O d n t* 527 Or IV 409 ^{Lat}cod 100 Arab Syh = 𝔐 | *τὴν ὄνον*] *eam* Sa; + *αυτου* 458↓; post *ῥάβδῳ* tr 127 | *τῇ ῥάβδῳ* B 73* *d* n^{-75} *t* 509-527 55 319] *εν τη ραβδω αυτου* A *oI* = Ald Sixt; sub ÷ Syh^{L}; > 58 75 Arab = Compl 𝔐; + *αυτου* 71′; pr *εν* Or IV 409 rell | *τοῦ* 2° — fin] om *τοῦ* 71 319; > C''^{-131mg} s^{-343} | *εὐθῦναι*] *πορευθηναι* 509 | *αὐτήν*] > 318; + *εις το πεδιον* 72 | *ἐν τῇ ὁδῷ* 2°] *in viam* Arm↓; om *τῇ* 509 319

24 *ἔστη*] *εστι* 313 126 | *ὁ ἄγγελος*] om *ὁ* 528 392; bis scr 19 | *τοῦ θεοῦ*] *domini* Sa↓ | *ἐν ταῖς αὔλαξιν*] *inter saepes* ^{Lat}cod 100 Aeth (sed hab codd 91 92 94—96); + *εν στενω τοπω* 767: ex 26 | *ταῖς*] *τοις* V *d* n^{-767c} *t* 527 | *τῶν ἀμπελώνων*] *του αμπελωνος* 68′ Aeth Bo (sed hab Ald); *των αμπελων* B V 53′-129 71(vid)-509 Or IV 409 = Compl Ra; om *τῶν* 59 | *ἐντεῦθεν* 1°] *ενθεν* 56; ⌒2° 46^{txt} Bo^{B} | *καὶ φραγμὸς ἐντεῦθεν*] om *φραγμός* 46$^{(mg)}$ d^{-106} 71 ^{Lat}cod 100 (sed hab Aug *Num* 50); bis scr 413; + *εν διαφραγμια* 767

25 *ἰδοῦσα*] *vidit* ^{Lat}cod 100 (sed hab Aug *Num* 50) | om *τόν* 1° 528 | *τοῦ θεοῦ*] $\overline{κυ}$ 426 Aeth Arm^{ap} Sa = 𝔐; *εν τοις αυλαξιν* 125; + *εν τοις* (*ταις* 376) *αυλαξι(ν)* (*αυξασι* 44) 376 d^{-125} *n t* 527: ex 24 | *προσέθλιψεν*] *εθλιψεν* 126; *προσετριψεν* *b* (sed hab Compl) | *ἑαυτήν*] *αυτην* 72-82* 129* 55 799; *εαυτον* 106-610; *αυτον* B V *b* 127 71-509 319 ^{Lat}cod 100 (sed hab Compl Sixt); *balaam* Bo; > n^{-127} 527; + *αυτον* 129; post *τοῖχον* tr 130 | *πρός*] *εις* 130^{mg}-344^{mg} | *τειχον* 376 19′ 458 669^{c} 799 (sed hab Compl); *τυχον* 739 416 | *καί* 2°] > Bo^{A}; ⌒3° 15 46-73′-529 343 628 | *ἀπέθλιψεν*] *εθλιψεν* 126 | om *τὸν πόδα* Aeth^{M} | *Βαλαάμ*] *eius* Bo; sub ※ Syh^{L}; + (※ Syh^{L}) *προς* (*εις* 344^{mg}) *τον τοιχον* (*τειχον* 376 669^{c}) A $O'^{(-15)}$-82 $C''^{(-46\ 73'\ 529)}$ 246 $s^{(-343)}$ 619 y^{-392} $z^{(-628)}$ ^{Lat}Aug *Num* 50 Arab Syh = Sixt 𝔐 | *καί* 3° — fin] om *καί* Bo^{A}; > 59 | *ἔτι μαστίξαι*] om *ἔτι* 126 ^{Lat}cod 100 Bo = 𝔐; tr 53′ | om *μαστίξαι* — (26) *προσέθετο* *d* | fin] + *βαλααμ* 58-376 *n t* 527 Sa^{12}

26 *καὶ προσέθετο*] om *προσέθετο* 75; > 72; + *ετι* V 376 413 54′ *t* 527 392: ex 25 | *ὁ* — *θεοῦ*] post *ἀπελθών* tr 72 | *τοῦ θεοῦ*] *domini* ^{Lat}cod 100 Aeth Sa (sed

---

καὶ ἔστη (*εστιν* 130-321′) *α′ τὴν ὀνάδα αὐτοῦ ἐκκλῖναι αὐτὴν τὴν ὁδὸν καὶ ἔστη* (absc 321; *εστιν* 346) 85′-321′-344; *σ′ τὴν ὄνον μετακλῖναι αὐτὴν εἰς τὴν ὁδὸν ἀντέστη δὲ ὁ ἄγγελος θ′ τὴν ὄνον αὐτοῦ ἐκκλῖναι αὐτὴν εἰς τὴν ὁδὸν καὶ ἔστη* 344

24 *τοῦ θεοῦ*] *θ′ domini* Syh^{T}; *οἱ λ′ τὸ ἑβρ′ dpypy* Syh^{L}

26 *τοῦ θεοῦ*] *οἱ λ′ domini* Syh^{T}

27 δεξιὰν οὐδὲ ἀριστεράν. [27]καὶ ἰδοῦσα ἡ ὄνος τὸν ἄγγελον τοῦ θεοῦ
συνεκάθισεν ὑποκάτω Βαλαάμ· καὶ ἐθυμώθη Βαλαὰμ καὶ ἔτυπτεν
28 τὴν ὄνον τῇ ῥάβδῳ. [28]καὶ ἤνοιξεν ὁ θεὸς τὸ στόμα τῆς ὄνου, καὶ λέγει
29 τῷ Βαλαάμ Τί πεποίηκά σοι ὅτι πέπαικάς με τοῦτο τρίτον; [29]καὶ
εἶπεν Βαλαὰμ τῇ ὄνῳ Ὅτι ἐμπέπαιχάς μοι· καὶ εἰ εἶχον μάχαιραν
30 ἐν τῇ χειρί μου, ἤδη ἂν ἐξεκέντησά σε. [30]καὶ λέγει ἡ ὄνος τῷ Βαλαάμ
Οὐκ ἐγώ ἡ ὄνος σου, ἐφ' ἧς ἐπέβαινες ἀπὸ νεότητός σου ἕως τῆς

ABFMV O''^{-G} C'' *bdfnstxyz* al verss

hab Aug *Num* 50) ↓ | *καὶ ἀπελθών*] om *καί* 129 75 Arm Bo; om *ἀπελθών* 319; tr Compl = 𝔐 | *ὑπέστη*] *εστη* 58-72-381′ 73′ 246 75 126; *υπεστησε* 71; > 707^{txt}(cprm) | om *ἐν* 71 | *τόπῳ*] pr *τω* (*το* 509) 313 509 | *στενῷ*] *κενω* 414 | *εἰς ὅν*] *εις ο* 319; *εις ην* 55; *εν ω* 84; *ubi* Aeth; *unde* Arm | *οὐκ ἦν*] *ουκ εστιν* 55; > 610; + *οδος* O^{-58} Syh^{T} = 𝔐 | *ενκλιναι* 767 | *δεξιὰν οὐδὲ ἀριστεράν*] *αριστερα η δεξια* 610; *δεξια* (*ξια* 767*) *η* (*ει* 75; *ουδε* 59) *αριστερα* V 29-58-72 d^{-610} *n t* 527 392 126 55 59 799 ^{Lat}cod 100 Bo | om *οὐδέ* — (27) *συνεκάθισεν* 707^{txt}(cprm) | *οὐδέ*] *η* oI^{-15} C'' 246 28-85 x^{-527} z^{-126} Arm

27 init — *συνεκάθισεν*] *και συνεκαθισεν η ονος* 71 | *τοῦ θεοῦ*] *domini* ^{Lat}cod 100 Aeth Arm^{ap} Sa = 𝔐; > 125; + *ανθεστηκοτα* (+ *εν τη οδω* F) F*(cprm) *b* (sed hab Compl) | *Βαλαάμ* 1°] pr *του* 529; ⌒2° 458-767 71 669* Aeth = Tar^{P} | om *καί* 2° 313 Bo^{A} | *ἐθυμώθη*] + (※ Syh) *οργη* *O* 246 18′-628-630′ Syh = 𝔐 | *Βαλαάμ* 2°] *βαλαμ* 550; *βαλααν* 500; + *τι πεποιηκα σοι* 343*: ex 28 | om *καί* 3° Bo^{B} | *ἔτυπτεν*] *ετυψεν* 319 ^{Lat}cod 100 Aeth Arm Bo; + *αυτος* 458 | *τήν*] *τον* 610 | *ὄνον*] *ορον* 618 | *τῇ*] pr *εν* *O* 53′-129 59*(vid) = Compl 𝔐; *εν* 126; > 52′-414 19 | fin] + *θυμω* 458

28 *ὁ θεός*] *κ̅ς̅* 426 Aeth = 𝔐; *ο κ̅ς̅* 551 | om *τῆς* 59*(||) | *λέγει*] *ειπε(ν)* A M′ 82-376-*oI* C'' $s^{-130mg\ 321'mg}$ y^{-392} 55 319 ^{Lat}cod 100 Bo = 𝔐 | *τῷ*] *αυτω* 509; *προς* 392 = Sam; *τη* Compl | *Βαλαάμ*] + *dicens* Sa^{3}; ⌒(30) d^{-106} | *πεποίηκά σοι*] *-κας μοι* 414-550*; *εποιησας μοι* 509; *πεποιηκας* 59; *εποιησα σοι* B O^{-58} 106 *n t* 527 = Ra ↓ | *ὅτι*] *τι* 130-321′ | *πέπαικάς*] *πεπληκας* 59; *τετυψας* 527 | *με*] *μοι* 426*(vid) 458-767*(cprm) 30′ 68′-120* (sed hab Ald); + *iam* ^{Lat}cod 100 | *τοῦτο τρίτον*] *το τριτον* 458 527; *τρι|το* 28; *τουτο το τριτον* 127; om *τοῦτο* 126; tr F 58-707-*oI* C'' 56′ 85′-321′-343′ 619 *y* z^{-126} 55 59 319 799 ^{Lat}Aug *Num* 50 Aeth = Sixt | *τοῦτο*] *ουτως* 344^{mg}

29 *εἶπεν*] *λεγει* *b* (sed hab Compl) | om *τῇ ὄνῳ* 29 413 Arab | *ὅτι*] *τι* 318 | *εμπεπαικας* cI^{-413}-551 619 = Ald; *πεπεκας* 458 | *μοι*] *με* 72-376 *cI*-551 84* 527 | om *καί* 2° Bo = 𝔐 | *εἰ* F^{b}] *η* A F 376; > 82-618 529 | *μαχαιραν ειχον* Phil I 178 | *ἐν* — *μου*] om *τῇ* Compl; om *μου* B 426; > Phil I 178 ^{Lat}cod 100 (sed hab Aug *Num* 50) | *ἐν*] *επι* 416 | *ἤδη*] pr *ecce* Syh; > Bo | *ἄν* — fin] *tibi tincxissem* ^{Lat}cod 100 (sed hab Aug *Num* 50) | *σε*] *σοι* 106 30 799

30 *λέγει* — *σου* 1°] sup ras 761 | *λέγει*] *ειπεν* V 376 319 ^{Lat}cod 100 Co | *τῷ*] *του* 509 | *οὐκ*] pr *και* 619 | om *σου* 1° A 29 319 | *ἧς*] *η* 126 | *ἐπέβαινες*] *-βης* 376 53′-129; *υπεβ.* 52′-313; *ενεβ.* 318 | *ἀπό*] *εκ* A 29 *b* 53′-246 458 55 (sed hab

---

28 *λέγει*] *ο′ λέγει* 344 | *τί πεποίηκά σοι*] *ο′ οἱ λ′ τί ἐποίησά σοι* 344

29 *ἐμπέπαιχάς μοι*] *ἐδολιεύσω με* 130-321′ | *ἐξεκέντησά σε*] *α′ σ′ θ′ ἀπέκτεινά σε* 344; *ἐφόνευσά σε* 130-321′

σήμερον ἡμέρας; μὴ ὑπεροράσει ὑπεριδοῦσα ἐποίησά σοι οὕτως; ὁ
δὲ εἶπεν Οὐχί. [31]*ἀπεκάλυψεν δὲ ὁ θεὸς τοὺς ὀφθαλμοὺς Βαλαάμ, καὶ* 31
ὁρᾷ τὸν ἄγγελον τοῦ θεοῦ ἀνθεστηκότα ἐν τῇ ὁδῷ καὶ τὴν μάχαιραν
ἐσπασμένην ἐν τῇ χειρὶ αὐτοῦ, καὶ κύψας προσεκύνησεν τῷ προσώπῳ
αὐτοῦ. [32]*καὶ εἶπεν αὐτῷ ὁ ἄγγελος τοῦ θεοῦ Διὰ τί ἐπάταξας τὴν ὄνον* 32
σου τοῦτο τρίτον; καὶ ἰδοὺ ἐγὼ ἐξῆλθον εἰς διαβολήν σου, ὅτι οὐκ
ἀστεία ἡ ὁδός σου ἐναντίον μου. [33]*καὶ ἰδοῦσά με ἡ ὄνος ἐξέκλινεν* 33
ἀπ' ἐμοῦ τρίτον τοῦτο· καὶ εἰ μὴ ἐξέκλινεν, νῦν σὲ μὲν ἀπέκτεινα,

ABFMV *O''*$^{-G}$ *C''* *bdfnstxyz* al verss

Compl) | om *σου* 2° 319(||) | *τῆς*] *την* 53 126 | *σήμερον ἡμέρας*] *ημερας της σημερον* 376; *ημερας ταυτης* A = 𝔐; om *ἡμέρας* 426 | om *μή* 619 | *ὑπεροράσει*] *απεροραcει* 75′ | *σοι*] *σου* 343; > V *oI C*-46 319 | *οὕτως*] *ουτω* 75′; *τουτο* (*τουτες* 528) A M′^{mg} V *oI*-82-707 *C''* 56′ *s*$^{-321'mg}$ 619 *y z* 55 319 624 799; *το πραγμα τουτο* 29; + *semper* Sa | *ὁ*] *ου* 15* | *οὐχί*] *ου* 55

31 *ἀπεκάλυψεν δέ*] *et denudavit* ^{Lat}cod 100; om *δέ* 56*-246 | *ὁ θεός*] *κ̅ς̅* 426 Aeth ↓ | *τοὺς ὀφθαλμούς*] > Bo; + *αυτου* 52 | *Βαλαάμ*] pr *του* A *C''*$^{-52}$ *s* 619 121 *z*$^{-18*}$ 319; *του βααλαμ* 18* | *ὁρᾷ*] *ειδε* Phil II 93 ^{Lat}cod 100 Aeth Arm Bo | om *ἄγγελον τοῦ θεοῦ* 624 | *τοῦ θεοῦ*] *κ̅υ̅* B *O'*$^{-82}$ *b f* 85′^{mg}-321′^{mg}-344^{mg} 71′ 392 *z* 59 Aeth Arm Syh = Ra 𝔐; > 509 Phil II 93^{F} | *καθεστηκοτα* 106; *ανθεστωτα* Phil II 93 | *ἐν τῇ ὁδῷ*] *τη ονω* V | *η μαχαιρα εσπασμενη b* 319 ^{Lat}cod 100 (sed hab Compl) | *μάχαιραν*] *ρομφαιαν* M′^{mg} 318; + *eius* Sa = 𝔐 | *ἐσπασμένην*] *-νον* 414; *εσπασαμ.* V; *επεσπ.* 509; *εασασμενειν* 53 | *κύψας* — fin] *incidens* (+ *balaam* Bo) *super faciem suam adoravit eum* Arm Bo | *τῷ προσώπῳ*] pr *εν* 509; *το προσωπον* (*-πο* 30) 72 30 | *τῷ*] *αυτω* 529 | *αὐτοῦ* 2°] *αυτων* 618; > V 129 127 527 319 ^{Lat}cod 100 = Compl

32 *εἶπεν*] *λεγει* A M′ *oI*-82 *C''* *s*$^{-85'mg\ 321'mg}$ *y*$^{-392}$ 55 319 624 | *αὐτῷ*] *αυτου* 120′; > 246 *n*$^{-127}$ 126^{txt} | om *ὁ* 82 | *τοῦ θεοῦ*] *κ̅υ̅* 426 *C*-46 53′ Aeth ↓; > 552 125 319; + *τω βαλααμ* 246 | *διά*] *ινα* 29-618* 619 = Ald | *σου* 1°] > 121 Arm; + *το* 458 | *τοῦτο*] *τουτον* 246; *το* 72-82 19′ 610 71 628 799 (sed hab Compl); > 126; + *ηδη* 84; post *τρίτον* tr *C''* 75′ *y*$^{-392}$ 55 Aeth | om *καί* 2° 707 = 𝔐 | om *ἰδού* 319 | *ἐγὼ ἐξῆλθον*] *exiit* ^{Lat}cod 100; om *ἐγώ* 53 84^{txt}(cprm) 392 Bo; + *εις συναντησιν σοι* 121 | *εἰς διαβολήν σου*] *in satana* (*sathana* 94 95) ^{Lat}codd 91 92 94—96 | *ὅτι* — fin] *εναντιον μου ουκ εστιν αστεια η οδος σου* 72 | *ὅτι οὐκ ἀστεία*] sup ras 84 | *ἀστεία*] *ευθεια* 118^{mg} 59 Or IV 409 Arm ↓; inc 707* | *ἡ*] *ο* 246* | *μου* A B M′ V 426-707 *d f* 30′ *t x*$^{-527}$ 392 *z* 55 319 799 Or IV 409 = Compl] *εμου* rell

33 om *με* 610 767 18 319 | *ὄνος*] + *σου* 458 Aeth | om *τρίτον* — *ἐξέκλινεν* 2° 53′ | *τρίτον τοῦτο*] pr *το* 82; *iam hoc tertio* ^{Lat}cod 100; *το τριτον* 376′ 552 19′

---

30 *ὑπεροράσει* — *οὕτως*] *παραπτώματι παρέπεσον ποιῆσαί σοι οὕτως* 130-321′ | *οὕτως*] *ο′ οἱ λ′ οὕτως* 344

31 *ὁ θεός*] *οἱ λ′ dominus* Syh^{T}

32 *εἶπεν*] *ο′ οἱ λ′ εἶπεν* 344 | *τοῦ θεοῦ*] *οἱ λ′ domini* Syh^{T} | *εἰς διαβολήν* (*σου*)] *α′ τὸ ἑβρ′ satan* Syh^{T}; *σ′ ἐναντιοῦσθαι* (*-σθε σου* 458; + *σοι* 58 54) M′ 58(s nom)-707 54^{txt}-458(s nom) 85′-321′-344; *θ′ ἀντικεῖσθαι* (*-σθε* 130; + *tibi* Syh) M′ 707 54^{txt}-458(s nom) 85-130(s nom)-321′-344 Syh^{T} | *οὐκ ἀστεία*] *οὐκ εὐθεῖα· οὐκ ἀγαθή* 58; *πονηρά* 130-346: cf Sam

34 ἐκείνην δὲ περιεποιησάμην. [34]καὶ εἶπεν Βαλααμ τῷ ἀγγέλῳ κυρίου
Ἡμάρτηκα, οὐ γὰρ ἠπιστάμην ὅτι σύ μοι ἀνθέστηκας ἐν τῇ ὁδῷ εἰς
35 συνάντησιν· καὶ νῦν εἰ μή σοι ἀρέσκει, ἀποστραφήσομαι. [35]καὶ εἶπεν
ὁ ἄγγελος τοῦ θεοῦ πρὸς Βαλααμ Συμπορεύθητι μετὰ τῶν ἀνθρώπων·
πλὴν τὸ ῥῆμα, ὃ ἂν εἴπω πρὸς σέ, τοῦτο φυλάξῃ λαλῆσαι. καὶ ἐπορεύθη
Βαλααμ μετὰ τῶν ἀρχόντων Βαλακ.

ABFMV O''^{-G} C'' *bdfnstxyz* al verss

71; *τριτου τουτον* 527; *τριτον τουτον* 707*(vid) 75; om *τοῦτο* d^{-106} 126; tr A V 29 118′-537 106 129 767 30 *t* 319 Or IV 409 Aeth Arm Syh = Compl 𝔐 | *καί* 2° — *ἐξέκλινεν* 2°] > 414′ 130-321′ ^{Lat}cod 100; bis scr 120 | om *καί* 2° Bo^{A} = 𝔐 | *εἰ*] pr *νυν* Procop 864; > 82 669* | om *μή* 19′ (sed hab Compl) | *ἐξέκλινεν* 2° B *d* 129 *n t* x^{-619} 319 Aeth^{F} Co] + *απ εμου τριτον τουτο* (> 122) 707^{mg} $C''^{(-414')}$ $s^{(-130\ 321')}$ 120(1°)-122 Sa^{3}; + *απ εμου* Or IV 409 Procop 864 rell = 𝔐 | *νῦν*] > 72; + *αν* 376 C'' 129 *n s*; + *ουν* B *b* x^{-619} ^{Lat}cod 100 = Ra | *μέν*] *νυν* 610; + *αν* F V 58-72′-426 f^{-129} 619 *z* 59 799 Or IV 409 = Compl | *απεκτενα* C^{-77}-57′-313 | om *ἐκείνην* — fin ^{Lat}cod 100 | *ἐκείνην*] *asinam* Sa^{3} | *δέ* B*(vid) 72-376′ *C*-46-414 125 53′ 318 *z* Syh] + *αν* 29 *n* 84; *δ αν* (*αυ* 58) Or IV 409 rell = edd

34 init — *Βαλαάμ*] bis scr 130* | *ειπα* 125 | *Βαλαάμ*] *βαλα* 75*; post *ἀγγέλῳ* tr 44-107′ | *τῷ ἀγγέλῳ κυρίου*] *προς τον αγγελον κυριου* 246 = 𝔐; *domino* Aeth^{M}; > 125 319 | *κυρίου*] pr *του* 52′-313-422; *του θυ* 54 Bo; *κυριε* Or IV 410 Syh; > 44-107′ 53′; + *domine* ^{Lat}cod 100 | *οὐ γάρ*] *ουκ* 413 | *ηπισταμεν* 376; *ηπιστησαμην* 799 | *μοι*] *με* 53′ 343 527 318^{c} 122* (sed hab Ald); > O^{-58} 392 Or IV 410 Syh = 𝔐 | *ανθεστης* 319 | *ἐν* — *συνάντησιν* B V *d* 53′-129 *n t* x^{-619} ^{Lat}cod 100] *εις συναντησιν μου* 72; om *εἰς συνάντησιν* 319 Arm Bo; + *μου b*; *εις συναντησιν μοι* (*μου* 376 Syh; spat 3 litt 707; > 58 $C''^{-131^{c}}$ *s*) *εν τη οδω* Or IV 410 rell = 𝔐 | *εἰ*— *ἀρέσκει*] *tibi non ita videtur* ^{Lat}cod 100; om *μή* 75 Aeth^{M} | *σοι*] post *ἀρέσκει* tr Syh | *ἀρέσκει*] *-σκη* (*-σκοι* 618) 58-*oI* 46-417^{c} 129 127-767(vid) 130-321′^{txt} 84 509-527 318 59; *αρεσει* 422; *αρκει* 120*; *αρκεσει* 68′-120^{c} (sed hab Ald) = Sixt; *δοκει* (*-κι* 108) M′^{mg} *b* 85^{mg}-321′^{mg}-344^{mg} 319 (sed hab Compl)

35 *εἶπεν*] *απεκριθη* 125 | om *ὁ* 550′ | *τοῦ* — *Βαλαάμ* 1°] *κυ προς βαλααμ* 624 Aeth Arm^{ap} = 𝔐; om *τοῦ θεοῦ* 319; om *πρός* 52; > 125(||) | *Βαλαάμ* 1°] *βαλαμ* 130 | *συμπορεύθητι*] *-θητω* 799; *πορ.* 126; *συ πορ.* 618 767 130* 318 59; + *δη b* (sed hab Compl) | *ἀνθρώπων*] + *τουτων* 58-376 *d n t* Aeth Arm Co | *πλήν*] pr *και κς κατευοδωσει την οδον σου* 58; > 527 | om *ὅ* 54 | *ἄν* — *σέ*] *dedero in ore tuo* Ruf *Num* XVII 3; *inmitto in os tuum* Hi *Or in Ezech hom* VI 1; *ego dicam ad te* Arm | *ἄν* 426 C'^{-414}-57′-761 d^{-44} 75 321-344 *t* 509 319 799 = Compl] *εαν* Or IV 410 rell = Ra | *εἴπω* — *τοῦτο*] *λαλησει κς* 75 | *εἴπω*] *ειπα* 761*; *λαλησω* 53′-129 = Compl; post *σέ* tr 126 | *τοῦτο φυλάξῃ λαλῆσαι*] *τουτο ποιησεις* M′^{mg} 319: ex 20; *αυτο ποιησεις* 85′^{mg}-321′^{mg}-344^{mg} ^{Lat}cod 100 | *φυλαξαι* 707 d^{-106} 84*(vid) 55* ^{Lat}Ruf *Num* XVII 3 Syh; *φυλαξης* 314-537 | om *λαλῆσαι* 19 (sed hab Compl) | *Βαλαάμ* 2°] *βαλαμ* 130*; *βαλαακ* 314* | *ἀρχόντων*] pr *ανων* 84* | *Βαλάκ*] *βαλαακ* b^{-19} 53′-56 767 319 Bo^{B} = Compl; *barak* Sa; *μωαβ* 106 392

---

34 *κυρίου*] *οἱ λ′ pypy* Syh^{L}

36 Καὶ ἀκούσας Βαλὰκ ὅτι ἥκει Βαλαάμ, ἐξῆλθεν εἰς συνάντησιν 36
αὐτῷ εἰς πόλιν Μωάβ, ἥ ἐστιν ἐπὶ τῶν ὁρίων Ἀρνών, ὅ ἐστιν ἐκ
μέρους τῶν ὁρίων. 37 καὶ εἶπεν Βαλὰκ πρὸς Βαλαάμ Οὐχὶ ἀπέστειλα 37
πρὸς σὲ καλέσαι σε; διὰ τί οὐκ ἤρχου πρός με; ὄντως οὐ δυνήσομαι
τιμῆσαί σε; 38 καὶ εἶπεν Βαλαὰμ πρὸς Βαλάκ Ἰδοὺ ἥκω πρὸς σέ· νῦν 38
δυνατὸς ἔσομαι λαλῆσαί τι; τὸ ῥῆμα, ὃ ἂν βάλῃ ὁ θεὸς εἰς τὸ στόμα
μου, τοῦτο λαλήσω. 39 καὶ ἐπορεύθη Βαλαὰμ μετὰ Βαλάκ, καὶ ἦλθον 39

ABFMV *O*′′$^{-G}$ *C*′′ *bdfnstxyz* al verss (Pal)

36 *καὶ ἀκούσας*] *sed ut audivit* ^{Lat}cod 100; *ακουσας δε* 16-46-77 121; om *καί* 131*-500′-529-616* | *Βαλάκ*] *βαλαακ* 46 108-314 53′-56 767 128 319 Bo^{B} = Compl; *barak* Sa | *ὅτι ἥκει Βαλαάμ*] *οτι ηλθε(ν) βαλααμ* 53′-129 = Compl; > 343 509; + *μετα των αρχοντων βαλακ* 424* | *αὐτῷ*] *αυτου* 58-376 52 610 75′ 30 59; *eorum* Syh | *πόλιν*] *πολεμον* 19′ (sed hab Compl) | om *Μωάβ* 739 | *ἥ ἐστιν*] *ητις* B*(vid; sed hab Sixt) | *ἐστιν* 1°] > Aeth; ⌒2° 73′ 53′ 669* Bo | *ἐπί*] pr *η* V; *εκ μερους* M′ | *ὁρίων* 1°] *ορειων* B* (sed hab Sixt); ⌒2° 130^{txt} | *Ἀρνών*] *αρων* 314* | om *ὅ* — fin 509-527 | *ὅ ἐστιν* B M′ V 72 54-458 71 319 ^{Lat}cod 100] *οτι* 767; > 106-125 75 126 799 Arm Sa; *η* (*ι* 30) *εστιν* rell = Sixt | *ἐκ*] *εις* *C*′′ 56* | *μέρους*] pr *του* 58; *μερος* *C*-46-52-57^{c}-413-414′-422-528′-615^{c} 458 619 | *τῶν ὁρίων* 2°] *των ορειων* B* (sed hab Sixt); > 75; + *αρνων* 53′ Bo

37 om init — *οὐχί* 320 | *εἶπεν*] *abiit* ^{Lat}cod 100 | *Βαλάκ*] *βαλαακ* 108-314 53′-56 767 319 Bo^{B} = Compl; *barak* Sa | *βαλαμ* 75 | *οὐχί*] *ουχ* 417 126 | *ἀπέστειλα*] pr *αποστελλων* 426-*oI*$^{-64txt}$ 246 18′-628-630′; pr *αποστειλας* (-*στηλ*. 376) 376 *b* *d*$^{-125}$ *n* *t* 319; pr (※ Syh^{L} vid) *mittens* ^{Lat}cod 100 Syh = 𝔐 | om *πρὸς σέ* Bo | *καλέσαι σε*] *παρακαλεσαι σε* 125; om *σε* 318 68 799 (sed hab Ald) | *διά*] pr *και* 19′ 630 (sed hab Compl) | *ἤρχου*] *venisti* Aeth Bo | *πρός με*] om *με* 73′; > 55 | *ὄντως οὐ δυνήσομαι*] pr *η* *O*$^{-58}$-15^{c} 68′-120′ Syh (sed hab Ald) = 𝔐; *quasi non eram* (*etiam*^{ap}) *revera potens* (+ *eram*^{ap}) Arm | *ὄντως*] *ον* 68 (sed hab Ald); *ουτως* 319; post *δυνήσομαι* tr B (sed hab Sixt) | om *οὐ* 129

38 *Βαλαάμ*] *βαλακ* 46* | om *πρὸς Βαλάκ* 126 | *Βαλάκ*] *βαλαακ* 72 131* *b*$^{-19}$ 53′-56 767 343* 318 319 Bo^{B} = Compl; *barak* Sa; *αυτον* 106; ⌒(39) 628 | *νῦν*] pr *modo et* ^{Lat}cod 100; pr *και* *d n t* 527 Aeth^{M}; > 53 71 55 | *δυνατὸς ἔσομαι*] pr *ου* 15^{mg}; pr *μη* *n* 527 Co; *μη δυνησομαι* *d t*; *δυν. ειμι* 414* 53′-129 71 Bo = Compl | om *λαλῆσαί* — *τοῦτο* 767 | om *λαλῆσαί* — *ῥῆμα* 669 | *τι*] *συ* 314^{c}(vid); *σοι* 72; > 71 392 ^{Lat}cod 100 Aeth^{-C} | *τὸ ῥῆμα*] pr ÷ *πλην*↙ Syh^{T}; pr *ρημα πλην* *d t* Bo; *ρημα πλην* *n*$^{(-767)}$ 527 Arm; om *τό* 53′ | *ἂν βάλῃ*] *dabit* Bo | *ἄν* 106-125′ 318 = Compl] > 82 417*-761 19; *εαν* Or IV 404 rell = Ra | *βάλῃ* B 376* 509] *λαβε* 458; *εμβαλλη* 343; *εμβα*^{λλ} 126; *εμβαλει* 19; *εμβαλη* (c var) Or IV 404 rell = Sixt; post *θεός* tr 18; + *μοι ρημα* 527; + *μοι* *n*$^{(-767)}$ 28-85′^{mg}-321′^{mg}-344^{mg} 319 ^{Lat}cod 100 (sed hab codd 91 92 94—96) | *ὁ θεός*] *dominus* Aeth = Tar; om *ὁ* 528 318 | *τὸ στόμα*] *την καρδιαν* A | om *μου* 75′ 319 ^{Lat}cod 100 | *τοῦτο λαλήσω*] pr *et* Aeth; *ουτω λαλησω* 75; *το φυλαξαι λαλησαι* 29; om *τοῦτο* ^{Lat}cod 100; > 72 | *λαλήσω*] pr *και* 18; *φυλαξομαι* (-*ξωμαι* M) *λαλησαι* M′^{mg}; *φυλαξω λαλησαι* A 82-707 *b* *f*$^{-129}$ 85′^{mg}-321′^{mg}-344^{mg} 121 319 624^{mg} 799 Aeth = Sam; -*σαι* 68′-120′ (sed hab Ald); + *προς σε* 343

39 *Βαλαάμ*] et *Βαλάκ* tr 58^{mg} 319; post *Βαλάκ* tr 72 | om *μετὰ Βαλάκ* 44(|) | *Βαλάκ*] pr *του* 376; *βαλαακ* 72 108-314 53′-56 767 68 319 Bo^{B} (sed hab Ald) = Compl; *barak* Sa^{12} | om *καί* 2° Bo^{A} Sa^{9} | *ηλθοσαν* 344^{mg} 319; *ηλθεν* 343

40 εἰς πόλεις ἐπαύλεων. [40]καὶ ἔθυσεν Βαλὰκ πρόβατα καὶ μόσχους, καὶ
41 ἀπέστειλεν τῷ Βαλαὰμ καὶ τοῖς ἄρχουσιν τοῖς μετ' αὐτοῦ. [41]καὶ ἐγενήθη
πρωί, καὶ παραλαβὼν Βαλὰκ τὸν Βαλαὰμ ἀνεβίβασεν αὐτὸν ἐπὶ τὴν
στήλην τοῦ Βάαλ, καὶ ἔδειξεν αὐτῷ ἐκεῖθεν μέρος τι τοῦ λαοῦ.
1 **23** [1]Καὶ εἶπεν Βαλαὰμ τῷ Βαλάκ Οἰκοδόμησόν μοι ἐνταῦθα ἑπτὰ
βωμοὺς καὶ ἑτοίμασόν μοι ἐνταῦθα ἑπτὰ μόσχους καὶ ἑπτὰ κριούς.
2 [2]καὶ ἐποίησεν Βαλὰκ ὃν τρόπον εἶπεν αὐτῷ Βαλαάμ, καὶ ἀνήνεγκεν
3 μόσχον καὶ κριὸν ἐπὶ τὸν βωμόν. [3]καὶ εἶπεν Βαλαὰμ πρὸς Βαλάκ

ABFMV O''^{-G}(72) *C''* *bdfnstxyz* al verss (Pal)

Arm Sa | *εἰς*] *εκ* 610 | *πολιν* F^{b} 72 321′ 134 630 Aeth Bo Syh = 𝔐 | *επαυλεως* 767

40 om *καί* 1° Bo^{A} | *Βαλάκ*] *βαλαακ* 72* 108-314 53′-56 767 120 319 = Compl; > 529 | *πρόβατα*] bis scr 313; et *μόσχους* tr O^{-58} *n* 527 Arm Syh = 𝔐 | *καί* 2°] bis scr 509(|) | *μόσχους*] *βουν* F^{b1}; *βοας* F^{b2} | *τῷ Βαλαάμ*] *του βαλααμ* 458; *τον βαλααμ* 130; *balac* ^{Lat}cod 100 | om *καί* 4° ^{Lat}cod 100 | *τοῖς ἄρχουσιν*] *pueris suis* Bo | om *τοῖς μετ'* 75 799

41 *καί* 1°] ⌒2° 19 (sed hab Compl) | *εγεννηθη* 528 53; *εγενετο* 58^{mg} 126 | *πρωί*] pr *το* 58 $b^{(-19)}$ 509 (sed hab Compl) | *καί* 2°] bis scr 73(|) | *παραβαλων* 618 | *Βαλάκ*] *βαλαακ* 108 53′-56 767^{c} 319 Bo^{B} = Compl; *barak* Sa | *τόν*] *τω* 376; *του* 618 | om *αὐτόν* 618*(c pr m) | *ἐπὶ τὴν στήλην*] *εις την στηλην* 319; *super titulum suum* ^{Lat}cod 100 | *στολην* 458 619 | *τοῦ Βάαλ*] *τω βααλ* 72; *balac* ^{Lat}cod 100; om *τοῦ* 53′; > $Aeth^{M}$ | *Βάαλ*] *βουαλ* 458; *βαλαλ* 407; *βαλααλ* 528; *βαλααμ* 29; *βαλαμ* 46*; *βαλακ* 664*(vid) 68′ (sed hab Ald); *βαλααк* 318 | om *αὐτῷ* f^{-129} Bo = 𝔐 | *ἐκεῖθεν* — 23_{12} *τό*] absc 624(||) | *ἐκεῖθεν*] *εμειθε* 619; > 318; post *τι* tr 343 | *μέρος*] *εκ μερους* 53 | *τι*] *απο* 106; sub ÷ Syh; > 82 *z* (sed hab Ald) = 𝔐; + *αυτου* 56*; + *αυτω* 56^{c}-246 | *τω λαω* 56* 458

23 1 *Βαλαάμ*] *βαλαμ* 414 75^{c}; *βαλακ* 75*; et *Βαλάκ* tr 509 | *τῷ*] *τον* 130; sup ras 4 litt 84 | *Βαλάκ*] *βαλαακ* 108 53′-56 767 343* 59 319 Bo^{B} = Compl; *barak* Sa | *μοι* 1°] *με* 799; *ei* Syh; post *ἐνταῦθα* 1° tr ^{Lat}cod 100 | *ἐνταῦθα* 1°] *εντευθεν* 319; > 551; post *βωμούς* tr 381′ | *βωμους επτα* 126 | *ἑπτά* 1°] *μετα* 528; > Syh | om *καί* 2° — fin 126: homoiot | *ετοιμασαι* 618 | *μοι* 2°] *με* 799; post *ἐνταῦθα* 2° tr ^{Lat}cod 100 | *ἐνταῦθα* 2°] *ωδε b* (sed hab Compl); > 29-58-72 d^{-106} 71 Bo; ad fin tr 413

2 init — *Βαλαάμ*] *και ητοιμασεν αυτους* d^{-106} | *Βαλάκ*] *βαλαακ* b^{-19} 53′-56 767 59* 319 Bo^{B} = Compl; *barak* Sa | om *τρόπον* 126 | *εἶπεν*] *εποιησεν* 318; > 618*(c pr m); post *αὐτῷ* tr 527 | *αὐτῷ*| sub ÷ Syh; > 58 = 𝔐 | *Βαλαάμ*] *βαλακ* 628* | *ἀνήνεγκεν*] + (※ Syh^{T}) *βαλακ και βαλααμ* (-*λαμ* 376*) O^{-58} Arab Syh = 𝔐 | *μόσχον καὶ κριόν*] *vitulos et arietes* Syh | *ἐπὶ τὸν βωμόν* F^{b}] *in aram* ^{Lat}cod 100 $Aeth^{-C}$; om *τόν* F; ⌒(14) 72

3 [*Βαλα*]*άμ πρὸς Βαλάκ*] sup ras F | *Βαλαάμ* 1°] *βαλαμ* 128 | *Βαλάκ* 1°] pr *τον* *C''* 28-85′-321′ 134; *βαλαακ* 108 53′-56 767 343* 319 Bo^{B} = Compl; *barak* Sa^{12} |

---

39 *ἐπαύλεων*] *ἐμβολῶν* F^{b}; *μυστηρίων αὐτοῦ* 344

41 *ἐπὶ τὴν στήλην* (*τοῦ Βάαλ*)] *ἐπὶ τὰ ὑψηλά* 130-321′; *ἐπὶ τὸ ὕψος τοῦ εἰδώλου* (om *τ. εἰδ.* 106) F^{b} 106

23 1 *βωμούς*] *α′ σ′ θ′ σαμ′ θυσιαστήρια* F^{b}(s nom) 344

Παράστηθι ἐπὶ τῆς θυσίας σου, καὶ πορεύσομαι, εἴ μοι φανεῖται ὁ
θεὸς ἐν συναντήσει, καὶ ῥῆμα, ὃ ἄν μοι δείξῃ, ἀναγγελῶ σοι. καὶ
παρέστη Βαλὰκ ἐπὶ τῆς θυσίας αὐτοῦ, καὶ Βαλαὰμ ἐπορεύθη ἐπερω-
τῆσαι τὸν θεὸν καὶ ἐπορεύθη εὐθεῖαν. [4]καὶ ἐφάνη ὁ θεὸς τῷ Βαλαάμ, 4
καὶ εἶπεν πρὸς αὐτὸν Βαλαάμ Τοὺς ἑπτὰ βωμοὺς ἡτοίμασα καὶ ἀνε-
βίβασα μόσχον καὶ κριὸν ἐπὶ τὸν βωμόν. [5]καὶ ἐνέβαλεν ὁ θεὸς ῥῆμα 5
εἰς τὸ στόμα Βαλαάμ, καὶ εἶπεν Ἐπιστραφεὶς πρὸς Βαλὰκ οὕτως λαλή-

ABFMV *O*$^{\prime\prime-G\,72}$ *C*$^{\prime\prime}$ *bdfnstxyz* al verss (Pal)

τῆς θυσίας 1°] τας θυσιας 509 = Sam; την θυσιαν 458; om τῆς 767(|) | om σου *d* 53 *t* | καί 2° B F M′ *O*-29-707 *f* 321′^{mg}-344^{mg} *x*$^{-527}$ 392 *z* 59 799 ^{Lat}cod 100 Aeth Bo^{B} Sa Syh = edd] > Bo^{A}; εγω δε rell | εἴ μοι] εμοι A* 59* | εἴ] και 610; + πως *O* 619 *z* Syh ↓ | μοι 1°] μη 458 71 799; post θεός tr Syh; post συναντήσει tr *O* = 𝔐; post φανεῖται tr *d* 53′-129 75 *t* Arm = Compl | φανεῖται] φαινεται 392; φανει μοι 799 | ὁ θεός] $\overline{κς}$ 426 Aeth = 𝔐; om ὁ 73′ 343* 318 68′ (sed hab Ald) | om ἐν 75 | συναντήσει] pr τη 19 (sed hab Compl); συναντισαι 75 | ῥῆμα] pr το 58-376 392; > Aeth^{G} | ἄν M′ V 106 56′ 509 318 = Compl] εαν rell = Ra | μοι δείξῃ] μη δειξη 314 767*; *mihi dixerit* ^{Lat}cod 100; δειξη (-ξει 106 76) μοι ο θεος *d t*; om μοι 799; tr 426 59 Arm Syh(pr ÷ Syh^{L}) = 𝔐; + ο θεος V 53′-129 | ἀναγγελῶ] -γγειλω 376; απαγγ. (-λλω 664) 53′-129 799 = Compl; διαγγ. 509 | καί 4° — θεόν] sub ÷ Syh; > 426 Arab = Compl 𝔐 | παρέστη] επαρ. 343 | Βαλάκ 2°] βαλαακ 108 53′-56 767 343 59* 319; βαλααμ 500 Bo^{B}; *barak* Sa^{12} | καί 5°] bis scr 413(|) | Βαλαάμ 2°] post ἐπορεύθη 1° tr ^{Lat}cod 100 Arm | ἐπορεύθη 1°] > 73′-417 767; ⌒ 2° 75′ | ερωτησαι 126 | τὸν θεόν] νη τω θεω 527; τω θεω 30 799; *dominum* Sa | ἐπορεύθη 2°] *ibat* Arm | εὐθεῖαν] pr εις 58 *d t*; pr επ F^{b} *n* 527′ Tht *Nm* 219

4 ἐφάνη] επεφ. 130^{mg}-321′^{mg}-344^{mg} 319; ωφθη 64^{txt}-381′ | τῷ Βαλαάμ] *balae* ^{Lat}cod 100 | πρὸς αὐτόν] προς τον 392*; αυτω 767; *domino* Aeth; > 799 Arm^{te} | om Βαλαάμ 2° — (5) εἶπεν 106-125 | Βαλαάμ 2°] βαλαμ 767*; ο βαλακ 126; βαλακ V 107*(c prm) 246 74′-370 18′-630′; > 58 628 Arab = 𝔐 | τούς] pr *ecce* Sa | βωμους επτα 126 | βωμούς] pr μοσχους 54; μοσχους (-χου 75) 53′ 75′ 527 68′-120′ Aeth^{-C} (sed hab Ald); κριους 44 | ἡτοίμασα] -μακα 54-75-767 = Ald; -σαν 458 | om καὶ ἀνεβίβασα ^{Lat}cod 100 | ἀνεβίβασα] -σε 75*; -σαν 82 75^{c}-458 | μόσχον καὶ κριόν] *vitulos et arietes* Syh^{T} | ἐπί] *in* ^{Lat}cod 100 Aeth^{-C} | om τόν 19(|) Arm (sed hab Compl)

5 ἐνέβαλεν] ανεβ. 46 314 53′ 54 619; ανεκαλεσεν 527 | θεός] $\overline{κς}$ 426 Aeth = 𝔐 Tar^{O} | ῥῆμα] pr το 82 509 392; post Βαλαάμ tr 75 | εἰς — Βαλαάμ] επι στοματος βαλααμ 130; om εἰς 376; om τό B* 57-528′-550′ (sed hab Sixt); > 53′ | Βαλαάμ] pr του 318; *bale* ^{Lat}cod 100; βαλαακ 551*(vid) | εἶπεν] + *deus* ^{Lat}cod 100; + *ei* Sa | ἐπιστραφείς] στραφεις 126; αποστραφητι 55 ^{Lat}cod 100 Arm | Βαλάκ] βαλαακ 16-46 *b*$^{-19}$ *f*$^{-129}$ 767 318 669* 319 Bo^{B} = Compl; βαλααμ Or IV 410 | οὕτως] και ουτω 669 55 ^{Lat}cod 100 Aeth Arm **Pal** = 𝔐; ουτω

---

3 εἴ μοι φανεῖται] σ′ εἴ πως φανεῖται 344 | εὐθεῖαν] συρόμενος F^{b}

4 init — Βαλαάμ 1°] οἱ λ′ καὶ ἐφάνη ἄγγελος θῦ τῷ Βαλαάμ 344 | θεός] ἄγγελος θεοῦ 130-321′ = Sam

5 θεός] ἄγγελος θῦ 130: cf Sam

6 σεις. [6]καὶ ἀπεστράφη πρὸς αὐτόν, καὶ ὅδε ἐφειστήκει ἐπὶ τῶν ὁλο-
καυτωμάτων αὐτοῦ, καὶ πάντες οἱ ἄρχοντες Μωὰβ μετ᾽ αὐτοῦ. [(7)]καὶ
7 ἐγενήθη πνεῦμα θεοῦ ἐπ᾽ αὐτῷ, [7]καὶ ἀναλαβὼν τὴν παραβολὴν αὐτοῦ
εἶπεν

Ἐκ Μεσοποταμίας μετεπέμψατό με Βαλάκ,
βασιλεὺς Μωὰβ ἐξ ὀρέων ἀπ᾽ ἀνατολῶν λέγων
Δεῦρο ἄρασαί μοι τὸν Ἰακώβ,
καὶ δεῦρο ἐπικατάρασαί μοι τὸν Ἰσραήλ.
8 [8]τί ἀράσομαι ὃν μὴ ἀρᾶται κύριος,

ABFMV O′′$^{-G 72}$ C′′ *bdfnstxyz* al verss (-Pal)

d 54-75′ 84-134 619 18′-68′-628-630 Or IV 410 = Sixt | λαλήσεις] -σει 19 (sed hab Compl); -σης 376 767 120*; -σον 527 Aeth; + *ei* Bo

6 ἀπεστράφη] επεστρ. (επιστρ. 458; -φει 75) V 58-381′ 551 537 *n*$^{-127}$ 527 319; εστρ. 126 | πρὸς αὐτόν] *balaam ad balak* (*balaak* B) Bo | καὶ ὅδε] *balac autem* ^{Lat}cod 100 | καί 2°] > O′$^{-64\ 426}$-29 16-46-52-417-615^{c}-616 53 767 509 619 55 799 Bo = Ald; ⌒4° *d*$^{-106}$ | ὅδε] ωδε 19′ 106 30-85*-130-346^{txt} 84 126 (sed hab Compl); *is* Syh | ἐφειστήκει] εφεστ. (-κη 319) M′ V O^{-426}-29-618* C′′$^{-52\ 414\ 422}$ 537 129 71′ 121 55 59 319 799 = Ald Compl; εφ[. . . .]κει 422; αφειστ. (αφηστ. 68) 68′; παριστ. (παρεστ. 458 527; -στικ. 54) *n* 527; ειστηκει 126 | ἐπὶ τῶν ὁλοκαυτωμάτων] *ad sacrificium* Aeth; επι της ολοκαυτωσεως F*(cprm) Bo = 𝔐 Tar^{P} | αὐτοῦ 1°] sub ※ Syh | καί 3°] pr αυτος O^{-58} = 𝔐; pr *et balaam* Aeth^{M} | μωαμ 56 | om μετ᾽ — fin 426 = 𝔐 | μετ᾽ αὐτοῦ] *cum illis* ^{Lat}cod 100; > 58 | καί 4° — fin] ἐγενήθη — fin sub ÷ Or IV 410; > Arab = Compl | ἐγενήθη] εγενν. 528; > 58 | πνεῦμα θεοῦ] pr το 58; πνευμα $\overline{κυ}$ 551 Aeth; om θεοῦ 527(|) | ἐπ᾽] εν 121 | αὐτῷ] αυτον V 618 417 53′ 458; *balaam* Bo

7 om καί 1° Aeth^{-F} | αναβαλων 618 | τήν] bis scr 618(|) | παραβολήν] παρεμβ. (-βωλ. 318*) C^{-77}-46′*-414′ 19′ 610 53-129 458 85′*-343 84 527 318 18-126-630 799 Bo^{B*} (sed hab Compl) | om αὐτοῦ 610 Aeth^{F} | ἐκ Μεσοποταμίας] *maesopotamia* ^{Lat}cod 100 (sed hab codd 91 92 94—96 Ruf *Num* XV 1); εκ μεσωπ. 30 | μετεπεμψαντο 630 | με Βαλάκ] om με Arm^{ap}; > ^{Lat}cod 95 | Βαλάκ] βαλαακ 16-46 108 *f*$^{-129}$ 767 319 Bo^{B} = Compl; *barak* Sa; post βασιλεύς tr 414 | βασιλεὺς Μωάβ] pr ο 53; om Μωάβ 414; > Phil II 242 | ἐξ — καί 2°] om ἐξ 59; om ἐξ — λέγων 458^{txt}(cprm); om ὀρέων ἀπ᾽ 55; > 417 | ὀρέων] ορους 458$^{(mg)}$ | ἀπ᾽] απο 15-29-376′ C′′$^{(-417)}$ *d* 54-75^{c}-458$^{(mg)}$-767 *s t* 509-527 *z* 319 (sed hab Ald); > *b f* 71 121 ^{Lat}Ruf *Num* XV 1 Aeth Arm | λέγων] sub ÷ Syh = 𝔐 | δεῦρο 1°] pr και 458; ⌒2° *d*$^{-106}$ | ἄρασαί] pr *et* Ruf *Num* XV 2; -σω 318; + *tu* Arm | μοι 1°] μου 616*(vid); σοι 739; ⌒2° 54 | τόν 1°] bis scr 616*; + λαον 767 | Ἰακώβ] αιακωβ 707; ακωβ 77* | om καί 2° 550′ 424 | om δεῦρο 2° 19 106 126 Arab Co (sed hab Compl) | ἐπικατάρασαί] -σο 318; καταρ. 376 552 126; αρασαι 129*(cprm) | μοι 2° — (8) καταράσομαι] pr ÷ Syh; om μοι Co = 𝔐 Sam; > 417

8 τί 1°] pr και ειπε(ν) βαλααμ προς βαλακ (βαλαακ 108) *b* (sed hab Compl); pr *et* Aeth; οτι 527 | ἀράσομαι] αρασαμαι 55; -σωμαι B 75-767 = Ra; καταρ. 58 | ὅν 1°] τον 121; + τροπον 458 | ἀρᾶται] καταρ. B 58 52′ 55 (sed hab Sixt)

---

7 ἄρασαί] οἱ γ′ *vitupera* Syh^{T}

ἢ τί καταράσομαι ὃν μὴ καταρᾶται ὁ θεός;
9ὅτι ἀπὸ κορυφῆς ὀρέων ὄψομαι αὐτόν, 9
καὶ ἀπὸ βουνῶν προσνοήσω αὐτόν.
ἰδοὺ λαὸς μόνος κατοικήσει,
καὶ ἐν ἔθνεσιν οὐ συλλογισθήσεται.
10τίς ἐξηκριβάσατο τὸ σπέρμα Ἰακώβ, 10
καὶ τίς ἐξαριθμήσεται δήμους Ἰσραήλ;
ἀποθάνοι ἡ ψυχή μου ἐν ψυχαῖς δικαίων,
καὶ γένοιτο τὸ σπέρμα μου ὡς τὸ σπέρμα τούτων.

ABFMV $O''^{-G\,72}$ C'' *bdfnstxyz* al verss

= Ra; αρασεται 767 | κύριος] pr ο A M′ 15 30′-343′ y^{-392}; ο (> Tht) θεος 55 319 Tht *Nm* 219^{ap} ^{Lat}cod 100 Sa = 𝔐 Sam Tar^{O}; + η τι καταραται κ̅ς̅ 73′ | om ἤ — fin 126 | ἢ τί] και ετι 458; και τι *b d* 54-767 *t* 527 319 799 Bas II 653 Tht *Nm* 219 Aeth^{-CG} Bo = 𝔐; και 75; om ἤ 426 ^{Lat}cod 100 Aeth^{CG} (sed hab Ruf *Num* XV 2) | καταράσομαι] -σωμαι B 767* 30 = Ra; επικατ. (-σωμαι 75) V 54-75′; αρασ. 58 | καταρᾶται] κατηρ. M′ 413; -ρασεται 767 18; αραται 58-376 | ὁ θεός Tht *Nm* 219^{ap}] κ̅ς̅ 426 $321'^{mg}$ 319 Tht *Nm* 219^{ap} ^{Lat}Ruf *Num* XV 3 Aeth = 𝔐; om ὁ C''^{-414} Tht *Nm* 219te

9 ὅτι] τι 29 | ἀπὸ κορυφῆς] *de verticibus* ^{Lat}cod 100 Aeth; om κορυφῆς Arm | ὄψομαι] *video* Bo; *vidi* Arm^{te} = Tar^{O} | αὐτόν 1°] ⌒2° 126 | βουνῶν] pr των A | προσνοήσω] προν. (-σαι 319*) B^{c}(vid) 82-707* 46-52-417-615^{c} *d* 53′-129 319; προνομευσω 71; προνομησω 509; *prius adspexi* Arm^{te}; *consideravisti* Bo | ἰδού] pr και 392 Arm Bo | λαός] pr ο 422; λαλησει 53 | κατοικήσει] κατωκησεν Tht *Nm* 219^{ap} | om ἐν 392 126 55 | ἔθνεσιν] pr τοις 44 | om οὐ A Aeth^{M} | λογισθησεται 58 C'' 610 75-767 = Compl

10 τίς 1°] pr *et* Aeth^{M}; τι 53* | ἐξηκριβάσατο Tht *Nm* 219^{ap}] εξακρ. Tht *Nm* 219^{ap}; εξακριβιασατο (εξικ. 318) 318 55*; -βωσατο F^{b} oI^{-15} *b* 53′ 75^{c} 84 619 $z^{-120'}$ 55^{c} 59* Tht *Nm* 219te; -κρυβωσε 527; -βησατο 767; εξυβρισατο 799; [εξα]κριβασει (-βωσει 130* vid) 130^{mg}-$321'^{mg}$; εξιχνιασατο 28-30′-$85'^{txt}$-$321'^{txt}$-343′; εξιχνιασεται C''^{-552}; εξιχνιασει 552; *cognoscet* Aeth | om τό 1° 29 *b* d^{-106} 53′ Tht *Nm* 219te (sed hab Compl) | Ἰακώβ] pr τω Tht *Nm* 219^{ap}; ιακοβ 75* | καί 1°] *aut* Sa | εξαριθμηθησεται M′ 426-707 59; εξαριθμησει 129 | δήμους] δημον 730 Aeth; δημου 767; τους παιδας 370^{s} | Ἰσραήλ] pr τω Tht *Nm* 219^{ap} | ἀποθάνοι] pr *et* Aeth; -θανη F 58-82 131 *d* 53′-246 346* 527′ 669 319; -νει 75′-767 59 799 | ἡ] bis scr 799 | μου 1°] μοι 54 | ἐν ψυχαῖς] εν ψυχη Tht *Nm* 219^{ap}; εν σκηναις 52-414; *morte* ^{Lat}codd 91 92 94—96 = 𝔐 | γένοιτο] + μοι 799 | τό 2°] > 376^{c}-618; ⌒3° 413 | μου 2°] σου 71 799 Tht *Nm* 219^{ap}; + ως το σπερμα μου 343* | ὡς] εν 75 | om τὸ σπέρμα 3° ^{Lat}codd 91 92 94—96 = 𝔐 | τούτων] αυτων 58 131^{c}-422 619 *z* Arm Syh; τουτου 458; τουτο Tht *Nm* 219^{ap} = Compl; *iustorum* Ruf *Num* XV 3

---

8 καταράσομαι] ἐμβριμήσομαι F^{b2}

9 προσνοήσω] τηρήσω F^{b}

10 init — Ἰακώβ] οἱ λ′ τίς ἠρίθμησε τὸν χοῦν Ἰακώβ 344 | ἐξηκριβάσατο] οἱ γ′ ἠρίθμησε 128(s nom) Syh; ο′ ἐξηκριβάσατο 344; ἐμέτρησεν F^{b} | καί 1° — Ἰσραήλ] α′ *et computationem unius de quatuor israel* θ′ (σ′ τ) *et numerum unius de quatuor* (+ *de* L) *israel* Syh | τό 2° — fin] τὰ ἔσχατά μου ὅμοια αὐτῶν C''^{cat}

11 [11]*καὶ εἶπεν Βαλὰκ πρὸς Βαλαάμ Τί πεποίηκάς μοι; εἰς κατάρασιν*
12 *ἐχθρῶν μου κέκληκά σε, καὶ ἰδοὺ εὐλόγηκας εὐλογίαν.* [12]*καὶ εἶπεν*
Βαλαὰμ πρὸς Βαλάκ Οὐχὶ ὅσα ἂν ἐμβάλῃ ὁ θεὸς εἰς τὸ στόμα μου,
τοῦτο φυλάξω λαλῆσαι;
13 [13]*Καὶ εἶπεν πρὸς αὐτὸν Βαλάκ Δεῦρο ἔτι μετ' ἐμοῦ εἰς τόπον ἄλλον,*
ἐξ ὧν οὐκ ὄψῃ αὐτὸν ἐκεῖθεν, ἀλλ' ἢ μέρος τι αὐτοῦ ὄψῃ, πάντας δὲ
14 *οὐ μὴ ἴδῃς, καὶ κατάρασαί μοι αὐτὸν ἐκεῖθεν.* [14]*καὶ παρέλαβεν αὐτὸν*
εἰς ἀγροῦ σκοπιὰν ἐπὶ κορυφὴν λελαξευμένου, καὶ ᾠκοδόμησεν ἐκεῖ

ABFMV *O*''$^{-G\,72}$ *C*'' *bdfnstxyz* al verss

11 om comma 16-46^{txt}-131^{txt}-739^{txt}: homoiar | *Βαλάκ*] *βαλαακ* 131$^{(mg)}$ *b*$^{-19}$ *f*$^{-129}$ 75 18 319 Bo^{B} = Compl; *barak* Sa; et *Βαλαάμ* tr 46$^{(mg)}$ | *πρός*] *τω* 53' | *Βαλαάμ*] *βαλαακ* 18* | *πεποίηκάς* B V *O*$^{-58}$ *b* 106 53'-129 54-458-767 *t* *x*$^{-619}$] *εποιησας* rell | *μοι*] + *sic* Aeth^{M} | *εἰς κατάρασιν*] *εις καταραν* 426 44 55; *καταρασειν* (-*σσειν* 529) 77-500-529'; om *εἰς* 739$^{(mg)}$ | *μου*] *μοι* 319; > 392 18 Arm | *κέκληκά*] *προσκεκλ.* 370^{s}; *εκκεκλ.* (*εκεκλ.**) 618 | *ἰδού*] *tu* Arm; + *συ* *d* 127 *t* 527; + *ευλογων* 55 | *εὐλόγηκας* B *O* *b* 53'-129 71-509] *ηυλ.* 414; *ηυλογησας* 82-707 131$^{(mg)}$-422 54-75 343 527 318; -*γησας* (bis scr 130; -*γισας* 767 30) rell; + *αυτον* 529 75; + *αυτους* 77-500-616-739$^{(mg)}$ Aeth^{M} Co
12 *Βαλαάμ*] *βαλαμ* 414 | om *πρὸς Βαλάκ* 126 59 319 = 𝔐 | *Βαλάκ*] *βαλαακ* 16*(vid) 108 *f*$^{-129}$ 343-730 Bo^{B} = Compl; *barak* Sa | *ὅσα*] *ο* 58 59 | *ἄν*] *εαν* B V 58 73' *b* 106 127 *t* 71 59 (sed hab Compl Sixt) = Ra; > A 376 129 75' 527 392 126 319 | *ἐμβάλῃ*] -*λει* 527 392; -*λει μοι* 75 319; -*λλη* (aut -*λλει*) 53' 458-767 799; *εμοι βαλη* 416; *βαλει* 59*; *εμβα*^{λ} 126; post *θεός* tr 376 | *ὁ θεός*] *κς̅* 426 Aeth = 𝔐 | om *μου* 75(|) 68' 319 (sed hab Ald) | *τοῦτο*] *ταυτα* *oI*-707^{c} 414-761 *d* 246 *n* 85'^{mg}-321'^{mg}-344^{mg} *t* 527 *y*$^{-318}$ 18'-126-628-630' ^{Lat}Ruf *Num* XVI 1 Bo Syh | *φυλάξω*] -*ξαι* 73*-320-529 19-108* 107* (sed hab Compl); > 68 (sed hab Ald); post *λαλῆσαι* tr 767
13 *καί* 1°] bis scr 57(||) | *πρὸς αὐτόν*] *αυτω* 707; *ad balaam* Bo; > 618; post *Βαλάκ* tr 53' | *Βαλάκ*] *βαλαακ* 108-314 *f*$^{-129}$ 319 Bo^{B} = Compl; *barak* Sa | *ἔτι*] *εστι* 528; + *σε* 126; post *ἐμοῦ* tr 29 ^{Lat}cod 100 Aug *Loc in hept* IV 78 (sed hab Ruf *Num* XVI 1) | *ἐξ ὧν* (*ον* 129) B V 426 129 71-509 Syh] *και εξ ου* 321'; *εξ* (*εκς* 56* 319) *ου* rell = Sixt | om *οὐκ* ^{Lat}cod 100 | *αὐτόν* 2°] *αυτην* 527*; *eos* (+ *omnes* Bo) Aeth Bo; *populum* ^{Lat}cod 100 Sa | *ἐκεῖθεν* 1°] > ^{Lat}cod 100 Ruf *Num* XVI 1; ⌒2° 376 106^{txt} 71 | *ἀλλ' ἤ*] *αλλα* *b* 370^{s} 121 (sed hab Compl) | *μερους* 59 | om *τι αὐτοῦ ὄψῃ* Bo | *τι*] + *τη* 59 | *αὐτοῦ ὄψῃ*] *videbis ex iis* Aeth; tr 618 130 | *πάντας* — *αὐτόν* 3°] *omnis autem populus* ^{Lat}cod 100 Sa | *πάντας*] *απαντας* V *b* 44-106$^{(mg)}$-107' *n* *t* 527 319 (sed hab Compl); *απαντα* 125; *παντα* 426 Syh | *ειδης* 82 509; *ιδη* 527 | *κατάρασαί*] -*ση* (-*σει* 319) *d*$^{-106(txt)}$ 53'-129 *t* 319 Syh = Compl | *μοι αὐτόν*] *μοι αυτους* (*ατ.* 537*) *b* 84 Aeth Bo (sed hab Compl); om *μοι* 28-85'-321'; tr 426 *C*''$^{-414\ 417\ 528\ 552}$ | om *ἐκεῖθεν* 2° 414 Aeth^{M}
14 init — *αὐτόν*] om *καί* ^{Lat}cod 100; > *d*$^{-106mg}$ 370 | *παρεβαλεν* 551*; *ελαβεν* 106$^{(mg)}$ | *αὐτόν*] *αυτους* 130; + *εκειθεν* *n* *t*$^{(-370)}$ 527 318 | *εἰς ἀγροῦ σκοπιάν*] *in speluncam* (*speculum* Ruf) *agri* (> 95) ^{Lat}codd 91 92 94—96 100 Ruf *Num* XVI 1 | *αγρους* 616^{c} 767^{c}(vid) 59 | om *ἐπί* 1° 458 | *κορυφης* V *C*''

---

14 *λελαξευμένου*] *βισγα* F^{b} (= פסגה)

ἑπτὰ βωμούς, καὶ ἀνεβίβασεν μόσχον καὶ κριὸν ἐπὶ τὸν βωμόν. [15]καὶ 15
εἶπεν Βαλαὰμ πρὸς Βαλάκ Παράστηθι ἐπὶ τῆς θυσίας σου, ἐγὼ δὲ
πορεύσομαι ἐπερωτῆσαι τὸν θεόν. [16]καὶ συνήντησεν ὁ θεὸς τῷ Βα- 16
λαὰμ καὶ ἐνέβαλεν ῥῆμα εἰς τὸ στόμα αὐτοῦ καὶ εἶπεν Ἀποστράφητι
πρὸς Βαλάκ, καὶ τάδε λαλήσεις. [17]καὶ ἀπεστράφη πρὸς αὐτόν, καὶ 17
ὅδε ἐφειστήκει ἐπὶ τῆς ὁλοκαυτώσεως αὐτοῦ, καὶ πάντες οἱ ἄρχοντες
Μωὰβ μετ' αὐτοῦ. καὶ εἶπεν αὐτῷ Βαλάκ Τί ἐλάλησεν κύριος; [18]καὶ 18
ἀναλαβὼν τὴν παραβολὴν αὐτοῦ εἶπεν

Ἀνάστηθι, Βαλάκ, καὶ ἄκουε·

ABFMV O''^{-G}(72) C'' *bdfnstxyz* al verss

s 319 | λελαξευμένου] pr του 669^{c}; pr *montis* Bo; λελεξαμ. 527; -ξεμενων 458; -μενην 82; *locorum excelsorum* ^{Lat}cod 100; + ορους 318 | καὶ ᾠκοδόμησεν ἐκεῖ] om ἐκεῖ 58 319 ^{Lat}cod 100 Aeth (sed hab Ruf *Num* XVI 1) = 𝔐; > 30(|||) | βωμούς] μωμους 15 | om καί 3° Bo^{A} | μόσχον καὶ κριόν] *vitulos et arietes* Syh^{L} | ἐπί 2° — fin] *in aram* ^{Lat}cod 100 Aeth; επι των βωμων 318; επι του βωμου *C*-46; om τόν 246(|)

15 Βαλαάμ] βαλαμ 767* | Βαλάκ] pr του 799; βαλαακ 108 f^{-129} 319 Bo^{B} = Compl; *barak* Sa | παράστηθι] -σταθητι M; στηθι 15 126; + μοι αυτου 376; + (※ Syh^{L}) αυτου V 426 Syh = 𝔐 | τῆς] τας 426 75 = 𝔐^{mss} Sam | ἐγώ] pr *et* ^{Lat}cod 100 | πορεύσομαι] πορευομαι 72 730; πορευωμαι 376 | ἐπερωτῆσαι] -σω 458; ερωτ. (-τισαι 75) V 75 126 | τὸν θεόν] τω θεω 18'-126-628-630'; τον $\overline{κν}$ 426

16 om ὁ θεός Sa | τῷ] pr *ipsi* Ruf *Num* XVI 1; τον 376 246 799; > 319 | βαλαμ 75 730 | om καί 2° Bo^{A} | ἐνέβαλεν] -λλε 799; ανεβ. 458; εβαλε 126; + *deus* ^{Lat}cod 100 | ῥῆμα] pr το 82 | om τό 319 | αὐτοῦ] *balaam* Arm^{ap} | αποστραφηθι (απεστρ. 44 318* vid) B^{c} F^{b} 72-426-oI^{-64} 131-$cI'^{-313\ 413\ 422\ 550'\ 615*}$ *b d* 53' 767 321'^{c}-343-730 *t* 527-619 318 z^{-126} 59 799 Or IV 410 (sed hab Compl) = Sixt; στραφητι 126 | Βαλάκ] βαλαακ 72 108 53'-56 75' 319 Or IV 410 Bo^{B} = Compl; *barak* Sa | καί 4°] bis scr 414(|) | λαλησης 767 509*

17 ἀπεστράφη] επεστρ. V 527; εστρ. *b* 126 (sed hab Compl); + *balaam* Bo | αὐτόν] *balak* (*balaak* B) Bo | om καί 2° B* 15-58-72-82-618 *C*-46 53' 767 527 ^{Lat}cod 100 Bo (sed hab Sixt) | ὅδε] ωδε 19' *d* 120 (sed hab Compl); *is* Syh; > 126 | εφειστη 321; ειστηκει 126; εφεστηκει (-κη 376 313 319) V 29-58-82-376 *C*-46-52'-73'-313^{c}-417-422-550'-761 44-610 129 75 x^{-619} 121-392* 122* 55 59 319 416 799 = Compl | ἐπὶ τῆς ὁλοκαυτώσεως] *holocaustis* ^{Lat}cod 100 | πάντες] απαντες B^{c} 71-509 (sed hab Sixt); sub ÷ Syh^{T}; > 58 = Compl 𝔐 | Μωὰβ μετ' αὐτοῦ] sub ÷ Syh^{L} | Μωάβ] μωαμ 528; αυτου 529 730; > 392^{txt} | om μετ' 413* | om αὐτῷ 72 529 125 | Βαλάκ] βαλαακ 108 53-56-664^{c} 319 Bo^{B} = Compl; *barak* Sa; + τω βαλααμ 529 | ἐλάλησεν] + προς σε 82; + σοι 75 Sa; + σε 376 | κύριος] *deus* Arm^{ap}

18 καὶ ἀναλαβών] αναλαβων δε *b* ^{Lat}cod 100 (sed hab Ruf *Num* XVI 2 Compl); αναλαβων δε βαλααμ M'^{mg}; + βαλααμ (-λαμ 44 75*) d^{-125} n^{-458} *t* 527 55 | om ἀναλαβών — αὐτοῦ 125 126 | τὴν παραβολήν] την παρεμβολην 707*(vid) *C*-46'*-414 53*(vid)-129 75*-458 343 84 527 318 18 59 Bo^{B*}; post αὐτοῦ tr 376^{c} | om αὐτοῦ 58 59 | εἶπεν] pr και 53 75 527'; + βαλααμ 125; + βαλαακ 458; + αυτω 126 | αναστα 319 | Βαλάκ] βαλαακ 108 53'-56 319 Bo^{B} = Compl;

ἐνώτισαι μάρτυς, υἱὸς Σεπφώρ.
19 ^{19}*οὐχ ὡς ἄνθρωπος ὁ θεὸς διαρτηθῆναι,*
οὐδὲ ὡς υἱὸς ἀνθρώπου ἀπειληθῆναι·
αὐτὸς εἴπας οὐχὶ ποιήσει;
λαλήσει, καὶ οὐχὶ ἐμμενεῖ;
20 ^{20}*ἰδοὺ εὐλογεῖν παρείλημμαι·*
εὐλογήσω καὶ οὐ μὴ ἀποστρέψω.
21 ^{21}*οὐκ ἔσται μόχθος ἐν Ἰακώβ,*
οὐδὲ ὀφθήσεται πόνος ἐν Ἰσραήλ·
κύριος ὁ θεὸς αὐτοῦ μετ᾽ αὐτοῦ,
τὰ ἔνδοξα ἀρχόντων ἐν αὐτῷ.

ABFMV *O*′′$^{-G}$ *C*′′ *bdfnstxyz* al verss

barak Sa; *βαλααμ* 71 | om *καί* 2° Bo^{A} | *ἐνώτισαι*] pr *και* 319 Aeth Bo; *ενωτιζου* 30′-85′^{mg}-321′^{mg}-344^{mg}; *αναστηθι* 53′ | om *υἱός* 319 | *Σεπφώρ*] *σεφωρ* 707* ^{Lat}Ruf *Num* XVI 2 Sa; *σεφφωρ* 426 319; *σεμφωρ* F; *ṣwpr* Syh

19 *οὐχ ὡς*] *ουχι ως* 376; *ουχι* 46 | *ἄνθρωπος*] *-που* 129 | *ὁ θεός*] om *ὁ* 381′ Phil II 68^{U}; > 71 | *διαρτηθῆναι*] *διαρτισθ.* (*-τησθ.* 108) 19′; *διαναρτιθ.* 319*; *διατηρηθ.* 550*(vid); *διαμαρτηθ.* (*-τιθ.* 799) 56 392 799; *διαμαρτυρηθ.* 53′; *διαμαρτηθεις* 527; *διαρνηθ.* 75*; *διακριθ.* (*-κρηθ.**) 767; *διοργηθ.* 318; *qui iudicatur* Bo; *διαψευσασθαι* (*-σεσθαι* Compl) 131^{c} = Compl ↓ | om *οὐδέ — ἀπειληθῆναι* 376 392 59 | *οὐδέ*] *ουδ* A F 58-*oI*′$^{-82}$ 56′ 54-75′ 619 *y*$^{(-392)}$ *z* 55 624 799 = Sixt | *ὡς* 2°] *ω* 458; > ^{Lat}codd 91 92 94 95 | *υἱός*] pr *ο* 75 | *ἀπειληθῆναι*] *απολυθ.* *d*$^{-106}$ 527; *διαπιλυθ.* 799; *terretur* ^{Lat}cod 100; *qui mentitur* Bo^{B}; *μετανωησει* 75 ↓; *ut paeniteat* ^{Lat}codd 91 92 94—96 ↓; > Bo^{A} | *αὐτός*] *tu* Arm Syh; + *autem* Bo^{B}; + *est* Bo^{A} | *εἴπας*] pr *ο* 82; *tu dixisti* ^{Lat}cod 100; *ειπων* (*-πον* 610*) 761^{c} *d* 127-767 *t* 527 628 Tht *Nm* 219; *ειπε(ν)* F^{b} 52-77-551 75^{c} Sa | *οὐχί* 1°] pr *και* 75^{c} ↓; *ουχ ο* 82 | *ποιησεις* 799 | *λαλήσει*] pr *et* Aeth = 𝔐; pr *αλλα* 392; *-ση* 16 | *οὐχί* 2°] *ουχ* 318 319; *ουκ* F V 82-376′ *d* 56′ *n t* 527 624 799 Tht *Nm* 219; *ου μη* 509 | *ἐμμενεῖ*] *ευμενει* 318; + *αυτω* *O* = 𝔐

20 *παρείλημμαι*] *παρειμμαι* 120*; *παρεγκλειμμαι* 799 | *εὐλογήσω* = Sam] pr *και* 669 = 𝔐 | om *οὐ* Tht *Nm* 219^{ap} | *ἀποστρέψω*] *-στραφω* *b n*$^{-767}$ 527 Tht *Nm* 219 Aeth; + (※ Syh) *αυτην* *O* 767 ^{Lat}Ruf *Num* XVI 2 Syh = 𝔐

21 *ἔσται*] *εστι* 376 799 ^{Lat}Ambr *Ep* L 11 LXXXV 3 *Iob* III 19 *Virg* 103 Hi *Ep* LXXVII 10 Aeth; + *μοι* *cI*-551 424 | *μόχθος*] *μοσχος* 616-739 |

---

19 *ὁ θεός*] *ἰσχυρός* F^{b} | *διαρτηθῆναι*] *α′ θ′* (> M′ 417) *καὶ* (> F^{b} M′ 58-707 108 *cII* Syh) *διαψεύσεται* (*-ψευδεται* F^{b} 551) F^{b}(s nom) M′ 58(s nom)-707 *cII*^{cat} 108 54^{txt}-458(s nom) 85(s nom)-130-321′-344 Syh^{T}; *σ′ ἵνα διαψεύσηται* M′ Syh^{T}; *σ′ ἵνα ψεύσηται* (*-σεται* 54) 58(s nom et ind ad *ἀπειληθῆναι*)-707 54^{txt} 85(s nom)-321′-344; *οἱ λ′ ἵνα ψεύσηται* Procop 864; *α′* (*θ′* 417) *ψεύσεται* *cII*^{cat} | *ἀπειληθῆναι*] *καὶ μετανοεῖ* F^{b}; *σ′* (*α′* 313-414′-615; *θ′* 417) *ἵνα μετανοήσῃ* (*-σει* 458 130) 58(s nom et ind ad *εἴπας*)-707 *cII*^{cat} 458(s nom) 85′(s nom)-321′(s nom)-344 | *αὐτός — ποιήσει*] *α′ num is dicit et faciet* Syh^{T}

21 *τά* — fin] *α′* (+ *et* Syh) *ἀλαλαγμὸς βασιλέως ἐν αὐτῷ* Procop 865 Syh; *σ′ et indicia regis in eo θ′ et cantus regis in eo* Syh^{L} | *ἔνδοξα*] *σ′ σημασία θ′ σαλπισμός* Procop 865

22 ὁ θεὸς ὁ ἐξαγαγὼν αὐτοὺς ἐξ Αἰγύπτου· 22
ὡς δόξα μονοκέρωτος αὐτῷ.
23 οὐ γάρ ἐστιν οἰωνισμὸς ἐν Ἰακώβ, 23
οὐδὲ μαντεία ἐν Ἰσραήλ·
κατὰ καιρὸν ῥηθήσεται Ἰακὼβ καὶ τῷ Ἰσραήλ,
τί ἐπιτελέσει ὁ θεός.
24 ἰδοὺ λαὸς ὡς σκύμνος ἀναστήσεται, 24
καὶ ὡς λέων γαυριωθήσεται·
οὐ κοιμηθήσεται, ἕως ἂν φάγῃ θήραν,
καὶ αἷμα τραυματιῶν πίεται.

ABFMV *O''*$^{-G}$ *C''* *bdfnstxyz* al verss

οὐδέ] *ουδ* 58 126 | *ὀφθήσεται*] post *πόνος* tr Ambr *Ep* LXXXV 3 | om *πόνος* 618 | *ἐν* 2°] *super* Aeth | *ισραιλ* 134 | *κύριος*] *και* 527; > Aeth^{M}; + *enim* Bo | *αὐτοῦ* 1°] *αυτος* 77; > 16-46 314 125 Sa | *τά*] pr *et* Aeth = 𝔐; pr *et illud* Spec 2; pr *ο* 71; *και* 58-72 59; + *δε* A 121 | *δοξα* 72 | *ἀρχόντων* — fin] sup ras 57 | *ἀρχόντων*] pr *των* 125 71; + *των* 59; + *αυτου* 121 | *ἐν αὐτῷ*] *in eos* Beat *Apoc* XII 3.11; *μετ αυτου* 376 *n* 527; om *ἐν* Aeth

22 *ὁ θεός*] pr *et* Arm Bo; om *ὁ* B(|) 509 = Ra | om *ὁ* 2° V 416* | *εξαγων* 56* 509 799 | *αὐτούς* B V 82 *b d n* 130^{mg}-321'^{mg}-344^{mg} *t* 71-509 126 ^{Lat}codd 91 92 94—96 100 Bo Syh] *αυτου* 53; > 527; *αυτον* (-*των* 246* 669) Ruf *Num* XVI 2 rell = edd | *ἐξ*] *εκ γης* 376-381' *b d n* 85'^{mg}-321'^{mg}-344^{mg} *t* 527 ^{Lat}cod 100 Aeth Arm^{ap} (sed hab Compl) = Tar^{P} | *δόξα*] *δοξαν* 610 246 75'-767 130 527 *y*$^{-121}$; > 71 | *μονοκερωτων* 318 | *αὐτῷ*] pr *εν* 71; *αυτου* F V 29-72'*-376 529* 610 *f* 54*-458-767 321'^{c}-344^{mg} *x*$^{-71}$ *y*$^{-121}$ 68'-120' 59 319 799 ^{Lat}cod 100 Bo = Compl; *super eum* Arm

23 *οὐ γάρ ἐστιν*] *ουκ εσται* Or III 223 Tht *Nm* 220 | *οὐ*] *και* 527 | om *γάρ* Aeth^{C} | *ἐστιν*] *erit* Ruf *Num* XVI 2 | *οἰωνισμός*] *ενοιων.* 799; -*σμα* 54-75'; *μαντηα* 106$^{sup\ lin}$ | *Ἰακώβ* 1°] pr *αυτω* 84*; *αυτω* 16-46; *ακωβ* 527*; ⌒2° 458 Tht *Nm* 220^{ap} | *οὐδέ*] *και τω* 739 | *Ἰσραήλ* 1°] ⌒2° 707^{txt} Tht *Nm* 220^{ap} | *καιρόν*] -*ρω* 127; + *eorum* Sa | *ῥηθήσεται*] *αρθησ.* 52'-313; *ρυσθησ.* 669; *κληθησ.* 319; *ρεθησ.* 344^{mg}-346^{mg}; *στησ.* 129; + *στησεται* 53' | *Ἰακώβ* 2°] pr (※ Syh^{L}) *τω* F^{b} *O*$^{-376}$ 414 *d n*$^{(-458)}$ *t* 527 Or III 223 *Cels* II 420 Tht *Nm* 220 Syh: cf 𝔐; *τω ιακακωβ* 376 | *τῷ*] *τον* 130 | *τί*] pr *η* 55; > 610 71 Bo | *ἐπιτελέσει*] *ση* 392*; *επικαλ.* (*ση* 664) 53'; *ετι τελ.* 68'-120' (sed hab Ald); *τελ.* 126; -*λευσει* 44

24 *λαός*] pr *ο* 319 | *ὡς* 1°] *ωσει* 72 | *ἀναστήσεται*] *εγερθησ.* 58^{mg}-376; *αναβησ.* *d t* 630 | om *καί* 1° Arm^{te} | *λεω* 75^{c} | *γαυριωθήσεται*] *γαυρωθ.* (-*ροθ.* 799; *γαβρ.* 618; *ταυροθ.* 319) B^{c} F V 29-426-707-*oI*$^{-15c}$ 422* *b* 56' *n s*$^{-30'}$ *x*$^{-71}$ 392 *z* 319 799 (sed hab Compl) = Sixt; *γαυριαθ.* 44 | *οὐ*] pr *και* F 44 Arm | *ἄν* V 58-72-82 *d* 127-767 *t* 55 59] > rell = Ra | *θηραν φαγη* 72 | *τραυματιῶν*] *τριων* 53' | *πίεται*] *πιηται* Compl ^{Lat}cod 100 IulTol *Antik* I 16 Ruf *Num* XVI 2(2°); *φαγεται* 319

---

22 (*ὡς*) *δόξα*] *πέτασμα* F^{b}; *ὑψηλώτατα* (-*λοτ.* 130) 130-321' | *μονοκέρωτος*] *ῥινοκέρωτος* F^{b}

25 [25]καὶ εἶπεν Βαλὰκ πρὸς Βαλαάμ Οὔτε κατάραις καταράσῃ μοι αὐ-
26 τόν, οὔτε εὐλογῶν μὴ εὐλογήσῃς αὐτόν. [26]καὶ ἀποκριθεὶς Βαλαὰμ
εἶπεν τῷ Βαλάκ Οὐκ ἐλάλησά σοι λέγων Τὸ ῥῆμα, ὃ ἂν λαλήσῃ ὁ
θεός, τοῦτο ποιήσω;
27 [27]Καὶ εἶπεν Βαλὰκ πρὸς Βαλαάμ Δεῦρο παραλάβω σε εἰς τόπον
28 ἄλλον, εἰ ἀρέσει τῷ θεῷ καὶ κατάρασαί μοι αὐτὸν ἐκεῖθεν. [28]καὶ
παρέλαβεν Βαλὰκ τὸν Βαλαὰμ ἐπὶ κορυφὴν τοῦ Φογώρ, τὸ παρα-

ABFMV O''^{-G} C'' *bdfnstxyz* al verss

25 Βαλάκ] βαλαακ 108-314^{c} f^{-129} 130 319 Bo^{B} = Compl; *barak* Sa; βαλααμ 314* | Βαλαάμ] βαλαμ 767* | κατάραις] -ρας 529 125* 527; αραις 314; *maledicens* ^{Lat}cod 100; > 126 | καταράσῃ] -σεις 73*-320; καταρη 458; -σου 392; καταρας 82; -σο 72; -σαι 767 527′ 318; κατηρασῃ 121 | μοι] > 610(|) Bo = Compl 𝔐; post αὐτόν 1° tr Syh | αὐτόν 1°] *eos* Aeth = Tar | οὔτε 2°] ουτ 126; + και 55 | μὴ εὐλογήσῃς] pr μη ευλογων 551*; pr ου f^{-129} 319 799; ευλογησεις 15 417 *d* 458-767 *t* 527 68′-120′-126 (sed hab Ald) = Compl | μή] μοι 376 | ευλογησει 75 | αὐτόν 2°] pr μοι 767 ^{Lat}cod 100; αυτους 422 Aeth = Tar

26 om init — (27) Βαλαάμ 125 | om comma 44 | καὶ ἀποκριθείς] αποκριθεις δε A F 58-*oI*$^{\prime -82}$ C'' 56′ *s* 619 *y* z^{-126} 55 59 624 799; ειπε δε 126; om καί M′ Arm Bo^{A} | Βαλαάμ — (27) εἶπεν] pr ειπε προς αυτον (βαλακ superscr) 73*; > 610 | Βαλαάμ] βαλαμ 59; βαλααχ 107^{c}; > 71 | om εἶπεν 126 Sa^{12} | om τῷ — (27) Βαλάκ 107 | om τῷ Βαλάκ 71 | τῷ] εν 52′-313; προς 376 $C''^{-52' \, 313 \, 417}$ 106 54 *t* = 𝔐; > 417(|) | Βαλάκ] βαλαακ 108 53′-56 319 Bo^{B} = Compl; βαακ 246; *barak* Sa | ἐλάλησά] *loquar* Arm^{ap}; ειπον 126 | om σοι 527 | λέγων] και ειπον οτι 72; λεγει 527; > 68′-120′-126 Arab (sed hab Ald); post ῥῆμα tr Arm | om τὸ ῥῆμα 126 Sa: cf 𝔐 | om ὅ 18 | ἄν Compl] εαν rell = Ra | λαλήσῃ] λαλη 619; εμβαλη 55; + μοι 72 319 Aeth Arm Sa^{4} | ὁ θεός = Sam] $\overline{κς}$ 426 Aeth = 𝔐 Tar; + προς με 106 *t* | τουτω 73′ 129 | ποιήσω] pr και 72; -σεις 799; λαλησω 53′-129 55

27 om comma Aeth | Βαλάκ] βαλαακ 53′-56^{c}-246 319 Bo^{B} = Compl; βαλααμ 56*; *barak* Sa; > 44; + ειπε 610 | πρὸς Βαλαάμ] προς βαλαακ 56*; τω βαλααμ *n* 527; αυτω 44 | δεῦρο] pr αλλα 125 | παραλάβω — τόπον] *ostendam tibi locum hunc* Bo^{B} | om παραλάβω σε 126 | παραλάβω] παραβαλω (-λλω 53) 53′; sup ras 616 | τόπον] *locum hunc* Bo^{A} | ἄλλον] ετερον 413* 799 | εἰ] ου 528; και 799 ^{Lat}cod 100 (sed hab Ruf *Num* XVII 1) | [ἀρέ]σει — 26_{54} ἐλαττώσεις] absc 624(||) | αρεση 84 = Compl | τῷ θεῷ] τον θεον 610; τω $\overline{κω}$ 319 = Tar | om καί 2° 71 | κατάρασαί] -σει 767; -σῃ *d* 127 *t* ^{Lat}cod 100 Ruf *Num* XVII 1 Arm Syh; litt αι sup ras 616 | μοι] > F 376-707 f^{-129} 130^{mg}-321′^{mg} y^{-121} *z* 799 ^{Lat}Ruf *Num* XVII 1 Bo^{B} (sed hab Ald); post αὐτόν tr 426 Syh = 𝔐 | αὐτόν] *eos* Arm; *populum* Sa; > V | ἐκεῖθεν] εκει 618

28 init — Βαλαάμ] και ανεβιβασεν αυτον 125 | παρέλαβεν] παρεβαλε 53*; παραλαβων (παραβων 610) d^{-125} *n t* 527 | Βαλάκ] βαλαακ 108 53-56′ 319 Bo^{B} = Compl; βαλεκ 30; *barak* Sa; > 44-107′ 71 | τὸν Βαλαάμ] τω (το 313) βαλααμ 376 313 527; αυτον 44-107′ 71 | ἐπί] pr (+ και 58-376 La) ανεβιβασεν (aut -βηβ.) αυτον 58-376 d^{-125} *n t* 527 ^{Lat}cod 100; εις 71-509 ^{Lat}cod 100 Aeth Arm | κορυφήν B F V O'^{-376} 56′-129 71-509 392 55 59 319 799 = Compl] -φης *b* 53′; pr την rell | τοῦ] pr *montis* Ruf *Num* XVII 1; > 125 | Φογώρ] φογορ 72* 761 730 84 71; φωγωρ 527 59; φεγωρ 707 *d* 370 799; φηγωρ 414; φαγωρ 618 Arm^{ap}; φοβωρ 53′ = Compl

τεῖνον εἰς τὴν ἔρημον. ²⁹καὶ εἶπεν Βαλαὰμ πρὸς Βαλάκ Οἰκοδό- 29
μησόν μοι ὧδε ἑπτὰ βωμούς, καὶ ἑτοίμασόν μοι ὧδε ἑπτὰ μόσχους
καὶ ἑπτὰ κριούς. ³⁰καὶ ἐποίησεν Βαλὰκ καθάπερ εἶπεν αὐτῷ Βα- 30
λαάμ, καὶ ἀνήνεγκεν μόσχον καὶ κριὸν ἐπὶ τὸν βωμόν.
24 ¹Καὶ ἰδὼν Βαλαὰμ ὅτι καλόν ἐστιν ἔναντι κυρίου εὐλογεῖν τὸν 1
Ἰσραήλ, οὐκ ἐπορεύθη κατὰ τὸ εἰωθὸς εἰς συνάντησιν τοῖς οἰωνοῖς,
καὶ ἀπέστρεψεν τὸ πρόσωπον αὐτοῦ εἰς τὴν ἔρημον. ²καὶ ἐξάρας 2
Βαλαὰμ τοὺς ὀφθαλμοὺς αὐτοῦ καθορᾷ τὸν Ἰσραὴλ ἐστρατοπεδευκότα
κατὰ φυλάς. καὶ ἐγένετο πνεῦμα θεοῦ ἐπ' αὐτῷ, ³καὶ ἀναλαβὼν τὴν 3
παραβολὴν αὐτοῦ εἶπεν

ABFMV O''^{-G} C'' *bdfns*(28)*txyz* al verss

29 *Βαλαάμ*] *βαλαακ* 730*; *βαλακ* 77*; > 319; et *Βαλάκ* tr 318 | *πρὸς Βαλάκ*] *τω βαλακ* 72; *προς βαλαακ* 108 f^{-129} 343 Bo^B = Compl; *ad barak* Sa; *αυτω* 319 | *μοι* 1°] *με* 527 126; > *C'*-46-422 | *ὧδε ἑπτά* 1°] om *ὧδε* 618 392 ^{Lat}cod 100 (sed hab Ruf *Num* XVII 1); > 72 | *ἑπτά* 1° — *ὧδε* 2°] bis scr 130 | *βωμους επτα* 126 | *βωμον* 72 | *ἑτοίμασόν*] *ανενεγκε* 72 | *μοι ὧδε* 2°] om *μοι* 126; om *ὧδε* 58 d^{-106} 71 68' 319; > 72 ^{Lat}cod 100 (sed hab Ruf *Num* XVII 1) | *μοι* 2°] *με* 527 | *μόσχους*] et *κριούς* tr 73' | *ἑπτὰ κριούς*] om *ἑπτά* z^{-126} (sed hab Ald); tr 126
30 *Βαλάκ*] *βαλαακ* 108 53'-56 319 Bo^B = Compl; > d^{-106} | *καθάπερ εἶπεν αὐτῷ Βαλαάμ*] *ουτως* 72-381' d^{-106} 71 | *καθα* 458 527 59; *καθως* 628 | *εἶπεν*] *συνεταξεν* 458 799 | om *αὐτῷ* 126 = 𝔐 | *Βαλαάμ*] *βαλαμ* 75 | *ἀνήνεγκεν*] *ανηγαγε(ν)* 53' | *καὶ κριόν*] *unum* ^{Lat}cod 100 (sed hab Ruf *Num* XVII 1) | *κριόν* — 26 44 *δῆμος*] absc 28(||) | *ἐπί*] *in* ^{Lat}cod 100 Aeth | *τὸν βωμόν*] *των βωμων* 318; om *τόν* 19 (sed hab Compl)
24 1 *Βαλαάμ*] *βαλακ* 68'-120' (sed hab Ald) | *καλόν*] *ου καλλον* 53 | *ἐστιν*] sub ÷ Syh = 𝔐 | *εναντιον* A F 64-72-381 *d t* 619 y^{-318} 630 55 = Ald Sixt | *ευλογει* A* | om *τόν* — *ἀπέστρεψεν* 618^{txt} | *οὐκ*] pr *και* F ^{Lat}cod 100 = 𝔐 | om *τό* 1° 458 | *εἰωθός*] *ιθως* 75; + *αυτω* 246 619 *z* Sa^4(vid) = Sixt | *εἰς* 1°] sup ras M | *συνάντησιν*] + *αυτου* 75 | *οἰωνοῖς*] *-νισμοις* 319; *οινοις* 75; *ονοις* (*ων.* A) A* 318 | *καί* 2°] *αλλ* 72 ^{Lat}cod 100 Ruf *Num* XVII 2 Sa^{12}; > Arm | *επεστρεψεν* Compl | *τὸ πρόσωπον αὐτοῦ*] *την οψιν αυτου* $85'^{mg}$-$321'^{mg}$-344^{mg}; *τους οφθαλμους αυτου* 628; om *αὐτοῦ* B* (sed hab Sixt); ad fin tr O^{-58} ^{Lat}cod 100 Syh (sed hab Ruf *Num* XVII 2) = 𝔐
2 om *ἐξάρας* — *αὐτοῦ* 126 | *επαρας* *ol b* | *Βαλαάμ*] *ιηλ* 73-320^{txt}; post *αὐτοῦ* tr *b* (sed hab Compl) | *τοις οφθαλμοις* 84*(c pr m) | *αὐτοῦ*] *αυτω* 528; > ^{Lat}cod 100 | *καθορᾷ*] *και ορα* 426*(c pr m); *ορα* 72 413*-551 *b* 126 (sed hab Compl) | *τόν*] bis scr 509 | *ευστρατοπαιδευκοτα* 527 | *φυλάς*] *φυλης* 71; + (※ Syh^L) *αυτου* *O* Syh = 𝔐 | *πνεῦμα θεοῦ*] om *θεοῦ* 53; ad fin tr A F O''^{-82} C'' 56' n^{-127} *s* 527-619 *y z* 55 59 799 ^{Lat}cod 100 Ruf *Num* XVII 2 Aeth Arab Syh = Sixt 𝔐 | *πνεῦμα*] *ρημα* 72 131^c 59 | *ἐπ'*] *εν* B b^{-19} Tht *Nm* 221 (sed hab Compl Sixt) = Ra | *αὐτῷ*] *αυτον* F*(c pr m) 72-376(vid)-426 125 53'-129 54-75' 392 *z* 59 (sed hab Ald) = Compl
3 om *ἀναλαβών* — *αὐτοῦ* 125 | om *τήν* 458 | *παρεμβολην* 707*(vid) 414-616 129 127*-458 343 84 527 318 18-126 59* 319 Bo^B | om *αὐτοῦ* 458 | *εἶπεν*]

---

24 1 *εἰς* — *οἰωνοῖς*] *σ' sed in occursum auguriorum* Syh^T

Φησὶν Βαλαὰμ υἱὸς Βεώρ,
φησὶν ὁ ἄνθρωπος ὁ ἀληθινῶς ὁρῶν,
4 [4]*φησὶν ἀκούων λόγια θεοῦ,*
ὅστις ὅρασιν θεοῦ εἶδεν,
ἐν ὕπνῳ ἀποκεκαλυμμένοι οἱ ὀφθαλμοὶ αὐτοῦ·
5 [5]*Ὡς καλοί σου οἱ οἶκοι, Ἰακώβ,*
αἱ σκηναί σου, Ἰσραήλ·
6 [6]*ὡσεὶ νάπαι σκιάζουσαι,*
καὶ ὡσεὶ παράδεισοι ἐπὶ ποταμῶν,

ABFMV O''^{-G} C'' $bdfns^{-28}txyz$ al verss

+ *illi* ^{Lat}cod 100 | om φησίν 1° — φησίν 2° 125 | om φησίν 1° 73′ 126 ^{Lat}cod 100 Bo | Βαλαάμ] βαλαμ 130 84*; βαλακ 84$^{c\,pr\,m}$ | υἱός] pr ο 44; υιους 82 | Βεώρ] βαιωρ A 106-107′ *t* 71 y^{-392} Sa^{4}; καιωρ 527; *bechor* ^{Lat}cod 100; φαιωρ 55; σεβεωρ 75′; σεπφωρ 15^{mg} 53′ | φησίν 2° — fin] om φησὶν ὁ 72; post (4) θεοῦ 1° tr 246 | φησίν 2°] pr *et* ^{Lat}codd 91 92 94—96 Aeth^{M} = 𝔐 Sam Tar^{O}; *dixit* Ruf *Num* XVII 2; > 53′ ^{Lat}cod 100 | ὁ ἄνθρωπος] om ὁ *cI*-551; bis scr 121 | om ὁ 2° 72 = Compl | αληθινος (-θειν. A V 29-376 56; -θην. 458 509*) A V 376-381′-*oII* 615-616* 19′ d^{-44} *f* 75′-127*-767 343 370^{s} *x* y^{-121} 68′-120′-126-628*-669 59 319 416 799 | ὁρῶν] pr ο 127 370^{s}; pr ως 75; ορεων 59*; sub ※ Syh^{L}; post (4) θεοῦ 1° tr 619 = Ald

4 init — θεοῦ 1°] sub ※ M 344 Syh; om φησίν 126; om φησὶν ἀκούων 72; > F 29-58-707^{txt} *b* 56 *n* 527 392 68′-120′ 319 799 ^{Lat}cod 100 Aeth Arm Co (sed hab Ald Compl) = Sam | ἀκούων] pr και 59 Syh^{T}; pr ο V 15-376-707 417 246 18′-126-628-630′ | θεοῦ 1°] ισχυρου (-ρως 616^{c}) M′ O'^{-58}-707 C'' 44 246 *s* y^{-392} 18′-126-628-630′ 55 Eus VI 408 ^{Lat}Ruf *Num* XVII 3 Syh = Sixt ↓; ισχυρα 72^{c} 619 59 = Ald; + ισχυρου A; + ισχυρα 72* | ὅστις F^{a}] ος την 376; ως τις 19 (sed hab Compl); ος τι 54; > F Aeth | εἶδεν] οιδεν 75; > Aeth | ἐν ὕπνῳ] εν υπνιω 458; φησιν 71; εν τη ερημω 58^{mg}; *cadens* ^{Lat}codd 91 92 94—96 = 𝔐; om ἐν 527; + ras 1—2 litt B | om ἀποκεκαλυμμένοι — fin 126 | ανακεκαλυμμενοι 64-618 74-76

5 καλοί — οἶκοι] *bona domus tuae* ^{Lat}cod 100 | καλοί] λαοι 422 | σου 1° B V 82-381′ 552-761 *b d f n t* x^{-619} 318 126 59 Ath I 153 ^{Lat}PsAmbr *Mans* 42] post οἶκοι tr Eus VI 18 408 rell = Sixt 𝔐 | οἱ οἶκοι] οικειαι 458; om οἱ A 73′-413-550 610 75 509; et αἱ σκηναί tr Sa^{12} | Ἰακώβ] sup ras 15 | αἱ] pr και V 319 Aeth Arm Bo Syh = Sam; εν 767 | Ἰσραήλ] ιακωβ 19 (sed hab Compl)

6 ὡσεί 1°] pr *et* Aeth^{F}; ως F*(c pr m) 527 | νάπαι] pr συ 527 | συσκιαζουσαι (συνσκ. V) V 118′-537 | καί 1°] > ^{Lat}Ruf *Num* XVII 4 Bo^{A} = 𝔐; post ὡσεί 2° tr Compl | ὡσεὶ παράδεισοι] *ut (h)orti sicut paradisus* ^{Lat}codd 91 92 94—96 | ὡσεί 2°] ως οι 72 75; ως αι 458; ως 59 Eus VI 409 | παράδεισοι] -σος B* Eus VI 18 409 (sed hab Sixt); -σαι 53; *hortus qui* Aeth | ποταμῶν] -μον V 618 417-616^{c} 610* 75 84 68* 799 Eus VI 18 ^{Lat}codd 91 92 94—96 100 Aeth = Compl

---

3 φησίν 1° 2°] λέγε F^{b}

4 init — εἶδεν] λέγε ἀκούων λόγια ἰσχυροῦ ὅς (ως*) ὅρασιν θεωρεῖ F^{b} | ἀποκεκαλυμμένοι (οἱ — fin)] οἱ λ′ ἐμπεφραγμένοι Procop 868; σ′ *clausi oculi eius* Syh^{T} Barh; α′ θ′ *clausus oculus eius* Syh^{T}

καὶ ὡσεὶ σκηναί, ἃς ἔπηξεν κύριος,
ὡσεὶ κέδροι παρ' ὕδατα.
[7]*ἐξελεύσεται ἄνθρωπος ἐκ τοῦ σπέρματος αὐτοῦ,* 7
καὶ κυριεύσει ἐθνῶν πολλῶν,
καὶ ὑψωθήσεται ἢ Γὼγ βασιλεία αὐτοῦ,
καὶ αὐξηθήσεται ἡ βασιλεία αὐτοῦ.
[8]*ὁ θεὸς ὡδήγησεν αὐτὸν ἐξ Αἰγύπτου,* 8
ὡς δόξα μονοκέρωτος αὐτῷ·
ἔδεται ἔθνη ἐχθρῶν αὐτοῦ,
καὶ τὰ πάχη αὐτῶν ἐκμυελιεῖ,

ABFMV O''^{-G} C'' *bdfns*$^{-28}$*txyz* al verss

𝔐; -*μω* Sixt; -*μως* 313; + *aquae* Bo | om *καί* 2° F*(cprm) Eus VI 18 = 𝔐 | *ὡσεί* 3°] *ως* 82* 417 126 Eus VI 18; *ως αι* 75 Eus VI 409; ⌒4° *b* (sed hab Compl) | *σκηνας* 82 | *κύριος*] pr *ο cI*$^{-57\ 550*}$-52'-313-417-551 56' 54'-767 *s*$^{-30}$ Ath I 153: cf Hebr 8_2; *deus* Sa^{12} | *ὡσεί* 4° — fin] pr *και* 127 619 68'-120 319 Aeth Arab Arm Bo Sa^{12} = Sixt; > Eus VI 18 | *κεδρος* 321-346^{c} ^{Lat}cod 100 Ambr *Ep* L 12 Aeth | *παρ'*] *αι παρα* 767; *παρα* 707 509-527 120'-126 799; *επι* 71 | *ὕδατα*] pr *τα* 767 799; *υδατι* 82 54*^{vid}; *υδασιν* V 319; + *et sicut vitis in deserto* Bo^{B}

7 init] pr *et* Aeth Arm Bo^{B} Sa^{12} | *ἄνθρωπος*] > 509; post *αὐτοῦ* 1° tr Eus VI 406 (sed hab passim) | *αὐτοῦ* 1°] *σου* 54; *iuda* Prisc *Tr* I 32 | *κυριευση* (*κηρ.* 53) 53' | om *πολλῶν* 72(|) | *ἢ* — *αὐξηθήσεται*] pr *και* 72; om *ἢ* 120* Aeth^{-C}; om *ἢ Γώγ* 407; om *ἢ* — *αὐτοῦ* 106-125 318; > ^{Lat}cod 100 Bo | *Γώγ*] *ωγ* 319 Tht *Nm* 222^{ap} Arm^{te}↓; *γωβ* 44-107' Tht *Nm* 222^{ap}; *αγωγ* 127*(vid); spat ca 15 litt 82; *ψωχ* Compl; > F^{b} *oI*-72' 739^{c} *f*$^{-129}$ 767 527 121 68'-120-669^{c} 59 799 Eus VI 18 (sed hab 409 Ald); post *βασιλεία* 1° tr Bo^{A} Sa | *αὐτοῦ* 2°] pr *επ* 127; *τουτο* Tht *Nm* 222^{ap}; > B 107' 129 76-84-134 71-509 18'-126-628-630-669* Eus VI 409 Or IV 250 Arab Bo^{A} Sa; ⌒3° 414 75' 85 319 | om *καί* 3° 72 | *ἡ βασιλεία αὐτοῦ*] *η εξουσια αυτου* 527; om *ἡ* Sixt; > 72-381' 767 619 121 68'-120'-126-669^{c} 55 799

8 *ὁ*] pr *και* M' 53' Aeth; > B V 82-426 *d*$^{-44}$ *t* 71-509 319 Eus VI 409 Or IV 250 = Ra | *αὐτόν*] *eos* Bo = Tar | *δόξα*] *δοξαν* F 72 *C*$^{-616c}$-46-417 53' 54-75-767 30-130 527 *y*$^{-121}$ 120'; > 71 | *αὐτῷ*] *super eum* Arm; *αυτου* V 82*(vid)-376 118*(vid) 610 56^{c} 127* 527 126 ^{Lat}cod 100 Cyp *Quir* II 10^{ap} Ruf *Num* XVII 5^{ap} Bo; > Ruf *Cant* 2 | *ἔδεται*] pr *και* 85'^{mg}-321'^{mg}-344^{mg} ^{Lat}Cyp *Quir* II 10 Ruf *Cant* 2 | *ἔθνη*] *οι* 458; > 527 | *ἐχθρῶν*] pr ※ Syh^{L};

---

7 init — *αὐτοῦ* 2°] *α' fluent aquae ex olla* (*ollis* T) *eius et semen eius in aquas multas et exaltabitur magis quam agag rex eius σ' deducit super virgulta uniuscuiusque semen autem uniuscuiusque intra aquas multas et exaltabitur magis quam agag rex eius θ' haurientur aquae ex ollis eius et semen* (*seminis* L) *eius in aquas multas et exaltabitur magis quam gog rex eius* Syh | *καί* 2° — *αὐτοῦ* 2°] *σ' καὶ ὑψωθήσεται ὑπὲρ Ὢγ* (*γωγ* Sixt) *βασιλεὺς* (-*λευουσα* C''comm Tht^{ap}) *αὐτοῦ* Tht *Nm* 222 = Sixt | *ἢ Γώγ*] *α' σ' ὑπὲρ Γώγ* M' 85'-321(nom absc)-344-346 Syh^{L}; *οἱ γ' ὑπὲρ Ἀγάγ* 58

8 *μονοκέρωτος*] *ῥινοκέρωτος* F^{b} | *ἐκμυελιεῖ*] *ἐξοστεΐσει* (-*στεοσει* cod) F^{b}

καὶ ταῖς βολίσιν αὐτοῦ κατατοξεύσει ἐχθρόν.
9 *⁹κατακλιθεὶς ἀνεπαύσατο ὡς λέων καὶ ὡς σκύμνος·*
τίς ἀναστήσει αὐτόν;
οἱ εὐλογοῦντές σε εὐλόγηνται,
καὶ οἱ καταρώμενοί σε κεκατήρανται.

10 *[10]καὶ ἐθυμώθη Βαλὰκ ἐπὶ Βαλαάμ, καὶ συνεκρότησεν ταῖς χερσὶν*
αὐτοῦ, καὶ εἶπεν Βαλὰκ πρὸς Βαλαάμ Καταρᾶσθαι τὸν ἐχθρόν μου
11 *κέκληκά σε, καὶ ἰδοὺ εὐλογῶν εὐλόγησας τρίτον τοῦτο· [11]νῦν οὖν*

ABFMV O''^{-G} C'' $bdfns^{-28}txyz$ al verss

pr *εκ των* C'' $s^{-30'}$ Syh | *αὐτοῦ* 1°] > ^{Lat}codd 91 92; ⌒2° 72 | om *καί* 1° — fin 376 | *τὰ πάχη*] *cubitos* ^{Lat}cod 100 Prisc *Tr* I 32; *ossa* ^{Lat}codd 91 92 94—96 = 𝔐; *τω παχη* 343 | *αὐτῶν*] *αυτον* 44 | *ἐκμυελιεῖ*] pr *et* ^{Lat}cod 100; *-λει* A* B 29-82 129 84 509 318 126 Or IV 250 (sed hab Sixt); *-μυαλ.* 56′ 392; *-μυλ.* (*-μιλ.* 75 76) 528 314 75-127 321 74′-76 Eus VI 409 | om *καί* 2° Bo^{A} | *τοις βελεσιν* 59 | om *ταῖς* d^{-44} *t* | *αὐτοῦ* 2°] *αυτων* 29 | *κατατοξευσαι* 392; *κατατοξει* 75* | *ἐχθρόν*] *εχθρων* 29-707* 528-551* 30 799; *εχθρους* 75 ^{Lat}Prisc *Tr* I 32 Arm; *eos* Ruf *Cant* 2; (+ ÷ Syh) *εχθρους αυτου* 370^{s} Bo^{B} Syh^{L}; sub ÷ Syh^{T} = 𝔐; + *αυτου* *b* Bo^{A} (sed hab Compl)

9 *κατακλιθείς*] pr *και* 376 127 Or IV 250 Aeth^{M} Arm Sa^{4}; *-κλισθεις* 509 Or IV 250; *καταβληθεις* 527 | *αναπαυσεται* 53′ Aeth | om *καὶ ὡς σκύμνος* Sa^{12} | *ὡς* 2°] *ωσει* 53′-129* = Compl | *τίς*] pr *et* Arm | *ἀναστήσει*] *εγερει* Eus VI 409 (sed hab 411) | *σε* 1°] *αυτον* 509 ^{Lat}Ambr *Ep* L 12 Prisc *Tr* I 32: cf Tar | *εὐλόγηνται*] *ηυλ.* (*-γειται* 30) A M′ 29 $C''^{-16\ 46\ 529*}$ 30′-85-130^{txt}-321′^{txt}-343-344^{txt} y^{-318} 669 55 59; *-γημενοι* (*-γιμ.* 767) 16-46 19′ *d n* 130^{mg}-321′^{mg}-344^{mg} *t* 126 Syh (sed hab Compl); *-γουνται* 376; *-γηται* 68 (sed hab Ald) | om *καί* 2° 72 | *σε* 2°] *eum* Ambr *Ep* L 12 Prisc *Tr* I 32: cf Tar | *κεκατήρανται*] pr *και* 72*; *κατηρανται* 129; *-ταρανται* (*καικ.* 458 509) 54-458 509 Or IV 250; *-ρηνται* 130-344; *κατηραται* 75; *κατηραμμενοι* (*-ραμενοι* 76; *καταρ.* 84*) 74-76-84 Syh; *-ραμενοι* 106-125′ 134-370; *επικαταρατοι* 767

10 init — *Βαλαάμ* 1°] *και επι βαλααμ βαλακ εθυμωθη* 84 | *ἐθυμώθη*] + (※ Syh) *οργη* O^{-58} 767 Syh = 𝔐 | *Βαλάκ* 1°] *βαλαακ* f^{-129} 319 Bo^{B} = Compl; *barak* Sa^{12} | om *ἐπὶ Βαλαάμ* Cyr I 441 | *ἐπί* = Tar^{P}] *προς* n^{-127} 509 ^{Lat}cod 100 (sed hab Ruf *Num* XVIII 1) = 𝔐 Sam; *κατα* 414 392 | *καί* 2°] > Bo^{A}; ⌒3° 19 126 (sed hab Compl) | *συνεκρότησεν*] + *βαλαακ* 53′ | *τας χειρας* 527 | om *αὐτοῦ* ^{Lat}cod 100 Arm | *Βαλὰκ πρὸς Βαλαάμ*] *προς αυτον* 72 d^{-106} 126; om *Βαλάκ* 58 53′ 767; > Arab | *Βαλάκ* 2°] *βαλαακ* 56′ 319 Bo^{B} = Compl; *barak* Sa | *Βαλαάμ* 2°] *βαλαμ* 767* 321; *βααμ* 528 | *καταρᾶσθαι* B 426-618 30 *z*] *-ρασαι* 72; *-ρασασθαι* (*-σθε* F 55) F F^{b} Cyr I 441 rell = Ald; + *μοι* 509 Aeth | *τὸν ἐχθρόν μου*] *των εχθρων μου* 56* 458; *τους εχθρους μου* (> La) F^{b} ^{Lat}cod 100 Aeth Arm Bo = 𝔐; om *μου* 414 *d t*; > 53′ | *κέκληκά σε*] *κεκλησαι* *oI* | om *καί* 4° 318 ^{Lat}cod 100 Bo | *εὐλογῶν* = Tar] > 125 68′-120′-126 Sa^{4} (sed hab Ald); post *εὐλόγησας* tr O^{-58} = 𝔐; post *εὐλόγησας* (*αυτον*) Syh | *εὐλόγησας*] *ηυλ.* M′ 72′ 77-422-528-551 19 56′ 343′-730 59 799 Cyr I 441; *-γηκας* (*-γικας* 75′) *d* 53′-129 n^{-767} *t* 319 = Compl; + *συ* 72; + *αυτον* oI^{-15}-82 C'' 767 619 392 68′-120 646 Arm Co Syh(cf praec) | *τρίτον τοῦτο*] *τουτω τριτω* Cyr I 441 | *τρίτον*] ad fin tr A F M′ O'^{-376}-29-707 $C''^{-52'\ 313\ 761}$ 19 *d* 53′-56 *s* 527 *y* $z^{-68'\ 120}$ 59 799 Arm Bo Syh (sed hab Compl) = 𝔐 | *τοῦτο*] *τουτω* 527 319; *τουτον*

φεῦγε εἰς τὸν τόπον σου· εἶπα Τιμήσω σε, καὶ νῦν ἐστέρησέν σε
κύριος τῆς δόξης. [12]καὶ εἶπεν Βαλαὰμ πρὸς Βαλὰκ Οὐχὶ καὶ τοῖς 12
ἀγγέλοις σου, οὓς ἀπέστειλας πρός με, ἐλάλησα λέγων [13]Ἐάν μοι 13
δῷ Βαλὰκ πλήρη τὸν οἶκον αὐτοῦ ἀργυρίου καὶ χρυσίου, οὐ δυνή-
σομαι παραβῆναι τὸ ῥῆμα κυρίου ποιῆσαι αὐτὸ πονηρὸν ἢ καλὸν παρ'
ἐμαυτοῦ· ὅσα ἂν εἴπῃ ὁ θεός, ταῦτα ἐρῶ; [14]καὶ νῦν ἰδοὺ ἀποτρέχω 14
εἰς τὸν τόπον μου· δεῦρο συμβουλεύσω σοι, τί ποιήσει ὁ λαὸς οὗτος

ABFMV *O*′′$^{-G}$ *C*′′ *bdfns*$^{-28}$*txyz* al verss

(τουτων 56*) 376 19′ *d*$^{-106}$ *f*$^{-129}$ 75-767* 407 59; το 552*; > 72 761 619 68′-120 ^{Lat}Ruf *Num* XVIII 1

11 νῦν οὖν] pr και 707; *et nunc* Aeth Arm = 𝔐; om οὖν 71 ^{Lat}cod 100; > 84^{txt}(cprm) | φεῦγε] φυγε 71; φαγε 458; + *tu* ^{Lat}codd 91 92 94—96 100 Arm; + *abi* Bo | τόπον] οικον 121 Aeth | εἶπα] ει και ειπον 126; ειτα 527; ειπον *d n t* | τιμήσω] pr (※ Syh^{L}) τιμων *O*$^{-58}$ Syh = 𝔐; τιμω 376; τιμησαι (-σε 72) 72 *d* 53′ *t* 121 Arm | καὶ νῦν] αλλ 126; om νῦν 15 Arm; > Bo | ἐστέρησέν] -ρεσεν B* 509 (sed hab Sixt); -ρηκεν 319; υστερηκε 619; υστερησε 246; -ρησα 53′ | σε 2°] σεαυτον 53; > *cI*$^{-413}$-551; + σεαυτον 664 | κύριος] pr ο 246 767; ο θεος 376 Bo^{B} Sa^{12}; > 53′ | τῆς δόξης] της τιμης 53′; > 458; + σου 618

12 init — Βαλάκ] και ειπεν αυτω βαλααμ *d*$^{-106}$; > 618 | Βαλαάμ] βαλαμ 730*; βαλαακ 75*; et Βαλάκ tr 551* | om πρὸς Βαλάκ 381 126 Arab | Βαλάκ] βαλαακ *f*$^{-129}$ 343 319 Bo^{B} = Compl; *barak* Sa^{12}; αυτον 71; + βασιλεα 68′-120^{c} (sed hab Ald) | οὐχὶ καί] ουχ υπον 126; om καί M′ 64* Aeth Bo | ἀγγέλοις] ετεροις 376 | om οὕς — fin 126 | οις 29-58-72 551* *b* 56′ 30′-130^{mg}-346^{mg} 527 392 68′-120′ 55 319 646 799 Cyr I 441 (sed hab Compl) | ἐλάλησα] -σας 314* 53*(vid) | λέγων] > 72 Arab Sa^{12}; + οτι 30

13 μοι] μη 610 346* 71; post δῷ tr F V *O*′$^{-58}$-707 ^{Lat}cod 100 Arm Syh (sed hab Ruf *Num* XVIII 1) = 𝔐 | βαλακ δω 58 | βαλαακ *f*$^{-129}$ 319 Bo^{B} = Compl; *barak* Sa^{12} | πλήρη] -ρης (-ρεις 799) A M′ 30′-344* 799; -ρες 318; post αὐτοῦ tr 72 *d t* Co | αὐτοῦ] αυτον 529; του 509*; > 75(|) Aeth | ἀργυρίου] -ρου V*; et χρυσίου tr Aeth Arm^{ap} | καί] η *b* 128-669 55 Arab (sed hab Compl) | δυναμαι (-με 53) 53′ Bo Syh | τό] > 529; bis scr 527 | κυρίου] *dei* Bo | ποιῆσαι — καλόν] sub ÷ Syh^{L} | αὐτό — καλόν] καλον αυτω (αυτο 52-414-616^{c}-761^{c}) η (και 528) πονηρον *C*′′$^{-57\ 417\ 500}$ 646 | αὐτό] αυτω 72′ 57 44 129 75′-767 71 318 = Compl; *hoc* ^{Lat}cod 100; sub ÷ Syh^{T}; > 500 Aeth = 𝔐 | πονηρὸν ἢ καλόν B V 82-381′ 53′-129 71-509 319 ^{Lat}cod 100 Arm Co = Compl] pr μικρον η (ει 75) μεγα (-γαν 125) *d n*$^{-458}$ *t*; μικρον η μεγα M′^{mg}; μικρον η μεγα πονηρον η κακον η καλον 458; μεγα η μικρον καλον [.] πονηρον 376; μικρον η μεγα καλον η πονηρον 58; καλον η πονηρον (> 417) Cyr I 441 rell = Sixt 𝔐 | παρ' ἐμαυτοῦ] απ εμαυτου 376 *d n t*; παρ εμου 646; παρ εαυτου Cyr I 441; > 72 | ὅσα] pr παντα 72-376; pr αλλα παντα 58; pr αλλ η (> 126) 121 126 Arm Bo; ος 75; ως 59 | ἄν] εαν A B M′ 15-29-58-82 *b* 53′-129 730 *y* 55 (sed hab Sixt) = Ra; > 72 528 | εἴπῃ B V *O*$^{-58}$-82 129 321′ 71-509 55 319 Arm Syh] ειποιμι (-μει 122) 527 68′; ειποι μοι 618 414-616* 619 = Ald; + μοι Cyr I 441 rell = Sam | ὁ θεός] $\overline{κς}$ 426 Aeth Sa^{12} = 𝔐; om ὁ Cyr I 441 | ταῦτα] τουτο 246*(cprm); *id* Aeth = 𝔐

14 om νῦν 552^{txt} | ἰδού] pr εγω 618; > 29 Sa^{1}; + εγω 64-381 *d* *f*$^{-56*}$ 127 *t* 319 = Compl 𝔐 | ἀποτρέχω] αποστρεφω 616*(vid); αποστρεφωμεν 30 | τόπον] οικον F 72 551 53′ 730 318 59 799 Aeth | δεῦρο] pr *et* Aeth | συμβουλεύσω

15 *τὸν λαόν σου ἐπʼ ἐσχάτου τῶν ἡμερῶν.* [15]*Καὶ ἀναλαβὼν τὴν παρα-*
βολὴν αὐτοῦ εἶπεν

Φησὶν Βαλαὰμ υἱὸς Βεώρ,
φησὶν ὁ ἄνθρωπος ὁ ἀληθινῶς ὁρῶν,
16 [16]*ἀκούων λόγια θεοῦ,*
ἐπιστάμενος ἐπιστήμην ὑψίστου,
καὶ ὅρασιν θεοῦ ἰδών,
ἐν ὕπνῳ ἀποκεκαλυμμένοι οἱ ὀφθαλμοὶ αὐτοῦ·
17 [17]*Δείξω αὐτῷ, καὶ οὐχὶ νῦν·*
μακαρίζω, καὶ οὐκ ἐγγίζει·

ABFMV $O^{''-G}$ C'' $bdfns^{-28}txyz$ al verss

σοι] *-λευσωσι* 125 53 321 | *τί*] *το* 619*; *α* Procop 869; > 618* | *ουτως* 376 75*-767 319 | *τὸν λαόν σου*] *τω λαω σου* 528 75 527 628 319 Procop 869; > 73′ 799 | *ἐσχάτου*] *εσχατω* 29-426 527 ↓; *-των* (*αισχ.* 84) V 58-82-376*-707 414 *d* 53′-129-246* *n* 130^{mg}-321′^{mg}-344^{mg} *t* 55 = Compl | fin] + *horum* Bo; + *σου* 318

15 init — *εἶπεν*] pr *και εγενετο πνευμα θεου* (*κυ̅* 68′) *επι βαλααμ* 246 121^{mg} *z* (sed hab Ald); om *τὴν παραβολὴν αὐτοῦ* d^{-106}; > 72 | *ἀναλαβών*] + *βαλααμ* *d* 127 *t* 55 | *παρεμβολην* 313*-414-739* 458 84 509-527 318 18-126* 59* Bo^{B*} | *εἶπεν φησίν*] om *εἶπεν* Bo; > 527 | om *φησίν* 1° — (17) *ἐγγίζει* d^{-106} | *φησίν* 1°] pr *hoc* ^{Lat}cod 100; > Aeth^{M}; ⌒2° 54-75′ | *Βαλαάμ*] *βαλααμ* 618; *βαλακ* 84 | *υιοις* 82 | *Βεώρ*] *βαιωρ* A 106 *t* 71 y^{-392} 55 Sa^{4}; *σεπφωρ* 53-664* | om *φησίν* 2° — (17) *ἐγγίζει* 126(|) | om *φησίν* 2° 72 ^{Lat}cod 100 Ruf *Num* XVIII 1(1°) | *ὁ ἄνθρωπος*] om *ὁ* 72 71; bis scr 552* | om *ὁ* 2° 72 71 | *ἀληθινῶς*] *-νος* (*-θεινος* V 29; *-θηνος* 30 509) B V 376-618*(cprm)-oII^{-707c} 52′-500 19 106 f^{-56c} 75′-127^{c}-767 30-321-343 370* *x* y^{-121} 68′-120′-669$^{sup\ lin}$(prm) 59 319 416 799 (sed hab Sixt) = Compl; post *ὁρῶν* tr 58 | *ὁρῶν*] pr *ο* 127 319; *ορεων* 59*; *λαλων* 71

16 *ἀκούων*] pr *και* V 72 131^{c} 59 319 ^{Lat}cod 100 Aeth Bo; pr (※ Syh) *φησιν* O^{-58}-15 106^{c} Arab Syh = 𝔐; *ακουω* 320; *ακουσον* (*-σων* 56) 56′* | *λόγια*] pr *τα* 319 | *θεοῦ* 1°] pr *του* 319; pr *domini* Arm^{ap}; *κυ̅* 55 Aeth = Tar^{P} | *ἐπιστάμενος*] pr *et* Arm = 𝔐; + *τε* Phil III 191 | *ἐπιστήμην*] *γνωσιν* Bas III 1469 | *ὑψίστου*] pr *παρα* (*παρ* 664; + *του* 84*) B V 82-376 106 f^{-56*} *n t* 71-509 392 319 Phil III 191 ^{Lat}codd 91 92 94—96 100 Bo (sed hab Ruf *Num* XVIII 1) = Compl Ra; *domini* Sa^{12} | *θεοῦ* 2°] pr *του* Eus VI 403 | *ἰδών*] *ειδον* 527; *ειδεν* 55 Arm Syh; *ορων* 551 | *ὕπνῳ*] *somnis* Ruf *Num* XVIII 2 | *κεκαλυμμενοι* 53

17 *δείξω αὐτῷ*] *videbo eum* ^{Lat}Ruf *Num* XVIII 2(„in aliis exemplaribus legitur") Aeth ↓; > 72 | *δειξει* A(vid) 121; *δειξαι* 376 | *αὐτῷ*] *αυτον* 29; *αυτοις* Or IV 250; *αυτο νυν* 799; *αυ*ʳ 376 | *καί* 1° — *μακαρίζω*] om *καί* 630 Bo^{A}; post *ἐγγίζει* tr 318 | *οὐχί*] *ιδου* 53 | *μακαρίζω*] pr *et* Aeth; *-ριω* 319; *-ρισω* F^{b} 53′-129

14 *ἐπʼ ἐσχάτου*] *οʹ θʹ σʹ ἐπʼ ἐσχάτῳ αʹ ἐν ἐσχάτῃ* 344

15 *φησίν* 1°] *λέγε* F^{b} | *φησίν* 2°] *καὶ λέγε* F^{b}

17 init — *νῦν*] *αʹ* (+ *σʹ* Syh) *ὄψομαι αὐτὸν καὶ οὐ νῦν* Eus VI 407 Syh | *δείξω*] *αʹ ὄψομαι σʹ ὁρῶ* Procop 872 | *μακαρίζω* — *ἐγγίζει*] *αʹ* (*σʹ* Barh) *προσκοπῶ αὐτὸν ἀλλʼ οὐκ ἐγγύς* Eus VI 407 Syh(cod T s nom) Barh; *σʹ ὁρῶ αὐτὸν ἀλλʼ*

ἀνατελεῖ ἄστρον ἐξ Ἰακώβ,
καὶ ἀναστήσεται ἄνθρωπος ἐξ Ἰσραήλ,
καὶ θραύσει τοὺς ἀρχηγοὺς Μωάβ,
καὶ προνομεύσει πάντας υἱοὺς Σήθ.
18*καὶ ἔσται Ἐδὼμ κληρονομία,* 18
καὶ ἔσται κληρονομία Ἠσαὺ ὁ ἐχθρὸς αὐτοῦ·
καὶ Ἰσραὴλ ἐποίησεν ἐν ἰσχύι.
19*καὶ ἐξεγερθήσεται ἐξ Ἰακώβ,* 19
καὶ ἀπολεῖ σῳζόμενον ἐκ πόλεως.
20*καὶ ἰδὼν τὸν Ἀμαλὴκ καὶ ἀναλαβὼν τὴν παραβολὴν αὐτοῦ εἶπεν* 20

ABFMV *O*$''^{-G}$ *C*'' *bdfns*$^{-28}$*txyz* al verss

Arm Sa Syh = Compl; *surgam* Bo; *μακαριος ζω* 528 | *οὐκ*] *ουχ* 529 | *ἐγγίζει*] *εγγιει* 707 767 Or *Cels* I 240 ^{Lat}cod 100 Sa^{4} (sed hab Ruf *Num* XVIII 2); *ετι ηξει* 318 | *ἀνατελεῖ*] pr *και* 54-75′ | om *καί* 3° Sixt | *ἀναστήσεται*] *αναβησεται* Or XII fragm 24.3 Arm^{ap}; > Ath I 153 Cyr IX 900 901 Iust *Dial* CVI 4 | *ἄνθρωπος*] *dux* ^{Lat}Iren III 9.2 Arab; *ηγουμενος* Iust *Dial* CVI 4; > Aeth Bo | *ἐξ Ἰσραήλ*] *εν ισραηλ* 71 ^{Lat}Iren III 9.2; *εξ* $\overline{ιλημ}$ *C*$^{-131c1}$-46*; *a semine* Sa^{4} | om *καί* 4° Bo | *θρυσει* 509 | *τοὺς ἀρχηγούς*] *τους αρχοντας* V 761; *τους υιους* 707 537*; *ηγεμονας* Eus VI 405 (sed hab 403); om *τούς* 18; + *omnes* Bo^{A} | *μωαμ* 56* 509; *μωαμβ* 75 | om *καί* 5° 246* | *προνομεύσει πάντας υἱούς*] *dominabitur in omnibus filiis* ^{Lat}cod 100 (sed hab Ruf *Num* XVIII 4) | *προνομευση* 82 55 | *πάντας*] *απαντας* V; > 376 610 76 319 Cyr IX 901 Arab | *υἱούς* B F M 426-707-*oI*$^{-15}$ *b* 56-129 75 30′-85′-344 71-509 121 *z*$^{-68\ 126}$ 55 Eus VI 404] *υιος* 319; pr *τους* Cyr IX 901 Or IV 250 rell = Ald Compl | *Σήθ*] *zēth* Sa^{12}; *σημ* 509

18 *καί* 1°] *haec* ^{Lat}cod 100; > Bo^{A} | *ἔσται* 1°] + *ei* Arm | *αιδωμ* 54; *αιδομ* 127; *εδων* 527 = Compl | *κληρονομία* 1°] *in possessionem* Arm^{ap}; ⌒2° V 29 52′-313-417* 314 610 129 75′ 71 126 Arm Bo | *καί* 2°] bis scr 413(|); ⌒3° Sa^{12} | *κληρονομία* 2°] pr *η* 72 Or IV 250; > 84^{txt}(cprm); + *eius* ^{Lat}cod 100 | *Ἠσαύ*] *εισαυ* 767; *ισαυ* 75; *εις δυο* 799 | *ὁ ἐχθρός*] *inimicos* ^{Lat}cod 100 = 𝔐; *ο αδελφος* F*(cprm); om *ὁ* 29-72 414 | *εποιησεν ισραηλ* 127 | *ἐποίησεν*] *faciet* ^{Lat}cod 100; *ingressus est* Sa^{1} | *ἐν ἰσχύι*] *ενισχυσει* 129; *ισχυν* 72 422-761^{c} 44 *f*$^{-129}$ 75 527 59^{mg} = Compl 𝔐; *in virtute sua* ^{Lat}cod 100; om *ἐν* 376(vid) *C*$''^{-131c\ 422\ 761c}$ 30′ 84 71 799

19 om *καί* 1° Bo^{A} | *ἐξ*] pr $\overline{ανος}$ *b* Arm (sed hab Compl); pr *homo fortis* Aeth^{C}; > 72 610 53′ | *ἀπολεῖ*] *αποστελει* 44 | *σῳζόμενον*] -*μενα* 527; -*μενους* 58 *b d t* 120^{c} Aeth Arm; -*μενου* 120*; *aliquem sedentem* Bo^{ABc} | *ἐκ πόλεως*] *εν πολει* 527

20 om init — *Ἀμαλήκ* 1° 121^{txt} | om *τόν* 53 | *Ἀμαλήκ* 1°] -*λικ* 767; *αμβληκ* 616; ⌒2° *d*$^{-106mg}$ | om *καί* 2° 58 ^{Lat}cod 100 Ruf *Num* XIX 1 Aeth Arm Bo | *παραλαβων* 55 | *παρεμβολην* 131-313*-414 75′ 730 318 18 59* Bo^{B*} | om *αὐτοῦ*

οὐκ ἐγγύς Eus VI 407 | *μακαρίζω*] *τηρήσω αὐτόν* F^{b} | *καὶ ἀναστήσεται ἄνθρωπος*] *σ′ καὶ* (> Sixt) *ἀναστήσεται σκῆπτρον C*$''^{cat}$ = Sixt | *καί* 4° — *Μωάβ*] *σ′ καὶ* (> Sixt) *παίσει* (*πεσει* codd) *κλίματα* (*το κλιμα* Sixt) *Μωάβ C*$''^{cat}$ = Sixt | *προνομεύσει*] *σ′ ἐξερευνήσει(ς) C*$''^{cat}$; *σ′ ἐρευνήσει* Sixt

Ἀρχὴ ἐθνῶν Ἀμαλήκ,
καὶ τὸ σπέρμα αὐτῶν ἀπολεῖται.
21 [21]καὶ ἰδὼν τὸν Καιναῖον καὶ ἀναλαβὼν τὴν παραβολὴν αὐτοῦ εἶπεν
Ἰσχυρὰ ἡ κατοικία σου·
καὶ ἐὰν θῇς ἐν πέτρᾳ τὴν νοσσιάν σου,
22 [22]καὶ ἐὰν γένηται τῷ Βεὼρ νοσσιὰ πανουργίας,
Ἀσσύριοί σε αἰχμαλωτεύσουσιν.
23 [23]καὶ ἰδὼν τὸν Ὤγ καὶ ἀναλαβὼν τὴν παραβολὴν αὐτοῦ εἶπεν
Ὦ ὤ, τίς ζήσεται, ὅταν θῇ ταῦτα ὁ θεός;

ABFMV *O''*$^{-G}$ *C''* *bdfns*$^{-28}$*txyz* al verss

417 | εἶπεν] ⌒(21) 550′-551 53′ 767 799 | Ἀμαλήκ 2°] -ληλ 739 | om καί 3° — (21) καί 1° 509 | om τό 426(|) | αὐτῶν] αυτου 376 *b d* 246 *n*$^{(-767)}$ 30′-344^{mg} *t*(370 inc) 318 319 ^{Lat}Ruf *Num* XIX 1^{ap} = 𝔐 | ἀπολεῖται] pr ειπεν 458; -ληται 82

21 Καιναῖον F^{b2} 82-707 *C''*$^{-413\ 417\ 529\ (550'\ 551)\ 616^c\ 761^{txt}}$ 56-246^c 130-321′-343′-730 59 ^{Lat}cod 100 Sa^1] -νεον A M^{txt} 30; καινεων 71; κεν. (-νεων 319) B 72 *b* 85 527-619 *y*$^{-318}$ 68′ 319; κενν. 416; καινιον 246*; κενεον M^{mg}; καναιον F(vid) 120′; κειν. 29 417* 129 127 = Compl; *kinnaios* Sa^{12}; κανναιον 509; χαναναιον 318; inc 618*; κιναιον F^{b1} rell | καί 2° — αὐτοῦ] om καί 58 ^{Lat}cod 100 Ruf *Num* XIX 3 Aeth Arm Bo; om αὐτοῦ Sa^{12}; > 72 126 319 | παρεμβολην 414 458 318 18 59*(vid) Bo^B | κατοικεια 416; κατοικησις F 29 319 | om καί 3° Bo^A | ἐὰν θῇς ἐν] ηνθησε 59 | ἐν] επι 126 | πέτρᾳ] pr τη 730; πετραις (-ταις 54*) *oI d n*$^{-767}$ *t* 319 Arm; πε^{τρ} 126 | νοσσιάν] νεοσσιαν 54; κατοικιαν 76

22 init — πανουργίας] pr ασσυριοι (ασυρ. 610 84 55; ασυρριοι 75) σε (σ 75) αιχμαλωτευσουσι(ν) (-σωσι(ν) 75 55; κμαλ. 767*) 106-107′ *n t* 55; ad fin tr 44-125 | γένηται] + *tibi* Ruf *Num* XIX 3 | τῷ] το 72 73*-320 75 76 630; *in* Arm; > 15 392 799 | Βεώρ] βαιωρ A 15 125 *t y*$^{-392}$ 55; *faiōr* Sa^{12}; βοωρ 53; δεωρ 72 | νοσσιά] νοσιαν 767; νεοσσια B* 82-426* 54′-75 (sed hab Sixt) = Ra | πανουργίας] παρουργιας 53^c 130; *fraudis tuae* (tr^{ap}) Arm | Ἀσσύριοί] ασυρ. M 376-618* 551* 610 84; ασυρρ. 75; ασσοιρ. 30; συριοι B* (sed hab Sixt); -ριοις 82 319; αυριον 767 | σε αἰχμαλωτεύσουσιν B M′ V 82^{mg}-426 *d* 53′-129 *n t* 71-509 ^{Lat}cod 100 = Compl] om σε 82^{txt} 319 Arm; tr Ruf *Num* XIX 3 rell = Sixt 𝔐 | σε] *eos* Bo; αυτον F*(cprm) | αἰχμαλωτεύσουσιν] -σωσιν 509; -τισουσι 44 318

23 init — Ὤγ F^b] > F V 376′-707 *C''*$^{-131^{mg}}$ 129 *n s* 527 *y*$^{-121}$ 319 646 ^{Lat}cod 100 Ruf *Num* XIX 4 Arab Arm Co Syh = Compl 𝔐 | Ὤγ] γωγ *b*; ωι 416 | καί 2° — αὐτοῦ] om καί Aeth; > 72 *d*$^{-106}$ 126 | παρεμβολην 414 458 318 18 59* Bo^B | εἶπεν] εφη *d*$^{-106}$ | ὦ ὤ] ω (ο 72) ωγ 72 106 *t* 669^c 59; ουαι 344^{mg} = 𝔐; semel scr 71 Aeth^{-M} Arab Bo Sa^{12}; ter scr 707* 319; > *d*$^{-106}$ ^{Lat}cod 100 Arm (sed hab Ruf *Num* XIX 4) | τίς ζήσεται] spat 10 litt 29 | τίς] τι 58*-72 | ζητησεται 72 527 | θῇ] θηται 730; ελθη B* (sed hab Sixt) | ταῦτα] *hoc* Aeth; > 44; post θεός tr *n*$^{-127}$ | om ὁ 381 | fin] + spat 7 litt 82; + (~ Syh) επι (εσπι 458) της γης M^{mg} *d n t* 416 Syh^{Tmg}

---

22 comma] α′ *quia si fiat exigere qain usque ad quendam athor capiet te* σ′ *et si fiat pascens qainaeus usque ad athor captivitas tua* ⟨θ′⟩ *quia si fiat in rapinam usque ad quendam athor capiet te* Syh^L

[24]*καὶ ἐξελεύσεται ἐκ χειρὸς Κιτιαίων,* 24
καὶ κακώσουσιν Ἀσσούρ, καὶ κακώσουσιν Ἑβραίους,
καὶ αὐτοὶ ὁμοθυμαδὸν ἀπολοῦνται.

[25]*καὶ ἀναστὰς Βαλαὰμ ἀπῆλθεν ἀποστραφεὶς εἰς τὸν τόπον αὐτοῦ, καὶ* 25
Βαλὰκ ἀπῆλθεν πρὸς ἑαυτόν.
25 [1]*Καὶ κατέλυσεν Ἰσραὴλ ἐν Σαττίμ· καὶ ἐβεβηλώθη ὁ λαὸς ἐκπορ-* 1
νεῦσαι εἰς τὰς θυγατέρας Μωάβ. [2]*καὶ ἐκάλεσαν αὐτοὺς ἐπὶ τὰς θυ-* 2

ABFMV *O*''$^{-G}$ *C*'' *bdfns*$^{-28}$*txyz* al verss

24 *εξελευσονται* V 319 ^{Lat}cod 100 Ruf *Num* XIX 4^{ap} | *χειρός* (*χιρ.* 376* vid) B* F 29-72-376-*oI f*$^{-56}$ 767 130^{mg}-344^{mg} 619 *z* 59 319 Tht *Nm* 221te Sa^{12} = Compl] *χειρων* (*χερ.* 616) rell = Sixt | om *Κιτιαίων καὶ κακώσουσιν* 669* | *Κιτιαίων*] *κιτιεων* M^{txt} 15^{c}-426-707 414′ 56′ 18^{c}-128-630; *κητιεων* 18*; *κητ.* A 72 46-422-550′-761^{mg} 121; *κιτηαιων* 58; *κηταιων* 318; *κοιτ.* 82 75 527; *citheorum* ^{Lat}cod 100; *cithiorum* Ruf *Num* XIX 4; *χετειν* M^{mg}-416; *χετταιων* 767; *χεττιμ* *t*$^{-84}$; *χεττιειμ* 761^{txt} *d*$^{-610}$ 127^{c}-458^{txt} 84 319 Tht *Nm* 221^{ap} ↓; *χετιειμ* 610 Tht *Nm* 221^{ap}; *χετιημ* Tht *Nm* 221te; *sethim* ^{Lat}codd 91 92 94—96; *kjidreōs* Sa^{1}; *τεττειειμ* 127* | *κακώσουσιν* 1°] ⌒2° 16′-46 30′-344*(cprm) | *ασουρ* 15-376-618-707 57′-73′-77-313-414-417-422-500′-529′-550′ 246-664* 767 85 84 527-619 68′-120 799 Tht *Nm* 221^{ap} ^{Lat}cod 100 Arm; *ασυρ* 528 | *καί* 3°] ⌒4° 376 | *κακώσουσιν* 2°] *κακουσιν* 707* 53; > *d*$^{-106}$ | *Ἑβραίους*] *εβαιους* 82; *heber* ^{Lat}codd 91 92 94—96↓ | om *καί* 4° 552* Bo^{B} | *αὐτοί*] *congregabuntur* Bo | om *ὁμοθυμαδόν* 618^{txt} Sa^{12}

25 *Βαλαάμ*] *βαλαμ* 417* 130* | *αποστραφεις απηλθεν* *oI*$^{-15}$ 106 *t* Arm | *ἀποστραφείς*] *στραφεις* 527; > *d*$^{-106}$ 75 126 Bo; post *αὐτοῦ* tr 54-458 *y*$^{-392}$ | *εἰς — αὐτοῦ*] *δε* 53′ | om *αὐτοῦ καί* F*(cprm) | *καί* 2° — fin] pr *αποστραφεις δε* 129 = Compl; > Sa^{12} | *Βαλάκ*] *βαλαακ* 313 107 *f*$^{-129}$ 343 319 646 Bo^{B} = Compl; *βαλα* 669^{c}; *βαλααμ* 527 669* | om *ἀπῆλθεν* 2° 126 | *πρὸς ἑαυτόν*] *εις εαυτον* 618; *εις τον τοπον αυτου* 19; *ad domum suam* Aeth Bo Sa^{1}; > F*(cprm) | *ἑαυτόν*] *αυτον* *C*''$^{-414}$ 619 318 646 = Ald; *εαυτου* Compl; *σεαυτον* 29 75 30; *σεαυτω* 458

25 1 *κατέλυσεν*] *-λιπεν* 458; *κατισχυσεν* 129; *απελ.* 46 | *Ἰσραήλ*] pr *ο* Cyr III 397; *ο λαος* 29 *b* 55 Phil III 223 (sed hab Compl); post *Σαττίμ* tr 509 | *ἐν Σαττίμ*] *εις αττειν* (*αττην* 551-616^{c}; *αττιν* 46^{c}-52-414; *αττι* 71; *ατην* 77-422-761) *C*'' 71 424 | *Σαττίμ* 458 Arm^{te}] *σαττειμ* F 56 54 619 68′-120′ Cyr III 397; *σατιμ* 72; *sṭym* Arab Syh; *σατειμ* 767 799; *σαττεμ* 527; *σατγτειμ* 707; *σαβετιμ* 75; *σιττειμ* F^{b}; *σεττιμ* 426; *σετιμ* Cyr IV 300; *σαττιιμ* 107 344^{c} 74′-370 Arm^{ap}; *σαττιειμ* 29 44′ 246 127 84; *σατιιμ* 76 18; *σατιειμ* 125-610; *σαντιιμ* 126; *σαττει* 129$^{c\,prm}$ 318; *σαττη* 129*; *σατμη* 59; *σαττιοις* Phil III 223^{F}; *gatin* ^{Lat}cod 100; *satin* Bo^{B}; *saddin* Sa^{12}; *sadtin* Sa^{1}; *σαττιιν* 128-628-630′ 646; *σαττην* 30*(vid); *αττειν* 319^{c}; *σαττιν* Phil III 223te = Ra; *σατ[. . .]* 321; *τω σαττειν* *b*; *σαττειν* Cyr I 908 rell = Compl | *ἐβεβηλώθη*] *abiit* ^{Lat}cod 100 (sed hab Ruf *Num* XX 1) | om *ὁ λαός* Phil III 223 | *ἐκπορνεῦσαι* F^{a}] *του πορν.* 126; > F Bas II 629 | *εἰς*] *επι* Cyr III 397; > 376* 84 | *μωαμ* 56*(vid)

2 *καί* 1°] ⌒2° *b* (sed hab Compl) | *εκαλεσεν* M*(vid) 707 52′-313-528 44-610 53′-246 54′*-75 130-346* 509 392 120*(vid) 799 | *ἐπί* B V *O*$^{-58}$-82 *d* 53′-

---

24 *Κιτιαίων*] *Χεττιείμ* 54^{txt}; *Κυπρίων* F^{b} | *Ἑβραίους*] *εβερ* F^{b} (= עבר)

σίας τῶν εἰδώλων αὐτῶν, καὶ ἔφαγεν ὁ λαὸς τῶν θυσιῶν αὐτῶν, καὶ
3 προσεκύνησαν τοῖς εἰδώλοις αὐτῶν. [3]καὶ ἐτελέσθη Ἰσραὴλ τῷ Βεελ-
4 φεγώρ· καὶ ὠργίσθη θυμῷ κύριος τῷ Ἰσραήλ. [4]καὶ εἶπεν κύριος τῷ
Μωυσῇ Λάβε τοὺς ἀρχηγοὺς τοῦ λαοῦ, καὶ παραδειγμάτισον αὐτοὺς
κυρίῳ ἀπέναντι τοῦ ἡλίου, καὶ ἀποστραφήσεται ὀργὴ θυμοῦ κυρίου
5 ἀπὸ Ἰσραήλ. [5]καὶ εἶπεν Μωυσῆς **ταῖς** φυλαῖς Ἰσραὴλ Ἀποκτείνατε

ABFMV *O''*(G) *C''* *bdf*(129)*ns*$^{-28}$*txyz* al verss

129 *n t* 71-509 Bas II 629 Cyr III 397 Or I 7 Syh = Compl] εις Cyr I 908 IV 300 rell = Sixt 𝔐 | τὰς θυσίας] των θυσιων 53'-129 = Compl; ταις (> Bas) θυσιαις B V O^{-58}-82 127 Bas II 629 Cyr III 397 Or I 7 (sed hab Sixt) = Ra; τας θυγατερας 29*(vid) C^{-131c}-46; om τάς 392 | om τῶν 1° — θυσιῶν 53: homoiot | εἰδώλων] θεων 75 | om αὐτῶν 1° 417 ^{Lat}cod 100 Bo^{A} (sed hab Ruf *Num* XX 1) | εφαγον 72 392 | τῶν θυσιῶν αὐτῶν] *sacrificium eorum* Aeth; τας θυσιας αυτων 72; sub ÷ Syh; > 58 Arab = 𝔐 | αὐτῶν 2°] αυτου 458; sub ÷ G: cf praef | προσεκυνησε(ν) A 53' 54-75 321'^{c}-344^{mg} 370^{s*} 319^{c} Sa^{1} Syh^{L} = Compl | om τοῖς — (3) Ἰσραήλ 1° 15

3 om καί 1° Bo^{A} | ἐτελέσθη Ἰσραήλ] ετελεσθησαν A M' *oI*$^{(-15)}$ *y*$^{-392}$ Eus VI 404 Or I 7te; εδωκαν εαυτους τινες απο των υιων ιηλ 128^{mg}: cf Sam | Βεελφεγώρ] βελ. 619 121 Arm^{te} Bo Sa^{12} = Ald; φεελ. 618 610; βεελγωρ 53; *beelbegor* Arm^{ap}; -φεβωρ 128 | om καί 2° — fin 246 | ὠργίσθη θυμῷ] εθυμωθη 55; om θυμῷ Bo | τῷ 2°] τον 58 46 *d*$^{-106}$ 799; επι τον V Sa^{1}; επι 71 ^{Lat}Ruf *Num* XX inscr Aeth Syh; *in* ^{Lat}cod 100 = 𝔐

4 init — 26 9 Ἀαρών] absc 129(||) | om comma Arab^{txt} | om κύριος 72 | τῷ Μωυσῇ] προς μωυσην (-ση M') A M' 58-*oI d s t* 619 *y* 55 319 = Ald 𝔐; προς μωσει 72 | μωυσει V 46 68'-120'; μωση G *n* 527 Cyr I 908 (sed hab IV 300); μωσει 426 | λάβε] pr παντας 58; + συν σοι 426; + παντας B F^{a} O^{-58}-82 *d* 53' *n* 130^{mg} *t* 71-509 799 Phil III 223 Cyr I 908 IV 300 ^{Lat}codd 91 92 94—96 100 Co Syh (sed hab Aug *Loc in hept* IV 79 *Num* 52 Ruf *Num* XX 4) = Compl Ra↓ | τοῦ λαοῦ] *israel* Sa^{12}; + παντος 319; + παντας 346^{mg} | παραδειγμάτισον αὐτούς] παραδειγματων αν εν 618*; om αὐτούς Phil III 223 | παραδειγμάτισον] απεκτινε 106$^{sup\ lin}$: cf Sam; *victima* ^{Lat}codd 91 92 94—96 | om κυρίῳ — ἡλίου Aeth^{G} | κυρίῳ B V 82 *d* 53' *n*$^{-75*}$ *t* 71-509 319 Cyr I 908 IV 300 = Compl] > 75*; post ἡλίου tr ^{Lat}cod 96; pr (※ G) τω Phil III 223 rell: cf 𝔐 | ἀπέναντι B O^{-58}-82 *d* 53' *n t* 71-509 Phil III 223 Cyr IV 300 = Compl] κατεναντι Cyr I 908 rell = Sixt | ἡλίου] λαον A 426; κ̅υ̅ 71 | ὀργή] pr η *O* 458 121 799 | θυμοῦ κυρίου] κ̅υ̅ θ̅υ̅ 414^{txt}; om θυμοῦ B* G*(vid; cprm) 16-46-417 458^{txt} 527 319 Phil III 223 Sa^{12} (sed hab Sixt) | κυρίου] κ̅ς̅ 319; κ̅ω̅ 618*(vid) 54-75; και 130; > 19 53' Sa^{1} (sed hab Compl) | ἀπό] εξ 319; επ 618

---

25 3 ἐτελέσθη] α' θ' ἐζευγίσθη (-γησθη 130^{c}-321'; -θησαν M') M' 54^{txt} 85(s nom)-130-321(nom absc)-344-346; ἐζεύχθη F^{b}

4 τοὺς ἀρχηγούς] pr ο' θ' πάντας 344 | παραδειγμάτισον (αὐτούς)] α' ἀνάπηξον (απαγξον 128; c var) M' C''^{cat} 54^{txt}-458 85'-321(nom absc)-344-346 128 ^{Lat}Aug *Num* 52 Syh^{T} = Sixt; ἀνάπηξον αὐτούς 58; σ' (+ α' 108) κρέμασον M' C''^{cat} 108 54^{txt}-75'(s nom) 85'-321(nom absc)-344-346 128 ^{Lat}Aug *Num* 52 = Sixt; κρέμασον αὐτούς 58; φούρκισον F^{b}

ἕκαστος τὸν οἰκεῖον αὐτοῦ τὸν τετελεσμένον τῷ Βεελφεγώρ.
[6]Καὶ ἰδοὺ ἄνθρωπος τῶν υἱῶν Ἰσραὴλ ἐλθὼν προσήγαγεν τὸν 6
ἀδελφὸν αὐτοῦ πρὸς τὴν Μαδιανῖτιν ἐναντίον Μωυσῆ καὶ ἐναντίον
πάσης συναγωγῆς υἱῶν Ἰσραήλ, αὐτοὶ δὲ ἔκλαιον παρὰ τὴν θύραν
τῆς σκηνῆς τοῦ μαρτυρίου. [7]καὶ ἰδὼν Φινεὲς υἱὸς Ἐλεαζὰρ υἱοῦ 7
Ἀαρὼν τοῦ ἱερέως ἐξανέστη ἐκ μέσου τῆς συναγωγῆς, καὶ λαβὼν
σιρομάστην ἐν τῇ χειρὶ [8]εἰσῆλθεν ὀπίσω τοῦ ἀνθρώπου τοῦ Ἰσραη- 8

ABFMV (963) *O'' C'' bdf*$^{-129}$*ns*$^{-28}$*txyz* al verss

5 om init — Ἰσραήλ 246^{txt} | Μωυσῆς] μωσης G-72-426 *n*; κς 319 | ταῖς φυλαῖς] τας φυλας 767; *ad tribu* ^{Lat}cod 100; om ταῖς 761* | Ἰσραήλ] pr του *d n*$^{-458}$ *t* | ἀποκτείνατε] -νετε (-ται*) 767; bis scr ^{Lat}cod 100 | εκαστη (pro -στοι) 71 | οἰκεῖον] πλησιον Chr I 477 | τὸν τετελεσμένον] των (> 75) τετελεσμενων 376 75; τον τε μνηθεντα τετελ. 54 ↓; om τόν 618* 458 | Βεελφεγώρ] βελ. 619 Arm Bo = Ald; φεελ. 610; φεελγωρ 618; *beelphegor* Sa^{1}; *bēlphegōr* Sa^{12}; -φεβωρ 128; litt γ sup ras 669
6 ἄνθρωπος] ανεμος 128 | τῶν] bis scr M* | om ἐλθών 72 71 Bo | προσήγαγεν] pr και 422; προσηνεγκε(ν) *b* (sed hab Compl); *adducebat* Arm | τὸν ἀδελφόν] τον λαον *d*$^{-106}$; *filium* Aeth^{-C} | πρός] pr *quod intrasset* ^{Lat}cod 100; *et mulierem* Sa; παρα 126 | τήν 1°] τη 646; τον 71 | μαδανιτιν 619; μαδιαντην 509; μαδιηνιτη 646; μανιανιτην 246* | ἐναντίον 1°] εναντι A 15-58-376 *n y*$^{-392}$ 126 55 319 | Μωυσῆ] -σει 343; -σεως 381' *z*$^{-68'}$; μωσεως 68' (sed hab Ald); μωση G-58 *n*; μωσει 72-426 | καὶ ἐναντίον πάσης] om καὶ ἐναντίον 30' 392; > 59 | ἐναντίον 2°] εναντι B* *n*$^{-127}$ 121 55 319 (sed hab Sixt) = Ra; > *C''* 85'-321' 646 | παση συναγωγη 84 | συναγωγῆς] pr της 19 130^{mg}-321'^{mg} 509 319 (sed hab Compl); > 767^{txt} | αὐτοί] ουτοι 82 | δέ] δ 30'-344 126 | ἔκλαιον] ελαβον 370^{s} (sed hab 370) | τας θυρας F V 58-72-376 *b d n t* 527-619 *z* 59 319 Bo (sed hab Compl)
7 om init — υἱοῦ 767(||) | Φινεές] φεινεες B Sa^{1} (sed hab Sixt); φινες V*; φινεαις 376; *phenees* Arm; *phinneos* Bo | Ἐλεαζάρ] -ζαρου 126 799; *eliazar* Arm | υἱοῦ] υς B 509 (sed hab Sixt); του 370^{s} | ἐξανέστη] pr και 130^{mg}-321'^{mg}-344^{mg} 319 = 𝔐; ανεστη 126 | ἐκ μέσου] εν μεσω G*(vid); om μέσου Bo | συναγωγῆς] + *filiorum israel* Bo | αναλαβων 619 *z*$^{-126}$ | σιρομάστην] pr κοντον 767 ↓; pr κοντον δορυ 376 ↓; σειροκοντοδορυμαστην 75 | τῇ χειρί] om τῇ 458; sup ras 610; + (※ G) αυτου *O*-72-82 *C''* *b* 85'-321' 59 646 Arm Co Syh (sed hab Compl) = 𝔐
8 εἰσῆλθεν] pr *et* ^{Lat}cod 100 Aeth Arm = 𝔐; ηλθεν F^{b} *C''* 85'-321' 646; *exivit* Bo | ὀπίσω] οπισθεν 509; + της συναγωγης 246* | τοῦ ἀνθρώπου] > 527;

---

5 ταῖς φυλαῖς] τοῖς κριταῖς 130-321' | τὸν τετελεσμένον] σ' τοὺς μυηθέντας (-τες 344; αμυνθ. 85'-321') M' 85(s nom)-130-321(s nom)-344-346; τὸν μυηθέντα 58
6 ἄνθρωπος] ἀνήρ F^{b} | προσήγαγεν — Μαδιανῖτιν] προσήγγισεν πρὸς τοὺς ἀδελφοὺς αὐτοῦ σὺν τῇ Μαδιανίτῃ F^{b}
7 σιρομάστην] α' κοντόν F^{b}(s nom) 58(s nom) *C''*^{cat} 54^{txt}-458(s nom) 85'-321'-343(s nom)-344 18 = Sixt; σ' δόρυ 58(s nom) *C''*^{cat} 54^{txt} 85'-321'-344 18 = Sixt; ῥομφαίαν 128; ῥομφαίαν α' κοντόν· δόρυ· ῥομφαίαν M'

λίτου εἰς τὴν κάμινον, καὶ ἀπεκέντησεν ἀμφοτέρους, τόν τε ἄνθρω-
πον τὸν Ἰσραηλίτην καὶ τὴν γυναῖκα διὰ τῆς μήτρας αὐτῆς· καὶ
9 ἐπαύσατο ἡ πληγὴ ἀπὸ υἱῶν Ἰσραήλ. ^{9}καὶ ἐγένοντο οἱ τεθνηκότες
ἐν τῇ πληγῇ τέσσαρες καὶ εἴκοσι χιλιάδες.
10 11 ^{10}Καὶ ἐλάλησεν κύριος πρὸς Μωυσῆν λέγων ^{11}Φινεὲς υἱὸς Ἐλεαζὰρ
υἱοῦ Ἀαρὼν τοῦ ἱερέως κατέπαυσεν τὸν θυμόν μου ἀπὸ υἱῶν Ἰσραὴλ
ἐν τῷ ζηλῶσαί μου τὸν ζῆλον ἐν αὐτοῖς, καὶ οὐκ ἐξανήλωσα τοὺς υἱοὺς
12 Ἰσραὴλ ἐν τῷ ζήλῳ μου. ^{12}οὕτως εἶπον Ἰδοὺ ἐγὼ δίδωμι αὐτῷ δια-

ABFMV (963) *O'' C'' bdf*$^{-129}$*ns*$^{-28}$*txyz* al verss

+ ζαμβρι 58^{mg} 54 | om τοῦ Ἰσραηλίτου 125 | Ἰσραηλίτου] ισραιλητου 75; ιηλλιτου M 53; ισλαηλιτου 46; -λιτη 19 | εἰς τὴν κάμινον] *in meritorium* (*mert.* 94; *mest.* 96) ^{Lat}codd 91 92 94—96; προς την καμινον F^{b}; εις την σκηνην 15^{c}↓; + εις το πορνιον 767↓ | om καί 1° Bo^{A} | ἀπεκέντησεν] εξεκ. 29; εκεντ. 126; απεκτεινεν 319 ^{Lat}cod 100 | ἀμφοτέρους] pr τους 15 | om τε 126 | τὸν Ἰσραηλίτην] τον ισραιλ. 407; τον ισλαηλ. 46; > 126 | om καὶ τήν V | γυναῖκα] + *madianitem* ^{Lat}cod 100 Aeth | μήτρας] μρς 55* | καὶ ἐπαύσατο] επαυσ. δε 319 | ἡ πληγή] η (> 127 319) οργη 58^{mg} *d n t* 319 Sa^{1} | om ἀπό — (9) πληγῇ 53: homoiot | υἱῶν B V 82 71-509 407 319] των 528; pr των rell | Ἰσραήλ] bis scr 528

9 τεθνηκότες] + εν τη συναγωγη 44 | om τῇ 537 | τέσσαρες — fin] χιλ. εικοσι τεσσ. 72 *d*$^{-106}$ 126; εικοσι τεσσ. (-ρεις 799) χιλ. 319 799; om τέσσαρες καὶ εἴκοσι 458 | τέσσαρες] -ρακοντα 71

10 καὶ ἐλάλησεν] και ειπε 417; ελαλησε δε 16-46; om καί 57-131^{c}-313-422-500-528-529-550′-551-616* 424 | Μωυσῆν] -ση 58 19 (sed hab Compl); μωσην G-426 *n*$^{-54}$; μωση 54; μωσει 72

11 Φινεές] φινες 646; φεινεες G; *phenees* Arm; [*ph*]*ineas* Sa^{11}; *phinneos* Bo | υἱός] pr ο 53′ = Compl; > 618 | Ἐλεαζάρ] -ζαρου 68′-120 Cyr IX 745 752 (sed hab Ald); *eliazar* Arm | om υἱοῦ — ἱερέως *d*$^{-106}$ Tht I 812 | υἱοῦ] υιος B* ^{Lat}cod 100 (sed hab Sixt) | om τοῦ ἱερέως Or IV 123 Bo | κατέπαυσεν] pr και 618*(vid) 313; εστησε Tht I 812; κατευσασεν 767* | om τόν 1° 527 | υἱῶν] pr των *oI* 19 246 54-75′ 18 799 Cyr IX 745 (sed hab 752 Compl); των 130 | ζηλῶσαί] + (÷ G) αυτον V *O*$^{-58}$ Tht I 812 Bo = 𝔐 Sam; + *me* Arm | μου 2°] με 19 458 (sed hab Compl); sup ras 616; > Luc *Parc* 1; post ζῆλον tr V *O*$^{-58}$ 509 Tht I 812 ^{Lat}cod 100 Ambr *Ps 118* XVIII 10 Hi *Mal* 2 Hil *Ps* CXVIII 3 Arm Syh = 𝔐 | ζῆλον] θυμον 509 | ἐν αὐτοῖς] εαυτοις 53′ | om καί — (12) εἶπον *d*$^{-106}$ | om καί 53′ | ἐξανήλωσα] εξαναλ. F^{b} G-381′-426 52 53′; εζηλωσα 529 71; εξαναλωσαι 537; ανηλωσα 126; *perdam* Aeth Arm | τοὺς υἱοὺς Ἰσραήλ] τοις υιοις ισραηλ 376 71; αυτους 53′; om υἱούς 106 | ἐν 3° — fin] *in zelando super eos* Bo | ζήλῳ] ζηλωσαι 707*

---

8 ἀνθρώπου] ἀνδρός F^{b} | (εἰς τὴν) κάμινον] α′ (+ *ad* Syh) τὸ τέγος M′ *C''*^{cat} 18(s nom) Procop 873 Syh^{T} = Sixt; α′ τέγος 707 54^{txt} 85′-321(nom absc)-344-346; εἰς τὴν τένδην (= *tentam*) F^{b}; εἰς τ⟨ὴν σκηνήν⟩ F^{a}; τένδη· σκηνή F^{b}; σ′ εἰς τὸ πορνεῖον (-νιον 58 343) 58(s nom) 108 343(s nom) Syh^{T}; σ′ τὸ πορνεῖον (-νιον 344; πυρινιον *C''* Sixt; πυρινον 18) M′ *C''*^{cat} 85′-321(nom absc)-344-346 18 Procop 873 = Sixt; σ′ πορνεῖον 707 54^{txt} | ἄνθρωπον] ἄνδρα F^{b} | διὰ τῆς μήτρας (αὐτῆς)] διὰ τοῦ [κοιλι]δ{ε}ίου F^{b}; ἐν ἐνύστρῳ (ενοιστρω cod) αὐτῆς 343 | μήτρας] κοιλίας F^{b}

θήκην εἰρήνης, [13]καὶ ἔσται αὐτῷ καὶ τῷ σπέρματι αὐτοῦ μετ᾽ αὐτὸν 13
διαθήκη ἱερατείας αἰωνία, ἀνθ᾽ ὧν ἐζήλωσεν τῷ θεῷ αὐτοῦ καὶ
ἐξιλάσατο περὶ τῶν υἱῶν Ἰσραήλ. [14]τὸ δὲ ὄνομα τοῦ ἀνθρώπου τοῦ 14
Ἰσραηλίτου τοῦ πεπληγότος, ὃς ἐπλήγη μετὰ τῆς Μαδιανίτιδος, Ζαμβρὶ
υἱὸς Σαλὼ ἄρχων οἴκου πατριᾶς τῶν Συμεών· [15]καὶ ὄνομα τῇ γυναικὶ 15
τῇ Μαδιανίτιδι τῇ πεπληγυίᾳ Χασβὶ θυγάτηρ Σοὺρ ἄρχοντος ἔθνους

ABFMV *O''* *C''* *bdf*$^{-129}$*ns*$^{-28}$*txyz* al verss

12 οὕτως εἶπον] pr *et* Aeth; pr *et nunc* Arm; pr διοτι 15; pr οτι 121; και 126; om οὕτως Sa^{12}; ειπων ουτως Cyr IX 752 | εἶπον] ειπων 118* 56′ 799; ειπεν 376 *C''* 85; ειπε *n*; + αυτω 407 | ἐγώ] > 413-528 ^{Lat}cod 100 Luc *Parc* 1 Aeth; post δίδωμι tr 53′ | δίδωμι] *dabo* Arm Bo Sa^{12} | αὐτῷ] αυτον 767*; > 16-46 127-458; ⌒(13) Cyr IX 752 | διαθήκην B F V 29-72 *b* 71-509 407 319 ^{Lat}cod 100 Ambr *Ps 118* XVIII 10 Hi *Mal* 2 Aeth Arm Co] pr (※ G Syh^{L}) την G-426 Syh ↓; pr διαθηκην μου 343′ 18′-126-628-630′; την διαθηκην διαθηκην μου 318; + μου 58-426-707^{txt} 527-619 392 68′-120 59 Syh ↓; pr την διαθηκην μου rell = Compl | εἰρήνης] + μου G

13 αὐτῷ] ουτως *C''* *s*$^{-30'}$ 392; αυτος 72 30 | καί 2° — αὐτόν] om καί 77; > Arab | αὐτοῦ 1°] αυτων 75 | αὐτόν] αυτου A V 72-82 529* 106-610 75′ ^{Lat}Luc *Parc* 1; αυτων 618-707 *b* 53* 767* 30-346* (sed hab Compl) | διαθήκη] εις διαθηκην (-κης 75) 58-376 *d* *n*$^{-458}$ *t* 407 ^{Lat}Luc *Parc* 1 Bo; -κην 46 53 458 619 318 68′-120-126 59* Cyr IX 752 | αιωνιον ιερατειας 106 | ιερατωσυνης 319 | αἰωνία] -νιας F V G-707 *b* *f* 54-75′ 619 68′-120 59 799 = 𝔐; -νιαν 46 318 Cyr IX 752 ^{Lat}Luc *Parc* 1; -νιον 127-767; -νιου 58-376 *d*$^{-106}$ *t* 527 Bo; > 407 | ἀνθ᾽ ὧν] ανθ ω V; οτι *d* *n* *t* Aeth; + οτι *b* 319 (sed hab Compl) | τῷ θεῷ] pr εν 54-75; τον θεον 72 ^{Lat}Ambr *Ps 118* XVIII 10; τω κω 76*(vid) | αὐτοῦ 2°] αυτων 616* | om υἱῶν 616 | Ἰσραήλ] αυτου 509

14 δέ] δ 126 | τοῦ 1° — Ἰσραηλίτου] om τοῦ ἀνθρώπου 15; > 30′ | τοῦ 2° — πεπληγότος] om τοῦ Ἰσραηλίτου 246 392 Arab Bo; om τοῦ πεπληγότος Aeth^{M} Bo Sa^{12}; > 72 | Ἰσραηλίτου] ισραιλ. 75 407; ιηλλειτου G; ισδραηλ. 46 | om τοῦ 3° 57-313-422-528-550′-761* | πεπληγότος] pr και 799; -γμενου 381′ | ὅς — Μαδιανίτιδος] om ὅς ἐπλήγη *d*$^{-106}$ ^{Lat}cod 100 Syh; > Aeth | ἐπλήγη] επεπληγει Compl; > 68′ (sed hab Ald) | μετὰ τῆς] μετ αυτης 767* | Μαδιανίτιδος] μαδειανειτιδος B* (sed hab Sixt); μανιαν. (-νειτ. 509) 616*(vid) 509-527* 55* 59*(cprm); μανιτιδος 84*; *mazianitide* ^{Lat}cod 100; ισραηλιτιδος 528 | Ζαμβρί] -βρει B 426 127-767 509 Sa^{11} (sed hab Sixt); ζαβρι 392 ^{Lat}cod 100; *zmry* Syh; *sambri* Bo Sa^{12}; -βριος 527; -βρη 57′-414 318 59; ζαμαρ 126; γανβρη 72 | υἱός] *fili* ^{Lat}cod 100 | Σαλώ F^{c}] σαδω 68′-120 (sed hab Ald); σαλλω 59; σαλωμ F V G-82-376 *b* *d* 56′ *n* *t* 71-509 392 18′-126-407-628-630′ 799 ^{Lat}cod 100 Arm Sa^{11} (sed hab Compl); σαλων 527; αλω 72; αλωμ 413; αλων *C''*$^{-73'}$ 413 646; ααρων 73′; σαλμων B Bo | οικοι 537 | πατριᾶς F^{a}] *pagorum* ^{Lat}cod 100; πατρια F | τῶν B 82 509 407] οικου 344^{mg}; υιων 71; + υιων V *d* *n* *t* 319 Arm; > rell

15 ὄνομα] pr το 125; > 106 | τῇ 1° — Μαδιανίτιδι] *mulieris madianitidis* ^{Lat}cod 100 | γυναικί] + αυτου 509 | τῇ Μαδιανίτιδι / τῇ πεπληγυίᾳ] om τῇ Μαδια-

---

12 διαθήκην εἰρήνης] ο′ θ′ διαθήκην μου εἰρήνης α′ τὴν συνθήκην μου εἰρήνης 344 | εἰρήνης] σ′ εἰρήνην 344

13 init — αὐτῷ] ο′ οἱ λ′ καὶ ἔσται αὐτῷ 344

Ὁμμώθ, οἴκου πατριᾶς ἐστιν τῶν Μαδιάν.
16 [16]Καὶ ἐλάλησεν κύριος πρὸς Μωυσῆν λέγων Λάλησον τοῖς υἱοῖς
17 Ἰσραὴλ λέγων [17]Ἐχθραίνετε τοῖς Μαδιηναίοις καὶ πατάξατε αὐτούς,
18 [18]ὅτι ἐχθραίνουσιν αὐτοὶ ὑμῖν ἐν δολιότητι, ὅσα δολιοῦσιν ὑμᾶς διὰ
Φογώρ, καὶ διὰ Χασβὶ θυγατέρα ἄρχοντος Μαδιὰν ἀδελφὴν αὐτῶν,

ABFMV (963) *O'' C''* *bdf*$^{-129}$*ns*$^{-28}$*tx*(527)*yz* al verss

νίτιδι 126 Syh^{T}; om *τῇ πεπληγυίᾳ* 381′ 799 Arab; > 72 *d* 71; tr *O*$^{-58}$ = 𝔐 | *Μαδιανίτιδι*] *μαδιανιτι* 16-46^{s} 76 392^{c}; *μαδαν.* 130^{c}; *μανιαν.* 73*(c prm)-528*(c prm) 53* 509; *μανιτ.* 458 130* 18*(c prm); *διανητιδι* 54* | *πεπληγυιη* B V G-426 392$^{c\,prm}$ (sed hab Sixt); *πεπληγηκυια* 509 | *Χασβί*] *χασβει* B M′ V G *f* 127-767 509 799 (sed hab Sixt); *χασβη* 58-72 19 44 458 130^{mg}(vid) 318 59 (sed hab Compl); *αχασβη* 319; *χαυσβι* 628; *χαζβει* 426 Arm^{te}; *γασβι* 552; *kwsby* Syh; *χασκι* 71; *iechasbei* Sa^{12} | *Σούρ*] *σσουρ* 767; *ασσουρ* 422; *σου* G*; *σουρι* V Bo; *σουρει* 319 | *ἄρχοντος*] -*τες* 799; -*τι* 72; -*τα* 527 | om *ἔθνους* 53′ | *Ὁμμώθ*] *ομμοθ* B 82-426 Sa^{11} (sed hab Sixt); *εμμωθ* 76; *ομωθ* 106 71 319 Arm^{ap}; *ομοθ* Compl; *ōmoth* Bo^{A}; *σομμωθ* A F(vid) M′ 58-*oI*′$^{-82\ 618}$ 56′ 54′-458 *s*$^{-130\ 343}$ *y*$^{-392}$ 55 799 ^{Lat}cod 100; (÷ G) *σομμοθ* G-376 18′-126-628^{c}-630′; *σομωθ* 618 *C''*$^{-77\ 414\ 417\ 552*}$ 130^{c}-343 619 68′-120; *σομοθ* 77-414 628* 646; *σομωχ* 417; *σομωβ* 552*; *σαμμωθ* *b*$^{-19}$; *σαμμαωθ* 19; *σωμωθ* 130* 527 59; *σωμμωθ* 75 392; *sāmot* Aeth; *σομμων* F^{b}; *ομμοον* 509; *amoth* Arm^{te}; ÷ *d'wmt'* ↙ Syh; *ομθομ* 53′; *moōth* Bo^{B}; > Arab = 𝔐 | *εστι(ν) πατριας* *n* | *ἐστιν*] > *f* 55 ^{Lat}cod 100 Arm Bo; ad fin tr *O*$^{-58}$ Syh = 𝔐 | *τῶν*] *τω* 82* 46-528 19 767 619 68′-120 Arm(vid) (sed hab Compl); *τη* V 319; > 417 Bo | *Μαδιάν* B *O*$^{-58}$-82 ^{Lat}Aug *Loc in hept* IV 80^{te}(*mazian*^{ap}) Syh = Compl] *maziam* ^{Lat}cod 100; *μαδιανιτων* 59; *μαδηναιων* 799; *μαδιαμ* rell = Sixt

16 om init — 30$_{17}$ fin 527 | *ἐλάλησεν*] *εκαλεσε* 376^{txt} | *πρὸς Μωυσῆν*] *τω μωυση* (-*σει* 46-413) *C''*$^{-52'\ 313\ 761*}$; > 458 | *Μωυσῆν*] -*ση* 313-761* 19 (sed hab Compl); *μωσην* G-426 *n*$^{(-458)}$; *μωση* 58; *μωσει* 72; + *και ελεαζαρ τον ιερεα* 628* | om *λέγων* 1° 72 | *λάλησον* — fin] sub ÷ G; > 58-426 417 84^{txt}(c prm) 319 Arab = 𝔐 | *λέγων* 2°] sub ÷ Syh; > 72 509

17 init — *Μαδιηναίοις*] *obside adversus mazianos* ^{Lat}cod 100 | *εχθρανατε* 127 392; *εχθρανον* 319; *εχθραναι* 767*(vid) | *Μαδιηναίοις*] *μαδηιν.* 56′; *μαδιοιν.* 458; *μαδην.* *oI*$^{-15}$ 77; *μαδιν.* 72-376 *C''*$^{-57\ 77\ 414\ 422\ 552\ 761}$ *b* 54 30′ 509-619*(c prm) 59 319 (sed hab Compl); *μαδιανιταις* 57-552 53′ Bo; *μαδινιαιοις* 799 | *πατάξατε*] -*ξαι* *d*$^{-106}$; -*ξεται* V 82 313; *παραταξ.* 131; *percute* ^{Lat}cod 100

18 *ἐχθραίνουσιν*] post *αὐτοί* tr ^{Lat}cod 100 Aeth Sa^{12} | *αὐτοί*] *αυτη* 321^{c}-346; > Bo; post *ὑμῖν* tr 376 *d* 75 *t* 619 *z*$^{-407}$ | *ὑμῖν ἐν δολιότητι*] *δολ. υμας* 458 | *ὑμῖν*] *ημιν* 618*(c prm) 73^{c}-320; > Tht *Nm* 222^{ap} | *ἐν* 1° — *δολιοῦσιν*] *in captivitatem ut capiant* ^{Lat}cod 100; om *ἐν* 72 54-75 71 | *δολιότητι*] *ματαιοτητι* 16-46; *δειλιοτητι* 610(vid); + (※ G Syh^{L}) *αυτων* *O*-15 Syh = 𝔐 | om *ὅσα δολιοῦσιν ὑμᾶς* Tht *Nm* 222 Bo | *ὅσα*] pr *et* Aeth; ras 1 litt 59 | *δηλιουσιν* 610 | *ὑμᾶς*] *ημας* 646; *υμιν* 413 | *Φογώρ* 1°] *φογορ* 414 Sa^{11}; *φεγωρ* F^{b} 72 106 Tht *Nm* 222^{ap}; *phōgor* Bo^{A}; *φωγωρ* 82 53′ 75; *φαγωρ* 44-107′ 84-370 318; *φοβωρ* 416; *χοβωρ* 19 (sed hab Compl); ⌒2° 75 | om *καί* 72 19* (sed hab Compl) | om *διά* 2°

---

15 *Ὁμμώθ*] *φυλῶν* F^{b} | *ἐστιν τῶν*] *οἴκου τῶν* 130(vid)-321′
17 *ἐχθραίνετε*] *παρακαθίσατε* F^{b}

τὴν πεπληγυῖαν ἐν τῇ ἡμέρᾳ τῆς πληγῆς διὰ Φογώρ.
26 [1(19)]Καὶ ἐγένετο μετὰ τὴν πληγὴν [(1)]καὶ ἐλάλησεν κύριος πρὸς 1 (19)
Μωυσῆν καὶ πρὸς Ἐλεαζὰρ τὸν ἱερέα λέγων [2]Λάβε τὴν ἀρχὴν πάσης συν- 2
αγωγῆς υἱῶν Ἰσραὴλ ἀπὸ εἰκοσαετοῦς καὶ ἐπάνω κατ᾽ οἴκους πατριῶν
αὐτῶν, πᾶς ὁ ἐκπορευόμενος παρατάξασθαι ἐν Ἰσραήλ. [3]καὶ ἐλάλησεν 3
Μωυσῆς καὶ Ἐλεαζὰρ ὁ ἱερεὺς μετ᾽ αὐτῶν ἐν Ἀραβὼθ Μωὰβ ἐπὶ τοῦ

ABFMV (963) O''(G) C'' $bdf^{-129}ns^{-28}tx^{-527}yz$ al verss

Sa[12] | *Χασβί*] *χασβει* B M′ 963 G 56′ 127 799 (sed hab Sixt); *χασβη* 58-72 59; *σχασβει* 767; *αχασβη* 319; *kwsby* Syh; *χαεβει* 509; *χαυσβι* 628; *χαζβει* 426 Arm; *χασμει* 53′; *hasbin* ^{Lat}cod 100; *iechasbei* Sa[11] | *θυγατηρ* 55* 799 | *ἄρχοντος*] -*τι* 799; > Aeth^{M} Bo^{B}; + *εθνους* V 319 | *Μαδιάν* B 82-426 Syh = Compl] *maziam* ^{Lat}cod 100; *μαδιανει* G; *μαδιαμ* 963 rell = Sixt | *ἀδελφήν*] pr *την* A | *αὐτῶν* 963] + *phogor* ^{Lat}cod 100 | *πεπληγυῖαν*] *πληγεισαν* (-*γησαν* y^{-121} 319; -*σα* M) M^{mg} V 381′ 85′^{mg}-321′^{mg} y^{-121} 319; *πεπληγεταν* 528; + *in deserto* Bo | om *τῇ* 76* | *διά* 3°] *ενεκεν* (*ενεγκε* 767*) $n^{(-75)}$ | *Φογώρ* 2°] *φογορ* 414 71; *phōgor* Bo^{A}; *φωγωρ* 82 53′ 59*; *φεγωρ* F^{b} 58-72 *d*; *φαγωρ* 84

26 1 om init — 27 5 fin 799 | *καὶ ἐγένετο*] *εγενετο δε* 44-125 | *πληγήν*] + *εκεινην* 44; + *ταυτην* 414 | *καί* 2° 963] > 58-72 *b d* 126 59 ^{Lat}cod 100 Aeth^{C} Arm Bo (sed hab Compl) | *Μωυσῆν*] -*ση* 19 (sed hab Compl); -*σιν* 56*; *μωσην* G-426 *n* 646; *μωση* Cyr I 348; *μωσει* 72; + *λεγων* A | *καί* 3° — *ἱερέα*] ad fin tr 53′ | *πρός* 2° A B* 963 O^{-58}-82 53′ *n* ^{Lat}Aug *Loc in hept* IV 81^{ap} Arm Syh = Compl] > Cyr I 348 rell = Sixt | *Ἐλεαζάρ* 963] *ελαζαρ* A*; *eliazar* Arm; + *υιον ααρων* *O* Arab Syh ↓ | om *τὸν ἱερέα* 509

2 *λάβε*] *λαβετε* (-*ται* 319*) 54 71 319 = 𝔐; > V* | *τὴν ἀρχὴν πάσης*] *principes omnes* ^{Lat}cod 100 Sa[11] (sed hab Aug *Loc in hept* IV 81) | *τὴν ἀρχήν*] *την απαρχην* 58; *την συναγωγην* 44; *τον* (*των* 346*) *αριθμον* 130^{mg}-321′^{mg}-344^{mg} Arm; om *τήν* 71 | *πάσης συναγωγῆς*] *της συν. πασης* d^{-106}; *πασης της συναγωγης* A 106 458-767 t^{-84*} 18′-120-628-630′; om *συναγωγῆς* Sa[11]; post *υἱῶν* tr 72 | *υἱῶν Ἰσραήλ*] pr *των* 106 767 18′-628-630′; om *υἱῶν* ^{Lat}cod 110; > G = Tar^{P} | *εἰκοσαετοῦς*] *ετων* $\bar{κ}$ 126 | *καὶ ἐπάνω*] *και πλειω* 68′-120 (sed hab Ald); > Sa | *πατριῶν*] $\overline{πριας}$ 107′-125 | om *αὐτῶν* ^{Lat}cod 100 | *εμπορευομενος* 610; *πορευομενος* 126 | *παρατάξασθαι* — fin] *ad pra⟨e⟩parandum istrahel* ^{Lat}cod 110 | *παρατάξασθαι*] -*ξεσθε* 313*^{vid} 646; *ad bellum ut parati sint* ^{Lat}cod 100 | *ἐν*] *ex* Aeth Arm; *ex filiis* Sa

3 *ἐλάλησεν*] *ελαβεν* 15 | *Μωυσῆς* — 29 12 *καί* 2°] absc G(||) | *Μωυσῆς*] *μωσης* 72-426 *n*; $\overline{κς}$ *προς μωυσην* 44 | *Ἐλεαζάρ*] *eliazar* Arm; *ελεαζ* 321*; sup ras 610 | *ὁ ἱερεύς*] om *ὁ* 730; > A oI^{-15} d^{-106} y^{-392} 55 319 Aeth | *μετ᾽ αὐτῶν*] pr *αυτοις* 246 416; *αυτοις* M^{txt} *oI* C'' *d n* 30′-85′^{txt}-321′^{txt}-343′ *t* 392 $z^{-68'\ 120}$ 55 319 646 ^{Lat}cod 100 Bo; *ad illos* ^{Lat}cod 110; *μετ αυτου* 72 318 Aeth^{-C}; > B 58-82 71-509 Aeth^{C} Arm Sa = Ra | *Ἀραβώθ*] *occasu* ^{Lat}cod 100; -*βοθ* 75^{c}; *αρβωθ* 68′-120 (sed hab Ald); *αραβαωθ* 610; *ραβωθ* 669*(cprm) Arm^{te} Bo; *ραμωθ* 392; *αρωβ* 77*; *αρωθ* 77^{c}; *rabo* Arm^{ap}; *roth* Arm^{ap} | *Μωάβ*] pr *in* ^{Lat}cod 100;

---

26 1 *καί* 3° — fin] *ο′ οἱ λ′ καὶ πρὸς Ἐλεαζὰρ* $\overline{υν}$ *Ἀαρὼν τὸν ἱερέα λέγων* 344
3 *μετ᾽ αὐτῶν*] *ο′ θ′ μετ᾽ αὐτῶν* 344 | (*ἐν*) *Ἀραβώθ*] *α′ in planitiebus* (*planitie* L) *σ′ in campo* Syh; *ἐν τῇ πεδιάδι* 343; *πεδίῳ* 130

4 Ἰορδάνου κατὰ Ἰεριχὼ λέγων [4]Ἀπὸ εἰκοσαετοῦς καὶ ἐπάνω, ὃν τρόπον
συνέταξεν κύριος τῷ Μωυσῇ.
5 Καὶ οἱ υἱοὶ Ἰσραὴλ οἱ ἐξελθόντες ἐξ Αἰγύπτου· [5]Ῥουβὴν πρω-
τότοκος Ἰσραήλ. υἱοὶ δὲ Ῥουβήν· Ἐνώχ, καὶ δῆμος τοῦ Ἐνώχ· τῷ
6 Φαλλού, δῆμος τοῦ Φαλλουί· [6]τῷ Ἀσρών, δῆμος τοῦ Ἀσρωνί· τῷ

ABFMV O''^{-G} C'' $bdf^{-129}ns^{-28}tx^{-527}yz$ al verss

μωαμ 54 509*; > 71 | ἐπὶ τοῦ] bis scr 618(||) | κατά] pr *et* ^{Lat}cod 110; και τα 82 | Ἰεριχώ] pr την 528; ιερειχω B* F M′ V 29-618*(vid)-707 73′-131-417-739 127 85′-321-344-346^{c} 55 (sed hab Sixt) | λέγων] πολιν 75; > 413 Arab Sa

4 init] pr πας αρσην των υιων ιηλ δοτε (απο F^{s}) την απαρχην F^{a} 68′-120 (sed hab Ald); pr *recensemini* Aeth^{C}; pr *numerate* (sub ~ cod L) *eos* Syh | om ὅν — Μωυσῇ d^{-106} | ὃν τρόπον] ον τροπω 767; καθα 126 | εταξε 417 | om τῷ 18 | Μωυσῇ] -σει 46-413 343 619* 68′-120; -σην 30; μωση *n*; μωσει 72-426 | καί 2°] pr συ (σοι 767) B V *O n* 71-509 407 ^{Lat}cod 100 Arm Syh (sed hab Sixt); + ησαν *d t* | οἱ 1°] > 246 126-407 319; bis scr V | Ἰσραήλ] pr ÷ Syh^{L}; > 376 | om οἱ 2° 618 528-529 18 | ἐξελθόντες] εκπορευομενοι 85′^{mg}-321′^{mg}-344^{mg} 319; ad fin tr 84 | ἐξ] εκ γης V Arab = 𝔐 | Αἰγύπτου] αιγυπνου 126; sub ÷ Syh^{L}; + *constituemini* Arm

5 Ῥουβήν 1°] -βιν 426 107 321′ t^{-84} 18′-628-630-669*; ροβην 458; -βιμ 72 $C''^{-73'\ 77\ 528\ 550'}$ 44-125-610 *f* 84 71 126-669^{c} 59 646; -βειμ 376-381′ 77-550′ 106 424; ροβιμ 73′-528; -βημ 319; ρουβ 130; *rōbēl* Aeth; *rūbīl* Arab Syh | πρωτοτοκον 619*; προτοτον 767*(cprm) | om Ἰσραήλ 29 | υἱοί] pr οι 72 30 84 59; υιος 53 54-75′ | Ῥουβήν 2°] -βιν 426 107 321′ t^{-84} 18-628-630′; -βιμ 72 $C''^{-73'\ 77\ 550'}$ 44-125-610 *f* 84 71 126-128 59 646; -βειμ 376-381′ 77-550′ 106 424; -βημ 319; ροβιμ 73′; ρουβ 130; *rōbēl* Aeth; *rūbīl* Arab Syh; + κατα γενος αυτων τω 19 (sed hab Compl); + κατα δημους αυτων τω b^{-19} | Ἐνώχ 1°] αινωχ 15; *enos* ^{Lat}cod 100; *dḥnwk* Syh; ⌒2° 53′ 54 76 | om καί *b* 458 630^{c} Syh = 𝔐 | δῆμος 1°] δημους 246 75 | τοῦ Ἐνώχ] pr ο *b* (sed hab Compl); *enosa una* ^{Lat}cod 100; τω ενωχ 29-381′ 71 68′-120 59; τον αινωχ 15; τον ερωχ 509(vid); om τοῦ 44 | τῷ] εις το 319; εις V; τον 16*-46-77*-529-551*(vid) 56′ 130* 509 Syh = Compl; ο 59; > *d n t* Arm | Φαλλού] φαλου 16-46 646; φαλουυ 72; φαυλου B (sed hab Sixt); φαλλους 29 44-107^{c}-125-610 54′-458 *t* Arm Co; φαλους 106-107* 75-767; φαλλουει 15 77 | δῆμος 2° — fin] pr και 58-381′ 73′-552 *d* n^{-458} *t* 318 407 ^{Lat}cod 100 Arm; > V 15 458 319 | δῆμος 2°] δημους 75* 30 | τοῦ Φαλλουί] pr ο 55; *fallua una* ^{Lat}cod 100 | τοῦ 2° F^{b}] ο F 53′; τω 376*-381$^{c\,vid}$-618 73′-616 537 246 30 392 18′-126-628-630′ 646; των 44 | Φαλλουί] φαλλουει A B 426-oII^{-72} $C''^{-16\ 46\ 414}$ *f* s^{-343} 509 121 407 Sa^{11} (sed hab Sixt) = Compl; φαλουι 46 646; φαλουει 343; φαλουη 72; φαλλουεις 392; φαλλον 58-$oI^{(-15)}$ 71′ Syh = Ald; φαλλους 44-125′-610^{c} 54′ *t* Arm Bo Sa$^{1\ 12}$; φαλους 106 75-767; φαλλως 610*

6 comma] *charmi et plebs charmi asrom et plebs asrom* (*asram*^{ap}) Arm | τῷ 1°] εις V 319; ο 59; τον 71-509 407 Syh; των 707*(vid); > *d n t* | Ἀσρών] ασρωμ A V 15-29-72-376 $C''^{-422\ 616*}$ *d* s^{-30} t^{-84} y^{-392} 407* 59 319 646 ^{Lat}cod 100; ασρ[. . . 422; ασ[. . .] 616*; εσρωμ 58 53′ 84 392; εσρων Compl; αορωμ 30; αρσων 71-509 68′-120 (sed hab Ald) | δῆμος τοῦ Ἀσρωνί] pr και *d n t*; *plebs asroma una* ^{Lat}cod 100; > V 319 | τοῦ 1°] pr ο 55; ο 53′; τω 58-*oI* 246 59; τους 75 | Ἀσρωνί] -νει A B F 82-426-707*(vid) 551* 56′ y^{-392} Sa; αερωνει 30; εσρωνει 53′ 343 = Compl; αρσουνει 509; αρσωνι Sixt; ασδρωνει 68′-120; ασρων

Χαρμί, δῆμος τοῦ Χαρμί. [7]οὗτοι δῆμοι Ῥουβήν· καὶ ἐγένετο ἡ ἐπί- 7
σκεψις αὐτῶν τρεῖς καὶ τεσσαράκοντα χιλιάδες καὶ ἑπτακόσιοι καὶ
τριάκοντα. [8]καὶ υἱοὶ Φαλλού· Ἐλιάβ. [9]καὶ υἱοὶ Ἐλιάβ· Ναμουὴλ καὶ 8 9
Δαθὰν καὶ Ἀβιρών· οὗτοι ἐπίκλητοι τῆς συναγωγῆς, οὗτοί εἰσιν οἱ
ἐπισυστάντες ἐπὶ Μωυσῆν καὶ Ἀαρὼν ἐν τῇ συναγωγῇ Κόρε ἐν τῇ

ABFMV O''^{-G} C'' *bdf*(129)$ns^{-28}tx^{-527}yz$ al verss

381′ 414 *n* 619 Bo Syh = Ald; ασρωμ 29-72-376-707^{c}(vid) 77 *d* t^{-84} 59; εσρωμ 58 84; αρσων 71 | τῷ Χαρμί] εις χαρμει V 319; *dkrmy* Syh; *diarmi* ^{Lat}cod 100 | τῷ 2°] ο 59; > *d n t* | Χαρμί 1°] -μει A B F 58-82-426-707 53′ 127 30′ 509 y^{-392} 407 Sa^{11} (sed hab Sixt) = Compl; -μη 72 130 59 646; χαμειρ 767*; χραμει 767^{c}; μαρχι 392; *acharmi* Bo^{B}; ⌒2° 381′ 417 44 75-127^{txt} 76 630-669^{c} 59 ^{Lat}cod 100 Arab Bo | δῆμος τοῦ 2°] pr και V $d^{(-44)}$ 54-127$^{(mg)}$-458-767 $t^{(-76)}$ 319 416; > 128-669$^{(*)}$ | τοῦ 2°] pr ο 55 = Compl; ο 319; τω 64; > V $d^{(-44)}$ 53′ 74′-370 | Χαρμί 2°] -μει B F V 58-82-426-707 *b* 53′ 127 30′ 509 y^{-392} 319 (sed hab Sixt); -μη 72 646; χαμειρ 767*; χραμει 767^{c}; μαρχι 392; *charmeei* Sa

7 δῆμοι Ῥουβήν] ρουβην οι δημοι Compl | δῆμοι] pr οι 53′ 54-75′ 18; δημος 30′ | Ῥουβήν] pr των υιων 319; pr του 707 *d* 56′ *n* 730 *t* 619 68′-120; -βιν 426 107′ 130-321′ t^{-84} 18′-628-669*; -βιμ 72 $C''^{-77\ 422\ 550'}$ 44-125 *f* 767 84 71 126-630-669^{c} 59 646; -βειμ 376-381′ 77-550′ 106; ρου[. . . 422; *rōbēl* Aeth; *rūbīl* Arab Syh | om καὶ ἐγένετο 106 | om ἡ 529 619 68′-120 | om αὐτῶν 52′-313 646 | τρεῖς — fin] χιλιαδες μ̅γ̅ και ψ̅λ̅ (ψ̅ και λ̅ 458) 72 *d* 458 126; χιλιαδες επτακοσιαι τεσσαρακοντα τρεις και τριακοντα 71; ,γ,μψν 85^{mg}; γμψλ 344^{mg} | τρεῖς καὶ τεσσαράκοντα] μ̅γ̅ 319 | τεσσαράκοντα F^{b}] τεσσερ. A B* F 55 416 (sed hab Sixt) | χιλιαδας 528 | om καί 3° — fin Sa^{11}(vid) | καὶ τριάκοντα] om καί n^{-458} 407 319; > 64^{txt} | τριάκοντα] πεντηκοντα A $oI^{(-64txt)}$-707^{mg} C'' *b* s^{-344mg} *y* 55 646 (sed hab Compl)

8 υἱοί A B V 77-313-417 d^{-610} 56′ 75-127^{c}-767 344-730 *t* 71′ 392*(cprm) $z^{-18\ 407}$ 55 319] υιου *b*; pr οι rell = Compl | Φαλλού] φαλου 72 46 59*; φαλλοου 121; φαλλους F$^{c\,prm}$ V 29 d^{-106} n^{-767} 344 *t* 392 *z* 55 319 Arm Co (sed hab Ald); φαλους 82 106 767; . . .]*lum* ^{Lat}cod 110; φυλλου 528; φυλης 376 | Ἐλιάβ — (9) οὗτοι] αλλων δαθαν και αβειρων 319 | Ἐλιάβ] ελιαμ 68′-120 (sed hab Ald); ελιαφ 72; εδιαβ 509; αλιαβ *b* (sed hab Compl); *asrōn* Bo; *arnon et asrom* ^{Lat}cod 100; ⌒(9) 29 19 71-509 121 (sed hab Compl)

9 om καί 1° ^{Lat}cod 100 | υἱοί A B V 15 77-422 $b^{(-19)}$ 44′-125 75′-127^{c}-767 85-321′ t^{-370} 619 $z^{-18\ 407}$ 55] pr οι rell = Compl | Ἐλιάβ] ελιαμ 68′ (sed hab Ald); ελιαφ 72; *asrom* ^{Lat}cod 100; *asrōn* Bo | Ναμουήλ] ναβουηλ 19′ 246 Sa (sed hab Compl); λιαμουηλ 550′; αμουηλ 58*; *iamuel* Arm | om καί 2° 125 127-767 = Sam | Δαθάν] *tathan* Sa; ναθαν F*(cprm) | Ἀβιρών] αβειρων A B F V 376-oI'^{-82} C''^{-616*} 53′ 127-767 85-343′-730 370^{c} *x* 121 18′-68′-120′ 59^{c} 646 = edd; αβηρων 82 616* *b d* 30-130-321′ t^{-370c} 318 126-628-630′ 59*; *'byrm* Arab Syh = 𝔐 | οὗτοι] > *n* ^{Lat}cod 110 Bo; + (※ Syh^{T}) δαθαν και αβιρων (αβειρ. 376; *'byrm* Syh 𝔐) O^{-58} ^{Lat}cod 100 Syh = 𝔐 | ἐπίκλητοι] pr οι 29 53′ *n* 319 Bo | οὗτοί — ἐπισυστάντες] pr *et* Arm; pr ÷ Syh^{T}; εισιν sub ÷ Syh^{L}; om οὗτοί εἰσιν O^{-376} Co = 𝔐; om οὗτοί ^{Lat}cod 110; > ^{Lat}cod 100 | οἱ ἐπισυστάντες] *et restit⟨ue⟩r⟨unt⟩* ^{Lat}cod 110; om οἱ 618* | ἐπισυστάντες F^{b}] pr

---

7 τριάκοντα] ο′ οἱ λ′ τριάκοντα 344

10 ἐπισυστάσει κυρίου, [10]καὶ ἀνοίξασα ἡ γῆ τὸ στόμα αὐτῆς κατέπιεν
αὐτοὺς καὶ Κόρε ἐν τῷ θανάτῳ τῆς συναγωγῆς αὐτοῦ, ὅτε κατέφαγεν
τὸ πῦρ τοὺς πεντήκοντα καὶ διακοσίους, καὶ ἐγενήθησαν ἐν σημείῳ,
11 [11]οἱ δὲ υἱοὶ Κόρε οὐκ ἀπέθανον.
12 [12]Καὶ οἱ υἱοὶ Συμεών· ὁ δῆμος τῶν υἱῶν Συμεών· τῷ Ναμουήλ,
δῆμος ὁ Ναμουηλί· τῷ Ἰαμίν, δῆμος ὁ Ἰαμινί· τῷ Ἰαχίν, δῆμος ὁ

ABFMV (963) O''^{-G} C'' $bdfns^{-28}tx^{-527}yz$ al verss

επικλητοι 75; της συναγωγης 75*; επισυνσταθεντες F; -συστησαντες 630; -συναστραντες 321*-346; επισταντες A 528 610 53′ 767 121 319 = Compl | om ἐπί — ἐπισυστάσει Sa | ἐπί] προς 53′ | Μωυσῆν] -ση 58 414 *b* 30 (sed hab Compl); μωσην 426 54′-75; μωση 458-767; μωσει 72; μωυ^{σ} 126 | om καί 4° 619 | κορρε 53 | ἐν 2° — fin] pr και 552; om ἐν 84; > 106 | ἐπισυστάσει] συστ. 130-321′ 59; επιστασει 125 630 319; επιστασια 53′-129 = Compl; επικλησει 370^{s}; *discensione* ^{Lat}cod 100; + (+ ※ Syh^{T}) αυτων κατα (+ του 646) *O*-15 18′-126-628-630′ 646 Syh = 𝔐 | κυρίου] pr εναντιον F 29-72 619 59 = Ald; pr εναντι 85^{c}; $\overline{κς}$ 392; *contra dominum* Arm

10 om καί 1° Co | ἡ γῆ] > 54; post αὐτῆς tr 422 ^{Lat}codd 100 110 Aeth | om τὸ στόμα 53 | om αὐτῆς 72(|) | κατέπιεν] pr και 246 = 𝔐 | αὐτούς] αυτου 246 | om καί 2° 16*(c pr m) 74-76 | om Κόρε — θανάτῳ Sa | κορρε 53 | τῷ — συναγωγῆς] τη συναγωγη B* F*(c pr m; sed hab Sixt); om τῷ 528(|) | τῆς συναγωγῆς] *in synagogae* ^{Lat}cod 100 | αὐτοῦ] sub ÷ Syh^{L}; > Sa = 𝔐 | ὅτε] οτι 376 19′ *d* 30 (sed hab Compl) | om τὸ πῦρ 75(|) | τούς] αυτους 129; > 128-630′ | πεντήκοντα καὶ διακοσίους] διακοσιους πεντηκοντα 72 *d* 71 126 319; om πεντήκοντα καί Bo^{B}; καὶ διακοσίους sub ※ Syh^{L}; + ανδρας F V *O*-15 ^{Lat}cod 100 Bo Syh = 𝔐 | om καί 4° — fin 106* | εγεννηθησαν 313-528-616-739 767 319 | εις σημειον 84 Arm Syh

11 init — Κόρε] bis scr 54 | om δέ 616* | υἱοί] pr οι 376-618 53 30 318; pr *omnes* Sa; post Κόρε tr 75 | κορρε 53

12 om καί 126 = 𝔐 | om οἱ F M 15′-82-426 417 *b* 44′ 56 75-127-767 134-370 71 68′-120-128-628-630′ 55 319 (sed hab Ald Compl) | om υἱοί 619 = Ald | Συμεών 1°] ⌒2° 53′ Aeth | ὁ δῆμος] *et* (> La Arab) *plebes* ^{Lat}cod 100 Arab Arm; om ὁ A M′ *oI* 30′ y^{-392} 55 319 | τῶν υἱῶν Συμεών] του συμεων 319; αυτων 106 Arab = 𝔐 Tar | Συμεών 2°] σημεων 376 | τῷ 1° — fin] *aunanuel lamin et plebs namuel lasniian iachim et plebs iamin et pleb⟨s⟩ iachim* ^{Lat}cod 100 | τῷ 1°] του 127 318; των F^{b} 392; εις 319; > 72(||) Arm | Ναμουήλ] ναμωηλ 458; *nanuel* Sa; ναμοηλ 75; αναμ. 52′ 646; αμ. 72; αμαηλ 318; αμουηλι F^{b}; ιαμ. 319 Arm; μουηλ 392 | δῆμος ὁ Ναμουηλί] pr *et* Arm; > 319 | ὁ Ναμουηλί] αναμουηλι 16-46-313*; αναμουηλει $C''^{-16\ 46\ 52'\ 77\ 313^{*}\ 414\ 761^{c}}$; ο αναμουηλει 52′ 646; > 106-125 458 | ὁ 2°] τω 44-107′ 767 76*(vid)-370; του 54′-75 74′-76^{c}-84 Syh; > 77 | Ναμουηλί] -λει A B V 15′-82-381^{c}-426 77-761^{c} 53′-129 85-343′-730 509 *y* (sed hab Sixt) = Compl; ναμουηλ 72-376 414 44-107′ $n^{(-458)}$ t^{-76} 71 407 Bo Syh; ναβουηλ 76; ναμουηλου 30; *nanuelei* Sa; ναμουηνι 55; αμουηλι 56′; αμουηλ 618; *iamuel* Arm; -λιθ 619 68′-120 | om τῷ 2° — fin 19 (sed hab Compl) | τῷ 2°] pr ει 319; του 458; των F^{b} 72 59; > Arm | Ἰαμίν] ιαμειν B F V 58-72′-*oI* $C''^{-16\ 46\ 52^{c}\ 414'\ 552}$ $b^{(-19)}$ 56′-129 767 30^{c}-85′-343′-346*-730 *x* 121-392* 68′-120 319 646 (sed hab Compl Sixt);

---

10 ἐν σημείῳ] εἰς φυγήν 321′ 128

Ἰαχινί· ¹³τῷ Ζάρα, δῆμος ὁ Ζαραΐ· τῷ Σαούλ, δῆμος ὁ Σαουλί. 13
¹⁴οὗτοι δῆμοι Συμεὼν ἐκ τῆς ἐπισκέψεως αὐτῶν, δύο καὶ εἴκοσι 14
χιλιάδες καὶ διακόσιοι.
¹⁵Υἱοὶ δὲ Ἰούδα· Ἢρ καὶ Αὐνάν· καὶ ἀπέθανεν Ἢρ καὶ Αὐνὰν ἐν 15(19)

ABFMV (963) O''^{-G} C'' $bdfns^{-28}tx^{-527}yz$ al verss

ιαμε[. . . 963; *ιαμην* 610 54-75′; *ιαβειμ* 53′; *ιαμειμ* 127; *αμειν* 552 30*; *iemeni* Bo | *δῆμος ὁ Ἰαμινί*] pr *δημος* 44(|); pr *et* Arm; om *ὁ Ἰαμινί* 106-125; > 72 54-458 318 319 | *ὁ* 3°] *τω* 618; *του* 44-107′ 75-127-767 *t* Syh; > 82 77 53′ 392 | *Ἰαμινί*] -*νει* B M′ V oI^{-15} 129 392 128-407-628-630′ (sed hab Sixt); *ιαμεινι* 15-58 $C''^{-16\ 46\ 52c\ 414\ 739}$ 108-118-314^{c}-537 56′ 85′-343′ 619 121 68′-120 646 = Compl; . . .]*ειν*ει 963; *ιαμενει* 18; *iemeni* Bo; *ιαμενι* 314*; *ιαμεινου* 30′; *ιαβινει* 53′; *amenei* Sa; *ιαμιει* 509; *ιαμιν* 414 44-107 75^{c} *t* 59 Syh; *ιαμειν* F 707 127-767 71; *ιαμην* 610 75* | om *τῷ* 3° Arm | *Ἰαχίν*] *ιαχειν* A B F 15′-58-82-707 52*-57′-77-313-417-422-550′-615-761 *f* 127-767^{c} $s^{-321'\ 343}$ *y* 646 (sed hab Sixt); *ιαχην* 59*; *ιιαχειν* 73′; *ιαχειμ* 381′ 529 $b^{(-19)}$ (sed hab Compl); *ιαχιμ* 125 84; *ιιαχειμ* $C^{-77\ 529}$-528; *αχιν* V Co; *αχειν* 767* 509-619 68′-120 319; *ιαχηνει* 46^{s}; *ισχιν* 669; *ιαχειλ* 343; *ναχιμ* 72; *ιαχει* 71 | *δῆμος* 4° — fin] pr *και* 319 Arm; > 125; bis scr 413 | *δῆμος* 4°] ⌒(13) 1° 619 | *ὁ* 4° 963] *τω* V; *του* $d^{(-125)}$ *n t* Syh; > 72 77 53′ 30 59 | *Ἰαχινί*] -*νει* B M′ 381 C^{-529}-57-73^{c}-313-413(2°; vid)-417-761* 53′-129 130-343′ 128-407 (sed hab Sixt); *ιαχεινι* A F 15′-58-82 52*-73*-528-550′-551-615 $b^{(-19)}$ 56′ 85-730 318 646; *ιαχε*[. . . 963; *ιαχεινει* 761^{c} 509 319 = Compl; *ιασχινει* 618; *ιαχηνι* 46; *ιαχεινιει* 320; *αχεινι* 68′-120; *ια*[. .]*νει* 422; *αχινει* 392*; *achenei* Sa; *αχινι* 669; *διαχινι* 121; *ιαχονι* V; *ιαχιν* 72 414 54-75-458* 59 Syh; *ιαχειν* 707 413(1°) 127 30; *ιαχην* F^{b} 458$^{c\,pr\,m}$; *ιαχει* 71; *achin* Bo; *ιαχειλ* 767; *ιαζιν* $d^{(-125)}$ *t*(370 inc)

13 *τῷ* 1°] *των* 72; > Arm | *Ζάρα* F^{b}] *ζωρα* $C''^{-16\ 46\ 57\ 528\ 529*}$ 646; *ζαρε* 319; *ζαραι* F; *chara* Sa; *ζαραβ* 30; *σααρ* *d* n^{-458} *t*; *σασααρ* 458; *ναζαραιν* 72 | *δῆμος ὁ Ζαραΐ*] pr *και* 319 ^{Lat}cod 100 Arm; om *ὁ Ζαραΐ* 106; > 125 Bo | *ὁ* 1°] *του* 44-107′ n^{-458} *t* Syh; *τω* 458; > 77 | *Ζαραΐ*] *ζαραει* A B V 82-426-*oI* 53′-129 $s^{-321'\ 730}$ 509 407 (sed hab Sixt); *ζαραιι* 619 = Ald; *ζαρα* 71 ^{Lat}cod 100; *zrḥ* Syh; *ζαρε* 319; *ζωραι* 52^{c}-528; *ζωραει* $C''^{-46\ 52c\ 414\ 528\ 529}$ 646; *ζωραη* 529; *ζωρα* 414; *charaei* Sa; *σααρ* 44-107′ n^{-458} *t*; *σασααρ* 458; *ναζαραιν* 72 | *τῷ* 2°] *του* 46*; > Arm + *γαρ του* 616; bis scr 413(||) | *Σαούλ* F^{b} 963] *σαουηλ* 619 68′; *σαου* 246; *saun* Sa; -*λι* F 72 Bo; *maul* Arm^{te}; *σαμουηλ* 529-739*; + *σαμουηλ* 616 | *δῆμος* 2° — fin] pr *et* ^{Lat}cod 100 Arm; > 125 54 319 Bo | *ὁ Σαουλί*] *maul* Arm^{te}; *του* (+ *του* 458) *σαουλ* 44-107′ $n^{(-54)}$ *t* ^{Lat}cod 100 Syh; om *ὁ* 72 59; > 106 | *Σαουλί*] -*λει* A B M′ V 82-426-*oI* 77 53′-129 30′-344 509 392 407 (sed hab Sixt); *σαουλ* 414 71; *saunaei* Sa; + *σουριδαι* 417

14 *οὗτοι δῆμοι*] *haec plebs* ^{Lat}cod 100 | *δῆμοι*] pr *οι* 417 53′-129 54-75′ = Compl; *δημος* 246 30′ | *Συμεών*] pr *τω* 127; pr *του* d^{-106} *t*; pr *των* n^{-127}; *των* 30′ | *ἐκ τῆς ἐπισκέψεως*] *εκ της συσκ.* 30′; *et numerus* ^{Lat}cod 100 Aeth Arab | *δύο* — fin] *χιλιαδες διακοσιαι εικοσι δυο* 71; *β̄,κσ̄* 85^{mg}; *β̄κσ̄* 344^{mg}; *χιλιαδες κ̄β̄ και σ̄ d* 458 126 | *δύο καὶ εἴκοσι*] *κ̄β̄* 319; *XLIII* ^{Lat}cod 100 | *καὶ διακόσιοι*] *CCCC* ^{Lat}cod 100; *et trecenti* Arm^{te}; > Sa

15 init — (23) fin] post (27) fin tr O^{-58} Arab Syh = Compl 𝔐 | init — *Ἰούδα*] *iudae autem haec* ^{Lat}cod 100 | *υἱοὶ δέ*] pr *οι* 72′ C^{-16} 53; *και οι υιοι* 246; *οι δε υιοι* 29; *οι υιοι* 54-75′; om *δέ* 767 318 Bo = Compl 𝔐 | *Ἰούδα*] pr *του* 18; *iudas* Bo | om *Ἢρ* 1° — *καί* 3° ^{Lat}cod 100 | *Ἢρ* 1° 2°] *ειρ* 381′ | om *καί* 1° 44-125 | *Αὐνάν* 1°] *αναν* 85^{c} 619 = Ald; *αυναυν* 376 44; *αυναυ* 19 53′; *αυνα*

(20)16 γῇ Χανάαν. 16 ἐγένοντο δὲ οἱ υἱοὶ Ἰούδα κατὰ δήμους αὐτῶν· τῷ
Σηλών, δῆμος ὁ Σηλωνί· τῷ Φάρες, δῆμος ὁ Φάρες· τῷ Ζάρα, δῆμος
(21)17 ὁ Ζαραΐ. 17 καὶ ἐγένοντο υἱοὶ Φάρες· τῷ Ἀσρών, δῆμος ὁ Ἀσρωνί·
(22)18 τῷ Ἰαμουήλ, δῆμος ὁ Ἰαμουηλί. 18 οὗτοι δῆμοι τῷ Ἰούδα κατὰ τὴν

ABFMV *O*$^{\prime\prime-G}$ *C*'' *bdfns*$^{-28}$*tx*$^{-527}$*yz* al verss

126; *αβναν* Compl; *αυνων* 422*(vid); *ανναν* 72; ⌒2° *C*-46 | *καί* 2° — fin] *σηλωμ* 53 | *καί* 2° B 376′ 129 71-509 407 Arab Sa] pr *και σιλωμ* 319; pr *και* (> F V *b* 44′-125 664 68′-120-126 Bo; hab Ald) *σηλωμ και* (> *b d* 246 *t* 126 Bo) *φαρες* (*ζαρες* 414; *pharres* Bo^{B}) *και* (> 125) *ζαρα* (*φαρα* 414) F M′ V 29-381′ *cI*$^{\prime-(46)\,313}$ *b d* 246-664 *s t* 619 *y*$^{-121}$ *z*$^{-407}$ 55 646 Arm Bo; pr *και* (> 58-72′ 56 59 Compl) *σηλων* (*σιλων* 458; *σιλαν* 767; *σηλω* 127; *šyl'* Syh) *και* (> *n* Syh) *φαρες και ζαρα* (*ζαραι* F^{a}; *ζαρες* 458) rell = Compl | *ἀπέθανεν*] *-νον* 381′ 610^{c} 619 126 Aeth Arm Bo^{A} = Ald Sixt; inc 610* | *Αὐνάν* 2°] *αναν* 106 619 = Ald; *αυναυν* 376 127; *αβναν* Compl; *αυνα* 126; *ανναν* 72 125′ 68; *αγναν* 370 | *γῇ*] pr *τη* 54-75′; > 381′ | *Χανάαν*] *χανααμ* 767^{c}; *ιουδα* 413

16 init — *υἱοί*] *hi tribus filiorum* Arab | *ἐγένοντο* (*-ντω* 767) *δέ* B V 82-376′ *d n t x*$^{-619}$ 407 Syh] *εγενοντο γαρ* 129; *και εγενοντο* rell = Sixt | *οἱ* A B* F *O*$^{\prime-29\,376}$-381 *C*-46-414-417 610 53′-246 54-75-767 *s* 84 619 *y*$^{-121}$ 18-68′-120 416 = Sixt] > rell | om *υἱοί* 71 | *Ἰούδα*] *iudas* Bo; *ιδα* 246(|) | om *κατὰ δήμους αὐτῶν* Arab | *δήμους*] *γε*[*νεσεις*] 551 | *τῷ* 1°] *το* 56′; > 19′ Arm (sed hab Compl) | *Σηλών* F^{b}] *σηλωμ* F 29-376-381′-707^{c} *C*$^{\prime\prime-529}$ *b d* 53′-129 *s t y*$^{-121}$ *z*$^{-407}$ 55 646 ^{Lat}codd 100 110(vid) Arm Bo (sed hab Compl) = Sixt; *σιλωμ* 529 319; *σιλων* 59; *sēdōn* Sa; *šyl'* Syh | *δῆμος* / *ὁ Σηλωνί*] pr *et* Arm; > Bo; tr 422 | *δῆμος* 1°] *δημους* 75-458^{c} | *ὁ Σηλωνί*] *dšyl'* Syh; > 106-125 | *ὁ* 1°] *τω* 30 407; > 458 | *Σηλωνί*] *-νει* B M′ 426 551 30′-343′ 509 121-392* 407 (sed hab Sixt); *σιλ.* 529 59; *σηλωμι* 55; *σηλωμει* V; *σιλωμει* 319; *σηλων* 72 *n*; *σηλωμ* 414 44-107′ *t* ^{Lat}codd 100 110(vid) Arm; *audōneei* Sa | *τῷ* 2°] *το* 75 55; > Arm | *Φάρες* 1°] *pharres* Bo^{B}; ⌒2° 125 Bo | *δῆμος* 2°] pr *και* 319 ^{Lat}cod 100 Arm; *δημους* 75′; ⌒3° ^{Lat}cod 100 | om *ὁ Φάρες* 106 | *ὁ* 2°] *το* 707 | *Φάρες* 2°] *φαραις* 376; *φαρεσι* 551 = Compl Sixt; *φαρασι* *f*$^{-129}$; *φαρεες* 509; *pharesei* Sa; *φες* 458; ⌒(17) 129 | *τῷ* 3° — fin] om *τῷ* Arm; > 618^{txt} | *Ζάρα*] *sara* Sa; *ζαραι* F^{a}; *ζαρες* 381-618$^{(mg)}$; *ζαραρα* 343; *zab*[*a*] ^{Lat}cod 110; + *και απεθανεν ηρ και αυναν εν γη χαναακ* 528 | *δῆμος* 3° — fin] pr *και* 319 Arm; > 125 | *δῆμος* 3°] *δημους* 75′ | *ὁ Ζαραΐ*] *dzrḥ* Syh; > 106 | *ὁ* 3°] *τω* 54 30; > 59 | *Ζαραΐ*] *ζαραει* A B 82-426 *C*$^{\prime\prime-46\,52c\,57\,414\,550'}$ 30′-85-343′ 509 121 407 646 (sed hab Sixt); *σαραι* 71; *ζαρι* 619 = Ald; *ζαρει* 392; *saraei* Sa; *ζαρα* V 72 414 44-107′ *n t* 319 ^{Lat}cod 100 Bo

17 *εγενετο* B* | *υἱοί*] pr *οι* F *O*$^{\prime-29\,426}$-381′ *C*$^{\prime\prime-52\,57'}$ 19 610 53 54-75 *s x*$^{-71}$ *y*$^{-121}$ 68′-120 646 = edd | *Φάρες*] *φαραις* 376; *pharres* Bo^{B} | *τῷ Ἀσρών*] *et ad esrhom* ^{Lat}cod 100; post *Ἀσρωνί* tr 19′ (sed hab Compl) | *τῷ* 1°] *των* 413; > Arm | *Ἀσρών*] *αστρων* A; *αρρων* 246*(cprm); *ασρωμ* V 29-376-707^{c} *C*'' *b* 53′-129 54-75′ *s* 59 (sed hab Compl); . . .]*rom* ^{Lat}cod 110; *εσρωμ* *d t* 392 18 319 646 Bo; *αρσων* *x*$^{-619}$; *εσρων* 126-628 | *δῆμος* 1°] pr *et* ^{Lat}codd 100 110 Arm; *δημους* 458 | *ὁ Ἀσρωνί*] *dḥṣrwn* Syh; om *ὁ* 44-107′ 458 *t*(370 inc) 319; > 106-125 Sa | *Ἀσρωνί*] *-νει* B 82-426 *C*$^{\prime\prime-46\,52c\,414\,422\,550'}$ 30′-343′-407 646 (sed hab Sixt); *αρσωνι* M 71; *αρσωνει* 509; *ασ*[. . . 422; *αρωνι* 19′ (sed hab Compl); *εσρ.* 18-126; *εσρ*[. . . 628; *ασρουνι* 376; *-νη* 318; *εσρωμει* 319; *ασρων* 72-707* 127-767; *εσρωμ* 44-107′ *t*(370 inc) ^{Lat}cod 100 Bo; *ασρωμ* 414 54^{c}-75′ 59; *αρωμ* 54* | *τῷ* 2° — fin] *δημος τω ιαμουηλ* 19′ (sed hab Compl) | *τῷ Ἰαμουήλ*]

ἐπισκοπὴν αὐτῶν, ἓξ καὶ ἑβδομήκοντα χιλιάδες καὶ πεντακόσιοι.
19 Καὶ υἱοὶ Ἰσσαχὰρ κατὰ δήμους αὐτῶν· τῷ Θωλά, δῆμος ὁ Θωλαΐ· 19(23)
τῷ Φουά, δῆμος ὁ Φουαΐ· 20 τῷ Ἰασούβ, δῆμος ὁ Ἰασουβί· τῷ Σαμράμ, 20(24)
δῆμος ὁ Σαμραμί. 21 οὗτοι δῆμοι Ἰσσαχὰρ ἐξ ἐπισκέψεως αὐτῶν, 21(25)

ABFMV (963) O''^{-G} C'' $bdfns^{-28}tx^{-527}yz$ al verss

iamuni ^{Lat}cod 100; *iamu* ^{Lat}cod 110 Sa; om τῷ Arm | Ἰαμουήλ] ιαμοηλ 72; ιεμ. *d t*; *yḥmw'yl* Syh^{T}; *yḥmwl* Syh^{L}; αμουλ 426 = Compl 𝔐 Tar; ιαμουηλει 319; ιαμουν B 82-376 129-664 71 407 = Ra; ιαμων 509; ιαμμουν 53; *amuni* Bo | δῆμος 2° — fin] pr *et* ^{Lat}codd 100 110 Arm; > 125 458 59 Bo | ὁ Ἰαμουηλί] *dyḥmw'yl* Syh^{T}; *dyḥmwl* Syh^{L}; > 106 | ὁ 2°] το 30; > 767 | Ἰαμουηλί] -λει 707^{c} $C''^{-16\ 46\ 414\ 417\ 528\ 550'}$ 30'-85-343' 392 319 646; ιαμουλι 46 18; ιεμ. F; αμ. 318; αμουηλει 707*; αμουλι Compl = 𝔐 Tar; αμουλει 426; ιαμουλει 417; ιαμοηλ 72; ιαμουηλ F^{b} 29-618 414 $n^{(-458)}$ 669; ιεμουηλ 44-107' *t*; ιαμουνι 376 71 = Sixt Ra; ιαμουνει B 82 129-664 407 ^{Lat}cod 100; ιαμωνει 509; ιαμμουνει 53; *yamuei* Sa

18 δῆμοι] pr οι 53' 458; δημω B* (sed hab Sixt) | τῷ] του A 85 x^{-71} 121 68'-120 Bo Syh = Sixt; των 29-72-426↓; των υιων F^{b} 58-376 407 59 Arab = Tar^{P}; > *n* 319 = 𝔐 Sam Tar^{O} | Ἰούδα] *iudas* Bo | κατὰ τήν] κατ 55; om τήν 15 551 | ἐπισκοπήν B F $O'^{-376\ 707}$ 53'-129 85'^{mg}-321'^{mg} x^{-619} 59 = Compl] δημους 15; επισκεψιν rell = Sixt | αὐτῶν] αυτου 106 | ἕξ — fin] ϛοφ 344^{mg}; ϛ,οφ 85^{mg}; χιλιαδες πεντακοσιαι εβδομηκοντα εξ 71 | ἕξ — χιλιάδες] χιλιαδες οϛ 72 *d* 458 126; οϛ χιλιαδες 319 | ἑβδομήκοντα] *sexaginta* Sa; *quadraginta* Arab | χιλιαδας 646* | πεντακόσιοι] διακοσιοι 15; *DC* ^{Lat}cod 100

19 om καί *n* 126 319 ^{Lat}cod 100 = 𝔐 | υἱοὶ Ἰσσαχάρ] pr οι F 29-72-376-381'-707^{c} $C''^{-528\ 552}$ 19 610 53 54-458-767^{c} s^{-30} t^{-370} 509 *y* 18 646 = Compl; οι υιοισαχαρ 767*; οι υισσαχαρ 707*; υιοισαχαρ (-σσαχ.^{c}) 416; υιουσσαχαρ M; om υἱοί 619 = Ald | Ἰσσαχάρ] ισαχαρ 82 46-52*-414-529^{c} *d* 56 767^{c} 84 126 55 59^{c} 646 ^{Lat}cod 100 Arm Bo; ιοσαχαρ 30; ησαχαρ 53; *iesachar* Sa | τῷ Θωλά] ιωθαλα 458; *choia* ^{Lat}cod 100; om τῷ Arm | Θωλά] θολα 72 767* 509; θωλαι d^{-106} *t*; θολαι 106; θαλα 58-381' 53'-246 75 319; *thōra* Sa; litt ω sup ras 57 | δῆμος 1°] pr ο 730*; pr *et* ^{Lat}cod 100 Arm; δημους 458^{c} | ὁ Θωλαΐ] *dtwl'* Syh; ωθαλα 458; *choia* ^{Lat}cod 100; > 106-125 | ὁ 1°] τω 72; > 320 | Θωλαΐ] θωλαει B V 82-426 $C''^{-46\ 52c\ 413\ 414'\ 550'}$ 129 30-85'-343' 509 y^{-318} 407 646 (sed hab Sixt) = Compl; θολαι 72 46 314 71; θολαει 730; θωλαη 551^{c}; θαλαει 53'; θαλαι 58-381' 246 126; θωλα 414 54'-767 Bo; θαλα 75; θαλατ 319; *thōraei* Sa | τῷ 2°] του 707^{c}; των 82; > Arm | Φουά] φωα 707; φουλα *b* (sed hab Compl); αφουα 71; φ[. . .] 106* | δῆμος 2° — fin] pr *et* Arm; > 125 ^{Lat}cod 100 | δῆμος 2°] δημους 458; > 707^{txt} | ὁ Φουαΐ] ουφαι 246; *dpw''* Syh; > 106 | ὁ 2°] ου 528; > 616 | Φουαΐ] φουαει B^{c} V 82-426 $C''^{-46\ 52c\ 414\ 550'}$ 129 30'-85-343' 509 y^{-318} 407 646 Sa (sed hab Sixt); φουια 68'-120 (sed hab Ald); φωυαει 130; φουει B*; φουλαι *b* 318 (sed hab Compl); φουλι F^{b}; φουα 414 44-107' *n t* 319 Bo; αφουι 71; φαει 53'

20 comma] *et plebs iasub iabran* ^{Lat}cod 100 | τῷ 1°] των M'; > Arm | Ἰασούβ] ιαζουβ *d* 54'-458 *t*; ιαζωβ 75; ιασουφ 414; *iassub* Sa; ασουβ 15 417; ασσουβ 407; ιασουν 669; ρασουβ F*(c pr m); *iasur* Arm^{te}; *iabuz* Bo^{B}; *buz* Bo^{A}; ιασουβει

---

18 τῷ Ἰούδα] ο' τῶν Ἰούδα 344 | ἐπισκοπήν] ο' ἐπισκοπήν 344

20 τῷ Σαμράμ] ο' θ' α' τῷ Σαμράμ σ' τοῦ Σεμρώμ 344 | ὁ Σαμραμί] ο' θ' α' ὁ Σαμραμεί σ' ὁ Σεμρωνίτης 344

τέσσαρες καὶ ἑξήκοντα χιλιάδες καὶ τριακόσιοι.
(26) 22 [22]Υἱοὶ Ζαβουλὼν κατὰ δήμους αὐτῶν· τῷ Σάρεδ, δῆμος ὁ Σαρεδί·
(27) 23 τῷ Ἀλλών, δῆμος ὁ Ἀλλωνί· τῷ Ἀλλήλ, δῆμος ὁ Ἀλληλί. [23]οὗτοι

ABFMV (963) O''$^{-G}$ C'' bdfns^{-28}tx^{-527}yz al verss

319 | om δῆμος ὁ Ἰασουβί 125 319 | δῆμος 1°] pr et Arm; δημους 458-767 | ὁ Ἰασουβί] dyšwb Syh; > 106 | ὁ 1°] τω 72; > B 426 53' 71 (sed hab Sixt) | Ἰασουβί] -βει B V 82 C''$^{-16\ 46\ 52c\ 414\ 417\ 529\ 550'\ 616*}$ 53'-129 30'-85-343' 392 646 (sed hab Sixt); -βη 16 59; ισουβι 619; ισουβει 529; iassubeei Sa; ασουβι 15; ασουβει 417; ασσουβει 407; ιασουβειμ 509; ιασουβ 72 767 Arm^{ap}; ιασουφ 414; iasur Arm^{te}; iabuz Bo; ιαζουβ 44-107' n^{-767} t; φουαει 616*(vid) | om τῷ 2° Arm | Σαμράμ B^{c} F 29-707*(vid) 56' 509 407 Syh = Sixt] σαμβραμ 129-664 392 120; σαμβρειμ 53; samrim Bo^{B}; zambrim Bo^{A}; σαμαραμ B*; σαμραν 82-426 767; σαμβραν 68' Sa = Compl; σαμαραν Ra.; ζαμβραν 71; αμραμ F^{b} 58-707^{c} 59; amran et Arm; αραμ V; αμβραν A 75 619 = Ald; [. .]ραμ 84*; αβρααμ 618; αβραμ 72 414'-529-552* 118^{c}-314-537 d^{-106} 458 344* 84^{c}-370* 18-126-628 319; αβραν 19'-118*; αμβραμ rell | om δῆμος 2° — fin 125 54 | δῆμος 2°] δημους 458 | ὁ Σαμραμί] amran Arm; dšmrm Syh; om ὁ 458-767; > 106 | Σαμραμί 56 = Sixt] σαμραμει B^{c} 426*-707* 509 407 ↓; σαμβρ. F 29 246; σαμβραμει 392; ασαμβραμι 68'; ασαβραμι 120; σαμβρανι Compl; σαμβρανει 53'-129; σαμρανει 82-426^{c}; σαμαρανει B*; σαμαρανι Ra.; ζαμβραι 71; sambraniei Sa; zambrim Bo^{A}; zamrim Bo^{B}; σαμραν 767; αμβραμ 127-458 t^{-84}; αμβρειμ 616*; αμβραιμ 46-52^{c}; αμραειμ 52*; αβραειμ 529-551; αμβραμη 630; αμραμι 58 59; αμβραμι F^{b} M' oI^{-618} 108-118 130-321' 619 128-669 55 = Ald; αμβραμει A 707^{c} 30-85-343' 121; αβραμι 618 19-314-537 318 18-126-628; αβραμει 730; αβρανει 319; αρανει V; αμβραμμι 376; αβραμ 72 414 44-107 84; αμβραν (αβρ.*) 75; αβαμ 610; αμβραειμ rell

21 δῆμοι] pr οι 417 53' 54-75' 392; δημος 44-107' | Ἰσσαχάρ] pr τω 52' 54-75'; pr των 127; τω ισαχαρ 646; τω ισσαρχαρ 767(vid); ισαχαρ 82 46-529 d 53-56-664* 669 55 59 ^{Lat}cod 100 Arm Bo; iesachar Sa; σαχαρ 414 | ἐξ ἐπισκέψεως αὐτῶν] η επισκεψις αυτων 126; > d^{-106} | τέσσαρες — fin] χιλιαδες τριακοσιαι εξηκοντα τεσσαρες 71; $\overline{δξφ}$ 344^{mg}; $\overline{δ,ξυ}$ 85^{mg2} | τέσσαρες — χιλιάδες] χιλιαδες $\overline{ξδ}$ 72 d 458 126; $\overline{ξδ}$ χιλιαδες 319 | τέσσαρες] sex Bo^{B} | ἑξήκοντα] εβδομηκοντα 59 | om καὶ τριακόσιοι 72 | τριακόσιοι] τετρακοσιοι A F oI-29-707^{mg} C'' b 53-129 30'-85^{txt}-130-321'-343-344^{txt} 619 y^{-318} 18-68'-120-126-628 55 59 646 Aeth (sed hab Compl) = Sixt; ducenti Arm^{ap}; πεντακοσιοι 318

22 om init — (23) fin 58 | υἱοί] pr οι 72 C-46-414 75' 343 318 59; pr και οι 246; pr και 15-707 319 Aeth Arab Arm Sa; + δε 376 d 30' t Bo | Ζαβουλών] zabubōn Sa; ζαβουλ 130; βαβουλων 125* | om κατὰ δήμους αὐτῶν Arab | κατ 707* | αὐτῶν] αυτω 46; + τω θωλαι δημος ο θωλαι τω φουα δημος ο φουα τω ιαζουβ δημος ο ιαζουβ 44: ex 19s | τῷ 1°] των 314; > Arm | Σάρεδ] σαραιδ 52'-313-417-551 767^{c} s 392 646; σαρεα 318; σαραι C''$^{-52'\ 313\ 417\ 551}$; σαρε 29 509; sarad Sa; σαρυιδ 707; σαδρι (δαδ. 610*) d 54-75 t ^{Lat}cod 100; σαδρει 127; αδρι 458; asdri Bo; ζαμβρη 319 | δῆμος ὁ Σαρεδί] pr et ^{Lat}cod 100 Arm; > 44 | ὁ Σαρεδί] dsrd Syh; om ὁ 767; > 106-125 | Σαρεδί] -δει B(litt δ sup ras 2—3 litt) V 426 509 121 407 (sed hab Sixt) = Compl; σαραιδι 16-46-52^{c}-550' 321'; σαραιδει 707^{c} C''$^{-16\ 46'\ 52c\ 414\ 550'}$ s$^{-321'}$ 392 646; σαραι 414; σαιδει 313;

---

21 τριακόσιοι] ο' οἱ λ' τριακόσιοι 344
22 τῷ 3° — fin] ο' οἱ λ' τῷ Ἰαλὶλ δῆμος ὁ Ἰαλιλεί 344

*δῆμοι Ζαβουλὼν ἐξ ἐπισκέψεως αὐτῶν, ἑξήκοντα χιλιάδες καὶ πεντα-
κόσιοι.*
[24]Οἱ υἱοὶ Γὰδ κατὰ δήμους αὐτῶν· τῷ Σαφών, δῆμος ὁ Σαφωνί· 24(15)
τῷ Ἀγγί, δῆμος ὁ Ἀγγί· τῷ Σουνί, δῆμος ὁ Σουνί· [25]τῷ Ἀζενί, δῆ- 25(16)

ABFMV (963) O''^{-G} C'' *bdfns*$^{-28}$*tx*$^{-527}$*yz* al verss

σαρει 82; *saraddei* Sa; *σαρεδδι* 376; *ασσαρεδει* 318; *αρεδι* 68′-120 (sed hab Ald); *σαραιδ* 767; *σαρεδ* 72; *σαδρι* 107′ 54-75 *t* ^{Lat}cod 100; *σαδρει* 127; *αδρι* 458; *asdri* Bo; *σοσαρεδει* 129; *ζαμβρει* 319; + *τω ζαμβρ(ε)ι* (-*βρη* 16-46-57-77-414′; *ζαμρει* 616*) *δημος ο* (> *cI*-551) *ζαμβρ(ε)ι* (-*βρη* 16-46-57-77-414′) 707^{mg} C'' 246 *s* 392 18-126-628 646 | *τῷ* 2° — *Ἀλλωνί*] ad fin tr 18-126-628 | *τῷ* 2° 963] *τον* 30; *των* 343; > Arm | *Ἀλλών* 963] *αλων* 16-46′-52′-77 118′-537 767 318 646; *αλωμ* 19′ (sed hab Compl); *ααλων* F; *αλαων* 106; *αλλαων* *d*$^{-106}$ *t*; *αλλω* 509 319 | om *δῆμος ὁ Ἀλλωνί* 44-125 | *δῆμος* 2°] pr *et* ^{Lat}cod 100 Arm; *δημους* 458 | *ὁ Ἀλλωνί*] *d'lwn* Syh; *ολλωνι* 53′; om *ὁ* 72 413-417-739 54; > 106 | *Ἀλλωνί* F^{b}] -*νει* B V 963 426 $C^{-16\ 77}$-57-73′-417-422-761 129 30′-85-343′ 509 407 319 (sed hab Sixt) = Compl; *ααλωνι* F; *αλωνι* 16-46-52^{c}-528 *b*; *αλωνει* 52*-77-313-615 646 Sa; *αλωνη* 318; *αλλονι* 392; *αλλων* 72 414 *n*$^{-767}$ ^{Lat}cod 100 Bo; *αλων* 767; *αλλαων* 107′ *t*; *αρλωνι* 15*(cprm) | om *τῷ* 3° — fin 509 128-630′ Bo | *τῷ Ἀλλήλ*] pr *και* 44; *allebi* ^{Lat}cod 100; om *τῷ* Arm | *Ἀλλήλ* F F^{b2}] *αδδηλ* F^{b1}; *αληλ* 618 71 407 Arm; *αλληδ* $C''^{-16\ 46\ 77\ 414}$ 30′ 126-628 646^{c}; *αληδ* 77-414 18 646*(vid); *αλλι* 16; *αλι* 46; *αλλη* 85′-321(vid)-343′-346 392; *αλλην* *b* (sed hab Compl); *αλληα* V; *ιαλληλ* 767; *ιαλλη* 376; *ιαλιηλ* 426; *allaēl* Sa; *ιαηλ* 319; *αιηλ* *d* 127 *t*; *εηλ* 54-75′ | *δῆμος* 3° — fin] pr *et* Arm; > 44-125 ^{Lat}cod 100 | *ὁ Ἀλληλί*] *dyhlyl* Syh; > 106 | *ὁ* 3° 963] *τω* 72; > B 413-414* 246* 767 (sed hab Sixt) | *Ἀλληλί*] -*λει* B V 82-707 129 85′-343′ (sed hab Sixt); *αλληδει* $C''^{-16\ 46\ 52c\ 77\ 414'\ 550'}$ 30′ 646; *αλλιδι* 16; *αλιδι* 46; *αλληδ*[. . . 551; *αληδ* 414; *αλληδι* 52^{c}-550′ 126-628; *αληδει* 77; *αληδι* 18; *αλδηλι* F^{b1}; *αληλι* 71; *αληλει* 407 Arm; *allaēlei* Sa; *αλληνει* (-*νι**) 392; *ιαηλη* 319; *ιαλιηλι* 426; *ιαλλειλι* 376; *ιαληλ* 767; *αλληλ* 72; *αλ*[. . . 963; *αιηλ* 107′ 127 *t*; *εηλ* 54-75′

23 *οὗτοι δῆμοι*] *haec plebs* ^{Lat}cod 100 | *δῆμοι*] pr *οι* 129 = Compl | *ζαβουλον* 246; *ζαβων* 15 | *ἐξ ἐπισκέψεως*] *et numerus* ^{Lat}cod 100 Aeth Arab; *η επισκεψις* 126 | *ἑξήκοντα* — fin] pr *πεντε και* (> 321) 130^{mg1}-321′^{mg1}-344^{mg1} 68′-120 (sed hab Ald); *$\overline{εξφ}$* 344^{mg2}; *$\overline{,ξφ}$* 85^{mg}-130^{mg2}-321′^{mg2}; *χιλιαδες* *$\overline{φξ}$* 72 | *ἑξήκοντα*] *quinque* Sa; *$\overline{ζ}$* 963; sup ras F; post *χιλιάδες* tr *d* 458 126 | om *χιλιάδες* V | *πεντακόσιοι*] -*σιαι* 71*; *τετρακοσιοι* 318; *διακοσιοι* 85^{txt}; *πεντε* 19 (sed hab Compl)

24 *οἱ υἱοί* 963 72 *C*-46-414 129 458 343 59 = Compl] pr *και* 246 Sa; *υιοι δε* 54 Aeth Arab Arm Bo; om *οἱ* rell | om *τῷ* 1° 2° 3° Arm | *Σαφών*] *σαφουν* 426; *σαμφων* 376 126; *ασαφων* 59; *σαφωνι* A 68′-120 (sed hab Ald); *phasōn* Bo | *δῆμος ὁ Σαφωνί*] pr *et* Arm; > A | *δῆμος* 1°] *δημους* 458 | *ὁ Σαφωνί*] *dṣpywn* Syh; om *ὁ* 246; > 125 | *Σαφωνί*] -*νει* B V 82-707^{c} $C''^{-46\ 52c\ 414\ 550'}$ $s^{-321'}$ 509 392 407 319 646 Sa (sed hab Sixt); *σαφονι* 53^{c}-664; *σαφων*[. . . 963; *σαφουνει* 426; *ασαφωνι* 59; *σαμφ.* 376 126; *σαφων* 72 414 $d^{(-125)}$ *n t*; *phasōn* Bo^{A}; *phaasōn* Bo^{B} | *τῷ* 2°] ⌒(25) 1° 53′ | *Ἀγγί* 1°] *αγγει* B V 82-376′ $C''^{-16\ 46\ 52c\ 414}$ 127-767 $s^{-321'}$ x^{-619} 319 646 Sa (sed hab Sixt); *αγγε* 407; *εγγι* 458; ⌒2° 529 44-125 129 | *δῆμος* 2°] pr *et* ^{Lat}cod 100 Arm; *δημους* 458; ⌒(25) 2° 318 | *ὁ Ἀγγί*] *ο* (> 376 616) *αγγει* B 376′ $C''^{-16\ 46\ 52c\ 414\ 529}$ *b* 127-767 $s^{-321'}$ 407 319 646 Sa (sed hab Compl Sixt); *ο αγγιει* 509; *ο αγγιι* 59; *ο αγγειει* V; *τω αγγι* 72; *εγγι* 458;

(17)26 *μος ὁ Ἀζενί· τῷ Ἀδδί, δῆμος ὁ Ἀδδί· ²⁶τῷ Ἀροαδί, δῆμος ὁ Ἀροαδί·*
(18)27 *τῷ Ἀριήλ, δῆμος ὁ Ἀριηλί. ²⁷οὗτοι δῆμοι υἱῶν Γὰδ ἐξ ἐπισκέψεως*

ABFMV (963) *O''*$^{-G}$ *C''* *bdfns*$^{-28}$*tx*$^{-527}$*yz* al verss

dḥgy Syh; > 106 | *τῷ Σουνί*] *sunt* ^{Lat}cod 100 | *τῷ* 3°] *του* 77*; ⌒(25) 2° 16-46 | *Σουνί* 1°] *-νει* B 963 82-426 *C''*$^{-(16\ 46)\ 52c\ 414}$ 129 127-767 *s*$^{-321'\ 343}$ 509 319 646 (sed hab Sixt); *-νη* 376; *σωυνι* *b* 44 (sed hab Compl); *sun* Sa; ⌒2° 19' 125 | *δῆμος* 3°] pr *το* 707; pr *et* ^{Lat}cod 100 Arm; *δημους* 458 | *ὁ Σουνί*] *sunt* ^{Lat}cod 100; > 106 | *ὁ* 3°] *του* 669* Syh; + ras 2 litt 707 | *Σουνί* 2°] *-νει* B V 963 82-426 *C''*$^{-(16\ 46)\ 52c\ 414\ 739}$ 129 127-767 *s*$^{-130\ 321'}$ 407 319 646 Sa (sed hab Sixt) = Compl; *σωυνι* 118'-537; *σουνοει* 509; *συνι* 321'; *συνει* 739 130; *σουνη* 376
25 *τῷ* 1°] > Arm; ⌒2° Bo^{A} | *Ἀζενί* 1°] *-νει* B* 426 392 (sed hab Sixt); *αζαινι* A F M' *oI*$^{-618}$ 56 121 18'-126-628-669; *αζαινει* 707 30'-344; *azeinei* Sa; *αζινι* 29; *ασαινει* 343; *αζουνι* 618 53'; *αζανι* 52^{c}-414 321' 71-619* 407 55 ^{Lat}cod 100; *αζανει* B^{c} *C''*$^{-(16\ 46)\ 52c\ 414}$ 85' 509 646; *αζανη* 376; *αζενε* 68' (sed hab Ald); *αζνει* 319; *αζαν* *b d n*$^{-767}$ *t*; *ζανει* V; *asni* Bo^{B}; *αζε* 129 = Compl; *αζα* 767; ⌒2° 125 ^{Lat}cod 100 | *δῆμος* 1°] pr *et* Arm; *δημους* 458 | *ὁ Ἀζενί*] *d'zny* Syh; > 106 | *ὁ* 1°] *ου* 458; > 616 646 | *Ἀζενί* 2°] *-νει* B* 426 129 392 Sa (sed hab Sixt); *αζαινι* A F M' *oI*$^{-618}$ 121 18'-126-628-630'; *αζουνι* 618; *αζαινει* 707 30'-344; *αζανι* 52^{c}-414 *b*$^{-19*}$ 56' 321' 71 55 (sed hab Compl); *αζανει* B^{c} *C''*$^{-(16\ 46)\ 52c\ 414}$ 85' 407 646; *αζωνι* 19*; *asani* Bo^{B}; *αζε*[. . . 963; *ασαινει* 343; *αζανη* 376; *αζανιει* 509; *αζινι* 29 53'; *ζανει* V; *αζνει* 319; *αζαν* 44-107' *n t* | *τῷ Ἀδδί*] *adodi* ^{Lat}cod 100 | *τῷ* 2°] > Arm; ⌒(26) 2° 53' | *Ἀδδί* 1°] *αδδει* B V 82-376^{c}-426 *C''*$^{-16\ 46\ 52c\ 73*\ 414}$ 129 127-767 85-343'-730 509 392 646 Sa (sed hab Sixt); *αδδη* 376* 30-130; *αδι* 106-125 ^{Lat}cod 110; *αδει* 71 319; *ανδι* 54-75'; *aoi* Bo; ⌒2° 125 | *δῆμος* 2°] pr *et* Arm; *δημους* 458 | *ὁ Ἀδδί*] *adodi* ^{Lat}cod 100; *d'dy* Syh; > 106 | *ὁ* 2°] *τω* 72 19 (sed hab Compl); > 77*-552 | *Ἀδδί* 2°] *αδδει* B V 82-376^{c}-426 *C''*$^{-16\ 46\ 52c\ 414}$ 19 129 127-767 *s*$^{-30\ 321'}$ 392 407 646 Sa (sed hab Compl Sixt); *αδδη* 376* 30; *αδιδει* *b*$^{-19}$; *αδι* 46 ^{Lat}cod 110; *αδει* 71 319; *αδδειει* 509; *ανδι* (*-δη* 75*) 54-75'; *aoi* Bo
26 *τῷ* 1°] > 126 Arm; ⌒2° 129 68' (sed hab Ald) | *Ἀροαδί* 1°] *αρωαδι* 120' 55; *-δει* B^{c} V 82 *C''*$^{-16\ 46\ 52c\ 414}$ 30-85'-344 509 392 646 (sed hab Sixt); *-δη* 246*; *αρουαδει* 343 Arm; *αοραδι* 314; *αοραδει* 376; *αροδει* B* 71; *αροηδι* 707; *αροιδι* 730; *arodi* Bo; *αραδι* 16-46; *αροαδ* *d* 127-767 *t* 319 ^{Lat}cod 100; *αοραδ* *b*$^{-314}$; *αρωαδ* 458^{c}; *αρωαρ* 458*; *αροαρ* 54-75; *αρωδ* 426; *αροα* 58-72 ^{Lat}cod 110; *allōn* Sa; ⌒2° 44-125 59* | *δῆμος* 1°] pr *et* Arm; *δημους* 458; ⌒2° V | *ὁ Ἀροαδί*] *τω αροαδι* 72; *d'rwdy* Syh; > 106 | *Ἀροαδί* 2°] *αρωαδι* 120^{c} 55; *-δει* B^{c} 82 *C''*$^{-16\ 46\ 52c\ 414\ 529\ 761*}$ 30-85'-344 392 319 646 (sed hab Sixt); *αρωαδει* 407; *αρουαδει* 343; *αροαδιει* 509; *αριαδει* 529; *αοραδι* *b*$^{-19}$ = Compl; *αοραδει* 376; *αριαδι* 56'; *αραδι* 19; *αραδει* 761*; *αροιδι* 730; *αροηδι* (*-δει*^{c}) 707; *αροδι* 59$^{(c)}$ Bo; *αροδει* B* 71; *αρωδει* 426; *ρωαδι* 120*; *aroa* ^{Lat}cod 110; *αροαριδι* 121; *αροαδ* 107' *n*$^{-75}$ *t* ^{Lat}cod 100; *αρωαδ* 75; *allōniei* Sa | *τῷ* 2° — fin] *iariel plebs iariel angi et plebs auni azanret et plebs asrhoet ad ariel et plebs ariel* ^{Lat}cod 100; om *τῷ* Arm; om *δῆμος* — fin 125 458; > A 707 509 121 | *Ἀριήλ*] *αριειλ* 413; *αριηδ* 407; *αροηλ* 313*; *αροηλι* 618 | *δῆμος* 2°] pr *et* Arm | *ὁ Ἀριηλί*] *d'ry'yl* Syh; > 106 | *ὁ* 2°] *τω* 72-618 19-314 | *Ἀριηλί*] *-λει* B 82 52-77-761 30-85-343-344^{c} 319 646 Sa (sed hab Sixt); *αριηδει* 407; *αριλι* 16-46; *αριλει* *C''*$^{-16\ 46\ 52\ 77\ 413\ 414'\ 761}$; inc 551; *αριαλι* 59*; *αηριηλι* 19; *αοαριηλι* 314; *αριειλι* 413; *αροηλι* V 618 730; *αροηλει* 392; *αηλι* 246; *αριηλ* 72-376 414 44-107' 129 *n*$^{(-458)}$ *t* 71 68'-120 ^{Lat}cod 110 Bo (sed hab Ald) = Compl

αὐτῶν, τεσσαράκοντα χιλιάδες καὶ πεντακόσιοι.
[28]Υἱοὶ Ἀσὴρ κατὰ δήμους αὐτῶν· τῷ Ἰαμίν, δῆμος ὁ Ἰαμινί· τῷ 28(44)
Ἰεσουί, δῆμος ὁ Ἰεσουί· τῷ Βαριά, δῆμος ὁ Βαριαΐ· [29]τῷ Χόβερ, δῆ- 29(45)

ABFMV O''^{-G} C'' $bdfns^{-28}tx^{-527}yz$ al verss

27 δῆμοι] pr οι M′ 417 19 106 129-664 = Compl; οι δημου 53; δημους 767 | υἱῶν] του oI-707 C'' f^{-129} 30′-85′^{txt}-321′^{txt}-343′ 619 392 z^{-407} 55 646; τω 59; των F 72; > A M′ V 19 121 319 Aeth (sed hab Compl) = Sam | Γάδ] του γααδ 318; γατ 246*(c pr m) | ἐξ ἐπισκέψεως] et (> La) numerus ^{Lat}cod 100 Aeth Arab; η επισκεψις 126; om ἐξ d^{-106} | τεσσαράκοντα — fin] XLIIIID ^{Lat}cod 110; μ′μφ 85^{mg}; χιλιαδες φμ 72 | τεσσαράκοντα χιλιάδες] pr τεσσαρες (-ρεις 767) και B F M′ V 29-58-82 129 n^{-458} 130^{mg}-321′^{mg}-344^{mg} t 509 318 407 59 Arm; pr χιλιαδες τεσσαρες και 71; pr τριακοσιαις 53′; χιλιαδες μδ d^{-44} 458 126; μδ 44 | τεσσαράκοντα F^{b}] τεσσερ. A B* F 55 416 (sed hab Sixt); σαρακ. 664; XXXIIII ^{Lat}cod 100; + τεσσαρες (τεσαρες 618) 381′ | χιλιάδες] + και δ 319 Syh^{Tmg}; + και τετρακισχιλιοι (c var) A 15′-707 C'' b f^{-129} 30′-85-130^{txt}-321′^{txt}-343-344^{txt} 619 y 18-68′-120-628 55 646 Arab (sed hab Compl) om καὶ πεντακόσιοι Arab

28 init — (31) fin] post (47) fin tr O^{-58} Arab Syh = Compl 𝔐 | υἱοί] pr οι 72 C-46′-414 54-75′ 343 59; pr et Sa; και οι υιοι δε 246; οι υιοι (οι*) δε 53; + δε b 56-664 ^{Lat}cod 110 Aeth Arab Arm (sed hab Compl) | ασσηρ 108 53^{c} 127 628 Co (sed hab Compl) | κατὰ δήμους] κατα δημου F*(c pr m); plebes ^{Lat}cod 100 | τῷ Ἰαμίν] iamun ^{Lat}cod 100; iamni ^{Lat}cod 110; om τῷ 30′ 319 Arm | Ἰαμίν] ιαμειν A B F M′ V 58-72-82-707^{c}-oI 52*-77-131-313-417-422-528-529-615-739 b 56′-129 127-767 s 509-619 y^{-318} z^{-407} 319^{c} 646 (sed hab Compl Sixt); ιαμην 54 55; ιαμμειν 376 664; ιαμβειν 53; ιαμειμ 57′-73′-500-616-761; αμιν 75* Bo; αμειν 707* 319*; inc 551 | δῆμος 1°] pr et ^{Lat}cod 100 Arm; δημους 106 458 | ὁ Ἰαμινί] iamun ^{Lat}cod 100; iamni ^{Lat}cod 110; dymyn Syh; > 106-125 | ὁ 1°] τω 767; > 72 319* | Ἰαμινί] -νει V 618* 529 344 392^{c} 407 Sa; ιαμεινει B $C''^{-16\ 46\ 52c\ 414\ 529\ 550'\ 616*}$ 129 30-85′ 392* 128-630′ 646 (sed hab Sixt); ιαμεινι A M′ 58-376-707-oI^{-618*} b 56′ 321′-343-730 121 18-126-628 = Ald; ιαμμεινι 664; αμβεινι (αβ.*) 53; ιαμηνει 509; αμεινει 616*; ιαμενι 59; ιμεινι 619; amin Bo; ιαμιν 414 44-107′ 54-75′ t; ιαμειν 72-82 127-767 68′-120 319 | τῷ Ἰεσουί] lasub ^{Lat}cod 100; asub ^{Lat}cod 110 | τῷ 2°] του 458; > Arm | Ἰεσουί 1°] ιεσουει 82-707 $C''^{-16\ 46\ 52c\ 73'\ 414}$ 129 $s^{-321'}$ 646; ιεσσ. F 15-29 y^{-121} 126 = Compl; ιεσσουει 58 73′ 509; ιασου[.] 84*; ιασουβ d 54-75′ t^{-84*}; ιασσουβ 127-767; ιασουν 319; ιεσουνι 414; ιασου 53′; iazu Bo; ιεσου B* V b Arm = Sixt Ra; iessu Sa; ⌒2° 125 59 | δῆμος 2°] pr et ^{Lat}cod 100 Arm; δημους 528 458 | ὁ Ἰεσουί] dyšwy Syh; lasub ^{Lat}cod 100; asub ^{Lat}cod 110; > 106 | ὁ 2°] ιω 30; > 72* 246 | Ἰεσουί 2°] ιεσουει B 82-707 $C''^{-16\ 46\ 52c\ 73'\ 414\ 551*}$ 129 $s^{-321'}$ 407 646 (sed hab Sixt); ιεσσ. F 15-29 126 = Compl; ιεσσουει 58 73′ 509 392; ισουει 551*; ιεσουνι 414; essuei Sa; ισουι 19; ιασουνει 319; iazu Bo; ιασου[.] 84*; ιασουβ 44-107′ 54-75′ t^{-84*}; ιασσουβ 127; ιασσουν 767 | τῷ Βαριά] baeria ^{Lat}cod 110; του βερι 458; om τῷ Arm | Βαριά] βαρεια M′ 376-oII^{-72} $cI^{-550'}$-313-417-422-551-615 246* $s^{-321'}$ y^{-121} 646; βαριαι 46; βαρειαι 16; βαρειαει $C^{-16\ 529}$; βαριαει 529; αβαρεια 509; βαριω 59; βαρουα Compl; βαρα 426 Arm; barta Sa; βερι b d 54-75 t ^{Lat}cod 100 Bo; βερει 127-767 319 | om δῆμος 3° — fin 125 | δῆμος 3°] pr et ^{Lat}cod 100 Arm; δημους 458 | ὁ Βαριαΐ] dbr'' Syh; baeria ^{Lat}cod

---

27 υἱῶν] ο′ οἱ λ′ υἱῶν 344

(46)30 *μος ὁ Χοβερί· τῷ Μελχιήλ, δῆμος ὁ Μελχιηλί.* ³⁰*καὶ τὸ ὄνομα θυγα-*
(47)31 *τρὸς Ἀσὴρ Σάρα.* ³¹*οὗτοι δῆμοι Ἀσὴρ ἐξ ἐπισκέψεως αὐτῶν, τρεῖς*
καὶ πεντήκοντα χιλιάδες καὶ τετρακόσιοι.
(28)32
(29)33 ³²*Υἱοὶ Ἰωσὴφ κατὰ δήμους αὐτῶν· Μανασσὴ καὶ Ἐφράιμ.* ³³*υἱοὶ*
Μανασσή· τῷ Μαχίρ, δῆμος ὁ Μαχιρί· καὶ Μαχὶρ ἐγέννησεν τὸν

ABFMV (963) *O*''$^{-G}$ *C*'' *bdfns*$^{-28}$*tx*$^{-527}$*yz* al verss

110; om *ὁ* 120-122* (sed hab Ald); > 106 | *Βαριαΐ*] *βαριαει* B V 426*(vid) 52*-528-529 129 71 407 (sed hab Sixt); *βαρειαι* 29 16 321′-730; *βαρειαει* 82-376 *C*$^{-16\ 529}$-57′-73′-313-417-422-615-761 30-85′-343′ 392 646; *βαραει* 426^{c}; *βαρια* 72 414; inc 551; *bartaei* Sa; *βερι* 44-107′ 54-75′ *t* ^{Lat}cod 100 Bo; *βερει* *b* 127-767 319 (sed hab Compl); *βαραι* A *y*$^{-392}$ 59 Arm; *αβαρειαει* 509

29 *τῷ* 1°] pr (※ Syh) *των υιων βαρια* (-*ρεια* 376) *O*$^{-58}$ Syh = 𝔐 Tar; *το* 246; > Arm; ⌒2° 129 | *Χόβερ*] *χωβερ* 75 343 59 319; *χαβερ* 707; *χομερ* 46*; *chodeb* ^{Lat}cod 110 | om *δῆμος ὁ Χοβερί* 125 | *δῆμος* 1°] pr *et* ^{Lat}cod 100 Arm; *δημους* 458; bis scr 413(||) 122 | *ὁ Χοβερί*] *dḥbr* Syh; *chodeb* ^{Lat}cod 110; > 106 | *Χοβερί*] *τω χοβερει* 509; -*ρει* B V 82-426 *C*''$^{-16\ 46\ 52c\ 414\ 550'}$ 30′-85^{c}-130-343′ 407 646 (sed hab Sixt); *χωβ.* 59; *χωβερει* 392; *χαβ.* 707; *χοβενι* 246; *χοβερ* 414 44-107′ *n t* ^{Lat}cod 100 Bo; *χωβερ* 319 | *τῷ* 2° — fin] *τω μελχιηλι* 68′-120 (sed hab Ald); om *τῷ* Arm | *Μελχιήλ*] -*χειηλ* B^{c2} V; *μελλιηλ* B* (sed hab Sixt); *μεχιηλ* 767; *μελχεηλ* 509; *μελχηλ* 121; -*λι* 426; *μεχχ.* 392; *mlkyl* Syh^{txt}; + *δημους ο μελχιηλ* 246 | om *δῆμος* 2° — fin 125 318 | *δῆμος* 2°] pr *et* ^{Lat}cod 100 Arm; *δημους* 458 | *ὁ Μελχιηλί*] *dmlky'yl* Syh; *τω μελχιηλ* 458; > 106 | *Μελχιηλί*] *τω μελχεηλει* 509; -*λει* B^{c1} 82 *C*''$^{-16\ 46\ 414\ 500*\ 550'\ 616*}$ 129 30-85′-343′ 71 407 646 Sa; -*λη* 319; -*χειελει* V; -*χειηλει* B^{c2}; -*χιληει* 616*; -*χεηλι* 376; *αμελχιηλει* 500*; *μελλιηλει* B* (sed hab Sixt); *μεχχιηλει* 392; -*χιημι* Compl; -*χιηλ* 414 44-107′ 54′-75 *t* 126 ^{Lat}cod 100 Bo; *μεχιηλ* 767

30 *θυγατρός* B V 82 *x*$^{-619}$ 407 319] *fili* ^{Lat}cod 100; pr *της* rell | *Ἀσήρ*] *ασσηρ* 422 108 53 127-767 Co (sed hab Compl); > 68′-120 (sed hab Ald) | *Σάρα*] *σαρρα* V 58 422 *d n* 321′^{mg}-343-344^{c} *t*$^{-370*}$; *σαρε* 426; *sora* Bo; *καρα* B* (sed hab Sixt); *α* 2° sup ras 19

31 *δῆμοι*] pr *οι* 417 *d* 129 54-75^{mg}-458-767 *t* 416 = Compl | *Ἀσήρ*] pr *υιων* *O* Syh ↓; *ασσηρ* 422 106 53 127 Sa; *assēr sora* Bo; *σηρ* 130; *αυτων* 126 | *ἐξ ἐπισκέψεως αὐτῶν*] *et* (> La) *numerus eorum* ^{Lat}cod 100 Aeth Arab; > *d*$^{-106}$ | *τρεῖς* — fin] *χιλιαδες* $\overline{χμγ}$ 72; *χιλιαδες εξακοσιαι τεσσαρακοντα τρεις* 71; $\overline{γ,μχ}$ 85′^{mg}-346^{mg}; $\overline{γμχ}$ 344^{mg}; $\overline{γχ,μ}$ 321^{mg} | *τρεῖς* — *χιλιάδες*] *χιλιαδες* $\overline{μγ}$ *d* 458 126; $\overline{μγ}$ *χιλιαδες* 319 | *πεντήκοντα* *O* 128-630′ Aeth^{C} Arab Syh = Compl] *τεσσαρακοντα* (*τεσσερ.* A B* F 55; *τεσαρ.* 618) F F^{b} rell | *τετρακόσιοι* *O* 619 68′-120-128-630′ Aeth^{C} Arab Syh = edd] *τριακοσιοι* 509; $\bar{λ}$ 319; inc 551; *εξακοσιοι* rell

32 *υἱοί*] pr *και οι* 246; pr *οι* 72 *C*-46-414 75′ 343 628 59; pr *et* Aeth Arm Sa; + *autem* Bo | om *κατὰ δήμους αὐτῶν* Arm^{ap} | om *Μανασσή* — fin 767 | *μαννασση* A 75′ 121 ^{Lat}cod 100; *μανασση* 128 Arm; *μανασσης* 381 53′ 84; *μανασης* 618 | *εφρεμ* 72; *ευφραιμ* 73′; *εφραμ* 509

33 *υἱοί*] pr *οι* *C*-46 343 59; pr *και οι* *b*; pr *και* V *d n* 130^{mg}-321′^{mg}-344^{mg} *t* 319 ^{Lat}cod 100 Aeth Arab Arm Co = Compl; *υιος* 509 | *μαννασση* A V 458 121 ^{Lat}cod 100; *μανασση* 669 Arm | *τῷ* 1°] *των* 56; > 381′ Arm | *Μαχίρ* 1°]

---

31 *δῆμοι Ἀσήρ*] *ο′ σ′ δῆμοι υἱῶν Ἀσήρ* 344 | *πεντήκοντα* — fin] *ο′ οἱ λ′* $\bar{ν}$ *χιλιάδες καὶ* $\bar{ν}$ 344

Γαλαάδ· τῷ Γαλαάδ, δῆμος ὁ Γαλααδί. [34]*καὶ οὗτοι υἱοὶ Γαλαάδ·* 34(30)
τῷ Ἀχιέζερ, δῆμος ὁ Ἀχιεζερί· τῷ Χέλεκ, δῆμος ὁ Χελεκί· [35]*τῷ Ἐσ-* 35(31)
ριήλ, δῆμος ὁ Ἐσριηλί· τῷ Σύχεμ, δῆμος ὁ Συχεμί· [36]*τῷ Συμαέρ,* 36(32)

ABFMV (963) O′′$^{-G}$ C′′ *bdfns*$^{-28}$*tx*$^{-527}$*yz* al verss

μαχειρ A B F M′ V O′′$^{-72*\ 618}$ C′′$^{-16\ 46\ 313*\ 414*}$ *b f* 75-127 *s*$^{-321'}$ *x*$^{-509*}$ *y* 68′-120′ 55 59 646 Sa (sed hab Sixt); *μαχηρ* 767 76-84 509* 319; *αχειρ* 618 16-46-414*; ⌒2° 963 | *δῆμος ὁ Μαχιρί*] > 392; bis scr 74-370 | *δῆμος* 1°] pr *et* ^{Lat}cod 100 Arm; *δημους* 458 | *ὁ Μαχιρί*] *dmkyr* Syh; om *ὁ* 72 59*(|) 319*; > 106 | *Μαχιρί*] -*ρει* V 407; *μαχειρι* A B F M′ O′′ 16*-52^c-550′ *b f* 130*^{vid}-730 *x y*$^{(-392)}$ 68′-120 55 59 (sed hab Sixt); *μαχειρει* C′′$^{-16*\ 46\ 52c\ 414\ 550'}$ 30-85-130^c-343′ 646; *μαχηρι* 46 319; *μαχιρ* 107′-125 54-458^c 74′-370 ^{Lat}cod 100 Bo; *μαχειρ* 414 75*-127; *μαχηρ* 75^c-458*-767 76-84; *αχιρ* 44 | om *καί* Bo^A | *Μαχίρ* 2°] *ο μαχειρ* 53′; *μαχειρ* A B F M′ V O′′$^{-72}$ C′′ *b* 56′ 127 *s*$^{-321'}$ *x y* 68′-120 55 59 646 (sed hab Sixt); *μαχηρ* 767 76-84 319; *μαχης* 72; *μαχειρι* 129 407; post *ἐγέννησεν* tr 761* | *εγενησε(ν)* 618* 616* 319 | *τὸν Γαλαάδ*] *galaat* ^{Lat}cod 100 | *Γαλαάδ* 1°] *γαλαδ* 72-618 46* 246*; *γαλμαχ* 30′; ⌒2° 72 529 19 ^{Lat}cod 100 (sed hab Compl) = Sam; ⌒(34) 528-616^{txt} | *τῷ* 2° — fin] pr *και* V; > 319 Bo | *τῷ* 2°] *τον* 618 30; > Arm | *Γαλαάδ* 2°] *γαλαδ* 616$^{(mg)}$ 730; *γαλααλ* 509; -*δι* 59 | *δῆμος* 2°] pr *et* ^{Lat}cod 100 Arm; *δημους* 458 | om *ὁ* 2° — (34) *Γαλαάδ* Sa | *ὁ Γαλααδί*] *dgl'd* Syh; om *ὁ* 767 84; > 125 | *Γαλααδί*] -*δει* B V 82-426 57-73′-77-131-313-417-422-500′-529-551-615-761 129 30′-85-130*-343′ 509 392 407 646 (sed hab Sixt); *γαλαδι* 314; -*δδει* (-*δδι**) 376; *γααλαδει* 616$^{(mg*)}$; *γαλλααδει* 616$^{(mgc)}$; *γαλαδαι* 71; *γααδι* 346*; *γα*[... 963; *γαλααδ* 414 44′-107 *n t*; *χαλααδ* 610

34 om *καί* Aeth Arab = 𝔐 | om *οὗτοι* 319 Arm | *υἱοί*] pr *οι* 29-376′-381-707 C$^{(-616txt)}$-46′-413-414-422-550-761 *b* 106-610 53-246 54 *s*$^{-30'}$ 134-370 509 318 59 | *Γαλαάδ*] *λαλααδ* 616$^{(mg)}$; *γαλααβ* 122*; -*δι* 407; *γαλα*[... 963; *γαδ* 509 | *τῷ Ἀχιέζερ*] *achezzer* ^{Lat}cod 100; *τω αγιεζερ* 529; *τω αχιεζερι* 77; om *τῷ* A B F M′ O′′$^{-58\ 707c}$ *b* 129 *x*$^{-71}$ *y z* 59 319 Arm Syh (sed hab Compl) | *δῆμος ὁ Ἀχιεζερί*] pr *et* ^{Lat}cod 100 Arm; > 125 458 Bo | *ὁ Ἀχιεζερί*] *achiezzer* ^{Lat}cod 100; *d'ḥ'zr* Syh; om *ὁ* 72 129 59 416 = Compl; > 106 | *Ἀχιεζερί*] -*ρει* V 963 82 C′′$^{-16\ 46\ 52\ 414\ 550'}$ 129 *s*$^{-321'}$ 509 392 407 646; -*ζειρει* B (sed hab Sixt); *αχιζερι* 669; *χιεζερι* 71; *αχιε|εζερει* 426^c; -*ζερ* 414 44-107′ *n*$^{(-458)}$ *t* 68′-120 (sed hab Ald) | *τῷ* 2°] > Arm; ⌒(35) 1° Aeth^{FM} | *Χέλεκ*] *χαλεκ* 72 528 246 767 318 Bo; *αχελεκ* 54-75′; *χελεχ* F; *chedek* Sa; *χελεγ* B 376 129 71 407 Arm = Compl Ra; *χελεδ* 68′-120 (sed hab Ald); *χελεβ* 509; *χελεεγ* 82; *αχελει* V | om *δῆμος* 2° — fin 125 458 | *δῆμος* 2°] pr *et* ^{Lat}cod 100 Arm; bis scr 552* | *ὁ Χελεκί*] *dhlq* Syh; > 106 | *Χελεκί*] -*κει* 426 C′′$^{-46\ 52\ 414\ 528\ 550'}$ *s*$^{-321'}$ 646; *χαλ.* 72 246 318; *χαλεκει* 528; *χελεγι* 71 = Compl Sixt Ra; *χελεγει* B 129 407 Arm; *chedeki* Sa; *χελει* V; *χελεει* 82; *αχελεγει* 376; *χελελεγει* 509(|); *χελεθει* 392; *χελεκ* 414 44-107′ 127 *t* ^{Lat}cod 100; *αχιλεκ* 75; *χαλεκ* 767 Bo; *αχελεκ* 54; *χελε*[... 963

35 init — *Ἐσριηλί*] *chariet et plebs chariet et plebs sariel* ^{Lat}cod 100 | *τῷ* 1°] > Arm; bis scr 381*(||) | *Ἐσριήλ*] *εσρεηλ* 72*(vid) 417; *ιεσρ.* V; *εσδρ.* 127-458; *εζδρ.* 54-75; *εζρ.* *d*$^{-44}$ *t*; *σερ.* *b*$^{-19}$; *σερεηλ* 19 (sed hab Compl); *σαρ.* 319; *ερ.* 529* 71; *εστρ.* 120*; *εσσρ.* 53; *εζερ.* 343; *ariēl* Bo; *iesliēl* Sa | om *δῆμος ὁ Ἐσριηλί* 125 | *δῆμος* 1°] pr *et* Arm; *δημους* 458; ⌒2° 68′ (sed hab Ald) | *ὁ Ἐσριηλί*] *d'šr'yl* Syh; > 106 | *ὁ* 1°] *τω* 458; > 46^s(|) 129* | *Ἐσριηλί*] -*λει* B 52-77-528′-551 129 30-85′-344 392 407 646 (sed hab Sixt); *ιεσρ.* 416*; -*ρηλι* 46; -*ρηιλι* 128; -*ριλι* 16; -*ριλει* C$^{-16\ 77}$-57-73′-313-417-422-550′-615; *ισρ.* 29; *ιεσριηλει* V;

(33)37 δῆμος ὁ Συμαερί· καὶ τῷ Ὄφερ, δῆμος ὁ Ὀφερί. 37καὶ τῷ Σαλπαὰδ
υἱῷ Ὄφερ οὐκ ἐγένοντο αὐτῷ υἱοί, ἀλλ' ἢ θυγατέρες, καὶ ταῦτα τὰ
ὀνόματα τῶν θυγατέρων Σαλπαάδ· Μααλὰ καὶ Νουὰ καὶ Ἑγλὰ καὶ

ABFMV *O''*$^{-G}$ *C''* *bdfns*$^{-28}$*tx*$^{-527}$*yz* al verss

σερ. *b* (sed hab Compl); *σαριηλη* 319; *εζεριηλει* 343; *εζριηλ* 107′ *t*; *εζδριηλ* 54-75′; *εσδριηλ* 127; *εσριηλ* 618 414 44 767 *x*$^{-619}$; *εσριειλ* 413; *ιεσριηλ* 72; *ariēl* Bo; *isleelei* Sa | *τῷ Σύχεμ*] *δημος χεμ* 528; om *τῷ* Arm | *Σύχεμ*] *συμχεμ* 120*; *σιχεμ* Compl; *sĕchim* Sa | om *δῆμος* 2° — fin 125 767 | *δῆμος* 2°] pr *et* ^{Lat}cod 100 Arm; *δημους* 458 | *ὁ Συχεμί*] *dškym* Syh; > 106 | *Συχεμί*] *-μει* B^{c} V 707 *C''*$^{-16\ 46\ 52\ 414}$ 129 *s*$^{-321'}$ 509 392 646; *-μεει* B* 82 (sed hab Sixt); *σιχεμι* 53 = Compl; *-μη* 319; *sicheeim* Sa; *συσεμι* 68′ (sed hab Ald); *συχεμ* 72* 414 44-107′ *n*$^{(-767)}$ *t* 407 ^{Lat}cod 100 Bo

36 *τῷ Συμαέρ*] *simai* Arm | om *Συμαὲρ δῆμος ὁ* 82*(c pr m) | *Συμαέρ*] *σημ.* 75; *συμεερ* 19; *σεμ.* 426; *σαμ.* Compl; *sumear* Bo; *συμερ* *C''*$^{-528*}$ *s* 646; *σημερ* 528*; *σναμ* V; *μαερ* 619*; *sumaēl* Sa | *δῆμος* 1° — *Ὄφερ*] om *δῆμος ὁ Συμαερί* 125 Bo^{B}; bis scr 129 | *δῆμος* 1°] pr *et* ^{Lat}cod 100 Arm; *δημους* 458 | *ὁ Συμαερί*] *dšm' yr* Syh; *simai* Arm; > 106 | *Συμαερί*] *-ρει* B 82-707 129 509 392 (sed hab Sixt) ↓; *-μερει* *C''*$^{-16\ 46\ 52\ 414}$ *s*$^{-321'}$ 646; *-μερι* 46-52 321′; *σαμ.* Compl; *σεμαερει* 426; *συναερι* 618; *-μιρι* 16; *σναμει* V; *sumaēli* Sa; *-μαερ* 44-107′ *n t* ^{Lat}cod 100; *sumear* Bo; *συμερ* 414 | *καί* — fin] om *καί* V 58-72′-381′ 414 *b d f n t* 407-630^{c} 55 59 ^{Lat}cod 100 Bo; om *καὶ τῷ* 319 Arm; > 669^{txt} | *τῷ Ὄφερ*] *othor* ^{Lat}cod 100; om *τῷ* B 82 509 (sed hab Sixt) | *Ὄφερ*] *εφερ* 314 125; *αφερ* 68′ (sed hab Ald); *ophori* Bo^{A}; *phori* Bo^{B} | om *δῆμος ὁ Ὀφερί* 125 | *δῆμος* 2°] pr *και* 344^{mg} 319 ^{Lat}cod 100 Arm; *δημους* 458 | *ὁ Ὀφερί*] *othor* ^{Lat}cod 100; *dhpr* Syh; > 106 | *ὁ* 2°] *τω* 669$^{(mg)}$; > 376-707* 320-417 107′ 54(|) 130 134-370 71 55 319 | *Ὀφερί*] *-ρει* B V 58-82-426 *C''*$^{-46\ 52\ 414}$ 53* *s*$^{-321'}$ 509 646 (sed hab Sixt); *ophuri* Sa; *οφεηρι* 319; *εφ.* 72; *αφ.* 68-122* (sed hab Ald); *ophori* Bo^{A}; *phori* Bo^{B}; *οφεειρ* 392; *οφερ* 414 44-107′ *n t*

37 om *καί* 1° 106 407 ^{Lat}cod 100 Bo^{A} | *τῷ Σαλπαάδ*] *salpaat* ^{Lat}cod 100 | *Σαλπαάδ* 1°] *-παδ* 54-75′; *-πααλ* 56′; *σααλπααλ* 53′; *σααλπαδ* 71; *σαλφααδ* 426; *σαλτααδ* 126; + *δημος ο σααλπαδι* 18; ⌒2° 551 | om *υἱῷ Ὄφερ* 18 319 | *υἱῷ*] *υιον* 72; *υιων* 343 | *Ὄφερ*] *oper* Bo^{B}; *εφερ* *b* 125 (sed hab Compl); *αφερ* 619 68′ (sed hab Ald); *othor* ^{Lat}cod 100; + *filio galaad* Syh^{T} | *οὐκ*] pr *και* 127 Aeth^{M} | *ἐγένοντο*] *εγιν.* 343; + *δε* 18 | *αὐτῷ*] > 552 *n*$^{-127}$ ^{Lat}cod 100 Arm; post *υἱοί* tr 707 | *υἱοί*] pr *οι* 610 30; > 18* | *ἀλλ' ἤ*] *αλλα* *C''*$^{(-551)}$ 610 129*(c pr m) 646 | *θυγατέρες*] *θυγατηρ* 72 | om *ταῦτα* B^{c} F *O'*$^{-58\ 707}$ 129 *x*$^{-619}$ 59 Arm Sa Syh (sed hab Sixt) = 𝔐 | *τὰ ὀνόματα*] *το ονομα* F*(c pr m) Arm^{te} | *ὀνόματα*] *ονομα* 129 344^{mg}; + spat 9 litt 82 | *τῶν θυγατέρων Σαλπαάδ*] *αυτων* 707 *b* *f*$^{-129}$ 85^{mg}-344^{mg} 68′-120′ 319 Aeth (sed hab edd) | *θυγατέρων*] *υιων* 72 | *Σαλπαάδ* 2°] *-παδ* 54-75′; *-πιαδ* 376; *-πααθ* 413; *selpaad* Bo^{B}; *salpaat* ^{Lat}cod 100; *σαλφααδ* 426; *σααλπαδ* 422 71; *σααλ* 346^{txt}; litt *λ* sup ras 2 litt 669 | *Μααλά*] pr *και* V; *μαλα* A B 72*-82 413 *b* 767 321 *x*$^{-619}$ 319 (sed hab Compl) = Ra; *μααλλα* *d* 54-75 *t*; *μαλαα* 392; *μαδαα* 68′-120′ (sed hab Ald); *μαναα* 15; *maada* Sa; *μαανα* 550′ 730; *μααυλα* 129; *μαλααδ* 127; *βαλα* 130; *machala* ^{Lat}cod 100; *mḥl'* Syh; *ααλλα* 458 | *καὶ Νουά*] *καννουα* 509; om *καί* 106-125 | *Νουά* F^{a}] *νουσα* F; *νουαλ* 376; *ua* Bo^{A} Sa | om *καί* 4° 106-125 = 𝔐 | *Ἑγλά* B M′ 72-82-376′ *C''*$^{-46}$ 129 54-75′ 619 646 Arm Bo = Compl] *ella* ^{Lat}cod 100; *αιγαλ* V;

---

36 init — *Συμαερί*] *ο′ τῷ Συμαὲρ δῆμος ὁ Συμαερεί* 344

Μελχὰ καὶ Θερσά. [38]*οὗτοι δῆμοι Μανασσὴ ἐξ ἐπισκέψεως αὐτῶν,* 38(34)
δύο καὶ πεντήκοντα χιλιάδες καὶ ἑπτακόσιοι.
[39]*Καὶ οὗτοι υἱοὶ Ἐφράιμ· τῷ Σουτάλα, δῆμος ὁ Σουταλαΐ· τῷ Τά-* 39(35)
ναχ, δῆμος ὁ Ταναχί. [40]*οὗτοι υἱοὶ Σουτάλα· τῷ Ἐδέν, δῆμος ὁ Ἐδενί.* 40(36)

ABFMV (963) *O''*$^{-G}$ *C''* *bdfns*$^{-28}$*tx*$^{-527}$*yz* al verss

αγλα 319; *αιχλα* 246; *εγαα* 509; *αιγλαν* F^{b}; *ekla* Sa; *αιγλα* rell | om *καί* 5° 106-125 = 𝔐 | *Μελχά*] *μελκα* 319; -*χαλ* 71; *μελχθα* 72; *ua* Sa; + *και νουα* 458 | om *καί* 6° 125 | *Θερσά*] *θαρσα* 528 84; *θρεσα* 75′; *θηρσα* 767; *θερεα* 85^{c}; *θελσα* 376 68^{c} (sed hab Ald)

38 *δῆμοι*] pr *οι* 72 417 129 416 = Compl | *Μανασσή*] pr *υιων* 58-376 = Tar^{P}; *μανν.* A 75 121 ^{Lat}cod 100; *μανασῃ* 72 Arm | *ἐξ ἐπισκέψεως*] *et* (> La) *numerus* ^{Lat}cod 100 Aeth Arab: cf 𝔐 Tar^{O} | *δύο* — fin] *χιλιαδες* $\overline{ψνβ}$ 72; $\overline{,β,μφ}$ 85^{mg} | *δύο* — *χιλιάδες*] $\overline{ξβ}$ *χιλιαδες* 319; *χιλιαδες* $\overline{νβ}$ *d* 458 126 | *πεντήκοντα*] *εξηκοντα* A *oI*-82-707 *C''* *f*$^{-129}$ 30′-85′^{txt}-321′^{txt}-343′ *y* 55 646; *πεντε* 130^{mg}-321′^{mg} | *ἑπτακόσιοι*] *πενταχ.* A; $\overline{χ}$ V

39 *καὶ οὗτοι*] om *καί* 129 = Compl 𝔐 Tar; om *οὗτοι* 509 Arab; > 72 | *υἱοί*] pr *οι* 72′-376-*oI*$^{-64}$ *C*-46′-550 53-129^{c} 54 343 84 318 59 = Compl; > 19′ | *Ἐφράιμ*] *ευφραιμ* 73′; *εφρεμ* 72; *εφραμ* 509*; *edam* Sa; + (※ Syh^{L}) *κατα δημους αυτων* *O*-15 Arab Syh = Compl 𝔐; + *τω βαρααχαρ δημος ο βαρααχι* 15 | *τῷ* 1°] > 319 Arm; ⌒(40) 44 | *Σουτάλα* B F^{a} V 82 *d*$^{(-44)}$ 129 *n*$^{-767}$ *t* *x*$^{-619}$ Bo = Compl] *σαταλ* 319; *σουθαλαδ* 58; *σου*[. . . 422; *σουλαθα* 381′; *θουσαλα* 53′ 121; *saudala* Sa; *σουθαλαει* 392; *θωσουσαλα* A; *σουθαλα* rell = Sixt; ⌒(40) Bo^{A} | *δῆμος ὁ Σουταλαΐ*] pr *et* Arm; pr *ο* 72; > 392 ^{Lat}cod 100 Bo^{B} | *ὁ Σουταλαΐ*] *dšwtlḥ* Syh; > 106-125 | *ὁ* 1°] *το* 75; > 129(|) | *Σουταλαΐ* F^{a} 71] -*λαει* B 82 129 509; *σαταλει* 319; -*λα* 107′ *n*$^{-767}$ *t* = Compl; -*λλει* V; *σουθαλαν* Sixt; *σουθαλαει* 426 *C''*$^{-16\ 46\ 52\ 414\ 529\ 550'}$ 30′-85-130*-343′ 646; *σουθαλα* 414 767; *σαθουλαι* 19; *saudaleei* Sa; *σαθαλαει* 529; *σουλαθαι* 381′; *θουσαλαι* A; *σουθαλαι* rell | *τῷ* 2° — fin] pr (※ Syh) *τω βαχαρ* (*βεχερ* Compl; *χαβαρ* M′ 528 343) *δημος* (> 528) *ο* (> 529) *βαχαρ(ε)ι* (*dbkr* pro *ο βαχ.* Syh; -*ραι* M 52-550′ 321; *βαχαρ* 414; -*ραει* 426 57-73′-77^{c}-131-313-417-500′-528′-529-551-615 85-343′-730; *φαχαραι* 16-46 346; *βαχραει* 130*; *βαραι* 130^{c}; *βαχαειρ* 413-422; *βαραχαει* 616; *αβαχ.* 628; *χαβαραι* 416; *χαβαηρει* 392; *βεχερι* Compl; *βαρχαραει* 77*) M′ 426 *C''* 246 *s* 392 18-126-628 646 Arab Syh = Compl 𝔐; + *τω βαχαρ δημος ο βαχαραι* 58 | *τῷ Τάναχ*] *tanath* ^{Lat}cod 100; om *τῷ* Arm | *Τάναχ*] *ναχ* 30; *θαναχ* 426; *τανaει* 129; *τανα*[. . . 422; *ταμαχιηλ* 376; *αχαμ* 509; *ταναι* Compl | *δῆμος* 2° — fin] pr *et* ^{Lat}cod 100 Arm; > 125 Bo^{B} | *ὁ Ταναχί*] *dtʿnk* Syh; *sanach* ^{Lat}cod 100; > 106 | *Ταναχί*] pr *του* 75; -*χει* B V *C''*$^{-10\ 40\ 52\ 414\ 550'}$ *s*$^{-321'}$ 509 646 Sa (sed hab Sixt); -*χη* 318 319; *ταναι* Compl; *ταναει* 129; *θαναχει* 426; *ταναχ* 414 107′ *n* *t*; *ταμαχαηλι* 376

40 om comma Arab | init — *Σουτάλα*] pr *και* *d*$^{(-44)}$ *t* = 𝔐 Tar; > 72 | om *οὗτοι* 125 | *υἱοί*] pr *οι* 381′-707 *C*-46-414 610 53-129 767 343-730 318 59 = Compl; *δημοι* 55 | *Σουτάλα* B F^{a} V 963(vid) 82 *d*$^{(-44)}$ 129 *n*$^{-767}$ *t* 509 Bo^{B} = Compl] -*λαι* 71; *σαταλ* 319; *saudala* Sa; *sytala* ^{Lat}cod 100; *σουδαλα* 551*; *σουθαλατ* 767; *σουθαλαδ* 58; *σουθαλαμ* 413(vid); *θουσαλα* A 53′ 68; *σουθαλα* rell = Ald | *τῷ Ἐδέν*] *dem* ^{Lat}cod 100; *ο εδεμ* 125; om *τῷ* Arm | *Ἐδέν*] *εδεμ* 381′ 108^{c} *d*$^{-125}$ 246 127-458-767^{c} *t* 318 (sed hab Compl); *εδιν* *C''*$^{-46\ 528}$ 85 646;

---

38 *πεντήκοντα*] *ο′ οἱ λ′ πεντήκοντα* 344

(37)41 [41]οὗτοι δῆμοι Ἐφράιμ ἐξ ἐπισκέψεως αὐτῶν, δύο καὶ τριάκοντα χιλι-
άδες καὶ πεντακόσιοι. οὗτοι δῆμοι υἱῶν Ἰωσὴφ κατὰ δήμους αὐτῶν.
(38)42 [42]Υἱοὶ Βενιαμὶν κατὰ δήμους αὐτῶν· τῷ Βάλε, δῆμος ὁ Βαλεΐ·
(39)43 τῷ Ἀσυβήρ, δῆμος ὁ Ἀσυβηρί· τῷ Ἀχιράν, δῆμος ὁ Ἀχιρανί· [43]τῷ

ABFMV (963) O''^{-G} C'' $bdfns^{-28}tx^{-527}yz$ al verss

εδειν 528 130; *εδιεν* 59; *αιδεμ* 54-75; *εδωμ* 108* Co; *ουδεν* 53′ | *δῆμος* — fin] pr *et* ^{Lat}cod 100 Arm; pr *δημος* 44; > 707^{txt} | *ὁ Ἐδενί*] *d'dn* Syh; *αυτου* 125; > 106 | *ὁ*] *τω* 46; > 44-107 134-370 71 | *Ἐδενί*] *-νει* B V 426 30′-130-343′ 509 319 (sed hab Sixt); *εδινι* 16-52-413-550′; *εδινει* $C''^{-16\ 46\ 52\ 413\ 414\ 550'}$ 85 646; *εδιν* 414; *εδε*[. . . 963; *εδεμι* 246; *εδεμ* 44-107′ 127-458-767 *t* ^{Lat}cod 100; *αιδεμ* 54-75; *εδιενι* (*-νει**) 59; *edom* Bo; *ενδενι* 126; *εδεονει* 129; *edōmiei* Sa; *ουδενι* 53′; *εθεδενι* 46^{s}

41 *οὗτοι δῆμοι* 1°] *ουτος δημος* 318 | *δῆμοι* 1°] pr *οι* 72 129 = Compl; *υιοι* 18′-126-628-630′ | *Ἐφράιμ*] pr *υιων* *O* Arab Syh ↓; *εφρεμ* 72 416; *ευφρ.* 73′ 246; *ephthalim* Sa | om *ἐξ* 68 (sed hab Ald) | *αὐτῶν* 1° 963] *αυτω* 615; > 59 | *δύο* — *πεντακόσιοι*] *χιλιαδες* $\overline{φλβ}$ 72; $\overline{βλφ}$ 344^{mg}; $\overline{β,μφ}$ 130^{mg}-321′^{mg} | *δύο* — *χιλιάδες*] $\overline{κβ}$ *χιλιαδες* 319; *χιλιαδες* $\overline{λβ}$ d^{-106} 458 126; om *δύο καί* 106 53′-56 | *δύο*] *tria* Arm^{te} | *χιλιαδες* $\overline{λ}$ 106 | *οὗτοι* 2° — fin] pr *et* Aeth^{M} Arab; om *οὗτοι* 72; om *οὗτοι* — *Ἰωσήφ* 376; > 125 458 | *δῆμοι υἱῶν*] pr *οι* 129 = Compl; *υιοι* 426 Syh = 𝔐 | *υἱῶν* 963] pr *των* 381′ $d^{(-125)}$ $n^{(-458)}$ *t* 619 = Ald; > 646 Arm | om *κατά* — fin Arab

42 init — *αὐτῶν*] pr *οι* 426 *C*-46-52′ 458 343 59; pr *και* 246 Aeth Arab Arm Sa; om *υἱοὶ Βενιαμίν* 417^{txt}(c pr m); > 618^{txt} 19 319 (sed hab Compl) | *υἱοί*] + *autem* Bo | *βενιαμειν* A B F M V 963 58-82-376-707 118′-537 56′-664 127-767 30-85′-343′ 509 y^{-318} 120 (sed hab Sixt); *βενιαμην* 458; *βαινιαμιν* 15; *βενιαμειμ* 29 108 416 = Sam | om *κατὰ δήμους αὐτῶν* 417 | *δήμους*] *γενος* 52′-313 646 | *τῷ* 1° 963] *το* M′; > 72 Arm; ⌒2° 628 | *Βάλε* 963] *βαλεκ* 767; *βαλακ* d n^{-767} *t* ^{Lat}cod 100; *βαλαακ* 319; *phale* Bo; *bari* Sa; + *τω ασυβηρ* 54 | *δῆμος* 1°] pr *et* ^{Lat}cod 100 Arm | *ὁ Βαλεΐ*] *balac* ^{Lat}cod 100; *dbl'* Syh; *αβελει* 318; *αβελεει* 528; > 106-125 | *Βαλεΐ*] *-λεει* B V 82-426 $C''^{-16\ 46\ 52\ 414\ 528}$ 30-85-130*-343′ 509 392 646; *βαλ*[. . . 963; *βελεει* 129; *phale* Bo; *βαλε* 414 68′-120′ (sed hab Ald); *βαλι* Sixt; *βαλεκ* 767; *βαλακ* 44-107′ n^{-767} *t*; *βααλακι* 319; *bariei* Sa | *τῷ Ἀσυβήρ*] *asybel* ^{Lat}cod 100 | *τῷ* 2°] > Arm; ⌒3° Sa | *Ἀσυβήρ*] *ασσ.* 53 127; *ασουβηρ* *b*; *-βιρ* 458; *-βειρ* 767; *ασιβηρ* 106 Arm^{ap} Bo; *ασηβηρ* 71; *ασοβηρ* 414*; *ασβηρ* 318 Arm^{te}; *ασυβηλ* Compl; *'šwbl* Syh^{T}; *'šbwl* Syh^{L}; *ασβηλ* 426 | *δῆμος ὁ Ἀσυβηρί*] pr *et* ^{Lat}cod 100 Arm; > 125 | *ὁ Ἀσυβηρί*] *asybel* ^{Lat}cod 100; *οσβηρι* 318; *asber* Arm^{te}; *d'šwbl* Syh^{T}; *d'šbwl* Syh^{L}; > 106 | *ὁ* 2°] *τω* 707 669; > 528 | *Ἀσυβηρί*] *-ρει* B V 707 $C''^{-16\ 46'\ 52^{c}\ 414\ 550'}$ 129 $s^{-321'}$ 509 392 646 (sed hab Sixt); *ασιβυρι* 71; *ασηβηρει* 82; *-βαρι* 552; *ασουβ.* *b*; *συβηρει* 313; *ασσ.* 53; *-βηρ* 72 414 44-107′ 54-75′ *t*; *-βειρ* 767; *asibēr* Bo; *ασσυβηρ* 127; *asiber* Arm^{ap}; *ασυβηλι* Compl; *ασβηλει* 426 | *τῷ Ἀχιράν*] *yacheran et* Arm | *Ἀχιράν* A F^{b} 82 16-46-414 d^{-106} y^{-318} 669] *αχηραν* 131 18; *αχραν* 72; *-ραμ* 58-707 246 54-75′; *αχειραμ* 426 53′ 318 Syh; *αχηραμ* 56; *αχιρων* 118′-537; *αχειρων* 19′; *αχειρωμ* Compl; *chiran* Bo; *αχειρα* M′ 319; *αχηρα* 55; *αχειρ* 129; *ιαχ.* *t* = Sixt Ra; *ιαχειραν* B V 509; *ιαχηραν* 106 71; *αχιαν* F 29 59; *αχειραν* rell | om *δῆμος* 3° — fin 125 | *δῆμος* 3°] pr *δημος αχειραν* 528*; ⌒(43) Bo | *ὁ Ἀχιρανί*] *d'ḥyrm* Syh;

41 *δῆμοι Ἐφράιμ*] *ο′ δῆμοι υἱῶν Ἐφράιμ* 344

Σωφάν, δῆμος ὁ Σωφανί. [44]καὶ ἐγένοντο οἱ υἱοὶ Βάλε Ἀδὰρ καὶ 44(40)
Νοεμάν· τῷ Νοεμάν, δῆμος ὁ Νοεμανί. [45]οὗτοι υἱοὶ Βενιαμὶν κατὰ 45(41)

ABFMV O''^{-G} C'' *bdfns*(28)*tx*$^{-527}$*yz* al verss

yacheran Arm; om ὁ 82 528; > 106 | Ἀχιρανί b^{-19} 669] -νει F^b 82; αχειρανι M′ 376^c-*oI* 16-46-52-550′ 130^c-321′ 619 $z^{-18\ 669}$; αχηρανι 376* 18; αχερανι 19; αχρανι 72; -ραμει 707; αχειραμι 53′; αχειραμει 426; αχιραμι 58 56′; *chirani* Sa; αχιανι 29 59; αχιανει F; αχειρωμι Compl; αχηραι 55; αχιραι A 318; αχειραι 121; αχηρα 319; ιαχιρανι Sixt = Ra; ιαχειρανι 71; ιαχειρανει B V; -ραν 414 107′ 134-370 ^{Lat}cod 100; αχειραν 44 127-767; αχιραμ 54-75′; ιαχιραν 74-76-84; αχειρανει rell

43 τῷ] το 615 314; > Arm | Σωφάν] σοφαν 72 C'' *b d* f^{-129} 54 343 84 59 646 Sa (sed hab Compl); σωφαρ V; σωφαμ 58-426 Syh; σωφαι 318; σαφαν 82 458 392 319 Arm | δῆμος ὁ Σωφανί] pr *et* Arm; > 125 | ὁ Σωφανί] *dšwpm* Syh; *sofan ad signu achiaran sofan plebs fan iofan plebs siofan* ^{Lat}cod 100; > 106 | Σωφανί] σοφ. 72 16-46-52-550′ 19 f^{-129} 71 59 (sed hab Compl); -νει B 82-707 129 $s^{-321'}$ 509 (sed hab Sixt); σοφανει $C''^{-16\ 46\ 52\ 414\ 550'}$ 646 Sa; -νη 318; σαφανει 392; σωφαμι 58; σωφαμει 426; σωφαρει V; σοφαην τω σωφαν 319; σωφαν 75-127-767 t^{-84} Bo; σοφαν 414 44-107′ 54 84; σαφαν 458 Arm | fin] + (※ Syh^T) τω ουφαμ (ιουβαν 376; -μει 767; οφαμ Compl; *ḥwpym* Syh) δημος ο ουφαμι (-μει 426 767; οφαμι Compl; ιεβουμι 376; *dḥwpym* pro ο ουφ. Syh) *O* 767 Arab Syh = Compl 𝔐; + τω αραδι (αρα V) δημος ο αραδι (-δει V; -δη 370^s) V 44-107′ *t*; + τω αραδι (-διν 125) δημος (> 125) 106-125

44 om comma Arab | ἐγένοντο — Νοεμάν 1°] τω ωναμ δημος ο ωναμει V | οἱ B F 58^c-376-618 *C*-46 610 54-458 30-85′-346 509 y^{-121} 59] > rell | Βάλε] βαλα 319; βαλαι 392*; βαλλε 46^s; βαλεκ 29 767; βαλεδ 126; βαλακ *d* n^{-767} *t* ^{Lat}cod 100; *barad* Sa; *madach* Bo^B; *malach* Bo^A; + δημος ο βαλει 376 | Ἀδάρ B F^a M′ 82 d^{-610} 129 n^{-767} 344^{mg} *t* 509 319 ^{Lat}cod 100 Arm Bo = Compl] αραδ 426; *'rwd* Syh; αδωρ 610 343; *baradei* Sa; αδερ rell | καί 2°] > 106; bis scr 610* | Νοεμάν 1°] νοαιμαν 767 85′-321′-343-344*; νωεμαν 381′ 458; νοεμμαν 58(|) Sa; νεεμαν 84 18; νομαν 319; *nomen* ^{Lat}cod 100; *noomman* Bo^A; *noomnan* Bo^B; νοεμα A 15-82 *y* 55; νοεμανει B 129 30* (sed hab Sixt); + (+ ※ Syh) τω (του 58-426) αδερ (αδαρ 56′ Bo^B Sa Compl Sixt = Ra; αραδ 426; *'rwd* Syh; om τω αδερ M′ = 𝔐 Tar) δημος ο αδερι (αδαρι 246 Compl Sixt = Ra; ασαρι 56; αραδει 426; *d'rwd* pro ο αδ. Syh; *adar* Bo^B; *adarei* Sa) M′ $O'^{-376\ 618^{txt}}$ 56′ 619 18′-126-628-630′ Bo^B Sa Syh = edd Ra 𝔐 Tar: cf Sam | om τῷ — fin B^{txt} 618^{txt} 129 84 ^{Lat}cod 100 | τῷ Νοεμάν] pr και 64-381-618^{mg} 125 56′ 619 18′-126-628-630′ Bo^B = Ald Sixt; και M′; > A $B^{(mg)}$ F 376-*oII* *C*-46-414 *b* 53′ 30′-344^{txt} x^{-619} *y* 68′-120′ 55 59 319 Aeth Arm Bo^A (sed hab Compl) | τῷ] του 426; > 413-528-551 | Νοεμάν 2°] νοαιμαν 413-417 85′-321′-343; νωεμαν 381-$618^{(mg)}$; νεεμαν 18′-126-628-630′; νοεμμαν 58; *noomnan* Bo^B; νοεμα 15; αιμαν 767 | δῆμος] pr *et* Arm | ὁ Νοεμανί] *dnʿmn* Syh; > 106-125 | Νοεμανί] -νει $B^{(mg)}$ V 82-426 77-313-413-422-529-551-615-761 730 509 646 (sed hab Sixt); νοαιμανει 16′-57-73-417-500′ 28-85-130*-343′; νοαιμενει 320; νωεμ. 381-$618^{(mg)}$-707; νοαιμ. 130^c-321′; νοεμμ. 58; νοεμμανει 30; νεομ. 376 121; νεομανει 528; νεεμ. 18′-126-628-630′; νεμανει 392; εμανει 616; νομαανει 319; νοεμαι 55; νοεμαν 414 44-107′ 53′ n^{-767} $t^{(-84)}$; νοαιμαν 767; *noomman* Bo^A; *noomnan* Bo^B

45 υἱοί] pr οι F 77-500-529-761*(vid) 610 321 318 59; οι δημοι 129 = Compl; δημοι 319 Bo; > 552* 628 | Βενιαμίν] -μειν A B F M′ 58-376-707 *b* 56′ 127-

δήμους αὐτῶν ἐξ ἐπισκέψεως αὐτῶν, πέντε καὶ τεσσαράκοντα χιλιάδες
καὶ ἑξακόσιοι.
(42)46 [46]*Καὶ υἱοὶ Δὰν κατὰ δήμους αὐτῶν· τῷ Σαμί, δῆμος ὁ Σαμί. οὗτοι*
(43)47 *δῆμοι Δὰν κατὰ δήμους αὐτῶν.* [47]*πάντες οἱ δῆμοι Σαμὶ κατ' ἐπισκο-*
πὴν αὐτῶν τέσσαρες καὶ ἑξήκοντα χιλιάδες καὶ τετρακόσιοι.
48 [48]*Οἱ υἱοὶ Νεφθαλὶ κατὰ δήμους αὐτῶν· τῷ Ἀσιήλ, δῆμος ὁ Ἀσιηλί·*

ABFMV (963) O''^{-G} C'' *bdfnst*x^{-527}*yz* al verss

767 28-30-85'-343' 509 y^{-318} 120 (sed hab Compl Sixt); *-μην* 82 319; *βαιν.* 15; *βεαν.* 53; *-μιμ* 618^{c} = Sam; *-μειμ* 29-618* | om *κατὰ δήμους αὐτῶν* Arab | *αὐτῶν* 1°] ⌒2° 125; ⌒(46) 1° 343 | *ἐξ ἐπισκέψεως* = Sam Tar^{P}] *et* (> La) *numerus* ^{Lat}cod 100 Aeth Arab: cf 𝔐 Tar^{O}; om *ἐξ* 120'-122* (sed hab Ald) | *πέντε* — fin] ͵ε͵λφ 130^{mg1}-$321'^{mg1}$; ε͵λφ 85^{mg}; *χιλιαδες φλε* 72 | *πέντε* — *χιλιάδες*] *πεντηκοντα χιλιαδες* 529; *λε χιλιαδες* 319; *χιλιαδες λε* *d* 458 126 | *τεσσαράκοντα* *O* 767 619 $z^{-126\ 628}$ Arab Syh = Compl] *τριακοντα* rell | *καί* ult — (47) fin] sup ras 57 | *ἑξακόσιοι* *O* 130^{mg2}-$321'^{mg2}$ 619 68'-120'-128-630' Arab Syh = Compl] *CCCC* ^{Lat}cod 100; *τριακ.* d^{-106} *n t* 319 Bo; *λ̄* 106; *πεντακ.* rell

46 *καί* = Sam] > 72 126 = 𝔐 Tar | *υἱοί*] pr *οι* F 29-58-72-376 77-413-414-529 53-246 28-730 509 318 55 59; pr *ουτοι* 106-125 n^{-54} 321'-344^{mg} 319 ^{Lat}cod 100 = 𝔐; pr *ουτοι οι* 54; *ουτοι* 44-107' *t* | *κατὰ δήμους αὐτῶν* 1°] > $Aeth^{M}$; ⌒2° 414-739 71 59 | *δήμους* 1°] *γενος* 313*-551* | *αὐτῶν* 1°] *αυτω* 458; + *εξ επισκεψεως αυτων* 618*: ex 45 | *τῷ*] *του* 73'-413-528; > Arm | *Σαμί* 1°] *σαμει* B M' V 58-72-*oI* $C''^{-46\ 52\ 413\ (414\ 739)}$ 129 127-767 $s^{-130\ 321'}$ y^{-121} 319 646 Sa = Compl; *σαμε* 130-321' 619 *z* = Sixt; *σαμαι* 106; *σαμεει* 707; *σαμειν* 413 121; *σαμεν* 246; *σαμ* 458; *σαμιει* 509; *σαμειδη* A; *σαδι* 44; *ḥwšm* Syh; *σωμαν* 53'; *σουαμ* 426; ⌒2° 82^{txt}(cprm) ^{Lat}cod 100 | *δῆμος*] pr *et* Arm | om *ὁ* — (47) *Σαμί* 125 | om *ὁ* — fin 106 | *ὁ Σαμί*] *dḥwšm* Syh; om *ὁ* 318 | *Σαμί* 2°] *σαμει* B M' 58-72'-*oI* $C''^{-16\ 46\ 52c\ 413\ (414\ 739)}$ *b f* 127-767 *s* 619 y^{-318} *z* 319 646 Sa; *σαμη* 318; *σαμειει* 509; *σαμιει* V; *σαμειν* 413; *σαμειδηι* A; *σαδι* 44; *σουαμει* 426; ⌒(47) 318 | *ουτω* A* | *δῆμοι*] pr *οι* 129 = Compl; > 53 84^{txt}(cprm) | om *Δὰν κατὰ δήμους* ^{Lat}cod 100 | *κατά* 2° — (47) *Σαμί*] bis scr 29 | *δήμους* 2° — (47) *δῆμοι*] *δημοις* 130 | *αὐτῶν* 2°] *δαν* 52'-313; spat 5 litt 761; > 319

47 init] pr *et* Aeth | *οἱ*] *ουτοι* 370^{s} | *δῆμοι*] *δη* 75(|) | *Σαμί*] *σαμει* A B M' V 15'-58-72'-426* 53 127-767 x^{-509} 121 68'-120' 59 Sa = edd; . . .]*μ̇ε̇ὶ* 963; *σαμε* 18'-126-628-630'; *σαμαι* 106; *σαμαει* 129; *σαμιν* 16-46-52-414-550' 321'; *σαμειν* 376 $C''^{-16\ 46\ 52\ 414\ 550'}$ $s^{-130\ 321'}$ 509 392 319 646; *σαμεν* 246; *σαμεειν* 130; *ḥwšm* Syh; *σουαμει* 426^{c}; *δαν κατα δημους αυτων* 381' | *κατ'* 963] *κατα* 376 | *επισκοπης* 610; *επισκεψιν* 15 19 (sed hab Compl) | *τέσσαρες* — fin] *χιλιαδες χξδ* 72; *δξχ* 344^{mg}; ͵δ͵ξχ 85^{mg}-$321'^{mg1}$; δ͵ξχ 130^{mg1} | *τέσσαρες* — *χιλιάδες*] *ξδ χιλιαδες* 319; *χιλιαδες ξδ* *d* 458 126 | *τέσσαρες*] *τεσσερεις* 664; *duo* Bo^{B} | *ἑξήκοντα*] *τριακοντα* 73'-413-528-551; *ζ̄* V; spat 8—9 litt 761 | *τετρακόσιοι* *O* 767 130^{mg2}-$321'^{mg2}$ 619 68'-120'-128-630' 319 ^{Lat}cod 100 Arab Bo^{A} Syh = edd] *φ̄* 963 129; *septingenti* Bo^{B}; *εξακοσιοι* rell

48 *οἱ υἱοί* 963 72 *C*-46 129 458 343 59 = Compl] *και υιοι* 246 Aeth Arab Arm Co; om *οἱ* rell = Ra | *Νεφθαλί* A 29 129 28-85 y^{-392} Syh = Sixt] *-λει* B

---

47 *τετρακόσιοι*] *ο' οἱ λ' ῡ* 344

τῷ Γαυνί, δῆμος ὁ Γαυνί· 49τῷ Ἰέσερ, δῆμος ὁ Ἰεσερί· τῷ Σελλήμ, 49
δῆμος ὁ Σελλημί. 50οὗτοι δῆμοι Νεφθαλὶ ἐξ ἐπισκέψεως αὐτῶν, 50

ABFMV (963) O''^{-G} C'' *bdfnstx*$^{-527}$*yz* al verss

F M′ V 963(vid) 64*-82-426-707 127 30′-344 392 319; -*λη* 15; -*λημ* 54-458 59*; -*λειν* 739 19; -*λ(ε)ιμ* rell = Compl | *κατά*] pr *ουτοι οι επεσκεμμενοι* 246* | *τῷ Ἀσιήλ*] *oedasiel* ^{Lat}cod 100 Bo; om *τῷ* Arm | *Ἀσιήλ*] *ασιειλ* 57; *ασιιηλ* 82; *ασηηλ* 30; *ασεηλ* 707; *ασαηλ* V; *ασηλει* 509; *σιηλ* 392; *σαηλ* B* (sed hab Sixt); *ασηλ* B^c 963 376-381′ 129 71 Arm = Compl; *ιασιηλ* 58-426; *βασιηλ* 55*(vid); *δασιηλη* 319; *assēr* Sa; *nhṣ'yl* Syh | *δῆμος ὁ Ἀσιηλί*] pr *et* Arm; > 509 59 | *ὁ Ἀσιηλί*] *dnhṣ'yl* Syh; *oedasiel* ^{Lat}cod 100 Bo; *σιηλ* 68′-120′ (sed hab Ald); om *ὁ* 528-550′; > 106-125 | *Ἀσιηλί*] *ασηηλι* 707; -*λει* 82 $C''^{-16\ 46\ 73'\ 313^*\ 414\ 500\ 550'}$ $s^{-130^c\ 321'}$ 392 646; *αισιηλει* 500; *ασηλει* B^c 73′ 129 (sed hab Sixt); *ασιλει* 71; *ασαηλει* V; *ασηλι* 376-381′ Arm = Compl; *ασιηλ* 72 414 44-107′ *n t*; *asēri* Sa; *δασιηλη* 319; *σαηλει* B*; *ιασιηλι* 58-426 | *τῷ* 2°] > Arm; ⌒(49) 2° 72 | *Γαυνί* 1° — fin] *γων* + spat 15 litt 761 | *Γαυνί* 1° F^a] -*νει* B V 82-426 129 127-767 85^c-344^{mg} 509 319 (sed hab Sixt) = Compl; -*νη* 376 458; *γουνι* 414 416; *γουνει* 16-46-77-320-422-500-529^c 343; *γααυνει* 30; *γωννι* A M *oI*-29-707 52 *b* 664 321-346* 619 *y* 55 = Ald; *γωννει* 57′-73^c-131-313-417-529*-550′-551-615-616-739 28-85*-130-344^{txt} 646; *γωννη* 73* 56′; *gwny* Syh; *γωνινι* 53; *γωννει* 528; *gauini* Bo; *γαυει* 730; *ωγαυνι* F^b; *ωγυνι* F; *ογυνη* 59; ⌒2° 125 59 Aeth^M Bo | *δῆμος* 2°] pr *et* ^{Lat}cod 100 Arm; ⌒(49) 1° 669* | *ὁ Γαυνί*] *acuni* ^{Lat}cod 100; *dgwny* Syh; > 106 | *Γαυνί* 2° F^a] -*νει* B V 963(vid) 82-426 129 127-767^c 344^{mg}-730 509 319 Sa (sed hab Sixt); -*νη* 376 458-767*; *γουνι* 16-46-414; *γουνει* C^{-16}-73′-413-422; *γωννι* A F M′ *oI*-707 52 130^c-321′ 619 *y* 55 = Ald; *γωννει* 57-313-417-528-550′-551-615 *b* 28-85-130*-343-344^{txt} 646 (sed hab Compl); *γωννινι* 29; *γωννη* 56′; *γααυνει* 30; *γωννηι* 53′

49 *τῷ Ἰέσερ*] *aser* ^{Lat}cod 100; om *τῷ* Arm | *Ἰέσερ*] *ιεσσερ* V 82 *b* 56′ 130-321′ 71 $z^{-669(c)}$ Arm^{ap}; *yaser* Arm^{te}; *iessēr* Sa; *ιεσσααρ* n^{-127}; *ιεσσααρ* *d* 127 *t*; *ισεερ* 509; *εσερ* 730; *aser* Bo; *ιεσσερει* 129; *εσρι* M′; *ιεσρι* A *oI* y^{-392}; *ιεσσρι* 619 = Ald; *νεσερ* 53*; *νεσσερ* 53^c-664; *θερι* 55; *ιασιει* 319 | *δῆμος ὁ Ἰεσερί*] pr *et* ^{Lat}cod 100 Arm; > 125 318 | *ὁ Ἰεσερί*] *yaser* Arm^{te}; *dyṣr* Syh; *aser* ^{Lat}cod 100; om *ὁ* 767; > 106 | *Ἰεσερί*] -*ρει* B 58-426 $C''^{-46\ 52\ 414\ 422\ 550'}$ $s^{-130\ 321'}$ 646 (sed hab Sixt); *ιεσσ.* 82 *b* f^{-129} 321′ $z^{-126\ 669}$ Arm^{ap} Sa; *ιεσσερει* V 963 129; *ασσ.* 319; *ιεσρι* A *oI* 121; *ιεσσρι* 619 = Ald; *εισσερεει* 509; *ιεσσουρι* 71; *ισερει* 422 392; *ισερι* 707; *ισσερι* 130; *ιεσερ* 414; *εσρι* M′ 55; *aser* Bo^B; *asēr* Bo^A; *ισααρ* 458; *ιεσααρ* 54-75-767; *ιεσσααρ* 44-107′ 127 *t* | om *τῷ* 2° — fin Arab | *τῷ Σελλήμ*] *sillen* ^{Lat}cod 100; om *τῷ* Arm | *Σελλήμ*] *σελλειμ* 52′-57′-73-131-313-320^c-422-500-528-551-616 619 68′-120; *σεληιμ* 963 58-376-381*-618 77 b^{-19} 129 30 71 318 59 = Compl; *σελειμ* 320*-414-417-529-550′-761 53′ 343 407; *συλλημ* 44-107′ *n* 344^{mg} *t*; *σελλειν* 739; *σελλη* B (sed hab Sixt); *σελλει* 16; *sēllēm* Sa; *συλημ* 125; *σηλωμ* 106; *σελει* 46; *σεαλημ* 426; *σελημι* 72; *σελλημι* 56; *συλλημι* (-*μει**) 319; *σεληλ* 19; *sēalē* Bo | om *δῆμος* 2° — (50) *Νεφθαλί* 125 | om *δῆμος* 2° — fin 319 ^{Lat}cod 100 Bo^B | *δῆμος* 2°] pr *et* Arm | *ὁ Σελλημί*] *dšlym* Syh; om *ὁ* 616^c; > 106 | *Σελλημί*] -*μει* B 57-131-313-417-422-500′-529-615 28-30′-85-130*-344^{txt} 509 392 646 (sed hab Sixt); *σεληιμει* 963 77 129 71; *σελημι* 58-72 46 407 = Compl; *σελειμι* 550′; *σελειμει* 343; *σελλειμι* 52; *σελλειμει* 551; *συλλημει* 344^{mg}; *σελημμι* 376; *σελεμι* 318; *σελλεμει* 616; *εσελημι* 59; *σαλλαμι* 53′-56; *σαλλημι* 246 321′^{c}; *sēllēmei* Sa; *σεαλημι* 426; *sēalē* Bo^A; *σελληλιμ* 29; *σελειμ* 414; *σελλειμ* 73′-413-528; *συλλημ* 44-107′ *n t*; spat 6 litt 761

πέντε καὶ τεσσαράκοντα χιλιάδες καὶ τετρακόσιοι.
51 [51]Αὕτη ἡ ἐπίσκεψις υἱῶν Ἰσραήλ, ἑξακόσιαι χιλιάδες καὶ χίλιοι καὶ
ἑπτακόσιοι καὶ τριάκοντα.
52 53 [52]Καὶ ἐλάλησεν κύριος πρὸς Μωυσῆν λέγων [53]Τούτοις μερισθή-
54 σεται ἡ γῆ κληρονομεῖν ἐξ ἀριθμοῦ ὀνομάτων· [54]τοῖς πλείοσιν πλεο-
νάσεις τὴν κληρονομίαν, καὶ τοῖς ἐλάττοσιν ἐλαττώσεις τὴν κληρονο-
μίαν αὐτῶν· ἑκάστῳ καθὼς ἐπεσκέπησαν δοθήσεται ἡ κληρονομία
55 αὐτῶν. [55]διὰ κλήρων μερισθήσεται ἡ γῆ· τοῖς ὀνόμασιν κατὰ φυλὰς

ABFMV (963) O''^{-G} C'' $bdfnstx^{-527}yz$ al verss

50 δῆμοι] pr οι 129 458 = Compl; + *filiorum* Sa = Tar^{P} | Νεφθαλί A V 707 129 28-85 y^{-392} Arab Syh = Sixt] -λει B F M′ 963 15-64*-82-426 127 30′-344 392 319; -λημ 54; -λεμ 664*; -λ(ε)ιμ F^{b} rell; + κατα δημους αυτων *O* Syh = 𝔐 | ἐξ ἐπισκέψεως] *et* (> La) *numerus* ^{Lat}cod 100 Aeth Arab: cf 𝔐 | om πέντε — (51) υἱῶν ^{Lat}cod 100 | πέντε — fin] χιλιαδες τ̅ξ̅ε̅ 72; ,ε,μυ 130^{mg}-321′^{mg}; ,ε,μτ 85^{mg}; χιλιαδες μ̄ και τ̄ *d*; χιλιαδες μ̅ε̅ και τριακοσιοι 126; om πέντε καί B F^{a} V 963 129 *n t* x^{-619} 319 Arm Bo | πέντε καὶ τεσσαράκοντα] τεσσ. πεντε Compl | πέντε] *tres* Sa | τεσσαράκοντα F^{b}] τεσσερ. A B^{c1} F 416; σαρακ. 246-664 646; τριακοντα B* | τετρακόσιοι *O* 30′ 619 68′-120′-128-630 59 319 Arab Bo Syh = Compl] sup ras 669; εξακοσιοι 343; τριακοσιοι 963 rell

51 om comma 646 | init — ἐπίσκεψις] αυτοι η επισκεψεις πασσα 376 | επισκοπη 344^{mg} 319 | υἱῶν] pr των O^{-426c} 529 125-610 458 509 392 18; αυτων των 126 | ἑξακόσιαι — fin] πεντακοσιαι ενενηκοντα μια χιλιαδες και πεντηκοντα M′; χιλιαδες χ̅α̅ και ψ̅λ̅ 72 ↓ | ἑξακόσιαι — χίλιοι] χιλιαδες χ̅α̅ 319; om χιλιάδες καί 320; om καὶ χίλιοι 19′ 509 Bo (sed hab Compl) | χιλιαδες εξακοσιαι (-σιοι 44) *d* 126 | εξακοσιοι 130 | χίλιοι] inc 963; ζ 129; τρισχιλιοι d^{-106}; sup ras 59; et ἑπτακόσιοι tr 246* | καί 2° 963 = Sam Tar^{P}] > 29-426-*oI* 52′-552 *d* 84 71 18-126-628-630 59 = 𝔐 Tar^{O} | ἑπτακόσιοι 963] εξακοσιοι 71; litt επτα sup ras 59 | om καί 3° B* 417 *d* 767 84 128-669 319 (sed hab Sixt) | τριάκοντα] πεντηκοντα 58

52 Μωυσῆν] -ση 19 (sed hab Compl); μωση Cyr I 348; μωσην 58-426 *n*; μωσει 72; + αυτου 130

53 μετρηθησετε 618 | κληρονομεῖν] *et haereditabunt* Bo | αριθμων (-μον 458) 75′ 319 Bo | ὀνομάτων] *hominum* ^{Lat}cod 100; + αυτων 129 Sa = Compl

54 τοῖς 1°] εις 75 | πλείοσιν] + δε 77 | πλεονάσεις] -σης 426 56′ 30 84; -σας 53; πλεωνασι 75; πλειονα (-ωνα 129) εις 72 129 ^{Lat}cod 100 | τὴν κληρονομίαν 1°] om τήν 319; + αυτου 426 = 𝔐 Sam Tar^{P}; + αυτων 376 126 Cyr I 349 (sed hab 348) Co Syh = Tar^{O} | καὶ τοῖς] pr εκαστω καθ 376*; και ταις 610; τοις δε 319 ^{Lat}cod 100 (sed hab Ruf *Num* XXI 1) | om ἐλάττοσιν 619 | ἐλαττώσεις] -σης (ελλ. 376) 376 56 84 392*; -ττωσι 75; -ττονησεις 72 71; -ττονωσεις (-ττωνοσεις 58) 58 *b* 59 (sed hab Compl); -ττω εις 129 509 | αὐτῶν 1°] αυτοις 319; > 72 529 246 54-75′ 126 ^{Lat}Ruf *Num* XXI 1; ⌒2° d^{-125} 370; ⌒(56) 426 125 | καθώς] καθοτη 319; καθα *n* | ἐπεσκέπησαν] *recensitus est* ^{Lat}Ruf *Num* XXI 1 | διαθησεται 71 | om ἡ 319 | αὐτῶν 2°] *eius* Ruf *Num* XXI 1 = 𝔐; ⌒(56) Cyr I 348

55 init — μερισθήσεται] διαμερισθησεται δια κληρον 55; δια κληρον ομισθη-

---

50 τετρακόσιοι] ο′ οἱ λ′ τετρακόσιοι 344

51 ἑξακόσιαι — fin] ἄλλοι χιλιάδες χ̄ ,αψλ M′

πατριῶν αὐτῶν κληρονομήσουσιν· [56]ἐκ τοῦ κλήρου μεριεῖς τὴν κλη- 56
ρονομίαν αὐτῶν ἀνὰ μέσον πολλῶν καὶ ὀλίγων.
[57]Καὶ υἱοὶ Λευὶ κατὰ δήμους αὐτῶν· τῷ Γεδσών, δῆμος ὁ Γεδσωνί· 57
τῷ Καάθ, δῆμος ὁ Κααθί· τῷ Μεραρί, δῆμος ὁ Μεραρί. [58]οὗτοι δῆμοι 58
υἱῶν Λευί· δῆμος ὁ Λοβενί, δῆμος ὁ Χεβρωνί, δῆμος ὁ Κόρε καὶ δῆμος

ABFMV (963) O''^{-G} C'' *bdfnstx*$^{-527}$*yz* al verss

σεται 610 | κληρον 707 44′-107 246 75 30′ 84 509* 628; κληρω 321 | ὀνόμασιν] + αυτων n^{-127} Arm^{ap} | κατά] pr και 630; και τας *oI* | φυλάς] *tribu* ^{Lat}cod 100 | πατριῶν] pr των 381′ | om αὐτῶν oI^{-15}

56 ἐκ τοῦ κλήρου] post μεριεῖς tr V $d^{(-125)}$ 129 *t* = Compl | κλήρου] + αυτων V 129 Bo | μεριεῖς] μεριης 75; μεριει 130; μερις 610 129; *divident* Arm; κληρονομιεις 72 | τήν] pr εις 129 | αὐτῶν] αυτοις *b* 319 ^{Lat}cod 100 | ὀλίγων] pr ανα μεσον 71 = Tar^{P}

57 καί] + ουτοι (οι 58; + οι 246) επεσκεμμενοι (επισκεμενοι 376; -σκεμενοι 246) *O* 246 18′-126-628-630′ = 𝔐 | υἱοί] pr οι (+ ※ επεσκεμμενων ↙ 85^{mg}) F M′ 618-*oII* *C*-46-52′-414 610 53-129 54-75′ *s* 509 y^{-121} 59 646 Cyr I 348 = Compl; pr και 246*; pr και οι 376; + επεσκεμμενων (επισκεμενων 321) 130^{mg}-321′^{mg}; + ※ *visitati* ↙ Syh; > 426 = 𝔐 | Λευί] pr του Cyr I 348; λευει B* V 127-767 120 Sa (sed hab Sixt); λεβι 528 | δήμους] δημου 552 | τῷ Γεδσών] *getson* ^{Lat}cod 100 | τῷ 1°] pr και 529; των 59; > Arm; + δε 246 126; ⌒2° Bo^{A} | Γεδσών] γεδσσων 75; γεθσων 54 Arm; γεδισων 537; γεδεσσων 376; γεδεων 72 44-106*(vid) 53′-56* 130-346* 84 509; *gediōn* Sa; γεδσωνι A *oI* 318; γεδσωνει 129; γερσων Compl; γηρσων 426 767 Syh = 𝔐 | δῆμος ὁ Γεδσωνί] pr *et* ^{Lat}cod 100 Arm; > 129 54 Bo^{B} | ὁ Γεδσωνί] *gethson* Arm; *getson* ^{Lat}cod 100; *dgršwn* Syh; > 106 | Γεδσωνί] -νει B V $C''^{-52\ 57\ 73^*\ 414'}$ $s^{-130\ 321'}$ 71 646 (sed hab Sixt); γεδισωνι 537; γεδεωνι 72 19 53′-56* 130-321′ Sa; γεσδωνει 73*; γεονσωνει 509; -νιει 707; γερσωνι 120′ = Compl; γηρσωνει 426 = 𝔐; γεδσω^{ν} 126; γεδσων 414 107′-125 127-458 t^{-84} 59 624; γεδσσων 75; γεδεων 44 84; γηρσων 767 | τῷ Καάθ] τω δε κααθ 126; *gaath* ^{Lat}cod 100; om τῷ Arm | Καάθ 963] *gaath* Bo; *gathon* Sa | om δῆμος ὁ Κααθί 125 | δῆμος 2°] pr *et* ^{Lat}cod 100 Arm | ὁ Κααθί] *gaath* ^{Lat}cod 100 Bo; *dqht* Syh; om ὁ V; > 106 | Κααθί] -θει B V 963(vid) 82-426 $C''^{-46\ 52\ 414'}$ $s^{-130^c\ 321'}$ 509 319 646 (sed hab Sixt); καθι 71; *gathonei* Sa; κααθ 414 44-107′ 129 *n t* 59 624 | τῷ 3°] pr και 129; > Arm | Μεραρί 1°] -ρει B V 58-426 $C''^{-52\ 73^*\ 414'}$ 129-664 127-767 $s^{-130^c\ 321'}$ 18 59 646 Sa (sed hab Sixt); μαραρει 73*; μαρερει 53; γεραρει 509; ⌒2° 125 319 646 | δῆμος 3°] pr *et* ^{Lat}cod 100 Arm | ὁ Μεραρί] *dmrry* Syh; > 106 | Μεραρί 2°] -ρει B V 426 $C''^{-46\ 52\ 320\ 414\ 528}$ 118′-537 129-246 127-767 $s^{-321'}$ 18 59 Sa (sed hab Sixt); μερα^{c} 320; μεραει 528; -ρη 318; μεραari 53′; μαρ[. . . 963; γεραρει 509

58 δῆμοι] pr οι 376 414 129 54-458 = Compl | υἱῶν] pr των 376; υιοι 55*(vid); sub ÷ Syh = 𝔐 Tar^{O} | Λευί] λευει B* 127-767 120 Sa (sed hab Sixt); ⌒(59)1° *d* 370 | ὁ Λοβενί] *dlbny* Syh; om ὁ 46 54-75′-127^{c} 319 | Λοβενί] -νει B V 82-426 320-413 129 343 120′ 319 Sa (sed hab Sixt); *lubini* Arm^{te}; λοβε[. . . 963; λεβ. 52-414-528 321′; λαβ. Compl; -ννι 58 54 $t^{(-370)}$; -ννει 127; λευενι 46; λευενει 77-550′ 646; -ννη 75; λεβενει C^{-77}-57-73-313-417-422-551-615-761 767 $s^{-321'\ 343}$; λουβενι 630 Bo^{A}; λομενι 53′; λοβερνη 458 | δῆμος ὁ Χεβρωνί] pr και A M′ *oI* 551 *b* 246 619 *y* 68′ 55 624 ^{Lat}cod 100 Aeth Arab Co = Sam; > *C*-46; + (※ Syh) και (> 58 767 126 Compl = 𝔐 Tar) δημος ο μοολι (-λει 426; -λη 767; μολι Compl; -λλι 58; ομολι 376 246 126-630; ομολει 18′-628-

59 ὁ Μουσί. καὶ Καὰθ ἐγέννησεν τὸν Ἀμράμ. [59]καὶ τὸ ὄνομα τῆς γυναικὸς
Ἀμρὰμ Ἰωχάβεδ θυγάτηρ Λευί, ἣ ἔτεκεν τούτους τῷ Λευὶ ἐν Αἰγύπτῳ·
καὶ ἔτεκεν τῷ Ἀμρὰμ τὸν Ἀαρὼν καὶ Μωυσῆν καὶ Μαριὰμ τὴν ἀδελ-
60 φὴν αὐτῶν. [60]καὶ ἐγεννήθησαν τῷ Ἀαρὼν ὅ τε Ναδὰβ καὶ Ἀβιοὺδ

ABFMV (963) O''$^{-G}$ C'' bdfnstx^{-527}yz al verss

669; *dmḥly* pro ο μοολι Syh) O-15 246 767 18'-126-628-630' Aeth^{C} Arab Syh = Compl 𝔐 | *ὁ Χεβρωνί*] *dḥbrwny* Syh; om *ὁ* 319 | *Χεβρωνί*] χεβ[... 963; -νει B V 426 *cI*$^{-552}$-422-551 129 *s*$^{-130c\ 321'}$ 509 646 (sed hab Sixt); χεβρενει 417; χεβρονει 313-615; χευρωνι 246; χευρονι 72; χεβρονι 318; χεβρωενι 59; λεβρωνει 552; χεβρων A *n*$^{-767}$ *t*$^{(-370)}$ 121 624 Co; χευρων 767 | *δῆμος ὁ Κόρε* B V 963 82 129 *n* 730 *t*$^{(-370)}$ *x*$^{-619}$ 319 ^{Lat}cod 100 Arm Bo Sa^{5}] > Sa^{12}; post *Μουσί* tr rell = 𝔐 Tar | *δῆμος* 3° B V 963(vid) 82 129 *n* *t*$^{(-370)}$ *x*$^{-619}$ 319 ^{Lat}cod 100 Bo] pr και rell = Sam | *ὁ Κόρε*] ο κορρε 53; *dqwry* Syh; om *ὁ* 319 | *καί* 1° — *Μουσί*] om *καί* 58-72-82 *n* 76 392 126 Bo = 𝔐 Tar; > 730 | *δῆμος* 4°] + ο χεβρων 131^{mg} | *ὁ Μουσί*] *chamusi* Aeth; *dmwšy* Syh | *Μουσί*] -σει B V 426 528-616-739 129 127-767 30 *x*$^{-71}$ (sed hab Sixt) = Ald; βουσι 72; ομουσι A M' *oI*$^{-64*}$-707 52 118'-537 56' 54-458 321' 74'-76 121 18'-126-628-630' 55 624 Bo^{B}; ομουσει C''$^{-16\ 46\ 52\ 414\ 528\ 616\ 739}$ 28-85'-343' 392 68'-120' 646; μουση 319; μοσι 46; μου[... 963; ομουση 53'; ομοουσι 376; *ommousei* Sa^{5}; *omesseei* Sa^{12}; *umasi* Bo^{A} | *Καάθ*] pr ras 2 litt 707; *gaath* Bo | *ἐγέννησεν* 963] εγενησε(ν) 376-618 616 319 | om *τόν* 59 | *Ἀμράμ* B F V 426-*oII*$^{-72}$ 46* 53'-56^{c} 321'^{txt}-344^{txt} *x*$^{-71}$ 120' 59 Arm Bo^{A} Syh = Ald] αμραν M' Bo^{B} Sa; αμβραν 15-64*(vid) 52'-57-73'-313-417-528-552* 19' 54 130-730 71 18-628 646; αβραν 550* 767 669*(vid); αβραμ 72 529* 537* 246 76*-84 68'-128 319 ^{Lat}cod 100; αμβραμ rell = Compl

59 *καὶ τό* B V 963(vid) 82 *x*$^{-619}$] om *τό* 343; το δε (δ 126) rell = Sixt | γυνης 458 | *Ἀμράμ* 1° F 29-707 53'-56 130^{c}-321'^{txt}-344^{txt} 619 120' 59 Bo Syh^{mg} = Ald] αμραν M'; αβραμ 72-618* 246 76*-84 68'-669^{c} ^{Lat}cod 100; αμβραν 15-64*(vid) 46'-52'-57-73'-417-528-551-552* 19' 54-75*^{vid}-767^{c} 730 18 646; αβραν 550*; αμβαρει 767*(vid); αυτου B V 82-376' 129 *x*$^{-619}$ Arm Sa Syh^{txt} = Compl Ra; > 761 319; αμβραμ rell | *Ἰωχάβεδ* B F O'$^{-72\ 376}$ 118'-537 = Compl] ιωχεβεδ F^{b}; ιωχαδεβ 19'; ιωχαχαβεδ 72; ιοχαβεδ 71; -βερ 30-730*(vid) 68'-120; -βελ V *f* 407 Sa; -βουθ 84; -βεβ 618; ιοχαβετ 52; -βετ 615 59 646; -βαιθ 319; -βιθ 376; ιωχαφεθ 343; ιοχαβεθ 77; ιαχαβεθ 552; ιωχαμεθ 458 321; ιωχαβθυ 46^{s}; -βεθ rell = Ald | *Λευί* 1°] λευει B* V 127-767 120 Sa (sed hab Sixt); ⌒2° 509 | om *ἥ* — *Αἰγύπτῳ* Bo | *ἥ*] ητις *b* 319 (sed hab Compl); και 246; + *eos* ^{Lat}cod 100 | τουτοις 376 | *τῷ* 1°] του 72 | *Λευί* 2°] λευει B* V 127-767 120 Sa (sed hab Sixt) | *καὶ ἔτεκεν*] > 71; + τουτους 55 | *τῷ Ἀμράμ*] *huic ambre* ^{Lat}cod 100 | *τῷ* 2°] τον 15-618 313 75-458* 120*-122*-126*; > 376 458^{c} 509 | *Ἀμράμ* 2° B 426-*oII*$^{-72}$ 53'-56 130-321'^{txt}-344^{txt} *x*$^{-71}$ 120' Arm Bo Syh = Ald] αμραν M' 59 Sa^{12}; αβραμ 44-106*-610 246 28 84 122* 319; αβραν 75; αμβραν 64*(vid) 16'-46'-57-73'-414-417-528'-529'-550-615-739 19-108^{c} 54-767 318 18 646; αβρααμ 68-122^{c}; αμμραμ V; αμβραμ Sa^{5} rell = Compl | *τόν*] τω 72; > 82; + τε *d n t* | *Ἀαρών*] αρων 53*; et *Μωυσῆν* tr 72 ^{Lat}cod 100 | om *καί* 3° 319 | *Μωυσῆν*] pr τον 106-125' *t* 619 *z* 319 Syh = 𝔐; τον μωσην 426 77 127-767; τον μωυση 44-610; -ση 414 19 (sed hab Compl); μωσην 75'; μωση 54; μωσει 72 | *Μαριάμ*] pr (※ Syh) την 426 76 Syh = 𝔐; μαριαν 15-82 52'-313-413 54-75' 392 646 | *τήν* — fin] om *τήν* 426; > 72 | *αὐτῶν*] αυτου 616*(c pr m)

60 *καί* 1°] + ras 2 litt 28 | *ἐγεννήθησαν* (-τισαν 75) V 72-82-376' *d* 129 *n* 130^{mg}-321'^{mg} *t* 509 59 = Compl] εγενηθ. B 58 71; ειστηκεισαν 407; *natus est*

καὶ Ἐλεαζὰρ καὶ Ἰθαμάρ. [61]καὶ ἀπέθανεν Ναδὰβ καὶ Ἀβιοὺδ ἐν τῷ 61
προσφέρειν αὐτοὺς πῦρ ἀλλότριον ἔναντι κυρίου ἐν τῇ ἐρήμῳ Σινά.
[62]καὶ ἐγενήθησαν ἐξ ἐπισκέψεως αὐτῶν τρεῖς καὶ εἴκοσι χιλιάδες, 62
πᾶν ἀρσενικὸν ἀπὸ μηνιαίου καὶ ἐπάνω· οὐ γὰρ συνεπεσκέπησαν ἐν
μέσῳ υἱῶν Ἰσραήλ, ὅτι οὐ δίδοται αὐτοῖς κλῆρος ἐν μέσῳ υἱῶν Ἰσραήλ.
[63]Καὶ αὕτη ἡ ἐπίσκεψις Μωυσῆ καὶ Ἐλεαζὰρ τοῦ ἱερέως, οἳ ἐπε- 63
σκέψαντο τοὺς υἱοὺς Ἰσραὴλ ἐν Ἀραβὼθ Μωὰβ ἐπὶ τοῦ Ἰορδάνου
κατὰ Ἰεριχώ. [64]καὶ ἐν τούτοις οὐκ ἦν ἄνθρωπος τῶν ἐπεσκεμμένων 64
ὑπὸ Μωυσῆ καὶ Ἀαρών, οὓς ἐπεσκέψαντο τοὺς υἱοὺς Ἰσραὴλ ἐν τῇ

ABFMV (963) O''^{-G} C'' *bdfnstx*$^{-527}$*yz* al verss

Arm^{ap} = 𝔐; ετεχθη 422; ετεχθησαν rell | om τῷ 458(|) | ὅ τε] om τε 126; > Syh = 𝔐 | Ναδάβ] ναδα[.] 85*; ναδαμ 414* 458; ναιδαμ 509; ναβαδ 126 Arm | Ἀβιούδ] αβιουθ 246 318; αβουδ 56*; αβιου 426 Syh = Compl 𝔐; ⌒(61) 16-46-77-414′ 314 85* 59 Syh^{txt} | om καί 3° 106 Arm^{te} = 𝔐 | Ἐλεαζάρ] ελεαζ 417; *eliazar* Arm | om καί 4° 106 | Ἰθαμάρ] ηθ. 313 53 30-130; ιαθ. 56*; [.]θαμαρ 64*

61 καὶ ἀπέθανεν] *mortui sunt autem* Fred I 22; και απεθανον 318 Aeth Arm | Ναδάβ] αδαβ 126 Co; ναβαδ 528 Arm; ναδαμ 458 509; ραδαβ 500 | Ἀβιούδ] αβιου 426 Syh = Compl 𝔐; + και ελεαζαρ 15*: ex 60 | om αὐτούς 319 | ἔναντι κυρίου] εναντιον κυριου 376′ 630; ad fin tr 413 | ἐν 2° — fin] pr ÷ Syh; > Arab = 𝔐 | τῇ ἐρήμῳ] *monte* Bo | Σινά] σεινα B* (sed hab Sixt); σηνα 30; συνα 664; σιν 126; σιναι 54-75′; σιναει 127; > 426

62 om καὶ ἐγενήθησαν 121 | εγεννηθησαν V 82-707* 500-528-551 44 53′ 30 509 126-669 59 416; εγενοντο 72 *n* | τρεῖς — χιλιάδες] κγ̅ χιλιαδες 319; χιλιαδες κγ̅ 72 *d*$^{-125}$ 458 126; χιλιαδες μγ̅ 125 | εἴκοσι] + ras 3—4 litt 120 | πᾶν] pr και 610 55 Bo | οὐ γὰρ συνεπεσκέπησαν] οτι ουκ επεσκεπεισαν 707^{mg}; om γάρ Bo; > 707^{txt} | συνεπισκεπη 53; επεσκεπησαν (-πεισαν 381′) *oI*$^{-15}$; συνεσκεπησαν 314 59 | ἐν μέσῳ υἱῶν 1°] εν (> 319) τοις υιοις A M′ *oI*-707 C'' *f*$^{-129}$ 28-30′-85′^{txt}-321′^{txt}-343′ 619 *y z* 55 319 624 646 Cyr I 348 Aeth↓ | υἱῶν 1°] pr των *b* 85′^{mg}-321′^{mg}; τοις υιοις 58; ⌒2° 53′ 71 319 Cyr I 348 Sa^{12} | ὅτι — fin] bis scr 458 | δεδοται V 376 413 *d* 127 *t* 126 Aeth | αὐτοῖς] *illi* ^{Lat}cod 100 (sed hab Lib geneal 487a) | om ἐν 2° — fin Arab | μέσῳ υἱῶν 2°] τοις υιοις 318 | υἱῶν Ἰσραήλ 2°] pr των 19 28-85 (sed hab Compl); *eorum* Lib geneal 487a

63 om καί 1° 53 = 𝔐 | Μωυσῆ] -σει 343; -σεως 18′-120-126-628-630′; -σεος 68′-407 (sed hab Ald); μωση *n* Cyr I 348; μωσει 72-426; μωυσης 53; + και ααρων 376 | Ἐλεαζάρ] pr ααρων υιον 53′; *eliazar* Arm | om τοῦ 1° 72 | οἵ] η 537^{c} 407; οτι A 121; ην 59 | τοις υιοις *d* 458 370 59 | Ἰσραήλ] > 344^{txt}; ⌒(64) $C''^{-52'}$ 131^{mg} 313 417 | Ἀραβώθ] *arabos* ^{Lat}cod 100; αραβωβ 321^{c}-346; αρωβωθ 619 68′-120′; *rabot* Arm; ραβωβ 321*; ραμωθ M′ Bo; . . .]ωθ 963 | Μωάβ 963] μωαμ 74-76; μωαθ 126 | κατά] και τα 82 130; και τη 376; επι 392 | ιερειχω B* F 963 29-707 313-417 129 28-30*-85′-344-346* 55 (sed hab Sixt); ιερηχω 84; ιειρειχω 30^{c}; εριχω 376; ιερυχω 619 68 = Ald

64 om καί 1° 417 Aeth^{M} | ἐν τούτοις] post ἦν tr 131$^{(mg)}$; post ἄνθρωπος tr ^{Lat}cod 100 | τῶν (τω 963*) ἐπεσκεμμένων 963] των επεσκευμενων 72; εν τοις επεσκεμμενοις Cyr I 349s (sed hab 348) | ὑπό 963] απο 29 Syh; επι 246 84 126

---

62 ἐν 1° — Ἰσραήλ 1°] οʹ αʹ θʹ ἐν μέσῳ υἱῶν ιη̅λ̅ 344; σʹ ἐν τοῖς υἱοῖς ιη̅λ̅ 344^{txt}

65 *ἐρήμῳ Σινά·* [65]*ὅτι εἶπεν κύριος αὐτοῖς Θανάτῳ ἀποθανοῦνται ἐν τῇ*
ἐρήμῳ· καὶ οὐ κατελείφθη ἐξ αὐτῶν οὐδὲ εἷς, πλὴν Χαλὲβ υἱὸς Ἰεφοννὴ
καὶ Ἰησοῦς υἱὸς Ναυή.
1 **27** [1]*Καὶ προσελθοῦσαι αἱ θυγατέρες Σαλπαὰδ υἱοῦ Ὅφερ υἱοῦ Γαλα-*
ὰδ υἱοῦ Μαχίρ, τοῦ δήμου Μανασσὴ τῶν υἱῶν Ἰωσήφ· καὶ ταῦτα τὰ
ὀνόματα αὐτῶν· Μααλὰ καὶ Νουὰ καὶ Ἑγλὰ καὶ Μελχὰ καὶ Θερσά·

ABF(K)MV (963) O''^{-G} C'' *bdfnstx*$^{-527}$*yz* al verss

55 | *Μωυσῇ* 963] *-σεως* 18′-120-126-628-630′; *-σεος* 68′-407 (sed hab Ald); *-σης* 82*; *μωση* 58 131$^{(mg)}$ *n* Cyr I 348s; *μωσει* 72-426 343 | *καὶ Ἀαρών* 963] > Aeth^{-C}; + (※ Syh) *του ιερεως* O^{-58} Syh = 𝔐 | *οὓς — Ἰσραήλ* 963] > Bo | *οὓς*] *qui* Arm^{ap}; *quantos* ^{Lat}cod 100 | *επεσκεψατο* 29-82-381′ 129 | *τοὺς υἱούς*] *τοις υιοις* 458 71; *των υιων* 72; om *τούς* 376 | *Ἰσραήλ*] + *εν αραβωθ μωαβ επι του ιορδανου κατα ιεριχω και* 126: ex 63 | *τῇ ἐρήμῳ*] *monte* Bo | *Σινά*] *σεινα* B* 963 (sed hab Sixt); *σηνα* 30; *σι*^{ν} 126; *σιναι* 54′-75; *σηναι* 458; *σηλων* 16^{s}

65 *κύριος* 963] *ο θ̄ς̄* 458*; *ο κ̄ς̄* 458^{c}; > A 319; post *αὐτοῖς* tr 127 Arm | *αὐτοῖς*] *αυτω* B* F 30′ 319 | *θανάτῳ ἀποθανοῦνται* 963] pr *θανατω* 628; *θ[. . .]θανατουνται* 624; om *θανάτῳ* 126; tr Aeth^{M} | *αποθανουντι* 53′ | om *ἐν τῇ ἐρήμῳ* 618 761 | om *καί* 1° 458 | *οὐ κατελείφθη*] *ουκ απελειφθη* (*-λιφ.* 458; *-ληφ.* 664) 53′ 458; *ου μη απολειφθει* (*-ληφ.* 321) 130^{mg}-321′^{mg}; *ου μη καταλειφθη* (*-ληφθει* 30 319) V 30′-344^{mg} 319 | *ἐξ αὐτῶν*] *εξ αυτοις* 376; om *ἐξ* 963 | *οὐδὲ εἷς* 963] *ουδεις* 71 126; om *εἷς* ^{Lat}cod 100 | *πλήν*] bis scr 130(|) | *Χαλέβ* 963] *χαλευ* 73′ 314; *χαλεφ* 72; *καλεβ* 619 = Ald; *χαβελ* 707*(vid) | *υἱὸς Ἰεφοννή* 963(vid)] pr *ο* 44-107′ 646 Cyr I 352; > 125 | *Ἰεφοννή*] *ιεφονη* V 376 46′-77-131*(c pr m)-414-422-500-528-529-616^{c} 53′ 28-85 76 318 126 59 646 Cyr I 352 Arm = Compl; *-ννι* 106-107 54-75 509^{c} 68′-120; *ιεφθοννι* Ald; *ιεφωννει* 767; *ιεφωννη* 707 108 130-344-346 319; *ιεφωνη* 314 18 Cyr I 348 Co; *ιεφονι* 82 550′ 44-610 71 407; *ηεφοννι* 509*; *ιεφθοννη* 15*-64-381; *ιεφθονη* 618; *εφοννη* 458; *εφονη* 72 616*; *φθοννι* 619; *sepphone* ^{Lat}cod 100 | *Ἰησοῦς* 963] ad fin tr 53′ | *υἱός* 2° 963] pr *ο* 550; *ο του* B M′ V 29-82-376′ *b* *d*$^{-125}$ 129 *n* *t* *x*$^{-619}$ Cyr I 348 352 Syh = Ra↓; > 125 | *Ναυή* 963] *ναβη* 44 767 130 669 = Compl; *ναυι* 72 616^{c} 75 134^{c}; *ναβι* 106-125 71; *ναη* 509 68^{c}-122 (sed hab Ald)

27 1 *καὶ προσελθοῦσαι*] *προσελ. δε* 44; *και προελ.* 551; *et accesserunt* ^{Lat}cod 100 Aeth Arm Bo = 𝔐 | om *αἱ* 82-426 53* | *Σαλπαάδ* 963] *-πααθ* 319; *salpaat* ^{Lat}cod 100; *selpaad* Bo^{B}; *-παδ* V 72; *-παδα* 18; *σααλ.* 610; *σαληπααδ* 509; *σαλ|λαφααδ* 426 | *υἱοῦ* 1°] *υιος* 30*; *του* (+ *ο* 458) *n*$^{-127}$; ⌒3° 127; bis scr 730(||) | *Ὅφερ*] *νοφερ* 707; *aphor* ^{Lat}cod 100; *οφερων* 528; *οφερον* Compl | *υἱοῦ* 2°] *ῡς̄* 75; *υιοι* 458 | *Γαλαάδ*] *γαλαδ* M′; *γαλααλ* 424*; *gaat* ^{Lat}cod 100; *arad* Sa | *Μαχίρ*] *μαχειρ* A B F K M′ V 963 29-376′-707-*oI* C''^{-313} *b* *f* 127-767 *s*$^{-321'}$ *x*$^{-619*}$ *y* 55 59 319 424 624 646 Sa^{5} (sed hab Sixt) = Ald; *μαχηρ* 58-72 313 619* 18′-126-628-669; *μαχερ* 82; *αχιρ* 630; *μαχειρηρ* 407; *μαχειρειρ* 68′-120; + (※ Syh) *υιου μανασση* (> 58) *O*-15 767 Arab Syh = 𝔐 | *τοῦ δήμου Μανασσή* 963] > 376 | *τοῦ δήμου*] *filiorum* Sa^{12} | *Μανασσή*] pr *του* 343; *μαννασση* A 458 121; *μανασῃ* 122 Arm (sed hab Ald) | *τῶν υἱῶν*] *υιου* 319 ^{Lat}cod 100 Arab Bo^{B} = 𝔐 | *καί* 2°] ⌒(2) 1° *b* (sed hab Compl) | om *αὐτῶν* *d*$^{-106}$ | *Μααλά*] *μαλαα* 414 71*; *maali* Bo^{B}; *μαλα* A B 82 129 509 (sed hab Sixt) = Compl Ra; *μααλλα* *d*$^{-44}$ *n*$^{-127}$ 30 *t*; *βααλα* 628; *μαλλα* 53′; *μαλδαα* 68′-120′

---

65 *υἱὸς Ναυή*] *ο′ ὁ τοῦ Ναυή* 344; *οἱ λ′ υἱὸς Ναυή* 344^{txt}

²καὶ στᾶσαι ἔναντι Μωυσῆ καὶ ἔναντι Ἐλεαζὰρ τοῦ ἱερέως καὶ ἔναντι 2
τῶν ἀρχόντων καὶ ἔναντι πάσης συναγωγῆς ἐπὶ τῆς θύρας τῆς σκηνῆς
τοῦ μαρτυρίου λέγουσιν ³Ὁ πατὴρ ἡμῶν ἀπέθανεν ἐν τῇ ἐρήμῳ, καὶ 3
αὐτὸς οὐκ ἦν ἐν μέσῳ τῆς συναγωγῆς τῆς ἐπισυστάσης ἔναντι κυρίου
ἐν τῇ συναγωγῇ Κόρε, ὅτι διὰ ἁμαρτίαν αὐτοῦ ἀπέθανεν, καὶ υἱοὶ οὐκ
ἐγένοντο αὐτῷ· ⁴μὴ ἐξαλειφθήτω τὸ ὄνομα τοῦ πατρὸς ἡμῶν ἐκ 4

ABF(K)MV (963) O''^{-G} C'' *bdfnstx*$^{-527}$*yz* al verss

(sed hab Ald); *magala* ^{Lat}cod 100; μαλακ 319 | om καί 3° 71 = 𝔐 Tar^{P} | Νουά] *nuan* Bo^{B}; νοια C^{-77}-46; αινουα 319; ουνα 71; ν[. .]α 84*; > 413 | om καί 4° 125 71 = Sam Tar^{P} | Ἐγλά B M′ 72-82-426 C''^{-528} 246* 54-75′ 669 646 Arm] εγκλα 528; ελγα 376; *eglam* Bo; *tegla* ^{Lat}cod 100; αγλα 129 = Compl; *egal* Sa^{5}; γαα 392; ειλα 509; αιγλα rell | καί 5°] > 106-125 71 318 = Sam Tar^{P}; ⌒6° 767 | Μελχά] *mecha* Sa^{12}; μελνα 376 | om καί ult 106-125 | Θερσά] θαρσα 125 321′; *theria* Sa^{12}

2 om καί 1° Arm | στᾶσαι] *steterunt* Aeth Arm Bo = 𝔐 | ἔναντι 1° A B M′ V 82-426 d^{-44} 129 767 *t* x^{-619} 55 = Compl] -ντιον (-ων 120) K rell; ⌒2° ^{Lat}cod 100 | Μωυσῆ] -σεως 18′-120-126-628-630′ 319; μωσεως 122; -σεος 68-407 (sed hab Ald); -σει 343; μωυ[. . . 422; μωση *n*; μωσει 72-426; γαλααδ 618 | ἔναντι 2° A B M′ V 82-426 106-107′ 129 127-767 *t* y^{-392} 55 = Compl] > 72-381′ 44-125 x^{-619} 126 319 Arab Sa; -ντιον K rell | Ἐλεαζάρ F^{b}] -ζαρου F 53′; *eliazar* Arm | τοῦ ἱερέως F^{b}] om τοῦ F; > 126 | καί 3°] > 72 Aeth^{M}; ⌒4° 64^{txt}(c prm) | ἔναντι 3°] -τιον (-ων 376 664 767 630) F K 29-58-72-376-381′ 52′-313-616 *b* 53′ 75-767 619 *z* 59 624 646 (sed hab Compl); > 44-125 | τῶν] pr παντων 121; > 616 | καὶ ἔναντι 3°] *in* ^{Lat}cod 100; om καί 72 | ἔναντι 4°] -τιον F K 29-64-72-376-618* 52′-616 *b* 53′ 619 z^{-126} 59 624 646 (sed hab Compl); inc 381; sub ÷ Syh; > 58-618^{c} 44-125 71 126 319 Arab Sa^{5} = 𝔐 Sam Tar^{O} | πάσης συναγωγῆς] της συναγωγης πασης 551; πασης της συν. A V 58-72-426 *b* d^{-106} 129-246 458 121 126-128-628-630′ 59; om συναγωγῆς 127^{txt}(|); + της επισυστασης εναντι κ̅υ̅ 628*: ex 3 | om ἐπί — σκηνῆς 321′ | τῆς θύρας] τη θυρα 767*; την θυραν O^{-58} d^{-610} n^{-767*} *t*↓; τας θυρας 18 Co; θυραις 319; + της συναγωγης 72 | om τῆς 2° 319 | λέγουσιν] *et dicunt* Aeth Arm; *dixerunt* ^{Lat}cod 100; ελαλησαν λεγουσαι (> 56′) f^{-56*}; λεγουσαι 426 71 319 Bo = 𝔐; (+ και 376) ειπον (-παν 58) λεγουσαι 58-376 *d n t* Sa

3 αὐτός] ουτος F 58-72 129 68′-120′ 59 (sed hab Ald) = Compl; > 761 | τῆς 1°] > 528; ⌒2° Arab | om τῆς 2° 75 | ἐπισυστάσης] επιστ. 77 53; συνεπιστ. 426 417 44; -στασεως 618 19′ (sed hab Compl) | ἔναντι κυρίου] -τιον κυριου 29 630; > 64^{txt}; post Κόρε tr V | συναγωγῇ] + *omne* Sa | κορρε 53 | om ὅτι — ἀπέθανεν 2° Bo | ὅτι] *qui* Arm; *et* ^{Lat}cod 100 | διά] pr ου V *b d* n^{-767} *t* Phil II 309; δι F K M′ V 963 O'' C''^{-528} d^{-610*} *f n* s^{-730} x^{-619} *y z* 59 319 646 Phil II 309 = edd | ἁμαρτίαν] -τιας 72; μαρτυριαν 610* | αὐτοῦ] εαυτου Phil II 309; αυτων 44 | καὶ υἱοί] και οι υιοι 707 509 669; και οι 127*(c prm); υιοι δε Phil II 309; και οι υιοι αυτου 458 767; + οι 30 | ἐγένοντο] *sunt* Arm^{te} | αὐτῷ] *eius* Arm; > 458 ^{Lat}cod 100

4 μή] pr και (+ *nunc* Arm) 618 ^{Lat}cod 100 Arm; + δη oI^{-15} 619 = Ald | εξαλειφθη (-λιφ. 407) F 29 *z* 319 624 (sed hab Ald); εξαλειφθειη 72 | om τό 30 |

---

27 2 ἐπὶ τῆς θύρας] α′ ἐπὶ τὴν θύραν θ′ παρὰ τὴν θύραν σ′ πρὸς τὴν θύραν 344

μέσου τοῦ δήμου αὐτοῦ, ὅτι οὐκ ἔστιν αὐτῷ υἱός· δότε ἡμῖν κατάσχεσιν
5 ἐν μέσῳ ἀδελφῶν πατρὸς ἡμῶν. ⁵καὶ προσήγαγεν Μωυσῆς τὴν κρίσιν
6 αὐτῶν ἔναντι κυρίου. ⁶καὶ ἐλάλησεν κύριος πρὸς Μωυσῆν λέγων
7 ⁷Ὀρθῶς θυγατέρες Σαλπαὰδ λελαλήκασιν· δόμα δώσεις αὐταῖς κατά-
σχεσιν κληρονομίας ἐν μέσῳ ἀδελφῶν πατρὸς αὐτῶν, καὶ περιθήσεις
8 τὸν κλῆρον τοῦ πατρὸς αὐτῶν αὐταῖς. ⁸καὶ τοῖς υἱοῖς Ἰσραὴλ λαλήσεις
λέγων Ἄνθρωπος ἐὰν ἀποθάνῃ καὶ υἱὸς μὴ ᾖ αὐτῷ, περιθήσετε τὴν
9 κληρονομίαν αὐτοῦ τῇ θυγατρὶ αὐτοῦ· ⁹ἐὰν δὲ μὴ ᾖ θυγάτηρ αὐτῷ,
10 δώσετε τὴν κληρονομίαν τῷ ἀδελφῷ αὐτοῦ· ¹⁰ἐὰν δὲ μὴ ὦσιν αὐτῷ

ABF(K)MV (963) O''^{-G} C'' *bdfnstx*$^{-527}$*yz* al verss

ἡμῶν 1°] *υμων* 16*-46 59* 646; *αυτων* 414; + *και προσηνεγκε μωυσης* 616* | τοῦ δήμου] *tribus* Arm; om τοῦ 417 | αὐτοῦ] *αυτων b* 129 407* (sed hab Compl) | ἔστιν 963] *erat* Arm | αὐτῷ] pr *εν* 618; *eius* Arm; > ^{Lat}cod 100; post υἱός tr 376 *b* (sed hab Compl) | υἱός — fin] bis scr 118* | *κατασχειν* 318 | ἐν μέσῳ] *εκ μεσου* 707 551* 407*(cprm) | ἀδελφῶν] pr *των* A 44 129 509 319 | πατρός 2°] pr *του* 707 44 x^{-619}; *πρων* 53′ 126; *πρι* 343; ad fin tr 376* | ἡμῶν 2°] *ημιν* 761*(cprm); + *αυτω* 19′ (sed hab Compl)

5 om καί 68′ (sed hab Ald) | προσήγαγεν 963] *προσηνεγκε(ν)* C'' *b* 28-85 646 (sed hab Compl) | *μωσης* 72-426 *n* | κρίσιν 963] *συγκρ.* (*συνκρησιν* 767) 767 319 | αὐτῶν] *αυτου* 529 53′ 68′-120′-628* (sed hab Ald); > 64*; + *ταυτην* 54-75′

6 πρὸς Μωυσῆν 963] *τω μωυση* 799 | *μωυση* 529 19 (sed hab Compl); *μωσην* 426 *n*; *μωσει* 72 | λέγων 963] > d^{-106} Arab; ⌒(8) 799

7 ὀρθῶς 963] pr *ως* A | θυγατέρες Σαλπαάδ / λελαλήκασιν] tr ^{Lat}Ruf *Num* XXII 1 Aeth Arm | *σαλπααδ ελαληκασιν* F; *σαλπαα λελαληκασιν* F^b | Σαλπαάδ 963] *σααλ.* 16 610* 628; *σααλπιααδ* (*-πιαδ**) 46; *-παα* 76; *-πααθ* 319; *selpaad* Bo^B; *σαλφααδ* 426; *salphaat* Ruf *Num* XXII 1; *salpaat* ^{Lat}cod 100 | *λελαληκατε* 52′-313; *ελαλησαν* 376′ 126 | δόμα] pr *et* Bo^B; *δοματα* 28; > Ruf *Num* XXII 1 | κατάσχεσιν] pr *και* 376 | κληρονομίας] pr *και* 120′ = Tar^P; *-μιαν* 44* 129; > Ruf *Num* XXII 1 | πατρός 1°] *πρων* 616 53′ | αὐτῶν 1°] *αυτου* 246; ⌒2° 318 | περιθήσεις] *-θυσης* 376; *θησεις* 126 | τὸν κλῆρον] *αυτον κληρον* 28; > 319(|||) | πατρός 2°] *προ* F^b | om αὐτῶν 2° 29 54(|) | αὐταῖς 2°] *ταυταις* (*-τες* 75) 75′

8 λαλήσεις] *-σον* 246 | om λέγων 646 | ἄνθρωπος] post ἀποθάνῃ tr 75 Aeth | ἐάν] *ος αν* 319 | om καί 2° 126 Bo | υἱός — αὐτῷ] *μη εχον υιον* 126; *υιους* (*υιος* 321′; *υιον* 18′-628-630′; absc K) *μη εχη* (*εχει* 707 56 344-346* 669* 319 799) K 707 f^{-129} 85′^{mg}-321′^{mg}-344^{mg} z^{-126} 319 799 ^{Lat}cod 100 Aeth (sed hab Ald) | υἱός] post ᾖ tr 19′ (sed hab Compl) | ᾖ] *ην* B 71 (sed hab Sixt); > 624* | αὐτῷ] *eius* Arm | περιθήσετε — fin] *θυγατηρ* (*-τη* 125) *δωσετε την κληρονομιαν αυτου τω αδελφω αυτου* d^{-106}: ex 9 | περιθήσετε] pr *και* C'' 28-85′-321′ 646 = 𝔐; *θησεται* 126; *dabit* Arm; *dabitis* ^{Lat}Ruf *Num* XXII 1 Aeth Bo = Sam | τὴν κληρονομίαν] *τον κληρον* F K 29-707 f^{-129} 85′^{mg}-321′^{mg}-344^{mg} 619 392 *z* 319 799; *την τον κληρον κληρονομιαν* M | αὐτοῦ 1°] bis scr 422*(|||)

9 δέ 963] > 509 | om μή 126^{txt} | ᾖ] *ειη* 319; > 552 | θυγάτηρ αὐτῷ] *eius filia* Arm; tr V 963(vid) O^{-58}-82 414 *b d* 129 *n t* x^{-619} 55 624 ^{Lat}Ruf *Num* XXII 1 Syh = 𝔐 | αὐτῷ δώσετε] *αποδωσεται* 707 | αὐτῷ] *αυτου* 246*; > ^{Lat}cod 100 | κληρονομίαν] + *αυτου* V 963 O^{-58}-82 C'' *b d* 129 *n* s^{-30} *t* 392 *z* 319 624 646 Arm Co Syh (sed hab Ald) = 𝔐; + *αυτω* 246 | τῷ ἀδελφῷ] *του αδελφω*

ἀδελφοί, δώσετε τὴν κληρονομίαν τῷ ἀδελφῷ τοῦ πατρὸς αὐτοῦ·
[11]ἐὰν δὲ μὴ ὦσιν ἀδελφοὶ τοῦ πατρὸς αὐτοῦ, δώσετε τὴν κληρονομίαν 11
τῷ οἰκείῳ τῷ ἔγγιστα αὐτοῦ ἐκ τῆς φυλῆς αὐτοῦ, κληρονομήσει τὰ
αὐτοῦ. καὶ ἔσται τοῦτο τοῖς υἱοῖς Ἰσραὴλ δικαίωμα κρίσεως, καθὰ
συνέταξεν κύριος τῷ Μωυσῇ.
[12]Καὶ εἶπεν κύριος πρὸς Μωυσῆν Ἀνάβηθι εἰς τὸ ὄρος τὸ ἐν τῷ 12
πέραν (τοῦτο ὄρος Ναβαύ) καὶ ἴδε τὴν γῆν Χανάαν, ἣν ἐγὼ δί-

ABF(K)MV (963) O''^{-G} C'' $bdfnstx^{-527}yz$(407) al verss

509; *τη αδελφη* 413; *fratribus* Aeth; *patris* ^{Lat}cod 100 (sed hab Ruf *Num* XXII 1) | *τῷ*] ⌒(10) 16-46 Sa; ⌒(11) 1° 75 30

10 om init — (11) *κληρονομίαν* 458: homoiot | *ἐάν*] pr *si autem non fuerit pater dabitis patri eius* ^{Lat}cod 100; *ει* 509 | om *δέ* 619 68′-120* | *ὦσιν αὐτῷ ἀδελφοί*] *fuerit frater* ^{Lat}cod 100 (sed hab Ruf *Num* XXII 1) | *αὐτῷ ἀδελφοί*] *αυτου αδελφοι* 53′ Arm; *αδελφοι αυτου* 319 799; om *αὐτῷ* 343 126-128-630′ ^{Lat}Spec 3; + *του πατρος αυτου* 44-107 | *ἀδελφοί*] ⌒(11) 618 413 106^{txt}-125-610 126 | *κληρονομίαν*] + (※ Syh) *αυτου* O^{-58} 417-616 *b* 44-$106^{(mg)}$-107 127-767 *t* $z^{-68' \, 120 \, (126)}$ 799 Arm Bo Syh = 𝔐 | *τῷ — πατρός*] *patris patri* ^{Lat}cod 100 | *τῷ ἀδελφῷ*] *fratribus* ^{Lat}Spec 3 Aeth | *τοῦ πατρός*] om *τοῦ* 120*; > 44-107 767*(|); ad fin tr 19 (sed hab Compl) | om *αὐτοῦ* 120*

11 *ἐάν*] *ει* 44 630 | *μή* — 28_{24} *κυρίῳ*] absc 407 | *ὦσιν ἀδελφοί*] *fuerit frater* ^{Lat}cod 100 Sa (sed hab Ruf *Num* XXII 1); *αδελφοι ωσιν αυτω* 44; *ωσιν αυτω αδελφοι* 16-46 $106^{(mg)}$-107 54′-767 *t* 318 799 Bo | om *τοῦ πατρὸς αὐτοῦ* 44 | *αὐτοῦ* 1°] *αυτων* 53′; > Bo | *κληρονομίαν*] + *αυτου* *O b* d^{-610} 129 54′-767 *t* 318 126 Bo Syh = 𝔐 | *οἰκείῳ*] *οικω* K Aeth; + (※ Syh) *αυτου* O^{-58}-15 53′ Bo Syh = 𝔐 | *τῷ* 2°] pr *aut* Bo; *τα* 16-46 | *αὐτοῦ* 2°] *αυτω* 18; ⌒4° 414 | *ἐκ — αὐτοῦ* 3°] post *αὐτοῦ* 4° tr 381′ | *κληρονομήσει τὰ αὐτοῦ*] pr *et* ^{Lat}cod 100 Ruf *Num* XXII 1 = 𝔐; *κληρονομησεται* (-*τε* 53^{c}-664 130; -*σει* 53*) *αυτον* (*αυτω* 799; *αυτην* 72) K 72′ 53′-56 $85'^{mg}$-$321'^{mg}$-344^{mg} 799; litt *σει τα αυτου* sup ras A; om *τὰ αὐτοῦ* Aeth; > 458: homoiot | *κληρονομήσει* 963] -*ση* 550′; -*σαι* F^{a} 246 619 318* *z* 624 = Sixt; -*μησ*[. .] F; -*σειν* Compl | *τά*] *quod* Bo; > 528 ^{Lat}Ruf *Num* XXII 1 | *τοῦτο* F^{b}] + *το* 624; + *το τουτο* F; post *Ἰσραήλ* tr 376 | *τοῖς υἱοῖς Ἰσραήλ*] *τω ισραηλ* 799; om *Ἰσραήλ* A 73′; post *κρίσεως* tr 381′ *b* Aeth (sed hab Compl) | *δικαίωμα*] pr *εις d t* = 𝔐 | *κρίσεως*] *iudiciorum* ^{Lat}cod 100 (sed hab Ruf *Num* XXII 1) | *καθά*] *καθως* 799; *καθαπερ* 761; *και* 246 | *εταξε* 761 | om *τῷ Μωυσῇ* 44 799 | *μωυσει* 46 343 619 68′-120; *μωση n*; *μωσει* 72-426

12 *εἶπεν*] *ελαλησε* 19 (sed hab Compl) = Sam | *πρὸς Μωυσῆν*] *τω μωση* 54′-767; *τω μωσει* 72; *τω μωυση* (-*σην* 551) K 551* 799 | *Μωυσῆν*] *μωσην* 58-426 417-761* 75*-458; *μωση* 75^{c}; -*ση λεγων* 19 (sed hab Compl) = Sam | *τὸ ὄρος*] *verticem montis* Bo | *ὄρος* 1°] ⌒2° 68′-120 Procop 876 (sed hab Ald) | *τό* 2°] *τω* M′ 707 19′ d^{-106} 53′ 75 321 509* 318 319 (sed hab Compl); > C'' 646 | *ἐν τῷ*] *εις το* 59; om *τῷ* 799; > 72 18-126 | *πέραν*] *περα* B* 799 (sed hab Sixt); + *montem* ^{Lat}cod 100; + *του ιορδανου f* 127 Bo^{B} = Compl Sixt | *τοῦτο ὄρος*] *του ορους* 29-72 619 126-628 = Ald; *in montem* Arm; om *τοῦτο* 458 | *ὄρος Ναβαύ*] pr *το* B* $C''^{-16 \, 46}$ *b* 127-458 $s^{-30'}$ 509 392 59*(vid) 646 = Sixt; sub

---

12 *τό* 2° — *Ναβαύ*] *τῶν ἑβραίων τούτων* (absc 321; *του*^{r} 130) 130-321′ = Tar

13 δωμι τοῖς υἱοῖς Ἰσραὴλ ἐν κατασχέσει· [13]καὶ ὄψει αὐτήν, καὶ προστε-
θήσῃ πρὸς τὸν λαόν σου καὶ σύ, καθὰ προσετέθη Ἀαρὼν ὁ ἀδελφός
14 σου ἐν Ὢρ τῷ ὄρει, [14]διότι παρέβητε τὸ ῥῆμά μου ἐν τῇ ἐρήμῳ Σὶν
ἐν τῷ ἀντιπίπτειν τὴν συναγωγὴν ἁγιάσαι με· οὐχ ἡγιάσατέ με ἐπὶ τῷ
ὕδατι ἔναντι αὐτῶν· (τοῦτό ἐστιν ὕδωρ ἀντιλογίας Καδὴς ἐν τῇ ἐρήμῳ
15 16 Σίν). [15]καὶ εἶπεν Μωυσῆς πρὸς κύριον [16]Ἐπισκεψάσθω κύριος ὁ

ABF(K)MV (963) O''^{-G} C'' $bdfnstx^{-527}yz^{-407}$ al verss

÷ Syh = 𝔐; om ὄρος 58 | Ναβαύ] pr *in* Arm^{te}; *nabu* Arm^{ap}; ναβαβ *d* 53′-246 343 128 = Compl; ναυαυ 528 669; ναβων 126; ναγαυ 127*; ναβαν 72-376 550*-552 54 619 799 = Ald | Χανάαν] sup ras 3 litt 121; sub ÷ Syh; > 129 392 = 𝔐 | δίδωμι] *dabo* Arm Co | τοῖς υἱοῖς Ἰσραήλ] ad fin tr *b* (sed hab Compl) | ἐν κατασχέσει] sub ÷ Syh; > 58 Arab = 𝔐

13 καί 1°] > 630 Arm; ⌒2° B*(vid) | ὄψει] οψης 458 | αὐτήν] αυτο 343 | καί 2°] bis scr 59*(|) | προστεθήσῃ] -θησηται 313-615*(vid) | πρός — σου 1°] pr και 799; post σύ tr *d t* | καὶ σύ] και ου 767; om καί 126; > C'' *s* 392 646 | καθαπερ 376 *d f n t* = Compl; καθως F 29-58-72 59↓ | προσετέθη] ετεθη *f* = Compl | Ἀαρών] pr και 58 53′ ^{Lat}cod 100 | om ὁ 707 | om σου 2° 767 | ἐν — fin] sub ÷ Syh; om τῷ 130; > Arab = 𝔐 | Ὤρ] pr τω B* 52′-313 319 646 (sed hab Sixt)

14 παρέβητε — μου] sup ras A | παρέβητε] παραβ. 707*(vid); -βη 44 458; *praeteristi* ^{Lat}cod 100 | τα ρηματα 528* | μου 963] του θῡ 75; > 707* | τῇ ἐρήμῳ 1°] τω ορει 84 Bo | Σίν 1°] σειν B V 963 82 129 509 799 (sed hab Sixt); σην 72; σινα A K M 376-707 550′ *b d* 767 *t* 121 59 319 ^{Lat}cod 100 Aeth^{-C} Co (sed hab Compl); σιναι n^{-767} | om ἀντιπίπτειν τὴν συναγωγήν 56^{txt} | ἀντιπίπτειν] αντειπειν (c var) K 29-707 *d n* 30′-85′^{mg}-321′^{mg}-344^{mg} *t* 319 799 ^{Lat}cod 100 Aeth Bo (sed hab Ruf *Num* XXII 3); πιπτειν 552 | τὴν συναγωγήν] τη συναγωγη 53′-56$^{(mg)}$-129 ^{Lat}cod 100 Aeth = Compl; om τήν 509* | ἁγιάσαι με B F K V 963 426-*oI I* 44-125′ f^{-246} 767 x^{-619} 18 59 319 624 799] *et sanctificare* Aeth; *ne sanctificaretis me* ^{Lat}cod 100; αγιασαι σε 376; αγιασαι μοι 610; > Arab; pr του rell | οὐχ ἡγιάσατέ με] pr (÷ Syh) και V *d t* 799 ^{Lat}cod 100 Ruf *Num* XXII 3(1°^{ap} 2°) Arab Arm Co Syh; sub ÷ Syh = 𝔐 | οὐχ] ουχι 707 71; ουκ B* 767 30 392 (sed hab Sixt) = Compl | ἡγιάσατέ] -σετε (-ται 319; ιγηασεται 376) K 72-376 551 106 53′ 458 509*-619 121 319 799; ηγιακατε (ιγ. 30) 30′ | με 2°] μοι d^{-106} 71; > F | ἐπί] εν 15-29 *b* 106 54-75′ 121 55 (sed hab Compl) | ἔναντι B F K M′ V 963(vid) *oI*-72′ *d* 129 $s^{-28\ 85}$ *t* x^{-71} *y* z^{-630} 59 624 799 = edd] εν μεσω C'' 28-85 55 646; εναντιον (-τιων 376 767 630 319) rell | om τοῦτό — Καδής 53′ | τοῦτό] τουτ 376*(vid)-426 422 346*(vid) = Sixt; + δε A 619 121 68′ | ὕδωρ] pr το (τω M*) A F K M′ 58-oI'^{-82} C'' *b s* 619 *y* 68′ 55 59 319 624 646 (sed hab Compl) = Sixt | ἀντιλογίας 963] αντι ευλογιας 18 | Καδής 963] pr εν B Aeth Bo; καδδης 58 77-422-529-550′-761 d^{-106} 126 646; καδις 616*; *gadēs* Sa; > Arm | τῇ ἐρήμῳ 2°] *monte* Bo | Σίν 2°] σειν B V 963 82 129 509 799 (sed hab Sixt); σην 72 318; σινα 376 550′ *b d* 767 *t* 59 319 ^{Lat}cod 100 Aeth^{-C} Co (sed hab Compl); σιναι n^{-767}; > K

15 Μωυσῆς 963] μωσης 58-72-426 *n* 424 | fin 963] + (※ Syh) λεγων O^{-58} Syh = 𝔐

---

13 (λαόν σου) καὶ σὺ καθά] ο′ λαόν σου καὶ σὺ καθά σ′ καὶ σὺ ὃν τρόπον α′ καί γε σὺ καθώς· καί γε σὺ καθά 344

θεὸς τῶν πνευμάτων καὶ πάσης σαρκὸς ἄνθρωπον ἐπὶ τῆς συναγω-
γῆς ταύτης, [17]ὅστις ἐξελεύσεται πρὸ προσώπου αὐτῶν καὶ ὅστις 17
εἰσελεύσεται πρὸ προσώπου αὐτῶν, καὶ ὅστις ἐξάξει αὐτοὺς καὶ ὅστις
εἰσάξει αὐτούς, καὶ οὐκ ἔσται ἡ συναγωγὴ κυρίου ὡσεὶ πρόβατα, οἷς
οὐκ ἔστιν ποιμήν. [18]καὶ ἐλάλησεν κύριος πρὸς Μωυσῆν λέγων Λάβε 18
πρὸς σεαυτὸν τὸν Ἰησοῦν υἱὸν Ναυή, ἄνθρωπον, ὃς ἔχει πνεῦμα ἐν
ἑαυτῷ, καὶ ἐπιθήσεις τὰς χεῖράς σου ἐπ᾽ αὐτόν, [19]καὶ στήσεις αὐτὸν 19

ABF(K)MV (963) O''^{-G} C'' $bdfnstx^{-527}yz^{-407}$ al verss

16 init — 28$_7$ *τό*] absc 624(||) | *ἐπισκεψάσθω* 963] -*ψατω* (+ *δη* Phil) 130 318 Phil V 281^{ap}; + *δη* Phil V 281^{ap} | *κύριος*] *κε* *d*; > V 75 318 126 | *ὁ θεός*] post *πνευμάτων* tr 75 | om *τῶν* — *σαρκός* 126 | *τῶν πνευμάτων*] *των πρων* $C''^{-52' 313 413 414 417 761}$ 314*-537* 53′ 458 84 424 Phil II 104^{ap}; *spiritu* ^{Lat}cod 100; *omniae animae* Aeth | *καί*] *της* Phil II 104^{ap}; > ^{Lat}cod 100 Ruf *Num* XXII 3^{ap} = 𝔐 | *πασῃ σαρκι* 509 | *ἄνθρωπον*] *ανων* 19′ 509 Phil II 104^{ap} ^{Lat}cod 100 (sed hab Compl); *ανος* 44 458 68* 59 (sed hab Ald) | *ἐπί* — fin] pr *επι της* 630*; *super congregationem hanc omnem* Bo; *επι την συναγωγην ταυτην* *C*-46 | *ταύτης*] sub ÷ Syh; > 58 = 𝔐

17 init — *αὐτῶν* 2°] post *αὐτούς* 2° tr V | *ὅστις* 1°] ⌒2° 376 | *ἐξελεύσεται*] et *εἰσελεύσεται* tr V 392 | *πρὸ προσώπου αὐτῶν* 1°] om *πρό* 963*; post *αὐτούς* 2° tr Aeth | *αὐτῶν* 1°] *αυτου* 618 | *καί* 1°] ⌒2° 72-707^{txt} 52-414 19 d^{-125} 75′-767 343 370 71 68′-120-126-630 59 799 Arm Co (sed hab Ald Compl); ⌒3° 82 125 ^{Lat}cod 100 | *ὅστις* 2°] *ως τις* 509 | *εἰσελεύσεται*] *εξελ.* 426*(vid) Phil II 15^{U} | om *πρὸ προσώπου αὐτῶν* 2° 381′ 619 319 Phil II 15 ^{Lat}Ruf *Num* XXII 3 Aeth = Ald | *πρό* 2°] *απο* 963* | *καί* 2°] > 29; ⌒3° 509 | *ὅστις* 3°] *ως της* 75* | *ἐξάξει*] *εξαξη* 376 75; *εξαξαι* 71; *εισαξει* 84*(vid); et *εἰσάξει* tr V 55 | *αὐτούς* 1°] > Arm; ⌒2° 58-72-707^{txt} 550′ 19 75′ 343 71 68′-120 59^{txt} Bo (sed hab Ald Compl) | om *ὅστις* 4° 106-125 319 799 Arm | *εἰσάξει* 963] -*ξη* 376 619*; *εξαξει* 551* 319; *φυλαξει* 610 | *αὐτούς* 2° 963] > 381′ 619 319 Phil II 15 = Ald | *κυρίου* 963] > 618 ^{Lat}Ruf *Num* XXII 3 Arm^{ap} | *ὡσεί* 963] *ως* (*εις* cod U) A M′ *oI* 121 126 55 Phil II 104^{UF} | *προβατον* 72; *ποιμνιον* Phil II 104^{UF} | *οἷς*] *εις* 75 | *ἔστιν* 963] *εσται* 767; + *αυτοις* 426 Phil II 104^{UF} = 𝔐

18 *Μωυσῆν* 963] -*ση* 19 (sed hab Compl); *μωσην* 426 *n*; *μωσει* 72 | *λέγων* 963] sub ÷ Syh; > 58 Arab = 𝔐 | *πρὸς σεαυτόν* 963] *σεαυτω* 413; *προς αυτον* 321(|); *προς εαυτον* 58-376 73′-414*-417-528 *b* 44-107′ f^{-129} *n* 30-130-343′-346 84-134-370 509 y^{-121} 18*(cprm)-120-630 59 799; > 126 | *τόν* 963] > B^{c} F K(vid) M′ 72-426 46^{c}-52′ *d* f^{-246} 767 *t* x^{-619} 18-126 59 646 — Compl Sixt | *υἱόν*] pr *τον* 739 126; > 53 | *Ναυή* 963] *του ναβη* 767; *ναβη* 44-107 54 669 = Compl; *ναυι* 72 616^{c} 56^{c}-664 75; *ναβι* 106-125 71; inc K | *ανθρωπος* 963 15*(cprm)-376 616 19 75′ 28 121*(vid; sed hab Compl) | *ὅς* 963] *ως* 707* 30; *οστις* 246 619 *z* = Sixt^{txt} | *πνεῦμα ἐν ἑαυτῷ*] *εν αυτω πνευμα θυ* 319 | *πνεῦμα* 963] + *sanctum* Aeth; + *meum* Arab; + *θεου* F^{a} M′ V 707 *b d n t* 55 ^{Lat}cod 100 Ruf *Num* XXII 4 Syh (sed hab Aug *Num* 54 Compl) | *ἑαυτῷ* 963] *αυτω* 376(vid) 16*-417 *b d* 53′ 75*-767 *t* 55 (sed hab Compl) | om *καί* 2° Bo^{A} | *ἐπιθήσεις* 963] -*σει* A*; *θησεις* 126; *inpone* Aug *Num* 54 | *τὰς χεῖράς σου* 963] *manum tuam* Aeth Sa^{5} = 𝔐; om *τάς* 130(|); om *σου* Tht *Nm* 224^{ap}; ad fin tr Tht *Nm* 224^{ap} | *αὐτόν* 963] *αυτων* 30; *αυτω* 72 56-129 319 = Compl; ⌒(19) 963* 130-321′

19 om init — *αὐτῷ* 53′ | *στήσεις αὐτόν*] *stabit* (-*vit* 92) ^{Lat}codd 91 92 94 |

ἔναντι Ἐλεαζὰρ τοῦ ἱερέως, καὶ ἐντελῇ αὐτῷ ἔναντι πάσης συναγωγῆς,
20 καὶ ἐντελῇ περὶ αὐτοῦ ἐναντίον αὐτῶν, ²⁰καὶ δώσεις τῆς δόξης σου
21 ἐπ' αὐτόν, ὅπως ἂν εἰσακούσωσιν αὐτοῦ οἱ υἱοὶ Ἰσραήλ. ²¹καὶ ἔναντι
Ἐλεαζὰρ τοῦ ἱερέως στήσεται, καὶ ἐπερωτήσουσιν αὐτὸν τὴν κρίσιν
τῶν δήλων ἔναντι κυρίου· ἐπὶ τῷ στόματι αὐτοῦ ἐξελεύσονται καὶ
ἐπὶ τῷ στόματι αὐτοῦ εἰσελεύσονται, αὐτὸς καὶ οἱ υἱοὶ Ἰσραὴλ ὁμοθυ-

ABF(K)MV 963 O''^{-G} C'' $bdfnstx^{-527}yz^{-407}$ al verss

στήσεις] -σης 376 528 121*; επιθησεις επ 319 | om αὐτόν Tht *Nm* 224 | ἔναντι 1° 963] εναντιον K 29-64 *y* 59 Tht *Nm* 224; *super* ^{Lat}cod 100; ετι 619 | Ἐλεαζάρ] *eliazar* Arm | καὶ ἐντελῇ αὐτῷ 963] στησεται και επερωτησουσιν 618*: ex 21; om ἐντελῇ αὐτῷ V 426 *b* 246 18'-126-628-630' Arab = 𝔐; > 376 Syh | καί 2°] ⌒3° 72 Arm^{te} | ἐντελῇ 1°] εντειλη (-τιλη*) 392; *praecepta dato* Ruf *Num* XXII 4 | αὐτῷ] αυτον 29 551 107'-125 75-767; αυτου 458; περι αυτου 44; absc 422 | ἔναντι 2° 963] -τιον (-ων 767) A 29-58-*oI d n t* 619 y^{-392} 68' 55 319 Tht *Nm* 224 | πάσης 963] > 319 Tht *Nm* 224^{ap} | συναγωγῆς 963] pr της 426 *d* 53'-56^{c}-129 *n* t^{-76} 619 y^{-392} 68' 319 Tht *Nm* 224 = Compl; + υιων ιηλ *b* | om καί 3° — fin 44-125 71 319 Tht *Nm* 224 | καί 3° 963] > f^{-246} | ἐντελῇ 2° 963] εντειλη 58 127; εντειλαι (-τιλαι 55; -τηλαι 30; -λε 318 416) A M' *oI* C'' 28-30'-85'^{txt}-321'^{txt}-343-344^{txt} 619 *y* 68' 55 ^{Lat}Ruf *Num* XXII 4 Aeth^{C}; *mandabitis* Bo; + αυτοις 15 Sa; + αυτω *O* = Compl 𝔐 | περὶ αὐτοῦ 963] sub ÷ Syh; > Compl = 𝔐 | αὐτοῦ] αυτους 426 | ἐναντίον 963] pr και 58; εναντι 72 509 | αὐτῶν 963] παντων *b* (sed hab Compl)

20 δώσεις 963] -σει 72; δως 319* | τῆς δόξης F^{a}] την δοξαν F 29-376-381' 131^{c} 53' 458 619 Tht *Nm* 224^{ap} = Ald; τη δοξη 72 d^{-106}; *spiritum* Sa^{5} | ἐπ' αὐτόν 963] εν αυτω 509; αυτω 121 68' (sed hab Ald) | αὐτόν F^{a}] αυτων 426*; αυτω F*(cprm) 767*; + πασαν F | ὅπως] pr *et* Bo^{B} | ἄν 963] εαν 509; > F 767 Procop 877 Tht *Nm* 224 Syh | εἰσακούσωσιν 963] ακουσ. 509 126 | αὐτοῦ 963] εις αυτον 610*; αυτω 767 509 Tht *Nm* 224^{ap}; > 619 = 𝔐 | οἱ υἱοὶ Ἰσραήλ 963] om οἱ A* 707 b^{-19} 75 30-343 126 319 (sed hab Compl); > Bo

21 καί 1° 963] > 739 392 | ἔναντι 1° 963] -τιον 29 C'' *s* 318 646 Tht *Nm* 224; *filii* Bo | Ἐλεαζάρ 963] *eliazar* Arm; -ζαρου 799; > 72 Sa^{5} | τοῦ ἱερέως 963] post στήσεται tr 319 | σταθησεται Tht *Nm* 224^{ap}; στησουσιν 963* Aeth^{CG} Arm^{ap} Bo | ἐπερωτήσουσιν 963] ερωτ. 126; -σωσιν (-τισωσιν 616*) A 58 $C''^{-52\ 77\ 414\ 422\ 761}$ 53' 127 28-85 392 68 319 416 (sed hab Ald) | αὐτόν 963] αυτων 53 30 120 319; αυτω 376*(vid)-381' 126 | τῶν δήλων 963] τον δηλον 59; των αδηλων 84; των δημων 126; των δειμων 246; των δουλων 376 44 53' | ἐπί 1° 963] pr και 72 19 Aeth^{-M} Sa^{5} (sed hab Compl) | αὐτοῦ 1° 963] pr ras 2 litt 52; αυτων 669 | ἐξελεύσονται 963] -σεται *oI* 73* 619 120-122* = Ald Sam; εξελευ^{σ} 126; et εἰσελεύσονται tr K | καί 3° — εἰσελεύσονται 963] om καί Aeth^{M}; om ἐπί — αὐτοῦ 106-125 319; om τῷ 120 59; > 72 $C''^{-52'\ 313\ 417}$ 343 509 Sa^{12}: homoiot | αὐτοῦ 2°] αυτων 18'-126-630'; > 417 | εἰσελεύσονται — fin] sup ras 669 | εἰσελεύσονται] διελ. 53-129$^{c\ pr\ m}$; εισδιελ. 56-664 = Compl; επελ. 127; -σεται 64* 619 = Ald Sam | om αὐτός — ὁμοθυμαδόν ^{Lat}cod 100 | αὐτός 963] pr και C'' 646; pr ※ *omnes* ↙ Syh; αυτους 53'; > 321 | οἱ] pr παντες (-ταις 376) O^{-58} *b* d^{-125} n^{-767} *t* = 𝔐; παντες 125 767; > 963 246 619 68'-126 319 | Ἰσραήλ 963] αυτου

21 δήλων] θ' (ἄλλοι C'') φωτισμῶν C''^{comm} Syh = Sixt; ἄλλοι φωτισμῶν· τελειοτήτων C''^{comm}

μαδὸν καὶ πᾶσα ἡ συναγωγή. ^{22}καὶ ἐποίησεν Μωυσῆς καθὰ ἐνετεί- 22
λατο αὐτῷ κύριος, καὶ λαβὼν τὸν Ἰησοῦν ἔστησεν αὐτὸν ἐναντίον
Ἐλεαζὰρ τοῦ ἱερέως καὶ ἐναντίον πάσης συναγωγῆς, ^{23}καὶ ἐπέθηκεν 23
τὰς χεῖρας αὐτοῦ ἐπ' αὐτόν, καὶ συνέστησεν αὐτόν, καθάπερ συνέταξεν
κύριος τῷ Μωυσῇ.
28 ^{1}Καὶ ἐλάλησεν κύριος πρὸς Μωυσῆν λέγων ^{2}Ἔντειλαι τοῖς υἱοῖς 1 2
Ἰσραὴλ καὶ ἐρεῖς πρὸς αὐτοὺς λέγων Τὰ δῶρά μου δόματά μου καρπώ-
ματά μου εἰς ὀσμὴν εὐωδίας διατηρήσετε προσφέρειν ἐμοὶ ἐν ταῖς

ABF(K)MV (963) *O*$''^{-G}$ *C*$''$ *bdfn*(767)*stx*$^{-527}$*yz*$^{-407}$ al verss

16-46; + *παντες* 799 | *ὁμοθυμαδόν* 963] -*δω* 129*(cprm); *ομοδων* 56*; > Sa^{1} | *ἡ συναγωγή* 963] om *ἡ* 59; + *istrahel* ^{Lat}cod 100

22 om init — (23) fin 85$'^{\mathrm{txt}}$-321$'$ | *Μωυσῆς* 963] *μωσης* 58-72-426 *n* | *καθά* 963] *καθως* 414 53$'$; *καθαπερ* *b d t* 319 (sed hab Compl) | *αὐτῷ κύριος* 963] *κυριος αυτοις* 46; *αυτω ο κυριος* 53^{c}-664 55; tr 426 16 44 126 Syh = 𝔐; + *ο θεος* 381$'$ 619 = Ald | *καί* 2° 963] > Aeth^{M} Bo^{A} | *τόν* 963] > 125 | om *αὐτόν* 72 84^{txt}(cprm) 319 Arm | *ἐναντίον* 1°] *εναντι* A 15-72 *C*$''^{-52'\ 313}$ 125 129 *n* 28-30$'$-85$^{(\mathrm{mg})}$-343-344^{txt} 84* 121 55 646 = Compl; ⌒2° 963*(vid) | *Ἐλεαζάρ*] -*ζαρου* 799; sup ras 5 litt 121; *eliazar filio aaron* Arm | om *καί* 3° 458 | *ἐναντίον* 2°] *εναντι* B* 72-376 *f* (sed hab Sixt) = Compl Ra; > 106-125 126 319 | *συναγωγῆς*] pr *της* 381$'$-426 422 125 53$'$ *n* 28-85$^{(\mathrm{mg})}$ 619 55 319 = Ald; + *υιων* $\overline{\textit{ιηλ}}$ 376 Sa^{12}

23 *τὰς χεῖρας*] *manum* Aeth = Sam | om *αὐτοῦ* 125 | om *ἐπ'* 126^{txt} | *αὐτόν* 1°] *αυτου* 618; ⌒2° 125 127^{txt}-767 | om *καί* 2° Bo^{A} | *συνέστησεν αὐτόν*] *εστησεν αυτον* 126; *συνεταξεν αυτω* 72 = 𝔐 | *αὐτόν* 2°] pr *επ* 413; *αυτην* 28 | *καθάπερ*] *καθα* 707 125 458 130$^{(\mathrm{mg})}$ 392; *καθως* 29 | *συνέταξεν*] *ενετειλατο* (-*τηλ.* 458) *b n* (sed hab Compl) | *κύριος* — fin] *κυριος αυτω* 381 Aeth^{-M}; *αυτω* $\overline{\textit{κς}}$ 618; om *κύριος* 53 | *τῷ Μωυσῇ*] *in manu moysi* ^{Lat}cod 100 (sed hab Aug *Loc in hept* IV 84) = 𝔐; > 125(|); + *sic fecit* Sa^{12} | *μωυσει* 46-413 343 619 68$'$-120; *μωυ*^{σ} 126; *μωση* 426 *n*; *μωσει* 72

28 1 om init — 30 17 fin 799 | *καὶ ἐλάλησεν*] *και ειπε* 58-376; *ειπε δε* 125 | *πρὸς Μωυσῆν*] *τω μωυση* 630 | *Μωυσῆν*] -*ση* 19 (sed hab Compl); *μωσην* 426 *n* Cyr I 1112; *μωση* 58; *μωσει* 72 | *λέγων*] > 618(|) 125 126 Or IV 184; ⌒(2) 619^{txt}(cprm)

2 *ἔντειλαι*] *λαλησον* 767; *απαγγειλαι* Or IV 184 | *Ἰσραήλ*] > 82^{txt} 77; + *λεγων* 73*-320 509 | om *καί* — *αὐτούς* 30$'$ 126 319 | *ερει* 528 | *αὐτούς*] *αυτοις* 376; *αυτον* 610* | om *λέγων* — 30 2 fin 767 | *λέγων*] sub ÷ Syh; > 58-72-82 125 509 Aeth Arab Arm Bo Sa^{12} = 𝔐 | *τά* — *ἐμοί*] *την προσφοραν μου αρτον μου εις πυρον μου διατηρησεται του προσφερειν εμοι* (*μοι* U) Phil II 57^{UF}: cf 𝔐 | *τὰ δῶρά*] *oblationem* Aeth | *δῶρά μου*] om *μου* Aeth^{F}; > 53$'$ | *δόματά*] pr *τα* 413; pr *et* Aeth Arm Bo Sa^{12}; *δογματα* 52$'$-313 Phil I 247^{ap} | *μου* 2°] > 761*(|); ⌒3° 52$'$-313 314 318 Phil I 156^{ap} | *καρπώματά*] pr *και* Cyr X 861 (sed hab

---

23 fin] + (÷ Syh) *καὶ εἶπεν πρὸς αὐτόν Οἱ ὀφθαλμοί σου ἴδοσαν* (*ειδ.* 343$'$) *ὅσα ἐποίησεν* $\overline{\textit{κς}}$ (> 85$'$-321$'$) *τοῖς δυσὶ βασιλεῦσιν οὕτως ποιήσει* $\overline{\textit{κς}}$ *πάσαις ταῖς βασιλείαις εἰς ἃς σὺ παρελεύσῃ* (-*σει* 343) *ἐκεῖ οὐ φοβηθήσῃ* (-*ση*^{r} 130) *ὅτι* (> 130) $\overline{\textit{κς}}$ *ὁ* $\overline{\textit{θς}}$ *σου αὐτὸς πολεμήσει αὐτοὺς μεθ' ὑμῶν* (*σου* Syh) 85$'$-321$'$-343^{txt}-344 Syh (ex Sam **secundum** Syh; ex Deut secundum 85$'$-321$'$-344: cf Deut 3 21 22)

3 ἑορταῖς μου. 3καὶ ἐρεῖς πρὸς αὐτούς Ταῦτα τὰ καρπώματα, ὅσα προσ-
άξετε κυρίῳ· ἀμνοὺς ἐνιαυσίους ἀμώμους δύο τὴν ἡμέραν εἰς ὁλο-
4 καύτωσιν ἐνδελεχῶς, 4τὸν ἀμνὸν τὸν ἕνα ποιήσεις τὸ πρωί, καὶ τὸν
5 ἀμνὸν τὸν δεύτερον ποιήσεις τὸ πρὸς ἑσπέραν· 5καὶ ποιήσεις τὸ δέκα-
τον τοῦ οἰφὶ σεμίδαλιν εἰς θυσίαν ἀναπεποιημένην ἐν ἐλαίῳ ἐν τετάρτῳ
6 τοῦ ἴν. 6ὁλοκαύτωμα ἐνδελεχισμοῦ, ἡ γενομένη ἐν τῷ ὄρει Σινὰ εἰς

ABF(K)MV (963) O''^{-G} C'' $bdfn^{-767}stx^{-527}yz^{-407}$ al verss

I 1112) Aeth Arm; και ποματα 71; καρπωμα 59 | μου 3°] το 59; > 71 | εἰς ὀσμὴν εὐωδίας] om εὐωδίας 126; > 54-75′ Phil I 156 247 II 57 295s Sa^{12}; + μου O^{-58} Syh = 𝔐 | διατηρήσετε F^{b}] -σητε 72 318; -σατε (-ρισ. 54; -τοιρησαται 75) A M′ d^{-106} n 121 Phil I 247^{ap} II 57^{ap} 296te Aeth; -σεται (-ρισ. 30 319; -τειρ. 55) F K V 52′-313* 19 56′ 30-321 392* 55 319 Phil II 57^{ap} (sed hab Compl); -σηται 82; και τηρησατε Phil II 296^{ap}; -σεις Phil I 156 | ἐμοί B M′ 82 b d n t x^{-619} 319 Phil I 247 II 57te 296 Cyr I 1112 X 861] > 58 Arm Bo; μοι K Or IV 184 rell = Compl | ἐν] + τοις καιροις μου 416↓ | μου ult] υμων oI^{-15}; > Phil I 247^{ap}

3 αὐτούς] + λεγων 53 | ταῦτα τὰ καρπώματα] *hoc sacrificium meum* Aeth; + μου 376-618* 318 628 | τά] bis scr 85 | ὅσα F^{a}] α M′ *oI* C'' b 246 s 619 y^{-121} z 55 424 646↓; > F 72 f^{-246} 121 59 ^{Lat}cod 100 Bo | προσάξετε κυρίῳ] προσεταξε κς 106 | προσάξετε] -ξατε M 72 57-131-313-422-500′-529′-615 108 18-126; -ξαται 458; -ξειται 75; προσεταξε 53 424; προσεταξατε 71; προσαγετε 46^{s} 318; -ται K V 82-376-707 19 246* 319 646 (sed hab Compl) | κυρίῳ] pr τω 29-376 C'' 44 53 458 s x^{-619} 392 424 646 Or IV 184 | ἐνιαυσίους] -σιαιους 72 52′-313-414-529; > Arm; post ἀμώμους tr 319 | ἀμώμους 963] > 56^{txt} 121; post δύο tr Arm; post ἡμέραν tr 55 | εἰς ὁλοκαύτωσιν 963] pr α προσαξετε κω 314; εις ολοκαυτωμα 56-129 127 = Compl; εις ολοκαρπωσιν 376 54-75′; *sacrificium* Aeth; > 53′ | ἐνδελεχῶς 963] παντοτ[. .] $106^{sup\ lin}$

4 ποιήσεις 1° 963] -σετε (-το 646; -ται A 130* 59*) A F K M′ 58-oI'^{-82} C''^{-616*} s 619 y z 55 59 646 Aeth; ⌒2° 314 | τό 1°] τω 15-376^{c}-oII^{-82} 615 246 54-75′-127* 30* 120-628; > 669 | πρωί] προινον 121 | τὸν ἀμνόν 2°] > 125 319 Bo | δεύτερον 963] ετερον 319; ενα 16-46 Aeth | ποιήσεις 2° 963] -σετε (-ται A K M*; -σε 130) A F K M′ 58-oI'^{-82} C'' s 619 y z 55 59 646 Aeth; > 125 ^{Lat}cod 100 | τὸ πρός 963] την 458; om τό M′ 58-72 619 68′-120-126 59 319 | πρὸς ἑσπέραν 963] εσπερας C'' 646; διλινον 121

5 καὶ ποιήσεις 963] sub ÷ Syh | ποιήσεις τὸ δέκατον F^{a} 963] > F | ποιήσεις] -σει 127; > 125 = 𝔐; post οἰφί tr 376 | om τό 82 | τοῦ 1° 963] τω 72; > 82 | οἰφί 963] υφεις 59*(vid) | σεμίδαλιν 963] -λεως 52′ 59; σεμι^{δλ} 126 | εἰς — fin 963] om εἰς θυσίαν Arm Sa$^{1\ 6}$; > 550′ | ἀναπεποιημένην] -νης 52; πεποιημ. 75′ 126; sup ras 44 | ἐν ἐλαίῳ] om ἐν 53′ 76 509; + (※ Syh) κεκομμενω O^{-58} Arab Arm Syh = 𝔐 Tar; ⌒(9) K | ἐν τετάρτῳ] εν τε τω τεταρτω 392; τεταρτου 458; εν τω τεταρτω F V 16-46 d 321′ t 121 18 55; om ἐν 19′ f 126 | τοῦ ἴν] του ει 669; om τοῦ 630; > 53′; + μετρου (-ρον 458) 54-75′; + οινου (-νον 346) 125-610 130^{mg}-321-346^{mg}; ⌒(7) 125-610

---

28 2 ταῖς ἑορταῖς μου] τοῖς καιροῖς μου M
3 ὅσα προσάξετε] οʹ ὅσα προσάξετε θʹ αʹ ὃ προσάξετε 344; σʹ ἃ προσάξετε 344^{txt}
4 ποιήσεις τὸ πρωί] οʹ οἱ λʹ ποιήσεις τὸ πρωί 344 | ποιήσεις 2° — fin] οʹ οἱ λʹ ποιήσεις τὸ πρὸς ἑσπέραν 344

ὀσμὴν εὐωδίας κυρίῳ· [7]καὶ σπονδὴν αὐτοῦ τὸ τέταρτον τοῦ ἲν τῷ 7
ἀμνῷ τῷ ἑνί, ἐν τῷ ἁγίῳ σπείσεις σπονδὴν σίκερα κυρίῳ. [8]καὶ τὸν 8
ἀμνὸν τὸν δεύτερον ποιήσεις τὸ πρὸς ἑσπέραν· κατὰ τὴν θυσίαν αὐτοῦ
καὶ κατὰ τὴν σπονδὴν αὐτοῦ ποιήσετε εἰς ὀσμὴν εὐωδίας κυρίῳ.
[9]Καὶ τῇ ἡμέρᾳ τῶν σαββάτων προσάξετε δύο ἀμνοὺς ἐνιαυσίους 9
ἀμώμους καὶ δύο δέκατα σεμιδάλεως ἀναπεποιημένης ἐν ἐλαίῳ εἰς
θυσίαν καὶ σπονδήν, [10]ὁλοκαύτωμα σαββάτων ἐν τοῖς σαββάτοις, 10

ABF(K)MV (963) O''^{-G} C'' $bdfn^{-767}stx^{-527}yz^{-407}$ al verss

6 init — (7) ἲν] bis scr 618 | ὁλοκαύτωμα ἐνδελεχισμοῦ] pr εις 52′-550′; του ενδελ. ολοκ. (-τομα 664) 53′; + *in* (*et* Sa⁶) *sacrificium* $Sa^{1\ 6}$ | ολοκαυτωματα 106 509 318 | ἡ γενομένη] η γινομενη 53′; *sicut fiebat* (*fiunt*^{ap}) Arm; + θυσια Cyr I 1112 | Σινά] pr το 72*; σεινα B (sed hab Sixt); σει[. . . 963; σιναι 426 54′-458; σι^{ν} 126 | εὐωδίας] + (※ Syh) καρπωμα *O* Syh = 𝔐 | κυρίῳ] pr τω 44-107; $\overline{κυ}$ 509; > 422

7 σπονδήν 1°] pr εις (ει 376) O^{-58} ↓; -δη A 55(|) | αὐτοῦ] αυτω Cyr I 1112 | τὸ τέταρτον] τω τεταρτω 16-46; om τό 319 | τοῦ ἲν] το ιν 46*; το εν 53′; + μετρου (> 127) του οινου *n*; + (~ Syh) οινου M^{mg} 376 44′-107 85^{mg}-344^{mg} *t* Syh; + εσται 318 | τῷ 1° — ἑνί] pr εν 29-82 84; post σίκερα tr Bo | ἀμνῷ] κριω 318 | om ἐν 82 53 | τῷ ἁγίῳ] τω ενι 71; om τῷ 528(|); > Bo | σπείσεις] pr *et* Arm; σπησης 319; -σει (σπισ. 392; -ση 343) 343 392 509; πεισεις 314; σπειησεις (σπιησ. 529) 500′-529-616*(vid); στησεις 75; ποιησεις 16′-46′-52′-73′-77*-417-422-550′-616^{c} 53′ 458 | σπονδήν 2°] εις ⟨σ⟩πονδην 509 | σίκερα] -ρας 134; *sintera* ^{Lat}cod 100; οινου 56(sup ras); οινον 53′ | κυρίῳ] pr τω 646; $\overline{κυ}$ 128*

8 ποιήσεις] -σουσιν 707; -σωσιν (-σειν 346) $85'^{mg}$-$321'^{mg}$-344^{mg}; > 392 | om τό 15 72 *n* 126 Cyr I 1113 | πρὸς ἑσπέραν] post αὐτοῦ 1° tr 72 | κατά 1° — καί 2°] pr και 59; om τήν 552; bis scr 618* | θυσίαν] ευωδιαν (ευοδ. 75) *n* | αὐτοῦ 1°] ⌒2° C'' | καί 2° — fin] om καί 107′-125 509 318; om κατά 44; > 72 | αὐτοῦ 2°] sub ÷ Syh | ποιήσετε] pr και *d t* 392; -ται V 82-376 313* 56 54*-75′ 30 55 319 624; -σεις 246 619 z^{-18} 646 Cyr I 1113 Syh = 𝔐; -σει 18; ποιηθησεται (-θεισ. 108) *b* 344^{mg}; ποιητε Compl; -σονται 85^{mg}-$321'^{mg}$; *fiet* ^{Lat}cod 100; inc 381 | εἰς] pr (※ Syh) καρπωμα *O* Syh = 𝔐 | κυρίῳ] pr ποιησετε τω 121; pr τω C'' *d* 370 646 Cyr I 1113; $\overline{κυ}$ B*

9 καὶ τῇ] τη δε *b* ^{Lat}cod 100 (sed hab Compl) | τῇ ἡμέρᾳ] την (τη 376^{c}) ημεραν 82-376 610 54-75′ 74* | τῶν σαββάτων] *sabbati* Aeth | προσάξετε] -ξατε 529′-552 108 126 (sed hab Compl); προσεταξε 73′ *d*; ποιησεται 319 | δύο 1° — ἀμώμους] αμνους αμωμους ενιαυσιους δυο 54′; αμν. ενιαυσ. $\bar{β}$ 75′; om δύο 618 | om ἀμνούς 618^{c} | ενιαυσιαιους (-σιεους 53′) 72 52′-529 53′ 318 | δεκατας 72 730 59 624 | σιμιδαλεως 458 | ἀναπεποιημένης ἐν ἐλαίῳ B V 963 15-82 *d f n t* x^{-619} 121 319 Cyr I 1113 ^{Lat}cod 100 Arm Bo Sa^{1} = Compl] post θυσίαν tr rell = 𝔐 | ἀναπεποιημένης 963] -νην 72 551 55; -νη 426(|); -νας 458; -να 53′ ^{Lat}cod 100; πεποιημ. 126 | ἐν 963] > 73′ d^{-106} 53′ | om εἰς θυσίαν 84*(cprm) | σπονδήν 963] -δη F*(cprm); σπονδη αυτου K; + (※ 85-344) αυτου *O* $85'^{mg}$-$321'^{mg}$-344^{mg} Syh = Compl 𝔐

---

7 (καὶ) σπονδήν] ο′ α′ καὶ εἰς ⟨σ⟩πονδήν 344; θ′ σ′ σπονδήν 344^{txt} | σίκερα] α′ *ebrietatis* Syh(s ind)

ἐπὶ τῆς ὁλοκαυτώσεως τῆς διὰ παντὸς καὶ τὴν σπονδὴν αὐτοῦ.
11 [11]Καὶ ἐν ταῖς νουμηνίαις προσάξετε ὁλοκαυτώματα κυρίῳ, μόσχους
12 ἐκ βοῶν δύο καὶ κριὸν ἕνα, ἀμνοὺς ἐνιαυσίους ἑπτὰ ἀμώμους, [12]τρία
δέκατα σεμιδάλεως ἀναπεποιημένης ἐν ἐλαίῳ τῷ μόσχῳ τῷ ἑνί, καὶ
δύο δέκατα σεμιδάλεως ἀναπεποιημένης ἐν ἐλαίῳ τῷ κριῷ τῷ ἑνί,
13 [13]δέκατον δέκατον σεμιδάλεως ἀναπεποιημένης ἐν ἐλαίῳ τῷ ἀμνῷ τῷ

ABF(K)MV (963) O''^{-G} C'' $bdfn^{-767}stx^{-527}yz^{-407}$ al verss

10 om init — τῆς 1° 664*(‖) | ὁλοκαύτωμα B 963 82 *d* 56′-129 *n* 346* *t* 71 Cyr I 1116(2°) Bo = Compl] -ματα 707*(vid) 53-664$^{(c)}$ 509 Cyr I 1116(1°); -τωμα^{r} 72; *in holocaustis* ^{Lat}cod 100; -ματος (-τομ. 313; ολωκ. 376) rell; + *in sacrificium* Arm^{ap} | σαββάτων (σαβατ. 71) B 963 82 *d* $f^{(-664*)}$ *n* 30′-85^{mg}-344^{mg} *t* x^{-619} Cyr I 1116 ^{Lat}cod 100 Arm Co = Compl] σεβαστου 15; σαββα^{r} 381; -τω 618; > 707^{txt}; -του (σαβαββ. 346) K rell | ἐν τοῖς σαββάτοις 963] om τοῖς 618*(cprm); > Bo^{A}; + εν τοις 458 | σαββάτοις = Sam Tar] -του *d*; σαββασιν 30′-85^{mg}-321′^{mg} x^{-619} 68′-120 (sed hab Ald) ↓; σαββασιν αυτου *O* Syh = 𝔐 | ἐπὶ τῆς ὁλοκαυτώσεως 963] pr *et* Arm^{te}; επι τοις ολοκαυτωμασι 72*(vid) ^{Lat}cod 100; om ἐπί *oI* 509 319 | τῆς διὰ παντός 963] om τῆς 72-426^{txt} 76 ^{Lat}cod 100; > Sa^{12} | καί — fin 963] > Bo | τὴν σπονδήν] της σπονδης 127; om τήν 707 | αὐτοῦ] αυτων 72 458 71 Sa = Sam; αυτης Cyr I 1116; > ^{Lat}cod 100

11 ἐν 963] εσται 509 | νουμηνίαις 963] νεομ. (-μιν. 75; -νιαι 19) B 58-426 *b f n* Cyr I 1116 = Ra; νεουμ. 72; + υμων *O* Arab Syh = 𝔐 | προσάξετε 963] -ται V 82-376 75′ 55 319 624; -ξατε 707 422-529 108 44 (sed hab Compl); προσεταξε 125; προσεταξετε 126^{txt}; -ξεις 85′^{mg} | ὁλοκαυτώματα] -τωμα 963 72-426-oI^{-15} 551-615 54-458 28-346*-730 619 *z* Cyr I 1116 Aeth Sa Syh = edd 𝔐; . . .]καυτω[. . . K | κυρίῳ] pr τω B 963 72-82-426 550*-551-552 *d* 346* *t* 509 319 424 Cyr I 1116 = Compl Ra; $\overline{κυ}$ 314; > 618 | om ἐκ βοῶν 126 | καί 2° B F V 963 $O'^{-58\ 72}$ 118′-537 129 509-619 *z* 319 Cyr I 1116 ^{Lat}cod 100 Aeth Arm Co Syh = edd] > rell | ἕνα] εν 458 | ἀμνούς] pr *et* Aeth Arab Bo Sa^{12} | ἐνιαυσίους] pr υιους 376 = 𝔐; -σιαιους 72 52′-529 318 | ἑπτὰ ἀμώμους] μετα μωμους 528; αμωμους τρεις 126; om ἀμώμους Aeth Arm^{te} Bo; tr 381′ ^{Lat}cod 100 Arm^{ap}

12 init] pr και *O* Arm Syh = 𝔐 | σεμιδάλεως 1°] σιμιδ. 458; + (※ Syh) εις (> Aeth) θυσιαν *O* Aeth^{C} Syh = 𝔐 | ἀναπεποιημένης 1°] -μενας 458; -μενη 426^{c}; -μενην 82; -μενα 53′ ^{Lat}cod 100; -μενους 550*; πεποιημ. 126 | ἐν ἐλαίῳ 1°] om ἐν 125 71; > 121^{txt}; + εις θυσιαν 53′; ⌒(13) 318 | τῷ 1° — ἐλαίῳ 2°] bis scr 131 537; > 72 529 106^{txt}-125 126: homoiot | μόσχῳ] κριω 16-46 | ἑνί 1°] ⌒2° 68′ (sed hab Ald); ⌒(13) 618^{txt} | om καί — (13) θυσίαν Aeth^{-C} | καὶ δύο δέκατα] δεκατον 130; δυο δεκατας 59 | σεμιδάλεως 2°] + (※ Syh) εις (> Aeth) θυσιαν M′ *O* Aeth^{C} Syh = 𝔐 | ἀναπεποιημένης 2° 963] -μενα 53′ ^{Lat}cod 100 Bo; -μενας 458; πεφυραμενης *b* (sed hab Compl) | ἐν ἐλαίῳ 2° 963] om ἐν 53; > 413-417 | τῷ 3° — (13) ἐλαίῳ] bis scr 537 125; > $oI^{(-618txt)}$ 52′-313: homoiot | κριῷ] μοσχω 77*; αμνω 628*

13 δέκατον δέκατον A B^{c} M′ V 963 O^{-58} 509 $y^{(-318)}$ Cyr I 1116 Syh = Sixt]

10 σαββάτοις] ο′ σάββασιν 344

13 init — ἀναπεποιημένης (ἐν ἐλαίῳ)] ο′ θ′ α′ δέκατον δέκατον σεμιδάλεως εἰς θυσίαν ἀναπεποιημένης σ′ καὶ ἀνὰ δέκατον σεμιδάλεως δῶρον πεφυραμένης ἐν ἐλαίῳ 344

ἑνί, θυσίαν ὀσμὴν εὐωδίας κάρπωμα κυρίῳ. [14]*ἡ σπονδὴ αὐτῶν τὸ* 14
ἥμισυ τοῦ ἳν ἔσται τῷ μόσχῳ τῷ ἑνί, καὶ τὸ τρίτον τοῦ ἳν ἔσται τῷ
κριῷ τῷ ἑνί, καὶ τὸ τέταρτον τοῦ ἳν ἔσται τῷ ἀμνῷ τῷ ἑνὶ οἴνου·
τοῦτο ὁλοκαύτωμα μῆνα ἐκ μηνὸς εἰς τοὺς μῆνας τοῦ ἐνιαυτοῦ. [15]*καὶ* 15
χίμαρον ἐξ αἰγῶν ἕνα περὶ ἁμαρτίας κυρίῳ· ἐπὶ τῆς ὁλοκαυτώσεως
τῆς διὰ παντὸς ποιηθήσεται καὶ ἡ σπονδὴ αὐτοῦ.
[16]*Καὶ ἐν τῷ μηνὶ τῷ πρώτῳ, τεσσαρεσκαιδεκάτῃ ἡμέρᾳ τοῦ μη-* 16
νός, πάσχα κυρίῳ. [17]*καὶ τῇ πεντεκαιδεκάτῃ ἡμέρᾳ τοῦ μηνὸς τού-* 17

ABF(K)MV 963 *O*′′$^{-G}$ *C*′′ *bdfn*$^{-767}$*stx*$^{-527}$*yz*$^{-407}$ al verss

pr *et* Aeth^{C} Arab = 𝔐; *και δεκατον b d n t* ^{Lat}cod 100 Arm Sa; *και δυο δεκατα* 646; semel scr rell = Ra | *σεμιδάλεως* 963] + *εις* (> ^{Lat}cod 100 Aeth Bo = 𝔐) *θυσιαν O b* ^{Lat}cod 100 Aeth^{C} Arab Bo Syh ↓ | om *ἀναπεποιημένης* — fin 72 | *ἀναπεποιημένης* 963] *πεποιημ.* 126; *πεφυραμενην b* ^{Lat}cod 100 (sed hab Compl) ↓ ; > 761 | *ἐν ἐλαίῳ* 963] om *ἐν* 125 370^{s}; > 82 319; post *ἑνί* tr 53′ | *ἀμνῷ*] *κριω* 392 | *ἑνί*] ⌒(14) 1° 71 | *θυσίαν* 963] pr *εις ολοκαυτωμα* 58 Arab; (※ Syh) *εις* (> 426 Syh) *ολοκαυτωμα* 376′ Syh = 𝔐; *θυσιας* 75*; *θυσια* K; > *b* ^{Lat}cod 100 Arm^{te} (sed hab Compl) | *ὀσμὴν εὐωδίας*] pr *εις* 376-707*(vid) *b d n t* Aeth Arm^{te} (sed hab Compl); *et* Sa^{12}; om *ὀσμήν* Arm^{ap} | *οσμη* 53 | *ευωδιαις* 610* | *κάρπωμα κυρίῳ*] pr *κυριω* 30; *τω* $\overline{\kappa\omega}$ *καρπωμα d*$^{-106}$; om *κάρπωμα* Aeth Bo^{B*} = Compl

14 init — *αὐτῶν* 963] pr *et* Aeth^{-M} Arab Arm Co = 𝔐; > 376 | *ἡ*] *τη f* = Compl | *αὐτῶν*] *αυτω* A; *αυτου* V 381′-707 *b* 106 75′ (sed hab Compl); > Bo | *ἳν* 1°] + *vini* Aeth^{C} Arm = Sam; ⌒2° B^{txt} (sed hab Sixt); ⌒3° 669^{txt} | *ἔσται* 1° 963] > 58(|) | *τῷ ἑνί* 1° 963 = Sam] > 58 = 𝔐 Tar; ⌒2° 126; ⌒3° 76 | *καί* 1° — *οἴνου*] *δεκατον σεμιδαλεως αναπεποιημενης εν ελαιω τω αμνω τω επι την θυσιαν* 72 | *τό* 2° 963] > 381′ Cyr I 1116 | *ἔσται* 2°] *εστω* 458; sub ÷ Syh; > Sa = 𝔐; post *ἑνί* 2° tr 58 Aeth; ⌒3° 52′ 313 *b* 53 509 318 68 59 (sed hab Ald Compl) | *τῷ κριῷ*] *τω* $\overline{\kappa\omega}$ 619; om *τῷ* 381′ 730; et *τῷ ἀμνῷ* tr 58 | *καί* 2° — *ἑνί* / *οἴνου* 963] tr 646 | *ἳν* 3°] + *vini* Aeth Arm^{ap} Syh | *ἔσται* 3°] *εστω* 44; sub ÷ Syh; > 58 458 = 𝔐 | *τῷ ἑνί* 3° = Sam] sub ÷ Syh = 𝔐 Tar | *οἴνου*] pr *του* 422; *οινος* 458; *οινον* 376; [. . .]*ου* F; *ομου* F^{b}; > 58 53′ Aeth Arm Sa^{1} Syh | *τοῦτο*] *τουτου* 376; > 120 ^{Lat}cod 100 | *ὁλοκαύτωμα* (-*τω* 509) B F V *O*′$^{-376}$-29-72 458 *x*$^{-619}$ 18′-126-628-630′ 59 624] pr *το* (*τω* 30; *τ* M) K 963 Cyr I 1116 rell = Sixt: dittogr | *μῆνα* 963] > *f*$^{-246}$ 458 | *ἐκ μηνός* 963] *επι μηνος* 458; > ^{Lat}cod 100 (sed hab Hiln *Pasch* 7); + (※ Syh) *αυτου O*$^{-58}$ Syh = 𝔐 | *μῆνας* 963] pr *δωδεκα* 246 *z*$^{-68'}$ 646 | *τοῦ* ult 963] *τουτου* 458

15 *ἐξ αἰγῶν* 963] > ^{Lat}cod 100 | *ἕνα*] > 52′-313 = Tar^{P}; post *κυρίῳ* tr 646 | *περὶ ἁμαρτίας* 963] > Arm | *κυρίῳ* 963] pr *τω* 44; $\overline{\kappa\upsilon}$ B* (sed hab Sixt); > 72 125 Arab; + *pro peccato eorum* Arm | *ἐπί* 963] pr *και* 125 628 | *τῆς* 2° 963] *αυτης* 84 | *ποιηθήσεται* 963] *πεποιηθ.* 82 *f*$^{-129}$; *ποιησετε* 318 Aeth; *ei* ^{Lat}cod 100; > 646 | *καὶ ἡ* 963] om *καί* 18-126 59; om *ἡ oI*$^{-64}$

16 *καί* 963] > 417 *f* ^{Lat}cod 100 (sed hab Aug *Loc in hept* IV 86 PaschSupp 1); + *τω* 500 | *ἐν* 963] > 319 | *μηνὶ τῷ* 963] *κατω* 528 | *τεσσαρεσκαιδεκάτῃ*] pr *τη* V *b d t*; *τεσσερ.* K; *πεντεκαιδ.* 664*(vid) | *ἡμέρᾳ* 963] > 426^{txt} *C*′′$^{-422}$ *f* 424 Aeth Co = Compl; ⌒(17) A 72-618 *y*$^{-121mg}$ 59 624 | *μηνός* 963] + *τουτου*

---

16 *ἡμέρᾳ* — fin] *ο′ οἱ λ′ ἡμέρᾳ τοῦ μηνὸς πάσχα* $\overline{\kappa\omega}$ 344

18 του ἑορτή· ἑπτὰ ἡμέρας ἄζυμα ἔδεσθε. [18]καὶ ἡ ἡμέρα ἡ πρώτη
19 ἐπίκλητος ἁγία ἔσται ὑμῖν, πᾶν ἔργον λατρευτὸν οὐ ποιήσετε. [19]καὶ
προσάξετε ὁλοκαυτώματα κάρπωμα κυρίῳ, μόσχους ἐκ βοῶν δύο,
20 κριὸν ἕνα, ἑπτὰ ἀμνοὺς ἐνιαυσίους, ἄμωμοι ἔσονται ὑμῖν· [20]καὶ ἡ
θυσία αὐτῶν σεμίδαλις ἀναπεποιημένη ἐν ἐλαίῳ, τρία δέκατα τῷ
21 μόσχῳ τῷ ἑνί, καὶ δύο δέκατα τῷ κριῷ τῷ ἑνὶ ποιήσετε, [21]δέκατον
22 δέκατον ποιήσεις τῷ ἀμνῷ τῷ ἑνὶ τοῖς ἑπτὰ ἀμνοῖς· [22]καὶ χίμαρον

ABF(K)MV (963) O''^{-G} C'' $bdfn^{-767}stx^{-527}yz^{-407}$ al verss

707^{c} C'' 314 *s* 424 Bo: ex 17 | *πάσχα*] pr *vespere* Bo | om *κυρίῳ* — (17) *μηνός* 15 | *κυρίῳ*] pr *τω* F 707 73* 54 Cyr I 1088; $\overline{κυ}$ B^{txt} 963 82-426 127 55 319 ^{Lat}cod 100 Aeth (sed hab Sixt); *domini dei* PaschSupp 1

17 *καί* 963] > *f* | *πεντεκαιδεκάτῃ*] *sexta decima* Sa^{12} | *ἡμέρᾳ* — *ἑορτή*] sub ※ 127(mend) | *ἡμέρᾳ* 963] > 551 44 Aeth Bo Sa$^{1\ 6}$ | *τούτου* 963] *τουτο* 528; *πασχα* $\overline{κω}$ 71; > 72 Co; + *ποιηθησεται* A | *ἑορτή*] pr *εορτασατε* Compl; *εορτασατε* 56′; *εορτασεται* 53′; *dies festos* ^{Lat}cod 100 (sed hab Aug *Loc in hept* IV 86 PaschSupp 1); post *ἡμέρας* tr *d t* | om *ἑπτά* — fin A 15 121^{txt}-318 624 | *ημερας επτα* 126 | *ἡμέρας*] -*ρα* 610 | *ἄζυμα*] ad fin tr $oI'^{-(15)\ 72}$ C'' *s* | *εδετε* 551

18 om *καί* ^{Lat}cod 100 Arab Sa^{12} = 𝔐 | *τη ημερα τη πρωτη* 426 *f* = Compl 𝔐 | om *ἡ* 1° 458 126 Cyr I 1088 | om *ἡ* 2° 126 | *επικλητον* V*(vid); *επεικλητη* 319 | *ἁγία*] pr *και* 319; *αγιας* M | om *ἔσται* O^{-58} = 𝔐 | *ὑμῖν*] *ημιν* 619; sub ÷ Syh; > 58 Sa = 𝔐 | *ποιήσετε*] -*ται* A K V 82-376 56′-664 75′ 30-130* 509 120 55 624; -*σηται* 319; *ποιη^{στ}* 126; + *in ea* Aeth^{C} Arm^{ap} Bo

19 init] pr *et erit illis dies signi* Bo | *προσάξετε*] -*ξατε* 19′ 44 (sed hab Compl); -*ται* V 82-376 246 75 55 319 | *ὁλοκαυτώματα*] (+ *το* 84) *ολοκαυτωμα* A 82 53′ 344*(cprm) 84 71 121 59 Aeth | *κάρπωμα κυρίῳ*] *τω* (> 56′) $\overline{κω}$ *καρπωματα* f^{-129} | *κάρπωμα*] pr *et* ^{Lat}cod 100 Arm Sa^{6}; -*ματα* B* K 58-82-426 d^{-44} 129 n^{-458} 74′-370 624 (sed hab Sixt) = Ra; *in odorem suavitatis* Bo; > V 76 509 318 319 Aeth | *κυρίῳ*] pr *τω* V 58-376 84 18′-126-628-630′ 319 646; $\overline{κυ}$ 72; > 29 *b* (sed hab Compl) | *ἐκ βοῶν* / *δύο*] om *ἐκ βοῶν* 126; om *δύο* 46^{s} Bo; tr 53′ Aeth | *κριόν*] pr *και* *O* 46^{s} 44 319 624 Aeth Arab Arm Co Syh ↓ | *ἑπτά*] pr *και* *b* Aeth Bo^{A} Sa (sed hab Compl) = 𝔐; > B^{txt}; post *ἀμνούς* tr 121; post *ἐνιαυσίους* tr B^{mg} M′ V *n* 126 Cyr I 1088 = Sixt; post *ἄμωμοι* tr Arm | *ἀμνούς*] *αμωμους* 30 | *ενιαυσιαιους* 72 52-529; *ενιαυσιοι* K | om *ἄμωμοι* — fin 126 | *ἄμωμοι*] *αμωμους* 381′ 509 55 416* Arm; *αμωμα* 58; > A | om *ἔσονται ὑμῖν* 381′ ^{Lat}cod 100 Arm Bo | *ὑμῖν*] *ημιν* 59; > 413(|)

20 om *καί* 1° 121 ^{Lat}cod 100 Bo | om *ἡ* B oI^{-15} Cyr I 1088 = Compl | *σεμιδαλεως* (-*μηδ.* 509*) 509 619 68′-120 | *ἀναπεποιημένη*] -*μενης* 376′ 131-528 106 246 54-75 30 509 628 Syh; -*ποιημ^{ε}* 458; *πεποιημε^{ν}* 126; > d^{-106} | om *ἐν* $C''^{-46\ 550'}$ 106 664* | *τρία*] pr *και* 71 | *κριῷ*] *αμνω* 72; *μοσχω* 53′ | *τῷ ἑνί* 2°] ad fin tr 376; + *και δυο δεκατα τω αμνω τω ενι* 646; ⌒(21) 19 509 126 (sed hab Compl) | *ποιήσετε*] -*ται* A K M* 376 75′ 30 55; *ποιηθησεται* $b^{(-19)}$ = Compl; > B F V oII^{-29} *f* 71 120-128-630′ 319 Cyr I 1088 Aeth Arm Co = Ra

21 init] pr *και* *d n t* ^{Lat}cod 100 Aeth Arm Sa = Sam | om *δέκατον* 2° F 72 414-500-616* 314 *d* f^{-246} 54 84 71 628 59 ^{Lat}cod 100 Arab Bo | *ποιήσεις*]

---

19 *κριὸν ἕνα*] *ο′ οἱ λ′ καὶ κριὸν ἕνα* 344

ἐξ αἰγῶν ἕνα περὶ ἁμαρτίας ἐξιλάσασθαι περὶ ὑμῶν· 23πλὴν τῆς ὁλο- 23
καυτώσεως τῆς διὰ παντὸς τῆς πρωινῆς, ὅ ἐστιν ὁλοκαύτωμα ἐνδελε-
χισμοῦ. 24ταῦτα (24)κατὰ ταῦτα ποιήσετε τὴν ἡμέραν εἰς τὰς ἑπτὰ 24
ἡμέρας, δῶρον κάρπωμα εἰς ὀσμὴν εὐωδίας κυρίῳ· ἐπὶ τοῦ ὁλοκαυτώ-
ματος τοῦ διὰ παντὸς ποιήσεις τὴν σπονδὴν αὐτοῦ. 25καὶ ἡ ἡμέρα ἡ 25
ἑβδόμη κλητὴ ἁγία ἔσται ὑμῖν, πᾶν ἔργον λατρευτὸν οὐ ποιήσετε ἐν
αὐτῇ.
26Καὶ τῇ ἡμέρᾳ τῶν νέων, ὅταν προσφέρητε θυσίαν νέαν κυρίῳ 26
τῶν ἑβδομάδων, ἐπίκλητος ἁγία ἔσται ὑμῖν, πᾶν ἔργον λατρευτὸν οὐ
ποιήσετε. 27καὶ προσάξετε ὁλοκαυτώματα εἰς ὀσμὴν εὐωδίας κυρίῳ, 27

ABF(K)MV (963) O''^{-G} C'' $bdfn^{-767}stx^{-527}yz$(407) al verss

-σει V; -ση 56-129; -σεται 376; *facietis* ^{Lat}cod 100 = Tar^{P}; > Bo = Sam | om τῷ 2° 624(|) | ἑνί] επι 72; + δεκατον 500 | τοῖς — fin] τους ζ αμνους 458

22 ἐξ αἰγῶν = Sam] sub ÷ Syh = 𝔐 Tar | ἕνα 963 = Sam] > 75′ Aeth^{M}; post ἁμαρτίας tr 426 Syh = 𝔐 Tar | om περὶ ἁμαρτίας A | ἐξιλάσασθαι] και εξιλασεσθε (-σασθε 64*; -σασθαι 64^{c}) oI^{-15}-72; -σθε 58 16-46 19 54 121 126 (sed hab Compl); -σεσθαι V; -λασθαι 53*-56-129 | περὶ ὑμῶν] περι ημων 56-129 30 646*; *pro eis* Arm; bis scr 624(||); ⌒29₅ Bo

23 om πλήν *cI*-551(vid) | τῆς 1°] pr ο 630 | ὁλοκαυτώσεως] ολοκαρπωσεως 72 | τῆς διὰ παντός] sub ÷ Syh; om τῆς A 44 121; > 426 761 75 392 = 𝔐; post πρωινῆς tr 58 | om τῆς 3° 458 509 | πρωινῆς] πρωιζινης 82 509; + δια παντος 75 | ὅ] ος 121 | ολοκαυτωματα d^{-106} 392 | fin] + της δια παντος της πρωινης 628*; + (※ Syh) ποιησετε (-ται 376 126) *O* 619 121^{mg} z^{-120} 646 Syh = 𝔐

24 ταῦτα 1°] > 29-72 ^{Lat}cod 100 Aeth^{C}; + τα 52′-313 | κατὰ ταῦτα] κατ αυτην *b* (sed hab Compl); και ταυτα *d* 53′; και τα τοιαυτα 529 | ταῦτα 2°] τα (τ 344) αυτα 58 344; αυτα 52′-313; παντα 376 131^{c} | ποιήσετε 963(vid)] -σεται (-σηται 458 319) A K V 82-376 56′-664 75′ 509* 120 55 319; ποιη^{στ} 126; -σατε (-ται 30) 28-30-85; -σεις *b*(537 inc; sed hab Compl) | τὴν ἡμέραν] τη (την 376) ημερα 376 *d* n^{-127} *t*; > 72 *f* = Compl; post ἡμέρας tr 125 55 | εἰς 1° — ἡμέρας] *in die septimo* ^{Lat}cod 100; τη ζ 458 | εἰς 1°] εκ 376; > 71 | τάς] τον 528 | ἑπτά] δυο A(sup ras) | om δῶρον — fin 72 | δωρα d^{-106} | κάρπωμα] pr *et* Aeth^{CG}; *holocaustum* Arm | εἰς ὀσμὴν εὐωδίας / κυρίῳ] om εἰς *f* 509 = Compl; tr 318 | ὀσμήν] ορμην 30*; > 59* | κυρίῳ] pr τω 761*(vid) 44; $\overline{κυ}$ B* (sed hab Sixt); > 59 | ἐπί] pr *et* Sa^{6} | ποιήσεις] pr *et* Aeth; -σης 392; -σει 707 53′ 509*; *facietis* Arm | σπουδην 458 | αὐτοῦ] αυτω 528

25 init] pr και η ημερα η πρωτη ($\bar{α}$ 54-75) κλητη (κλιτη 458) αγια εσται (εστην 376; εσται και αγια pro αγ. εσται 58) υμιν 58-376 *d n t* ^{Lat}cod 100 | om καί — ὑμῖν 125 54-127^{txt} | τη ημερα τη εβδομη 53′ = 𝔐 | om ἡ 1° 82 75 321 619 68′ Cyr I 1088 = Sixt | κλητή] επικλητος K(vid) 619 68′-120 | om ὑμῖν — fin 29 | ποιήσετε] -ται V 82-376 53-56′ 75′ 30 509 126 55 319; -σε^{τ} 646; + υμιν 16-46 125 | ἐν αὐτῇ] εν αυτοις 458; sub ÷ Syh; > 125 ^{Lat}cod 100 = 𝔐

26 τῇ ἡμέρᾳ] η ημερα 761^{c}; + τη εβδομη Bas II 180 | om τῶν νέων 630 | om νέαν κυρίῳ Bas II 180 | νέαν] νεων 54 319 Aeth; > oI^{-15} 314 Arm | κυρίῳ 963] pr (※ Syh) τω O^{-58} 422 *f* 407 55 Syh = Compl: cf 𝔐; > 58 | ἑβδομάδων] pr ολοκαυτωματων 16-46-77-529; -ματων 44; + (※ Syh) υμων O^{-58}-15 Arab Syh = 𝔐 | ἐπίκλητος] *in uno invocati* ^{Lat}cod 100 | ὑμῖν 963] > 72 | ποιήσετε 963] -σεται K V 82-376 131-616*-739 56′ 75′ 30 509 55 319; ποιη^{στ}

μόσχους ἐκ βοῶν δύο, κριὸν ἕνα, ἑπτὰ ἀμνοὺς ἐνιαυσίους ἀμώμους·
28 [28]ἡ θυσία αὐτῶν σεμίδαλις ἀναπεποιημένη ἐν ἐλαίῳ, τρία δέκατα τῷ
29 μόσχῳ τῷ ἑνί, καὶ δύο δέκατα τῷ κριῷ τῷ ἑνί, [29]δέκατον δέκατον
30 τῷ ἀμνῷ τῷ ἑνὶ τοῖς ἑπτὰ ἀμνοῖς· [30]καὶ χίμαρον ἐξ αἰγῶν ἕνα περὶ
31 ἁμαρτίας ἐξιλάσασθαι περὶ ὑμῶν· [31]πλὴν τοῦ ὁλοκαυτώματος τοῦ διὰ
παντός· καὶ τὴν θυσίαν αὐτῶν ποιήσετέ μοι, ἄμωμοι ἔσονται ὑμῖν,
καὶ αἱ σπονδαὶ αὐτῶν.

ABF(K)MV (963) O''^{-G} C'' $bdfn^{-767}stx^{-527}yz$ al verss

126; + υμιν d^{-106}; + εν αυτη C'' $Aeth^{CM}$ Arm^{ap}: ex 25; + ημερα σημασιας εσται υμιν 392

27 προσάξετε 963] -ξεται K V 82-376 131-616*-739 56′ 75′ 55 319; -ξατε 19′ 44 53* 619 (sed hab Compl); ποιησετε 85^{mg}-$321'^{mg}$-344^{mg} | ολοκαυτωμα M′ 963 *oI*-29 *C*-46′-52′-57′-422-528′-550-551 125′ 246 127-458 x^{-509} 319 = Ald 𝔐 | εἰς ὀσμὴν εὐωδίας] > 509; post κυρίῳ tr 55 | κυρίῳ] pr τω f^{-129}; + επι του ολοκαυτωματος του δια παντος ποιησεις την σπονδην αυτου 19: ex 24 | μόσχους — (31) fin] καθως ειρηται 72 | μοσχον 707* | ἐκ βοῶν / δύο] *VI de bubus* ^{Lat}cod 100; om ἐκ βοῶν 126; om δύο 75; tr 53′ Arm | κριόν] pr και 29 319 Aeth Arab Arm = Compl Sam Tar^{P} | ἕνα] εν 44-107′ | ἑπτά B V 963 82-376′ *d* f^{-246} *t* x^{-619} 407 319 Syh = Compl] post ἀμνούς tr 246; ad fin tr 381′ 318 126 55 59 Arm; post ἐνιαυσίους tr Cyr I 1092 rell = Sixt Sam | ενιαυσιαιους 52 | ἀμώμους 963 = Sam] sub ÷ Syh; > 58 ^{Lat}cod 100 Arab = 𝔐 Tar

28 ἡ θυσία 963] pr *et* Aeth Arab Arm Sa = 𝔐; εις θυσιαν $85'^{mg}$-$321'^{mg}$-344^{mg}; om ἡ 19 (sed hab Compl) | σεμίδαλις ἀναπεποιημένη] *similaginem consparsam* ^{Lat}cod 100 | σεμίδαλις] -λεως 392; $σεμι^{δλ}$ 126 | ἀναπεποιημένη] -μενης (-νοις 376) 376′ 106-107′ 246 458 370 Syh; $-ποιμ^{ε}$ 58; $πεποιημε^{ν}$ 126 | om ἐν 73*-528 125 129 | τρία — ἑνί 1°] bis scr 120 | τῷ 1° — ἑνί 1°] pr ποιησεις 127; τω ενι μοσχω 630; om τῷ 1° 458 730(|) | ἑνί 1°] + [δεκα]τον δε[κατον τω] αμνω [τω ενι] K: ex 29; ⌒2° 414 30′ 509 $Aeth^{-C}$ | δύο] τρια 75 | om δέκατα 2° 125 | τῷ 3°] ⌒4° 56^{txt}; ⌒(29) 1° 75 | κριῷ] αμνω K | ἑνί 2°] ⌒(29) 458 18-630

29 δέκατον 1°] pr και 707 *d* 54′ *t* Aeth Arm = Sam; *et unam* ^{Lat}cod 100 Sa | δέκατον 2°] > 707 414 d^{-107} f^{-246} 59; post ἑνί tr 500 | τῷ 1°] pr ποιησεις (-σης 664) 53′ = Tar^{O}; pr ποιησει 56′-129* | τοῖς — fin] τοις αμνοις ζ 75; > Aeth Sa

30 om καί 59 = $𝔐^{L}$ | χιμαρροις 509 | om ἐξ αἰγῶν 126 | om ἕνα 550′ 126*(c prm) $Aeth^{M}$ | περὶ ἁμαρτίας = Sam] sub ÷ Syh; > 58 Arab = 𝔐 Tar | ἐξιλάσασθαι 963] pr και 381′ 246; εξιλασθαι 19 53* (sed hab Compl); -σεσθαι (-σθε 381-618^{c}) V 381′ 458; litt ασασθαι sup ras 129; *litationem* ^{Lat}cod 100 | ὑμῶν 963] pr αμαρτιας 75; ημων 53*-56*-129*

31 τοῦ ὁλοκαυτώματος τοῦ] της ολοκαυτωσεως της 129*(c prm) | τοῦ 2° 963] (+ το 127) της νουμηνιας (νεομ. 58) και η (> 127*) θυσια (θυσι 618 630) αυτων και το (τω 120*) ολοκαυτωμα το (τον 619 68′-120; του ολοκαυτωματος του pro το ολ. το 58) A M′ 58-*oI* 127 619 *y* z^{-407} 55 624 646; > 707(|) | τὴν θυσίαν αὐτῶν 963] αι θυσιαι αυτων 85^{mg}-$321'^{mg}$; αυτων αι θυσιαι 344^{mg} | αὐτῶν 1°] αυτου 54-75′ = 𝔐; > Sa^{6} | ποιήσετέ 963] pr *quod* Arm; -σατε 53′; $ποιη^{στ}$ 126 |

---

31 καί 2° — fin] σ′ ο′ καὶ τὰς σπονδὰς αὐτῶν 344; α′ θ′ καὶ αἱ σπονδαὶ αὐτῶν 344^{txt}

29 [1]Καὶ τῷ μηνὶ τῷ ἑβδόμῳ μιᾷ τοῦ μηνὸς ἐπίκλητος ἁγία ἔσται 1
ὑμῖν, πᾶν ἔργον λατρευτὸν οὐ ποιήσετε· ἡμέρα σημασίας ἔσται ὑμῖν.
[2]καὶ ποιήσετε ὁλοκαυτώματα εἰς ὀσμὴν εὐωδίας κυρίῳ, μόσχον ἕνα 2
ἐκ βοῶν, κριὸν ἕνα, ἀμνοὺς ἐνιαυσίους ἑπτὰ ἀμώμους· [3]ἡ θυσία 3
αὐτῶν σεμίδαλις ἀναπεποιημένη ἐν ἐλαίῳ, τρία δέκατα τῷ μόσχῳ τῷ
ἑνί, καὶ δύο δέκατα τῷ κριῷ τῷ ἑνί, [4]δέκατον δέκατον τῷ ἀμνῷ τῷ ἑνὶ 4
τοῖς ἑπτὰ ἀμνοῖς· [5]καὶ χίμαρον ἐξ αἰγῶν ἕνα περὶ ἁμαρτίας ἐξιλάσα- 5
σθαι περὶ ὑμῶν· [6]πλὴν τῶν ὁλοκαυτωμάτων τῆς νουμηνίας, καὶ αἱ 6

ABF(K)MV (963) *O*$^{\prime\prime-G}$ *C*$^{\prime\prime}$ *bdfn*$^{-767}$*stx*$^{-527}$*yz* al verss

μοι 963] *εμοι* 376; sub ÷ Syh; > 58 ^{Lat}cod 100 Arm = 𝔐 | *ἄμωμοι ἔσονται ὑμῖν*] pr *et* Aeth Arm(et ad fin tr); om *ὑμῖν* 125; > 707^{txt} | *αμωμον* 313 75′ | om *καί* 2° 630 | *αἱ σπονδαί*] *τας* (*τα* 54-75 509 407) *σπονδας* B V 82-376′ *d n*$^{-127}$ *t x*$^{-619}$ 407 319 Cyr I 1092 = Ra ↓; *ταις σπονδαις* (*σποδ.**) 58; *τα σπονδια* (-*δι* 53; -*δεια* 246) *f*; om *αἱ* K 19′ (sed hab Compl) | *αὐτῶν* 2°] *υμων* 75 Sa

29 1 *καὶ τῷ*] *τω δε* 125; *εν δε γε* Cyr I 1120 | *μηνὶ τῷ ἑβδόμῳ*] *ζ μηνι* 319 | om *μιᾷ τοῦ μηνός* Aeth^{M} | *μιᾷ*] pr *ημερα* Aug *Loc in hept* IV 87 graecus; *primus dies* ^{Lat}cod 100; spat 3—4 litt 528 | *ὑμῖν* 1°] ⌒2° 126 | *πᾶν* — *ποιήσετε*] *και ου ποιησεται παν εργον λατρευτον* 246 | *οὐ ποιήσετε*] om *οὐ* 458; spat 6—7 litt 528 | *ποιήσετε*] -*σεται* (-*σηται* 319) K V 82-376 108 56 75 30 509 120 55 319; + *εν αυτη* 72 *b* Aeth (sed hab Compl) | *ἡμέρα* — fin] pr *et* Aeth; pr *εν* 370^{s}; om *ἡμέρα σημασίας ἔσται* 59; > 72 | *σημασίας*] -*σια* 15 54-458 509; *sabbati* Arm^{ap}

2 *ποιήσετε*] -*σητε* 72; -*ται* K V 82-376 *f*$^{-129}$ 75′ 30 509 630 55 319 | *ὁλοκαυτώματα*] -*τωμα* F 426-618 528 314 127 121 59 ^{Lat}cod 100 Aeth^{M} Arm^{te} = 𝔐; + $\overline{κω}$ 130^{mg}-346^{mg} | *κυριω εις οσμην ευωδιας* K | *κυρίῳ*] pr *τω* 58 422 | *ἕνα* 1°] bis scr 552*; post *βοῶν* tr *O*$^{-58}$ ^{Lat}cod 100 Syh (sed hab Aug *Loc in hept* IV 88) = 𝔐; ⌒2° 319 | *ἐκ βοῶν*] *εκ των βοων* 130-321′; > 126 | *κριόν*] pr *και* B^{c} *b* 44 71 126 Cyr I 1120 Aeth Arab (sed hab Compl Sixt) | om *ἕνα* 2° F | *ἀμνοὺς ἐνιαυσίους*] pr *et* Aeth Arab; post *ἑπτά* tr 426 | *ενιαυσιαιους* 72 | *ἑπτά*] *μετα* 528; ad fin tr 381′ 125 84 392 126 ^{Lat}Aug *Loc in hept* IV 89 Arm | *ἀμώμους* 963] > 72 Aeth^{M}

3 init] pr *et* Aeth Arab Arm Sa = 𝔐 | *αὐτῶν* 963] *αυτου* 313 | *σεμίδαλις ἀναπεποιημένη* 963] *similaginem consparsam* ^{Lat}cod 100 | *ἀναπεποιημένη*] -*μενην* 72-426*; -*μενης* 58-376-426$^{c\,pr\,m}$ 125 18 Syh; -*ποιημ*^{ε} 458; *πεποιημε*^{ν} 126 | om *ἐν* 707 *C*$^{\prime\prime-52^{\prime}\ 414\ 417}$ 125 53 | om *τρία* — (6) fin 72 | *τῷ* 1°] ⌒4° 68 (sed hab Ald) | *τῷ ἑνί* 1°] > Sa = 𝔐; ⌒(4) ^{Lat}cod 100 | *καί* — (4) *ἑνί*] bis scr 319 | *καί* — fin] om *καί* 624 = 𝔐^{L}; bis scr 344; post (4) fin tr 458 | om *δύο* 610 | *κριῷ*] *αριω* 53; *κριχω* 392* | *τῷ ἑνί* 2°] sub ÷ Syh = 𝔐; ⌒(4) 53′

4 *δέκατον δέκατον*] pr *και d* 246 *n t* Aeth Arm = 𝔐; *τω δεκατον* 319(2°); *δεκα* 59 | *δέκατον* 2° 963 = Sam] > 414 44-125 56-129 Arab = Compl; post *ἑνί* tr 500 | *ἀμνῷ*] *αριθμω* 125 | om *τῷ* 2° 19 (sed hab Compl) | *τοῖς*] *ταις* 53′; > 76

5 om *ἐξ αἰγῶν* 126 | *ἕνα*] > 413; post *ἁμαρτίας* tr *d*$^{-106}$ | *εξιλασεσθαι* (-*σθε*^{c}) 618 | *ημων* 551

---

29 1 *μιᾷ τοῦ μηνός*] *νεομηνίᾳ* (*νεωμ.* codd) 130-321′ | *ἐπίκλητος*] *κλητή* 130-321′ | *ἡμέρα σημασίας*] *τὸ σαμ′ ἡμέρα{ν} ἀκουστή{ν}* *C*$^{\prime\prime cat}$ = Sixt

θυσίαι αὐτῶν καὶ αἱ σπονδαὶ αὐτῶν, καὶ τὸ ὁλοκαύτωμα τὸ διὰ παντὸς
καὶ αἱ θυσίαι αὐτῶν καὶ αἱ σπονδαὶ αὐτῶν, κατὰ τὴν σύγκρισιν αὐτῶν,
εἰς ὀσμὴν εὐωδίας κυρίῳ.
7 [7]Καὶ τῇ δεκάτῃ τοῦ μηνὸς τούτου ἐπίκλητος ἁγία ἔσται ὑμῖν, καὶ
8 κακώσετε τὰς ψυχὰς ὑμῶν, καὶ πᾶν ἔργον οὐ ποιήσετε. [8]καὶ προσοί-
σετε ὁλοκαυτώματα εἰς ὀσμὴν εὐωδίας καρπώματα κυρίῳ μόσχον ἕνα
ἐκ βοῶν, κριὸν ἕνα, ἀμνοὺς ἐνιαυσίους ἑπτά, ἄμωμοι ἔσονται ὑμῖν·

ABFMV (963) O''^{-G} C'' $bdfn^{-767}stx^{-527}yz$ al verss

6 init — ὁλοκαυτωμάτων] *praeter holocaustum* Aeth Arm = 𝔐 | νεομηνιας (νεουμ. 319) 58 *b* 53′ *n* 319 (sed hab Compl) | καί 1°] ⌒3° 407 Sa | αἱ θυσίαι 1°] η θυσια 125 392 ^{Lat}cod 100 Aeth = 𝔐; om αἱ 318 | αὐτῶν 1° 963] *eius* ^{Lat}cod 100 = 𝔐; > 44-125 Bo; ⌒4° ^{Lat}cod 100 | αἱ σπονδαί 1° 963] η σπονδη 125 | αὐτῶν 2° 963] > Bo; + κατα την συγκρισιν 246 | καί 3° — αὐτῶν 4°] om καί 4° — αὐτῶν 4° 121^{mg} 55; > 376-381′ $C''^{-52'\ 131mg\ 313\ 417}$ *b d* 458 x^{-619} 121^{txt}-318 319 416 624 Aeth^{-CM} Arm Sa: homoiot | καί 3° — αὐτῶν 3°] post σύγκρισιν tr 53′ | τὸ ὁλοκαύτωμα τό] τα ολοκαυτωματα B* (sed hab Sixt) | καί 4° B V 963 426 131$^{(mg)}$ 129 $n^{(-458)}$ *t* 407 Aeth^{CM} Bo^{A} Syh] ⌒5° Bo^{B}; > rell | αἱ θυσίαι 2° 963] η θυσια 131$^{(mg)}$ Aeth^{CM} | αὐτῶν 3° 963] > 131$^{(mg)}$ | καὶ αἱ σπονδαὶ αὐτῶν 2°] και η σπονδη αυτης καρπωμα κω 131$^{(mg)}$; *et libatio eorum* Aeth^{CM}; om αὐτῶν Bo; > 53′ | om τήν 16-46 126 | σύγκρισιν] κρισιν (-σην 376) 376 130^{mg}-321′^{mg} | αὐτῶν 5°] αυτου 125 ^{Lat}codd 100 104; > 53′ | κυρίῳ] pr τω 551 *b* 246 (sed hab Compl); pr (※ Syh) καρπωμα *O*-15 Arab Syh = 𝔐; κυ B* (sed hab Sixt)

7 τῇ δεκάτῃ] η δεκατη 761^{c}; *decimus dies* ^{Lat}codd 100 104; + ημερα 407 | om τοῦ — ὑμῖν ^{Lat}cod 104 | τοῦ μηνός] bis scr 29 | μηνός] pr εβδομου Bas II 180; + (※ Syh) του εβδομου V O^{-58} Arab Bo Syh = 𝔐 | om τούτου ^{Lat}cod 100 Bo | επικλητα 68′-120 (sed hab Ald) | om καί 2° — fin Bo | κακώσετε] pr ου *d t*; *tribulatis* ^{Lat}codd 100 104 | ημων 618 422* 56* 54*-75 669 | om καί 3° 55 Arm = 𝔐 Tar | ἔργον B 426-707^{txt} *b d* 56^{txt} n^{-127} *t* x^{-619} $z^{-68'\ 407}$ ^{Lat}codd 100 104 Syh] + λατρευτον rell: ex par | ποιήσετε] -ται A V 82-376-707* 19 56′ 75′ 30 509 55 319 646 (sed hab Compl); ποιη$^{σ\tau}$ 126; + *in ea* Aeth^{M}

8 καὶ προσοίσετε] om καί Arm; > ^{Lat}codd 100 104 | προσοίσετε] -ται V 82 75′ 30 319; προσαξετε F oII^{-82} 118′-537 53′-56 321′^{mg} 619 *z* 59↓; προσαξεται 246 55 646; προσαξατε 19′ 85^{mg} (sed hab Compl); προσαξη$^{\tau}$ 130^{mg}; ποιησετε (-ται 509) 509 318; ποιησεται του προσισε 376 | ὁλοκαυτώματα B V 82 $C''^{-16\ 46\ 528'}$ *b d* 56*(vid)-129 75 *t* x^{-619} 18-126-407 59 319 ^{Lat}codd 100 104 Arm Co] pr εις 72; ολοκαρπωμα 85^{mg}-321′^{mg}-344^{mg}; καρπωμα 761 130^{mg}; το ολοκαυτωμα F; -τωμα rell; + τω (> 426) κω *O* Syh↓ | καρπώματα κυρίῳ] pr κυριω Sixt; κυριω καρπωμα 29 414 125 53′ 619 = Ald; > z^{-407} 646 Aeth = 𝔐 | καρπώματα B M′ V 72-82 131^{c} x^{-619} 407] > 707 458 ^{Lat}cod 104 Arab Co; καρπωμα rell | κυρίῳ] pr τω d^{-125} *t* 407; > A F M′ O′ $C''^{-52'\ 131c\ 414}$ *s y* 55 624 Syh | μόσχον — (11) fin] ως και το πρωτον 72 | ἕνα / ἐκ βοῶν B M V 82 *d* 53′-129 *n t* x^{-619} 407 319 624 = Compl] om ἐκ βοῶν 126; tr rell = Sixt 𝔐 | κριὸν ἕνα] pr και *b* Aeth Arab Bo (sed hab Compl); > 392 | ἀμνοὺς ἐνιαυσίους]

---

8 προσοίσετε] σ′ θ′ προσάξετε 344 | ὁλοκαυτώματα] ο′ οἱ λ′ ὁλοκαύτωμα τῷ κῷ 344

^{9}ἡ θυσία αὐτῶν σεμίδαλις ἀναπεποιημένη ἐν ἐλαίῳ, τρία δέκατα τῷ 9
μόσχῳ τῷ ἑνί, καὶ δύο δέκατα τῷ κριῷ τῷ ἑνί, ^{10}δέκατον δέκατον 10
τῷ ἀμνῷ τῷ ἑνὶ εἰς τοὺς ἑπτὰ ἀμνούς· ^{11}καὶ χίμαρον ἐξ αἰγῶν ἕνα 11
περὶ ἁμαρτίας ἐξιλάσασθαι περὶ ὑμῶν· πλὴν τὸ περὶ τῆς ἁμαρτίας
τῆς ἐξιλάσεως καὶ ἡ ὁλοκαύτωσις ἡ διὰ παντός, ἡ θυσία αὐτῆς καὶ
ἡ σπονδὴ αὐτῆς, κατὰ τὴν σύγκρισιν, εἰς ὀσμὴν εὐωδίας κάρπωμα
κυρίῳ.
^{12}Καὶ τῇ πεντεκαιδεκάτῃ ἡμέρᾳ τοῦ μηνὸς τοῦ ἑβδόμου τούτου 12
ἐπίκλητος ἁγία ἔσται ὑμῖν, πᾶν ἔργον λατρευτὸν οὐ ποιήσετε, καὶ

ABFMV (963) *O*$''^{-G}$ *C*$''$ *bdfn*$^{-767}$*stx*$^{-527}$*yz* al verss

pr *et* Aeth Arab; + *αμωμους* M′ Arm | om ἄμωμοι — fin Arm | ἄμωμοι] -*μους* A 121; -*μους οι* 129 | ἔσονται] *et erit* ^{Lat}cod 104 | om ὑμῖν *d t* Arab Sa^{12}

9 init] pr *et* Aeth Arab Bo^{B} Sa^{4} = 𝔐 | σεμίδαλις ἀναπεποιημένη] *similaginem consparsam* (-*rsa* 100) ^{Lat}codd 100 104 | ἀναπεποιημένη] -*μενην* 426*; -*μενης* 376-426$^{c\,pr\,m}$ 44 75 Syh; -*ποιημ*^{ε} 458; *πεποιημε*^{ν} 126 | om ἐν 422-500 44-125′ 53′ 127 126 | τῷ 1°] bis scr 615*(|) | μόσχῳ] *μετρω* 53′ | τῷ ἑνί 1°] > Sa^{12} = 𝔐; + ras 7 litt 321; ⌒2° 59 | καί = Sam] > 624 = 𝔐 Tar | δύο] *τρια* 551* ^{Lat}cod 100 | om δέκατα 2° 125 | τῷ 3° — fin] *τω ενι κριω* 130; om τῷ 3° 381; om τῷ κριῷ 509; om τῷ ἑνί Sa^{12} | κριῷ] *μοσχω* 19 (sed hab Compl)

10 om init — ἑνί 458 | δέκατον δέκατον] pr *και d* 54′-75 *t* Aeth Arm = Sam; *et unam decimam* ^{Lat}codd 100 104; *δεκατα δεκατον* 54 | om δέκατον 2° 82 414-552^{txt} 44-125 53′-129 59 Arab Sa | τῷ ἀμνῷ] om τῷ 381′ 18 416; bis scr 55 | om τῷ 2° 59* | om εἰς — fin ^{Lat}cod 100 Sa^{12}

11 *χειμαρροι* 53 | om ἐξ αἰγῶν 126 | om ἕνα 392 | περὶ ἁμαρτίας] post ὑμῶν tr 55 Aeth^{-C} | ἐξιλάσασθαι — ἁμαρτίας 2°] > 313^{txt}: homoiot; bis scr 130 | ἐξιλάσασθαι περὶ ὑμῶν] sub ÷ Syh; > 28-85^{txt} Arab = 𝔐 | *εξιλασεσθαι* (-*σθε* 618^{c}) 618 630 | τὸ περί] *τω περι* V 707 130(1°); *του περι d* 53′ 127 *t*; > 55 | om τῆς 1° *d* 53′ | τῆς 2°] pr *et* Arm; > 376 528 458 | ἡ ὁλοκαύτωσις] *η θυσια b* (sed hab Compl); *holocausta* Arm; om ἡ 127 74(vid) 59 | om ἡ 2° 84 59 | ἡ 3° — αὐτῆς 2°] *αι θυσιαι αυτων και αι σπονδαι αυτων* 82 | ἡ θυσία 963] pr *και d n t* Aeth Arab Sa = 𝔐; *et sacrificia* Arm | αὐτῆς 1°] *αυτων* 458 628* Aeth; > 125; ⌒2° 130-321′ | ἡ σπονδή] *litationes* ^{Lat}cod 104; om ἡ 125 | αὐτῆς 2° = Sam] *αυτου* 54; *αυτων* 53′-246*(c pr m) 628* Aeth = 𝔐 Tar | κατά — fin] pr *και* 127; sub ÷ Syh; > 426 Arab = 𝔐 | σύγκρισιν] *κρισιν* 319; + *αυτης* M′ V *oI* 246 619 18′-126-628-630′ 646 ^{Lat}cod 100 Arm Sa Syh = Ald | εἰς ὀσμὴν εὐωδίας] *οσμη ευωδιας* 319; > *b* | κάρπωμα κυρίῳ] pr *καρπωμα* 18; tr 75; > 58 68′-120 Aeth (sed hab Ald)

12 om init — 30$_{1}$ fin 55 | init — ἡμέρᾳ] *και τη ημερα τη ιε* 376; *et decima* Sa; om καὶ τῇ 73′ | τῇ] *η* 761^{c}(vid) 407 | ἡμέρᾳ] *τημερα* 963; > 126 Bo; post μηνός tr 417 | τοῦ ἑβδόμου] > 75; post τούτου tr 376 | τούτου ἐπίκλητος = Sam] *του επικληθεντος* Cyr I 1120 ^{Lat}codd 100 104; pr ÷ Syh; om τούτου Arab Co = 𝔐 Tar | ἁγία] *αγιος* 68 (sed hab Ald); *sancti sanctus* ^{Lat}cod 100 | ἔσται] *εστιν* 73′-313-413-417-528*-550′-761 | *ημιν* 618*(c pr m) 73′ | om λατρευτόν

---

12 ἐπίκλητος] *κλητή* 130-321′(ind ad (1) *σημασίας*)

13 ἑορτάσετε αὐτὴν ἑορτὴν κυρίῳ ἑπτὰ ἡμέρας. [13]καὶ προσάξετε ὁλοκαυ-
τώματα κάρπωμα εἰς ὀσμὴν εὐωδίας κυρίῳ, τῇ ἡμέρᾳ τῇ πρώτῃ
μόσχους ἐκ βοῶν τρεῖς καὶ δέκα, κριοὺς δύο, ἀμνοὺς ἐνιαυσίους τέσ-
14 σαρας καὶ δέκα, ἄμωμοι ἔσονται· [14]αἱ θυσίαι αὐτῶν σεμίδαλις ἀνα-
πεποιημένη ἐν ἐλαίῳ, τρία δέκατα τῷ μόσχῳ τῷ ἑνὶ τοῖς τρισὶν καὶ
δέκα μόσχοις, καὶ δύο δέκατα τῷ κριῷ τῷ ἑνὶ ἐπὶ τοὺς δύο κριούς,
15 [15]δέκατον δέκατον τῷ ἀμνῷ τῷ ἑνὶ ἐπὶ τοὺς τέσσαρας καὶ δέκα

ABFMV (963) *O'' C'' bdfn*$^{-767}$*stx*$^{-527}$*yz* al verss

126 | *ποιήσετε*] *-ται* V 82-376-618* 56′ 75′ 509 120* 319; *ποιησε*^{τ} 126 646; *προσοισετε ποιειν* 53′; + *in ea* Aeth^{M} Sa^{12} | om *καὶ ἑορτάσετε* 619 | *ἑορτάσετε* 963] *-σητε* 72; *-σατε* (*-ται* 376 75 319) B 82-376-618* 537 *f*$^{-56}$ *n*$^{-127}$ 30-343 134 392* 59 319 624 = Compl; *εορτασαι* 120* Aeth^{M} | *αὐτήν* = Tar^{P}] sub ÷ G; > V 58-618 106 ^{Lat}codd 100 104 = 𝔐 Sam Tar^{O} | *ἑορτὴν κυρίῳ*] om *ἑορτήν* 72-82 *n* Sa^{4}; > *d*$^{-106}$; tr 122* | *κυρίῳ* 963] pr *τω* F 392; *κ̅υ̅* B* (sed hab Sixt); ad fin tr 458; + *εις οσμην ενοδιας* 75 | *ἑπτὰ ἡμέρας* 963] pr *και* 624; pr *τη* 528; > 407; tr *d*$^{-106}$ 18-126-628 646

13 om *καί* 1° 318(|) Sa^{12} | om *προσάξετε — κυρίῳ* 19 (sed hab Compl) | *προσάξετε*] *-ται* (*-σεξ.* 458) V G-82-618 56 75′ 319; *-ξε*^{τ} 646; *-ξατε* 108 44 53′-246* 130 Aeth (sed hab Compl) = Sixt | *ὁλοκαυτώματα* 963] *-τωμα* F 29-376-381′ *n*$^{-127}$ 28-85 84 ^{Lat}codd 100 104 Aeth Bo = 𝔐; + *περι αμαρτιας* 53 | *κάρπωμα* 963] *-ματα* B* 58-82 *n*$^{-458}$ Arm Sa(pr *et*) = Ra; > B^{c} M′ V *x*$^{-619}$ 318 407 (sed hab Sixt) | *εἰς ὀσμὴν εὐωδίας*] *οσμη ευωδιας* 108 (sed hab Compl); om *εἰς* 77 118′-537 407-628 646 Arab = 𝔐 Sam; post *κυρίῳ* tr Cyr I 1120 | *κυρίῳ*] pr (※ G) *τω* *O*$^{-426}$ *f*$^{-129}$ Cyr I 1120: cf 𝔐; *κ̅υ̅* B* (sed hab Sixt); pr ※ Syh; sub ÷ G*; > Bo | *τῇ ἡμέρᾳ / τῇ πρώτῃ*] sub ÷ G Syh; > Arab = 𝔐; tr 376* | *μοσχος* 44 | om *ἐκ βοῶν* 126 | *τρεῖς καὶ δέκα*] *δεκα τρεις* 77 *d f t* 126 = Compl; om *καὶ δέκα* Bo^{A}; om *δέκα* V*(cprm) | *κριούς*] pr *et* Aeth Arab Co; *αμνους* 246*(cprm); + *αμωμους* 407* | *δύο*] pr *και* 72; *decem* Bo^{A}; > 129; post *ἀμνούς* tr 407 | *ἐνιαυσίους*] pr *αμωμους* 126; pr *et* Aeth Arab Co; *-σιαιους* 72; + *αμωμους* *b* 407 (sed hab Compl) | om *τέσσαρας* — fin 58 | *τέσσαρας καὶ δέκα*] *δεκα* (> 120*; + *και* 120^{c}) *τεσσαρας* (*-ρες* F 82 16-500-615*-616* 19 30-344 509-619 318-392 68′-120′ Ald; *-ρ(ε)ις* 73′-131-313-739 53;¹ *τεσσερεις* 664; *-ρους* 246) A B F F^{b} M′ 963 376-*oI' C'' b f s* 84 *x y z* 59 319 624 = Ra; om *καὶ δέκα* V; + *decimas* ^{Lat}cod 100 | *τεσσαρες* 426 44′ 54′-75 *t*$^{-84}$ 646 | *ἄμωμοι ἔσονται*] *αμωμους* (*-μον**) *εσονται* 82; > 72 126; + *υμιν* 381′ 619 = Ald Sam

14 *αἱ θυσίαι αὐτῶν*] pr *et* Arab Arm Sa = 𝔐; *η θυσια αυτων* 72 413 Aeth(pr *et*); > 75; + *και αι σπονδαι αυτων* V | *σεμίδαλις ἀναπεποιημένη*] *similaginem consparsam* ^{Lat}cod 100 | *σιμιδαλις* G | *ἀναπεποιημένη*] *-μεναι* 53′; *-μενην* 426* 246; *-μενης* 426$^{c\,prm}$ 529 509 Syh; *πεποιημε*^{ν} 126; *πεπ.* 54; *πεφυραμενη* *b* (sed hab Compl); post *ἐλαίῳ* tr 54 | om *ἐν* 16-46-422-528 125 126 | *τρία*] *sex* ^{Lat}cod 100; > Sa | *τῷ μόσχῳ*] sup ras 75 | *τῷ ἑνί* 1°] > Aeth^{-CG}; ⌒2° 53; ⌒(15) 19 | *τοῖς — μόσχοις*] pr *επι* 72 Cyr I 1120; > Arab Sa | *τρισὶν καὶ δέκα* *O*$^{-426}$-618 *n*$^{-75}$ *z*$^{-407}$ 319 646] *τρισι και δυο* 59; *γ̄ και* (> 963*vid) *ῑ* V 963; om *καὶ δέκα* 75; *τρ(ε)ισκαιδεκα* (*-κεδ.* 131 664 130) Cyr I 1120 rell = Compl Ra | *μόσχοις*] pr ras 3 litt 129 | *δέκατα* 2°] pr *και* 72*; *δεκα* 615 | *κριῷ*] *μοσχω* 15*(cprm) 528 | *ἑνί* 2°] ⌒(15) 422 56^{txt} | om *ἐπί* — fin 72 Sa | om *δύο* 2° G*

15 *δέκατον δέκατον*] *et uni decima* ^{Lat}codd 100 104(vid) | init B M′ V 963 *O*$^{\prime -58}$-82 *f*$^{-246}$ *x* 407 319 Cyr I 1120 Aeth Syh = Ald] pr *και* rell = 𝔐 | om

ἀμνούς· [16]καὶ χίμαρον ἐξ αἰγῶν ἕνα περὶ ἁμαρτίας πλὴν τῆς ὁλοκαυ- 16
τώσεως τῆς διὰ παντός· αἱ θυσίαι αὐτῶν καὶ αἱ σπονδαὶ αὐτῶν.
[17]τῇ ἡμέρᾳ τῇ δευτέρᾳ μόσχους δώδεκα, κριοὺς δύο, ἀμνοὺς ἐνιαυσίους 17
τέσσαρας καὶ δέκα ἀμώμους· [18]ἡ θυσία αὐτῶν καὶ ἡ σπονδὴ αὐτῶν 18
τοῖς μόσχοις καὶ τοῖς κριοῖς καὶ τοῖς ἀμνοῖς κατὰ ἀριθμὸν αὐτῶν,
κατὰ τὴν σύγκρισιν αὐτῶν· [19]καὶ χίμαρον ἐξ αἰγῶν ἕνα περὶ ἁμαρτίας 19
πλὴν τῆς ὁλοκαυτώσεως τῆς διὰ παντός· αἱ θυσίαι αὐτῶν καὶ αἱ
σπονδαὶ αὐτῶν. [20]τῇ ἡμέρᾳ τῇ τρίτῃ μόσχους ἕνδεκα, κριοὺς δύο, 20

ABFMV (963) *O'' C'' bdfn*$^{-767}$*stx*$^{-527}$*yz* al verss

δέκατον 2° 72 414 44-125 53′ Arab Co | om ἑνί — (17) ἀμνούς 669*: homoiar | ἐπί — fin] om ἐπί *oI*; > 72 | τέσσαρας καὶ δέκα] δεκα τεσσ. (-ρες 82; -ραις 407*; -ραες 407^{c}; -ρεις 53) B M′ 82-376 77 *f x* 126-407 319 (sed hab Sixt) = Compl | τεσσαρες (τεσαρ. 30 59) A F 381′-426-707* *C''*$^{-77\ 313\ 529}$ *b*$^{-314}$ *d* 127 *s*$^{-130}$ *t*$^{-84}$ *y*$^{-121}$ 18′-628-630-669$^{(c)}$ 59 646; -ρ(ε)ις 15′ 313 314 84 | ἀμνούς] κριους 318; + αμωμους 669$^{(c)}$

16 ἐξ αἰγῶν ἕνα] om ἐξ αἰγῶν 126; om ἕνα Bo; > 509 | ἕνα] post ἁμαρτίας tr 126 | om πλήν — (22) fin 72 | αἱ θυσίαι] pr και 44 Arab Arm Sa^{12}; *et libatio* Aeth | αὐτῶν 1°] > 44-125 Arm; ⌒2° Aeth^{M} | αἱ σπονδαί] pr αι 343; *sacrificium* Aeth^{-M}; om αἱ 130-346* | αὐτῶν 2° 963] > Bo; ⌒(18) 2° *d*$^{-106}$

17 init 963 *b* 509] pr και rell = Compl Ra 𝔐 | om μόσχους δώδεκα 458 | μόσχους] + (※ G Syh) εκ βοων *O*-15 *b* Arab Syh = 𝔐 | δώδεκα] δεκαδυο M′ 82^{c} *x* 407; δεκα 82* | κριούς] pr και *O*$^{-376}$-29 *b* 30′-130^{mg}-346^{mg} *z*$^{-407\ (669*)}$ 59 646 Aeth Arab Bo Sa^{12} Syh (sed hab Ald Compl); και 319; μεριουσιν 392 | δύο] ιβ̄ 129* 84; post ἀμνούς tr 319 | ἀμνούς] pr *et* Aeth Bo Sa^{12} | ἐνιαυσίους — fin] αμωμους ενιαυσιους ιδ̄ 126 319 | ἐνιαυσίους 963] -σιαιους (-σιεους 664) 313 664; + οιους 75 | τέσσαρας καὶ δέκα] δεκα τεσσαρας (-ρες 82-426 106; -ρεις 53′) B M′ V 963 82-376′ 77-417 106 *f t x* 18-407-669 (sed hab Sixt) = Compl; ad fin tr *b n* ^{Lat}codd 100 104 Arm | τεσσαρες (-ρις 15 313^{c}; -ρεις 64) F 58-707-*oI* *C''*$^{-77\ 417}$ *b* 54′ *s*$^{-130\ 321′}$ *y*$^{-121}$ 68′-120-128-628-630 59 424 646 (sed hab Ald); + ras 3 litt G

18 init — σπονδή] pr *et* Aeth Sa = 𝔐; αι (και 106 Arm) θυσιαι (θισ. 75) αυτων και αι σπονδαι V 52′ *b* 106 *n t* 407 ^{Lat}cod 100 Arm (sed hab Compl); . . .] *et litationes* ^{Lat}cod 104 | ἡ θυσία] αι θυσιαι 618*(vid) | αὐτῶν 2°] > Arm; ⌒(21) 3° Bo^{A} | τοῖς μόσχοις] *vituli* Arm^{te}; + αυτων 53′ | καὶ τοῖς κριοῖς] bis scr 552* | καί 2°] > 125 = 𝔐; ⌒(19) 1° 53′ | αυτων κατα αριθμον 619 | κατά 1°] κατ M G-426 54-75 126 | ἀριθμόν] pr τον 15 509; -μων 376 246* 59* | κατά 2°] pr *et* Arm Sa | om τήν 529*-550′ 44 134 | αὐτῶν ult] pr εξ 107′-125; sub ÷ G Syh = 𝔐

19 om καί 1° Ald | om ἐξ αἰγῶν 126 | ἁμαρτίας] + αυτων 646 | πλήν] μετα 528 | om τῆς διὰ παντός 318 | τῆς 2°] του 44 | αἱ θυσίαι] pr και 458 Arm Sa = 𝔐; *et sacrificium* Aeth; *sacrificio* ^{Lat}cod 104 | αἱ σπονδαί] *libatio* Aeth; ⌒(27) 628 | αὐτῶν 2°] > 125; + τοις μοσχοις τοις κριοις *d*$^{-106}$; + τοις μοσχοις και τοις κριοις και τοις αμνοις κατα αριθμον αυτων κατα την συγκρισιν αυτων 106: ex par

20 init — (22) fin] pr και A 129 54 509 392 18 646 Aeth Arab Arm Bo^{B} = 𝔐; > 106^{txt} 75 | τρίτῃ] δευτερα 509^{txt}; bis scr 129* | μόσχους — (34) fin] ωσαυτως και αι λοιπαι ημεραι ομοιως της εβδομης 319 | **μόσχους**] κριους 122*(c

21 ἀμνοὺς ἐνιαυσίους τέσσαρας καὶ δέκα ἀμώμους· [21]ἡ θυσία αὐτῶν
καὶ ἡ σπονδὴ αὐτῶν τοῖς μόσχοις καὶ τοῖς κριοῖς καὶ τοῖς ἀμνοῖς κατὰ
22 ἀριθμὸν αὐτῶν, κατὰ τὴν σύγκρισιν αὐτῶν· [22]καὶ χίμαρον ἐξ αἰγῶν
ἕνα περὶ ἁμαρτίας πλὴν τῆς ὁλοκαυτώσεως τῆς διὰ παντός· αἱ θυσίαι
23 αὐτῶν καὶ αἱ σπονδαὶ αὐτῶν. [23]τῇ ἡμέρᾳ τῇ τετάρτῃ μόσχους δέκα,
24 κριοὺς δύο, ἀμνοὺς ἐνιαυσίους τέσσαρας καὶ δέκα ἀμώμους· [24]αἱ
θυσίαι αὐτῶν καὶ αἱ σπονδαὶ αὐτῶν τοῖς μόσχοις καὶ τοῖς κριοῖς καὶ
25 τοῖς ἀμνοῖς κατὰ ἀριθμὸν αὐτῶν, κατὰ τὴν σύγκρισιν αὐτῶν· [25]καὶ
χίμαρον ἐξ αἰγῶν ἕνα περὶ ἁμαρτίας πλὴν τῆς ὁλοκαυτώσεως τῆς διὰ

ABF(M)V (963) *O'' C''* $bdfn^{-767}stx^{-527}yz$ al verss

prm) | *ἔνδεκα*] *δεκα τεσσαρας* Compl; *ιζ̄* 458 | *κριούς*] pr *και* 19 Aeth^{-M} Arab Arm Bo^{B} Sa | *δύο*] *δωδεκα* 59 | *ἀμνούς*] pr *et* Aeth Arab Bo^{B} Sa | *τέσσαρας καὶ δέκα*] *δεκα τεσσαρας* (*-ρες* 44; *-ρεις* 53; *τεσσερεις* 664) B M′ V 82-376 77 $d^{(-106txt)}$ *f t x* 18-126-407 (sed hab Sixt) = Compl; ad fin tr *b* 44 126 Arm | *τεσσαρες* (*τεσαρ.* 615 30; *-ρεις* 64) F 29-58-426-707-*oI C''*$^{-77}$ *b* 54′ s^{-130} 392 120*-128-630′ 59 646 | om *καί* 528 | *δέκα*] *μετα* 528

21 *ἡ θυσία*] pr *et* Aeth Arab Arm Sa = 𝔐; *αι θυσιαι* 52′ *b* $d^{(-106txt)}$ $n^{(-75)}$ *t* 509 ^{Lat}codd 100 104 (sed hab Compl) | *θυσία*] et *σπονδή* tr Arab | *αὐτῶν* 1°] > 44 x^{-509}; ⌒2° A | *αι σπονδαι* (*σποδαι* 127*) 52′ *b* $d^{(-106txt)}$ $n^{(-75)}$ *t* ^{Lat}cod 100 (sed hab Compl) = 𝔐 | *αὐτῶν* 2°] > Arm Bo^{B}; ⌒3° $d^{(-106txt)}$ | *τοῖς* 1°] pr *και* 58 | *καί* 2°] sub ÷ G Syh = 𝔐 | om *ἀμνοῖς* 314 | *κατά* 1°] *κατ* 963 G-426 b^{-537} 54 126 (sed hab Compl) | *ἀριθμόν*] pr *τον* 73′; *-μων* 376 | *αὐτῶν* 3°] *αυτω* 458; ⌒4° 458 ^{Lat}codd 100 104 Arm | *κατά* 2°] pr *et* Sa; *και* 73′ | om *τήν* 528-550′ 106$^{(mg)}$ 53′ | *αὐτῶν* 4°] sub ÷ G Syh = 𝔐

22 om *ἐξ αἰγῶν* 126 = 𝔐 Tar^{O} | *ἕνα* = Sam] post *ἁμαρτίας* tr 426 44 126-128 Syh = 𝔐 Tar | om *πλήν* — fin 107′-125 | *των ολοκαυτωματων* 344^{mg} | *τῆς διὰ παντός*] om *τῆς* 528; > Arab | om *αἱ* 1° — fin 44 | *αἱ θυσίαι*] pr *και* 730* ^{Lat}cod 104 Aeth Arab Arm^{ap} Sa = 𝔐; *sacrificium* Aeth = 𝔐; > Arm^{te} | *αὐτῶν* 1° 963] > x^{-509} | *αἱ σπονδαί*] *libatio* Aeth = 𝔐; om *αἱ* 528 | *αὐτῶν* 2°] *αυτω* 458; > Bo; ⌒(24)2° 73′; ⌒(25)2° 130

23 *τῇ ἡμέρᾳ*] pr *et* Aeth Arab Arm Bo = 𝔐; > 963*; bis scr 370* | *δεκα μοσχους* 610 | *δέκα* 1°] *εννεα* 44; *δυο* 509 | *κριούς* — (25) fin] *και τα λοιπα τοις πρωτοις ομοιως b* (sed hab Compl) | *κριούς* — *δέκα* 2°] pr *και* 72 Aeth Arab Arm Bo Sa^{12}; bis scr 16-46 | *δύο* — 31 4 *ἀποστείλατε*] absc M(‖) | *ἀμνούς*] pr *et* Aeth Arab Bo Sa^{12} | *ενιαυσιαιους* 72 | *τέσσαρας* — fin] *αμωμους ιδ̄* 126 ^{Lat}cod 100 Arm | *τέσσαρας καὶ δέκα*] *δεκα τεσσαρας* (*-ρες* 82 44; *τεσσερεις* 664) B V 963 72-82-376 77 44′ *f x* 407 416 (sed hab Sixt) = Compl; *δωδεκα* 107′-125 *t* | *τεσσαρες* (*-ρεις* 64) A F 29-58-426-707-*oI C''*$^{-(73')}$ 77 54′ $s^{(-130)}$ y^{-121} 18′-630′ 59 646 | om *ἀμώμους oI*-72 125 318

24 init] pr *et* Aeth Arm Sa = Sam Tar^{P} | *αἱ θυσίαι* 963] *η θυσια* 414 Aeth = 𝔐 | *αὐτῶν* 1°] *αυτω* 77*; > d^{-106} x^{-509} | *η σπονδη* 414 Aeth | *αὐτῶν* 2°] > Arm Bo; ⌒3° 72 | om *τοῖς* 1° — *ἀμνοῖς* d^{-106} | *κριοῖς*] et *ἀμνοῖς* tr Bo^{A} | om *καὶ τοῖς ἀμνοῖς* 68′-120 (sed hab Ald) | *κατά* 1°] *κατ* G-426 664 54-75 126 | *ἀριθμόν*] pr *τον* 73′ 509; *-μων* 376 | om *αὐτῶν* 3° d^{-106} | *κατά* 2°] pr *et* Arm Sa^{12} | om *τήν* 16-46 44 | *σύγκρισιν*] pr *ανω* 72 | *αὐτῶν* 4°] sub ÷ G; > 72 = 𝔐

25 *ἐξ αἰγῶν ἕνα*] om *ἐξ αἰγῶν* 126; > 72(|) | *ἕνα*] post *ἁμαρτίας* tr 107′-125 | *ἁμαρτίας*] *ας* F*(|; cprm) | *πλήν* — fin] pr *et* Aeth^{M}; > 72 | *των ολοκαυτω-*

παντός· αἱ θυσίαι αὐτῶν καὶ αἱ σπονδαὶ αὐτῶν. [26]τῇ ἡμέρᾳ τῇ πέμπτῃ 26
μόσχους ἐννέα, κριοὺς δύο, ἀμνοὺς ἐνιαυσίους τέσσαρας καὶ δέκα ἀμώ-
μους· [27]αἱ θυσίαι αὐτῶν καὶ αἱ σπονδαὶ αὐτῶν τοῖς μόσχοις καὶ τοῖς 27
κριοῖς καὶ τοῖς ἀμνοῖς κατὰ ἀριθμὸν αὐτῶν, κατὰ τὴν σύγκρισιν αὐτῶν·
[28]καὶ χίμαρον ἐξ αἰγῶν ἕνα περὶ ἁμαρτίας πλὴν τῆς ὁλοκαυτώσεως τῆς 28
διὰ παντός· αἱ θυσίαι αὐτῶν καὶ αἱ σπονδαὶ αὐτῶν. [29]τῇ ἡμέρᾳ τῇ 29
ἕκτῃ μόσχους ὀκτώ, κριοὺς δύο, ἀμνοὺς ἐνιαυσίους τέσσαρας καὶ δέκα
ἀμώμους· [30]αἱ θυσίαι αὐτῶν καὶ αἱ σπονδαὶ αὐτῶν τοῖς μόσχοις καὶ τοῖς 30
κριοῖς καὶ τοῖς ἀμνοῖς κατὰ ἀριθμὸν αὐτῶν, κατὰ τὴν σύγκρισιν αὐτῶν·

ABFV (963) *O'' C''* $bdfn^{-767}s(28)tx^{-527}yz$ al verss

ματων 321'^{mg} | om *τῆς διὰ παντός* 422 | om *αἱ* 1° — fin d^{-106} | *αἱ θυσίαι*] pr *et* Arab Arm Sa; *et sacrificium* Aeth Bo^{A} = Sam Tar^{P}; *και θυσιαι* 129 | om *αὐτῶν* 1° x^{-509} | *αἱ σπονδαί*] *libatio* Aeth; om *αἱ* 129 | om *αὐτῶν* 2° Bo

26 init] pr *και* 44 Aeth Arab Arm Co = 𝔐 | om *τῇ* 2° 414* | *μόσχους ἐννέα* F^{a}] *μοσχον ενα* F | *ἐννέα*] pr *εκ βοων* V; *οκτω* 44; sup ras 13 litt 707 | *κριούς* — (28) fin] pr *et* Aeth Arab Arm Co; > *b* (sed hab Compl) | *ἀμνούς*] pr *και* 74-76 Aeth Arab Bo Sa^{12} | *ενιαυσιαιους* 72 | *τέσσαρας* — fin] *αμωμους ιδ* 126 ^{Lat}cod 100 Arm; *αμωμους τεσσαρες και δεκα* 127 | *τέσσαρας καὶ δέκα*] *δεκα τεσσαρας* (*-ρες* 82 407; *-ρεις* 53; *τεσσερεις* 664) B V 58-72-82-376 77 *d f t x* 407 416 (sed hab Sixt) = Compl | *τεσσαρες* (*-ρεις* 64; *-ρις* 313) A F 29-426-707-*oI* C''^{-77} *s* 392 18-68'-120-630 59 646 (sed hab Ald) | om *ἀμώμους* 72

27 init] pr *et* Aeth Arab Arm Sa = 𝔐 | *η θυσια* 414 Aeth Arab = 𝔐 | *αὐτῶν* 1°] > d^{-106} x^{-509}; ⌒2° Aeth^{M} | *η σπονδη* 414 Aeth^{-M} | *αὐτῶν* 2°] > 72 Arm Bo; ⌒3° 125 | om *τοῖς* 1° — *ἀμνοῖς* 72 44-107' | *μόσχοις*] + *eorum* Arm^{ap} | om *καί* 2° 646 = 𝔐 | *κατά* 1°] *κατ* G-426 53' 54-75 126 | *ἀριθμόν*] pr *τον* 73' 509; *-μων* 376 458 | *αὐτῶν κατὰ τήν*] *και* 72; om *τήν* 376-381' 16-46-414-552 54 628 | *αὐτῶν* 3° 963] > 107'; ⌒4° 44 630 | [*κα*]*τά* 2° — 31 16 *συνα*[*γωγῇ*] pr *et* ^{Lat}cod 100 Aeth^{M} Arm Sa; absc 28(||) | *αὐτῶν* 4°] sub ÷ G Syh = 𝔐

28 om *ἐξ αἰγῶν ἕνα* 72 | *ἐξ αἰγῶν*] sub ÷ G Syh; > 126 = 𝔐 Tar^{O} | *ἕνα* = Sam] > Compl; post *ἁμαρτίας* tr G-426 Syh = 𝔐 Tar | om *περὶ ἁμαρτίας* Arab | *πλήν* — fin 963] > 72 107'-125 | *πλήν* — *παντός*] *propter* (pro *praeter*) *holocausta sempiterna* ^{Lat}cod 100 | om *αἱ* 1° — fin 44' | *αἱ θυσίαι*] pr *et* Arm Sa; *et sacrificium* Aeth Arab = 𝔐 | om *αὐτῶν* 1° x^{-509} | *αἱ σπονδαί*] *libatio* Aeth = 𝔐 | om *αὐτῶν* 2° Bo

29 *τῇ ἡμέρᾳ*] pr *και* V *b* 458 Aeth Arm Co (sed hab Compl) = 𝔐; > 68'-120 (sed hab Ald); ⌒(32) 53 | *μόσχους* — (31) fin] *ομοιως* 44 | *κριούς* — (31) fin] pr *και* 646 Aeth Arab Co; > *b* (sed hab Compl) | *ἀμνούς*] pr *et* Aeth Arab Co | *ενιαυσιαιους* 72 | *τέσσαρας* — fin] *αμωμους ιδ* 126 ^{Lat}cod 100 Arm | *τέσσαρας καὶ δέκα*] *δεκα τεσσαρας* (*-ρες* B* 82; *τεσσερεις* 664) B V 963 58-72-82-376 77 d^{-44} $f^{(-53)}$ *t x* 407 416 = Compl Ra; *XIII* ^{Lat}cod 104 | *τεσσαρες* (*-ρεις* 64 318^{c}vid) A F 426-707-*oI* C''^{-77} 127 *s* y^{-121} 18-68'-120-628-630 59 646 | *ἀμώμους* 963] > 72 ^{Lat}cod 104 Aeth^{M}

30 init] pr *et* Aeth Arab Arm Sa = 𝔐 | *αἱ θυσίαι* 963] *η θυσια* 414 Aeth Arab = 𝔐 | *αὐτῶν* 1° 963] > 125 x^{-509}; ⌒2° C'^{-16} 77-422-551 130-346 | *αἱ σπονδαί* 963] *η σπονδη* 414 Aeth | *αὐτῶν* 2° — *ἀμνοῖς* 963] om *αὐτῶν* Arm Bo; > 72 | om *τοῖς* 1° — *ἀμνοῖς* 107'-125 | om *τοῖς* 2° 707(||) 509 | om *καὶ τοῖς ἀμνοῖς* 106(|) 134 | *ἀμνοῖς*] *αριθμοις* 370 | *κατά* 1°] *κατ* 963 G-426 417

31 [31]καὶ χίμαρον ἐξ αἰγῶν ἕνα περὶ ἁμαρτίας πλὴν τῆς ὁλοκαυτώσεως
32 τῆς διὰ παντός· αἱ θυσίαι αὐτῶν καὶ αἱ σπονδαὶ αὐτῶν. [32]τῇ ἡμέρᾳ
τῇ ἑβδόμῃ μόσχους ἑπτά, κριοὺς δύο, ἀμνοὺς ἐνιαυσίους τέσσαρας καὶ
33 δέκα ἀμώμους· [33]αἱ θυσίαι αὐτῶν καὶ αἱ σπονδαὶ αὐτῶν τοῖς μόσχοις
καὶ τοῖς κριοῖς καὶ τοῖς ἀμνοῖς κατὰ ἀριθμὸν αὐτῶν, κατὰ τὴν σύγ-
34 κρισιν αὐτῶν· [34]καὶ χίμαρον ἐξ αἰγῶν ἕνα περὶ ἁμαρτίας πλὴν τῆς
ὁλοκαυτώσεως τῆς διὰ παντός· αἱ θυσίαι αὐτῶν καὶ αἱ σπονδαὶ αὐτῶν.
35 [35]τῇ ἡμέρᾳ τῇ ὀγδόῃ ἐξόδιον ἔσται ὑμῖν· πᾶν ἔργον λατρευτὸν οὐ

ABFV (963) O'' C'' $bdfn^{-767}s^{-28}tx^{-527}yz$ al verss

664 54-75 126 | ἀριθμόν] pr τον 73′; -μων 376 54-75* | αὐτῶν κατὰ τήν 963] και 72; om τήν 58 C^{-529}-46-422-552 85 318 68′-120 (sed hab Ald) | αὐτῶν 3°] > 68′-120 (sed hab Ald); ⌒4° 107′-125 | κατά 2°] pr *et* $Aeth^{-M}$ Arm Co | αὐτῶν 4° 963] sub ÷ G Syh = 𝔐

31 om init — πλήν Latcodd 100 104 | om ἐξ αἰγῶν ἕνα 72 | ἐξ αἰγῶν] sub ÷ G Syh; > 126 = 𝔐 Tar | ἕνα 963 = Sam] post ἁμαρτίας tr G-426 Syh = 𝔐 Tar | om πλήν — fin 72 | τῆς 1° — παντός] *holocausta sempiterna* Latcodd 100 104 | om αἱ 1° — fin d^{-44} | αἱ θυσίαι 963] pr *et* Arm Sa; *et sacrificium* Aeth Arab = Sam | αὐτῶν 1° 963] > x^{-509}; ⌒2° G | αἱ σπονδαί] *libatio* Aeth | αὐτῶν 2° 963] > Bo

32 init — ἑβδόμῃ] pr και *b* Aeth Arab Arm Co (sed hab Compl) = 𝔐; pr ταυτα ποιησετ[. .] 318*; τη δε εβδομη ημερα 44 | μόσχους ἑπτά] > 58; + και τα λοιπα τοις πασιν ομοιως *b* (sed hab Compl) | κριούς] pr και 53′ Aeth Arab Sa | ἀμνούς — (34) fin] pr *et* Aeth Arab Sa; και τα λοιπα ομοιως τοις ανω 46 | ἐνιαυσίους — fin] αμωμους ενιαυσιους ιδ̄ 126 | ενιαυσιαιους 72 | τέσσαρας — fin] αμωμους δεκα τεσσαρας (-ρες 44) d^{-106} Latcod 100 Arm | τέσσαρας καὶ δέκα] δεκα τεσσαρας (-ρεις 664; -ρες 82 106) B V 963 58-72-82-376 77 106 *f t x* 407 416 = Compl; ad fin tr *b* 127 | τέσσαρας] -ρες (-ρεις 64; -ρις 54; τεσαρ. 537 59) A F 29-426-707-*oI* $C''^{-46\ 77}$ *b* 54′ s^{-130} y^{-121} 18-68′-120-628-630 59 646; *septem* Arab | ἀμώμους 963] > B* 72 (sed hab Sixt)

33 comma] pr και 963 426 Aeth Arab Arm Sa = 𝔐; > 125 | αἱ θυσίαι 963] η θυσια 414 Aeth = 𝔐 | αὐτῶν 1° 963] > x^{-509} | om καί 1° — ἀμνοῖς 44-107′ | αἱ σπονδαί 963 = Sam Tar] η σπονδη 414 Aeth = 𝔐; om αἱ 417*(c pr m) | om αὐτῶν 2° — ἀμνοῖς 72 | αὐτῶν 2° 963] > Arm Bo^{B} | ἀμνοῖς] + αυτων 619 | κατά 1°] κατ G-426 417 54-75 126 | ἀριθμόν] pr τον 73′ 129 = Compl; -μων 376 | om αὐτῶν 3° — fin 44-107′ | αὐτῶν 3° F^{a}] > 72 619; ⌒4° F 106 Latcod 100 | κατά 2°] pr *et* $Aeth^{-M}$ Arm Sa; και G-72 | om τήν 29-58-72-618 75 343 646

34 ἐξ αἰγῶν ἕνα = Sam] > 72 | ἐξ αἰγῶν] sub ÷ G; > 126 = 𝔐 Tar | ἕνα] > 392; post ἁμαρτίας tr G-426 Syh = 𝔐 Tar | πλήν] pr και 618 | τῆς 1° — παντός] *holocausta sempiterna* Latcodd 100 104 | ὁλοκαυτώσεως] + αυτων 417 | αἱ 1° — fin] pr *et* Aeth Arab Arm Sa = Sam; > 72 *d* | αἱ θυσίαι] *sacrificium* Aeth Arab = 𝔐 | om αὐτῶν 1° x^{-509} | αἱ σπονδαί = Sam] *libatio* Aeth = 𝔐 Tar | αὐτῶν 2° 963] > Latcod 104 Bo

35 init V 963 46 129-246 121 630 59 Latcodd 100 104 = Compl] pr και

35 ἐξόδιον] α′ ἐπίσχεσις 108 Syh; τὸ σαμ′ τελείωσις ἐπισχέσεως C''commCyr 130(s nom)-321′(s nom) = Sixt

ποιήσετε ἐν αὐτῇ. [36]καὶ προσάξετε ὁλοκαυτώματα εἰς ὀσμὴν εὐωδίας 36
κάρπωμα κυρίῳ μόσχον ἕνα, κριὸν ἕνα, ἀμνοὺς ἐνιαυσίους ἑπτὰ ἀμώ-
μους· [37]αἱ θυσίαι αὐτῶν καὶ αἱ σπονδαὶ αὐτῶν τῷ μόσχῳ καὶ τῷ 37
κριῷ καὶ τοῖς ἀμνοῖς κατὰ ἀριθμὸν αὐτῶν, κατὰ τὴν σύγκρισιν αὐτῶν·
[38]καὶ χίμαρον ἐξ αἰγῶν ἕνα περὶ ἁμαρτίας πλὴν τῆς ὁλοκαυτώσεως 38
τῆς διὰ παντός· αἱ θυσίαι αὐτῶν καὶ αἱ σπονδαὶ αὐτῶν.
[39]Ταῦτα ποιήσετε κυρίῳ ἐν ταῖς ἑορταῖς ὑμῶν πλὴν τῶν εὐχῶν 39

ABFV (963) *O'' C''* *bdfn*$^{-767}$*s*$^{-28}$*tx*$^{-527}$*yz* al verss

Cyr I 1124 ^{Lat}PaschSupp 1 rell = Ra Sam Tar^{P} | ἡμέρᾳ] pr τριτη 616* | ὑμῖν] *nobis* PaschSupp 1 | πᾶν 963] pr *et* Aeth^{M} Arab | λατρευτον εργον 509 | om λατρευτόν 126 | om οὐ 963* | ποιήσετε] -ται V G-82-376 *f*$^{-129}$ 75 30 509 120 319 624; -σηται 458; ποιη^{στ} 126; -σεις 129; ποιηθησεται *cI'*$^{-46\ 414\ 422}$ 85'-321' | ἐν αὐτῇ 963] υμιν 707 509; sub ÷ G Syh = 𝔐

36 om καί Bo | προσάξετε 963] -ται V G-82-376 246 75 319 646; -ξιτε 458; -ξατε 616 19' 44 Aeth Arab (sed hab Compl) | [ὁλοκαυ]τώματα — 30$_{8}$ fin] absc 624(||) | ὁλοκαυτώματα] (+ το 84) ολοκαυτωμα F G-29-381'-707 *d*$^{-125}$ 56' *n t* 319 Cyr I 1124 Aeth = Ald 𝔐; ολοκαρπωμα 53'; -τωμα $\overline{κω}$ 376 | εἰς ὀσμὴν εὐωδίας] pr εις 529; post κάρπωμα tr A *O*-707 *C''* 56' *s y z*$^{-407}$ 646 Cyr I 1124 Aeth Arab Syh (non hab Ald) = 𝔐 | om κάρπωμα κυρίῳ 29 | κάρπωμα 963*] -ματα A B 963^{c} 58-82 129 509 *y*$^{-392}$ *z* 646 Sa = Compl Ra; > F *oI*-72 53' 458 59 416 ^{Lat}cod 104 = Ald | κυρίῳ] pr τω B^{c} V 963 58 417 *d t* 416 Cyr I 1124 = Sixt; $\overline{κυ}$ B*; > 376 130 | ἕνα 1° 963] + εκ βοων 246 Arab | κριὸν ἕνα] pr και 19 53 68'-120-128-628-630' Aeth^{-M} Arab Co (sed hab Ald Compl); sup ras 56; > 59 | ἀμνούς] pr *et* Aeth Arab Bo | ἐνιαυσίους] pr $\bar{ε}$ 963; -σιαιους 72 529; > F | ἑπτά] *quattuor* Arab; ad fin tr 381' *b n*$^{-458}$ 126 ^{Lat}codd 100 104 Aeth Arm (sed hab Compl) | om ἀμώμους 963 72

37 init] pr *et* Aeth Arab Arm Sa = Sam Tar^{P} | αἱ θυσίαι 963 = Tar^{P}] η θυσια 414 Aeth Arab = 𝔐 Sam Tar^{O} | αὐτῶν 1° 963] > *d*$^{-106}$ | αἱ σπονδαί 963] η σπονδη 414 Aeth | om αὐτῶν 2° — ἀμνοῖς 72 | αὐτῶν 2° 963] > Arm Bo; ⌒3° 53' | καί 2° 963] > 458 = 𝔐 Sam Tar^{O} | τῷ κριῷ] et τοῖς ἀμνοῖς tr Arab | καὶ τοῖς ἀμνοῖς] και τω αμνω 29; κ. τ. $\overline{ανοις}$ 68; > 126 | κατά 1°] κατ 963 G-426 54-75 126; ⌒2° 528 | ἀριθμόν 963] -μων 376$^{c\,pr\,m}$ | αὐτῶν κατὰ τήν 963] και 72; om αὐτῶν 127(|) ^{Lat}cod 100; om τήν F 29 16-46 75 30 59 | κατά 2°] pr η 458; pr *et* Aeth^{-M} Arm Co | αὐτῶν 4° 963] sub ÷ G Syh; > ^{Lat}codd 100 104 = 𝔐

38 comma] και τα λοιπα ομοιως τοις ανω 46 | om init — ἁμαρτίας 72 | ἐξ αἰγῶν 963 = Sam] sub ÷ G Syh; > 126 = 𝔐 Tar | ἕνα 963 = Sam] post ἁμαρτίας tr G-426 Syh = 𝔐 Tar | πλὴν τῆς] bis scr 963*(c pr m) | τῆς 2° 963] > 628 | αἱ 1° — fin 963] pr *et* Aeth Arm Sa = 𝔐; om αἱ θυσίαι αὐτῶν Arab; > 72 126 | αἱ θυσίαι] *sacrificium* ^{Lat}cod 100 Aeth = 𝔐 | om αὐτῶν 1° 44-125 619*(c pr m) | αἱ σπονδαί = Sam] *libatio* Aeth = 𝔐 Tar | om αὐτῶν 2° Bo

39 ταῦτα] το (+ spat 3 litt) 528 | ποιήσετε 963] -ται V G-82-376 528 108-118* 56*-246-664 75' 30 509 319 (sed hab Compl); -σε 54; ποιηθησεται F 72 59 | κυρίῳ 963] pr τω A F 58-*oI'*$^{-82}$ *C''*$^{-52}$ *f*$^{-129}$ *s y z*$^{-18\ 407}$ 59 416 646; > 407; post ὑμῶν 1° tr Arm | ἐν 963] > 53 | ἑορταῖς 963] > 56^{txt} | om πλήν — 30$_{1}$

---

39 εὐχῶν] ταγμάτων 130-321'

ὑμῶν καὶ τὰ ἑκούσια ὑμῶν καὶ τὰ ὁλοκαυτώματα ὑμῶν καὶ τὰς θυσίας
ὑμῶν καὶ τὰς σπονδὰς ὑμῶν καὶ τὰ σωτήρια ὑμῶν.
1 **30** [1]Καὶ ἐλάλησεν Μωυσῆς τοῖς υἱοῖς Ἰσραὴλ κατὰ πάντα, ὅσα ἐνε-
τείλατο κύριος τῷ Μωυσῇ.
2 [2]Καὶ ἐλάλησεν Μωυσῆς πρὸς τοὺς ἄρχοντας τῶν φυλῶν Ἰσραὴλ
3 λέγων Τοῦτο τὸ ῥῆμα, ὃ συνέταξεν κύριος· [3]ἄνθρωπος ἄνθρωπος,
ὃς ἂν εὔξηται εὐχὴν κυρίῳ ἢ ὀμόσῃ ὅρκον ἢ ὁρίσηται ὁρισμῷ περὶ
τῆς ψυχῆς αὐτοῦ, οὐ βεβηλώσει τὸ ῥῆμα αὐτοῦ· πάντα, ὅσα ἂν ἐξέλθῃ

ABFV (963) *O'' C'' bdfn*(767)$s^{-28}tx^{-527}yz$ al verss

fin 458 | *πλήν — ὑμῶν* 2°] sub ※ G Syh; om *ὑμῶν* F^{a}; > F 29-58-707^{txt} 53-56^{txt} Aeth: homoiot | *ὑμῶν* 2°] *ημων* 82 44 120; ⌒5° 528 | *καί* 1° — *ὑμῶν* 3°] post *ὑμῶν* 4° tr V 963 *d* 56^{mg}-129-246 *t* 319 Arm Sa; post *ὑμῶν* 5° tr 53′ | om *τά* 1° 125 | *ὑμῶν* 3°] > 125; ⌒4° 53-56^{txt} x^{-509}; ⌒7° 75 | *ὑμῶν* 4°] *αυτων* 376; ⌒6° 414 246 | *καί* 3° — *ὑμῶν* 5° F^{a}] om *καὶ τάς* 125; > F 72 319; post *ὑμῶν* 6° tr 707 | *ὑμῶν* 5°] > 125 84^{txt}(cprm) x^{-509} ^{Lat}cod 104; ⌒6° ^{Lat}cod 100 | om *καὶ τάς* 2° 125 | *ὑμῶν* 6°] *αυτων* 422; > 72 125 x^{-509}; ⌒7° 128 | *τὰ σωτήρια*] *τα σωματα* 528; om *τά* 125 | *ὑμῶν* ult] *ημων* 528; > 72

30 1 init — (2) fin] *και ειπε κ̅ς̅ προς μωυσην λαλησον τους αρχοντας των υιων ι̅η̅λ̅* 125 | *Μωυσῆς*] *μωσης* G-72-426 77 $n^{(-458)}$; ⌒(2) d^{-125} 75 344*(cprm) 370 | om *τοῖς υἱοῖς Ἰσραήλ* 628 | *κατὰ πάντα ὅσα*] *παντας τους λογους καθως* $t^{(-370)}$; *sicut* Arm; *απαντα οσα* 54; om *κατά* 127 126 ^{Lat}codd 100 104 Arab; om *κατὰ πάντα* 29 | *ὅσα* 963] *α* A F | *ἐνετείλατο*] *ελαλησε(ν)* 53′-246 | *κύριος* — fin] *αυτω κ̅ς̅* 53′; *dominus eis* Sa; *κυριος αυτω* 381′ Arab; om *τῷ Μωυσῇ* 126 ^{Lat}cod 104 | *κύριος*] *deus* ^{Lat}cod 100 | *Μωυσῇ*] -*σει* 46 343 68′-120; *μωση* G 54′; *μωσει* 72-426

2 *ἐλάλησεν* 963] *ειπε* 53′ x^{-509} | *Μωυσῆς*] *μωσης* G-426 $n^{(-75)}$ Cyr I 1060; sup ras 3 litt 376; > 72 x^{-509} | om *πρός* 618* | *τῶν φυλῶν*] *tribu* ^{Lat}cod 100; om *τῶν* 458; > Arm Sa | *Ἰσραήλ* B V 963(vid) 15-oII^{-29} 53′ *x* y^{-392} 126-407 ^{Lat}codd 100 104] > 392; pr *των* 610; pr *των υιων* G *C''* 44′-107 *n s t* 424 646 Cyr I 1060; pr *υιων* rell = Sixt 𝔐 | *λέγων* 963] > 72 x^{-509} | om *ὅ* 344*(cprm) x^{-509} | fin] + *λεγων* d^{-125} 129 *n t*

3 *ἄνθρωπος* 2° 963] sub ÷ G Syh; > 72 126 Cyr I 1060 Or II 306 ^{Lat}codd 100 104 Bo (sed hab Aug *Loc in hept* IV 92 *Num* 56 Ruf *Num* XXIV inscr) = 𝔐; *των υιων ισραηλ d* 458; + *των υιων ισραηλ* n^{-458} *t* | om *ὅς* 129 126 Arm^{te} = Compl | *ἄν* 1°] *εαν* 414 129 18′-126-628-630′ Or II 306 Arm^{te} = Compl: > 120* | *τω κυριω ευχην* 739 | *κυρίῳ*] pr *τω* A 767; *κ̅υ̅* 618; *deo* Aeth^{M} | *ἢ ὀμόσῃ ὅρκον*] post *αὐτοῦ* 1° tr 72 | *ὀμόσῃ* 963] *ομωσαι* 106; *ομωσηται* 318 | *ορκω* 529*(vid) 18′-120-126-628-630′ 646 | *ἢ ὁρίσηται / ὁρισμῷ*] tr B F^{a} 963 82 *d* 129 *n t x* 407 319 Or II 306 ^{Lat}cod 100 Arm (sed hab ^{Lat}Aug *Num* 56 Sixt) | *ἤ* 2°] *et* Arm^{ap} | *ὁρίσηται*] *ορισεται* (*ωρ.* 19) 19 44 321′ (sed hab Compl); *ορησῃ* 509; post *ὁρισμῷ* tr V Cyr I 1060 | *ὁρισμῷ*] -*μον* (*ωρ.* 618 550 19) F^{b} 72-376-618*(cprm) 550* 19 343 (sed hab Compl); -*μον* 82 *d t* 319; *in fine* ^{Lat}cod 100 (sed hab Aug *Num* 56) | om *τῆς* G-426 319 | *αὐτοῦ* 1°] *αυτω* 75; > 458 | *οὐ*] pr *et* Bo | *τὸ ῥῆμα* F^{a}] *τα ρηματα d t* = Sam; *το ονομα* F | *αὐτοῦ* 2°] *τουτο*

---

30 3 *εὔξηται εὐχήν*] *τάξηται τάγμα· συντάξηται ἄσκησιν* 130-321′ | *οὐ βεβηλώσει*] *οὐ διαλύσει* (-*λυει* 130) 130-321′

ἐκ τοῦ στόματος αὐτοῦ, ποιήσει. [4]ἐὰν δὲ γυνὴ εὔξηται εὐχὴν κυρίῳ 4
ἢ ὁρίσηται ὁρισμὸν ἐν τῷ οἴκῳ τοῦ πατρὸς αὐτῆς ἐν τῇ νεότητι αὐτῆς,
[5]καὶ ἀκούσῃ ὁ πατὴρ αὐτῆς τὰς εὐχὰς αὐτῆς καὶ τοὺς ὁρισμοὺς αὐτῆς, 5
οὓς ὡρίσατο κατὰ τῆς ψυχῆς αὐτῆς, καὶ παρασιωπήσῃ αὐτῆς ὁ πατήρ,
καὶ στήσονται πᾶσαι αἱ εὐχαὶ αὐτῆς καὶ πάντες οἱ ὁρισμοί, οὓς ὡρί-
σατο κατὰ τῆς ψυχῆς αὐτῆς, μενοῦσιν αὐτῇ. [6]ἐὰν δὲ ἀνανεύων ἀνα- 6
νεύσῃ ὁ πατὴρ αὐτῆς, ᾗ ἂν ἡμέρᾳ ἀκούσῃ πάσας τὰς εὐχὰς αὐτῆς καὶ
τοὺς ὁρισμούς, οὓς ὡρίσατο κατὰ τῆς ψυχῆς αὐτῆς, οὐ στήσονται· καὶ
κύριος καθαριεῖ αὐτήν, ὅτι ἀνένευσεν ὁ πατὴρ αὐτῆς. [7]ἐὰν δὲ γενομένη 7

ABFV (963) *O'' C''* $bdfns^{-28}tx^{-527}yz$ al verss

x^{-509}; > ^{Lat}cod 100; + *deo* Arab | ἄν 2°] *εαν* B G *b* 129 54 121 (sed hab Sixt) = Ra; > 426^{txt} Cyr I 1060 | ἐκ] *απο* 74-76 | στόματος] *σωμ.* 54* | *ποιηση* 77-131-500'-529 664 y^{-392} 18

4 γυνή] pr *και* 630; post εὔξηται tr 29 68'-120 Cyr I 1060 = Sixt | κυρίῳ] pr *τω* G-82 ↓ | ἤ] pr *η ομοση ορκω* 628: ex 3; *και d n t* ^{Lat}cod 100 Bo (sed hab Aug *Loc in hept* IV 93 *Num* 57) = 𝔐 | ὁρίσηται] *ορισῃ* 134 | *ορισμω* (*ωρ.* 19) *C''* 19' 54 646 (sed hab Compl) | *τη οικια* Or II 306 | om τοῦ 552^{txt} | ἐν 2° — fin] om τῇ 413*; > 529

5 καί 1°] *aut* Bo^B; > Bo^A | ἀκούσῃ] *-σει* 58 57' 53 75'-767 85 84 *x* 318 59 319; *-σηται* F^b | ὁ πατὴρ αὐτῆς F^a] om αὐτῆς 528 54; > F | αὐτῆς 1°] ⌒2° 126; ⌒3° 376 | τάς] pr *οτι* 18; > F^b | καί 2°] *η* 407; ⌒3° 53' | ὁρισμούς] *ορκους* 426 | om αὐτῆς 3° 72 407 Sa | κατά 1° — αὐτῆς 4°] sup ras 610 | κατά 1°] *περι* *C''* | om τῆς 1° 707 | ψυχῆς 1°] *ευχης* 730; *αρχης* 130; ⌒2° Bo^A | *παρασιωπησει* (*-πισει* 707* 458 30 120) 58-72' 73'-551* 44-107' 53-56' 75'-767 30-85 84 619 120 59 319 | αὐτῆς 5°] *αυτην* F*(cprm); *αυτη* O^{-G} 53' 319 Arm Syh ↓; sub ※ G; > Arab; post πατήρ 2° tr 82 *b d n t* 126 Cyr I 1060 Or II 306 | ὁ πατήρ 2°] > G ^{Lat}cod 100 Arab; + (※ Syh) *αυτης* O^{-G} 730 Arm^{te} Syh = 𝔐 | om καί 4° Or II 306 Arm Syh | *στησωνται* 422; *steterint* ^{Lat}cod 100 (sed hab Aug *Loc in hept* IV 96 *Num* 57) | om πᾶσαι 318 | om αἱ 610 75 | αὐτῆς 6°] + *και τους ορισμους αυτης ους ωρισατο κατα* 616*: ex 6 | om πάντες 55 = Sam | ὁρισμοί] + *αυτης* V 414 *b d* 129 767 *t* 407 55 319 Cyr I 1060 Sa = Sam | ὡρίσατο 2°] inc 346; + $\overline{κς}$ 630* | κατὰ τῆς ψυχῆς αὐτῆς 2°] *εν τη ψυχη αυτης* 75; > Arab; ⌒(6) 528 106^{txt} | αὐτῇ] pr *εν* 19 125 (sed hab Compl); *αυτην* 75' x^{-509} 407 ^{Lat}cod 100 (sed hab Aug *Num* 57); $αυ^{τ}$ 126; sub ÷ Syh = 𝔐

6 δέ] *δ* 126 | ἀνανεύων] sub ÷ G Syh, > 125 767 Arm = 𝔐 Tar | αὐτῆς 1°] + (※ G Syh) *αυτη* V O^{-58} Syh = 𝔐 | ᾗ] pr *και* 129 319 | ἄν 963] > 53 | *ημεραν* 707 $106^{(mg)}$ 53-246 84*(vid) | ἀκούσῃ] + *ο* $\overline{πηρ}$ *αυτης* 618* | πάσας 963] *παντας* b^{-537} 125; > A V 129-246 = Compl | ὁρισμούς] + (※ Syh) *αυτης* A *O*-82-381' *b* $106^{(mg)}$ *n* 134 y^{-318} Cyr I 1060 ^{Lat}cod 100 Aug *Num* 57 Co Syh = 𝔐 | αὐτῆς 3° 963] > 376 19' (sed hab Compl); + *και ακουση ο ανηρ αυτης και* $παρασιωπ^{η}$ 413: ex 8 | στήσονται] + *super eam* Aeth | om καί 2° 319 | κύριος] pr *ο* 54-75' | ὅτι] + *ανανευων d n t* | ἀνένευσεν] *ανανευσι* 54 | fin] + (※ G Syh)

---

4 κυρίῳ] ο' οἱ λ' τῷ $\overline{κω}$ 344
5 καί 3°] εἰ μέν F^b | παρασιωπήσῃ — πατήρ 2°] ο' οἱ λ' παρασιωπήσῃ αὐτῇ ὁ $\overline{πηρ}$ 344

γένηται ἀνδρί, καὶ αἱ εὐχαὶ αὐτῆς ἐπ' αὐτῇ κατὰ τὴν διαστολὴν τῶν
8 *χειλέων αὐτῆς, οὓς ὡρίσατο κατὰ τῆς ψυχῆς αὐτῆς,* [8]*καὶ ἀκούσῃ ὁ*
ἀνὴρ αὐτῆς, καὶ παρασιωπήσῃ αὐτῇ, ᾗ ἂν ἡμέρᾳ ἀκούσῃ, καὶ οὕτως
στήσονται πᾶσαι αἱ εὐχαὶ αὐτῆς, καὶ οἱ ὁρισμοὶ αὐτῆς, οὓς ὡρίσατο
9 *κατὰ τῆς ψυχῆς αὐτῆς, στήσονται.* [9]*ἐὰν δὲ ἀνανεύων ἀνανεύσῃ ὁ*
ἀνὴρ αὐτῆς, ᾗ ἂν ἡμέρᾳ ἀκούσῃ, πᾶσαι αἱ εὐχαὶ αὐτῆς καὶ οἱ ὁρισμοὶ

ABFV (963) *O'' C'' bdfns*$^{-28}$*tx*$^{-527}$*yz* al verss

αυτη O^{-58} Syh = 𝔐; + *η αν ημερα ακουση πασας τας ευχας αυτης και τους ορισμους ους ωρισατο* 414

7 *δέ* F^{a} 963] > F | *γενομένη*] *γενημενη* 509; *γονομε*[. . . 963; > 125 126 Aeth Bo | *ἀνδρί*] *ο ανηρ αυτης* 509 | om *καί x*$^{-509}$ | *αἱ εὐχαί*] pr *ει* 426$^{c\,prm}$; *ευχη* A 121 Aeth; om *αἱ* 82-707 246 75 30-130-343 509 55 | *αὐτῆς* 1°] *αυτην* 551* | *ἐπ' αὐτῇ*] *μετ αυτης* 82 | *αὐτῇ* A B V 376-707*-*oI b f*$^{-129}$ 127 509 *y*$^{-392}$ *z* 55 319 416 646] *αυτης* G-426 44* 75* 392 ↓; *αυτην* rell = Compl ↓ | om *κατά* 1° — *οὕς* 126 | om *τὴν διαστολήν* Bo | *τῶν*] *αυτων* 314 | *οὕς* B V *O*$^{-58}$-82 129 *x* 392 407 319] *και οσα* 422; > 53; *οσα* rell | *αὐτῆς* ult] *αυτου* 54*; > 318; ⌒(8)1° 52′-313 30′

8 *ἀκούσῃ* 1°] -*σει* 58 53 85 318 59; ⌒2° 53 | *ἀνήρ*] *πηρ* (overlined) A* | *καὶ παρασιωπήσῃ αὐτῇ*] om *καί* Bo^{A}; post *ἀκούσῃ* 2° tr *O*$^{-58}$ Syh = 𝔐 | *παρασιωπησει* (-*πισει* 458; -*σηωπ*. 75) 58 75′-767 730 *x*$^{-509}$ 318 59 319; *σιωπηση* 126 | *αὐτῇ*] pr *εν b* (sed hab Compl); *αυτην* 72 767 59 646*(c prm); *αυτου* 246; > 319 ^{Lat}cod 100 (sed hab Aug *Num* 59. 1) | *ᾗ ἂν ἡμέρᾳ*] pr *εν* 29; *τη ημερα η αν b* (sed hab Compl); *εαν ημερα* G; om *ᾗ* 646*(c prm) | *ημεραν* 707 528-739 458-767 84 | *καὶ οὕτως*] sub ÷ G Syh: cf 𝔐; om *καί* ^{Lat}cod 100 Aeth^{-G} Arm Bo (sed hab Aug *Num* 59. 1) | *ουτω* (-*το* 509) 46 *d* 54-75′ 370 509 18′-68′-126-630′ 646 = Sixt | *πᾶσαι* = Sam] > 72 127 126 Bo = 𝔐 Tar; post *αὐτῆς* 2° tr 52 | *αἱ*] > 77*; bis scr 669* | *αὐτῆς* 2°] *αυτων* 646 | om *καί* 4° — fin 53′ | *αὐτῆς* 3° 963] > 58-72′ *C'' s* 392 | *οὕς*] *ου* 767 | *την ψυχην* G* | *αὐτῆς* ult] *αυτου* 120*; > 44; ⌒(9) 4° 618^{txt} 407^{txt}(c prm) | *στήσονται* 2°] *συστη*[. . . 963; -*σεται* 370^{s}(sed hab 370); *εσονται* 318; > 72; + *super eam* Aeth

9 *ἐὰν δέ*] *εαν δ* 126; *και εαν* 370^{s} | *ἀνανεύων ἀνανεύσῃ*] sub ÷ G Syh(+ *ea*); om *ἀνανεύων* 58 *d* 370 407$^{(mg)}$ Arm Sa; om *ἀνανεύσῃ* 376′ Arab; > 126 = 𝔐 | *ὁ ἀνὴρ αὐτῆς* / *ᾗ ἂν ἡμέρᾳ ἀκούσῃ*] *η αν ημερα ακουση ο ανηρ αυτης ανανευση αυτη O*$^{-58}$ Arab = 𝔐; tr Syh; + *ανανευση ο ανηρ αυτης* V; + *και ουτως στησονται* 551*(vid) | *ἀνήρ* 1°] *πηρ* (overlined) 72 73′ 767 | *αὐτῆς* 1°] ⌒4° Aeth^{M} | *ᾗ ἂν ἡμέρᾳ*] pr *εν* 29; *τη ημερα η αν b* ^{Lat}cod 100 (sed hab Aug *Num* 59. 1 Compl) | *ἄν*] *εαν* B* = Ald Sixt; > 134^{txt}(c prm) | *ημεραν* 707 767 | *ἀκούσῃ*] *ανανευση* 624 | *πᾶσαι* — *αὐτῆς* 3°] pr *και διασκεδαση* (-*σει* 767) *την ευχην αυτης την επ αυτην* (*αυτης* 767) *η* (> V) *την διαστολην των χειλεων αυτης* (*την επ αυτην* post *αυτης* ult tr Syh) V 767 Syh; *και διασκεδαση* (-*σει* 58) *την ευχην αυτης την επ αυτης και* (*η* 426 Arab) *την διαστολην των χειλεων αυτης* 58-426 Arab = 𝔐; *πασας τας ευχας αυτης και τους ορισμους* 72; *καὶ οἱ ὁρ. αὐτῆς* sub ÷ Syh; sub ÷ G; + (※ G) *και διασκεδαση την ευχην αυτης την επ αυτης η την διαστολην των*

---

7 *ἐπ' αὐτῇ*] *ο' ἐπ' αὐτῆς α' ἐπ' αὐτῇ σ' καθ' ἑαυτῆς* 344; *θ' ἐπ' αὐτήν* 344^{txt} | *οὓς ὡρίσατο* (*κατά* — fin)] *ο' οὓς ὡρίσατο σ' ὃ ἔδησεν καθ' ἑαυτῆς* 344; *θ' α' ὅσα ὡρίσατο* 344^{txt}

αὐτῆς, οὓς ὡρίσατο κατὰ τῆς ψυχῆς αὐτῆς, οὐ μενοῦσιν, ὅτι ὁ ἀνὴρ
ἀνένευσεν ἀπ' αὐτῆς, καὶ κύριος καθαριεῖ αὐτήν. 10*καὶ εὐχὴ χήρας* 10
καὶ ἐκβεβλημένης, ὅσα ἂν εὔξηται κατὰ τῆς ψυχῆς αὐτῆς, μενοῦσιν
αὐτῇ. 11*ἐὰν δὲ ἐν τῷ οἴκῳ τοῦ ἀνδρὸς αὐτῆς ἡ εὐχὴ αὐτῆς ἢ ὁ ὁρισμὸς* 11
κατὰ τῆς ψυχῆς αὐτῆς μεθ' ὅρκου, 12*καὶ ἀκούσῃ ὁ ἀνὴρ αὐτῆς, καὶ* 12
παρασιωπήσῃ αὐτῇ, καὶ μὴ ἀνανεύσῃ αὐτῇ, καὶ στήσονται πᾶσαι αἱ
εὐχαὶ αὐτῆς, καὶ πάντες οἱ ὁρισμοὶ αὐτῆς, οὓς ὡρίσατο κατὰ τῆς

ABFV (963) *O'' C'' bdfns*$^{-28}$*tx*$^{-527}$*yz* al verss

χειλεων αυτης G-376 | *πασα η ευχη d* | *αὐτῆς* 2°] ⌒4° 53′ 669 | *καὶ οἱ ὁρισμοὶ αὐτῆς*] om *καί* 318; bis scr 414 | *οἱ*] pr *παντες* (-*ταις* 767) *d n t* Arm; > 73′ | *αὐτῆς* 3°] > 707 73*-422 129 318 Arm = Compl; ⌒(10) 125 | om *οὕς* — *αὐτῆς* 4° 376: homoiot | *οὕς*] *οσα O*$^{(-376)}$ | *αὐτῆς* 4°] > 610*; ⌒(10) 44-106^{txt}-107′ | *οὐ* — *αὐτῆς* 5°] sub ÷ G Syh; > 58-426 = 𝔐 | *μενοῦσιν*] + *super eam* Aeth; + *αυτη* 106$^{(mg)}$ Bo | *ὁ ἀνὴρ ἀνένευσεν*] *ανεν. ο ανηρ αυτης* 106$^{(mg)}$ *t*; om *ὁ* A G-72-376-618* 131-414-500′-616 108* 127 343 646 | *ἀνήρ* 2°] + *αυτης* 29 *b* 129-246 *n x*$^{-509}$ 392 55 Co Syh | *ἀνένευσεν*] *ανανευσει* 30; *ενευσεν* 126 | om *ἀπ' αὐτῆς* Arm^{te} Bo | *ἀπ'* B V 707^{c} *C''* 106$^{(mg)}$ *n*$^{-767}$ *s t x* 407 ^{Lat}cod 100 Aug *Num* 59. 1] *επ* rell | *αὐτῆς* ult 963] *αυτην* 29; *αυτη* 318 | *καί* ult 963] > ^{Lat}cod 100 | *κύριος*] + *ο θ̅ς̅* 509* | *καθαριεῖ* — (10) *εὐχή*] sup ras 73 | *εκκαθαριει* 68′-120-126-128-628-630′ 646 | *αὐτήν* 963] *εαυτην x*$^{-509}$; *αυτης* F*(cprm) 120*

10 comma] bis scr 126 | *καί* 1°] bis scr 120*(|) | *εὐχή*] *ευχην* G *n*$^{-127}$; *ευχης* 664* 346*(vid); *αι ευχαι* 246 Arm | *καί* 2° 963] *vel* Arm; > 707* 413-417 126 | *ἐκβεβλημένης*] -*μενη* 509; *εκβεβηλωμενης* 551; *electae* ^{Lat}cod 100 (sed hab Aug *Num* 59. 2) | *ὅσα ἄν*] pr (※ G Syh) *παντα O* Syh = 𝔐; *ως αν* 767; *οσαν* A 59; *οσα εαν* 376′ 68′-120-128-630′ 646 = Sixt | *εὔξηται*] *ευχηται* 551; *ευρηται* 106$^{(mg)}$; + *ευχην* 707*(vid) *b* 458 (sed hab Compl) | *αὐτῆς*] ⌒(11) 3° Bo^{A} | om *μενοῦσιν* — (11) *ἤ* 458 | *μενοῦσιν* 963] *μενει* Phil I 102 = 𝔐 | *αὐτῇ* 963] pr *εν* 414-761 44 18-628 646; *αυτην* 75* 126-407

11 init — (16) fin] om init — (13) fin *b* (sed non Compl); > 767 | *δέ*] *δ* 126 | *ἐν* 963] > 528 *d*$^{-106}$ 53′ 509 128 = 𝔐 Sam Tar^{O} | om *τῷ* Compl | *ἀνδρός* 963] *π̅ρ̅ς̅* 392*(vid; cprm) | *αὐτῆς* 1° 963] > 730 | *ἡ εὐχή* 963] *αι ευχαι* 58-376 Arm Bo^{B} | *αὐτῆς* 2° 963] + *ην ωρισατο* 15; ⌒3° 551 | *ἢ ὁ ὁρισμός*] (※ G) *η ον ωρισατο* (*ορ.* 376) *ορισμον O* = 𝔐 | *ἤ*] *και d* Aeth | *ὁ* 963] > 618* *cI*$^{-57}$ 129-664 75 30 619 120-126 59 416 | *ὁρισμός* 963] *ορκισμος* 319; + *αυτης d f*$^{-129}$ *n*$^{(-767)}$ *t x*$^{-509}$ 628; + *quem definiat* Arm; + *quem definivit* Bo^{B} | *κατά* — *αὐτῆς* 3° 963] pr *ο* A *oI*-72-707^{c} *C''*$^{-52' 313 551}$ *s*$^{-30}$ *y* 68′ 55 416 624 646 ^{Lat}Aug *Num* 59. 2; om *κατά* 75; > *d t*: homoiot; ad fin tr Arm | *αὐτῆς* 3°] *αυτου* 414-422-761*; > *x*$^{-509}$ | om *μεθ' ὅρκου* Aeth

12 *καί* 1° 963] ⌒2° Bo | *ἀκούσῃ* 963] -*σει* 58 616* 75 30-85 84 318 | *ἀνήρ*] bis scr 370^{s}(|) | *καὶ παρασιωπήσῃ* 963] > B* (sed hab Sixt) | *καί* 2°] *η* 422; > 392(|) | *παρασιωπησει* (-*σιοπ.* 319; -*σηωπ.* 75) 58-82 53 75-127 318 59 319; *σιωπηση* 126 | *αὐτῇ* 1°] pr *εν d* 54′-75 *t*; *ο ανηρ αυτης εν αυτω* 458; *αυτην* 963 72; > 126; ⌒2° G 761 44-125 407 | *καί* 3° 963] > 72 Bo^{A} = 𝔐 | *μή* 963] > ^{Lat}cod 100 (sed hab Aug *Num* 59. 2) | *αὐτῇ* 2° F^{a} 963] pr *εν* 106-107′ 127 *t*; > F F^{b} ^{Lat}cod 100 | *καί* 4° 963] > 72 ^{Lat}cod 100 Aug *Num* 59. 2^{ap} Arm | *στήσονται* 1° 963] + *super eam* Aeth | *πᾶσαι* 963] > 44 53′ | *εὐχαί* 963] *ψυχαι* 551 | *αὐτῆς* 2° 963] ⌒3° ^{Lat}cod 100; ⌒5° 72 85^{txt} | *πάντες* 963] > 125 392* | om *οἱ* G(|) | *αὐτῆς* 3° 963] sub ÷ G; > A F 15′-58-618*(cprm)-707 *C''* 125 53′-56

13 ψυχῆς αὐτῆς, στήσονται κατ᾽ αὐτῆς. [13]ἐὰν δὲ περιελὼν περιέλῃ ὁ
ἀνὴρ αὐτῆς, ᾗ ἂν ἡμέρᾳ ἀκούσῃ πάντα, ὅσα ἂν ἐξέλθῃ ἐκ τῶν χειλέων
αὐτῆς κατὰ τὰς εὐχὰς αὐτῆς καὶ κατὰ τοὺς ὁρισμοὺς τοὺς κατὰ τῆς
ψυχῆς αὐτῆς, οὐ μενεῖ αὐτῇ· ὁ ἀνὴρ αὐτῆς περιεῖλεν, καὶ κύριος καθα-
14 ριεῖ αὐτήν. [14]πᾶσα εὐχὴ καὶ πᾶς ὅρκος δεσμοῦ κακῶσαι ψυχήν, ὁ
15 ἀνὴρ αὐτῆς στήσει αὐτῇ, καὶ ὁ ἀνὴρ αὐτῆς περιελεῖ. [15]ἐὰν δὲ σιωπῶν
παρασιωπήσῃ αὐτῇ ἡμέραν ἐξ ἡμέρας, καὶ στήσει αὐτῇ πάσας τὰς

ABFV (963) *O''* *C''* *bdfns*$^{-28}$*tx*$^{-527}$*yz* al verss

s$^{(-85txt)}$ *y*$^{-392}$ *z*$^{-407}$ 55 59 416 624 646 ^{Lat}Aug *Num* 59. 2te = 𝔐 Tar^{O}; ⌒4° 246 | οὗς] ος 30* | ψυχῆς 963] > 16-46-57-131^{txt}-422-500′-528-550′-551-616* | αὐτῆς 4°] > 707; ⌒5° 319 Bo | om κατ᾽ — (15) fin 58 | κατ᾽ αὐτῆς 963] κατα αυτης Compl; κατα ταυτης 53; κατ αυτην 458; αυτη 55 Arm; sub ÷ G Syh = 𝔐

13 δέ 963] > 54 | περιελών] περιαιρων (περιερων 246 127) F 963 29-72-426-707*(vid)-*oI*$^{-15c}$ 56′ 127 130^{mg}-321′^{mg} 509 121 *z*$^{-126\ 407}$ 59 416 646 ↓; > 125 126 | περιέλῃ 963] περιεχη 72; + (※ G) αυτα G-426-*oI* Syh = Ald ↓ | ὁ 1° 963] > 624 ↓ | αὐτῆς 1° 963] + στησονται αυτης 618* | ἡμέρᾳ 963] -ραν 53 | ἀκούσῃ 963] εξελθη *x*$^{-509}$ | ὅσα ἄν 963] οσαν 624; οσα εαν B G 509 18′-68′-120-630′ 646 = Ra; om ἄν 618* | ἐξέλθῃ 963] ακουση 246*(c pr m); εξηλθεν *x*$^{-509}$ | ἐκ 963] απο 129 74-76 = Compl; δια 376 | τῶν 963] > F(|) 73′ | αὐτῆς 2° 963] αυτων 422*; ⌒3° 529 | τὰς εὐχάς 963] *orationem* ^{Lat}cod 100 | καί 1° 963] > F*(c pr m) *oI*$^{-64}$ 74-76 509 | κατά 2° 963] > 126 ^{Lat}cod 100 | τούς 1° — ψυχῆς 963] της ψυχης ορησμους 75 | τοὺς ὁρισμούς] τον ορισμον αυτης 458; + αυτης 29 529 *d* 129 54 *t* 509 318 *z*$^{-407}$ 319 646 Arm Co; + αυτους 127; + αυτους και κατα τους ορισμους 343 | τοὺς κατά] om κατά 16-46; > 376 414* = 𝔐 | τούς 2°] αυτης 618* 392*; ους ωρισατο (ορ. *d*) 82 *d t* 121 Bo; > 126 ^{Lat}cod 100 | om αὐτῆς 4° 529 126 | οὐ μενεῖ αὐτῇ] sub ÷ G | μενεῖ] μενιει 321; μενουσι(ν) *d n*$^{(-767)}$ *t* Bo Syh = Sam Tar^{O} | αὐτῇ] αυτην 458; > ^{Lat}cod 100 (sed hab Aug *Loc in hept* IV 99 *Num* 59. 2) = 𝔐 | ὁ 2°] pr *et* ^{Lat}cod 100; pr οτι *d n*$^{(-767)}$ *t* 407 Aeth Arm Co | αὐτῆς 5° 963] αυτην 72 | περιεῖλεν 963] + (※ G) αυτα (+ ↙ Syh) *O*$^{(-58)}$ ^{Lat}cod 100 Syh = 𝔐 | om καί 2° 319 | κύριος] pr ο 963 458 | καθαριεῖ F F^{b}] -ρισει B F^{a}(vid) 963 426 509 (sed hab Sixt) = Ra; εκαθερισεν 319 | αὐτήν] + κ̅ς̅ 77

14 om comma 417 | πᾶσα] pr και 130 Aeth^{-M} | εὐχή] pr η 82; ευχην 963*(c pr m) | ὅρκος δεσμοῦ 963] pr ο 82; sub ※ Syh; ορκος δεσμους G | κακῶσαι ψυχήν] *vexationes animae* ^{Lat}cod 100; bis scr 628; -σει ψυχην 319 | ψυχήν 963] αυτην A | αὐτῆς 1° 963] > 130-321′; ⌒2° 75′ 669 59 | στηση 72′ 664 54 392 18-628 646* | αὐτῇ] αυτην F 72-376 *C''*$^{(-417)}$ 19 *d*$^{-106}$ 53′-129 30′-130^{c}-343 134*-370* *x*$^{-509}$ 318 126-407 624 (sed hab Compl) = 𝔐; > Bo^{B}; ⌒(15) 1° 72 | om καί 2° 318 55 Aeth^{M} | ὁ ἀνὴρ αὐτῆς 2°] om ὁ 618*; > 44 319 | περιελεῖ] pr ου 422; + αυτην 19 = 𝔐; + αυτη *b*$^{-19}$ ^{Lat}cod 100 Aeth = Compl

15 om comma *b* (sed non Compl) | om δέ F | σιωπῶν] -παν 458; παρασιωπων

---

13 init — αὐτῆς 1°] α′ καὶ (> 85′-321′) ἐὰν ἀκυρῶν ἀκυρώσῃ αὐτὰς ἀνὴρ αὐτῆς 85′(ind ad v. 9)-321′(ind ad v. 9)-344; σ′ ἐὰν δὲ διαλύσει διαλύσῃ αὐτὰς ὁ ἀνὴρ αὐτῆς θ′ καὶ ἐὰν διασκεδάζων διασκεδάσῃ αὐτὰ ὁ ἀνὴρ αὐτῆς 344 | περιελὼν περιέλῃ] ο′ περιαιρῶν περιέλῃ 344

εὐχὰς αὐτῆς, καὶ τοὺς ὁρισμοὺς τοὺς ἐπ' αὐτῆς στήσει αὐτῇ, ὅτι ἐσιώ-
πησεν αὐτῇ τῇ ἡμέρᾳ, ᾗ ἤκουσεν. [16]ἐὰν δὲ περιελὼν περιέλῃ αὐτῆς 16
μετὰ τὴν ἡμέραν, ἣν ἤκουσεν, καὶ λήμψεται τὴν ἁμαρτίαν αὐτοῦ.
[17]ταῦτα τὰ δικαιώματα, ὅσα ἐνετείλατο κύριος τῷ Μωυσῇ ἀνὰ μέσον 17
ἀνδρὸς καὶ γυναικὸς αὐτοῦ, καὶ ἀνὰ μέσον πατρὸς καὶ θυγατρὸς ἐν
νεότητι ἐν οἴκῳ πατρός.

ABFV (963) O'' C'' $bdfns^{-28}tx^{-527}yz$ al verss

381′ 127 = Ald; spat 5 litt 528; > 53 126 Aeth | *σιωπηση* 529 53 126 | om *αὐτῇ ἡμέραν* 75 | *αὐτῇ* 1°] *αυτην* 52′-73′ 53′ 619* 18; + (※ G) *ο ανηρ αυτης* $O^{(-58)}$-15 *d t* Bo Syh = 𝔐 | *ἡμέραν*] *-ρα* 528 619*(vid); *-ρας* 376 414 18* | om *καί* 1° ^{Lat}cod 100 Aeth Arm Bo^{A} | *στήσει* 1°] *στηση* 64-*oII* 46-52*-414^{c}-417-422-528-551-616^{c} 56*-664 54-458 130-321′-343-730 76 392 128-628-630′ ^{Lat}cod 100 | *αὐτῇ πάσας*] post *αὐτῆς* 1° tr 630* | *αὐτῇ* 2°] *αυτην* 53′; sub ÷ (※*) G; > 72 246 ^{Lat}cod 100 = 𝔐 | om *πάσας* Sa | om *τάς* 129(|) = Compl | *εὐχὰς αὐτῆς*] *ημερας αυτης της ευχης* 458 | *αὐτῆς* 1°] spat 3—4 litt 528; > 381′ | *καί* 2° — *αὐτῇ* 3°] om *καί* 15; > Arab | *τούς* 1°] pr (※ G) *παντας* $O^{(-58)}$-15 Bo Syh = 𝔐 | *ὁρισμούς*] + *αυτης* (*αυτους* 107*) A 426 *d* 127-458 730 *t* Arm^{ap} Sa = 𝔐 | *τούς* 2° — *αὐτῇ* 3°] om *τούς* A 730; om *τοὺς ἐπ' αὐτῆς* 458 ^{Lat}cod 100 Aeth Arm; > Bo | *ἐπ' αὐτῆς*] *επ αυτη* A 72-426-oI^{-15} 53′ 134 x^{-509} *y* 407 55 416; *υπ αυτης* 417 | *στήσει* 2°] *στηση* 64-72 46^{c}-551 130-321′ | *αὐτῇ* 3°] > 29; ⌒4° 669^{txt} | *σεσιωπηκεν* 52′ | om *αὐτῇ* 4° ^{Lat}cod 100 | *τῇ ἡμέρᾳ ᾗ* 963] *την ημεραν ην* 29; *η* (> G*) *ημερα* $O^{(-58)}$ 18′-126-628-630′ 646 Syh; om *τῇ d t* | om *ᾗ* — (16) *ἡμέραν* B* (sed hab Sixt) | *ᾗ*] *ην* 392; *και* 46^{s} | *ἤκουσεν* 963] *-σαν* 59*; *εσιωπησεν* 761*(vid); ⌒(16) 72 d^{-106} x^{-509}

16 *ἐὰν δέ*] *aut si* Bo^{A}; om *δέ* Compl | *περιελών*] *περιαιρων* A F 963 29-426-oI^{-15c} b^{-19} 56′ 127 130^{mg}-321′^{mg} 121 $z^{-126\ 407}$ 416 624 646 (sed hab Compl) ↓; > 126 | *περιέλῃ*] *-λῃς* G*; *-λην* 75′ | *αὐτῆς*] pr *ο ανηρ* F^{a} 29-58-376-*oI* 106 *t* 59 416 ^{Lat}Aug *Num* 59. 2^{ap} Arm = Ald Sixt: cf Tar^{P} ↓; *αυτην* 19; *αυτη* 414 b^{-19} = Compl; *αυτη τη ημερα* 55; *ea* ^{Lat}cod 100 ↓; > Bo | *μετὰ τήν*] *μετ αυ[τη]ν* 963 | *ἥν*] *εν η* 82 129 = Compl; *η* 963^{c} 414 53 59; > 963* | *καί* 963] > 72 Aeth Arm Bo | *λήμψεται* A B* F V G-82 56* 509 624] *ληψη* 46^{s}; *ληψ.* F^{b} 963 rell = Sixt | om *τήν* 2° 618

17 *ταῦτα*] *παντα* 646 | *τὰ δικαιώματα ὅσα*] om *τά* 246; > 125 | *ὅσα*] *α* 106 | om *τῷ* 125 | *Μωυσῇ*] *-σει* 46 343 68′-120; *μωυ^{σ}* 126; *μωση* G *n*; *μωσει* 72-426 | *ανδρων* (*-ρον* 131-500) 131*-500-529′ | *καί* 1°] > 53; ⌒2° 529 | *γυναικός* B V 963 O^{-58}-82 *d* 53 *n t x* 319 ^{Lat}cod 100 Sa Syh] *ανα μεσον γυναικων* 616*; pr *ανα μεσον* rell | om *αὐτοῦ* Bo | *καί* 2° = Sam] > Arm = 𝔐 Tar | *πατρός* 1° 963] pr *του* 53; *μρς* 68′-120 (sed hab Ald); + *et matris* Arm^{ap}; + *αυτου* 422 130 | *θυγατρός* 963] pr *ανα μεσον* 53′ Arm Bo; + (※ G) *αυτου* O^{-58}-15-72 54-75 Arm Bo^{A} Syh = 𝔐; + *και ανα μεσον αδελφου* 19 (sed hab Compl) | *ἐν νεότητι* 963] > 551^{txt}; + (※ G) *αυτης* *O*-82 Co Syh = 𝔐 | *ἐν* 2°] bis scr 18(|) | *πατρός* 2°] *του πατρος αυτης* 134; + *αυτου* 106-125 75; + *αυτης* 426 *b* 44-107′ n^{-75} t^{-134} Arm Co Syh = 𝔐

---

16 init — *περιέλῃ αὐτῆς*] α′ *καὶ* (> 321′) *ἐὰν ἀκυρῶν ἀκυρώσῃ αὐτὰς ἀνὴρ αὐτῆς* (om *αὐτὰς ἀνὴρ αὐτῆς* 321′) 321(nom absc et ind ad v. 6)-344-346(ind ad v. 6); σ′ *ἐὰν δὲ διαλύσει διαλύσῃ αὐτὰς ὁ ἀνὴρ αὐτῆς* θ′ *καὶ ἐὰν διασκεδάζων διασκεδάσῃ αὐτὰ ὁ ἀνὴρ αὐτῆς* 344 | *περιελών*] ο′ *περιαιρῶν* 344

1 2 **31** 1Καὶ ἐλάλησεν κύριος πρὸς Μωυσῆν λέγων 2Ἐκδίκει τὴν ἐκ-
δίκησιν τῶν υἱῶν Ἰσραὴλ ἐκ τῶν Μαδιανιτῶν, καὶ ἔσχατον προστε-
3 θήσῃ πρὸς τὸν λαόν σου. 3καὶ ἐλάλησεν Μωυσῆς πρὸς τὸν λαὸν λέγων
Ἐξοπλίσατε ἐξ ὑμῶν ἄνδρας παρατάξασθαι ἔναντι κυρίου ἐπὶ Μα-
4 διὰν ἀποδοῦναι ἐκδίκησιν παρὰ κυρίου τῇ Μαδιάν· 4χιλίους ἐκ φυλῆς
χιλίους ἐκ φυλῆς ἐκ πασῶν φυλῶν Ἰσραὴλ ἀποστείλατε παρατάξα-
5 σθαι. 5καὶ ἐξηρίθμησαν ἐκ τῶν χιλιάδων Ἰσραὴλ χιλίους ἐκ φυλῆς,

ABF(M)V (963) *O'' C'' bdfns*$^{-28}$*txyz* al verss

31 1 init — 35 24 fin] absc 646(||) | *καὶ ἐλάλησεν*] *ελαλησε δε* 125 | *πρὸς Μωυσῆν*] pr *προς* 509(|); *τω μωση* 127 | *μωυση* 58 19 (sed hab Compl); *μωσην* G-426 *n*$^{-127}$ Eus IX 78; *μωσει* 72 | om *λέγων* Aeth^{M}

2 init — *υἱῶν*] *εκδικησις τους υιους* 19 (sed hab Compl) | *ἐκδίκει τήν*] *εκδικησει την* 509; > 108; bis scr 767*(|) | *τῶν* 1°] *αυτων* 767; > B V G-426 129 = Ra; bis scr 44(|) | om *υἱῶν* 767* | *ἐκ* — (3) *λέγων*] *και* 527 | *ἐκ τῶν*] *απο των* 72; om *ἐκ* 46; bis scr 319* | *Μαδιανιτῶν*] *-νειτων* B* 82 129 127 509^{c} (sed hab Sixt); *-νητων* 72 125 318 416; *μανιαν.* 246*(c pr m); *μδιαν.* 130; *μανιαδιτων* 458; *μαδιηνητων* 376 | *ἔσχατον*] *υστερον* V *d t* | *προστεθήσῃ*] *προσθηση* Cyr I 324; *προστεθησεται* 376; *συναχθηση* 426

3 *Μωυσῆς*] *μωσης* G-72-426 *n* Cyr I 324; *κς* 799 | *τὸν λαόν*] *μωυσην* 799; + *filios israel* Bo | om *λέγων* Arab | *ἐξοπλίσατε*] *-σασθε* (*-πλησ.* 54 407; *-πλησασθαι* 75' 55) 106 54-75' 71' 407 55; *ενοπλ.* (*-πλησ.* 376) 376 130^{mg}-321'^{mg}; *-σετε* 528 | *ἐξ ὑμῶν*] om *ἐξ* 18; > 121; post *ἄνδρας* tr G 68' Cyr I 324 | *ἄνδρας*] pr *τους* 121 68' Cyr I 324; *ανδρα* 458 | *παρατάξασθαι* (*-σσθαι* 669) B V G-82-426 *b* 129 458-767 *x*$^{-527}$ 126-128-407-630' 319 ^{Lat}cod 100 Arm Bo Syh] pr *και* 376-707*(vid) 739* 106 75-127* 30-321* 527 392* 55; *-σθε* 54; *και παραταξασθε* (*-ξεσθε* 551*; *παταξ.* 528) Cyr I 324 Eus IX 79 rell = edd | *ἔναντι κυρίου*] *εναντιον κυριου d t* 630; > 376 ^{Lat}Ruf *Num* XXV 2 Bo | *ἐπὶ Μαδιάν* B G ^{Lat}Ruf *Num* XXV 2 Syh] *μαδιαμ b*; *επι μαδιαμ* Cyr I 324 Eus IX 79 rell = Compl; ad fin tr 318 | *Μαδιάν* 1°] ⌒2° 19 54-75' 126 (sed hab Compl) | om *ἀποδοῦναι ἐκδίκησιν* Bo | om *παρά* — fin Eus IX 79 | *παρά*] *απο* 84; sub ÷ G; > 52 127 Cyr I 324 = 𝔐 | *κυρίου* 2° F 58-72 *C'' b*$^{(-19)}$ 129 85'-321' *z*$^{(-126)}$ 55 59 319 Hipp *Balaam* 491] *του* (> 125) *θεου* V *d t*; *τω κυριω* Cyr I 324; pr *του* rell = Ra | *τῇ Μαδιάν* B ^{Lat}Ruf *Num* XXV 2 Syh] *madie* ^{Lat}cod 100; *επι μαδιαμ* 127-767; > Bo; *τη μαδιαμ* Cyr I 324 rell

4 om comma Arab | *χιλίους* 1°] pr *και* 392 Aeth; *χειλιοι* B* (sed hab Sixt) | om *χιλίους* 2° — *Ἰσραήλ* 75' | *χιλίους* (*χειλιοι* B*) *ἐκ φυλῆς* 2° B 509] > 82 *d*$^{-106}$ *n*$^{(-75')}$ 85'-321' 126-407-669* 319 ^{Lat}cod 100 Aeth^{M} Arm Bo; ⌒(6) 2° 761; pr *και* Cyr I 324 rell | *ἐκ* 3°] pr *et* Aeth^{-C}; > 71' | *φυλῶν*] pr *υιων* 619; > 422 799 | *Ἰσραήλ*] pr *εν oI*$^{-618*}$; pr *υιων C''*$^{-529\ (761)}$ 68'-120 799 Cyr I 324 ^{Lat}cod 100 = Sixt; > 319; *και χιλιους εκ φυλης* 54; + *χιλιους d*; + *χιλιους εκ φυλης* 127-767 *t* | *ἀποστείλατε*] *mitte* ^{Lat}cod 100 Syh | *παρατάξασθαι*] *και παραταξασθε* 799; *et commite pugnam* ^{Lat}cod 100; *-σθε* A 29-618^{c} 413-529-

31 3 (*παρατάξασθαι*) *ἔναντι* — *Μαδιάν* 1°] *α' θ' ἵνα δύνωνται καὶ ἔσονται* (*εσωνται* cod) *ἐπὶ Μαδιάμ* 108; *α' θ' καὶ* (> 130-321') *ἔσονται ἐπὶ Μαδιάν* (*μαδιαμ* 130-321') 130(s nom)-321'(s nom) Syh; *σ' ἵνα δύνωνται* (*-νονται* 130) *ἐπὶ Μαδιάν* (*μαδιαμ* 130-321') 130(s nom)-321' Syh

δώδεκα χιλιάδες, ἐνωπλισμένοι εἰς παράταξιν. 6*καὶ ἀπέστειλεν αὐτοὺς* 6
Μωυσῆς χιλίους ἐκ φυλῆς χιλίους ἐκ φυλῆς σὺν δυνάμει αὐτῶν καὶ
Φινεὲς υἱὸν Ἐλεαζὰρ υἱοῦ Ἀαρὼν τοῦ ἱερέως, καὶ τὰ σκεύη τὰ ἅγια
καὶ αἱ σάλπιγγες τῶν σημασιῶν ἐν ταῖς χερσὶν αὐτῶν. 7*καὶ παρετά-* 7
ξαντο ἐπὶ Μαδιάν, καθὰ ἐνετείλατο κύριος τῷ Μωυσῇ, καὶ ἀπέκτειναν
πᾶν ἀρσενικόν· 8*καὶ τοὺς βασιλεῖς Μαδιὰν ἀπέκτειναν ἅμα τοῖς τραυ-* 8

ABFMV (963) *O''* *C''* *bdfns*$^{-28}$*txyz* al verss

551*(cprm)-615 125 246-664 54*-75 343 84 71 55 416 624; -*ταξασ*$^{\vartheta}$ 53; -*ξεσθαι* 72^{c} 313; + *εναντι* $\overline{κυ}$ *επι μαδιαμ* 458

5 *ἐξηρίθμησαν*] -*σεν* (*εξαρ.* 30) 72 129 30 *x*$^{-527}$ 407 59 799 Bo = Compl; *ηριθμ.* 126; -*μηθησαν* (*εξερ.* 75; *εξαρ.* 53) 53′ 75 Arm | *ἐκ* 1° — *φυλῆς*] *εξ αυτων* 106; om *ἐκ τῶν χιλιάδων Ἰσραήλ* 527; > 799 Arab | *ἐκ* 1°] *εν* 53; *επι* 376 | *Ἰσραήλ*] + *εκ* [*του*]*των* 376 | *χιλίους* / *ἐκ φυλῆς*] > 381′ *d*$^{-106}$ 71′ 416 Bo; tr 126 | *χιλίους*] *χιλιοι* V Arm | *δώδεκα* — fin] pr *et fuerunt* Aeth; pr *και* 18; *εις παραταξιν ενωπλισμενους χιλιαδας* $\overline{ιβ}$ 126 | *χιλιαδας δωδεκα ενωπλισμενους* (*ενοπλ.* 125*) *d*$^{-106}$ | *χιλιάδες ἐνωπλισμένοι*] *χιλιαδας ενωπλ.* (*οπλ.* 318) A M′ 15′ 53′ 30 71′ *y*$^{-392}$ 55 59 624 = Sixt; *χιλιαδας* (-*δες* 392*; *χιλια*$^{\delta}$ 246 458 84) *ενωπλισμενους* (c var; -*μενας* 72; -*μενων* 82; > 18) 72-82-381′ 106 246 *n*$^{-767}$ *t* 527 392 *z*$^{-126\ 407}$ 799 Cyr I 324 ^{Lat}cod 100 | *ενωπλισμεναι* 414 | *εἰς παράταξιν*] *εις παταξιν* 134*; > 72

6 om init — *φυλῆς* 2° 527 Arab | om *αὐτούς* 16-46 458 *z*$^{-126\ 407}$ 59*(cprm; sed hab Ald) | *μωσης* G-72-426 *C*$^{-16\ 77}$ *n* Cyr I 324 | om *χιλίους* 1° — *αὐτῶν* 1° 126 799 | *χιλίους* 1° — *φυλῆς* 2°] *χιλιους εξ εκαστης φυλης* *n*$^{-767}$ ^{Lat}cod 100(vid); > 72 *b d* 71′ (sed hab Compl) | om *ἐκ* 1° — *φυλῆς* 2° 16-46 767 | *χιλίους ἐκ φυλῆς* 2° B* 376′ *cI*$^{(-761)}$-52′-313-422 85′-321′-344*(cprm) 509 392 Syh = Sixt] pr ÷ G; om *ἐκ φυλῆς* B^{c}; > *C*$^{(-16)}$-414′-417 730 68′-120′ 319 624 Arm Bo = 𝔐; pr *και* Cyr I 324 rell = Ald Compl | *σὺν δυνάμει αὐτῶν*] bis scr 59; + *και χιλιους εκ φυλης* 624 | *καί* 2°] *μετα* 126 | *Φινεές*] pr *τον* V 426 *z*$^{-126\ 407}$ Cyr I 324: cf 𝔐; *φινεαις* 458; *φινιες* 313; *phenees* Arm; *phinnees* Bo^{A}; *phinneos* Bo^{B} | *υἱόν* B V 426 509 *z*$^{-126\ 407}$ Cyr I 324 ^{Lat}cod 100 Arm] > *d* 370; *υιος* rell | *Ἐλεαζάρ*] *eliazar* Arm | *υἱοῦ* — *ἱερέως*] pr *του* 376; *εις παραταξιν* 58; *υιου* (+ *του* 77^{c}) *ιερεως του* (> 77) *ααρων* 77 30 | *υἱοῦ Ἀαρών*] sub ÷ G = 𝔐 | *τοῦ ἱερέως*] *τον αρχιερεως* 528; om *τοῦ* 19′ (sed hab Compl); + (※ G) *εις παραταξιν* V *O*$^{-58}$-15 Syh = 𝔐 | *τὰ ἅγια*] *sanctitatis* Aeth | *αἱ* 963] > 319 | *τῶν σημασιῶν*] *αυτων* 318; ad fin tr 129 = Compl | *σημαση* 82; *σημασμων* 53′; *σημειων* 963 72-426

7 *παρετάξαντο* 963] -*ξατο* G*-15-376 85 71′ | *ἐπὶ Μαδιάν* B 509 Syh] *contra madianitas* Arm; *μαδιαμ* 71′; *επι μαδιαμ* 963 Cyr I 324 Procop 2004 rell | om *καθά* — *Μωυσῇ* 319 | *καθά* 963] *καθως* 106 246; *ον τροπον* 527 | *ἐνετείλατο* 963] *συνεταξε(ν)* 527 407 | *τῷ Μωυσῇ* 963] *τω μωυσει* 46 56^{c} 343 68′-120 Procop 2004; *τω μωση* G *n* 527; *τω μωσει* 72-426 Cyr I 324; *μωση* F^{a}; om *τῷ* B^{c} V(|) = Sixt; > F 707 56* Aeth^{FM} | *ἀπέκτειναν* 963] -*νε(ν)* 53 127 71′ 318 Eus IX 79; > 628; + *αυτον* 82 | fin 963] + *eorum* ^{Lat}Ruf *Num* XXV 2 Arab; + *εν αυτη* V *d f*$^{-56*}$ *t*

8 *Μαδιάν* 1° B 82 Syh] *της μαδιαμ* *f*$^{-56*}$ = Compl; *μαδειαμ* V; *μαδιααμ* 422; *madianitarum* Arm; *μαδιαμ* Cyr I 324 Eus IX 79 Procop 2004 rell | *ἀπέκτειναν* 1°] pr *και* 59 799; -*νεν* 313* 125 71′; *απεκτει* 417(|); > 72 Syh | *ἅμα*] *συν* 528 | *τοῖς* 1°] *ταις* 29-58* 19 *d* 458 619 318 416 (sed hab Compl) | *τραυμα-*

ματίαις αὐτῶν, καὶ τὸν Εὐὶν καὶ τὸν Σοὺρ καὶ τὸν Ῥόκομ καὶ τὸν Οὖρ
καὶ τὸν Ῥόβοκ, πέντε βασιλεῖς Μαδιάν· καὶ τὸν Βαλαὰμ υἱὸν Βεὼρ
9 *ἀπέκτειναν ἐν ῥομφαίᾳ σὺν τοῖς τραυματίαις αὐτῶν.* [9]*καὶ ἐπρονόμευ-*
σαν τὰς γυναῖκας Μαδιὰν καὶ τὴν ἀποσκευὴν αὐτῶν, καὶ τὰ κτήνη
αὐτῶν καὶ πάντα τὰ ἔγκτητα αὐτῶν καὶ τὴν δύναμιν αὐτῶν ἐπρονό-
10 *μευσαν·* [10]*καὶ πάσας τὰς πόλεις αὐτῶν τὰς ἐν ταῖς κατοικίαις αὐτῶν*

ABFMV *O'' C'' bdfns*$^{-28}$*txyz* al verss

τίαις 1°] -*τιοις* 392; *γραμματευσιν* 72; + *omnibus* Bo | om *καί* 2° 125 *f*$^{-129}$ = Compl 𝔐 | *τὸν Εὐίν*] *euuir* ^{Lat}cod 100 | *Εὐίν*] *ευειν* A B F M' V *oI*-82-707 *C''*$^{-46\ 52\ 414'\ 417\ 550'\ 761*}$ *f*$^{-53}$ 54'-458 *s* 509 *y*$^{-318}$ 407 319 624 Sa (sed hab Sixt); *ευην* 58 53 59 799; *ευιμ* 29; *ευειμ* 414-761*(vid) 55; *νευιν* 527 318; *νεβειν* 75; *νευειν* 68'-120 Cyr I 324; *νεβιν* 767; *ευει* G-426 Syh ↓; *ευνιν* Compl; *ευηρε* 19'-537(vid); *ευηρι* 314; *ευειρι* (-*ρε**) 118; *ευρειν* 417 | *καί* 3°] > *d* 799; ⌒5° 18 | *τὸν Σούρ* B M' V 82 *b d* 129 *n t x*$^{-527}$ 407 319 ^{Lat}cod 100 Arm Co] et *τὸν Ῥόκομ* tr Cyr I 324 rell = Sixt 𝔐 | *Σούρ*] *σουι* 392; *ουρ* 761^{c} | om *καί* 4° *d* 799 | *τὸν Ῥόκομ*] *rocum* ^{Lat}cod 100; om *τόν* 72 30' | *Ῥόκομ*] *ροκεμ* 71'; *ροκον* 82 Cyr I 324 ^{Lat}Ruf *Num* XXV 3 Bo = Sixt; *ροκωμ* 407; *ρωκωμ* 72-381'; *ρουκομ* Compl; *ροκαμ* 30'; *ροκοβ* 58; *ροκοκ* 509; *κορομ* 426; *ροβοκ* 417; inc 551 | *καί* 5°] > *d* 799; ⌒6° 16-46-73'-761 53' 30' | *Οὔρ*] *σουρ* 319; *ουρι* 71'; *μουρ* 528; *νουν* 527 | om *καί* 6° 44-125 | *τὸν Ῥόβοκ*] *rohoc* ^{Lat}cod 100; *lrb'* Syh; om *τόν* 458 | *Ῥόβοκ*] *ροβωκ* 72-381' 407; *roboch* Arm; *ροβεκ* *b*; *ροκομ* 417; *ροβοβ* 53'; *ροβομ* 44; *ροβο* 426 ↓; *βορoκ* 15; *βωκ* 318 | *πέντε*] *παντες* 68'; > Aeth^{M}; + *ομου* 58 | *Μαδιάν* 2° Sixt Syh] *μωαβ* G; *μαδιαμ* Cyr I 324 rell | *καί* 7°] pr *και γαρ* 664; + *γαρ* 53 | *Βαλαάμ*] *βαλαακ* 319; *βαλακ* 707 73' 71' 126 59; *βασιλεα* 44; > 318 | *υιος* 18 | *Βεώρ*] *βαιωρ* A 15 767 71' *y*$^{-392}$ 624; *βεμηρ* 59; *ροβωκ* 72; *βαιωρ* (*βαιηρ* 106) *τον μαντιν* (-*την* *d* 84 55) *d t* 55 | *ἀπέκτειναν* 2°] -*νεν* 313 | *ἐν ῥομφαίᾳ*] *εν ρομφαιαις* A ^{Lat}cod 100 (sed hab Aug *Loc in hept* IV 101); *εν στοματι ρομφαιας* 767 130^{mg}-321'^{mg}-344^{mg}; *εν τω πολεμω μαδιαμ* Anast 573 Chr XV 193; om *ἐν* 413; > 528 75(|) | *σύν* — fin] *μετα των τραυματιων* Anast 573 Chr XV 193; sub ÷ G; > 58-426 *d*$^{-106}$ 527 Arab = 𝔐 | *σύν*] *αμα* 129 = Compl | *τοῖς* 2°] *ταις* A *oII*$^{-707}$ 131-417-761 *b* 53 75'-767 84* *y*$^{-392}$ 68'-120 55 416 (sed hab Ald Compl) | *τραυματίαις* 2°] -*τιοις* 392

9 *ἐπρονόμευσαν* 1° B V *O*$^{-58}$ *b d*$^{-106}$ 129 509 121 407 55* 319] *επροεν.* *x*$^{-509}$; *εκπρον.* 82; *ενομευσαντο* 126; > Arm; *προεν.* (*προν.* 528) Cyr I 324 rell; + (※ G Syh) *οι* (> 58-376') *υιοι ισραηλ* *O* 767 Arab Syh = 𝔐 | om *τὰς γυναῖκας* Arab | *Μαδιάν* B 82 ^{Lat}Aug *Num* 62 Syh] *αυτων των μαδιανητων* 416; *μαδιαμ* Cyr I 324 rell | *αὐτῶν* 1°] pr *απ* 707^{txt}; *αυτου* 376; > 106-125 71' 319; ⌒2° 56^{txt} 134(||); ⌒3° 413 | *τά* 1°] pr *παντα* 30' = 𝔐 Sam Tar^{O}; > 106-125 | om *αὐτῶν* 2° — *αὐτῶν* 3° 125 | *αὐτῶν* 2°] ⌒3° *C''*$^{(-413)}$ 44-107' | *τὰ ἔγκτητα αὐτῶν*] *οσα εκτησαντο αυτοις* 53' | *ἔγκτητα*] *εγκτηματα* (*ενκτ.* A 527) A F 527 121* 630; *κτηματα* (*κτιμ.* 75) 75$^{c\ pr\ m}$ 318 | om *αὐτῶν* 3° 71' | *καί* 5° — *αὐτῶν* 4°] ad fin tr 527 | *τήν* 2°] pr (※ G Syh) *πασαν* *O* 767 Syh = 𝔐; *πασαν* 125 | *αὐτῶν* 4°] ⌒(10) 1° 407 | *ἐπρονόμευσαν* 2° A B F M' V *O'*-15 *C''*$^{-52}$ *b f s* 509 *y* 55* 59 319] *επροεν.* 52* 71' 624 799; > 125; *προεν.* (*πρωεν.* 75) Cyr I 324 rell

8 *καὶ τὸν Εὐίν*] *ο' οἱ λ' καὶ τὸν Εὐεί* 344 | *τὸν Ῥόβοκ*] *ο' α' τὸν Ῥόβο σ' ϑ' ο' τὸν Ῥόβαι* 344

9 *ἐπρονόμευσαν* 2° (ind mend ad 1°)] *διήρπασαν* 130-321'

καὶ τὰς ἐπαύλεις αὐτῶν ἐνέπρησαν ἐν πυρί. [11]καὶ ἔλαβον πᾶσαν τὴν 11
προνομὴν καὶ πάντα τὰ σκῦλα αὐτῶν ἀπὸ ἀνθρώπου ἕως κτήνους
[12]καὶ ἤγαγον πρὸς Μωυσῆν καὶ πρὸς Ἐλεαζὰρ τὸν ἱερέα καὶ πρὸς 12
πάντας υἱοὺς Ἰσραὴλ τὴν αἰχμαλωσίαν καὶ τὰ σκῦλα καὶ τὴν προνο-
μὴν εἰς τὴν παρεμβολὴν εἰς Ἀραβὼθ Μωάβ, ἥ ἐστιν ἐπὶ τοῦ Ἰορδάνου
κατὰ Ἰεριχώ.
[13]Καὶ ἐξῆλθεν Μωυσῆς καὶ Ἐλεαζὰρ ὁ ἱερεὺς καὶ πάντες οἱ ἄρ- 13
χοντες τῆς συναγωγῆς εἰς συνάντησιν αὐτοῖς ἔξω τῆς παρεμβολῆς.

ABFMV (963) *O'' C'' bdfns*$^{-28}$*txyz* al verss

10 πόλεις — αὐτῶν 3°] οικ(ε)ιας αυτων και τας πολεις 71′ | πόλεις — αὐτῶν 2°] εν ταις κατοικιαις αυτων πολεις 77 | αὐτῶν 1°] > 72 *d*; ⌒3° 381′ | τάς 2°] ταις 392; > 18 Arm = 𝔐 | ἐν ταῖς κατοικίαις] επι τ. κατ. 550′; *in regionibus* ^{Lat}cod 100 (sed hab Aug *Loc in hept* IV 102) | κατοικίαις] οικιαις (οικειαις 319) B *O*$^{-58}$ 129 509 319 (sed hab Sixt) = Ra | αὐτῶν 2°] > G*; ⌒3° 767 | τάς 3°] pr (※ G) πασας *O* Syh = 𝔐; > 320 125 | ἐπαύλεις] πολεις 509 | om αὐτῶν 3° 550′ 125 | ἐνέπρησαν] -πρισαν 15-707* 16′-57-73′-313-422-615-616*-739 *b d* 53′ 54-767 84 71′-527^{c} 407-628 319 416 799 (sed hab Compl); ενεπυρισαν 707^{c} 46 318 | ἐν πυρί] om ἐν B^{c} G-82-426 *C''*$^{-414\ 417}$ *d* 53 127-767 *t x*$^{-527}$ 407 55 319 624 (sed hab Sixt); > 72

11 ελαβε(ν) 528 130-321′*-343 527 | πᾶσαν — καί 2°] pr την 528; > 106 | προνομήν] + αυτων A 29 18 59 319 Cyr I 325 ^{Lat}cod 100 Arm Co = Ald Sixt | om πάντα 125 71′ Aeth | σκῦλα 963] σκευη (σκεβη 44) *d*$^{-106}$ *t* 407 Bo; κτηνη 527; > 106 ^{Lat}cod 100 | αὐτῶν 963] sub ÷ G; > 29-58 527 18 = 𝔐 | απ 126 | ἕως] pr και G^{c}: cf 𝔐; *et* Aeth^{M}

12 ἤγαγον 963] + ταυτα 58 | πρός 1° 963] *usque ad* ^{Lat}cod 100 | Μωυσῆν 963] -ση 19 (sed hab Compl); μωσην G-426 *n* Cyr I 325; μωσει 72 | πρός 2° 963] > V 414 *d* 129 *t* 624 ^{Lat}cod 100 Bo = Compl | Ἐλεαζάρ 963] ελεαζ 528; -ζαν 126; *eliazar* Arm | om καί 3° — fin 527 | πρὸς πάντας 963] > 126 | υἱούς B V 963 G-29-426 19′ 129 54′ 121 407 55 319] pr τους Cyr I 325 rell = Compl | om τήν 1° — παρεμβολήν 72 | αιχμαλωσιν 963 | om καί 4° 125 | καί 5° 963] > 125; bis scr 610(|) | εἰς τὴν παρεμβολήν] *castrorum* Arm | εἰς 2°] εν 407; > 18 Aeth | Ἀραβώθ 963] -βοθ Compl; -βαθ 799; σαρ. 53′; παρ. 417; αραμωθ 134*; *raboth* Arm; *ramōth* Bo | Μωάβ] pr *et* ^{Lat}cod 100; μοα[β] 963; μωαμ V; μωαθ 107*(c pr m) 55 | ἥ ἐστιν] pr *et* Aeth^{M}; > 126 | ἐπὶ τοῦ Ἰορδάνου] επι τον ιορδανην 458; ad fin tr Arm | ιωρδανου 407 | κατά] και τα 82* | Ἰεριχώ F^{b}] ιερειχω B* F 963 G-29-707 73′-131-313-417-500′-616*(vid) 56′-129 30-85′-344-346^{c} 84*(vid) 55 (sed hab Sixt); ιερυχω 106(vid) 71 68 (sed hab Ald); ιερηχω 376

13 μωσης G-72-426 *n* Cyr I 325 | Ἐλεαζάρ] *eliazar* Arm | om ὁ ἱερεύς 106-125 | αὐτοῖς] αυτης 314 56* 767 122*-628^{c1} 59 799 = Compl; αυτων *d*$^{-106}$ 628* Syh; > 82 | om ἔξω — fin *d*$^{-106}$ Arab

---

11 τὴν προνομήν] τήν (> 130-321′) ὕπαρξιν 130-321′ 128

12 τὰ σκῦλα] οἱ γ′ *acceptionem* (*lnsybwt*′) Syh(ind ad προνομήν) | (καὶ τὴν) προνομήν] α′ (+ σ′ 108) καὶ τὰ λάφυρα (ind ad σκῦλα) 108 Syh; α′ σ′ θ′ λάφυρα 130-321′ | εἰς Ἀραβὼθ Μωάβ] α′ πρὸς ὁμαλὰ Μωάβ σ′ ἐπὶ τὴν πεδιάδα τῆς Μωάβ Eus III 1. 12 | Ἀραβώθ] πεδίον (παιδ. 130) 130-321′

14 [14]καὶ ὠργίσθη Μωυσῆς ἐπὶ τοῖς ἐπισκόποις τῆς δυνάμεως, χιλιάρ-
χοις καὶ ἑκατοντάρχοις τοῖς ἐρχομένοις ἐκ τῆς παρατάξεως τοῦ
15 πολέμου, [15]καὶ εἶπεν αὐτοῖς Μωυσῆς Ἵνα τί ἐζωγρήσατε πᾶν θῆλυ;
16 [16]αὗται γὰρ ἦσαν τοῖς υἱοῖς Ἰσραὴλ κατὰ τὸ ῥῆμα Βαλαὰμ τοῦ ἀπο-
στῆσαι καὶ ὑπεριδεῖν τὸ ῥῆμα κυρίου ἕνεκεν Φογώρ, καὶ ἐγένετο ἡ
17 πληγὴ ἐν τῇ συναγωγῇ κυρίου. [17]καὶ νῦν ἀποκτείνατε πᾶν ἀρσενικὸν
ἐν πάσῃ τῇ ἀπαρτίᾳ, καὶ πᾶσαν γυναῖκα, ἥτις ἔγνωκεν κοίτην ἄρσενος,
18 ἀποκτείνατε· [18]πᾶσαν τὴν ἀπαρτίαν τῶν γυναικῶν, ἥτις οὐκ οἶδεν

ABFMV (963) *O'' C'' bdfns*(28)*txyz* al verss

14 ὠργίσθη] + θυμω G*(c pr m) 767 18 Aeth = Compl | Μωυσῆς] μωσης G$^{c\,pr\,m}$-72-426 *n* Cyr I 325; κς G* | ἐπὶ τοῖς] om ἐπί 126; > 392 | ἐπισκόποις] + *omnibus* Bo | τοις δυναμενοις 799 | χιλιάρχοις] pr τοις 422; -ρχους 82 246 | καὶ ἑκατοντάρχοις] και εκατονταρχους 82 246 619(vid); και εκατονταρχη 122*(c pr m); om καί 799; > 624; + και πεντετηκονταρχους 246 | εξερχομενοις 527 407 | ἐκ] επι 528 | τῆς παρατάξεως 963] της παταξεως 127*; > ^{Lat}codd 100 104 | om τοῦ πολέμου 72

15 μωυσης (μωσης 75') αυτοις (αυτης 75^{txt}) 529 75' Bo Syh | αὐτοῖς 963] προς αυτους 54; > 18 799 | Μωυσῆς 963] μωσης G-72-426 54'-767 Cyr I 325; > 106 | ἐζωγρήσατε — fin 963] *viduas cepistis omnes feminas* ^{Lat}codd 100 104(vid) | εζωογονησα 527

16 γάρ] *omnes* Sa | ἦσαν 963] εισι 125 | τοῖς υἱοῖς Ἰσραήλ] *filiae istrahel* ^{Lat}cod 100 (sed hab Aug *Num* 63); post Βαλαάμ tr 417 | Ἰσραήλ] pr του 106; > 528 56*(c pr m); + εις (> Anast) σκανδαλον Anast 573 Chr XV 193 Bo | κατά 963] ταυτα 528; + *enim* ^{Lat}cod 100 (sed hab Aug *Num* 63) | τὸ ῥῆμα 1° 963] *verba* Arm | Βαλαάμ] pr του Tht *Nm* 222^{ap}; κυριου Tht *Nm* 222^{ap} | τοῦ — κυρίου 1°] *ut despicerent dominum* Bo | ἀποστῆσαι 963] -στηναι (-στειναι 313 458 134) 29 52'-313 *d n*$^{-767}$ *t* Tht *Nm* 222te; αποστ[. . . 422; -στατησαι 246 *z*$^{-18\ 407}$ Cyr I 325 | καὶ ὑπεριδεῖν 963] και υπερειδε(ν) 71' 68'-120 (sed hab Ald); om καί 72 = 𝔐; > 407 | ῥῆμα 2° 963] ονομα 761*(vid) 106 Tht *Nm* 222^{ap} = Tar^{P} | ἕνεκεν 963] εναντι 128 | Φογώρ] φογορ 46-414 84 527; φεγωρ 529 59 Chr XV 193 Tht *Nm* 222^{ap}; φωγωρ 619; φαγωρ 458; spat 5—6 litt 528; βεελφεγωρ 624 Anast 573 | ἡ 963] > 376-*oI n*$^{-767}$ 71' 799 Tht *Nm* 222 | ἐν τῇ συναγωγῇ] εναντι 343; om τῇ 46^{s} 509; > 527; ad fin tr Aeth

17 om καί 1° 414* Cyr I 325 = Ald | ἀποκτείνατε 1° F^{a}] απεκτ. (-κτην. 392) F 963 707 53 54-458 *y*$^{-121}$ 407 799 Sa; ⌒2° 314 | πᾶν] pr *et* ^{Lat}cod 100 | om ἐν — ἀπαρτίᾳ Arab | πάσῃ] sub ÷ G; > 58 Aeth = 𝔐; + παντας 767 | om τῇ 44 Cyr I 325 | ἀπαρτίᾳ (-τεια 963) 963] αμαρτια M* 72' 19-108*-118-537 53' 75* 669*(vid; sed hab Compl); αποσκευει 127^{mg}; + *eorum* Bo | καί 2° — fin] bis scr 343 | om καί 2° Sixt | γυναῖκα] pr την 381' 121* | ἥτις] ει τις G 73' 84; ητις (η τι*) εαν 15; + ras 3—4 litt 246 | ἔγνωκεν B M' V 82 509 407 319] εγνων 19'-118; επεγνω *C''*; εγνω Cyr I 325 rell = edd; + (※ Syh) ανδρα εις *O*$^{-58}$ *f*$^{-129}$ Syh = 𝔐 | ἄρσενος] αρρενος 550'; σπερματος 85'^{mg}-321'^{mg} 619;

---

16 ἕνεκεν Φογώρ] τὸ σαμ' διὰ λόγου Φογώρ *C''*^{comm} = Sixt

17 ἐν — ἀπαρτίᾳ] α' σ' ἐν τοῖς νηπίοις 108 344 Syh; θ' ἐν τῷ ὄχλῳ 108 130(s nom)-321'(s nom)-344 128(s nom) Syh

κοίτην ἄρσενος, ζωγρήσατε αὐτάς. [19]καὶ ὑμεῖς παρεμβάλετε ἔξω τῆς 19
παρεμβολῆς ἑπτὰ ἡμέρας· πᾶς ὁ ἀνελὼν καὶ ὁ ἁπτόμενος τοῦ τετρω-
μένου ἁγνισθήσεται τῇ ἡμέρᾳ τῇ τρίτῃ καὶ τῇ ἡμέρᾳ τῇ ἑβδόμῃ, ὑμεῖς
καὶ ἡ αἰχμαλωσία ὑμῶν· [20]καὶ πᾶν περίβλημα καὶ πᾶν σκεῦος δερμά- 20
τινον καὶ πᾶσαν ἐργασίαν ἐξ αἰγείας καὶ πᾶν σκεῦος ξύλινον ἀφα-
γνιεῖτε. [21]καὶ εἶπεν Ἐλεαζὰρ ὁ ἱερεὺς πρὸς τοὺς ἄνδρας τῆς δυνάμεως 21

ABFMV (963) *O'' C'' bdfnstxyz* al verss

sup ras 9 litt 664; ⌒(18) 618^{txt} 44 | ἀποκτείνατε 2° F^{a}] -κτενειτε A; -νετε 527; απεκτ. F 707* 458

18 πᾶσαν B 82 129 x^{-527} 407 319] και πασαν δε f^{-129} = Compl; + δε O^{-376} Syh; pr και Cyr I 325 rell = Sixt 𝔐 | om τήν 528 | ἀπαρτίαν] αμαρτιαν M* 53′; + αυτων 125 | γυναικῶν] + τα νιπια 767 ↓ | ἥτις — ἄρσενος] ad fin tr 71′ | ἥτις οὐκ οἶδεν] *quae nescierunt* ^{Lat}codd 100 104 = 𝔐 | ἥτις] ει τις 84; η τι 118* 127*; + δε 82 | οἶδεν] ειδε(ν) 82 59; εγνω A F 15-29-72 107′-125 129 *n* 130^{mg}-321′^{mg} y^{-121} = Compl; εγνωσεν 85^{mg} | αρσενος κοιτην 422 53′ | αρρενος 550′ 71′ | ζωγρήσατε] εζωγρ. 75; -σεται Ald; ζωογονησατε 527 | αὐτάς] εαυτας 44; αυτην 82; > f^{-129} ^{Lat}Aug *Loc in hept* IV 104 Arm

19 καί 1°] bis scr 130(||) | παρεμβάλετε (-ται V 767 619) B V 29-426 *d* 129 54-75-767 *t* x^{-527} 407* 624 799 = Compl] -βαλλεται G 458; -λητε (-ται 246) 246* 343 55; ειτε 126; -λειτε (aut -ται) Cyr I 329 rell | παρεμβολῆς] συναγωγης 29-376 | ημερας επτα d^{-106} 126 | πᾶς] pr *et* Bo; και 106*(c pr m) | ὁ 1°] ος G | ἀνελών] αποκτεινας ψυχην (-χης 19*) *b*; + ψυχην M′ V *O′ d* f^{-129} *n t* 799 ^{Lat}codd 100 104 Arab Bo Syh = Ald Compl 𝔐 | ὁ 2°] pr πας *O* f^{-129} Syh = Compl 𝔐; > 29-72 73′-422 x^{-527} 392 18-630 | αψαμενος 58 f^{-129} ^{Lat}codd 100 104 Aeth = Compl | τοῦ τετρωμένου] τους τετρωμενους 72; του τετριμμ. 318; του τετραυματισμ. oI^{-15} | αγνισθησεσθε 56 = Compl 𝔐 | τῇ ἡμέρᾳ τῇ τρίτῃ] pr εν O^{-376} 53′-56 = 𝔐; τη τριτη ημερα 72 = Compl; om τῇ 2° Cyr I 329 | τῇ 3°] pr εν 58 53-56′-664^{c} = 𝔐 | ἑβδόμῃ] pr τριτη 30

20 καί 1° 963] > 53′ ^{Lat}codd 100 104 | πᾶν σκεῦος 1° 963] παν σκευον 75; om πᾶν 126; ⌒2° Aeth | δερμάτινον 963] -τιον (-τιονον 75*) 75′ | καί 3° 963] > ^{Lat}cod 104 | ἐργασίαν 963] > 624; + τους ανδρας της δυναμεως 528*: cf 21 | ἐξ αἰγείας 963] *e lana* Bo; εξαγιασατε 127 | καί 4° — fin 963] > Sa | ξυλινον σκευος *d* 53′ 84-370 | ἀφαγνιεῖτε] -ται (εφαγν. G) G 75-767 30 18 55 319 624; αγν. 126; -νιεισθε Cyr I 329; -γνισθηει^{τ} 458; -γνισθησεται 82 ^{Lat}codd 100 104; αφαν.

---

18 (πᾶσαν τὴν) ἀπαρτίαν] α′ πᾶν νήπιον θ′ νήπια 130(s nom)-321-346(s nom); σαμ′ πᾶν νήπιον· νήπια 128; σ′ θ′ ὄχλον 130-321(nom absc)-346 128

20 περίβλημα] ἱμάτιον 128(ind ad δερμάτινον) | fin] + (※ 344) καὶ εἶπεν Μωυσῆς (μωσ. 344 Syh) πρὸς Ἐλεαζὰρ τὸν ἱερέα Εἶπον πρὸς τοὺς ἄνδρας τῆς δυνάμεως τοὺς ἐρχομένους ἐκ τοῦ πολέμου Τοῦτο τὸ δικαίωμα τοῦ νόμου ὃ συνέταξεν κ̅ς̅ πλὴν τοῦ χρυσίου καὶ τοῦ ἀργυρίου καὶ τοῦ χαλκοῦ καὶ σιδήρου καὶ κασσιτέρου καὶ μολίβου (-βδου 130^{c}; -δου*), πᾶν πρᾶγμα ὃ διελεύσεται ἐν πυρί, διάξετε (-ται 344) ἐν πυρὶ καὶ καθαρισθήσεται, ἀλλ᾽ ἢ τῷ ὕδατι τοῦ ἁγνισμοῦ ἁγνισθήσεται. καὶ πάντα ὅσα ἂν (> Syh) μὴ διαπορεύηται διὰ πυρὸς διελεύσεται δι᾽ ὕδατος. καὶ πλυνεῖτε τὰ ἱμάτια ὑμῶν τῇ ἡμέρᾳ τῇ ἑβδόμῃ, καὶ καθαρισθήσεσθε (-σεται 85), καὶ μετὰ ταῦτα εἰσελεύσεσθε (-σεται 85) εἰς τὴν παρεμβολήν 85′-344 Syh (ex Sam secundum Syh)

τοὺς ἐρχομένους ἐκ τῆς παρατάξεως τοῦ πολέμου Τοῦτο τὸ δικαίωμα
22 τοῦ νόμου, ὃ συνέταξεν κύριος τῷ Μωυσῇ. [22]πλὴν τοῦ χρυσίου καὶ
τοῦ ἀργυρίου καὶ χαλκοῦ καὶ σιδήρου καὶ μολίβου καὶ κασσιτέρου,
23 [23]πᾶν πρᾶγμα, ὃ διελεύσεται ἐν πυρί, καὶ καθαρισθήσεται, ἀλλ' ἢ
τῷ ὕδατι τοῦ ἁγνισμοῦ ἁγνισθήσεται· καὶ πάντα, ὅσα ἂν μὴ διαπο-
24 ρεύηται διὰ πυρός, διελεύσεται δι' ὕδατος. [24]καὶ πλυνεῖσθε τὰ ἱμάτια

ABFMV (963) *O'' C'' bdfnstxyz* al verss

72 129; αφαγν. (αφαν. 53') και ειπε(ν) μωυσης προς ελεαζαρ τον ιερεα ειπον προς τους ανδρας της δυναμεως τους ερχομενους εκ του πολεμου f^{-129} ↓

21 init — πολέμου] pr τουτο το δικαιωμα του νομου ο συνεταξε κ̅ς̅ τω μωυση 56 ↓; > 246 | Ἐλεαζάρ] *eliazar* Arm; ελεαζ 321* | om ὁ ἱερεύς 381' 417 53' Aeth | ἄνδρας] αρχοντας 58 53'-56 ^{Lat}codd 100 104 (sed hab Ruf *Num* XXV 5) | om τῆς δυνάμεως Arab | ἐρχομένους] εισερχ. 53'; post παρατάξεως tr 77 | ἐκ] απο *b* (sed hab Compl); + της παρεμβολης 72 | τῆς παρατάξεως] sub ÷ G(γης παρ.); > 58 126 ^{Lat}codd 100 104 = 𝔐 | τοῦτο — νόμου 963] pr και 52-551; τουτω τω νομω τω δικαιω 422 | τοῦτο τὸ δικαίωμα] τουτω τω δικαιω (-ωμα 46^c-131^c) *C'*-46-414; om τοῦτο 58; om τό 72 551 610 59 | τοῦ νόμου] του πολεμου 29; > 624; + *dei* Arab | ὅ 963*(vid)] ος 767; οσα *b* 55 (sed hab Compl); ον Cyr I 329; ου V 963^c 129 z^{-407}; ω 77-414^c-550'-616^c; οσα αν 527 | τῷ Μωυσῇ 963] *ei* Bo; > ^{Lat}codd 100 104 (sed hab Ruf *Num* XXV 5) ↓ | Μωυσῇ] -σει 46 343 68'-120; μωυ^σ 126; μωση G *n* Cyr I 329; μωσει 72-426 417

22 comma] *quod est aurum et* (> 100) *argentum et aeramentum et ferrum et plumbum et stagnum* (om *et st.* 100) ^{Lat}codd 100 104 (sed hab Ruf *Num* XXV 6) | πλήν 963] την 343; > Aeth | τοῦ 1° 963] > 126 | χρυσίου] et ἀργυρίου tr A 127 121 Bo | καὶ τοῦ] om τοῦ 64-381-707* 458 126-128-630' 55; > 71' 799 | καί 2°] pr και χρυσιον G; > *d* 71' = 𝔐^L Sam Tar^O | χαλκοῦ] pr του 58-72-82 77 f^{-129} 767 407* 59 ↓; καλκου A | καί 3° — μολίβου] ad fin tr 426 | καί 3°] > *d* 71' = 𝔐 Tar^O; ⌒4° 59 | σιδήρου] pr του 58-72 f^{-129} = 𝔐 | om καί 4° *d* 71' = 𝔐 Tar^O | μολίβου A B F M V G-29-426-*oI* 118'-537 127 28-85-343'-730 74'-84 509 121 68'-120'-630' 624] pr του 416 = 𝔐; του μολιβδου (-λυβδ. 53') 58-72 f^{-129} 59; μολυβου 30; μολιβδου (-λυβδ. 129* 75 619) Cyr I 329 rell; et κασσιτέρου tr G-376 Syh ↓ | om καί ult 71' | κασσιτέρου] pr του 58-72 f^{-129} 59 = 𝔐

23 πᾶν] pr και 134 ^{Lat}codd 100 104 Aeth^M Arab Bo | πρᾶγμα] *vas* ^{Lat}cod 100; > 799 ^{Lat}PsHi *Ep* 5 Aeth^C Arm | ὅ] ου 72; > B* 730 (sed hab Sixt); + ου 799; + αν 59 | διελεύσεται 1°] διαπορευεται *b* Arm Bo (sed hab Compl); *transiit* ^{Lat}cod 100 (sed hab Ruf *Num* XXV 6) | ἐν — καθαρισθήσεται] pr ουκ 527; om ἐν 129; > 767 | πυρί] + διελευσετε εν πηρυ 106^{mg}; + (※ Syh; + ου 53'; + ου καθαρισθησεται 246^{mg}) διαξετε (-ται 376 246-664 Compl; διαδεξεται 53; παρενεγκατε 15) εν πυρι 15-376' f^{-129} ^{Lat}Ruf *Num* XXV 6 Arab Syh = Compl 𝔐; + ※ και (sup ras) πυρι διεξεται ↙ G | καί 1°] ου M' 64^{mg}-381 $z^{-68'\ 120}$ 59; > G x^{-509} 392 799 Bo^A; + ου 618 = Ald | ἀλλ' ἤ] *et* ^{Lat}cod 100 Aeth^C (sed hab Ruf *Num* XXV 6); > Aeth^{-C} | τῷ ὕδατι] pr εν 319; τω υδωρ 509; του υδατος 29 | om καί 2° Ruf *Num* XXV 6 | πάντα ὅσα] παν ο *oI* | ἄν B^c M' V *O*$^{-G}$-82 *d* f^{-129} *t* x^{-527} 407 Arm] εαν B* G = Sixt Ra; > Cyr I 329 rell | μή] ου 799; > 18 Aeth^{-C} | διαπορεύηται] -ρευεται (-ρεβεται 54) A F 58-376-*oI'* 417-500*-529* *b* f^{-246*} *n* 28-85'-321'-344^{txt} 509 y^{-318} z^{-407} 55 59 624 799 Syh; πορ. 52-413* 84*; πορευεται (-τε 246) 246* 527; -ρευσεται 414

τῇ ἡμέρᾳ τῇ ἑβδόμῃ, καὶ καθαρισθήσεσθε, καὶ μετὰ ταῦτα εἰσελεύ-
σεσθε εἰς τὴν παρεμβολήν.
[25]Καὶ ἐλάλησεν κύριος πρὸς Μωυσῆν λέγων [26]Λάβε τὸ κεφάλαιον 25 26
τῶν σκύλων τῆς αἰχμαλωσίας ἀπὸ ἀνθρώπου ἕως κτήνους, σὺ καὶ
Ἐλεαζὰρ ὁ ἱερεὺς καὶ οἱ ἄρχοντες τῶν πατριῶν τῆς συναγωγῆς, [27]καὶ 27
διελεῖτε τὰ σκῦλα ἀνὰ μέσον τῶν πολεμιστῶν τῶν ἐκπεπορευμένων
εἰς τὴν παράταξιν καὶ ἀνὰ μέσον πάσης συναγωγῆς. [28]καὶ ἀφελεῖτε 28
τέλος κυρίῳ παρὰ τῶν ἀνθρώπων τῶν πολεμιστῶν τῶν ἐκπεπορευ-

ABFMV (963) *O'' C''* *bdfnstxyz* al verss

Cyr I 329 | *διελεύσεται* 2°] pr *και* 426; pr *ου* A; *ελ.* 126; *ειελ.* 551; *et lavabitur* Arm | *δι' ὕδατος*] *δια υδατος* M′ 72-82; *και υδατος* 767; *υδατι* 55 Arm; om *δι'* 618 75 509*; + *και καθαρον* (-*ρα* 53′) *εσται* 58-376 f^{-129}

24 *καί* 1°] > Arm Bo; bis scr 59* | *πλυνεῖσθε*] -*νειτε* (-*νιτε* V G; -*ται* 127 18; *πλην.* 68) F V *O*-72 b^{-19} f^{-129} 127 730 $z^{-126\ 407}$ 59 Cyr I 329 (sed hab Ald) ↓; *πλυ*^{ν} 126; -*σθω* 799; *πλυνει* 29 19 30 Bo (sed hab Compl) | *τὰ ἱμάτια*] + *eius* Bo; + (※ G) *υμων* O^{-58} f^{-129} Cyr I 329 ^{Lat}cod 100 Ruf *Num* XXV 6 Arab Sa Syh = Compl 𝔐; post *ἑβδόμῃ* tr d^{-106} | *τῇ ἑβδόμῃ*] *tertia* Sa | *καθαρισθήσεσθε*] -*ρισθη*^{στ} 126; -*θησεται* V* 29 53′ | om *καί* 3° Bo^{A}

25 *ἐλάλησεν*] *ειπε(ν)* 125 130^{txt}-321′^{txt} | *μωυση* 58 19 (sed hab Compl); *μωσην* G-426 *n* Cyr I 332; *μωσει* 72 | om *λέγων* 417(|) 125

26 *λάβε τό*] *λαβετε το* 370; *λαβετε* 376 126-128-630′ Aeth^{G} | *συκλων* 376 | *ἀπό — κτήνους*] post *ἱερεύς* tr 413 | *απ* 126 | *ἀνθρώπου*] pr *του* 963*(c pr m) | *Ἐλεαζάρ*] pr *ο* 458; *eliazar* Arm | *ὁ ἱερεύς*] *ο αρχιερευς* 54-75′; > Aeth | *οἱ ἄρχοντες*] *princeps* ^{Lat}cod 100 | *τῶν πατριῶν*] *patrum* Aeth^{-M}; *tribuum* ^{Lat}cod 100; om *τῶν* 376; > Arab; ad fin tr 509 | om *τῆς* 2° 64 551

27 om comma 628: homoiot | *διελεῖτε*] -*ται* (-*λιται* V) V G-82-376 246* 75-767 319 624; *διελει*^{τ} 458; *διελει* 426; *ελειτε* 28; *διετελειτε* 550′; *divides* ^{Lat}cod 100 Bo = 𝔐 | *σκῦλα*] + *αυτων* 376 | om *ἀνὰ μέσον* 1° 381′ | om *τῶν* 2° V 313 | *ἐκπεπορευμένων* B^{c} F^{a} M′ 963 82 16′-616-739-*cI'*$^{-52\ 73'\ 422\ 528}$ 610 767 *s* 84-134^{c} 18′-407-630 Cyr I 333(1°) ^{Lat}cod 100 Aeth = Compl Sixt] -*πορνευμενων* 106 74-76′-134*; -*ρευομενων* 125′ 129 120; *κατεπορευμ.* 500; *πεπορ.* 127; *εισπορευομενων* 527; *εκπορευομενων* (-*ρευορευμ.* 528) rell = Ra | om *τήν* 75 321 527 Cyr I 333(1°) | *παράταξιν*] ⌒(28) 528 314 d^{-106mg} 53′ 730 370 68 55(||; sed hab Ald) | *καί* 2° — *πάσης*] *in medio* Bo; om *καί* 129 | *πάσης*] *ολης* 106$^{(mg)}$; > 527 Cyr I 333(2°) | *συναγωγῆς* 963] pr *της* (*τη* 75) A O^{-426}-381′ 414 106$^{(mg)}$ 129 *n* $t^{(-370)}$ 527 Cyr I 333bis = Compl 𝔐; *της γης* 16-46

28 *ἀφελεῖτε*] -*ται* (*αφαιλ.* V) V G-82 75*-767 30 319; *αφελει*^{τ} 458; *αφαιρειτε* Compl; *φερης* 106$^{(mg)}$ | *τέλος* B 82 106$^{(mg)}$ x^{-527} 407] pr *το* (*τω* 319) Cyr I 333 rell | *κυρίῳ* 963] pr *τω* 72 54′-767 $t^{(-370)}$ 527 59 624; *του* $\overline{κυ}$ 106$^{(mg)}$; $\overline{κυ}$ 58-426 75′ 343 799 ^{Lat}cod 100 Aeth; > 56*(c pr m) | *παρά — πολεμιστῶν*] *ab omnibus hominibus* (> La) *bellatoribus* ^{Lat}cod 100 Arm; *απο τον ανδρον του πολεμου* 106$^{(mg)}$ | *παρά* 963] *απο* 417 $t^{(-370)}$ | *τῶν ἀνθρώπων* 1°] *των ανδρων* 121; > 458

---

24 *καὶ πλυνεῖσθε*] ο′ θ′ α′ *καὶ πλυνεῖτε* α′ (pro σ′) *καὶ πλυνάμενοι* 344

26 *λάβε τὸ κεφάλαιον*] *τὸ σαμ′ λάβε τὸ τέλος* *C''*^{cat} = Sixt | *τό — σκύλων*] *τὸ τέλος τῆς ἄρσεως* 130-321′

27 *παράταξιν*] *δύναμιν* 130

μένων εἰς τὴν παράταξιν, μίαν ψυχὴν ἀπὸ πεντακοσίων, ἀπὸ τῶν
ἀνθρώπων καὶ ἀπὸ τῶν κτηνῶν καὶ ἀπὸ τῶν βοῶν καὶ ἀπὸ τῶν
29 *προβάτων καὶ ἀπὸ τῶν ὄνων·* [29]*καὶ ἀπὸ τοῦ ἡμίσους αὐτῶν λήμψεσθε,*
30 *καὶ δώσεις Ἐλεαζὰρ τῷ ἱερεῖ τὰς ἀπαρχὰς κυρίου.* [30]*καὶ ἀπὸ τοῦ*
ἡμίσους τοῦ τῶν υἱῶν Ἰσραὴλ λήμψῃ ἕνα ἀπὸ τῶν πεντήκοντα, ἀπὸ
τῶν ἀνθρώπων καὶ ἀπὸ τῶν βοῶν καὶ ἀπὸ τῶν προβάτων καὶ ἀπὸ

ABFMV (963) *O'' C'' bdfnstxyz* al verss

Aeth | *τῶν* 3° — *παράταξιν*] om *τῶν* 616 28; > 72 126 | *ἐκπεπορευμένων* (-*ρεβομ.* 767) B 82 313-414′-417-615 127-767 $s^{(-730)}$ 84-134^{c} 18′-120′-630 416 ^{Lat}cod 100 Aeth] -*πορνευμενων* 74-76-134*; *εκπορευομενων* (-*ρεβομενον* 106$^{(mg)}$) Cyr I 333 ^{Lat}Ruf *Num* XXV 3 rell | om *τήν* F 376-707 19 321 527 (sed hab Compl) | *μίαν* — *πεντακοσίων*] pr *et* ^{Lat}cod 100; sup ras 313; om *ἀπὸ πεντακοσίων* 527 | *πεντακοσίων*] pr *των* 529; *πεντηκοντα* 15^{c} 129 ^{Lat}cod 100 (sed hab Ruf *Num* XXV 3) | *ἀπὸ τῶν* 1°] pr *et* Aeth; om *τῶν* 52′-313 53′ | *καί* 2° — *βοῶν*] post *προβάτων* tr 318 | om *καί* 2° 72 Bo^{A} = Tar^{P} | om *ἀπό* 3° 343 ^{Lat}codd 100 104 | om *τῶν* 5° 53(|) 319 | *κτηνῶν*] et *βοῶν* tr O^{-58} Syh | *καί* 3° — *βοῶν*] om *καί* 72; om *καὶ ἀπὸ τῶν* 106; > 30′ 18 Arab: cf 𝔐; bis scr 121* | *τῶν* 6°] *απουσης σαρ*^{x} *και* 458 | *καὶ ἀπὸ τῶν* 3°] om *ἀπό* ^{Lat}codd 100 104; > 106 | *προβάτων*] et *ὄνων* tr Arab = 𝔐 | *καί* ult — fin] pr *και απο των αιγων* 58-72 131^{c} *b* f^{-129} 59 Bo; *και απο των αιγων* B F^{a} V 82 129 x^{-527} 407 319 Arm Sa (sed hab Sixt) = Ra; *και απο των* $\overline{ανων}$ 130 527; om *ἀπό* 126 ^{Lat}cod 100; om *ἀπὸ τῶν* 106; > O^{-58}; + *και απο παντων των κτηνων* 422 = Sam

29 init — *αὐτῶν*] om *καί* 799 = Compl 𝔐; > 53′-56^{c} | *ἀπὸ τοῦ ἡμίσους*] *dimidium* Arm; *dimidio* ^{Lat}cod 100 (sed hab Aug *Loc in hept* IV 105) | *τοῦ*] pr *των* 313-615; *των* V 58-72 52 $s^{-30'}$ 392 59 | *ἡμίσους*] -*σεως* 246 126-128-628-630′; -*σεος* 761 18-68′-120; *ημισυ* 59; *ημισυς* 392; *ημι* 72 | *αὐτῶν*] *αυτου* 376 55*(vid); *των* 73*; > 246 | *λήμψεσθε* A B* F 509 624] -*σθαι* V G-82; sine *μ* F^{b} rell = Sixt; pr *et* Aeth^{M}; *sumes* Arm = Sam | *δώσεις*] -*σετε* (-*ται* 767) 767 407 ^{Lat}cod 104; -*σει* 321 71′; + *ea* Aug *Loc in hept* IV 105 | *Ἐλεαζάρ*] *eliazar* Arm | *τὰς ἀπαρχάς*] pr *και* 343; > Bo | om *ἀπαρχὰς κυρίου* 669*(c pr m) | *κυρίου*] pr *του* 426 *b* (sed hab Compl); *τω* $\overline{κω}$ 319; $\overline{κω}$ G-72-*oI*$^{-15}$ 46*-414 44 53′ 30 x^{-527} 59 ^{Lat}codd 100 104 (sed hab Aug *Loc in hept* IV 105) = Ald; $\overline{ιηλ}$ 527; inc 376

30 om *καί* 1° Aeth^{M} | om *τοῦ ἡμίσους τοῦ* 319 Bo | *τοῦ* 1°] *των* G-58-72 $C''^{-77\ 414\ 550'\ 761}$ 53′-56 54 392 59 | *ἡμίσους*] -*σεως* 126-128-628-630′ = Ald; -*σεος* (*ιμ.* 120*) 18-68′-120; *ημισυ* 72 59; -*συς* B* G 392 (sed hab Sixt) | *τοῦ* 2°] *το* 799; *τουτων* B* 53′ (sed hab Sixt); *honorum* ^{Lat}cod 100; > F^{b} O^{-58} *C''* *d* 54-75′ 28-85-730 *t* 527 318 55 Aeth Arm Syh = 𝔐 | *ισραηλ υιων* 509 | *Ἰσραὴλ λήμψῃ*] *ληψη των* (*τω* 44) $\overline{ιηλ}$ 44-107′ | *λήμψῃ* A B* F V G 509 624] -*ψει* 82; *ληψεσθε* (-*σθαι* 458) 458 121 68′; *λειψεται* 75; sine *μ* F^{b} rell = edd; bis scr 414(|); + *ουτος* 246 | *ἕνα*] *εν* $O'^{-58\ 707c}$ 120^{c} 59; *εναν* 458-767; *μεν εν το κρατον* 56^{txt*}; > 58 799; + (※ G) *το κρατουμενον* O^{-58} Syh = 𝔐; + *κατασχεσιν* 56^{mg} | *ἀπὸ τῶν πεντήκοντα*] *απο των πεντακοσιων* 121*; om *ἀπὸ τῶν* 120*; om *τῶν* B^{c} *d* n^{-767} *t* x^{-527} 68′-120^{c}-407 55 319 = Sixt; > 527 | om *ἀπό* 3° — *κτηνῶν* 72 | *ἀπό* 3°] pr *και* 19′ Aeth^{M} (sed hab Compl); pr *εν* 799; > 551*

---

28 *παράταξιν*] *δύναμιν* 321′
29 *τοῦ*] *ο′ οἱ λ′ τοῦ* 344

τῶν ὄνων καὶ ἀπὸ πάντων τῶν κτηνῶν, καὶ δώσεις αὐτὰ τοῖς Λευίταις
τοῖς φυλάσσουσιν τὰς φυλακὰς ἐν τῇ σκηνῇ κυρίου. [31]*καὶ ἐποίησεν* 31
Μωυσῆς καὶ Ἐλεαζὰρ ὁ ἱερεὺς καθὰ συνέταξεν κύριος τῷ Μωυσῇ.
[32]*καὶ ἐγενήθη τὸ πλεόνασμα τῆς προνομῆς, ὃ ἐπρονόμευσαν οἱ ἄνδρες* 32
οἱ πολεμισταί, ἀπὸ τῶν προβάτων ἑξακόσιαι χιλιάδες καὶ ἑβδομή-
κοντα καὶ πέντε χιλιάδες, [33]*καὶ βόες δύο καὶ ἑβδομήκοντα χιλιάδες,* 33

ABFMV (963) *O'' C''* *bdfnstxyz* al verss

^{Lat}cod 100 | *τῶν ἀνθρώπων*] $\overline{ανου}$ 799; om *τῶν* V 129 = Compl; + *και απο των κτηνων* *b* 28-85-321′^{mg}-343-344^{mg} 74-76 Arm | *καί* 2°] > G Arm = 𝔐^{L} Tar^{O}; ⌒5° 319 799 | om *ἀπό* 4° 125 ^{Lat}codd 100 104 | om *τῶν* 4° 129 = Compl | *βοῶν*] et *προβάτων* tr 761*; et *κτηνῶν* tr 246 | om *καί* 3° 126 = 𝔐^{L} Tar^{O} | om *ἀπό* 5° 107′-125 ^{Lat}codd 100 104 Sa | om *τῶν* 5° Compl | *προβάτων*] et *ὄνων* tr *O*$^{-58}$ ^{Lat}codd 100 104(vid) Arab Bo Syh = 𝔐 | om *ἀπὸ τῶν* 5° 126 | *ἀπό* 6°] > 730 ^{Lat}cod 100; ⌒7° 64^{txt} *d*$^{-106}$ 458 Sa | *τῶν ὄνων*] pr *παντων* 106; *των αρνων* 318 | om *ἀπό* 7° 106 126 ^{Lat}cod 100 | om *πάντων* 246 127 Aeth | om *καί* 6° Bo^{A} | *αὐτά* 963] *αυτας* 29; *αυτοις* 500 | *τοῖς Λευίταις*] *τοις λευειταις* B* V G 127 (sed hab Sixt); *τοις λευιτας* 108; *τους λευειτας* 767; om *τοῖς* 500 | *τους φυλασσοντας* 19′ (sed hab Compl) | *τάς*] pr *επι* 59 | *φυλακάς* 963] *φυλας* 121 | *ἐν τῇ σκηνῇ*] *της σκηνης* (+ *του μαρτυριου* 458) 458 Aeth Arab Arm^{te} = 𝔐 | *κυρίου* 963] *του μαρτυριου* 246 ^{Lat}codd 100 104 Sa

31 *Μωυσῆς καί* 963] *μωσης και* G-72-426 *n* Cyr I 333; > 509 | *Ἐλεαζάρ*] *eliazar* Arm | *ὁ ἱερεύς* 963] > 417 71′ Arab | *καθως* 319 | *συνέταξεν* 963] + *αυτω* 767 | *κύριος* 963] > 53 | om *τῷ Μωυσῇ* 319 | *Μωυσῇ*] -*σει* 46 343 68′-120; *μωυ*^{σ} 126; *μωση* G 56 *n* Cyr I 333; *μωσει* 72-426

32 *ἐγενήθη* 963] *εγενετο* 58^{mg} *b* 44; *γεγονε* 126; -*θησαν σκυλα* 53′; + (※ G) *τα σκυλα* *O*$^{-58}$ 56′ Syh = Compl ↓ | *τω πλεονασμω* 527 | om *τό* 739*(c pr m) | *πλεόνασμα* 963] -*ναζων* 319; *πληθος* 126; *πλασμα* 125 | om *τῆς προνομῆς* 126 Aeth | *προνομῆς* 963] -*μιας* 458; *προσνομης* 130; *παρεμβολης* 75; + *αυτου* 72* | *ὅ* 963] *ης* 127; *οσα* 376 | *ἐπρονόμευσαν* 963] *προν.* 624*; *προενομ.* 618 52 106 127-767 *t x*$^{-509}$ *z*$^{-126\ 407}$ 55^{c} 799 = Sixt; *επλεονασαν* 72; *εσκυλευσαν* 126 | *ἄνδρες*] $\overline{ανοι}$ 72 | *πολεμισταί*] *προνομισται* 458 | om *ἀπὸ τῶν προβάτων* ^{Lat}cod 100 | *ἑξακόσιαι* — fin] *εξακοσιαι και* $\overline{οε}$ *χιλιαδες t*; *εξακοσιαι εβδομηκοντα πεντε χιλιαδες n* 407; *χιλιαδες* (-*δας* 319) *εξακοσιαι* (-*σιες* 44) *εβδομηκοντα πεντε d* 126 319; *DCLXXV* ^{Lat}cod 100 | *εξακοσιαις* 799 | *χιλιάδες* 1°] > 52′ = Tar^{O}; sup ras 616 | *καὶ ἑβδομήκοντα* F^{a}] pr *και εβδομηκοντα* 46; > F* 669*; ⌒(33) 19; + (※ G) *χιλιαδες* (*χειλ.* G; -*δων* 630) A F$^{c\ pr\ m}$ M′ G-29-426-707-*oI C''* *b*$^{-19}$ 246 *s y*$^{-392}$ *z*$^{-126\ 407\ 669*}$ 55 624 Syh = Compl 𝔐; + *ανομια* 56* 59 | om *καί* 3° F^{a} 72-82 71′ | *πέντε χιλιάδες* B V *O*$^{-58}$-82 *x* 799] *δισχιλια πεντακοσια* 56^{c}; *δισχιλιοι και πεντακοσιοι* 53′; $\bar{σ}$ 129; ͵$\bar{ε}$ 246; *πεντακισχιλιοι* *C*$^{-529c}$-46′-615 30′-130 18′-628-669$^{c\ pr\ m}$; om *χιλιάδες* F^{a} 72; *πεντακισχιλια* (*πετακ.* 618; -*κεισχ.* 55; -*κησχ.* 58; -*λιαι* 343; -*λιων* 630) F rell | fin] + *και εγενηθη το ημισευμα η μερις των εκπεπορνευμενων εις τον πολεμον εκ του αριθμου των προβατων* 76*: ex 36

33 comma] > *d*$^{-106mg}$ 370; post (34) fin tr Bo | *βόες* (*βοαις* 767) B V 82 *b*$^{(-19)}$ 106$^{(mg)}$ 129 *n t*$^{(-370)}$ *x* 407 319] *βοων* rell | *δύο* — fin] pr *και* 422; *χιλιαδες*

---

32 *ἐγενήθη*] + *ἡ ἄρσις· τὰ σκῦλα* (absc 321; *τασ*$\overline{κυ}$ pro *τα σκ.* 130-346) 130-321′

34 35 ^{34}καὶ ὄνοι μία καὶ ἑξήκοντα χιλιάδες, ^{35}καὶ ψυχαὶ ἀνθρώπων ἀπὸ
τῶν γυναικῶν, αἳ οὐκ ἔγνωσαν κοίτην ἀνδρός, πᾶσαι ψυχαὶ δύο καὶ
36 τριάκοντα χιλιάδες. ^{36}καὶ ἐγενήθη τὸ ἡμίσευμα, ἡ μερὶς τῶν ἐκπεπο-
ρευμένων εἰς τὸν πόλεμον, ἐκ τοῦ ἀριθμοῦ τῶν προβάτων τριακόσιαι
37 καὶ τριάκοντα χιλιάδες καὶ ἑπτακισχίλια καὶ πεντακόσια, ^{37}καὶ ἐγέ-
νετο τὸ τέλος κυρίῳ ἀπὸ τῶν προβάτων ἑξακόσια ἑβδομήκοντα πέντε·

ABFMV (963) *O'' C'' bdfnstxyz* al verss

εβδομηκοντα (ευδ. 619) δυο (+ ανομοια 72) 72 106$^{(mg)}$ 71′ 126; *LXXV* ^{Lat}cod 100; εβδομηκοντα δυο χιλιαδες *n* 319 | ἑβδομήκοντα χιλιάδες] ,ψ 77 | χιλιαδων 630

34 om comma x^{-509} | om καί 1° B V G-82-376 44 129 509 407 319 Bo Syh | ὄνοι B 82-376^{c} *d* 129 *n* 344^{mg} *t* 509 407 319] ονων (ονον 664) rell | μία — fin] χιλιαδες εξηκοντα μια 72 d^{-125} 126; εξηκ. (+ και 799) μια χιλ. 125 54′-458 319 799; om μία καί 75-767 Sa | μία] δυο 46 | ἑξήκοντα χιλιάδες] ξ̄ χιλ. G*(vid); εξακοσιαι χιλ. 77 53′; εξ 318*; om χιλιάδες ^{Lat}cod 100

35 comma] pr *et tributum domini sexaginta quattuor milia et ab asinis sexaginta quattuor milia* Bo; και γυναικες παρ^{θν} χιλιαδες λβ̄ 126 | om ἀνθρώπων 407 | ἀπὸ τῶν γυναικῶν] pr *et* Bo^{A}; om ἀπὸ τῶν 82; om τῶν F 58 *C*-46 f^{-129} *n* 59 = Compl; > 72 | γυναικῶν] παρ^{θν} 58^{mg} | αἵ] και 707* | εγνωσα 376; εγνωκασιν 799 | ἀνδρός] ανδρων 121; αρσενος 58 f^{-129} ^{Lat}codd 100 104 (sed hab Aug *Loc in hept* IV 106) = Compl | πᾶσαι ψυχαί] πασαι αι ψυχαι V 52′ *b n t* 319 799 (sed hab Compl); πασα ψυχη (-χαι 313*) A F M′ oI'^{-82} $C''^{-52'}$ *s y* $z^{-126\ 407}$ 55 59 624 ↓; > *d* 71′ Arab | δύο — fin] *XXVI* ^{Lat}cod 100 (sed hab Aug *Loc in hept* IV 106); χιλιαδες (-δας 125) τριακοντα δυο 72 *d* 71′; τριακοντα (+ και 799) δυο χιλιαδες *n* 319 799; om καί 529 | τριάκοντα χιλιάδες] ,γ̄ 77

36 ἐγενήθη] εμερισθη 72 | ἡ μερίς] η μερισων 376; *portionis* Aeth; *praedae* Arm; post πόλεμον tr *b* (sed hab Compl) | ἡ] sup ras 2 litt 52; > 319 | ἐκπεπορευμένων B F 58-82-oI^{-618} 57′-414′-417-528′ 118-537 127^{c}-767 343′ 84^{c}-134^{c} y^{-121} 18-407-628-630′ 55 = edd] -πορνευμενων *d* 127* 74-76′-84*(vid)-134*; επιπορ. 321; εκπορεομ. 618; εμπεπορ. 128; εκπεπορευομενων 29 73′-550′ 56 509 416; επιπορευομενων 28-85′-346; εκπορευομενων rell | εἰς τὸν πόλεμον] om τόν 75′; > 72 | τριακόσιαι — fin] τλ̄ χιλιαδες και επτακισχιλια και τ̄ 319; χιλιαδες χλε̄ και φοε̄ 72; *CCCXXXI* ^{Lat}cod 100 | τριακόσιαι — ἑπτακισχίλια] τριακοσιαι και λζ̄ χιλιαδες t^{-84}; τριακοσιαι τριακοντα επτα (> 767) χιλιαδες n^{-458} 84; χιλιαδες (-δας 125) τριακοσιαι (-σιους 106) τριακοντα επτα *d* 458 126; ,γ̄ και ,ψ 77 | τριακόσιαι καί] -σιαις χιλιαδες 799; > 30′ | καὶ τριάκοντα / χιλιάδες B V 963 82 *b* 53′-129 343-344^{c} x^{-509} 407 Arm^{te} Sa] om καὶ τριάκοντα C''^{-77} 28-85′-321′-344*; om χιλιάδες Arm^{ap} = Tar^{O}; tr 376 509 318; pr (※ G) χιλιαδες (χειλ. G; -δαις 59) rell = Compl 𝔐 | καί 3°] ⌒4° 799 | ἑπτακισχίλια] -λιαι B^{c} *x* (sed hab Sixt) ↓; -λιοι (-χειλ. 963 G) V 963 G-82-618 528 19′ 59; -κισχι^{λ} 529; επτα 376′; επτακοσιων 630; πεντακισχιλια (-χ(ε)ιλιαι B 407; -λιοι 129-664*) B* f^{-56*} 407 | om καί ult 71′ 18-68′-120-628 (sed hab Ald) | πεντακόσια] -σιοι 376′-618 528′ 19′ 527 59^{c} 799 ↓; -σιαι B 127(vid) x^{-527} 407 (sed hab Sixt); πεντακ^{o} 529 54; -σιων 630; επτακ. 417

37 ἐγένετο 963] -νηθη 58-376 f^{-129} = Compl | τὸ τέλος] om τό 82; + αυτων 767 | κυρίῳ 963] pr τω 58 *b* f^{-129} 59; κ̄ῡ 72-426-oI^{-15} 761*(cprm) *d n* 321^{mg}(vid)-

---

35 πᾶσαι ψυχαί] σ′ ο′ πᾶσαι ψυχαί 344; α′ θ′ πᾶσα ψυχή 344^{txt}
36 ἑπτακισχίλια — fin] ο′ οἱ λ′ ἑπτακισχίλιαι καὶ πεντακόσιοι 344

[38]καὶ βόες ἓξ καὶ τριάκοντα χιλιάδες, καὶ τὸ τέλος κυρίῳ δύο καὶ 38
ἑβδομήκοντα· [39]καὶ ὄνοι τριάκοντα χιλιάδες καὶ πεντακόσιοι, καὶ 39
τὸ τέλος κυρίῳ εἷς καὶ ἑξήκοντα· [40]καὶ ψυχαὶ ἀνθρώπων ἓξ καὶ δέκα 40
χιλιάδες, καὶ τὸ τέλος αὐτῶν κυρίῳ δύο καὶ τριάκοντα ψυχαί. [41]καὶ 41
ἔδωκεν Μωυσῆς τὸ τέλος κυρίῳ τὸ ἀφαίρεμα τοῦ θεοῦ Ἐλεαζὰρ τῷ
ἱερεῖ, καθὰ συνέταξεν κύριος τῷ Μωυσῇ. [42]ἀπὸ τοῦ ἡμισεύματος τῶν 42

ABFMV (963) *O'' C'' bdfnstxyz* al verss

343-344^{mg} *t* 619 392 799 Aeth | *ἀπὸ τῶν προβάτων* 963] > ^{Lat}cod 100; + *προβατα* 106^{c}; + *χιλιαδες d*$^{-106c}$ 71' | *ἑξακόσια*] *-σιοι* B*(vid) 376 528 527; *-σιαι* A^{c} B^{c} F^{a} 29-426 19 44 53' 54 343 134 *x*$^{-527}$ 18-407-628 59 = Compl Sixt; *-σιαις* 799 | *ἑβδομήκοντα πέντε*] pr *και* V 58-*oI f t* 392 18'-628-630' 799 = Ald Compl Tar^{O}; (+ *et* Syh) *πεντε και εβδομηκοντα* 426 Syh = 𝔐 | *πέντε*] pr *και* 58 *f* 527; *χιλιαδες* 84; > 128; + *χιλιαδες* (*-δας* 370) V 19 *t*$^{-84}$ 669^{c} 319 799 Arm^{ap} Bo; + *dimidia pars CCCXXXVI DCI* ^{Lat}cod 100

38 om *καί* 1° 106 | *βόες*] *de bubus* ^{Lat}cod 100 | *ἓξ — χιλιάδες* 963] *χιλιαδες* $\overline{λϛφ}$ 126; *χιλιαδες τριακοντα εξ d*; *τριακοντα* (+ *και* 54-75') *εξ χιλιαδες* (> 767^{txt}) *n* 319 799; *LXXII* ^{Lat}cod 100; *ϛ και ͵γ* 77; om *χιλιάδες* 46 | *καί* 3° — fin] post (39) *πεντακόσιοι* tr 44 767 | *καί* 3°] > 318; ⌒(39) 2° 392 Bo; + *erat* Aeth^{M} | *τέλος*] + (※ G) *αυτων O*$^{-58}$-15 53'-56-246^{mg} 767 Syh = Compl 𝔐 | *κυρίῳ* 963] pr (※ G Syh) *τω O*-15 53'-56-246^{mg} Syh = Compl: cf 𝔐; $\overline{κυ}$ 72 *d n*$^{-767}$ 30'-343-344^{mg}-346^{mg} *t* 799 Aeth; > 767; ⌒(39) 126-669^{txt}; ad fin tr 422 | *δύο* — fin] *βοες εβδομ. δυο* 44; *χιλιαδες* $\overline{οβ}$ 72 106*; *εβδομ. δυο* 107'-125 *n* 319; *και εβδομ. και δυο* 422; *β και ξ* 129; *XXXVI* ^{Lat}cod 100; *septingenti et viginti* Arab; om *δύο* 963* 108*(||; cprm); + *χιλιαδες* 131 53-246 84

39 *καί* 1°] > 963*; ⌒2° 72; + *χιλιαδες* 767^{c} | *ὄνοι*] *de asinis* ^{Lat}codd 100 104 | *τριάκοντα — πεντακόσιοι*] *LXI* ^{Lat}cod 100; $\overline{λφ}$ 767 | *τριάκοντα χιλιάδες*] *ξ χιλιαδες* 129; *͵γ* 77; tr *d* | *πεντακοσιαι* 414 53' 370^{s} 628 | om *καί* 3° — *κυρίῳ* 669$^{(mg)}$ | *καὶ τὸ τέλος*] spat 5—6 litt 528 | *καί* 3°] > ^{Lat}cod 100; ⌒(40) 3° 72; + *erat* Aeth^{M}; + *ονοι* 44 | om *τό* 19 (sed hab Compl) | *τέλος*] + *αυτων* 15-376 *b* 767 = 𝔐 | *κυρίῳ* 963] pr *τω* 376; $\overline{κυ}$ 426 *d n*$^{-458}$ 30'-343-344^{mg} *t* 799 Aeth Bo; > 458 509 | *εἷς* — fin] pr *δυο και τριακοντα ψυχαι* 314; *in dimidia parte XXXD* ^{Lat}cod 100; *εξηκοντα εις d* 75-767 126; *εξηκοντα και εις* 54'-458 = Tar; om *καί* 509; + *milia* Bo | *εἷς*] *μια* F V 29 *C''* 129 28-85'-321'-344*(vid) 392 669^{c}; + $\overline{μα}$ 30

40 om *καί* 1° *n* Bo^{A} | *ψυχαί* 1°] *de animis* ^{Lat}cod 100 | *ἀνθρώπων*] *ανδρων* 417^{mg}; > 417^{txt} | *ἓξ — χιλιάδες*] *XXXII* ^{Lat}codd 100 104; *χιλιαδες δεκα εξ d* 458 126; *ουκ ην* 58; *εκκαιδεκα χ(ε)ιλιαδες* B 963 15-82 = Ra; *δεκα εξ χιλιαδες* G *n*$^{-458}$ 319 799; *εξ και εξηκοντα χιλιαδες* 509; + *και πεντακοσιαι* (*-σιοι* 59) 29 56* 59 | *καί* 3°] > ^{Lat}cod 100; + *erat* Aeth^{M} | *τὸ τέλος*] spat 5—6 litt 528; + $\overline{κω}$ 624 | *αὐτῶν* 963] > 552^{txt} 44-125 319 ^{Lat}cod 100 Aeth Sa | *κυρίῳ* 963] pr *τω* 376' *f*$^{-129}$ = Compl; $\overline{κυ}$ 44 321'^{mg}-343-344^{mg} Aeth; > 127 Bo | *δύο* — fin] pr *και* 963; *ψυχαι τριακοντα δυο d* 458 126; *τριακοντα δυο ψυχαι* 72 *n*$^{-458}$ 799; *XVI animas* ^{Lat}cod 100 | *ψυχαί* 2°] *ψυχας* 246

41 om *καί* ^{Lat}cod 100 | *Μωυσῆς*] *μωσης* G-72-426 *n* | om *τό* 1° 422 | *κυρίῳ*] $\overline{κυ}$ 72 413-414 *b d n* 346^{mg}-730 *t* Bo (sed hab Compl); *και* 528; > *O* Syh = 𝔐 | om *τό* 2° 376 75 407 799 | *ἀφαίρεμα*] *αφιερωμα* 522^{txt}; *αφορισμα* 129 | *τοῦ θεοῦ* 963] pr $\overline{κυ}$ 426; *τω θεω* 71' 799; *τον λαον* 414; *τον κυριον* 16-46-551 Aeth Syh = 𝔐; om *τοῦ* 422; > ^{Lat}cod 100 | *Ἐλεαζάρ*] pr *και* 376; *eliazar* Arm |

υἱῶν Ἰσραήλ, οὓς διεῖλεν Μωυσῆς ἀπὸ τῶν ἀνδρῶν τῶν πολεμιστῶν·
43 *[43]καὶ ἐγένετο τὸ ἡμίσευμα τῆς συναγωγῆς ἀπὸ τῶν προβάτων τρια-*
κόσιαι χιλιάδες καὶ τριάκοντα χιλιάδες καὶ ἑπτακισχίλια καὶ πεντα-
44 45 *κόσια, [44]καὶ βόες ἓξ καὶ τριάκοντα χιλιάδες, [45]καὶ ὄνοι τριάκοντα*
46 *χιλιάδες καὶ πεντακόσιοι, [46]καὶ ψυχαὶ ἀνθρώπων ἓξ καὶ δέκα χιλιάδες·*
47 *[47]καὶ ἔλαβεν Μωυσῆς ἀπὸ τοῦ ἡμισεύματος τῶν υἱῶν Ἰσραὴλ τὸ ἓν*

ABFMV (963) *O'' C'' bdfnstxyz* al verss

καθά 963(vid)] *καθαπερ* A 15′ *C''*$^{-414}$ 28-85′-321′ 318 55 624 = Ald; *καθως* 799; *leui* ^{Lat}cod 100 | *κύριος* 963] ad fin tr 53′ | *τῷ Μωυσῇ*] *αυτω* 53′; > 72 | *Μωυσῇ*] *-σει* 46 28-85-343 68′-120; *μωυ*^{σ} 126; *μωση* G 56 *n*; *μωσει* 426

42 om init — *Μωυσῆς* 799 | init — *ἡμισεύματος*] *dimidium* Arm | *του ημισι-τευματος* 619; *των ημισευματων* 422 | *τοῦ* 963] > B* (sed hab Sixt) | *τῶν υἱῶν* 963] > ^{Lat}cod 100 | om *οὕς* — *ἀνδρῶν* 71′ | *οὕς*] *οις* 246; *ου* 963; *ως* 527 | *διεῖλεν* 963] *διεστειλεν* (*-στυλε* 376) 29-376; litt *δι* sup ras 4 litt 57 | *μωσης* G-72-426 *n* | *ἀπό* 2° — fin] post (43) *συναγωγῆς* tr 799 | *ἀπό* 2° 963] *και* 18-628 | *ἀνδρῶν* 963] *υιων ιηλ* 527 407; *υιων* (*υων**) 509; *ανων* 84*(cprm)

43 init — *τό*] *το δε* 799 | *τό* 963] pr *απο* 19; > 610 321′* | *τῆς* 72-618 *C''*$^{-52' 313}$ 509 392* 68-126 55 319 799 ^{Lat}codd 100 104 Arab] pr *το απο* 730; pr *το* A M′ *oI*$^{-618}$ 52′-313 28-85^{txt}-130-321′^{txt}-343′ *y*$^{-392*}$ 18′-628-630′ 624 = Ald Ra; pr *απο* 963 rell | *ἀπὸ τῶν προβάτων*] *προβατα* 799 ^{Lat}cod 100; om *ἀπό* V 16-46 *d n*$^{-767}$ *t* | *τριακόσιαι* — fin] *,τ,λ,ζ και φ* 126; *χιλιαδες τλ και ,ζφ* 72; *CCCXXXVI milia D* ^{Lat}cod 100 | *τριακόσιαι* — *ἑπτακισχίλια*] *τριακοσιαι* (*-σιες* 799; + *και* *t*$^{-84*}$) *τριακοντα επτα χιλιαδες* *n*$^{-458}$ *t* 799; *χιλιαδες τριακοσιαι τριακοντα επτα* (> 458) *d* 458; om *τριακόσιαι χιλιάδες καί* Sa; om *χιλιάδες καί* 1° 58 407 | *τριακόσιαι*] *τριακοντα επτα και πεντακοσιαι* 55 | *χιλιάδες* 1°] > V *f*$^{-56}$ Arm = Sixt; ⌒2° *C''* 28-85 120* | *τριάκοντα*] *πεντηκοντα* 426 319 | *χιλιάδες* 2°] > 376 246 619 120$^{(c)}$ = Tar^{O}; ⌒(45) 343; + *ονοι λ χιλιαδες* 129 | om *καί* 3° 500 = 𝔐^{L} | *ἑπτακισχίλια*] *-λιοι* V 618 129 18-628 59^{c}; *-λιαι* 321 *x*$^{-509}$; *-λιων* 630; *-χι*^{λ} 528-739; *-χιλι*[..] 346; *ζ χιλιαδες* (*χειλ.* 963) 963^{c} 376 246; *,ψ* 77; *επτακοσιοι* 509; *πενταχισχιλια* 318 | *καὶ πεντακόσια*] om *καί* 106^{c} 319; > 16-46 106* | *πεντακόσια*] *-σιοι* 376 528 44 71′ 18-630 59^{c}; *-σιαι* 54 527

44 om init — (45) fin 75 Aeth^{-C}: homoiot | om *καί* 1° *d* 767 630 | *βοαι* 799 | *ἕξ* — fin] *τριακοντα και* (> 319) *εξ χιλ.* 54′-767 319; *χιλιαδες τριακοντα εξ* 72 *d* 458; *,λ,ς* 126; *XXV milia* ^{Lat}cod 100; *XXXVII* ^{Lat}cod 104; *ς και ,γ* 77; om *ἕξ* G*; + *και επτακισχιλιοι πεντακοσιοι* 71′

45 om comma 53′-56^{c}-129 319 Sa | om init — *χιλιάδες* 551 56$^{(*)}$ 321 318 799 | *καί* 1° 963 *O'*$^{-58}$-72 *C*-46 118^{c} *n*$^{(-75)}$ *t* ^{Lat}codd 100 104 Aeth^{C} Arab Arm Bo Syh = Ald] > rell = Ra | *τριάκοντα χιλιάδες*] *,γ* 77; *XXXV milia* ^{Lat}cod 100; om *τριάκοντα* 458; tr 72 *d* | *πεντακοσιαι* 414 44 527

46 om *καί* 1° G-426 417-528 | *ἀνθρώπων*] + *αι ουκ εγνωσαν κοιτην ανδρων* 376: cf 35 | *ἕξ* — fin] *χιλιαδες* (*-δας* 125) *δεκα εξ* 72 *d f*$^{-129}$ 126; *χιλ. εκκαιδεκα* Compl; *εκκαιδεκα χιλ.* 15; *δεκα εξ χιλ.* G *n*$^{-75}$ 319 799; om *ἕξ καί* 75; > ^{Lat}codd 100 104; + *και πεντακοσιοι b*

47 *ἔλαβεν*] *ελαλησε* 246*(cprm) | *μωσης* G-72-426 *n* | om *τοῦ* 707(|) | *τό*] *τον* V; > A B^{c} M′ *oI C''* 246 85^{txt}-130-321′^{txt}-343′ *x y z* 55 319 424 624 799 (sed

---

47 *τὸ ἕν*] *ο′ τὸ ἕν* 344

ἀπὸ τῶν πεντήκοντα ἀπὸ τῶν ἀνθρώπων καὶ ἀπὸ τῶν κτηνῶν, καὶ
ἔδωκεν αὐτὰ τοῖς Λευίταις τοῖς φυλάσσουσιν τὰς φυλακὰς τῆς σκηνῆς
κυρίου, ὃν τρόπον συνέταξεν κύριος τῷ Μωυσῇ.
48Καὶ προσῆλθον πρὸς Μωυσῆν πάντες οἱ καθεσταμένοι εἰς τὰς 48
χιλιαρχίας τῆς δυνάμεως, χιλίαρχοι καὶ ἑκατόνταρχοι, 49καὶ εἶπαν 49
πρὸς Μωυσῆν Οἱ παῖδές σου εἰλήφασιν τὸ κεφάλαιον τῶν ἀνδρῶν
τῶν πολεμιστῶν τῶν παρ' ἡμῶν, καὶ οὐ διαπεφώνηκεν ἀπ' αὐτῶν
οὐδὲ εἷς· 50καὶ προσενηνόχαμεν τὸ δῶρον κυρίῳ, ἀνὴρ ὃ εὗρεν σκεῦος 50

ABFMV (963) *O'' C'' bdfnstxyz* al verss

hab Sixt); + (※ G) *κρατουμενον O* 56* Syh = 𝔐 | *ἕν — πεντήκοντα*] *ενα* 319; > 56^{txt} | *ἕν*] *ενα* V *oI* 246 x^{-509} 18′-126-407-628-630′ 55 624 | *ἀπό* 2°] *υπο* 53′ | *τῶν* 2°] *παντων* 68′-120 (sed hab Ald); > 458 | *ἀπὸ τῶν* 2°] *απο παντων* 318; > d^{-106} | *ἀπὸ τῶν* 3°] om *ἀπό* 422 799 ^{Lat}codd 100 104; > d^{-106} | *εδωκα* 528 | *λευειταις* B* V G 127-767 (sed hab Sixt) | *τὰς φυλακάς*] *custodiam* Arm; > 72 | *τῆς σκηνῆς*] *tabernacula* ^{Lat}cod 100; *την σκηνην του μαρτυριου* 72; om *τῆς* 318(|); > 85^{txt}; post *κυρίου* tr 414 75 | *κυρίου*] pr *του* 761*(vid) *b* 246^{c} (sed hab Compl); *του μαρτυριου* 376 246* 458 509 799 ^{Lat}cod 100 Arab Bo Sa^{12}; + *και εποιησεν μωυσης και ελεαζαρ ο ιερευς* 28^{mg}-85^{mg}: ex 31 | *τῷ Μωυσῇ*] *αυτω* 381′ | *Μωυσῇ*] -*σει* 46 28-85-343*(vid) 68′-120; *μωυ*^{σ} 126; *μωση* G 56 *n*; *μωσει* 72-426

48 *προσῆλθον*] *εισηλθον* 126; bis scr 118* | *πρὸς Μωυσῆν*] *τω μωυση* (-*σην* 313; -*σει* 343) 52′-313 343 392 628; *μωυση* 59; *μωση* Cyr I 340; *μωσει* 72 | *Μωυσῆν*] pr *τον* 381 = Ald; -*ση* 19 55^{c} (sed hab Compl); *μωσην* G-426 n^{-458} 121; *μωσιν* 458 | *πάντες* — 32₇ *Ἰσραήλ*] absc 624(||) | *πάντες*] sub ÷ G = 𝔐 | om *καθεσταμένοι — δυνάμεως* 126 | *καθισταμενοι* F^{b} 72-376 52-413-414-422-551*-552-761* 53′ 75′ 30′-321-343; *κατεστ.* (-*μμενοι* 767; -*σπαμ.* 527) B V 129 767 x^{-509} 407 319 (sed hab Sixt) | *εἰς — δυνάμεως*] *principes per tribus in exercitu* Ruf *Num* XXVI 1 | *εἰς τὰς χιλιαρχίας*] *επι ταις χιλιαρχ(ε)ιαις* (*φιλαρχ.* 458) 54-75′ $Aeth^{-C}$ Bo Syh; *per singula milia* ^{Lat}codd 100 104; > 799 | *χιλιαρχίας* F^{a}] *χιλι[..]ας* F; -*αρχας* 29 129* 767*; *χιλιαδας* 528; *απαρχας* 376 | *των δυναμεων* 414 19 (sed hab Compl) | *χιλίαρχοι*] pr *και* 963; -*ρχους* 246 630; -*ρχη*^{σ} 458 | *ἑκατόνταρχοι*] -*ρχοις* 458; -*ρχους* 630; -*ταρ*^{χ} 246

49 *εἶπαν*] *ειπον* F^{b} 963 72-376-381′ 529-761^{c} 19 *d n t* 126 799 (sed hab Compl); *ειπε* 630 | *πρὸς Μωυσῆν*] *αυτω* 381′ Arab; > 72 126 | *μωυση* 19 (sed hab Compl); *μωσην* G-426 *n* 121 Cyr I 340 | *οἱ παῖδές σου*] pr *nos* Ruf *Num* XXVI 1; > 53; + *λεγοντες* 799 | *εἰλήφασιν* 963] -*φαμεν* V *d* 129 *t* ^{Lat}Ruf *Num* XXVI 1 | *τῶν ἀνδρῶν*] *filiorum istrahel* Ruf *Num* XXVI 1(2°) | *τῶν παρ' ἡμῶν*] pr *των* 630*(vid); om *τῶν* 963(vid) 15 417 319; > ^{Lat}cod 104 | *παρ' ἡμῶν καί*] *μεθ ημων* Phil II 192 240 | *ἡμῶν* 963] *ημιν* (*υμιν* Ald) 29 414^{c} 392^{c}(vid) z^{-407} Cyr I 340 = Sixt | *οὐ διαπεφώνηκεν*] *ουκ ελειφθη* (*εληφ.* 56) 53′-56^{mg}; om *οὐ* 126 | *διαπεφωνηκαμεν* 84; *διαπεφωνηται* 318 | *ἀπ' αὐτῶν*] *εξ αυτων* 376 73′; *επ αυτων* F; *απ αυτου* 128; *ex nobis* Ruf *Num* XXVI 1 = 𝔐 Sam Tar^{O}; om *ἀπ'* d^{-106} Phil II 240 (sed hab 192) | *οὐδὲ εἷς*] *ουδεις* 126 55 799

50 *καί* 1°] > 59 Phil II 192; + *ecce* ^{Lat}codd 100 104 Aeth | *προσενηνόχαμεν*] *προσανενην.* F; *προσανην.* 376; *προσαγηοχαμεν* 799 Phil II 192(-*γηοχα*

---

49 *εἰλήφασιν — ἀνδρῶν*] *ὑπεδέξαντο τὴν ψῆφον τῶν ἀνδρῶν* 321′

χρυσοῦν, χλιδῶνα καὶ ψέλιον καὶ δακτύλιον καὶ περιδέξιον καὶ ἐμπλό-
51 κιον, ἐξιλάσασθαι περὶ ἡμῶν ἔναντι κυρίου. [51]καὶ ἔλαβεν Μωυσῆς
καὶ Ἐλεαζὰρ ὁ ἱερεὺς τὸ χρυσίον παρ' αὐτῶν, πᾶν σκεῦος εἰργασμένον·
52 [52]καὶ ἐγένετο πᾶν τὸ χρυσίον, τὸ ἀφαίρεμα, ὃ ἀφεῖλον κυρίῳ, ἓξ καὶ
δέκα χιλιάδες καὶ ἑπτακόσιοι καὶ πεντήκοντα σίκλοι, παρὰ τῶν
53 χιλιάρχων καὶ παρὰ τῶν ἑκατοντάρχων. [53]καὶ οἱ ἄνδρες οἱ πολεμισταὶ
54 ἐπρονόμευσαν ἕκαστος ἑαυτῷ. [54]καὶ ἔλαβεν Μωυσῆς καὶ Ἐλεαζὰρ ὁ

ABFMV (963) O'' C'' *bdfnstxyz* al verss

aut -γηοχε^{ap}); *offerimus* ^{Lat}cod 104; *offerunt* ^{Lat}cod 100 | τὸ δῶρον] τω δωρω (-ρων 16) $C^{-77\ 616c}$-46 619; τα δωρα 616^{c}; > ^{Lat}cod 104 | κυρίῳ 963] pr τω 134 799; κ̅υ̅ 426 54-458 Aeth = 𝔐 | ἀνήρ] pr ο 318; pr *et* Bo; *virum* ^{Lat}cod 104 | ὅ] ον 72; ος V 58-376 551 *b* f^{-129} 54-75' 407 59 799 Cyr I 340 ^{Lat}codd 100 104 | εὗρεν] ηρε(ν) 58 53'-56 = Compl | χρυσοῦν] pr αργυρουν η 458 | χλιδῶνα καὶ ψέλιον] pr και B* 58 f^{-129} 319 Cyr I 340 Aeth^{C} Bo = Ald Sixt; *vestem viriolam* ^{Lat}codd 100 104 | κλιδονα 53'; κλυδωνι 72; κληδωνι 59; χλυδονα 71' | καί 2°] *aut* ^{Lat}Ruf *Num* XXVI 1 Aeth Arm; > 106 126 | ψελλιον (χελλ. 528) G-15-58-72 C''^{-46} 19' 44 246 75 28-85'-321' 76 71' 18-68' 799 Cyr I 340 = edd | καὶ δακτύλιον] δακτυλιδιον 799; om καί 106 126 = 𝔐; > 318; bis scr 381*-618 | καί 3° 4° 5°] *aut* ^{Lat}Ruf *Num* XXVI 1 Aeth | om καί 4° 106 319 = 𝔐 | περιδέξιον] μανιακην 321'^{mg} 128^{mg} | ἐμπλόκιον] ευπλ. 18; *ornamentum* ^{Lat}codd 100 104 | ἐξιλάσασθαι] -σθε A 16-46 19' 54-458 (sed hab Compl); *date* ^{Lat}cod 104; *ut ores* ^{Lat}cod 100 | ἡμῶν] pr (※ G; + των 669^{c}) ψυχων O^{-58}-15 128-630' Arab Syh = 𝔐; ψυχων 767; υμων A 29-618 44-610* 53' 71' 121 407* 59 = Ald; αυτων 343 Bo

51 init — (53) fin] bis scr 129*; post (54) Ἰσραήλ tr 318 | περιελαβε 376 | μωσης G-72-426 *n* 121 Cyr I 340 | Ἐλεαζάρ] *eliazar* Arm | ὁ ἱερεύς] om ὁ 551; > 82 d^{-106} 134 | τὸ χρυσίον] + το 72-376 509; ⌒(52) 527 | παρ'] απ 413; παν 246* | πᾶν] pr *et* Aeth Arm^{ap} | ειργασμενων 767* 84

52 καί 1°] *quod* Arm^{te} | εγενηθη 799; εγενοντο 318 | om πᾶν 129(|) = Sam Tar^{P} | om τὸ χρυσίον 246 | τὸ ἀφαίρεμα] pr και 56; *in oblatione* ^{Lat}codd 100 104; > 799 | ἀφεῖλον] -λαν F 15 *b* 458 30 (sed hab Compl); -λωσαν 799; -λοντο 57-616; -λεν 426 407 319 | κυρίῳ] pr τω x^{-509}; κ̅υ̅ 125*; κ̅ς̅ 426 | ἕξ — ἑπτακόσιοι] χιλιαδες ι̅ς̅ψ̅ 126 | ἕξ — χιλιάδες] χιλιαδες ι̅ς̅ 72 *d*; εκκαιδεκα χιλιαδες 15-82 Cyr I 340 = Ald Sixt; δεκα εξ χιλιαδες (χειλ. G) G *n* 319 799 | δέκα] *triginta* Sa | ἑπτακόσιοι F^{a}] -σιαι 527; πεντακοσιοι F 72 129 127; πεντε και πεντακοσιοι 59; et πεντήκοντα tr 381' | om καί 4° 72 *d n* 318 319 799 | πεντήκοντα] ν̅ε̅ 72; λ̅ 319; post σίκλοι tr 126 | παρά 1° — fin] pr *quod oblatum est* ^{Lat}codd 100 104; > 72 799 | καὶ παρὰ τῶν ἑκατοντάρχων] om παρά 417^{txt} 619 ^{Lat}codd 100 104 Aeth Sa; om παρὰ τῶν 422 d^{-106} 458 318 126 319; > Arm; ⌒(54) 106

53 καί] *quod* ^{Lat}codd 100 104 | om οἱ 1° 82 | ἄνδρες] αρχοντες 71'; sup ras 57; + *omnes* Bo | πολεμισταί] προνομισται 319 | ἐπρονόμευσαν] pr *qui* Arm; προενομ. 381' 52 $d^{(-106)}$ *n* 130^{mg}-321'^{mg} *t* z^{-407} 55^{c} | ἕκαστος] > 618^{txt}; + αυτων z^{-407} | ἑαυτῷ] pr παρ 77*; αυτω 72 343' 527 Cyr I 340; αυτων 458 71'; εαυτον 318

53 ἐπρονόμευσαν] διήρπασαν 130-321'

ἱερεὺς τὸ χρυσίον παρὰ τῶν χιλιάρχων καὶ παρὰ τῶν ἑκατοντάρχων,
καὶ εἰσήνεγκαν αὐτὰ εἰς τὴν σκηνὴν τοῦ μαρτυρίου μνημόσυνον τῶν
υἱῶν Ἰσραὴλ ἔναντι κυρίου.
32 [1]*Καὶ κτήνη πλῆθος ἦν τοῖς υἱοῖς Ῥουβὴν καὶ τοῖς υἱοῖς Γάδ,* 1
πλῆθος σφόδρα· καὶ εἶδον τὴν χώραν Ἰαζὴρ καὶ τὴν χώραν Γαλαάδ,
καὶ ἦν ὁ τόπος τόπος κτήνεσιν. [2]*καὶ προσελθόντες οἱ υἱοὶ Ῥουβὴν* 2
καὶ οἱ υἱοὶ Γὰδ εἶπαν πρὸς Μωυσῆν καὶ πρὸς Ἐλεαζὰρ τὸν ἱερέα καὶ

ABFMV (963) *O'' C''* *bdfnstxyz* al verss

54 *μωσης* G-72-426 *n* 121 Cyr I 340 | *Ἐλεαζάρ*] *eliazar* Arm | om *ὁ ἱερεύς* 381′ $d^{(-106)}$ *t* 121 | *παρὰ τῶν χιλιάρχων*] pr *το* 509; pr *και* 707; *ab omnibus tribunis* Ruf *Num* XXVI 2 | *παρὰ τῶν* 1°] *απο των* 799; *παρ αυτων* 15*; ⌒2° G | *χιλιάρχων*] et *ἑκατοντάρχων* tr 414 | *καί* 3°] ⌒4° f^{-129} | *παρὰ τῶν* 2°] om *παρά* 72 52-414′-422 ^{Lat}codd 100 104 Ruf *Num* XXVI 2 Arab Bo = 𝔐; > $d^{(-106)}$ 126 799 Cyr I 340 | *εἰσήνεγκαν*] *-κεν* A B F 376′ $C''^{-529\ 761c}$ 127 $s^{-30'}$ 84 *x* 59 Cyr I 340 = Ra | *αὐτά* 963] *αυτο* 376 799 ^{Lat}Ruf *Num* XXVI 2 = 𝔐; *απαντα* 246; *aurum* ^{Lat}codd 100 104; > Aeth Arm | *μνημόσυνον* — fin] pr *εις* 15 126; > 72: homoiot | *τῶν υἱῶν*] *τοις υιοις* 82 *b n* 799 ^{Lat}codd 100 104 Ruf *Num* XXVI 2 (sed hab Compl) = 𝔐; om *υἱῶν* 107′-125 | *ἔναντι κυρίου*] *εναντιον κυριου* 127; > 669* Aeth

32 1 om init — *ἦν* 1° 799 | *ην κτηνη πληθος* 126 | *κτήνη*] *κτηνων* Cyr I 401 | *πλῆθος* 1° — *Ῥουβήν*] pr ras 2 litt B; *τοις υιοις ρουβιμ ην πληθος* 16-46 | *πλῆθος ἦν*] tr Procop 885; + *αυτοις* 53′; + *filiis israel* Arm^{te} | *υἱοῖς* 1°] + *israel* Arm^{ap}; + ras 2 litt 55 | *Ῥουβήν*] *-βιν* 426 107′ 129 30-321′ t^{-84} 527 18′-628-630-669*; *-βειν* 130*; *-βιμ* 72 $C''^{-16\ 46\ 77\ 550'}$ 44-125 f^{-129} 84 71′ 126-669^{c} 59 319 799 Procop 885; *-βειμ* 376-381′ 77-550′ 106 767 Cyr I 401; *ρουβημ* Compl; *rōbēl* Aeth; *rūbīl* Arab Syh; *ιηλ* (with overline) 19 458 | *καί* 2°] > 458; + *κτηνη* 707 | *Γάδ*] *γαθ* 767; *ρουβην* 458; + *και τω ημισει φυλης μανασση* 15 = Sam | om *πλῆθος* 2° — (2) *Ῥουβήν* 458: homoiot | om *πλῆθος σφόδρα* 72 | *πλῆθος* 2° 963] *ην κτηνος* 799; > 53′ Bo | *σφόδρα* B V 963 O^{-58} 129 *x* 407 319 Arm Co Syh] pr *πολυ* (*-λοι* 30; *-λλοι* 767) Cyr I 404 rell | *εἶδον*] *ειδοσαν* (*-δωσαν* 343 799) 343-344^{mg} 799; *ιδων* 53′-246 767 30 319; *videntes* Arm^{ap} | *τὴν χώραν* 1° F^{a}] pr *την* F(|); > Arab; ⌒2° 84 | *Ἰαζήρ*] *ηαζαρ* 72*; *ιαζερ* 537*(vid); *iasēr* Bo^{B}; *iasir* Sa; *azer* ^{Lat}cod 104 | *καί* 4°] ⌒5° 343 | *τὴν χώραν* 2°] om *τήν* 125; > 44′ | *Γαλαάδ*] *γαλααδιτην* 799; *galaditin* ^{Lat}cod 100; *galatidin* ^{Lat}cod 104 (sed hab Aug *Loc in hept* IV 109) | *καί* 5°] *οτι* 799 Aeth | om *ὁ* 82* 528 126 55 | *τόπος* 2°] *aptus* ^{Lat}codd 100 104 (sed hab Aug *Loc in hept* IV 109); > 82 509 68′-120-126 55 799 (sed hab Ald) | *κτήνεσιν*] pr *τοις* 422; pr *εν τοις* 126

2 *προελθοντες* 130(|) | om *οἱ* 1° — *Γάδ* 72 319 Arab | om *οἱ* 1° V 15 52′-313 610 56-664 509 392 628 55 | *Ῥουβήν* 963] *-βιν* 426 107′ 129 321′ t^{-84} 527 18′-630-669*; *-βημ* 54 = Compl; *-βιμ* $C''^{-77\ 550'\ 616}$ 44-125 f^{-129} 767 84 619 126-628-669^{c} 59 799; *-βειμ* 376-381′ 77-550′ 106 71 Cyr I 404; *-βιβ* 616; *ρουβη* G; *rōbēl* Aeth; *rūbīl* Syh; et *Γάδ* tr 376′ Syh = 𝔐 | *οἱ υἱοί* 2°] *τοις υιοις* 71′; om *οἱ* V 15-58 52′-313-529 107′-125 56-664 75′-767 392* 628 | *Γάδ*] + *πληθος σφοδρα και ειδον την χωραν ιαζηρ και την χωραν γαλααδ* (*χαλ.* 619) 71′: ex 1 |

---

32 1 *πλῆθος σφόδρα*] *ο′ οἱ λ′ πλῆθος σφόδρα* 344
2 *εἶπαν*] *τὸ σαμ′* pr *καὶ τὸ ἥμισυ τῆς φυλῆς Μανασσή* C''^{cat}: cf 33

3 πρὸς τοὺς ἄρχοντας τῆς συναγωγῆς λέγοντες [3]Ἀταρὼθ καὶ Δαιβὼν
καὶ Ἰαζὴρ καὶ Ναμβρὰ καὶ Ἐσεβὼν καὶ Ἐλεαλὴ καὶ Σεβαμὰ καὶ
4 Ναβαὺ καὶ Βαιάν, [4]τὴν γῆν, ἣν παρέδωκεν κύριος ἐνώπιον τῶν υἱῶν
Ἰσραήλ, γῆ κτηνοτρόφος ἐστίν, καὶ τοῖς παισίν σου κτήνη ὑπάρχει.

ABFMV *O''* *C''* *bdfnstxyz* al verss

εἶπαν] και ειπον 458 = 𝔐; ειπον (-πων 319) 72-376-*oI*$^{-15}$ *C''*$^{-413\ 761}$ 19 *d* 53′ 54′-767 *s* *x*$^{-509}$ 392 18′-126-628-630′ 319 799 Cyr I 404 (sed hab Compl); ειπε 75 | πρός 1° — ἱερέα] *ei* Arab | μωυση 19 (sed hab Compl); μωσην G-426 *n* 121 Cyr I 404; μωσει 72 | om πρός 2° 52′-313-529-552* 106 458-767 509 319 799 ^{Lat}cod 100 Aug *Loc in hept* IV 110 Co | Ἐλεαζάρ] *eliazar* Arm | τὸν ἱερέα] om τόν 68′-120 (sed hab Ald); > 319 799 | om καί 4° Bo | om πρός 3° 72 126 Co | τοὺς ἄρχοντας] τους ανδρας A 392; *principem* ^{Lat}cod 100 (sed hab Aug *Loc in hept* IV 110) | λέγοντες] -ντας *d*$^{-44}$ 75 370; ειπον 799; > 72 Arab Arm

3 om comma 799 | Ἀταρώθ] αστ. V *d*$^{-44}$ 127 *t* 669* 319; ασταρωτ 44; *adaroth* ^{Lat}cod 100; *adaroch* ^{Lat}cod 104; -ρων A 58-72 *C''* *s* *y*$^{-318}$; ασταρων 54-75′; *tarōth* Bo | om καί 1° 2° 3° 4° 5° 6° 44′ | καί 1°] ⌒4° 458 | Δαιβών] δεβων F 58-707 46*-77-414-529 *b* *f* 54-75-767 30′-343 76 *x*$^{-509}$ 18 59 319; δαιβον 509; δεβρων 407; αδαιβων V; δασβων 73′-413; δεβωρ 72-82 46^{c}(vid) 628; δεκων 528; *tebōth* Bo; *berōth* Sa | καί 2°] ⌒5° 30 | Ἰαζήρ] ιαζερ 54-75; αζηρ V 134 68′-120 (sed hab Ald); ιαχηρ 55; *lazar* ^{Lat}cod 100; ιαζηλ 121 | Ναμβρά] ναμρα F 29-72 74^{c}-76 59 Cyr I 404 = Ald Sixt ↓; νεμρα 426; ναβρα 82 509 ^{Lat}cod 104 Arm^{ap}; νεεμβρα 53; ναεμβρα 58 664; αμβρα 129; ναενβρα 56; *nmr'* Syh; *nembra* Arm^{te}; νανβρα G; μαμβρα 407; ναμια 68′-120; -ραν 707^{c} *cI*$^{-46\ 551}$ 85-343-730 319*; ναμβ[..] 707*; ναμηραν 319^{c}; -ραμ 376 344 392; -ρων Compl; ναβραν *C′*$^{-528}$-46-551 28; ναβραμ 528; μαμβραν *b*; αμβραν 381 130 121 128-628-669 Sa; αμβραμ A 15′ 321′ 318 126-630 55; αβραν 618; αβραμ 246 18; αμραμ M′; *ebran* Bo | Ἐσεβών] εσσ. 15-58-72 414 *n*$^{-458}$ 343 18-628 319; εσσσ. 458; ασ. 82 = Ald; εσβων 426*; *edebon* ^{Lat}cod 100; σεβων M 610* Bo^{B}; *seboon* ^{Lat}cod 104 | Ἐλεαλή] -λι 16-46 106 343 71′; ελεαη 127; ελιαλη 529 ^{Lat}cod 100; ελελλη 55; *elal* Sa; ελελαν 509; ελεαηλ *n*$^{-127}$; λεαλει 18; ελεαληλ 376; *elealeth* Arm^{te}; *eleathel* Arm^{ap}; ελεαλοηθ 129 | Σεβαμά] σαβαμα 72′ 392; σεβεμα 121 Bo; σεβαμ 426; *sbm'* Syh; εσεβαμα B^{c} M′ V (sed hab Sixt); εσαβαμα 527′; εσσαβαμα 619; σεμαμα 52^{c}-313-615; σ[.]μαμα 52*; σεμαβα F 18 Arm^{ap}; σεβανα 376; εσεβαμαν 509; εσβαιμα 246; σεραμα G; *tebam* ^{Lat}cod 100; βεσβαμα 58 56-664; βεβασμα 53 | om καί 7° 44′-125 | Ναβαύ] ναναυ 422; ναβαβ 414 53′-246 343 = Ald; νααβαυ *b*; ναβααυ 318; *nebau* ^{Lat}cod 104; ναβου *d*; ναβα 426 458; ναυα 72; ναβατ G-376; ναμαυ Compl; ναβαμ 669*(cprm); ναβαν 77-616 767 630(vid); βαναυ *x*$^{-509}$; ιαβα 120; ιεβα 68′; *adau* Sa | Βαιάν] βεαν 82-426 529 *d* 75′; βλιαν 68′-120; βαιλιαν Ald; βλια F^{b}; βαιν 319; βαιναν 552; βασαν *b* (sed hab Compl); καιαν 16-46; βααν 707 417; *baam* ^{Lat}cod 100; *b'wn* Syh = 𝔐; μεαν 54; *balaan* Bo^{B}; *balaam* Bo^{A}; βαμα A; *bairan* Sa

4 init] pr και 52′-313 | om ἥν *x*$^{-509}$ | παραδεδωκεν B | ἐνώπιον τῶν υἱῶν] *filiis* Co; om ἐνώπιον 610; om τῶν A M′ *oI*-82 *y*$^{-392}$ 18′-126-628-630′ | γῆ] η V; > 68′-120 799 ^{Lat}cod 100 Aeth^{M} (sed hab Ald); post κτηνοτρόφος tr A | παισίν σου] πασιν ου *x*$^{-509}$ | om κτήνη — (5) σου 2° 343: homoiot | κτήνη]

---

3 Ἀταρώθ] ο′ οἱ λ′ Ἀταρώθ 344 | Ναμβρά] ο′ οἱ λ′ Ναμρά 344

[5]*καὶ ἔλεγον Εἰ εὕρομεν χάριν ἐνώπιόν σου, δοθήτω ἡ γῆ αὕτη τοῖς* 5
οἰκέταις σου ἐν κατασχέσει, καὶ μὴ διαβιβάσῃς ἡμᾶς τὸν Ἰορδάνην.
[6]*καὶ εἶπεν Μωυσῆς τοῖς υἱοῖς Γὰδ καὶ τοῖς υἱοῖς Ῥουβὴν Οἱ ἀδελφοὶ* 6
ὑμῶν πορεύσονται εἰς πόλεμον, καὶ ὑμεῖς καθήσεσθε αὐτοῦ; [7]*καὶ* 7
ἵνα τί διαστρέφετε τὰς διανοίας τῶν υἱῶν Ἰσραὴλ μὴ διαβῆναι εἰς
τὴν γῆν, ἣν κύριος δίδωσιν αὐτοῖς; [8]*οὐχ οὕτως ἐποίησαν οἱ πατέρες* 8

ABFMV (963) *O'' C'' bdfnstxyz* al verss

pecora multa Aeth | *ὑπάρχει*] *-χη* V 313-550-615 246* 30 509* 407; *υπαρξει* 529; *-χουσι(ν)* *b* 319 (sed hab Compl); sub ÷ G = 𝔐

5 *καὶ ἔλεγον*] om *καί* 68′ (sed hab Ald); > 72 Arab | *ἔλεγον*] *-γοσαν* (*-γωσαν* 46 318) A M′ *oI*-707 $C''^{-414*\ 422}$ $s^{(-343)}$ *y* 18′-628-630′ 55 = Ald; *-γομεν* 414*-422; *dixerunt* ^{Lat}codd 100 104 ↓; > 126 799 | *εὕρομεν*] *ευραμεν* 82; *ευρμεν* 509; *ευροσαν* *C*-46 | *ἐνώπιόν*] *εναντιον* A F M^{mg} *oI*-29-707 C''^{-551} $s^{(-343)}$ *y* z^{-407} 55 799 | *σου* 1°] *υμων* 72 | *δοθήτω*] + *ημιν* oI^{-15} = Ald | om *ἡ γῆ* 509 | om *αὕτη* 129 Bo | *τοῖς οἰκέταις σου*] post *κατασχέσει* tr 417* | *τοῖς*] *ταις* 246 | *οἰκέταις*] *ικεταις* 376 56′-664 458; *παισι(ν)* A M′ *oI C'' b* 28-30′-85′-321′^{txt}-344^{txt} *y* 18′-126-628-630′ 55 799 Sa Syh (sed hab Compl) | om *ἐν κατασχέσει καί* 29 | *ἐν κατασχέσει*] *εις κατασχεσιν* 799; > 413(||) | *μή*] pr *ου* 246 18′-126-628-630′; *μην* 72; > 610* 767 | *διαβιβάσῃς* 963] *διαβηβασεις* 767; *διαβιασης* 669*(c pr m); *διαβασης* (*-σεις* 53 319) *b* 53′ 121 630 319 (sed hab Compl) | *τὸν Ἰορδάνην*] pr [*i*]*n* ^{Lat}cod 104

6 *Μωυσῆς — Ῥουβήν*] *αυτοις μωυσης* 106 | *Μωυσῆς* 963] *-ση* 19 (sed hab Compl); *-σηει* 528; *μωσης* G-72-426 *n* 121 Cyr I 404 | *Γάδ*] *ιηλ* 963; *ρουβην* (*-βιν* 426) 426 458 ^{Lat}Ruf *Num* XXVI 5 Co = Sam; *rōbēl* Aeth | *τοῖς υἱοῖς* 2°] om *υἱοῖς* 392^c; > 72 d^{-106} | *Ῥουβήν* 963] *-βιν* 44^c-107′ 129 321′ t^{-84} 18′-630-669*; *ροβην* 19; *ροβιν* 527 628; *-βιμ* 72 $C''^{-77\ 550'}$ 44*-125 f^{-129} 54* 84 71′ 126-669^c 59 799; *-βημ* 54^c 318(vid) 319 = Compl; *-βειμ* 376-381′ 77-550′ Cyr I 404; *rūbīl* Arab Syh; *γαδ* 426 458 ^{Lat}Ruf *Num* XXVI 5 Aeth Co = Sam | *οἱ* 963] *pr itane* ^{Lat}codd 100 104; pr *και* 426 | *ὑμῶν*] *ημων* V* 77 30 71′ 121* 407-630 799 | *πορεύσονται* 963] *πορευονται* B V 82 129 74′-76 509 18-407 55 ^{Lat}cod 104 = Ra; *προπορ.* 71′; *προπορευονται* 527; *ierunt* Aeth^{-C}; *sunt* ^{Lat}cod 100 | *πόλεμον* (*-μων* 246) A B* 52′ 246 28-85 509 y^{-318}] pr *τον* Cyr I 404 rell = Sixt | *καθήσεσθε* 963] *καθεισθε* (*-θησθε* 71) x^{-509}; *καθισασθε* 68′-120; *καθισατε* Ald; *καθεσθησεσθε* 414; *εσεσθε καθημενοι* 799 | *αὐτοῦ* 963] *loco* ^{Lat}codd 100 104; *εκει* 628; *ωδε* 799; > Aeth^{-C}

7 om *καί* 799 ^{Lat}codd 100 104 Aeth Bo (sed hab Ruf *Num* XXVI 5) | *τί* 963] > 616 | *διαστρέφετε* 963] *διεστρ.* 106 392; *διατρ.* (*-φητε*^{c}) 616 | *τὰς διανοίας* 963] *τας καρδιας* (+ *ιηλ* 528) A M′ 376-*oI C'' s y* 55; *την καρδιαν* 18′-126-628-630′ Aeth Arm^{te} Bo; + *των ανων* 19′ (sed hab Compl) | *μὴ διαβῆναι* 963] pr *et* Syh; *non transeuntes* ^{Lat}cod 104; *monstra sunt* ^{Lat}cod 100; om *μή* 707* 392(|) 407 | *διαναβηναι* 18; *διαβαινειν* 799; *αναβηναι* A | om *εἰς* 44 | *κύριος δίδωσιν* 963] pr *ο* 246; *κυριος δωσιν* 72; *εδωκε(ν) κυριος* *C''*; *δεδωκε κς* 619; *διδωσι κυριος ο θεος* 76; *ωμοσεν κς* 121; + *αυτην* 53′ | *κύριος*] *ds* ^{Lat}cod 104; + *ο θς* *d* 767 t^{-76} Cyr I 404; ad fin tr O^{-58} 799 Aeth Syh = 𝔐

---

5 *καὶ ἔλεγον*] *ο′ καὶ ἔλεγον σ′ καὶ εἶπον· καὶ εἶπαν* 344
6 *οἱ*] *τὸ σαμ′* pr *καὶ τῷ ἡμίσει τῆς φυλῆς Μανασσή* C''^{cat}: cf 33

ὑμῶν, ὅτε ἀπέστειλα αὐτοὺς ἐκ Καδὴς Βαρνὴ κατανοῆσαι τὴν γῆν;
9 ⁹καὶ ἀνέβησαν Φάραγγα βότρυος, καὶ κατενόησαν τὴν γῆν, καὶ ἀπέ-
στησαν τὴν καρδίαν τῶν υἱῶν Ἰσραήλ, ὅπως μὴ εἰσέλθωσιν εἰς τὴν
10 γῆν, ἣν ἔδωκεν κύριος αὐτοῖς. ¹⁰καὶ ὠργίσθη θυμῷ κύριος ἐν τῇ
11 ἡμέρᾳ ἐκείνῃ, καὶ ὤμοσεν λέγων ¹¹Εἰ ὄψονται οἱ ἄνθρωποι οὗτοι οἱ
ἀναβάντες ἐξ Αἰγύπτου ἀπὸ εἰκοσαετοῦς καὶ ἐπάνω, οἱ ἐπιστάμενοι
τὸ κακὸν καὶ τὸ ἀγαθόν, τὴν γῆν, ἣν ὤμοσα τῷ Ἀβραὰμ καὶ Ἰσαὰκ
12 καὶ Ἰακώβ, οὐ γὰρ συνεπηκολούθησαν ὀπίσω μου, ¹²πλὴν Χαλὲβ υἱὸς

ABFMV (963) *O'' C'' bdfnstxyz* al verss

8 *οὐχ* 963] *ου γαρ* 72 | *ὑμῶν* 963] *ημων* 56 55 | *ὅτε* 963] *οτι* 44-107^{c}-125-610 321 527 628*(cprm) | *ἀπέστειλα* 963] *απε*^{στλ} 126; *απεστει*^{λ} 458; -*λαν* 68'-120 (sed hab Ald) | *αὐτούς* 963] *αυτοις* 73'-550'; > 68' (sed hab Ald) | *ἐκ*] *εν* (*εγ* 75) 53 75 Arab | *Καδής*] *καδις* 407; *καδδης* 529-761 53; *κκαδης* 619; *δκαδης* 30; *gadēs* Sa | *Βαρνή*] *βαρνι* 537 125 71' 392; *βαρνει* 28; *βαραη* 552; *βερνη* 72; *βαρ*^{ν} 126; *φαρνη* 75; > 799 $Aeth^{-C}$ | om *κατανοῆσαι* — fin 413 | *γῆν*] *πολιν* 414; ⌒(9) 1° 52'-77-313-417-528 527 628 319

9 *ανεβιβασαν* (-*βηβ*. 664) 53' | *Φάραγγα*] pr *εις* F^{b} M' 58-426 f^{-129} *n* Aeth Arm Bo = Compl; pr *εως oI* = Ald 𝔐; *εκ φαραγγος d t* | *βοτρυας* 53' 458 | *κατενόησαν* — *καί* 3°] *κατανοησαντες* 799 | *γῆν* 1°] ⌒2° $Arab^{txt}$ | *καί* 3° — *καρδίαν*] bis scr 414 | *ἀπέστησαν*] *απεστραφησαν* 616*(vid) | om *τῶν* 707 129 | *ὅπως*] + *αν b* | *ελθωσιν* 126-128-630' | om *τήν* 3° 16-46-529* | om *ἣν ἔδωκεν* 417 | *κυριος εδωκεν* 118'-537 | *δεδωκε(ν)* 84* 392 | *κύριος αὐτοῖς* B V 82-381' 414 19' *d* 129 *n t x* 318 407] *αυτους* $\overline{κς}$ 120; *αυτοις* $\overline{κς}$ *ο* $\overline{θς}$ 53'; om *αὐτοῖς* 18; tr rell = Compl 𝔐

10 *κύριος*] pr *ο* 28-85; > 318 | om *ἐν* — (13) *Ἰσραήλ* 799 | om *ἐν* 707 16* d^{-106} | *ἐκείνῃ*] + *cum factum est* ^{Lat}cod 100 | *καὶ ὤμοσεν*] > 126; + $\overline{κς}$ *n t*; + *αυτοις b* (sed hab Compl)

11 *εἰ*] *ουκ* V Aeth Arm; *ουχ* 319 | *ὄψονται*] *intrabunt* Arm^{ap} | *ἄνθρωποι*] *ανδρες* 46^{c}; $\overline{ουνοι}$ 458; + *εκεινοι* 56* | om *οὗτοι* — *Αἰγύπτου* Arab | *οὗτοι*] (÷ G) *εκεινοι* (*εκηνοι* 376) *O*; > 53' Arm = 𝔐; + *terram* Bo | *οἱ ἀναβάντες*] *οι* (> 528 59) *αναβαινοντες* (-*βανοντες* 56*) 58-72-381' 528 f^{-129} 509 392 59; *qui exierunt* Bo | *ἐξ*] *e terra* Bo | *οἱ* 3° — *ἀγαθόν*] sub ÷ G; om *οἱ* 29-618*(vid); > 58 $Aeth^{C}$ Arab = 𝔐 | *ἐπιστάμενοι* 963] *επανιστ*. 458 | om *τό* 1° 126 | *κακὸν καὶ τὸ ἀγαθόν* B V 963 82 129 x^{-509} 407 319 ^{Lat}cod 100 Arm Sa] *καλον και το* (> 126) *κακον d t* 126; *αγαθον* (+ *και το αγαθον* 628) *και το* (+ *και το* 120*; > 414) *κακον* rell = Sixt | *τήν*] pr *και* 246; pr *si videbunt* Bo | *ὤμοσα*] *ωμοσε(ν)* (*ωμωσε* 246) B 963 G-82-426 414 129-246* *x* 407 Aeth(+ *dominus* $Aeth^{-C}$; sed hab Sixt); + *dare* Arm | om *τῷ* A 121 | *Ἀβραάμ* 963] *αβααμ* 610*; *abrahe* ^{Lat}cod 100 | *καί* 3° — fin 963] om *καί* 3° 106 = 𝔐; > 72 | *Ἰσαάκ*] pr *τω* 381' *b* 129 n^{-458} 30' *t* x^{-509} 407 (sed hab Compl) = Ald; *ισακ* 730* ^{Lat}cod 100 | *Ἰακώβ*] pr *τω* 381' *b* 129 n^{-458} 30' t^{-84} x^{-509} 407 (sed hab Compl) = Ald; *ικωβ* M | *συνεπηκολούθησαν*] -*σεν* (-*πικ*. 28-85*) 28-85; *συνηκολ*. (*συνεκ*. 618 407) G-426-618*(cprm) 68'-120'; *επηκ*. (aut *επικ*.) 53'-56 54-75' = Compl; *ηκολ*. 126; . . .]*κολουθησαν* 628 | *μου*] $\overline{κω}$ 528; + ras 3 litt 376

12 *Χαλέβ* 963] *χαλευ* 73'; *χαλαβ* 52; *χαλεφ* 72 127 68'-120; *χαβελ* 707* |

---

9 *ἀπέστησαν*] *ὠκνήρευσαν* 130-321'

Ἰεφοννὴ ὁ διακεχωρισμένος καὶ Ἰησοῦς ὁ τοῦ Ναυή, ὅτι συνεπηκολού-
θησεν ὀπίσω κυρίου. [13]καὶ ὠργίσθη θυμῷ κύριος ἐπὶ τὸν Ἰσραὴλ καὶ 13
κατερρέμβευσεν αὐτοὺς ἐν τῇ ἐρήμῳ τεσσαράκοντα ἔτη, ἕως ἐξανη-
λώθη πᾶσα ἡ γενεὰ οἱ ποιοῦντες τὰ πονηρὰ ἔναντι κυρίου. [14]ἰδοὺ 14
ἀνέστητε ἀντὶ τῶν πατέρων ὑμῶν σύστρεμμα ἀνθρώπων ἁμαρτωλῶν
προσθεῖναι ἔτι ἐπὶ τὸν θυμὸν τῆς ὀργῆς κυρίου ἐπὶ Ἰσραήλ, [15]ὅτι 15

ABFMV 963 *O'' C'' bdfnstxyz* al verss

υἱός — διακεχωρισμένος] pr ο 963*(cprm) 72 52′-313 x^{-509}; > 125 | *Ἰεφοννή* 963] *ιεφονη* M′ 376 77-131-414-422-529-*cI* 56 730 527 318 18-407*-669 Arm Sa; *ιεφωνη* 46-616* 108 53′ 767 Bo; *ιεφωννη* $616^{c\,prm}$ 19 75 344-346*; *ιεφοννι* 44; *ιεφονι* 106-107′ 76 71′ 126 = Compl; *ιεφωνει* 16; *εφοννη* 509; *εφονη* (*εφωνη**) 59; *seffone* ^{Lat}cod 100; *ιεφονιου* 72; *ιεφθοννη* 15-381 = Ald; *ιεφθονη* 64-618; *ie*[. . . .] ^{Lat}cod 104 | *ὁ διακεχωρισμένος* 963] *και ακεχωρ.* 29; *quia electus erat* ^{Lat}cod 100; om *ὁ* 72 529; > Bo | *Ἰησοῦς* 963] pr *η* 19 | *ὁ τοῦ* 963] *υιος* 121; om *ὁ* 413 | *Ναυή* 963] *ναυι* 72 = Compl; *ναβη* 44-107′ 54 59; *ναβι* 106-125 71′; *ναη* 128 | om *ὅτι* — fin d^{-106} | *συνεπηκολούθησεν* (*-πικ.* 509) B V* 963^c 72* 509] *συνηκ.* 963*; *συνηκολουθησαν b*; *επισυνηκολουθησαν* (*-νεκ.* 313) 52′-313; *ηκολουθησαν* 126; *-σαν* (c var) rell = edd 𝔐 | *κυρίου* 963] $\overline{κω}$ 376* 53 509-619; *μου* 75*-458 Arm^{ap}

13 *ὠργίσθη θυμῷ* 963] *εθυμωθη* 707; om *θυμῷ* Bo | *κύριος*] + *εν τη ημερα εκεινη* 417 | *ἐπὶ τὸν Ἰσραήλ*] pr *και* 963*(cprm); > 72 417 | *τόν*] *των* 30; *τους υιους* 381^c-618; > 707; + *υιον* 381* | *καί* 2° 963] > Bo | *κατερρέμβευσεν*] *-σαν* (c var) C^{-77}-46 54^{*vid} 669*; *κατερομβ.* (*-σαν* G*) B G; *κατερρομβ.* Ra.; *paravit* ^{Lat}cod 100 | *αὐτούς* 963] + $\overline{κς}$ 72 106 *n t* | *ἐν τῇ ἐρήμῳ* 963] > 319 | *τεσσαράκοντα* F^b] *τεσσερ.* A B* F G 509 55 624 (sed hab Sixt); post *ἔτη* tr 106 121 126 | *ἕως* 963] *αις* 72; + *ου* 767 799; + *αν* A *oI C'' b s* x^{-509} y^{-121} 18-407-628 (sed hab Compl) | *ἐξανηλώθη*] *εξαναλ.* A F^b 963 G 422(vid) 129 767 $s^{-30'}$ x^{-509} y^{-392} 68′-120′ 799 (sed hab Ald) ↓; *ανηλω*^{θ} 126; *-θησαν* (*εξηνηλ.* 616) 707 616* | *ἡ γενεά* 963] *η συναγωγη* 619; om *ἡ* 29; + *εκεινη* 458 121 | *τὰ πονηρά* 963] *malum* Aeth Co; om *τά* 18 | *ἔναντι κυρίου* 963] *εναντιον κυριου* b^{-19} (sed hab Compl); > 799

14 *ἰδού* 963] pr *και* 707 *d n t* 126 55 799 Cyr I 404 Aeth Syh = 𝔐; *et nunc vos* Arm; + *nunc* Bo; + *υμεις* 799 | *ἀνέστητε* 963] *αντεστητε* 509; *αναστητε* 528; *ανεστησεν b* (sed hab Compl); + *και υμεις* 707 ^{Lat}codd 100 104 Bo; + *οι ποιουντες τα πονηρα* 799*: ex 13 | *ἀντί* 963] *εναντι* 68′-120 (sed hab Ald) | *τῶν* 963] > 618 | *ὑμῶν* 963] *ημων* 82 54*-75-767* 134* 527 318 68′-120-126 59 (sed hab Ald) = Compl; *υμην* V* | *σύστρεμμα*] *συντριμμα* (*-τρυμμα* 71^c) B^c *x* = Sixt; *συστημα* 730 799 | *προσθεῖναι* (*-θιναι* F^b) F^b 963] *προθειναι* F; > Bo | *ἔτι* 963] *οτι* 551 318; > 29-82 *d* 319 Bo; ⌒(15) 53′ | *ἐπί* 1° 963] *προς*

---

12 (*ὁ*) *διακεχωρισμένος*] *τὸ σαμ′* (*σ′* 321; *οἱ λ′* M′) *ὁ* (> 130-321′ 128) *Κενεζαῖος* M′ C''^{cat} 130(s nom)-321-346(s nom) 128 = Sixt; *σ′* (> 321) *θ′ Ναζιραῖος* (*καιζ.* 130; *ναζηρ.* 321′) 130-321′ 128

13 (*καί*) *κατερρέμβευσεν*] *κατεπλάνησεν* F^b; *α′* (*σ′* 321; + *et* Syh) *ἐσάλευσεν* (*-λευεν* 344) 130-321′-344 Syh; *σ′* (+ *et* Syh) *περιήγαγεν* 344 Syh; *τὸ σαμ′* (*α′* 321) *ἐπέχεεν* 130(s nom)-321-344-346(s nom); *θ′ ο′ κατερρέμβευσεν* 344^{txt} | *ἐξανηλώθη*] *ο′ ἐξανηλώθη α′ τελειωθῇ θ′ ἐξέλιπεν* 344; *σ′ ἐξαναλωθῇ* 344^{txt}

14 *σύστρεμμα*] *θόρυβον* F^b

ἀποστραφήσεσθε ἀπ᾽ αὐτοῦ προσθεῖναι ἔτι καταλιπεῖν αὐτὸν ἐν τῇ
16 ἐρήμῳ, καὶ ἀνομήσετε εἰς ὅλην τὴν συναγωγὴν ταύτην. [16]καὶ προσ-
ῆλθον αὐτῷ καὶ ἔλεγον Ἐπαύλεις προβάτων οἰκοδομήσωμεν ὧδε τοῖς
17 κτήνεσιν ἡμῶν καὶ πόλεις ταῖς ἀποσκευαῖς ἡμῶν, [17]καὶ ἡμεῖς ἐνοπλι-
σάμενοι προφυλακὴ πρότεροι τῶν υἱῶν Ἰσραήλ, ἕως ἂν ἀγάγωμεν
αὐτοὺς εἰς τὸν ἑαυτῶν τόπον· καὶ κατοικήσει ἡ ἀποσκευὴ ἡμῶν ἐν

ABFMV (963) *O'' C'' bdfnstxyz* al verss

707 799; > V 72 Aeth | τόν — ὀργῆς 963] την οργην του (> V) θυμου V *d* 129 *t* Arm^{ap} | τῆς ὀργῆς] pr επι 376 Aeth; της γης 417; > 414 246 767 318 799 | κυρίου 963] > Bo | ἐπὶ Ἰσραήλ 963] επ ισραηλ A; επι τον ισραηλ F 58-72 57*-761 610 56′ 458 76* 18-628 59 319 = Compl

15 ὅτι] οτε 799 | ἀποστραφήσεσθε] [απ]οστραφησθε 963; απεστραφητε V Aeth Arm; αποστησεσθε (-σθαι 458-767) 707 *n* 85^{mg}-321′^{mg} 799; αποστητε 130^{mg}; απογραφ. 422; *non creditis* ^{Lat}cod 100 | om ἀπ᾽ — ἔτι 799 | προθηναι 458 | ἔτι 963] > 64^{txt} 509 Co | καταλιπεῖν] pr επι τω (του*) 422; pr του V; καταλειπειν (-πην 30; -πιν 767) F M′ 963 G-29-376 129 75′-767 30 509-527 392 407-628 55 319 | αὐτόν 963] αυτων 426* 767*(cprm); αυτην 458; > 246 | ἀνομήσετε εἰς] ανομησ + spat 6 litt 528 | ἀνομήσετε] -σητε (-ται 319; -μισ. 71; -μισηται 619; -σειται 75; -σειτε 799) 75 *x* 319 799; ηνομισεται 767; -σατε 53′; ανομη^{στ} 126 | ὅλην] et ταύτην tr 422 | συναγωγήν] γην 381′ | ταύτην 963] αυτων 761; > 799

16 init — ἔλεγον] οι δε προσπεσοντες ειπον 799; om καὶ προσῆλθον αὐτῷ Arab | προσηλθοσαν 707 | καὶ ἔλεγον 963] και ελεγοσαν 707; *et dixerunt* ^{Lat}cod 100; λεγοντες 72 Bo; + αυτω 426 Aeth | ἐπαύλεις] pr αι 46^{c}; pr και 246 ^{Lat}cod 100 | προβάτων] *ovibus nostris* Arm | οἰκοδομήσωμεν] -σομεν B^{c} F 963 G-426-707^{c} *C''*$^{-413\ 417\ 615}$ 108 28-85-343′ 509 318 18′-68′-120^{c}-126-630′ 624 Cyr I 404 ^{Lat}cod 100 Co = edd; οικωδομισεν 75; *edificamus* ^{Lat}cod 104; + ημεις (υμεις 707) 707 799 ^{Lat}codd 100 104 | ὧδε 963] > 417 ^{Lat}cod 100 Arm Bo; post ἡμῶν 1° tr *O*$^{-58}$ Syh = 𝔐 | τοῖς] pr *et* ^{Lat}Ruf *Num* XXVI 5 Arm | ἡμῶν 1°] υμων A 417-422-528-551* 53′-246 527; > 82 ^{Lat}Ruf *Num* XXVI 5; ⌒2° 72 59 | om καί 3° Aeth^{M} | ταῖς ἀποσκευαῖς] *filiis* Aeth^{C} | ἀποσκευαῖς] -σκευεσιν *f*$^{-129}$; κατασκ. A; συναγωγαις 767; sup ras 458 | ἡμῶν 2°] υμων 618* 16′-46′-422-500′-529-551*-616* 56′ 127-458 527-619 18-128*; spat 4 litt 528

17 καὶ ἡμεῖς] ημεις δε 799 | υμεις 46-422*-616* 314 767 59 | ἐνοπλισάμενοι προφυλακὴ πρότεροι] *armabimur ante dominum procustodes ibimus* Arm | ἐνοπλισάμενοι] -σμενοι (-πλησμ. 376) 376 509 416; > Bo; + ελευσομεθα 126; + παρελευσομεθα M′ *oI* 18′-628-630′ = Ald | προφυλακή] -κην B V 82 Cyr I 404; -κης 46-529 54-75; -καις 29; προσφ. 376 106 130; προσφυλακης 458-767; προσφυλακας 414; φυλακη *x* 407; *in fronte eamus* Aeth; *revertemur* (> Bo^{A}) *ibimus* Bo | πρότεροι — Ἰσραήλ] *priores ante istrahel ibimus* ^{Lat}codd 100 104 | πρότεροι 963] -ρον 58-72-376 16-46 *f*$^{-129}$ 321 59; προ^{τρ} 126; *incedemus ante* Ruf *Num* XXVI 5; post Ἰσραήλ tr 55 | υἱῶν] pr αδελφων υμων 707 | ἕως — αὐτούς] αναβησομεθα 707 | ἄν] ου 58 *b* *f*$^{-129}$; > 72 127 | ἀγάγωμεν] αγωμεν 669; αναγωμεν 19′ (sed hab Compl); αναγαγωμεν 761*(vid) 118′-537 126; εισαγαγωμεν 16-46 | αὐτούς] εαυτους 527 318 128 59; > 799 | ἑαυτῶν τόπον] τοπον τον εαυτων 381′; τοπον αυτων *O*$^{-58}$ ^{Lat}cod 100 Syh (sed hab Ruf *Num* XXVI 5) = 𝔐; τοπον αυτων αυτους 799 | ἑαυτῶν] -του 529 75 68* (sed hab Ald); -τω A; αυτων (-τον 707) M′ 707 527; *uniuscuiusque* Arm; οικειων 73^{txt};

πόλεσιν τετειχισμέναις διὰ τοὺς κατοικοῦντας τὴν γῆν. [18]οὐ μὴ ἀπο- 18
στραφῶμεν εἰς τὰς οἰκίας ἡμῶν, ἕως ἂν καταμερισθῶσιν οἱ υἱοὶ
Ἰσραὴλ ἕκαστος εἰς τὴν κληρονομίαν αὐτοῦ· [19]καὶ οὐκέτι κληρονο- 19
μήσωμεν ἐν αὐτοῖς ἀπὸ τοῦ πέραν τοῦ Ἰορδάνου καὶ ἐπέκεινα, ὅτι
ἀπέχομεν τοὺς κλήρους ἡμῶν ἐν τῷ πέραν τοῦ Ἰορδάνου ἐν ἀνατο-
λαῖς. [20]καὶ εἶπεν πρὸς αὐτοὺς Μωυσῆς Ἐὰν ποιήσητε κατὰ τὸ ῥῆμα 20
τοῦτο, ἐὰν ἐξοπλίσησθε ἔναντι κυρίου εἰς πόλεμον, [21]καὶ παρελεύ- 21
σεται ὑμῶν πᾶς ὁπλίτης τὸν Ἰορδάνην ἔναντι κυρίου, ἕως ἂν ἐκτριβῇ

ABFMV (963) *O'' C'' bdfnstxyz* al verss

+ *οικειον* 320 | om *καί* 2° 53′ | om *κατοικήσει* — fin 799 | *κατοικηση* (*κατηκ.* 53*; *-κεισῃ* 75) 46-57 53′ 75 392; *κατοικης* 761 | *ημων η αποσκευη* 707 | *ἡμῶν*] *η υμων* 82; *υμων* 527 | *πόλεσιν*] pr *ταις* Cyr I 404 | *τετειχισμενους* (*τετιχ.**) 30

18 *οὐ μὴ ἀποστραφῶμεν*] pr *και* 376 *d t* ^{Lat}cod 100 Aeth Arab Arm Bo; ad fin tr 799 | *αποστραφωσιν* 73′; *αποστρεψωμεν* 707 | om *εἰς* 1° — *ἄν* 799 | *οἰκίας*] *οικειας* G-82 610* 54-767 120* 416; *κατοικιας* 77 44; *αποικιας b* (sed hab Compl) | *ἡμῶν*] *υμων* 16*-46* 54* 527 392* 59; *της γης* 509; + *εν πο* 407* | om *ἄν* 767 | *καταμερισθωμεν* 458; *μερισθωσιν* 126 | *οἱ υἱοί*] *παντες οι* 458; om *οἱ* 58 528 126 319 | om *ἕκαστος* 53′ | om *εἰς* 2° 29-82 458 55 Aeth Arm = 𝔐 | *τὴν κληρονομίαν αὐτοῦ*] *την εαυτου κληρ.* 55; *τον τοπον αυτου* 799 | *αὐτοῦ*] *αυτων* 72-82*(vid) 53′ 509

19 *οὐκέτι κληρονομήσωμεν*] *ουκ εκληρονομησαμεν* G; *ου συγκατακληρ.* (*συνκ.**) 707 | *οὐκέτι*] *ου* 799 Bo | *κληρονομήσωμεν*] *-σομεν* B^{c} F M′ V 15-58-72-381-426 $C''^{-73'\ 313\ 413\ 615}$ b^{-19} *s* 74′-76^{c}-370 527 318 $z^{-407\ 628}$ Cyr I 404 = edd; *-νομη*^{σμ} 106 | *ἐν αὐτοῖς*] *εαυτοις* A 413-414 f^{-129} 121; *αυτους* 71′; om *ἐν* 72 73′; > 799 | om *ἀπὸ τοῦ* 319 | *τοῦ* 1°] *το* 53′; > 126 | om *τοῦ* 2° 52′ 71′ | *Ἰορδάνου* 1°] ⌒2° 52′-313-529 53 Sa^{12} | *ἐπέκεινα ὅτι*] *απεκτεινα οτι* 458; > 761* | om *ὅτι* — *Ἰορδάνου* 2° 44 | *ὅτι*] *τι* 29 | *ἀπέχομεν*] *-χωμεν* 376-618-707* 75-767 343 84; *επεσχωμεν* 799 | *υμων* 618 761 527 59 | *ἐν τῷ πέραν*] *ex ultra* Aeth^{F}; om *ἐν τῷ* 126 799 | *πέραν τοῦ Ἰορδάνου* 2°] om *τοῦ* 106 730 71′ 126; + *και επεκεινα* 107′-125 54; ad fin tr 799 | *πέραν* 2° F^{b}] *περα* F | *ἐν ἀνατολαῖς*] *εν ταις ανατ.* 422 71′; *κατ ανατολας* 426 Aeth; om *ἐν* 669

20 *πρὸς αὐτούς*] *αυτω* 799; om *πρός* 84^{txt}(cprm); post *Μωυσῆς* tr 129 Sa | *Μωυσῆς* 963] *-σην* 618*(cprm); *μωσης* G-72-426 *n* | *ποιήσητε* 963] *-ται* V G-82-376 126 55; *-σειται* 75-767; *-σετε* 610 318; *-σεται* 56′ 319; *ποιησ*^{ετ} 458; ⌒(23) ^{Lat}cod 100 | *κατά* 963] > 126 ^{Lat}cod 104 — 𝔐; bis scr 610(|||) | *τοῦτο* 963] > 246 | *ἐάν* 2° 963] pr *και* 458 Bo; *και d t* 799 Aeth^{-M}; > 75 126 Aeth^{M} | *ἐξοπλίσησθε* 963] *-πλισθησεσθε* (*-πλησθ.* 59*; *-πλησθησεσθαι* 319; *-σθαι* A) A 59 319; *-πλισθητε* (*-ται* 56′; *-πλησθ.* 30; *-πλεισθηται* V) V *b* f^{-129} 30′; *-πλιζεσθε* 527; *-πλισεσθε* (*-πλησεσθαι* 75) 75 392; *-πλησασθε* 799; *-πλισθε* 130-346^{mg}(vid); *ενοπλησησθαι* 376; *ενοπλισθητε* 58 | *ἔναντι*] *εναντιον* 58 f^{-129} = Compl; ⌒(21) 376 | *εἰς πόλεμον* 963] *προς πολ.* 72; > ^{Lat}cod 104(vid)

21 om init — *κυρίου* 618^{txt} 126-128-630′ | *ὑμῶν / πᾶς ὁπλίτης*] *πας οπλιστης ημων* 319; tr 799 ^{Lat}cod 104(vid) Syh | *ὑμῶν* 963] *ημων* 618$^{(mg)*}$ 767 71′; *υμας* 18; > 125 | *ὁπλίτης* F^{c}] *οπλιστης* (*οπλειστ.* F; *οπληστ.* 318) A F G-72 129 509 y^{-121} 55; *ο πολιτης* 963 624 | *τὸν Ἰορδάνην*] post *κυρίου* tr 84 | *ἔναντι κυρίου*] > 799; + *εις πολεμον* $oI^{(-618txt)}$ 18-628 = Ald | *ἕως* — (22) *κυρίου* 1°] *et coram eis* Sa^{12}; > Aeth: homoiot; ad (22) fin tr 68′-120 (sed hab Ald) | *ἕως*] *ως* A;

22 ὁ ἐχθρὸς αὐτοῦ ἀπὸ προσώπου αὐτοῦ, [22]καὶ κατακυριευθῇ ἡ γῆ ἔναντι
κυρίου, καὶ μετὰ ταῦτα ἀποστραφήσεσθε, καὶ ἔσεσθε ἀθῷοι ἔναντι
κυρίου καὶ ἀπὸ Ἰσραήλ, καὶ ἔσται ἡ γῆ αὕτη ὑμῖν ἐν κατασχέσει
23 ἔναντι κυρίου. [23]ἐὰν δὲ μὴ ποιήσητε οὕτως, ἁμαρτήσεσθε ἔναντι
κυρίου, καὶ γνώσεσθε τὴν ἁμαρτίαν ὑμῶν, ὅταν ὑμᾶς καταλάβῃ τὰ
24 κακά. [24]καὶ οἰκοδομήσετε ὑμῖν αὐτοῖς πόλεις τῇ ἀποσκευῇ ὑμῶν καὶ
ἐπαύλεις τοῖς κτήνεσιν ὑμῶν, καὶ τὸ ἐκπορευόμενον ἐκ τοῦ στόματος
25 ὑμῶν ποιήσετε. [25]καὶ εἶπαν οἱ υἱοὶ Ῥουβὴν καὶ οἱ υἱοὶ Γὰδ πρὸς

ABFMV (963) *O'' C'' bdfnstxyz* al verss

ος 392 | ἄν 963] > 29 *x*$^{-509}$ 407 = Compl | ἐκτριβῇ] + εναντι κ̅υ̅ 19 (sed hab Compl) | ὁ ἐχθρὸς αὐτοῦ] om αὐτοῦ 730*; ad fin tr 376 | om αὐτοῦ 1° — fin 799 | ἀπό — fin] *coram eo* Arm^{te}; om αὐτοῦ 381' 246*(cprm)

22 κατακυριευθῇ 963(vid)] κατευθυνθη 129; κατακληρονομηθη *b* 799 (sed hab Compl); κυρ. 126 | om ἡ γῆ 1° 131-616 30 319 | ἔναντι κυρίου 1°] > 799; + εις πολεμον και παρελευσεται υμων πας οπλιτης *d*$^{-106}$: ex 20s | καί 2° 963] > 72 Bo | μετ αυτα 53*(cprm) | αποστραφησεται V* 53' | καὶ ἔσεσθε] om καί Arm Bo; > 72 56* 59 624 | ἔναντι κυρίου 2°] εναντιον κυριου 610; + και μετα ταυτα αποστραφη 376; ⌒3° 413^{txt}-761; ⌒(23) 44 | καὶ ἀπό] εν 72; om καί A 321' 628 Aeth | Ἰσραήλ] ι̅λ̅η̅μ̅ 458 | om ἔσται 314 Bo | ἡ γῆ αὕτη] post κατασχέσει tr 509 | αὕτη] > *n*$^{-127}$; post κατασχέσει tr 127 | ὑμῖν] ημιν 618^{c} 321'; υμων 616* 54-75' 628; > 618* 84*(cprm) 799 | ἐν — (24) αὐ[τοῖς] sup ras A | ἐν κατασχέσει] επι κατ. 392; > 414; + αυτης (-τοις 458) 54-75' | ἔναντι κυρίου 3°] υμων 799; > 72 107'-125 407 ^{Lat}cod 104(vid); ⌒(23) 319; + εως αν εκτριβη ο εχθρος αυτου απο προσωπου αυτου και κατακυριευθη η γη εναντι κυριου Ald: ex 21s

23 ἐὰν δέ] *et si* Bo | δὲ μή] om δέ 71'; om μή 615*; tr 313 | ποιήσητε] -ται (-σειται 75-767) V 82-376 53' 75'-767; -σεται 56'; ποιησησθε G 77 | ἁμαρτήσεσθε] -σητε 72; -σησθε 71'; ανομησητε 55 | ἔναντι — γνώσεσθε F^{a}] > F | ὑμῶν 963] ημων 551* 767; > 707 799 ^{Lat}codd 100 104(vid) | ὑμᾶς] ημας 767; υμιν 799; post καταλάβῃ tr *O*$^{-58}$ Syh = 𝔐 | τὰ κακά] sub ÷ G = 𝔐; om τά 129 392 68'-120 (sed hab Ald)

24 om καί 1° ^{Lat}codd 100 104(vid) Bo = 𝔐 | οἰκοδομήσετε] -σατε 707 129 Aeth = 𝔐; -σητε (-σειτε 59*) B* 528 127 71' 59 (sed hab Sixt); -δομη^{στ} 126; ωκοδομησατε V | ὑμῖν 963] pr *vos* Arm; υμεις 707; sub ÷ G; > 129 | αὐτοῖς B V G-29-426-707 76* *x*$^{-509}$ 407 55 319] pr εν 422; > 73* ^{Lat}codd 100 104(vid) Bo; εαυτοις ^{Lat}Aug *Loc in hept* IV 115 rell = Sixt | om τῇ ἀποσκευῇ ὑμῶν *d*$^{-106}$ | τῇ ἀποσκευῇ] pr *et* ^{Lat}cod 100; την αποσκευην B* (sed hab Sixt); της αποσκευης 71'; *filiis* Aeth^{C} | καί 2°] bis scr G*(|); ⌒3° 75' 30' | ἐπαύλεις] pr η 799; *civitates* ^{Lat}cod 100 | τοῖς κτήνεσιν] τοις ποιμνιοις 707 | ὑμῶν 2°] ημων 319* | om καί 3° 82 | τα εκπορευομενα V 319; τοις εκπορευομενοις 407 | ἐκ] δια *b* (sed hab Compl) | om τοῦ 509 | ποιήσετε] pr τουτο B* (sed hab Sixt); pr *sic* ^{Lat}cod 104; -ται M* V 376-707* 131-500 108 53-56' 30 120*-126 319 (sed hab Compl); . . .]ιησῃ[. . . 963; -σητε 59; -σηται (-σειται 767) 82 767; -σατε (-ται 75*) 75' Aeth; -σονται 407

25 εἶπαν] pr ras 3 litt 669; ειπον F^{b} 376-381' 529 *d* 246 *n*; λεγουσιν 707 799;

---

25 Γάδ] τὸ σαμ' + καὶ τὸ ἥμισυ τῆς φυλῆς Μανασσή *C''*^{cat}: cf 33

Μωυσῆν λέγοντες Οἱ παῖδές σου ποιήσουσιν καθὰ ὁ κύριος ἡμῶν
ἐντέλλεται· [26]*ἡ ἀποσκευὴ ἡμῶν καὶ αἱ γυναῖκες ἡμῶν καὶ πάντα τὰ* 26
κτήνη ἡμῶν ἔσονται ἐν ταῖς πόλεσιν Γαλαάδ, [27]*οἱ δὲ παῖδές σου* 27
παρελεύσονται πάντες ἐνωπλισμένοι καὶ ἐκτεταγμένοι ἔναντι κυρίου
εἰς τὸν πόλεμον, ὃν τρόπον ὁ κύριος λέγει. [28]*καὶ συνέστησεν αὐτοῖς* 28

ABFMV (963) *O''* *C''* *bdfnstxyz* al verss

locuti sunt Arm | om *οἱ* 1° 58-376 52'-313 44-106*(cprm) 56' 458-767 68'-120-126 319 = Sixt | *Ῥουβήν* 963] *-βιν* 107' 56-129 130ᶜ-321' t^{-84} 527 18'-628-630-669*; *-βιμ* 72 $C''^{-77\ 550'}$ 44-125 53-246 767 84 71' 126-669ᶜ 59 799; *-βειμ* 381' 77-550' 106; *ρουβημ* Compl; *rōbēl* Aeth; *rūbīl* Arab; *ρουβ* 664; *γαδ* O^{-58} Syh = 𝔐 Tar | *οἱ υἱοί* 2°] om *οἱ* 58-707 52'-739 246 458-767 318 68'-120-126 319 = Sixt; > d^{-106} 799 | *Γάδ*] *γαθ* 767; *gaad* Bo; *ρουβην* (*-βιν* 426; *-βειμ* 376; *rūbīl* Syh) O^{-58} Syh = 𝔐 Tar | *Μωυσῆν*] *-ση* 19 (sed hab Compl); *μωσην* G-426 *n*; *μωσει* (*-σι**) 72 | om *λέγοντες* 799 Aeth Arab | *ποιήσουσιν* 963] *-σωσι(ν)* 58 767; *-σωμεν* 376 Aeth; + *ποιησου ποιησουσιν* F*(cprm) | *καθά*] *καθ ο* *C''* $s^{-343'}$; *καθως* 72; bis scr 44 | *ὁ* — fin] *ημιν* (*υμ.**) *εντελλεται κς ο θς* 799; *praecepisti nobis domine* (+ *noster* CM) Aeth | *ἡμῶν*] *υμων* 82-618 529-551* 767ᶜ 74* 59; *ημιν* A d^{-106} x^{-509} Sa¹² | *ἐντέλλεται* (*-τε* 509; *-τελεται* 707* 616*) Bᶜ F M' V 963 $O'^{-82\ 376}$ 616 *b f* 343'-730 509 318 407 55 59 624 ᴸᵃᵗcodd 100 104(vid) = Sixt] *εντελειται* B* x^{-509}; *εντεταλται* (*-λτε* 376 30) rell; + *nobis* Arm Sa¹

26 *ἡ ἀποσκευή*] pr *και* oI^{-15} 126 Aethᴹ; *filii* Aethᶜ; et *αἱ γυναῖκες* tr Arab | *ἡμῶν* 1°] *υμων* 106* 59; > d^{-106} ᴸᵃᵗcod 104; ⌒2° 458-767 509 | *καί* 1° — *ἡμῶν* 2°] post *ἡμῶν* 3° tr A | *ἡμῶν* 2° 963] *υμων* (bis scr 59*) 72-618 664 76* 527 122* 55 59; > d^{-106} | *καί* 2°] pr (※ G) *και* (non hab 𝔐 Tar) *αι* (*η* 376 767) *κτησεις* (*κτισ.* V 56'; *-σις* G 767) *ημων* (*υμ.* 767) V *O*-15 f^{-129} 767 Arab Syh = Compl 𝔐 | *πάντα* 963] > d^{-106} 628 799 Bo | *τά*] bis scr 130 | *κτήνη*] *σκευη* F | *ἡμῶν* 3°] *υμων* 72-82-618 107*(cprm) 54* 18-628*-669 59 | *ἔσονται* 963] > 414*(|); + *εκει* *O* f^{-129} Syh = Compl ↓ | om *ἐν* 72 18 59 | *ταῖς*] *τοις* 108-118' 53' | *Γαλαάδ* 963] *γαλαδ* 346 527; *γααδ* 55*

27 init — *παρελεύσονται*] *et nos ibimus* Aeth | *οἱ δέ*] *και οι* oI^{-15}; om *δέ* 15-72 x^{-509} 18-628 Boᴮ | *παντες παρελευσομεθα* 129 | *παρελεύσονται* 963] *ελευσ.* 126; *πορευσονται* 77; post *πάντες* tr V 376 *d t* Bo | om *πάντες* Arm | *ἐνωπλισμένοι* 963] *-νον* 321'ᵐᵍ; *ενοπλισαμ.* (*ενωπ.**) 392; *ωπλησμ.* 54; *εξοπλ.* 319 | *καὶ ἐκτεταγμένοι* 963] om *καί* A M' *oI*-707 85'ᵗˣᵗ-321'ᵗˣᵗ-343-344ᵗˣᵗ *y* 18-628 55 624 Aeth; > 246 126 Arab: cf 𝔐 | *εντεταγμενοι* 29 *C''* 28 85 341ᵐᵍ; *εκτεταμμενοι* *b* (sed hab Compl); *εκτεταμενοι* G-72-426-618 53'-56 *x* 120 | *ἔναντι κυρίου* 963] *εναντιον κυριου* 29; *coram deo* Boᴮ; post *πόλεμον* tr 422 | om *εἰς* 125*(|) | *τόν* 963] > *oI* 414-417* 458 28*-85* 18'-126-628-630' | *πόλεμον* 963] *τοπον* (+ *ημον* 528) 528 321 | *ὃν τρόπον*] *καθως* 126 | *ὁ κύριος*] om *ὁ* 121 68'-120 319; > ᴸᵃᵗcod 100; + *μου* O^{-58} 128-630' = 𝔐; + *ημων* 58 f^{-129} 126 799 Syh | *λέγει* 963] *dicet* ᴸᵃᵗcod 100; *dixit* Bo

28 *αὐτοῖς* 963] *αυτους* *d* n^{-767} 130ᵐᵍ-321'ᵐᵍ-344ᵐᵍ *t* ᴸᵃᵗRuf *Num* XXVI 3 5; *αυτω* 799; > 707; post *Μωυσῆς* tr 551 ᴸᵃᵗcodd 100 104 (sed hab Aug *Loc in*

---

26 *ἔσονται — πόλεσιν*] *ο' οἱ λ' ἔσονται ἐκεῖ ἐν ταῖς πόλεσιν* 344
27 *καὶ ἐκτεταγμένοι*] *ο' καὶ ἐκτεταμένοι* 344

Μωυσῆς Ἐλεαζὰρ τὸν ἱερέα καὶ Ἰησοῦν υἱὸν Ναυὴ καὶ τοὺς ἄρχοντας
29 *πατριῶν τῶν φυλῶν Ἰσραήλ,* ^{29}*καὶ εἶπεν πρὸς αὐτοὺς Μωυσῆς Ἐὰν*
διαβῶσιν οἱ υἱοὶ Ῥουβὴν καὶ οἱ υἱοὶ Γὰδ μεθ᾽ ὑμῶν τὸν Ἰορδάνην,
πᾶς ἐνωπλισμένος εἰς πόλεμον ἔναντι κυρίου, καὶ κατακυριεύσητε τῆς
γῆς ἀπέναντι ὑμῶν, καὶ δώσετε αὐτοῖς τὴν γῆν Γαλαὰδ ἐν κατασχέσει·
30 ^{30}*ἐὰν δὲ μὴ διαβῶσιν ἐνωπλισμένοι μεθ᾽ ὑμῶν εἰς τὸν πόλεμον ἔναντι*
κυρίου, καὶ διαβιβάσετε τὴν ἀποσκευὴν αὐτῶν καὶ τὰς γυναῖκας αὐτῶν

ABFMV (933- 963) *O'' C''* *bdfnstxyz* al verss

hept IV 117) | *Μωυσῆς* 963] *μωσης* G-72-426 *n* | *Ἐλεαζάρ* 963] pr *και* 72 59; pr *τον* 707: cf 𝔐; *eliazar* Arm | *τὸν ἱερέα* 963] *τω ιερει* *d* n^{-767} 130^{mg}-$321'^{mg}$-344^{mg} *t* | *καί* 2° 963] > 72 | *Ἰησοῦν υἱόν* 963] *ι̅ς̅ υιον* 458; *ι̅υ̅ ι υιων* 75; *ιησου* (*ιησω* 44) *υιω* *d* 54′ 130^{mg}-$321'^{mg}$-344^{mg} *t* | *υἱόν*] pr *τον* 72 *C''* 53′ 28-85-130^{txt}-$321'^{txt}$; *τον του* 799; *του* 126 | *Ναυή* 963] *ναυι* 72; *ναβη* 44-107′ 669; *ναβι* 106-125 71′; *αυη* 130^{txt} | *τοὺς ἄρχοντας* 963] *τοις αρχουσι(ν)* *d* n^{-767} 130^{mg}-$321'^{mg}$-344^{mg} *t* | *πατριῶν* 963] pr *των* *oI*-29 *d n t* = Ald; *patrum* Aeth | *τῶν φυλῶν* 963] *των φιλων* 618* 458 509; *των υιων* 29; *υιων* *C''* *b* 767 ^{Lat}codd 100 104 (sed hab Compl); *οικου* 319; om *τῶν* 707 106 129 | *Ἰσραήλ* 963] pr (+ *των* 707 106 127 *t* 527) *υιων* 376′-618-707 106 n^{-767} *t* 527 799 Arab Bo Syh = Compl ↓

29 *πρὸς αὐτούς* 963] *αυτοις* 707 *b* 68′-120 (sed hab edd); post *Μωυσῆς* tr G-426 30 Sa^{1} Syh = 𝔐 | *Μωυσῆς* 963] *μωσης* G-72-426 *n*; > 381′ | *αναβωσιν* 707 | *οἱ* 1° 963] > 75′ 318 68*-120-122-126 319 (sed hab Ald) | *Ῥουβήν* 963] *-βιν* 739 107′ 56-129 130^{c}-321′ t^{-84} 527 318 18′-628-630-669* 319^{c}; *-βιμ* 72 $C''^{-73'\ 77\ 550'\ 739}$ 44-125 53′-246 767 84 71′ 126-669^{c} 59 799; *ροβιμ* 73′; *-βειμ* 381′ 77-550′ 106; *ρουβημ* Compl; *rōbēl* Aeth; *rūbīl* Arab; *γαδ* O^{-58} Syh = 𝔐 Tar | *οἱ υἱοί* 2° 963] om *οἱ* A 15 44′-125 56 75′ 318 126-628 319; > 799 | *Γάδ* 963] *γαλααδ* A; *ρουβην* (*ρουβιν* 426; *-βειμ* 376; *rūbīl* Syh) O^{-58} Syh = 𝔐 Tar; + *και το ημισυ φυλης μανασση* 15 = Sam ↓ | *μεθ᾽ ὑμῶν* 963] *μεθ ημων* 29-82* 414 18-630; > 129; post *Ἰορδάνην* tr 799 | *ιορδανιν* 376 | *παντες ενοπλισμενοι* 246 ^{Lat}codd 100 104 (sed hab Ruf *Num* XXVI 5) | *πᾶς* 963] > $Aeth^{M}$ Bo; + *αυτων* 799 | *ἐνωπλισμένος* (*-πλεισ.* 933) 933] pr *ο* 314; *ενοπλισαμενος* (*ενωπ.* 500-529^{c}-616; *-πλησ.* 313*) 963 $C''^{-73'\ 417}$; *-μενοι* (*ενοπ.* 799) x^{-509} 799 | *εἰς πόλεμον*] *εις τον πολ.* 407-630; > 77; post *κυρίου* tr 509 319 | *εἰς*] *εν* 963* | *ἔναντι κυρίου* 963] > Arab; ⌒(30) 44 | *καί* 3° 963] *vel* ^{Lat}cod 100; > 552 Aeth | *κατακυριεύσητε* 933 963] *-σετε* F 77* 84*; *-σατε* 610 71′; *-ση* 120; *κυρ.* 707 | *τῆς γῆς* 963] *την γην* 619 | *ἀπέναντι ὑμῶν*] *απ. αυτων* 55; > Arm^{te} | *καί* 4° 963] > 72′ ^{Lat}codd 100 104 Ruf *Num* XXVI 5 Arm | *αὐτοῖς* 963] *εαυτοις* 56 509; > ^{Lat}cod 100 | *τὴν γῆν* 963] *terra* ^{Lat}cod 104; om *γῆν* 933 129 319; > Aeth | *Γαλαάδ*] *γαλαδ* 77* 75 669 ^{Lat}cod 104; > 458 | fin] + *γην γαλααδ* 458

30 om *δέ* 53′ | *μή*] *και* 458; inc 551; > $C''^{-52'\ 313\ 417\ 550^{c}\ 551}$ | *διαβῶσιν*] *-βασητε* 414; inc 551 | *ἐνωπλισμένοι*] > 376; post *ὑμῶν* 1° tr 73′-414 125 *n* 799 Aeth Arm | *μεθ᾽ ὑμῶν*] *καθ υμων* 29; > 72 84*(c pr m) | *ὑμῶν* 1°] *ημων* 414* 610* 664; ⌒2° 58 | *εἰς* 1° — *Χανάαν* 1°] sub ÷ G; > 426 Arab = 𝔐 | *εναντι κυριου εις πολεμον* 414 | *τόν* B V G-82-376-707 *b* 106-107′ 129 n^{-767} *t x* 407 319 799]

---

28 *Ἐλεαζάρ*] *Ἐλεάζαρον* 85′-321′ | *τῶν* — fin] *ο′ οἱ λ′ τῶν φυλῶν υἱῶν ι̅η̅λ̅* 344
29 *Γάδ*] *τὸ σαμ′ + καὶ τὸ ἥμισυ τῆς φυλῆς Μανασσή* C''^{cat}: cf 33

καὶ τὰ κτήνη αὐτῶν πρότερα ὑμῶν εἰς γῆν Χανάαν, καὶ συγκατακλη-
ρονομηθήσονται ἐν ὑμῖν ἐν τῇ γῇ Χανάαν. [31]*καὶ ἀπεκρίθησαν οἱ υἱοὶ* 31
Ῥουβὴν καὶ οἱ υἱοὶ Γὰδ λέγοντες Ὅσα ὁ κύριος λέγει τοῖς θεράπουσιν
αὐτοῦ, οὕτως ποιήσομεν· [32]*ἡμεῖς διαβησόμεθα ἐνωπλισμένοι ἔναντι* 32
κυρίου εἰς γῆν Χανάαν, καὶ δώσετε τὴν κατάσχεσιν ἡμῖν ἐν τῷ πέραν

ABFMV (-933 963) *O'' C''* *bdfnstxyz* al verss

> 933 rell = Compl | *ἔναντι κυρίου*] > 72 ^{Lat}cod 104; + *και κατακυριευσειτε της γης απεναντι υμων* 799: ex 29 | om *καί* 1° B* 72 53′ 630^{c}(vid) ^{Lat}codd 100 104 Aeth Arm Bo (sed hab Sixt) | *διαβιβάσετε*] *-σητε* (*-βηβασηται* V 376; *-βηβασειται* 75) F^{b} M′ V 933 29-376 77-414 75; *-σατε* (*-βηβ.* 53′-246 130 527) B 422-529 *f* 130-344* 527 392 120 55 (sed hab Sixt) = Compl; *διαβηβα*^{στ} 126; *διαβησετε* F 616*; *διαβασετε* 799; *-σηται και υμεις* 82 | *τὴν ἀποσκευήν*] *την διασκ.* 72; *filios* Aeth^{C}; et *τὰς γυναῖκας* tr Sa^{12} | *αὐτῶν* 1°] > 125 458; ⌒2° F 72-381′ 106 56^{txt} x^{-509} | *αὐτῶν* 2°] > 125 ^{Lat}cod 104; + *εναντι κυριου* 53′ | *προτερον* 72 44 | *ὑμῶν* 2°] *ημων* 30; > 72 343 | *εἰς γῆν*] pr *και εσεσθε* (*-σθαι* 56′) f^{-129}; *εις την* 707; *εις την γην* 414 *b* 106 392 (sed hab Compl); > 59^{txt} | *Χανάαν* 1°] *channaan* ^{Lat}cod 100; *canan* ^{Lat}cod 104; *χανααμ* 54; ⌒2° 73′-616 458 799 ^{Lat}cod 104 Aeth Bo | *καί* ult — *ὑμῖν*] *και συγκαταριθμησεται εν υμιν και συγκατακληρονομηθησεται* 414 | *συγκατακληρονομηθήσονται*] *-μησονται* (*συνκ.* 82; *-μισ.* 619) 82 x^{-509}; *-σεται* (*-σετε* 313-615; *συγκληρ.* 551*; *συγτακλ.* 528) $C''^{-(73')\ 131\ 414\ (616)}$ 30′ 59; *συνκληρονομησθ*^{στ} 126; *συγκληρ.* 44; *συγκαταριθμηθησονται* (*-σεται* 131; *-θισ.* 75) 131 *b* 75 (sed hab Compl) | *ἐν ὑμῖν*] pr *vobiscum* Syh; *μεθ υμων* 75 ^{Lat}cod 100 Arm; om *ἐν* 72 77* 53′ 407 | *ἐν τῇ γῇ*] *εις γην* 417 *b* x^{-509} (sed hab Compl); om *τῇ* V 376′-707 $C''^{-(73')\ 417\ (616)}$ 610 129-246 $n^{(-458)}$ *s* 509 y^{-318} 59 319 | *Χανάαν* 2°] *χανααμ* 761*; *channaan* ^{Lat}cod 100

31 om *καί* 1° 72 | *ἀπεκρίθησαν*] *συγκατακλησαν* 52; > ^{Lat}cod 104 | om *οἱ* 1° 52′-313 458 126 319 | *υἱοί* 1°] *οι* 120* | *Ῥουβήν*] *-βιν* 56-129 321′ t^{-84} 527 18′-628-630-669*; *-βιμ* 72 $C''^{-16\ 46\ 73'\ 77\ 550'}$ d^{-106} 53′-246 84 619 126-669^{c} 59 799; *ροβιμ* 73′; *-βειμ* 381′ 77-550′ 106 71; *τουβημ* 458; *rōbēl* Aeth; *rūbīl* Arab; *γαδ* O^{-58} 16-46 Syh = 𝔐 Tar | *οἱ υἱοί* 2°] om *οἱ* B 376*-707 52′-313 44 458 126 319 (sed hab Sixt); > 16-46 125 | *Γάδ*] *ρουβην* (*-βιν* 426; *-βιμ* 16-46; *-βειμ* 376; *rūbīl* Syh) O^{-58} 16-46 Syh = 𝔐 Tar | *ὁ κύριος*] om *ὁ* 500(|) 509; post *λέγει* tr O^{-58} ^{Lat}cod 100 Arm Syh = 𝔐 | *τοῖς θεράπουσιν αὐτοῦ*] *τοις παισι σου* 799; *nobis* Aeth | *αὐτοῦ*] *σου* O^{-58} 343 Bo^{B} Syh ↓; > B F 29-72 *b* n^{-127} 30′-344 *x* 392 120′ 59 319 ^{Lat}codd 100 104 (sed hab Compl) | *οὕτως*] *ουτω* 417 *d* 134-370 $z^{-120'\ 126}$ = Sixt; > Arm Bo; ad fin tr *n* | *ποιήσομεν*] pr *και* M′; *-σωμεν* V 58-376-*oII* 131-313-500′-520′-615* 10 *d* f^{-664c} *n* 30-321′-343 84-370 x^{-509} y^{-318} 126-628 59 319 624 799 (sed hab Compl) = Sixt

32 *ἡμεῖς*] + *δε* 618 52′ | *διαβησόμεθα*] *-σωμεθα* (*-βισ.* 707* 619) 72′-376 417-529 537 d^{-106} 129* 75′-767 x^{-509} 55 59 799; + *τον ιορδανην* *d n t* Syh | *ἐνωπλισμένοι*] > 509; + *τον ιορδανην* 29; post *κυρίου* tr A *C''* *s* | *ἔναντι κυρίου*] *-ντιον κυριου* 68′-120 (sed hab Ald); *ενωπιον κυριου* 509; > Arm^{te}; post *Χανάαν* tr 799 | *γῆν*] pr *την* A 392 18-628 | *Χανάαν*] *canan* ^{Lat}cod 104; *channaan* ^{Lat}cod 100 | om *καί* 53 | *δώσετε*] + *nobis* Aeth Co | *τὴν κατάσχεσιν*] *την γην* 799;

---

31 *Γάδ*] *τὸ σαμ′* + *καὶ τὸ ἥμισυ τῆς φυλῆς Μανασσή* C''^{cat}: cf 33 | *αὐτοῦ*] *ο′ οἱ λ′ σου* 344

33 τοῦ Ἰορδάνου. [33]καὶ ἔδωκεν αὐτοῖς Μωυσῆς, τοῖς υἱοῖς Γὰδ καὶ
τοῖς υἱοῖς Ῥουβὴν καὶ τῷ ἡμίσει φυλῆς Μανασσὴ υἱῶν Ἰωσήφ, τὴν
βασιλείαν Σηὼν βασιλέως Ἀμορραίων καὶ τὴν βασιλείαν Ὢγ βασι-
λέως τῆς Βασάν, τὴν γῆν καὶ τὰς πόλεις σὺν τοῖς ὁρίοις αὐτῆς, πόλεις
τῆς γῆς κύκλῳ.
34 [34]Καὶ ᾠκοδόμησαν οἱ υἱοὶ Γὰδ τὴν Δαιβὼν καὶ τὴν Ἀταρὼθ καὶ

ABFMV (963) *O'' C''* *bdfnstxyz* al verss

post *ἡμῖν* tr ^{Lat}cod 104 Arm; + (※ G Syh) *της κληρονομιας* O^{-58} Syh = 𝔐 | *ἡμῖν*] *ημων* (*υμων* 58 73′) 58 73*-320 *d* f^{-129} 75 30′-321* *t* 68′-120 Aeth Co Syh = Compl 𝔐 | *ἐν τῷ*] *την* 799; absc 422; > 126 | fin] + *εν κατασχεσει* **799**

33 *καί* 1°] *τοτε* 799 | *ἔδωκεν*] *dicit* ^{Lat}cod 104 | *αὐτοῖς*] *αυτην* 46^c; > M′ *d n t* 799 Arm Bo | *Μωυσῆς* 963] *μωσης* G-72-426 *n* | *Γάδ*] *ρουβην* *b n* $s^{-130c\ 321'}$ (sed hab Compl) = Sam; *ρουβιν* 130^c-321′; *ρουβιμ* 72 $C''^{-73'\ 77\ 550'}$ 799; *ροβιμ* 73′; *ρουβειμ* 77-550′ 106 424 | *τοῖς υἱοῖς* 2°] om *υἱοῖς* 71′; > d^{-106} | *Ῥουβήν*] *-βιν* 426 107′ 56-129 t^{-84} 527 18′-628-630-669*; *-βιμ* 44-125 53′-246 84 71′ 126-669^c 59; *-βειμ* 376-381′; *ρουβημ* Compl; *rōbēl* Aeth; *rūbīl* Arab Syh; *γαδ* 72 *C''* *b* 106 *n s* 424 799 = Sam | om *καί* 3° ^{Lat}cod 104 | *τῷ ἡμίσει*] *το ημισυ* (*ημυσι* 376; *-σι* 56′ 55) 58-72-376-707* 16-46-529 19 106 f^{-129} 767 x^{-509} y^{-121} 407 55 799 (sed hab Compl); *τω ημισυ* (*-συς* G*) A B F V G-82 615 108 129 75-127 30 624 (sed hab Sixt); *το ημισει* 707^c 131-500′-616* 314; *τοις ημισοι* 319; *τω ημισου* 509 | *φυλῆς*] pr *της* 381′ = Ald | *Μανασσή*] *-ναση* 72 128 Arm; *μανν.* A 458 121 ^{Lat}cod 100; *μανναση* M; + ras 1—2 litt 707 | *υἱῶν*] pr *των* 68′-120 (sed hab Ald); *filis* ^{Lat}cod 100; *υιου* V 72 Arab = 𝔐; *υιω* M′ 799 ^{Lat}cod 104 | *τήν* 1°] bis scr 19(||) | *Σηών*] *σιων* 58* 528-739 108 *d* 53′ n^{-127} 28-30 370 *x* 318 120-122-630* 55 319 (sed hab Ald) = Compl; *zēōn* Sa^{12} | *βασιλέως* 1°] pr *του* *b* (sed hab Compl); *-λεων* 799; *-λεια* 618* | *Ἀμορραίων*] pr *των* A 58-376 73′ *b d* 56 n^{-458} *t*; *των αμμοραιων* 799; *των αμωρρ.* 53-246; *των αμωραιων* 664; *των αμμορρ.* 55; *αμοραιων* 319; *αμμοραιων* 46-422; *omorreorum* ^{Lat}cod 100 | *τὴν βασιλείαν* 2°] *την γην* 106; *τον* 246; om *τήν* 82-707 319; > Bo | om *βασιλέως* 2° — *πόλεις* 1° 509 | *βασιλέως τῆς Βασάν*] pr *του* 82; *obtant* ^{Lat}cod 104 | *τῆς* 1°] *την* 376; *γης* 707; > B* *oI*-29 413 18′-126-628-630′ 799 (sed hab Sixt) | *Βασάν*] *βασσαν* 376-381 422 28-343 74* 59 624 799; *basam* ^{Lat}cod 100 | *τὴν γῆν*] pr *και* 68′-120-630 Aeth^M Arab (sed hab Ald); *την τε γην* 799; om *γῆν* 320*(c pr m); > 106; + *eorum* Sa^{12} | *πόλεις* 1°] + *eorum* Sa^{12} | *αυτης συν τοις οριοις* 376′ 52′ Syh = 𝔐 | *ορειοις* B* (sed hab Sixt) | *αὐτῆς*] *αυτοις* 58 414-417-761*(vid) 53-246 75′ 30-130* 619 68′; *αυτων* F 73*-616*(vid) 610* Aeth Bo Sa^{12}; *αυτ*[. .] 509*; > G-72 | *πόλεις τῆς γῆς*] pr *και τας* 799 Aeth Arm; om *τῆς γῆς* 15 616; ad fin tr 75 | *πόλεις* 2°] *πολις* 630; *πολεσι* 376; > 72 767

34 om *οἱ* V 82 664 458 126 319 | *Γάδ*] *γην* 75*(c pr m); *δαγ* 376* | *τήν* 1°] *τη* 407*; > 707* | *Δαιβών*] *δεβων* V 58-72 *b* 56′ n^{-127} 527 407 799 Bo Sa^1; *tebrōn* Sa^{12}; *desbon* ^{Lat}cod 100; *δεσμων* 53′; *βαιων* 106; *δαιβωθ* *oI* $C''^{-46\ 77\ 529}$ $s^{-30\ 130*}$

---

33 *καί* 3° — *Μανασσή*] *νῦν ἐμνήσθη τοῦ ἡμίσεως τῆς φυλῆς Μανασσή· ἐν τοῖς προειρημένοις* (id est 2 6 25 29 31) *οὐ μνημονεύσας, ἐν δὲ τῷ Σαμαρειτικῷ μνημονεύεται* C''^{cat} = Sixt

τὴν Ἀροὴρ ^{35}*καὶ τὴν Σωφὰρ καὶ τὴν Ἰαζήρ, καὶ ὕψωσαν αὐτάς,* ^{36}*καὶ* 35 36
τὴν Ναμβρὰ καὶ τὴν Βαιθαράν, πόλεις ὀχυρὰς καὶ ἐπαύλεις προβά-
των. ^{37}*καὶ οἱ υἱοὶ Ῥουβὴν ᾠκοδόμησαν τὴν Ἐσεβὼν καὶ Ἐλεαλὴ καὶ* 37
Καριαθάιμ ^{38}*καὶ τὴν Βεελμεών, περικεκυκλωμένας, καὶ τὴν Σεβαμά,* 38

ABFMV *O'' C'' bdfnstxyz* al verss

18'-126-628-630' = Ald; *δεβωθ* 46-77-529 30-130* 319 | *καί* 2°] *κατα* 59; > 106-125; ⌒3° 28-85 | *τήν* 2°] > 127-767; bis scr 414-761(|) | *Ἀταρώθ*] *ατт.* 509; *ταρωθ* *C''* 30'; *αστ.* F$^{c\,pr\,m}$ M' V *oI*-707 *d* *n*$^{-767}$ *t* 121 18'-126-407-628-630' 319 799 Arm Bo = Ald Compl; *atroth* ^{Lat}cod 104; *aseroth* ^{Lat}cod 100; *adarōth* Sa^{1}; *atarōn* Sa^{12} | om *καί* 3° 106-125 246(|) | *Ἀροήρ*] *αρωηρ* 58-426 Bo^{B}; *arōer* Bo^{A}; *ταροηρ* 616; *αωηρ* 59; *αροηλ* 54'-767 ^{Lat}cod 104; *αρωηλ* 75'; *αροην* 72 126; *αροηθ* 551*

35 om *καί* 1° 106-125 | *Σωφάρ* B F^{a} M' V 58-*oI*$^{-15}$ 118'-537 129 127-458-767 509-527 18'-126-628-630' 55^{c} 319 Sa] pr *γην* A; pr (※ G) *αταρωθ* G-376 Arab; *αταρωθ σωφαν* 426 Syh = 𝔐 Tar; *σωφαν* F 15-29 *s*$^{-28\ 85}$ *y*$^{-392}$ Aeth; *σοφαν* *C''* 19 28-85 68'-120 59; *ωφαν* 82; *ζωφαν* 624; *σεφαν* 72; *σωφαμ* 392: cf Sam; *σιφαρ* 799; *zōgar* Bo; *esophar* Arm^{te}; *σοφαρ* rell = Compl Sixt | *τὴν Ἰαζήρ*] *την ιαζην* 121; *azēr* Bo; *iasēr* Sa^{12}; *azzer* ^{Lat}cod 100 | om *καί* 3° — fin Aeth

36 om *τήν* 1° B* F 82-707* 129 319 799 (sed hab Sixt) | *Ναμβρά* 707 74'-76] *βηθναμρα* 426 Arab Syh = 𝔐; *βηθηαμραμ* 58; *βηθιαμραμ* (*βιθ.* 56) 56 = Compl; *βιθιαμαρμ* 53'; *ναβραν* 84; *ναμραμ* B; *ναμβραν* Ra.; *nambram* ^{Lat}codd 100 104; *ναμραν* F 129 Aeth Arm; *ναβρα* 799; *ναβραι* 82; *ναμμαραν* 319; *αμραν* M' 72 28 *x* 18 = Ald; *αβραν* 246 767 68' Bo Sa^{1}; *αμβρ*[. . . 422; *αμβραμ* V 15 *C*$^{-529}$-46-417-528 75'-127 130-346*(vid) 392 126-128-630 624; *αμβρα* *d* 370; *αμραμ* G-29-64 *cI*$^{-528\ 552}$ 85-321-343'-346^{c}-730 120'-628 59 Sa^{12}; *αμβαμ* 376; *αβραμ* 313-552 669; *αραμ* 30; *αμβραν* rell | *καὶ τὴν Βαιθαράν*] pr *και την ραμ* 131; om *τήν* 82-707 799; > 407 | *Βαιθαράν* B V 82 46-77-414-551* 130 527 126-128-628-630' Sa^{1}] *βηθαρραν* 426; *βαιθαρρα* A; *βαιθερραν* 318; *bēthran* Sa^{12}; *βαιθαραμ* 18; *βεθαραν* 72 246 Bo; *βεθθαραν* 55; *βαιθραν* 509; *bautharan* (*-thoran*^{ap}) Arm; *βαθαρ* 799; *βεθαραμ* 53' ^{Lat}codd 100 104; *βαιθωραν* *d* 54' *t*; *βεθαρραν* 529 30; *βαιθωρ* 707; *βεθερραν* 767; *βαθαιραν* 71'; *κεθωραν* 75'; *βαιραν* 129; *βαιθαρραν* rell | *πόλεις*] pr ras 3 litt 707 | *ὀχυράς* F^{b}] *ισχυρας* F | om *καί* ult A | *ἐπαύλεις*] *πολεις* A; + *πολεις* 527

37 *οἱ*] > M' V 58 313-739* 106-125 53*-664 75' 527 318 68'-126 319; bis scr 16(||) | *Ῥουβήν*] *-βιν* 426 610 56-129 767 321' *t*$^{-84}$ 527 18'-628-630-669*; *-βιμ* 72 *C''*$^{-77\ 550'}$ 44-125' 53'-246 84 71' 126-669^{c} 59 799; *-βειμ* 376-381' 77-550' 106; *ρουβημ* Compl; *ροβ.* 68*; *rōbēl* Aeth; *rūbīl* Arab Syh | om *τήν* 707 | *Ἐσεβών*] *εσσ.* 58-72 73'-414'-528 *n* 18-628 | *καί* 2°] > 106; + (※ G Syh) *την* *O*$^{-426}$ 422 *b* *f*$^{-129}$ *n* 799 Syh = 𝔐 | *Ἐλεαλή*] *-λι* 72 16-46 106-125 343; *-λην* 82 319 = Sixt; *-λημ* B^{c} V 376 129 799 ^{Lat}cod 104; *λεαλημ* B*; *ελεαηλ* *n*$^{-458*}$; *ελεηλ* 458*; *ελεανη* 68 (sed hab Ald); *ελαλαλη* 528; *elielam* ^{Lat}cod 100; *elielen* (*-leth*^{te}) Arm; *eleliēl* (*eleaiēl* A) Bo; *eriar* Sa^{12} | *καί* 3°] > 106; + (※ G Syh) *την* *O*$^{-426}$ 53^{c}-56'-664 343 18 799 Syh = Compl 𝔐 | *Καριαθάιμ*] *-θεμ* 46^{s}-529 *b*$^{-314}$ 54* 343 318 799 Bo Sa^{12} (sed hab Compl); *καριαιθαμ* B 129 509-527 319 Arm^{ap}; *καθαριαθεμ* 314; *-θειμ* 54^{c1}; *-θαιν* 56 59; *-θαην* 58; *-θαμ* 528 75 370^{s}

---

35 *καί* ult — fin] *α' θ'* et *lybgwh'* *σ'* et *lybqh'* Syh

καὶ ἐπωνόμασαν κατὰ τὰ ὀνόματα αὐτῶν τὰ ὀνόματα τῶν πόλεων,
39 ἃς ᾠκοδόμησαν. ^{39}καὶ ἐπορεύθη υἱὸς Μαχὶρ υἱοῦ Μανασσὴ εἰς Γα-
λαὰδ καὶ ἔλαβεν αὐτήν, καὶ ἀπώλεσεν τὸν Ἀμορραῖον τὸν κατοι-
40 κοῦντα ἐν αὐτῇ. ^{40}καὶ ἔδωκεν Μωυσῆς τὴν Γαλαὰδ τῷ Μαχὶρ υἱῷ
41 Μανασσή, καὶ κατῴκησεν ἐκεῖ. ^{41}καὶ Ἰαὶρ ὁ τοῦ Μανασσὴ ἐπορεύθη

ABFMV *O'' C'' bdfnstxyz* al verss

71′ = Sixt; *cariathen* ^{Lat}cod 100; *chariathem* ^{Lat}cod 104; *cariethem* Arm^{te}; καριεθαν 72; *gariaitham* Sa^{1}; -θιαρ 707; -θιαριμ 426; καριαθ 82 458

38 καί 1° B 82-707* *b* 129 *n x* 319 799 ^{Lat}codd 100 104 Aeth Arm Co] pr ναβαν 106; + την ναβω 707^{c}; pr και την (τη 618) ναβω (-βωθ *O*$^{-426}$ *f*$^{-129}$ 59 Compl; -βαν V 107′ *t* 18′-126-628-669; -βαβ 630; -βο 321′; -βαω 44-125; ναβ[. . . 422; ναβδω 121; βαμω A; αβω 30 392; αβωθ 72) rell = Compl 𝔐 | Βεελμεών] -μαιων 767* 619 392; βελ. 799; βαλαμ. 707; βελμαιων 82; βεελβεων 53′; -μων 422 527 Arm; -μεωθ 376; βεεαμεων 509; *baalman* ^{Lat}cod 104; *bermeōn* Sa^{12}; *melemeōn* (*elam.* B) Bo; *besseon* ^{Lat}cod 100 | περικεκυκλωμένας F^{a}] pr *et* Aeth; περικεκλωμ. (-κλομ. 458*; -κεκκλομ. 458^{c}) 19′ 458 68′ 319 (sed hab Ald); περικυκλ. 58 44 664 75 84 71′ = Compl; περικεκλυμ. 125 129 54 509; περικεκαλυμμενας (-καικαλυμενας 30; -λυμενας 669) A F *oI*-29-72-707^{c} *C'' s y* 18′-126-628-630′ 55 59 624; περικυκλωσμενας 53; + και τετειχισμενας 54-75′; + (※ G Syh) ονοματι *O* Syh = 𝔐 | τὴν Σεβαμά] *sebamam* ^{Lat}cod 104; om τήν B* (sed hab Sixt) | Σεβαμά] σεβεμα 610 54 624 Bo; -μαν 130* 527-619; σαβ. 376′ 344^{mg}; σεβασμα *b* 126 (sed hab Compl); σαβασμα 343; σαβαμαν 82; -μαθ 799; βασαμα 319; ραβαμα 707 | καὶ ἐπωνόμασαν F^{a}] και επωνομασε 799; και ωνομ. 126; bis scr F | κατά — αὐτῶν] επ ονομασιν αυτων V; τα ονοματα κατα 53′-56^{mg}; τα ονοματα των υιων αυτων κατα 246; om κατά 551 129; om τὰ ὀνόματα αὐτῶν 376 314 56^{txt} 458 ^{Lat}codd 100 104 Bo: homoiot; om αὐτῶν G = 𝔐; > 407; ad fin tr 72 799 | τὰ ὀνόματα 1°] pr τα 313(|); το ονομα 16*(cprm) 509; om τά 528; bis scr 551* | τά 2° — πόλεων] τας πολεις 799 | τῶν] αυτων 313^{c} 458* | πόλεων — fin] bis scr 56(||) | πόλεων] πολεμων 707*(vid); + αυτων 75 | om ἃς ᾠκοδόμησαν 72 | ἅς] α 616; ων 18 | ωκοδομησε 799; επωκοδομησαν 29 = Ald; ωκονομησαν 131

39 υἱός] pr ο 422; pr ουρ 68′-120; *inde* ^{Lat}codd 100 104; ῑς 54; > 707 | μανασση υιου μαχειρ (-χηρ*) 509 | Μαχίρ *d* 54-75′ 321′ *t*$^{-370}$ 18′-126-628^{c}-630′ 624 ^{Lat}codd 100 104 Co = Sixt] μαχηρ 58 28-30-85 370^{s} 318 628* 319; μαχειρ rell | υἱοῦ] pr του 422^{c}; ο υιος 422*; υιος M′ 552^{txt} 59 ^{Lat}codd 100 104; υιοι 458; ο του 72 | Μανασσή] μανν. A 458 121; μαναση 72 Arm | om εἰς Γαλαάδ Aeth | εἰς] υιου 707 Bo; sub ※ G; > B *x* | Γαλαάδ] γαλαδ 77 75 122* ^{Lat}cod 104; γαλααθ 72; *galilaia* Sa^{12}; ⌒(40) 527 | ἔλαβεν] et ἀπώλεσεν tr *b* 799 (sed hab Compl) | αὐτήν] *ea* ^{Lat}cod 100; *galaad* Aeth | απολεσαν 458 | Ἀμορραῖον] αμμ. 55; αμωρρ. 53 54; αμοραιον 529; αμμοραιον 46-422 799 | κατοικοῦντα] sub ÷ G Syh = 𝔐 Sam Tar^{O} | ἐν αὐτῇ] επ αυτη 509; *in eis* Bo

40 om comma Aeth^{M} | καί 1°] ⌒2° 319 | Μωυσῆς] μωσης *O*$^{-376}$-72 *n*; μανασσης 53′ | τήν] τον 125*(vid) 53′-56*; τη 799; τω 392; γην 59; + γην 417 | Μαχίρ *d* 75′ 321′ *t* 18′-126-628-630′ 624 ^{Lat}codd 100 104 Co = Sixt] μαχηρ 58-376* 54* 30; μαχειρ rell | υιων 458 527 | Μανασσή] μανν. A 458 121;

---

38 περικεκυκλωμένας] σ′ περιτετειχισμένας M′ 85′(s nom)-321(s nom)-344-346 Syh Barh

καὶ ἔλαβεν τὰς ἐπαύλεις αὐτῶν, καὶ ἐπωνόμασεν αὐτὰς Ἐπαύλεις Ἰαΐρ.
[42]καὶ Ναβαὺ ἐπορεύθη καὶ ἔλαβεν τὴν Κανὰθ καὶ τὰς κώμας αὐτῆς, 42
καὶ ἐπωνόμασεν αὐτὰς Ναβὼθ ἐκ τοῦ ὀνόματος αὐτοῦ.
33 *[1]Καὶ οὗτοι σταθμοὶ τῶν υἱῶν Ἰσραήλ, ὡς ἐξῆλθον ἐκ γῆς Αἰ-* 1
γύπτου σὺν δυνάμει αὐτῶν ἐν χειρὶ Μωυσῆ καὶ Ἀαρών· [2]καὶ ἔγρα- 2
ψεν Μωυσῆς τὰς ἀπάρσεις αὐτῶν καὶ τοὺς σταθμοὺς αὐτῶν διὰ

ABFMV *O'' C'' bdfnstxyz* al verss

μαναση 72 Arm; + *επορευθη* 246; ⌒(41) 669 ^{Lat}cod 100 Bo Sa^{12} | *κατῴκησεν*] pr *μαχηρ* 319; -*σαν* (-*κισαν* 16) 29 $C''^{-528\ 761c}$ 458 28-85 | *ἐκεῖ*] *in ea* Aeth^{-M}

41 *Ἰαΐρ* 1° 74^{c}-84-134-370 ^{Lat}cod 104 = Compl Sixt] *ιαηρ* 58-72-82-376 C''^{-761} 314* *d* 53′ 54-75*-458-767* 28-85-343-730 74*(vid)-76 630 59 319 799; *ηαειρ* 30; *ιαειρ* rell | *ὁ τοῦ Μανασσή*] om *ὁ* 126; om *ὁ τοῦ* 72*(c pr m); > Arab | *Μανασσή*] *μανν.* A 458 121; *μαναση* 72 Arm; *μανναση* 54 | *ἐπορεύθη*] pr *ος* 458; *εξεπ.* 72; ⌒(42) 528 44 | om *καί* 2° Bo | *ἐπαύλεις* 1°] *πολεις* $d^{(-44)}$ 129 n^{-127} *t* 319 Arab Arm Sa; ⌒2° 314 630 | *ἐπωνόμασεν*] -*σαν* (*εποv.* 125 53*) 125 53; *ωνομ.* 126 | *αὐτάς*] *τας* 71′ | *Ἐπαύλεις* 2°] > Bo; + *αυτων* 75 71′; + *του* 799 | *Ἰαΐρ* 2° 125′ 74^{c}-134-370 ^{Lat}cod 100 Bo = Compl Sixt] *ιαηρ* A 58-72-82-376 $C''^{(-528)}$ 106 53′ 127*-458* 28-85-343-730 74*-76-84 59 319 799; *ιαιηρ* 610; *ηαειρ* 30; *ειαειρ* G; *daeir* Sa^{1}; *ari* ^{Lat}cod 104; *ιαειρ* rell

42 *Ναβαύ*] *τας κωμας ναβαν* 72*; *ναβαν* 72^{c} 77 = Ald; *ναυαν* 422; *ναβαβ* 73′ 246 343; *nabu* ^{Lat}cod 100; *ναβα* 552 407*; *ναβαω* 458*; *ναββαω* 458^{c}; *νβαυ* 376^{c}; *ναβαυθ* 509; *αναβαυ* 767; *ναυ* 376*; *νααβ* 318; + ras 3 litt 82; post *ἐπορεύθη* tr 53′ Aeth | *ἐπορεύθη* — *αὐτάς*] bis scr 707 | *ἐπορεύθη*] *ανεπ.* 58; -*θην* 767 | om *καί* 2° Bo | *ἔλαβεν*] -*βον* 82; + *τας πολεις αυτων ηγουν* *d* | *Κανάθ*] *καaθ* B 16-46 56 = Compl; *καναaθ* F M′ 29-58-72-*oI* $C''^{-16\ 46\ 413\ 551}$ *b* 125-610 246 *s* y^{-121} 18′-126-628-630′ 59 624 ^{Lat}cod 100 = Ra; *καναηθ* 413; *κααναθ* A 121; *ganath* Sa^{12}; *καμαθα* 426; *κααδως* 53′; *gathanaath* Bo; *canathatha* ^{Lat}cod 104 | *τὰς κώμας*] *τας πολεις* 44 407; *castella* ^{Lat}codd 100 104 | *επωνομασαν* 246*(c pr m) 59*; *ωνομασεν* 126 | om *αὐτάς* 624 | *Ναβώθ*] *μαβωθ* 129; *ναβαιωθ* 376; *ναβαωθ* 730 318; *nabauth* Arm^{te}; *ναβουθ* 509; *ναβαν* 82-707 ^{Lat}cod 104; *ναβω* 426 | *ἐκ* — fin] *in nomine eius* Aeth; *εις το ονομα αυτου* 126; > Sa^{12} | *αὐτοῦ*] *αυτων* 321*

33 1 *καὶ οὗτοι*] *ουτοι δε* 125 | *οὗτοι*] sup ras 616 | *σταθμοί* B M′ 82-426-707 509 407] pr *οι* (*οις* 767) rell = Sixt; + *της πορειας* 799; + *castrorum* ^{Lat}cod 104 | *τῶν υἱῶν*] *castrorum* ^{Lat}cod 100; *eorum qui domus* (gen sing) Bo; om *τῶν* 82-707 | om *Ἰσραήλ* ^{Lat}cod 100 | om *ὡς* — fin 799 | *ὡς ἐξῆλθον*] *οι εξελθοντες* 82-707 ^{Lat}codd 100 104 Bo | *ὡς*] *ex quo* Ruf *Num* XXVII 2; > 76 68′(sed hab Ald) | *εξηλθεν* 509; *εξηλ*^{θ} 630 | *ἐκ γῆς*] *εκ της γης* 458; *εκ της* *cI*$^{-413}$-551 56 54-75 407 424 = Compl; *εξ* 82 413 Aeth Arab | *σύν*] *εν* 30′ 55 | *αὐτῶν*] *αυτου* 529* | *ἐν* — fin] pr *και* 46; > 761 | *χειρί*] *manibus* Bo | *Μωυσῆ*] -*σει* 28-85; -*σεως* 120; -*σεος* 68′ (sed hab Ald); *μωυ*^{σ} 126; *μωση* G *n*; *μωσει* 72-426 | om *καί* ult — (2) *Μωυσῆς* Arab

2 *εγραψεν* V | *μωσης* G-72-426 *n* | *ἀπάρσεις*] *επαρ.* A F*(c pr m) V 29-72 414 53 458-767 30′ 509 318 18-68′-120 59 319 624 799 (sed hab Ald); -*σιας* x^{-509};

---

33 1 *σταθμοί*] *ἐπαύλεις· τόποι* F^{b}

2 (*τὰς*) *ἀπάρσεις*] *α′ σ′ θ′* (*οἱ λ′* 108 344 Syh) *τὰς* (>108 344) *ἐξόδους* 108 130-321(nom absc)-344-346 Syh; *ο′ ἀπάρσεις* 344^{txt}

3 *ῥήματος κυρίου, καὶ οὗτοι σταθμοὶ τῆς πορείας αὐτῶν. ³ἀπῆραν*
ἐκ Ῥαμεσσὴ τῷ μηνὶ τῷ πρώτῳ τῇ πεντεκαιδεκάτῃ ἡμέρᾳ τοῦ μη-
νὸς τοῦ πρώτου· τῇ ἐπαύριον τοῦ πάσχα ἐξῆλθον οἱ υἱοὶ Ἰσραὴλ ἐν
4 *χειρὶ ὑψηλῇ ἐναντίον πάντων τῶν Αἰγυπτίων, ⁴καὶ οἱ Αἰγύπτιοι*
ἔθαπτον ἐξ αὐτῶν τοὺς τεθνηκότας πάντας, οὓς ἐπάταξεν κύριος, πᾶν
πρωτότοκον ἐν γῇ Αἰγύπτῳ, καὶ ἐν τοῖς θεοῖς αὐτῶν ἐποίησεν τὴν
5 *ἐκδίκησιν κύριος. ⁵καὶ ἀπάραντες οἱ υἱοὶ Ἰσραὴλ ἐκ Ῥαμεσσὴ παρενέ-*

ABFMV *O'' C'' bdfnstxyz* al verss

απαρτιας d t; *απαρξεις* 551; *απαρτησεις* 376; *απαρεσεις* 55*; *απαρχας* 707 417 | om *αὐτῶν* 1° 58-72 458 59 799 | *κυρίου*] pr *αυτων* 76*(vid); *θεου* 58-72 59 | *οὗτοι σταθμοί* B M' G-82-426-707 509 407] *αυτη η ορμη* 799; + *castrorum* ^{Lat}codd 100 104; *ουτοι* (*οιτοι* 616 458) *οι σταθμοι* rell | *σταθμοί*] + (※ G) *αυτων και* (> 82-707) O^{-58}-15-82-707 Arab Syh = 𝔐 | *τῆς πορείας*] *et deverticula* ^{Lat}codd 100 104; om *τῆς* oI^{-15mg} 18'-126-628-630'; > Aeth^{M}

3 *ἀπῆραν*] pr *και* A *O'* y^{-318} 18'-126-628-630' 55 799 Aeth Sa Syh ↓; *και απηρεν* 319 | *ἐκ*] *εν* 53 | *Ῥαμεσσή*] *ραμεση* 72-618 16-46-77-422-528-529-552 19' 44-107' 30'-130-321'-343 74-76-84 126-628 59 799 (sed hab Compl); *ραμμεση* 55 319; *ραμασση* 707 129 624 Bo; *ρεμ.* 458; *ραμεσει* 318; *ραμεσι* 106-125 75; *ραμεσσης* 426 ↓; *ραμεσης* 82; *κραμ.* 53; *ραμεσσω* 509; *-σσων* B 71 (sed hab Sixt); *ραμεσων* 527; *ραμαισων* 619; *r'msys* Syh; *ramense* ^{Lat}cod 100 | *τῷ* 1° — *πρώτῳ*] pr *εν* 82-707 *d* 127-767 t^{-84} = 𝔐; *τω πρωτω μηνη* 246; om *τῷ μηνί* ^{Lat}cod 100 (sed hab Ruf *Num* XXVII 8); post *πάσχα* tr Bo | *τῇ* 1°] > 82-707 129 799; ⌒2° 458 | *πεντεκαιδεκάτῃ*] *πεντεδεκ.* 320; *πεμπτη και δεκατη* 53' | om *ἡμέρᾳ* 126 799 | om *τοῦ πρώτου* 84 799 | *τῇ ἐπαύριον*] om *τῇ* 82 319; + *ημερα* 72 | *τοῦ πάσχα*] *το πασχα* 624*; *castra* ^{Lat}cod 100 | *ἐξῆλθον*] pr *και* M' *b d n* 28-85^{mg} *t* ^{Lat}cod 100 Bo (sed hab Compl); *και εξηλθοσαν* (*-θωσαν* 799) 82 799 | om *οἱ* 528 30 126 319 | om *ἐν χειρί* 77 | *εναντι* 72-82 | *πάντων*] ad fin tr V *d* 129 *t* | om *τῶν* F C^{-16}

4 om init — *Αἰγύπτιοι* ^{Lat}cod 100 | *ἔθαπτον*] *sepelierunt* Aeth^{-C} Arm^{te} Bo | *ἐξ* — *κύριος* 1°] *συν ους επαταξεν κυριος εξ αυτων* 426 = 𝔐 | *ἐξ* — *πάντας*] post *κύριος* 1° tr G-376 Syh | *ἐξ* — *τεθνηκότας*] *τους τεθν. αυτων* (*-τον* 75*) 82 *n* 799 Procop 888 ^{Lat}codd 100 104 Bo; *τους τεθν. εξ αυτων b* Arm (sed hab Compl); om *ἐξ* 407 | *τοὺς τεθνηκότας* / *πάντας*] sub ÷ G Syh = 𝔐; tr 761 | *πάντας*] *απαντας* 82 319; > 551 509 | *οὕς*] *οσους* A M' *oI' C''* f^{-129} *s* y^{-392} 18'-126-628-630' 59 624 = Ald Compl | *κύριος* 1°] pr *ο* 58 343; > 68'-120 (sed hab Ald) | *ἐν γῇ Αἰγύπτῳ*] sub ÷ G Syh; > Arab = 𝔐 | *ἐν γῇ*] *εν τη* 130-321'; *intra* ^{Lat}cod 100 | *Αἰγύπτῳ*] pr *αι γη* 767; *-του* F 82 414 53' n^{-767} 68'-120 ^{Lat}cod 104 = Compl | *καί* 2° — *αὐτῶν*] om *καί* 72; om *ἐν* ^{Lat}cod 100; > Sa^{12} | *θειοις* M | *ἐποίησεν*] post *ἐκδίκησιν* tr 761* | *τὴν ἐκδίκησιν* / *κύριος*] *κυριος εκδικησιν* 82; om *τήν* 29 799; tr O^{-58} 53' n^{-458} 76 ^{Lat}codd 100 104 Ruf *Num* XXVII 8 Aeth Syh = 𝔐

5 *καὶ ἀπάραντες*] *και επαρ.* 458; *απαραντες* (*-ρεντες* 500) *δε* A F 58-oI'^{-82} *C''* f^{-129} *s y* z^{-407} 55 59 624 = Compl | *ἀπάραντες* — *Ἰσραήλ* / *ἐκ Ῥαμεσσή*] om *οἱ* 664 458 120-126 319; om *ἐκ Ῥαμεσσή* 68'-120 (sed hab Ald); tr 799 | *ἐκ*] *εις* 417 | *Ῥαμεσσή*] *ραμεση* 72-376-618 16-46-77-414-422-528-529 19' *d* 75 30'-130-

---

3 init — *Ῥαμεσσή*] *ο' οἱ λ' καὶ ἀπῆραν ἐκ Ῥαμεσσῆς* 344

βαλον εἰς Σοκχώθ. [6]καὶ ἀπῆραν ἐκ Σοκχὼθ καὶ παρενέβαλον εἰς 6
Βουθάν, ὅ ἐστιν μέρος τι τῆς ἐρήμου. [7]καὶ ἀπῆραν ἐκ Βουθὰν καὶ 7
παρενέβαλον ἐπὶ στόμα Εἰρώθ, ὅ ἐστιν ἀπέναντι Βεελσεπφών, καὶ
παρενέβαλον ἀπέναντι Μαγδώλου. [8]καὶ ἀπῆραν ἀπέναντι Εἰρὼθ καὶ 8

ABFMV *O'' C'' bdfnstxyz* al verss

321'-343 527 126-628 59 799 (sed hab Compl); ρεμ. 458; -σσης B^{c} G-426 509 (sed hab Sixt): cf 𝔐; *r'msys* Syh; ραμασση 624 Bo; ραμεμεσση 320(||); *ramense* ^{Lat}cod 100 | παρενέβαλον] pr και 19 (sed hab Compl) = 𝔐; -λλον G-381 53 343 84 527; -λοσαν (-λωσαν 82 799) 82 344^{mg} 799; > Bo | εἰς — 35$_{3}$ τοῖς 1°] absc 624(||) | εἰς] εν 426; εκ 19; ει 52; ⌒(6) 72 | Σοκχώθ] σοκωθ 15*; σοχωθ B* M' 82-376^{c} 53'-129 54 730 74'-76-84*(cprm) Sa^{12} (sed hab Sixt); *soccoth* ^{Lat}cod 100; *suchōth* Bo^{B}; *sogchōth* Sa^{1}; οκχωθ *C''*$^{-528}$ 118'-537 56' 767 28-30-85-321' *y*$^{-392}$ 319 799 ^{Lat}cod 104; οχωθ 376* 528 130 71'; αχχωθ 527

6 om init — καί 2° 376 | καί 1°] ⌒2° 73' Bo | ἀπῆραν ἐκ Σοκχώθ] sup ras 121 | ἀπῆραν] ανηραν 767; ηραν 59; απαραντες A V G-82-426 129-246 *x*$^{-509}$ 68'-120' Arm Syh = Sixt; > 319 799 | ἐκ Σοκχώθ] εξ οκχωθ *C''*$^{-16\ 46\ (73')\ 550}$ 28-85; εξ οκχθωθ 550; εξ οχωθ 16-46 71'; εξ χωθ 527 | σοχωθ 82 53'-129 54'-75 30'-343 *t*$^{-370}$ 509 18-407-630 59 416 799 Or IV 150 Sa^{12}; σοκχω A; *soccoth* ^{Lat}cod 100; σοκχωβ 610; *sogchōth* Sa^{1}; σοοκχωθ 628(vid) | καὶ παρενέβαλον] om καί A V G-82-426 129 509 68'-120' 319 Arm Syh = Sixt; > 799 | παρενεβαλλον G 53' 343 84 527 59; παρενεβαλωσαν 82 | εἰς] εν 82 799; bis scr F(|) | Βουθάν] βοθαν 71' Arm; βουθαμ 58; *buthai* Bo^{A}; *b'tm* Syh; μουθαν 417; βουθα 413; βιθαν 767; σουθαμ 127-458; ουθαμ 426 54-75; οθαμ 799; οθομ 82 | om ὅ — fin 799 | ὅ] *et* PsAmbr *Mans* 3 | μέρος τι] *in parte quadam* ^{Lat}codd 100 104; om τι *O*$^{-58}$-29-82 739* *d*$^{-106}$ *f*$^{-129}$ 54-75' 84 527 18'-126-630' ^{Lat}PsAmbr *Mans* 3 Co Syh = Compl 𝔐 | om τῆς 126

7 ἀπῆραν] απαραντες V 129 319; > 799 | ἐκ Βουθάν] εξ ουθαμ 426 54; εξ οθαμ 799; εξ οθομ 82 | Βουθάν] βοθαν 619 Arm; βουθαμ 58; *b'wtm* Syh; βηθαν 767; βουθα G 106; σουθαμ 75'-127 | καί 2° — Εἰρώθ] εις ρωθ 799; om καί V 417 129 319; om καὶ παρενέβαλον 246 | παρενέβαλον 1°] -λλον G 53 343 84 527; -λοσαν (-λωσαν 82) 82 321'^{mg}; ⌒2° 126 | om ἐπὶ στόμα 75^{c}(vid) | στόμα] pr το 82*(vid)-618 246 68'-120 = Sixt | Εἰρώθ] pr επι 58 *d n t*; επιρωθ B* 129 319 Arm (sed hab Sixt); επειρωθ 82 321'^{mg}-344^{mg}; *pirōth* Bo; αειρωθ 58*-376 Sa^{1}; *ḥ'ryt'* Syh; ιρωθ 52 527 407 Sa^{12}; [.]*rot* ^{Lat}cod 104; ηρωθ 72 *d*$^{-106}$ 71' 318; εις ρωθ 529; ερωθ Compl; ειρων 68'-120 (sed hab Ald) | om ὅ — Βεελσεπφών 125 81^{txt}(cprm) | ἀπέναντι 1°] ⌒2° 318 407^{txt}(cprm) | Βεελσεπφών B M' *O'*$^{-15\ 426}$ 57-417 537 *f*$^{-246}$ 54 30 527-619 392 68'-120 799 = edd] -σεμφων 246; *belsephōn* Bo; *belsepphon* Sa^{1}; *bersephōn* Sa^{12}; -σεφφων 15-426 343-344^{c}; βεηλ 71; -σεμπφων 75; βελσελφων 509; -σεπφωρ 458; -σεμφωρ 319; *beelsefor* ^{Lat}cod 100; ; -σεφων rell | καί 3° — fin] pr και απηραν V; pr και απηραν απεναντι ειρωθ (*ḥ'ryt'* Syh) 68'-120 Syh (sed hab Ald); pr και απηραν εκ βεελσεφων 29; pr και απηραν (απειραν 458) απο στοματος (-μα 121) επι (> 121) ειρωθ (ηρωθ 44-107') 58 *d*$^{(-125)}$ *n* 344^{mg} *t*$^{(-84txt)}$ 121 ↓; om καὶ παρενέβαλον Arab; post (8)

7 καί 3° — (8) θαλάσσης] τινὰ τῶν ἀντιγράφων οὕτως ἔχει· καὶ ἀπῆραν (επ. *C''*$^{-57\ 417\ 761}$) ἀπὸ στόματος ἐπὶ Εἰρὼθ καὶ παρενέβαλον ἀπέναντι Μαγδώλου (μαγλωλου M) καὶ ἀπῆραν ἐκ Μαγδώλου καὶ διέβησαν μέσον τῆς θαλάσσης M *C''*^{cat}

διέβησαν μέσον τῆς θαλάσσης εἰς τὴν ἔρημον, καὶ ἐπορεύθησαν ὁδὸν
τριῶν ἡμερῶν διὰ τῆς ἐρήμου αὐτοὶ καὶ παρενέβαλον ἐν Πικρίαις.
9 ^{9}*καὶ ἀπῆραν ἐκ Πικριῶν καὶ ἦλθον εἰς Αἰλίμ· καὶ ἐν Αἰλὶμ δώδεκα*
πηγαὶ ὑδάτων καὶ ἑβδομήκοντα στελέχη φοινίκων, καὶ παρενέβαλον
10 *ἐκεῖ παρὰ τὸ ὕδωρ.* ^{10}*καὶ ἀπῆραν ἐξ Αἰλὶμ καὶ παρενέβαλον ἐπὶ*
11 *θάλασσαν ἐρυθράν.* ^{11}*καὶ ἀπῆραν ἀπὸ θαλάσσης ἐρυθρᾶς καὶ παρεν-*

ABFMV (963) *O''* *C''* *bdfnstxyz* al verss

Εἰρώθ tr F^{a} | *παρενέβαλον* 2°] -*λλον* G 53 343 84 527; -*λωσαν* 82; > 799 ^{Lat}PsAmbr *Mans* 4 | *ἀπέναντι Μαγδώλου*] *εκ μακδωλου απεναντι* 129; om *ἀπέναντι* 799 | *Μαγδώλου*] -*δολου* 58-72 52-529 53′ 75-767 343 71′ 318 59 319; *makdōlay* Arm; *μαγδαλου* M′ 246 628; *magdōl* Sa^{1} Syh; *magdōn* Sa^{12}; *magdōlōn* Bo; *mandolo* ^{Lat}cod 100

8 om init — (36) fin 55 | om init — *Εἰρώθ* 610 | *ἀπῆραν*] > 799; post *Εἰρώθ* tr 71′ | *ἀπέναντι Εἰρώθ*] pr *e magdōlōn* Bo; pr *ab* Aeth^{C}; *απο ηρωθ* 799; *εκ μαγδωλου* (-*δολ.* 58; *μογδ.* 458) 58 *d*$^{(-610)}$ *n* 344 *t* ↓ | *Εἰρώθ*] pr *magdalou* Aeth^{C}; *ιρωθ* 52 527 407; *αειρωθ* 376 Sa; *ḥ'ryt'* Syh; *iarōth* (*niar.* B) Bo; *ερωθ* Compl; *epiroth* Arm; *ρωθ* 318; *μαγδωλου* 121 68′-120 (sed hab Ald) | om *καί* 2° 799 | om *μέσον τῆς θαλάσσης* Arab | *μέσον*] pr *εις* 319; pr *ανα* Ald; *περαν* F*(c pr m) *b* (sed hab Compl); post *θαλάσσης* tr G | *θαλάσσης*] + *ανα μεσον της θαλασσης* 29 | *εἰς τὴν ἔρημον*] *rubri* Bo | *καί* 3° — *ἐρήμου*] om *καί* 799 Bo^{A}; > ^{Lat}cod 104 | *ὁδόν* — *ἐρήμου*] *δια της ερημου τριων ημερων οδον* 799; post *αὐτοί* tr Arm | *ημερων τριων* 381′ 619 | *διὰ τῆς ἐρήμου*] *εις την ερημον* F Aeth; + *δια* 376* | *αὐτοί*] *ουτοι* 127; *ηθαμ* 426 Aeth^{C} = 𝔐; > B* 72 77 799 Bo (sed hab Sixt); post *καί* 4° tr 59 | *παρενέβαλον*] -*λλον* G 53 343 84 527; -*λοσαν* (-*λωσαν* 82 799) 82 321′^{mg} 799; *παρεβ.* 346^{txt} | *ἐν Πικρίαις*] *εν πικριας* 68′-120* (sed hab Ald); *in pigries* ^{Lat}cod 100; [*in*] *principes* ^{Lat}cod 104

9 init — *ἦλθον*] *κακειθεν* 799; om init — *Πικριῶν* ^{Lat}cod 100 | *Πικριῶν*] pr *των* 58; -*κριας* 82 Aeth; -*κριαις* 458 619 | *καί* 2° 963] > Bo | *ἦλθον*] *εισηλθον* 426; *παρενεβαλωσαν* 82 | *εἰς*] *εν* 82 | *Αἰλίμ* 1° 29-426 *d*$^{-44}$ *t*$^{-84}$ = Compl Sixt] *ελιμ* 44 664 318 Sa; *ελημ* 799 Bo^{B}; *ēlim* Bo^{A}; *αιλημ* *oI*$^{-15}$ 528 321′ 84 392*(vid) 18′-126-628-630′; *ελειμ* V G-58-72 *C′*$^{-417\ 422}$ 314 53 54′-75 30 527-619* 68′-120′ 59; *αλειμ* 82; *σελειμ* (-*λιμ* 767*) 458-767; *σαλειν* 509; *αιλειμ* rell | *καί* 3°] bis scr G(|); + *ην* 72 30; + *ησαν* 19 799 Aeth Arm Bo (sed hab Compl) | *ἐν Αἰλίμ*] *εις ελημ* 799; *εκεισε* 44; om *ἐν* 527 | *Αἰλίμ* 2° 29 *d*$^{-44}$ 74′-76 Sa^{1} = Compl Sixt] *ελιμ* 426 318 Bo Sa^{12}; *αιλημ* *oI*$^{-15}$ 528 321′ 84 392*(vid) 18′-126-628-630′; *ελειμ* F V *O*$^{-426}$-72′ *C*-46-52′-414′ 53′-246 *n* 527 68′-120′ 59 319; *αλειμ* 82 509; *αιλειμ* F^{b} rell | *δώδεκα*] pr *εισαν* 319 | *ὑδάτων*] bis scr A | *ἑβδομήκοντα*] *ō* 72; > 75^{c}; + *duae* Ruf *Num* XXVII 11 | *στελέχη φοινίκων* F^{b}] -*χαι φοινικων* F; *φοινικες* 82 | *καί* 5° ⌒(10) 2° 616 71′ | *παρενεβαλλον* G 53 84 527; *παρενεβαλοσαν* (-*λωσαν* 82) 82 321′^{mg} | om *ἐκεῖ* 318 | *παρά* — fin] *circa aquam* ^{Lat}codd 100 104; *παρα τα υδατα* *b* 121 407 Bo (sed hab Compl); sub ÷ G Syh; > Arab = 𝔐

10 om *καί* 1° 799 | *ἀπῆραν*] *απηλθαν* 129 | *ἐξ Αἰλίμ*] *εκ σελιμ* 318 | *Αἰλίμ* 29-426 *d* *t*$^{-84}$] *ελιμ* 458 ^{Lat}cod 104 Bo Sa^{12} = Compl; *ελημ* 799; *αιλημ* *oI*$^{-15}$ 84 392*(vid) 18′-126-628-630′; *ελειμ* V *O*$^{-426}$-72 16-46′-52′-77^{c}-414′-529 314* 53′-56 *n*$^{-458}$ 527 68′-120′ 59 319; *αλειμ* 82; *αιλειν* 509; *αιλειμ* rell | *καὶ παρενέβαλον*] *κακειθεν* 799 | *παρενέβαλον*] -*λλον* G 53 527; -*λλωσαν* 82; *παρεβ.* 130 | *ἐπί*] *εις* *C''* 246 767 392 | *θάλασσαν*] pr *την* 53′

ἔβαλον εἰς τὴν ἔρημον Σίν. [12]*καὶ ἀπῆραν ἐκ τῆς ἐρήμου Σὶν καὶ* 12
παρενέβαλον εἰς Ῥαφακά. [13]*καὶ ἀπῆραν ἐκ Ῥαφακὰ καὶ παρενέβαλον* 13
ἐν Αἰλούς. [14]*καὶ ἀπῆραν ἐξ Αἰλοὺς καὶ παρενέβαλον ἐν Ῥαφιδίν, καὶ* 14
οὐκ ἦν ὕδωρ τῷ λαῷ πιεῖν ἐκεῖ. [15]*καὶ ἀπῆραν ἐκ Ῥαφιδὶν καὶ παρενέ-* 15
βαλον ἐν τῇ ἐρήμῳ Σινά. [16]*καὶ ἀπῆραν ἐκ τῆς ἐρήμου Σινὰ καὶ παρ-* 16

ABFMV *O''* *C''* *bdfnstxyz* al verss

11 init — *ἐρυθρᾶς*] om *ἀπῆραν* 319 799; bis scr 19 | *ἀπό*] *εκ* 417 246 54-75′; *επι* 628* | *καὶ παρενέβαλον*] *και παρενεβαλλον* G 53 527; *και παρενεβαλωσαν* 82; *ηλθον* 799; ⌒(12) 19 319 (sed hab Compl) | *εν τη ερημω* A M′ *oI* *C''* *s y* 18′-126-628-630′ Arm^{te} | *Σίν*] *σειν* B V G 129 127-767 x^{-527} 799 (sed hab Sixt); *σην* 72 246*; *σημ* 527; *σινα* 550′ 59 ^{Lat}cod 100 Aeth^{-C} (sed hab Ruf *Num* XXVII 11); > A(|); ⌒(12) 537 59
12 init — *παρενέβαλον*] *και* 125; *και εκειθεν* 799; > Arab | *απαραντες* 392 | *ἐκ*] *απο* 376 | *Σίν*] *σειν* B V G 129 127-767 x^{-527} (sed hab Sixt); *σην* 72; *σημ* 527; *σινα* 550′ ^{Lat}cod 100 Aeth^{-C}; absc 422; > A(|) | *καί* 2°] > 392(||); ⌒(13) 2° 528 | *παρενέβαλον*] *-λλον* G 53 527; *-λωσαν* 82; *ηλθον* 319 ^{Lat}cod 100 | *εἰς*] *εν* 799; > 82(|) | *Ῥαφακά*] *-και* 58; *-καν* A 52′-77-550-761^{c} 121; *ραφακ* 343′; *ραφα* V Arm; *ραφεκ* 321^{mg}(vid); *δαφακα* 767; *daphaga* Sa^{1}; *ρακαφα* 68′-120 (sed hab Ald); *rafasa* ^{Lat}cod 100; *ραφαειν* 29; sup ras 551; ⌒(13) 15 414 44 319
13 om *ἀπῆραν* 799 | *ἐκ*] *απο* 29 799; *εις* G | *Ῥαφακά*] *-και* 58; *-καν* $C''^{-16(414\ 528)\ 529\ 551\ 761}$; *ραφακ* 343′; *ραφα* V Arm; *ραφεκ* 346^{mg}(vid); *daphaga* Sa^{1}; *δαφακαν* 767; *ρακαφα* 68′-120 (sed hab Ald); *raphaki* Bo^{B}; *rafasa* ^{Lat}cod 100; *ραφαειν* 29 | *καί* 2°] > 799; bis scr 321(|) | *παρενεβαλλον* 53 527; *παρενεβαλωσαν* 82 799 | *ἐν*] *εις* O'^{-15} 426-72 *d n t* x^{-509} 121 799; > 509 | *Αἰλούς*] *ελους* G-72^{c}-376 16-46-77-422-529 129 318 59; *ελως* 72*; *halus* Ruf *Num* XXVII 12; *αιλεις* 82; *ελις* 54-75^{c} Bo; *ελεις* 75*-127-458; *ελιμ* V ^{Lat}cod 100 Arm Sa^{12}; *ailim* Sa^{1}; *αιλειμ* B 509-619 (sed hab Sixt); *ελειμ* 407 319; *σελημ* 527; *αιλην* 71
14 om *ἀπῆραν* 799 | *ἐξ Αἰλούς*] *απο αιλ.* 799; *εκ σελις* 75 | *Αἰλούς*] *ελους* G-72 $C^{-16\ 500}$-46-422 129 630 59; *ελις* 54 Bo; *ελεις* 127; *ολης* 458; *halus* Hi *Ep* LXXVIII 13; *ailim* Sa^{1}; *elim* Sa^{12}; *ελουμ* 318; *ελειμ* V 407 319 ^{Lat}cod 100 Arm; *αιλειμ* B 71′ (sed hab Sixt); *αλειμ* 82 509; *σελημ* 527 | *καὶ παρενέβαλον*] *και παρενεβαλλον* G 53 527; *και παρενεβαλωσαν* 82; > 799 | *ἐν*] *εις* 58-72 *d* 129 *n t* 527 121 319; *εκ* 64*(vid) | *Ῥαφιδίν* M V 29-376 46-52′-77-414′-528-529-550′ 53′^{c}-129 54-75^{c}-458 321′ 71′ y^{-121} 18′-126-407-628-630′ Sa = Compl Sixt] *ραφηδιν* 416; *-δην* 72-82 53′* 75*(vid) 527 59; *ραφαδειν* 616; *-διμ* 426 *d t* Syh = 𝔐; *-δειμ* 761; *ραφιαδειν* 767; *raphazin* Bo; *-δειν* rell | om *καί* 3° — fin 16-46 53′ 18 | *οὐκ ἦν*] post *ὕδωρ* tr 134 | *ἦν* B M′ V *oI d* 129-246 *n* 30 *t x* 318 126-128-407-628-630′ 319 799 Arm Bo] pr *ibi* Aug *Loc in hept* IV 120; + *εκει* rell = Sixt 𝔐 | *ὕδωρ*] + *εκει* 381′ Bo; post *λαῷ* tr G 319 | *τῷ λαῷ*] pr *εν* 319 799; > ^{Lat}cod 104(vid) = Compl | *πιεῖν ἐκεῖ* B*] *ωστε πιειν* 343-344^{mg}; *ποιειν* (*ποιεν* 767*) 767 = Ald; tr B^{c} M′ V 15′ *d* 129-246 *t* x^{-527} 126-128-407-628-630′; om *ἐκεῖ* rell = Sixt 𝔐
15 om *ἀπῆραν* 799 | *ἐκ*] *εν* 346* | *Ῥαφιδίν* M V 29-376 46-52′-77-528-529-550′-551 53-129 54-458 321′ 318 18′-126-407-628-630′ Sa = Compl Sixt] *ραφηδιν* 416; *-δην* 72-82 75 527 59 319; *ραφαδειν* 616 509; *ραφαδιν* 392; *ραιδειν* 130(|); *ραβιδιν* 414; *ραφιαδειν* 767; *-διμ* 426 *d t* Arm^{te} Syh = 𝔐; *-δειμ* 761; *raphazin* Bo; *-δειν* rell | om *καί* 2° 799 | *παρενέβαλον*] *-λλον* G 53 527; *-βαλωσαν* 82 799;

17 ἐνέβαλον ἐν Μνήμασιν τῆς ἐπιθυμίας. 17καὶ ἀπῆραν ἐκ Μνημάτων
18 τῆς ἐπιθυμίας καὶ παρενέβαλον ἐν Ἀσηρώθ. 18καὶ ἀπῆραν ἐξ Ἀση-
19 ρὼθ καὶ παρενέβαλον ἐν Ῥαθαμά. 19καὶ ἀπῆραν ἐκ Ῥαθαμὰ καὶ
20 παρενέβαλον ἐν Ῥεμμὼν Φάρες. 20καὶ ἀπῆραν ἐκ Ῥεμμὼν Φάρες καὶ
21 παρενέβαλον ἐν Λεβωνά. 21καὶ ἀπῆραν ἐκ Λεβωνὰ καὶ παρενέβαλον

ABFMV *O''* *C''* *bdfnstxyz* al verss

ηλθον 319 | *εις την ερημον* (*εριμον* 767) 29 *d* n^{-458} *t* Arm^{te}; *εκ της ερημου* 458 | *τῇ*] *γη* 407; > 126 | *Σινά*] pr *τη* A F 58 $C''^{-422\ 529\ 761*}$ 118′ 129 *s* y^{-318} 68′-120 59; *του σηνα* 72; *σεινα* B* G (sed hab Sixt); *σιναι* M^{mg} 426 54′-458 416; *σιναιν* 75; *σι*^{v} 126; ⌒(16) d^{-106} 767 Bo

16 om *ἀπῆραν* 319 799 | *ἐκ τῆς*] *απο* 319 | *Σινά*] pr *της* 58; *σεινα* B* G (sed hab Sixt); *σηνα* 72 30; *σιναι* M^{mg} 426 n^{-767} 416 | *καὶ παρενέβαλον*] pr *και* 246(|); *και παρενεβαλλον* G 53 527; *και παρενεβαλωσαν* 82; *και* (> ^{c}) *ηλθον* 319; > 799 | *ἐν Μνήμασιν*] *εις* (+ *τα* 125 799) *μνηματα d n t* 799; *ad memoriam* ^{Lat}codd 100 104 | *ἐν*] *επι τοις* 619; ⌒(17) *C*-46 | *μνηματι b* 53′ (sed hab Compl); *μημασι* V | om *τῆς* 2° B* 29 53′ (sed hab Sixt) | *ἐπιθυμίας* — (19) *Ῥαθαμά*] sup ras A

17 init — *ἐπιθυμίας*] *κακειθεν* 799; > 551 54 319 ^{Lat}codd 100 104 Sa^{1}: homoiot; bis scr 610 | *απηρας* 246*(c pr m) | *Μνημάτων*] pr *των b d* 127-767 *t* 509 (sed hab Compl); *των ματων* 75; *μνημασι* 72; *μηματων* 64*; sup ras 5 litt 57 | *τῆς ἐπιθυμίας*] om *τῆς* B M′ V $O'^{-58\ 72}$ *f* x^{-509} (sed hab Sixt) = Compl Ra; > 509 | om *καί* 2° 799 | *παρενέβαλον*] *-λλον* G 53 527; *-λωσαν* 82; *ηλθον* 319 799; ⌒(18) 343 | *ἐν*] *εις* 72 *d* f^{-129} *n t* 318 = Compl | *Ἀσηρώθ*] *ασιρωθ* 72 125 75; *ασειρωθ* 509 68′-120; *ασσ.* 127; *ασηδωθ* 407; *σηρωθ* 18-628; *atheroth* ^{Lat}cod 100; ⌒(18) 54 669^{txt} 319 ^{Lat}cod 100

18 om *ἀπῆραν* 44 799 | *ἐξ Ἀσηρώθ*] *εκ σηρωθ* 130 18-628; *εκ σασυρωθ* 82 | *ἐξ* F^{a}] *εκ* F F^{b}; *απ* 44-107′; *απο* 125; *εν* 321′ 59; sup ras 68 | *Ἀσηρώθ*] *ασιρωθ* 72 75; *ασειρωθ* 509 68′-120; *ασσ.* 127; *ασηδωθ* 407; *νασ.* 669$^{(mg)}$; *αρηρωθ* 19*(c pr m) | *καὶ παρενέβαλον*] om *καί* 44; > 799 | *παρενέβαλον*] *-λλον* G 53 527; *-λωσαν* 82; *παρεβ.* 130; > 319 | om *ἐν* — (19) *ἀπῆραν* 313 | *ἐν*] *εις* M′ V *oI d n t* 18′-126-628-630′ 799; *εκ* 615 | *Ῥαθαμά*] pr *τη* 739; *ραθεμα* 799; *rathaman* ^{Lat}cod 100; *ραθμα* O^{-58*} ^{Lat}cod 104 Ruf *Num* XXVII 12te Sa^{1}; *rethman* Bo; *αραθ.* 73*; *ραμα* 82; *ραμαθα b* 54-75′ 84 392 (sed hab Compl); *θαραθαμα* 121; ⌒(19) 319

19 init — *παρενέβαλον*] *κακειθεν* 799 | *ἐκ*] *εν* 73′ | *Ῥαθαμά*] *-μαν* 72 ^{Lat}cod 100; *ραθμα* O^{-G} Sa^{1}; *rethman* Bo; *ραμα* 82; *ραμαθα b* 54-75′ 30 84 392 (sed hab Compl); *ραμαθ* G; *ρη*[. . .]*μα* 528 | *καί* 2° — (20) *Φάρες*] > 458: homoiot; post (21) *Λεβωνά* tr 28-85$^{c\ pr\ m}$ | *παρενέβαλον*] *-λλον* 53 527; *-λωσαν* 82; *παρεβ.* 130; > 319 | *ἐν*] *εις d* $n^{(-458)}$ 30′ *t* 799; *εκ* 46* 509 120 | *Ῥεμμών* F^{a}] *ρεμων* *C''* *d* 75 343 126-669^{c1} 799 Arm Sa^{12} = Compl; *ραιμμων* 381; *ραιμων* 618; *ρεμβων* 68′; *ρεβων* 669*(vid); *ρεμω* 72; *ρεμμωθ* F G-58-707 f^{-246} 392 120 59; *ρεμωθ* 246 318 | *Φάρες*] > 417 53′; ⌒(20) 767 319 ^{Lat}cod 100

20 init — *παρενέβαλον*] *και εκειθεν* 799 | *απηρεν* 82 | *ἐκ*] *εν* 500 | *Ῥεμμών* F^{a}] *ρεμων* 82 *C''* d^{-125} 75 343 126 Arm Sa^{12} = Compl; *ραιμμων* 381; *ραιμων* 618; *ραμμων* B (sed hab Sixt); *ραμων* 125; *ρεμβων* 68′; *ρεμω* (*ραμω* 246*) 72 246; *ρεμμωθ* F G-58-707 53′ 120 59; *ρεμωθ* 56 | *Φάρες*] *φαρεθ* 72 | *παρενέβαλον*] *-λλον* G 53 527; *-λωσαν* 82; *παρεβ.* 417*; *-λεν* 28; ⌒(21) 85*(c pr m) | *ἐν*] pr *εν λεβαλον* 246; *εις* *O*-29 422 *d n* 30′ *t* 392 799 = Ald Sixt | *Λεβωνά*] *λαιβ.* 82 127 84; *libōna* Sa^{12}; *λεβωμα* F^{b}; *λωβενα* 106; *ρεβ.* 56; *ρεβονα* 53′; *λεαβ.* 129; *λεμβ.*

εἰς Δεσσά. [22]*καὶ ἀπῆραν ἐκ Δεσσὰ καὶ παρενέβαλον εἰς Μακελάθ.* 22
[23]*καὶ ἀπῆραν ἐκ Μακελὰθ καὶ παρενέβαλον εἰς Σάφαρ.* [24]*καὶ ἀπῆραν* 23 24
ἐκ Σάφαρ καὶ παρενέβαλον εἰς Χαραδάθ. [25]*καὶ ἀπῆραν ἐκ Χαραδὰθ* 25

ABFMV *O'' C'' bdfnstxyz* al verss

V 68 = Ald; *λεγωνα* 72; *λεμωνα* B 767 x^{-509} 407 (sed hab Sixt) = Ra; *λεμωννα* 509; *lamona* ^{Lat}cod 104; ⌒(21) 106^{txt} 130 319 Bo^{B*}

21 om init — (22) fin ^{Lat}cod 104 | init — *παρενέβαλον*] *και εκειθεν* 799; *ειτα* d^{-106} | *απαραντεις* 376 | *Λεβωνά*] *λαιβ.* 82 127 84; *libōna* Sa^{12}; *λαβ.* G; *-νος* 422; *λεαβ.* 129; *λεβωμα* F^b; *ρεβονα* 53′; *λεγωνα* 72; *λεμβ.* V = Ald; *λεμωνα* B 767 527′ 407 (sed hab Sixt) = Ra; *λαιμωνα* 619; *λεμωννα* 509; *λ[. . .]να* $106^{(mg*)}$ | *καί* 2°] > 376; ⌒(22) 2° 527 Sa^{12} | *παρενέβαλον*] *-λλον* G 53; *-λωσαν* 82; *παρεβ.* 129; *ηλθον* 319 | *εἰς*] *εν* 29; + ras 1 litt 707 | *Δεσσά* F^a] *δεσα* 72 44-125 767* 799; *δεσσαν* 82; *δασα* 319; *ρεσσα* (*ρεσα* 77-414-417*-528; *ρασσα* 376 313-615*) A F *O*-15-29-707 *C''* f^{-129} s^{-344c} y^{-121} 68′-120 ^{Lat}Ruf *Num* XXVII 12 = Compl; *rs*' Syh; *ρεσσαν* oI^{-15} = Ald Sixt; *δρεσσα* F^b *b*; *θερσα* 121; *thessa* Bo; *lesa* ^{Lat}cod 100; ⌒(22) 319 $Aeth^M$

22 init — *παρενέβαλον*] *και εκειθεν* 799 | *απαραντε⟨ς⟩* 376 | *Δεσσά* F^a] *δεσα* 72 44-106(vid)-125; *δασσα* 619*; *δεσσαν* 82; *ρεσσα* (*ρεσα* 77-414-528) A F 29-58-426 *C''* 53-56′ s^{-344c} y^{-121} 68′-120 = Compl; *rs*' Syh; *ρεσσαν oI* = Ald Sixt; *ρασσα* G-376 664; *δρεσσα b*; *κρεσσα* 707; *θερσα* 121; *thessa* Bo; *lesa* ^{Lat}cod 100 | om *καί* 2° 376 | *παρενέβαλον*] *-λλον* G 53 527; *-λωσαν* 82; *παρεβ.* 131 392; *-νελαβον* 59; > 319 | *εἰς*] *εν* (*ε* 707*) F oII^{-82} f^{-129} 392 68′-120 59 (sed hab Ald) = Compl | *Μακελάθ*] *-λλαθ* B M′ V G 44-107′ 129 *t* 509 407 319 Arm = Ra; *-λεθ* *C''* $s^{-30'}$ 71′ 392 669*; *-λλεθ* 527; *-λα* 799; *-λαθα* 426; *magellath* Sa; *magallat* ^{Lat}cod 100; *-λαδ b* (sed hab Compl); *-καλαθ* 82; *-κωλαθ* 246*(cprm); *μακεαθ* 707; *μακεδαδ* 127*; ⌒(23) 319

23 init — *παρενέβαλον*] *και εκειθεν* 799 | *απαραντες* 376 | *ἐκ*] *εν* 127^{*vid} 120 59*; *εγ* 53 | *Μακελάθ*] *-λλαθ* B M′ V^c G 107′ 129 *t* 509 407 Arm = Ra; *-λεθ* C''^{-616*} $s^{-30'}$ 619 392; *μαλελεθ* 616*; *magellath* Sa^1; *magallat* ^{Lat}cod 100; *-λλεθ* 527; *-καλαθ* 82; *-λαθα* 426; *-λαδ b* (sed hab Compl); *magellad* Sa^{12}; *macedat* ^{Lat}cod 104; *μακεαθ* 707 | *καί* 2°] > 376 85*(cprm); bis scr 57(|) | *παρενέβαλον* — (26) fin] sup ras 664 | *παρενέβαλον*] *-λλον* G 53 527; *-λωσαν* 82; > 319; ⌒(24) ^{Lat}cod 100 | *εἰς*] *εν* A F *oI'* f^{-129} $s^{-28\ 85}$ *y* z^{-407} 59 = Compl ↓ | *Σάφαρ* B^c V 82 *b* 129 71*-509-527-619^c 319 Bo Sa^1 = Sixt] pr (※ G) *ορος* O^{-58} 767 Arab Syh ↓; *ορος αφαρ* 58; *σαφαν* 71^c-619* ^{Lat}cod 104; *σαφαρθ* 529; *αφαρ* 407 Sa^{12}; *sophar* Arm^{te}; *siphar* Arm^{ap}; *ασσαφαρ* 75; *σασαφαρ d* 54′-458 *t*; *σαραφαθ* 59; *αρσαφαρθ* C''^{-529} $s^{-28\ 85}$; *αρσαφαθ* F 29 28-85 = Ald; *αρσαφα* 799; *αρσαφαν* 53′-56; *αρσαφαρεθ* (*αραφ.**) 392; *αρσαφαρ* rell = Compl; ⌒(24) 319

24 *ἀπῆραν*] *απαραντες* 376; > 44 799 | *ἐκ* A B F M′ V oII^{-29} *b* d^{-44} 53′-246 n^{-54} *t x* 121 407-669* 59] *απο* 44 799; *εξ* (*εκς* 129 54) rell = Compl | *Σάφαρ* B V 82 *b* 129 767 *x* 121 407 Arab Bo Sa^1] pr (※ G) *ορους* (*ορος* 426 ↓) O^{-58} Syh = 𝔐; *ορους αφαρ* 58; *ορους αρσαφαρ* (*-φαθ* Ald) 68′-120; *aphar* Sa^{12}; *sophar* Arm; *σασαφαρ d* 54′-75 *t*; *σεσαφαρ* 458; *σαραφαθ* 59; *ρασσαφαρ* 707; *σαρσαφαρ* A; *σαρσαφα* 799; *σαφαρεθ* 392; *ναρσαφαν* 53′; *αρσαφαρθ* (*ασαφ.* 529* 343) C''^{-552} 30-130-321′-343′; *αρσαρφαρ* 318; *αρσαφαθ* F 29 552 28-85-730;

---

23 *εἰς Σάφαρ*] *ο' ἐν ὄρει Σάφαρ* 344 | *Σάφαρ*] *οἱ λ' ὄρος Σάφαρ* (*εαφαρ* M; *αφαρ* 130) M′ 85′-321′

24 *Σάφαρ*] *οἱ λ' ὄρος Σάφαρ* 344

26 *καὶ παρενέβαλον εἰς Μακηλώθ.* [26]*καὶ ἀπῆραν ἐκ Μακηλὼθ καὶ παρεν-*
27 *έβαλον εἰς Κατάαθ.* [27]*καὶ ἀπῆραν ἐκ Κατάαθ καὶ παρενέβαλον εἰς*
28 *Τάραθ.* [28]*καὶ ἀπῆραν ἐκ Τάραθ καὶ παρενέβαλον εἰς Ματεκκά.* [29]*καὶ*
29

ABFMV *O*'' *C*'' *bdfnstx*(527)*yz* al verss

αρσαφαρ rell = Compl | *καὶ παρενέβαλον*] om *καί* 44; > 799; ⌒(25) 72 73′ 246 527 126 | *παρενέβαλον*] *-λλον* 53; *-λωσαν* 82; *παρενεβα* 18(|); *ηλθον* 319 | *εἰς*] *εν* 82 799; *επι* A F *oI*-29-707 $C''^{-(73') 616*}$ 53′-56 s^{-344mg} *y* $z^{-(126) 407}$ 59 = Compl | *Χαραδάθ*] *χαρδαθ* 551* Bo; *-δα* 82-426-707 53′-56 68′-120 Syh (sed hab Ald); *-δαι* Compl; *-δαδ* *b*; *-δαμ* 799; *χαραλαθ* V; *χαρμαθ* 129; *χαραθ* 75′ ^{Lat}cod 100; *ca*[. . . ^{Lat}cod 104; *χαραδ* 106; ⌒(25) 319 $Arab^{txt}$

25 *ἀπῆραν ἐκ*] *απο* 44 799 | *Χαραδάθ*] *-δαι* Compl; *chardath* Bo; *-δα* 82-426-707 53′-56 68′-120 ^{Lat}cod 104 Syh (sed hab Ald); *-δαδ* *b*; *χαραθ* 761^{mg} 75′ 318 ^{Lat}cod 100; *χαραθαδ* 131; *-δαμ* 799; *χαρμαθ* 129; *χαραλαθ* V; *ραδαθ* 18* | *καὶ παρενέβαλον*] om *καί* 376 44; > 799; ⌒(26) 52′-313 | *παρενέβαλον*] *-λλον* G 616*(vid) 53 527; *-λωσαν* 82; *παρεβ.* 376 76*; *-λεν* 46*; > 319 | *εἰς*] *εν* 29 59 | *Μακηλώθ* A B F V O^{-376}-29 $C''^{(-52' 313)}$ 129 767 $s^{-343'}$ *x* 59 319 ^{Lat}cod 100 Arm Bo Sa^{1} Syh] *magelōth* Sa^{12}; *machelos* ^{Lat}cod 104; *μακηδωλ* 344^{mg}; *μακηδων* Compl; *μακηδω* 82; *μακεδωθ* 318*; *μακεδωδ* $318^{c\,prm}$; *μακιδωθ* 75; *μακηδωθ* (litt *κηδωθ* sup ras 127) rell; ⌒(26) 319

26 om comma 68^{txt} | *καὶ ἀπῆραν*] om *ἀπῆραν* 44 799; bis scr 130 | *Μακηλώθ* B F V O^{-376}-29 $C''^{(-52' 313)}$ 129 767 $s^{-343'}$ *x* 59 ^{Lat}cod 100 Arm Bo Sa^{1} Syh] [. .]*celos* ^{Lat}cod 104; *magelōth* Sa^{12}; *μακεδωλ* 344^{mg}; *μακεδωθ* 458; *μακηδω* 82; *μακηδων* Compl; *μακεδωδ* 318; *μακηδωθ* rell | om *καὶ παρενέβαλον* 44 799 | *παρενέβαλον*] *-λλον* G 53 527; *-λλοσαν* 82; > 319 | *εἰς*] *εν* 82-426 799 | *Κατάαθ*] *κατт.* G Arm^{te} Sa^{1}; *κατθααθ* F 392 = Compl; *καττaθ* 54′-75 Arm^{ap}; *καταθ* 458; *κατθααθα* 246; *καγααθ* 509; *θααθ* 58-426 767; *καταθααθ* 72′; *κατθααν* 68′-120 (sed hab Ald); *καθθαθι* 56; *κααθ* *d t* x^{-509} ^{Lat}cod 100; *καθαδδι* 53′; *ταταaθ* 319; *καταν* 129; *καθθαακ* 376; *βαταaθ* 82 799; *tḥt* Syh = 𝔐; ⌒(27) 319

27 *καί* 1°] ⌒(28) 1° 54; ⌒(28) 2° ^{Lat}cod 100 | *ἀπῆραν*] *απαραντες* 376; > 799 | *Κατάαθ*] *kattaath* Arm^{te}; *καττaθ* 127 Arm^{ap} Sa^{1}; *κατθααθ* F 56 392 = Compl; *κατθααθα* 246; *καταθ* 75′ 509; *καταθααθ* 72; *ταθααθ* 707; *θααθ* 58-426 767; *κααθ* d^{-125} *t* x^{-509}; *χααθ* 125; *ατταaθ* G; *καθθαακ* 376; *καθαδδι* 53; *καθαδι* 664^{c}; *κα*[. .]*αδι* 664*; *κατθααν* 68′-120 (sed hab Ald); *καταν* 129; *ibath* ^{Lat}cod 104; *βαταaθ* 82 799; *τααθ* 318; *tḥt* Syh = 𝔐 | *καὶ παρενέβαλον*] om *παρ.* 319; > 799; ⌒(28) 528 125 129 628 | *παρενεβαλλον* 53 527; *παρενεβαλωσαν* 82 | *εἰς*] *εν* 29; + *εκ* 59 | *Τάραθ* F^{a}] *θαραθ* A M′ 58-oI'^{-82} $C''^{-52' 313 (528) 616}$ $f^{(-129)}$ s^{-344c} *y* $z^{-407 (628)}$ 59 = Compl; *θαρεθ* 767; *θαρααθ* 616; *θαραθαθ* 52′-313; *θαρα* 426 344^{c}; *trḥ* Syh = 𝔐; *ταρα* 82; *σταραθ* 71′; *karaath* Arm^{te}; *garath* Bo^{B}; *εκαραθ* F; *γαραραaθ* 799; ⌒(28) 767 319

28 init — *παρενέβαλον*] *κακειθεν* 799 | *ἀπῆραν ἐκ*] *απο* 44 | *Τάραθ* F^{a}] *θαραθ* A M′ 58-oI'^{-82} $C''^{-52' 313 (528) 616}$ 56-246*-664 $s^{-30\ 344c}$ *y* 68′-120-126-128-630-669^{c} 59 = Compl; *θαραθα* 313; *θαραθαθ* 52′; *θαρααθ* 616 246^{c}; *τεραθ* 314; *θαρα* 426 344^{c}; *trḥ* Syh = 𝔐; *ταρα* 82; *ραθαθ* 18; *ταρααθ* 19′; [.]*αραθ* 669*; *εκθαραθ* F; *καθαραθ* 53 30; *garath* Bo^{B}; *karaath* Arm^{te}; *σταραθ* 619 | om *καὶ παρενέβαλον* 44 | *παρενέβαλον*] *-λλον* G 53 527; *-λωσαν* 82; > 319; ⌒(29) 72 | *Ματεκκά* B F^{a} V 82 127-767 319 ^{Lat}cod 100 Bo] *-κκαν* 54-458; *ματεκα* 71′ Sa^{12}; *mateccat* ^{Lat}cod 104; *ματτ.* 376; *μετ.* 129 509; *μετεκα* 799; *ματτεκαν* 75; *ματτεκα* *b*; *ματικαα* 527; *μαθεκκαθ* C''^{-422} $s^{-321\ 730}$; *μαθεκκ*[. . . 422; *μαθεκα* 58-426 106-125 53* Arm^{te}; *μαθεκαν* 730; *mathek* Arm^{ap}; *μαθθεκα* 392; *μαθε-*

ἀπῆραν ἐκ Ματεκκὰ καὶ παρενέβαλον εἰς Ἀσελμωνά. 30*καὶ ἀπῆραν* 30
ἐξ Ἀσελμωνὰ καὶ παρενέβαλον εἰς Μασουρούθ. 31*καὶ ἀπῆραν ἐκ* 31
Μασουροὺθ καὶ παρενέβαλον εἰς Βαναιακάν. 32*καὶ ἀπῆραν ἐκ Βα-* 32
ναιακὰν καὶ παρενέβαλον εἰς τὸ ὄρος Γαδγάδ. 33*καὶ ἀπῆραν ἐκ τοῦ* 33

ABFMV O'' C'' $bdfnstx^{-527}yz$ al verss

καθ 321; μαθεκακ 18; μακεθα 68'-120; *madekka* Sa; μαθεκκα rell = edd; ⌒(29) 664* 343 319

29 om init — (47) fin 527 | om *ἀπῆραν* 799 | *Ματεκκά* B F^a V 82 127-767 509 ^{Lat}cod 100 Bo] μετ. 129; μετεκα 799; ματτεκα *b*; -κκαν 54-458; ματτ. 376; ματτεκαν 75; ματεκα 71'; . . .]*cat* ^{Lat}cod 104; μαθεκα 58-426 106-125 Arm; μαθθεκα 392; μαθθεκκα 318; μαθεκκαν 53-664$^{(c)}$; μαθεκκαθ 77-$cI'^{-46'}$ $^{57\ 422}$ 30'-85'-344-346; καθεκκαθ $C^{-77\ 131}$-57-313-422 28; καθεκαθ 46*-131; μαθεκαθ 46^c 321; μαθεκακ 18; μακεθα 68^c-120-122; μακεκα 68*; *madekka* Sa^1; *madeka* Sa^{12}; μαθεκκα rell = edd | *καὶ παρενέβαλον*] > 799; ⌒(30) *b* (sed hab Compl) | *παρενέβαλον*] -λλον G 53 28(|); -λωσαν 82; παρεβ. 313; > 319 | *Ἀσελμωνά*] ασεμ. O^{-376} 68'-120 Syh (sed hab Ald); ασσεμ. 707 56 = Compl; σασεμ. 246; ασεμονα 53'; ασσεμων 376; αλμ. 72; σαλμ. 125 319 ^{Lat}cod 100; λαμ. 59; σελμ. B d^{-125} 129 $n^{-54^*\ 767}$ *t x* 18 799 Arm Sa = Ra; ελμωνα V 54*; σαιμωνα 82; *mesemōna* Bo; ⌒(30) 319

30 om *ἀπῆραν* 44 799 | *ἐξ* (εκς 129) M' O'-29-707 C''^{-500} f^{-246} *s* 71' y^{-121} *z* = Compl] απο 44; εκ rell = Ra | *Ἀσελμωνά*] ασεμ. *O* 56 68' Syh (sed hab Ald); ασεμονα 53; ασεμμ. 707; ασσεμ. Compl; -μωνος 414-422; ασελλμωνος 46; σασεμ. 246; εσαμ. 664 120; -μωνας 551; αλμ. 72; ελμ. 71'; σελμ. B F^a V 44-107' 129 *n t* 799 Arm Sa = Ra; σελμονα 509; σαλμ. 106-125 ^{Lat}cod 100; σαιμ. (σεμ.*) 82; λαμ. 59; *mesemōna* Bo | *καὶ παρενέβαλον*] > 44 799; ⌒(31) F*(cprm) 72 59 | *παρενέβαλον*] -λλον G 53 84; -λωσαν 82; παρεβ. 664 126; ηλθον 319 | *εἰς*] εν 82 | *Μασουρούθ* = edd] -ρουτ 68'-120 ^{Lat}cod 104; -ρωθ *b* y^{-392} 18'-126-628-630'; μασερ. 799; μασηρ. 125; μασσ. M' 343 509 392 = Ra; μαρσ. 53'; μασσουρωθ B; ⌒(31) 414 319 Aeth^M

31 init — *παρενέβαλον*] κακειθεν 799 | *Μασουρούθ* = edd] -ρουτ 68'-120 ^{Lat}cod 104(vid); -ρωθ 82 *b* y^{-392} 18'-126-628-630'; μεσ. V; μασσ. B M' 509 392 Sa^{12} = Ra; μαρσ. 53' | *παρενέβαλον*] -λλον 53 767; -λωσαν 82; παρεβ. 130; > 319 Aeth^M | *εἰς Βαναιακάν*] εκ βαναικα 82 | *Βαναιακάν* G 68'-120] βανιακαν F 29-707 52'-313-417 767 s^{-30} 392; *bny'qn* Syh; βανηιακαν 426; βενιακαν 30; βανικαν A y^{-392} 407; βανακκαν M' oI^{-618} 18'-126-628-630' = Ald; βανακκα 618; ζανιακαν 58; *banaiacab* ^{Lat}cod 100; *baneakab* Bo; *ragebama* Sa^{12}; βαναια B V 376 54'-75 *x* 319 Sa^1 = Ra; βανεα *d* 458 *t*; βανα F^a; μανιακα 59; μανικαν *b*; μαναιας 129; μαναικαν 799; μανιακαν rell = Compl; ⌒(32) 552^{txt} 28 319 Aeth^M

32 init — *παρενέβαλον*] κακειθεν 799 | *Βαναιακάν* G 68'-120] βανιακαν $F^{c\,prm}$ 29-707 52'-313-417 767 $s^{(-28)}$ 392; *bny'qn* Syh; βανακαν F* 669; βανηιακαν 426; βανεκαν 82; βανακκαν M' oI^{-618} 18'-126-628-630 = Ald; βανακκα 618; βανικαν A y^{-392} 407; *banaiacab* ^{Lat}cod 100; *baneakab* Bo; *ragebama* Sa^{12}; βαναια B V 54'-75 71' Sa^1 = Ra; βανεα 376 *d* 458 *t* 509; βανα F^a; ζανιακαν 58; μανιακα 59; μανικαν *b*; μαναια 129; μανιακαν rell = Compl | *παρενέβαλον*] -λλον G 53; -λωσαν 82; περεν. 72; > 319 Aeth^M; ⌒(33) 417 | *τὸ ὄρος*] om *τό* A 121;

---

31 *εἰς Βαναιακάν*] σ' *ἐν υἱοῖς* (υοκ 321') *Ἰακάν* M(s nom) 85'(s nom)-321'(s nom)-344

34 ὄρους Γαδγὰδ καὶ παρενέβαλον εἰς Ἐτεβάθα. 34καὶ ἀπῆραν ἐξ Ἐτε-
35 βάθα καὶ παρενέβαλον εἰς Ἐβρωνά. 35καὶ ἀπῆραν ἐξ Ἐβρωνὰ καὶ
36 παρενέβαλον εἰς Γεσιὼν Γάβερ. 36καὶ ἀπῆραν ἐκ Γεσιὼν Γάβερ καὶ
παρενέβαλον ἐν τῇ ἐρήμῳ Σίν. καὶ ἀπῆραν ἐκ τῆς ἐρήμου Σὶν καὶ παρ-

ABFMV *O'' C''* *bdfnstx*$^{-527}$*yz* al verss

ad fin tr 72 | *Γαδγάδ*] pr *το* 82 = 𝔐; *γαδδαδ* 77 68 = Ald; *γαλδαδ* 71'; *γαδιγαδ* 19'-537; *γαλγαλ* F^{b} ^{Lat}cod 100; *γαγδαδ* 381; *γαλααδ* *f*$^{-129}$ 319 Aeth^{-C} Sa^{12}; *χαλααδ* 799; *γαγδαγ* 414; *γαδαδ* 618 106; *γαδαθ* 15; *γαγαδ* 529; *γαδ* V 72 *d*$^{-106}$

33 init — *παρενέβαλον*] *και εκειθεν* 799 | *ἀπῆραν*] *απηλθαν* 129; > 319 | *ἐκ τοῦ ὄρους*] pr *εκ του* 414(|); *εκ το ορος* 509; *απο το ορος* 319; om *τοῦ ὄρους* 44 59 Bo | *Γαδγάδ*] pr *του* 707 *C'*$^{-57'\ 77\ 529}$-46' *s*$^{-321}$ = 𝔐; *του γαδδαδ* 77; *γαλδαδ* 71'; *γαδιγαδ* 19-537 = Compl; *γαδιγαγ* 108; *γαγδαδ* 381 106; *γαλγαλ* F^{b} ^{Lat}cod 100; *γαγδαγ* 414; *γαλααδ* *f*$^{-129}$ 319 Aeth^{-C} Sa^{12}; *γαγαδ* 529; *γαδαδ* 618; *γαδαθ* 15; *γαδδα* 75; *γαδ* V 72 *d*$^{-106}$ | om *καί* 2° 319 | *παρενέβαλον*] *-λλον* 53; *-λωσαν* 82; *ηλθον* 319; ⌒(34) 19' (sed hab Compl) | *Ἐτεβάθα* B^{c} F 29-707 *d f t* 71 Arm = Ald Sixt] *εταβ.* 767 319 799; *-βαθ* 68'-120'; *ετεμαθα* Compl; *τεβ.* 75 59; *τεβαθ* V; *tabatha* Sa^{12}; *τεβεθα* 118'-537; *dabatha* Sa^{1}; *τεδαθα* 72; *βαθα* 82 Bo; *σετ.* B* 54' 619 ^{Lat}cod 100; *σεττ.* 458; *σετεφαθα* 509; *ιετ.* M' 58-426; *yṭbt'* Syh; *ιεταβ.* G-376; *ιεταβαθαμ* 18; *ιεταβαθαν* rell; ⌒(34) 319 Aeth^{M}

34 init — *παρενέβαλον*] om *ἀπῆραν* 44; *και εκειθεν* 799 | *ἐξ Ἐτεβάθα*] *εκ σετ.* B* 246 54' ^{Lat}cod 100; *εκ σεττ.* 458; *εκσσετεμβαθα* 75; *εκ εταβ.* 767; *εκ βαθα* 82 Bo^{A}; *εκ ιετεβ.* 58; *εκ τεβεθα* 118'-537; *εκ τεδαθα* 72; *εκ τεβαθα* 59 | *Ἐτεβάθα* B^{c} F^{b} 29-707 44$^{c\,pr\,m}$-106-107' *f*$^{-246}$ *t*$^{-84}$ 71' Arm = Ald Sixt] *εταβ.* F 125 84; *-βαθ* 68'-120'; *ετεβα* 44*; *ετεφαθα* 509; *τεβαθ* V; *tabatha* Sa^{12}; *debatha* Sa^{1}; *ebatha* Bo^{B}; *ετεμαθα* Compl; *ιεταβ.* G-376 318 416; *ιετ.* M 426; *yṭbt'* Syh; *ιεταβεθαν* 550'; *ιαταβαθαν* 422; *ιεταβαθαμ* 18; *ιεταβαθαν* rell | *καί* 2° — (35) *Ἐβρωνά*] bis scr 19 | *καὶ παρενέβαλον*] om *καί* 44; bis scr 130 | *παρενέβαλον*] *-λλον* 53; *-λωσαν* 82; *παρεβ.* 76*; > 319 | *Ἐβρωνά*] *αιβρ.* 82; *ευρ.* 343; *εβρω*^{ν} 126; *σεβρ.* B M' 19 *d* 54'-75^{c}-458 344*(vid) *t* 71' *y*$^{-121}$ 407 59 319 (sed hab Compl Sixt); *σιεβρ.* 376; *σεβρανα* 75*; *σεβωνα* 509; *ebron* Arm; *ελμωνα* 29; *rebōna* Sa^{12}; *eubrona* ^{Lat}cod 100; ⌒(35) 319

35 init — *παρενέβαλον*] *και εκειθεν* 799 | *ἐξ Ἐβρωνά*] *εκ σεβρωνα* (*ξεβρ.* 118) B M' 376 19'-118 *d n t* 71 392 59 (sed hab Compl Sixt) | *Ἐβρωνά*] *αβρ.* *C*$^{-77}$; *αιβρ.* 82; *εβρω*^{ν} 126; *εσεβρ.* 407; *ebron* Arm^{te}; *ευρ.* 343; *eubrona* ^{Lat}cod 100; *ελμωνα* 29; *rebōna* Sa^{12} | *καί* 2°] bis scr 376(||) | *παρενέβαλον*] *-λλον* G 53; *-λωσαν* 82; > 319 | *εἰς*] *εν* B^{c} M' V *O*$^{-58}$-82 129 *x* (sed hab Sixt) | *Γεσιών*] *γεσσ.* B* F^{a} 54-75' 84 392 ^{Lat}cod 104 (sed hab Sixt); *γαισ.* V; *γεσσειων* 127; *γεσηων* 628; *γεσιον* 53*; *γασσ.* 799; *'yṣynw* Syh; *γασ.* 58-426 129 121 Arm^{te} Bo; *γεασ.* *b* (sed hab Compl); *γεδσ.* F 29 85^{mg}-321'^{mg} 59; *γεδσειων* 767; *γεθσ.* 68'-120; *γεττζιον* 72; *γενεσιων* 509; *γεων* 15*(c pr m) | *Γάβερ*] *γεβερ* 319; *γαδερ* 343; *gmr* Syh; > Bo; ⌒(36) 75 343 319 799

36 om *ἐκ* 1° — *παρενέβαλον* 1° ^{Lat}cod 104 | *ἐκ* 1°] *εν* 82 509 | *Γεσιών*] *γεσσ.* B* 82 54-458 392 (sed hab Sixt); *γαισ.* V; *γαισειων* 127; *γασ.* 58-426 129 121 Arm Bo; *γεσηων* 628; *βεσιων* 376*; *γεδσιων* F 29 59; *γεθσιων* 68'-120; *γεασ.* *b*; *γεττζιον* 72; *σιων* 46*-57 28 126 = Compl; *γεδεσειων* 767; *'ṣynw* Syh | *Γάβερ*] *gmr* Syh; > 44 Bo | *παρενέβαλον* 1°] *-λλον* 53; *-λωσαν* 82; > 319 799 | *ἐν τῇ ἐρήμῳ*] *εις* (*ης* 610) *την ερημον* (*εριμ.* 767) 422 *d n t* 121 | *Σίν* 1°] *σειν* B M V G 129 127-767 509 799 (sed hab Sixt); *σην* 72; *σινα* 71' 59 319 ^{Lat}codd 100 104 Aeth; ⌒2° 319 ^{Lat}cod 104 Bo | *καί* 3° — *Φαράν*] sub ÷ G; > 426 Arab = 𝔐 |

ενέβαλον εἰς τὴν ἔρημον Φαράν, αὕτη ἐστὶν Καδής. 37 καὶ ἀπῆραν 37
ἐκ Καδὴς καὶ παρενέβαλον εἰς Ὢρ τὸ ὄρος πλησίον γῆς Ἐδώμ· 38 καὶ 38
ἀνέβη Ἀαρὼν ὁ ἱερεὺς διὰ προστάγματος κυρίου καὶ ἀπέθανεν ἐκεῖ,
ἐν τῷ τεσσαρακοστῷ ἔτει τῆς ἐξόδου τῶν υἱῶν Ἰσραὴλ ἐκ γῆς Αἰγύ-
πτου τῷ μηνὶ τῷ πέμπτῳ μιᾷ τοῦ μηνός· 39 καὶ Ἀαρὼν ἦν τριῶν καὶ 39
εἴκοσι καὶ ἑκατὸν ἐτῶν, ὅτε ἀπέθνῃσκεν ἐν Ὢρ τῷ ὄρει. 40 καὶ ἀκού- 40
σας ὁ Χανανὶς βασιλεὺς Ἀράδ, καὶ οὗτος κατῴκει ἐν γῇ Χανάαν, ὅτε

ABFMV O'' C'' *bdfnstx*$^{-527}$*yz* al verss

ἀπῆραν 2° — παρενέβαλον 2°] εκειθεν 799 | ἀπῆραν 2°] απαραντες M | ἐρήμου] ερημω 509 | Σίν 2°] σειν B V G 129 127-767 509 (sed hab Sixt); σην 72; σινα 619 59 ^{Lat}cod 100 Aeth | καί 4° — Φαράν] om καί M; > Compl | παρενέβαλον 2°] -λλον 53′; -λωσαν 82; > 319 | εἰς — Φαράν] επι την πηγην (πιγ. 108) της κρισεως 19-108^{txt}-118′^{txt}-537: cf Gen 14 7; > 82 Bo | εἰς τὴν ἔρημον] εν τη ερημω 129 319 Arm; sup ras 664; om τήν 130; om τὴν ἔρημον 18′-126-628-630′ 799 | om τήν — ἐστίν ^{Lat}codd 100 104 | Φαράν] φαρ 75 | αὕτη — fin] *et promoverunt a deserto pharan deverterunt in gadēs* Sa^{12}; om ἐστίν 82 Bo | αὕτη] η 319 | Καδής] καδεις 458; καδη 551; καδδης 58 422-529-761 53′ 71 59^{c}; καδ 130; ⌒(37) G*-58-72 *d* 767 370 Bo

37 init — παρενέβαλον] και εκειθεν 799 | απαραντες M′ | ἐκ] εγ G$^{(c)}$ 75 | Καδής] καδδης 529-761 53′ 59^{c}; *gadēs* Sa^{12} | om καί 2° M′ | παρενέβαλον] -λλον 53; -λωσαν 82; ηλθον 319 | εἰς] εν 82 | Ὤρ] pr το 551; > 707; post τό tr 529; post ὄρος tr 126 | τὸ ὄρος] pr εις 75; ααρ 82; om ὄρος *d*$^{-106}$ | om πλησίον — (39) fin Sa^{12}: homoiot | om πλησίον 458 59 | γῆς] pr της 129* 68′-120; sub ~ Syh; της M′ 82 616 54-75′ 84 392 407 799 Arab | Ἐδώμ] αιδωμ 54′-767; εδομ 509*; αιδων 29 ^{Lat}cod 100

38 Ἀαρών] post ἱερεύς tr 321* | ὁ ἱερεύς] om ὁ 422 53(|); > 58; *in montem* ^{Lat}cod 100; + πλησιον του ορους A; + (※ G Syh) εις (επι 799) ωρ το ορος *O*$^{-58}$ 767 799 ^{Lat}cod 104 Arab Syh = 𝔐; + εις το ορος 56′-664 84 Arm = Compl; + επι το ορος (του ορους pro το ορ. 458) 29-82 *d n*$^{-767}$ *t*$^{-84}$ Bo = Ald | προστάγματος] συνταγμ. (σαυτ. 799) 82 799; προστατον 528 | κυρίου] + εις το ορος 53 | om ἐν 799 | τῷ 1°] pr τω ενιαυτω 82; > 767* | τεσσαρακοστῷ ἔτει] ετει τω τεσσαρακ. 426 = 𝔐 Sam Tar^{O} | τεσσερακοστω A B* V 55 (sed hab Sixt); σαρακοστω 376 | τῆς ἐξόδου / τῶν υἱῶν Ἰσραήλ] *profectionis eorum* Arab; των υιων ισραηλ της εξοδου αυτων 15; om τῆς ἐξόδου 413; tr 72 | ἐκ γῆς Αἰγύπτου] εξ αιγυπτου 246 799; > 72 | ἐκ] εν (εγ 75) 75 55 | γῆς] της 707 500*(vid) 53 18 Aeth | εγυπτου 509* | τῷ 2° — πέμπτῳ] *mense primo* Arab Sa^{1}; τω πεμπτω μηνι 799 | μηνὶ τῷ] bis scr 68 | μιᾷ — fin] pr εν 82 = 𝔐; > Bo | μιᾷ] δια 68

39 ἦν] pr *et* ^{Lat}cod 100; > 426 = 𝔐; post ἐτῶν tr 82 | τριῶν — ἐτῶν] ετων εκατον (-των 664) εικοσι (+ και 53′) τριων 44-107′ 53′ 126 ^{Lat}cod 100; ετων κ̅γ̅ 125; ρ̅ και κ̅γ̅ ετων 72; ρ̅κ̅γ̅ ετων 319 | τριῶν] τρεις 82; τριακοντα 18 | om καί 2° 799 | ετων και εκατον 509 | om ὅτε — fin *d*$^{-106}$ | ὅτε] και 72 126 | απεθανεν 72 53′ 458 509 126 Aeth Arm Bo | Ὤρ] pr τω 381 414; > 72 509; et ὄρει tr 422; ad fin tr 126 | τῷ ὄρει] ααρ 82

40 om comma *b* (sed hab Compl) | ηκουσεν 381^{c}-426-618 Aeth Arm ↓ |

40 init — Χαναν(ς] *α′ θ′ et audivit chananaeus* Syh

41 εἰσεπορεύοντο οἱ υἱοὶ Ἰσραήλ. ⁴¹καὶ ἀπῆραν ἐξ Ὢρ τοῦ ὄρους καὶ
42 παρενέβαλον εἰς Σελμωνά. ⁴²καὶ ἀπῆραν ἐκ Σελμωνὰ καὶ παρενέβαλον
43 εἰς Φινώ. ⁴³καὶ ἀπῆραν ἐκ Φινὼ καὶ παρενέβαλον εἰς Ὠβώθ. ⁴⁴καὶ
44 ἀπῆραν ἐξ Ὠβὼθ καὶ παρενέβαλον ἐν Γαὶ ἐν τῷ πέραν ἐπὶ τῶν ὁρίων

ABFMV *O*'' *C*'' *bdfnstx*$^{-527}$*yz* al verss

ὁ — *Ἀράδ*] *arad rex chananaeorum* Sa^{12}; om *ὁ* 618 | *Χανανίς*] *-νεις* B* V (sed hab Sixt); *-νης* 72 46-52-73′ 53 321 18-630 59 Arm^{te}; *-ναι* 134; *χααvις* 552^{txt}; *-νιας* 707; *χαναναιος* (*-νεος* 458) 82 *d* 129 *n t*$^{-134}$ Aeth Syh = 𝔐; *channaneus* ^{Lat}cod 100; *cananeus* ^{Lat}cod 104; *των χαναναιων* 799 | *βασιλεύς*] pr *ο* 72-82 *d n t* 71′ | *Ἀράδ*] pr *των* 82 799; *αραθ* 68′-120 Bo (sed hab Ald); *arat* ^{Lat}cod 104; *erat* ^{Lat}cod 100; *αραβ* 72; > *d t* 318; + *απηντησεν τοις υιοις ιηλ και επολεμησεν μετ αυτων* V | *καὶ οὗτος*] *ος* 126; om *καί* 529(|) 44 318 Bo | *ουτως* 376-707* 767 28-321* 509*; *αυτος* M′ *oI*-82 18′-628-630′ Arm Bo = 𝔐 | *κατῴκει*] *-κη* 126; *-κησεν* 318; + (※ G Syh) *εν* (> 376) *τω νοτω* (*το νοτο* pro *τω ν.* 376*) *O*$^{-58}$-15 ^{Lat}Hi *Ep* LXXVIII 36 Arab Syh = 𝔐 | *ἐν*] bis scr 376(|) | *γῇ*] pr *τη* 707; *τη* 376 | *Χανάαν*] *χαναααν* 53; *channaan* ^{Lat}cod 100; *canan* ^{Lat}cod 104; + *εν τω νοτω* 767 | *οτι* 376 54-75-127* | *εἰσεπορεύοντο*] *-ρευετο* 761*; *εποϱ.* 55 | om *οἱ* 628 319 | fin] + *εις γην της επαγγελιας* V Syh; + *εις την γην της επαγγελιας απηντησεν τοις υιοις ισραηλ και επολεμησεν μετ αυτων* 127; + *et pugnavit cum israel et cepit ex iis captivitatem* Arm^{te}

41 om *καὶ ἀπῆραν* 799 | *ἐξ* — *ὄρους*] *απ ορ ααρ* 82 | *ἐξ Ὢρ*] *εκ ωρ* 75*(c pr m); *εκ σωρ* 127* | *τοῦ ὄρους*] *το ορος* (*ορους* 509) 376* 509 | *παρενέβαλον*] *-λλον* 53; *-λωσαν* 82 799; *-νελαβον* 126; ⌒(42) 669^{txt} | *εἰς*] *εν* A B^{c} M′ *O*-29-707 56′-129 509 121 68′-120′ 59 (sed hab Ald Sixt) = Compl; inc 126 | *Σελμωνά*] *σαλμ.* 414* 68′-120 59*(c pr m) 319 (sed hab Ald) = Compl; *ασελ.* 618; [.]*σελμωνα* 500*; *ελμ.* F 72 30′-344*-346* 630; *-μονα* 75 509* 669$^{(mg)}$; *-μανα* 458; *-ναν* 130; *τελμ.* 82

42 init — *παρενέβαλον*] *κακειθεν* 799 | om *ἀπῆραν* 319 | *ἐκ Σελμωνά*] *εξ σελμ.* 29 52′-313-417; *εξ ασελμ.* 618; *εκσσελμωνα* (*-μονα* 75) 54^{c}-75; *εξ ελμ.* V 53 767 318 126-628; *εν σελμ.* 509; *απο σαλμ.* 319 | *σαλμωνα* 422 106 664 130 370 68′-120 (sed hab Ald) = Compl; *σελμονα* 669$^{(mg)}$; *σελμανα* 458; *τελμωνα* 82 | om *καί* 2° 319 | *παρενέβαλον*] *-λλον* 53; *-λωσαν* 82; *παρεβ.* 313(|); *απηλθον* *d*$^{-106}$; ⌒(43) 509 | *εἰς*] *εν* (bis scr 618) A F M′ 58-*oI*′ *b* 56′-664 767 *y*$^{-392}$ *z* 55 59 799; + *εν* 53 | *Φινώ*] *φεινω* B 82 (sed hab Sixt); *φηνω* 71′ 319; *phyno* ^{Lat}cod 100; *pyno* ^{Lat}cod 104; *pheno* Arm; *phanō* Sa^{12}; *φινον* 75; *φιναν* 72; *φινων* F *O*$^{-G}$-29 52-529 54-458 126-128-630′ 59 Syh = Ald; *φεινων* G *C*''$^{-52\ 414\ 529}$ 127-767 *s* 392; *φηνων* 414 799; *phinōth* Bo; ⌒(43) 319

43 init — *Φινώ*] bis scr 44 | *ἀπῆραν*] *-ρεν* 59*; > 799 | *ἐκ*] + *εν* 59 | *Φινώ*] *φεινω* B 82 (sed hab Sixt); *φηνω* 71′; *φοινω* 314; *phyno* ^{Lat}cod 100; *pyno* ^{Lat}cod 104; *pheno* Arm; *phanō* Sa^{12}; *φινων* F *O*$^{-G}$-29 52-529 53′ 54-458 321 126-128-630′ 59 Syh = Ald; *φεινων* G *C*''$^{-46\ 52\ 414\ 529}$ 127-767 *s*$^{-321}$ 392 799*; *φηνων* 46-414 799^{c}; *φινον* 75; *φιναν* 72; *phinōth* Bo | *καὶ παρενέβαλον*] om *παρεν.* 319; > 799; ⌒(44) 320 | *παρενεβαλλον* 53; *παρενεβαλωσαν* 82 | *εἰς* B V *O*$^{-58}$ 52*-422 *d* 129 *n*$^{-767}$ *t x* 407 319] *εν* rell = Sixt | *Ὠβώθ*] *οβωθ* 707 52 56′ 407^{c} 799 = Compl; *οβοθ* 414 53′; *ιωβωθ* *d*$^{-106}$ *t*; *ιοβωθ* 106; *σωβωθ* B V 54′-767 71-509 319 (sed hab Sixt); *soboth* ^{Lat}cod 104; *σωβοθ* 458; *σοβωθ* 58 619; *σεβωθ* 72; *σοφωθ* 75 59; *zōbōth* Sa^{1}; *nobth* ^{Lat}cod 100; *βωθ* 68′-120 (sed hab Ald); ⌒(44) 319

44 om *ἀπῆραν* 799 | om *ἐξ* — *παρενέβαλον* ^{Lat}cod 100 | *ἐξ Ὠβώθ*] *εκ σωβωθ* (*σοβ.* 58 619; *-βοθ* 458; *σεβ.* 72; *σοφωθ* 75 59) B M′ 58-72 *n x* 59 Sa^{1} (sed hab

Μωάβ. ^{45}καὶ ἀπῆραν ἐκ Γαὶ καὶ παρενέβαλον εἰς Δαιβὼν Γάδ. ^{46}καὶ 45 46
ἀπῆραν ἐκ Δαιβὼν Γὰδ καὶ παρενέβαλον ἐν Γελμὼν Δεβλαθάιμ. ^{47}καὶ 47
ἀπῆραν ἐκ Γελμὼν Δεβλαθάιμ καὶ παρενέβαλον ἐπὶ τὰ ὄρη τὰ Ἀβαρὶμ

ABFMV *O''* *C''* *bdfnstx*$^{-527}$*yz* al verss

Sixt); *εκ βωθ* 68′-120 799 (sed hab Ald); *εκ νωβωθ* 55 | *ἐξ*] *εκ* 407; *εν* 618 | *Ὠβώθ*] *οβωθ* 707 52 56 130 407 = Compl; *οβοθ* 414 53^{c}-664; *ωβοθ* 53*; *οθωθ* 318; *sobot* ^{Lat}cod 104; *ιωβωθ* *d*$^{-106}$ *t*; *ιοβωθ* 106 | *καὶ παρενέβαλον*] om *παρεν.* 319; > 799 | *παρενεβαλλον* 53; *παρενεβαλωσαν* 82 | om *ἐν Γαί* Bo | *ἐν* 1°] *εις* *d* 129 *n t*; *εκ* 509; inc 126 | *Γαί*] *γε* 458; *gae* ^{Lat}cod 104; *γαιει* 118-537; *γεει* 19′-314 799 (sed hab Compl); *γαιν* *d*$^{-106}$; *γεειν* 82; *gein* ^{Lat}cod 100; *γαιδ* 72 | *περα* B* 799 (sed hab Sixt) | om *ἐπί* 82 75′ Aeth Arm | *ορειων* B* (sed hab Sixt); *ορεων* 130 | *μοαβ* 767* = Compl

45 *καί* 1°] bis scr G(|) | *ἀπῆραν*] > 799; ⌒(46) 19 53′ | *ἐκ*] *εν* 707 314* 319 | *Γαί*] *ge* Bo; *gae* ^{Lat}cod 104; *γαιει* 118′-537; *γεει* 108 799 (sed hab Compl); *γεειν* 82; *gein* ^{Lat}cod 100; *γαιδ* 72; *μωαβ* 381*; + *μωαβ* 618 | *καὶ παρενέβαλον*] *και παρενεβαλλωσαν* 82; > 799 | *εἰς*] *εν* 376 528 | *Δαιβών*] *δεβων* 58-72-376 46-77-414-529-550* *b*$^{(-19)}$ 246* 54-458 343 318 18 59 Sa^{1} (sed hab Compl); *δεβο* 407 ^{Lat}cod 100; *δεσβον* 75; *δεβωρ* 319; *δαιβωθ* 509; *δαιβω* 71; *δαιβο* 619; *tebōn* Sa^{12}; *demon* Arm; *δεβρω* 799; *den* Bo | *Γάδ*] *gat* ^{Lat}cod 100; *γαλ* 509; *γακ* 799; ⌒(46) 72 107′-125 370 68′-120 319 (sed hab Ald)

46 init — *παρενέβαλον*] *ειτα* 44; *και* 106; *κακειθεν* 799 | *Δαιβών*] *δεβων* 58-618 46-77-414-529 *b* 54-458-767 343 318 18 59 Sa^{1} (sed hab Compl); *tebōn* Sa^{12}; *δεσβων* (*-βον**) 75; *δαιβω* 71; *δεβο* 619 407 ^{Lat}cod 100; *demon* Arm; *γεδεβων* 53′; *den* Bo | *Γάδ*] *gat* ^{Lat}cod 104; *γαλ* 509 | *παρενέβαλον*] *-λλον* G 53; *-λωσαν* 82; *ηλθον* 319 | *ἐν* B V G-82-426 *b* 129 *x* 407] > 500; *εις* (bis scr 121) rell = Compl | *Γελμών*] *γελβων* 54-767; *γελβον* 75′ ^{Lat}cod 100; *γαιλβων* 127; *γεδμων* V 121; *γελμωλ* 376; *γελων* 707*; *γαιλων* G; *γεμων* 414*; *γαλαμων* 82; *celmo⁻* ^{Lat}cod 104; *σελμων* 664; *selmō* Bo; *σελαμαδ* 799; > 55 | *Δεβλαθάιμ*] *δαιβλ.* V G *C''*$^{-16\ 46\ 57'\ 73^{*}\ 414'\ 529}$ *s*$^{-343}$ 84* 619 121 407; *-θεμ* 426 46-529-551 *b* 106 54 343 59 799; *δαιβααθαιμ* (*δεβ.* 56′) *f*$^{-129}$; *δαιβλαθεμ* 16-73* 767; *δαιθλαθαιμ* 55; *deblataem* (*-thaem* 100) ^{Lat}codd 100 104; *-θεν* 458; *δεβαλθεν* 72; *δαιφλ.* 57; *δεγλ.* 414; *διφθαθαιμ* 413; *δαιβλαθεν* 82; *δελβαθεν* 75; *-λααθαιμ* Compl; *δελ.* 18; *-θαιθ* 318; *δαιβλαθλαω* 392; ⌒(47) 72′ 551 75 71′ ^{Lat}cod 104

47 init — *παρενέβαλον*] *και εκειθεν* 799; *και* 44-125-610 | om *ἀπῆραν* 319 | *ἐκ*] *απο* 319; *εν* 376 509; > G*(cprm) | *Γελμών*] *γελβων* 52 54-767 ^{Lat}cod 100; *γαιλβων* 127; *γεδμων* V; *γεβλων* 84; *δελμων* *y*$^{-392}$ 128^{mg}-669; *γαλαμων* 82; *γαιλων* G; *γελμω* 618* 314; *χελμων* 130; *selmō* Bo; *σελμων* 53; > 458 128^{txt} 55 Arab | *Δεβλαθάιμ*] *et deblutluem* ^{Lat}cod 100; *δαιβλ.* A G *C''*$^{-46\ 57\ 414\ 529\ (551)\ 552}$ 127 28-30-85-321′-344 84* *y*$^{-318}$ 407; *-θεμ* 46-529 *b*$^{-19}$ 106 54 343 59; *-θε* 19(|); *δαιβλαθεμ* 767; *-θαμ* 509; *δαιφλ.* 57; *δεβααθαιμ* (*δαιβ.* 53′) *f*$^{-129}$; *δεβλααθαιμ* Compl; *δεγλ.* (*δαιγλ.**) 414; *δαιβλαδαιμ* 552; *δαιβλαθεν* 82; *δελ.* 18; *-θαιθ* 318; *δαιθλαθαιμ* 55; *δαιβλαθ* 730; *βλαθεν* 458 | *παρενέβαλον*] *παρενενεβαλλον* 53; *-λωσαν* 82; > 52′-313; + *επι δυσμων μωαβ* 16-46 | *ἐπί*] *εις* *d* 246 *t* Aeth Arm | *τὰ ὄρη*] *ορεων* 16-46; *τα ορια* 458 71′ 407 799; + *των διαβασεων*

---

44 *ἐν Γαί*] σ′ (+ *ο* 321) *ἐν* (> M′) *τοῖς ὑψηλοῖς* M′ 85(s nom)-130(s nom et ind ad *Μωάβ*)-321′(ind ad *Μωάβ*)-344

47 *τὰ Ἀβαρίμ*] σ′ *transituum* Syh

48 *ἀπέναντι Ναβαύ.* [48]*καὶ ἀπῆραν ἀπὸ ὀρέων Ἀβαρὶμ καὶ παρενέβαλον*
49 *ἐπὶ δυσμῶν Μωὰβ ἐπὶ τοῦ Ἰορδάνου κατὰ Ἰεριχώ,* [49]*καὶ παρενέβαλον*
παρὰ τὸν Ἰορδάνην ἀνὰ μέσον Αἰσιμὼθ ἕως Βελσαττὶμ κατὰ δυσμὰς
Μωάβ.

ABFMV *O'' C'' bdfnstx*(527)*yz* al verss

58↓ | *τὰ Ἀβαρίμ*] *d'bry'* Syh; *γααβαριν* 82; *abarin* ^{Lat}cod 100; *abariim* ^{Lat}cod 104; om *τά* 58-376 16-46 106 129 71′ 799 | *Ἀβαρίμ*] *-ρειμ* A B F *O'*$^{-426}$-29-707 *C''* *b*$^{-19}$ 56′ 54′-767 *s*$^{-30}$ *x y* 120′ 55 59 (sed hab Compl Sixt) = Ald; *αβαρημ* 44 458 630*; *βαρειμ* 30; *barim* Sa^{12}; *barin* Bo; *αβραρειμ* 19; *αραβειμ* 129; *αραβημ* 319; *αμαριμ* 669 799; *αμαρειμ* 53′ 122; *αμερειμ* 68; *ομαριμ* 75; *sabarim* Arm; ⌒(48) 72 46′-52′ | *ἀπέναντι Ναβαύ*] *απε ναβαν* 628; > *C''*$^{-(46' \, 52') \, 417}$ Bo | *Ναβαύ*] pr *τον* 630; *ναυαυ* 767; *ναβαβ* 53′-246 343; *ναβαν* 68 (sed hab Ald); *ναβαω* 44-610; *αβαυ* 82 799; *νομαβ* 75; *βαυ* 376 *b* 134 (sed hab Compl)

48 init — *Ἀβαρίμ*] pr *και μετ ετερα* 527; om *ἀπῆραν* 799; > 551^{txt} 319 | *ὀρέων*] pr *των* 407; *οριων* 376 *f*$^{-129}$ 68′ (sed hab Ald) = Compl; > 799 | *Ἀβαρίμ*] *-ρειμ* A B F V *O'*$^{-426}$-29-707 *C''*$^{(-46' \, 52')}$ *b* 44 56′ 54′-767 *s*$^{-730}$ *x*$^{-527}$ *y* 68′-120′ 55 59 (sed hab Compl Sixt); *-ρημ* 458 527; *'bry'* Syh; *barim* Sa^{12}; *barin* Bo; *-ριν* 82 ^{Lat}cod 100; *-ρειν* 129; *αραβειμ* 730; *αμαριμ* 669; *αμαρειμ* 53′; *αμαριν* 75; *αμαριμ αβαβ* 799; *nabau* Arm | om *καί* 2° 46^{s} 799 | *παρενεβαλλον* 53 527; *παρενεβαλωσαν* 82 799 | *ἐπί* 1°] *απο* 537* 619* | *Μωὰβ ἐπί*] *μωαβιν* 59 | *μωαμ* 767; *μοαμ* 76 | *τοῦ Ἰορδάνου*] *τον ιωρδ.* 407; *τον ιοδανου* G*; *τον ιορδανην* 73′ 527; om *τοῦ* 18 | *κατά*] *και τα* 82 130 | *Ἰεριχώ*] *ιερειχω* B* F G-29-707 73′-131-313-417-500′-616* 129 127 28-85′-344-346* 392* 55 (sed hab Sixt); *ιερηχω* 58* 30; *ιερυχω* 68; *ιερχω και απηραν εκ δυσμον μωαθ* 246; + *και απηραν απο δυσμων μωαβ* M′ *oI* 121 18′-126-628-630′ = Ald

49 om init — *Ἰορδάνην* 458 799 | *παρενέβαλον*] *-λλον* G 53 527; *-λωσαν* 82; *promoverunt* ^{Lat}codd 100 104 | *παρά*] *επι* *oI*-72-82 52′-417-422-761*(cprm) *b* *d*$^{-106}$ 246 *n*$^{(-458)}$ 321 509-527 *y*$^{-121}$ *z* (sed hab Compl); *κατα* 16-46; *ab* ^{Lat}codd 100 104 | *τὸν Ἰορδάνην*] *τον ιωρδανην* 407; *τον ιορδανου* 318; om *τόν* 16-46 | *ἀνὰ μέσον*] *de* (*e* 104) *medio in terra* ^{Lat}codd 100 104 | *Αἰσιμώθ*] *εσ.* *d t* 527 630 Bo Sa^{12}; *esemoth* Arm^{ap}; *ασ.* A G*-29-58-72 *C''*$^{-413 \, 414' \, 417 \, 422 \, 761}$ *s*$^{-321 \, 343}$ 59; *λισιμωθ* V; *ασημωθ* 376 413-414′-417-422 343; *αισειμωθ* 509; *ασειμωθ* 319; *ασεμωθ* 321; *σιμωθ* 761; *νεσ.* 129; *-μων* 82 767; *αισειμων* 127; *εσιμων* 54-75′; *iesimōth* Sa^{1}; *etimot* ^{Lat}cod 100; *εσιμωσεα* 799 | om *ἕως* 799 | *Βελσαττίμ*] *-ττειμ* 29-376 551-761* 28-30-85-343 *y*$^{-318}$ = Ald; *-ττειν* F *C''*$^{-46 \, 52 \, 414' \, 422 \, 528 \, 761*}$ 799; *-σατειμ* *oI* 55; *-σατιμ* 18′-126-628-630′; *-σατειν* 422-528; *-σατει* 414; *-σατιν* 46 Bo; *-ττιν* 52; *-ττην* M′ V; *-σαλτην* 72; *αβελ.* 426 *t* Syh = 𝔐; *αβελσατ-τειμ* 707 *b* 54 68′-120; *αβελσατειμ* (*αβεσσ.* 56*) 106 56′ 458; *αβελσατιμ* *d*$^{-106}$ = Compl; *αβελσατμειμ* 767; *αβελσατθημ* 58; *αβελσατειν* 82; *αβελσσαττειμ* (*-λσασαττ.* 53) 53′; *αβερσαττειμ* 127; *βελεσαττιν* 59; *ωμελσαττειμ* 75; *γελσ.* 321′; *belsa* Sa^{1}; *βελσατο* B G 129 407 319; *βιλσατο* 527′; *βηλσατο* 619; *melsato* Arm; *boledsa* Sa^{12}; *belsattun* ^{Lat}cod 100; *versatio* ^{Lat}cod 104; > 509 | *κατὰ δυσμάς*] pr *τω* 376; *δυσμας το κατα* 509; om *κατά* ^{Lat}cod 100 | *δυσμων* (*-μον* 30) *oI*-707 *C''* *b* *f*$^{-129}$ *s* 134 | *Μωάβ*] *μωαμ* 767; *βωαβ* 129; > 407(|)

---

49 *Αἰσιμώθ*] *σ' τῆς ἀοικήτου* (*-τους* 130; *-κιτου* 321′) 85′(s nom)-321(s nom)-344-346

[50]*Καὶ ἐλάλησεν κύριος πρὸς Μωυσῆν ἐπὶ δυσμῶν Μωὰβ παρὰ τὸν* 50
Ἰορδάνην κατὰ Ἰεριχὼ λέγων [51]*Λάλησον τοῖς υἱοῖς Ἰσραὴλ καὶ ἐρεῖς* 51
πρὸς αὐτούς Ὑμεῖς διαβαίνετε τὸν Ἰορδάνην εἰς γῆν Χανάαν, [52]*καὶ* 52
ἀπολεῖτε πάντας τοὺς κατοικοῦντας ἐν τῇ γῇ πρὸ προσώπου ὑμῶν, καὶ
ἐξαρεῖτε τὰς σκοπιὰς αὐτῶν καὶ πάντα τὰ εἴδωλα τὰ χωνευτὰ αὐτῶν
ἀπολεῖτε αὐτά, καὶ πάσας τὰς στήλας αὐτῶν ἐξαρεῖτε, [53]*καὶ ἀπο-* 53
λεῖτε πάντας τοὺς κατοικοῦντας τὴν γῆν καὶ κατοικήσετε ἐν αὐτῇ·
ὑμῖν γὰρ δέδωκα τὴν γῆν αὐτῶν ἐν κλήρῳ. [54]*καὶ κατακληρονομήσετε* 54

ABFMV (963) *O'' C''* *bdfnstxyz* al verss

50 *ελαλη* 120* | *Μωυσῆν*] *μωσην* G-426 *n* Cyr I 416; *μωσει* 72; + *λεγων* B* 799 (sed hab Sixt) | om *ἐπί* — *Ἰεριχώ* 55 | *Μωάβ*] *μωαμ* 767; *βωαβ* 82; + *και ελαλησε κυριος προς μωυσην λεγων* 44 | *παρά* — *Ἰεριχώ*] *κατα ιεριχω επι τον ιορδανην* 767 | *παρὰ τὸν Ἰορδάνην*] *επι του ιορδανου* A C^{-529}-46; *επι τον ιορδ.* 376 529-cI'^{-46} *s* 424; > 799 | *ιερειχω* B* F 29-707 73′-131-313-417-500′-616* 129 127 28-30-85′-344-346* 392 (sed hab Sixt); *ιερηχω* 664; *ιερυχω* 71 | om *λέγων* B* 44 Arab (sed hab Sixt)
51 *τους υιους* 107′ | *καί* — *αὐτούς*] *λεγων* 126; > 319 Arab | *καὶ ἐρεῖς*] *dicens* ^{Lat}cod 100 (sed hab Aug *Loc in hept* IV 121) | *ὑμεῖς*] pr (※ G Syh) *οτι O* Syh = 𝔐; pr *ecce* Aeth; + *ecce* Arm; + *δε* 527; post *Ἰορδάνην* tr 799 | *διαβαίνετε*] *transietis* ^{Lat}codd 100 104 Co | *τόν*] pr *επι* 246 | *εἰς γῆν*] pr *κα* 407*; *εις την γην* 58-376; *εις την* G; *εν γη* 767 Arm^{te} | *Χανάαν*] *canan* ^{Lat}cod 104; *channaan* ^{Lat}cod 100; *χαναναιαν* G
52 init — *γῇ*] bis scr 125 | *ἀπολεῖτε* 1°] *κατελιπε* 458 | om *πάντας* 125(2°) | *τούς*] bis scr 761(|) 509 | *ἐν* — *ὑμῶν*] *ibi* Sa^{12} | *ἐν τῇ γῇ*] *την γην* V 82 417^{txt} *d n* 321 *t* 18′-126-407-628-630′ 799 ^{Lat}cod 100; *εις γην χαναan* 618; om *τῇ* 707; > 52′; + *και κατοικησατε εν αυτη* 125(1°) | *πρό*] ~ *de* ↙ *coram* Syh; > 767* | *ἐξαρεῖτε* 1°] *εξαιρ.* (*εξερ.* 318) 127 318 59; *αρειτε* 126; *-ριειτε* 131 125; *-ρηται* 767* | *τὰς σκοπιάς*] pr (※ G Syh) *πασας* O^{-376}-15 Syh = 𝔐; pr *παντας* 376; *τας κοπιας* M b^{-537} 106*-107*(c pr m) 75′ 130 370* *x* 319 (sed hab Compl); *εκοντας* 82; + *terrae* Arm | *αὐτῶν* 1°] *υμων* 29-618 | *πάντα* — *αὐτῶν* 2°] post *ἀπολεῖτε* 2° tr d^{-106} | *πάντα*] *παντων* 75 | *εἴδωλα τά* F^a] *ειδη και τα* 618; > F | *τὰ χωνευτά*] pr *et* ^{Lat}codd 100 104(vid); om *τά* 82; > 55 Aeth; post *αὐτῶν* 2° tr 29 *b n* (sed hab Compl) | *αὐτῶν* 2°] > 82 16-46 84^{txt}(c pr m) 799 ^{Lat}Spec 44 | om *ἀπολεῖτε* 2° — fin ^{Lat}cod 100 | *ἀπολεῖτε* 2°] *απολει* 131-313-422-500-529′-550′ | om *αὐτά* — (53) *γῆν* 1° 53 | *αὐτά*] *αυτων* 319; sub ÷ G Syh; > 72-381′ *d* 664 55 799 ^{Lat}cod 104 Spec 44 Aeth Arm = 𝔐 | om *καί* 4° $Aeth^{M}$ | om *πάσας* d^{-106} Bo | *στήλας*] *στολας* 799 | *αὐτῶν* ult] *αυτω* 246; > d^{-106} | *ἐξαρεῖτε* 2°] *εξαιρ.* (*εξερ.* 318 407) 318 407 59; > 82
53 *καί* 1°] ⌒2° Arab | *πάντας* B F^a M′ V 58-72-376 *d n t x* 407 ^{Lat}codd 100 104 Bo Sa^{1}] > rell = 𝔐 | *τούς* — *γῆν* 1°] sub ÷ Syh; > 664 | *τοὺς κατοικοῦντας*] sub ÷ G = 𝔐 Sam | *τὴν γῆν* 1°] *in terram illam* ^{Lat}cod 100; *εν τη γη* 527; + *προ προσωπου υμων* 106: ex 52 | *καί* 2° — *γῆν* 2°] bis scr G | om *καί* 2° Bo | *κατοικήσετε*] [*κατο*]*ικησεσθε* 963; *-σητε* (*-σειτε* 799) 127 799; *-σατε d t* Aeth; *-κη*^{στ} 126 | *ἐν αὐτῇ*] *εν τη γη αυτων* 376; *αυτην* 413 407; > ^{Lat}cod 100 | *ὑμῖν* — fin] *υμεις γαρ διαβαινετε την γην του ιορδανου* 799: cf 51 | *γάρ* 963] > 376 |

---

50 *παρά*] *ο′ παρά* 344

τὴν γῆν αὐτῶν ἐν κλήρῳ κατὰ φυλὰς ὑμῶν· τοῖς πλείοσιν πληθυνεῖτε
τὴν κατάσχεσιν αὐτῶν, καὶ τοῖς ἐλάττοσιν ἐλαττώσετε τὴν κατάσχεσιν
αὐτῶν· εἰς ὃ ἂν ἐξέλθῃ τὸ ὄνομα αὐτοῦ ἐκεῖ, αὐτοῦ ἔσται· κατὰ φυλὰς
55 πατριῶν ὑμῶν κληρονομήσετε. 55ἐὰν δὲ μὴ ἀπολέσητε τοὺς κατοι-
κοῦντας ἐπὶ τῆς γῆς ἀπὸ προσώπου ὑμῶν, καὶ ἔσται οὓς ἂν κατα-

ABFMV (963) *O'' C''* *bdfnstxyz* al verss

δέδωκα] *εδωκα* $C''^{-413\ 550'}$ Procop 889; *εδω*[. . . 963; *εδωκε* 550′ ^{Lat}codd 100 104 | om *τήν* 2° — (54) *γῆν* Sa^{12} | *αὐτῶν* 963] > 82-376 84^{txt}(c pr m) Arab; ad fin tr G-426: cf 𝔐 | *ἐν* 2°] > 458 130 68′-120 (sed hab Ald); ⌒(54) B^{txt} 106 53-246 84 Arm (sed hab Sixt)

54 *κατακληρονομήσετε* $963^{\text{c pr m}}$] *-μησε* 963*; *-σειτε* (*-ται* 75) 75 799; *-σατε* (*-ται* 319) 376* $d^{(-106)}$ 664 $t^{(-84)}$ 318 319; *κληρ.* 730; *κληρονομη*$^{\sigma\tau}$ 126 | *τὴν γῆν αὐτῶν* 963] *ταυτην* $d^{(-106)}$; *αυτην* 71′ ^{Lat}cod 104; post *κλήρῳ* tr ^{Lat}cod 100 | *αὐτῶν* 1° $\text{B}^{(\text{mg})}$ M′ V 963(vid) 58-376′-*oI* 56^{mg}-129-664 *n* $t^{(-84)}$ 509-527 *z* 319 ^{Lat}cod 100 Bo Sa^{1}] *ταυτην* 799; sub ÷ G Syh; > rell = 𝔐 | *ἐν κλήρῳ* 963] *κληρωτι* (*-τει* 392; *-τη* 618) A F oI^{-15}-29-707 *C''* *b* 56^{txt} $s^{-343\ 344^{c}}$ *y* 18-628 (sed hab Compl) = Ald ↓; om *ἐν* 82 343-344^{c} 59; > 72 71′ 55 ^{Lat}cod 104 | *κατά* 1°] pr *κατα την γην κληροτει και* $53^{\text{c pr m}}$-664; pr *κατα την γην κληρονομειτε* 53*; pr *και* 509 319; pr *οτι* 59 | *φυλάς* 1°] pr *τας* 53 799 | *ὑμῶν* 1° 963] *ημων* 30; *υμιν* (*ημιν* 422*) $C''^{-16\ 46\ 52\ 414'\ 528}$; *αυτων* B 381*(vid) 16-46 458 84* 392 319 (sed hab Sixt); + *κληρωτι* 55 | *τοῖς πλείοσιν*] pr *και* 799; *ταις πλ.* 610; *τοις πολλοις* 59; + *υμων* *b* (sed hab Compl) | *πληθυνητε* (*-ται* 73′ 767) 64 73′ 767 30; *πληθυνετε* 318 799; *πληνειτε* 246 | om *τὴν κατάσχεσιν αὐτῶν* 1° V | *τὴν κατάσχεσιν* 1°] *possessiones* ^{Lat}cod 100; *την κληρονομιαν* 407 | *αὐτῶν* 2°] *υμων* 707; > 799; ⌒3° 528 19 125 x^{-509} 392 126-669^{txt} (sed hab Compl) | *τοῖς ἐλάττοσιν ἐλαττώσετε*] *paucioribus* (*auctor.* 100) *minoribus dabitis* ^{Lat}codd 100 104; om *τοῖς* 127* | *ἐλαττώσετε*] *-σητε* (*-σειτε* 134) 134 $669^{(\text{mg})}$; *ελαττονωσετε* (*-ττων.* 58) 58 $b^{(-19)}$ (sed hab Compl) | om *τὴν κατάσχεσιν αὐτῶν* 2° 72 53′ | *κατάσχεσιν* 2°] *κληρονομιαν* 799 | *εἰς* — *ἔσται*] *sicut exibit in nomen alicuius ibi erit* Arm | *εἰς ὅ*] pr *et* Aeth; *οις* 72 59; *εις ον* V 82 *C''* 129 *s* 392 | *ἄν*] *εαν* B* n^{-75} (sed hab Sixt) = Ra; > V 59 | *ἐξέλθῃ*] *απεξελθη* 59; *-θητε* 53′; post *αὐτοῦ* 1° tr ^{Lat}codd 100 104 | *αυτου το ονομα* 82 *n* 799 | *αὐτοῦ ἔσται*] *αυτω εσται* 72 Aeth; *εσται αυτω* 458 Bo; tr 761* n^{-458}; om *αὐτοῦ* 799 ^{Lat}codd 100 104 | om *κατά* 2° — fin Bo | *κατά* 2°] pr (÷ Syh) *ο* (> *d t*) *κληρος* (+ *αυτου* 799) M′ *d* n^{-54} $85'^{\text{mg}}$-$321'^{\text{mg}}$-344^{mg} *t* 799 Syh = 𝔐; pr *η κληρονομια* 54; pr *και* 29; + *enim* Sa^{1} | *φυλὰς πατριῶν*] *φιλιας τριας* 551 | *φυλάς* 2°] bis scr Arm^{ap} | *πατριῶν* F^{a}] *πατριας* F 707 $C''^{-414'\ 422\ 550'*}$ *f* $s^{-130^{mg}\ 321\ 346^{mg}}$ 318 68′-120 55 Arm (sed hab Ald); absc 422 | *ὑμῶν* 2°] *ημων* 46*(c pr m); *αυτων* 53 x^{-509} 319 Aeth^{M} | *κληρονομήσετε*] *-σεται* (*-μισ.* 767) G 56* 458-767 30 126 55; *-σατε* (*-ται* 319) 54 84 319 799; *-σητε* 618 53′ 127 134 59; *-σηται* (*-σειται* 75) 376 75; *-μη*$^{\sigma\tau\varepsilon}$ 106; *κατακληρ.* 72

55 om *μή* 121^{txt} Sa^{1} | *ἐπὶ τῆς γῆς* 1°] *την γην* G-72-82-376 414 19 76 55 Arab (sed hab Compl) = 𝔐; *εν τη γη* 426 129 319 ^{Lat}codd 100 104 Syh | *ἐπί* 1°] *απο* 537 | *τῆς γῆς* 1°] *την γην* 58 30′-344^{mg} 509 799; om *τῆς* 422 d^{-106} |

---

54 *τήν* 1° — *κλήρῳ*] *ο′ οἱ λ′ τὴν γῆν αὐτῶν ἐν κλήρῳ* 344 | *ἐν κλήρῳ*] *κληρωτί* M(ind ad v. 53) | *εἰς ὃ ἄν*] *ο′ εἰς ὃ ἄν σ′ ὅπου ἄν ϑ′ οὗ ἐάν* 344 | *πατριῶν*] *ο′ οἱ λ′ πατριῶν* 344

λίπητε ἐξ αὐτῶν, σκόλοπες ἐν τοῖς ὀφθαλμοῖς ὑμῶν καὶ βολίδες ἐν
ταῖς πλευραῖς ὑμῶν, καὶ ἐχθρεύσουσιν ἐπὶ τῆς γῆς, ἐφ᾽ ἣν ὑμεῖς κατοι-
κήσετε, 56καὶ ἔσται καθότι διεγνώκειν ποιῆσαι αὐτούς, ποιήσω ὑμᾶς. 56
34 1Καὶ ἐλάλησεν κύριος πρὸς Μωυσῆν λέγων 2Ἔντειλαι τοῖς υἱοῖς 1 2
Ἰσραὴλ καὶ ἐρεῖς πρὸς αὐτούς Ὑμεῖς εἰσπορεύεσθε εἰς τὴν γῆν
Χανάαν· αὕτη ἔσται ὑμῖν εἰς τὴν κληρονομίαν, γῆ Χανάαν σὺν τοῖς
ὁρίοις αὐτῆς. 3καὶ ἔσται ὑμῖν τὸ κλίτος τὸ πρὸς λίβα ἀπὸ ἐρήμου 3

ABFMV (963) *O'' C''* *bdfn*(767)*stxyz* al verss

om *ἀπὸ προσώπου ὑμῶν* 799 | *ἀπό*] *εκ* 54; *προ* 129 | *προσώπου*] pr *του* d^{-106} | om *καί* 1° 72 Latcod 104 Aeth Arm | *εσονται* 963 58-376 *d n* 344mg *t* 799 Latcod 104 Aeth Arm Sa Syh | *οὕς*] *ος* b^{-19} (sed hab Compl); *οσους* A *oI C''* 246 28-85'-321' 121 18'-126-628-630' 55 = Ald | *ἄν*] *εαν* B* V 376 106 *n t* 619 68'-120 319 = Sixt Ra; > 664* | *καταλίπητε*] *-λειπητε* (*-πετε* 458; *-πιτε* 30; *-ται* 75 319) A F M' V 15-oII^{-29} $C'^{-77\ 528'\ 552}$-422-551 129 54-75' 30-130-344-346* x^{-619} *y* 407 55 319; *-λειψητε* 29; *-λελειπητε* (*-λιπ.* 52) 52'-313 | *αὐτῶν* — 35_{15} *Ἰσραήλ*] absc 767(||) | *αὐτῶν*] *αυτου* 799; *αυτης* 458 | *σκόλοπες*] *-παν* 54; *σκοπος* 127 | *ἐν τοῖς ὀφθαλμοῖς*] *in oculo* Arm; om *ἐν* 370s (sed hab 370) | *καί* 3° 963] > 72 | *ἐχθρεύσουσιν*] *-ρευουσιν* (*εκθρ.* 616*) C^{-77}-46 y^{-121} 319; *-σωσιν* 29 669*(vid); *εχθραινουσιν* 72 59; *εχθρευσω* (*εκθρ.* 127-458; *εκχθρ.* 75) *n*; *divident* Latcod 100 | *ἐπί* 2° B 963 129 *x* 407 319 Sa] pr *υμων* 707* 458 18; pr *adversos vos* Latcod 100; pr *υμιν* rell = 𝔐 | *γῆς* 2° 963] > 68 | *ἐφ'*] *εις* 413 | *ἥν* 963] *ης* (*οις* 799; *εις* 610*vid) V $O'^{-58\ 707}$ 414 *d n t* 55* 319 799 ↓ | *ὑμεῖς* 963] > 799 Bo | *κατοικήσετε*] *-σητε* (*-σειτε* 458; *-κισ.* 664; *-ται* 376) 376-707 d^{-106} 53' 458 59; *κατοικειτε* (*-ται* V) V 84*(cprm) 619 55 799

56 *ἔσται* 963] > Latcod 100 Aeth | *καθότι* 963] *καθο* 407; *καθως* 82-376; *ο* 126 Latcod 100 | *διεγνώκειν*] *-κεις* 414; *-κεν* 130 319; *-κει* 707; *-κα* 53'; *-κασι* 799; *εγν.* 551 610 75' 126-630 | *ποιῆσαι*] pr (※ G) *του* G-376; *-σω* 72; *-σεται* A | *αὐτούς* A B M' V 963 15-707 *f x* 121 *z* 55 319 = Compl] > Sa1; *αυτοις* rell = Ald | *ποιήσω*] pr *ουτως* 121 = Sam; *-σει* 799; *-σαι* 82; ad fin tr Latcod 100 | *ὑμᾶς* B M' V 963 15-82 246 30'-344mg *x* $z^{-68'\ 120}$ 319] *υμων* 799; *υμιν* rell = Ra

34 1 om *καί* 44(||) | *Μωυσῆν* 963] *-ση* 19 (sed hab Compl); *μωσην* O^{-376} *n*; *μωσει* 72

2 *ἔντειλαι* 963] *loquere* Latcodd 100 104 | *Ἰσραήλ* 963] + *λεγων* 551* | *καί* — *αὐτούς* 963] *λεγων* 126; > 319 Arab; + (÷ G Syh) *λεγων* O^{-58} Syh | *ὑμεῖς*] pr *ecce* Aeth; pr (※ G Syh) *οτι* O^{-58} Syh = 𝔐 | *εἰσπορεύεσθε*] *-ρευσεσθε* (*εκπορ.* 628) 128-628-630 Latcodd 100 104 Armap Co = Compl; *εκπορ.* 15 18; *πορ.* 72*(cprm) | *τήν* 1° 963] > 29-82 739* 44 407 59* 319 | *Χανάαν* 1° 963] *χανααμ* 616; *channaan* Latcod 100 | *αὕτη* 963] pr *et* Latcod 100 Aeth Arm Bo; . . .] *terram quae* Latcod 104; + ※ *η γη* ↙ *η* G; + (※ 85) *η γη* (+ ※ 344) *ητις* (> M' 58-426 799 Syh) M' O^{-G}-82 *d* n^{-75} 30'-85mg-130-321'-343' *t* 392 799 Latcod 100 Arab Syh = 𝔐 | *ἔσται* 963] *εστιν* M' 246; post *ὑμῖν* tr V *d* 129 *t* Latcodd 100 104; ⌒(3) 1° Bo | *ὑμῖν* Fa 963] > F 58-72 59; inc 799 | *εἰς* 2° 963] *εν* 246*(cprm) | *τήν* 2° B* 963 O^{-58} 129 n^{-75} 799] > rell = Sixt Ra | *γῆ Χανάαν* 963] > 72 Aeth Arab Sa12 | *γῆ*] *γην* 82-376 53' n^{-127} 30 318

---

55 *ἥν*] *ο'* *ἧς* 344

Σὶν ἕως ἐχόμενον Ἐδώμ, καὶ ἔσται ὑμῖν τὰ ὅρια πρὸς λίβα ἀπὸ μέρους
4 τῆς θαλάσσης τῆς ἁλυκῆς ἀπὸ ἀνατολῶν· [4]καὶ κυκλώσει ὑμᾶς τὰ
ὅρια ἀπὸ λιβὸς πρὸς ἀνάβασιν Ἀκραβίν, καὶ παρελεύσεται Σέννα, καὶ
ἔσται ἡ διέξοδος αὐτοῦ πρὸς λίβα Καδὴς τοῦ Βαρνή, καὶ ἐξελεύσεται
5 εἰς ἔπαυλιν Ἀράδ, καὶ παρελεύσεται Ἀσεμώνα· [5]καὶ κυκλώσει τὰ

ABFMV (963) *O'' C''* *bdfn*$^{-767}$*stx*(527)*yz* al verss

799; *terrae* Arm^{ap} | Χανάαν 2°] *channaan* ^{Lat}cod 100 | ορειοις B* (sed hab Sixt) | αὐτῆς 963] αυτοις 52'-313 537 458 68*-126; αυτων 106 Aeth^{-C}

3 ὑμῖν 1° 963] ⌒2° 392 | τὸ κλίτος τό] τα ορια τα 131^{c} *b* (sed hab Compl); *pars* ^{Lat}cod 100 | τό 1° 963] προς 59 | κλίτος] κληρος 458 | τὸ πρὸς λίβα] om τό 618 52 130-321'; > Sa | λίβα 1° 963] βορρα A; βορραν 55 | ἀπό 1° 963] pr *et* ^{Lat}cod 104; ⌒2° 376 71' | ἐρήμου 963] pr της *oI d f*$^{-129}$ *n t* 18'-628-630' = Ald Compl | Σίν] pr εως 422; σειν B G 129 509 799 (sed hab Sixt); σην 72 30 527; σημ 413; σινα 106 59 319 ^{Lat}cod 100 Aeth^{-C}; σιναι 125' *n t*; συναι 44-610 | ἐχόμενον] -νος 44 407; -μενα V 799; ερχ. 58 53' | Ἐδώμ] *in eodum* ^{Lat}cod 100; αιδωμ 127 18*; ελωμ 53'-56; εδων Compl | τὰ ὅρια] το κλητος 108^{mg}-118^{mg}; τα ορεια 739; τα ορειαυτα 75; + τα F^{a} M' G-426 *b*$^{-108mg\ 118mg}$ *d n*$^{-75}$ *t* 319 799 Arm^{te} Bo | μέρους] μερος 458; ορους 376 | om τῆς 1° 72 | θαλάσσης τῆς ἁλυκῆς] αλυκης θαλ. 799 | θαλάσσης] θαλαττης 414; + *terrae* ^{Lat}codd 100 104(vid) | ἀπό ult] pr και 413; απ 127 126

4 om καί 1° 376 *d* 669 55 | κυκλωει 509*; κυκλω 799; κυκλωσουσιν 426 | ὑμᾶς τὰ ὅρια] ημας τα ορια 422*(cprm) 126 319; *fines vestri* Arm; > 799 | ορεια 75 | λιβός] λιβαος 319; λοβα 669(sup ras); λειπος 55*; λικος 618 | πρός 1°] εως 246*(cprm) | αναβασει 129 | Ἀκραβίν V 52 *d* 321' *t* 71' 318 18'-126-628-630' Co = Compl Sixt] τη ακραβειν 129; -βην 72-82 75 527 68'-120'; ακραβ[... 422; ακρ[. .]ειν 57*; ακριβιν 458; ακριβην 59; ακριβειν 131 30; -ββειν 344^{mg}; ακαβειν 130; -βειμ 29*-381 16-46-528 54; *ʿqrbym* Syh = 𝔐 Sam; -ββιμ 426; κραρειν *f*$^{-129}$; > 799; -βειν rell = Ald | παρελεύσεται 1°] ελευ^{στ} 126 | Σέννα G-82-426] σιννα 376; *sena* Bo^{A}; *sina* Bo^{B}; σειν 799; *šn'* Syh; οσενακ 318; οεννακ 416; *sen*[. . .] ^{Lat}cod 104; σενναχ *t*; σεναχ *d*; *usque ad senac* (*inac* c) Aeth; σεννακ M^{mg} V 29 417^{c}(vid) 54' 130^{c} 509 55 ^{Lat}cod 100 Sa^{1}; σεενακ 707 52-528 30' 18-630; σενναακ 417*; σενακ 58-72 413-414 129 75' 130*-321' Sa^{12}; σεενναακ 344; σεεννεακ 392; σενδακ M^{txt}; [. . .]εννακ F; εις ενναακ F^{a}; εις εννακ F^{b}; ενναακ 71'; εννακ B 68'-120 = edd; ενακ *b* 59 Arm;ενναχ 319; ενααχ 407; εεννακ 320; εναχ 618; ενναση 527; σεεννακ rell | εξοδος 82 75 321' 18-126 799 | αὐτοῦ — (5) καί 1°] bis scr 610 | αὐτοῦ 963] του 344* 392; αυτων *x*$^{-509}$; αυτης 799 | πρὸς λίβα] pr απο του 68'-120; *ab africum* ^{Lat}cod 104 | Καδής 963] pr της 426; καδδης 58 422-529-761 107'-125 53-664*; *gadēs* Sa^{12} | τοῦ 963] το 56*; > 82-426 392 = 𝔐 | Βαρνή] -νι 125 71'; -νει 30; -να V; βερνει 246; βαρμη 52'-313; καρνη 527; γουννηι 82 | ἔπαυλιν 963] -λεις V 29 Aeth Syh; επαυ^{λ} 458 | Ἀράδ 963] *arat* ^{Lat}cod 100; ραδ F^{b}; αραδα 426; αραδαν 319; αρναν 527 | om καί 5° — (9) fin 527 | παρελεύσεται 2°] εις *d*$^{-106}$; + εις 376 52 106 *n* 730* *t* 318 799 Bo | Ἀσεμώνα B V 963(vid) 82-707 56 *x* 68'-120 Syh = Compl] ασεβωνα G 407; ασαμωνα 426; *semona* ^{Lat}cod 100; *asemon* Arm; σεσεμονα 53'; ασσαβωνα 319; αλσεμωνα *C*$^{-500}$-46; *asemmōna* Sa^{1}; *asermōna* Sa^{12}; ασελμονα 318;

---

34 3 πρὸς λίβα 1°] οἱ λ' πρὸς νότον 344 | λίβα 1°] οἱ λ' νότον 85'-321'
4 Σέννα] οἱ λ' ο' Σέννα 344

ὅρια ἀπὸ Ἀσεμῶνα χειμάρρουν Αἰγύπτου, καὶ ἔσται ἡ διέξοδος ἡ
θάλασσα. 6*καὶ τὰ ὅρια τῆς θαλάσσης ἔσται ὑμῖν· ἡ θάλασσα ἡ μεγάλη* 6
ὁριεῖ, τοῦτο ἔσται ὑμῖν τὰ ὅρια τῆς θαλάσσης. 7*καὶ τοῦτο ἔσται τὰ* 7
ὅρια ὑμῖν πρὸς βορρᾶν· ἀπὸ τῆς θαλάσσης τῆς μεγάλης καταμετρή-
σετε ὑμῖν αὐτοῖς παρὰ τὸ ὄρος τὸ ὄρος· 8*καὶ ἀπὸ τοῦ ὄρους τὸ ὄρος* 8
καταμετρήσετε αὐτοῖς εἰσπορευομένων εἰς Ἐμάθ, καὶ ἔσται ἡ διέξο-

ABFMV (963) *O'' C''* $bdfn^{-767}stx^{-527}yz$ al verss

σελμωνα 52 54-458 59 Bo; *σελμονα* 75; *σελμων* 799; *ασελμωνα* rell = Ald; ⌒(5) C''^{-131mg} 799 $Aeth^{M}$

5 *κυκλώσει* F^{b} 963] *-ση* 120; *-σεις* 29; *κυσει* F; *περικυκλ.* 18′-407-628-630′; *παρακυκλ.* *b* (sed hab Compl) | *τὰ ὅρια*] *α ορεια* B* (sed hab Sixt); *τα ορεια* 664; *τα ορει* 75 | *ἀπό*] *απ* 126; > $131^{(mg)}$ *b* 246 (sed hab Compl) | *Ἀσεμῶνα* B V G-82-426-707 53′-56 509 68′-120 Arm^{te}(vid) Syh = Compl] *σεμωνα* 963; *ασεβωνα* 376; *ασσεμ.* 319; *asemon* ^{Lat}cod 100; *asimon* Arm^{ap}; *asemmōna* Sa^{1}; *asermōna* Sa^{12}; *σελμωνα* A 72 $131^{(mg)}$ 129-246 n^{-127} 30 84 71′ 318 669 55* 59 Bo; *ασελμωνα* rell = Ald | *χειμάρρουν*] *εως χειμαρρον* 58; *-ρρον* (*χιμ.* 618 56 392; *-μαρον* 46-52-550′ 30; *χιμαρον* 343) A *oI* C''^{-615} *b* 53′-56 *s y*; *-ρρου* (*χιμ.* 127* 126; *-μαρου* 72) G-72-82 *d n t* 18′-126-628-630′ 59 Syh; inc 615 799 | *Αἰγύπτου*] pr *εξ* 422-761*(vid) 19 799 (sed hab Compl); *-πτουν* 509 | *διέξοδος* 963] *εξοδος* 630 799; + *αυτου O d* 129-246 *n t* 628 Arm Sa^{1} Syh = 𝔐 | *ἡ θάλασσα*] *ad mare* ^{Lat}codd 100 104 = 𝔐 Tar; *σεναιν* 628; om *ἡ* 44; + *η μεγαλη* M′ *oI* 121^{mg} 18′-126-630′ = Ald; ⌒(6) 417 Sa^{12}

6 om init — *ὁριεῖ* 628 | *καί* 963] *παρα* 129; > $Aeth^{-M}$ | *τὰ ὅρια τῆς θαλάσσης* 1°] post *ἔσται* 1° tr 246 458; ⌒2° 72-618^{txt} *d* | *ὅρια* 1°] *ορεια* 75 | *ἔσται ὑμῖν* 1°] om *ὑμῖν* ^{Lat}cod 104; tr Arm | om *ἡ* 1° — fin 319 799 | *ἡ* 1° 963] > A 82 *b* 121 (sed hab Compl) | *ἡ* 2° 963] > 422*(cprm) | *ὁριεῖ* 963 = Sam] *ορια* *b* 246 458 59 (sed hab Compl); *οριον* 129 *t* Sa^{1} = 𝔐; > Bo | *τοῦτο ἔσται ὑμῖν* 963] pr *εσται ει* 19; pr *ει* b^{-19} (sed hab Compl); pr *και t* Aeth Arm Sa^{12}; *του υμιν* 246 | *ἔσται ὑμῖν* 2°] om *ἔσται* 458 $Aeth^{M}$; tr 54-75 | om *τά* 2° — fin 246 458 | *τὰ ὅρια* 2° 963] *το οριον* A = 𝔐; *τα ορεια* B* (sed hab Sixt) | om *τῆς* 2° —(7) *ὑμῖν* 1° 73′ 343 84 Bo Sa^{12} | *τῆς* 2°] *γης εκ* 318

7 init — *ὑμῖν* 1°] *και* 71′; > 318 | init — *ἔσται*] om *τοῦτο ἔσται* 53′; om *ἔσται* 730 Aeth; > 126 | *ταυτα* 58 *b* 799 (sed hab Compl) | *τὰ ὅρια* / *ὑμῖν* B^{c} 963 44′-107-610^{c} $t^{(-84)}$ 509 407 319 Sa^{1}] *τα ορεια υμιν* B*; *τα ορια υμων* 125-610*; *υμιν ορια* 82 799; om *ὑμῖν* 53′ 126; tr rell = Sixt 𝔐 | *πρός* 963] pr *τα* M′ G *b d* 246 *n t* Bo Syh (sed hab Compl) | *ἀπό* 963] pr *και* 414 | *τῆς* 1° 963] > M′ 129 71′ | *καταμετρήσετε* 963] pr *και* 127 59 Aeth; *-σεται* (*-τρισ.* 376 53-246 75′ 509 319 799) A B M′ V 376 57-73′-313-615-761^{c} 53*-56′ 75′ 509 55 319 799 Aeth (sed hab Sixt) = Compl; *-σατε* (*-τρισ.* 54) G-82-426 54*; $μετρη^{στ}$ 126; *-τρηθησεται* (*-τριθ.* 30) F 30′; *-μερισετε* 343 | *αὐτοῖς*] *εαυτοις* 82; > ^{Lat}cod 100 Bo; ⌒(8) 72 | *παρά*] *επι* 126 | *τὸ ὄρος* 2° B 963 G*-426 d^{-44} 246 *n t x* Arm Syh] *οθρος* 82; > rell

8 init — *αὐτοῖς*] *το* 126; om *καί* 321 = 𝔐 Tar; om *καί* — *ὄρος* 318; om *καί* — *καταμετρήσετε* Sa^{12} | *τοῦ ὄρους* 963] *το* (> 458) *ορος* 246 458; > 799 | om *τό* — *αὐτοῖς* 44 | *τὸ ὄρος*] pr *προς* 29; pr *usque ad* Aeth; > V 82 ^{Lat}codd 100 104(vid) Arm; + *υμιν C''* | om *καταμετρήσετε αὐτοῖς* 107′-125 | *καταμετρήσετε*] *-σεται* (*-τρισ.* 376 246 75 509 319) A* 376 73′-615 108 56′ 75 28 509 55 319 Aeth = Compl; $-μετρισε^{τ}$ 458; *-σατε* 82-426* 417; *-μερισετε* 343; *-μετρη-*

9 δος αὐτοῦ τὰ ὅρια Σαραδά· [9]καὶ ἐξελεύσεται τὰ ὅρια Ζεφρώνα, καὶ
ἔσται ἡ διέξοδος αὐτοῦ Ἀσερναίν· τοῦτο ἔσται ὑμῖν ὅρια ἀπὸ βορρᾶ.
10 [10]καὶ καταμετρήσετε ὑμῖν αὐτοῖς τὰ ὅρια ἀνατολῶν ἀπὸ Ἀσερναὶν

ABFMV O'' C'' $bdfn^{-767}stx(527)yz$ al verss

θησεται A^c F; *demetitis* ^{Lat}cod 100; *demeteris* Bo | αὐτοῖς A B F M′ V 29-376-426*-618 $C''^{-52'}$ $^{313\ 413\ 417}$ 129-246 54′ *x* 121 55 799] pr υμιν 319; *vobis* ^{Lat}cod 100 Aeth Sa Syh; υμιν εαυτοις 58 *b* $s^{-343'}$ 59; ÷ αυτας ↙ G: cf 𝔐; *id* Arm; εαυτοις rell = Compl | εἰσπορευομένων] pr το ορος 799; επιπορ. 318; -νοις 414; -νοι *b* (sed hab Compl); -νου 246 n^{-127} Aeth; -νον 126; + ημων 707(vid) | Ἐμάθ B $O'^{-58\ 82}$-618 b^{-19} 56′-129 75-127 30 318 68′-120 59 799 ^{Lat}codd 100 104 = Compl] ημαθ 58 Sa^1; εμμαθ 53′ 319; σεμαθ 19; *sumōth* Sa^{12}; *emaōth* Bo; αιθαμ d^{-106} 76; αιμαθ rell | καί 2°] ⌒(9)2° *oI*-707^{txt} 52′-313 44 18′-126-628-630′ 799 Aeth | ἔξοδος 72 53′-56 59 = Compl | αὐτοῦ] αυτων 71′ | om τά 54 | Σαραδά G-426 = Sam] σαδαδα 53′-56 68′-120 = Compl ↓; σα[...] 413; γαρ. 82; *ṣdd* Syh; -δαδ 376; [...]δακ $707^{(mg)}$; σαρδαχ V; σαδαδακ A 29-58 55; ο αδαδακ 318; σαρδακ 30′; σαδδακ F 72 343′; σαδακ $C''^{-(52')\ 57^*\ (313)\ 413\ 422}$ 28-85′-321′ 392; *sarak* Sa^{12}; *sadarak* Sa^1; αραδακ 129 319; σασαδακ 121; σεδακ 422; ασαδακ M′; ασαραδδακ 127; *aradach* Arm; *aradath* ^{Lat}cod 100; *ararad* Bo; καδδακ 59; *adara* ^{Lat}cod 104(vid); σαραδακ F^a rell

9 om τά 82 | ὅρια 1°] ορεια 75 | Ζεφρώνα F^b] ζεφρονα 30 318 68′-120; εξ εφρωνα 72; εφρωνα B^c F^a $707^{(mg)}$ 106-125-610* 129-246 *n* 76 *x* 319 Arm(vid) Sa^1; εφρων 376; εφρωννα 610^c t^{-76}; *ephōnan* Sa^{12}; εφωννα 107; εζεφρωνα 59; σεφρ. F 58 ^{Lat}cod 100 Bo; δεφρ. B* = Sixt Ra; ζεβρ. 426 16-46 121; φρωνα V | om καί 2° Bo | ἡ διέξοδος αὐτοῦ] η εξοδος αυτου 56* 126 59 = Compl; η διεξ. αυτων 376; τα ορια αυτου 552*; + τα (> 528) ορια C''^{-552^*} 30′ | Ἀσερναίν] σερναειν 320-500; *aseranain* ^{Lat}cod 100; αρσεναειμ B*; αρσερναειμ B^c; αρσερναειν 73*-313; αρσερναιν 619*; αρσεναειν M′ V 15 417-551-615 246 54-458 Sa^{12} = Ald; αρσεναιν 64-376-381 46-52 75 30′ 318 18′-126-628-630′ 59 = Sixt; αρσεναι 618; σερναειμ 528; αρερναειν 127*; ασεναειν 68; ασεναειμ 707; ασερενα 82; ασαρηναν 426; αρσενασι 29; ατε[... 799; ασερναειν G $C'^{-73^*\ 320\ 500\ 528\ 529}$-422 129 127^c 28-85′-343 120-122 55 319; ασερναειμ 414-529 509 407 Syh; ασερναην 58; ασερναη 72; ασερναaμ 53′-56; ασεραιν 610*; ασερναaν Compl; *asirnain* Arm^{ap}; *asirnaid* Arm^{te}; *asernen* Bo; ⌒(10) 125 | τοῦτο] pr *et* Aeth; τουτ 707; ταυτα 58 Bo | ἔσται 2°] εστιν 29; > 799 | ὑμῖν] + εαυτοις 529 | ὅρια 2° — (10) ὑμῖν] bis scr 376 | ὅρια 2°] pr τα 29-58-72 414 59 = Ald; οριον 799 Syh = 𝔐; ορει 75 | ἀπὸ βορρᾶ] αποορα (αποραα 46) 16-46*-52′-73′-131^{txt*}(c pr m)-313-422-500′-528-551-616-761*; παρα β. 30′; προς β. 131^{mg}; om ἀπό V

10 καί] pr και μαθετε 527; > V 53′ | καταμετρήσετε] -σεται (-τρισ. 376 246 75 30 509 319) A F^b M′ 376 16′-73′-500′-615 56′-129* 75 30 509 55 319 Aeth = Compl; -τρησετ 126; -τρισετ 458; -σατε 82 616*(vid); -τριθησεται 407 | αυτοις υμιν 618* | αὐτοῖς B F M′ V O^{-58}-29-82 417 $d^{(-125)}$ 129-246 *n t* x^{-527} 55 319 799] > 527 Bo; εαυτοις rell | τά] pr εις $d^{(-125)}$ 246 n^{-127} t^{-370} 799; εις το 370; > 72 | ορεια 75 | ἀνατολῶν] pr απ $d^{(-125)}$ n^{-458} t^{-134} 126; pr απο V G-376 *b* 246 458 134 Arm Bo (sed hab Compl); post Ἀσερναίν tr 799 | απ 126 | Ἀσερναίν] σειρναειν G 129 319; αρσεναειν B* 313-413-417-551-615-616*-761 *n* 30 68′-120 416; αρσεναιν M *oI*-72 52 $d^{(-125)}$ 730 318 18′-126-628-630′ 59 Sa^{12} =

8 Σαραδά] οʹ οἱ λʹ Σαδαδά 344

Σεπφάμα· [11]καὶ καταβήσεται τὰ ὅρια ἀπὸ Σεπφὰμ Ἀρβηλὰ ἀπὸ ἀνα- 11
τολῶν ἐπὶ πηγάς, καὶ καταβήσεται τὰ ὅρια Βηλὰ ἐπὶ νώτου θαλάσ-
σης Χενέρεθ ἀπὸ ἀνατολῶν· [12]καὶ καταβήσεται τὰ ὅρια ἐπὶ τὸν 12
Ἰορδάνην, καὶ ἔσται ἡ διέξοδος θάλασσα ἡ ἁλυκή. αὕτη ἔσται ὑμῖν
ἡ γῆ καὶ τὰ ὅρια αὐτῆς κύκλῳ. [13]καὶ ἐνετείλατο Μωυσῆς τοῖς υἱοῖς 13

ABFMV (963) *O'' C''* *bdfn*$^{-767}$*stxyz* al verss

Sixt; *αρσεναειμ* 29 16-46; *αρσεναιμ* 126; *αρσερναειν* 407; *ασσενναειν* 707; *σεραιναν* 799; *asirnaid* Arm; *aserennen* ^{Lat}cod 104; *ασερναειν* B^c F $C'^{-16\ 413\ 616*\ 761}$-422 56′ 28-85′-343′; *ασερναιμ* 84 392 Syh = Compl; *ασερναειμ* 414 53′ 509 55; *ασερναηγ* 58; *ασαρηναν* 426; *σεναηρ* 527; *σεναειρ* 71′; *σιναειν* 376*; *σιναειμ* 376^c; *σερναιν* 121; *σερνα* V; *ασερων* 82; *masene* Bo | *Σεπφάμα* F 29-72-376 56^c 59 = Compl] pr *εως* Ald; *εως σεμφαμαρ* M; *εως εμφαμαρ* 416; *εως σεπφαμαρ* *oI* 126-128-628-630′ Arm; *εως σεφαμαρ* 18; *εως σεμφ.* 246; *σεμφ.* 56*; *σεφαμα* G-426 68′-120 799 ↓; *špm'* Syh; *σεπφαγμα* 53′; *ασεφαμα* 82; *σεφαμαρ* 58 127 527; *σεμφαμαρ* *d t* Bo; *σεμπφαμαρ* 407; *sepphomar* ^{Lat}cod 100; *sepharaman* Sa^{12}; *εφαμαρ* n^{-127}; *-μαρ* F^a rell

11 om init — *Σεπφάμ* 73′-552^{txt} x^{-509} ^{Lat}codd 100 104(vid) | *καταβήσεται* 1°] *-σονται* 319 | *ὅρια* 1°] *ορεια* 75 | *ἀπὸ Σεπφάμ*] om *ἀπό* 72-82 $C''^{-16\ 46\ (73'\ 552txt)}$ 314 129 59 319; > 16-46 d^{-106} | *Σεπφάμ*] *σελφαμ* 55; *σεπφαν* 56^c = Compl; *-μα* 72; *špm'* Syh; *σεπφαγμα* 53′; *σεμφαν* 56*; *σεφαμ* 58 18; *σεφα* 82 Sa^{12}; *σεφαμα* G-426; *σεσεπφαμα* 376; *sēmpham* Bo; *σεφαμαρ* *n*; *σεφα*[. . . 799; *σεμφαμαρ* 106 *t* | *Ἀρβηλά*] pr *usque ad* Aeth; *αρβιλα* 75; *βηλα* 72 16-46-73′-552^{txt} x^{-509} Syh; *beela* ^{Lat}cod 100; *αρβολα* 799; *αρβαλα* 82; *αρβηλ* 129; *bēra* Sa^{12}; *αρναειν* 319 | *ἀπό* 2° — *Βηλά*] *et concurret* Aeth | om *ἀπό* 2° — *πηγάς* 799 | *ἀπό* 2°] *απ* 126 | *ἐπί* 1°] pr *επι της γης* 458; *et* ^{Lat}cod 104; > 246*(cprm) | *καί* 2°] ⌒(12) 1° *d* | *ὅρια* 2°] *ορεια* 75 | *Βηλά*] pr *και συγκρουσει* 426; *βιλα* 319; *βαιλα* 71′; *bēra* Sa^{12}; *ela* ^{Lat}cod 104 Bo; *αβηλ* 53-664^c; *αρβηλ* 664*; *βηλ* 56′ = Compl; *αρβηλα* 376 n^{-75} *t*; *αρβιλα* 75; *ιηλ* 799; sub ÷ G; > 58-82 ^{Lat}cod 100 Arab = 𝔐 | *ἐπὶ νώτου*] pr (※ G Syh) *και συγκρουσει* (*συνκρουει* 376; *-ση* 56′-664) G-15-58^{mg}-376-707 *b* f^{-129} 68′-120 Arab Syh = 𝔐; *usque ad* Arm | *νώτου*] *νοτου* V 29-58-376 52′-417-529-550′-551-616^c 19 129-246 458 28-85^c-343-730 71′ 121 630^c 59 319 416 799 Sa (sed hab Compl); *νοτον* 72 527 318 | *θαλάσσης*] pr *της* 318 18′-126-628-630′ | *Χενέρεθ*] *χενν.* M′ 426 318; *χερενεθ* 417-616*; *χερεθ* 59; *χερερεθ* 500 343; *χενερ* oI^{-15}; *χεναρ* V 71′ 319; *χειναρ* 527; *χενερα* 129; *χεναρα* B 376 509 ^{Lat}codd 100 104(vid) Arm Bo (sed hab Sixt) = Ra; *χενναρα* 58 n^{-127} *t* 799 Sa^1; *cherana* Sa^{12}; *χενναρα* 127; *χενναιερεθρα* G; *χελαινερα* 82 | om *ἀπὸ ἀνατολῶν* 2° Aeth^M | *ἀπό* ult] *απ* 126

12 om *καί* 1° ^{Lat}cod 100 | *καταβήσεται*] *καταμετρησαται* 82 | *τὰ ὅρια* 1°] pr *επι* 59; *τα ορεια* 75; > 246 | *ἐπί*] *a* ^{Lat}cod 100 | *ιωρδανην* 407* | *διέξοδος*] *εξοδος* 126 = Compl; + *αυτου* *O* Arm Syh ↓; + *αυτων* 75 | *θάλασσα* / *ἡ ἁλυκή*] om *ἡ* B^c V 963 52* 129 *x* 59 319 (sed hab Sixt); tr 799 | *αὕτη*] pr *et* Aeth | *ἔσται* 2°] post *ὑμῖν* tr B (sed hab Sixt) | *ὑμῖν ἡ γῆ*] *omnis terra vobis* Arm; om *ἡ* 552 d^{-106} 53′ 799 | *ἡ* 3° — fin] *haereditas* Sa^{12} | *καὶ τά*] *κατα* G ^{Lat}codd 100 104(vid): cf 𝔐; om *τά* 72 | *ὅρια* 2°] *ορεια* 75; + *omnia* Bo | *αὐτῆς* 963] *της* 314

---

10 *Σεπφάμα*] *ο′ οἱ λ′ Σεφάμα* 344
12 *ἡ διέξοδος θάλασσα*] *ο′ οἱ λ′ ἡ διέξοδος αὐτοῦ θάλασσα* 344

Ἰσραὴλ λέγων Αὕτη ἡ γῆ, ἣν κατακληρονομήσετε αὐτὴν μετὰ κλήρου,
ὃν τρόπον συνέταξεν κύριος δοῦναι αὐτὴν ταῖς ἐννέα φυλαῖς καὶ τῷ
14 ἡμίσει φυλῆς Μανασσή· [14]ὅτι ἔλαβεν φυλὴ υἱῶν Ῥουβὴν καὶ φυλὴ
υἱῶν Γὰδ κατ᾽ οἴκους πατριῶν αὐτῶν, καὶ τὸ ἥμισυ φυλῆς Μανασσὴ
15 ἀπέλαβον τοὺς κλήρους αὐτῶν, [15]δύο φυλαὶ καὶ ἥμισυ φυλῆς ἔλαβον
τοὺς κλήρους αὐτῶν πέραν τοῦ Ἰορδάνου κατὰ Ἰεριχὼ ἀπὸ νότου κατ᾽
ἀνατολάς.

ABFMV (963) *O'' C'' bdfn*$^{-767}$*stxyz* al verss

13 ἐνετείλατο 963] + αυτοις 75 | Μωυσῆς] μωσης G-72-426 422 *n*; > 246 | τοῖς υἱοῖς Ἰσραήλ 963] > 799 | ἡ 963] > 76(|) | ἣν 963] την 82 | κατακληρονομήσετε] -σηται 55; -σατε d^{-106}; κληρ. (-μητε 127; -μισειται 75; εκληρονομησεται 458; -ται 246; κληρο|μησ. 630) 19 246 *n* 318 126-630 (sed hab Compl) | αὐτήν 1°] αυτη 82*; εαυτοις 799; > 72-381′ ^{Lat}codd 100 104; ⌒2° 53′ | μετὰ κλήρου] pr η 82; *cum sortibus* Syh | κλήρου] pr του C''^{-528}; κληρους 509 | om ὅν — κύριος 44 | συνέταξεν] ειπεν 319; + μοι 407 | κύριος] + τω μωυση B* $d^{(-44)}$ 246 *t* Syh (sed hab Sixt) = Ra; + τω μωση *n* | δοῦναι] sub ÷ G* | αὐτήν 2°] sub ÷ G; > 57(|) 129 Aeth = 𝔐 | τας εννεα φυλας 458* | φυλαῖς] φυλης 509 | om καί 2° — fin Bo | καί 2° — φυλῆς] *ei dimidiam et tribu* ^{Lat}cod 100 | τῷ ἡμίσει F^{a}] το ημισυ (-σοι 319; -ση 55; ημηση 246; ημυσι 376) 29-58-72-376 313-615 19′ 44′-125 53′-246 730 x^{-527} y^{-121} 55 319 799 (sed hab Compl); τω ημισυ (υμησυ 707; ειμισυ 458) F G-82-707*(vid) 73′-417 107′ 129 75′ 84 | Μανασσή] μανν. A 246 458 121 ^{Lat}cod 100; μαναση 319 Arm; μανση 72; sub ÷ G Syh; > 82 = 𝔐; + κατ οικους πατριων αυτων 15; + απελαβον τους κληρους αυτων 44: ex 14; ⌒(14) 392 628

14 ὅτι] *quas* ^{Lat}cod 100 | ἔλαβεν] απελ. *b* (sed hab Compl); -βον *d t* 799 Aeth Bo = 𝔐 | φυλή 1°] pr η 54; φυλην 426-707 55; φυ^{λ} 458 126; *tribu* ^{Lat}cod 100; + κατ οικους πατριων 75; ⌒2° 527 Sa | υἱῶν 1°] υιου 72; > 319 | om Ῥουβήν — Γάδ 458 | Ῥουβήν] -βιν 426 44-107′ 56-129 30-130-321′ t^{-84} 18′-630-669*; -βειν 376; -βιμ 72 $C''^{-77\ 550'}$ 125 53′-246 84 619 126-669^{c} 59 799; -βειμ 381′ 77-550′ 106 71; -βημ Compl; *rōbēl* Aeth; *rūbīl* Arab Syh; + κατα κληρους πατριων αυτων 85′^{mg}-321′^{mg}; + (※ G) κατ οικους πατριων αυτων (> 246) O^{-58}-82 b^{-314} 246 54′ t^{-84} 799 ^{Lat}codd 100 104(vid) Arab Syh = 𝔐 | καί 1° — Γάδ / κατ᾽ — αὐτῶν 1°] pr και φυλης υιων γαδ οτι φυλη υιων ρουβιμ 799; om καί — Γάδ 314 130* 84; om κατ᾽ — αὐτῶν 58; tr d^{-106} Bo; bis scr G* | φυλή 2°] φυλης 376 509 68′-120 (sed hab Ald); φυλην 82; φυ^{λ} 126 | om αὐτῶν 1° — τούς 527 | καί 2° — φυλῆς] *dimidia tribu* ^{Lat}cod 100; om τό 59 | φυλῆς] pr της 82-381′; φυλη 619; φυ^{λ} 126 | Μανασσή] pr υιων 127; μανν. A 246 458 121; -σσαι 313*(c pr m); μαναση 72 Arm; *mannase* ^{Lat}cod 100; > *cI*-551 | om ἀπέλαβον — fin Bo | ἀπέλαβον] -βοντο 72 59; ελαβον 407; ελαβοσαν 82; > 44 Arm

15 init — αὐτῶν] > $C''^{-52'\ 131^{mg}\ 313\ 422}$ *d* 458 *t* 71′ 126-628 799 Arm: homoiot; post Ἰεριχώ tr 53′ | ἥμισυ] pr το *b* (sed hab Compl) | om φυλῆς — αὐτῶν ^{Lat}cod 100 | φυλῆς] φυλη μαννασση 246; > 72 407 Bo; + μανασση V 130^{mg}-321′^{mg} = Tar^{P} | ἔλαβον] pr και 707 f^{-246} Aeth^{M}; και απελ. V; απελ. 52′-313-422 *s*; -βωσαν 82 | τούς] του 82* | αὐτῶν F^{a}] > F 29-58-72 59 | πέραν] απο 82 | τοῦ] κατα 610 | ιωρδανου 407* | ιερειχω B* F M G-29-707 73′-131-313-417-500′-616* 129 127 28-85′-344-346* 392* 55 (sed hab Sixt); ιερυχω 68 = Ald | om ἀπό — fin 53′ | ἀπό] επι 46^{s}; κατα 509 55; > 82 | νότου] pr του 18; νωτου 108 75 30 84-134 120-407*-669 55 Aeth; ντω 54 |

16Καὶ ἐλάλησεν κύριος πρὸς Μωυσῆν λέγων 17Ταῦτα τὰ ὀνόματα 16 17
τῶν ἀνδρῶν, οἳ κληρονομήσουσιν ὑμῖν τὴν γῆν· Ἐλεαζὰρ ὁ ἱερεὺς καὶ
Ἰησοῦς ὁ τοῦ Ναυή. 18καὶ ἄρχοντα ἕνα ἐκ φυλῆς λήμψεσθε κατακλη- 18
ρονομῆσαι ὑμῖν τὴν γῆν. 19καὶ ταῦτα τὰ ὀνόματα τῶν ἀνδρῶν· τῆς 19
φυλῆς Ἰούδα Χαλὲβ υἱὸς Ἰεφοννή· 20τῆς φυλῆς Συμεὼν Σαλαμιὴλ υἱὸς 20
Ἐμιούδ· 21τῆς φυλῆς Βενιαμὶν Ἐλδὰδ υἱὸς Χασλών· 22τῆς φυλῆς Δὰν 21 22

ABFMV (963) *O''* *C''* *bdfn*$^{-767}$*stxyz* al verss

κατ' B V G-426 *d*$^{-610}$ *n*$^{-458}$ *t* 509 319 ^{Lat}cod 100 Syh] κατα F 58-72-82-376 610 129 458 *x*$^{-509}$ 59 799; προς rell | ἀνατολάς] *regionem occidentis* Arm^{ap}

16 ἐλάλησεν] ειπεν 121 | Μωυσῆν] -σιν 246; -ση 58 19 (sed hab Compl); μωσην G-426 *n*; μωσει 72 | om λέγων 19 (sed hab Compl)

17 οἵ — 36₂ τοῦ] absc 799(||) | οἵ] οιτινες 29 | κληρονομήσουσιν] -μουσιν 509; κατακλ. *d n t* 71'; κληρωσουσιν F^{b} | ὑμῖν] pr εν *b* (sed hab Compl); *vobiscum* ^{Lat}cod 100; ημιν 72; υμων 509; > A 126 Sa; post γῆν tr 527; ⌒(18) *d*$^{-106}$ | Ἐλεαζάρ] *eliazar* Arm | om ὁ 1° 130-346 | om καί 72 | ὁ τοῦ] υιος A; om ὁ 130*-321' 126 | Ναυή] ναβη 76; ναυι 72 619; ναβι 106 71

18 καὶ ἄρχοντα ἕνα] οι αρχονταις αιναν αρχοντα ενα 376; om καί 82; om ἕνα 509 407; + (※ G) αρχοντα (αρχον G) ενα G-426 130^{mg}-321'^{mg} Syh = 𝔐 | φυλῆς] pr της *C''*$^{-616}$ *s* 392; + λευι 53' | λήμψεσθε A B F 509] -σθαι V G-82 56*; sine μ F^{b} rell = Sixt; *accipies* ^{Lat}cod 100 | κατακληρονομῆσαι] και κληρονομησουσιν 82; -μειν 53' 344^{mg}; -κληρωσαι F^{b} | ὑμῖν / τὴν γῆν] > 72; tr 53' | ὑμῖν] pr εν 19 (sed hab Compl); sub ÷ (※ G*) G Syh; > V(|) 552 = 𝔐

19 τῶν ἀνδρῶν] *filiorum* ^{Lat}cod 100; > 82 | τῆς] εκ 246 | Ἰούδα] ιουδας 72; post Χαλέβ tr 318 | χαλεφ 82; χαλεν 246; *caleb* ^{Lat}cod 104 | υἱός] ο του F 130^{mg}-321'^{mg}; bis scr 616 | Ἰεφοννή] -ννι 44 71'; ηεφ. 54; ιεφωννι 125; ιεφωννη 19 107 75 344; *sepphone* ^{Lat}cod 100; ιεφονη M' 376 *C''*$^{-16'\ 52'\ 313\ 417\ 616^{*}\ 739}$ 53'-56^{c} 76 527 68'-120-126-407* 59^{c} Arm Sa = Compl; ιεφονι 72 106; ιεφωνη 108 610 56* 130 318 Bo; εφονη 616*; ιεφθοννη 15-381; ιεφθονη 64-618 59* = Ald

20 comma] pr *et* ^{Lat}cod 100 Aeth Arab = 𝔐 Tar; bis scr 59* | Συμεών] pr υιων *O*$^{-58}$ Syh ↓; > 761* 318 | Σαλαμιήλ] pr του 528; -μηηλ 246*; σαμαλιηλ 18; σαδαμ. 53'-56; -μηλ 130^{mg}; σαλαμιηλου 321$^{txt^{c}}$; σαμηλ 321^{mg}; -μινα 68'-120 (sed hab Ald); σαμρηλ 82; *šlmw'yl* Syh; σαμουηλ 346^{mg}(vid) = Compl ↓ | υἱός] ο του 130^{mg}-321'^{mg}-344^{mg} | Ἐμιούδ] εμιουλ 426; αμιουδ 616 ↓; ιεμ. G 57 Bo^{B}; σεμ. B* 29-376 19 *d* 129-246 *n*$^{-458}$ *t* *y*$^{-392}$ 68'-120-630 59 416 Bo^{A} (sed hab Compl) = Sixt; σεμεουδ 509; σεμιουλ V

21 init] pr *et* Aeth Arab = Tar^{P} | Βενιαμίν] -μειν A B F V *O*$^{-426}$-707 118'-537 56' 127 *s*$^{-321'\ 730}$ 509 *y*$^{-318}$ 120' (sed hab Sixt); -μην 82 528 19' 53* 54*-75 527 318 628* 319 (sed hab Compl); βαινιαμειν 15; -μειμ 29 = Sam; βελιαμην 458; -μμιν 618 | Ἐλδάδ] ελδααδ 127(|); ελααδ 54 71'; ελεαδ 75' 527; ελιδαδ 426 = 𝔐 Tar; ελδαν 16-46 118* 53' 126; ενδαδ Compl; ελδας 68'-120; αελδαν 29; ελαδ 414* 18; *adad* Bo; ελεαδαδ 319; ιελιαδ 246; εσδαλ 413; *helsaf* ^{Lat}cod 100; ελιαβ 376; ελαβαν 509 | υἱός] ο του 130^{mg} | Χασλών] χασ[. . . 963; χασδων 414* 68'-120 (sed hab Ald); -λωμ *d* 129 *t*; χελ. 72 19 Sa; χαιλ. 58 246 669*; σχαλων 108; χαισλων V; χεσαων 426 Bo^{B}; χασμων *x*$^{-509}$; χασελων Compl; χαλ. 528 318;

---

20 Συμεών] οʹ οἱ λʹ pr υἱῶν 344 | Σαλαμιήλ] αʹ σʹ Σαμουήλ 108 | Ἐμιούδ] οʹ οἱ λʹ Ἀμιούδ 344

23 ἄρχων Βακχὶρ υἱὸς Ἐγλί· [23]τῶν υἱῶν Ἰωσὴφ φυλῆς υἱῶν Μανασσὴ
24 ἄρχων Ἀνιὴλ υἱὸς Οὐφίδ, [24]τῆς φυλῆς υἱῶν Ἐφράιμ ἄρχων Καμουὴλ
25 υἱὸς Σαβαθά· [25]τῆς φυλῆς Ζαβουλὼν ἄρχων Ἐλισαφὰν υἱὸς Φαρνάχ·

ABFMV (963) O'' C'' $bdfn^{-767}stxyz$ al verss

χασχων 82; χασελω 392; [. . .]ν 413; *chaslod* Arm; *chasaōn* Bo^{A}; *chedon* ^{Lat}cod 100; *chasron* ^{Lat}cod 104

22 init] pr *et* $Aeth^{-M}$ Arab = 𝔐 Tar | Δάν 963] pr υιων 426 d^{-125} 246 *n t* Syh ↓; δαδ 19 (sed hab Compl); > 68'-120 (sed hab Ald) | om ἄρχων 72-82 246 x^{-509} 126 ^{Lat}cod 104 | Βακχίρ d^{-44} t^{-84} = Sixt] -χειρ B 44 129 127 509 407 Arm; . . .]χειρ 963; βακχηρ 84; βακκειρ *b* ^{Lat}cod 104; βαχχιρ F^{a}; βαχειρ V 527'-619^{c}; βοκκιρ 68'-120; βοκκορ Ald; βαρχειρ 619*; ακχειρ 246 54-75; ακχηρ 458; μαχιρ M^{mg}; μαχειρ 416^{mg}; *bethir* ^{Lat}cod 100; *bachir* Sa; βακχι 29-376 59; βοκχι 58; μοκκι 15; βαχχι F; μακχι 72; βακκε 130^{mg}(vid); βακκο 344^{mg}; βοκκαι 121; βακειν 82; *bakin* Bo; κοκκι G; βαχχη 319; βοκι 73' 126; βοκ 417; βοβκι 318; βοκκι rell = Compl | Ἐγλί 71 ^{Lat}cod 100 = Sixt] αιγλι d^{-106} *t* 619; εγλει B 509 Sa; εκλι A 30' ^{Lat}cod 104; εκλει 82 127; εγλη 527 319; ελγει V; εκχι 458; εκχει 54-75; *egla* Arm; εκχειν 246; *elkis* Bo^{A}; *egkēs* Bo^{B}; *ygly* Syh = 𝔐; ιεγλι 18'-126-628-630'; ιαιγλη 106; ιεγλη 376 407; ιογαι 426; ιοηλι 53'; ιεκλει M'^{txt} G *b* 318; ιοκλι 707 56 = Compl; ιωκλι 68'-120; ιεκαι F 59; σεκλι 129; συκλη 58; σιεκλι 392; σεκχι M'^{mg}; absc 422; ιεκλι rell = Ald

23 τῶν υἱῶν] pr *et* Aeth = Tar^{P}; της φυλης 246*(c pr m) x^{-509} Arab(pr *et*) | ιωσφ 527 | φυλῆς υἱῶν Μανασσή / ἄρχων] tr Sa; > ^{Lat}cod 104 | φυλῆς] pr της 82 417 *d n* $85'^{mg}$-$321'^{mg}$-344^{mg} *t* 319; > 527 | υἱῶν 2° 963] pr των $85'^{mg}$-$321'^{mg}$-344^{mg}; > 376 *b* Arab Sa (sed hab Compl) | μαννασση A 246 121; μανασση 72 Arm | ἄρχων 963] > 72 126 Arab | Ἀνιήλ] pr ras 1 litt 314; ανειηλ B V (sed hab Sixt); *asael* ^{Lat}cod 100; δνιηλ 82; αιηλ *d* t^{-370}; φυλ 370^{s} | Οὐφίδ A F 58-707 f^{-129} 121 = Compl] εφιδ 72-426; ουφει F^{a}; ουφι Ra.; σουφιρ 106-125 *t*; σουφηρ 44-107'; *'pwr* Syh; σουφιλ 30' 392; σουφηλ 381'; *suphin* Bo; σουφιηλ 15' 18'-126-628-630'; σουβηθ 343; σουφει V 963 G-82 127 509^{c} 407; σουφι B M' 376 *b* 129 n^{-127} 71-509* ^{Lat}cod 104 Arm^{ap} Sa; σουφη 527 319; *sofi* ^{Lat}cod 100; σεφι 619; σουφιδ rell

24 τῆς φυλῆς] pr *et* $Aeth^{-M}$ Arab = 𝔐 Tar^{P}; > Sa | υἱῶν Ἐφράιμ] pr των 77 130-321'; om υἱῶν 370^{s} Arab; post ἄρχων tr Sa | Ἐφράιμ] ευφ. 73' 53; *eufrem* ^{Lat}cod 104 Bo; εφραιρ 126 | ἄρχων] > 72 126 Arab; ⌒(25) 527 | Καμουήλ] *gamuēl* Bo; *gamuel* ^{Lat}codd 100 104; καμεηλ 129; σαμ. 46^{s} Sa | Σαβαθά B F^{a} V 376 d^{-610} 129 *t* 509 319 ^{Lat}cod 100 Arm] σεβ. 71'; -θαι 610; -θαν A = Sixt; *sabath* Sa; αβ. 54-458; σαφατα 72 59; *cabatha* ^{Lat}cod 104; αμαθα 75; αβαθ 127; σεβαμα 407; αφαθα *b*; σαφαταν F 29-707^{c} 30'-343' 392 $Aeth^{-M}$; σαφταν M' G-15'-426-707* f^{-129} 121 z^{-407} = Compl; σατφαν 381'; *šbtn* Syh = 𝔐; σαφαν 58 Bo; σαφτνα 318; σοφιταν 417; σαφσαν 55; σαβαωδ 82; σαφιταν rell

25 τῆς φυλῆς Ζαβουλών] pr *et* Aeth Arab = 𝔐; post ἄρχων tr Sa | Ζαβουλών] pr υιων *O* Aeth Syh = 𝔐; σαβ. 46 | om ἄρχων 72 126 Arab | Ἐλισαφάν] ελεισ. B (sed hab Sixt); *elissafan* ^{Lat}cod 104; *elizaphan* ^{Lat}cod 100; ελισαφα 72; -φαμ *cI*-551; -φατ 392 Bo^{B}; -φαθ 370; -φαφ 18; -σαφ *oI d* 126-128-628-630' 55; ελεισαφ M' 82 | Φαρνάχ] φαναχ 509 392; φαραναχ *b*; αραναχ Compl; *pharnak* Sa; χαρναχ M^{txt} *oI C''* $s^{-30'}$ 18'-126-628-630' = Ald; φαιναχ 82 54-75 ^{Lat}cod

---

22 Δάν] ο' οἱ λ' pr υἱῶν 344 | Ἐγλί] ο' Ἰογλή (ιογαη cod) 344

[26]τῆς φυλῆς υἱῶν Ἰσσαχὰρ ἄρχων Φαλτιὴλ υἱὸς Ὀζά· [27]τῆς φυλῆς 26 27
υἱῶν Ἀσὴρ ἄρχων Ἀχιὼρ υἱὸς Σελεμί· [28]τῆς φυλῆς Νεφθαλὶ ἄρχων 28
Φαδαὴλ υἱὸς Βεναμιούδ. [29]οὗτοι οἷς ἐνετείλατο κύριος καταμερίσαι 29
τοῖς υἱοῖς Ἰσραὴλ ἐν γῇ Χανάαν.

ABFMV (963) *O''* *C''*(-57) *bdfn*$^{-767}$*stxyz* al verss

104; φεναχ *d t*$^{-370s}$ Bo; φιναχ 370^{s}; φαρμαχ 426; φαιναϰ 127; εφαιναχ 458; φαρναχαν 30; φαρναaν *f*$^{-129}$; *senach* ^{Lat}cod 100; βανιναχ 527; ναχ 122*
26 comma] pr *et* Aeth^{-M} Arab = 𝔐; > 320 | init — Ἰσσαχάρ / ἄρχων] om ἄρχων 72 126 Arab; tr Sa | υἱῶν] υιος 618; των 528; > 75′ Arab | Ἰσσαχάρ] ισαχαρ 72-618 46-414-529 *d*$^{-106}$ 53-246 619 126-407-669 55 59 ^{Lat}cod 100 Arm Bo = Compl; *iesachar* Sa | Φαλτιήλ] -τειηλ B (sed hab Sixt); -τιειλ 57; *phaldiēl* Sa; *pholtiel* Arm^{ap}; *faluel* ^{Lat}cod 100; -τινα 509; -τιην 72; φαντ. 77-131-313*-500-529 68′; φαλτηδ 82; φααττιηλ F^{s}; φατ. 376 46-417 *d* 730 *t x*$^{-509}$ 392 416 ^{Lat}cod 104 | Ὀζά] *ozi* Arm^{te}; οζαν *C*-46 *d*$^{-106}$; *uxa* ^{Lat}cod 104; ζα *x*$^{-509}$ 319; οζευ 53; *oziēl* Bo^{B}; *esri* Sa
27 init — Ἀσήρ / ἄρχων] pr *et* Aeth Arab = 𝔐; om υἱῶν 72 Arab Sa; om ἄρχων 126; tr Sa | Ἀσήρ] ασσηρ 53 730 71′ Co; αζηρ 82-618; αηρ 84; σηρ 106 | om ἄρχων — (28) ἄρχων 72 | Ἀχιώρ] αχειωρ V G 414 129; αρχιωρ 616 59; αρχειωρ 509; *achor* ^{Lat}cod 100; αχιηρ 319; *'ḥyhwd* Syh = 𝔐; αλιωρ 407; αριωχ 29; αχιωβ A 121 68′ (sed hab Ald); αχιηλ 376; αχιω 618*; > 82 458 | υἱὸς Σελεμί] om υἱός 44 527; > ^{Lat}codd 100 104 | Σελεμί] -μει B V 707^{c} *C''*$^{-52\ 414\ 528\ 616*}$ 44 129 127 *s*$^{-321'}$ 509 (sed hab Sixt); [. .]λεμει 528; -μη 527; σεδεμι 376; σελαμι 54; ελεμι 426; ελεμει 407 319; *elumei* Sa; συμελει 82; σεμιδι 59; σεμελι 120; σελεμ 537 Arm^{ap}(vid); *selom* Arm^{te}(vid); *elmi* Bo^{B}; *eami* Bo^{A}
28 init — Νεφθαλί] post ἄρχων tr Sa | τῆς] pr *et* Aeth Arab = 𝔐; > 414*(|) | φυλῆς] + υιων *O C''* 106 *s* 392 319 Aeth Sa Syh = 𝔐 | Νεφθαλί A M′ 15 56′-129 *n*$^{-127}$ 28-85-321′ *y*$^{-392}$ 68′ 55* Arab Syh = edd] -λει B F V G-64*-82-426-707 127 30′-130-343′ 319; -λιμ 107′ *t* 18*(vid)-126-128-407-630′ 55^{c} Bo; -λημ 628; *neptalin* ^{Lat}cod 104; -λειμ rell | om ἄρχων 126 Arab | Φαδαήλ] φαλαηλ *x*$^{-619}$ 407; -διηλ *oI* 610 126-128-628-630′ = Ald; φαλδαηλ 129; φαναηλ 82 619 Bo^{B}; *fanel* ^{Lat}cod 104; *phagael* Arm^{te}; *phageel* Arm^{ap}; φαβιηλ 18; δαηλ 72; φαλανα 120 | υἱός] *filiorum* ^{Lat}cod 104 | Βεναμιούδ Ra.] βενιαμ. B^{c} *x*$^{-509}$ 319; βενιαμειουδ B*; *benemiud* Bo; *benmiut* ^{Lat}cod 104; *benemiob* ^{Lat}cod 100; *bemiud* Sa; βενε 82; βενιαμεινιουδ 509; σελεμιουδ *d n*$^{-127}$ *t*; σεμελιουδ 127; ιαμιουδ M′^{txt} 707 *C''*$^{-73'\ 529\ 552\ 615*\ 616*}$ 118-537 56′ *s*$^{-30'\ 321*}$ *y* 68′ = Sixt; ιαμειουδ 129; εμιουδ 29; εμειουδ V; αβιουδ 18; ιαβιουδ 53′; σαμιου 376; *meud* Arm^{te}; *miud* Arm^{ap}; σελεμιουλ M′^{mg}; αμιουδ rell — Ald 𝔐
29 οὗτοι οἷς] pr spat ca 4 litt 82; τουτοις B; τουτους 126 | οἷς] ους 29-72-376* *C''*$^{-57\ 528}$ *b d s* 74*(vid)-370 121 18-68′-120-630′ 55 319 (sed hab Ald Compl) ↓; spat 3 litt 528 | καταμερίσαι 963] -μετρησαι (-ρισαι 56*-246) A F *oII*$^{-82}$ *f*$^{-129}$ 130^{mg}-321′^{mg} 121 68′ 59 ^{Lat}codd 100 104 Aeth; κατακληρονομησαι (κληρ. 618* 730 126; -νονομ. 130) M′^{mg} *oI C''* 28-30′-85-130^{txt}-321′^{txt}-343′ *y*$^{-121}$ *z*$^{-68'\ 407}$ 55; καταμετρι και μερισαι 376 | om τοῖς υἱοῖς Ἰσραήλ 381′ Aeth | τοῖς υἱοῖς 963] τους υιους A 15′ *C''* *f*$^{-129}$ 28-85-130^{txt}-321′-343′ *y*$^{-392}$ *z*$^{-120'}$ 55 (sed hab Ald) = Compl | ἐν γῇ 963] *terram* Aeth Arm Bo; om ἐν 376 | γῇ] pr τη F^{a} 29-707 *f*$^{-129}$ 120 59; τη γη γη F | Χανάαν] *channaan* ^{Lat}cod 100; χανα[. . . 963; χααν G; *dianaan* ^{Lat}cod 104

---

29 οἷς] θ′ ο′ α′ οἷς 344; σ′ οὓς 344^{txt}

1 **35** [1]*Καὶ ἐλάλησεν κύριος πρὸς Μωυσῆν ἐπὶ δυσμῶν Μωὰβ παρὰ*
2 *τὸν Ἰορδάνην κατὰ Ἰεριχὼ λέγων* [2]*Σύνταξον τοῖς υἱοῖς Ἰσραὴλ καὶ*
δώσουσιν τοῖς Λευίταις ἀπὸ τῶν κλήρων κατασχέσεως αὐτῶν πόλεις
κατοικεῖν, καὶ τὰ προάστια τῶν πόλεων κύκλῳ αὐτῶν δώσουσιν τοῖς
3 *Λευίταις,* [3]*καὶ ἔσονται αὐτοῖς αἱ πόλεις κατοικεῖν, καὶ τὰ ἀφορίσματα*
αὐτῶν ἔσται τοῖς κτήνεσιν αὐτῶν καὶ πᾶσιν τοῖς τετράποσιν αὐτῶν.
4 [4]*καὶ τὰ συγκυροῦντα τῶν πόλεων, ἃς δώσετε τοῖς Λευίταις, ἀπὸ τείχους*

ABFMV (963) *O'' C'' bdfn*$^{-767}$*stxyz* al verss

35 1 init — fin libri] absc 57(||) | *κύριος πρὸς Μωυσῆν* 963] om *κύριος* 120; om *πρός* 376; sup ras A | *Μωυσῆν*] *μωσην* G-426 *n* Cyr I 864; *μωσει* 72; + *λεγων* 126 | *Μωάβ*] *μωαμ* 458 | *παρά* 963] *επι* n^{-127} | *κατά* 963] *και τη* 376 | *Ἰεριχώ* F^c] *ιερειχω* B* F 963 G-29-707 73′-131-313-417-500′-616* 129 127 28-30-85′-344-346* 392 55 (sed hab Sixt); *ιερυχω* 68 = Ald | *λέγων* 963] > 82(|) 126

2 *σύνταξον*] *-ξιν* 82 | *Ἰσραήλ* 963] + *dicens* Bo | *δώσουσιν* 1°] *δωσω σοι* 458; + *σοι* 72; + *τοις υιοις* 376* | *τοῖς Λευίταις* 1°] *τ. λευειταις* B* 963 G 127 (sed hab Sixt); *τ. λεβιταις* 54; *ταις λευιταις* 610; *τους λευιτας* 126; > 422; ⌒2° 44 | *ἀπό — αὐτῶν* 1°] pr *και εσονται* 509; om *τῶν* 550′; > Arab | *τῶν* 1° — (4) *ἀπό*] bis scr 628(||) | *κατασχέσεως*] pr *της* 458 527; *possessionum* ^{Lat}codd 100 104; post *αὐτῶν* 1° tr 120 | *αὐτῶν* 1°] + *urbium* Bo; + *αυτοις* 422 | *πόλεις*] *πολις* G | *καί* 2° — (3) *κατοικεῖν*] bis scr 417 106 | *προάστια* (*-στεα* 509) A B* F M V G^c-15-64*-426 417(2°) 108* 125′ 53-129 n^{-458} 30-343-344* x^{-527} 392 55] *προσαστια* G*; *-στεια* (*πραστ.* 458) F^b Cyr I 864 rell = edd Ra | *τῶν πόλεων*] post *κύκλῳ* tr Arm | om *δώσουσιν* 2° — fin 72(|) | *δώσουσιν* 2°] pr *και* 321; *δωσω σοι* 458; *δωδεκα* 28; + ras 3 litt 56 | *Λευίταις* 2°] *λευειταις* B* 963 G 127 (sed hab Sixt); *λεβιταις* 54

3 om *καί* 1° ^{Lat}codd 100 104 | *ἔσονται* F^a] + *τοις λευιταις* F | *αὐτοῖς / αἱ πόλεις* B F^a V 529 *b d* 129 n^{-75*} *t x* 120′ 319 Cyr I 864 ^{Lat}codd 100 104 Arm] *αυτοις πολει* 75*; *αι πολεις αυταις* 29; *αι πολεις αυτων* 72 53′ 121 68′-128-669; tr Aug *Loc in hept* IV 125 rell = Compl 𝔐 | *καὶ τά*] *et super* ^{Lat}cod 104; *extra super* ^{Lat}cod 100; *κατα* 53′; *και τ* 126; om *τά* 129 | *ἀφορίσματα*] *-μενα* (*αφωρ.* 619) x^{-509} 55; *ευφορηματα* 59 | *αὐτῶν* 1°] ⌒2° 458 | *ἔσται*] *εσονται* F 29 18; *εν* 72; ad fin tr 422 | *τοῖς* 1°] ⌒2° *C''* | *αὐτῶν* 2°] > Bo; + *κατοικειν* F; + (※ G) *και τη υπαρξει αυτων O* Syh = 𝔐 | *καί* 3° — fin] sub ※ G; om *πᾶσιν* 707 53′-56 120 ^{Lat}codd 91 92 94 Aeth Sa = Compl; > A 72 126 59 Arab: homoiot | *τοῖς τετράποσιν*] *τοις τετραποδοις* 730; *mobilibus* ^{Lat}codd 91 92 94 | *αὐτῶν* ult] *αυτου* 125*(cprm)

4 *καὶ τά*] *κατα* 376 53′ 71′ 120; om *καί* 28 | *τά — ἅς*] *quae a civitatibus his* ^{Lat}cod 104; *quae excurruntur a civitatibus et omnibus quadrupedibus pecoribus eorum et quae excurruntur civitatibus has* ^{Lat}cod 100 | *ἃς δώσετε*] *α δωσετε* F^b 500-551 127 126; *δωσεται* 75 509; *αποδωσεται* (*-τε* 54) 82 54-458; om *ἅς b* 318 628(2°; sed hab Compl) | *δωσουσι(ν)* M′ 618 55 | *λευειταις* B* V G 127 (sed hab Sixt) | *ἀπό — ἔξω*] pr *και* 528; *et extremorum* ^{Lat}cod 100 | *τείχους*] pr *του*

---

35 2 *κλήρων*] *μερίδων· κτήσεων* 130-321′ | *προάστια*] *πλάτη* 130-321′

3 *καί* 2° — *αὐτῶν* 1°] *ϑ′ καὶ τὰ ἀποβλήματα αὐτῶν* 108 Syh | *ἀφορίσματα*] *εὐρύχωρα ϑ′ ἀποβλήματα* (*προβ.* 346; . . .]*βληματα* 321) 130-321(nom absc)-346

τῆς πόλεως καὶ ἔξω δισχιλίους πήχεις κύκλῳ· [5]καὶ μετρήσεις ἔξω 5
τῆς πόλεως τὸ κλίτος τὸ πρὸς ἀνατολὰς δισχιλίους πήχεις, καὶ τὸ
κλίτος τὸ πρὸς λίβα δισχιλίους πήχεις, καὶ τὸ κλίτος τὸ πρὸς θάλασ-
σαν δισχιλίους πήχεις, καὶ τὸ κλίτος τὸ πρὸς βορρᾶν δισχιλίους πήχεις,
καὶ ἡ πόλις μέσον τούτου ἔσται ὑμῖν καὶ τὰ ὅμορα τῶν πόλεων.
[6]καὶ τὰς πόλεις, ἃς δώσετε τοῖς Λευίταις, τὰς ἓξ πόλεις τῶν φυγα- 6

ABFMV (963) *O''* *C''* *bdfn*$^{-767}$*stxyz* al verss

761*; *τοιχου* 426 | om *καί* 2° 552 129 527 Aeth = Sam Tar^{P} | *ἔξω*] *extra urbem* Arm^{te}; + *τειχους* (*τοιχ*. 610$^{sup\ ras}$) 82 *d*$^{-44}$ *n t* ^{Lat}cod 104 Arm^{ap} | om *δισχιλίους* — (5) *καί* 1° Bo | *δισχιλίους πήχεις*] *πηχ. χιλιους* 82; tr 126 | *δισχιλίους*] -*λιοι* 707* 53′-56 344^{mg}; *II* ^{Lat}cod 104; *χιλιους* (*χειλ*. G) *O*$^{-58}$ 500 Syh ↓; *χιλιοι* Compl | *κύκλῳ* F^{a}] *εξω* 44; > F 106

5 *καί* 1°] + *το κλιτος το προς θαλασσαν δισχιλιους πηχεις και το κλιτος* 106: ex sq | *μετρήσεις*] -*σης* (-*τρισ*. 376) 376 120; *μετριεις* 509; *μετρ*^{η} 72; -*σει* 74-76; *περιμ*. 82; *καταμ*. (-*τρισης* 30; -*τρισ*. 130) 30′-85′^{mg}-321′^{mg}-344^{mg}; *metis* ^{Lat}cod 104; *metiemini* Arm Syh = 𝔐 | *ἔξω*] pr *το* 72; pr *τα* 55^{mg}(prm) | *πόλεως*] + *κυκλω* 319 Bo; + *το κυκλω* 458 | *τό* 1° — *ἀνατολάς*] pr *και* 58-82-376 458; *partem* (*pari* 100) *quae ab oriente est* ^{Lat}codd 100 104 | *τὸ κλίτος* 1°] *τλητος* 72; ⌒4° 53 | om *τό* 2° 72(|)-82 | *δισχιλίους* 1°] pr (※ G) *επι* G-376 Syh: cf 𝔐 Sam Tar^{P}; *II* ^{Lat}cod 104; post *πήχεις* 1° tr 44 126 | *πήχεις* 1°] ⌒2° 72 131^{c} *d*$^{-106}$ 129 54 *t* 55 59 ^{Lat}cod 104; ⌒3° 550′-616 106 ^{Lat}cod 100 | *καί* 2° — *πήχεις* 2°] post *πήχεις* 3° tr *b* (sed hab Compl); post *πήχεις* 4° tr 73*-320 Arm | *τὸ κλίτος* 2°] *το τειχος* 319; > Sa | *λίβα* 963] *νοτον* 85′^{mg}-344^{mg}; absc 422 | *δισχιλίους πήχεις* 2° 3° 4°] *ομοιως* 58; tr 126 | *δισχιλίους* 2°] *β̄* 963 | *πήχεις* 2°] > Aeth^{FM}; ⌒3° *C*$''^{-52'\ 131c\ 313\ 417\ (550'\ 616)}$ 664 458 128 Syh^{txt}; ⌒4° 527 392 | *τὸ κλίτος* 3° 963] *το* (*τος**) 321; > 72 | *πρός* 3°] *παρα* 82 | *θάλασσαν*] -*σσης* 131$^{(c)}$; *βορραν* V; et *βορρᾶν* tr 72 54′-75 Arm^{ap} | *δισχιλίους* 3° 4°] *β̄* 963; *II* ^{Lat}cod 104 | om *τὸ κλίτος* 4° 72 44 | *βορρᾶν*] *νοτον* V | *δισχιλίους πήχεις* 4°] tr *d*$^{-106}$ | *καὶ ἡ πόλις* 963] *και πολεις* 131-313-529-615-739 Arm Bo; *καὶ ἡ* absc 422; om *ἡ* *C*$''^{-131\ 313\ 422\ 529\ 615\ 739}$ 458; > 53′ | *πόλις*] *οπλης* 319; + *αυτη* 121 68′ (sed hab Ald); post *τούτου* tr 414 | *τουτου μεσον* 71′ | *τούτου*] *τουτο* 426 106 509; *του*^{τ} 422; *τουτων* *b* Sa; *eorum* ^{Lat}codd 100 104 | *ἔσται*] *εσονται* 963 ^{Lat}cod 100 Bo | *ὑμῖν* 963] > *b* (sed hab Compl) | *καί* ult — fin F^{a}] om *καί* Aeth^{M} = 𝔐; om *τά* 630; > F | *ὅμορα*] *ομμορουντα* (*ομορ*. 537) *b* (sed hab Compl); *ομηρα* 82; *ομυρα* 319; *ομοια* 619; *ονοματα* 58-72 59; + *τα* 707 | *τῶν* 963] > 121 68′ (sed hab Ald) | fin] + *civitates quas dabitis levitis duo cubita et partem ad mare duo cubita et aquilone duo cubita civitas medio eorum erit vobis et confinia civitatium* ^{Lat}cod 100

6 init — *Λευίταις*] om init — *ἅς* 707^{txt} Aeth^{-C}; om *τὰς πόλεις ἅς* Bo; > 761* | *καὶ τὰς πόλεις*] sub ※ Syh; > 72 | *καὶ τάς*] *και αι* *d n t*; sub ※ G*; om *καί* ^{Lat}cod 100 | *ἅς* 1°] sub ※ G; > B V 963 82 *b f x* 407 319 Cyr I 865 = Ra | *τοῖς Λευίταις*] *τοις λευειταις* B* V 963 G (sed hab Sixt); *τοις λεβιταις* 320; > 72; ⌒(7) 618^{txt} | *τάς* 2° — *φυγαδευτηρίων*] *ex civitate refugium* ^{Lat}cod 100 | *τάς* 2° 963] pr *και* *C*$''^{-52'\ 313\ 417}$ 127; *των* 313*(cprm); > 55 | om *πόλεις* 2°

---

4 *καὶ τὰ συγκυροῦντα*] *καὶ τὰ διαφέροντα· συνεγγίζοντα* F^{b} | *καί* 2° — *πήχεις*] *ο′ οἱ λ′ καὶ ἔξω χιλίους πήχεις* 344

δευτηρίων, ἃς δώσετε φεύγειν ἐκεῖ τῷ φονεύσαντι, καὶ πρὸς ταύταις
7 *τεσσαράκοντα καὶ δύο πόλεις· ⁷πάσας τὰς πόλεις, ἃς δώσετε τοῖς*
Λευίταις, τεσσαράκοντα καὶ ὀκτὼ πόλεις, ταύτας καὶ τὰ προάστια
8 *αὐτῶν. ⁸καὶ τὰς πόλεις, ἃς δώσετε ἀπὸ τῆς κατασχέσεως υἱῶν*
Ἰσραήλ, ἀπὸ τῶν τὰ πολλὰ πολλὰ καὶ ἀπὸ τῶν ἐλαττόνων ἐλάττω·
ἕκαστος κατὰ τὴν κληρονομίαν αὐτοῦ, ἣν κληρονομήσουσιν, δώσουσιν
ἀπὸ τῶν πόλεων τοῖς Λευίταις.
9 10 *⁹Καὶ ἐλάλησεν κύριος πρὸς Μωυσῆν λέγων ¹⁰Λάλησον τοῖς υἱοῖς*
Ἰσραὴλ καὶ ἐρεῖς πρὸς αὐτούς Ὑμεῖς διαβαίνετε τὸν Ἰορδάνην εἰς

ABFMV (963) *O'' C''* *bdfn*$^{-767}$*stxyz* al verss

72 | *φυγαδευτηρίων*] *φυγων δευτηριων* 527; + *ας δωσεται τοις λευιταις και τας εξ* 73*: ex praec | om *ἃς δώσετε* 2° 72 | *φεύγειν* A B* V *x*$^{-509}$] *φυγης* Ald; *φυγην* 669; *το φυγειν* G*; *φυγειν* Cyr I 865 rell = Sixt | om *ἐκεῖ* Aeth^{M} | *τῷ φονεύσαντι*] *τω φονευοντι* *C''*; *τον φονευσαντα* 129; > 53′ | *πρὸς ταύταις*] *super hac* ^{Lat}cod 100 | *πρός*] *super* Syh = 𝔐 | *ταύταις*] *ταυτας* 129 71′; *αυταις* V; + (※ G) *δωσετε* (-*ται* 376) *O* Aeth Syh = 𝔐 | *τεσσαράκοντα καὶ δύο*] pr *ταις* *C*-46; pr *τας* *b* (sed hab Compl); *δυο και τεσσαρακοντα* 29-82; om *καί* 72 *d* 458 126-628 55 319; bis scr Arm^{ap} | *τεσσαράκοντα* F^{b}] *τεσσερ.* A B*(vid) F 55* 624; *σαρακ.* 44; *CCCC* ^{Lat}cod 100 | *δύο*] *εξ* 509 | *πόλεις* 3°] *πολεσι* 616^{c}; *πηχεις* 52′-313

7 init — *ἅς*] pr *et ad* Arm^{ap}; pr *et* Aeth^{M}; pr *ad* Arm^{te}; *τας πασας* 72; om *πάσας τὰς πόλεις* 44; om *τάς* V; om *ἅς* B V 82 129 344^{txt} *x* 407 319 ^{Lat}cod 100 Arm = Ra | *δώσετε τοῖς Λευίταις*] post *πόλεις* 2° tr 72 Arm | *τοῖς Λευίταις*] *τοις λευειταις* B* V G (sed hab Sixt); > 528; + *και τας εξ πολεις των φυγαδευτηριων* (+ *και* 16^{c}) 16-46: cf 6 | *τεσσαράκοντα* F^{b}] *και τεσσερ.* B* (sed hab Sixt); *τεσσερ.* A F 344 55* 624 | *καὶ ὀκτώ*] *και* $\bar{ν}$ 54; om *καί* 72-82 *d*$^{-44}$ 458 *x*$^{-509}$ 126 319; post *πόλεις* 2° tr 44 | *πόλεις* 2°] pr *et* Aeth; > 121 68′ (sed hab Ald); ⌒(8) 319 Sa | *ταύτας*] pr *et* Arm; *ταυταις* 84; *ταυτα* 246 54 30-321 120; *τας τας* 527; > V 72 125 | om *τά* 246 | *προάστια* A B* F M^{txt} V G-29-426 *f*$^{-53}$ *n*$^{-54}$ 30-343-344^{txt*} 509^{c} 392 55 624] *προαστεα* 509*; *ομορουντα* M^{mg} 344^{mg}; -*στεια* F^{b} rell = Sixt Ra | fin] + *τα ομορουντα* 416

8 *τάς* — *ἐλάττω*] *δωσουσιν* 72 | *πόλεις*] + *αυτων* 527 | om *ἅς* 407 319 | *δώσετε*] + *eis* ^{Lat}cod 100 Aeth; + *τοις λευιταις* 414 | *υἱῶν* B V G-426 *C''*$^{-77}$ *s* *x*$^{-509}$ 392 407 319] pr *των* rell | *τὰ πολλά*] *πολλων* *b* 126 Arm Bo (sed hab Compl); om *τά* 246 | *πολλά* 2°] pr *τα* 458 392; > G*-82 53 30 669* 319 | *ἐλαττόνων*] pr *τα* 59; *τα ελαττω* 414 *d t* ^{Lat}cod 100; *τα ελαττον* (-*ττονα* 127; -*ττα* 54) *n*; *ελαττων* 392; -*ττωνων* 18-628 | *ἐλάττω*] *ελαττον* (-*ττων* 707) 707 *n* = Compl; -*ττονα* 29 *b* 246 *x*$^{-509}$ 318; -*ττωσεις* 319 | om *τήν* 610*(|) 68 = Ald | *αὐτοῦ*] *αυτων* F^{b} 414 407 | *ἥν*] *η* 72 | *κληρονομήσουσι(ν)* B V 82 *d n t x* 126-128-407-630′ 55 319] -*μησει* 628 = Sam; *εκληρονομησαν* 72; *κατακληρονομησωσι* 53; *κατακληρ.* (c var) rell = edd | *δώσουσιν* — fin] *οι τα πολλα πολλα και οι τα ελαττω ελαττωνα* 72 | *δώσουσιν*] pr *και* V; *δωσωσιν* 458; > 616 407 ^{Lat}cod 100 | om *ἀπὸ τῶν πόλεων* 75 | *πόλεων*] pr ※ *αυ* G*; + (※ G) *αυτου* *O*$^{-58}$ = 𝔐; + *eorum* Co | *λευειταις* B* V G (sed hab Sixt)

9 *Μωυσῆν*] -*ση* 19 (sed hab Compl); *μωσην* *O*$^{-376}$ *n*$^{-458}$; *μωσιν* 458; *μωσει* 72

10 *υἱοῖς Ἰσραήλ*] om *υἱοῖς* 127; + *λεγων* 246* | *καί* — *αὐτούς*] *dicens* ^{Lat}cod 100; om *πρός* 707; > *b* 126 319 Arab (sed hab Compl) | *καί*] sup ras 56 | *αὐτούς*]

γῆν Χανάαν, [11]καὶ διαστελεῖτε ὑμῖν αὐτοῖς πόλεις· ψυγαδευτήρια 11
ἔσται ὑμῖν φυγεῖν ἐκεῖ τὸν φονευτήν, πᾶς ὁ πατάξας ψυχὴν ἀκου-
σίως. [12]καὶ ἔσονται αἱ πόλεις ὑμῖν φυγαδευτήρια ἀπὸ ἀγχιστεύοντος 12
τὸ αἷμα, καὶ οὐ μὴ ἀποθάνῃ ὁ φονεύων, ἕως ἂν στῇ ἔναντι τῆς συνα-
γωγῆς εἰς κρίσιν. [13]καὶ αἱ πόλεις, ἃς δώσετε, τὰς ἓξ πόλεις, φυγα- 13
δευτήρια ἔσονται ὑμῖν· [14]τὰς τρεῖς πόλεις δώσετε ἐν τῷ πέραν τοῦ 14
Ἰορδάνου, καὶ τὰς τρεῖς πόλεις δώσετε ἐν γῇ Χανάαν· [15]φυγαδεῖον 15
ἔσται [(15)]τοῖς υἱοῖς Ἰσραήλ, καὶ τῷ προσηλύτῳ καὶ τῷ παροίκῳ τῷ ἐν

ABFMV (963) *O'' C'' bdfn*(767)*stxyz* al verss

αυτοις 376 | ὑμεῖς] pr *ecce* Aeth; pr (※ G; ÷ Syh) οτι O^{-58}-15 *b d n t* Syh = ᏇᏇ | διαβαίνετε] *transibitis* Latcod 100 Bo | ιορδανειν 376; ιορδανηρ 313 | εἰς γῆν] εις την γην V 129; εις την 550′; εν γη 343 | Χανάαν] χανααμ 54; *channaan* Latcod 100

11 om καί Bo | διατελειτε (-ται 75′) 551-616-*cI* 75′ 30′ | ὑμῖν 1°] υμεις 53′ 319; ⌒2° 72 | αὐτοῖς] εαυτοις F 376-*oI* 624; > 53′ Latcod 100 Ambr *Fuga* 5 | πόλεις] pr τας 129; + (※ G Syh) πολεις O^{-58} Syh = ᏇᏇ | φυγαδευτήρια] -ριον 739* 664*(vid); -ριων V Arm; *ad refugium* Latcod 100 | ἔσται ὑμῖν] pr και 126; *erunt vobis* Bo = ᏇᏇ; *et erint vobis refugia* Latcod 100 Ambr *Fuga* 5; του V; tr 120 | φυγεῖν] φυγων 509; φευγειν (-γην 30) A *oI* 129 30′ x^{-509} = Ald; post ἐκεῖ tr 72 n^{-127} | om πᾶς — fin 58 | πᾶς = Tar^{P}] pr ÷ Syh; sub ÷ G = ᏇᏇ Sam Tar^{O} | om ὁ A M′ *oI*-82 *C''* *s y* 18′-126-407-628-630′ 55 624

12 om καί 1° Arm | ἔσονται 963] εσται 72 134 | αἱ πόλεις / ὑμῖν] υμων αι πολεις G; om αἱ πόλεις 72; tr O^{-G} *n* Arm Bo Syh = ᏇᏇ | ὑμῖν] ημιν 130; υμων 53′ 30 392 Latcod 100; > 618* | φυγαδευτήρια] pr εις x^{-509} = ᏇᏇ; -τηριον 509; -δευ^{τηρ} 126 | απ 46′-52′ 126 | ἀγχιστεύοντος] pr του 500 *d n* 321′^{mg}-343-344^{mg} *t* 121 68-122^{c} = Ald Sixt; -οντα 71′ | τὸ αἷμα = Tar] sub ÷ G Syh; om τό 129 59(|); > 72 = ᏇᏇ Sam | om ὁ 82 | ἄν 963] > V 610 | στῇ] εστη 529 | ἔναντι τῆς συναγωγῆς] *synagoga* Latcod 100 (sed hab Aug *Num* 64) | ἔναντι] απεν. 417 x^{-509}; -ντιον *d* 129 n^{-127} *t*; ενωπιον 319; εμπροσθεν 72 | εἰς] bis scr 108*(|)

13 αἱ πόλεις ἅς] pr αι G(|); om αἱ 54; > 72 | δώσετε] ⌒(14) 1° 46 53 | om τάς — fin 72 | τάς F^{a}] > F V 29 59 319 | om ἕξ 739 Sa | πόλεις 2°] > 75′; + *has* Bo | φυγαδευτήρια] pr εις 458; pr τα 82; των φυγαδευτηριων 392 = ᏇᏇ; -δευ^{τηρ} 126 | ἔσονται] εσται n^{-127} 121 68′ Arm^{ap} (sed hab Ald)

14 init — πόλεις 1°] τας πολεις τας τρεις *d t*; om τάς B* 528 (sed hab Sixt) | δώσετε 1°] pr ας V 318; -σεις *b* (sed hab Compl); > 72; ⌒2° 318 | ἐν τῷ] pr τα G; > B 71′ 126-628 | τῷ — Ἰορδάνου] sup ras 246 | ιοδανου 246 | τὰς τρεῖς πόλεις 2°] τα περαν του πολεις 73; τω περαν τοις πολεις 320; om τάς 624; om πόλεις 58-72 106 | om δώσετε 2° 126 Latcod 100 (sed hab Ambr *Fuga* 5) | ἐν γῇ] εν τη γη B (sed hab Sixt); εις γην b^{-537} Arm (sed hab Compl) | Χανάαν] *channaan* Latcod 100

15 init — ἔσονται] pr (※ G) πολεις (-λις G) O^{-58} Arab Syh = ᏇᏇ; φυγαδευτηρια εσονται υμιν 246 | φυγαδεῖον ἔσται] και εσται (+ *hoc* Arm) φυγαδιον 72 Arm | φυγαδεῖον 82-426-707-*oI* b^{-314} n^{-458} 121^{c} z^{-407} = Sixt] -δευτηριον 29 458 Syh; -διον (-διων 376) rell = Ra | ἔσται] εσονται (-τε 376) O^{-58} 413 Arab Bo ↓;

11 διαστελεῖτε] ἀφορίσατε 130-321′
15 ἔσται] ο′ οἱ λ′ ἔσονται 344

ὑμῖν ἔσονται αἱ πόλεις αὗται εἰς φυγαδευτήριον φυγεῖν ἐκεῖ παντὶ
πατάξαντι ψυχὴν ἀκουσίως.
16 [16]Ἐὰν δὲ ἐν σκεύει σιδήρου πατάξῃ αὐτόν, καὶ τελευτήσῃ, φονευτής
17 ἐστιν· θανάτῳ θανατούσθω ὁ φονευτής. [17]ἐὰν δὲ ἐν λίθῳ ἐκ χειρός,
ἐν ᾧ ἀποθανεῖται ἐν αὐτῷ, πατάξῃ αὐτόν, καὶ ἀποθάνῃ, φονευτής
18 ἐστιν· θανάτῳ θανατούσθω ὁ φονευτής. [18]ἐὰν δὲ ἐν σκεύει ξυλίνῳ
ἐκ χειρός, ἐξ οὗ ἀποθανεῖται ἐν αὐτῷ, πατάξῃ αὐτόν, καὶ ἀποθάνῃ,
19 φονευτής ἐστιν· θανάτῳ θανατούσθω ὁ φονευτής. [19]ὁ ἀγχιστεύων

ABFMV (963) *O'' C''* *bdfnstxyz* al verss

> Syh; post Ἰσραήλ tr 319 | om καί 1° 72′ Aeth Arm | καὶ τῷ 2° 963] om καί B* 509 319 (sed hab Sixt); om τῷ 126; tr B^{c} | τῷ ἐν] om τῷ 963 129 Arm = 𝔐; > 619*(cprm) | ἐν 963] συν 82 | om ἔσονται — fin 72 | ἔσονται] pr *et* Arm^{te}; *et erunt vobis* Bo | αἱ 963] > 669 624* | πόλεις 963] pr εξ V *O* 767 126-128-630′ Syh = 𝔐 | om αὗται ^{Lat}cod 100 (sed hab Aug *Loc in hept* IV 127) | εἰς φυγαδευτήριον] om εἰς 82 n^{-767} 407 55 Aeth Arm; > 707 246 | φυγεῖν] φευγειν A 29 129* x^{-509}; > 82 | παντὶ πατάξαντι] παντα τον (> 376) παταξαντα (-ξοντα F) $F^{c\,prm}$ 376; παντα τον φονευοντα F*; ο παταξας 82; om παντί 618 417 59; tr 16 | πατάξαντι] pr τω (το F^{a}) F^{a} 54-75′; παραταξαντι G*; φονευσαντι (φων. 319) 129 319 | ψυχήν] pr πασαν 417; > 16 | εκουσιως 44 53′

16 ἐν σκεύει σιδήρου] *ferro* ^{Lat}cod 100; om ἐν 72 458 126 319 | σκεύει] σκευεσι *b* 18 (sed hab Compl); ξιφει 551 | σιδήρου] -ρουν 72; -ρω *d n t* 624; σι^{δηρ} 126; αυτου 528 | πατάξῃ] pr ου x^{-509}; pr *aliquis* Arm | αὐτόν] αυτην 343; > Arm | τελευτήσῃ] pr θανατω 72; -σει 58-82-376-oI^{-15} 73′-131-313-413-414*-422-500′-615-616* *d* 129 54^{c}-127*-767 30 74*-84 71′ 392 68*-628 55 319 416; τελευτη^{σ} 126; -σεται 527; *occidat eum* Arm | φονευτής ἐστιν] φονευθησεται 53′ | φονευτής 1°] φονευς (φων. 767) 552^{txt} 767 126; + αυτου 71′ | θανάτῳ θανατούσθω] om θανάτῳ 500-528 126; ad fin tr 53′ | ὁ φονευτής] ως φον. 82; ο φονευς 126; > 72; ⌒(17) 72 414 44 134

17 init — (25) fin] > 55 | ἐὰν δέ] εν δε 370*(cprm) 509*; εαν τε F 707 $C''^{-52'(414)}$ s^{-730} 392; *et si* Bo; om δέ 52′ | ἐν λίθῳ] τουτω 528; om ἐν 73′-131 127-767 126-128^{txt}(cprm) ^{Lat}cod 100 | ἐκ — αὐτόν] *manu percusserit quo mori possit* ^{Lat}cod 100 | ἐκ χειρός] εν χειρος 458; χειρι 82; om ἐκ *b* (sed hab Compl) | ἐν 2° — fin] αποθανειται ο φονευς θανατουσθω 126 | ἀποθανεῖται] -νηται 127-767 120; -νεισθε G* | φονευτής 1°] -τη (φων. 73) 73-761*; ⌒(18) 1° 618^{txt} 46-52′ 53′ 68 319 Arab (sed hab Ald) | om θανάτῳ — fin 767 | θανατούσθω — 36 6 γυναῖκες 1°] absc 624(||) | ὁ φονευτής] φονευτης (φων. V; φωνευτις 458) εστιν V 54′-458; > 75

18 comma] post (19) fin tr *n* | init — σκεύει] om ἐν G-72-82 730 120-126; bis scr 414(|) | om ἐκ — αὐτῷ 126 | ἐκ χειρός] bis scr 84*; + *eius* Bo | ἐξ — αὐτόν] *percusserit eum quo mori possit* ^{Lat}cod 100 | ἐξ οὗ] εν ω 29 121 122 (sed hab Ald); εκ σου 30; > Bo | ἀποθανεῖται] -νηται 376-707 120; -νεισθαι G*; + ο αγχιστευων (ο σηνγγενις$^{sup\ lin}$) 106 | ἐν αὐτῷ A^{c} B V O^{-G*} *d* 767 *t* x^{-509} 121 122-407 Sa Syh] επ αυτω 509; εν αυτη G*; > rell = Ald | πατάξῃ] -ξας 72; -ξαι 127*; παραταξη 616* | καὶ ἀποθάνῃ] και τελευτησει 54-75′; om καί 422; > 72 | φονευτής ἐστιν θανάτῳ] om φονευτής ἐστιν 343; > 126 | ἐστιν]

---

18 ἀποθανεῖται ἐν αὐτῷ πατάξῃ] οʹ θʹ αʹ ἀποθανεῖται ἐν αὐτῷ πατάξῃ 344 | θανατούσθω] οʹ οἱ λʹ θανατούσθω 344

τὸ αἷμα, οὗτος ἀποκτενεῖ τὸν φονεύσαντα· ὅταν συναντήσῃ αὐτῷ,
οὗτος ἀποκτενεῖ αὐτόν. [20]ἐὰν δὲ δι' ἔχθραν ὤσῃ αὐτὸν καὶ ἐπιρρίψῃ 20
ἐπ' αὐτὸν πᾶν σκεῦος ἐξ ἐνέδρου, καὶ ἀποθάνῃ, [21]ἢ διὰ μῆνιν ἐπάταξεν 21
αὐτὸν τῇ χειρί, καὶ ἀποθάνῃ, θανάτῳ θανατούσθω ὁ πατάξας, φονευτής ἐστιν· θανάτῳ θανατούσθω ὁ φονεύων· ὁ ἀγχιστεύων τὸ αἷμα
ἀποκτενεῖ τὸν φονεύσαντα ἐν τῷ συναντῆσαι αὐτῷ. [22]ἐὰν δὲ ἐξάπινα 22

ABF(K)MV *O'' C'' bdfnstxyz* al verss

εσται G*(cprm) | θανάτῳ — fin] om θανάτῳ 75 71'; > 458 | θανατούσθω] αποθανειται (-τε A 53 130 120; -νηται 707*) A F M' 15'-58-oII^{-82} C''^{-46} *f* 28-85'-321'-344-730 *y* 68'-120-128-628-630' = Compl; αποθανεισθαι 30; αποθανεισθω d^{-106} | ὁ φονευτής] ο φονευς 126; ο φονευων 246; φονευτης εστιν 54'; > 72 75 ^{Lat}cod 100

19 init] pr και 126 Aeth | τὸ αἷμα] τω αιματι (αιμα 130) 130^{mg}-$321'^{mg}$ 121^{c} 18-68'-628; + αυτου *d t* | om οὗτος 1° — φονεύσαντα Arab | οὗτος 1°] ουτο 19; ουτως 376 767 120 319; αυτος F 58-oII^{-82} 59 = 𝔐; > Arm Bo | ἀποκτενεῖ 1°] -νη 53 767; -κτεινει (-νη 246) 413-616* 246 y^{-121}; αποκτη^{v} 126; -κτανει 739*; + αυτον *d* n^{-75} *t*; ⌒2° Aeth | ὅταν συναντήσῃ αὐτῷ] pr και 630; ad fin tr 318 | συναντη 120 | αὐτῷ] αυτον 376 616 767 509*-527^{c} 121* | om οὗτος 2° — (20) αὐτόν 1° 616^{txt} | om οὗτος 2° — fin d^{-106} Bo | οὗτος 2°] ο υς̄ 129; ουτως 376-707* 53 458-767 343 319; > Arm Sa | ἀποκτενεῖ 2°] -νη 53*-664 767 346*; -τανει $C^{-529\ (616^{txt})}$ | αὐτόν] αυτω 376

20 om δέ 59* | om δι' 72 | om ὤσῃ αὐτόν Bo | αὐτόν 1°] αυτω 15-72*; αυτος 54* | καί 1°] *aut* Bo; > 15* | ἐπιρρίψῃ] -ψει (aut επιριψει; -ρηψ. 75; -ρρηψ. 15*; επηρρ. 82) B* 15-58-82-376 77-500 610* 54-75' 71' 392 126 59* (sed hab Sixt); επεριψη G | πᾶν σκεῦος] om πᾶν 422-552 30' 68'-120 Bo (sed hab Ald); > B^{c} G-426 *x* 407 319 (sed hab Sixt) = 𝔐; post ἐνέδρου tr 376 | ενεδρας K 82 *b n* 130^{mg}-$321'^{mg}$-344^{mg} (sed hab Compl) | om καί 2° 72 | fin] + θανατω θανατουσθω 120

21 om comma Arab | om init — ἀποθάνῃ 320 129 Aeth: homoiot | ἤ] ει 458; > 72 | ἐπάταξεν] παταξη *b* ^{Lat}cod 100 Arm Bo (sed hab Compl) | om τῇ — θανάτῳ 1° 126 | τῇ χειρί] pr εν Compl; τη χερι 767*; > 414-500*; + αυτου O^{-58} 767 Arm Co Syh = 𝔐 | καὶ ἀποθάνῃ] και απεθανεν 53'; > 72 767 | θανάτῳ θανατούσθω 1°] om θανάτῳ 54 120; tr 767; + ο φονευτης 129; + ο φονευσας 72*; ⌒2° *d* 246 n^{-767} *t* x^{-527} 319 $Aeth^{C}$ Bo | ὁ 1° — θανάτῳ 2°] ο φονευς και πας φονευων 126 | πατάξας] φονευτης 68'-407 (sed hab Ald); φονευσας V 121 Syh | om φονευτής — φονεύων 739^{txt} | φονευτής] φονευς V | θανάτῳ 2° — φονεύων] om θανάτῳ 767; sub ÷ G; > V 58-72-381'-426 *b* 53' 120 = 𝔐 | ὁ 2° — ἀγχιστεύων] sup ras 29 | ὁ φονεύων] ο φονευσας 551*; ο φονευτης 77 *d* 30' *t* 319; ο φονευ 54; om ὁ Ald; > 126 | ὁ 3°] pr και 126 Aeth | τὸ αἷμα] τω αιματι 121^{c} 68'; + αυτου 129 | ἀποκτενεῖ] -νη 313 108 53*-664 (sed hab Compl); -κτεινει 392; παταξει A; + αυτον d^{-125} *n t* Aeth Arm | τόν — fin] om τὸν φονεύσαντα Aeth; > 75 | συναντῆσαι] + αυτον O^{-58} = 𝔐 | αὐτῷ] αυτον 72 52'-313*(cprm)-500-529 458-767 619; inc 551

22 δέ] δ 126 | ἐξάπινα (-πεινα 527) B M' V O^{-58}-82 *d* 129 n^{-127} *t x* 319 Cyr

---

20 ἐξ ἐνέδρου] ἐγκρυφίως 130-321'
22 ἐξάπινα] ο' θ' α' ἐξάπινα σ' ἀνεπιτηδεύτως 344

οὐ δι' ἔχθραν ὤσῃ αὐτὸν ἢ ἐπιρρίψῃ ἐπ' αὐτὸν πᾶν σκεῦος οὐκ ἐξ
23 ἐνέδρου, [23]ἢ παντὶ λίθῳ, ἐν ᾧ ἀποθανεῖται ἐν αὐτῷ, οὐκ εἰδώς, καὶ
ἐπιπέσῃ ἐπ' αὐτόν, καὶ ἀποθάνῃ, αὐτὸς δὲ οὐκ ἐχθρὸς αὐτοῦ ἦν οὐδὲ
24 ζητῶν κακοποιῆσαι αὐτόν· [24]καὶ κρινεῖ ἡ συναγωγὴ ἀνὰ μέσον τοῦ
πατάξαντος καὶ ἀνὰ μέσον τοῦ ἀγχιστεύοντος τὸ αἷμα κατὰ τὰ κρί-
25 ματα ταῦτα, [25]καὶ ἐξελεῖται ἡ συναγωγὴ τὸν φονεύσαντα ἀπὸ τοῦ
ἀγχιστεύοντος τὸ αἷμα, καὶ ἀποκαταστήσουσιν αὐτὸν ἡ συναγωγὴ εἰς
τὴν πόλιν τοῦ φυγαδευτηρίου αὐτοῦ, οὗ κατέφυγεν, καὶ κατοικήσει

ABF(K)MV (963) *O'' C'' bdfnstxyz* al verss

VII 625] -πινης (c var) K Cyr I 581 rell | οὐ δι' ἔχθραν] pr και 509 Arm; post αὐτόν 1° tr 29 | δι' ἔχθραν ὤσῃ] διεχθραινων η 82 | δια 54 | ὤσῃ αὐτὸν ἢ] om ὤσῃ αὐτόν Aeth Bo; > ^{Lat}cod 100 Ambrst *Lex* V 1 | ὤσῃ] ως Cyr VII 625 | αὐτόν 1°] αυτω 54 | ἢ] και 130^{mg}-321'^{mg}-344^{mg} Aeth^{-M} Arm; > G* 321'^{txt} 527 59(|) Aeth^{M} Sa | επιρριψει (επιριψει 54; -ρρηψει 318; επιρηψει 376 75-767) 58-82-376 500^{c} 54-75-767 x^{-509} y^{-121} | ἐπ' αὐτόν] δε επ αυτω Cyr VII 625 | om πᾶν d^{-106} 128-669 | οὐκ] pr *et* Arm; ου 707*(|); ως 392; > 618^{c} 318(|) Syh: cf 20 | ενεδρας 82 *d n t*

23 παντί] pr εν O^{-58} *b* 407-630 Cyr VII 625 (sed hab I 581 Compl) ↓; > Ambrst *Lex* V 2 | λιθος d^{-125}; λιθου 616* | om ἐν 1° — αὐτόν 1° 72 | ᾧ] τω 527 | ἀποθανεῖται] -νηται V | ἐν αὐτῷ] om ἐν 550*; > 58 ^{Lat}cod 100 | οὐκ 1°] pr *et* Arm | εἰδώς] *per dolum* ^{Lat}cod 100 Ambrst *Lex* V 2 | om καί 1° Arm Bo | ἐπιπέσῃ] πεσῃ 82 Cyr VII 625 (sed hab I 581); *occiderit* ^{Lat}cod 100 | αὐτόν 1°] αυτω 376; + κακα 77 | om καὶ ἀποθάνῃ 120 | αὐτός] ουτος 82 | αὐτοῦ] αυτω 72 = 𝔐; > 82 | ἦν] η *oI* 246 18'-126-628-669 319 ^{Lat}cod 100 Ambrst *Lex* V 2; post οὐδέ tr 422 | οὐδέ F^{a}] ου F; ως 59 | ζητου 75 | κακοποιῆσαι] κακωσαι (-κοσε 30) *C''* 28-30'-85'^{txt}-321'^{txt}-343' | αὐτόν 2°] αυτω 126 59; > Cyr I 581 (sed hab VII 625)

24 καί 1° 963] > 72 53' 126 Arm | κρινεῖ] -νῃ 313 19' 610 59 (sed hab Compl); κρι^{ν} 126; κρινει (-νῃ 53*) αυτον 53'; -νουσι(ν) 82 321'^{mg}-344^{mg} Aeth = 𝔐 | συναγωγή] + ανα||γωγη 129 | ἀνά 1°] ⌒2° 18 Cyr VII 625 (sed hab I 581) | πατάξαντος] φονευσαντος 500; + αυτον 84 | καί 2° — ἀγχιστεύοντος] om ἀνὰ μέσον ^{Lat}cod 100; > 529 | τὸ αἷμα κατά] om τό 53'; > 417 | αἷμα] ⌒(25) B* 16-528 53' 126-128-669 319 Arab^{txt} (sed hab Sixt) | τὰ κρίματα 963] τα ρηματα 407-630; om τά V* 59 | ταῦτα] ταυτου 551*(c pr m); αυτου 422

25 καί 1° 963] > 72 Bo; ⌒2° 707 | φονεύσαντα 963] παταξαντα 407-630 ^{Lat}cod 100 = Sam | τοῦ ἀγχιστεύοντος 963] pr (※ G Syh) χειρος O^{-58} 767 Syh = 𝔐; του αγχιστευσαντος (αχιστ. 610) 616 d^{-44*} t^{-84} | τὸ αἷμα 963] om τό 610* 130; + κατα τα κριματα ταυτα 318: ex 24 | καί 2° 963] > Bo | ἀποκαταστήσουσιν — συναγωγή 2°] post φυγαδευτηρίου tr A | ἀποκαταστήσουσιν 963] -στησει (-σῃ 52*-551 343'; -στη^{σ} 126) A M' 58-*oI C'' s y* 18'-126-628-669 ^{Lat}cod 100 Arm = Ald | αὐτόν 1° 963] αυτων 376 | τήν 963] > 246 | αὐτοῦ 963] αυτων 767; > A 707 84 Cyr I 581 VII 625 Aeth Arm | om οὗ κατέφυγεν $C''^{-46'}$ 52' 131^{mg} 417 Bo | οὗ 963] *qui* ^{Lat}cod 100; και 82 | κατέφυγεν] κατεφευ[. . . 963; εφυγε Cyr VII 625 (sed hab I 581); + (※ G Syh) εκει O^{-58} Syh = 𝔐 | om

23 init — λίθῳ] ο' οἱ λ' ἢ ἐν παντὶ λίθῳ 344 | κακοποιῆσαι] ο' κακοποιῆσαι 344

ἐκεῖ, ἕως ἂν ἀποθάνῃ ὁ ἱερεὺς ὁ μέγας, ὃν ἔχρισαν αὐτὸν τῷ ἐλαίῳ
τῷ ἁγίῳ. [26]ἐὰν δὲ ἐξόδῳ ἐξέλθῃ ὁ φονεύσας τὰ ὅρια τῆς πόλεως, εἰς 26
ἣν κατέφυγεν ἐκεῖ, [27]καὶ εὕρῃ αὐτὸν ὁ ἀγχιστεύων τὸ αἷμα ἔξω τῶν 27
ὁρίων τῆς πόλεως καταφυγῆς αὐτοῦ, καὶ φονεύσῃ ὁ ἀγχιστεύων τὸ
αἷμα τὸν φονεύσαντα, οὐκ ἔνοχός ἐστιν· [28]ἐν γὰρ τῇ πόλει τῆς κατα- 28
φυγῆς κατοικείτω, ἕως ἂν ἀποθάνῃ ὁ ἱερεὺς ὁ μέγας, καὶ μετὰ τὸ
ἀποθανεῖν τὸν ἱερέα τὸν μέγαν ἐπαναστραφήσεται ὁ φονεύσας εἰς τὴν
γῆν τῆς κατασχέσεως αὐτοῦ. [29]καὶ ἔσται ταῦτα ὑμῖν εἰς δικαίωμα 29
κρίματος εἰς τὰς γενεὰς ὑμῶν ἐν πάσαις ταῖς κατοικίαις ὑμῶν.

ABF(K)MV (963) *O'' C''* *bdfnstxyz* al verss

καί 3° Bo | *κατοικήσει* 963] *-σῃ* B 29 19′ 630-669* ^{Lat}cod 100 (sed hab edd); *κατοικη^σ* 44; *οικησει* 82 | *ἐκεῖ* 963] > 129 130-321′ | *ἄν*] *ου* V *b d t* (sed hab Compl); > G *C* 30′-343′ 392 | *ἀποθάνῃ*] *ει* 458 | *ὁ ἱερεύς*] bis scr 44; + *eius* ^{Lat}cod 100 | om *ὁ* 2° Cyr I 581 | *ὅν*] *ος* 77 | *εχρισεν* (c var) O^{-58}-82 *C''* 129 *s* x^{-509} y^{-121} 319 Bo = 𝔐 | *αὐτόν* 2°] *αυτω* 458 321* 527; > 381′ ^{Lat}cod 100 | *τῷ* 1°] pr *εν* 29 = 𝔐 | *τῷ ἁγίῳ*] *sanctitatis* Aeth

26 *δέ*] *δ* 126 | *ἐξόδῳ*] *εξω* 707; *εξελθων* M^{txt} 246 18′-126-407-628-630′; > V 426 130-321′ Co; + *εξελων* 416 | om *ἐξέλθῃ* 126 | *φονευων* 127* | *ορεια* 75 | *πόλεως*] + (※ G Syh) *του φυγαδευτηριου αυτου* O^{-58}-15 Aeth^M Arab Syh = 𝔐 | om *εἰς* — (27) *αὐτοῦ* Aeth^M: homoiot | *εἰς* — (27) *πόλεως*] bis scr ^{Lat}cod 100 | *εἰς* — fin] om *εἰς* 550′; > Arab | *κατέφυγεν*] *κατεποιεν* 528; ad fin tr 126 | om *ἐκεῖ* ^{Lat}cod 100 Co

27 *ευροι* 82 | om *αὐτόν* 618 | *τὸ αἷμα* 1°] > 500; ⌒2° 53′ 527 319 | *ἔξω* / *τῶν ὁρίων*] om *τῶν ὁρίων* 426; tr 610 | om *πόλεως* 72 | *καταφυγῆς αὐτοῦ*] *-γη* (*-γης*^{c}) *εως αυτου* 509; *-γεις αυτου* 500*; > 126; + *κατοικειτω εως αν αποθανη ο ιερευς ο μεγας ον εχρισεν αυτον τω ελαιω εαν δε εξοδω εξελθη ο φονευσας τα ορια της πολεως εις ην κατεφυγεν εκει* 551*: ex 25s | *καταφυγῆς*] ⌒(28) d^{-106} | om *καί* 2° Arm Bo | *φονεύσῃ*] *-σει* (*φων.* 767) 58-376-*oI* $C''^{-52\ 414'\ 417\ 761}$ 314 75′-767 28-30′-85 71′ y^{-121} 416; + *αυτον* 126 | om *τὸ αἷμα* 2° 72 ^{Lat}cod 100 | *τὸν φονεύσαντα*] *και φονευσει αυτον* 319 | *οὐκ*] pr *et* Arm; *ουχ* 313*(cprm) | *ἔνοχός ἐστιν*] *erit reus* ^{Lat}cod 100 Arm; tr O^{-58} Syh: cf 𝔐 | *ἐστιν*] *εσται* V 106 53-129 *n* 85′^{mg}-321′^{mg}-344^{mg} *t*; *η* 246

28 om init — *καί* 72 | *ἐν γάρ*] *propter hoc in* Arm; *εστιν* 246*(cprm); om *γάρ* 59 Sa | *τῆς καταφυγῆς κατοικείτω*] *regurabit et* ^{Lat}cod 100 | *καταφυγῆς* (*-γεις* 500) B V 82 106 129 n^{-75} *t x* 407-630 319 Sa] *-φυλης αυτου* 618; *φυγης αυτου* M′; + *αυτου* K rell = 𝔐 | *κατοικείτω*] *-κησει* 55; *οικ.* V 319 | *ἕως ἄν*] *εως ου* V *d t*; *εαν* 528; om *ἄν* 707 = Compl | om *ὁ μέγας* 58 | *καί* — *μέγαν*] *και τοτε* 319; om *καί* B* (sed hab Sixt); > Bo: homoiot | *μετά*] + *δε* 72 | *ἐπαναστραφήσεται*] *επιστρ.* 18′-126-628-669; *-στρεψει* Cyr I 581; + *εις την πολιν* *b* (sed hab Compl) | *ὁ φονεύσας*] *ο φωνευς* 458; *ο ιερευς* 610; > Aeth | *εἰς τὴν γῆν*] pr *και εσται* 19 (sed hab Compl); *επι την γην* 426; *in civitate* ^{Lat}cod 100 Ambr *Fuga* 5; *εις τον τοπον* 246 | om *τῆς* 2° V 407-630

29 *εστω* 370^s | *ὑμῖν* 963] *ημιν* 509; > Bo | *δικαίωμα* 963] *-ματα* 376 126-407-630 | *κρίματος* 963] pr *και* 376 509; *κρισεως* *C''*; > 53′; + *in aeternum* Bo | *ἐν* — fin 963] > 458-767 120 | *ταῖς κατοικίαις*] *ταις κακιαις* 75; om *ταῖς* 44; ad fin tr ^{Lat}cod 100

30 ^{30}*Πᾶς πατάξας ψυχήν, διὰ μαρτύρων φονεύσεις τὸν φονεύσαντα, καὶ*
31 *μάρτυς εἷς οὐ μαρτυρήσει ἐπὶ ψυχὴν ἀποθανεῖν.* ^{31}*καὶ οὐ λήμψεσθε*
λύτρα περὶ ψυχῆς παρὰ τοῦ φονεύσαντος τοῦ ἐνόχου ὄντος ἀναιρε-
32 *θῆναι· θανάτῳ γὰρ θανατωθήσεται.* ^{32}*οὐ λήμψεσθε λύτρα τοῦ φυγεῖν*
εἰς πόλιν τῶν φυγαδευτηρίων τοῦ πάλιν κατοικεῖν ἐπὶ τῆς γῆς, ἕως
33 *ἂν ἀποθάνῃ ὁ ἱερεὺς ὁ μέγας.* ^{33}*καὶ οὐ μὴ φονοκτονήσητε τὴν γῆν,*
εἰς ἣν ὑμεῖς κατοικεῖτε· τὸ γὰρ αἷμα τοῦτο φονοκτονεῖ τὴν γῆν, καὶ

ABF(-K)MV (963) *O'' C'' bdfnstxyz* al verss

30 *πᾶς πατάξας* 963] *παντα παταξαντα* (-*ντι* 610) *d n* 85'^{mg}-321'^{mg}-344^{mg} *t*; *omnem occidentem* Syh; *πας φονευσας b* (sed hab Compl) | *ψυχὴν διά* 963] pr *την* 527; *ψυχην ακουσιως δια* 55; > G*; sub ※ G^{c} | *διά*] + (※ G Syh) *στοματος* *O*$^{-58}$-15 130^{mg}-321'^{mg} Arab Syh = 𝔐 | *φονεύσεις τὸν φονεύσαντα*] *morietur homicida* Bo | *φονεύσεις* (*φων.* 75*-458) B F 963(vid) *d* 129 *n*$^{-767}$ 344^{mg} *t x*$^{-509}$ 319 Sa Syh] *η* (> 767) *φονευσης* (*φων.* 767) 767 509; *occidite* Aeth; *occident* Arm; *παταξη* 121 68'; *φονευει* 392; -*ση* (*φων.* 707*) K 29-707 616* 664 30-346* 126-407-630-669* 59; -*σει* rell = Ald 𝔐 | *φονεύσαντα* 963] *παταξαντα* 29 407-630 | om *καί* 407-630 Bo | om *εἷς* 417 121 | *οὐ μαρτυρήσει*] *ου μη μαρτ.* 319; bis scr *oI*$^{-618}$ 126-128-628-669; + *περι* $\overline{ανου}$ V | *μαρτυρήσει*] *μαρτυρ*^{η} 56; -*σεις* 246; *μαρτυρει* 46'-52' | *ἐπὶ ψυχήν*] *επι ψυχης* B (sed hab Sixt); *επι ψυχη* 426 129 *x* 55; *περι ψυχης* 392*(cprm); om *ἐπί* 82 | *ἀποθανεῖν*] -*νη* (-*νει* 392) 509 392; *αποθανουσαν* 30'

31 *καί*] > 106; + *vos* Sa | *οὐ λήμψεσθε*] post *ἀναιρεθῆναι* tr Arm | *λήμψεσθε* B* F 56*] -*σθαι* A K V G-82 509; *ληψεις* 246; *ληψη oI* 18'-126-628-669; sine *μ* F^{b} rell = Sixt; *accipie{n}s* ^{Lat}cod 100 | *λύτρα*] *λατρα* 313; *δωρα* 730 | *περί*] *επι* A V *oI* 414 246 121 18'-126-628-669 55; *απο* 458 | *ψυχῆς*] pr *της* 509; -*χην* 121; -*χη* 618; -*χηκης* 75 | *παρά*] *περι* 630*; *παρ* (*παρα* 417) *αυτης* *C''*$^{-46'\ 52'\ 413\ 414}$; *παρ αυτου* 414; > *d*$^{-106}$ 84 = 𝔐 | om *τοῦ* 1° 246*(cprm) | *τοῦ* 2° — *ἀναιρεθῆναι*] *et reus erit* ^{Lat}cod 100 | *οντος ενοχου* *O*$^{-58}$ Syh = 𝔐 | *ὄντος*] *οντως* 707* 73'-500-551-615* 610* 53' 619; *εχοντος* (*εχον* 75*) 54-75' | *ἀναιρεθῆναι*] *αποθανηναι* 500 | *γάρ* 963] > 72-82 *C*-52' *d*$^{-106}$ 509 392 59 Aeth | *θανατωθήσεται*] *θανατω*÷*θησεται* G*; -*θηναι* 739*; *αναιρεθη*^{στ} 126

32 *οὐ* 963] pr (※ G Syh) *και* *O*$^{-426}$ 739 *b* 75' Aeth Arm Bo Syh = 𝔐; sub ※ G* | *λήμψεσθε* A B* F] -*σθαι* V G-82 56* 509; *ληψεται* (-*τε* 53) 53'; sine *μ* F^{b} rell = Sixt; *accipies* ^{Lat}cod 100 | *λύτρα* 963] *δωρα* 319 | *τοῦ* 1°] *του* (*το* 416) *μη* M'^{mg}(ind ad *οὐ*); + *μη* 417 *d* 54'-75 *t* ↓ | *φευγειν* 72 | *πόλιν*] pr *την* 82 75'; *urbes* Bo; *τοπον* 53' | *τῶν φυγαδευτηρίων* 963] *του φυγαδευτηριου* 82 ^{Lat}cod 100 Arm = 𝔐; *τον φυγαδευτηριον* 30; om *τῶν* B* V 53'-129 (sed hab Sixt); + *αυτου* *O* Syh = 𝔐 | *τοῦ* 2° 963] > 58 630 | *πάλιν*] *πολιν* 730 | *κατοικεῖν*] -*κει*[. .] 55*; -*κησαι* 82 | *ἐπὶ τῆς γῆς*] *επι την γην* 53' 59; om *τῆς* Compl; > 730 | *ἕως ἄν*] *εως ου* V *b* (sed hab Compl); *εαν* 528 | *ὁ ἱερεύς*] pr *ο* 669(|); *ο αρχιερευς* 76* | *ὁ μέγας* = Sam Tar^{P}] sub ÷ G; > 58 = 𝔐 Tar^{O}

33 *φονοκτονήσητε*] -*σετε* (-*ται* 30 134 509; *φωνοκτονησεται* 319) 414-422 19 129*(cprm) 30' 134* 509-619 318 319 (sed hab Compl); -*κτονη*^{στ} 126; -*νησει*

---

30 *διά* — *φονεύσαντα*] *ἐπὶ ῥήματι μαρτύρων φονευθήσεται ὁ φονεύσας* 130-321'
32 (+ *μη*) *φυγεῖν*] *γράφεται τῶν ἀντιγράφων ἐν ἐνίοις μὴ φυγεῖν* Procop 892; *τινὰ τῶν ἀντιγράφων οὐκ ἔχει τὸ μη* M' *C''*$^{comm\ Sev}$

οὐκ ἐξιλασθήσεται ἡ γῆ ἀπὸ τοῦ αἵματος τοῦ ἐκχυθέντος ἐπ' αὐτῆς,
ἀλλ' ἐπὶ τοῦ αἵματος τοῦ ἐκχέοντος. 34καὶ οὐ μιανεῖτε τὴν γῆν, ἐφ' 34
ἧς κατοικεῖτε ἐπ' αὐτῆς, ἐφ' ἧς ἐγὼ κατασκηνώσω ἐν ὑμῖν· ἐγὼ γάρ
εἰμι κύριος κατασκηνῶν ἐν μέσῳ τῶν υἱῶν Ἰσραήλ.
36 1Καὶ προσῆλθον οἱ ἄρχοντες φυλῆς υἱῶν Γαλαὰδ υἱοῦ Μαχὶρ 1
υἱοῦ Μανασσὴ ἐκ τῆς φυλῆς υἱῶν Ἰωσήφ, καὶ ἐλάλησαν ἔναντι Μωυσῆ

ABFMV (963) O'' C'' *bdfnstxyz* al verss

75 59; -νεις 616* | γῆν 1°] ⌒2° 527 Arm; ⌒(34) 417^{txt}(cprm) | εἰς — κατοικεῖτε] *quam habitabitis* ^{Lat}cod 100 | εἰς ἥν B V O^{-58} 129 54-75' $x^{(-527)}$ 407-630 319] εφ ην 58-618 $C''^{-414\ (417^{txt})\ 616^{*}}$ 767 s^{-346^*} 370*(vid) 392 55; εφ ης (οις 616*) rell | κατοικεῖτε B V G-381'-426 129 $x^{(-527)}$ 407-630 319 Syh] -κησετε επ αυτης 58; + επ αυτη 72; + εν αυτη 376 = 𝔐; + επ αυτης (αυτοις 53*) rell | om τό — αὐτῆς d^{-106}: homoiot | om τό — τοῦτο Aeth^{M} | αἷμα] + αυτης 84; + *occisi super eam* Bo | τοῦτο φονοκτονεῖ] του φονοκτονειν (-νει 56) 52' 56*; om τοῦτο Co | φονοκτονεῖ] -νη 707* 30; -κτο^{ν} 126 | τὴν γῆν 2°] *eam* Bo | οὐκ ἐξιλασθήσεται] ου μη εξιλ. A; ουκ εξιλασεται 72 59; om οὐκ 730; post γῆ tr O^{-58} Syh = 𝔐 | ἡ γῆ] την γην 618; om ἡ 458 | ἀπό — fin] *ei qui effudit sanguinem super eam* Aeth | ἀπό F^{a}] περι F F^{b} 58-376-oII^{-82} 56* 130^{mg}-321'^{mg} 59 ^{Lat}cod 100 ↓; υπο G-426 ↓ | αἵματος 1°] + τουτο 509; + αυτου 72; ⌒2° 53' | τοῦ ἐκχυθέντος] om τοῦ 68(|; sed hab Ald); bis scr 59* | ἐκχυθέντος] κεχυθ. 527; εκχεοντος 529; εκληθεντος 82; εκκεχυμενου G | ἐπ' αὐτῆς] pr του 59^{c}; επ αυτην 246*(cprm) 127-767 30'; επ αυτη 72 54-75'; ⌒(34) 106 | om ἀλλ' — fin 346* | ἀλλ'] αλλα 426; + η 29-82 *b n* 130^{mg} (sed hab Compl) | ἐπί] απο 458 | ἐκχέοντος] εκχυοντος 129^{c}; εκχυθεντος 29 73' 19'-118^{txt} *x* Arm Syh* (sed hab Compl); εκχεαντος G 127; εκχειοντος 122 | fin] + αυτο *O* ^{Lat}cod 100 Syh ↓

34 om καί 414 Bo | om γῆν 246(|) | ἐφ' ἧς 1°] εφ ην 54-458-767 344^{mg}; εν η *b* Aeth Arm (sed hab Compl); *in quam* ^{Lat}cod 100; ⌒2° d^{-106} 59 | κατοικεῖτε] pr υμεις *O* 121 ^{Lat}cod 100 Syh = 𝔐 | ἐπ' αὐτῆς] επ αυτη 53'-56 = Compl; επ αυτην 72 54-75-767; εν αυτη V *b* 458 Aeth Arm; > ^{Lat}cod 100; post κατασκηνώσω tr 426 | ἐφ' ἧς 2°] *et* (> M) *in qua* Aeth; εφ ην 344^{mg} | ἐγώ 1°] + γαρ ημιν (ειμι κ̅ς̅*) ο 669 | κατασκηνώσω B* F 58-oII^{-707} C'' n^{-127} 59 424] κατοικω 407-630; -σκηνω (-σκεινω 246) rell = Sixt | ἐν ὑμῖν] επ αυτης A *d t* 55: cf 𝔐; υμας 413; om ἐν C''^{-413} | om γάρ 84 | om εἰμι Aeth^{M} | κύριος] + *deus vester* (> ^{ap}) Arm | κατασκηνῶν ἐν μέσῳ] pr ο A *oI*-82 *b* 53'-246 18'-628-669 Arm Bo = Ald; κατασκηνωσεως x^{-509} | κατασκηνῶν] -νω 321; + εν υμιν *b* (sed hab Compl) | om των V 29-82-376 422 *b d* 129 *n t x* 392 407 630 55 59 319 (sed hab Compl) | υἱῶν] bis scr 767

36 1 προσῆλθον] -θαν 29; -θοσαν 82; ηλθων 376 | om οἱ V 82 | ἄρχοντες B V 72 129 *x* 407-630 319 Aeth Arm Sa] + των πατριων *O* = 𝔐; + πατριων rell | φυλῆς 1°] φυλων F; των 82; > Aeth^{M}; + πατριων 72; + *domus patris* Aeth^{-M} | υἱῶν 1°] > Aeth; bis scr 68 | Γαλαάδ — Ἰωσήφ] ιωσηφ φυλης υιων γαλααδ 458 | Γαλαάδ] γαλαδ 529 84; γααδ 68 (sed hab Ald); γαδ G-376 730 392 55 Co Syh^{mg} | υἱοῦ 1°] pr *et* ^{Lat}cod 100; *et filiorum* Bo; του 551 | Μαχίρ 426 *d* 75^{c} 321' *t* 18'-126-628-669 Co = Compl Sixt] μαχηρ 58 75* 28-30-85 319; ναχειρ 120; μαχειρ rell | υἱοῦ 2° — ἐλάλησαν] pr του V 16 *d t*; > 72 | Μανασσή]

33 ἀπό] σ' περί ο' ὑπό 344 | ἀλλ' — fin] πλὴν ἐν αἵματι τοῦ ἐκχύσαντος (-χεοντ. 321*; -χεσ. 321^{c}) αὐτό (αυτου 321') 130-321'

καὶ ἔναντι Ἐλεαζὰρ τοῦ ἱερέως καὶ ἔναντι τῶν ἀρχόντων οἴκων πα-
2 τριῶν υἱῶν Ἰσραήλ, ²καὶ εἶπαν Τῷ κυρίῳ ἡμῶν ἐνετείλατο κύριος
ἀποδοῦναι τὴν γῆν τῆς κληρονομίας ἐν κλήρῳ τοῖς υἱοῖς Ἰσραήλ, καὶ
τῷ κυρίῳ συνέταξεν κύριος δοῦναι τὴν κληρονομίαν Σαλπαὰδ τοῦ
3 ἀδελφοῦ ἡμῶν ταῖς θυγατράσιν αὐτοῦ. ³καὶ ἔσονται ἑνὶ τῶν φυλῶν υἱῶν
Ἰσραὴλ γυναῖκες, καὶ ἀφαιρεθήσεται ὁ κλῆρος αὐτῶν ἐκ τῆς κατασχέ-
σεως τῶν πατέρων ἡμῶν, καὶ προστεθήσεται εἰς τὴν κληρονομίαν
τῆς φυλῆς, οἷς ἂν γένωνται γυναῖκες, καὶ ἐκ τοῦ κλήρου τῆς κληρο-
4 νομίας ἡμῶν ἀφαιρεθήσεται. ⁴ἐὰν δὲ γένηται ἡ ἄφεσις τῶν υἱῶν

ABFMV (963) *O'' C'' bdfnstxyz* al verss

μανν. A 75 121; -σσει 707; *mannase* ^{Lat}cod 100; *manase* Arm | om τῆς V *b* (sed hab Compl) | Ἰωσήφ] μανασση G | ελαλησεν V* 127* 509 | ἔναντι 1°] -τιον *O*$^{-58}$-82 610 53′; προς 55; ⌒2° 618^{txt} | Μωυσῆ] -σην 55; -σει 28$^{c\,prm}$-85-343; -σεως 120; -σεος 68′ (sed hab Ald); μωυ^{σ} 126; μωση G *n*; μωσει 72-426 | καί 3° — ἱερέως] om καί 55; om τοῦ 414*(c prm); sub ÷ G Syh; > 426 = 𝔐 | ἔναντι 2° 963] -τιον G-82-376; > 58 44′-125 126 319 Bo^{A} | Ἐλεαζάρ] *eliazar* Arm | ἔναντι 3°] -τιον (-τιων 376*) G-82-376; > 319 Arab | om τῶν 126 | οἴκων] pr των *d* 370 407-630 319; οικιων V; οικου 72-82 77* 53′ ^{Lat}cod 100 Bo; > Aeth Sa | υἱῶν ult B* 72-82 *C''* 54-458-767] > 75; pr των rell = Sixt

2 εἶπαν] ειπον 376-381′ 414-528-529 *d*$^{-106}$ *n* 509 126-630; ει^{π} 72 | τῷ κυρίῳ ἡμῶν] *domine* ^{Lat}cod 100 | ἡμῶν 1°] υμων 58*(c prm) 422*-550*(vid) 44 53-56 126* = Ald | ἐνετείλατο] pr *non* ^{Lat}cod 100 | κύριος 1°] pr ο 414 127; + *deus* ^{Lat}cod 100; ⌒2° Aeth^{M} | ἀποδοῦναι] δουναι 319 | τήν 1°] bis scr 528(|) | κληρονομίας] + ημων 82 | om ἐν — κληρονομίαν 707 | κλήρῳ] καιρω 120 | Ἰσραήλ] pr του 422 | om τῷ 2° — ἡμῶν 2° 376 | τῷ κυρίῳ 2°] *tibi domine* ^{Lat}cod 100; + ημων 29-72 *d*$^{-44}$ *n t* 59 Co; + υμων 44 = Ald; + μου *O*$^{(-376)}$ 246 126-128-669 Syh = 𝔐 | κύριος 2°] pr ο V *d* 54′-75^{c}-767 *t*; ο κυριος λεγων 82; post δοῦναι tr A | Σαλπαάδ] pr *filiarum* Arm; σααλπααδ *C*$^{-500\ 616}$; -παδ 527; σααλπαδ 500; -πααθ 82 246; σαλαφααδ 426; σαλφααδ 58-707 120; *salpaal* ^{Lat}cod 100 | τοῦ — fin] *fratri nostro* Arm; om τοῦ 500 | ἡμῶν 2°] υμων 618 *C*$^{-77}$ 44 53 509

3 ἔσονται] *nunc si fuerint* Arm | ἑνί] επι 319; > 58 | τῶν φυλῶν] pr (※ G) των υιων G-426 = 𝔐; pr εκ *n* Arm^{ap} Syh: cf 𝔐; των φιλων 630; *tribu* ^{Lat}cod 100; om τῶν 58; > 319; bis scr 799 | υἱῶν] pr (※ Syh) των 29-82-376 551 44-125′-610^{c} 54′ *t*$^{-76*}$ 55 319 799 Syh = Ald: contra 𝔐; τοις υιοις 610*; των 767; > *oI b* 53-129 75′ 76* *x*$^{-527}$ 18′-126-628-669 Arm | om Ἰσραήλ 619* | γυναῖκες 1°] γενεσθαι 527; > 799 | ἀφαιρεθήσεται 1°] -σονται G*; > 799 | om αὐτῶν — καί 3° 799 | τῶν πατέρων] των πρων 610; *patris* Arm^{te}; ων πατερων 767; > 407-630 | ἡμῶν 1°] υμων 53; αυτων 55 319 Arm^{te}; > 392 | προστεθήσεται] -σονται A 129; -θη^{σε} 126; -σεσθε 318 | om εἰς — φυλῆς 799 | εἰς] η G; επι 82 Bo = 𝔐 | om τήν B V G-82-426 *d* 129 *n t x* 319 = Ra | [κληρο]νομίαν — γένων[ται] sup ras G | τῆς φυλῆς] οις φυλης 407; τοις φυλης 767; ης φυλης 630; *in tribu eorum* ^{Lat}cod 100; om τῆς 376; > Bo | οἷς] ης 72 *C''* 53′ 75 527 68′-628 59 646; εις 376 | ἄν] εαν *b* 54′-767 (sed hab Compl); > 55 | γένωνται] εγενοντο 55; ⌒(4) 707 | καί 4° — fin] om καί 319; om τοῦ κλήρου 528; > 53′

---

36 3 ὁ κλῆρος] ἡ μερίς 130-321′

Ἰσραήλ, καὶ προστεθήσεται ἡ κληρονομία αὐτῶν ἐπὶ τὴν κληρονομίαν
τῆς φυλῆς, οἷς ἂν γένωνται γυναῖκες, καὶ ἀπὸ τῆς κληρονομίας φυλῆς
πατριᾶς ἡμῶν ἀφαιρεθήσεται ἡ κληρονομία αὐτῶν. [5]καὶ ἐνετείλατο 5
Μωυσῆς τοῖς υἱοῖς Ἰσραὴλ διὰ προστάγματος κυρίου λέγων Οὕτως
φυλὴ υἱῶν Ἰωσὴφ λέγουσιν. [6]τοῦτο τὸ ῥῆμα, ὃ συνέταξεν κύριος ταῖς 6
θυγατράσιν Σαλπαὰδ λέγων Οὗ ἀρέσκει ἐναντίον αὐτῶν, ἔστωσαν
γυναῖκες, πλὴν ἐκ τοῦ δήμου τοῦ πατρὸς αὐτῶν ἔστωσαν γυναῖκες,

ABFMV (963) *O'' C'' bdfnstxyz* al verss

799 | ἡμῶν 2°] υμων 618* 68'; *eius* Bo; > 126 | ἀφαιρεθήσεται 2°] -σονται (-ραιθ. 73) *C''* ^{Lat}cod 100; -ρεθη^{στ} 126

4 init — αὐτῶν 1°] post ἡμῶν tr 53' | ἐάν] η αν 52'-313 646* | δέ] ουν 799; > *d* 53' Aeth | om ἡ 1° 72-376' *d* 54-75' *t* x^{-509} 799 | ἄφεσις B O^{-58} 552^{c} 129-246 x^{-509} 126-128-669 319 Arm Bo Syh] αφαιρεσις (c var) rell | τῶν — φυλῆς 1°] και ο κληρος γενειται 799 | τῶν] pr εκ *b d n* 344^{mg} *t* Aeth (sed hab Compl) | om καί 1° 72 Arm Bo | προστεθησθαι 319* | om ἡ κληρονομία αὐτῶν 1° Sa | κληρονομία 1°] + των πρων 55 | αὐτῶν 1°] ημων 730 | ἐπί — γυναῖκες] om τὴν κληρονομίαν 75; > 53' | τῆς φυλῆς] της γης G*(cprm); > Bo | οἷς] *eorum quorum* ^{Lat}codd 100 104; ης 72 16-52'-73'-77-413-414'-417-616^{c}-761^{c} 129 75 370^{c} 527 122-628 646 = Ald; η 59 | ἄν] εαν *b* n^{-75} 799; > 71' | γυναῖκες] pr αι 16^{s} 730; + εκ των θυγατερων των υιων σαλπααδ 376 | καί 2°] > 799 ^{Lat}cod 104 Bo; ⌒(5) 106 | ἀπό — κληρονομία 2°] αφαιρεθησεται η κληρ. απο της φυλης των πρων ημων 799 | ἀπό — πατριᾶς] εκ του κληρου της κληρονομιας 318 | ἀπὸ τῆς κληρονομίας] *hereditatem* (*-tate* 104) ^{Lat}codd 100 104; om τῆς κληρ. Sa | φυλῆς 2°] οικου 82; + *domus* Bo Syh | πατριᾶς] πατριων M^{txt} $d^{(-106)}$ n^{-458} *t* 646; πρων Syh = Compl 𝔐; πατρος (bis scr 104) 82 *b* ^{Lat}codd 100 104 Bo; > 458 | ἡμῶν] υμων 618 53'-246^{c} 120 = Ald; > 44(|||) | om ἀφαιρεθήσεται — fin 53' | αφεθησεται 319 | αὐτῶν 2°] ημων 414*; > 799 Sa; + *et sumet partem hereditatis* Bo

5 ἐνετείλατο] ειπε 799 | Μωυσῆς] ο μωσης et post Ἰσραήλ tr 458; μωσης G-72-426 n^{-458} Cyr IX 900 | τοῖς υἱοῖς Ἰσραήλ] om τοῖς 761(|); post κυρίου tr 16 | τους υιους 630 | λεγων δια προσταγματος κυριου 53' 54-458 | προσταγματον 528 | κυρίου] κω 509; ιηλ 314*(cprm) | οὕτως — fin] *sic* (*si* 104) *locuti sunt principes filiorum ioseph* (*iosef* 104) ^{Lat}codd 100 104; > 16 | οὕτως] ουτω 417 d^{-610} 54-75' t^{-370} 509*(vid) 18'-126-628-669 646 799; ουτοι 610; ορθως V | φυλή] φυλης 29 59; φυ^{λ} 120 | υἱῶν] > x^{-509}; + ras 3 litt 56 | λέγουσιν] -σα 18-628; λαλουσι(ν) 82 *b* (sed hab Compl)

6 init — θυγατράσιν] pr *et* ^{Lat}codd 100 104; > 53' | το ρημα τουτο 18-407-628-630 | om ὅ 707 x^{-509} | ταῖς θυγατράσιν] τοις πατρασιν G* | Σαλπαάδ] σααλ. 121 68' (sed hab Ald); σααλπαδ 500; ασααλ. (ασαλ.^{c}) 422; *salpaat* ^{Lat}cod 100; *adpaat* ^{Lat}cod 104; αλπααδ 130-346; σαλφααδ 58-707 120; σαλαφααδ 426 | οὗ] pr ουτως 72; ουτως φυλη 509*: ex 5; ουκ 59; + αν (εαν 19) 381' *b* 54-75' = Ald; + ras 1 litt 82 | ἀρέσκει] -κη 381' *b* 54^{c} 30 126 (sed hab Compl) = Ald Sixt; αρεσει 799 Cyr IX 900 | αὐτῶν 1°] αυτου 58* | ἔστωσαν 1°] εσονται 417 | γυναῖκες 1°] pr αι 318; + και ου περιστραφησεται η κληρονομια 422*; ⌒2° B^{txt} 528-616^{txt} 767 x^{-509} 318 628 ^{Lat}cod 104 Aeth^{F} (sed hab Sixt) | ἐκ τοῦ δήμου]

4 ἡ ἄφεσις] θ' ο' ἡ ἄφεσις 344; α' ὁ παραφέρων σ' ὁ Ἰωβήλ 108 Syh

7 [7]καὶ οὐχὶ περιστραφήσεται κληρονομία τοῖς υἱοῖς Ἰσραὴλ ἀπὸ φυλῆς
ἐπὶ φυλήν, ὅτι ἕκαστος ἐν τῇ κληρονομίᾳ τῆς φυλῆς τῆς πατρικῆς
8 αὐτοῦ προσκολληθήσονται οἱ υἱοὶ Ἰσραήλ. [8]καὶ πᾶσα θυγάτηρ ἀγχι-
στεύουσα κληρονομίαν ἐκ τῶν φυλῶν υἱῶν Ἰσραὴλ ἑνὶ τῶν ἐκ τοῦ
δήμου τοῦ πατρὸς αὐτῆς ἔσονται γυναῖκες, ἵνα ἀγχιστεύσωσιν οἱ
9 υἱοὶ Ἰσραὴλ ἕκαστος τὴν κληρονομίαν τὴν πατρικὴν αὐτοῦ· [9]καὶ οὐ

ABFMV (963) O'' C'' *bdfnstxyz* al verss

viris (> Arm) *de tribu* ^{Lat}cod 100 Arm; + (※ G Syh) *της φυλης* *O* 246 126-128-669 Syh = 𝔐 | *αὐτῶν* 2°] *αυτου* 346* | om *ἔστωσαν γυναῖκες* 2° Co

7 *καὶ οὐχί* 963] *και ου* 417 *b* 76′ 126 (sed hab Compl); om *καί* A; + *μη* 761 | *περιστραφήσεται* 963] *ποστραφ.* 376; *μεταστραφη* 767 | *κληρονομία* 963] pr *η* F 15-29-58-72 C''^{-46} *b d* 246 *n* 28-85-344^{mg} *t* 18′-126-669 59 799; + *αυτων* 458 | om *τοῖς* — *κληρονομίᾳ* 56^{txt} | *τοῖς υἱοῖς*] *των υιων* 458 ^{Lat}cod 100 Bo | om *Ἰσραήλ* 1° 376 | *ἀπό* — *φυλήν*] *a tribus in tribus* ^{Lat}cod 100 | *ἀπό*] et *ἐπί* tr C^{-77} | *φυλῆς* 1°] *φυλην* 799 | *ἐπί* 963] *εις* G-707 *b d n t* 126 59 799 ^{Lat}cod 104 Aeth Arm (sed hab Compl) = 𝔐 | *φυλήν*] *φυλης* 529*; + *ετεραν* Ald | *ὅτι*] *ο* 509*; > x^{-509} 126 | *ἕκαστος*] + *γαρ* 126 | *ἐν* 963] > 739 527 | *κληρονομίᾳ*] + *αυτης* 130; + *αυτου* 85^{mg} | *τῆς φυλῆς τῆς*] sup ras 58 | *τῆς φυλῆς*] *εν τη φυλη* 121 68′ (sed hab Ald); om *τῆς* 130 319; > 82 120 ^{Lat}cod 100 Aeth Bo; + *αυτου* 344^{mg} | *τῆς πατρικῆς* V 963 O^{-376}-707 *d* f^{-246} *t* 120 799 Arm Syh = Compl] *του* $\overline{\pi\rho\varsigma}$ 82-376 *b n* 85^{mg}-344^{mg} ^{Lat}codd 100 104 Co; *patrum* Aeth; *της πατριας ας* F^{a}; om *πατρικῆς* F; *της* (> 509) *πατριας* F^{b} Cyr IX 900 rell = Ra | *αὐτοῦ* F^{a} 963] *αυτων* 82 *b* 509 126 Aeth; > F = Compl | *προσκολληθήσονται* F^{a} 963] pr *και* B *x* (sed hab Sixt); *-θη* 416(|); *-σεται* 82 108* 246*(c pr m) 75 = Compl; *κολληθ.* F; litt *ονται* sup ras 3—4 litt 669; > Bo | *οἱ υἱοί*] *in filiis* Bo; *filis* ^{Lat}cod 104; *τοις υιοις* 84*; om *οἱ* B* 58 246 318^{c}(vid) 319 (sed hab Sixt) | *Ἰσραήλ* 2°] ⌒(8) 1° 126

8 *καί* 963] > Aeth^{M} | *πᾶσα* — *κληρονομίαν* 1° 963] *omnes filiae* (+ *proximae* 100) *hereditatis* ^{Lat}codd 100 104 (sed hab Ambr *Luc* III 4) | *θυγάτηρ*] *-τερα* 130; + *hereditatis* Syh | *κληρονομιαν αγχιστευσα* (*-στευοντος**) 72 | *κληρονομίαν* 1°] *-μια* 19 130-321′ 509 (sed hab Compl); *-μιας* 624; > 59 | *ἐκ τῶν φυλῶν*] om *ἐκ* 53* 624 ^{Lat}codd 100 104 Ambr *Luc* III 4; om *ἐκ τῶν* M′ *oI* C''^{-761} *s y* 18′-68′-628-669 55 646 (sed hab Ald); om *φυλῶν* 370 120 Aeth; > A 761 | *φιλων* 44 | *υἱῶν Ἰσραήλ*] pr *των* 376 74-76; *των ισραηλ* 121 68′ (sed hab Ald); om *υἱῶν* V 15*-oII^{-29} *b* 53′ 75 509 669* (sed hab Compl); tr 422; > 730 | *ἑνὶ τῶν*] *una* ^{Lat}codd 100 104; > 82 Bo^{B} | *τῶν ἐκ*] *τω εκ* 72 669 Cyr IX 900; post *δήμου* tr 55 | *τοῦ* 1° 963] *των* 458 799 | *δήμου*] + (※ G Syh) *της φυλης* O^{-58} Syh = 𝔐 | *τοῦ πατρὸς αὐτῆς*] sub ※ G Syh; om *τοῦ πατρός* Aeth | *αὐτῆς*] *αυτων* oII^{-707} 16*-77-131-422-500-550-551^{c}-739* *d* 246 *n* 85^{mg}-344^{mg} *t* x^{-509} 392* 18′-126-407-628-630′ 799 Aeth^{-C} Co | *γυναῖκες*] + *και ουχι περιστραφησεται η κληρονομια* 551*: ex 7 | *ἀγχιστεύσωσιν*] *-στευωσιν* (*αχιστ.* 610) F M′ 376-*oI* 16-46-761 *b* d^{-44} 54′ 74-76′ 392 59 799 Cyr IX 900 (sed hab Compl); *-στευουσιν* (*-στεβ.* 767) 72 44 75′-767; *-σουσιν* 500 129-246 319; *διαγχ.* 426 | *οἱ υἱοί*] *filiis* (*-lis* 104) ^{Lat}codd 100 104; om *οἱ* 707 246 28-85 59 319; om *υἱοί* Cyr IX 900 | *ἕκαστος*] ⌒(9) Arab^{txt} | *τήν* 1°] pr *εις* 767 | *τὴν πατρικήν*] *του* $\overline{\pi\rho\varsigma}$

---

8 *ἐκ* (*τῶν φυλῶν*)] *θ′ ο′ ἐκ τῶν σ′ ἀπό α′ ἀπὸ ῥάβδου* 344

περιστραφήσεται κλῆρος ἐκ φυλῆς ἐπὶ φυλὴν ἑτέραν, ἀλλὰ ἕκαστος
ἐν τῇ κληρονομίᾳ αὐτοῦ προσκολληθήσονται οἱ υἱοὶ Ἰσραήλ. [10]ὃν 10
τρόπον συνέταξεν κύριος τῷ Μωυσῇ, οὕτως ἐποίησαν θυγατέρες
Σαλπαάδ, [11]καὶ ἐγένοντο Θερσὰ καὶ Ἑγλὰ καὶ Μελχὰ καὶ Νουὰ καὶ 11
Μααλὰ θυγατέρες Σαλπαὰδ τοῖς ἀνεψιοῖς αὐτῶν· [12]ἐκ τοῦ δήμου 12

ABFMV (963) *O'' C''* *bdfnstxyz* al verss

V; ad fin tr *n* 392 | αὐτοῦ] *eorum* Co; > B* (sed hab Sixt); + *et non circumvolvetur hereditas patris eius* Syh

9 οὐ] > A; + μη 120 | περιστραφήσεται κλῆρος] *convertet sortem* ^{Lat}codd 100 104 | περιστραφήσεται] -σονται 344^{mg}; περιγραφ. 616 44; στραφη^{στ} 126; περιληψει 82 | κλῆρος] pr ο *oI* 18'-126-628-669 = Ald Sixt; -ρον 82; κληρονομια 407-630 | ἐκ φυλῆς] εκ της φυλης G *cI'* 28-85 646; om ἐκ *C*; > 75 | ἐπί] εις 82 344^{mg} Aeth Arm; > ^{Lat}cod 100 | ἑτέραν] δευτεραν 707; > Co | ἀλλά B M' 82 407-630 59] αλλ η *d n t* 799; *et* Sa; αλλ rell = Sixt | ἕκαστος] εκτος 616 | ἐν τῇ κληρονομίᾳ] εις την κληρονομιαν *b* Arm Bo (sed hab Compl) | αὐτοῦ] αυτων V 72 407-630 Aeth; εαυτου G | προσκολληθήσονται] -σεται 422 392* 120 ^{Lat}codd 100 104 Bo; -θη^{στ} 126; -σεται τη εαυτου φυλη 44*-106 76*(vid); -σεται της αυτου φυλης 82; + τη εαυτου φυλη 44^{c}-107'-125 *n t*$^{-76*}$ 799 | οἱ υἱοί] (+ και 44 La; ※ 344 Syh) αι φυλαι (αι φ. sub ※ G^{c} et sub ÷ G*; + των *C''* 44 30'-85-344 392 646) υιων (bis scr 82) *O*-82 *C'' d n* 30'-85^{mg}-344^{mg} *t* 392 646 799 ^{Lat}cod 104 Syh: cf 𝔐; *et tribui filiorum* ^{Lat}cod 100; *filiorum* Bo; om οἱ 707 246 527 319 = Compl | Ἰσραήλ] sub ※ 344^{mg} Syh; > 59

10 ὃν τρόπον] pr και 72 Aeth Arm; καθα 58-376; + *ergo* ^{Lat}codd 100 104 | συνέταξεν] *locutus est* ^{Lat}codd 100 104 | τῷ Μωυσῇ 58-82-376 *b d* 53' *t*$^{-370}$ *x*$^{-527}$ 392 407-630 799 Syh] τω μωυ^{σ} 126; τω μωση G *n*; τω μωσει 72-426 ↓; om τῷ B 527 = Ra; προς μωυσην rell = Compl | οὕτως — fin] pr *et* Bo; > 730 | εποιησε(ν) 407-630 | θυγατέρες] pr αι 72-82-376 16-422 129 *n x*$^{-509}$; θυγατρασι(ν) B^{c} *d t* 509 407-630 799 = Sixt; θυγα^{τρ} 126 | Σαλπαάδ] σααλ. 16; -παδ 527; σααλπαδ 500; αλπ. 376; *salpaat* ^{Lat}codd 100 104; σαλφααδ 58-426-707 120; σαλπαλαδ 82; ⌒(11) 106 *x*$^{-509}$

11 καί 1°] > Bo; bis scr 413(|) | εγενετο 29-376 319 | Θερσά B M' V 82-*oI* *b*$^{-19*}$ *d*$^{(-106)}$ 129 *n t* 509 18'-126-407-628-630' 319 799 ^{Lat}cod 100 Arm Co] pr μααρα και 246; pr μαλαα και A 392 120 624; pr μαλα και 72* 130*; *tersa* ^{Lat}cod 104; θεργα 19*; μααλα και αιγλα 55; pr μααλα και rell = Compl 𝔐 | Ἑγλά B M' G-426 413-414 *b*$^{-19}$ 129-246 *n*$^{-767}$ 319 ^{Lat}codd 100 104] ελγα 19; αιγαλ F; γεγλα 509; αιγλαμ 318; αιγχα 68; *aisla* Sa; αιγαλαδ 82; θερσα 55; αιγλα μαλαα *oI*$^{-64}$; αιγλα (ελγδα 18) μααλα 64 18'-126-628-669; αιγλα rell = Ald Compl | Μελχά] *melka* (*elka* B) Bo | Νουά] νου 120; μουα *b* (sed hab Compl); *auna* ^{Lat}cod 104; *ua* Co | καὶ Μααλά B M' V 963(vid) 319 Arm Sa] και μααλλα *d*$^{(-106)}$ *n t*; και μααλ *b* 407-630; και νααλα 799; και μαλα 129 509; και μαλαδ 82; και μαλαα Bo^{A} = Sixt; *et mella* Bo^{B}; *et machala* ^{Lat}cod 100; *et mathala* ^{Lat}cod 104; > rell = Compl | θυγατέρες] pr αι 407-630 | Σαλπαάδ] σααλπαδ 500;

---

10 τρόπον — Μωυσῇ] ο' οἱ λ' τρόπον ἐνετείλατο κς τῷ Μωσεῖ 344

11 (αὐτῶν) (12) ἐκ τοῦ δήμου τοῦ Μανασσὴ (υἱῶν Ἰωσήφ)] ο' αὐτῶν εἰς γυναῖκας ἐκ τοῦ δήμου υἱῶν Μανασσὴ υἱοῦ Ἰωσήφ 85(s nom)-344; α' αὐτῶν εἰς γυναῖκας εἰς συγγενείας υἱῶν Μανασσή σ' εἰς γυναῖκας ἀπὸ δήμου υἱῶν Μανασσή θ' εἰς γυναῖκας καὶ ἐκ τῆς συγγενείας υἱῶν Μανασσή 344

τοῦ Μανασσὴ υἱῶν Ἰωσὴφ ἐγενήθησαν γυναῖκες, καὶ ἐγένετο ἡ κλη-
ρονομία αὐτῶν ἐπὶ τὴν φυλὴν δήμου τοῦ πατρὸς αὐτῶν.
13 [13]Αὗται αἱ ἐντολαὶ καὶ τὰ δικαιώματα καὶ τὰ κρίματα, ἃ ἐνετείλατο
κύριος ἐν χειρὶ Μωυσῇ ἐπὶ δυσμῶν Μωὰβ ἐπὶ τοῦ Ἰορδάνου κατὰ
Ἰεριχώ.

ABFMV (963) *O'' C''* *bdfnstxyz* al verss

σαλφααδ 58-426-707 120; εαλφααδ 126; *salphaath* ^{Lat}cod 100; αλπ. M | τοῖς — fin] *et fuerunt consobrini* Bo | ἀνεψιοῖς F^{a} 963] pr υιοις F 707 120: cf 𝔐 | αὐτῶν] αυτου 458; αυτοις 53′; + (※ Syh) εις γυναικας V *O* Arm Syh ↓

12 ἐκ τοῦ δήμου] *de tribu* Arm | τοῦ 2° B V 963(vid) 129 *x* 319] υιων G-426 Aeth Syh ↓; των υιων 407-630; ras ca 8 litt ^{Lat}cod 104; > rell | Μανασσή 963] μανασση 72 Arm; μανν. A 121; νασση 56*(cprm); > 58(|)-376 | υἱῶν Ἰωσήφ] *filios et* ^{Lat}cod 100 | υἱῶν] pr των 18; *filios* ^{Lat}cod 104; υιου G-426 767 Arab Bo Syh ↓ | om ἐγενήθησαν γυναῖκες Arab | ἐγενήθησαν] εγενν. (-σα 767) F^{b} 707 46′-422^{c}-528-551-761^{c} 125′ 53′ 767 509-619 416* 646; εγενοντο 82; > 72 ^{Lat}codd 100 104; + αυτοις A Bo | om καί Bo | ἐγένετο B V 963 *O b* 129 x^{-509} 407 319] -νοντο 509 630; εγεννηθη 82 46′-417*-528 767; εγενηθη rell = edd ↓ | ἡ 963] > 618(|) 550′ 54 | ἐπὶ τὴν φυλήν 963] *in tribus* ^{Lat}cod 100; om τήν F 29-618* | φυλήν] φυγην 68 = Ald; φυλακην 343 630; κεφαλην 131* | δήμου 2° — fin 963] om τοῦ 82 *b* n^{-767} 126 319 (sed hab Compl); > Arab(||) | δήμου 2°] δημον B^{c} 761^{c}(vid) 129 x^{-509} (sed hab Sixt)

13 comma] pr και 71′; > 761^{txt}(cprm) | om αἱ 59*(cprm) | καὶ τὰ δικαι-ώματα 963] sub ÷ G Syh; > 58 458 = 𝔐 | om καὶ τὰ κρίματα Sa | τά 2°] pr *haec* (*hae* 104) *sunt* ^{Lat}codd 100 104 | ἅ] οσα 82 *d n t* 799; > 59(|) | ἐνετεί-λατο] συνεταξε 75 | om κύριος 59 | ἐν χειρὶ Μωυσῇ] τω μωυση 509 Bo; > 120 | χερι 73 | Μωυσῇ] -σει 28-85-343 68′ (sed hab Ald); $μωυ^{σ}$ 126; μωση G *n*; μωσει 72-426; + (※ G Syh) προς τους υιους ισραηλ *O* 767 Syh = 𝔐; + τοις υιοις ισραηλ Compl | ἐπί 1° — fin] om ἐπὶ δυσμῶν Μωάβ 16; > 58 | Μωάβ] *ab* ^{Lat}cod 100 | om κατὰ Ἰεριχώ G* | ιερειχω B* M′ 963 $G^{(c)}$-29-707 313-417-500′-616* 129 127 28-30-85′-344-346* 392 55 624 (sed hab Sixt); ιερυχω 68 (sed hab Ald)

Subscriptio: αριθμοι A B F M′ V G-15-426 19′ 56-129 127 74′-76 y^{-318} 18′-120 55 319; αριθμοι αριθμοι 84; τελος των αριθμων 376 414-550′ 118* 107′ 53′-246 68′-630 424 799 = Sixt; τελος. τελος του αριθμου. αριθμοι των αριθμων ξα 669; τελος (+ οι 529) αριθμοι 529 767; τελος 125; τελος ελαβον οι αριθμοι 509; αριθμοι του επτακαιδεκατου στιχου 130-321′; τελους βιβλιου τεταρτου στιχοι ͵γφλ 54; αριθμοι εχει στιχους ͵γφλε oI^{-15}; αριθμοι $φυ^{λλ}$ ρς 417^{c}; αριθμοι στιχοι τρισχιλιοι τριακοντα 458; αριθμοι στιχοι ͵γφλε (+ ιωαννου $μ^{χ}$ σεργιου 624; + λουκα $α^{χ}$ χε μου σωσον 30) 131^{c} 28-30′-85-343′ 624; εχει το βιβλιον των αριθμων στιχους ͵γφλε 118^{c}; τελος των αριθμων εχει το βιβλιον των αριθμων στιχους ͵γφλε 314-537; *numeri ab moysei* Sa^{12}; *liber numeri explic.* ^{Lat}cod 104; *explicit liber numeri* ^{Lat}cod 100 = Compl; *finitus est liber numeri* Aeth; *finitus est numeri* Arm; *finitus est liber numeri secundum septuaginta* Syh; *finitus est liber IV legis i. e. numeri filiorum israel* Arab; *numeri . in pace . amen.* στιχοι γωλε Bo^{A}; deest in: 58-*oII* $C''^{-131^{c}\ 414\ 417^{c}\ 529\ 550'}$ 44′ 75 370 x^{-509} 318 126-407-628 59 646 Bo^{B}

---

12 καὶ ἐγένετο] ο′ α′ καὶ ἐγένετο σ′ καὶ περιεγένετο 344; θ′ καὶ ἐγενήθη 344^{txt}

Anhang

I: Orthographica und Grammatica

Die ausführliche Diskussion der Schreibversehen und ihrer Ursachen, wie sie in Genesis 476—495 aufgenommen und im Anhang I von Deuteronomium weitergeführt wurde, einmal mehr zu wiederholen liegt nicht in der Absicht des Verfassers, um so weniger, als die Numeri-Überlieferung im Hinblick auf diese Fehlerquellen das gleiche Bild bietet, welches sich bereits bei Genesis und Deuteronomium ergeben hatte. So soll der folgende Überblick zunächst einfach nur diesen Sachverhalt bestätigen, wobei es allerdings wenig sinnvoll wäre, solch allgemeine Erscheinungen wie Itazismus, Ditto- oder Haplographie, welche jedem, der Grundkenntnisse über die Bedingungen handschriftlicher Überlieferung besitzt, nur allzu vertraut sind, zum wiederholten Male zu illustrieren, so daß in bezug auf diese Fälle nur ein Verweis auf die entsprechende Passage im Anhang I von Genesis gegeben wird. Dagegen sollen an dieser Stelle nur die Fälle ausführlicher behandelt werden, die entweder relativ seltene Phänomene belegen oder die hinsichtlich der sprachgeschichtlichen Entwicklung Beachtung verdienen. Leser, denen darüber hinaus an einer ausführlichen Darstellung gelegen ist, seien auf Genesis 476—495 und Deuteronomium 378—390 verwiesen.

1. Paläographische Erwägungen

a) Unzialvertauschungen: cf Genesis 478.

Mit großer Wahrscheinlichkeit liegen den folgenden Verschreibungen Unzialvertauschungen zugrunde:

ε als *σ*: 22_{3} *σφοβηθη* 130
ϑ als *ο*: 5_{15} *κǫιοινον* 29
als *σ*: 22_{11} *εξελυλησεν* (pro *εξεληλυθεν*) 246
λ als *δ*: 7_{3} *δαμπηνικας* 426
ν als *μ*: (kann auch auf Minuskelvertauschung zurückgehen) 7_{45} *κǫιομ* 619*; 10_{22} *δυμαμεως* 619*
σ als *ε*: 35_{12} *ετη* 416
als *ο*: 4_{15} *συντελεοουσιν* 29; 18_{17} *μοοχων* 320; 32_{14} *ουστǫεμμα* 963*
τ als *γ*: 23_{23} *μανγεια* 551
als *π*: 32_{17} *ποπον* (pro *τοπον*) 551
τǫ als *π*: 19_{18} *πανματιον* V
υ als *ν*: 11_{13} *κλαιονσιν* 313

b) Innerhalb der Minuskelschrift läßt es sich nicht durchweg sicher bestimmen, welche bedingenden Faktoren einer Graphemverwechslung zugrunde liegen. In manchen Fällen wird man sie zurückführen können auf die Ähnlichkeit zweier Grapheme in der Textvorlage des Schreibers, wie auch das Vorhandensein desselben Buchstabens im unmittelbaren Kontext den Schreiber zu einem Fehler veranlaßt haben kann. Einige sind allerdings auch einfach nur schlechte Orthographen gewesen, so z. B. die Schreiber von 458 und von 767.

Die folgende Liste bietet eine vollständige Übersicht über die Schreibfehler innerhalb der Numeri-Überlieferung, welche nicht phonologisch oder morphologisch bedingt zu sein scheinen, wobei natürlich die Fälle, welche die Transkription von Eigennamen betreffen, ausgenommen sind.

β als μ: 22_{4} *μασιλευς* 30

γ als ι: 8_{7} *αινισμου* 82
als ν: 36_{8} *ανχιστευσωσιν* 509

ϑ als π: 16_{29} *αποπαν{ν}ουνται* G*; 20_{10} *απειπεις* 416
als φ: 35_{16} *φανατω* 246
als ψ: 13_{3} *κατεσκεψασψωσαν* 15*

ι als ν: 16_{27} *καν* 551

κ als α: 32_{4} *ατηνοτροφος* 619*
als β: 7_{85} *σιβλοι* 610; 7_{85} *σιβλω* 610
als μ: 32_{5} *ματασκεσει* 77*

λ als ρ: 16_{39} *χαρκα* 551; 33_{55} *πρευρες* (pro *πλευραις*) 246

ν als γ: 5_{2} *γογορυη* (pro *γονορρυη*) 68
als ρ: 6_{5} *αγρισμου* 54

π als η: 22_{18} *ηοιεισαι* 458

ρ als ο: 7_{37} *τουβλιον* 424

ρι als α: 4_{26} *πεασσα* 458

σ als ει: 13_{34} *ωειει* 610
als ρ: 30_{12} *οριρατο* 500

τ als ι: 28_{8} *ποιησειε* (pro *ποιησετε*) 618
als σ: 28_{26} *ποιησεσε* 619

ψ als σ: 26_{63} *επισκεσις* 68
als χ: 31_{50} *χελ{λ}ιον* 528

c) Dittographie: cf Genesis 478—479.

d) Haplographie: cf Genesis 479.

e) Aphärese begegnet außerordentlich selten in Numeri; von ihr betroffen sind sowohl Einzelbuchstaben als auch Silben. Verantwortlich für den Ausfall einer Anfangssilbe kann dabei zum einen Parablepse sein, verursacht durch das Wiederauftauchen desselben Buchstabens wie in 1_{45} *αμει* F* anstelle von (*συν*) *δυναμει*; 9_{21} (*εαν*) ⟨*αν*⟩*αβη* 669 und in 18_{15} ⟨*ακ*⟩*αϑαρτον* 53*; andererseits kann eine offensichtliche paläographische Ursache aber auch fehlen, so in 13_{5} ⟨*επισ*⟩*κεψις* 767*; 34_{6} ⟨*πρω*⟩*τοτοκων* 619*; 8_{10} ⟨*χει*⟩*ρας* 246; 11_{5} ⟨*σι*⟩*κυους* 610 und in 14_{24} ⟨*ει*⟩*σηλϑεν* 376.

Verbreiteter ist allerdings die Aphärese eines Einzelbuchstabens, die zwar gelegentlich auf das Versäumnis zurückgeht, eine Initiale als Unziale auszuschreiben (cf Genesis 480), gewöhnlich aber nur Folge eines Flüchtigkeitsfehlers ist. Betroffen von der Aphärese eines Einzelbuchstabens sind in der Regel Vokale, so in 4_{12} ⟨*ι*⟩*ματιον* 767; 5_{19} ⟨*ε*⟩*λεγμου* 528; 10_{10} ⟨*η*⟩*μεραις* 619;

19_{16} ⟨ο⟩στεου 528; 19_{19} ⟨ι⟩ματια 376; 27_{21} ⟨ε⟩περωτησουσιν 619, aber auch Konsonanten, bspw. 11_{7} ⟨σ⟩περμα 30.

f) Synkope: cf Genesis 480—481.

Auch hier ist Parablepse häufig die Ursache für den Verlust einer Silbe. So begegnet σκη⟨νη⟩ς in 3_{8} von 52, in 4_{31} von G, in 9_{19} von 528 und in 27_{2} von 126. Auf diese Weise erklären sich auch die Auslassungen von λι in 2_{6} χιλιαδες durch 53 und in 31_{36} durch 68; von τα (1°) in 3_{10} καταπετασματος durch 106; von το (2°) in 3_{45} πρωτοτοκων durch 134; von τυρ in 8_{9} μαρτυριον durch 619; von λε in 11_{8} συνελεγων durch 619*; von να in 16_{29} θανατον 624* und von λει in 32_{33} βασιλειαν durch 376.

Keine derartige Erklärung hingegen läßt sich heranziehen für 4_{37} λει⟨τουρ⟩γων 59*; 4_{39} πεντεκαιεικο⟨σα⟩ετους 52; 5_{7} επι⟨πε⟩μπτον 528; 5_{29} ζυ⟨λο⟩τυπιας 458 und für 35_{13} φυγα⟨δευ⟩τηρια 319.

Synkope eines Vokals innerhalb einer Vokalreihe führt entweder zum Silbenverlust oder auch bisweilen zur Monophthongierung. Letzteres konnte ich nur einmal feststellen in 3_{4} ιερατε⟨υ⟩σαν 30. Der Verlust einer Silbe ist dagegen verbreiteter, wenn auch nicht häufig:

εα : 32_{28} ιερα A

ια : 7_{25} τρακοντα 120*; 7_{84} θυσιστηριον 619

ιε : 4_{6} διμβαλουσιν B*

ιου: 7_{23} κρους 73

οω : 7_{27} βων 619

οιη: 7_{31} αναπεποιμενης 46

Bei der Synkope eines interkonsonantischen Vokals entsteht eine Konsonantenhäufung, die gewöhnlich im Griechischen durchaus phonotaktisch möglich ist, so

κλ : 9_{16} εκ⟨α⟩λυπτεν 669

μβλ: 10_{6} παρεμβ⟨ο⟩λαι 767

μρ : 29_{22} χιμ⟨α⟩ρον 28

πρ : 4_{9} επ⟨α⟩ρυστριδας 321*

ρδ : 5_{12} παρ⟨ι⟩δη V*

φρ : 15_{20} αφ⟨ο⟩ριειτε 59*

Zuweilen ist das Ergebnis auch eine Konsonantenhäufung, welche phonotaktisch unmöglich ist, zumindest aber graphisch nicht erlaubt wie etwa das auslautende -κς (anstelle von -ξ) in 18_{5} φυλακ⟨α⟩ς von 509*. Phonotaktisch unmögliche Häufungen wurden gebildet als

μνμ: 5_{18} μν⟨ι⟩μοσυνου 619*

ρμβ: 2_{25} παρ⟨ε⟩μβολης 120

σκψ: 4_{40} επισκ⟨ε⟩ψις 509

Nur gelegentlich führen die aus der Synkope eines intervokalischen Konsonanten entstandenen Vokalreihen zu Neologismen, welche wie eine korrekte griechische Form wirken, etwa 6_{4} οι⟨ν⟩ον 72. Insgesamt ist diese Art von Synkope ziemlich selten. In Numeri habe ich lediglich die folgenden Fälle registriert: 3_{7} ε⟨ν⟩αντι 610; 4_{15} ι⟨ν⟩α 767; 5_{12} πα⟨ρ⟩ιδη 416; 5_{13} συ⟨ν⟩ειλημμενη 343′; 11_{3} εκει⟨ν⟩ον 619; 16_{6} συνα⟨γ⟩ωγη 669 und 18_{9} ηγιασμε⟨ν⟩ων 321.

Verbreiteter ist, daß bei der Synkope eines Konsonanten eine Konsonantenreihe betroffen ist, die auf diese Weise reduziert oder gar aufgelöst wird. In der folgenden Liste sind die Fälle zusammengestellt, bei denen Reihen von drei Konsonanten auf jeweils zwei reduziert worden sind:

κστ : 13_{33} ε⟨κ⟩στασιν 528
μπτ: 7_{36} πε⟨μ⟩πτη 59; 29_{26} idem 664
στρ : 4_{9} επαρυστ⟨ρ⟩ιδας A 509; επαρυ⟨σ⟩τριδας 458
χθρ: 24_{8} εχθ⟨ρ⟩ων 346*; 24_{18} εχ⟨θ⟩ρος 509; 35_{20} εχ⟨θ⟩ραν F 134 59*

Am verbreitetsten aber ist, daß eine Reihung von zwei Konsonanten durch Synkope reduziert wird auf einen Einzelkonsonanten. Dieser Vorgang betraf innerhalb der Numeri-Überlieferung folgende Reihungen:

βδ : 1_{25} εδομηκοντα 417; 7_{31} εβομηκοντα 414; 22_{27} ραβω 30
γδ: 29_{35} οδοη 108
γμ: 5_{19} ελεμον 767
γχ (ziemlich häufig): 5_{8} αχιστευων 610; 15_{29} εχωριω 59*
δρ : 3_{47} διδαγμον 130; 13_{21} προδομοι A*; 14_{7} σφοδα 767
θμ: 1_{42} αριμων 767*
κπ: 1_{22} εποpευομενος 246; 1_{30} idem 72
κρ : 4_{14} κεαγρας A 509 121*
κτ : 11_{4} επιμικος 619; 11_{28} εκλετος 68
λπ: 10_{9} σαπιγξιν V
λφ : 32_{6} αδεφοι 53
μβ: 3_{29} παρεμαλουσιν 799
μν : 6_{14} αναδα 619
νδ : 4_{7} σπεδει 30; 6_{15} σποδην 30; 6_{17} idem 767 30; 7_{87} σποδαι 376
νθ : 4_{6} υακιθινον 131
νσ : 5_{20} μεμιασαι 72 44
ντ (sehr häufig, vor allem in 75): 14_{23} οψοται 75; cf aber ebenso 3_{22} πετακοσιοι 619; 35_{12} εσοναι 707*
πτ : 16_{5} επεσκεπαι 343
ργ: 4_{27} λ⟨ε⟩ιτουγια V
ρμ : 24_{20} σπεμα 15*
ρσ : 1_{24} αρενικα 18*; 1_{38} idem 75; 31_{17} αρενος A* 616
ρχ : 2_{27} αρων V*
σθ: 17_{4} γνωθησομαι 127
σκ : 7_{14} θυικην 707*; 7_{15} μοχον 458; 28_{16} τεσσαρεκαιδεκατη 551
σμ: 15_{7} ομην 376; 23_{23} οιωνιμος 767
σπ: 15_{38} κραπεδα 44*
στ : 14_{31} απετειται 30
σχ : 2_{31} εχατοι V*
τρ : 3_{46} τιων 509; 28_{25} λατευτον 72*
φρ : 22_{24} φαγμος 509

g) Apokope: cf Genesis 481—482.

In bezug auf die Apokope von Konsonanten ist für Numeri nur der Wegfall von -*ν* und -*ς* belegt: 11_{32} *συνηγαγο* 624; 13_{28} *ηλθομε* 75; 28_{19} (*εκ*) *βοω* 320*; 31_{27} *μεσο* 58; 31_{52} (*των*) *χιλιαρχω* 313; 32_{5} *χαρι* 618; 3_{1} *γενεσει* 528* 346*; 8_{2} (*εκ*) *μερου* 246 und 30_{15} (*τους*) *ορισμου* 74. Apokope eines auslautenden Vokals begegnet in 3_{1} *ημερ⟨α⟩* 72.

h) Fälle von Metathesis lassen sich in Numeri nur sehr selten nachweisen. Dabei findet sich in bezug auf eine Vokalumsetzung nur ein Beleg, 4_{9} *λιβαδας* anstelle von *λαβιδας* in 509. Die Umsetzung von Konsonanten hat zu Lesarten geführt wie 4_{14} *κρεαργας* anstelle von *κρεαγρας* in 458* 30* 71 392 669; 23_{1} *μοβους* anstelle von *βωμους* in 59* und 24_{23} *παραλοβην* anstelle von *παραβολην* in 246*. Zwei Varianten ergaben sich durch Metathesis für 9_{11} *πικριδων* mit *κριπιδων* 529 610 75 und mit *πρικιδων* in A. Ein interessanter Fall von Silbenumsetzung zusammen mit einem *αι*/*ε* Itazismus ergab sich in 16_{37} durch *καικατακαυμενων* in 458 anstelle von *κατακεκαυμενων*.

i) Im Hinblick auf Schreibfehler nimmt 528 eine Sonderstellung ein. Offensichtlich verfügte der Schreiber nur über eine teilweise zerstörte oder für ihn kaum lesbare Vorlage, so daß er zuweilen nur die Buchstaben aneinanderreihte, die er, wohl nicht immer richtig, zu lesen vermochte, wobei eine Vielzahl von merkwürdigen Formen entstand. Bei einigen scheint es sich dabei um eine Kontamination von zwei Wörtern zu handeln, so etwa 15_{12} *αριθυμον*, dem eine Vermischung von *αριθμον* und *θυμον* zugrunde liegt; ebenso deutlich ist 16_{5} *προσης αγαγετο* anstelle von *προσηγαγετο*. In manchen Fällen scheitern allerdings auch Erklärungsversuche; was der Schreiber z.B. mit *πτὰ ὁς* anstelle von *παρὰ τό* beabsichtigt hat, wird wohl verborgen bleiben.

2. Phonologische Faktoren

a) Unsicherheit in bezug auf die Aspiration von Verschlußlauten hat gelegentlich zu abweichender Schreibung geführt, etwa *ουκ* anstelle von *ουχ*, was bisweilen in B auftaucht. Diese Fälle wurden im Apparat notiert. All die Fälle hingegen, welche nicht in den Apparat aufgenommen wurden, sind in der folgenden Liste aufgeführt:

Dentale: *τ* als *θ*: 14_{37} *καθειπαντες* G*; 29_{1} *εσθαι* 246

θ als *τ*: 3_{32} *κατεσταμεν(ν)ος* B G 71; 23_{1} *ενταυθα* 1°] *ενταυτα* F* 246 128; idem 2° A 246

θ als *δ*: 4_{16} *συνδεσεως* 125*

Palatale: *κ* als *χ*: 7_{20} *θυισχην* 75

γ als *χ*: 24_{13} *αρχυριου* 376

χ als *κ*: 33_{55} *εκθρευουσιν* 616*

χ als *γ*: 24_{17} *αργηγους* 551; 31_{12} *αιγμαλωσιαν* 246; 35_{19} *αγγιστευων* 130 (pro *αγχ*.)

χ als *κχ*: 10_{9} *εκχθρων* 313; 10_{34} *εκχθροι* 313; 24_{8} *εκχθρων* A

Labiale: *π* als *φ*: 16_{28} *αφ* (*εμαυτου*) 29 129

β als *φ*: 7_{73} *τρυφλιον* 551*; 7_{84} *τρυφλια* 134

φ als *π*: 14_{14} *επεστηκεν* 58

b) Die phonemische Unterscheidung zwischen stimmhaften und stimmlosen Konsonanten ist von den Numeri-Schreibern fast durchweg beachtet worden. Tatsächlich läßt sich nur ein Fall belegen, wo ein stimmloser Verschlußlaut als dessen stimmhaftes Äquivalent erscheint, 4_{14} *γρεαγρας* M anstelle von *κρεαγρας*, ein Versehen, welches aufgrund der später im Wort auftauchenden *γρ*-Verbindung ohnehin nahelag.

Auch das umgekehrte Phänomen, der Verlust von Stimmhaftigkeit, ist außerordentlich selten und betrifft, wo es auftaucht, ausschließlich Labiale:

β als *π*: 10_{14} *παρεμπολης* 416; 10_{29} *γαμπρω* 319

αυ als *απ*: 15_{30} *απτωχθωνων* 75*

αυ als *αφ*: 11_{1} *εξεκαφθη* 72

Die beiden letztgenannten Fälle repräsentieren die byzantinische Aussprache von *αυ* als /av/. Zum Problem der Unsicherheit in der Schreibung hinsichtlich der Unterscheidung von *β* und *υ* nach *α* oder *ε*, ein auch in Numeri weitverbreitetes Phänomen, sei auf Genesis 489 verwiesen.

c) Für eine Vertauschung der Liquida *λ* und *ρ* cf 1.b oben.

d) Zum Lautsystem des hellenistisch-byzantinischen Griechisch cf Genesis 484.

Beispiele für Versehen, welche zu einem diesbezüglichen phonemischen Wechsel geführt haben, sind in der folgenden Liste zusammengestellt. Sie enthält durchweg bloße Schreiberversehen, unabhängig von den jeweiligen Faktoren, welche die Fehler im einzelnen bedingten, da jede Lesart, welche eine Dialektform, eine unterschiedliche Aussprache oder Ähnliches mehr repräsentieren könnte, in den Apparat aufgenommen worden ist. Die Phonemwechsel, für die sämtliche Belege angeführt sind, wurden mit dem Zeichen * versehen.

(1.) /a/ → /ε/

α als *ε*: 1_{38} *κεφελην* 619; 3_{36} *βεσεις* V; 4_{7} *κνεθους* B*

α als *αι**: 7_{87} *δωδεκαι* 619; 9_{17} *ηνικαι* 246

/ε/ → /a/

ε als *α*: 1_{53} *παραμβαλετωσαν* 52; 10_{2} *αλατας* 246; 10_{2} *παραμβολας* 528

αι als *α*: 8_{26} *εργατα* 52; 12_{8} *ανιγματων* 458; 27_{2} *στασα* 739

(2.) /a/ → /i/

α als *η**: 16_{3} *κατανιστησθαι* 319*; 23_{4} *ανεβηβησα* 376

/i/ → /a/

υ als *α**: 31_{6} *δαναμει* 528

(3.) /a/ → /o/

α als *ο**: 2_{5} *παρεμβολλοντες* 619; 3_{34} *οπο* (pro *απο*) G*; 4_{10} *ανοφορεων* 19

α als *ω**: 4_{10} *ανωφορεων* 767

/o/ → /a/

ο als *α**: 3_{18} *ανοματα* 130; 14_{35} *απαθανουνται* 528

(4.) /a/ → /u/

Keine Belege

/u/ → /a/
Keine Belege

(5.) /ε/ → /i/
ε als *ει*: 5_{27} *ειсται* 72; 26_{54} *πλειονασεις* V 58 121-392 59
αι als *ει**: 2_{32} *τεις* 376
αι als *υι**: 18_{23} *υιωνιον* 313

/i/ → /ε/
ι als *ε*: 5_{19} *ορκεει* 120; 7_{55} *σεκλων* 458; 24_{8} *βολεσιν* 82 392
ει als *ε*: 4_{20} *ιδεν* 458; 18_{6} *εληφα* 458; 24_{17} *προνομευσε* V
η als *ε**: 4_{3} *πεντεκοντα* B*; 5_{19} *παραβεβεκας* 619; 31_{5} *εξεριθμησαν* 458
ει als *αι**: 7_{88} *δαμαλαις* 458

(6.) /ε/ → /o/
Keine Belege

/o/ → /ε/
ο als *ε**: 4_{10} *αναφερεων* 619*

(7.) /ε/ → /u/
Keine Belege

/u/ → /ε/
Keine Belege

(8.) /i/ → /o/
ι als *ο**: 6_{3} *ποεται* 30*; 11_{32} *ολογον* 313*; 28_{10} *επο* 619
οι als *ο*: 1_{26} *οκους* 376; 1_{36} (*τοις*) *υιος* 509*; 23_{9} *κατοκησει* 130
η als *ο**: 9_{22} *μονος* (pro *μηνος*) 458
η als *ω**: 9_{17} *σκηνως* 246*

/o/ → /i/
ο als *ι**: 10_{10} *ολικαυτωμασι* 414

(9.) /i/ → /u/
ι als *ου**: 5_{3} *μιανουσου* 53
οι als *ου**: 2_{33} *ου* (pro *οι*) 458
υ als *ου**: 3_{25} *μαρτουριου* 72; 35_{4} *συγκουρουντα* 509

/u/ → /i/
ου als *υ**: 7_{71} *κριυς* 422; 12_{7} *υτως* 616
ου als *οι**: 3_{27} *οιτοι* 313; 33_{2} idem 616 458

(10.) /o/ → /u/
ο als *ου*: 14_{23} *ουψονται* 44; 21_{22} *πιουμεθα* 46^{s} 44 246 130; 29_{17} *μουσχους* 53
ω als *ου**: 3_{10} *εσου* 458; 32_{12} *οπισου* 246

/u/ → /o/
ου als *ο*: 1_{26} *δημος* (pro *-μους*) 458; 3_{13} *κτηνος* (pro *-νους*) 73*; 12_{7} *οτως* 458

Innerhalb der Überlieferung begegnen darüber hinaus auch zahlreiche phonologische Versehen bei Diphthongen, vor allem bei *αυ* und *ευ*. Durchweg handelt es sich hier um keine ernstzunehmenden Lesarten. Da sie sämtlich Schreibversehen sind, werden sie im folgenden unter Verzicht auf die phonemische Transkription aufgelistet:

α als *αυ**: 16_{48} *εκοπαυσεν* 120; 31_{24} *ταυταυ* 30

αυ als *α*: 7_{17} *ενιασιας* 552 767 130; 24_{13} *εματου* 19; 35_{22} *ατον* 528*

αυ als *αι**: 19_{5} *κατακαιθησεται* 767

αυ als *ου**: 10_{28} *ουται* 458

ε als *ευ**: 24_{2} *ευστρατοπαιδευκοτα* 527

υ als *ευ**: 16_{30} *παρωξευναν* 616*

ει als *ευ**: 24_{7} *βασιλευα* 19*

ευ als *ε**: 23_{3} *πορεσομαι* 82*; 24_{9} *ελογουντες* 19

ευ als *υ**: 31_{9} *αποσκυην* F

ευ als *ωυ**: 11_{31} *εντωυθεν* 528

e) Assimilation und Dissimilation: cf Genesis 487.

Falsche Dissimilation begegnet häufig in der Weise, daß ein palataler Nasallaut vor einem palatalen Verschlußlaut eingefügt wird. Beispiele für dieses Phänomen sind 3_{31} *λυγχνια* 54; 3_{47} *διδραγχμον* 321′; 12_{1} *ενεγκεν* 321*; 16_{45} *απαγξ* 509*. Aber auch der umgekehrte Fall, die Einfügung eines Verschlußlautes also, ist belegt. In der Regel handelt es sich dabei um das Zusammengehen eines aus einem palatalen Nasallaut entstandenen Verschlußlautes mit einem Nasal in der Weise, daß der Nasal einem verwandten Verschlußlaut voransteht, d.h. *γγ* → *γκ*. Dies läßt sich verfolgen an Beispielen wie 1_{2} *συγκεν(ε)ιας* 528 619; 13_{24} *φαραγκος* 619; *φαραγγκος* 528; $14_{27\ 29}$ *εγογκυσαν* 619.

f) *Νῦ ἐφελκυστικόν*: cf Genesis 487—488.

Fälschlich hinzugefügtes -*ν*, soweit es nicht einen morphologischen Fehler repräsentiert, begegnet in 3_{39} *εικοσιν* 615*; 9_{18} *σκηαζειν* 458; 11_{33} *σφοδραν* 767 und in 15_{34} *απεθεντον* 75.

g) Suffigierung eines -*ς*: cf Genesis 488.

Belege hierfür sind 1_{1} (*ετους*) *δευτερους* 376; 3_{26} *τα ιστιας* G*; 4_{46} *επεσκεψατος* 107 und 15_{18} *ηνς* 761.

h) Die Einfügung eines Vokals läßt sich auch für Numeri nur sehr selten belegen. In den sechs festgestellten Fällen ist, mit einer Ausnahme, stets ein *α* betroffen:

κατ: 3_{28} *οκατακισχιλιοι* 130

μαη: 5_{22} *μαηρον* 528

γαμ: 9_{23} *προσταγαματος* 619

σαμ: 31_{51} *ειργασαμενον* 528

οαρ: 21_{24} *οαρια* 318

θηε: 22_{5} *εξελυλιθηεν* (pro *εξεληλυθεν*) 75

Die Einfügung eines Konsonanten führt durchweg zu einer Konsonantenreihe, wobei in der Regel eine phonotaktisch mögliche Verbindung entsteht.

Die folgenden Neologismen begegnen in der Numeri-Überlieferung als Ergebnis einer Einfügung von Konsonanten:

β als *βλ*: 5_{19} *παραβεβληκας* 616

δρ als *νδρ*: 19_{6} *κενδρινον* 376

ζ als *νζ*: 6_{15} *ανζυμω* 458

ϑ als *ρϑ*: 5_{2} *ακαρϑαρτον* 53

κ als *σκ*: 1_{16} *επισκλητοι* 528

μ als *μν*: 29_{32} *αμωμνους* 127

π als *νπ*: 11_{5} *πενπονας* 75*-458
als *ρπ*: 23_{30} *καϑαρπερ* 767*
als *σπ*: 2_{33} *συνεσπεσκεπησαν* 509; 11_{5} *πεσπονας* 707

πτ als *μπτ*: 4_{13} *καλυμπτηρα* 618

στ als *στρ*: 6_{1} *στρεμφυλου* V

τ als *ντ*: 35_{24} *πανταξαντος* 529; 35_{30} *πανταξας* G*
als *στ*: 22_{30} *νεοτηστος* 68

φ als *μφ*: 31_{20} *αμφαγνιειτε* 528

χ als *γχ*: 33_{9} *στελεγχη* 246 527; *στελλεγχη* 619

i) Für die Voranstellung eines Konsonanten ergibt sich nur ein Beleg: 5_{22} *σπρησαι* 528.

j) Durch Krasis entstandene Formen sind durchweg im Apparat notiert.

k) Homonymie: cf Genesis 489—491.

Besonders verwirrend ist hier die Tatsache, daß Homonymie häufig Pseudo-Varianten hervorbringt, d.h. Lesarten, die, isoliert betrachtet, zwar vollständige und korrekte Wörter, bzw. flektierte Formen abgeben, im Kontext jedoch sinnlos sind. Wann immer sich hier ein möglicher Sinn ergab, selbst wenn er zunächst abwegig erscheint, ist die entsprechende Lesart in den Apparat aufgenommen worden. Etliche Homonymien sind in der Numeri-Überlieferung weit verbreitet; so wurde *συ* häufig als *σοι* geschrieben et vice versa, unabhängig davon, ob der jeweilige Kasuswechsel aufgrund des Kontextes überhaupt möglich ist. Ein anderer Fall verbindet sich mit dem Wort *χιμαρον*, welches sehr häufig in den Opferlisten von Numeri auftaucht. Als Variante hierzu, verursacht durch Itazismus und durch Gemination des *ρ*, ist vielfach *χειμαρρον* belegt, eine innerhalb dieser Kontexte sicherlich sinnlose Lesart, von wo aus sie sich als bloßer Schreibfehler zu erkennen gibt. Des weiteren führt die Homonymie von *αι* und *ε* zu solchen Verwirrungen wie 3_{4} *πεδια* für *παιδια* in 551; 11_{21} *παιζων* 56′ 84*; 14_{3} *παισιν* für *πεσειν* in 82. Ebenfalls geläufige Wechsel sind *ουτος/ουτως*; *ετει/ετη/ετι*; *εστι(ν)/εστη/εστην* und *ημεις/υμεις*. Letzteres führte z.B. zu solch unmöglichen Verbindungen wie 14_{9} *γινεσϑε ημεις* 82* 73′ 610 59 oder 14_{40} *υμεις αναβησομεϑα* 618ᶜ 500*-529 527 59.

Homonymie wirkt vor allem zerstörerisch auf die Flexion des Verbs, da die Modi-Kennzeichnungen häufig nur in der Schreibweise, nicht jedoch in der Aussprache variieren. So sind bspw. die Endungen -*ει*, -*η* und -*οι*, die gewöhnlich die Flexion im Indikativ, Konjunktiv, bzw. im Optativ kennzeichnen, im byzantinischen Griechisch gleichlautend. Gleichermaßen homophon sind die Endungen -*ομαι* und -*ωμαι*. Von hier aus ist es nicht verwunderlich, daß die Schreiber häufig willkürlich die Modi vertauscht haben. In den Apparat sind auch hier nur solche Lesarten aufgenommen worden, die als grammatikalisch möglich erachtet wurden.

3. Morphologische Fehler

a) *Nominalformen*

(1.) Vertauschung des Genus wurde innerhalb der Numeri-Überlieferung nur bei der Flexion des Artikels festgestellt, und auch dies begegnet nur selten. Merkwürdigerweise tritt es am häufigsten ein beim Dativ Plural des Wortes für „Tochter", also *τοις θυγατρασιν* in 18_{11} von 529 246, in 18_{19} von 417 767 und in 36_{2} von 376. Der Dativ Plural ist ebenfalls betroffen bei *δυναμεσιν*, näher bestimmt durch *τοις* von 53′ in 2_{32}, und bei *λευιταις* in 8_{26} durch das feminine *ταις* von 551 125. Darüber hinaus sind nur noch folgende Fälle von Genusvertauschung belegt: 4_{11} *τας* (*αναφορεις*) 376; 24_{1} *τον* (*προσωπον*) 552 und 35_{28} (*ιερεα*) *το* (*μεγαν*) G*.

(2.) Kasusfehler: cf Genesis 492.

Auch innerhalb der Numeri-Überlieferung begegnen relativ oft Kasusfehler. Die folgende Übersicht bringt Beispiele von Varianten, die sich ausschließlich auf den Kasus beziehen:

Nom. als Dat.:	27_{9} (*η*) *θυγατρι* 767*
Nom. als Akk.:	26_{27} (*ουτοι*) *δημους* 767; 36_{1} (*οι*) *αρχοντας* 125*
Gen. als Nom.:	10_{34} (*απο*) *προσωπος* (sic) 767; 20_{16} (*εκ*) *μερος* 458
Gen. als Dat.:	19_{22} (*εως*) *εσπερα* 417*; 27_{4} (*εκ*) *μεσω* 376; 33_{36} (*της*) *ερημω* 509
Gen. als Akk.:	2_{9} (*εκ της*) *παρεμβολαν* 767
Dat. als Nom.:	1_{42} (*τοις*) *υιοι* 126
Dat. als Gen.:	10_{11} (*τω*) *ενιαυτου* 528*; 22_{31} (*τω*) *προσωπου* A 528 509; 26_{61} (*εν τη*) *ερημου* 458
Dat. als Akk.:	10_{10} (*ταις*) *νουμηνιας* 107′; 14_{25} (*εν τη*) *κοιλαδα* 509; 18_{11} *τας* (*θυγατρασιν*) 71; 32_{19} (*εν*) *ανατολας* 53*
Akk. als Gen.:	10_{17} (*την*) *σκηνης* F; 20_{5} (*τον*) *τοπου* 122
Akk. als Dat.:	12_{8} (*την*) *δοξα* 75*; 33_{10} (*θαλασσαν*) *ερυθρα* 767; 33_{11} (*την*) *ερημω* 707*; 33_{53} *τοις* (*κατοικουντας*) 616*

(3.) Numerusfehler sind zumeist durch phonologische Faktoren bedingt und treten häufig mit Kasusfehlern zusammen auf. Dies trifft bspw. zu auf die weit verbreitete gegenseitige Vertauschung der Gen.Plur.Endung *-ων* mit der Akk.Sing.Mask. Endung *-ον*, welche homophon sind. Hier kann gewöhnlich erst der Kontext Auskunft geben, welche Schreibung korrekt ist. Danach muß z.B. 13_{21} *απο τον καρπον* in 376 Gen.Plur. sein, während in 13_{17} *των* (*αυση υιον*) 767 der Akk.Sing. stehen muß.

Itazistische Schreibweise hat bspw. zu Verbindungen geführt wie 13_{27} *πασι* (*τη συναγωγη*) 75-767; 13_{29} (*αι*) *πολις* 376 und 26_{51} *αυτοι* (*η επισκεψις*) 376 528. Einer korrekten Schreibweise hätten in diesen Fällen *παση* und *πολεις*, bzw. *αυτη* entsprochen.

Weitere Fehlerquellen, die zu gleichzeitigen Kasus- und Numerusabweichungen geführt haben, sind Apokope und Suffigierung, jeweils von -*ν* oder -*ς*: 18_{9} *παντω* (*των*) 509; 18_{26} (*των*) *υιω* 707; 21_{14} (*τους*) *χ⟨ε⟩ιμαρρου* 619 und 21_{29} *των* (*βασιλει*) 552.

Darüber hinaus finden sich Fälle, welche außerhalb der genannten Erklärungen stehen, sowohl für das Zusammengehen von Numerus- mit Kasusfehlern wie 26_{27} (*ουτοι*) *δημου* 53 und 32_{31} (*οι*) *υιον* 552, als auch für reine Numerusfehler, so 7_{79} (*τον σικλον τον*) *αγια* 619; 16_{3} *πασαι* (*η συναγωγη*) 528 und 22_{9} (*ανθρωποι*) *ουτος* 528. In all diesen Fällen handelt es sich wohl um reine Schreiberversehen.

(4.) Deklinationswechsel entstehen gewöhnlich durch die Suffigierung eines -*ν* an den Akk.Sing. eines der dritten Deklination angehörenden Nomens, welches also formal behandelt wird wie ein Nomen der ersten Deklination. So schreiben viele Handschriften in 15_{27} *αιγαν*; andere Fälle sind *νυκταν* und *ιερεαν*, die innerhalb der Überlieferung häufig auftauchen. Des weiteren begegnet 6_{5} *τριχαν* 126; 15_{10} *καρπωμαν* 72 und 18_{18} *βραχιωναν* 767.

b) *Verbalformen*

(1.) Augmentverlust kann sowohl beim temporalen als auch beim syllabischen eintreten. Die Ursache kann dabei auch paläographischer Natur sein. So könnte die Verwechslung von *ε*/*ϑ* in der Unzialschrift möglicherweise den Verlust des syllabischen Augments in 11_{1} *ϑυμωϑη* 509* erklären oder die ähnlich gelagerte Verwechslung von *ο*/*ε* 13_{28} *αποστειλας* 509.

Augmentverlust begegnet besonders häufig beim Verb *επισκεπτειν*: 1_{19} *επισκεπησαν* 376; 1_{44} *επισκεψατο* G[c] 131-500′ 53 458 509; 3_{39} idem 376 458 509-619*; 4_{45} idem 458; 26_{54} *επισκεπησαν* 529* 458 130 126; 26_{63} *επισκεψαντο* 82-426 53; 26_{64} idem 664* 458. Weitere Fälle von Verlust des syllabischen Augments finden sich in 14_{34} *κατασκεψασϑε* 108 und in 16_{50} *επιστρεψεν* 458. Wie die genannten Beispiele bereits zeigen, betrifft der Verlust eines syllabischen Augments gewöhnlich Komposita.

Temporales Augment fehlt in den folgenden Fällen: 9_{13} *προσενεγκεν* 314; 11_{5} *εσϑιομεν* 71′; 12_{11} *αγνοησαμεν* 246*; 13_{23} *οικοδομηϑη* V 319; 23_{3} *παριστη* 75* und 31_{5} *εξαριϑμησαν* 318.

Doppeltes Augment tritt innerhalb der Numeri-Überlieferung nur beim syllabischen auf, wobei die Präposition eines Kompositum zusätzlich augmentiert wird, z.B. 2_{34} *επαρενεβαλον* 321; 11_{9} *εκατεβαινεν* 458 und 20_{28} *εκατεβη* 72.

Nur ein Fall eines falschen temporalen Augments ist für Numeri bezeugt, in 22_{20}, wo der Imperativ von 53 als *ηκολουϑησον* geschrieben wird. Alle übrigen Fälle eines falschen Augments betreffen das syllabische. Dies kann sogar bei Partizipien begegnen wie 5_{15} *ανεμιμνησκουσα* 528; 13_{26} *κατεσκεψαμενοι* G und 14_{6} *κατεσκεψαμενων* 106. Auch Futurformen treten mit syllabischem Augment auf, so 6_{9} *εξυρησεται* 528. In 5_{13} begegnet der Konjunktiv als *εκοιμηϑη* in 610; hier ist das Augment verursacht durch den unmittelbar voraufgehenden /ε/ Klang von *και*. Die übrigen Fälle eines falschen Augments betreffen durchweg Imperative: 10_{35} *επεστρεφε* 58*; 13_{3} *κατεσκεψασϑωσαν* 106 und 13_{18} *ανεβητε* 528.

(2.) Modusfehler basieren auf Homonymie, wie bereits oben unter 2. ausgeführt wurde; cf hierzu auch Genesis 494.

II: Abweichungen von Brooke-McLean

Alle Fälle, in denen die Göttinger Kollation von der Brooke-McLeans abweicht, sind überprüft worden. Selbstverständlich wurde eine Anzahl von Abweichungen durch schwer zu lesende Texte hervorgerufen. Alle diese Fälle, in denen eine andere Entscheidung getroffen worden ist, wurden stillschweigend übergangen. Ebenfalls nicht berücksichtigt wurden Abweichungen in bezug auf die Anführung von Übersetzungen und patristischen Zeugen. Das folgende Verzeichnis behandelt allein die griechischen handschriftlichen Zeugen im App. I.

1. Folgende Lesarten sind bei Br.-M. falsch kollationiert:

1 1 τη 2°] τω l | 1 2 ⟨om πατριων — (3) ισραηλ 46⟩ | 1 2 πατριων H | 1 2 κατα κεφαλην αυτων] pr παν αρσεν i^{b} | 1 3 εν] συν ⟨130⟩ | 1 4 ⟨om εκαστος κατα φυλην 125. 126⟩ | 1 5 των 2°] τω z | 1 5 ρουβημ h | 1 6 ⟨σαλανιηλ 127⟩ | 1 7 των] τον a_2 | 1 7 ⟨νаασκων 77⟩ | 1 8 ⟨ισαχαμ 127⟩ | 1 9 σεμιουδ o | 1 11 αβειδαν] ⟨αμειδα 30⟩ | 1 11 γεδεωνη n* | 1 15 ⟨αχειραν 127⟩ | 1 15 ευναν m | 1 16 πατριας] + αυτων o | 1 18 συνηγαγον] συνηγαγεν M(mg): ⟨εκκλησιασον 77⟩ | 1 18 αυτων 4°] αυτ . . F* | 1 20 ρουβημ h | 1 21 ρουβημ h | 1 21 ⟨εξ — χιλιαδες] χιλιαδες πεντακοσιαι τεσσαρακοντα εξ 71⟩ | 1 25 ⟨εβδομηκοντα — εξακοσιοι] χιλιαδες εξακοσιαι εβδομηκοντα 71⟩ | 1 26 ισαχαρ o | 1 26 ⟨εισπορευομενος 18⟩ | 1 28 κατα 2°] ⟨και 71⟩ | 1 29 ⟨επτα — τετρακοσιοι] χιλιαδες τετρακοσιαι πεντηκοντα επτα 71⟩ | 1 30 ⟨συγγενιας] δημους 18⟩ | 1 30 ⟨om αυτων 1° 127txt⟩ | 1 30 ⟨om αυτων 4° 18⟩ | 1 33 τριακοσιοι n | 1 34 ⟨om totum comma 126⟩ | 1 34 αρσενικα] ⟨pr τα 16⟩ | 1 34 ⟨om τη 16. 73. 77⟩ | 1 36 συγγενιας] pr τας u | 1 36 ονοματων] ⟨pr των 16⟩ | 1 36 παν αρσενικον ⟨126⟩ | 1 38 οικοις F*(-ους F^{I}) | 1 40 ⟨om τη 126⟩ | 1 43 νεφθαλειμ a_2: νεφθαλημ g | 1 43 ⟨τρεις — τετρακοσιοι] χιλιαδες τετρακοσιοι πεντηκοντα τρεις 71⟩ | 1 49 την 2°] ⟨τη 126⟩ | 1 49 υιων B] pr των αδελφων αυτων των A^{b}(αδελφων — ιηλ sup ras et in mg $A^{b?}$): pr των A*(uid) | 1 50 τοις λευιταις c | 1 50 om και 2° — αυτης 2° d | 1 50 ⟨om παντα τα 1° 126⟩ | 1 51 ⟨om και 1° — λευειται 125⟩ | 2 1 μωυση $c^{a?}$ | 2 2 σημειας c m x | 2 2 αυτων] + παρεμβολαι αυτων ⟨76(-λας)⟩ | 2 8 αυτων k m o x | 2 9 εξακισχιλιοι] χ′ m | 2 9 εξαιρουσιν b_2 | 2 11 ⟨εξ] ζ′ 84⟩ | 2 12 σουρισαδαει F*(+ ras 1 lit) | 2 14 ελισαμ g: ⟨ελισαφαρ 18⟩ | 2 17 ⟨αρθησεται] αριθμησεται 71*⟩ | 2 17 om μεσον των παρεμβολων i | 2 17 om των 2° A | 2 19 η επεσκεμμενη l(η 2° ex o) | 2 20 o] οι a_2* | 2 21 δυο — χιλιαδες] ⟨τριακοντα και δυο χιλιαδες 130⟩ | 2 23 τετρακοσιοι] o′ r | 2 26 εξηκοντα] εξη sup ras (5 uid) B^{ab} | 2 26 πεντακοσιοι B | 2 27 ασηρ 2°] ασσηρ ⟨16⟩ | 2 27 φαγαιληλ x | 2 29 φυλη t | 2 30 και τετρακοσιοι] part ras $A^{?}$ | 2 31 εξακοσιοι] + συν δυναμει αυτων ⟨128(-του)⟩ | 2 32 ταις] om N*(uid) | 2 32 και τρισχιλιοι] και τρεις m | 2 33 συνεπεσκεπησαν εν αυτοις] πησαν ε sup ras (μμενοι uid) N | 2 34 εξηρον] ανεζευγνυσαν M(mg) | 2 34 εχομενοι — (iv 31) αυτης post (v 23) και 1° o | 3 6 την φυλην] ⟨τους υιους 71⟩ | 3 6 εναντι y | 3 8 τας φυλακας] τας φυλας H | 3 9 δωσεις] δωδεκα N*(uid) | 3 10 και 5°] pr o αλλοτριος ω εαν προσελθη αποθανετω g | 3 12 μοι k | 3 15 επισκεψαι] επισκεψεις A^{*uid} | 3 16 επεσκεψαντο] ⟨ηριθμησον 30⟩ | 3 16 αυτω $\overline{κς}$ j | 3 18 γεδεων b | 3 18 ⟨λομενει 18⟩ | 3 18 σεμει F*(uid) | 3 19 ⟨αμραν 46⟩ | 3 21 γεδσων 1°] γεδεων b c^{a} | 3 21 του 1°] pr o a*(uid) | 3 23 παρεμβαλουσιν παρα θαλασσαν c | 3 25 η 1° — μαρτυριου] bis scr w*(om και το καλυμμα) | 3 25 γεδσων] + ras (10) b(. . . .? γαρ υιο) | 3 25 καλυμμα] καταλυμμα $e^{a?}$: καταλυμα e*(uid): κατακαλυμμα j(τα int lin) | 3 27 αμβρανεις w(β ex μ) | 3 27 οζειηλεις] οζηηλης m: ⟨ισσααρεις 28⟩ | 3 30 του δημου v | 3 31 λυχνια κ sup ras x^{a} | 3 31 τα καλυμματα m | 3 33 μοολει] μλι m: ⟨ομοελι 71⟩ | 3 35 αμιχαια s*: αβιχαια s^{a}(uid) | 3 36 αυτων 2°] τουτων s(mg) | 3 38 οι 2°] ι ex υ l | 3 39 δημους] δηδηλους

a_2 | 339 δυο και εικοσι] ⟨και ρν' suprascr 46⟩ | 343 τρεις] pr και B^{ab} | 343 τριακοσιοι y*(uid) | 345 om των 1° l | 349 πλεοναζοντων] + αυτοις w | 351 τα λυτρα] ⟨λυτρα το αργυριον 130⟩ | 44 εκ] εν a | 44 οικου x | 46 κατακαλυμμα] ⟨τα κατακαλυμματα 130⟩ | 49 οις c | 411 διεμβαλουσιν] εμβαλουσιν k^{mg} | 413 αυτω k | 414 αυτο 1°] αυτω e* | 414 δερματινον 2°] δερματιον l | 417 μωυσηη b' | 418 ολεθρευσητε] ras (4) inter υ et σ o | 425 καλυμμα 1°] κατακαλυμμα a_2 | 427 εργα δι h*] εργαλεια v(mg) | 427 ονοματος p | 431 ⟨om και 6° — σκηνης 2° 84⟩ | 432 ⟨om και τους στυλους 1° 84⟩ | 432 τους 3°] τας t* | 432 επισκεψασθε] ασθ sup ras x^a | 442 om δε g | 446 δημους c | 446 και 3° c | 447 προς το εργον] προς τα εργα ⟨76⟩ | 52 ακαθαρτα i | 53 μη x a_2 | 54 ⟨εξαπεστειλεν 16⟩ | 56 και παριδων sub ÷ G | 56 πλημμελησει q | 57 εξαγορευσει] ⟨pr και 64⟩: εξαγορευση l* | 58 εν αυτω] post αυτου i* | 59 om και — (10) εσται 2° i* | 59 προσφερωσιν] φερωσιν ου υιοι ιηλ h | 511 ελαλησε — ισραηλ sup ras plur litt i | 513 αυτης 1°] om o | 513 συνειλημμενη] ει ex εγ(uid) h | 514 αυτω 1°] τω ανδρι αυτης ⟨84(om αυτης)⟩ | 514 om και 2° — αυτου 1° ⟨130(txt)⟩ | 514 om η 1° — μεμιαμμενη g | 514 ⟨om η 1° — ζηλωσεως 2° 130(txt)⟩ | 514 ⟨om αυτη 2° — μεμιαμμενη 130(txt)⟩ | 514 ⟨om δε 2° 130(mg)⟩ | 514 μη η μεμιαμμενη] ⟨μεμιαντε 130(mg)⟩ | 524 υδωρ 1°] + το υδωρ s | 524 το 3° — ελεγμου 2°] ⟨om 71⟩ | 527 πρισθησεται l*(uid) | 529 εαν c | 529 υπανδρος] pr η c | 529 μιανει c | 530 αυτον] αυτων a_2: αυτω w* | 530 ζηλωσεως — στησει sup ras B?(uid) | 63 ου 1°] + μη m | 63 om και 4° — πιεται 2° m | 63 οσα κατε sup ras B^a(uid) | 64 στεμφυλων d | 66 κυριω] pr τω $S^{c.a}$(pr ※) | 69 ξυρηθησεται] ξυρισθησεται w | 611 μιαν 1°] pr την i(μιαν bis scr) | 612 αι 1°] pr πασαι b | 614 αμωμον 3°] αμω ex εις p^a | 619 χειρας] + αυτου c | 619 ηγμενου u | 621 ων] ου m | 621 ην q u | 621 νομον c | 622 om λεγων m | 623 om λαλησον — αυτου S* | 623 τους υιους] τοις υιοις o | 625 ευλογησει n* | 626 om και — (27) σε m | 627 επαραι] αι sup ras o^a | 627 δω n* | 71 om και 6° B*(uid) | 72 ουτοι 1°] οι τε e(τι $e^{a?}$) | 72 om οι 2° B^{ab} | 72 om της i* | 75 εκαστος $p^{a?}$ | 711 ⟨αρχων 1°] pr και 77⟩ | 711 αυτου o* | 717 κριους] pr και S^{uid} | 718 δευτερα] + ras (12) o | 721 ενα 3°] om F^{*fort}(hab F^1) i | 725 αργυρουν εν] υν ε̄ sup ras A^a | 726 πληρης a_2 | 729 om τραγους πεντε n | 730 σεδισουρ a_2 | 736 ⟨υιος] pr ο 30⟩ | 747 ⟨ελισαφαθ 84⟩ | 751 ενα 3°] om c | 754 φαδασουρ s | 760 ⟨εβιδαν 118⟩ | 763 ⟨om ενα ενιαυσιον 130txt⟩ | 764 ⟨om totum comma 130txt⟩ | 764 ⟨εξ αιγων] post ενα 84⟩ | 766 αχιζερ w | 778 εναν s | 779 πληρης B(ληρης sup ras $B^{I?a?b}$) | 780 δεκα χρυ sup ras $B^{I?a?b}$ | 786 ⟨om totum comma 130txt⟩ | 787 ολοκαυτωσιν] σιν sup ras B^a(ολοκαυτωμα B^{*uid}) | 787 αι θυσιαι] ⟨om αι 30⟩ | 788 εγκαινισις q | 789 ιλαστηριου] + ανα μεσον των δυο χερουβιμ d(om δυο) | 789 χερουβιν a* o | 81 μωυση b'(+ η) | 82 om φωτιουσιν — (3) λυχνιας i | 83 ααρων] pr o j | 83 εξηψεν — αυτης] sup ras B^a | 85 μωυση b'(+ η) | 811 αφοριει] προσαξι p^b | 812 ποιησεις e | 814 αποστελει a_2 | 816 αποδεδομενον c | 816 om μοι l | 817 η] pr εν k | 817 εν γη αιγυ sup ras a^a | 819 υιων 1°] pr των s | 819 των υιων ισραηλ 1°] ων 1° sup ras $a^{a?}$ | 819 θραυσει c(-αι) | 821 ιματια c | 821 εξιλασετε n | 824 ⟨λειτουργειν την λειτουργιαν αυτων 128⟩ | 826 δε] δη c | 93 ⟨om του μηνος 16⟩ | 93 ποιησεις 1°] ποιησης a_2 | 98 om αυτου o | 98 ακουσωμεν c | 98 εντελλεται l(-ελε-) | 910 ψυχης w | 911 ⟨εν 2°] pr και 18⟩ | 913 οτι] et B | 913 κυριου c l | 914 ποιησει 1°] ποιηση g | 915 ωσει p | 918 ι της σκηνης sup ras a^a | 920 απαρουσιν] εμβαλουσι c* | 921 εως] εις το i | 921 και εαν] και αν 73 | 102 ⟨ποιησεις] ποιησον 84⟩ | 102 om σοι k | 106 σημασια] αλαλαγμω $v^{b?}$ | 109 αναμνησεσθε s | 1023 φαδαισουρ c^a | 1024 om o l | 1025 αμισαδε n: αμισαδδαι x: αβισαδαι t | 1029 υιω] om M | 1030 q(ει) | 1030 fin] + πορευσωμαι n | 1031 εγκαταλειπης t | 1031 ενεκεν a_2 | 1034 εγερθητι i | 115 σικυους k | 118 μυλωνι t* | 118 ετκρυφιαν l | 1112 αυτον] αυτους i | 1115 ειδω $a_2^{a?}$ | 1116 συ οιδας B^a] σοι ειδες B* | 1120 υμων] ημων κρεα g | 1121 φαγειν a_2 | 1123 χειρ d | 1123 εξαρκεσι (-σει $B^{a?b}$) sup ras $B^{I?a?}$ | 1123 ει] επει q | 1123 καταληψεται q | 1125 παρειλετο q u | 1125 ανεπαυσατο j | 1126 των καταγεγραμμενων] ⟨γεγραμμενοι 130⟩ | 11$_{26}$ προεφητευσαν ⟨71(+ ημιν)⟩ | 11$_{32}$ εσφαξαν] + και εψυξαν a | 11$_{35}$ και — (xii 1) ελαλησεν B$^{I?a?}$] om B*(uid) | 11$_{35}$ ασηρωθ 2°] ασειρωθ q | 12$_{3}$ ταπεινος p^{b} | 12$_{6}$ κυριω] κ̅υ̅ B*(uid) | 12$_{10}$ απεστη] ⟨απεβη 77⟩ | 12$_{10}$ λεπρωσα 1°] λεπρως r$^{a?}$ | 12$_{11}$ αμαρτιαν] αμαρτια. F | 12$_{12}$ κατεσθιειται b | 12$_{12}$ εξω της] εις την G$^{a?}$ | 13$_{7}$ χελεφ m | 13$_{7}$ ιεφθονη l* | 13$_{8}$ ⟨ιλαλ 18⟩ | 13$_{11}$ σωδιι x | 13$_{12}$ γαδι m: ⟨γαδ 46⟩ | 13$_{14}$ μιχαλ a$^{a?}$ | 13$_{15}$ νεφθαλημ k | 13$_{15}$ ιαβη d | 13$_{16}$ τουδιηλ B*$^{(fort)\,b}$ | 13$_{17}$ ιησουν] νισουν s | 13$_{20}$ η 2°] ει a_2 | 13$_{21}$ πιων η] πιωνι G | 13$_{22}$ om απο k | 13$_{22}$ σην i | 13$_{23}$ αχιμααν h | 13$_{23}$ σεση c: σεσει y | 13$_{23}$ θαλαιμ n | 13$_{23}$ εναχ l | 13$_{23}$ τανηιν h* | 13$_{25}$ τον τοπον εκεινον] pr και x | 13$_{29}$ εναχ c l] αιναχ k | 13$_{32}$ οι 2°] συ t* | 13$_{33}$ αυτη r | 14$_{5}$ εναντιον] post συναγωγης e | 14$_{9}$ ⟨ο δε] και ο 128⟩ | 14$_{10}$ om εν 1° a | 14$_{11}$ μωση n(uid) | 14$_{13}$ ανηγαγες] ηγαγες n | 14$_{15}$ οσα G* | 14$_{16}$ κυριον] om H | 14$_{20}$ μωυσειν q | 14$_{22}$ τουτο] το a_2 | 14$_{25}$ επιστραφεται a_2 | 14$_{27}$ εμου w | 14$_{30}$ ιεφοννι a_2 | 14$_{31}$ εσεσθαι] ⟨om 30⟩ | 14$_{33}$ ⟨ανεξαναλωθησεται 64⟩ | 14$_{35}$ επισυνισταμενη s | 14$_{37}$ ⟨κυριου] + και απεθανον οι κατειποντες κατα της γης πονηρα 71⟩ | 14$_{38}$ ιεφονη b: ιεφωνη i*(uid) | 14$_{39}$ υιους] pr τους k | 14$_{45}$ ερμαν s | 15$_{3}$ ποιησεις] ποιησεται F*: ποιησετε F^{b} | 15$_{3}$ ⟨εν ταις εορταις] καθ εορτας 77⟩ | 15$_{3}$ ημων a_2 | 15$_{3}$ ποιησαι] ποιησετε F(-ται) | 15$_{7}$ προσοισεται n | 15$_{14}$ εν 2° — υμιν 1° sub ÷ G | 15$_{14}$ om η 1° — υμων 2° k | 15$_{14}$ ποιησει 2°] . . . ησει K: και ο προσηλυτος και d | 15$_{14}$ ο (η g) | 15$_{19}$ ⟨εαν 128⟩ | 15$_{19}$ αφελειτε] αφαιρειτε F* | 15$_{22}$ διαμαρτυρητε a_2 | 15$_{23}$ καθα] ⟨ης 130⟩ | 15$_{23}$ κυριος 1°] ⟨+ ο θεος υμων 18⟩ | 15$_{24}$ τουτου] pr και t$^{a?}$(uid) | 15$_{26}$ υιων] pr η l | 15$_{28}$ αυτου] + και αφεθησεσθε αυτω p | 15$_{30}$ ποιησει] ⟨αν ποιηση 71⟩ | 15$_{31}$ εκτριψει] pr και n | 15$_{41}$ κυριος 1°] ειμι q^{b} | 16$_{1}$ ⟨om και 4° 74⟩ | 16$_{1}$ ρουβην] ρουβημ n* | 16$_{2}$ διακοσιοι] σ' g(ex corr) | 16$_{5}$ εαυτω] εαυτων d: ⟨αυτω 28⟩ | 16$_{5}$ προσηγαγετο 2°] προσηγαγεντο G | 16$_{10}$ ζητητε g | 16$_{12}$ ελιακ s | 16$_{12}$ ειπον b | 16$_{13}$ μη] om a | 16$_{14}$ γην] την B(uid) | 16$_{17}$ επιθησετε] + επ αυτο πυρ και επιθησετε e: + επ αυτο πυρ και k: ⟨+ αυριον 16⟩ | 16$_{18}$ επεβαλον] ον ex corr l | 16$_{19}$ ⟨αυτων 73⟩ | 16$_{19}$ της θυρας s | 16$_{22}$ επεσαν] α sup ras B$^{I\,uid}$ | 16$_{24}$ τη συναγωγη] ⟨ταις συναγωγαις 130mg⟩ | 16$_{24}$ ⟨κυκλω] + απο της σκηνης 16⟩ | 16$_{24}$ αβειρων] αβιρον n: αβειρω 84 | 16$_{25}$ επορευθη] επορευθησαν l | 16$_{25}$ ⟨αβειρω 84⟩ | 16$_{26}$ om εν b | 16$_{26}$ τη απαρτια B* q u | 16$_{27}$ αβειρω 84 | 16$_{27}$ αυτων 2°] εαυτων a_2 | 16$_{27}$ ⟨αποσκευη] + και αι γυναικες αυτων 16⟩ | 16$_{29}$ επισκοπησεται a_2(ισκο sup ras) | 16$_{32}$ om τους 2° — (33) αυτοι m | 16$_{33}$ αυτων s(mg) | 16$_{35}$ om το b | 16$_{38}$ αυτα] αυτας p* | 16$_{38}$ ηγιασθη ⟨16⟩ | 16$_{39}$ περιθεμα] sup ras F^{I} | 16$_{40}$ μηδεις c | 16$_{40}$ αυτου] ου sup ras B^{ab} | 16$_{41}$ ι̅σ̅λ̅ τη B$^{ab\,mg}$] om B* | 16$_{41}$ αυριον B^{ab}(sup ras) i | 16$_{42}$ μωσην g | 16$_{42}$ και τηνδε] δε int lin l | 16$_{45}$ εκχωρησατε — συναγωγης ταυ sup ras G^{a} | 16$_{46}$ επιφες b | 16$_{46}$ εξιλασεται n* | 16$_{47}$ ενηρκται p | 16$_{47}$ om η p | 17$_{2}$ ⟨παρα] pr και 16. 73⟩ | 17$_{6}$ τω 1° — ενι] om c | 17$_{6}$ ααρων] ⟨pr ο 77⟩ | 17$_{11}$ εποιησαν] εποιησεν u v | 17$_{13}$ της σκηνης] + του μαρτυριου ⟨76(om του)⟩ | 17$_{13}$ αποθανουμεν e^{a}(uid) | 18$_{1}$ σου 2° H | 18$_{2}$ **εαυτον** a_2 | 18$_{4}$ προστεθησονται] ⟨+ και 84⟩ | 18$_{9}$ om αυτων 2° b' | 18$_{11}$ ⟨om **σοι δεδωκα** 16*⟩ | 18$_{13}$ ενεγκω σοι M | 18$_{15}$ ⟨λυτροις] λυτρωσις 18*⟩ | 18$_{16}$ μηνιαιου] + και επανω b | 18$_{16}$ συντιμησις] + αργυριου σταθμια a(ου part sup ras) | 18$_{16}$ οβολοι] σικλοι s | 18$_{17}$ μοσχου F | 18$_{18}$ om και 2° l | 18$_{18}$ om και 3° c | 18$_{24}$ αν] ⟨om 30⟩ | 18$_{24}$ κληρον] ⟨κληρονομιαν 76⟩ | 18$_{26}$ λαλησον i | 18$_{28}$ ⟨om υμεις 73⟩ | 18$_{30}$ οταν] ο αν g | 18$_{32}$ ου 1°] ⟨μη 130⟩ | 18$_{32}$ αυτο] αυτον w | 19$_{2}$ ητι a$^{b?}$ | 19$_{2}$ επεκληθη h | 19$_{9}$ αποθησεις l | 19$_{10}$ σποδον] σποδιαν h: σπουδην i*(uid) | 19$_{10}$ αυτου] om l | 19$_{10}$ υμων] υιων 128 | 19$_{11}$ επτα] ⟨εως 18⟩ | 19$_{12}$ και 2° — εβδομη 2°] και καθαρυζετε ουτος εαν τη ημερα τη τριτη ουκ αγνισθησεται τη ημερα τη εβδομη η p^{a}: om a_2 | 19$_{13}$ εστιν (14) και sub ÷ G | 19$_{15}$ δεσμω j | 19$_{15}$ ακαθαρτος o* | 19$_{17}$ επ αυτην] επ αυτω g | 19$_{18}$ οσαι] οσα p: οσοι l | 19$_{18}$ του α̅ν̅ου a*(uid) | 19$_{22}$ εσται 1°] + εως ημερας t | 20$_{2}$ ⟨συνηθροισθη 16⟩ | 20$_{2}$ μωυση l | 20 3 απολωμεθα l | 20 4 συνηγαγετε t | 20 5 ⟨ινα] δια 73. 77⟩ | 20 6 ⟨συνηλθε 30⟩ | 20 6 επεσον l*(uid) | 20 7 λεγων] ⟨pr και 18⟩ | 20 11 τω ραβδω m | 20 16 καδδης f | 20 17 σου 1°] μου a*(uid) | 20 17 σου 2°] om ⟨16*⟩ | 20 19 σου] ⟨om 16*⟩ | 20 20 εδωμ] pr ο q*(uid) | 20 22 om η h | 20 23 το ορος l*(uid) | 20 24 ισραηλ] ⟨ + εις κατασχεσιν 30⟩ | 20 24 αντιλογιας c | 20 27 αυτω] post κυριος a_2 | 21 1 βασιλευς] pr ο b | 21 1 επολεμησαν s | 21 1 κατεπρονομευσεν n | 21 3 χανανι y(ι sup ras 2 litt y^{a}) | 21 3 αυτου 1°] αυτω p | 21 3 εκαλεσαν n | 21 5 μωυσην s | 21 7 σου ευξαι ουν sup ras $B^{a\,uid}$ | 21 7 ευξατο B^{ab} | 21 9 επεβλεπεν m | 21 11 και 2° l | 21 11 χαλγαει B l | 21 13 παρεβαλον y*(uid) | 21 15 κατοικισαι N | 21 16 συναγαγε] + μοι w | 21 17 εξαρχεται s: εξαρχατε n | 21 19 μαναηλ 1°] νααλλιηλ m | 21 22 παρελευσωμεθα h | 21 22 σου 3°] ⟨om 128⟩ | 21 23 και 3° bis scr F* | 21 23 σισσαα a_2 | 21 25 κατωκισεν f* | 21 25 των] τω l | 21 26 εστιν 1°] ει B^{b}(uid) | 21 26 αμορραιων] ο sup ras e | 21 28 φλοξ] pr και a_2 | 21 29 om αι n | 21 29 αμωρραιων s | 21 33 εδρααιν $g^{a?}$ | 22 1 om ιερειχω t*(uid) | 22 4 ⟨προς γερουσιαν 73⟩ | 22 4 τα — και 2° sup ras B^{ab} | 22 4 βαλακ] βαλααμ f | 22 5 φαθουρα] ⟨pr εκ 128⟩ | 22 5 παρ . . . n | 22 6 ευλογηνται] ευλογητε c(uid) | 22 9 και 1° — θεος sup ras B^{a} | 22 10 υιος — μωαβ] μωαβ βασιλευς υιος σεπφορ n | 22 10 αυτον o*(uid) | 22 13 βαλαακ m | 22 14 βαλααμ f* | 22 14 ειπον προς αυτω l | 22 15 βαλααμ f | 22 16 βαλακ] βαλααμ f* | 22 16 σεφρωρ x: ⟨σεμφωρ 84*⟩ | 22 17 ειπης] + μοι A | 22 18 βαλακ 1°] βαλααμ f* | 22 19 ⟨υμεις και αυτου 84⟩ | 22 19 ⟨προσθησει κυριος λαλησαι] λαλησαι κυριος 64⟩ | 22 20 αν m | 22 22 πορευεται o | 22 22 ⟨εκδιαβαλλειν 77⟩ | 22 22 ⟨εβεβηκει 130⟩ | 22 22 δυο] οι i | 22 23 εσπασμενην] εσ sup ras z^{a} | 22 24 ο αγγελος] ο ανος f* | 22 26 αριστερα F* | 22 29 αλααμ a_2 | 22 33 ⟨om περιεποιησαμην 130⟩ | 22 34 και ειπεν βαλααμ bis scr s | 22 34 αρεση a | 22 35 φυλαξαι h | 22 37 με] σε a_2 | 22 41 βααλ] αλ sup ras l | 23 5 om το d | 23 6 εφεστηκει s* | 23 8 καταραται 1°] ⟨pr αραται κυριος 73⟩ | 23 10 εξηκριβωσατο $l^{a?}$ | 23 11 ευλογηκας] ⟨ευλογησας αυτου 77⟩ | 23 12 τουτο] ⟨αυτα 84⟩ | 23 12 φυλαξει b′ | 23 13 ων] ουκ g | 23 14 ⟨εις] εκειθεν 84⟩ | 23 16 βαλαμ p | 23 17 ο δε r b_2 | 23 18 σεμφωρ F^{b} | 23 19 διαρτηθηναι] ⟨ψευσασθαι 130^{b}⟩ | 23 22 θεος x b_2 | 23 23 ιακωβ 1°] pr τω F^{b} | 23 25 ουτε 2°] pr και l | 23 26 και αποκριθεις] ⟨+ δε 30⟩ | 23 26 βαλααμ] ⟨pr ο 130⟩ | 23 27 βαλααμ] βαλαμ l | 23 29 om μοι 2° j | 24 3 ⟨βαλαμ 130⟩ | 24 3 ο 2°] + ras (1—2) o | 24 6 ωσει 1° $B^{I?}$] ως B*(uid) | 24 6 ποταμων] ποταμω A | 24 6 ωσει 4°] ως g | 24 7 και αυξηθησεται η βασ part sup ras o^{a} | 24 8 εχθρων] pr των ⟨73⟩ | 24 10 βαλακ 1°] ⟨om 30⟩ | 24 10 καταρασθαι] θαι sup ras B | 24 11 τοπον] το sup ras $B^{?}$(uid) | 24 13 ειπη] ⟨ειποι μοι 84⟩ | 24 21 χαναναιον a_2 | 24 21 και εαν θης] ηνθησε l | 24 22 ασσυρριοι n | 24 23 παρεμβολην l | 25 1 ⟨σαττυιν 128⟩ | 25 4 κυριω] om n | 25 6 των bis scr M | 25 6 εναντιον] εναντι m | 25 11 κατεπαυσεν] pr και h | 25 12 ειπεν g n | 25 13 αυτω] ⟨οντως 73⟩ | 25 15 μαδανιτιδι s: μαιδιανητιδι g(μαι int lin): μαιαυτιδι f(υ ex corr f^{a}) | 25 15 τομμωθ m | 25 15 των] τω o | 25 18 om και b* | 25 18 φογωρ 2°] φωγωρ l | 25 18 end, add ‘: χοβωρ b′ ’. | 26 5 ενωχ 2°] ⟨ενωχι 118⟩ | 26 6 ασρωμ u: ⟨αρσωμ 71⟩ | 26 6 ασρωνει] ασρωμ y | 26 7 τρεις — τριακοντα] ⟨χιλιαδες επτακοσιοι τεσσαρακοντα τρεις 71⟩ | 26 8 l. 1, omit ‘b’. | 26 9 επισυστατντες] επικλητοι επι συναγωγης n* | 26 10 om και 1° ⟨74. 76⟩ | 26 12 ο 2°] το i | 26 12 ιαμην n | 26 15 ⟨om και 2° — αυναν 2° 71⟩ | 26 17 ιαμουν] ⟨ιεμουλ 84⟩ | 26 17 ιαμουνει] ⟨ιεμουλ 84⟩: ιαμουηλ m | 26 18 εξ — πεντακοσιοι] ⟨χιλιαδες πεντακοσιοι εβδομηκοντα εξ 71⟩ | 26 19 θωλαει] θολα m | 26 20 ιασουβει] ⟨ιασουβ 76⟩ | 26 20 ⟨σαμβραν 71⟩ | 26 20 σαμαρανει] σαμαραμι b_2: ⟨σαμβραι 71⟩: αβραμι b | 26 22 σαραιδει τω ζαμβρι δημος ο ζαμβρι j(-βρη bis) | 26 22 αλλων] αλλωνι m: ααλων F^{b} | 26 22 αλληλ] αλληλι m | 26 24 σαφονι f | 26 25 αξενει 2°] αξενιει a_2 | 26 26 αροδει 2°] αρωαδι q | 26 28 ιεσου] ιεσουβ g: ιεσσου b_2: ιεσσουι r | 26 28 ιεσουει] ιεσσουι r: ιεσουβ g | 26 28 βαριαει B^{a}(uid)] βαρια B*(uid) | 26 30 σαρα] ⟨βαρρα 84⟩ | 26 31 εξακοσια s | 26 33 τω 1°] των i* | 26 33 μαχειρ 1°] μαχειρι r | 26 34 υιοι] ⟨οι 130⟩ | 26 34 χελεεει o | 26 35 συχεμεει] συχεμ k m q |

26$_{36}$ συμαερ] συμερ l* | 26$_{36}$ ⟨τω εφερ 18⟩ | 26$_{37}$ τα ονομα F* | 26$_{37}$ ⟨θαρσα 84*⟩ | 26$_{38}$ πεντηκοντα] η' n | 26$_{39}$ βαχαρ] βαραχ 30 | 26$_{39}$ om ο 73 | 26$_{39}$ βαχαρι] βαραχι 30: βαραει s | 26$_{39}$ ταναχ] ταναχι N$^{a?}$ e(uid) | 26$_{40}$ εδεν] εδεμ b | 26$_{42}$ ασυβηρ] υβ ex corr l | 26$_{44}$ αδαρ] ⟨αραδι 84⟩ | 26$_{44}$ om νοεμαν 1° — ο a$_2$ | 26$_{44}$ νοεμαν 1°] νοαιμαν v | 26$_{44}$ τω νοεμαν] τω αδαρ δημος ο αδαρι και τω νοεμαν ⟨84⟩ | 26$_{46}$ σαμει 2°] σοναμμει x | 26$_{47}$ σαμειν s | 26$_{48}$ γαυνει 1° 2°] γαννη c | 26$_{49}$ ⟨ιεσσαρ 84⟩ | 26$_{54}$ πλεονασεις] πλειονα εις y | 26$_{54}$ αυτων 1°] αυτω sup ras b$_2$ | 26$_{58}$ υιων] υιω h*(uid) | 26$_{58}$ λεβενει z$^{a?}$: ⟨λευενει 130⟩ | 26$_{58}$ χευρουι m | 26$_{58}$ κορε] ⟨μοουσει 77⟩ | 26$_{59}$ ιωκαβεθ ⟨74⟩: ⟨ιωαχαβεθ 28⟩ | 26$_{59}$ αμραμ] αμβραν b: αβραμ p | 26$_{60}$ εγενηθησαν d | 26$_{60}$ ⟨om τε 130⟩ | 26$_{62}$ εγενηθησαν] ⟨ετεχθησαν 30⟩ | 26$_{63}$ ελεαζαρ] pr ααρων υιου ελεαζαρ f | 26$_{63}$ ⟨om εν 130mg⟩| 26$_{64}$ υπο] ⟨om 130mg⟩ | 26$_{64}$ ους] ⟨ου 130mg⟩ | 26$_{65}$ πλην — ιεφō sup ras B$^{?}$(uid) | 26$_{65}$ ηεφοννι a$_2$ | 26$_{65}$ ναυη] ναυι t* | 27$_{1}$ μαλδα a q u | 27$_{1}$ αιγλα a$_2$: αιλα a$_2$ | 27$_{3}$ συνεπισυστασης x | 27$_{3}$ αυτω] αυτου c | 27$_{4}$ υιος] υι sup ras (3) o^{a} | 27$_{7}$ δωσεις] δοσεως c | 27$_{8}$ περιθησετε] ⟨και περιθησεις 46⟩ | 27$_{8}$ αυτου 2°] του sup ras B$^{?}$ | 27$_{11}$ κληρονομησαι b': κληρονομησετε f | 27$_{11}$ τα αυτου] τω αυτου h | 27$_{12}$ τουτο — ναβαυ] του ορους ναβαυ m | 27$_{12}$ χανααν] χαν y* | 27$_{16}$ επι] ετι c | 27$_{17}$ om και 1° — αυτων 2° l* | 27$_{20}$ om οι A | 27$_{22}$ ελεαξαρ F*(uid): ελεαζ y* | 27$_{22}$ εναντι z(mg)] | 27$_{23}$ om κυριος s^{mg}(uid) | 28$_{2}$ διατηρησητε p | 28$_{4}$ το 1°] τω c | 28$_{4}$ προς εσπεραν] ⟨om προς 73. 130⟩ | 28$_{6}$ σινα B^{b} | 28$_{7}$ ειν] sub α' v: + οινου s(mg) | 28$_{9}$ om σεμιδαλεως H | 28$_{9}$ αναπεποιημενης x(-νη + ras 1 lit) | 28$_{10}$ ολοκαυτωματα m | 28$_{10}$ σαββατοις] ⟨σαββωσιν 30⟩ | 28$_{12}$ ⟨κριω] μοσχω 16⟩ | 28$_{14}$ το 1°] pr και x | 28$_{15}$ om η c | 28$_{17}$ εορτη] ⟨+ πασχα κυριω 71⟩ | 28$_{18}$ ποιησεται s | 28$_{24}$ ταυτα 1°] ⟨παντα 130^{a}⟩ | 28$_{24}$ ποιησεις] ποιησει a$_2$ | 28$_{27}$ ολοκαυτωμα o | 28$_{31}$ υμι sup ras B^{a} | 29$_{3}$ αυτου o* | 29$_{6}$ αυτων 4°] ⟨+ καρπωμα κυριω 130mg⟩ | 29$_{6}$ ⟨om την 16*⟩ | 29$_{11}$ ⟨om εις 77⟩ | 29$_{13}$ om δεκα N | 29$_{13}$ ιδ'] δεκα και τεσσαρες z | 29$_{14}$ ⟨om εν 16*⟩ | 29$_{14}$ δυο] + και m | 29$_{14}$ om δυο 2° G | 29$_{19}$ ⟨ενα post αμαρτιας 128⟩ | 29$_{19}$ αυτων 2°] + τοις μοσχοις και τοις κριοις d | 29$_{24}$ αυτων 3°] ω sup ras e^{a} | 29$_{25}$ om ενα j | 29$_{27}$ και τοις κριοις post αμνοις u | 29$_{36}$ τω κυριω h | 29$_{39}$ και 1° — υμων 3°] ⟨om 76⟩ | 30$_{6}$ ανανευων] ⟨om 74⟩ | 30$_{7}$ αυτη] αυτην d | 30$_{7}$ αυτης 3°] αυτου g | 30$_{8}$ αυτης 3°] αυτος n* | 30$_{9}$ ⟨om αυτης 1° 73⟩ | 30$_{9}$ ⟨ανενευσεν] ανενευσει 30⟩ | 30$_{11}$ αυτης 2°] ⟨om 76⟩ | 30$_{13}$ τους κατα] η c | 30$_{13}$ ⟨om κατα 3° 16*⟩ | 30$_{13}$ μεινει u | 30$_{13}$ καθαρισει c | 30$_{15}$ ημεραν] ημερα j | 30$_{15}$ ην B | 31$_{3}$ ελαλη i | 31$_{3}$ ⟨αποδουναι] pr και 118⟩ | 31$_{4}$ παραταξασθε l | 31$_{6}$ υιον] ⟨υιους 84⟩ | 31$_{6}$ υιου] ⟨υιον 30. 77⟩ | 31$_{8}$ ⟨ευειρ 118⟩ | 31$_{8}$ σουρ] ⟨ροβομ 64⟩ | 31$_{9}$ επρονομευσαν 1°] + οι υιοι ιηλ c | 31$_{9}$ om και 3° — αυτων 2° i | 31$_{10}$ ⟨πολεις — επαυλεις] οικιας αυτων και τας πολεις 71⟩ | 31$_{14}$ της επισκοπης o | 31$_{14}$ τοις εξερχομενοις f | 31$_{18}$ πασαν l | 31$_{18}$ αρσενα κοιτην f | 31$_{21}$ ⟨τουτο τω δικαιω 16. 73. 77⟩ | 31$_{23}$ εαν μη διαπορευηται c(-εται)] ⟨διαπορευεται 118⟩ | 31$_{28}$ παρα — πολεμιστων] απο του ανδρος του πολεμου p$^{b?}$ | 31$_{28}$ του εκπορεβομενου p$^{b?}$ | 31$_{28}$ προβατων] ᾱβατων g | 31$_{30}$ ⟨om των 1° 28⟩ | 31$_{30}$ ενα] εν F* | 31$_{30}$ προβατων] ᾱβατων g | 31$_{30}$ τοις 2°] ταις f | 31$_{31}$ συνεταξετο w | 31$_{32}$ προνομης sup ras B^{a} | 31$_{32}$ om χιλιαδες 2° t | 31$_{33}$ ⟨om χιλιαδες 16⟩ | 31$_{34}$ om χιλιαδες ⟨16. 130txt⟩ | 31$_{35}$ γυναικων] γυν, κ sup ras B$^{a?}$ | 31$_{35}$ ⟨om χιλιαδες 130txt⟩ | 31$_{36}$ τριακοσιαι — πεντακισχιλιοι] ⟨γ' και ψ' 77⟩ | 31$_{37}$ εξακοσια b$_2$ | 31$_{37}$ πεντε] ⟨χιλιαδες 128⟩ | 31$_{38}$ βοες] om p$^{b?}$ | 31$_{38}$ εξ — χιλιαδες] χιλιαδες τριακοντα εξ p*: om p$^{b?}$ | 31$_{38}$ om και 3° — (39) χιλιαδες h | 31$_{38}$ δυο και εβδομηκοντα] χιλιαδες οβ' p | 31$_{43}$ απο 1°] το j | 31$_{43}$ προβατων] ᾱβατων g | 31$_{43}$ χιλιαδες τλ' και ζ' m | 31$_{44}$ ⟨χιλιαδες] + και επτακισχιλιοι και πεντακοσιοι 71⟩ | 31$_{47}$ απο 2°] εκ i$^{a?}$ | 31$_{49}$ om των πολεμιστων s | 31$_{50}$ ⟨τω δωρω 16⟩ | 31$_{50}$ χλυδωνι m(uid) | 31$_{51}$ παρελαβε c(uid) | 31$_{52}$ εκατονταρχων] εκα sup ras B$^{I?}$ | 31$_{53}$ εαυτω] ⟨om 71⟩ | 32$_{1}$ γαλαδ l* | 32$_{1}$ ⟨om και 5° — (2) γαδ 71⟩ | 32$_{3}$ ⟨ναμραν 16⟩ | 32$_{3}$ βεσβαιμα i |

32_3 *ναβαυ*] *ναβαμ* f: *ναβυα* m | 32_5 *διαβασεις* b′ | 32_6 *ϱουβιν* d*: *ϱουβημ* g: *ϱουβειμ* d^{b}(uid) | 32_6 *ημων* y | 32_9 ⟨om *την* 3° 16*⟩ | 32_{11} *κακον* x | 32_{11} *αγαθον* x | 32_{12} *ιεφοννη*] *ιεφονη* l$^{a?}$: *ιεφθονη* l* | 32_{12} *συνεπηκολουθησεν* M | 32_{14} *αντεστητε* H | 32_{14} ⟨*συντϱεμμα* 16⟩ | 32_{14} *πϱοσθιναι* F*: *πϱοθειναι* F^{b} | 32_{17} *πϱοφυλακην* o$^{a?}$] *πϱοσφυλακην* c o*(uid): ⟨*φυλακην* 71⟩: *παϱελευσομεθα πϱοφυλακη* M(-*σαμ*-) | 32_{24} *οικοδομησητε* p(uid) | 32_{26} *ημων* 1°] *υμων* b* p$^{a?}$ | 32_{26} *ημων* 2°] *υμων* z*(uid) | 32_{27} om *τον* z | 32_{28} *υιον*] *υιω* n | 32_{28} *ναβε* p | 32_{28} *τοις αϱχουσιν* n(*τους*) | 32_{29} *πϱος αυτους*] *αυτοις* s(mg) | 32_{29} *κατακυϱιευσετε* c | 32_{32} *ημιν*] *ημων* f^{a}: *υμων* f* | 32_{33} *ϱουβην* s | 32_{34} *δεμων* f(uid): *δεβωθ* s | 32_{34} *ασταϱωθ* y*(uid) | 32_{35} om *την* 1° o | 32_{35} *σωφαϱ* h | 32_{39} *μανασση*] *μαχηϱ* a$_{2}$ | 32_{41} *επωνομασαν* k | 32_{42} *νβαυ* c | 33_3 *ϱαμεσση* B*(uid)] *ϱαμεσσων* B^{a}(sup ras) | 33_3 *τω* 1° sup ras B^{a} | 33_4 ⟨*επατασσε* 18⟩ | 33_5 *σοκχωθ*] *σ* ex corr v^{a}: *σοχωθ* c | 33_6 *μεϱος*] + *τι* B^{ab}(uid) | 33_7 om *βεελσεπφων* — *απεναντι* 2° u | 33_7 *βελσεφων* a$_{2}$ | 33_8 71(*ηϱωθ*) | 33_{10} *παϱενεβαλωσαν* o | 33_{11} *σειν*] pr *τη* y | 33_{20} ⟨*ληβωνα* 130⟩ | 33_{23} *παϱενεβαλον*] ⟨*απηϱαν*(uid) 130⟩ | 33_{27} *θαϱαθ* v | 33_{28} *θαϱαθ* v | 33_{29} *ασμονα* f: *σαιμωα* o | 33_{30} *σαιμωα* o | 33_{30} *μαασουϱουθ* F^{b} | 33_{32} *βαναι* F$^{a?}$ | 33_{33} *γαδιγαν* b(uid) | 33_{34} *εξ ιετεβαθα* k | 33_{34} *αβϱωνα* p | 33_{35} *παϱανεβαλωσαν* o | 33_{36} *εις* — *φαϱαν*] *επι την πηγην της κϱισεως* w | 33_{36} ⟨om *την εϱημον* 18*⟩ | 33_{37} *γης*] pr *της* r | 33_{38} *τω* 1°] pr *των ενιαυτω* o | 33_{40} ⟨om *o* 130⟩ | 33_{40} *αϱαδ*] pr *της* o | 33_{42} *σελμονα* n: *σσελμωνα* g | 33_{42} ⟨*φηνων* 71⟩ | 33_{43} ⟨*φηνων* 71⟩ | 33_{44} *εξ οβοθ* f | 33_{44} *πεϱα* l | 33_{46} *δεσβον* n | 33_{46} ⟨*δελαθαμ* 18⟩ | 33_{48} *ιεϱυχω* p | 33_{49} ⟨*βελσατιειν* 130⟩: *ωβελσαττειμ* n | 33_{49} *δυσμων* M*(uid) | 33_{54} *κατακληϱονομησετε*] ⟨*κληϱονομησατε* 76⟩ | 33_{54} *κληϱονομησητε* n | 33_{55} *επι της γης* 1°] *την γην* v(mg) | 33_{55} *τω οφθαλμω* ⟨130⟩ | 33_{56} *υμας*] *υμιν* B*^{uid}(*ας* sup ras B^{a}) | 34_3 ⟨*σιναιν* 76⟩ | 34_4 ⟨*ενναχ* 76⟩: *εναχ* u: *σεενναχ* g | 34_7 *καταμετϱησεται* f | 34_8 *καταμετϱησετε*] pr *και* u: *καταμετϱηθησεται* A | 34_8 *αυτου* B^{ab}] *αυτων* B* | 34_8 *σαδακ* j | 34_9 *αϱσεναιν* q | 34_9 *τουτο*] sup ras a$_{2}^{a}$ | 34_9 *υμιν*] *ιν* sup ras a$_{2}^{a}$ | 34_{10} *αϱσεναειν*] *σιναειμ* c | 34_{10} *σεπφαμα* i | 34_{11} *σεπφαμαϱ*] *σεπφαναϱ* i: ⟨om 16⟩ | 34_{12} *τα* 2°] pr *επι* l | 34_{13} *αυτην* 2°] ⟨*ταυτην* 77⟩ | 34_{14} *φυλη* 1°] *φυλην* o*(uid) | 34_{21} *βενιαμην* f n^{a} | 34_{22} *ιοκλι* v(mg) | 34_{24} ⟨*σαφαθαν* 30. 128⟩ | 34_{25} ⟨*ελισαφαϱ* 18⟩ | 34_{27} *σελεμει*] *λεμ* sup ras B^{a} | 34_{28} *ιαμιουδ* f: ⟨*σαλαμιουδ* 74⟩ | 34_{29} *τουτοις*] *ουτοι ους* v(sub α′) | 35_2 *δωσουσιν* 1°] ⟨*δωδεκα* 28⟩ | 35_3 *αι πολεις αυτοις* s(om *αι*) | 35_4 om *και* 2° u | 35_5 *μετϱητο* m | 35_5 *δισχιλιους πηχεις* 2°] ⟨om 130⟩ | 35_6 *φευγειν* l q | 35_7 ⟨*λευειταις*] + *και τας εξ πολεις των φυγαδευτηϱιων και* 16⟩ | 35_8 *των* 1°] *ων* F$^{b?}$ | 35_8 *των* 2°] *τα* l | 35_8 *ελαττονων*] + ras (1—2) o | 35_8 *εκληϱονομη* m | 35_{10} *χανααμ* g* | 35_{16} *σκευεσι* k | 35_{16} *τελευτησει* g | 35_{17} ⟨*φονευτης* 1°] + *αυτου* 71⟩ | 35_{18} *παταξειη* u | 35_{22} *η*] *και* m | 35_{25} *αγχιστευσαντος* d | 35_{25} *κατοικηση* d | 35_{27} *καταφυγη* a$_{2}$ | 35_{27} *ενεχος* M | 35_{30} *φονευσει* M(*ει* sup ras) | 35_{31} ⟨*πεϱι ψυχης*] *παϱ αυτης* 16. 73. 77. 130⟩ | 35_{32} *κατοικει* (+ ras 1—2 litt) h | 35_{33} *φονοκτονησετε* c | 35_{33} *του* 2°] *τ* sup ras B^{a} | 35_{33} *εγχυθεντος* B*(uid) | 35_{34} *κατασκηνων*] pr *o* y(uid) | 36_1 *φυλης* 1°] ⟨*πατϱιων αυτων* 74⟩ | 36_2 *ειπεν* a$_{2}$ | 36_3 *κληϱονομιαν*] *κληϱονομια* G$^{a?}$ | 36_6 *ου*] pr *ουτως* m$^{a?}$ | 36_6 *εαν αϱεσκη* b | 36_7 *επι*] *εις* a$_{2}$ | 36_8 *κληϱονομιαν αγχιστευουσα* m | Subscr *τελος βιβλιου τεταϱτου ͵γφλʹ* g

2. Folgende Lesarten sind bei Br.-M. nicht verzeichnet:

1_3 *σύν*] *εν* G | 1_4 *αϱχοντος* 129*(cprm) | 1_5 *Σεδιούϱ*] *ελιουϱ* 56* | 1_{10} *φαδασσουϱ* 376 | 1_{11} *τῶν*] *τον* 58 | 1_{11} *βενιαμην* 59*; *βενιαμιμ* 52* | 1_{15} *αχειϱευ* 121 | 1_{15} *αειναν* 509 | 1_{20} *ϱουβιν* 130 | 1_{23} *χιλιαδας* 59* | 1_{25} *τέσσαϱες* — fin] *δ̅ και ν̅χ̅* 85^{mg} | 1_{25} *τέσσαϱες*] *τεσσαϱακοντα* 426*(cprm) | 1_{27} *ισαχαϱ* 72 | 1_{30} *ευφϱαιμ* 130 | 1_{31} *ευφϱαιμ* 130 | 1_{34} om *υἱοῖς* 134*(cprm) | 1_{35} *βενιαμιμ* 52* | 1_{42} *νεφθαλμ* 376* | 1_{45} *ἐπίσκεψις*] + *αυτων* 53* | 1_{50} *μαϱτυϱίου*] + ras 4 litt 59 | 1_{50} *ὅσα*] *τα* 53*(cprm) |

1_{53} ἐναντίοι] εναντι 53 | 1_{54} ἐποίησαν 2°] εποιησεν 314 | 2_{3} Ἰούδα 1°] ιουδας 59 | 2_{3} αμιναδαμ 509 | 2_{4} αυτων 509* | 2_{5} Ἰσσαχάρ 2°] ισαχαρ 121$^{(c)}$ | 2_{7} ἐχόμενοι] sub ÷ G* | 2_{7} φυλή M | 2_{8} δυναμεις 376 | 2_{9} εξαιρουσι 72 | 2_{10} σὺν δυνάμει] δυναμις 75^{c} | 2_{10} σεδηουρ 426* | 2_{12} φυλή M 72 52 624 | 2_{12} Συμεών 1°] σημεων 75; συμαιων 376* | 2_{13} τετρακοσιοι 344*(cprm) | 2_{14} αυτων 509 | 2_{17} καθ'] κατα 58^{mg} | 2_{22} Βενιαμίν 1°] βενιαμην 59* | 2_{22} γαδεονει 376* | 2_{24} τριτον 407* | 2_{25} αμισαδε 19^{c}; αμισαδδαι 344^{c} | 2_{27} φυλή 56 | 2_{29} ἐχόμενοι] + αυτων 72 | 2_{29} Νεφθαλί 1°] ⌒2° A* | 2_{31} ἑπτά] pr και 129^{mg} | 3_{1} om ἤ F*(cprm) | 3_{2} ναβαβ V*(c prm) | 3_{3} ειλειμμενοι 624 | 3_{4} ετελευτησαν 344*(cprm) | 3_{4} αδαβ 75 | 3_{4} σηνα 376* | 3_{4} ιδου ιερατευσαν 344*(cprm) | 3_{6} αὐτῷ] αυτων 72* | 3_{7} αυτων 130* | 3_{8} φυλακάς] φυλας 121* | 3_{9} τους υιους 426* | 3_{10} τοις υιοις 52 | 3_{11} ιδου εγω 72-82*(cprm) | 3_{13} αιγυπτω 72(vid)-376 130*(cprm) | 3_{19} αμβρααμ 120*(vid) | 3_{20} μεραρσι 509 | 3_{20} ομουση 54* | 3_{21} λομενι 19-314; λοβεννη 75* | 3_{25} fin] + η σκηνη και το καταλλυμμα της θυρας της σκηνης του μαρτυριου 314* | 3_{28} om τάς 57*(cprm) | 3_{30} του δημου 54 | 3_{33} ὁ Μουσί 55^{c} | 3_{37} κάλους] καυλους V | 3_{38} υἱῶν] αγιων 134* | 3_{39} om αὐτῶν 509 | 3_{44} μωυσιν 509* | 3_{51} τά] pr το αργυριον 426 | 4_{1} μωυση 130; μωσην G | 4_{7} ὁλοπόρφυρον] pr ολον 509 | 4_{7} σπένδει] σπευδει 54 | 4_{19} om οἱ 82 44 | 4_{22} τουτων 75^{c} | 4_{23} εκπορευομενος 59 | 4_{27} om καί 2° 15 | 4_{27} ἀρτά 1°] εργα 344^{c} | 4_{28} om τῶν 72* | 4_{28} ηθαμαρ 53* | 4_{32} om τῆς 1° 108* | 4_{32} κάλους] καυλους V | 4_{32} φυλακῆς] φυλης 59* | 4_{34} αρων 106* | 4_{39} ἐν τῇ σκηνῇ] της σκηνης 57* | 4_{42} κατ'] και 82 | 5_{4} εξαπεστειλεν 426 | 5_{7} αὐτῷ] αυτο A*(cprm) | 5_{9} om τά 53 | 5_{9} εαν V | 5_{10} καί 2° 426 | 5_{13} om αὐτῆς 2° 82 | 5_{13} μεμιασμενη 55^{c} | 5_{14} ἤ] ει 75 | 5_{14} μεμιασμενη 55^{c} | 5_{17} ἐν ἀγγείῳ] sub ÷ G* | 5_{21} πεπρησμένην] παν πρησμενην 54 | 5_{27} ἤ] + τ[. . . S | 5_{27} μεμιασμενη 55^{c} | 5_{30} ἤ] ει 75 | 5_{30} ἄνθρωπος] pr ο 376 | 6_{1} om λέγων 57 | 6_{2} αφαγνησασθω 75 | 6_{3} σίκερα 1°] -ρας 56^{c} | 6_{3} ὄξος 1°] οξους 72 | 6_{4} στρεμφυλλων 134 | 6_{5} τριχας 134* | 6_{7} μητρί] + αυτου 426 | 6_{7} ἀδελφῷ] αδελφη 130* | 6_{14} om ἄμωμον 1° 57*(cprm) | 6_{15} πεποιημενους 120* | 6_{16} εναντιον 376 | 6_{17} κυρίῳ] sup ras 75 | 6_{18} ευξαμενος 426*(vid) | 6_{19} ευξαμενου 426*(vid) | 6_{21} ἁγνείας] pr της F^{b} | 6_{26} om κύριος 57* | 7_{1} αὐτοῦ] αυτης 72* | 7_{4} om λέγων 72 | 7_{11} om ἄρχων καθ' ἡμέραν 82*(c prm) | 7_{12} ναμιναδαβ 72* | 7_{15} ἕνα 3° 376 | 7_{17} αμναδεβ 121 | 7_{19} τριάκοντα καὶ ἑκατόν] ρλ̄ 72 | 7_{19} πληρης 44 | 7_{20} χρυσον 72 | 7_{20} πληρης B | 7_{26} χρυσον 72 | 7_{29} χαλων 407* | 7_{30} ρουβημ 55^{c} | 7_{41} om καί 75*(cprm) | 7_{41} σαμαλιηλ 509 | 7_{47} ενιαυσιους 344* | 7_{53} ενιαυσιους 130 | 7_{56} πληρης 509 | 7_{59} ενιαυσιους 344* | 7_{60} βενιαμην 75^{c} | 7_{60} γεδαιωνι 75^{c} | 7_{61} ἑκατόν] ῃ 75 | 7_{81} om ἕνα 3° A* | 7_{86} χρυσοῖ] χρυσιου 75* | 7_{88} ενιαυσιοι 44 | 7_{89} αὐτῷ] αυτον 376* | 8_{7} ποιησης 52 | 8_{7} αὐτοῖς] αυτους 82* | 8_{7} αὐτούς] αυτοις 15 | 8_{16} ἀντί F^{a}] + δε F F^{b} | 8_{19} τοῖς υἱοῖς 1°] τους υιους 56* | 8_{23} πρός] τω 120*(cprm) | 8_{26} φυλακαῖς] φυλαις 72 | 9_{3} ποιήσεις 1°] -σεται 426*(vid) | 9_{6} ηδυνατο 509* | 9_{7} μὴ οὖν] sup ras 106 | 9_{8} μωσης 130 | 9_{14} ποιήσει 1°] ποιησαι 72 | 9_{15} πρωί] pr το 108 | 9_{18} παρεμβαλοῦσιν 2°] pr ου 108^{c} | 9_{19} αφελκηται 15* | 9_{21} ἀναβῇ 2° 426 | 10_{2} ἀργυρᾶς ἐλατάς A F | 10_{5} εξαιρουσιν 376-426* | 10_{6} σημασίᾳ] σημασιαν 108 | 10_{10} ἐπί 1°] εν 121 | 10_{14} αμιναδαμ 75 | 10_{18} ρουβημ 55^{c}; ρουβιν 56 | 10_{24} βεναμειν 19 | 10_{29} Ὠβάβ 57 | 10_{29} ποιησομαι 56 | 10_{32} ποιησομαι 56 | 11_{4} om αὐτοῖς 54*(cprm) | 11_{5} σκοροδα 55$^{c\ prm}$ | 11_{8} ηληθαν 72 | 11_{12} ωμοσα 56 85 | 11_{19} πέντε] sup ras 106 | 11_{20} σχολεραν 82 | 11_{20} ἠπειθήσατε] επιθησατε (-ται 82) 72-82 | 11_{23} εἰ] η 82*-376 | 11_{25} επροεφητευσαν 59 | 11_{28} ιηους 134(|) | 11_{28} ναυι 58-72-426*; ναβη 59 | 11_{28} εἶπεν] pr ras 3—4 litt 121 | 12_{1} ἦν] ης 72 | 12_{4} ααρων και μαριαμ B^{c} | 12_{6} τῶν] τον 130* | 12_{6} ὑμῶν] ημων 52* | 12_{11} ηγνοησαν 52*(cprm) | 12_{12} ὡσεί 1°] ως 509 | 12_{12} om τό 426^{txt}(cprm) | 12_{15} εκαθερισθη 29 509 | 13_{1} ασιρωθ 130^{c} | 13_{5} ρουβιν 130^{c} | 13_{6} συμωων 376 | 13_{6} Οὐρί 85 | 13_{9} αυσης 59^{c} | 13_{9} ναβη 59 | 13_{17} ναβη 59; ναυι 134^{c} | 13_{19} εἰ 1°] η 75* | 13_{21} εἰ 1° 2° 376 |

13_{25} init] pr *και* M | 13_{27} *Καδής*] [.]*δης* 55* | 13_{28} *ἤλθομεν*] *ηλθον* 59*(cprm) | 13_{28} *εξαπεστειλας* V | 13_{28} *ρεουσα* 509* | 13_{30} *νωτον* 75^{c} | 13_{30} *χεγαιος* 120 | 13_{30} *εβαιος* 72 106 | 13_{30} *ιευουσαιος* 19 | 13_{31} *κατακληρονομησωμεν* 426* | 13_{33} fin] + *εκει* V | 14_{1} *φωνήν*] pr (※ G^{c}) *την* G | 14_{2} *διεγογγυζαν* 55^{c}(vid) | 14_{2} *ειπον* V | 14_{2} *ἐν* 2°] pr *ει* 58 | 14_{3} *εισαγη* 82 57 19′ | 14_{6} *ναυι* 134^{c}; *ναβη* 130 59 | 14_{6} *ὁ τοῦ* 2°] *υιος* 344^{mg} | 14_{8} *γῆ*] *γην* 509 | 14_{8} *ἥτις*] *η τι* 509* | 14_{9} om *τοῦ* 72 | 14_{10} *αυτοις* 426* | 14_{11} *μωσην* 426 | 14_{11} *ουτως* 59* | 14_{12} *απολλω* 59 | 14_{14} *ὀφθαλμοῖς*] -*μους* 130* | 14_{20} *εἰμι*] sub ÷ G* | 14_{21} *ζῶν*] *ζη* 129*(c prm) | 14_{23} *ἤ*] *ει* 344*(vid) | 14_{24} *αὐτόν*] *αυτην* 426*(cprm) | 14_{30} *ναβη* 59 | 14_{31} *κατακληρονομησουσι* 72 | 14_{34} *των αριθμων* 376* 75* | 14_{38} *ναβη* 59 | 14_{38} *πεπορευομενων* 376 509^{c} | 14_{39} *μωσης* 82* | 14_{39} *ἐπένθησεν*] *επεθησεν* 314* | 14_{42} *μεθ'*] *καθ* 52* | 15_{4} *οἰφί*] *οιφειν* 129 | 15_{5} *ποιήσετε*] -*ται* V | 15_{6} *αὐτόν*] *αυτω* 59* | 15_{6} *θυσίαν* 1°] *ουσιαν* 120* | 15_{6} *αναπεφυρμενης* 72 | 15_{7} *τὸ τρίτον*] *τω γ̄* 75* | 15_{7} *προσοισεται* V 509 | 15_{8} *ποιηται* V | 15_{9} *ημισει* 82 314 | 15_{10} om init — *ἵν* 57* | 15_{10} *τό*] *του* 134 | 15_{12} om *τόν* 1° 57*(cprm) | 15_{12} *ἄν* 624 | 15_{14} *προσγινεται* 130* | 15_{14} *κυρίῳ* 1°] pr *τω* 82*(vid) | 15_{14} *ποιεῖτε*] *ποιητε* 54* | 15_{15} *προκειμενοις* 624 | 15_{20} *αφελειται* 376 56 | 15_{21} *δωσεται* 75^{c} | 15_{22} *ποιησετε* 376* | 15_{25} *συναγωγῆς*] pr *της* 54 | 15_{30} *ποιήσει*] pr *εαν* 72 | 15_{30} *παροξυναι* 72 | 15_{32} *ἄνδρα*] *ανον* 52 | 15_{33} *αὐτόν* 2°] *αυτων* 54* | 15_{38} *πτερυγίων*] -*γων* 130 | 16_{1} *φελεθ* 509 | 16_{3} *κυρίου*] *κω* 426*(vid) | 16_{5} *ἑαυτόν* 1°] *αυτον* 376 | 16_{7} *ουτως* 59* | 16_{9} *παριστασθε* F^{b1} | 16_{11} om *σου* 120*(cprm) | 16_{12} *ειπον* F^{b} | 16_{13} *εκ γης ρεουσαν* 55^{c} | 16_{15} *προσσχῇς* 57 | 16_{17} *αὐτά*] *αυτω* 52* | 16_{18} *επεθηκεν* 509 | 16_{18} *εστησεν* 509 | 16_{19} *επισυνεστησαν* 376 | 16_{22} *επεσον* 108^{c} | 16_{22} *θεὸς θεός*] *θεε θεε* G^{c} | 16_{26} *σκληρῶν*] *κληρων* 82* | 16_{26} *αὐτῶν* 19 | 16_{27} *απεστωσαν* 44 | 16_{29} *εἰ* 1°] *η* 55* | 16_{37} *κεκαυμενων* 57*(cprm) | 16_{39} *καί* 1°] bis scr 44(||) | 16_{44} *μωσην* 426 | 16_{49} *δεκα τεσσαρες* G | 17_{2} *ῥάβδον* 1°] *ραβδων* V | 17_{3} *πατριας* 134 | 17_{7} *επεθηκε* 59 | 17_{12} om *λέγοντες* 72 | 18_{8} *Ἀαρών*] + *λεγων* 376 | 18_{8} *ιδου εγω* 129 | 18_{8} *μετὰ σέ*] sup ras 56 | 18_{9} *τῆς* 29 | 18_{11} om *τῶν* 1° 376 | 18_{13} *πρωτογεννηματα* 59 | 18_{19} *αναιρεμα* M*(vid) | 18_{19} *δεδωκα σοι* 58 57 56 59 | 18_{19} *ἐστίν*] *εσται* F | 18_{21} *λειτουργιῶν*] *λιτουργων* V | 18_{27} *λινου* 376* | 18_{28} om *πάντων* 120′ | 18_{28} *ἐπιδεκάτων*] pr *των* 120′ | 18_{30} *λινου* 75 | 18_{31} *ἀντί*] *απο* 509 | 19_{2} *πυραν* 82* | 19_{2} *αὐτήν*] *αυτη* 55*(c prm) | 19_{9} *τῆς* 1°] *του* 56*(cprm) | 19_{13} *ψυχῆς*] pr *πασης* 72 | 19_{20} *ὅτι* 2°] *και* 121 | 20_{1} om *οἱ* 106*(cprm) | 20_{1} *σηρ* 52*; *σινα* 376 | 20_{2} *μωυση* 376 | 20_{5} *ροιαι* 376^{mg}(prm) | 20_{5} *οὐδέ* 4°] *ουτε* M 59 | 20_{5} om *πιεῖν* M*(cprm) | 20_{6} *μωσης* G | 20_{12} *οὐκ* 1°] *ου* 72*(|) | 20_{19} *αὐτῷ*] *αυτο* 376 | 20_{20} *αὐτῷ*] *αυτων* 59^{c} | 20_{25} *Ὤρ*] *ω* 120* | 20_{26} *προτεθεις* M* | 21_{1} *Χανανίς*] *χαναναιος* 56*(vid) | 21_{1} *αθαρρειν* 509; *αβαρειμ* 344^{mg} | 21_{1} *κατεπρονομευσεν* 129* | 21_{3} *χανανι* M*(vid) | 21_{5} *λεγοντος* 29 | 21_{6} *λαός*] pr *ο* 108* | 21_{9} *ἔδακεν*] *εδωκεν* 59*(vid) | 21_{12} init] pr *και* F^{b} | 21_{13} *καὶ ἐκεῖθεν*] *κακειθεν* 58 | 21_{13} *ὅρια*] *οριον* 426 | 21_{13} *Μωάβ* 1°] *μωαμ* 129 | 21_{13} *αμωρραιου* 376 | 21_{14} *βιβλω* 376 | 21_{15} *Μωάβ*] *βωαβ* 29 | 21_{16} *καὶ ἐκεῖθεν*] *κακειθεν* 58 | 21_{17} *εξαρχεται* V | 21_{18} *αὐτό* 1°] *αυτω* 72* | 21_{19} *Ναaλιήλ* 1°] *μανιηλ* F^{a}(vid) | 21_{21} *πρός*] *προ* 29 | 21_{21} *Σηών*] *σιων* 108 509*; *ση*[.]*ων* 29* | 21_{22} *πορευσόμεθα* 2°] -*σωμεθα* 344* | 21_{23} *Σηών* 1°] *σιων* 376* 108 | 21_{23} *Σηών* 2°] *σιων* 108 85* | 21_{23} *καί* 4°] bis scr F | 21_{24} *ιαβωκ* 15 | 21_{24} *υἱῶν* 1°] *οριων* 72 | 21_{24} *ιεζηρ* 72 | 21_{25} *κατωκισεν* 53^{c} | 21_{26} *σιων* 426* 108 56* | 21_{27} *σιων* 108 | 21_{28} *σιων* 108 | 21_{30} *απολη̄ται* 82 | 21_{31} *αμορρων* 108* | 21_{32} *ιαζερ* 59 | 21_{34} *αὐτόν* 1°] *αυτω* M*(cprm) | 21_{34} *ὅς*] *ου* 53* | 21_{35} *καταλειπειν* 130 | 21_{35} *εκληρονομησα* 509* | 22_{2} *βαλαακ* 56 | 22_{2} *αμμοραιω* 106 | 22_{4} *ἐκλείξει*] *εκλεξει* 44 | 22_{4} *ἐκλείξαι*] *εκλεξαι* 44 | 22_{5} *παθουρα* 130^{mg} | 22_{5} om *ὅ* 75^{c} | 22_{6} *εὐλόγηνται*] *ευλογουντε* 54* | 22_{6} *κατηραση* 82 106 | 22_{6} *κεκαταρανται* 130^{mg} | 22_{7} *μανδια* 106 | 22_{7} *ειπων* 376 | 22_{9} *πρός*] *παρα* B* | 22_{10} *πρός* 2°] *προ* 509* | 22_{11} *ἀπό*] *εκ* 56 | 22_{11} *τῆς γῆς*] sup ras 56 | 22_{13} *αφιησε* 106 | 22_{14} *Βαλάκ*] *βαλααχ* 108

130 | 22_{15} βαλααχ 108 | 22_{16} Βαλάκ] βαλααχ 108 | 22_{16} ἀξιῶ σε] αξιωσαι 19 56* | 22_{22} επεβεβηκη 82 | 22_{26} τόπῳ] pr το 509 | 22_{28} om τῆς 59*(||) | 22_{28} om σοι 59 | 22_{28} με] μοι 426*(vid) 120* | 22_{34} μοι] με 53 | 22_{40} μόσχους] βουν F^{b1} | 23_{4} επεφανη 130^{mg} | 23_{5} ανεβαλεν 314 | 23_{5} Βαλάκ] βαλααχ 108 | 23_{6} εφεστηκει 57 129 | 23_{6} μωαμ 56 | 23_{7} παραβολήν] παρεμβολην 130* | 23_{8} ἀράσομαι] αρασαμαι 55 | 23_{10} om τό 2° 376^{c} | 23_{11} καταραν 55 | 23_{12} βαλει 59* | 23_{12} φυλαξαι 108* | 23_{16} βαλααχ 72 | 23_{17} εφεστηκει 129 | 23_{23} Ἰακώβ 2°] pr τω F^{b} | 23_{25} Βαλάκ] βαλααχ 108 130 | 23_{28} φογορ 72* | 24_{1} om αὐτοῦ B* | 24_{3} βαλαμ 130 | 24_{3} ὁρῶν] ορεων 59* | 24_{8} δοξαν 130 | 24_{8} εκμυελει 82 | 24_{12} ελαλησας 53*(vid) | 24_{13} πληρης 344* | 24_{13} ὅσα] pr παντα 72 | 24_{14} ουτως 376 75* | 24_{15} ὁρῶν] ορεων 59* | 24_{16} ἀκούων] pr φησιν 106^{c}; ακουσων 56* | 24_{17} δείξω] δειξει A(vid) | 24_{17} μωαμ 56* | 24_{18} ισαυ 75 | 24_{18} ἐν ἰσχύι] ισχυν 59^{mg}; om ἐν 376(vid) | 24_{19} σῳζόμενον] -νου 120*; -νους 120^{c} | 24_{22} νοσσια 29 53 | 24_{23} τίς] τι 58* | 25_{1} σιττειμ F^{b}; σαττιμ 344^{c} | 25_{2} εκαλεσεν 44 | 25_{6} ἐναντίον 1°] εναντι 376 | 25_{13} αὐτόν] αυτων 53* | 25_{14} μανιανιτιδος 59*(cprm) | 25_{18} Φογώρ 2°] φεγωρ 72 | 26_{1} μωυσιν 56* | 26_{3} μωαμ 54 | 26_{5} τῷ] του 130* | 26_{6} Ἀσρών] ασρωμ 121 | 26_{8} υἱοί] υιου 19 | 26_{8} ελιαμ 120 | 26_{10} ὅτε] οτι 376 44 | 26_{12} Ἰαμινί] ιαμενι 314* | 26_{13} Ζαρά] ζαραι F (sed hab F^{b}) | 26_{13} Σαούλ] σαουλι F (sed hab F^{b}) | 26_{16} Φάρες 2°] φαραις 376 | 26_{17} φαραις 376 | 26_{18} τῷ] των 426 | 26_{21} τετρακοσιοι 120 | 26_{22} ζαβουλ 130 | 26_{22} αaλωνι F (sed hab F^{b}) | 26_{22} Ἀλλήλ] αδδηλ F^{b1} | 26_{22} Ἀλληλί] αλδηλι F^{b1} | 26_{23} ἑξήκοντα] sup ras F | 26_{24} Ἀγγί 1°] αγγε 407 | 26_{25} Ἀζενί 1°] αζανι 407; αζανει 509 | 26_{25} Ἀζενί 2°] αζανει 407 | 26_{25} Ἀδδί 1°] αδδη 376* | 26_{25} Ἀδδί 2°] αδδη 376*; αδιδει 108 | 26_{28} Ἰαμίν] ιαμμειν 376 | 26_{28} Ἰαμινί] ιαμενι 59 | 26_{28} Ἰεσουί 2°] ισουι 19 | 26_{30} σαρρα 344^{c} | 26_{33} om ὁ 1° 59*(|) | 26_{33} Μαχίρ 2°] μαχειρι 129 | 26_{34} αχιεεζερει 426^{c}(|) | 26_{35} Ἐσριήλ] εσρεηλ 72*(vid) | 26_{35} Συχέμ] συμχεμ 120* | 26_{36} Συμαέρ] σημαερ 75 | 26_{36} om ὁ 2° 130 134 | 26_{37} om ταῦτα 72 | 26_{37} ονομα 129 344^{mg} | 26_{39} εφραμ 509* | 26_{42} αχηρανι 376* | 26_{44} νεομανι 376 | 26_{45} βεανιαμιν 53 | 26_{48} om ὁ 1° 120′ | 26_{54} πλεονάσεις] -σας 53; πλειωνα εις 129 | 26_{55} κληρον 509* | 26_{58} Χεβρωνί] χεβρων A | 26_{59} τῷ 2°] του 120*; > 376 | 26_{63} κατά] και τα 130 | 26_{65} αὐτοῖς] αυτω F | 27_{2} ἔναντι 3° 4°] εναντιον 72 | 27_{4} αὐτοῦ] αυτων 407* | 27_{4} μέσῳ] μεσον 407*(cprm) | 27_{7} κληρονομίας] -μιαν 44* | 27_{10} om δέ 120* | 27_{10} om τοῦ 120* | 27_{12} τό 2°] τω 509* | 27_{12} τοῦτο ὄρος 56 | 27_{12} ναβαν 376 | 27_{13} καί 2°] bis scr 59*(|) | 27_{14} τη συναγωγη $56^{(mg)}$ | 27_{16} πάσης] παση 509 | 27_{17} εξαξη 376 | 27_{17} εισαξη 376 | 27_{18} om τόν K(vid) | 27_{18} ναυι 56^{c} | 27_{18} ἄνθρωπον] $\overline{ανος}$ 15*(cprm) 121*(vid) | 27_{18} ἑαυτῷ] αυτω 376(vid) | 27_{21} ομοθυμαδω 129*(cprm) | 27_{23} καθα $130^{(mg)}$ | 28_{2} αυτοις 376 | 28_{2} ἐμοί] μοι V | 28_{3} προσαξατε M | 28_{4} om τό 2° 59 | 28_{5} fin] + οινου 130^{mg} | 28_{8} ποιήσεις] ποιησωσιν 130^{mg} | 28_{8} ποιήσετε] -ται 376 | 28_{13} οσμη 53 | 28_{18} αγιας M | 28_{19} ολοκαυτωμα 59 | 28_{22} περὶ ὑμῶν] bis scr 624(||) | 28_{25} om ἡ 1° 75 | 28_{30} ὑμῶν] ημων 53* | 28_{31} τοῦ ὁλοκαυτώματος τοῦ] της ολοκαυτωσεως της 129*(c prm) | 28_{31} αἱ σπονδαί F | 29_{2} ολοκαυτωμα 314 | 29_{3} om ἐν 53 | 29_{8} καρπώματα 407 | 29_{10} τῷ ἀμνῷ] bis scr 55 | 29_{11} τό] τω V | 29_{12} ποιησεται 120* | 29_{13} αμωμον 82* | 29_{17} δύο] $\overline{ιβ}$ 129* | 29_{26} init] pr και 44 | 29_{36} κριόν] pr και 53 | 29_{39} ὑμῶν 2°] ημων 82 | 30_{2} Ἰσραήλ] pr υιων 120 | 30_{3} om ἄνθρωπος 2° 72 | 30_{3} ωρισεται 19 | 30_{6} ημεραν $106^{(mg)}$ | 30_{9} om ὁ 2° 376 | 30_{9} αὐτήν] αυτης F*(c prm) 120* | 30_{10} καί 1°] bis scr 120*(|) | 30_{11} om ἐν 53 | 30_{11} κατά] pr ο 121 | 30_{13} ὁ 2°] pr οτι 407 | 30_{14} αὐτῇ] αυτην 624 | 30_{15} αὐτῆς 2°] αυτη 426 55 | 30_{15} τῇ] η 376; > G* | 31_{3} ενοπλισατε 130^{mg} | 31_{8} τοῖς 1°] ταις 19 44 | 31_{8} τοῖς 2°] ταις 75 121 | 31_{12} υἱούς] pr τους M 314 | 31_{17} ἀπαρτίᾳ] αμαρτια 75* | 31_{19} παρεμβαλειτε 407^{c} | 31_{19} πᾶς] και 106*(cprm) | 31_{24} καί 1°] bis scr 59* | 31_{28} om τῶν 6° 106 | 31_{29} ημισεος 120 | 31_{30} ημισεος 120 | 31_{30} πεντακοσιων 121* | 31_{39} πεντακοσιαι 53 | 31_{39} εἷς] μια 344*(vid) | 31_{40} ἓξ καὶ δέκα] $\overline{ις}$ G |

31_{43} om *χιλιάδες* 2° 376 $120^{(c)}$ | 31_{48} *μωυση* 55^{c} | 31_{48} *καθισταμενοι* 72 | 31_{48} *χιλιαρχας* 129* | 31_{50} *υμων* 53 407* | 31_{52} *ἓξ καὶ δέκα*] $\overline{ις}$ G | 32_{5} *ευρμεν* 509 | 32_{6} *πορεύσονται* 56 | 32_{12} *κυριω* 376* | 32_{13} *κατερεμβευσαν* 54^{*vid} | 32_{14} *ὑμῶν*] *ημων* 54* 134* | 32_{14} *Ἰσραήλ*] pr *τον* 57* | 32_{18} *υμων* 54* | 32_{20} *εναντιον* 56 | 32_{24} *ποιησεται* 120* | 32_{25} om *οἱ* 1° 106*(cprm) | 32_{25} *ρουβιν* 130^{c} | 32_{28} *τοις αρχουσι* 130^{mg} | 32_{29} *ρουβιν* 130^{c} | 32_{33} *αὐτῆς*] *αυτοις* 130* | 32_{34} *τήν* 1°] *τη* 407* | 32_{35} *σωφαρ* F^{a} | 32_{36} om *τήν* 2° 82 | 32_{37} *καριαθειμ* 54^{c1} | 32_{39} *ἐν*] *επ* 509 | 32_{40} *μαχηρ* 376* | 32_{41} *Ἰαΐρ* 1°] *ιαηρ* 314* | 32_{41} om *ὁ τοῦ* 72*(cprm) | 32_{42} *επωνομασαν* 59* | 33_{3} *εν κραμεσση* 53 | 33_{6} *ἀπῆραν ἐκ Σοκχώθ*] sup ras 121 | 33_{7} *Ἐϊρώθ* 314 | 33_{7} *καί* 3° — fin] post (8) *Ἐϊρώθ* tr F^{a} | 33_{8} *πικριας* 120* | 33_{9} *Αἰλίμ* 2°] *ελειμ* 54 | 33_{10} *παρεβαλον* 130 | 33_{15} *ραφαδειν* 509 | 33_{20} *ἐν*] *εις* 106 | 33_{21} *παρεβαλον* 129 | 33_{22} *παρενελαβον* 59 | 33_{22} *εἰς*] *εν* 53 | 33_{23} om *καί* 2° 85*(cprm) | 33_{26} *Μακηλώθ*] *μακηδωθ* A | 33_{32} *βανιακαν* $F^{c\,prm}$ | 33_{32} *περενεβαλον* 72 | 33_{34} *ετεβα* 44* | 33_{36} *ἐκ* 1°] *εν* 509 | 33_{37} *ἐκ*] *εγ* $G^{(c)}$ | 33_{37} *εδομ* 509* | 33_{41} *το ορος* 376* | 33_{41} *σαλμωνα* 59*(cprm) | 33_{42} *ἐκ*] *εξ* 29 52 | 33_{43} *απηρεν* 59* | 33_{43} *φοινω* 314 | 33_{45} *καί* 1°] bis scr G(|) | 33_{47} om *ἐκ* G*(cprm) | 33_{47} *σελμων* 53 | 33_{47} om *τά* 2° 376 | 33_{48} *ιοδανου* G*; *ιωρδανου* 407 | 33_{49} *ιωρδανην* 407 | 33_{50} *βωαβ* 82 | 33_{52} *τας κοπιας* 106* | 33_{52} *ἐξαρεῖτε* 2°] *εξερειτε* 407 | 34_{1} *μωσην* 54 | 34_{3} *τὰ ὅρια*] *το κλητος* 108^{mg} | 34_{4} *κυκλωει* 509* | 34_{4} *Ἀκραβίν*] *ακραβειμ* 29*; *ακραββειν* 344^{mg} | *Σέννα*] *εις ενναακ* F^{a} | 34_{4} *τοῦ*] *το* 56* | 34_{4} *Ἀράδ*] *ραδ* F^{b} | 34_{8} *αὐτοῖς*] *εαυτοις* 59 | 34_{9} *εφρωνα* F^{a} | 34_{12} *ιωρδανην* 407* | 34_{12} om *ἡ* 2° 52* | 34_{13} *αὐτήν* 1°] *αυτη* 82* | 34_{14} *ἀπέλαβον*] *ελαβον* 407 | 34_{15} *ιωρδανου* 407* | 34_{15} *νωτου* 407* | 34_{21} *χασχων* 82 | 34_{29} init] pr spat ca 4 litt 82 | 34_{29} *γῇ*] pr *τη* 56 | 35_{4} *καὶ τά*] *κατα* 53 | 35_{5} *μετρησης* 120 | 35_{6} *τεσσαράκοντα*] pr *τας* 314 | 35_{15} *παραταξαντι* G* | 35_{16} *ὁ*] *ως* 82 | 35_{19} *τω αιμα* 130^{mg} | 35_{19} *αὐτῷ*] *αυτον* 509* | 35_{19} *ἀποκτενεῖ* 2°] *-νη* 53* | 35_{21} *ὁ* 2° — *ἀγχιστεύων*] sup ras 29 | 35_{21} *αποκτενη* 53* | 35_{24} *συναγωγή*] + *αναγωγη* 129(||) | 35_{31} *θανατω ÷ θησεται* G* | 35_{32} *οὐ*] sub ※ G* | 35_{33} *φονοκτονήσητε*] *-σετε* 129*(cprm) | 35_{33} *ἀπό* F^{a} | 36_{1} *ελαλησεν* V* 509 | 36_{2} *ἡμῶν* 1°] *υμων* 58*(cprm) | 36_{2} *κύριος* 2°] + *λεγων* 82 | 36_{3} *τήν* 59 | 36_{3} [*κληρο*]*νομίαν* — *γένων*[*ται*] sup ras G | 36_{3} *οἷς*] *εις* 376 | 36_{4} *φυλῆς* 1°] *γης* G*(cprm) | 36_{4} *ἄν*] *εαν* 19′ | 36_{5} *κυρίου*] $\overline{ιηλ}$ 314*(cprm) | 36_{6} *ταῖς θυγατράσιν*] *τοις πατρασιν* G* | 36_{6} *σααλπααδ* 121 | 36_{7} *κληρονομία*] pr *η* 19′ | 36_{7} *πατρικῆς* 120 | 36_{9} *οἱ υἱοί*] ÷ *αι φυλαι* ↙ *υιων* G* | 36_{10} *σαλφααδ* 120; *αλπααδ* 376